2024

年 版

法律法规全书系列

中华人民共和国

劳动和社会保障法律法规全书

LABOR AND SOCIAL SECURITY LAWS AND REGULATIONS

· 含全部规章 ·

法律出版社法规中心 编

法律出版社
LAW PRESS · CHINA
北京

图书在版编目(CIP)数据

中华人民共和国劳动和社会保障法律法规全书：含全部规章 / 法律出版社法规中心编. -- 15版. -- 北京：法律出版社，2024
(法律法规全书系列)
ISBN 978-7-5197-8682-3

Ⅰ. ①中… Ⅱ. ①法… Ⅲ. ①劳动法-汇编-中国②社会保障法-汇编-中国 Ⅳ. ①D922.509 ②D922.182.39

中国国家版本馆CIP数据核字(2024)第004177号

中华人民共和国劳动和社会保障法律法规全书(含全部规章)
ZHONGHUA RENMIN GONGHEGUO LAODONG HE SHEHUI BAOZHANG FALÜ FAGUI QUANSHU (HAN QUANBU GUIZHANG)

法律出版社法规中心 编

责任编辑 李争春
装帧设计 臧晓飞

出版发行 法律出版社
编辑统筹 法规出版分社
责任校对 张红蕊
责任印制 耿润瑜
经　　销 新华书店

开本 787毫米×960毫米 1/16
印张 51.75 **字数** 1740千
版本 2024年1月第15版
印次 2024年1月第1次印刷
印刷 天津嘉恒印务有限公司

地址：北京市丰台区莲花池西里7号(100073)
网址：www.lawpress.com.cn
投稿邮箱：info@lawpress.com.cn
举报盗版邮箱：jbwq@lawpress.com.cn
销售电话：010-83938349
客服电话：010-83938350
咨询电话：010-63939796

书号：ISBN 978-7-5197-8682-3
定价：98.00元
凡购买本社图书，如有印装错误，我社负责退换。电话：010-83938349

编辑出版说明

随着我国依法治国方略的实施，法律的价值日益凸显，法律已经全面渗透到社会生活的各个领域。作为与每个劳动者密切相关的劳动人事法律法规政策，以及社会保障（含社会保险）法律法规政策，公众及社会各界的关注程度一直很高。为此，我们精心编辑出版了这本《中华人民共和国劳动和社会保障法律法规全书（含全部规章）》。本书具有以下特点：

一、收录全面，编排合理，查询方便

收录自中华人民共和国成立至2023年12月期间公布的现行有效的劳动和社会保障法律、行政法规、部门规章、司法解释，以及相关政策规定，全面覆盖劳动和社会保障法律的方方面面。全书分为两大部分："劳动法规政策"部分按劳动法内在体系，收录劳动就业、劳动合同、薪酬福利、劳动保护、劳动监察、劳动争议处理、事业单位劳动人事等各领域的法律法规和重要政策文件，均为劳动者维权和企业人力资源管理的常用政策法规依据。"社会保障法规政策"部分则以养老、医疗、生育、工伤、失业"五险"为主要内容，收录社会保险、社会救济与社会福利、优抚安置等各类法律法规、政策文件。本书具有体例清晰、查询方便的特点。

二、特设导读、条旨，收录典型案例，实用性强

全书各部分特设"导读"栏目，对本部分核心主体法进行解读；对重点法律附加条旨，可指引读者迅速找到自己需要的条文。收录最高人民法院公布的相关指导案例和典型案例，这些案例在实践中起到指引法官"同案同判"的作用，具有很高的可读性和参照性。

三、特色服务，动态增补

为保持本书与新法的同步更新，避免读者在一定周期内重复购书，特结合法律出版社法规中心的资源优势提供动态增补服务。读者可扫描封底二维码查看、下载免费增补材料。

由于编者水平有限，还望读者在使用过程中不吝赐教，提出您的宝贵意见（邮箱地址：faguizhongxin@163.com），以便本书继续修订完善。

法律出版社法规中心

2024年1月

总　目　录

上篇　劳动法规政策

下篇　社会保障法规政策

目　　录

上篇　劳动法规政策

一、综　　合

二、劳动就业

1. 就业促进

2. 就业管理

3. 职业资格与职业能力

---

① 目录中对有修改的文件,将其第一次公布的时间和最近一次修改的时间一并列出,在正文中收录的是最新修改后的文本。特此说明——编者注

② 本目录中仅对最常用的部分附件名称作出提示,并未涵盖所有附件。特此说明——编者注

三、劳动合同

1. 综合

2. 劳动合同订立与劳动关系确认

3. 劳动合同变更与解除

4. 经济补偿与赔偿

5. 劳务派遣

四、薪酬福利

1. 工资

(1)综合

六、劳 动 监 察

七、劳动争议处理

---

* 加星号的文件为重见件，本处不收录，收录在本书其他地方，请读者见文件后页码标注，下同。

3. 诉讼

八、事业单位劳动人事

1. 事业单位人事聘用

2. 事业单位人事待遇

3. 人事处分与争议处理

下篇　社会保障法规政策

一、社会保险(综合)

二、养老保险

(5)养老待遇

2. 企业年金

3. 居民基本养老保险

4. 事业单位基本养老保险

5. 职业年金

三、医疗保险

1. 职工基本医疗保险

2. 居民基本医疗保险

3. 特定人群参保

4. 关系转移接续

5. 异地就医与结算

6.其他

四、生 育 保 险

五、工 伤 保 险

1.综合

2.缴费与参保

六、失业保险

七、社会救济与社会福利

1. 最低生活保障

2. 农村五保供养

3. 社会救助

4. 社会福利

八、优抚安置

附　　录

上篇　劳动法规政策

一、综　合

《中华人民共和国劳动法》导读：

《中华人民共和国劳动法》于1994年7月5日由八届全国人大常委会第八次会议审议通过，并于1995年1月1日正式实施。该法是我国关于劳动的基本法律，涵盖了劳动法律关系的各个方面，是我国劳动法律体系的基础。

《劳动法》是依据《宪法》中有关劳动者基本权利和义务的规定制定的；主要宗旨是保护劳动者的合法权益，同时也考虑了劳动者与用人单位双方的权利与义务的对等，比如在规定职工可以辞职的同时，也规定用人单位可以依法辞退职工，从而保证了劳动者的择业自主权和用人单位的用人自主权。《劳动法》规定工会可以代表职工与企业就劳动报酬、工作时间、休息休假、劳动安全卫生、保险福利等事项，在平等协商的基础上订立集体合同。《劳动法》以基本法律的形式第一次明确了工时休假制度，使《宪法》规定的劳动者这一基本权利得到具体确认。同时，该法确立了最低工资保障制度，规定了工资支付的基本原则。另外，该法还明确了国家确定职业分类，制定职业技能标准，实行职业资格证明制度，实施职业技能考核鉴定，为我国建立职业技能开发体系，提高我国劳动者整体素质，提供了法律依据和保障。此外，《劳动法》肯定了社会保险制度改革的成果，对基本保险、企业补充保险和个人储蓄性保险分别作了原则性规定；对社会保险基金经办机构和监督机构的职责制定了法律规范，同时规定了用人单位和劳动者缴纳社会保险费的义务和法律责任。

需要注意的是，2007年通过的《中华人民共和国劳动合同法》于2008年1月1日起施行。《劳动合同法》的主要内容包括总则、劳动合同的订立、劳动合同的履行和变更、劳动合同的解除和终止、特别规定、监督检查、法律责任、附则。《劳动合同法》既坚持了现行《劳动法》确立的劳动合同制度的基本框架，包括双向选择的用人机制，劳动关系双方有权依法约定各自的权利和义务，依法规范劳动合同的订立、履行、变更、解除和终止等；同时又对《劳动法》确立的劳动合同制度作出了较大修改，使之进一步完善。根据新法优于旧法、特别法优于普通法的原则，在两法规定有冲突的地方，应当以《劳动合同法》的规定为准。

《劳动法》作为劳动法律体系的基础，配套法规众多，除《劳动合同法》外，还包括《工会法》《公司法》《外资企业法》《国务院关于农民工问题的若干意见》《劳动和社会保障部关于非全日制用工若干问题的意见》等。

2009年8月27日十一届全国人大常委会第十次会议通过的《关于修改部分法律的决定》和2018年12月29日十三届全国人大常委会第七次会议通过的《关于修改〈中华人民共和国劳动法〉等七部法律的决定》，分别对《劳动法》的部分条文进行了修改。

资料补充栏

中华人民共和国劳动法

1. 1994年7月5日第八届全国人民代表大会常务委员会第八次会议通过

2. 根据2009年8月27日第十一届全国人民代表大会常务委员会第十次会议《关于修改部分法律的决定》第一次修正

3. 根据2018年12月29日第十三届全国人民代表大会常务委员会第七次会议《关于修改〈中华人民共和国劳动法〉等七部法律的决定》第二次修正

目　录

第一章　总　　则

第一条　【立法目的】[①]为了保护劳动者的合法权益，调整劳动关系，建立和维护适应社会主义市场经济的劳动制度，促进经济发展和社会进步，根据宪法，制定本法。

第二条　【适用范围】在中华人民共和国境内的企业、个体经济组织（以下统称用人单位）和与之形成劳动关系的劳动者，适用本法。

国家机关、事业组织、社会团体和与之建立劳动合同关系的劳动者，依照本法执行。

第三条　【劳动者权利】劳动者享有平等就业和选择职业的权利、取得劳动报酬的权利、休息休假的权利、获得劳动安全卫生保护的权利、接受职业技能培训的权利、享受社会保险和福利的权利、提请劳动争议处理的权利以及法律规定的其他劳动权利。

劳动者应当完成劳动任务，提高职业技能，执行劳动安全卫生规程，遵守劳动纪律和职业道德。

第四条　【用人单位义务】用人单位应当依法建立和完善规章制度，保障劳动者享有劳动权利和履行劳动义务。

第五条　【国家措施】国家采取各种措施，促进劳动就业，发展职业教育，制定劳动标准，调节社会收入，完善社会保险，协调劳动关系，逐步提高劳动者的生活水平。

第六条　【国家倡导和鼓励义务劳动】国家提倡劳动者参加社会义务劳动，开展劳动竞赛和合理化建议活动，鼓励和保护劳动者进行科学研究、技术革新和发明创造，表彰和奖励劳动模范和先进工作者。

第七条　【参加和组织工会】劳动者有权依法参加和组织工会。

工会代表和维护劳动者的合法权益，依法独立自主地开展活动。

第八条　【参与民主管理或协商】劳动者依照法律规定，通过职工大会、职工代表大会或者其他形式，参与民主管理或者就保护劳动者合法权益与用人单位进行平等协商。

第九条　【劳动工作主管部门】国务院劳动行政部门主管全国劳动工作。

县级以上地方人民政府劳动行政部门主管本行政区域内的劳动工作。

第二章　促进就业

第十条　【国家扶持就业】国家通过促进经济和社会发展，创造就业条件，扩大就业机会。

国家鼓励企业、事业组织、社会团体在法律、行政法规规定的范围内兴办产业或者拓展经营，增加就业。

国家支持劳动者自愿组织起来就业和从事个体经营实现就业。

第十一条　【职介机构发展】地方各级人民政府应当采取措施，发展多种类型的职业介绍机构，提供就业服务。

第十二条　【就业平等】劳动者就业，不因民族、种族、性别、宗教信仰不同而受歧视。

第十三条　【就业男女平等】妇女享有与男子平等的就业权利。在录用职工时，除国家规定的不适合妇女的工种或者岗位外，不得以性别为由拒绝录用妇女或者提高对妇女的录用标准。

第十四条　【特殊人员的就业】残疾人、少数民族人员、退出现役的军人的就业，法律、法规有特别规定的，从

---

① 条文主旨为编者所加，全书同。——编者注

其规定。

第十五条 【禁招未成年人和特殊行业相关规定】禁止用人单位招用未满十六周岁的未成年人。

文艺、体育和特种工艺单位招用未满十六周岁的未成年人,必须遵守国家有关规定,并保障其接受义务教育的权利。

第三章 劳动合同和集体合同

第十六条 【劳动合同】劳动合同是劳动者与用人单位确立劳动关系、明确双方权利和义务的协议。

建立劳动关系应当订立劳动合同。

第十七条 【合同的订立和变更】订立和变更劳动合同,应当遵循平等自愿、协商一致的原则,不得违反法律、行政法规的规定。

劳动合同依法订立即具有法律约束力,当事人必须履行劳动合同规定的义务。

第十八条 【无效合同】下列劳动合同无效:

(一)违反法律、行政法规的劳动合同;

(二)采取欺诈、威胁等手段订立的劳动合同。

无效的劳动合同,从订立的时候起,就没有法律约束力。确认劳动合同部分无效的,如果不影响其余部分的效力,其余部分仍然有效。

劳动合同的无效,由劳动争议仲裁委员会或者人民法院确认。

第十九条 【合同形式和条款】劳动合同应当以书面形式订立,并具备以下条款:

(一)劳动合同期限;

(二)工作内容;

(三)劳动保护和劳动条件;

(四)劳动报酬;

(五)劳动纪律;

(六)劳动合同终止的条件;

(七)违反劳动合同的责任。

劳动合同除前款规定的必备条款外,当事人可以协商约定其他内容。

第二十条 【合同期限】劳动合同的期限分为有固定期限、无固定期限和以完成一定的工作为期限。

劳动者在同一用人单位连续工作满十年以上,当事人双方同意续延劳动合同的,如果劳动者提出订立无固定期限的劳动合同,应当订立无固定期限的劳动合同。

第二十一条 【试用期约定】劳动合同可以约定试用期。试用期最长不得超过六个月。

第二十二条 【商业秘密事项约定】劳动合同当事人可以在劳动合同中约定保守用人单位商业秘密的有关事项。

第二十三条 【合同终止】劳动合同期满或者当事人约定的劳动合同终止条件出现,劳动合同即行终止。

第二十四条 【合同解除】经劳动合同当事人协商一致,劳动合同可以解除。

第二十五条 【单位解除劳动合同事项】劳动者有下列情形之一的,用人单位可以解除劳动合同:

(一)在试用期间被证明不符合录用条件的;

(二)严重违反劳动纪律或者用人单位规章制度的;

(三)严重失职,营私舞弊,对用人单位利益造成重大损害的;

(四)被依法追究刑事责任的。

第二十六条 【解除合同提前通知】有下列情形之一的,用人单位可以解除劳动合同,但是应当提前三十日以书面形式通知劳动者本人:

(一)劳动者患病或者非因工负伤,医疗期满后,不能从事原工作也不能从事由用人单位另行安排的工作的;

(二)劳动者不能胜任工作,经过培训或者调整工作岗位,仍不能胜任工作的;

(三)劳动合同订立时所依据的客观情况发生重大变化,致使原劳动合同无法履行,经当事人协商不能就变更劳动合同达成协议的。

第二十七条 【用人单位裁员】用人单位濒临破产进行法定整顿期间或者生产经营状况发生严重困难,确需裁减人员的,应当提前三十日向工会或者全体职工说明情况,听取工会或者职工的意见,经向劳动行政部门报告后,可以裁减人员。

用人单位依据本条规定裁减人员,在六个月内录用人员的,应当优先录用被裁减的人员。

第二十八条 【经济补偿】用人单位依据本法第二十四条、第二十六条、第二十七条的规定解除劳动合同的,应当依照国家有关规定给予经济补偿。

第二十九条 【用人单位解除合同的限制情形】劳动者有下列情形之一的,用人单位不得依据本法第二十六条、第二十七条的规定解除劳动合同:

(一)患职业病或者因工负伤并被确认丧失或者部分丧失劳动能力的;

(二)患病或者负伤,在规定的医疗期内的;

(三)女职工在孕期、产期、哺乳期内的;

(四)法律、行政法规规定的其他情形。

第三十条 【工会职权】用人单位解除劳动合同,工会认为不适当的,有权提出意见。如果用人单位违反法律、法规或者劳动合同,工会有权要求重新处理;劳动者申请仲裁或者提起诉讼的，工会应当依法给予支持和帮助。

第三十一条　【劳动者解除合同的提前通知期限】劳动者解除劳动合同，应当提前三十日以书面形式通知用人单位。

第三十二条　【劳动者随时通知解除合同情形】有下列情形之一的，劳动者可以随时通知用人单位解除劳动合同：

（一）在试用期内的；

（二）用人单位以暴力、威胁或者非法限制人身自由的手段强迫劳动的；

（三）用人单位未按照劳动合同约定支付劳动报酬或者提供劳动条件的。

第三十三条　【集体合同】企业职工一方与企业可以就劳动报酬、工作时间、休息休假、劳动安全卫生、保险福利等事项，签订集体合同。集体合同草案应当提交职工代表大会或者全体职工讨论通过。

集体合同由工会代表职工与企业签订；没有建立工会的企业，由职工推举的代表与企业签订。

第三十四条　【集体合同生效】集体合同签订后应当报送劳动行政部门；劳动行政部门自收到集体合同文本之日起十五日内未提出异议的，集体合同即行生效。

第三十五条　【集体合同效力】依法签订的集体合同对企业和企业全体职工具有约束力。职工个人与企业订立的劳动合同中劳动条件和劳动报酬等标准不得低于集体合同的规定。

第四章　工作时间和休息休假

第三十六条　【国家工时制度】国家实行劳动者每日工作时间不超过八小时、平均每周工作时间不超过四十四小时的工时制度。

第三十七条　【计件报酬标准和劳动定额确定】对实行计件工作的劳动者，用人单位应当根据本法第三十六条规定的工时制度合理确定其劳动定额和计件报酬标准。

第三十八条　【休息日最低保障】用人单位应当保证劳动者每周至少休息一日。

第三十九条　【工休办法替代】企业因生产特点不能实行本法第三十六条、第三十八条规定的，经劳动行政部门批准，可以实行其他工作和休息办法。

第四十条　【法定假日】用人单位在下列节日期间应当依法安排劳动者休假：

（一）元旦；

（二）春节；

（三）国际劳动节；

（四）国庆节；

（五）法律、法规规定的其他休假节日。

第四十一条　【工作时间延长限制】用人单位由于生产经营需要，经与工会和劳动者协商后可以延长工作时间，一般每日不得超过一小时；因特殊原因需要延长工作时间的，在保障劳动者身体健康的条件下延长工作时间每日不得超过三小时，但是每月不得超过三十六小时。

第四十二条　【延长工作时间限制的例外】有下列情形之一的，延长工作时间不受本法第四十一条规定的限制：

（一）发生自然灾害、事故或者因其他原因，威胁劳动者生命健康和财产安全，需要紧急处理的；

（二）生产设备、交通运输线路、公共设施发生故障，影响生产和公众利益，必须及时抢修的；

（三）法律、行政法规规定的其他情形。

第四十三条　【禁止违法延长工作时间】用人单位不得违反本法规定延长劳动者的工作时间。

第四十四条　【延长工时的报酬支付】有下列情形之一的，用人单位应当按照下列标准支付高于劳动者正常工作时间工资的工资报酬：

（一）安排劳动者延长工作时间的，支付不低于工资的百分之一百五十的工资报酬；

（二）休息日安排劳动者工作又不能安排补休的，支付不低于工资的百分之二百的工资报酬；

（三）法定休假日安排劳动者工作的，支付不低于工资的百分之三百的工资报酬。

第四十五条　【带薪年休假制度】国家实行带薪年休假制度。

劳动者连续工作一年以上的，享受带薪年休假。具体办法由国务院规定。

第五章　工　　资

第四十六条　【工资分配原则】工资分配应当遵循按劳分配原则，实行同工同酬。

工资水平在经济发展的基础上逐步提高。国家对工资总量实行宏观调控。

第四十七条　【工资分配方式、水平确定】用人单位根据本单位的生产经营特点和经济效益，依法自主确定本单位的工资分配方式和工资水平。

第四十八条　【最低工资保障】国家实行最低工资保障制度。最低工资的具体标准由省、自治区、直辖市人民政府规定，报国务院备案。

用人单位支付劳动者的工资不得低于当地最低工资标准。

第四十九条　【最低工资标准参考因素】确定和调整最低工资标准应当综合参考下列因素：

（一）劳动者本人及平均赡养人口的最低生活费用；

（二）社会平均工资水平；

（三）劳动生产率；

（四）就业状况；

（五）地区之间经济发展水平的差异。

第五十条　【工资支付形式】工资应当以货币形式按月支付给劳动者本人。不得克扣或者无故拖欠劳动者的工资。

第五十一条　【法定休假日和婚丧假期间工资保障】劳动者在法定休假日和婚丧假期间以及依法参加社会活动期间，用人单位应当依法支付工资。

第六章　劳动安全卫生

第五十二条　【用人单位职责】用人单位必须建立、健全劳动安全卫生制度，严格执行国家劳动安全卫生规程和标准，对劳动者进行劳动安全卫生教育，防止劳动过程中的事故，减少职业危害。

第五十三条　【劳动安全卫生设施标准】劳动安全卫生设施必须符合国家规定的标准。

新建、改建、扩建工程的劳动安全卫生设施必须与主体工程同时设计、同时施工、同时投入生产和使用。

第五十四条　【劳动者劳动安全防护及健康保护】用人单位必须为劳动者提供符合国家规定的劳动安全卫生条件和必要的劳动防护用品，对从事有职业危害作业的劳动者应当定期进行健康检查。

第五十五条　【特种作业资格】从事特种作业的劳动者必须经过专门培训并取得特种作业资格。

第五十六条　【劳动过程安全防护】劳动者在劳动过程中必须严格遵守安全操作规程。

劳动者对用人单位管理人员违章指挥、强令冒险作业，有权拒绝执行；对危害生命安全和身体健康的行为，有权提出批评、检举和控告。

第五十七条　【伤亡事故和职业病统计报告、处理制度】国家建立伤亡事故和职业病统计报告和处理制度。县级以上各级人民政府劳动行政部门、有关部门和用人单位应当依法对劳动者在劳动过程中发生的伤亡事故和劳动者的职业病状况，进行统计、报告和处理。

第七章　女职工和未成年工特殊保护

第五十八条　【女职工和未成年工特殊劳动保护】国家对女职工和未成年工实行特殊劳动保护。

未成年工是指年满十六周岁未满十八周岁的劳动者。

第五十九条　【劳动强度限制】禁止安排女职工从事矿山井下、国家规定的第四级体力劳动强度的劳动和其他禁忌从事的劳动。

第六十条　【经期劳动强度限制】不得安排女职工在经期从事高处、低温、冷水作业和国家规定的第三级体力劳动强度的劳动。

第六十一条　【孕期劳动强度限制】不得安排女职工在怀孕期间从事国家规定的第三级体力劳动强度的劳动和孕期禁忌从事的劳动。对怀孕七个月以上的女职工，不得安排其延长工作时间和夜班劳动。

第六十二条　【产假】女职工生育享受不少于九十天的产假。

第六十三条　【哺乳期劳动保护】不得安排女职工在哺乳未满一周岁的婴儿期间从事国家规定的第三级体力劳动强度的劳动和哺乳期禁忌从事的其他劳动，不得安排其延长工作时间和夜班劳动。

第六十四条　【未成年工劳动保护】不得安排未成年工从事矿山井下、有毒有害、国家规定的第四级体力劳动强度的劳动和其他禁忌从事的劳动。

第六十五条　【未成年工健康检查】用人单位应当对未成年工定期进行健康检查。

第八章　职　业　培　训

第六十六条　【发展目标】国家通过各种途径，采取各种措施，发展职业培训事业，开发劳动者的职业技能，提高劳动者素质，增强劳动者的就业能力和工作能力。

第六十七条　【政府支持】各级人民政府应当把发展职业培训纳入社会经济发展的规划，鼓励和支持有条件的企业、事业组织、社会团体和个人进行各种形式的职业培训。

第六十八条　【职业培训】用人单位应当建立职业培训制度，按照国家规定提取和使用职业培训经费，根据本单位实际，有计划地对劳动者进行职业培训。

从事技术工种的劳动者，上岗前必须经过培训。

第六十九条　【职业技能标准和资格证书】国家确定职业分类，对规定的职业制定职业技能标准，实行职业资格证书制度，由经备案的考核鉴定机构负责对劳动者实施职业技能考核鉴定。

第九章　社会保险和福利

第七十条　【发展目标】国家发展社会保险事业，建立社会保险制度，设立社会保险基金，使劳动者在年老、患病、工伤、失业、生育等情况下获得帮助和补偿。

第七十一条　【协调发展】社会保险水平应当与社会经

济发展水平和社会承受能力相适应。

第七十二条　【基金来源】社会保险基金按照保险类型确定资金来源，逐步实行社会统筹。用人单位和劳动者必须依法参加社会保险，缴纳社会保险费。

第七十三条　【享受社保情形】劳动者在下列情形下，依法享受社会保险待遇：

（一）退休；

（二）患病、负伤；

（三）因工伤残或者患职业病；

（四）失业；

（五）生育。

劳动者死亡后，其遗属依法享受遗属津贴。

劳动者享受社会保险待遇的条件和标准由法律、法规规定。

劳动者享受的社会保险金必须按时足额支付。

第七十四条　【社保基金管理】社会保险基金经办机构依照法律规定收支、管理和运营社会保险基金，并负有使社会保险基金保值增值的责任。

社会保险基金监督机构依照法律规定，对社会保险基金的收支、管理和运营实施监督。

社会保险基金经办机构和社会保险基金监督机构的设立和职能由法律规定。

任何组织和个人不得挪用社会保险基金。

第七十五条　【补充保险和个人储蓄保险】国家鼓励用人单位根据本单位实际情况为劳动者建立补充保险。

国家提倡劳动者个人进行储蓄性保险。

第七十六条　【国家和用人单位的发展福利事业责任】国家发展社会福利事业，兴建公共福利设施，为劳动者休息、休养和疗养提供条件。

用人单位应当创造条件，改善集体福利，提高劳动者的福利待遇。

第十章　劳 动 争 议

第七十七条　【劳动争议处理】用人单位与劳动者发生劳动争议，当事人可以依法申请调解、仲裁、提起诉讼，也可以协商解决。

调解原则适用于仲裁和诉讼程序。

第七十八条　【解决争议的原则】解决劳动争议，应当根据合法、公正、及时处理的原则，依法维护劳动争议当事人的合法权益。

第七十九条　【调解和仲裁】劳动争议发生后，当事人可以向本单位劳动争议调解委员会申请调解；调解不成，当事人一方要求仲裁的，可以向劳动争议仲裁委员会申请仲裁。当事人一方也可以直接向劳动争议仲裁委员会申请仲裁。对仲裁裁决不服的，可以向人民法院提起诉讼。

第八十条　【劳动争议调解委员会及调解协议】在用人单位内，可以设立劳动争议调解委员会。劳动争议调解委员会由职工代表、用人单位代表和工会代表组成。劳动争议调解委员会主任由工会代表担任。

劳动争议经调解达成协议的，当事人应当履行。

第八十一条　【仲裁委员会组成】劳动争议仲裁委员会由劳动行政部门代表、同级工会代表、用人单位方面的代表组成。劳动争议仲裁委员会主任由劳动行政部门代表担任。

第八十二条　【仲裁期日】提出仲裁要求的一方应当自劳动争议发生之日起六十日内向劳动争议仲裁委员会提出书面申请。仲裁裁决一般应在收到仲裁申请的六十日内作出。对仲裁裁决无异议的，当事人必须履行。

第八十三条　【起诉和强制执行】劳动争议当事人对仲裁裁决不服的，可以自收到仲裁裁决书之日起十五日内向人民法院提起诉讼。一方当事人在法定期限内不起诉又不履行仲裁裁决的，另一方当事人可以申请人民法院强制执行。

第八十四条　【集体合同争议处理】因签订集体合同发生争议，当事人协商解决不成的，当地人民政府劳动行政部门可以组织有关各方协调处理。

因履行集体合同发生争议，当事人协商解决不成的，可以向劳动争议仲裁委员会申请仲裁；对仲裁裁决不服的，可以自收到仲裁裁决书之日起十五日内向人民法院提起诉讼。

第十一章　监 督 检 查

第八十五条　【劳动行政部门监督检查】县级以上各级人民政府劳动行政部门依法对用人单位遵守劳动法律、法规的情况进行监督检查，对违反劳动法律、法规的行为有权制止，并责令改正。

第八十六条　【公务检查】县级以上各级人民政府劳动行政部门监督检查人员执行公务，有权进入用人单位了解执行劳动法律、法规的情况，查阅必要的资料，并对劳动场所进行检查。

县级以上各级人民政府劳动行政部门监督检查人员执行公务，必须出示证件，秉公执法并遵守有关规定。

第八十七条　【政府监督】县级以上各级人民政府有关部门在各自职责范围内，对用人单位遵守劳动法律、法规的情况进行监督。

第八十八条　【工会监督和组织、个人检举控告】各级工会依法维护劳动者的合法权益,对用人单位遵守劳动法律、法规的情况进行监督。

任何组织和个人对于违反劳动法律、法规的行为有权检举和控告。

第十二章 法律责任

第八十九条 【对劳动规章违法的处罚】用人单位制定的劳动规章制度违反法律、法规规定的,由劳动行政部门给予警告,责令改正;对劳动者造成损害的,应当承担赔偿责任。

第九十条 【违法延长工时处罚】用人单位违反本法规定,延长劳动者工作时间的,由劳动行政部门给予警告,责令改正,并可以处以罚款。

第九十一条 【用人单位侵权处理】用人单位有下列侵害劳动者合法权益情形之一的,由劳动行政部门责令支付劳动者的工资报酬、经济补偿,并可以责令支付赔偿金:

(一)克扣或者无故拖欠劳动者工资的;

(二)拒不支付劳动者延长工作时间工资报酬的;

(三)低于当地最低工资标准支付劳动者工资的;

(四)解除劳动合同后,未依照本法规定给予劳动者经济补偿的。

第九十二条 【用人单位违反劳保规定的处罚】用人单位的劳动安全设施和劳动卫生条件不符合国家规定或者未向劳动者提供必要的劳动防护用品和劳动保护设施的,由劳动行政部门或者有关部门责令改正,可以处以罚款;情节严重的,提请县级以上人民政府决定责令停产整顿;对事故隐患不采取措施,致使发生重大事故,造成劳动者生命和财产损失的,对责任人员依照刑法有关规定追究刑事责任。

第九十三条 【违章作业造成事故处罚】用人单位强令劳动者违章冒险作业,发生重大伤亡事故,造成严重后果的,对责任人员依法追究刑事责任。

第九十四条 【非法招用未成年工处罚】用人单位非法招用未满十六周岁的未成年人的,由劳动行政部门责令改正,处以罚款;情节严重的,由市场监督管理部门吊销营业执照。

第九十五条 【侵害女工和未成年工合法权益的处罚】用人单位违反本法对女职工和未成年工的保护规定,侵害其合法权益的,由劳动行政部门责令改正,处以罚款;对女职工或者未成年工造成损害的,应当承担赔偿责任。

第九十六条 【人身侵权处罚】用人单位有下列行为之一,由公安机关对责任人员处以十五日以下拘留、罚款或者警告;构成犯罪的,对责任人员依法追究刑事责任:

(一)以暴力、威胁或者非法限制人身自由的手段强迫劳动的;

(二)侮辱、体罚、殴打、非法搜查和拘禁劳动者的。

第九十七条 【无效合同损害赔偿责任】由于用人单位的原因订立的无效合同,对劳动者造成损害的,应当承担赔偿责任。

第九十八条 【违法解除和拖延订立合同损害赔偿】用人单位违反本法规定的条件解除劳动合同或者故意拖延不订立劳动合同的,由劳动行政部门责令改正;对劳动者造成损害的,应当承担赔偿责任。

第九十九条 【招用未解除合同者损害赔偿】用人单位招用尚未解除劳动合同的劳动者,对原用人单位造成经济损失的,该用人单位应当依法承担连带赔偿责任。

第一百条 【不缴纳保险费处理】用人单位无故不缴纳社会保险费的,由劳动行政部门责令其限期缴纳;逾期不缴的,可以加收滞纳金。

第一百零一条 【妨碍检查公务处罚】用人单位无理阻挠劳动行政部门、有关部门及其工作人员行使监督检查权,打击报复举报人员的,由劳动行政部门或者有关部门处以罚款;构成犯罪的,对责任人员依法追究刑事责任。

第一百零二条 【违法解除合同和违反保密事项损害赔偿】劳动者违反本法规定的条件解除劳动合同或者违反劳动合同中约定的保密事项,对用人单位造成经济损失的,应当依法承担赔偿责任。

第一百零三条 【渎职的法律责任】劳动行政部门或者有关部门的工作人员滥用职权、玩忽职守、徇私舞弊,构成犯罪的,依法追究刑事责任;不构成犯罪的,给予行政处分。

第一百零四条 【挪用社保基金处罚】国家工作人员和社会保险基金经办机构的工作人员挪用社会保险基金,构成犯罪的,依法追究刑事责任。

第一百零五条 【处罚竞合处理】违反本法规定侵害劳动者合法权益,其他法律、行政法规已规定处罚的,依照该法律、行政法规的规定处罚。

第十三章 附则

第一百零六条 【实施步骤制定】省、自治区、直辖市人民政府根据本法和本地区的实际情况,规定劳动合同制度的实施步骤,报国务院备案。

第一百零七条 【施行日期】本法自 1995 年 1 月 1 日起施行。

劳动部关于《中华人民共和国劳动法》若干条文的说明①

1. 1994年9月5日

2. 劳办发〔1994〕289号

第一条　为了保护劳动者的合法权益，调整劳动关系，建立和维护适应社会主义市场经济的劳动制度，促进经济发展和社会进步，根据宪法，制定本办法。

本条中的"劳动制度"，此外作广义上理解，不仅仅指用人制度，还包括就业、工资分配、社会保险、职业培训、劳动安全卫生等制度。

第二条　在中华人民共和国境内的企业、个体经济组织（以下统称用人单位）和与之形成劳动关系的劳动者，适用本法。

国家机关、事业组织、社会团体和与之建立劳动合同关系的劳动者，依照本法执行。

本条第一款中的"企业"是指从事产品生产、流通或服务性活动等实行独立经济核算的经济单位，包括各种所有制类型的企业，如工厂、农场、公司等。

本条第二款所指劳动法对劳动者的适用范围，包括三个方面：(1)国家机关、事业组织、社会团体的工勤人员；(2)实行企业化管理的事业组织的非工勤人员；(3)其他通过劳动合同（包括聘用合同）与国家机关、事业单位、社会团体建立劳动关系的劳动者。

本法的适用范围排除了公务员和比照实行公务员制度的事业组织和社会的工作人员，以及农业劳动者、现役军人和家庭保姆等。

第三条　劳动者享有平等就业和选择职业的权利、取得劳动报酬的权利、休息休假的权利、获得劳动安全卫生保护的权利、接受职业技能培训的权利、享受社会保险和福利的权利、提请劳动争议处理的权利以及法律规定的其他劳动权利。

劳动者应当完成劳动任务，提高职业技能，执行劳动安全卫生规程，遵守劳动纪律和职业道德。

本条中的"劳动报酬"是指劳动者从用人单位得到的全部工资收入。

本条中"法律规定的其他劳动权利"是指，劳动者依法享有参加和组织工会的权利，参加职工民主管理的权利，参加社会义务劳动的权利，参加劳动竞赛的权利，提出合理化建议的权利，从事科学研究、技术革新、发明创造的权利，依法解除劳动合同的权利，对用人单位管理人员违章指挥、强令冒险作业有拒绝执行的权利，对危害生命安全和身体健康的行为有权提出批评、检举和控告的权利，对违反劳动法的行为进行监督的权利等。

第四条　用人单位应当依法建立和完善规章制度，保障劳动者享有劳动权利和履行劳动义务。

本条中的"依法"应当作广义理解，指所有的法律、法规和规章。包括：宪法、法律、行政法规、地方法规，民族自治地方，还要依据该地方的自治条例和单行条例，以及关于劳动方面的行政规章。

第五条　国家采取各种措施，促进劳动就业，发展职业教育，制定劳动标准，调节社会收入，完善社会保险，协调劳动关系，逐步提高劳动者的生活水平。

本条中的"调节社会收入"，是指国家通过宏观调控措施调节全社会收入的总量以及不同地区、不同部门、不同单位、不同人员之间的收入关系，其目的是使全社会个人收入总量在国民收入中保持合理的比重，保证社会公平，促进社会进步。

第七条　劳动者有权依法参加和组织工会。

工会代表和维护劳动者的合法权益，依法独立自主地开展活动。

本条中的"依法"具体指我国宪法和《中华人民共和国工会法》等。

第八条　劳动者依照法律规定，通过职工大会、职工代表大会或者其他形式，参与民主管理或者就保护劳动者合法权益与用人单位进行平等协商。

本条中的"依照法律规定"，法律指：《中华人民共和国外资企业法》、《中华人民共和国中外合资企业法》、《中华人民共和国中外合作企业法》、《中华人民共和国全民所有制工业企业法》等。其中"通过职工大会、职工代表大会"，"参与民主管理"，主要适用于国有企业；"其他形式"指通过工会或推举代表；"与用人单位进行平等协商"，主要适用于非国有企业。

第九条　国务院劳动行政部门主管全国劳动工作。

县级以上地方人民政府劳动行政部门主管本行政区域内的劳动工作。

本条第一款，以法律形式明确了国务院劳动行政部门的地位和职位。第二款明确了县级以上各级地方劳动行政部门的地位和职责。

本条中的"劳动工作"包括劳动就业、劳动合同和集体合同、工时和休息休假、工资、劳动安全卫生、女职工和未成年工特殊保护、职业培训、社会保险和福利、

---

①　本说明仅针对部分条文，对于未作说明的条文，如第六、十二、二十三、二十四、三十四、四十三、四十五条及后面的大量条文，均未收录。

劳动争议处理、劳动监督检查以及依照法律责任追究违法后果等，与国务院批准的劳动部“三定”方案是一致的。

第十条 国家通过促进经济和社会发展，创造就业条件，扩大就业机会。

国家鼓励企业、事业组织、社会团体在法律、行政法规规定的范围内兴办产业或者拓展经营，增加就业。

国家支持劳动者自愿组织起来就业和从事个体经营实现就业。

本条中的“就业”是指具有劳动能力的公民在法定劳动年龄内，依法从事某种有报酬或劳动收入的社会活动。

本条第二款指的法律、行政法规有《劳动就业服务企业管理规定》、《全民所有制工业企业转换经营机制条例》、《城镇集体所有制企业条例》、《个体工商户管理条例》、中共中央、国务院《关于广开门路、搞活经济解决城镇就业问题的若干决定》等。

本条第三款中的“组织起来就业”是指通过兴办各种类型的经济组织实现就业。国家对这类经济组织实行在资金、货源、场地、原辅材料、税收等方面给予支持和照顾的政策。

第十一条 地方各级人民政府应当采取措施，发展多种类型的职业介绍机构，提供就业服务。

本条中的“多种类型的职业介绍机构”指：劳动部门、非劳动部门和个人开办的职业介绍机构，各级劳动就业服务机构开办的职业介绍机构，非劳动部门针对不同的求职对象开办的职业介绍机构等。各种类型的职业介绍机构其业务范围不同。

本条中的“就业服务”主要包括：(1)为劳动力供求双方相互选择，实现就业而提供的各类职业介绍服务；(2)为提高劳动者职业技术和就业能力的多层次、多形式的就业训练和转业训练服务；(3)为保障失业者基本生活和帮助其再就业的失业保险服务；(4)组织劳动者开展生产自救和创业的劳动就业服务企业。就业服务的四项工作应做到有机结合，发挥整体作用，为劳动者就业提供全面、高效、便捷的服务。

第十三条 妇女享有与男子平等的就业权利。在录用职工时，除国家规定的不适合妇女的工种或者岗位外，不得以性别为由拒绝录用妇女或者提高对妇女的录用标准。

本条中的“平等的就业权利”是指劳动者的就业地位、就业机会和就业条件平等。

本条中的“国家规定的不适合妇女的工种或者岗位”具体规定在劳动部颁布的《女职工禁忌劳动范围的规定》(劳安字〔1990〕2号)中。

第十四条 残疾人、少数民族人员、退出现役的军人的就业，法律、法规有特别规定的，从其规定。

本条中的“法律、法规”指：《中华人民共和国残疾人保障法》，《中国人民解放军志愿兵退出现役安置暂行办法》，《退伍义务兵安置条例》，以及《民族区域自治法》等。

第十五条 禁止用人单位招用未满十六周岁的未成年人。

文艺、体育和特种工艺单位招用未满十六周岁的未成年人，必须依照国家有关规定，履行审批手续，并保障其接受义务教育的权利。

本条第一款的具体规定在国务院第81号令《禁止使用童工规定》中。

本条中“依照国家有关规定”主要指《关于界定文艺工作者、运动员、艺徒概念的通知》、《关于禁止使用童工的罚款标准》等。

第十六条 劳动合同是劳动者与用人单位确立劳动关系、明确双方权利和义务的协议。

建立劳动关系应当订立劳动合同。

此条明确：建立劳动关系的所有劳动者，不论是管理人员，技术人员还是原来所称的固定工，都必须订立劳动合同。“应当”在这里是“必须”的含义。

第十七条 订立和变更劳动合同，应当遵循平等自愿、协商一致的原则，不得违反法律、行政法规的规定。

劳动合同依法订立即具有法律约束力，当事人必须履行劳动合同规定的义务。

本条第一款中的“法律、行政法规”既包括现行的法律、行政法规，也包括以后颁布实行的法律、行政法规，既包括劳动法律、法规，也包括民事、经济方面的法律、法规。

本条第二款中的“依法”是指订立劳动合同时所依据的现行法律和法规。

劳动合同依法订立即具有法律约束力，任何第三方不得非法干预劳动合同的履行。

第十八条 下列劳动合同无效：

(一)违反法律、行政法规的劳动合同；

(二)采取欺诈、威胁等手段订立的劳动合同。

无效的劳动合同，从订立的时候起，就没有法律约束力。确认劳动合同部分无效的，如果不影响其余部分的效力，其余部分仍然有效。

劳动合同的无效，由劳动争议仲裁委员会或者人民法院确认。

本条第一款第(一)项中“法律、行政法规”与本法

第十七条解释相同。第(二)项中,"欺诈"是指:一方当事人故意告知对方当事人虚假的情况,或者故意隐瞒真实的情况,诱使对方当事人作出错误意思表示的行为;"威胁"是指以给公民及其亲友的生命健康、荣誉、名誉、财产等造成损害为要挟、迫使对方作出违背真实的意思表示的行为。(欺诈、威胁的解释依据《最高人民在于贯彻执行〈中华人民共和国民法通则〉若干问题的意见(试行)》)。

劳动合同的无效,经仲裁未引起诉讼的,由劳动争议仲裁委员会认定;经仲裁引起诉讼的,由人民法院认定。

第十九条 劳动合同应当以书面形式订立,并具备以下条款:

(一)劳动合同期限;

(二)工作内容;

(三)劳动保护和劳动条件;

(四)劳动报酬;

(五)劳动纪律;

(六)劳动合同终止的条件;

(七)违反劳动合同的责任。

劳动合同除前款规定的必备条款外,当事人可以协商约定其他内容。

劳动合同的必备条款中没有规定社会保险一项,原因在于:社会保险在全社会范围内依法执行,并不是订立合同的双方当事人所能协商解决的。

"协商约定其他内容"是指劳动合同中的约定条款,即劳动合同双方当事人除依据本法就劳动合同的必备条款达成一致外,如果认为某些方面与劳动合同有关的内容仍需协调,便可将协商一致的内容写进合同,这些内容是合同当事人自愿协商确定的,而不是法定的。

第二十条 劳动合同的期限分为有固定期限、无固定期限和以完成一定的工作为期限。

劳动者在同一用人单位连续工作满十年以上,当事人双方同意续延劳动合同的,如果劳动者提出订立无固定期限的劳动合同,应当订立无固定期限的劳动合同。

本条中的"当事人双方同意续延劳动合同的",是指已有劳动合同到期,双方同意续延的。并非指原固定工同意而一律订立无固定期限的劳动合同。

第二十一条 劳动合同可以约定试用期。试用期最长不得超过六个月。

本条中规定的"试用期"适用于初次就业或再次就业时改变劳动岗位或工种的劳动者。

第二十二条 劳动合同当事人可以在劳动合同中约定保守用人单位商业秘密的有关事项。

根据《反不正当竞争法》第十条规定,商业秘密指不为公众所知悉,能为用人单位带来经济利益,具有实用性并经用人单位采取保密措施的技术信息和经营信息。

第二十五条 劳动者有下列情形之一的,用人单位可以解除劳动合同:

(一)在试用期间被证明不符合录用条件的;

(二)严重违反劳动纪律或者用人单位规章制度的;

(三)严重失职,营私舞弊,对用人单位利益造成重大损害的;

(四)被依法追究刑事责任的。

本条中"严重违反劳动纪律"的行为,可根据《企业职工奖励条例》和《国营企业辞退违纪职工暂行规定》等有关法规认定。

本条中的"重大损害"由企业内部规章来规定。因为企业类型各有不同,对重大损害的界定也千差万别,故不便对重大损害作统一解释。若由此发生劳动争议,可以通过劳动争议仲裁委员会对其规章规定的重大损害进行认定。

本条中"被依法追究刑事责任",具体指:(1)被人民检察院免予起诉的;(2)被人民法院判处刑罚(刑罚包括:主刑:管制、拘役、有期徒刑、无期徒刑、死刑;附加刑:罚金、剥夺政治权利、没收财产)的;(3)被人民法院依据刑法第32条免予刑事处分的。

第二十六条 有下列情形之一的,用人单位可以解除劳动合同,但是应当提前三十日以书面形式通知劳动者本人:

(一)劳动者患病或者非因工负伤,医疗期满后,不能从事原工作也不能从事由用人单位另行安排的工作的;

(二)劳动者不能胜任工作,经过培训或者调整工作岗位,仍不能胜任工作的;

(三)劳动合同订立时所依据的客观情况发生重大变化,致使原劳动合同无法履行,经当事人协商不能就变更劳动合同达成协议的。

本条第(一)项指劳动者医疗期满后,不能从事原工作的,由原用人单位另行安排适当工作之后,仍不能从事另行安排的工作的,可以解除劳动合同。

本条第(二)项中的"不能胜任工作",是指不能按要求完成劳动合同中约定的任务或者同工种,同岗位人员的工作量。用人单位不得故意提高定额标准,使劳动者无法完成。

本条中的“客观情况”指：发生不可抗力或出现致使劳动合同全部或部分条款无法履行的其他情况，如企业迁移、被兼并、企业资产转移等，并且排除本法第二十七条所列的客观情况。

第二十七条 用人单位濒临破产进行法定整顿期间或者生产经营状况发生严重困难，确需裁减人员的，应当提前三十日向工会或者全体职工说明情况，听取工会或者职工的意见，经向劳动行政部门报告后，可以裁减人员。

用人单位依据本条规定裁减人员，在六个月内录用人员的，应当优先录用被裁减的人员。

本条中的“法定整顿期间”指依据《中华人民共和国破产法》和《民事诉讼法》的破产程序进入的整顿期间。“生产经营状况发生严重困难”可以根据地方政府规定的困难企业标准来界定。“报告”仅指说明情况，无批准的含义。“优先录用”指同等条件下优先录用。

第二十八条 用人单位依据本法第二十四条、第二十六条、第二十七条的规定解除劳动合同的，应当依照国家有关规定给予经济补偿。

本条中的“依据国家有关规定”是指国家法律、法规和劳动部制定的规章及其他规范性文件。

目前除《国营企业实行劳动合同制暂行规定》对新招工人解除劳动合同给予经济补偿，《中华人民共和国中外合资经营企业劳动管理规定》第四条规定，企业应对被解雇的职工予以经济补偿外，其他劳动法律、法规、规章尚无此规定。需制定新的经济补偿办法。《履行和解除劳动合同的经济补偿办法》正在制定中，将于明年一月一日前颁布。

第二十九条 劳动者有下列情形之一的，用人单位不得依据本法第二十六条、第二十七条的规定解除劳动合同：

（一）患职业病或者因工负伤并被确认丧失或者部分丧失劳动能力的；

（二）患病或者负伤，在规定的医疗期内的；

（三）女职工在孕期、产期、哺乳期内的；

（四）法律、行政法规规定的其他情形。

本条第（一）项、第（二）项、第（三）项之所以以法律的形式规定不得解除劳动合同，是为了保证劳动者在特殊情况下的权益不受侵害。在第（二）项、第（三）项规定的情形下劳动合同到期的，应延续劳动合同到医疗期满或女职工“三期”届满为止。

本条第（四）项中的“法律、法规规定的其他情形”，这类规定是立法时经常采用的技术性手段，其立法用意是：（1）在该条款列举情况时，为避免遗漏现行法律、法规规定的其他情况，采用此种办法使该法与其他法相衔接。（2）便于以后颁布的法律相衔接，即与新法相衔接。本法第四十二条第（三）项的解释与此相同。

第三十条 用人单位解除劳动合同，工会认为不适当的，有权提出意见。如果用人单位违反法律、法规或者劳动合同，工会有权要求重新处理；劳动者申请仲裁或者提起诉讼的，工会应当依法给予支持和帮助。

本条中的“法律、法规”是指与解除劳动合同有关的现行法律、法规。

第三十一条 劳动者解除劳动合同，应当提前三十日以书面形式通知用人单位。

本条规定了劳动者的辞职权，除此条规定的程序外，对劳动者行使辞职权不附加任何条件。但违反劳动合同约定者要依法承担责任。

第三十二条 有下列情形之一的，劳动者可以随时通知用人单位解除劳动合同：

（一）在试用期内的；

（二）用人单位以暴力、威胁或者非法限制人身自由的手段强迫劳动的；

（三）用人单位未按照劳动合同约定支付劳动报酬或者提供劳动条件的。

本条中的“非法限制人身自由”是指采用拘留、禁闭或其他强制方法非法剥夺或限制他人按照自己的意志支配自己的身体活动的自由的行为。

第三十三条 企业职工一方与企业可以就劳动报酬、工作时间、休息休假、劳动安全卫生、保险福利等事项，签订集体合同。集体合同草案应当提交职工代表大会或者全体职工讨论通过。

集体合同由工会代表职工与企业签订；没有建立工会的企业，由职工推举的代表与企业签订。

本条中的“企业职工一方”是指企业工会或者职工推举的代表（没有建立工会的企业）。

本条中的“保险福利”主要是指国家基本社会保险之外的企业补充保险和职工福利。国家基本社会保险依照法律法规规定执行。

第三十五条 依法签订的集体合同对企业和企业全体职工具有约束力。职工个人与企业订立的劳动合同中劳动条件和劳动报酬等标准不得低于集体合同的规定。

集体合同中劳动条件和劳动报酬的规定不得违背国家法律法规的规定；企业与职工签订的劳动合同在此方面不得低于集体合同的规定。即集体合同的法律效力高于劳动合同，劳动法律、法规的法律效力高于集体合同。

第三十六条　国家实行劳动者每日工作时间不超过八小时、平均每周工作时间不超过四十四小时的工时制度。

根据《国务院关于职工工作时间的规定》，目前，职工的标准工作时间为每日工作八小时，平均每周工作四十四小时。但企业可以根据实际情况，在标准工作时间范围内合理安排生产和劳动时间。但每日不能超过八小时，平均每周不能超过四十四小时。

第三十七条　对实行计件工作的劳动者，用人单位应当根据本法第三十六条规定的工时制度合理确定其劳动定额和计件报酬标准。

本条应理解为：

（一）对于实行计件工资的用人单位，在实行新的工时制度下应既能保证劳动者享受缩短工时的待遇，又尽量保证劳动者的计件工资收入不减少。

（二）如果适当调整劳动定额，在保证劳动者计件工资收入不降低的前提下，计件单价可以不作调整；如果调整劳动定额有困难，就应该考虑适当调整劳动者计件单价，以保证收入不减少。

第三十八条　用人单位应当保证劳动者每周至少休息一日。

本条应理解为：用人单位必须保证劳动者每周至少有一次24小时不间断的休息。

第三十九条　企业因生产特点不能实行本法第三十六条、第三十八条规定的，经劳动行政部门批准，可以实行其他工作和休息办法。

劳动部、人事部颁发的《国务院关于职工工作时间的规定实施办法》中规定："由于工作性质和职责的限制，不宜实行定时工作制的职工，由国务院行业系统主管部门提出意见，报国务院劳动、人事行政主管部门批准，可以实行不定时工作制。"如：出租车驾驶员、森林巡视员等。

第四十条　用人单位在下列节日期间应当依法安排劳动者休假：

（一）元旦；

（二）春节；

（三）国际劳动节；

（四）国庆节；

（五）法律、法规规定的其他休假节日。

根据1949年政务院发布的《全国年节及纪念日放假办法》之规定，元旦，放假一天，一月一日；春节，放假三天，农历正月初一日、初二日、初三日；国际劳动节，放假一日，五月一日；国庆节，放假二日，十月一日、十月二日。

本条第（五）项具体指：妇女节，放假半天；少数民族习惯的假日，由少数民族集居地区的地区人民政府，规定放假日期。其他纪念日，不放假，属于全国人民的假日，如适逢星期日，应在次日补假；凡属于部分人民的假日，如适逢星期日不补假。休假节日不包括职工的带薪年休假。

第四十一条　用人单位由于生产经营需要，经与工会和劳动者协商后可以延长工作时间，一般每日不得超过一小时；因特殊原因需要延长工作时间的，在保障劳动者身体健康的条件下延长工作时间每日不得超过三小时，但是每月不得超过三十六小时。

本条中的"延长工作时间"是指在企业执行的工作时间制度的基础上的加班加点。本条中的"生产经营需要"是指来料加工、商业企业在旺季完成收购、运输、加工农副产品紧急任务等情况。

第四十二条　有下列情形之一的，延长工作时间不受本法第四十一条规定的限制：

（一）发生自然灾害、事故或者因其他原因，威胁劳动者生命健康和财产安全，需要紧急处理的；

（二）生产设备、交通运输线路、公共设施发生故障，影响生产和公众利益，必须及时抢修的；

（三）法律、行政法规规定的其他情形。

本条第（三）项中的"法律、行政法规"，既包括现行的，也包括以后颁布实行的。当前主要指国务院《关于职工工作时间的规定的实施办法》规定的四种其他情形：

（一）在法定节日和公休假日内工作不能间断，必须连续生产、运输或者营业的；

（二）必须利用法定节日或公休假日的停产期间进行设备检修、保养的；

（三）为完成国防紧急任务的；

（四）为完成国家下达的其他紧急生产任务的。

第四十四条　有下列情形之一的，用人单位应当按照下列标准支付高于劳动者正常工作时间工资的工资报酬：

（一）安排劳动者延长工作时间的，支付不低于工资的百分之一百五十的工资报酬；

（二）休息日安排劳动者工作又不能安排补休的，支付不低于工资的百分之二百的工资报酬；

（三）法定休假日安排劳动者工作的，支付不低于工资的百分之三百的工资报酬。

本条的"工资"，实行计时工资的用人单位，指的是用人单位规定的其本人的基本工资，其计算方法是：

用月基本工资除以月法定工作天数(23.5天)即得日工资,用日工资除以日工作时间即得小时工资;实行计件工资的用人单位,指的是劳动者在加班加点的工作时间内应得的计件工资。

第四十六条 工资分配应当遵循按劳分配原则,实行同工同酬。

工资水平在经济发展的基础上逐步提高。国家对工作总量实行宏观调控。

本条中的"同工同酬"是指用人单位对于从事相同工作,付出等量劳动且取得相同劳绩的劳动者,应支付同等的劳动报酬。

本条中的"工资水平"是指一定区域一定时期内平均工资的高低程度。

本条中的"工资总量"是指一定时期内国民生产总值用于工资分配的总数量。

本条中的"宏观调控"的具体办法,可执行《关于加强企业工资总额宏观调控的实施意见》(劳部发〔1993〕299号)。

第四十七条 用人单位根据本单位的生产经营特点和经济效益,依法自主确定本单位的工资分配方式和工资水平。

本条中的"经济效益"包含了劳动生产率和就业状况两个重要的因素。

本条中的"依法",指依照法律和法规。目前主要指《全民所有制工业企业转换经营机制条例》等。

本条中的"工资分配方式"是指单位内部的工资制度,包括工资构成、工资标准、工资形式、工资增长机制等。"工资水平"是指本单位在一定时期内的职工平均工资。

第四十八条 国家实行最低工资保障制度。最低工资的具体标准由省、自治区、直辖市人民政府规定,报国务院备案。

用人单位支付劳动者的工资不得低于当地最低工资标准。

本条中的"最低工资"是指劳动者在法定工作时间内履行了正常劳动义务的前提下,由其所在单位支付的最低劳动报酬。最低工资包括基本工资和奖金、津贴、补贴,但不包括加班加点工资、特殊劳动条件下的津贴,国家规定的社会保险和福利待遇排除在外。最低工资的具体规定见《企业最低工资规定》(劳部发〔1993〕333号)。

第四十九条 确定和调整最低工资标准应当综合参考下列因素:

(一)劳动者本人及平均赡养人口的最低生活费用;

(二)社会平均工资水平;

(三)劳动生产率;

(四)就业状况;

(五)地区之间经济发展水平的差异。

本条中的"最低生活费用",应为劳动者本人及其赡养人口为维持最低生活需要而必须支付的费用,包括吃、穿、住、行等方面。一般可采取参照国家统计部门家计调查中对调查户数的10%最低收入户的人均生活费用支出额乘以赡养人口系数来计算最低工资额,再根据其他因素作适当调整并确定。具体计算办法可参考《企业最低工资规定》附件。

第五十条 工资应当以货币形式按月支付给劳动者本人。不得克扣或者无故拖欠劳动者的工资。

本条中的"货币形式"排除发放实物、发放有价证券等形式。"按月支付"应理解为每月至少发放一次工资,实行月薪制的单位,工资必须每月发放,超过企业与职工约定或劳动合同规定的每月支付工资的时间发放工资即为不按月支付。实行小时工资制、日工资制、周工资制的单位工资也可以按日或按周发放,并且要足额发放。"克扣"是指用人单位对履行了劳动合同规定的义务和责任,保质保量完成生产工作任务的劳动者,不支付或未足额支付其工资。"无故拖欠"应理解为,用人单位无正当理由在规定时间内故意不支付劳动者工资。

第五十一条 劳动者在法定休假日和婚丧假期间以及依法参加社会活动期间,用人单位应当依法支付工资。

法定休假日,是指法律、法规规定的劳动者休假的时间,包括法定节日(即元旦、春节、国际劳动节、国庆节及其他节假日)以及法定带薪休假。

婚丧假,是指劳动者本人结婚以及其直系亲属死亡时依法享受的假期。

依法参加社会活动是指:行使选举权;当选代表,出席政府、党派、工会、青年团、妇女联合会等组织召开的会议;担任人民法庭的人民陪审员、证明人、辩护人;出席劳动模范、先进工作者大会;《工会法》规定的不脱产工会基层委员会委员因工会活动占用的生产时间等。

第五十二条 用人单位必须建立、健全劳动安全卫生制度,严格执行国家劳动安全卫生规程和标准,对劳动者进行劳动安全卫生教育,防止劳动过程中的事故,减少职业危害。

本条中的"劳动安全卫生制度",主要指:安全生产责任制、安全教育制度、安全检查制度、伤亡事故和职业病调查处理制度。

本条中的"劳动安全卫生规程和标准",是指关于消除、限制或预防劳动过程中的危险和有害因素,保护职工安全与健康,保障设备、生产正常运行而制定的统一规定。劳动安全卫生标准分三级,即国家标准、行业标准和地方标准。

第五十三条 劳动安全卫生设施必须符合国家规定的标准。

新建、改建、扩建工程的劳动安全卫生设施必须与主体工程同时设计、同时施工、同时投入生产和使用。

本条中的"劳动安全卫生设施",主要指安全技术方面的设施、劳动卫生方面的设施、生产性辅助设施(如:女工卫生室、更衣室、饮水设施等)。

本条中的"国家规定的标准"主要指劳动部门和各行业主管部门制定的一系列技术标准。

本条第(二)款被称为"三同时",《矿山安全法》、《尘肺病防治条例》、1984年国务院《关于加强防尘防毒工作的决定》、1988年劳动部颁发的《关于生产性建设工程项目职业安全卫生监察的规定》和1992年颁发的《建设项目(工程)职业安全卫生设施和技术措施验收办法》,对"三同时"制度作了具体规定。

第五十四条 用人单位必须为劳动者提供符合国家规定的劳动安全卫生条件和必要的劳动防护用品,对从事有职业危害作业的劳动者应当定期进行健康检查。

本条中的"国家规定"主要指:《工厂安全卫生规程》、《建筑安装工程安全技术规程》、《工业企业设计卫生标准》及一些国家标准,如:《工业企业厂内运输安全规程》、《生产过程安全卫生要求总则》等。

本条要求企业提供的劳动安全卫生条件,主要包括工作场所和生产设备。工作场所的光线应当充足,噪声、有毒有害气体和粉尘浓度不得超过国家规定的标准,建筑施工、易燃易爆和有毒有害等危险作业场所应当设置相应的防护设施、报警装置、通讯装置、安全标志等。对危险性大的生产设备设施,如锅炉、压力容器、起重机械、电梯、企业内机动车辆、客运架空索道等,必须经过安全评价认可,取得劳动部门颁发的安全使用许可证后,方可投入运行。企业提供的劳动防护用品,必须是经过政府劳动部门安全认证合格的劳动防护用品。

第五十五条 从事特种作业的劳动者必须经过专门培训并取得特种作业资格。

本条中的"特种作业"指对操作者本人及他人和周围设施的安全有重大危害因素的作业。特种作业的范围有十类:(1)电工作业;(2)锅炉司炉;(3)压力容器操作;(4)起重机械作业;(5)爆破作业;(6)金属焊接(气割)作业;(7)煤矿井下瓦斯检验;(8)机动车辆驾驶;(9)机动船舶驾驶、轮机操作;(10)建筑登高架设作业。国家标准《特种作业人员安全技术考核管理规则》(GB 5306—85)和劳动部颁发的《特种作业人员安全技术培训考核管理规定》(劳安字〔1991〕31号),对特种作业的范围和特种作业人员条件、培训、考核、发证等都作了明确规定。

"特种作业资格"是指特种作业人员在独立上岗之前,必须进行安全技术培训,并经过安全技术理论考试和实际操作技能考核,考核成绩合格者由劳动部门和有关部门发给《特种作业人员操作证》,它是国家职业资格证书的一种。

第五十七条 国家建立伤亡事故和职业病统计报告和处理制度。县级以上各级人民政府劳动行政部门、有关部门和用人单位应当依法对劳动者在劳动过程中发生的伤亡事故和劳动者的职业病状况,进行统计、报告和处理。

本条中的"依法",主要指《矿山安全法》、《企业职工伤亡事故报告和处理规定》、《特别重大事故调查程序暂行规定》,以及劳动部发布的《企业职工伤亡事故报告和处理规定的有关问题的解释》、《特别重大事故调查程序暂行规定有关条文的解释》、《企业职工伤亡事故统计报表制度》、《职业病报告办法》等。

第五十九条 禁止安排女职工从事矿山井下、国家规定的第四级体力劳动强度的劳动和其他禁忌从事的劳动。

本条中的"第四级体力劳动强度"和"禁忌从事的劳动",可以按照《女职工禁忌劳动范围的规定》(劳安字〔1990〕2号)和国家标准《体力劳动强度分级》(GB 3869—83)等规定执行。

第六十条 不得安排女职工在经期从事高处、低温、冷水作业和国家规定的第三级体力劳动强度的劳动。

本条中的"高处作业"是指二级高处作业,即凡在坠落高度基准面5米以上(含5米)有可能坠落的高处进行的作业。"低温作业"是指在劳动生产过程中,其工作地点平均气温等于或低于5℃的作业。"冷水作业"是指在劳动生产过程中,操作人员接触冷水温度等于或小于12℃的作业。

第六十四条 不得安排未成年工从事矿山井下、有毒有害、国家规定的第四级体力劳动强度的劳动和其他禁忌从事的劳动。

本条中的"其他禁忌从事的劳动"是指:

(一)森林业伐木、归楞及流放作业;

（二）凡在坠落高度基准面5米以上（含5米）有可能坠落的高处进行的作业。即二级高处作业；

（三）作业场所放射性物质超过《放射防护规定》中规定剂量的作业；

（四）其他对未成年工的发育成长有影响的作业。

第七十一条　社会保险水平应当与社会经济发展水平和社会承受能力相适应。

本条中的"社会保险水平"是指社会保险待遇的给付标准及费率水平。

第七十二条　社会保险基金按照保险类型确定资金来源，逐步实行社会统筹。用人单位和劳动者必须依法参加社会保险，缴纳社会保险费。

本条中的"社会保险类型"是指需建立基金的养老、医疗、工伤、失业、生育五种社会保险。

第七十三条　劳动者在下列情形下，依法享受社会保险待遇：

（一）退休；

（二）患病、负伤；

（三）因工伤残或者患职业病；

（四）失业；

（五）生育。

劳动者死亡后，其遗属依法享受遗属津贴。

劳动者享受社会保险待遇的条件和标准由法律、法规规定。

劳动者享受的社会保险金必须按时足额支付。

本条中的"依法"是指法律、法规。目前主要依照《劳动保险条例》、国务院《关于企业职工养老保险制度改革的决定》和地方性法规等。在没有法律规定的情况下，可继续依照有效的劳动规章及一些规范性文件执行。

本条中的"社会保险待遇"是指养老、疾病、医疗、工伤、失业、生育和死亡等保险待遇。

本条中的"法律、法规"主要指正在制定中的《社会保险法》和五个保险条例。

第七十四条　社会保险基金经办机构依照法律规定收支、管理和运营社会保险基金，并负有使社会保险基金保值增值的责任。

社会保险基金监督机构依照法律规定，对社会保险基金的收支、管理和运营实施监督。

社会保险基金经办机构和社会保险基金监督机构的设立和职能由法律规定。

任何组织和个人不得挪用社会保险基金。

对此条的理解：《劳动法》已对社会保险基金经办机构及其职责作了规定，即该机构及其职责都是有法律依据的。该机构的设立和具体职能将在《社会保险法》中加以规定。在该法未出台之前，依现行劳动规章和其他规范性文件执行。

本条中的"依照法律规定"是指正在制定中的《社会保险法》。

第八十一条　劳动争议仲裁委员会由劳动行政部门代表、同级工会代表、用人单位方面的代表组成。劳动争议仲裁委员会主任由劳动行政部门代表担任。

本条中的"用人单位方面的代表"，是指政府指定的经营综合管理部门或者有关社会团体的代表。

第八十二条　提出仲裁要求的一方应当自劳动争议发生之日起六十日内向劳动争议仲裁委员会提出书面申请。仲裁裁决一般应在收到仲裁申请的六十日内作出。对仲裁裁决无异议的，当事人必须履行。

本条中的"劳动争议发生之日"指当事人知道或者应当知道其权利被侵害之日。

第八十五条　县级以上各级人民政府劳动行政部门依法对用人单位遵守劳动法律、法规的情况进行监督检查，对违反劳动法律、法规的行为有权制止，并责令改正。

本条中的"依法"和"劳动法律、法规"均指现行的劳动法律、行政法规和地方法规。

对本条的理解：劳动部门依据《劳动法》行使监督检查权。依照《劳动法》、《矿山安全法》以及其他劳动法规、规章和地方性法规，对用人单位的执法情况进行检查，并处理违法行为。

第八十九条　用人单位制定的劳动规章制度违反法律、法规规定的，由劳动行政部门给予警告，责令改正；对劳动者造成损害的，应当承担赔偿责任。

本条中的"法律、法规"主要是指劳动法律、行政法规、地方法规和国家技术标准等。

第九十一条　用人单位有下列侵害劳动者合法权益情形之一的，由劳动行政部门责令支付劳动者的工资报酬、经济补偿，并可以责令支付赔偿金：

（一）克扣或者无故拖欠劳动者工资的；

（二）拒不支付劳动者延长工作时间工资报酬的；

（三）低于当地最低工资标准支付劳动者工资的；

（四）解除劳动合同后，未依照本法规定给予劳动者经济补偿的。

本条中的"无故"同第五十条的说明相同。"工资报酬"可以理解为延长工作时间所依法应得的劳动报酬。

第九十二条　用人单位的劳动安全设施和劳动卫生条件不符合国家规定或者未向劳动者提供必要的劳动防护用品和劳动保护设施的，由劳动行政部门或者有关部门责令改正，可以处以罚款；情节严重的，提请县级以上人民政府决定责令停产整顿；对事故隐患不采取措施，致使发生重大事故，造成劳动者生命和财产损失的，对责任人员比照刑法第一百八十七条的规定追究刑事责任。

根据本条规定，劳动部门和有关部门在进行行政处罚时，其分工在于看其监督检查的范围是否属于劳动工作，凡属劳动工作，依本法第九条、第八十五条，由劳动部门行使监督检查权，进行处罚。反之，则应由其他部门在自己的职责范围内依法行使监督权。

刑法第一百八十七条"国家工作人员由于玩忽职守，致使公共财产、国家和人民利益遭受重大损失的，处五年以下有期徒刑或者拘役。"

第九十三条　用人单位强令劳动者违章冒险作业，发生重大伤亡事故，造成严重后果的，对责任人员依法追究刑事责任。

本条中的"对责任人员追究刑事责任"，可根据刑法第一百一十四条处理，即"工厂、矿山、林场，建筑企业或者其他企业、事业单位的职工，由于不服管理、违反规章制度，或强令工人违章冒险作业，因而发生重大事故，造成严重后果的，处以三年以下有期徒刑或者拘役；情节特别恶劣的，处以三年以上七年以下有期徒刑"。

第九十六条　用人单位有下列行为之一，由公安机关对责任人员处以十五日以下拘留、罚款或者警告；构成犯罪的，对责任人员依法追究刑事责任：

（一）以暴力、威胁或者非法限制人身自由的手段强迫劳动的；

（二）侮辱、体罚、殴打、非法搜查和拘禁劳动者的。

对劳动者实施了本条所禁止的行为，公安机关将根据本法和《治安管理处罚条例》第22条等、人民法院将根据《刑法》第134条、第143条、第144条等追究当事人的法律责任。

第九十九条　用人单位招用尚未解除劳动合同的劳动者，对原用人单位造成经济损失的，该用人单位应当依法承担连带赔偿责任。

本条中的"依法"是指《中华人民共和国民法通则》等。

第一百零一条　用人单位无理阻挠劳动行政部门、有关部门及其工作人员行使监督检查权，打击报复举报人员的，由劳动行政部门或者有关部门处以罚款；构成犯罪的，对责任人员依法追究刑事责任。

本条中的"依法"是指人民法院依据《中华人民共和国刑法》第146条、第157条的规定，追究责任人员的刑事责任。

第一百零四条　国家工作人员和社会保险基金经办机构的工作人员挪用社会保险基金，构成犯罪的，依法追究刑事责任。

本条中的"依法"是指《中华人民共和国刑法》和《惩治贪污贿赂罪的补充规定》等。

劳动部关于贯彻执行《中华人民共和国劳动法》若干问题的意见

1. 1995年8月4日
2. 劳部发〔1995〕309号

《中华人民共和国劳动法》（以下简称劳动法）已于1995年1月1日起施行，现就劳动法在贯彻执行中遇到的若干问题提出以下意见。

一、适用范围

1. 劳动法第二条中的"个体经济组织"是指一般雇工在七人以下的个体工商户。

2. 中国境内的企业、个体经济组织与劳动者之间，只要形成劳动关系，即劳动者事实上已成为企业、个体经济组织的成员，并为其提供有偿劳动，适用劳动法。

3. 国家机关、事业组织、社会团体实行劳动合同制度的以及按规定应实行劳动合同制度的工勤人员；实行企业化管理的事业组织的人员；其他通过劳动合同与国家机关、事业组织、社会团体建立劳动关系的劳动者，适用劳动法。

4. 公务员和比照实行公务员制度的事业组织和社会团体的工作人员，以及农村劳动者（乡镇企业职工和进城务工、经商的农民除外）、现役军人和家庭保姆等不适用劳动法。

5. 中国境内的企业、个体经济组织在劳动法中被称为用人单位。国家机关、事业组织、社会团体和与之建立劳动合同关系的劳动者依照劳动法执行。根据劳动法的这一规定，国家机关、事业组织、社会团体应当视为用人单位。

二、劳动合同和集体合同

（一）劳动合同的订立

6. 用人单位应与其富余人员、放长假的职工，签订劳动合同，但其劳动合同与在岗职工的劳动合同在内容上可以有所区别。用人单位与劳动者经协商一致可以在劳动合同中就不在岗期间的有关事项作出规定。

7. 用人单位应与其长期被外单位借用的人员、带薪上学人员以及其他非在岗但仍保持劳动关系的人员签订劳动合同，但在外借和上学期间，劳动合同中的某些相关条款经双方协商可以变更。

8. 请长病假的职工，在病假期间与原单位保持着劳动关系，用人单位应与其签订劳动合同。

9. 原固定工中经批准的停薪留职人员，愿意回原单位继续工作的，原单位应与其签订劳动合同；不愿回原单位继续工作的，原单位可以与其解除劳动关系。

10. 根据劳动部《实施〈劳动法〉中有关劳动合同问题的解答》（劳部发〔1995〕202 号）的规定，党委书记、工会主席等党群专职人员也是职工的一员，依照劳动法的规定，与用人单位签订劳动合同。对于有特殊规定的，可以按有关规定办理。

11. 根据劳动部《实施〈劳动法〉中有关劳动合同问题的解答》（劳部发〔1995〕202 号）的规定，经理由其上级部门聘任（委任）的，应与聘任（委任）部门签订劳动合同。实行公司制的经理和有关经营管理人员，应依据《中华人民共和国公司法》的规定与董事会签订劳动合同。

12. 在校生利用业余时间勤工助学，不视为就业，未建立劳动关系，可以不签订劳动合同。

13. 用人单位发生分立或合并后，分立或合并后的用人单位可依据其实际情况与原用人单位的劳动者遵循平等自愿、协商一致的原则变更原劳动合同。

14. 派出到合资、参股单位的职工如果与原单位仍保持着劳动关系，应当与原单位签订劳动合同，原单位可就劳动合同的有关内容在与合资、参股单位订立劳务合同时，明确职工的工资、保险、福利、休假等有关待遇。

15. 租赁经营（生产）、承包经营（生产）的企业，所有权并没有发生改变，法人名称未变，在与职工订立劳动合同时，该企业仍为用人单位一方。依据租赁合同或承包合同，租赁人、承包人如果作为该企业的法定代表人或者该法定代表人的授权委托人时，可代表该企业（用人单位）与劳动者订立劳动合同。

16. 用人单位与劳动者签订劳动合同时，劳动合同可以由用人单位拟定，也可以由双方当事人共同拟定，但劳动合同必须经双方当事人协商一致后才能签订，职工被迫签订的劳动合同或未经协商一致签订的劳动合同为无效劳动合同。

17. 用人单位与劳动者之间形成了事实劳动关系，而用人单位故意拖延不订立劳动合同，劳动行政部门应予以纠正。用人单位因此给劳动者造成损害的，应按劳动部《违反〈劳动法〉有关劳动合同规定的赔偿办法》（劳部发〔1995〕223 号）的规定进行赔偿。

（二）劳动合同的内容

18. 劳动者被用人单位录用后，双方可以在劳动合同中约定试用期，试用期应包括在劳动合同期限内。

19. 试用期是用人单位和劳动者为相互了解、选择而约定的不超过六个月的考察期。一般对初次就业或再次就业的职工可以约定。在原固定工进行劳动合同制度的转制过程中，用人单位与原固定工签订劳动合同时，可以不再约定试用期。

20. 无固定期限的劳动合同是指不约定终止日期的劳动合同。按照平等自愿、协商一致的原则，用人单位和劳动者只要达成一致，无论初次就业的，还是由固定工转制的，都可以签订无固定期限的劳动合同。

无固定期限的劳动合同不得将法定解除条件约定为终止条件，以规避解除劳动合同时用人单位应承担支付给劳动者经济补偿的义务。

21. 用人单位经批准招用农民工，其劳动合同期限可以由用人单位和劳动者协商确定。

从事矿山井下以及在其他有害身体健康的工种、岗位工作的农民工，实行定期轮换制度，合同期限最长不超过八年。

22. 劳动法第二十条中的“在同一用人单位连续工作满十年以上”是指劳动者与同一用人单位签订的劳动合同的期限不间断达到十年，劳动合同期满双方同意续订劳动合同时，只要劳动者提出签订无固定期限劳动合同的，用人单位应当与其签订无固定期限的劳动合同。在固定工转制中各地如有特殊规定的，从其规定。

23. 用人单位用于劳动者职业技能培训费用的支付和劳动者违约时培训费的赔偿可以在劳动合同中约定，但约定劳动者违约时负担的培训费和赔偿金的标准不得违反劳动部《违反〈劳动法〉有关劳动合同规定的赔偿办法》（劳部发〔1995〕223 号）等有关规定。

24. 用人单位在与劳动者订立劳动合同时，不得以任何形式向劳动者收取定金、保证金（物）或抵押金（物）。对违反以上规定的，应按照劳动部、公安部、全国总工会《关于加强外商投资企业和私营企业劳动管理切实保障职工合法权益的通知》（劳部发〔1994〕118 号）和劳动部办公厅《对“关于国有企业和集体所有制企业能否参照执行劳部发〔1994〕118 号文件中的有关规定的请示”的复函》（劳办发〔1994〕256 号）的规定，由公安部门和劳动行政部门责令用人单位立即退还给劳动者本人。

（三）经济性裁员

25. 依据劳动法第二十七条和劳动部《企业经济性裁减人员规定》（劳部发〔1994〕447 号）第四条的规定，用人单位确需裁减人员，应按下列程序进行：

（1）提前三十日向工会或全体职工说明情况，并提供有关生产经营状况的资料；

（2）提出裁减人员方案，内容包括：被裁减人员名单、裁减时间及实施步骤，符合法律、法规规定和集体合同约定的被裁减人员的经济补偿办法；

（3）将裁减人员方案征求工会或者全体职工的意见，并对方案进行修改和完善；

（4）向当地劳动行政部门报告裁减人员方案以及工会或者全体职工的意见，并听取劳动行政部门的意见；

（5）由用人单位正式公布裁减人员方案，与被裁减人员办理解除劳动合同手续，按照有关规定向被裁减人员本人支付经济补偿金，并出具裁减人员证明书。

（四）劳动合同的解除和无效劳动合同

26. 劳动合同的解除是指劳动合同订立后，尚未全部履行以前，由于某种原因导致劳动合同一方或双方当事人提前消灭劳动关系的法律行为。劳动合同的解除分为法定解除和约定解除两种。根据劳动法的规定，劳动合同既可以由单方依法解除，也可以双方协商解除。劳动合同的解除，只对未履行的部分发生效力，不涉及已履行的部分。

27. 无效劳动合同是指所订立的劳动合同不符合法定条件，不能发生当事人预期的法律后果的劳动合同。劳动合同的无效由人民法院或劳动争议仲裁委员会确认，不能由合同双方当事人决定。

28. 劳动者涉嫌违法犯罪被有关机关收容审查、拘留或逮捕的，用人单位在劳动者被限制人身自由期间，可与其暂时停止劳动合同的履行。

暂时停止履行劳动合同期间，用人单位不承担劳动合同规定的相应义务。劳动者经证明被错误限制人身自由的，暂时停止履行劳动合同期间劳动者的损失，可由其依据《国家赔偿法》要求有关部门赔偿。

29. 劳动者被依法追究刑事责任的，用人单位可依据劳动法第二十五条解除劳动合同。

“被依法追究刑事责任”是指：被人民检察院免予起诉的、被人民法院判处刑罚的、被人民法院依据刑法第三十二条免予刑事处分的。

劳动者被人民法院判处拘役、三年以下有期徒刑缓刑的，用人单位可以解除劳动合同。

30. 劳动法第二十五条为用人单位可以解除劳动合同的条款，即使存在第二十九条规定的情况，只要劳动者同时存在第二十五条规定的四种情形之一，用人单位也可以根据第二十五条的规定解除劳动合同。

31. 劳动者被劳动教养的，用人单位可以依据被劳教的事实解除与该劳动者的劳动合同。

32. 按照劳动法第三十一条的规定，劳动者解除劳动合同，应当提前三十日以书面形式通知用人单位。超过三十日，劳动者可以向用人单位提出办理解除劳动合同手续，用人单位予以办理。如果劳动者违法解除劳动合同给原用人单位造成经济损失，应当承担赔偿责任。

33. 劳动者违反劳动法规定或劳动合同的约定解除劳动合同（如擅自离职），给用人单位造成经济损失的，应当根据劳动法第一百零二条和劳动部《违反〈劳动法〉有关劳动合同规定的赔偿办法》（劳部发〔1995〕223 号）的规定，承担赔偿责任。

34. 除劳动法第二十五条规定的情形外，劳动者在医疗期、孕期、产期和哺乳期内，劳动合同期限届满时，用人单位不得终止劳动合同。劳动合同的期限应自动延续至医疗期、孕期、产期和哺乳期期满为止。

35. 请长病假的职工在医疗期满后，能从事原工作的，可以继续履行劳动合同；医疗期满后仍不能从事原工作也不能从事由单位另行安排的工作的，由劳动鉴定委员会参照工伤与职业病致残程度鉴定标准进行劳动能力鉴定。被鉴定为一至四级的，应当退出劳动岗位，解除劳动关系，办理因病或非因工负伤退休退职手续，享受相应的退休退职待遇；被鉴定为五至十级的，用人单位可以解除劳动合同，并按规定支付经济补偿金和医疗补助费。

（五）解除劳动合同的经济补偿

36. 用人单位依据劳动法第二十四条、第二十六条、第二十七条的规定解除劳动合同，应当按照劳动法和劳动部《违反和解除劳动合同的经济补偿办法》（劳部发〔1994〕481 号）支付劳动者经济补偿金。

37. 根据《民法通则》第四十四条第二款“企业法人分立、合并，它的权利和义务由变更后的法人享有和承担”的规定，用人单位发生分立或合并后，分立或合并后的用人单位可依据其实际情况与原用人单位的劳动者遵循平等自愿、协商一致的原则变更、解除或重新签订劳动合同。在此种情况下的重新签订劳动合同视为原劳动合同的变更，用人单位变更劳动合同，劳动者不能依据劳动法第二十八条要求经济补偿。

38. 劳动合同期满或者当事人约定的劳动合同终

止条件出现，劳动合同即行终止，用人单位可以不支付劳动者经济补偿金。国家另有规定的，可以从其规定。

39. 用人单位依据劳动法第二十五条解除劳动合同，可以不支付劳动者经济补偿金。

40. 劳动者依据劳动法第三十二条第（一）项解除劳动合同，用人单位可以不支付经济补偿金，但应按照劳动者的实际工作天数支付工资。

41. 在原固定工实行劳动合同制度的过程中，企业富余职工辞职，经企业同意可以不与企业签订劳动合同的，企业应根据《国有企业富余职工安置规定》（国务院令第111号，1993年公布）发给劳动者一次性生活补助费。

42. 职工在接近退休年龄（按有关规定一般为五年以内）时因劳动合同到期终止劳动合同的，如果符合退休、退职条件，可以办理退休、退职手续；不符合退休、退职条件的，在终止劳动合同后按规定领取失业救济金。享受失业救济金的期限届满后仍未就业，符合社会救济条件的，可以按规定领取社会救济金，达到退休年龄时办理退休手续，领取养老保险金。

43. 劳动合同解除后，用人单位对符合规定的劳动者应支付经济补偿金。不能因劳动者领取了失业救济金而拒付或克扣经济补偿金，失业保险机构也不得以劳动者领取了经济补偿金为由，停发或减发失业救济金。

（六）体制改革过程中实行劳动合同制度的有关政策

44. 困难企业签订劳动合同，应区分不同情况，有些亏损企业属政策性亏损，生产仍在进行，还能发出工资，应该按照劳动法的规定签订劳动合同。已经停产半停产的企业，要根据具体情况签订劳动合同，保证这些企业职工的基本生活。

45. 在国有企业固定工转制过程中，劳动者无正当理由不得单方面与用人单位解除劳动关系；用人单位也不得以实行劳动合同制度为由，借机辞退部分职工。

46. 关于在企业内录干、聘干问题，劳动法规定用人单位内的全体职工统称为劳动者，在同一用人单位内，各种不同的身份界限随之打破。应该按照劳动法的规定，通过签订劳动合同来明确劳动者的工作内容、岗位等。用人单位根据工作需要，调整劳动者的工作岗位时，可以与劳动者协商一致，变更劳动合同的相关内容。

47. 由于各用人单位千差万别，对工作内容、劳动报酬的规定也就差异很大，因此，国家不宜制定统一的劳动合同标准文本。目前，各地、各行业制定并向企业推荐的劳动合同文本，对于用人单位和劳动者双方有一定的指导意义，但这些劳动合同文本只能供用人单位和劳动者参考。

48. 按照劳动部办公厅《对全面实行劳动合同制若干问题的请示的复函》（劳办发〔1995〕19号）的规定，各地企业在与原固定工签订劳动合同时，应注意保护老弱病残职工的合法权益。对工作时间较长，年龄较大的职工，各地可以根据劳动法第一百零六条制定一次性的过渡政策，具体办法由各省、自治区、直辖市确定。

49. 在企业全面建立劳动合同制度以后，原合同制工人与本企业内的原固定工应享受同等待遇。是否发给15%的工资性补贴，可以由各省、自治区、直辖市人民政府根据劳动法第一百零六条在制定劳动合同制度的实施步骤时加以规定。

50. 在目前工伤保险和残疾人康复就业制度尚未建立和完善的情况下，对因工部分丧失劳动能力的职工，劳动合同期满也不能终止劳动合同，仍由原单位按照国家有关规定提供医疗等待遇。

（七）集体合同

51. 当前签订集体合同的重点应在非国有企业和现代企业制度试点的企业进行，积累经验，逐步扩大范围。

52. 关于国有企业在承包制条件下签订的“共保合同”，凡内容符合劳动法和有关法律、法规和规章关于集体合同规定的，应按照有关规定办理集体合同送审、备案手续；凡不符合劳动法和有关法律、法规和规章规定的，应积极创造条件逐步向规范的集体合同过渡。

三、工资

（一）最低工资

53. 劳动法中的“工资”是指用人单位依据国家有关规定或劳动合同的约定，以货币形式直接支付给本单位劳动者的劳动报酬，一般包括计时工资、计件工资、奖金、津贴和补贴、延长工作时间的工资报酬以及特殊情况下支付的工资等。“工资”是劳动者劳动收入的主要组成部分。劳动者的以下劳动收入不属于工资范围：（1）单位支付给劳动者个人的社会保险福利费用，如丧葬抚恤救济费、生活困难补助费、计划生育补贴等；（2）劳动保护方面的费用，如用人单位支付给劳动者的工作服、解毒剂、清凉饮料费用等；（3）按规定未列入工资总额的各种劳动报酬及其他劳动收入，如根据国家规定发放的创造发明奖、国家星火奖、自然科学奖、科学技术进步奖、合理化建议和技术改进奖、中华技能大奖等,以及稿费、讲课费、翻译费等。

54. 劳动法第四十八条中的"最低工资"是指劳动者在法定工作时间内履行了正常劳动义务的前提下,由其所在单位支付的最低劳动报酬。最低工资不包括延长工作时间的工资报酬,以货币形式支付的住房和用人单位支付的伙食补贴,中班、夜班、高温、低温、井下、有毒、有害等特殊工作环境和劳动条件下的津贴,国家法律、法规、规章规定的社会保险福利待遇。

55. 劳动法第四十四条中的"劳动者正常工作时间工资"是指劳动合同规定的劳动者本人所在工作岗位(职位)相对应的工资。鉴于当前劳动合同制度尚处于推进过程中,按上述规定执行确有困难的用人单位,地方或行业劳动部门可在不违反劳动部《关于〈工资支付暂行规定〉有关问题的补充规定》(劳部发〔1995〕226 号)文件所确定的总的原则的基础上,制定过渡办法。

56. 在劳动合同中,双方当事人约定的劳动者在未完成劳动定额或承包任务的情况下,用人单位可低于最低工资标准支付劳动者工资的条款不具有法律效力。

57. 劳动者与用人单位形成或建立劳动关系后,试用、熟练、见习期间,在法定工作时间内提供了正常劳动,其所在的用人单位应当支付其不低于最低工资标准的工资。

58. 企业下岗待工人员,由企业依据当地政府的有关规定支付其生活费,生活费可以低于最低工资标准,下岗待工人员中重新就业的,企业应停发其生活费。女职工因生育、哺乳请长假而下岗的,在其享受法定产假期间,依法领取生育津贴;没有参加生育保险的企业,由企业照发原工资。

59. 职工患病或非因工负伤治疗期间,在规定的医疗期内由企业按有关规定支付其病假工资或疾病救济费,病假工资或疾病救济费可以低于当地最低工资标准支付,但不能低于最低工资标准的 80%。

(二)延长工作时间的工资报酬

60. 实行每天不超过 8 小时,每周不超过 44 小时或 40 小时标准工作时间制度的企业,以及经批准实行综合计算工时工作制的企业,应当按照劳动法的规定支付劳动者延长工作时间的工资报酬。全体职工已实行劳动合同制度的企业,一般管理人员(实行不定时工作制人员除外)经批准延长工作时间的,可以支付延长工作时间的工资报酬。

61. 实行计时工资制的劳动者的日工资,按其本人月工资标准除以平均每月法定工作天数(实行每周 40 小时工作制的为 21.16 天,实行每周 44 小时工作制的为 23.33 天)进行计算。

62. 实行综合计算工时工作制的企业职工,工作日正好是周休息日的,属于正常工作;工作日正好是法定节假日时,要依照劳动法第四十四条第(三)项的规定支付职工的工资报酬。

(三)有关企业工资支付的政策

63. 企业克扣或无故拖欠劳动者工资的,劳动监察部门应根据劳动法第九十一条、劳动部《违反和解除劳动合同的经济补偿办法》第三条、《违反〈中华人民共和国劳动法〉行政处罚办法》第六条予以处理。

64. 经济困难的企业执行劳动部《工资支付暂行规定》(劳部发〔1994〕489 号)确有困难,应根据以下规定执行:

(1)《关于做好国有企业职工和离退休人员基本生活保障工作的通知》(国发〔1993〕76 号)的规定:"企业发放工资确有困难时,应发给职工基本生活费,具体标准由各地区、各部门根据实际情况确定";

(2)《关于国有企业流动资金贷款的紧急通知》(银传〔1994〕34 号)的规定:"地方政府通过财政补贴,企业主管部门有可能也要拿出一部分资金,银行要拿出一部分贷款,共同保证职工基本生活和社会的稳定";

(3)《国有企业富余职工安置规定》(国务院令第 111 号,1993 年发布)的规定:"企业可以对职工实行有限期的放假。职工放假期间,由企业发给生活费"。

四、工作时间和休假

(一)综合计算工作时间

65. 经批准实行综合计算工作时间的用人单位,分别以周、月、季、年等为周期综合计算工作时间,但其平均日工作时间和平均周工作时间应与法定标准工作时间基本相同。

66. 对于那些在市场竞争中,由于外界因素的影响,生产任务不均衡的企业的部分职工,经劳动行政部门严格审批后,可以参照综合计算工时工作制的办法实施,但用人单位应采取适当方式确保职工的休息休假权利和生产、工作任务的完成。

67. 经批准实行不定时工作制的职工,不受劳动法第四十一条规定的日延长工作时间标准和月延长工作时间标准的限制,但用人单位应采用弹性工作时间等适当的工作和休息方式,确保职工的休息休假权利和生产、工作任务的完成。

68. 实行标准工时制度的企业、延长工作时间应严格按劳动法第四十一条的规定执行，不能按季、年综合计算延长工作时间。

69. 中央直属企业、企业化管理的事业单位实行不定时工作制和综合计算工时工作制等其他工作和休息办法的，须经国务院行业主管部门审核，报国务院劳动行政部门批准。地方企业实行不定时工作制和综合计算工时工作制等其他工作和休息办法的审批办法，由省、自治区、直辖市人民政府劳动行政部门制定，报国务院劳动行政部门备案。

（二）延长工作时间

70. 休息日安排劳动者工作的，应先按同等时间安排其补休，不能安排补休的应按劳动法第四十四条第（二）项的规定支付劳动者延长工作时间的工资报酬。法定节假日（元旦、春节、劳动节、国庆节）安排劳动者工作的，应按劳动法第四十四条第（三）项支付劳动者延长工作时间的工资报酬。

71. 协商是企业决定延长工作时间的程序（劳动法第四十二条和《劳动部贯彻〈国务院关于职工工作时间的规定〉的实施办法》第七条规定除外），企业确因生产经营需要，必须延长工作时间时，应与工会和劳动者协商。协商后，企业可以在劳动法限定的延长工作时数内决定延长工作时间，对企业违反法律、法规强迫劳动者延长工作时间的，劳动者有权拒绝。若由此发生劳动争议，可以提请劳动争议处理机构予以处理。

（三）休假

72. 实行新工时制度后，企业职工原有的年休假制度仍然实行。在国务院尚未作出新的规定之前，企业可以按照1991年6月5日《中共中央 国务院关于职工休假问题的通知》，安排职工休假。

五、社会保险

73. 企业实施破产时，按照国家有关企业破产的规定，从其财产清产和土地转让所得中按实际需要划拨出社会保险费用和职工再就业的安置费。其划拨的养老保险费和失业保险费由当地社会保险基金经办机构和劳动部门就业服务机构接收，并负责支付离退休人员的养老保险费用和支付失业人员应享受的失业保险待遇。

74. 企业富余职工、请长假人员、请长病假人员、外借人员和带薪上学人员，其社会保险费仍按规定由原单位和个人继续缴纳，缴纳保险费期间计算为缴费年限。

75. 用人单位全部职工实行劳动合同制度后，职工在用人单位内由转制前的原工人岗位转为原干部（技术）岗位或由原干部（技术）岗位转为原工人岗位，其退休年龄和条件，按现岗位国家规定执行。

76. 依据劳动部《企业职工患病或非因工负伤医疗期的规定》（劳部发〔1994〕479号）和劳动部《关于贯彻〈企业职工患病或非因工负伤医疗期的规定〉的通知》（劳部发〔1995〕236号），职工患病或非因工负伤，根据本人实际参加工作的年限和本企业工作年限长短，享受3—24个月的医疗期。对于某些患特殊疾病（如癌症、精神病、瘫痪等）的职工，在24个月内尚不能痊愈的，经企业和当地劳动部门批准，可以适当延长医疗期。

77. 劳动者的工伤待遇在国家尚未颁布新的工伤保险法律、行政法规之前，各类企业仍要执行《劳动保险条例》及相关的政策规定，如果当地政府已实行工伤保险制度改革的，应执行当地的新规定；个体经济组织的劳动者的工伤保险参照企业职工的规定执行；国家机关、事业组织、社会团体的劳动者的工伤保险，如果包括在地方人民政府的工伤改革规定范围内的，按地方政府的规定执行。

78. 劳动者患职业病按照1987年由卫生部等部门发布的《职业病范围和职业病患者处理办法的规定》和所附的“职业病名单”（〔87〕卫防第60号）处理，经职业病诊断机构确诊并发给《职业病诊断证明书》，劳动行政部门据此确认工伤，并通知用人单位或者社会保险基金经办机构发给有关工伤保险待遇；劳动者因工负伤的，劳动行政部门根据企业的工伤事故报告和工伤者本人的申请，作出工伤认定，由社会保险基金经办机构或用人单位，发给有关工伤保险待遇。患职业病或工伤致残的，由当地劳动鉴定委员会按照劳动部《职工工伤和职业病致残程度鉴定标准》（劳险字〔1992〕6号）评定伤残等级和护理依赖程度。劳动鉴定委员会的伤残等级和护理依赖程度的结论，以医学检查、诊断结果为技术依据。

79. 劳动者因工负伤或患职业病，用人单位应按国家和地方政府的规定进行工伤事故报告，或者经职业病诊断机构确诊进行职业病报告。用人单位和劳动者有权按规定向当地劳动行政部门报告。如果用人单位瞒报、漏报工作或职业病，工会、劳动者可以向劳动行政部门报告。经劳动行政部门确认后，用人单位或社会保险基金经办机构应补发工伤保险待遇。

80. 劳动者对劳动行政部门作出的工伤或职业病的确认意见不服，可依法提起行政复议或行政诉讼。

81. 劳动者被认定患职业病或因工负伤后，对劳动鉴定委员会作出的伤残等级和护理依赖程度鉴定结论不服，可依法提起行政复议或行政诉讼。对劳动能力鉴定结论所依据的医学检查、诊断结果有异议的，可以要求复查诊断，复查诊断按各省、自治区和直辖市劳动鉴定委员会规定的程序进行。

六、劳动争议

82. 用人单位与劳动者发生劳动争议不论是否订立劳动合同，只要存在事实劳动关系，并符合劳动法的适用范围和《中华人民共和国企业劳动争议处理条例》的受案范围，劳动争议仲裁委员会均应受理。

83. 劳动合同鉴证是劳动行政部门审查、证明劳动合同的真实性、合法性的一项行政监督措施，尤其在劳动合同制度全面实施的初期有其必要性。劳动行政部门鼓励并提倡用人单位和劳动者进行劳动合同鉴证。劳动争议仲裁委员会不能以劳动合同未经鉴证为由不受理相关的劳动争议案件。

84. 国家机关、事业组织、社会团体与本单位工人以及其他与之建立劳动合同关系的劳动者之间，个体工商户与帮工、学徒之间，以及军队、武警部队的事业组织和企业与其无军籍的职工之间发生的劳动争议，只要符合劳动争议的受案范围，劳动争议仲裁委员会应予受理。

85. "劳动争议发生之日"是指当事人知道或者应当知道其权利被侵害之日。

86. 根据《中华人民共和国商业银行法》的规定，商业银行为企业法人。商业银行与其职工适用《劳动法》、《中华人民共和国企业劳动争议处理条例》等劳动法律、法规和规章。商业银行与其职工发生的争议属于劳动争议的受案范围的，劳动争议仲裁委员会应予受理。

87. 劳动法第二十五条第（三）项中的"重大损害"，应由企业内部规章来规定，不便于在全国对其作统一解释。若用人单位以此为由解除劳动合同，与劳动者发生劳动争议，当事人向劳动争议仲裁委员会申请仲裁的，由劳动争议仲裁委员会根据企业类型、规模和损害程度等情况，对企业规章中规定的"重大损害"进行认定。

88. 劳动监察是劳动法授予劳动行政部门的职责，劳动争议仲裁是劳动法授予各级劳动争议仲裁委员会的职能。用人单位或行业部门不能设立劳动监察机构和劳动争议仲裁委员会，也不能设立劳动行政部门劳动监察机构的派出机构和劳动争议仲裁委员会的派出机构。

89. 劳动争议当事人向企业劳动争议调解委员会申请调解，从当事人提出申请之日起，仲裁申诉时效中止，企业劳动争议调解委员会应当在三十日内结束调解，即中止期间最长不得超过三十日。结束调解之日起，当事人的申诉时效继续计算。调解超过三十日的，申诉时效从三十日之后的第一天继续计算。

90. 劳动争议仲裁委员会的办事机构对未予受理的仲裁申请，应逐件向仲裁委员会报告并说明情况，仲裁委员会认为应当受理的，应及时通知当事人。当事人从申请至受理的期间应视为时效中止。

七、法律责任

91. 劳动法第九十一条的含义是，如果用人单位实施了本条规定的前三项侵权行为之一的，劳动行政部门应责令用人单位支付劳动者的工资报酬和经济补偿，并可以责令支付赔偿金。如果用人单位实施了本条规定的第四项侵权行为，即解除劳动合同后未依法给予劳动者经济补偿的，因不存在支付工资报酬的问题，故劳动行政部门只责令用人单位支付劳动者经济补偿，还可以支付赔偿金。

92. 用人单位实施下列行为之一的，应认定为劳动法第一百零一条中的"无理阻挠"行为：

（1）阻止劳动监督检查人员进入用人单位内（包括进入劳动现场）进行监督检查的；

（2）隐瞒事实真象，出具伪证，或者隐匿、毁灭证据的；

（3）拒绝提供有关资料的；

（4）拒绝在规定的时间和地点就劳动行政部门所提问题作出解释和说明的；

（5）法律、法规和规章规定的其他情况。

八、适用法律

93. 劳动部、外经贸部《外商投资企业劳动管理规定》（劳部发〔1994〕246 号）与劳动部《违反和解除劳动合同的经济补偿办法》（劳部发〔1994〕481 号）中关于解除劳动合同的经济补偿规定是一致的，246 号文中的"生活补助费"是劳动法第二十八条所指经济补偿的具体化，与 481 号文中的"经济补偿金"可视为同一概念。

94. 劳动部、外经贸部《外商投资企业劳动管理规定》（劳部发〔1994〕246 号）与劳动部《违反〈中华人民共和国劳动法〉行政处罚办法》（劳部发〔1994〕532 号）在企业低于当地最低工资标准支付职工工资应付赔偿金的标准，延长工作时间的罚款标准，阻止劳动监察人员行使监督检查权的罚款标准等方面规定不一致，按照同等效力的法律规范新法优于旧法执行的原则，应执行劳动部劳部发〔1994〕532 号规章。

95. 劳动部《企业最低工资规定》（劳部发〔1993〕333 号）与劳动部《违反〈中华人民共和国劳动法〉行

政处罚办法》(劳部发〔1994〕532 号)在拖欠或低于国家最低工资标准支付工资的赔偿金标准方面规定不一致,应按劳动部劳部发〔1994〕532 号规章执行。

96. 劳动部《违反〈中华人民共和国劳动法〉行政处罚办法》(劳部发〔1994〕532 号)对行政处罚行为、处罚标准未作规定,而其他劳动行政规章和地方政府规章作了规定的,按有关规定执行。

97. 对违反劳动法的用人单位,劳动行政部门有权依据劳动法律、法规和规章的规定予以处理,用人单位对劳动行政部门作出的行政处罚决定不服,在法定期限内不提起诉讼或不申请复议又不执行行政处罚决定的,劳动行政部门可以根据行政诉讼法第六十六条申请人民法院强制执行。劳动行政部门依法申请人民法院强制执行时,应当提交申请执行书,据以执行的法律文书和其他必须提交的材料。

98. 适用法律、法规、规章及其他规范性文件遵循下列原则:

(1)法律的效力高于行政法规与地方性法规;行政法规与地方性法规效力高于部门规章和地方政府规章;部门规章和地方政府规章效力高于其他规范性文件。

(2)在适用同一效力层次的文件时,新法律优于旧法律;新法规优于旧法规;新规章优于旧规章;新规范性文件优于旧规范性文件。

99. 依据《法规规章备案规定》(国务院令第 48 号,1990 年发布)"地方人民政府规章同国务院部门规章之间或者国务院部门规章相互之间有矛盾的,由国务院法制局进行协调;经协调不能取得一致意见的,由国务院法制局提出意见,报国务院决定。"地方劳动行政部门在发现劳动部规章与国务院其他部门规章或地方政府规章相矛盾时,可将情况报劳动部,由劳动部报国务院法制局进行协调或决定。

100. 地方或行业劳动部门发现劳动部的规章之间、其他规范性文件之间或规章与其他规范性文件之间相矛盾,一般适用"新文件优于旧文件"的原则,同时可向劳动部请示。

劳动和社会保障部关于非全日制用工若干问题的意见

1. 2003 年 5 月 30 日
2. 劳社部发〔2003〕12 号

各省、自治区、直辖市劳动和社会保障厅(局):

近年来,以小时工为主要形式的非全日制用工发展较快。这一用工形式突破了传统的全日制用工模式,适应了用人单位灵活用工和劳动者自主择业的需要,已成为促进就业的重要途径。为规范用人单位非全日制用工行为,保障劳动者的合法权益,促进非全日制就业健康发展,根据《中共中央 国务院关于进一步做好下岗失业人员再就业工作的通知》(中发〔2002〕12 号)精神,对非全日制用工劳动关系等问题,提出以下意见:

一、关于非全日制用工的劳动关系

(一)非全日制用工是指以小时计酬、劳动者在同一用人单位平均每日工作时间不超过 5 小时累计每周工作时间不超过 30 小时的用工形式。

从事非全日制工作的劳动者,可以与一个或一个以上用人单位建立劳动关系。用人单位与非全日制劳动者建立劳动关系,应当订立劳动合同。劳动合同一般以书面形式订立。劳动合同期限在一个月以下的,经双方协商同意,可以订立口头劳动合同。但劳动者提出订立书面劳动合同的,应当以书面形式订立。

(二)劳动者通过依法成立的劳务派遣组织为其他单位、家庭或个人提供非全日制劳动的,由劳务派遣组织与非全日制劳动者签订劳动合同。

(三)非全日制劳动合同的内容由双方协商确定,应当包括工作时间和期限、工作内容、劳动报酬、劳动保护和劳动条件五项必备条款,但不得约定试用期。

(四)非全日制劳动合同的终止条件,按照双方的约定办理。劳动合同中,当事人未约定终止劳动合同提前通知期的,任何一方均可以随时通知对方终止劳动合同;双方约定了违约责任的,按照约定承担赔偿责任。

(五)用人单位招用劳动者从事非全日制工作,应当在录用后到当地劳动保障行政部门办理录用备案手续。

(六)从事非全日制工作的劳动者档案可由本人户口所在地劳动保障部门的公共职业介绍机构代管。

二、关于非全日制用工的工资支付

(七)用人单位应当按时足额支付非全日制劳动者的工资。用人单位支付非全日制劳动者的小时工资不得低于当地政府颁布的小时最低工资标准。

(八)非全日制用工的小时最低工资标准由省、自治区、直辖市规定,并报劳动保障部备案。确定和调整小时最低工资标准应当综合参考以下因素:当地政府颁布的月最低工资标准;单位应缴纳的基本养老保险费和基本医疗保险费(当地政府颁布的月最低工资标准未包含个人缴纳社会保险费因素的,还应考虑个人应缴纳的社会保险费);非全日制劳动者在工作稳定性、劳动条件和劳动强度、福利等方面与全日制就业人员之间的差异。小时最低工资标准的测算方法为:

小时最低工资标准 = [(月最低工资标准 ÷ 20.92 ÷ 8) × (1 + 单位应当缴纳的基本养老保险费和基本医疗保险费比例之和)] × (1 + 浮动系数)

(九)非全日制用工的工资支付可以按小时、日、周或月为单位结算。

三、关于非全日制用工的社会保险

(十)从事非全日制工作的劳动者应当参加基本养老保险,原则上参照个体工商户的参保办法执行。对于已参加过基本养老保险和建立个人账户的人员,前后缴费年限合并计算,跨统筹地区转移的,应办理基本养老保险关系和个人账户的转移、接续手续。符合退休条件时,按国家规定计发基本养老金。

(十一)从事非全日制工作的劳动者可以以个人身份参加基本医疗保险,并按照待遇水平与缴费水平相挂钩的原则,享受相应的基本医疗保险待遇。参加基本医疗保险的具体办法由各地劳动保障部门研究制定。

(十二)用人单位应当按照国家有关规定为建立劳动关系的非全日制劳动者缴纳工伤保险费。从事非全日制工作的劳动者发生工伤,依法享受工伤保险待遇;被鉴定为伤残5－10级的,经劳动者与用人单位协商一致,可以一次性结算伤残待遇及有关费用。

四、关于非全日制用工的劳动争议处理

(十三)从事非全日制工作的劳动者与用人单位因履行劳动合同引发的劳动争议,按照国家劳动争议处理规定执行。

(十四)劳动者直接向其他家庭或个人提供非全日制劳动的,当事人双方发生的争议不适用劳动争议处理规定。

五、关于非全日制用工的管理与服务

(十五)非全日制用工是劳动用工制度的一种重要形式,是灵活就业的主要方式。各级劳动保障部门要高度重视,从有利于维护非全日制劳动者的权益、有利于促进灵活就业、有利于规范非全日制用工的劳动关系出发,结合本地实际,制定相应的政策措施。要在劳动关系建立、工资支付、劳动争议处理等方面为非全日制用工提供政策指导和服务。

(十六)各级劳动保障部门要切实加强劳动保障监察执法工作,对用人单位不按照本意见要求订立劳动合同、低于最低小时工资标准支付工资以及拖欠克扣工资的行为,应当严肃查处,维护从事非全日制工作劳动者的合法权益。

(十七)各级社会保险经办机构要为非全日制劳动者参保缴费提供便利条件,开设专门窗口,可以采取按月、季或半年缴费的办法,及时为非全日制劳动者办理社会保险关系及个人账户的接续和转移手续;按规定发放社会保险缴费对账单,及时支付各项社会保险待遇,维护他们的社会保障权益。

(十八)各级公共职业介绍机构要积极为从事非全日制工作的劳动者提供档案保管、社会保险代理等服务,推动这项工作顺利开展。

中华人民共和国工会法

1. 1992年4月3日第七届全国人民代表大会第五次会议通过

2. 根据2001年10月27日第九届全国人民代表大会常务委员会第二十四次会议《关于修改〈中华人民共和国工会法〉的决定》第一次修正

3. 根据2009年8月27日第十一届全国人民代表大会常务委员会第十次会议《关于修改部分法律的决定》第二次修正

4. 根据2021年12月24日第十三届全国人民代表大会常务委员会第三十二次会议《关于修改〈中华人民共和国工会法〉的决定》第三次修正

目　　录

第一章　总　　则

第一条　【立法目的】为保障工会在国家政治、经济和社会生活中的地位,确定工会的权利与义务,发挥工会在社会主义现代化建设事业中的作用,根据宪法,制定本法。

第二条　【工会的性质和职责】工会是中国共产党领导的职工自愿结合的工人阶级群众组织,是中国共产党联系职工群众的桥梁和纽带。

中华全国总工会及其各工会组织代表职工的利益，依法维护职工的合法权益。

第三条　【劳动者参加和组织工会的权利】在中国境内的企业、事业单位、机关、社会组织（以下统称用人单位）中以工资收入为主要生活来源的劳动者，不分民族、种族、性别、职业、宗教信仰、教育程度，都有依法参加和组织工会的权利。任何组织和个人不得阻挠和限制。

工会适应企业组织形式、职工队伍结构、劳动关系、就业形态等方面的发展变化，依法维护劳动者参加和组织工会的权利。

第四条　【工会活动准则】工会必须遵守和维护宪法，以宪法为根本的活动准则，以经济建设为中心，坚持社会主义道路，坚持人民民主专政，坚持中国共产党的领导，坚持马克思列宁主义、毛泽东思想、邓小平理论、“三个代表”重要思想、科学发展观、习近平新时代中国特色社会主义思想，坚持改革开放，保持和增强政治性、先进性、群众性，依照工会章程独立自主地开展工作。

工会会员全国代表大会制定或者修改《中国工会章程》，章程不得与宪法和法律相抵触。

国家保护工会的合法权益不受侵犯。

第五条　【工会职能】工会组织和教育职工依照宪法和法律的规定行使民主权利，发挥国家主人翁的作用，通过各种途径和形式，参与管理国家事务、管理经济和文化事业、管理社会事务；协助人民政府开展工作，维护工人阶级领导的、以工农联盟为基础的人民民主专政的社会主义国家政权。

第六条　【工会职责】维护职工合法权益、竭诚服务职工群众是工会的基本职责。工会在维护全国人民总体利益的同时，代表和维护职工的合法权益。

工会通过平等协商和集体合同制度等，推动健全劳动关系协调机制，维护职工劳动权益，构建和谐劳动关系。

工会依照法律规定通过职工代表大会或者其他形式，组织职工参与本单位的民主选举、民主协商、民主决策、民主管理和民主监督。

工会建立联系广泛、服务职工的工会工作体系，密切联系职工，听取和反映职工的意见和要求，关心职工的生活，帮助职工解决困难，全心全意为职工服务。

第七条　【工会对建设职工队伍的作用】工会动员和组织职工积极参加经济建设，努力完成生产任务和工作任务。教育职工不断提高思想道德、技术业务和科学文化素质，建设有理想、有道德、有文化、有纪律的职工队伍。

第八条　【推动产业工人队伍建设改革】工会推动产业工人队伍建设改革，提高产业工人队伍整体素质，发挥产业工人骨干作用，维护产业工人合法权益，保障产业工人主人翁地位，造就一支有理想守信念、懂技术会创新、敢担当讲奉献的宏大产业工人队伍。

第九条　【工会对外交往的方针和原则】中华全国总工会根据独立、平等、互相尊重、互不干涉内部事务的原则，加强同各国工会组织的友好合作关系。

第二章　工会组织

第十条　【工会建立原则和委员会产生办法、领导体制】工会各级组织按照民主集中制原则建立。

各级工会委员会由会员大会或者会员代表大会民主选举产生。企业主要负责人的近亲属不得作为本企业基层工会委员会成员的人选。

各级工会委员会向同级会员大会或者会员代表大会负责并报告工作，接受其监督。

工会会员大会或者会员代表大会有权撤换或者罢免其所选举的代表或者工会委员会组成人员。

上级工会组织领导下级工会组织。

第十一条　【各级工会组织的建立】用人单位有会员二十五人以上的，应当建立基层工会委员会；不足二十五人的，可以单独建立基层工会委员会，也可以由两个以上单位的会员联合建立基层工会委员会，也可以选举组织员一人，组织会员开展活动。女职工人数较多的，可以建立工会女职工委员会，在同级工会领导下开展工作；女职工人数较少的，可以在工会委员会中设女职工委员。

企业职工较多的乡镇、城市街道，可以建立基层工会的联合会。

县级以上地方建立地方各级总工会。

同一行业或者性质相近的几个行业，可以根据需要建立全国的或者地方的产业工会。

全国建立统一的中华全国总工会。

第十二条　【工会组织的建立报批及帮助指导】基层工会、地方各级总工会、全国或者地方产业工会组织的建立，必须报上一级工会批准。

上级工会可以派员帮助和指导企业职工组建工会，任何单位和个人不得阻挠。

第十三条　【工会组织的撤销及合并】任何组织和个人不得随意撤销、合并工会组织。

基层工会所在的用人单位终止或者被撤销，该工会组织相应撤销，并报告上一级工会。

依前款规定被撤销的工会，其会员的会籍可以继续保留，具体管理办法由中华全国总工会制定。

第十四条　【工会主席及专职工作人员的确立】职工二百人以上的企业、事业单位、社会组织的工会，可以设专职工会主席。工会专职工作人员的人数由工会与企业、事业单位、社会组织协商确定。

第十五条　【法人资格】中华全国总工会、地方总工会、产业工会具有社会团体法人资格。

基层工会组织具备民法典规定的法人条件的，依法取得社会团体法人资格。

第十六条　【基层工会委员会任期】基层工会委员会每届任期三年或者五年。各级地方总工会委员会和产业工会委员会每届任期五年。

第十七条　【基层工会委员会会议的召开】基层工会委员会定期召开会员大会或者会员代表大会，讨论决定工会工作的重大问题。经基层工会委员会或者三分之一以上的工会会员提议，可以临时召开会员大会或者会员代表大会。

第十八条　【工会主席、副主席工作调动限制】工会主席、副主席任期未满时，不得随意调动其工作。因工作需要调动时，应当征得本级工会委员会和上一级工会的同意。

罢免工会主席、副主席必须召开会员大会或者会员代表大会讨论，非经会员大会全体会员或者会员代表大会全体代表过半数通过，不得罢免。

第十九条　【基层工会主席、副主席及委员劳动合同期限的规定】基层工会专职主席、副主席或者委员自任职之日起，其劳动合同期限自动延长，延长期限相当于其任职期间；非专职主席、副主席或者委员自任职之日起，其尚未履行的劳动合同期限短于任期的，劳动合同期限自动延长至任期期满。但是，任职期间个人严重过失或者达到法定退休年龄的除外。

第三章　工会的权利和义务

第二十条　【工会监督权】企业、事业单位、社会组织违反职工代表大会制度和其他民主管理制度，工会有权要求纠正，保障职工依法行使民主管理的权利。

法律、法规规定应当提交职工大会或者职工代表大会审议、通过、决定的事项，企业、事业单位、社会组织应当依法办理。

第二十一条　【劳动合同指导、集体合同代签与争议处理】工会帮助、指导职工与企业、实行企业化管理的事业单位、社会组织签订劳动合同。

工会代表职工与企业、实行企业化管理的事业单位、社会组织进行平等协商，依法签订集体合同。集体合同草案应当提交职工代表大会或者全体职工讨论通过。

工会签订集体合同，上级工会应当给予支持和帮助。

企业、事业单位、社会组织违反集体合同，侵犯职工劳动权益的，工会可以依法要求企业、事业单位、社会组织予以改正并承担责任；因履行集体合同发生争议，经协商解决不成的，工会可以向劳动争议仲裁机构提请仲裁，仲裁机构不予受理或者对仲裁裁决不服的，可以向人民法院提起诉讼。

第二十二条　【对辞退、处分职工的提出意见权】企业、事业单位、社会组织处分职工，工会认为不适当的，有权提出意见。

用人单位单方面解除职工劳动合同时，应当事先将理由通知工会，工会认为用人单位违反法律、法规和有关合同，要求重新研究处理时，用人单位应当研究工会的意见，并将处理结果书面通知工会。

职工认为用人单位侵犯其劳动权益而申请劳动争议仲裁或者向人民法院提起诉讼的，工会应当给予支持和帮助。

第二十三条　【对职工劳动权益的维护】企业、事业单位、社会组织违反劳动法律法规规定，有下列侵犯职工劳动权益情形，工会应当代表职工与企业、事业单位、社会组织交涉，要求企业、事业单位、社会组织采取措施予以改正；企业、事业单位、社会组织应当予以研究处理，并向工会作出答复；企业、事业单位、社会组织拒不改正的，工会可以提请当地人民政府依法作出处理：

（一）克扣、拖欠职工工资的；

（二）不提供劳动安全卫生条件的；

（三）随意延长劳动时间的；

（四）侵犯女职工和未成年工特殊权益的；

（五）其他严重侵犯职工劳动权益的。

第二十四条　【对劳保和安全卫生提出意见权】工会依照国家规定对新建、扩建企业和技术改造工程中的劳动条件和安全卫生设施与主体工程同时设计、同时施工、同时投产使用进行监督。对工会提出的意见，企业或者主管部门应当认真处理，并将处理结果书面通知工会。

第二十五条　【职工生产安全维护】工会发现企业违章指挥、强令工人冒险作业，或者生产过程中发现明显重大事故隐患和职业危害，有权提出解决的建议，企业应当及时研究答复；发现危及职工生命安全的情况时，工会有权向企业建议组织职工撤离危险现场，企业必须及时作出处理决定。

第二十六条 【工会的调查权】工会有权对企业、事业单位、社会组织侵犯职工合法权益的问题进行调查,有关单位应当予以协助。

第二十七条 【工会对工伤的调查处理权】职工因工伤亡事故和其他严重危害职工健康问题的调查处理,必须有工会参加。工会应当向有关部门提出处理意见,并有权要求追究直接负责的主管人员和有关责任人员的责任。对工会提出的意见,应当及时研究,给予答复。

第二十八条 【对停工、怠工的协调】企业、事业单位、社会组织发生停工、怠工事件,工会应当代表职工同企业、事业单位、社会组织或者有关方面协商,反映职工的意见和要求并提出解决意见。对于职工的合理要求,企业、事业单位、社会组织应当予以解决。工会协助企业、事业单位、社会组织做好工作,尽快恢复生产、工作秩序。

第二十九条 【劳动争议调解】工会参加企业的劳动争议调解工作。

地方劳动争议仲裁组织应当有同级工会代表参加。

第三十条 【法律服务】县级以上各级总工会依法为所属工会和职工提供法律援助等法律服务。

第三十一条 【职工集体福利协助】工会协助用人单位办好职工集体福利事业,做好工资、劳动安全卫生和社会保险工作。

第三十二条 【思想政治引领及文娱竞技活动】工会会同用人单位加强对职工的思想政治引领,教育职工以国家主人翁态度对待劳动,爱护国家和单位的财产;组织职工开展群众性的合理化建议、技术革新、劳动和技能竞赛活动,进行业余文化技术学习和职工培训,参加职业教育和文化体育活动,推进职业安全健康教育和劳动保护工作。

第三十三条 【评优等管理职能】根据政府委托,工会与有关部门共同做好劳动模范和先进生产(工作)者的评选、表彰、培养和管理工作。

第三十四条 【对发展计划的建议权】国家机关在组织起草或者修改直接涉及职工切身利益的法律、法规、规章时,应当听取工会意见。

县级以上各级人民政府制定国民经济和社会发展计划,对涉及职工利益的重大问题,应当听取同级工会的意见。

县级以上各级人民政府及其有关部门研究制定劳动就业、工资、劳动安全卫生、社会保险等涉及职工切身利益的政策、措施时,应当吸收同级工会参加研究,听取工会意见。

第三十五条 【政府协商】县级以上地方各级人民政府可以召开会议或者采取适当方式,向同级工会通报政府的重要的工作部署和与工会工作有关的行政措施,研究解决工会反映的职工群众的意见和要求。

各级人民政府劳动行政部门应当会同同级工会和企业方面代表,建立劳动关系三方协商机制,共同研究解决劳动关系方面的重大问题。

第四章 基层工会组织

第三十六条 【企业权力机构及其工作机构】国有企业职工代表大会是企业实行民主管理的基本形式,是职工行使民主管理权力的机构,依照法律规定行使职权。

国有企业的工会委员会是职工代表大会的工作机构,负责职工代表大会的日常工作,检查、督促职工代表大会决议的执行。

第三十七条 【集体企业工会职责】集体企业的工会委员会,应当支持和组织职工参加民主管理和民主监督,维护职工选举和罢免管理人员、决定经营管理的重大问题的权力。

第三十八条 【工会参与民主管理】本法第三十六条、第三十七条规定以外的其他企业、事业单位的工会委员会,依照法律规定组织职工采取与企业、事业单位相适应的形式,参与企业、事业单位民主管理。

第三十九条 【工会代表对企业决策的参与】企业、事业单位、社会组织研究经营管理和发展的重大问题应当听取工会的意见;召开会议讨论有关工资、福利、劳动安全卫生、工作时间、休息休假、女职工保护和社会保险等涉及职工切身利益的问题,必须有工会代表参加。

企业、事业单位、社会组织应当支持工会依法开展工作,工会应当支持企业、事业单位、社会组织依法行使经营管理权。

第四十条 【职工代表的产生】公司的董事会、监事会中职工代表的产生,依照公司法有关规定执行。

第四十一条 【工会活动的时间安排】基层工会委员会召开会议或者组织职工活动,应当在生产或者工作时间以外进行,需要占用生产或者工作时间的,应当事先征得企业、事业单位、社会组织的同意。

基层工会的非专职委员占用生产或者工作时间参加会议或者从事工会工作,每月不超过三个工作日,其工资照发,其他待遇不受影响。

第四十二条 【工会工作人员待遇】用人单位工会委员会的专职工作人员的工资、奖励、补贴,由所在单位支付。社会保险和其他福利待遇等,享受本单位职工同等待遇。

第五章　工会的经费和财产

第四十三条　【工会经费的来源及使用】工会经费的来源：

（一）工会会员缴纳的会费；

（二）建立工会组织的用人单位按每月全部职工工资总额的百分之二向工会拨缴的经费；

（三）工会所属的企业、事业单位上缴的收入；

（四）人民政府的补助；

（五）其他收入。

前款第二项规定的企业、事业单位、社会组织拨缴的经费在税前列支。

工会经费主要用于为职工服务和工会活动。经费使用的具体办法由中华全国总工会制定。

第四十四条　【工会经费执行】企业、事业单位、社会组织无正当理由拖延或者拒不拨缴工会经费，基层工会或者上级工会可以向当地人民法院申请支付令；拒不执行支付令的，工会可以依法申请人民法院强制执行。

第四十五条　【工会经费管理】工会应当根据经费独立原则，建立预算、决算和经费审查监督制度。

各级工会建立经费审查委员会。

各级工会经费收支情况应当由同级工会经费审查委员会审查，并且定期向会员大会或者会员代表大会报告，接受监督。工会会员大会或者会员代表大会有权对经费使用情况提出意见。

工会经费的使用应当依法接受国家的监督。

第四十六条　【物质条件保障】各级人民政府和用人单位应当为工会办公和开展活动，提供必要的设施和活动场所等物质条件。

第四十七条　【工会财产禁止侵占】工会的财产、经费和国家拨给工会使用的不动产，任何组织和个人不得侵占、挪用和任意调拨。

第四十八条　【工会隶属关系不随意变动原则】工会所属的为职工服务的企业、事业单位，其隶属关系不得随意改变。

第四十九条　【工会离退休人员待遇】县级以上各级工会的离休、退休人员的待遇，与国家机关工作人员同等对待。

第六章　法 律 责 任

第五十条　【工会对侵权的维护】工会对违反本法规定侵犯其合法权益的，有权提请人民政府或者有关部门予以处理，或者向人民法院提起诉讼。

第五十一条　【阻挠工会活动的法律责任】违反本法第三条、第十二条规定，阻挠职工依法参加和组织工会或者阻挠上级工会帮助、指导职工筹建工会的，由劳动行政部门责令其改正；拒不改正的，由劳动行政部门提请县级以上人民政府处理；以暴力、威胁等手段阻挠造成严重后果，构成犯罪的，依法追究刑事责任。

第五十二条　【工会委员工作、人身尊严的维护】违反本法规定，对依法履行职责的工会工作人员无正当理由调动工作岗位，进行打击报复的，由劳动行政部门责令改正、恢复原工作；造成损失的，给予赔偿。

对依法履行职责的工会工作人员进行侮辱、诽谤或者进行人身伤害，构成犯罪的，依法追究刑事责任；尚未构成犯罪的，由公安机关依照治安管理处罚法的规定处罚。

第五十三条　【职工及工会工作人员的赔偿】违反本法规定，有下列情形之一的，由劳动行政部门责令恢复其工作，并补发被解除劳动合同期间应得的报酬，或者责令给予本人年收入二倍的赔偿：

（一）职工因参加工会活动而被解除劳动合同的；

（二）工会工作人员因履行本法规定的职责而被解除劳动合同的。

第五十四条　【对工会的违法情形】违反本法规定，有下列情形之一的，由县级以上人民政府责令改正，依法处理：

（一）妨碍工会组织职工通过职工代表大会和其他形式依法行使民主权利的；

（二）非法撤销、合并工会组织的；

（三）妨碍工会参加职工因工伤亡事故以及其他侵犯职工合法权益问题的调查处理的；

（四）无正当理由拒绝进行平等协商的。

第五十五条　【工会的起诉权】违反本法第四十七条规定，侵占工会经费和财产拒不返还的，工会可以向人民法院提起诉讼，要求返还，并赔偿损失。

第五十六条　【工作人员的违法处理】工会工作人员违反本法规定，损害职工或者工会权益的，由同级工会或者上级工会责令改正，或者予以处分；情节严重的，依照《中国工会章程》予以罢免；造成损失的，应当承担赔偿责任；构成犯罪的，依法追究刑事责任。

第七章　附　　则

第五十七条　【实施办法的制定】中华全国总工会会同有关国家机关制定机关工会实施本法的具体办法。

第五十八条　【施行日期】本法自公布之日起施行。1950 年 6 月 29 日中央人民政府颁布的《中华人民共和国工会法》同时废止。

中国工会章程

中国工会第十八次全国代表大会部分修改，2023年10月12日通过

总　　则

中国工会是中国共产党领导的职工自愿结合的工人阶级群众组织，是党联系职工群众的桥梁和纽带，是国家政权的重要社会支柱，是会员和职工利益的代表。

中国工会以宪法为根本活动准则，按照《中华人民共和国工会法》和本章程独立自主地开展工作，依法行使权利和履行义务。

工人阶级是我国的领导阶级，是先进生产力和生产关系的代表，是中国共产党最坚实最可靠的阶级基础，是改革开放和社会主义现代化建设的主力军，是维护社会安定的强大而集中的社会力量。中国工会高举中国特色社会主义伟大旗帜，坚持马克思列宁主义、毛泽东思想、邓小平理论、“三个代表”重要思想、科学发展观，全面贯彻习近平新时代中国特色社会主义思想，贯彻执行党的以经济建设为中心，坚持四项基本原则，坚持改革开放的基本路线，保持和增强政治性、先进性、群众性，坚定不移地走中国特色社会主义工会发展道路，推动党的全心全意依靠工人阶级的根本指导方针的贯彻落实，全面履行工会的社会职能，在维护全国人民总体利益的同时，更好地表达和维护职工的具体利益，团结和动员全国职工自力更生、艰苦创业，坚持和发展中国特色社会主义，为全面建成社会主义现代化强国、实现第二个百年奋斗目标，以中国式现代化全面推进中华民族伟大复兴而奋斗。

中国工会坚持自觉接受中国共产党的领导，承担团结引导职工群众听党话、跟党走的政治责任，巩固和扩大党执政的阶级基础和群众基础。

中国工会的基本职责是维护职工合法权益、竭诚服务职工群众。

中国工会按照中国特色社会主义事业“五位一体”总体布局和“四个全面”战略布局，贯彻创新、协调、绿色、开放、共享的新发展理念，把握为实现中华民族伟大复兴的中国梦而奋斗的工人运动时代主题，弘扬劳模精神、劳动精神、工匠精神，动员和组织职工积极参加建设和改革，努力促进经济、政治、文化、社会和生态文明建设；发展全过程人民民主，代表和组织职工参与管理国家事务、管理经济和文化事业、管理社会事务，参与企业、事业单位、机关、社会组织的民主管理；教育职工践行社会主义核心价值观，不断提高思想道德素质、科学文化素质和技术技能素质，建设有理想、有道德、有文化、有纪律的职工队伍，不断发展工人阶级先进性。

中国工会以忠诚党的事业、竭诚服务职工为己任，坚持组织起来、切实维权的工作方针，坚持以职工为本、主动依法科学维权的维权观，促进完善社会主义劳动法律，维护职工的经济、政治、文化和社会权利，参与协调劳动关系和社会利益关系，推动构建和谐劳动关系，促进经济高质量发展和社会的长期稳定，维护工人阶级和工会组织的团结统一，为构建社会主义和谐社会作贡献。

中国工会维护工人阶级领导的、以工农联盟为基础的人民民主专政的社会主义国家政权，协助人民政府开展工作，依法发挥民主参与和社会监督作用。

中国工会推动产业工人队伍建设改革，强化产业工人思想政治引领，提高产业工人队伍整体素质，发挥产业工人骨干作用，维护产业工人合法权益，保障产业工人主人翁地位，造就一支有理想守信念、懂技术会创新、敢担当讲奉献的宏大产业工人队伍。

中国工会在企业、事业单位、社会组织中，按照促进企事业和社会组织发展、维护职工权益的原则，支持行政依法行使管理权力，组织职工参与本单位民主选举、民主协商、民主决策、民主管理和民主监督，与行政方面建立协商制度，保障职工的合法权益，调动职工的积极性，促进企业、事业单位、社会组织的发展。

中国工会实行产业和地方相结合的组织领导原则，坚持民主集中制。

中国工会坚持以改革创新精神加强自身建设，健全联系广泛、服务职工的工作体系，增强团结教育、维护权益、服务职工的功能，坚持群众化、民主化，保持同会员群众的密切联系，依靠会员群众开展工会工作。各级工会领导机关坚持把工作重点放到基层，着力扩大覆盖面、增强代表性，着力强化服务意识、提高维权能力，着力加强队伍建设、提升保障水平，坚持服务职工群众的工作生命线，全心全意为基层、为职工服务，构建智慧工会，增强基层工会的吸引力凝聚力战斗力，把工会组织建设得更加充满活力、更加坚强有力，成为深受职工群众信赖的学习型、服务型、创新型“职工之家”。

工会兴办的企业、事业单位，坚持公益性、服务性，坚持为改革开放和发展社会生产力服务，为职工群众服务，为推进工运事业服务。

中国工会努力巩固和发展工农联盟，坚持最广泛的爱国统一战线，加强包括香港特别行政区同胞、澳门特别行政区同胞、台湾同胞和海外侨胞在内的全国各族人民的大团结，促进祖国的统一、繁荣和富强。

中国工会在国际事务中坚持独立自主、互相尊重、求同存异、加强合作、增进友谊的方针，在独立、平等、互相尊重、互不干涉内部事务的原则基础上，广泛建立和发展同国际和各国工会组织的友好关系，积极参与"一带一路"建设，增进我国工人阶级同各国工人阶级的友谊，同全世界工人和工会一起，在推动构建人类命运共同体中发挥作用，为世界的和平、发展、合作、工人权益和社会进步而共同努力。

中国工会深入学习贯彻习近平总书记关于党的建设的重要思想，落实新时代党的建设总要求，贯彻全面从严治党战略方针，以党的政治建设为统领，加强党的建设，深刻领悟"两个确立"的决定性意义，增强"四个意识"、坚定"四个自信"、做到"两个维护"，在思想上政治上行动上同以习近平同志为核心的党中央保持高度一致。

第一章　会　　员

第一条　凡在中国境内的企业、事业单位、机关、社会组织中，以工资收入为主要生活来源或者与用人单位建立劳动关系的劳动者，不分民族、种族、性别、职业、宗教信仰、教育程度，承认工会章程，都可以加入工会为会员。

工会适应企业组织形式、职工队伍结构、劳动关系、就业形态等方面的发展变化，依法维护劳动者参加和组织工会的权利。

第二条　职工加入工会，由本人自愿申请，经基层工会委员会批准并发给会员证。

第三条　会员享有以下权利：

（一）选举权、被选举权和表决权。

（二）对工会工作进行监督，提出意见和建议，要求撤换或者罢免不称职的工会工作人员。

（三）对国家和社会生活问题及本单位工作提出批评与建议，要求工会组织向有关方面如实反映。

（四）在合法权益受到侵犯时，要求工会给予保护。

（五）工会提供的文化、教育、体育、旅游、疗休养、互助保障、生活救助、法律服务、就业服务等优惠待遇；工会给予的各种奖励。

（六）在工会会议和工会媒体上，参加关于工会工作和职工关心问题的讨论。

第四条　会员履行下列义务：

（一）认真学习贯彻习近平新时代中国特色社会主义思想，学习政治、经济、文化、法律、科技和工会基本知识等。

（二）积极参加民主管理，努力完成生产和工作任务，立足本职岗位建功立业。

（三）遵守宪法和法律，践行社会主义核心价值观，弘扬中华民族传统美德，恪守社会公德、职业道德、家庭美德、个人品德，遵守劳动纪律。

（四）正确处理国家、集体、个人三者利益关系，向危害国家、社会利益的行为作斗争。

（五）维护中国工人阶级和工会组织的团结统一，发扬阶级友爱，搞好互助互济。

（六）遵守工会章程，执行工会决议，参加工会活动，按月交纳会费。

第五条　会员组织关系随劳动（工作）关系变动，凭会员证明接转。

第六条　会员有退会自由。会员退会由本人向工会小组提出，由基层工会委员会宣布其退会并收回会员证。

会员没有正当理由连续六个月不交纳会费、不参加工会组织生活，经教育拒不改正，应当视为自动退会。

第七条　对不执行工会决议、违反工会章程的会员，给予批评教育。对严重违法犯罪并受到刑事处罚的会员，开除会籍。开除会员会籍，须经工会小组讨论，提出意见，由基层工会委员会决定，报上一级工会备案。

第八条　会员离休、退休和失业，可保留会籍。保留会籍期间免交会费。

工会组织要关心离休、退休和失业会员的生活，积极向有关方面反映他们的愿望和要求。

第二章　组织制度

第九条　中国工会实行民主集中制，主要内容是：

（一）个人服从组织，少数服从多数，下级组织服从上级组织。

（二）工会的各级领导机关，除它们派出的代表机关外，都由民主选举产生。

（三）工会的最高领导机关，是工会的全国代表大会和它所产生的中华全国总工会执行委员会。工会的地方各级领导机关，是工会的地方各级代表大会和它所产生的总工会委员会。

（四）工会各级委员会，向同级会员大会或者会员代表大会负责并报告工作，接受会员监督。会员大会和会员代表大会有权撤换或者罢免其所选举的代表和工会委员会组成人员。

（五）工会各级委员会，实行集体领导和分工负责相结合的制度。凡属重大问题由委员会民主讨论，作出决定，委员会成员根据集体的决定和分工，履行自己的职责。

（六）工会各级领导机关，加强对下级组织的领导和服务，经常向下级组织通报情况，听取下级组织和会员的意见，研究和解决他们提出的问题。下级组织应及时向上级组织请示报告工作。

第十条　工会各级代表大会的代表和委员会的产生，要充分体现选举人的意志。候选人名单，要反复酝酿，充分讨论。选举采用无记名投票方式，可以直接采用候选人数多于应选人数的差额选举办法进行正式选举，也可以先采用差额选举办法进行预选，产生候选人名单，然后进行正式选举。任何组织和个人，不得以任何方式强迫选举人选举或不选举某个人。

第十一条　中国工会实行产业和地方相结合的组织领导原则。同一企业、事业单位、机关、社会组织中的会员，组织在一个基层工会组织中；同一行业或者性质相近的几个行业，根据需要建立全国的或者地方的产业工会组织。除少数行政管理体制实行垂直管理的产业，其产业工会实行产业工会和地方工会双重领导，以产业工会领导为主外，其他产业工会均实行以地方工会领导为主，同时接受上级产业工会领导的体制。各产业工会的领导体制，由中华全国总工会确定。

省、自治区、直辖市，设区的市和自治州，县（旗）、自治县、不设区的市建立地方总工会。地方总工会是当地地方工会组织和产业工会地方组织的领导机关。全国建立统一的中华全国总工会。中华全国总工会是各级地方总工会和各产业工会全国组织的领导机关。

中华全国总工会执行委员会委员和产业工会全国委员会委员实行替补制，各级地方总工会委员会委员和地方产业工会委员会委员，也可以实行替补制。

第十二条　县和县以上各级地方总工会委员会，根据工作需要可以派出代表机关。

县和县以上各级工会委员会，在两次代表大会之间，认为有必要时，可以召集代表会议，讨论和决定需要及时解决的重大问题。代表会议代表的名额和产生办法，由召集代表会议的总工会决定。

全国产业工会、各级地方产业工会、乡镇工会、城市街道工会和区域性、行业性工会联合会的委员会，可以按照联合制、代表制原则，由下一级工会组织民主选举的主要负责人和适当比例的有关方面代表组成。

上级工会可以派员帮助和指导用人单位的职工组建工会。

第十三条　各级工会代表大会选举产生同级经费审查委员会。中华全国总工会经费审查委员会设常务委员会，省、自治区、直辖市总工会经费审查委员会和独立管理经费的全国产业工会经费审查委员会，应当设常务委员会。经费审查委员会负责审查同级工会组织及其直属企业、事业单位的经费收支和资产管理情况，监督财经法纪的贯彻执行和工会经费的使用，并接受上级工会经费审查委员会的指导和监督。工会经费审查委员会向同级会员大会或会员代表大会负责并报告工作；在大会闭会期间，向同级工会委员会负责并报告工作。

上级经费审查委员会应当对下一级工会及其直属企业、事业单位的经费收支和资产管理情况进行审查。

中华全国总工会经费审查委员会委员实行替补制，各级地方总工会经费审查委员会委员和独立管理经费的产业工会经费审查委员会委员，也可以实行替补制。

第十四条　各级工会建立女职工委员会，表达和维护女职工的合法权益。女职工委员会由同级工会委员会提名，在充分协商的基础上组成或者选举产生，女职工委员会与工会委员会同时建立，在同级工会委员会领导下开展工作。企业工会女职工委员会是县或者县以上妇联的团体会员，通过县以上地方工会接受妇联的业务指导。

第十五条　县和县以上各级工会组织应当建立法律服务机构，为保护职工和工会组织的合法权益提供服务。

各级工会组织应当组织和代表职工开展劳动法律监督。

第十六条　成立或者撤销工会组织，必须经会员大会或者会员代表大会通过，并报上一级工会批准。基层工会组织所在的企业终止，或者所在的事业单位、机关、社会组织被撤销，该工会组织相应撤销，并报上级工会备案。其他组织和个人不得随意撤销工会组织，也不得把工会组织的机构撤销、合并或者归属其他工作部门。

第三章　全国组织

第十七条　中国工会全国代表大会，每五年举行一次，由中华全国总工会执行委员会召集。在特殊情况下，由中华全国总工会执行委员会主席团提议，经执行委员会全体会议通过，可以提前或者延期举行。代表名额和代表选举办法由中华全国总工会决定。

第十八条　中国工会全国代表大会的职权是：

（一）审议和批准中华全国总工会执行委员会的工作报告。

（二）审议和批准中华全国总工会执行委员会的经费收支情况报告和经费审查委员会的工作报告。

（三）修改中国工会章程。

（四）选举中华全国总工会执行委员会和经费审查委员会。

第十九条　中华全国总工会执行委员会，在全国代表大会闭会期间，负责贯彻执行全国代表大会的决议，领导全国工会工作。

执行委员会全体会议选举主席一人、副主席若干人、主席团委员若干人，组成主席团。

执行委员会全体会议由主席团召集，每年至少举行一次。

第二十条　中华全国总工会执行委员会全体会议闭会期间，由主席团行使执行委员会的职权。主席团全体会议，由主席召集。

主席团闭会期间，由主席、副主席组成的主席会议行使主席团职权。主席会议由中华全国总工会主席召集并主持。

主席团下设书记处，由主席团在主席团成员中推选第一书记一人，书记若干人组成。书记处在主席团领导下，主持中华全国总工会的日常工作。

第二十一条　产业工会全国组织的设置，由中华全国总工会根据需要确定。

产业工会全国委员会的建立，经中华全国总工会批准，可以按照联合制、代表制原则组成，也可以由产业工会全国代表大会选举产生。全国委员会每届任期五年。任期届满，应当如期召开会议，进行换届选举。在特殊情况下，经中华全国总工会批准，可以提前或者延期举行。

产业工会全国代表大会和按照联合制、代表制原则组成的产业工会全国委员会全体会议的职权是：审议和批准产业工会全国委员会的工作报告；选举产业工会全国委员会或者产业工会全国委员会常务委员会。独立管理经费的产业工会，选举经费审查委员会，并向产业工会全国代表大会或者委员会全体会议报告工作。产业工会全国委员会常务委员会由主席一人、副主席若干人、常务委员若干人组成。

第四章　地方组织

第二十二条　省、自治区、直辖市，设区的市和自治州，县（旗）、自治县、不设区的市的工会代表大会，由同级总工会委员会召集，每五年举行一次。在特殊情况下，由同级总工会委员会提议，经上一级工会批准，可以提前或者延期举行。工会的地方各级代表大会的职权是：

（一）审议和批准同级总工会委员会的工作报告。

（二）审议和批准同级总工会委员会的经费收支情况报告和经费审查委员会的工作报告。

（三）选举同级总工会委员会和经费审查委员会。

各级地方总工会委员会，在代表大会闭会期间，执行上级工会的决定和同级工会代表大会的决议，领导本地区的工会工作，定期向上级总工会委员会报告工作。

根据工作需要，省、自治区总工会可在地区设派出代表机关。直辖市和设区的市总工会在区一级建立总工会。

县和城市的区可在乡镇和街道建立乡镇工会和街道工会组织，具备条件的，建立总工会。

第二十三条　各级地方总工会委员会选举主席一人、副主席若干人、常务委员若干人，组成常务委员会。工会委员会、常务委员会和主席、副主席以及经费审查委员会的选举结果，报上一级总工会批准。

各级地方总工会委员会全体会议，每年至少举行一次，由常务委员会召集。各级地方总工会常务委员会，在委员会全体会议闭会期间，行使委员会的职权。

第二十四条　各级地方产业工会组织的设置，由同级地方总工会根据本地区的实际情况确定。

第五章　基层组织

第二十五条　企业、事业单位、机关、社会组织等基层单位，应当依法建立工会组织。社区和行政村可以建立工会组织。从实际出发，建立区域性、行业性工会联合会，推进新经济组织、新社会组织工会组织建设。

有会员二十五人以上的，应当成立基层工会委员会；不足二十五人的，可以单独建立基层工会委员会，也可以由两个以上单位的会员联合建立基层工会委员会，也可以选举组织员或者工会主席一人，主持基层工会工作。基层工会委员会有女会员十人以上的建立女职工委员会，不足十人的设女职工委员。

职工二百人以上企业、事业单位、社会组织的工会设专职工会主席。工会专职工作人员的人数由工会与企业、事业单位、社会组织协商确定。

基层工会组织具备民法典规定的法人条件的，依法取得社会团体法人资格，工会主席为法定代表人。

第二十六条　基层工会会员大会或者会员代表大会，每年至少召开一次。经基层工会委员会或者三分之一以上的工会会员提议，可以临时召开会员大会或者会员代表大会。工会会员在一百人以下的基层工会应当召开会员大会。

工会会员大会或者会员代表大会的职权是：

（一）审议和批准基层工会委员会的工作报告。

（二）审议和批准基层工会委员会的经费收支情况报告和经费审查委员会的工作报告。

（三）选举基层工会委员会和经费审查委员会。

（四）撤换或者罢免其所选举的代表或者工会委员会组成人员。

（五）讨论决定工会工作的重大问题。

基层工会委员会和经费审查委员会每届任期三年或者五年，具体任期由会员大会或者会员代表大会决定。任期届满，应当如期召开会议，进行换届选举。在特殊情况下，经上一级工会批准，可以提前或者延期举行。

会员代表大会的代表实行常任制，任期与本单位工会委员会相同。

第二十七条　基层工会委员会的委员，应当在会员或者会员代表充分酝酿协商的基础上选举产生；主席、副主席，可以由会员大会或者会员代表大会直接选举产生，也可以由基层工会委员会选举产生。大型企业、事业单位的工会委员会，根据工作需要，经上级工会委员会批准，可以设立常务委员会。基层工会委员会、常务委员会和主席、副主席以及经费审查委员会的选举结果，报上一级工会批准。

第二十八条　基层工会委员会的基本任务是：

（一）执行会员大会或者会员代表大会的决议和上级工会的决定，主持基层工会的日常工作。

（二）代表和组织职工依照法律规定，通过职工代表大会、厂务公开和其他形式，参与本单位民主选举、民主协商、民主决策、民主管理和民主监督，保障职工知情权、参与权、表达权和监督权，在公司制企业落实职工董事、职工监事制度。企业、事业单位工会委员会是职工代表大会工作机构，负责职工代表大会的日常工作，检查、督促职工代表大会决议的执行。

（三）参与协调劳动关系和调解劳动争议，与企业、事业单位、社会组织行政方面建立协商制度，协商解决涉及职工切身利益问题。帮助和指导职工与企业、事业单位、社会组织行政方面签订和履行劳动合同，代表职工与企业、事业单位、社会组织行政方面签订集体合同或者其他专项协议，并监督执行。

（四）组织职工开展劳动和技能竞赛、合理化建议、技能培训、技术革新和技术协作等活动，培育工匠、高技能人才，总结推广先进经验。做好劳动模范和先进生产（工作）者的评选、表彰、培养和管理服务工作。

（五）加强对职工的政治引领和思想教育，开展法治宣传教育，重视人文关怀和心理疏导，鼓励支持职工学习文化科学技术和管理知识，开展健康的文化体育活动。推进企业文化职工文化建设，办好工会文化、教育、体育事业。

（六）监督有关法律、法规的贯彻执行。协助和督促行政方面做好工资、安全生产、职业病防治和社会保险等方面的工作，推动落实职工福利待遇。办好职工集体福利事业，改善职工生活，对困难职工开展帮扶。依法参与生产安全事故和职业病危害事故的调查处理。

（七）维护女职工的特殊权益，同歧视、虐待、摧残、迫害女职工的现象作斗争。

（八）搞好工会组织建设，健全民主制度和民主生活。建立和发展工会积极分子队伍。做好会员的发展、接收、教育和会籍管理工作。加强职工之家建设。

（九）收好、管好、用好工会经费，管理好工会资产和工会的企业、事业。

第二十九条　教育、科研、文化、卫生、体育等事业单位和机关工会，从脑力劳动者比较集中的特点出发开展工作，积极了解和关心职工的思想、工作和生活，推动党的知识分子政策的贯彻落实。组织职工搞好本单位的民主选举、民主协商、民主决策、民主管理和民主监督，为发挥职工的聪明才智创造良好的条件。

第三十条　基层工会委员会根据工作需要，可以在分厂、车间（科室）建立分厂、车间（科室）工会委员会。分厂、车间（科室）工会委员会由分厂、车间（科室）会员大会或者会员代表大会选举产生，任期和基层工会委员会相同。

基层工会委员会和分厂、车间（科室）工会委员会，可以根据需要设若干专门委员会或者专门小组。

按照生产（行政）班组建立工会小组，民主选举工会小组长，积极开展工会小组活动。

第六章　工 会 干 部

第三十一条　各级工会组织按照革命化、年轻化、知识化、专业化的要求，落实新时代好干部标准，努力建设一支坚持党的基本路线，熟悉本职业务，热爱工会工作，受到职工信赖的干部队伍。

第三十二条　工会干部要努力做到：

（一）认真学习马克思列宁主义、毛泽东思想、邓小平理论、“三个代表”重要思想、科学发展观、习近平新时代中国特色社会主义思想，学习党的基本知识和党的历史，学习政治、经济、历史、文化、法律、科技和工会业务等知识，提高政治能力、思维能力、实践能力，增强推动高质量发展本领、服务群众本领、防范化解风险本领。

（二）执行党的基本路线和各项方针政策，遵守国家法律、法规，在改革开放和社会主义现代化建设中勇于开拓创新。

（三）信念坚定，忠于职守，勤奋工作，敢于担当，廉洁奉公，顾全大局，维护团结。

（四）坚持实事求是，认真调查研究，如实反映职工的意见、愿望和要求。

（五）坚持原则，不谋私利，热心为职工说话办事，依法维护职工的合法权益。

（六）作风民主，联系群众，增强群众意识和群众感情，自觉接受职工群众的批评和监督。

第三十三条　各级工会组织根据有关规定管理工会干部，重视发现培养和选拔优秀年轻干部、女干部、少数民族干部，成为培养干部的重要基地。

基层工会主席、副主席任期未满不得随意调动其工作。因工作需要调动时，应事先征得本级工会委员会和上一级工会同意。

县和县以上工会可以为基层工会选派、聘用社会化工会工作者等工作人员。

第三十四条　各级工会组织建立与健全干部培训制度。办好工会干部院校和各种培训班。

第三十五条　各级工会组织关心工会干部的思想、学习和生活，督促落实相应的待遇，支持他们的工作，坚决同打击报复工会干部的行为作斗争。

县和县以上工会设立工会干部权益保障金，保障工会干部依法履行职责。

第七章　工会经费和资产

第三十六条　工会经费的来源：

（一）会员交纳的会费。

（二）企业、事业单位、机关、社会组织按全部职工工资总额的百分之二向工会拨缴的经费或者建会筹备金。

（三）工会所属的企业、事业单位上缴的收入。

（四）人民政府和企业、事业单位、机关、社会组织的补助。

（五）其他收入。

第三十七条　工会经费主要用于为职工服务和开展工会活动。各级工会组织应坚持正确使用方向，加强预算管理，优化支出结构，开展监督检查。

第三十八条　县和县以上各级工会应当与税务、财政等有关部门合作，依照规定做好工会经费收缴和应当由财政负担的工会经费拨缴工作。

未成立工会的企业、事业单位、机关、社会组织，按工资总额的百分之二向上级工会拨缴工会建会筹备金。

具备社会团体法人资格的工会应当依法设立独立经费账户。

第三十九条　工会资产是社会团体资产，中华全国总工会对各级工会的资产拥有终极所有权。各级工会依法依规加强对工会资产的监督、管理，保护工会资产不受损害，促进工会资产保值增值。根据经费独立原则，建立预算、决算、资产监管和经费审查监督制度。实行“统一领导、分级管理”的财务体制、“统一所有、分级监管、单位使用”的资产监管体制和“统一领导、分级管理、分级负责、下审一级”的经费审查监督体制。工会经费、资产的管理和使用办法以及工会经费审查监督制度，由中华全国总工会制定。

第四十条　各级工会委员会按照规定编制和审批预算、决算，定期向会员大会或者会员代表大会和上一级工会委员会报告经费收支和资产管理情况，接受上级和同级工会经费审查委员会审查监督。

第四十一条　工会经费、资产和国家及企业、事业单位等拨给工会的不动产和拨付资金形成的资产受法律保护，任何单位和个人不得侵占、挪用和任意调拨；不经批准，不得改变工会所属企业、事业单位的隶属关系和产权关系。

工会组织合并，其经费资产归合并后的工会所有；工会组织撤销或者解散，其经费资产由上级工会处置。

第八章　会　　徽

第四十二条　中国工会会徽，选用汉字“中”、“工”两字，经艺术造型呈圆形重叠组成，并在两字外加一圆线，象征中国工会和中国工人阶级的团结统一。会徽的制作标准，由中华全国总工会规定。

第四十三条　中国工会会徽，可在工会办公地点、活动场所、会议会场悬挂，可作为纪念品、办公用品上的工会标志，也可以作为徽章佩戴。

第九章　附　　则

第四十四条　本章程解释权属于中华全国总工会。

中华全国总工会办公厅关于规范召开企业职工代表大会的意见

1. 2011年12月7日
2. 总工办发〔2011〕53号

为规范召开企业职工代表大会（以下简称职代会），充分有效地发挥企业职代会作用，根据相关法律法规，结合企业职代会运行的实际情况，提出以下意见。

一、企业职代会每年至少召开一次。

二、企业职代会实行届期制，每三至五年为一届，到期应当及时换届。

三、企业工会是企业职代会的工作机构。未建工会的企业召开职代会，应当向上级工会组织报告，在其指导下开展相关工作。

四、企业首次召开职代会前应当成立筹备机构，由企业党组织、行政、工会等方面人员组成。筹备机构主要任务是：起草本单位职代会实施办法（细则）；组织选举职工代表；起草职代会筹备工作情况报告；研究确定本次职代会主要议题和议程；听取职工的意见和建议，等等。

五、企业应当根据法律法规的规定，结合实际，制定职代会实施办法（细则）。职代会实施办法（细则）应当提交职代会审议通过。

六、企业应当根据职工人数和生产（行政）单位设置状况确定职工代表总数、划分选区、分配名额，进行职工代表的选举。职工代表人数应当按照企业全体职工人数的一定比例确定，具体比例和人数应当按照本企业职代会实施办法（细则）确定，或由企业与工会协商确定，但最少不得低于三十人。企业职工人数在五十人以下的，应当召开职工大会。

七、职工代表中应当有工人、技术人员、管理人员、企业领导人员和其他方面的职工。其中企业领导人员一般不超过职工代表总数的五分之一。

八、各选区按照分配名额，由工会负责组织职工直接选举职工代表。

九、企业领导（高级管理）人员应当在相应的选区，参加职工代表的选举。

十、选举（撤换）职工代表，必须有选区全体职工三分之二以上参加，得到选区全体职工总数二分之一以上同意票者方可当选（撤换）。

管理层级较多的企业，参加上一级职代会的职工代表，可以在下一级职代会职工代表中选举产生，也可以由全体职工直接选举产生。

十一、职工代表人数较多的可以按选区组成代表团（组），推选团（组）长。

十二、职工代表实行常任制，任期与职代会届期相同，可以连选连任。

十三、职工代表在任期内因跨选区工作岗位变动或企业与其终止、解除劳动关系，其代表资格自行终止，缺额应当由原选举单位按照规定补选。

十四、职代会可以设列席代表和特邀代表；可以组织职工旁听。

十五、工会应当按照企业职代会实施办法（细则）制定职工代表选举方案；负责对职工代表条件、产生程序、人员构成比例等进行审核，并将职工代表名单进行公示，接受职工监督。

十六、确定召开职代会后，工会或职代会提案委员会应当通过职工代表向职工征集提案；经审查立案后提交职代会讨论。

十七、召开职代会前应当以书面形式，通知职工代表参加会议的时间、地点及主要内容。

十八、需要通过职代会讨论表决事项的相关材料，一般应当在会前不少于7个工作日，以书面形式送达职工代表，由职工代表团（组）长组织职工代表充分讨论和征求选区职工的意见。

十九、基层工会组织在召开职代会之前，应当向上一级工会报告会议筹备情况，上一级工会应当了以指导。

二十、正式召开职代会前可以召开预备会议。预备会议由本企业工会主持，全体职工代表参加。

二十一、职代会预备会议的主要程序是：

（一）选举大会主席团；

（二）听取关于本届（次）职代会筹备情况的报告；

（三）审议通过关于职工代表资格审查情况的报告；

（四）通过大会议程；

（五）决定大会其它有关事项。

二十二、召开职代会正式会议必须有全体职工代表的三分之二以上到会。

会议主持人必须向大会报告职工代表出席情况、职代会提案征集处理情况和上次职代会提案的落实情况。

二十三、职代会应当以职工代表团（组）为单位讨论相关事宜。大会主席团成员分别参加本代表团（组）的讨论。

二十四、职代会选举及表决通过决议、重要事项，应当以无记名投票方式进行，得到全体职工代表二分之一以上同意票方为当选（有效）。

二十五、职代会主席团负责处理会议期间的相关事项。

二十六、职代会闭会期间遇有重大问题，可由企业行政、工会或三分之一以上的职工代表联名，提议召开职代会，并按照规范程序进行。

二十七、职代会通过的决议、重要事项和选举结果等应当形成书面文件并及时公示。

职代会应当建立专门档案。

二十八、事业单位、民办非企业单位等其它单位可参照本意见执行。

对外劳务合作管理条例

1. 2012年6月4日国务院令第620号公布
2. 自2012年8月1日起施行

第一章　总　　则

第一条　为了规范对外劳务合作，保障劳务人员的合法权益，促进对外劳务合作健康发展，制定本条例。

第二条　本条例所称对外劳务合作，是指组织劳务人员赴其他国家或者地区为国外的企业或者机构（以下统称国外雇主）工作的经营性活动。

国外的企业、机构或者个人不得在中国境内招收劳务人员赴国外工作。

第三条　国家鼓励和支持依法开展对外劳务合作，提高对外劳务合作水平，维护劳务人员的合法权益。

国务院有关部门制定和完善促进对外劳务合作发展的政策措施，建立健全对外劳务合作服务体系以及风险防范和处置机制。

第四条　国务院商务主管部门负责全国的对外劳务合作监督管理工作。国务院外交、公安、人力资源社会保障、交通运输、住房城乡建设、渔业、工商行政管理等有关部门在各自职责范围内，负责对外劳务合作监督管理的相关工作。

县级以上地方人民政府统一领导、组织、协调本行政区域的对外劳务合作监督管理工作。县级以上地方人民政府商务主管部门负责本行政区域的对外劳务合作监督管理工作，其他有关部门在各自职责范围内负责对外劳务合作监督管理的相关工作。

第二章　从事对外劳务合作的企业与劳务人员

第五条　从事对外劳务合作，应当按照省、自治区、直辖市人民政府的规定，经省级或者设区的市级人民政府商务主管部门批准，取得对外劳务合作经营资格。

第六条　申请对外劳务合作经营资格，应当具备下列条件：

（一）符合企业法人条件；

（二）实缴注册资本不低于600万元人民币；

（三）有3名以上熟悉对外劳务合作业务的管理人员；

（四）有健全的内部管理制度和突发事件应急处置制度；

（五）法定代表人没有故意犯罪记录。

第七条　申请对外劳务合作经营资格的企业，应当向所在地省级或者设区的市级人民政府商务主管部门（以下称负责审批的商务主管部门）提交其符合本条例第六条规定条件的证明材料。负责审批的商务主管部门应当自收到证明材料之日起20个工作日内进行审查，作出批准或者不予批准的决定。予以批准的，颁发对外劳务合作经营资格证书；不予批准的，书面通知申请人并说明理由。

申请人持对外劳务合作经营资格证书，依法向工商行政管理部门办理登记。

负责审批的商务主管部门应当将依法取得对外劳务合作经营资格证书并办理登记的企业（以下称对外劳务合作企业）名单报至国务院商务主管部门，国务院商务主管部门应当及时通报中国驻外使馆、领馆。

未依法取得对外劳务合作经营资格证书并办理登记，不得从事对外劳务合作。

第八条　对外劳务合作企业不得允许其他单位或者个人以本企业的名义组织劳务人员赴国外工作。

任何单位和个人不得以商务、旅游、留学等名义组织劳务人员赴国外工作。

第九条　对外劳务合作企业应当自工商行政管理部门登记之日起5个工作日内，在负责审批的商务主管部门指定的银行开设专门账户，缴存不低于300万元人民币的对外劳务合作风险处置备用金（以下简称备用金）。备用金也可以通过向负责审批的商务主管部门提交等额银行保函的方式缴存。

负责审批的商务主管部门应当将缴存备用金的对外劳务合作企业名单向社会公布。

第十条　备用金用于支付对外劳务合作企业拒绝承担或者无力承担的下列费用：

（一）对外劳务合作企业违反国家规定收取，应当退还给劳务人员的服务费；

（二）依法或者按照约定应当由对外劳务合作企业向劳务人员支付的劳动报酬；

（三）依法赔偿劳务人员的损失所需费用；

（四）因发生突发事件，劳务人员回国或者接受紧急救助所需费用。

备用金使用后，对外劳务合作企业应当自使用之日起20个工作日内将备用金补足到原有数额。

备用金缴存、使用和监督管理的具体办法由国务院商务主管部门会同国务院财政部门制定。

第十一条　对外劳务合作企业不得组织劳务人员赴国外从事与赌博、色情活动相关的工作。

第十二条　对外劳务合作企业应当安排劳务人员接受赴

国外工作所需的职业技能、安全防范知识、外语以及用工项目所在国家或者地区相关法律、宗教信仰、风俗习惯等知识的培训；未安排劳务人员接受培训的，不得组织劳务人员赴国外工作。

劳务人员应当接受培训，掌握赴国外工作所需的相关技能和知识，提高适应国外工作岗位要求以及安全防范的能力。

第十三条　对外劳务合作企业应当为劳务人员购买在国外工作期间的人身意外伤害保险。但是，对外劳务合作企业与国外雇主约定由国外雇主为劳务人员购买的除外。

第十四条　对外劳务合作企业应当为劳务人员办理出境手续，并协助办理劳务人员在国外的居留、工作许可等手续。

对外劳务合作企业组织劳务人员出境后，应当及时将有关情况向中国驻用工项目所在国使馆、领馆报告。

第十五条　对外劳务合作企业、劳务人员应当遵守用工项目所在国家或者地区的法律，尊重当地的宗教信仰、风俗习惯和文化传统。

对外劳务合作企业、劳务人员不得从事损害国家安全和国家利益的活动。

第十六条　对外劳务合作企业应当跟踪了解劳务人员在国外的工作、生活情况，协助解决劳务人员工作、生活中的困难和问题，及时向国外雇主反映劳务人员的合理要求。

对外劳务合作企业向同一国家或者地区派出的劳务人员数量超过100人的，应当安排随行管理人员，并将随行管理人员名单报中国驻用工项目所在国使馆、领馆备案。

第十七条　对外劳务合作企业应当制定突发事件应急预案。国外发生突发事件的，对外劳务合作企业应当及时、妥善处理，并立即向中国驻用工项目所在国使馆、领馆和国内有关部门报告。

第十八条　用工项目所在国家或者地区发生战争、暴乱、重大自然灾害等突发事件，中国政府作出相应避险安排的，对外劳务合作企业和劳务人员应当服从安排，予以配合。

第十九条　对外劳务合作企业停止开展对外劳务合作的，应当对其派出的尚在国外工作的劳务人员作出妥善安排，并将安排方案报负责审批的商务主管部门备案。负责审批的商务主管部门应当将安排方案报至国务院商务主管部门，国务院商务主管部门应当及时通报中国驻用工项目所在国使馆、领馆。

第二十条　劳务人员有权向商务主管部门和其他有关部门投诉对外劳务合作企业违反合同约定或者其他侵害劳务人员合法权益的行为。接受投诉的部门应当按照职责依法及时处理，并将处理情况向投诉人反馈。

第三章　与对外劳务合作有关的合同

第二十一条　对外劳务合作企业应当与国外雇主订立书面劳务合作合同；未与国外雇主订立书面劳务合作合同的，不得组织劳务人员赴国外工作。

劳务合作合同应当载明与劳务人员权益保障相关的下列事项：

（一）劳务人员的工作内容、工作地点、工作时间和休息休假；

（二）合同期限；

（三）劳务人员的劳动报酬及其支付方式；

（四）劳务人员社会保险费的缴纳；

（五）劳务人员的劳动条件、劳动保护、职业培训和职业危害防护；

（六）劳务人员的福利待遇和生活条件；

（七）劳务人员在国外居留、工作许可等手续的办理；

（八）劳务人员人身意外伤害保险的购买；

（九）因国外雇主原因解除与劳务人员的合同对劳务人员的经济补偿；

（十）发生突发事件对劳务人员的协助、救助；

（十一）违约责任。

第二十二条　对外劳务合作企业与国外雇主订立劳务合作合同，应当事先了解国外雇主和用工项目的情况以及用工项目所在国家或者地区的相关法律。

用工项目所在国家或者地区法律规定企业或者机构使用外籍劳务人员需经批准的，对外劳务合作企业只能与经批准的企业或者机构订立劳务合作合同。

对外劳务合作企业不得与国外的个人订立劳务合作合同。

第二十三条　除本条第二款规定的情形外，对外劳务合作企业应当与劳务人员订立书面服务合同；未与劳务人员订立书面服务合同的，不得组织劳务人员赴国外工作。服务合同应当载明劳务合作合同中与劳务人员权益保障相关的事项，以及服务项目、服务费及其收取方式、违约责任。

对外劳务合作企业组织与其建立劳动关系的劳务人员赴国外工作的，与劳务人员订立的劳动合同应当载明劳务合作合同中与劳务人员权益保障相关的事项；未与劳务人员订立劳动合同的，不得组织劳务人员赴国外工作。

第二十四条　对外劳务合作企业与劳务人员订立服务合同或者劳动合同时，应当将劳务合作合同中与劳务人员权益保障相关的事项以及劳务人员要求了解的其他情况如实告知劳务人员，并向劳务人员明确提示包括人身安全风险在内的赴国外工作的风险，不得向劳务人员隐瞒有关信息或者提供虚假信息。

对外劳务合作企业有权了解劳务人员与订立服务合同、劳动合同直接相关的个人基本情况，劳务人员应当如实说明。

第二十五条　对外劳务合作企业向与其订立服务合同的劳务人员收取服务费，应当符合国务院价格主管部门会同国务院商务主管部门制定的有关规定。

对外劳务合作企业不得向与其订立劳动合同的劳务人员收取服务费。

对外劳务合作企业不得以任何名目向劳务人员收取押金或者要求劳务人员提供财产担保。

第二十六条　对外劳务合作企业应当自与劳务人员订立服务合同或者劳动合同之日起10个工作日内，将服务合同或者劳动合同、劳务合作合同副本以及劳务人员名单报负责审批的商务主管部门备案。负责审批的商务主管部门应当将用工项目、国外雇主的有关信息以及劳务人员名单报至国务院商务主管部门。

商务主管部门发现服务合同或者劳动合同、劳务合作合同未依照本条例规定载明必备事项的，应当要求对外劳务合作企业补正。

第二十七条　对外劳务合作企业应当负责协助劳务人员与国外雇主订立确定劳动关系的合同，并保证合同中有关劳务人员权益保障的条款与劳务合作合同相应条款的内容一致。

第二十八条　对外劳务合作企业、劳务人员应当信守合同，全面履行合同约定的各自的义务。

第二十九条　劳务人员在国外实际享有的权益不符合合同约定的，对外劳务合作企业应当协助劳务人员维护合法权益，要求国外雇主履行约定义务、赔偿损失；劳务人员未得到应有赔偿的，有权要求对外劳务合作企业承担相应的赔偿责任。对外劳务合作企业不协助劳务人员向国外雇主要求赔偿的，劳务人员可以直接向对外劳务合作企业要求赔偿。

劳务人员在国外实际享有的权益不符合用工项目所在国家或者地区法律规定的，对外劳务合作企业应当协助劳务人员维护合法权益，要求国外雇主履行法律规定的义务、赔偿损失。

因对外劳务合作企业隐瞒有关信息或者提供虚假信息等原因，导致劳务人员在国外实际享有的权益不符合合同约定的，对外劳务合作企业应当承担赔偿责任。

第四章　政府的服务和管理

第三十条　国务院商务主管部门会同国务院有关部门建立对外劳务合作信息收集、通报制度，为对外劳务合作企业和劳务人员无偿提供信息服务。

第三十一条　国务院商务主管部门会同国务院有关部门建立对外劳务合作风险监测和评估机制，及时发布有关国家或者地区安全状况的评估结果，提供预警信息，指导对外劳务合作企业做好安全风险防范；有关国家或者地区安全状况难以保障劳务人员人身安全的，对外劳务合作企业不得组织劳务人员赴上述国家或者地区工作。

第三十二条　国务院商务主管部门会同国务院统计部门建立对外劳务合作统计制度，及时掌握并汇总、分析对外劳务合作发展情况。

第三十三条　国家财政对劳务人员培训给予必要的支持。

国务院商务主管部门会同国务院人力资源社会保障部门应当加强对劳务人员培训的指导和监督。

第三十四条　县级以上地方人民政府根据本地区开展对外劳务合作的实际情况，按照国务院商务主管部门会同国务院有关部门的规定，组织建立对外劳务合作服务平台（以下简称服务平台），为对外劳务合作企业和劳务人员无偿提供相关服务，鼓励、引导对外劳务合作企业通过服务平台招收劳务人员。

国务院商务主管部门会同国务院有关部门应当加强对服务平台运行的指导和监督。

第三十五条　中国驻外使馆、领馆为对外劳务合作企业了解国外雇主和用工项目的情况以及用工项目所在国家或者地区的法律提供必要的协助，依据职责维护对外劳务合作企业和劳务人员在国外的正当权益，发现违反本条例规定的行为及时通报国务院商务主管部门和有关省、自治区、直辖市人民政府。

劳务人员可以合法、有序地向中国驻外使馆、领馆反映相关诉求，不得干扰使馆、领馆正常工作秩序。

第三十六条　国务院有关部门、有关县级以上地方人民政府应当建立健全对外劳务合作突发事件预警、防范和应急处置机制，制定对外劳务合作突发事件应急预案。

对外劳务合作突发事件应急处置由组织劳务人员赴国外工作的单位或者个人所在地的省、自治区、直辖市人民政府负责，劳务人员户籍所在地的省、自治区、直辖市人民政府予以配合。

中国驻外使馆、领馆协助处置对外劳务合作突发事件。

第三十七条　国务院商务主管部门会同国务院有关部门建立对外劳务合作不良信用记录和公告制度，公布对外劳务合作企业和国外雇主不履行合同约定、侵害劳务人员合法权益的行为，以及对对外劳务合作企业违法行为的处罚决定。

第三十八条　对违反本条例规定组织劳务人员赴国外工作，以及其他违反本条例规定的行为，任何单位和个人有权向商务、公安、工商行政管理等有关部门举报。接到举报的部门应当在职责范围内及时处理。

国务院商务主管部门会同国务院公安、工商行政管理等有关部门，建立健全相关管理制度，防范和制止非法组织劳务人员赴国外工作的行为。

第五章　法 律 责 任

第三十九条　未依法取得对外劳务合作经营资格，从事对外劳务合作的，由商务主管部门提请工商行政管理部门依照《无照经营查处取缔办法》的规定查处取缔；构成犯罪的，依法追究刑事责任。

第四十条　对外劳务合作企业有下列情形之一的，由商务主管部门吊销其对外劳务合作经营资格证书，有违法所得的予以没收：

（一）以商务、旅游、留学等名义组织劳务人员赴国外工作；

（二）允许其他单位或者个人以本企业的名义组织劳务人员赴国外工作；

（三）组织劳务人员赴国外从事与赌博、色情活动相关的工作。

第四十一条　对外劳务合作企业未依照本条例规定缴存或者补足备用金的，由商务主管部门责令改正；拒不改正的，吊销其对外劳务合作经营资格证书。

第四十二条　对外劳务合作企业有下列情形之一的，由商务主管部门责令改正；拒不改正的，处 5 万元以上 10 万元以下的罚款，并对其主要负责人处 1 万元以上 3 万元以下的罚款：

（一）未安排劳务人员接受培训，组织劳务人员赴国外工作；

（二）未依照本条例规定为劳务人员购买在国外工作期间的人身意外伤害保险；

（三）未依照本条例规定安排随行管理人员。

第四十三条　对外劳务合作企业有下列情形之一的，由商务主管部门责令改正，处 10 万元以上 20 万元以下的罚款，并对其主要负责人处 2 万元以上 5 万元以下的罚款；在国外引起重大劳务纠纷、突发事件或者造成其他严重后果的，吊销其对外劳务合作经营资格证书：

（一）未与国外雇主订立劳务合作合同，组织劳务人员赴国外工作；

（二）未依照本条例规定与劳务人员订立服务合同或者劳动合同，组织劳务人员赴国外工作；

（三）违反本条例规定，与未经批准的国外雇主或者与国外的个人订立劳务合作合同，组织劳务人员赴国外工作；

（四）与劳务人员订立服务合同或者劳动合同，隐瞒有关信息或者提供虚假信息；

（五）在国外发生突发事件时不及时处理；

（六）停止开展对外劳务合作，未对其派出的尚在国外工作的劳务人员作出安排。

有前款第四项规定情形，构成犯罪的，依法追究刑事责任。

第四十四条　对外劳务合作企业向与其订立服务合同的劳务人员收取服务费不符合国家有关规定，或者向劳务人员收取押金、要求劳务人员提供财产担保的，由价格主管部门依照有关价格的法律、行政法规的规定处罚。

对外劳务合作企业向与其订立劳动合同的劳务人员收取费用的，依照《中华人民共和国劳动合同法》的规定处罚。

第四十五条　对外劳务合作企业有下列情形之一的，由商务主管部门责令改正；拒不改正的，处 1 万元以上 2 万元以下的罚款，并对其主要负责人处 2000 元以上 5000 元以下的罚款：

（一）未将服务合同或者劳动合同、劳务合作合同副本以及劳务人员名单报商务主管部门备案；

（二）组织劳务人员出境后，未将有关情况向中国驻用工项目所在国使馆、领馆报告，或者未依照本条例规定将随行管理人员名单报负责审批的商务主管部门备案；

（三）未制定突发事件应急预案；

（四）停止开展对外劳务合作，未将其对劳务人员的安排方案报商务主管部门备案。

对外劳务合作企业拒不将服务合同或者劳动合同、劳务合作合同副本报商务主管部门备案，且合同未载明本条例规定的必备事项，或者在合同备案后拒不按照商务主管部门的要求补正合同必备事项的，依照本条例第四十三条的规定处罚。

第四十六条　商务主管部门、其他有关部门在查处违反本条例行为的过程中，发现违法行为涉嫌构成犯罪的，应当依法及时移送司法机关处理。

第四十七条 商务主管部门和其他有关部门的工作人员,在对外劳务合作监督管理工作中有下列行为之一的,依法给予处分;构成犯罪的,依法追究刑事责任:

(一)对不符合本条例规定条件的对外劳务合作经营资格申请予以批准;

(二)对外劳务合作企业不再具备本条例规定的条件而不撤销原批准;

(三)对违反本条例规定组织劳务人员赴国外工作以及其他违反本条例规定的行为不依法查处;

(四)其他滥用职权、玩忽职守、徇私舞弊,不依法履行监督管理职责的行为。

第六章 附 则

第四十八条 有关对外劳务合作的商会按照依法制定的章程开展活动,为成员提供服务,发挥自律作用。

第四十九条 对外承包工程项下外派人员赴国外工作的管理,依照《对外承包工程管理条例》以及国务院商务主管部门、国务院住房城乡建设主管部门的规定执行。

外派海员类(不含渔业船员)对外劳务合作的管理办法,由国务院交通运输主管部门根据《中华人民共和国船员条例》以及本条例的有关规定另行制定。

第五十条 组织劳务人员赴香港特别行政区、澳门特别行政区、台湾地区工作的,参照本条例的规定执行。

第五十一条 对外劳务合作企业组织劳务人员赴国务院商务主管部门会同国务院外交等有关部门确定的特定国家或者地区工作的,应当经国务院商务主管部门会同国务院有关部门批准。

第五十二条 本条例施行前按照国家有关规定经批准从事对外劳务合作的企业,不具备本条例规定条件的,应当在国务院商务主管部门规定的期限内达到本条例规定的条件;逾期达不到本条例规定条件的,不得继续从事对外劳务合作。

第五十三条 本条例自2012年8月1日起施行。

人力资源社会保障行政复议办法

2010年3月16日人力资源和社会保障部令第6号发布施行

第一章 总 则

第一条 为了规范人力资源社会保障行政复议工作,根据《中华人民共和国行政复议法》(以下简称行政复议法)和《中华人民共和国行政复议法实施条例》(以下简称行政复议法实施条例),制定本办法。

第二条 公民、法人或者其他组织认为人力资源社会保障部门作出的具体行政行为侵犯其合法权益,向人力资源社会保障行政部门申请行政复议,人力资源社会保障行政部门及其法制工作机构开展行政复议相关工作,适用本办法。

第三条 各级人力资源社会保障行政部门是人力资源社会保障行政复议机关(以下简称行政复议机关),应当认真履行行政复议职责,遵循合法、公正、公开、及时、便民的原则,坚持有错必纠,保障法律、法规和人力资源社会保障规章的正确实施。

行政复议机关应当依照有关规定配备专职行政复议人员,为行政复议工作提供财政保障。

第四条 行政复议机关负责法制工作的机构(以下简称行政复议机构)具体办理行政复议事项,履行下列职责:

(一)处理行政复议申请;

(二)向有关组织和人员调查取证,查阅文件和资料,组织行政复议听证;

(三)依照行政复议法实施条例第九条的规定,办理第三人参加行政复议事项;

(四)依照行政复议法实施条例第四十一条的规定,决定行政复议中止、恢复行政复议审理事项;

(五)依照行政复议法实施条例第四十二条的规定,拟订行政复议终止决定;

(六)审查申请行政复议的具体行政行为是否合法与适当,提出处理建议,拟订行政复议决定,主持行政复议调解,审查和准许行政复议和解协议;

(七)处理或者转送对行政复议法第七条所列有关规定的审查申请;

(八)依照行政复议法第二十九条的规定,办理行政赔偿等事项;

(九)依照行政复议法实施条例第三十七条的规定,办理鉴定事项;

(十)按照职责权限,督促行政复议申请的受理和行政复议决定的履行;

(十一)对人力资源社会保障部门及其工作人员违反行政复议法、行政复议法实施条例和本办法规定的行为依照规定的权限和程序提出处理建议;

(十二)研究行政复议过程中发现的问题,及时向有关机关和部门提出建议,重大问题及时向行政复议机关报告;

(十三)办理因不服行政复议决定提起行政诉讼的行政应诉事项;

(十四)办理或者组织办理未经行政复议直接提起行政诉讼的行政应诉事项;

（十五）办理行政复议、行政应诉案件统计和重大行政复议决定备案事项；

（十六）组织培训；

（十七）法律、法规规定的其他职责。

第五条 专职行政复议人员应当具备与履行行政复议职责相适应的品行、专业知识和业务能力，并取得相应资格。各级人力资源社会保障部门应当保障行政复议人员参加培训的权利，应当为行政复议人员参加法律类资格考试提供必要的帮助。

第六条 行政复议人员享有下列权利：

（一）依法履行行政复议职责的行为受法律保护；

（二）获得履行行政复议职责相应的物质条件；

（三）对行政复议工作提出建议；

（四）参加培训；

（五）法律、法规和规章规定的其他权利。

行政复议人员应当履行下列义务：

（一）严格遵守宪法和法律；

（二）以事实为根据，以法律为准绳审理行政复议案件；

（三）忠于职守，尽职尽责，清正廉洁，秉公执法；

（四）依法保障行政复议参加人的合法权益；

（五）保守国家秘密、商业秘密和个人隐私；

（六）维护国家利益、社会公共利益，维护公民、法人或者其他组织的合法权益；

（七）法律、法规和规章规定的其他义务。

第二章 行政复议范围

第七条 有下列情形之一的，公民、法人或者其他组织可以依法申请行政复议：

（一）对人力资源社会保障部门作出的警告、罚款、没收违法所得、依法予以关闭、吊销许可证等行政处罚决定不服的；

（二）对人力资源社会保障部门作出的行政处理决定不服的；

（三）对人力资源社会保障部门作出的行政许可、行政审批不服的；

（四）对人力资源社会保障部门作出的行政确认不服的；

（五）认为人力资源社会保障部门不履行法定职责的；

（六）认为人力资源社会保障部门违法收费或者违法要求履行义务的；

（七）认为人力资源社会保障部门作出的其他具体行政行为侵犯其合法权益的。

第八条 公民、法人或者其他组织对下列事项，不能申请行政复议：

（一）人力资源社会保障部门作出的行政处分或者其他人事处理决定；

（二）劳动者与用人单位之间发生的劳动人事争议；

（三）劳动能力鉴定委员会的行为；

（四）劳动人事争议仲裁委员会的仲裁、调解等行为；

（五）已就同一事项向其他有权受理的行政机关申请行政复议的；

（六）向人民法院提起行政诉讼，人民法院已经依法受理的；

（七）法律、行政法规规定的其他情形。

第三章 行政复议申请

第一节 申 请 人

第九条 依照本办法规定申请行政复议的公民、法人或者其他组织为人力资源社会保障行政复议申请人。

第十条 同一行政复议案件申请人超过5人的，推选1至5名代表参加行政复议，并提交全体行政复议申请人签字的授权委托书以及全体行政复议申请人的身份证复印件。

第十一条 依照行政复议法实施条例第九条的规定，公民、法人或者其他组织申请作为第三人参加行政复议，应当提交《第三人参加行政复议申请书》，该申请书应当列明其参加行政复议的事实和理由。

申请作为第三人参加行政复议的，应当对其与被审查的具体行政行为有利害关系负举证责任。

行政复议机构通知或者同意第三人参加行政复议的，应当制作《第三人参加行政复议通知书》，送达第三人，并注明第三人参加行政复议的日期。

第十二条 申请人、第三人可以委托1至2名代理人参加行政复议。

申请人、第三人委托代理人参加行政复议的，应当向行政复议机构提交授权委托书。授权委托书应当载明下列事项：

（一）委托人姓名或者名称，委托人为法人或者其他组织的，还应当载明法定代表人或者主要负责人的姓名、职务；

（二）代理人姓名、性别、职业、住所以及邮政编码；

（三）委托事项、权限和期限；

（四）委托日期以及委托人签字或者盖章。

申请人、第三人解除或者变更委托的,应当书面报告行政复议机构。

第二节　被 申 请 人

第十三条　公民、法人或者其他组织对人力资源社会保障部门作出的具体行政行为不服,依照本办法规定申请行政复议的,作出该具体行政行为的人力资源社会保障部门为被申请人。

第十四条　对县级以上人力资源社会保障行政部门的具体行政行为不服的,可以向上一级人力资源社会保障行政部门申请复议,也可以向该人力资源社会保障行政部门的本级人民政府申请行政复议。

对人力资源社会保障部作出的具体行政行为不服的,向人力资源社会保障部申请行政复议。

第十五条　对人力资源社会保障行政部门按照国务院规定设立的社会保险经办机构(以下简称社会保险经办机构)依照法律、法规规定作出的具体行政行为不服,可以向直接管理该社会保险经办机构的人力资源社会保障行政部门申请行政复议。

第十六条　对依法受委托的属于事业组织的公共就业服务机构、职业技能考核鉴定机构以及街道、乡镇人力资源社会保障工作机构等作出的具体行政行为不服的,可以向委托其行使行政管理职能的人力资源社会保障行政部门的上一级人力资源社会保障行政部门申请复议,也可以向该人力资源社会保障行政部门的本级人民政府申请行政复议。委托的人力资源社会保障行政部门为被申请人。

第十七条　对人力资源社会保障部门和政府其他部门以共同名义作出的具体行政行为不服的,可以向其共同的上一级行政部门申请复议。共同作出具体行政行为的人力资源社会保障部门为共同被申请人之一。

第十八条　人力资源社会保障部门设立的派出机构、内设机构或者其他组织,未经法律、法规授权,对外以自己名义作出具体行政行为的,该人力资源社会保障部门为被申请人。

第三节　行政复议申请期限

第十九条　公民、法人或者其他组织认为人力资源社会保障部门作出的具体行政行为侵犯其合法权益的,可以自知道该具体行政行为之日起60日内提出行政复议申请。

前款规定的行政复议申请期限依照下列规定计算:

(一)当场作出具体行政行为的,自具体行政行为作出之日起计算;

(二)载明具体行政行为的法律文书直接送达的,自受送达人签收之日起计算;

(三)载明具体行政行为的法律文书依法留置送达的,自送达人和见证人在送达回证上签注的留置送达之日起计算;

(四)载明具体行政行为的法律文书邮寄送达的,自受送达人在邮件签收单上签收之日起计算;没有邮件签收单的,自受送达人在送达回执上签名之日起计算;

(五)具体行政行为依法通过公告形式告知受送达人的,自公告规定的期限届满之日起计算;

(六)被申请人作出具体行政行为时未告知公民、法人或者其他组织,事后补充告知的,自该公民、法人或者其他组织收到补充告知的通知之日起计算;

(七)被申请人有证据材料能够证明公民、法人或者其他组织知道该具体行政行为的,自证据材料证明其知道具体行政行为之日起计算。

人力资源社会保障部门作出具体行政行为,依法应当向有关公民、法人或者其他组织送达法律文书而未送达的,视为该公民、法人或者其他组织不知道该具体行政行为。

申请人因不可抗力或者其他正当理由耽误法定申请期限的,申请期限自原因消除之日起继续计算。

第二十条　人力资源社会保障部门对公民、法人或者其他组织作出具体行政行为,应当告知其申请行政复议的权利、行政复议机关和行政复议申请期限。

第四节　行政复议申请的提出

第二十一条　申请人书面申请行政复议的,可以采取当面递交、邮寄或者传真等方式递交行政复议申请书。

有条件的行政复议机构可以接受以电子邮件形式提出的行政复议申请。

对采取传真、电子邮件方式提出的行政复议申请,行政复议机构应当告知申请人补充提交证明其身份以及确认申请书真实性的相关书面材料。

第二十二条　申请人书面申请行政复议的,应当在行政复议申请书中载明下列事项:

(一)申请人基本情况:申请人是公民的,包括姓名、性别、年龄、身份证号码、工作单位、住所、邮政编码;申请人是法人或者其他组织的,包括名称、住所、邮政编码和法定代表人或者主要负责人的姓名、职务;

(二)被申请人的名称;

(三)申请行政复议的具体行政行为、行政复议请求、申请行政复议的主要事实和理由;

(四)申请人签名或者盖章;

（五）日期。

申请人口头申请行政复议的，行政复议机构应当依照前款规定内容，当场制作行政复议申请笔录交申请人核对或者向申请人宣读，并由申请人签字确认。

第二十三条 有下列情形之一的，申请人应当提供相应的证明材料：

（一）认为被申请人不履行法定职责的，提供曾经申请被申请人履行法定职责的证明材料；

（二）申请行政复议时一并提出行政赔偿申请的，提供受具体行政行为侵害而造成损害的证明材料；

（三）属于本办法第十九条第四款情形的，提供发生不可抗力或者有其他正当理由的证明材料；

（四）需要申请人提供证据材料的其他情形。

第二十四条 申请人提出行政复议申请时错列被申请人的，行政复议机构应当告知申请人变更被申请人。

申请人变更被申请人的期间，不计入行政复议审理期限。

第二十五条 依照行政复议法第七条的规定，申请人认为具体行政行为所依据的规定不合法的，可以在对具体行政行为申请行政复议的同时一并提出对该规定的审查申请；申请人在对具体行政行为提出行政复议申请时尚不知道该具体行政行为所依据的规定的，可以在行政复议机关作出行政复议决定前向行政复议机关提出对该规定的审查申请。

第四章 行政复议受理

第二十六条 行政复议机构收到行政复议申请后，应当在5日内进行审查，按照下列情况分别作出处理：

（一）对符合行政复议法实施条例第二十八条规定条件的，依法予以受理，制作《行政复议受理通知书》和《行政复议提出答复通知书》，送达申请人和被申请人；

（二）对符合本办法第七条规定的行政复议范围，但不属于本机关受理范围的，应当书面告知申请人向有关行政复议机关提出；

（三）对不符合法定受理条件的，应当作出不予受理决定，制作《行政复议不予受理决定书》，送达申请人，该决定书中应当说明不予受理的理由和依据。

对不符合前款规定的行政复议申请，行政复议机构应当将有关处理情况告知申请人。

第二十七条 人力资源社会保障行政部门的其他工作机构收到复议申请的，应当及时转送行政复议机构。

除不符合行政复议法定条件或者不属于本机关受理的行政复议申请外，行政复议申请自行政复议机构收到之日起即为受理。

第二十八条 依照行政复议法实施条例第二十九条的规定，行政复议申请材料不齐全或者表述不清楚的，行政复议机构可以向申请人发出补正通知，一次性告知申请人需要补正的事项。

补正通知应当载明下列事项：

（一）行政复议申请书中需要修改、补充的具体内容；

（二）需要补正的证明材料；

（三）合理的补正期限；

（四）逾期未补正的法律后果。

补正期限从申请人收到补正通知之日起计算。

无正当理由逾期不补正的，视为申请人放弃行政复议申请。

申请人应当在补正期限内向行政复议机构提交需要补正的材料。补正申请材料所用时间不计入行政复议审理期限。

第二十九条 申请人依法提出行政复议申请，行政复议机关无正当理由不予受理的，上一级人力资源社会保障行政部门可以根据申请人的申请或者依职权先行督促其受理；经督促仍不受理的，应当责令其限期受理，并且制作《责令受理行政复议申请通知书》；必要时，上一级人力资源社会保障行政部门也可以直接受理。

上一级人力资源社会保障行政部门经审查认为行政复议申请不符合法定受理条件的，应当告知申请人。

第三十条 劳动者与用人单位因工伤保险待遇发生争议，向劳动人事争议仲裁委员会申请仲裁期间，又对人力资源社会保障行政部门作出的工伤认定结论不服向行政复议机关申请行政复议的，如果符合法定条件，应当予以受理。

第五章 行政复议审理和决定

第三十一条 行政复议原则上采取书面审查的办法，但是申请人提出要求或者行政复议机构认为有必要的，可以向有关组织和人员调查情况，听取申请人、被申请人和第三人的意见。

第三十二条 行政复议机构应当自行政复议申请受理之日起7日内，将行政复议申请书副本或者行政复议申请笔录复印件发送被申请人。被申请人应当自收到申请书副本或者申请笔录复印件之日起10日内，提交行政复议答复书，并提交当初作出具体行政行为的证据、依据和其他有关材料。

行政复议答复书应当载明下列事项，并加盖被申请人印章：

（一）被申请人的名称、地址、法定代表人的姓名、职务；

（二）作出具体行政行为的事实和有关证据材料；

（三）作出具体行政行为依据的法律、法规、规章和规范性文件的具体条款和内容；

（四）对申请人行政复议请求的意见和理由；

（五）日期。

被申请人应当对其提交的证据材料分类编号，对证据材料的来源、证明对象和内容作简要说明。

因不可抗力或者其他正当理由，被申请人不能在法定期限内提出书面答复、提交当初作出具体行政行为的证据、依据和其他有关材料的，可以向行政复议机关提出延期答复和举证的书面申请。

第三十三条　有下列情形之一的，行政复议机构可以实地调查核实证据：

（一）申请人或者被申请人对于案件事实的陈述有争议的；

（二）被申请人提供的证据材料之间相互矛盾的；

（三）第三人提出新的证据材料，足以推翻被申请人认定的事实的；

（四）行政复议机构认为确有必要的其他情形。

调查取证时，行政复议人员不得少于2人，并应当向当事人或者有关人员出示证件。

第三十四条　对重大、复杂的案件，申请人提出要求或者行政复议机构认为必要时，可以采取听证的方式审理。

有下列情形之一的，属于重大、复杂的案件：

（一）涉及人数众多或者群体利益的案件；

（二）具有涉外因素的案件；

（三）社会影响较大的案件；

（四）案件事实和法律关系复杂的案件；

（五）行政复议机构认为其他重大、复杂的案件。

第三十五条　公民、法人或者其他组织对人力资源社会保障部门行使法律、法规规定的自由裁量权作出的具体行政行为不服申请行政复议，在行政复议机关作出行政复议决定之前，申请人和被申请人可以在自愿、合法基础上达成和解。申请人和被申请人达成和解的，应当向行政复议机构提交书面和解协议。

书面和解协议应当载明行政复议请求、事实、理由和达成和解的结果，并且由申请人和被申请人签字或者盖章。

行政复议机构应当对申请人和被申请人提交的和解协议进行审查。和解确属申请人和被申请人的真实意思表示，和解内容不违反法律、法规的强制性规定，不损害国家利益、社会公共利益和他人合法权益的，行政复议机构应当准许和解，并终止行政复议案件的审理。

第三十六条　依照行政复议法实施条例第四十一条的规定，行政复议机构中止、恢复行政复议案件的审理，应当分别制发《行政复议中止通知书》和《行政复议恢复审理通知书》，并通知申请人、被申请人和第三人。

第三十七条　依照行政复议法实施条例第四十二条的规定，行政复议机关终止行政复议的，应当制发《行政复议终止通知书》，并通知申请人、被申请人和第三人。

第三十八条　依照行政复议法第二十八条第一款第一项规定，具体行政行为认定事实清楚，证据确凿，适用依据正确，程序合法，内容适当的，行政复议机关应当决定维持。

第三十九条　依照行政复议法第二十八条第一款第二项规定，被申请人不履行法定职责的，行政复议机关应当决定其在一定期限内履行法定职责。

第四十条　具体行政行为有行政复议法第二十八条第一款第三项规定情形之一的，行政复议机关应当决定撤销、变更该具体行政行为或者确认该具体行政行为违法；决定撤销该具体行政行为或者确认该具体行政行为违法的，可以责令被申请人在一定期限内重新作出具体行政行为。

第四十一条　被申请人未依照行政复议法第二十三条的规定提出书面答复、提交当初作出具体行政行为的证据、依据和其他有关材料的，视为该具体行政行为没有证据、依据，行政复议机关应当决定撤销该具体行政行为。

第四十二条　具体行政行为有行政复议法实施条例第四十七条规定情形之一的，行政复议机关可以作出变更决定。

第四十三条　依照行政复议法实施条例第四十八条第一款的规定，行政复议机关决定驳回行政复议申请的，应当制发《驳回行政复议申请决定书》，并通知申请人、被申请人和第三人。

第四十四条　行政复议机关依照行政复议法第二十八条的规定责令被申请人重新作出具体行政行为的，被申请人应当在法律、法规、规章规定的期限内重新作出具体行政行为；法律、法规、规章未规定期限的，重新作出具体行政行为的期限为60日。

公民、法人或者其他组织对被申请人重新作出的具体行政行为不服，可以依法申请行政复议或者提起行政诉讼。

第四十五条　有下列情形之一的，行政复议机关可以按照自愿、合法的原则进行调解：

（一）公民、法人或者其他组织对人力资源社会保障部门行使法律、法规规定的自由裁量权作出的具体行政行为不服申请行政复议的；

（二）当事人之间的行政赔偿或者行政补偿纠纷；

（三）其他适于调解的。

第四十六条 行政复议机关进行调解应当符合下列要求：

（一）在查明案件事实的基础上进行；

（二）充分尊重申请人和被申请人的意愿；

（三）遵循公正、合理原则；

（四）调解结果应当符合有关法律、法规的规定；

（五）调解结果不得损害国家利益、社会公共利益或者他人合法权益。

第四十七条 申请人和被申请人经调解达成协议的，行政复议机关应当制作《行政复议调解书》。《行政复议调解书》应当载明下列内容：

（一）申请人姓名、性别、年龄、住所（法人或者其他组织的名称、地址、法定代表人或者主要负责人的姓名、职务）；

（二）被申请人的名称；

（三）申请人申请行政复议的请求、事实和理由；

（四）被申请人答复的事实、理由、证据和依据；

（五）进行调解的基本情况；

（六）调解结果；

（七）日期。

《行政复议调解书》应当加盖行政复议机关印章。《行政复议调解书》经申请人、被申请人签字或者盖章，即具有法律效力。

调解未达成协议或者调解书生效前一方反悔的，行政复议机关应当及时作出行政复议决定。

第四十八条 行政复议机关在审查申请人一并提出的作出具体行政行为所依据的规定的合法性时，应当根据具体情况，分别作出下列处理：

（一）如果该规定是由本行政机关制定的，应当在30日内对该规定依法作出处理结论；

（二）如果该规定是由其他人力资源社会保障行政部门制定的，应当在7日内按照法定程序转送制定该规定的人力资源社会保障行政部门，请其在60日内依法处理；

（三）如果该规定是由人民政府制定的，应当在7日内按照法定程序转送有权处理的国家机关依法处理。

对该规定进行审查期间，中止对具体行政行为的审查；审查结束后，行政复议机关再继续对具体行政行为的审查。

第四十九条 行政复议机关对决定撤销、变更具体行政行为或者确认具体行政行为违法并且申请人提出行政赔偿请求的下列具体行政行为，应当在行政复议决定中同时作出被申请人依法给予赔偿的决定：

（一）被申请人违法实施罚款、没收违法所得、依法予以关闭、吊销许可证等行政处罚的；

（二）被申请人造成申请人财产损失的其他违法行为。

第五十条 行政复议机关作出行政复议决定，应当制作《行政复议决定书》，载明下列事项：

（一）申请人的姓名、性别、年龄、住所（法人或者其他组织的名称、地址、法定代表人或者主要负责人的姓名、职务）；

（二）被申请人的名称、住所；

（三）申请人的行政复议请求和理由；

（四）第三人的意见；

（五）被申请人答复意见；

（六）行政复议机关认定的事实、理由，适用的法律、法规、规章以及其他规范性文件；

（七）复议决定；

（八）申请人不服行政复议决定向人民法院起诉的期限；

（九）日期。

《行政复议决定书》应当加盖行政复议机关印章。

第五十一条 行政复议机关应当根据《中华人民共和国民事诉讼法》的规定，采用直接送达、邮寄送达或者委托送达等方式，将行政复议决定送达申请人、被申请人和第三人。

第五十二条 下级行政复议机关应当及时将重大行政复议决定报上级行政复议机关备案。

第五十三条 案件审查结束后，办案人员应当及时将案卷进行整理归档。案卷保存期不少于10年，国家另有规定的从其规定。保存期满后的案卷，应当按照国家有关档案管理的规定处理。

案卷归档材料应当包括：

（一）行政复议申请的处理

1. 行政复议申请书或者行政复议申请笔录、申请人提交的证据材料；

2. 授权委托书、申请人身份证复印件、法定代表人或者主要负责人身份证明书；

3. 行政复议补正通知书；

4. 行政复议受理通知书和行政复议提出答复通

知书；

5. 行政复议不予受理决定书；

6. 行政复议告知书；

7. 行政复议答复书、被申请人提交的证据材料；

8. 第三人参加行政复议申请书、第三人参加行政复议通知书；

9. 责令限期受理行政复议申请通知书。

（二）案件审理

1. 行政复议调查笔录；

2. 行政复议听证记录；

3. 行政复议中止通知书、行政复议恢复审理通知书；

4. 行政复议和解协议；

5. 行政复议延期处理通知书；

6. 撤回行政复议申请书；

7. 规范性文件转送函。

（三）处理结果

1. 行政复议决定书；

2. 行政复议调解书；

3. 行政复议终止书；

4. 驳回行政复议申请决定书。

（四）其他

1. 行政复议文书送达回证；

2. 行政复议意见书；

3. 行政复议建议书；

4. 其他。

第五十四条　案卷装订、归档应当达到下列要求：

（一）案卷装订整齐；

（二）案卷目录用钢笔或者签字笔填写，字迹工整；

（三）案卷材料不得涂改；

（四）卷内材料每页下方应当居中标注页码。

第六章　附　　则

第五十五条　本办法所称人力资源社会保障部门包括人力资源社会保障行政部门、社会保险经办机构、公共就业服务机构等具有行政职能的机构。

第五十六条　人力资源社会保障行政复议活动所需经费、办公用房以及交通、通讯、摄像、录音等设备由各级人力资源社会保障部门予以保障。

第五十七条　行政复议机关可以使用行政复议专用章。在人力资源社会保障行政复议活动中，行政复议专用章和行政复议机关印章具有同等效力。

第五十八条　本办法未规定事项，依照行政复议法、行政复议法实施条例规定执行。

第五十九条　本办法自发布之日起施行。劳动和社会保障部 1999 年 11 月 23 日发布的《劳动和社会保障行政复议办法》（劳动和社会保障部令第 5 号）同时废止。

二、劳动就业

《中华人民共和国就业促进法》导读：

《中华人民共和国就业促进法》（以下简称《就业促进法》）于 2007 年 8 月 30 日颁布，自 2008 年 1 月 1 日起施行。就业关乎民生之本，我国就业压力巨大，就业形势严峻。在《就业促进法》出台前，我国没有关于就业促进的专门立法，相关规定散见于《劳动就业服务企业管理规定》《职业指导办法》《就业训练规定》《职业介绍服务规程（试行）》《劳动力市场管理规定》等法规、规章中，但促进就业更多的是依靠国家的积极就业政策予以调整。为了建立起促进就业的长效机制，促进经济发展与扩大就业相协调，促进社会和谐稳定，制定了《就业促进法》。

促进就业和治理失业是政府的重要职责，《就业促进法》明确了各级政府在促进就业中的职责，并将其职责落实到政策支持、公平就业、就业服务和管理、职业教育和培训、就业援助等方面。《就业促进法》要求各级政府把扩大就业作为经济和社会发展的重要目标，将有利于促进就业的产业政策、财政政策、税收政策、金融政策、城乡统筹的就业政策、区域统筹的就业政策、群体统筹的就业政策、有利于灵活就业的劳动和社会保险政策、就业援助政策、失业保险促进就业政策等十大政策上升为法律规范。在公平就业方面，政府要创造公平就业的环境，消除就业歧视，制定政策并采取措施对就业困难人员给予扶持和援助，建立起包括妇女、少数民族人员、残疾人、传染病病源携带者、农村劳动者在内的特殊群体保障体系。在就业服务和管理方面，各级政府要培育和完善统一开放、竞争有序的人力资源市场，建立健全公共就业服务体系，为劳动者就业提供服务，并对职业中介机构和职业中介活动规范管理。在职业教育和培训方面，国家依法发展职业教育，鼓励开展职业培训，增强劳动者的就业能力和创业能力。在劳动就业援助方面，各级政府建立健全就业援助制度，对就业困难人员实行优先扶持和重点帮助，其中特别规定了对城市零就业家庭的就业援助。

在监督检查方面，《就业促进法》针对政府促进就业的重要职责，规定了促进就业的目标责任制度，对各级政府和有关部门进行考核和监督，同时规定了审计机关、财政部门和劳动行政部门的监督检查。在法律责任方面，《就业促进法》就不同主体的法律责任进行了规定，包括劳动行政等有关部门及其工作人员、各级政府和有关部门、公共就业服务机构、企业以及与职业中介活动相关的机构和人员的法律责任。

为贯彻落实《就业促进法》，劳动和社会保障部于 2007 年 11 月 5 日颁布了《就业服务与就业管理规定》（劳动和社会保障部令第 28 号），进一步细化了《就业促进法》中就业服务和管理、就业援助的相关内容。该规定自 2008 年 1 月 1 日起与《就业促进法》配套施行。《就业促进法》其他部分的内容还涉及一些原则性规定，需要尽快出台相应的配套规定予以共同规范。

2015 年 4 月 24 日，十二届全国人大常委会第十四次会议通过的《关于修改〈中华人民共和国电力法〉等六部法律的决定》，对《就业促进法》第 40 条第 2 款作出了修改。

资料补充栏

1. 就业促进

中华人民共和国就业促进法

1. 2007年8月30日第十届全国人民代表大会常务委员会第二十九次会议通过
2. 根据2015年4月24日第十二届全国人民代表大会常务委员会第十四次会议《关于修改〈中华人民共和国电力法〉等六部法律的决定》修正

目　录

第一章　总　　则

第一条　【立法宗旨】为了促进就业，促进经济发展与扩大就业相协调，促进社会和谐稳定，制定本法。

第二条　【就业方针】国家把扩大就业放在经济社会发展的突出位置，实施积极的就业政策，坚持劳动者自主择业、市场调节就业、政府促进就业的方针，多渠道扩大就业。

第三条　【平等就业】劳动者依法享有平等就业和自主择业的权利。

劳动者就业，不因民族、种族、性别、宗教信仰等不同而受歧视。

第四条　【促进就业的规划】县级以上人民政府把扩大就业作为经济和社会发展的重要目标，纳入国民经济和社会发展规划，并制定促进就业的中长期规划和年度工作计划。

第五条　【促进就业的措施】县级以上人民政府通过发展经济和调整产业结构、规范人力资源市场、完善就业服务、加强职业教育和培训、提供就业援助等措施，创造就业条件，扩大就业。

第六条　【就业工作协调机制】国务院建立全国促进就业工作协调机制，研究就业工作中的重大问题，协调推动全国的促进就业工作。国务院劳动行政部门具体负责全国的促进就业工作。

省、自治区、直辖市人民政府根据促进就业工作的需要，建立促进就业工作协调机制，协调解决本行政区域就业工作中的重大问题。

县级以上人民政府有关部门按照各自的职责分工，共同做好促进就业工作。

第七条　【树立正确的择业观念】国家倡导劳动者树立正确的择业观念，提高就业能力和创业能力；鼓励劳动者自主创业、自谋职业。

各级人民政府和有关部门应当简化程序，提高效率，为劳动者自主创业、自谋职业提供便利。

第八条　【用人单位的权利和义务】用人单位依法享有自主用人的权利。

用人单位应当依照本法以及其他法律、法规的规定，保障劳动者的合法权益。

第九条　【社会组织的责任】工会、共产主义青年团、妇女联合会、残疾人联合会以及其他社会组织，协助人民政府开展促进就业工作，依法维护劳动者的劳动权利。

第十条　【表彰和奖励】各级人民政府和有关部门对在促进就业工作中作出显著成绩的单位和个人，给予表彰和奖励。

第二章　政 策 支 持

第十一条　【统筹协调就业政策】县级以上人民政府应当把扩大就业作为重要职责，统筹协调产业政策与就业政策。

第十二条　【促进就业的产业政策】国家鼓励各类企业在法律、法规规定的范围内，通过兴办产业或者拓展经营，增加就业岗位。

国家鼓励发展劳动密集型产业、服务业，扶持中小企业，多渠道、多方式增加就业岗位。

国家鼓励、支持、引导非公有制经济发展，扩大就业，增加就业岗位。

第十三条　【发展国内外贸易】国家发展国内外贸易和国际经济合作，拓宽就业渠道。

第十四条　【重大建设项目带动就业】县级以上人民政府在安排政府投资和确定重大建设项目时，应当发挥投资和重大建设项目带动就业的作用，增加就业岗位。

第十五条　【促进就业的财政政策】国家实行有利于促进就业的财政政策，加大资金投入，改善就业环境，扩大就业。

县级以上人民政府应当根据就业状况和就业工作目标，在财政预算中安排就业专项资金用于促进就业工作。

就业专项资金用于职业介绍、职业培训、公益性岗位、职业技能鉴定、特定就业政策和社会保险等的补贴，小额贷款担保基金和微利项目的小额担保贷款贴息，以及扶持公共就业服务等。就业专项资金的使用管理办法由国务院财政部门和劳动行政部门规定。

第十六条 【失业保险制度】国家建立健全失业保险制度，依法确保失业人员的基本生活，并促进其实现就业。

第十七条 【促进就业的税收优惠政策】国家鼓励企业增加就业岗位，扶持失业人员和残疾人就业，对下列企业、人员依法给予税收优惠：

（一）吸纳符合国家规定条件的失业人员达到规定要求的企业；

（二）失业人员创办的中小企业；

（三）安置残疾人员达到规定比例或者集中使用残疾人的企业；

（四）从事个体经营的符合国家规定条件的失业人员；

（五）从事个体经营的残疾人；

（六）国务院规定给予税收优惠的其他企业、人员。

第十八条 【对残疾人等的就业照顾】对本法第十七条第四项、第五项规定的人员，有关部门应当在经营场地等方面给予照顾，免除行政事业性收费。

第十九条 【促进就业的金融政策】国家实行有利于促进就业的金融政策，增加中小企业的融资渠道；鼓励金融机构改进金融服务，加大对中小企业的信贷支持，并对自主创业人员在一定期限内给予小额信贷等扶持。

第二十条 【城乡统筹的就业政策】国家实行城乡统筹的就业政策，建立健全城乡劳动者平等就业的制度，引导农业富余劳动力有序转移就业。

县级以上地方人民政府推进小城镇建设和加快县域经济发展，引导农业富余劳动力就地就近转移就业；在制定小城镇规划时，将本地区农业富余劳动力转移就业作为重要内容。

县级以上地方人民政府引导农业富余劳动力有序向城市异地转移就业；劳动力输出地和输入地人民政府应当互相配合，改善农村劳动者进城就业的环境和条件。

第二十一条 【协调区域就业】国家支持区域经济发展，鼓励区域协作，统筹协调不同地区就业的均衡增长。

国家支持民族地区发展经济，扩大就业。

第二十二条 【统筹三类人群的就业工作】各级人民政府统筹做好城镇新增劳动力就业、农业富余劳动力转移就业和失业人员就业工作。

第二十三条 【灵活就业】各级人民政府采取措施，逐步完善和实施与非全日制用工等灵活就业相适应的劳动和社会保险政策，为灵活就业人员提供帮助和服务。

第二十四条 【对失业人员从事个体经营的指导】地方各级人民政府和有关部门应当加强对失业人员从事个体经营的指导，提供政策咨询、就业培训和开业指导等服务。

第三章 公平就业

第二十五条 【创造公平就业的环境】各级人民政府创造公平就业的环境，消除就业歧视，制定政策并采取措施对就业困难人员给予扶持和援助。

第二十六条 【不得实施就业歧视】用人单位招用人员、职业中介机构从事职业中介活动，应当向劳动者提供平等的就业机会和公平的就业条件，不得实施就业歧视。

第二十七条 【妇女的平等就业权】国家保障妇女享有与男子平等的劳动权利。

用人单位招用人员，除国家规定的不适合妇女的工种或者岗位外，不得以性别为由拒绝录用妇女或者提高对妇女的录用标准。

用人单位录用女职工，不得在劳动合同中规定限制女职工结婚、生育的内容。

第二十八条 【国家保障少数民族劳动者的劳动权利】各民族劳动者享有平等的劳动权利。

用人单位招用人员，应当依法对少数民族劳动者给予适当照顾。

第二十九条 【国家保障残疾人的劳动权利】国家保障残疾人的劳动权利。

各级人民政府应当对残疾人就业统筹规划，为残疾人创造就业条件。

用人单位招用人员，不得歧视残疾人。

第三十条 【传染病病原携带者的就业权】用人单位招用人员，不得以是传染病病原携带者为由拒绝录用。但是，经医学鉴定传染病病原携带者在治愈前或者排除传染嫌疑前，不得从事法律、行政法规和国务院卫生行政部门规定禁止从事的易使传染病扩散的工作。

第三十一条 【农村劳动者的平等就业权】农村劳动者进城就业享有与城镇劳动者平等的劳动权利，不得对农村劳动者进城就业设置歧视性限制。

第四章 就业服务和管理

第三十二条 【培育和完善人力资源市场】县级以上人民政府培育和完善统一开放、竞争有序的人力资源市场,为劳动者就业提供服务。

第三十三条 【发展就业服务机构】县级以上人民政府鼓励社会各方面依法开展就业服务活动,加强对公共就业服务和职业中介服务的指导和监督,逐步完善覆盖城乡的就业服务体系。

第三十四条 【建立人力资源市场信息服务体系】县级以上人民政府加强人力资源市场信息网络及相关设施建设,建立健全人力资源市场信息服务体系,完善市场信息发布制度。

第三十五条 【公共就业服务机构】县级以上人民政府建立健全公共就业服务体系,设立公共就业服务机构,为劳动者免费提供下列服务:

(一)就业政策法规咨询;

(二)职业供求信息、市场工资指导价位信息和职业培训信息发布;

(三)职业指导和职业介绍;

(四)对就业困难人员实施就业援助;

(五)办理就业登记、失业登记等事务;

(六)其他公共就业服务。

公共就业服务机构应当不断提高服务的质量和效率,不得从事经营性活动。

公共就业服务经费纳入同级财政预算。

第三十六条 【公益性就业服务】县级以上地方人民政府对职业中介机构提供公益性就业服务的,按照规定给予补贴。

国家鼓励社会各界为公益性就业服务提供捐赠、资助。

第三十七条 【政府部门不得举办经营性的职业中介机构】地方各级人民政府和有关部门不得举办或者与他人联合举办经营性的职业中介机构。

地方各级人民政府和有关部门、公共就业服务机构举办的招聘会,不得向劳动者收取费用。

第三十八条 【加强对职业中介的管理】县级以上人民政府和有关部门加强对职业中介机构的管理,鼓励其提高服务质量,发挥其在促进就业中的作用。

第三十九条 【从事职业中介活动的基本原则】从事职业中介活动,应当遵循合法、诚实信用、公平、公开的原则。

用人单位通过职业中介机构招用人员,应当如实向职业中介机构提供岗位需求信息。

禁止任何组织或者个人利用职业中介活动侵害劳动者的合法权益。

第四十条 【设立职业中介机构的条件和程序】设立职业中介机构应当具备下列条件:

(一)有明确的章程和管理制度;

(二)有开展业务必备的固定场所、办公设施和一定数额的开办资金;

(三)有一定数量具备相应职业资格的专职工作人员;

(四)法律、法规规定的其他条件。

设立职业中介机构应当在工商行政管理部门办理登记后,向劳动行政部门申请行政许可。

未经依法许可和登记的机构,不得从事职业中介活动。

国家对外商投资职业中介机构和向劳动者提供境外就业服务的职业中介机构另有规定的,依照其规定。

第四十一条 【职业中介机构的禁止行为】职业中介机构不得有下列行为:

(一)提供虚假就业信息;

(二)为无合法证照的用人单位提供职业中介服务;

(三)伪造、涂改、转让职业中介许可证;

(四)扣押劳动者的居民身份证和其他证件,或者向劳动者收取押金;

(五)其他违反法律、法规规定的行为。

第四十二条 【失业预警制度】县级以上人民政府建立失业预警制度,对可能出现的较大规模的失业,实施预防、调节和控制。

第四十三条 【就业和失业登记】国家建立劳动力调查统计制度和就业登记、失业登记制度,开展劳动力资源和就业、失业状况调查统计,并公布调查统计结果。

统计部门和劳动行政部门进行劳动力调查统计和就业、失业登记时,用人单位和个人应当如实提供调查统计和登记所需要的情况。

第五章 职业教育和培训

第四十四条 【发展职业教育】国家依法发展职业教育,鼓励开展职业培训,促进劳动者提高职业技能,增强就业能力和创业能力。

第四十五条 【制定职业能力开发计划】县级以上人民政府根据经济社会发展和市场需求,制定并实施职业能力开发计划。

第四十六条 【鼓励职业院校等开展就业培训】县级以上人民政府加强统筹协调,鼓励和支持各类职业院校、职业技能培训机构和用人单位依法开展就业前培训、在职培训、再就业培训和创业培训;鼓励劳动者参加各种形式的培训。

第四十七条 【企业提取职工教育经费】县级以上地方人民政府和有关部门根据市场需求和产业发展方向,

鼓励、指导企业加强职业教育和培训。

职业院校、职业技能培训机构与企业应当密切联系，实行产教结合，为经济建设服务，培养实用人才和熟练劳动者。

企业应当按照国家有关规定提取职工教育经费，对劳动者进行职业技能培训和继续教育培训。

第四十八条 【劳动预备制度】国家采取措施建立健全劳动预备制度，县级以上地方人民政府对有就业要求的初高中毕业生实行一定期限的职业教育和培训，使其取得相应的职业资格或者掌握一定的职业技能。

第四十九条 【失业人员参加就业培训】地方各级人民政府鼓励和支持开展就业培训，帮助失业人员提高职业技能，增强其就业能力和创业能力。失业人员参加就业培训的，按照有关规定享受政府培训补贴。

第五十条 【为农村劳动者提供就业培训】地方各级人民政府采取有效措施，组织和引导进城就业的农村劳动者参加技能培训，鼓励各类培训机构为进城就业的农村劳动者提供技能培训，增强其就业能力和创业能力。

第五十一条 【职业资格证书制度】国家对从事涉及公共安全、人身健康、生命财产安全等特殊工种的劳动者，实行职业资格证书制度，具体办法由国务院规定。

第六章 就业援助

第五十二条 【建立就业援助制度】各级人民政府建立健全就业援助制度，采取税费减免、贷款贴息、社会保险补贴、岗位补贴等办法，通过公益性岗位安置等途径，对就业困难人员实行优先扶持和重点帮助。

就业困难人员是指因身体状况、技能水平、家庭因素、失去土地等原因难以实现就业，以及连续失业一定时间仍未能实现就业的人员。就业困难人员的具体范围，由省、自治区、直辖市人民政府根据本行政区域的实际情况规定。

第五十三条 【公益性就业岗位】政府投资开发的公益性岗位，应当优先安排符合岗位要求的就业困难人员。被安排在公益性岗位工作的，按照国家规定给予岗位补贴。

第五十四条 【加强基层就业援助】地方各级人民政府加强基层就业援助服务工作，对就业困难人员实施重点帮助，提供有针对性的就业服务和公益性岗位援助。

地方各级人民政府鼓励和支持社会各方面为就业困难人员提供技能培训、岗位信息等服务。

第五十五条 【促进残疾人就业】各级人民政府采取特别扶助措施，促进残疾人就业。

用人单位应当按照国家规定安排残疾人就业，具体办法由国务院规定。

第五十六条 【对零就业家庭的就业援助】县级以上地方人民政府采取多种就业形式，拓宽公益性岗位范围，开发就业岗位，确保城市有就业需求的家庭至少有一人实现就业。

法定劳动年龄内的家庭人员均处于失业状况的城市居民家庭，可以向住所地街道、社区公共就业服务机构申请就业援助。街道、社区公共就业服务机构经确认属实的，应当为该家庭中至少一人提供适当的就业岗位。

第五十七条 【引导特殊地区的劳动者转移就业】国家鼓励资源开采型城市和独立工矿区发展与市场需求相适应的产业，引导劳动者转移就业。

对因资源枯竭或者经济结构调整等原因造成就业困难人员集中的地区，上级人民政府应当给予必要的扶持和帮助。

第七章 监督检查

第五十八条 【促进就业的目标责任制】各级人民政府和有关部门应当建立促进就业的目标责任制度。县级以上人民政府按照促进就业目标责任制的要求，对所属的有关部门和下一级人民政府进行考核和监督。

第五十九条 【依法对就业专项资金进行监管】审计机关、财政部门应当依法对就业专项资金的管理和使用情况进行监督检查。

第六十条 【劳动部门的监督检查职责】劳动行政部门应当对本法实施情况进行监督检查，建立举报制度，受理对违反本法行为的举报，并及时予以核实、处理。

第八章 法律责任

第六十一条 【劳动部门工作人员的法律责任】违反本法规定，劳动行政等有关部门及其工作人员滥用职权、玩忽职守、徇私舞弊的，对直接负责的主管人员和其他直接责任人员依法给予处分。

第六十二条 【实施就业歧视的权利救济】违反本法规定，实施就业歧视的，劳动者可以向人民法院提起诉讼。

第六十三条 【公共就业服务机构的法律责任】违反本法规定，地方各级人民政府和有关部门、公共就业服务机构举办经营性的职业中介机构，从事经营性职业中介活动，向劳动者收取费用的，由上级主管机关责令限期改正，将违法收取的费用退还劳动者，并对直接负责的主管人员和其他直接责任人员依法给予处分。

第六十四条 【黑职业中介的法律责任】违反本法规定，未经许可和登记，擅自从事职业中介活动的，由劳动行政部门或者其他主管部门依法予以关闭；有违法所得的，没收违法所得，并处一万元以上五万元以下的罚款。

第六十五条 【职业中介机构的法律责任】违反本法规定，职业中介机构提供虚假就业信息，为无合法证照的用人单位提供职业中介服务，伪造、涂改、转让职业中介许可证的，由劳动行政部门或者其他主管部门责令改正；有违法所得的，没收违法所得，并处一万元以上五万元以下的罚款；情节严重的，吊销职业中介许可证。

第六十六条 【职业中介机构扣押劳动者身份证等的法律责任】违反本法规定，职业中介机构扣押劳动者居民身份证等证件的，由劳动行政部门责令限期退还劳动者，并依照有关法律规定给予处罚。

违反本法规定，职业中介机构向劳动者收取押金的，由劳动行政部门责令限期退还劳动者，并以每人五百元以上二千元以下的标准处以罚款。

第六十七条 【不提取职工教育经费的法律责任】违反本法规定，企业未按照国家规定提取职工教育经费，或者挪用职工教育经费的，由劳动行政部门责令改正，并依法给予处罚。

第六十八条 【违反本法的民事责任和刑事责任】违反本法规定，侵害劳动者合法权益，造成财产损失或者其他损害的，依法承担民事责任；构成犯罪的，依法追究刑事责任。

第九章 附 则

第六十九条 【施行日期】本法自 2008 年 1 月 1 日起施行。

就业补助资金管理办法

1. 2017 年 10 月 13 日财政部、人力资源社会保障部发布
2. 财社〔2017〕164 号

第一章 总 则

第一条 为落实好各项就业政策，规范就业补助资金管理，提高资金使用效益，根据《中华人民共和国预算法》《中华人民共和国就业促进法》等相关法律法规，制定本办法。

第二条 本办法所称就业补助资金是由县级以上人民政府设立，由本级财政部门会同人力资源社会保障部门（以下简称人社部门）管理，通过一般公共预算安排用于促进就业创业的专项资金。

第三条 就业补助资金管理应遵循以下原则：

（一）注重普惠，重点倾斜。落实国家普惠性的就业创业政策，重点支持就业困难群体就业创业，适度向中西部地区、就业工作任务重地区倾斜，促进各类劳动者公平就业，推动地区间就业协同发展。

（二）奖补结合，激励相容。优化机制设计，奖补结合，充分发挥各级政策执行部门、政策对象等积极性。

（三）易于操作，精准效能。提高政策可操作性和精准性，加强监督与控制，以绩效导向、结果导向强化就业补助资金管理。

第二章 资金支出范围

第四条 就业补助资金分为对个人和单位的补贴、公共就业服务能力建设补助两类。

对个人和单位的补贴资金用于职业培训补贴、职业技能鉴定补贴、社会保险补贴、公益性岗位补贴、创业补贴、就业见习补贴、求职创业补贴等支出；公共就业服务能力建设补助资金用于就业创业服务补助和高技能人才培养补助等支出。

同一项目就业补助资金补贴与失业保险待遇有重复的，个人和单位不可重复享受。

第五条 享受职业培训补贴的人员范围包括：贫困家庭子女、毕业年度高校毕业生（含技师学院高级工班、预备技师班和特殊教育院校职业教育类毕业生，下同）、城乡未继续升学的应届初高中毕业生、农村转移就业劳动者、城镇登记失业人员（以下简称五类人员），以及符合条件的企业职工。

职业培训补贴用于以下方面：

（一）五类人员就业技能培训和创业培训。对参加就业技能培训和创业培训的五类人员，培训后取得职业资格证书的（或职业技能等级证书、专项职业能力证书、培训合格证书，下同），给予一定标准的职业培训补贴。各地应当精准对接产业发展需求和受教育者需求，定期发布重点产业职业培训需求指导目录，对指导目录内的职业培训，可适当提高补贴标准。对为城乡未继续升学的应届初高中毕业生垫付劳动预备制培训费的培训机构，给予一定标准的职业培训补贴。其中农村学员和城市低保家庭学员参加劳动预备制培训的，同时给予一定标准的生活费补贴。

（二）符合条件的企业职工岗位技能培训。对企业新录用的五类人员，与企业签订 1 年以上期限劳动合同、并于签订劳动合同之日起 1 年内参加由企业依托所属培训机构或政府认定的培训机构开展岗位技能培训的，在取得职业资格证书后给予职工个人或企业一定标准的职业培训补贴。对按国家有关规定参加企业新型学徒制培训、技师培训的企业在职职工，培训后取得职业资格证书的，给予职工个人或企业一定标准的职业培训补贴。

（三）符合条件人员项目制培训。各地人社、财政部门可通过项目制方式，向政府认定的培训机构整建制购买就业技能培训或创业培训项目，为化解钢铁煤炭煤电行业过剩产能企业失业人员（以下简称去产能失业人员）、建档立卡贫困劳动力免费提供就业技能培训或创业培训。对承担项目制培训任务的培训机构，给予一定标准的职业培训补贴。

第六条　对通过初次职业技能鉴定并取得职业资格证书（不含培训合格证）的五类人员，给予职业技能鉴定补贴。对纳入重点产业职业资格和职业技能等级评定指导目录的，可适当提高补贴标准。

第七条　享受社会保险补贴的人员范围包括：符合《就业促进法》规定的就业困难人员和高校毕业生。

社会保险补贴用于以下方面：

（一）就业困难人员社会保险补贴。对招用就业困难人员并缴纳社会保险费的单位，以及通过公益性岗位安置就业困难人员并缴纳社会保险费的单位，按其为就业困难人员实际缴纳的基本养老保险费、基本医疗保险费和失业保险费给予补贴，不包括就业困难人员个人应缴纳的部分。对就业困难人员灵活就业后缴纳的社会保险费，给予一定数额的社会保险补贴，补贴标准原则上不超过其实际缴费的2/3。就业困难人员社会保险补贴期限，除对距法定退休年龄不足5年的就业困难人员可延长至退休外，其余人员最长不超过3年（以初次核定其享受社会保险补贴时年龄为准）。

（二）高校毕业生社会保险补贴。对招用毕业年度高校毕业生，与之签订1年以上劳动合同并为其缴纳社会保险费的小微企业，给予最长不超过1年的社会保险补贴，不包括高校毕业生个人应缴纳的部分。对离校1年内未就业的高校毕业生灵活就业后缴纳的社会保险费，给予一定数额的社会保险补贴，补贴标准原则上不超过其实际缴费的2/3，补贴期限最长不超过2年。

第八条　享受公益性岗位补贴的人员范围为就业困难人员，重点是大龄失业人员和零就业家庭人员。

对公益性岗位安置的就业困难人员给予岗位补贴，补贴标准参照当地最低工资标准执行。

公益性岗位补贴期限，除对距法定退休年龄不足5年的就业困难人员可延长至退休外，其余人员最长不超过3年（以初次核定其享受公益性岗位补贴时年龄为准）。

第九条　对首次创办小微企业或从事个体经营，且所创办企业或个体工商户自工商登记注册之日起正常运营1年以上的离校2年内高校毕业生、就业困难人员，试点给予一次性创业补贴。具体试点办法由省级财政、人社部门另行制定。

第十条　享受就业见习补贴的人员范围为离校2年内未就业高校毕业生，艰苦边远地区、老工业基地、国家级贫困县可扩大至离校2年内未就业中职毕业生。对吸纳上述人员参加就业见习的单位，给予一定标准的就业见习补贴，用于见习单位支付见习人员见习期间基本生活费、为见习人员办理人身意外伤害保险，以及对见习人员的指导管理费用。对见习人员见习期满留用率达到50%以上的单位，可适当提高见习补贴标准。

第十一条　对在毕业年度有就业创业意愿并积极求职创业的低保家庭、贫困残疾人家庭、建档立卡贫困家庭和特困人员中的高校毕业生，残疾及获得国家助学贷款的高校毕业生，给予一次性求职创业补贴。

第十二条　就业创业服务补助用于加强公共就业创业服务机构服务能力建设，重点支持信息网络系统建设及维护，公共就业创业服务机构及其与高校开展的招聘活动和创业服务，对创业孵化基地给予奖补，以及向社会购买基本就业创业服务成果。

第十三条　高技能人才培养补助重点用于高技能人才培训基地建设和技能大师工作室建设等支出。

第十四条　其他支出是指各地经省级人民政府批准，符合中央专项转移支付相关管理规定，确需新增的项目支出。

第十五条　就业补助资金中对个人和单位的补贴资金的具体标准，在符合以上原则规定的基础上，由省级财政、人社部门结合当地实际确定。各地要严格控制就业创业服务补助的支出比例。

第十六条　就业补助资金不得用于以下支出：

（一）办公用房建设支出。

（二）职工宿舍建设支出。

（三）购置交通工具支出。

（四）发放工作人员津贴补贴等支出。

（五）“三公”经费支出。

（六）普惠金融项下创业担保贷款（原小额担保贷款，下同）贴息及补充创业担保贷款基金相关支出。

（七）部门预算已安排支出。

（八）法律法规禁止的其他支出。

个人、单位按照本办法申领获得的补贴资金，具体用途可由申请人或申请单位确定，不受本条规定限制。

第三章 资金分配与下达

第十七条 中央财政就业补助资金实行因素法分配。

分配因素包括基础因素、投入因素和绩效因素三类。其中：

（一）基础因素主要根据劳动力人口等指标，重点考核就业工作任务量。

（二）投入因素主要根据地方政府就业补助资金的安排使用等指标，重点考核地方投入力度。

（三）绩效因素主要根据各地失业率和新增就业人数等指标，重点考核各地落实各项就业政策的成效。

每年分配资金选择的因素、权重、方式及增减幅上下限，可根据年度就业整体形势和工作任务重点适当调整。

第十八条 地方可对公共就业服务能力建设补助资金中的高技能人才培养补助资金，实行项目管理，各地人社部门应当编制高技能人才培养中长期规划，确定本地区支持的高技能人才重点领域。

各省级人社部门每年需会同财政部门组织专家对拟实施高技能人才培养项目进行评审，省级财政部门会同人社部门根据评审结果给予定额补助，评审结果需报人力资源社会保障部和财政部备案。

第十九条 财政部会同人力资源社会保障部于每年10月31日前将下一年度就业补助资金预计数下达至各省级财政和人社部门；每年在全国人民代表大会审查批准中央预算后90日内，正式下达中央财政就业补助资金预算。

第二十条 各省级财政、人社部门应在收到中央财政就业补助资金后30日内，正式下达到市、县级财政和人社部门；省、市级财政、人社部门应当将本级政府预算安排给下级政府的就业补助资金在本级人民代表大会批准预算后60日内正式下达到下级财政、人社部门。

地方各级财政、人社部门应对其使用的就业补助资金提出明确的资金管理要求，及时组织实施各项就业创业政策。

第二十一条 就业补助资金应按照财政部关于专项转移支付绩效目标管理的规定，做好绩效目标的设定、审核、下达工作。

第四章 资金申请与使用

第二十二条 职业培训补贴实行“先垫后补”和“信用支付”等办法。有条件的地区应探索为劳动者建立职业培训个人信用账户，鼓励劳动者自主选择培训机构和课程，并通过信用账户支付培训费用。

申请职业培训补贴资金根据资金的具体用途分别遵循以下要求：

（一）五类人员申请就业技能培训和创业培训补贴应向当地人社部门提供以下材料：《就业创业证》（或《就业失业登记证》、《社会保障卡》，下同）复印件、职业资格证书复印件、培训机构开具的行政事业性收费票据（或税务发票，下同）等。

（二）职业培训机构为城乡未继续升学的初高中毕业生、贫困家庭子女、城镇登记失业人员代为申请职业培训补贴的，还应提供以下材料：身份证复印件（城镇登记失业人员凭《就业创业证》复印件）、初高中毕业证书复印件、代为申请协议；城市低保家庭学员的生活费补贴申请材料还应附城市居民最低生活保障证明材料。

（三）符合条件的企业在职职工申请技能培训补贴应向当地人社部门提供以下材料：职业资格证书复印件、培训机构出具的行政事业性收费票据等。企业为在职职工申请新型学徒制培训补贴应提供以下材料：职业资格证书复印件、培训机构出具的行政事业性收费票据等。企业在开展技师培训或新型学徒制培训前，还应将培训计划、培训人员花名册、劳动合同复印件等有关材料报当地人社部门备案。

（四）职业培训机构为去产能失业人员、建档立卡贫困劳动力开展项目制培训的，申请补贴资金应向委托培训的人社部门提供以下材料：身份证复印件、职业资格证书复印件、培训机构开具的行政事业性收费票据、培训计划和大纲、培训内容和教材、授课教师信息、全程授课视频资料等。培训机构在开展项目制培训前，还应将培训计划和大纲、培训人员花名册等有关材料报当地人社部门备案。

上述申请材料经人社部门审核后，对五类人员和企业在职职工个人申请的培训补贴或生活费补贴资金，按规定支付到申请者本人个人银行账户或个人信用账户；对企业和培训机构代为申请或直补培训机构的培训补贴资金，按规定支付到企业和培训机构在银行开立的基本账户。

第二十三条 五类人员申请职业技能鉴定补贴应向当地人社部门提供以下材料：《就业创业证》复印件、职业资格证书复印件、职业技能鉴定机构开具的行政事业性收费票据（或税务发票）等。经人社部门审核后，按规定将补贴资金支付到申请者本人个人银行账户。

第二十四条 社会保险补贴实行“先缴后补”,并根据资金具体用途分别遵循以下要求:

(一)招用就业困难人员的单位和招用毕业年度高校毕业生的小微企业,申请社会保险补贴应向当地人社部门提供以下材料:符合条件人员名单、《就业创业证》复印件或毕业证书复印件、劳动合同复印件、社会保险费征缴机构出具的社会保险缴费明细账(单)等。

(二)灵活就业的就业困难人员和灵活就业的离校1年内高校毕业生,申请社会保险补贴应向当地人社部门提供以下材料:《就业创业证》复印件或毕业证书复印件、灵活就业证明材料、社会保险费征缴机构出具的社会保险缴费明细账(单)等。

(三)通过公益性岗位安置就业困难人员的单位,申请社会保险补贴应向当地人社部门提供以下材料:《就业创业证》复印件、享受社会保险补贴年限证明材料、社会保险费征缴机构出具的社会保险缴费明细账(单)等。

上述资金经人社部门审核后,按规定将补贴资金支付到单位在银行开立的基本账户或申请者本人个人银行账户。

第二十五条 通过公益性岗位安置就业困难人员的单位,申请公益性岗位补贴应向当地人社部门提供以下材料:《就业创业证》复印件、享受公益性岗位补贴年限证明材料、单位发放工资明细账(单)等。经人社部门审核后,按规定将补贴资金支付到单位在银行开立的基本账户或公益性岗位安置人员本人个人银行账户。

第二十六条 吸纳离校2年内未就业高校毕业生参加就业见习的单位,申请就业见习补贴应向当地人社部门提供以下材料:参加就业见习的人员名单、就业见习协议书、《就业创业证》复印件、毕业证书复印件、单位发放基本生活补助明细账(单)、为见习人员办理人身意外伤害保险发票复印件等。经人社部门审核后,按规定将补贴资金支付到单位在银行开立的基本账户。

第二十七条 符合条件的高校毕业生所在高校申请求职创业补贴应向当地人社部门提供以下材料:毕业生获得国家助学贷款(或享受低保、身有残疾、建档立卡贫困家庭、贫困残疾人家庭、特困救助供养)证明材料、毕业证书(或学籍证明)复印件等。申请材料经毕业生所在高校初审报当地人社部门审核后,按规定将补贴资金支付到毕业生本人个人银行账户。

第二十八条 县级以上财政、人社部门可通过就业创业服务补助资金,支持下级公共就业服务机构加强其人力资源市场信息网络系统建设。对于基层公共就业服务机构承担的免费公共就业服务和创业孵化基地开展的创业孵化服务,应根据工作量、专业性和成效等,给予一定的补助。对公共就业创业服务机构及其与高校开展的招聘活动和创业服务,应根据服务人数、成效和成本等,给予一定的补助。

县级以上财政、人社部门可按政府购买服务相关规定,向社会购买基本就业创业服务成果,具体范围和办法由省级财政、人社部门确定。

第二十九条 各地应当结合区域经济发展、产业振兴发展规划和新兴战略性产业发展的需要,依托具备高技能人才培训能力的职业培训机构和城市公共实训基地,建设高技能人才培训基地,重点开展高技能人才研修提升培训、高技能人才评价、职业技能竞赛、高技能人才课程研发、高技能人才成果交流等活动。

各地应当发挥高技能领军人才在带徒传技、技能攻关、技艺传承、技能推广等方面的重要作用,选拔行业、企业生产、服务一线的优秀高技能人才,依托其所在单位建设技能大师工作室,开展培训、研修、攻关、交流等技能传承提升活动。

高技能人才培养补助资金使用具体范围由省级财政、人社部门结合实际情况,按照现行规定确定。

第三十条 地方各级人社、财政部门应当进一步优化业务流程,积极推进网上申报、网上审核、联网核查。对能依托管理信息系统或与相关单位信息共享、业务协同获得的个人及单位信息、资料的,可直接审核拨付补贴资金,不再要求单位及个人报送纸质材料。

第三十一条 就业补助资金的支付,按财政国库管理制度相关规定执行。

第五章 资金管理与监督

第三十二条 地方各级财政、人社部门应当建立健全财务管理规章制度,强化内部财务管理,优化业务流程,加强内部风险防控。

地方各级人社部门应当建立和完善就业补助资金发放台账,做好就业补助资金使用管理的基础工作,有效甄别享受补贴政策人员和单位的真实性,防止出现造假行为。落实好政府采购等法律法规的有关规定,规范采购行为。加强信息化建设,将享受补贴人员、项目补助单位、资金标准、预算安排和执行等情况及时纳入管理信息系统,并实现与财政部门的信息共享。

第三十三条 各地财政、人社部门应当建立完善科学规范的绩效评价指标体系,积极推进就业补助资金的绩效管理。财政部和人力资源社会保障部应当根据各地就业工作情况,定期委托第三方进行就业补助资金绩效评价。地方各级财政、人社部门应当对本地区就业补助资金使用情况进行绩效评价，并将评价结果作为就业补助资金分配的重要依据。

第三十四条 各级财政部门应当加快资金拨付进度，减少结转结余。人社部门要按照本办法规定积极推动落实就业创业扶持政策，确保资金用出成效。

第三十五条 各级财政、人社部门应当将就业补助资金管理使用情况列入重点监督检查范围，有条件的地方，可聘请具备资质的社会中介机构开展第三方监督检查，自觉接受审计等部门的检查和社会监督。

第三十六条 地方各级财政、人社部门应当按照财政预决算管理的总体要求，做好年度预决算工作。

第三十七条 各级人社、财政部门应当做好信息公开工作，通过当地媒体、部门网站等向社会公开年度就业工作总体目标、工作任务完成、各项补贴资金的使用等情况。

各项补贴资金的使用情况公开内容包括：享受各项补贴的单位名称或人员名单（含身份证号码）、补贴标准及具体金额等。其中，职业培训补贴还应公开培训的内容、取得的培训成果等；公益性岗位补贴还应公开公益性岗位名称、设立单位、安置人员名单、享受补贴时间等；求职创业补贴应在各高校初审时先行在校内公示。

第三十八条 各级财政、人社部门应当建立就业补助资金“谁使用、谁负责”的责任追究机制。

各级财政、人社部门及其工作人员在就业补助资金的分配审核、使用管理等工作中，存在违反本办法规定的行为，以及其他滥用职权、玩忽职守、徇私舞弊等违法违纪行为的，依照《中华人民共和国预算法》《中华人民共和国公务员法》《中华人民共和国行政监察法》等国家有关法律法规追究相应责任。涉嫌犯罪的，依法移送司法机关处理。

对疏于管理、违规使用资金的地区，中央财政将相应扣减其下一年度就业补助资金；情节严重的，取消下一年度其获得就业补助资金的资格，并在全国范围内予以通报。

第六章 附 则

第三十九条 省级财政、人社部门可根据各地实际情况，依照本办法制定就业补助资金管理和使用的具体实施办法。

第四十条 本办法自发布之日起施行。《财政部 人力资源社会保障部关于印发〈就业补助资金管理暂行办法〉的通知》（财社〔2015〕290号）同时废止。

人力资源和社会保障部等关于进一步规范入学和就业体检项目维护乙肝表面抗原携带者入学和就业权利的通知（节录）

1. 2010年2月10日人力资源和社会保障部、教育部、卫生部发布

2. 人社部发〔2010〕12号

各省、自治区、直辖市人力资源社会保障（人事、劳动保障）厅（局）、教育厅（教委）、卫生厅（局），新疆生产建设兵团人事局、劳动保障局、教育局、卫生局：

近年来，国家对保障乙肝表面抗原携带者入学（含入幼儿园、托儿所，下同）、就业权利问题高度重视，就业促进法、教育法、传染病防治法等法律明确规定，用人单位招用人员，不得以是传染病病原携带者为由拒绝录用；受教育者在入学、升学、就业等方面依法享有平等权利；任何单位和个人不得歧视传染病病原携带者。2007年原劳动和社会保障部、卫生部下发《关于维护乙肝表面抗原携带者就业权利的意见》，要求用人单位在招、用工过程中，除国家法律、行政法规和卫生部规定禁止从事的工作外，不得强行将乙肝病毒血清学指标作为体检标准。但目前仍有不少教育机构、用人单位在入学、就业体检时违规进行乙肝病毒血清学项目检查，并把检查结果作为入学、录用的条件；一些地方行政机关监督检查不到位，违法追究不落实，乙肝表面抗原携带者入学、就业受限制现象仍时有发生。为进一步维护乙肝表面抗原携带者公平入学、就业权利，现就有关问题通知如下：

一、进一步明确取消入学、就业体检中的乙肝检测项目

医学研究证明，乙肝病毒经血液、母婴及性接触三种途径传播，日常工作、学习或生活接触不会导致乙肝病毒传播。各级各类教育机构、用人单位在公民入学、就业体检中，不得要求开展乙肝项目检测（即乙肝病毒感染标志物检测，包括乙肝病毒表面抗原、乙肝病毒表面抗体、乙肝病毒e抗原、乙肝病毒e抗体、乙肝病毒核心抗体和乙肝病毒脱氧核糖核苷酸检测等，俗称“乙肝五项”和HBV－DNA检测等，下同），不得要求提供乙肝项目检测报告，也不得询问是否为乙肝表面抗原携带者。各级医疗卫生机构不得在入学、就业体检中提供乙肝项目检测服务。因职业特殊确需在入学、就业体检时检测乙肝项目的，应由行业主管部门向卫生部提出研究报告和书面申请，经卫生部核准后方可开展相关检测。经核准的乙肝表面抗原携带者不得从事的职业，由卫生部向社会公布。军队、武警、公安特警的体检工作按照有关规定执行。

入学、就业体检需要评价肝脏功能的，应当检查丙氨酸氨基转移酶（ALT，简称转氨酶）项目。对转氨酶正常的受检者，任何体检组织者不得强制要求进行乙肝项目检测。

二、进一步维护乙肝表面抗原携带者入学、就业权利，保护乙肝表面抗原携带者隐私权

县级以上地方人民政府人力资源社会保障、教育、卫生部门要认真贯彻落实就业促进法、教育法、传染病防治法等法律及相关法规和规章，切实维护乙肝表面抗原携带者公平入学、就业权利。各级各类教育机构不得以学生携带乙肝表面抗原为理由拒绝招收或要求退学。除卫生部核准并予以公布的特殊职业外，健康体检非因受检者要求不得检测乙肝项目，用人单位不得以劳动者携带乙肝表面抗原为由予以拒绝招（聘）用或辞退、解聘。有关检测乙肝项目的检测体检报告应密封，由受检者自行拆阅；任何单位和个人不得擅自拆阅他人的体检报告。

三、进一步加强监督管理，加大执法检查力度

入学、就业体检有关工作要依照修订后的《公共场所卫生管理条例实施细则》、《公务员录用体检通用标准（试用）》、招生体检工作相关规定的要求执行。县级以上地方人民政府人力资源社会保障、教育、卫生部门要抓紧对现行有关政策进行清理，凡属本部门发布的与本通知规定不一致的文件，自接到本通知之日起不再执行；属于地方人民政府发布的，其人力资源社会保障、教育、卫生部门要依据职责，向所属人民政府提出废止或修改的建议，自接到本通知之日起30日内完成废止或修改工作。

教育部门要按照修改后的招生体检工作相关规定，进一步规范入学体检表格内容。县级以上地方人民政府教育部门要加强对教育机构的监督检查，督促教育机构在招生体检中严格执行本通知相关规定，及时制止、纠正违规进行乙肝项目检测的行为；对教育机构违反本通知规定，要求学生进行乙肝项目检测的，要及时制止、纠正，给予通报批评，并对其直接负责的主管人员和其他直接责任人员进行处分。

县级以上地方人民政府人力资源社会保障行政部门要加强对用人单位招工、招聘体检和技工院校招生体检的监督检查，督促用人单位、技工院校严格执行本通知的规定；对用人单位违反本通知规定，要求受检者进行乙肝项目检测的，要及时制止、纠正，并依照《就业服务与就业管理规定》给予罚款等处罚；对技工院校违反本通知规定，要求学生进行乙肝项目检测的，要及时制止、纠正，给予通报批评，并对其直接负责的主管人员和其他直接责任人员进行处分。

县级以上地方卫生行政部门要加强对本行政区域内医疗卫生机构及其医务人员开展体检的监督管理，确保医疗卫生机构及其医务人员按照本通知规定，停止在入学、就业体检中进行乙肝项目检测，并保护受检者的隐私。对违反本通知规定进行乙肝项目检测，或泄露乙肝表面抗原携带者个人隐私的医疗卫生机构，卫生行政部门要及时纠正，给予通报批评；违规情节、后果严重的，禁止其开展体检服务。对泄露乙肝表面抗原携带者隐私的医护人员，县级以上卫生行政部门要依照执业医师法第三十七条、《护士条例》第三十一条的规定给予警告、责令暂停执业活动或者吊销执业证书的处罚。

县级以上地方人民政府人力资源社会保障、教育、卫生部门要设立并公布投诉、举报电话，认真受理投诉、举报；要督促党政机关在录用人员体检中带头执行不检测乙肝项目的规定。

人力资源社会保障、教育、卫生行政部门要对本通知的贯彻落实作出专门部署，并按照职责分工，明确监督检查对象，落实责任人，对其工作人员和下级部门履行本通知规定职责的情况加强监督。上级人力资源社会保障、教育、卫生部门发现下级部门，各人力资源社会保障、教育、卫生部门发现本行政机关工作人员未按照本通知要求履行职责，有失职、渎职行为的，要在职权范围内及时予以纠正，并依照《行政机关公务员处分条例》第二十条的规定给予记过、记大过、降级、撤职或者开除的处分。各级人力资源社会保障、教育、卫生部门要自觉接受监察机关对本行政机关履行本通知规定职责情况的检查，配合监察机关依法查处失职、渎职行为。

四、加强乙肝防治知识和维护乙肝表面抗原携带者合法权益的法律、法规、规章的宣传教育

（略）

人力资源社会保障部、国家发展改革委、民政部、财政部关于实施提升就业服务质量工程的通知

1. 2021年9月12日

2. 人社部发〔2021〕80号

各省、自治区、直辖市及新疆生产建设兵团人力资源社

会保障厅(局)、发展改革委、民政厅(局)、财政厅(局):

就业服务是国家基本公共服务的重要组成,是稳定扩大就业、化解失业风险的基础手段。提升就业服务质量对推进实现更加充分更高质量就业、改善民生福祉、促进经济发展和社会和谐具有重要作用。为贯彻党中央、国务院关于稳就业、保居民就业决策部署,决定实施提升就业服务质量工程,现就有关事项通知如下。

一、总体要求

(一)指导思想。以习近平新时代中国特色社会主义思想为指导,全面贯彻党的十九大和十九届二中、三中、四中、五中全会精神,坚定不移贯彻新发展理念,突出需求导向和目标导向,坚持扩容与提质并重、均等与精准并举,持续巩固提升覆盖全民、贯穿全程、辐射全域、便捷高效的全方位公共就业服务,为减少失业、促进就业提供坚实保障,为扎实推动共同富裕、构建新发展格局提供有力支撑。

(二)主要目标。到 2025 年,通过实施提升就业服务质量工程,均等化的服务制度更加健全,基本公共就业服务均等化水平明显提高;广覆盖的服务功能和体系不断完善,更好满足多样化、多层次的就业服务需求;专业化智慧化服务能力显著提升,劳动者和用人单位对就业服务满意度保持在较高水平。

二、重点任务

(三)提升就业失业管理服务覆盖面。切实承担辖区内劳动者就业失业管理服务职能,凡年满 16 周岁(含)至依法享受基本养老保险待遇、有劳动能力、有就业要求、处于失业状态的城乡劳动者(含港澳台劳动者),均可在常住地(或户籍地或参保地或就业地)进行失业登记。公共就业服务机构在 10 个工作日内办结失业登记。对处于就业状态的,由用人单位同步申请办理就业登记、社保登记和用工备案登记。将登记失业人员作为就业帮扶重点对象,落实联系责任、帮扶责任,对登记信息进行动态管理。

(四)提升免费招聘匹配服务供给量。加大招聘信息归集力度,依托现场经办、电话服务、网络登记等渠道全方位采集岗位信息,强化用人单位的主体责任和信息发布者的审查责任,保障信息真实有效。完善岗位信息免费发布机制,扩大公共招聘网岗位信息覆盖范围,加大服务大厅、社区(村)宣传栏等信息投放力度,降低劳动者岗位搜寻成本。探索运用大数据、云计算等技术手段,依据服务对象需求,匹配推送岗位信息。开展免费招聘对接活动,搭建辖区内企业用工调剂平台,组织劳务协作,更好满足市场主体用工需求。

(五)提升重点群体重点企业就业帮扶主动性。完善重点群体主动服务机制,对国家和地方政府确定的重点群体,主动联系,提供职业指导、职业介绍、创业孵化、政策落实等服务。健全重点企业用工常态化服务机制,制定重点企业清单,设立联络服务专员,通过有针对性的招聘服务,努力保障重点企业用工。对生产经营遇到困难的企业,提前介入指导稳岗,同步为被裁减人员提供就业帮扶。

(六)提升职业技能培训针对性。强化就业导向,加强急需紧缺职业(工种)培训,及时开发新职业并颁布新职业标准,帮助劳动者掌握新技术、新装备等实操技能。强化重点群体技能培训和创业培训,持续实施专项培训计划。推进中国特色企业新型学徒制培训,推动产教融合、校企合作,精准开展"菜单"式培训和定岗定向培训,实现培训培养与企业岗位需求的有效衔接。

(七)提升重大任务专项服务保障力。服务重大发展战略,推动就业服务融入现代产业体系、区域发展格局,开展具有行业特色、地域特色的专项就业服务活动,为高质量发展提供人力资源支撑。服务重大改革事项,及时跟踪对企业和劳动者的就业影响,实施专项用工指导和就业帮扶,保障改革任务平稳推进。服务重点地区,对失业风险集聚地区,及时启动失业风险防范应急响应预案,加强应急服务,努力稳定就业形势。

三、保障措施

(八)强化公共就业服务机构建设。县以上政府要设立公共就业服务机构,统筹优化现有的综合性服务场所和人才市场、创业服务机构、职业培训机构等专业化服务场所,提供招聘求职、创业服务、失业管理、重点群体帮扶等服务。街道(乡镇)和社区(村)要加强基层公共就业服务,通过线上线下多种方式,提供政策宣传、业务受理等基本服务。根据服务对象规模,合理优化现有公共就业服务机构人员结构和布局,将就业服务相关事项优先纳入社区工作者工作内容,引导服务力量向基层下沉。结合机构建设、服务成效等情况,开展公共就业服务机构星级评定。

(九)强化经营性人力资源服务机构管理创新。优化人力资源服务行政许可审批流程,支持通过兼并、收购、重组、联盟等方式,分类培育综合性人力资源服务企业和专精特新人力资源服务企业、单项冠军企业,引领行业高质量发展。鼓励服务创新和产品创新,推动高级人才寻访、人才测评、人力资源管理咨询等服务提质增效,满足多样化需求。

(十)强化就业服务社会组织培育。发挥各级各类社会组织参与就业服务积极作用，支持行业协会商会等社会组织结合自身业务范围和专长，依法有序提供就业服务。引导社区社会组织、社工服务机构在城乡基层党组织领导下，开展就业服务工作。组建就业创业服务志愿团队，广泛招募就业服务领域专家、企业家、各行各业有一定专长的热心人士等，深入社区、园区、高校、企业等开展公益性就业创业服务。

（十一）强化零工市场支持。加强零工市场建设，将零工信息纳入公共就业服务范围，有条件的地区可在公共招聘网开设零工信息（灵活就业）专区，组织开展招聘。支持有条件的地区建设一批规范化零工市场，对已经稳定运行的要掌握基本情况，压实属地管理责任，落实疫情防控、安全防范等要求，按需提供水电等基础保障，坚决杜绝直接取缔、“一关了之”等一刀切做法。政府支持的零工市场信息网络建设和运营维护相关支出，可按规定从就业补助资金等渠道列支。强化现有人力资源市场功能细分，根据本地区供需结构，因地制宜建设劳动力市场、人才市场、零工市场，或分时段分区域共享同一市场。

（十二）强化智慧服务体系构建。推进“互联网＋”公共就业服务，加快省级集中的就业管理信息系统建设，提升业务管理和公共服务能力。持续推进就业信息联网发布，提升一站式求职招聘服务能力。加快与相关部门数据共享和比对分析，支持更好开展公共就业服务。

（十三）强化专业人员队伍打造。实施公共就业服务人员能力提升计划，举办示范培训班，开展业务轮训。强化专业服务队伍建设，大力推行职业指导、创业指导等相关人员职业技能等级认定工作，建立不同层级、不同类别就业创业指导专家团队。支持建立职业指导工作室，为求职者提供专业化职业指导服务。

四、组织实施

（十四）加强组织领导。各地要充分认识就业服务的重要意义，将提升就业服务质量工程作为推进稳就业、保居民就业工作的重要抓手，因地制宜制定实施方案，突出创新和地方特色，稳步推进各项工作。强化就业服务成效评估，研究建立公共就业服务质量评价体系，探索开展第三方评价。

（十五）强化资金保障。落实就业促进法要求，将公共就业服务经费列入本级预算。服务力量确有不足的地区，可通过政府购买服务方式，引入社会力量参与提供基本公共就业服务。对运用就业补助资金购买基本公共就业服务，实行指导性目录管理，由各地结合实际制定可购买的服务事项清单。严格落实政府购买服务有关要求，通过公平竞争择优确定承接主体，加强绩效执行监控，对目录清单进行动态调整。

（十六）维护良好秩序。健全就业服务领域法规制度，落实“双随机、一公开”等人力资源市场监管措施，强化市场监督，加强劳动保障监察行政执法，通过日常监督、专项行动，及时查处黑中介、虚假招聘、泄露个人信息等违法违规行为。加强人力资源服务行业诚信体系建设，完善信用评价标准。

（十七）广泛宣传引导。充分运用线上线下全媒体平台，宣传各地提升就业服务质量的创新做法，认定一批公共就业服务示范城市，推广优秀服务项目、优秀就业服务工作者经验事迹，营造良好社会氛围。围绕就业服务理论和模式、服务技术、职业分析预测等开展前瞻性研究和国际交流合作，引领就业服务创新发展。

各地贯彻落实本通知的有关情况及落实中发现的重要问题，要及时报送人力资源社会保障部。

人力资源社会保障部、民政部、财政部、住房和城乡建设部、国家市场监管总局关于加强零工市场建设完善求职招聘服务的意见

1. 2022年6月22日

2. 人社部发〔2022〕38号

各省、自治区、直辖市及新疆生产建设兵团人力资源社会保障厅（局）、民政厅（局）、财政厅（局）、住房和城乡建设厅（委、管委）、市场监管局（厅、委）：

“打零工”对促进大龄和困难人员就业增收具有重要作用。近年来，各地大力探索推进零工市场建设，强化零工人员就业服务，取得了积极进展。为深入贯彻落实党中央、国务院决策部署，支持多渠道灵活就业，更好地促进大龄和困难等零工人员实现就业，现提出以下意见。

一、强化零工市场信息服务。建立零工求职招聘信息服务制度，将零工信息纳入公共就业信息服务范围，免费向社会提供零工求职招聘信息登记和发布服务。加强零工岗位信息收集，通过办理招聘登记、走访调研企业、对接劳务中介等方式，广泛收集非全日制用工、临时性和阶段性用工等零工需求信息。拓宽零工信息发布渠道，充分利用服务大厅、政务大厅、基层服务平台等线下场所和招聘网站、微信微博、手机APP等线上渠道，多渠道、多形式发布零工求职招聘信息。

二、强化零工快速对接服务。建立零工"即时快招"服务模式,为零工人员与用工主体提供快速发布信息、现场对接洽谈、即时确认结果、当日面试到岗等服务。优化零工快速对接流程手续,简化求职招聘登记表格事项,设立零工信息快速发布通道,引导分职业(工种、岗位)对接洽谈,完善车辆即停即走引导等服务,方便双方进场快速对接。拓展零工招聘对接形式,在举办行业、企业招聘会中增设零工招聘区或因时因需举办零工专场招聘会,组织流动招工大篷车、定向招聘等活动,促进供需匹配对接。

三、强化就业创业培训服务。健全培训项目和培训政策推介服务,针对零工人员的能力和素质,提供符合市场需求、易学易用的培训信息,引导有单位就业意愿和培训需求的零工人员参加急需紧缺职业技能培训和新职业技能培训,组织有创业意愿的参加创业培训。创新开展线上线下相结合的培训方式,支持零工人员灵活选择培训时间和培训方式,对符合条件的按规定落实职业培训补贴和培训期间生活费补贴。

四、强化困难零工帮扶服务。建立零工人员分级服务机制,对待工时间长、低收入家庭、残疾等大龄和困难零工人员加强就业帮扶,优先组织其与适合的用工主体开展"点对点"对接洽谈,引导用工主体优先招用困难零工人员。对符合就业困难人员条件的,按规定开展个性化就业援助,明确服务项目和步骤,组织参加职业培训,跟踪解决就业过程中的困难和问题。对其中通过市场渠道难以实现就业创业且符合条件的,可通过公益性岗位予以安置。

五、完善零工市场秩序维护。公开零工市场服务制度、服务热线和投诉举报方式,依法监管职业中介机构,严厉打击黑中介、发布虚假招聘信息以及以招聘为名牟取不正当利益或进行其他违法活动等违法违规行为,维护劳动者合法权益。指导和督促用工主体合理确定招聘条件,规范招聘行为,依法合规用工,落实用人单位用工主体责任。加大劳动就业和社会保障法律法规政策宣传,帮助零工人员了解自身权益,提高维权和安全意识,依法理性维权。

六、完善服务场地设施支撑。合理利用公共就业服务机构场地资源,设立零工对接服务专区或分时分区共享场地设施,适应零工对接特点提早服务大厅开放时间,为零工人员与用工主体、职业中介机构当面对接洽谈提供免费场地。对零工人员自发集中、具有一定规模的求职地点,有条件的地方可通过改造利用闲置建筑、搭建必要服务设施、施划标线等方式,就近设立零工服务场所,配备卫生防疫、写字桌椅等便民辅助设施,引导求职招聘双方有序开展对接洽谈。

七、完善信息化应用支撑。加强"互联网+"、大数据、云服务、人工智能等技术手段运用,提升零工信息服务水平,动态收集更新零工人员和用工主体信息,支持零工岗位信息省级归集、多点联动、统一发布,提供在线匹配对接、应聘报名、结果确认等"一网通办"服务。依托中国公共招聘网、"就业在线"等平台联网发布各地公共就业服务机构招聘、见习、培训等服务信息,推送劳动就业和社会保障法律法规、就业创业政策解读等信息,方便零工人员和用工主体快速查询。

八、扩大零工服务多元化供给。充分发挥公共就业服务机构提供兜底服务的公益属性,完善覆盖城乡的服务网络,因地制宜强化零工求职招聘服务,加强信息真实性审核,示范带动零工市场诚信建设。鼓励人力资源服务机构、社会资本和优质服务资源参与零工市场建设和运营管理,依法依规提供招聘求职对接服务,拓展职业规划、企业管理、法律援助等专业化服务。鼓励公共就业服务机构招募志愿者,组建零工市场志愿服务团队,多渠道开展零工求职招聘对接服务。

九、开展零工市场动态监测。建立零工市场动态管理名录,编制各地提供零工服务的公共就业服务机构、诚信运营的市场化零工市场等规范运行的零工市场清单,向社会广泛公布地址、运行时间、职业(工种、岗位)、联系方式等信息,为供求双方对接提供指引。支持具备一定工作条件和基础的城市开展零工市场运行情况监测,对零工市场求职人数、招聘岗位等信息进行定期监测分析,及时掌握零工市场供求变化趋势。

十、加大组织实施力度。各地要切实提高思想认识,把加强零工求职招聘服务作为完善就业服务的重要举措,压实属地责任,强化组织领导,明确目标任务,更好支持多渠道灵活就业。推广加强零工市场建设典型经验,选树促进零工人员就业服务标兵,以点带面提升零工市场就业服务整体水平。大力宣传党中央、国务院支持灵活就业健康发展、保障灵活就业人员权益的政策措施和公共服务事项,合理引导社会预期,积极回应社会关切。

请各省级人力资源社会保障部门汇总本地区零工市场名录并于每年年底前更新后报送人力资源社会保障部。零工市场名录信息具体包括:零工市场名称(无正规名称的可以约定俗成或所在地址名称代称)、运营性质(指公共、经营性或自发形成)、详细地址、求职人员规模、主要招聘工种和日均招聘成功人数等。现有零工市场名录连同拟参与开展零工市场运行情况监测的城市名单请于2022年9月底前报送。

2. 就业管理

人力资源市场暂行条例

1. 2018年6月29日国务院令第700号公布
2. 自2018年10月1日起施行

第一章 总 则

第一条 为了规范人力资源市场活动，促进人力资源合理流动和优化配置，促进就业创业，根据《中华人民共和国就业促进法》和有关法律，制定本条例。

第二条 在中华人民共和国境内通过人力资源市场求职、招聘和开展人力资源服务，适用本条例。

法律、行政法规和国务院规定对求职、招聘和开展人力资源服务另有规定的，从其规定。

第三条 通过人力资源市场求职、招聘和开展人力资源服务，应当遵循合法、公平、诚实信用的原则。

第四条 国务院人力资源社会保障行政部门负责全国人力资源市场的统筹规划和综合管理工作。

县级以上地方人民政府人力资源社会保障行政部门负责本行政区域人力资源市场的管理工作。

县级以上人民政府发展改革、教育、公安、财政、商务、税务、市场监督管理等有关部门在各自职责范围内做好人力资源市场的管理工作。

第五条 国家加强人力资源服务标准化建设，发挥人力资源服务标准在行业引导、服务规范、市场监管等方面的作用。

第六条 人力资源服务行业协会应当依照法律、法规、规章及其章程的规定，制定行业自律规范，推进行业诚信建设，提高服务质量，对会员的人力资源服务活动进行指导、监督，依法维护会员合法权益，反映会员诉求，促进行业公平竞争。

第二章 人力资源市场培育

第七条 国家建立统一开放、竞争有序的人力资源市场体系，发挥市场在人力资源配置中的决定性作用，健全人力资源开发机制，激发人力资源创新创造创业活力，促进人力资源市场繁荣发展。

第八条 国家建立政府宏观调控、市场公平竞争、单位自主用人、个人自主择业、人力资源服务机构诚信服务的人力资源流动配置机制，促进人力资源自由有序流动。

第九条 县级以上人民政府应当将人力资源市场建设纳入国民经济和社会发展规划，运用区域、产业、土地等政策，推进人力资源市场建设，发展专业性、行业性人力资源市场，鼓励并规范高端人力资源服务等业态发展，提高人力资源服务业发展水平。

国家鼓励社会力量参与人力资源市场建设。

第十条 县级以上人民政府建立覆盖城乡和各行业的人力资源市场供求信息系统，完善市场信息发布制度，为求职、招聘提供服务。

第十一条 国家引导和促进人力资源在机关、企业、事业单位、社会组织之间以及不同地区之间合理流动。任何地方和单位不得违反国家规定在户籍、地域、身份等方面设置限制人力资源流动的条件。

第十二条 人力资源社会保障行政部门应当加强人力资源市场监管，维护市场秩序，保障公平竞争。

第十三条 国家鼓励开展平等、互利的人力资源国际合作与交流，充分开发利用国际国内人力资源。

第三章 人力资源服务机构

第十四条 本条例所称人力资源服务机构，包括公共人力资源服务机构和经营性人力资源服务机构。

公共人力资源服务机构，是指县级以上人民政府设立的公共就业和人才服务机构。

经营性人力资源服务机构，是指依法设立的从事人力资源服务经营活动的机构。

第十五条 公共人力资源服务机构提供下列服务，不得收费：

（一）人力资源供求、市场工资指导价位、职业培训等信息发布；

（二）职业介绍、职业指导和创业开业指导；

（三）就业创业和人才政策法规咨询；

（四）对就业困难人员实施就业援助；

（五）办理就业登记、失业登记等事务；

（六）办理高等学校、中等职业学校、技工学校毕业生接收手续；

（七）流动人员人事档案管理；

（八）县级以上人民政府确定的其他服务。

第十六条 公共人力资源服务机构应当加强信息化建设，不断提高服务质量和效率。

公共人力资源服务经费纳入政府预算。人力资源社会保障行政部门应当依法加强公共人力资源服务经费管理。

第十七条 国家通过政府购买服务等方式支持经营性人力资源服务机构提供公益性人力资源服务。

第十八条 经营性人力资源服务机构从事职业中介活动的，应当依法向人力资源社会保障行政部门申请行政许可，取得人力资源服务许可证。

经营性人力资源服务机构开展人力资源供求信息的收集和发布、就业和创业指导、人力资源管理咨询、人力资源测评、人力资源培训、承接人力资源服务外包等人力资源服务业务的，应当自开展业务之日起 15 日内向人力资源社会保障行政部门备案。

经营性人力资源服务机构从事劳务派遣业务的，执行国家有关劳务派遣的规定。

第十九条 人力资源社会保障行政部门应当自收到经营性人力资源服务机构从事职业中介活动的申请之日起 20 日内依法作出行政许可决定。符合条件的，颁发人力资源服务许可证；不符合条件的，作出不予批准的书面决定并说明理由。

第二十条 经营性人力资源服务机构设立分支机构的，应当自工商登记办理完毕之日起 15 日内，书面报告分支机构所在地人力资源社会保障行政部门。

第二十一条 经营性人力资源服务机构变更名称、住所、法定代表人或者终止经营活动的，应当自工商变更登记或者注销登记办理完毕之日起 15 日内，书面报告人力资源社会保障行政部门。

第二十二条 人力资源社会保障行政部门应当及时向社会公布取得行政许可或者经过备案的经营性人力资源服务机构名单及其变更、延续等情况。

第四章 人力资源市场活动规范

第二十三条 个人求职，应当如实提供本人基本信息以及与应聘岗位相关的知识、技能、工作经历等情况。

第二十四条 用人单位发布或者向人力资源服务机构提供的单位基本情况、招聘人数、招聘条件、工作内容、工作地点、基本劳动报酬等招聘信息，应当真实、合法，不得含有民族、种族、性别、宗教信仰等方面的歧视性内容。

用人单位自主招用人员，需要建立劳动关系的，应当依法与劳动者订立劳动合同，并按照国家有关规定办理社会保险等相关手续。

第二十五条 人力资源流动，应当遵守法律、法规对服务期、从业限制、保密等方面的规定。

第二十六条 人力资源服务机构接受用人单位委托招聘人员，应当要求用人单位提供招聘简章、营业执照或者有关部门批准设立的文件、经办人的身份证件、用人单位的委托证明，并对所提供材料的真实性、合法性进行审查。

第二十七条 人力资源服务机构接受用人单位委托招聘人员或者开展其他人力资源服务，不得采取欺诈、暴力、胁迫或者其他不正当手段，不得以招聘为名牟取不正当利益，不得介绍单位或者个人从事违法活动。

第二十八条 人力资源服务机构举办现场招聘会，应当制定组织实施办法、应急预案和安全保卫工作方案，核实参加招聘会的招聘单位及其招聘简章的真实性、合法性，提前将招聘会信息向社会公布，并对招聘中的各项活动进行管理。

举办大型现场招聘会，应当符合《大型群众性活动安全管理条例》等法律法规的规定。

第二十九条 人力资源服务机构发布人力资源供求信息，应当建立健全信息发布审查和投诉处理机制，确保发布的信息真实、合法、有效。

人力资源服务机构在业务活动中收集用人单位和个人信息的，不得泄露或者违法使用所知悉的商业秘密和个人信息。

第三十条 经营性人力资源服务机构接受用人单位委托提供人力资源服务外包的，不得改变用人单位与个人的劳动关系，不得与用人单位串通侵害个人的合法权益。

第三十一条 人力资源服务机构通过互联网提供人力资源服务的，应当遵守本条例和国家有关网络安全、互联网信息服务管理的规定。

第三十二条 经营性人力资源服务机构应当在服务场所明示下列事项，并接受人力资源社会保障行政部门和市场监督管理、价格等主管部门的监督检查：

（一）营业执照；

（二）服务项目；

（三）收费标准；

（四）监督机关和监督电话。

从事职业中介活动的，还应当在服务场所明示人力资源服务许可证。

第三十三条 人力资源服务机构应当加强内部制度建设，健全财务管理制度，建立服务台账，如实记录服务对象、服务过程、服务结果等信息。服务台账应当保存 2 年以上。

第五章 监督管理

第三十四条 人力资源社会保障行政部门对经营性人力资源服务机构实施监督检查，可以采取下列措施：

（一）进入被检查单位进行检查；

（二）询问有关人员，查阅服务台账等服务信息档案；

（三）要求被检查单位提供与检查事项相关的文件资料，并作出解释和说明；

（四）采取记录、录音、录像、照相或者复制等方式收集有关情况和资料；

（五）法律、法规规定的其他措施。

人力资源社会保障行政部门实施监督检查时，监督检查人员不得少于2人，应当出示执法证件，并对被检查单位的商业秘密予以保密。

对人力资源社会保障行政部门依法进行的监督检查，被检查单位应当配合，如实提供相关资料和信息，不得隐瞒、拒绝、阻碍。

第三十五条　人力资源社会保障行政部门采取随机抽取检查对象、随机选派执法人员的方式实施监督检查。

监督检查的情况应当及时向社会公布。其中，行政处罚、监督检查结果可以通过国家企业信用信息公示系统或者其他系统向社会公示。

第三十六条　经营性人力资源服务机构应当在规定期限内，向人力资源社会保障行政部门提交经营情况年度报告。人力资源社会保障行政部门可以依法公示或者引导经营性人力资源服务机构依法公示年度报告的有关内容。

人力资源社会保障行政部门应当加强与市场监督管理等部门的信息共享。通过信息共享可以获取的信息，不得要求经营性人力资源服务机构重复提供。

第三十七条　人力资源社会保障行政部门应当加强人力资源市场诚信建设，把用人单位、个人和经营性人力资源服务机构的信用数据和失信情况等纳入市场诚信建设体系，建立守信激励和失信惩戒机制，实施信用分类监管。

第三十八条　人力资源社会保障行政部门应当按照国家有关规定，对公共人力资源服务机构进行监督管理。

第三十九条　在人力资源服务机构中，根据中国共产党章程及有关规定，建立党的组织并开展活动，加强对流动党员的教育监督和管理服务。人力资源服务机构应当为中国共产党组织的活动提供必要条件。

第四十条　人力资源社会保障行政部门应当畅通对用人单位和人力资源服务机构的举报投诉渠道，依法及时处理有关举报投诉。

第四十一条　公安机关应当依法查处人力资源市场的违法犯罪行为，人力资源社会保障行政部门予以配合。

第六章　法律责任

第四十二条　违反本条例第十八条第一款规定，未经许可擅自从事职业中介活动的，由人力资源社会保障行政部门予以关闭或者责令停止从事职业中介活动；有违法所得的，没收违法所得，并处1万元以上5万元以下的罚款。

违反本条例第十八条第二款规定，开展人力资源服务业务未备案，违反本条例第二十条、第二十一条规定，设立分支机构、办理变更或者注销登记未书面报告的，由人力资源社会保障行政部门责令改正；拒不改正的，处5000元以上1万元以下的罚款。

第四十三条　违反本条例第二十四条、第二十七条、第二十八条、第二十九条、第三十条、第三十一条规定，发布的招聘信息不真实、不合法，未依法开展人力资源服务业务的，由人力资源社会保障行政部门责令改正；有违法所得的，没收违法所得；拒不改正的，处1万元以上5万元以下的罚款；情节严重的，吊销人力资源服务许可证；给个人造成损害的，依法承担民事责任。违反其他法律、行政法规的，由有关主管部门依法给予处罚。

第四十四条　未按照本条例第三十二条规定明示有关事项，未按照本条例第三十三条规定建立健全内部制度或者保存服务台账，未按照本条例第三十六条规定提交经营情况年度报告的，由人力资源社会保障行政部门责令改正；拒不改正的，处5000元以上1万元以下的罚款。违反其他法律、行政法规的，由有关主管部门依法给予处罚。

第四十五条　公共人力资源服务机构违反本条例规定的，由上级主管机关责令改正；拒不改正的，对直接负责的主管人员和其他直接责任人员依法给予处分。

第四十六条　人力资源社会保障行政部门和有关主管部门及其工作人员有下列情形之一的，对直接负责的领导人员和其他直接责任人员依法给予处分：

（一）不依法作出行政许可决定；

（二）在办理行政许可或者备案、实施监督检查中，索取或者收受他人财物，或者谋取其他利益；

（三）不依法履行监督职责或者监督不力，造成严重后果；

（四）其他滥用职权、玩忽职守、徇私舞弊的情形。

第四十七条　违反本条例规定，构成违反治安管理行为的，依法给予治安管理处罚；构成犯罪的，依法追究刑事责任。

第七章　附　　则

第四十八条　本条例自2018年10月1日起施行。

残疾人就业条例（节录）

1. 2007年2月25日国务院令第488号公布

2. 自2007年5月1日起施行

第二章　用人单位的责任

第八条　用人单位应当按照一定比例安排残疾人就业，并为其提供适当的工种、岗位。

用人单位安排残疾人就业的比例不得低于本单位在职职工总数的1.5%。具体比例由省、自治区、直辖市人民政府根据本地区的实际情况规定。

用人单位跨地区招用残疾人的,应当计入所安排的残疾人职工人数之内。

第九条 用人单位安排残疾人就业达不到其所在地省、自治区、直辖市人民政府规定比例的,应当缴纳残疾人就业保障金。

第十条 政府和社会依法兴办的残疾人福利企业、盲人按摩机构和其他福利性单位(以下统称集中使用残疾人的用人单位),应当集中安排残疾人就业。

集中使用残疾人的用人单位的资格认定,按照国家有关规定执行。

第十一条 集中使用残疾人的用人单位中从事全日制工作的残疾人职工,应当占本单位在职职工总数的25%以上。

第十二条 用人单位招用残疾人职工,应当依法与其签订劳动合同或者服务协议。

第十三条 用人单位应当为残疾人职工提供适合其身体状况的劳动条件和劳动保护,不得在晋职、晋级、评定职称、报酬、社会保险、生活福利等方面歧视残疾人职工。

第十四条 用人单位应当根据本单位残疾人职工的实际情况,对残疾人职工进行上岗、在岗、转岗等培训。

网络招聘服务管理规定

1. 2020年12月18日人力资源和社会保障部令第44号公布

2. 自2021年3月1日起施行

第一章 总 则

第一条 为了规范网络招聘服务,促进网络招聘服务业态健康有序发展,促进就业和人力资源流动配置,根据《中华人民共和国就业促进法》《中华人民共和国网络安全法》《中华人民共和国电子商务法》《人力资源市场暂行条例》《互联网信息服务管理办法》等法律、行政法规,制定本规定。

第二条 本规定所称网络招聘服务,是指人力资源服务机构在中华人民共和国境内通过互联网等信息网络,以网络招聘服务平台、平台内经营、自建网站或者其他网络服务方式,为劳动者求职和用人单位招用人员提供的求职、招聘服务。

人力资源服务机构包括公共人力资源服务机构和经营性人力资源服务机构。

第三条 国务院人力资源社会保障行政部门负责全国网络招聘服务的综合管理。

县级以上地方人民政府人力资源社会保障行政部门负责本行政区域网络招聘服务的管理工作。

县级以上人民政府有关部门在各自职责范围内依法对网络招聘服务实施管理。

第四条 从事网络招聘服务,应当遵循合法、公平、诚实信用的原则,履行网络安全和信息保护等义务,承担服务质量责任,接受政府和社会的监督。

第五条 对从事网络招聘服务的经营性人力资源服务机构提供公益性人力资源服务的,按照规定给予补贴或者通过政府购买服务等方式给予支持。

第六条 人力资源社会保障行政部门加强网络招聘服务标准化建设,支持企业、研究机构、高等学校、行业协会参与网络招聘服务国家标准、行业标准的制定。

第七条 人力资源服务行业协会应当依照法律、行政法规、规章及其章程的规定,加强网络招聘服务行业自律,推进行业诚信建设,促进行业公平竞争。

第二章 网络招聘服务活动准入

第八条 从事网络招聘服务,应当符合就业促进、人力资源市场管理、电信和互联网管理等法律、行政法规规定的条件。

第九条 经营性人力资源服务机构从事网络招聘服务,应当依法取得人力资源服务许可证。涉及经营电信业务的,还应当依法取得电信业务经营许可证。

第十条 对从事网络招聘服务的经营性人力资源服务机构,人力资源社会保障行政部门应当在其服务范围中注明"开展网络招聘服务"。

第十一条 网络招聘服务包括下列业务:

(一)为劳动者介绍用人单位;

(二)为用人单位推荐劳动者;

(三)举办网络招聘会;

(四)开展高级人才寻访服务;

(五)其他网络求职、招聘服务。

第十二条 从事网络招聘服务的经营性人力资源服务机构变更名称、住所、法定代表人或者终止网络招聘服务的,应当自市场主体变更登记或者注销登记办理完毕之日起15日内,书面报告人力资源社会保障行政部门,办理人力资源服务许可变更、注销。

第十三条 从事网络招聘服务的经营性人力资源服务机构应当依法在其网站、移动互联网应用程序等首页显著位置,持续公示营业执照、人力资源服务许可证等信息,或者上述信息的链接标识。

前款规定的信息发生变更的，从事网络招聘服务的经营性人力资源服务机构应当及时更新公示信息。

从事网络招聘服务的经营性人力资源服务机构自行终止从事网络招聘服务的，应当提前30日在首页显著位置持续公示有关信息。

第十四条　人力资源社会保障行政部门应当及时向社会公布从事网络招聘服务的经营性人力资源服务机构名单及其变更、注销等情况。

第三章　网络招聘服务规范

第十五条　用人单位向人力资源服务机构提供的单位基本情况、招聘人数、招聘条件、用工类型、工作内容、工作条件、工作地点、基本劳动报酬等网络招聘信息，应当合法、真实，不得含有民族、种族、性别、宗教信仰等方面的歧视性内容。

前款网络招聘信息不得违反国家规定在户籍、地域、身份等方面设置限制人力资源流动的条件。

第十六条　劳动者通过人力资源服务机构进行网络求职，应当如实提供本人基本信息以及与应聘岗位相关的知识、技能、工作经历等情况。

第十七条　从事网络招聘服务的人力资源服务机构应当建立完备的网络招聘信息管理制度，依法对用人单位所提供材料的真实性、合法性进行审查。审查内容应当包括以下方面：

（一）用人单位招聘简章；

（二）用人单位营业执照或者有关部门批准设立的文件；

（三）招聘信息发布经办人员的身份证明、用人单位的委托证明。

用人单位拟招聘外国人的，应当符合《外国人在中国就业管理规定》的有关要求。

第十八条　人力资源服务机构对其发布的网络求职招聘信息、用人单位对所提供的网络招聘信息应当及时更新。

第十九条　从事网络招聘服务的人力资源服务机构，不得以欺诈、暴力、胁迫或者其他不正当手段，牟取不正当利益。

从事网络招聘服务的经营性人力资源服务机构，不得向劳动者收取押金，应当明示其服务项目、收费标准等事项。

第二十条　从事网络招聘服务的人力资源服务机构应当按照国家网络安全法律、行政法规和网络安全等级保护制度要求，加强网络安全管理，履行网络安全保护义务，采取技术措施或者其他必要措施，确保招聘服务网络、信息系统和用户信息安全。

第二十一条　人力资源服务机构从事网络招聘服务时收集、使用其用户个人信息，应当遵守法律、行政法规有关个人信息保护的规定。

人力资源服务机构应当建立健全网络招聘服务用户信息保护制度，不得泄露、篡改、毁损或者非法出售、非法向他人提供其收集的个人公民身份号码、年龄、性别、住址、联系方式和用人单位经营状况等信息。

人力资源服务机构应当对网络招聘服务用户信息保护情况每年至少进行一次自查，记录自查情况，及时消除自查中发现的安全隐患。

第二十二条　从事网络招聘服务的人力资源服务机构因业务需要，确需向境外提供在中华人民共和国境内运营中收集和产生的个人信息和重要数据的，应当遵守国家有关法律、行政法规规定。

第二十三条　从事网络招聘服务的人力资源服务机构应当建立网络招聘服务有关投诉、举报制度，健全便捷有效的投诉、举报机制，公开有效的联系方式，及时受理并处理有关投诉、举报。

第二十四条　以网络招聘服务平台方式从事网络招聘服务的人力资源服务机构应当遵循公开、公平、公正的原则，制定平台服务协议和服务规则，明确进入和退出平台、服务质量保障、求职者权益保护、个人信息保护等方面的权利和义务。

鼓励从事网络招聘服务的人力资源服务机构运用大数据、区块链等技术措施，保证其网络招聘服务平台的网络安全、稳定运行，防范网络违法犯罪活动，保障网络招聘服务安全，促进人力资源合理流动和优化配置。

第二十五条　以网络招聘服务平台方式从事网络招聘服务的人力资源服务机构应当要求申请进入平台的人力资源服务机构提交其营业执照、地址、联系方式、人力资源服务许可证等真实信息，进行核验、登记，建立登记档案，并定期核验更新。

第二十六条　以网络招聘服务平台方式从事网络招聘服务的人力资源服务机构应当记录、保存平台上发布的招聘信息、服务信息，并确保信息的完整性、保密性、可用性。招聘信息、服务信息保存时间自服务完成之日起不少于3年。

第四章　监 督 管 理

第二十七条　人力资源社会保障行政部门采取随机抽取检查对象、随机选派执法人员的方式，对经营性人力资源服务机构从事网络招聘服务情况进行监督检查，并及时向社会公布监督检查的情况。

人力资源社会保障行政部门运用大数据等技术，

推行远程监管、移动监管、预警防控等非现场监管，提升网络招聘服务监管精准化、智能化水平。

第二十八条　人力资源社会保障行政部门应当加强网络招聘服务诚信体系建设，健全信用分级分类管理制度，完善守信激励和失信惩戒机制。对性质恶劣、情节严重、社会危害较大的网络招聘服务违法失信行为，按照国家有关规定实施联合惩戒。

第二十九条　从事网络招聘服务的经营性人力资源服务机构应当在规定期限内，向人力资源社会保障行政部门提交经营情况年度报告。人力资源社会保障行政部门可以依法公示或者引导从事网络招聘服务的经营性人力资源服务机构依法通过互联网等方式公示年度报告的有关内容。

第三十条　人力资源社会保障行政部门应当加强与其他部门的信息共享，提高对网络招聘服务的监管时效和能力。

第三十一条　人力资源社会保障行政部门应当畅通对从事网络招聘服务的人力资源服务机构的举报投诉渠道，依法及时处理有关举报投诉。

第五章　法律责任

第三十二条　违反本规定第九条规定，未取得人力资源服务许可证擅自从事网络招聘服务的，由人力资源社会保障行政部门依照《人力资源市场暂行条例》第四十二条第一款的规定予以处罚。

违反本规定第十二条规定，办理变更或者注销登记未书面报告的，由人力资源社会保障行政部门依照《人力资源市场暂行条例》第四十二条第二款的规定予以处罚。

第三十三条　未按照本规定第十三条规定公示人力资源服务许可证等信息，未按照本规定第十九条第二款规定明示有关事项，未按照本规定第二十九条规定提交经营情况年度报告的，由人力资源社会保障行政部门依照《人力资源市场暂行条例》第四十四条的规定予以处罚。

第三十四条　违反本规定第十五条第一款规定，发布的招聘信息不真实、不合法的，由人力资源社会保障行政部门依照《人力资源市场暂行条例》第四十三条的规定予以处罚。

违反本规定第十五条第二款规定，违法设置限制人力资源流动的条件，违反本规定第十七条规定，未依法履行信息审查义务的，由人力资源社会保障行政部门责令改正；拒不改正，无违法所得的，处1万元以下的罚款；有违法所得的，没收违法所得，并处1万元以上3万元以下的罚款。

第三十五条　违反本规定第十九条第一款规定，牟取不正当利益的，由人力资源社会保障行政部门依照《人力资源市场暂行条例》第四十三条的规定予以处罚。

违反本规定第十九条第二款规定，向劳动者收取押金的，由人力资源社会保障行政部门依照《中华人民共和国就业促进法》第六十六条的规定予以处罚。

第三十六条　违反本规定第二十一条、第二十二条规定，未依法进行信息收集、使用、存储、发布的，由有关主管部门依照《中华人民共和国网络安全法》等法律、行政法规的规定予以处罚。

第三十七条　违反本规定第二十五条规定，不履行核验、登记义务，违反本规定第二十六条规定，不履行招聘信息、服务信息保存义务的，由人力资源社会保障行政部门依照《中华人民共和国电子商务法》第八十条的规定予以处罚。法律、行政法规对违法行为的处罚另有规定的，依照其规定执行。

第三十八条　公共人力资源服务机构违反本规定从事网络招聘服务的，由上级主管机关责令改正；拒不改正的，对直接负责的主管人员和其他直接责任人员依法给予处分。

第三十九条　人力资源社会保障行政部门及其工作人员玩忽职守、滥用职权、徇私舞弊的，对直接负责的领导人员和其他直接责任人员依法给予处分。

第四十条　违反本规定，给他人造成损害的，依法承担民事责任。违反其他法律、行政法规的，由有关主管部门依法给予处罚。

违反本规定，构成违反治安管理行为的，依法给予治安管理处罚；构成犯罪的，依法追究刑事责任。

第六章　附　　则

第四十一条　本规定自2021年3月1日起施行。

外国人在中国就业管理规定

1．1996年1月22日劳部发〔1996〕29号公布
2．根据2010年11月12日人力资源和社会保障部令第7号《关于废止和修改部分人力资源和社会保障规章的决定》第一次修订
3．根据2017年3月13日人力资源社会保障部令第32号《关于修改〈外国人在中国就业管理规定〉的决定》第二次修订

第一章　总　　则

第一条　为加强外国人在中国就业的管理，根据有关法律、法规的规定，制定本规定。

第二条 本规定所称外国人，指依照《中华人民共和国国籍法》规定不具有中国国籍的人员。本规定所称外国人在中国就业，指没有取得定居权的外国人在中国境内依法从事社会劳动并获取劳动报酬的行为。

第三条 本规定适用于在中国境内就业的外国人和聘用外国人的用人单位。本规定不适用于外国驻华使、领馆和联合国驻华代表机构、其他国际组织中享有外交特权与豁免的人员。

第四条 各省、自治区、直辖市人民政府劳动行政部门及其授权的地市级劳动行政部门负责外国人在中国就业的管理。

第二章 就业许可

第五条 用人单位聘用外国人须为该外国人申请就业许可，经获准并取得《中华人民共和国外国人就业许可证书》（以下简称许可证书）后方可聘用。

第六条 用人单位聘用外国人从事的岗位应是有特殊需要，国内暂缺适当人选，且不违反国家有关规定的岗位。用人单位不得聘用外国人从事营业性文艺演出，但符合本规定第九条第三项规定的人员除外。

第七条 外国人在中国就业须具备下列条件：

（一）年满18周岁，身体健康；

（二）具有从事其工作所必需的专业技能和相应的工作经历；

（三）无犯罪记录；

（四）有确定的聘用单位；

（五）持有有效护照或能代替护照的其他国际旅行证件（以下简称代替护照的证件）。

第八条 在中国就业的外国人应持Z字签证入境（有互免签证协议的，按协议办理），入境后取得《外国人就业证》（以下简称就业证）和外国人居留证件，方可在中国境内就业。

未取得居留证件的外国人（即持F、L、C、G字签证者）、在中国留学、实习的外国人及持Z字签证外国人的随行家属不得在中国就业。特殊情况，应由用人单位按本规定规定的审批程序申领许可证书，被聘用的外国人凭许可证书到公安机关改变身份，办理就业证、居留证后方可就业。

外国驻中国使、领馆和联合国系统、其他国际组织驻中国代表机构人员的配偶在中国就业，应按《中华人民共和国外交部关于外国驻中国使领馆和联合国系统组织驻中国代表机构人员的配偶在中国任职的规定》执行，并按本条第二款规定的审批程序办理有关手续。

许可证书和就业证由劳动部统一制作。

第九条 凡符合下列条件之一的外国人可免办就业许可和就业证：

（一）由我国政府直接出资聘请的外籍专业技术和管理人员，或由国家机关和事业单位出资聘请，具有本国或国际权威技术管理部门或行业协会确认的高级技术职称或特殊技能资格证书的外籍专业技术和管理人员，并持有外国专家局签发的《外国专家证》的外国人；

（二）持有《外国人在中华人民共和国从事海上石油作业工作准证》从事海上石油作业、不需登陆、有特殊技能的外籍劳务人员；（三）经文化部批准持《临时营业演出许可证》进行营业性文艺演出的外国人。

第十条 凡符合下列条件之一的外国人可免办许可证书，入境后凭Z字签证及有关证明直接办理就业证：

（一）按照我国与外国政府间、国际组织间协议、协定，执行中外合作交流项目受聘来中国工作的外国人；

（二）外国企业常驻中国代表机构中的首席代表、代表。

第三章 申请与审批

第十一条 用人单位聘用外国人，须填写《聘用外国人就业申请表》（以下简称申请表），向其与劳动行政主管部门同级的行业主管部门（以下简称行业主管部门）提出申请，并提供下列有效文件：

（一）拟聘用外国人履历证明；

（二）聘用意向书；

（三）拟聘用外国人原因的报告；

（四）拟聘用的外国人从事该项工作的资格证明；

（五）拟聘用的外国人健康状况证明；

（六）法律、法规规定的其他文件。

行业主管部门应按照本规定第六条、第七条及有关法律、法规的规定进行审批。

第十二条 经行业主管部门批准后，用人单位应持申请表到本单位所在地区的省、自治区、直辖市劳动行政部门或其授权的地市级劳动行政部门办理核准手续。省、自治区、直辖市劳动行政部门或授权的地市级劳动行政部门应指定专门机构（以下简称发证机关）具体负责签发许可证书工作。发证机关应根据行业主管部门的意见和劳动力市场的需求状况进行核准，并在核准后向用人单位签发许可证书。

第十三条 中央级用人单位、无行业主管部门的用人单位聘用外国人，可直接到劳动行政部门发证机关提出申请和办理就业许可手续。

外商投资企业聘雇外国人，无须行业主管部门审批,可凭合同、章程、批准证书、营业执照和本规定第十一条所规定的文件直接到劳动行政部门发证机关申领许可证书。

第十四条　获准来中国工作的外国人,应凭许可证书及本国有效护照或能代替护照的证件,到中国驻外使、领馆、处申请Z字签证。

凡符合本规定第九条第二项规定的人员,应凭中国海洋石油总公司签发的通知函电申请Z字签证;凡符合第九条第三项规定的人员,应凭文化部的批件申请Z字签证。

凡符合本规定第十条第一款规定的人员,应凭合作交流项目书申请Z字签证;凡符合第十条第二项规定的人员,应凭工商行政管理部门的登记证明申请Z字签证。

第十五条　用人单位应在被聘用的外国人入境后15日内,持许可证书、与被聘用的外国人签订的劳动合同及其有效护照或能代替护照的证件到原发证机关为外国人办理就业证,并填写《外国人就业登记表》。

就业证只在发证机关规定的区域内有效。

第十六条　已办理就业证的外国人,应在入境后30日内,持就业证到公安机关申请办理居留证。居留证件的有效期限可根据就业证的有效期确定。

第四章　劳动管理

第十七条　用人单位与被聘用的外国人应依法订立劳动合同。劳动合同的期限最长不得超过五年。劳动合同期限届满即行终止,但按本规定第十九条的规定履行审批手续后可以续订。

第十八条　被聘用的外国人与用人单位签订的劳动合同期满时,其就业证即行失效。如需续订,该用人单位应在原合同期满前30日内,向劳动行政部门提出延长聘用时间的申请,经批准并办理就业证延期手续。

第十九条　外国人被批准延长在中国就业期限或变更就业区域、单位后,应在10日内到当地公安机关办理居留证件延期或变更手续。

第二十条　被聘用的外国人与用人单位的劳动合同被解除后,该用人单位应及时报告劳动、公安部门,交还该外国人的就业证和居留证件,并到公安机关办理出境手续。

第二十一条　用人单位支付所聘用外国人的工资不得低于当地最低工资标准。

第二十二条　在中国就业的外国人的工作时间、休息、休假劳动安全卫生以及社会保险按国家有关规定执行。

第二十三条　外国人在中国就业的用人单位必须与其就业证所注明的单位相一致。

外国人在发证机关规定的区域内变更用人单位但仍从事原职业的,须经原发证机关批准,并办理就业证变更手续。

外国人离开发证机关规定的区域就业或在原规定的区域内变更用人单位且从事不同职业的,须重新办理就业许可手续。

第二十四条　因违反中国法律被中国公安机关取消居留资格的外国人,用人单位应解除劳动合同,劳动部门应吊销就业证。

第二十五条　用人单位与被聘用的外国人发生劳动争议,应按照《中华人民共和国劳动法》和《中华人民共和国劳动争议调解仲裁法》处理。

第二十六条　劳动行政部门对就业证实行年检。用人单位聘用外国人就业每满1年,应在期满前30日内到劳动行政部门发证机关为被聘用的外国人办理就业证年检手续。逾期未办的,就业证自行失效。

外国人在中国就业期间遗失或损坏其就业证的,应立即到原发证机关办理挂失、补办或换证手续。

第五章　罚　则

第二十七条　对违反本规定未申领就业证擅自就业的外国人和未办理许可证书擅自聘用外国人的用人单位,由公安机关按《中华人民共和国外国人入境出境管理法实施细则》第四十四条处理。

第二十八条　对拒绝劳动行政部门检查就业证、擅自变更用人单位、擅自更换职业、擅自延长就业期限的外国人,由劳动行政部门收回其就业证,并提请公安机关取消其居留资格。对需该机关遣送出境的,遣送费用由聘用单位或该外国人承担。

第二十九条　对伪造、涂改、冒用、转让、买卖就业证和许可证书的外国人和用人单位,由劳动行政部门收缴就业证和许可证书,没收其非法所得,并处以1万元以上10万元以下的罚款;情节严重构成犯罪的,移送司法机关依法追究刑事责任。

第三十条　发证机关或者有关部门的工作人员滥用职权、非法收费、徇私舞弊,构成犯罪的,依法追究刑事责任;不构成犯罪的,给予行政处分。

第六章　附　则

第三十一条　中国的台湾和香港、澳门地区居民在内地就业按《台湾和香港、澳门居民在内地就业管理规定》执行。

第三十二条　外国人在中国的台湾和香港、澳门地区就业不适用本规定。

第三十三条　禁止个体经济组织和公民个人聘用外国人。

第三十四条　省、自治区、直辖市劳动行政部门可会同公安等部门依据本规定制定本地区的实施细则，并报劳动部、公安部、外交部、对外贸易经济合作部备案。

第三十五条　本规定由劳动部解释。

第三十六条　本规定自1996年5月1日起施行。原劳动人事部和公安部1987年10月5日发布的《关于未取得居留证件的外国人和来中国留学的外国人在中国就业的若干规定》同时废止。

人才市场管理规定

1. 2001年9月11日人事部、国家工商行政管理总局令第1号公布

2. 根据2005年3月22日人事部、国家工商行政管理总局令第4号《关于修改〈人才市场管理规定〉的决定》第一次修订

3. 根据2015年4月30日人力资源社会保障部令第24号《关于修改部分规章的决定》第二次修订

4. 根据2019年12月9日人力资源社会保障部令第42号《关于修改部分规章的决定》第三次修订

5. 根据2019年12月31日人力资源社会保障部令第43号《关于修改部分规章的决定》第四次修订

第一章　总　　则

第一条　为了建立和完善机制健全、运行规范、服务周到、指导监督有力的人才市场体系，优化人才资源配置，规范人才市场活动，维护人才、用人单位和人才中介服务机构的合法权益，根据有关法律、法规，制定本规定。

第二条　本规定所称的人才市场管理，是指对人才中介服务机构从事人才中介服务、用人单位招聘和个人应聘以及与之相关活动的管理。

人才市场服务的对象是指各类用人单位和具有中专以上学历或取得专业技术资格的人员，以及其他从事专业技术或管理工作的人员。

第三条　人才市场活动应当遵守国家的法律、法规及政策规定，坚持公开、平等、竞争、择优的原则，实行单位自主用人，个人自主择业。

第四条　县级以上政府人事行政部门是人才市场的综合管理部门，县级以上工商行政管理部门在职责范围内依法监督管理人才市场。

第二章　人才中介服务机构

第五条　本规定所称人才中介服务机构是指为用人单位和人才提供中介服务及其他相关服务的专营或兼营的组织。

人才中介服务机构的设置应当符合经济和社会发展的需要，根据人才市场发展的要求，统筹规划，合理布局。

第六条　设立人才中介服务机构应具备下列条件：

（一）有与开展人才中介业务相适应的场所、设施；

（二）有5名以上大专以上学历、取得人才中介服务资格证书的专职工作人员；

（三）有健全可行的工作章程和制度；

（四）有独立承担民事责任的能力；

（五）具备相关法律、法规规定的其他条件。

第七条　设立人才中介服务机构，可以通过信函、电报、电传、传真、电子数据交换和电子邮件等方式向政府人事行政部门提出申请，并按本规定第六条的要求提交有关证明材料，但学历证明除外。其中设立固定人才交流场所的，须做专门的说明。

未经政府人事行政部门批准，不得设立人才中介服务机构。

第八条　设立人才中介服务机构应当依据管理权限由县级以上政府人事行政部门（以下简称审批机关）审批。

国务院各部委、直属机构及其直属在京事业单位和在京中央直管企业、全国性社团申请设立人才中介服务机构，由人事部审批。中央在地方所属单位申请设立人才中介服务机构，由所在地的省级政府人事行政部门审批。

人才中介服务机构设立分支机构的，应当在征得原审批机关的书面同意后，由分支机构所在地政府人事行政部门审批。

政府人事行政部门应当建立完善人才中介服务机构许可制度，并在行政机关网站公布审批程序、期限和需要提交的全部材料的目录，以及批准设立的人才中介服务机构的名录等信息。

第九条　审批机关应当在接到设立人才中介服务机构申请报告之日起二十日内审核完毕，二十日内不能作出决定的，经本行政机关负责人批准，可以延长十日，并应当将延长期限的理由告知申请人。

批准同意的，发给《人才中介服务许可证》（以下简称许可证），并应当在作出决定之日起十日内向申请人颁发、送达许可证，不同意的应当书面通知申请人，并说明理由。

第十条　互联网信息服务提供者专营或兼营人才信息网络中介服务的，必须申领许可证。

第十一条　人才中介服务机构可以从事下列业务：

（一）人才供求信息的收集、整理、储存、发布和咨询服务；

（二）人才信息网络服务；

（三）人才推荐；

（四）人才招聘；

（五）人才培训；

（六）人才测评；

（七）法规、规章规定的其他有关业务。

审批机关可以根据人才中介服务机构所在地区或行业的经济、社会发展需要以及人才中介服务机构自身的设备条件、人员和管理情况等，批准其开展一项或多项业务。

第十二条　人才中介服务机构应当依法开展经营业务活动，不得超越许可证核准的业务范围经营；不得采取不正当竞争手段从事中介活动；不得提供虚假信息或作虚假承诺。

第十三条　人才中介服务机构应当公开服务内容和工作程序，公布收费项目和标准。收费项目和标准，应当符合国家和省、自治区、直辖市的有关规定。

第十四条　审批机关负责对其批准成立的人才中介服务机构依法进行检查或抽查，并可以查阅或者要求其报送有关材料。人才中介服务机构应接受检查，并如实提供有关情况和材料。审批机关应公布检查结果。

第十五条　人才中介服务机构有改变名称、住所、经营范围、法定代表人以及停业、终止等情形的，应当按原审批程序办理变更或者注销登记手续。

第十六条　人才中介服务机构可以建立行业组织，协调行业内部活动，促进公平竞争，提高服务质量，规范职业道德，维护行业成员的合法权益。

第三章　人 事 代 理

第十七条　人才中介服务机构可在规定业务范围内接受用人单位和个人委托，从事各类人事代理服务。

第十八条　开展以下人事代理业务必须经过政府人事行政部门的授权。

（一）流动人员人事档案管理；

（二）因私出国政审；

（三）在规定的范围内申报或组织评审专业技术职务任职资格；

（四）转正定级和工龄核定；

（五）大中专毕业生接收手续；

（六）其他需经授权的人事代理事项。

第十九条　人事代理方式可由单位集体委托代理，也可由个人委托代理；可多项委托代理，也可单项委托代理；可单位全员委托代理，也可部分人员委托代理。

第二十条　单位办理委托人事代理，须向代理机构提交有效证件以及委托书，确定委托代理项目。经代理机构审定后，由代理机构与委托单位签定人事代理合同书，明确双方的权利和义务，确立人事代理关系。

个人委托办理人事代理，根据委托者的不同情况，须向代理机构提交有关证件复印件以及与代理有关的证明材料。经代理机构审定后，由代理机构与个人签订人事代理合同书，确立人事代理关系。

第四章　招聘与应聘

第二十一条　人才中介服务机构举办人才交流会的，应当制定相应的组织实施办法、应急预案和安全保卫工作方案，并对参加人才交流会的招聘单位的主体资格真实性和招用人员简章真实性进行核实，对招聘中的各项活动进行管理。

第二十二条　用人单位可以通过委托人才中介服务机构、参加人才交流会、在公共媒体和互联网发布信息以及其他合法方式招聘人才。

第二十三条　用人单位公开招聘人才，应当出具有关部门批准其设立的文件或营业执照（副本），并如实公布拟聘用人员的数量、岗位和条件。

用人单位在招聘人才时，不得以民族、宗教信仰为由拒绝聘用或者提高聘用标准；除国家规定的不适合妇女工作的岗位外，不得以性别为由拒绝招聘妇女或提高对妇女的招聘条件。

第二十四条　用人单位招聘人才，不得以任何名义向应聘者收取费用，不得有欺诈行为或采取其他方式谋取非法利益。

第二十五条　人才中介服务机构通过各种形式、在各种媒体（含互联网）为用人单位发布人才招聘广告，不得超出许可业务范围。广告发布者不得为超出许可业务范围或无许可证的中介服务机构发布人才招聘广告。

第二十六条　用人单位不得招聘下列人员：

（一）正在承担国家、省重点工程、科研项目的技术和管理的主要人员，未经单位或主管部门同意的；

（二）由国家统一派出而又未满轮换年限的赴新疆、西藏工作的人员；

（三）正在从事涉及国家安全或重要机密工作的人员；

（四）有违法违纪嫌疑正在依法接受审查尚未结案的人员；

（五）法律、法规规定暂时不能流动的其他特殊岗位的人员。

第二十七条　人才应聘可以通过人才中介服务机构、人才信息网络、人才交流会或直接与用人单位联系等形式进行。应聘时出具的证件以及履历等相关材料，必须真实、有效。

第二十八条　应聘人才离开原单位，应当按照国家的有关政策规定，遵守与原单位签定的合同或协议，不得擅自离职。

通过辞职或调动方式离开原单位的，应当按照国家的有关辞职、调动的规定办理手续。

第二十九条　对于符合国家人才流动政策规定的应聘人才，所在单位应当及时办理有关手续，按照国家有关规定为应聘人才提供证明文件以及相关材料，不得在国家规定之外另行设置限制条件。

应聘人才凡经单位出资培训的，如个人与单位订有合同，培训费问题按合同规定办理；没有合同的，单位可以适当收取培训费，收取标准按培训后回单位服务的年限，按每年递减20%的比例计算。

第三十条　应聘人才在应聘时和离开原单位后，不得带走原单位的技术资料和设备器材等，不得侵犯原单位的知识产权、商业秘密及其他合法权益。

第三十一条　用人单位与应聘人才确定聘用关系后，应当在平等自愿、协商一致的基础上，依法签定聘用合同或劳动合同。

第五章　罚　　则

第三十二条　违反本规定，未经政府人事行政部门批准擅自设立人才中介服务机构或从事人才中介服务活动的，由县级以上政府人事行政部门责令停办，并处10000元以下罚款；有违法所得的，可处以不超过违法所得3倍的罚款，但最高不得超过30000元。

第三十三条　人才中介服务机构违反本规定，擅自扩大许可业务范围、不依法接受检查或提供虚假材料，不按规定办理许可证变更等手续的，由县级以上政府人事行政部门予以警告，可并处10000元以下罚款；情节严重的，责令停业整顿，有违法所得的，没收违法所得，并可处以不超过违法所得3倍的罚款，但最高不得超过30000元。

第三十四条　违反本规定，未经政府人事行政部门授权从事人事代理业务的，由县级以上政府人事行政部门责令立即停办，并处10000元以下罚款；有违法所得的，可处以不超过违法所得3倍的罚款，但最高不得超过30000元；情节严重的，并责令停业整顿。

第三十五条　人才中介服务机构违反本规定，超出许可业务范围接受代理业务的，由县级以上政府人事行政部门予以警告，限期改正，并处10000元以下罚款。

第三十六条　用人单位违反本规定，以民族、性别、宗教信仰为由拒绝聘用或者提高聘用标准的，招聘不得招聘人员的，以及向应聘者收取费用或采取欺诈等手段谋取非法利益的，由县级以上政府人事行政部门责令改正；情节严重的，并处10000元以下罚款。

第三十七条　个人违反本规定给原单位造成损失的，应当承担赔偿责任。

第三十八条　用人单位、人才中介服务机构、广告发布者发布虚假人才招聘广告的，由工商行政管理部门依照《广告法》第三十七条处罚。

人才中介服务机构超出许可业务范围发布广告、广告发布者为超出许可业务范围或无许可证的中介服务机构发布广告的，由工商行政管理部门处以10000元以下罚款；有违法所得的，可处以不超过违法所得3倍的罚款，但最高不得超过30000元。

第三十九条　人才中介活动违反工商行政管理规定的，由工商行政管理部门依照有关规定予以查处。

第六章　附　　则

第四十条　本规定由人事部、国家工商行政管理总局负责解释。

第四十一条　本规定自2001年10月1日起施行。1996年1月29日人事部发布的《人才市场管理暂行规定》（人发〔1996〕11号）同时废止。

就业服务与就业管理规定

1. *2007年11月5日劳动和社会保障部令第28号公布*
2. *根据2014年12月23日人力资源和社会保障部令第23号《关于修改〈就业服务与就业管理规定〉的决定》第一次修订*
3. *根据2015年4月30日人力资源和社会保障部令第24号《关于修改部分规章的决定》第二次修订*
4. *根据2018年12月14日人力资源和社会保障部令第38号《关于修改部分规章的决定》第三次修订*
5. *根据2022年1月7日人力资源社会保障部令第47号《关于修改部分规章的决定》第四次修订*

第一章　总　　则

第一条　为了加强就业服务和就业管理，培育和完善统一开放、竞争有序的人力资源市场，为劳动者就业和用人单位招用人员提供服务，根据就业促进法等法律、行政法规，制定本规定。

第二条　劳动者求职与就业，用人单位招用人员，劳动保障行政部门举办的公共就业服务机构和经劳动保障行政部门审批的职业中介机构从事就业服务活动，适用本规定。

本规定所称用人单位，是指在中华人民共和国境内的企业、个体经济组织、民办非企业单位等组织，以及招用与之建立劳动关系的劳动者的国家机关、事业单位、社会团体。

第三条　县级以上劳动保障行政部门依法开展本行政区域内的就业服务和就业管理工作。

第二章　求职与就业

第四条　劳动者依法享有平等就业的权利。劳动者就业，不因民族、种族、性别、宗教信仰等不同而受歧视。

第五条　农村劳动者进城就业享有与城镇劳动者平等的就业权利，不得对农村劳动者进城就业设置歧视性限制。

第六条　劳动者依法享有自主择业的权利。劳动者年满16周岁，有劳动能力且有就业愿望的，可凭本人身份证件，通过公共就业服务机构、职业中介机构介绍或直接联系用人单位等渠道求职。

第七条　劳动者求职时，应当如实向公共就业服务机构或职业中介机构、用人单位提供个人基本情况以及与应聘岗位直接相关的知识技能、工作经历、就业现状等情况，并出示相关证明。

第八条　劳动者应当树立正确的择业观念，提高就业能力和创业能力。

国家鼓励劳动者在就业前接受必要的职业教育或职业培训，鼓励城镇初高中毕业生在就业前参加劳动预备制培训。

国家鼓励劳动者自主创业、自谋职业。各级劳动保障行政部门应当会同有关部门，简化程序，提高效率，为劳动者自主创业、自谋职业提供便利和相应服务。

第三章　招 用 人 员

第九条　用人单位依法享有自主用人的权利。用人单位招用人员，应当向劳动者提供平等的就业机会和公平的就业条件。

第十条　用人单位可以通过下列途径自主招用人员：

（一）委托公共就业服务机构或职业中介机构；

（二）参加职业招聘洽谈会；

（三）委托报纸、广播、电视、互联网站等大众传播媒介发布招聘信息；

（四）利用本企业场所、企业网站等自有途径发布招聘信息；

（五）其他合法途径。

第十一条　用人单位委托公共就业服务机构或职业中介机构招用人员，或者参加招聘洽谈会时，应当提供招用人员简章，并出示营业执照（副本）或者有关部门批准其设立的文件、经办人的身份证件和受用人单位委托的证明。

招用人员简章应当包括用人单位基本情况、招用人数、工作内容、招录条件、劳动报酬、福利待遇、社会保险等内容，以及法律、法规规定的其他内容。

第十二条　用人单位招用人员时，应当依法如实告知劳动者有关工作内容、工作条件、工作地点、职业危害、安全生产状况、劳动报酬以及劳动者要求了解的其他情况。

用人单位应当根据劳动者的要求，及时向其反馈是否录用的情况。

第十三条　用人单位应当对劳动者的个人资料予以保密。公开劳动者的个人资料信息和使用劳动者的技术、智力成果，须经劳动者本人书面同意。

第十四条　用人单位招用人员不得有下列行为：

（一）提供虚假招聘信息，发布虚假招聘广告；

（二）扣押被录用人员的居民身份证和其他证件；

（三）以担保或者其他名义向劳动者收取财物；

（四）招用未满16周岁的未成年人以及国家法律、行政法规规定不得招用的其他人员；

（五）招用无合法身份证件的人员；

（六）以招用人员为名牟取不正当利益或进行其他违法活动。

第十五条　用人单位不得以诋毁其他用人单位信誉、商业贿赂等不正当手段招聘人员。

第十六条　用人单位在招用人员时，除国家规定的不适合妇女从事的工种或者岗位外，不得以性别为由拒绝录用妇女或者提高对妇女的录用标准。

用人单位录用女职工，不得在劳动合同中规定限制女职工结婚、生育的内容。

第十七条　用人单位招用人员，应当依法对少数民族劳动者给予适当照顾。

第十八条　用人单位招用人员，不得歧视残疾人。

第十九条　用人单位招用人员，不得以是传染病病原携带者为由拒绝录用。但是，经医学鉴定传染病病原携带者在治愈前或者排除传染嫌疑前，不得从事法律、行政法规和国务院卫生行政部门规定禁止从事的易使传染病扩散的工作。

用人单位招用人员,除国家法律、行政法规和国务院卫生行政部门规定禁止乙肝病原携带者从事的工作外,不得强行将乙肝病毒血清学指标作为体检标准。

第二十条 用人单位发布的招用人员简章或招聘广告,不得包含歧视性内容。

第二十一条 用人单位招用从事涉及公共安全、人身健康、生命财产安全等特殊工种的劳动者,应当依法招用持相应工种职业资格证书的人员;招用未持相应工种职业资格证书人员的,须组织其在上岗前参加专门培训,使其取得职业资格证书后方可上岗。

第二十二条 用人单位招用台港澳人员后,应当按有关规定到当地劳动保障行政部门备案,并为其办理《台港澳人员就业证》。

第二十三条 用人单位招用外国人,应当在外国人入境前,按有关规定到当地劳动保障行政部门为其申请就业许可,经批准并获得《中华人民共和国外国人就业许可证书》后方可招用。

用人单位招用外国人的岗位必须是有特殊技能要求、国内暂无适当人选的岗位,并且不违反国家有关规定。

第四章 公共就业服务

第二十四条 县级以上劳动保障行政部门统筹管理本行政区域内的公共就业服务工作,根据政府制定的发展计划,建立健全覆盖城乡的公共就业服务体系。

公共就业服务机构根据政府确定的就业工作目标任务,制定就业服务计划,推动落实就业扶持政策,组织实施就业服务项目,为劳动者和用人单位提供就业服务,开展人力资源市场调查分析,并受劳动保障行政部门委托经办促进就业的相关事务。

第二十五条 公共就业服务机构应当免费为劳动者提供以下服务:

(一)就业政策法规咨询;

(二)职业供求信息、市场工资指导价位信息和职业培训信息发布;

(三)职业指导和职业介绍;

(四)对就业困难人员实施就业援助;

(五)办理就业登记、失业登记等事务;

(六)其他公共就业服务。

第二十六条 公共就业服务机构应当积极拓展服务功能,根据用人单位需求提供以下服务:

(一)招聘用人指导服务;

(二)代理招聘服务;

(三)跨地区人员招聘服务;

(四)企业人力资源管理咨询等专业性服务;

(五)劳动保障事务代理服务;

(六)为满足用人单位需求开发的其他就业服务项目。

第二十七条 公共就业服务机构应当加强职业指导工作,配备专(兼)职职业指导工作人员,向劳动者和用人单位提供职业指导服务。

公共就业服务机构应当为职业指导工作提供相应的设施和条件,推动职业指导工作的开展,加强对职业指导工作的宣传。

第二十八条 职业指导工作包括以下内容:

(一)向劳动者和用人单位提供国家有关劳动保障的法律法规和政策、人力资源市场状况咨询;

(二)帮助劳动者了解职业状况,掌握求职方法,确定择业方向,增强择业能力;

(三)向劳动者提出培训建议,为其提供职业培训相关信息;

(四)开展对劳动者个人职业素质和特点的测试,并对其职业能力进行评价;

(五)对妇女、残疾人、少数民族人员及退出现役的军人等就业群体提供专门的职业指导服务;

(六)对大中专学校、职业院校、技工学校学生的职业指导工作提供咨询和服务;

(七)对准备从事个体劳动或开办私营企业的劳动者提供创业咨询服务;

(八)为用人单位提供选择招聘方法、确定用人条件和标准等方面的招聘用人指导;

(九)为职业培训机构确立培训方向和专业设置等提供咨询参考。

第二十九条 公共就业服务机构在劳动保障行政部门的指导下,组织实施劳动力资源调查和就业、失业状况统计工作。

第三十条 公共就业服务机构应当针对特定就业群体的不同需求,制定并组织实施专项计划。

公共就业服务机构应当根据服务对象的特点,在一定时期内为不同类型的劳动者、就业困难对象或用人单位集中组织活动,开展专项服务。

公共就业服务机构受劳动保障行政部门委托,可以组织开展促进就业的专项工作。

第三十一条 县级以上公共就业服务机构建立综合性服务场所,集中为劳动者和用人单位提供一站式就业服务,并承担劳动保障行政部门安排的其他工作。

街道、乡镇、社区公共就业服务机构建立基层服务窗口,开展以就业援助为重点的公共就业服务,实施劳动力资源调查统计,并承担上级劳动保障行政部门安排的其他就业服务工作。

公共就业服务机构使用全国统一标识。

第三十二条 公共就业服务机构应当不断提高服务的质量和效率。

公共就业服务机构应当加强内部管理，完善服务功能，统一服务流程，按照国家制定的服务规范和标准，为劳动者和用人单位提供优质高效的就业服务。

公共就业服务机构应当加强工作人员的政策、业务和服务技能培训，组织职业指导人员、职业信息分析人员、劳动保障协理员等专业人员参加相应职业资格培训。

公共就业服务机构应当公开服务制度，主动接受社会监督。

第三十三条 县级以上劳动保障行政部门和公共就业服务机构应当按照劳动保障信息化建设的统一规划、标准和规范，建立完善人力资源市场信息网络及相关设施。

公共就业服务机构应当逐步实行信息化管理与服务，在城市内实现就业服务、失业保险、就业培训信息共享和公共就业服务全程信息化管理，并逐步实现与劳动工资信息、社会保险信息的互联互通和信息共享。

第三十四条 公共就业服务机构应当建立健全人力资源市场信息服务体系，完善职业供求信息、市场工资指导价位信息、职业培训信息、人力资源市场分析信息的发布制度，为劳动者求职择业、用人单位招用人员以及培训机构开展培训提供支持。

第三十五条 县级以上劳动保障行政部门应当按照信息化建设统一要求，逐步实现全国人力资源市场信息联网。其中，城市应当按照劳动保障数据中心建设的要求，实现网络和数据资源的集中和共享；省、自治区应当建立人力资源市场信息网省级监测中心，对辖区内人力资源市场信息进行监测；劳动保障部设立人力资源市场信息网全国监测中心，对全国人力资源市场信息进行监测和分析。

第三十六条 县级以上劳动保障行政部门应当对公共就业服务机构加强管理，定期对其完成各项任务情况进行绩效考核。

第三十七条 公共就业服务经费纳入同级财政预算。各级劳动保障行政部门和公共就业服务机构应当根据财政预算编制的规定，依法编制公共就业服务年度预算，报经同级财政部门审批后执行。

公共就业服务机构可以按照就业专项资金管理相关规定，依法申请公共就业服务专项扶持经费。

公共就业服务机构接受社会各界提供的捐赠和资助，按照国家有关法律法规管理和使用。

公共就业服务机构为用人单位提供的服务，应当规范管理，严格控制服务收费。确需收费的，具体项目由省级劳动保障行政部门会同相关部门规定。

第三十八条 公共就业服务机构不得从事经营性活动。

公共就业服务机构举办的招聘会，不得向劳动者收取费用。

第三十九条 各级残疾人联合会所属的残疾人就业服务机构是公共就业服务机构的组成部分，负责为残疾劳动者提供相关就业服务，并经劳动保障行政部门委托，承担残疾劳动者的就业登记、失业登记工作。

第五章 就业援助

第四十条 公共就业服务机构应当制定专门的就业援助计划，对就业援助对象实施优先扶持和重点帮助。

本规定所称就业援助对象包括就业困难人员和零就业家庭。就业困难对象是指因身体状况、技能水平、家庭因素、失去土地等原因难以实现就业，以及连续失业一定时间仍未能实现就业的人员。零就业家庭是指法定劳动年龄内的家庭人员均处于失业状况的城市居民家庭。

对援助对象的认定办法，由省级劳动保障行政部门依据当地人民政府规定的就业援助对象范围制定。

第四十一条 就业困难人员和零就业家庭可以向所在地街道、社区公共就业服务机构申请就业援助。经街道、社区公共就业服务机构确认属实的，纳入就业援助范围。

第四十二条 公共就业服务机构应当建立就业困难人员帮扶制度，通过落实各项就业扶持政策、提供就业岗位信息、组织技能培训等有针对性的就业服务和公益性岗位援助，对就业困难人员实施优先扶持和重点帮助。

在公益性岗位上安置的就业困难人员，按照国家规定给予岗位补贴。

第四十三条 公共就业服务机构应当建立零就业家庭即时岗位援助制度，通过拓宽公益性岗位范围，开发各类就业岗位等措施，及时向零就业家庭中的失业人员提供适当的就业岗位，确保零就业家庭至少有一人实现就业。

第四十四条 街道、社区公共就业服务机构应当对辖区内就业援助对象进行登记，建立专门台账，实行就业援助对象动态管理和援助责任制度，提供及时、有效的就业援助。

第六章 职业中介服务

第四十五条 县级以上劳动保障行政部门应当加强对职业中介机构的管理,鼓励其提高服务质量,发挥其在促进就业中的作用。

本规定所称职业中介机构,是指由法人、其他组织和公民个人举办,为用人单位招用人员和劳动者求职提供中介服务以及其他相关服务的经营性组织。

政府部门不得举办或者与他人联合举办经营性的职业中介机构。

第四十六条 从事职业中介活动,应当遵循合法、诚实信用、公平、公开的原则。

禁止任何组织或者个人利用职业中介活动侵害劳动者和用人单位的合法权益。

第四十七条 职业中介实行行政许可制度。设立职业中介机构或其他机构开展职业中介活动,须经劳动保障行政部门批准,并获得职业中介许可证。

未经依法许可和登记的机构,不得从事职业中介活动。

职业中介许可证由劳动保障部统一印制并免费发放。

第四十八条 设立职业中介机构应当具备下列条件:

(一)有明确的机构章程和管理制度;

(二)有开展业务必备的固定场所、办公设施和一定数额的开办资金;

(三)有一定数量具备相应职业资格的专职工作人员;

(四)法律、法规规定的其他条件。

第四十九条 设立职业中介机构,应当向当地县级以上劳动保障行政部门提出申请,提交下列文件:

(一)设立申请书;

(二)机构章程和管理制度草案;

(三)场所使用权证明;

(四)拟任负责人的基本情况、身份证明;

(五)具备相应职业资格的专职工作人员的相关证明;

(六)工商营业执照(副本);

(七)法律、法规规定的其他文件。

第五十条 劳动保障行政部门接到设立职业中介机构的申请后,应当自受理申请之日起20日内审理完毕。对符合条件的,应当予以批准;不予批准的,应当说明理由。

劳动保障行政部门对经批准设立的职业中介机构实行年度审验。

职业中介机构的具体设立条件、审批和年度审验程序,由省级劳动保障行政部门统一规定。

第五十一条 职业中介机构变更名称、住所、法定代表人等或者终止的,应当按照设立许可程序办理变更或者注销登记手续。

设立分支机构的,应当在征得原审批机关的书面同意后,由拟设立分支机构所在地县级以上劳动保障行政部门审批。

第五十二条 职业中介机构可以从事下列业务:

(一)为劳动者介绍用人单位;

(二)为用人单位和居民家庭推荐劳动者;

(三)开展职业指导、人力资源管理咨询服务;

(四)收集和发布职业供求信息;

(五)根据国家有关规定从事互联网职业信息服务;

(六)组织职业招聘洽谈会;

(七)经劳动保障行政部门核准的其他服务项目。

第五十三条 职业中介机构应当在服务场所明示营业执照、职业中介许可证、服务项目、收费标准、监督机关名称和监督电话等,并接受劳动保障行政部门及其他有关部门的监督检查。

第五十四条 职业中介机构应当建立服务台账,记录服务对象、服务过程、服务结果和收费情况等,并接受劳动保障行政部门的监督检查。

第五十五条 职业中介机构提供职业中介服务不成功的,应当退还向劳动者收取的中介服务费。

第五十六条 职业中介机构租用场地举办大规模职业招聘洽谈会,应当制定相应的组织实施办法和安全保卫工作方案,并向批准其设立的机关报告。

职业中介机构应当对入场招聘用人单位的主体资格真实性和招用人员简章真实性进行核实。

第五十七条 职业中介机构为特定对象提供公益性就业服务的,可以按照规定给予补贴。可以给予补贴的公益性就业服务的范围、对象、服务效果和补贴办法,由省级劳动保障行政部门会同有关部门制定。

第五十八条 禁止职业中介机构有下列行为:

(一)提供虚假就业信息;

(二)发布的就业信息中包含歧视性内容;

(三)伪造、涂改、转让职业中介许可证;

(四)为无合法证照的用人单位提供职业中介服务;

(五)介绍未满16周岁的未成年人就业;

(六)为无合法身份证件的劳动者提供职业中介服务;

(七)介绍劳动者从事法律、法规禁止从事的职业；

（八）扣押劳动者的居民身份证和其他证件，或者向劳动者收取押金；

（九）以暴力、胁迫、欺诈等方式进行职业中介活动；

（十）超出核准的业务范围经营；

（十一）其他违反法律、法规规定的行为。

第五十九条 县级以上劳动保障行政部门应当依法对经审批设立的职业中介机构开展职业中介活动进行监督指导，定期组织对其服务信用和服务质量进行评估，并将评估结果向社会公布。

县级以上劳动保障行政部门应当指导职业中介机构开展工作人员培训，提高服务质量。

县级以上劳动保障行政部门对在诚信服务、优质服务和公益性服务等方面表现突出的职业中介机构和个人，报经同级人民政府批准后，给予表彰和奖励。

第六十条 设立外商投资职业中介机构以及职业中介机构从事境外就业中介服务的，按照有关规定执行。

第七章 就业与失业管理

第六十一条 劳动保障行政部门应当建立健全就业登记制度和失业登记制度，完善就业管理和失业管理。

公共就业服务机构负责就业登记与失业登记工作，建立专门台账，及时、准确地记录劳动者就业与失业变动情况，并做好相应统计工作。

就业登记和失业登记在各省、自治区、直辖市范围内实行统一的就业失业登记证（以下简称登记证），向劳动者免费发放，并注明可享受的相应扶持政策。

就业登记、失业登记的具体程序和登记证的样式，由省级劳动保障行政部门规定。

第六十二条 劳动者被用人单位招用的，由用人单位为劳动者办理就业登记。用人单位招用劳动者和与劳动者终止或者解除劳动关系，应当到当地公共就业服务机构备案，为劳动者办理就业登记手续。用人单位招用人员后，应当于录用之日起30日内办理登记手续；用人单位与职工终止或者解除劳动关系后，应当于15日内办理登记手续。

劳动者从事个体经营或灵活就业的，由本人在街道、乡镇公共就业服务机构办理就业登记。

就业登记的内容主要包括劳动者个人信息、就业类型、就业时间、就业单位以及订立、终止或者解除劳动合同情况等。就业登记的具体内容和所需材料由省级劳动保障行政部门规定。

公共就业服务机构应当对用人单位办理就业登记及相关手续设立专门服务窗口，简化程序，方便用人单位办理。

第六十三条 在法定劳动年龄内，有劳动能力，有就业要求，处于无业状态的城镇常住人员，可以到常住地的公共就业服务机构进行失业登记。

第六十四条 劳动者进行失业登记时，须持本人身份证件；有单位就业经历的，还须持与原单位终止、解除劳动关系或者解聘的证明。

登记失业人员凭登记证享受公共就业服务和就业扶持政策；其中符合条件的，按规定申领失业保险金。

登记失业人员应当定期向公共就业服务机构报告就业失业状况，积极求职，参加公共就业服务机构安排的就业培训。

第六十五条 失业登记的范围包括下列失业人员：

（一）年满16周岁，从各类学校毕业、肄业的；

（二）从企业、机关、事业单位等各类用人单位失业的；

（三）个体工商户业主或私营企业业主停业、破产停止经营的；

（四）承包土地被征用，符合当地规定条件的；

（五）军人退出现役且未纳入国家统一安置的；

（六）刑满释放、假释、监外执行的；

（七）各地确定的其他失业人员。

第六十六条 登记失业人员出现下列情形之一的，由公共就业服务机构注销其失业登记：

（一）被用人单位录用的；

（二）从事个体经营或创办企业，并领取工商营业执照的；

（三）已从事有稳定收入的劳动，并且月收入不低于当地最低工资标准的；

（四）已享受基本养老保险待遇的；

（五）完全丧失劳动能力的；

（六）入学、服兵役、移居境外的；

（七）被判刑收监执行的；

（八）终止就业要求或拒绝接受公共就业服务的；

（九）连续6个月未与公共就业服务机构联系的；

（十）已进行就业登记的其他人员或各地规定的其他情形。

第八章 罚 则

第六十七条 用人单位违反本规定第十四条第（二）、（三）项规定的，按照劳动合同法第八十四条的规定予以处罚；用人单位违反第十四条第（四）项规定的，按照国家禁止使用童工和其他有关法律、法规的规定予以处罚。用人单位违反第十四条第（一）、（五）、（六）项规定的，由劳动保障行政部门责令改正，并可处以一千元以下的罚款;对当事人造成损害的,应当承担赔偿责任。

第六十八条 用人单位违反本规定第十九条第二款规定,在国家法律、行政法规和国务院卫生行政部门规定禁止乙肝病原携带者从事的工作岗位以外招用人员时,将乙肝病毒血清学指标作为体检标准的,由劳动保障行政部门责令改正,并可处以一千元以下的罚款;对当事人造成损害的,应当承担赔偿责任。

第六十九条 违反本规定第三十八条规定,公共就业服务机构从事经营性职业中介活动向劳动者收取费用的,由劳动保障行政部门责令限期改正,将违法收取的费用退还劳动者,并对直接负责的主管人员和其他直接责任人员依法给予处分。

第七十条 违反本规定第四十七条规定,未经许可和登记,擅自从事职业中介活动的,由劳动保障行政部门或者其他主管部门按照就业促进法第六十四条规定予以处罚。

第七十一条 职业中介机构违反本规定第五十三条规定,未明示职业中介许可证、监督电话的,由劳动保障行政部门责令改正,并可处以一千元以下的罚款;未明示收费标准的,提请价格主管部门依据国家有关规定处罚;未明示营业执照的,提请工商行政管理部门依据国家有关规定处罚。

第七十二条 职业中介机构违反本规定第五十四条规定,未建立服务台账,或虽建立服务台账但未记录服务对象、服务过程、服务结果和收费情况的,由劳动保障行政部门责令改正,并可处以一千元以下的罚款。

第七十三条 职业中介机构违反本规定第五十五条规定,在职业中介服务不成功后未向劳动者退还所收取的中介服务费的,由劳动保障行政部门责令改正,并可处以一千元以下的罚款。

第七十四条 职业中介机构违反本规定第五十八条第(一)、(三)、(四)、(八)项规定的,按照就业促进法第六十五条、第六十六条规定予以处罚。违反本规定第五十八条第(五)项规定的,按照国家禁止使用童工的规定予以处罚。违反本规定第五十八条其他各项规定的,由劳动保障行政部门责令改正,没有违法所得的,可处以一万元以下的罚款;有违法所得的,可处以不超过违法所得三倍的罚款,但最高不得超过三万元;情节严重的,提请工商部门依法吊销营业执照;对当事人造成损害的,应当承担赔偿责任。

第七十五条 用人单位违反本规定第六十二条规定,未及时为劳动者办理就业登记手续的,由劳动保障行政部门责令改正。

第九章 附 则

第七十六条 本规定自2008年1月1日起施行。劳动部1994年10月27日颁布的《职业指导办法》、劳动保障部2000年12月8日颁布的《劳动力市场管理规定》同时废止。

人力资源和社会保障部关于印发《〈就业失业登记证〉管理暂行办法》的通知

1. 2010年10月20日
2. 人社部发〔2010〕75号

各省、自治区、直辖市人力资源社会保障厅(局),新疆生产建设兵团劳动保障局:

为全面落实就业政策,满足劳动者跨地区享受相关就业扶持政策的需要,我部决定从2011年1月1日起,实行全国统一样式的《就业失业登记证》。现将《〈就业失业登记证〉管理暂行办法》(以下简称《暂行办法》)印发给你们,请遵照执行,并做好以下工作:

一、高度重视全国统一样式《就业失业登记证》发放管理工作

(一)《就业失业登记证》是记载劳动者就业与失业状况、享受相关就业扶持政策、接受公共就业人才服务等情况的基本载体,是劳动者按规定享受相关就业扶持政策的重要凭证。《就业失业登记证》中的记载信息在全国范围内有效,劳动者可凭《就业失业登记证》跨地区享受国家统一规定的相关就业扶持政策。

(二)做好《就业失业登记证》发放管理工作,是贯彻落实就业扶持政策的重要举措,关系到广大劳动者的切身利益。各地要高度重视,按照本通知的要求,结合本地实际,及时出台实施细则,全面落实《暂行办法》各项要求,为2011年1月1日实行全国统一样式的《就业失业登记证》奠定扎实基础。

二、稳步推进《就业失业登记证》发放工作

(三)各地要按照《暂行办法》的有关要求,制定本地区《就业失业登记证》具体发放办法,对新发放和换发的对象范围、具体程序和责任单位作出明确规定,稳步推进《就业失业登记证》发放工作。从2011年1月1日起,停止发放《再就业优惠证》和各地原有各类就业失业登记证明。

(四)从2011年1月1日起,公共就业人才服务机构在为劳动者办理就业登记、失业登记、就业援助对象认定以及享受相关就业扶持政策手续时,应按《暂行办法》的要求及时发放《就业失业登记证》。其中,对持有《再就业优惠证》和各地原有各类就业失业登记证明的人员，应将原有证件上的个人基本信息、就业与失业状况信息和享受政策情况信息转记在《就业失业登记证》上。对持《再就业优惠证》人员，还要将其所持《再就业优惠证》的证件编号标注在《就业失业登记证》“其他记载事项”中。

（五）《就业失业登记证》实行定期审验制度，重点对登记失业人员、正在享受相关就业扶持政策人员的《就业失业登记证》进行审验。定期审验的具体对象范围、内容、程序和要求等，由各省、自治区、直辖市人力资源社会保障部门规定。

三、做好相关工作的衔接

（六）对原持《再就业优惠证》或各地原有就业失业登记证明、目前正在享受就业扶持政策的劳动者，换发《就业失业登记证》不改变正在享受就业扶持政策的审批期限。

（七）在发放《就业失业登记证》过程中，劳动者可正常进行就业登记、失业登记、申请享受相关就业扶持政策和接受公共就业人才服务。发放《就业失业登记证》的公共就业人才服务机构负责为劳动者经办相关手续并提供证明材料。

四、做好信息系统完善和信息上报工作

（八）各地要根据本《暂行办法》的有关规定，完善本地公共就业人才服务管理信息系统，准确记录劳动者就业登记、失业登记和享受就业扶持政策等相关信息，并支持在《就业失业登记证》上直接打印相关记录。

（九）我部将建立全国就业信息监测平台，支持各级就业政策相关主管部门对劳动者享受相关就业扶持政策信息进行异地查验，同时，开发全国统一的就业信息监测系统软件，供各地与全国就业信息监测平台进行数据上传和交换。

各地要按照我部颁布的统一标准，通过全国就业信息监测系统进行数据交换上报。尚未实现信息化的地方，要按照统一标准和格式，组织做好数据上报和更新工作。具体上报办法另行通知。

五、加强对经办机构工作人员的业务培训

（十）本《暂行办法》下发后，我部将组织开展相关业务培训，明确具体经办程序和操作规范，解读《就业失业登记证》各项栏目含义和填写办法等。

（十一）各省、自治区、直辖市要结合本地实际情况，制定专门的培训计划，组织各级公共就业人才服务机构特别是基层平台工作人员开展业务培训，将有关内容培训到每一位经办人员，在辖区范围内实现《就业失业登记证》统一的申领发放流程、统一的审验管理机制、统一的服务标准规范。

六、做好《就业失业登记证》宣传和咨询解答工作

（十二）各地要充分利用各类媒体，通过多种途径，大力宣传建立和完善就业失业登记制度、使用统一样式《就业失业登记证》的重要意义和作用。要重点依托服务窗口和基层平台，通过设立宣传栏、发放宣传材料、编制问答手册等形式，广泛宣传《就业失业登记证》的发放程序和凭证享受就业政策等内容，营造《就业失业登记证》发放使用的良好氛围。

附件：1.《就业失业登记证》管理暂行办法

2.《就业失业登记证》全国统一样式（略）

3.《就业失业登记证》栏目解释及填写说明（略）

4.《就业失业登记证》印制技术说明（略）

附件 1

《就业失业登记证》管理暂行办法

第一章　总　　则

第一条　为加强就业与失业管理，实行全国统一样式《就业失业登记证》，支持劳动者按规定跨地区享受就业扶持政策，根据《中华人民共和国就业促进法》、《就业服务与就业管理规定》等法律法规的有关规定，制定本暂行办法。

第二条　《就业失业登记证》是记载劳动者就业和失业状况、享受相关就业扶持政策、接受公共就业人才服务等情况的基本载体，是劳动者按规定享受相关就业扶持政策和接受公共就业人才服务的有效凭证。

《就业失业登记证》实行全国统一样式、统一编号管理。

《就业失业登记证》中的记载信息在全国范围内有效，劳动者可凭《就业失业登记证》跨地区享受国家统一规定的相关就业扶持政策。

第三条　各级人力资源社会保障部门负责《就业失业登记证》管理工作，建立专门台账，利用公共就业人才服务管理信息系统，及时、准确记录《就业失业登记证》发放管理信息，并做好相关统计工作。

第二章　证 件 印 制

第四条　人力资源和社会保障部负责《就业失业登记证》全国统一样式的制定。

《就业失业登记证》由封面、封二、16 个内页、封三

（留白）、封底组成。其中，封面、封二、内页第1～9页、内页第16页为全国统一内容页；内页第10～13页为“自选页”；内页第14～15页为“自定义页”。

第五条　《就业失业登记证》由人力资源和社会保障部监制，各省、自治区、直辖市人力资源社会保障部门按全国统一样式印制本地区的《就业失业登记证》。

各省、自治区、直辖市人力资源社会保障部门可根据实际需要，确定是否选用《就业失业登记证》的“自选页”，并可在“自定义页”部分增加记载内容。在“自定义页”增加记载内容的具体项目、填写办法由各省、自治区、直辖市人力资源社会保障部门规定。

各省、自治区、直辖市人力资源社会保障部门对《就业失业登记证》内页第10～15页进行调整的，应将所调整的具体项目记载页按照“自选页”在前、“自定义页”在后的顺序从第10页起排，其余页作为“其他记载事项”页接排，并将本地区《就业失业登记证》的设计方案和样本报人力资源社会保障部备案。

第六条　《就业失业登记证》实行全国统一编号制度。《就业失业登记证》的证书编号实行一人一号，补发或换发证书的，证书编号保持不变。

第三章　证件发放

第七条　《就业失业登记证》的发放范围包括：

（一）进行就业登记、失业登记的劳动者；

（二）被认定为就业援助对象的劳动者；

（三）享受相关就业扶持政策的劳动者；

（四）各省、自治区、直辖市人力资源社会保障部门规定范围内的其他劳动者。

外国人来华就业，台湾、香港和澳门居民在内地就业，其他法律法规有相关规定的从其规定。

第八条　地方各级人力资源社会保障部门所属的公共就业人才服务机构负责《就业失业登记证》的发放管理和相关统计。具体发放机构由地方县级以上人力资源社会保障部门规定并向社会公布。

第九条　公共就业人才服务机构应在10个工作日内办结核发《就业失业登记证》手续。

第十条　公共就业人才服务机构在发放《就业失业登记证》时，应根据情况向发放对象告知相关就业扶持政策和公共就业人才服务项目的内容和申请程序。

劳动者在办理领取《就业失业登记证》手续时，应如实向公共就业人才服务机构提供本人相关信息和证明材料。

第十一条　《就业失业登记证》具体发放程序和相关证明材料由各省、自治区、直辖市人力资源社会保障部门规定。

第四章　证件使用

第十二条　持有《就业失业登记证》的劳动者在公共就业人才服务机构接受服务、办理就业登记与失业登记手续和申请享受相关就业扶持政策时，应出示《就业失业登记证》。

第十三条　登记失业人员凭《就业失业登记证》申请享受登记失业人员相关就业扶持政策；就业援助对象凭《就业失业登记证》及其“就业援助卡”中标注的内容申请享受相关就业援助政策；符合税收优惠政策条件的个体经营人员凭《就业失业登记证》（标注“个体经营税收政策”）申请享受个体经营税收优惠政策；符合条件的用人单位凭所招用人员的《就业失业登记证》（标注“企业吸纳税收政策”）申请享受企业吸纳税收优惠政策。

第十四条　公共就业人才服务机构在首次向劳动者发放《就业失业登记证》时，应在《就业失业登记证》上注明证件发放信息、劳动者个人基本信息、就业失业状况信息、享受相关就业扶持政策信息等内容。

公共就业人才服务机构在为劳动者办理就业登记、失业登记、就业援助对象认定、享受相关就业扶持政策等各类手续时，应在《就业失业登记证》上注明本次办理情况。

第十五条　公共就业人才服务机构对认定为就业援助对象的劳动者，应当在《就业失业登记证》中“就业援助卡”部分注明认定日期、认定的援助对象类别。对认定为已不属于就业援助对象范围的，应在“就业援助卡”中注明退出就业援助对象范围的日期和原因。

就业援助对象具体认定程序和相关证明材料内容由各省、自治区、直辖市人力资源社会保障部门规定。

第十六条　持有《就业失业登记证》的劳动者在个人基本情况（包括户籍和常住地址情况、学历情况、职业资格和专业技术职务情况）、就业与失业状态等发生变化时，应按有关规定持《就业失业登记证》和相关证明材料到公共就业人才服务机构办理相应的信息变更。

第十七条　公共就业人才服务机构应当将《就业失业登记证》发放信息和劳动者的个人基本信息、就业登记和失业登记信息、就业援助对象认定等信息，以及核发、注销《就业失业登记证》等有关情况，录入公共就业人才服务管理信息系统，并上报人力资源社会保障部。

第五章　证件管理

第十八条　《就业失业登记证》实行实名制，限持证者本人使用，不得转借、转让、涂改、伪造。

第十九条 劳动者被用人单位招用的，其《就业失业登记证》由用人单位代为保管。劳动者与用人单位终止或解除劳动关系的，《就业失业登记证》由劳动者本人保管。

劳动者自主创业、灵活就业或失业的，其《就业失业登记证》由劳动者本人保管。

第二十条 《就业失业登记证》中相关记录页面记载内容已满的，由公共就业人才服务机构予以换发。

《就业失业登记证》遗失或损毁的，由劳动者本人向原发证机构报损，并以适当方式公示，经原发放机构核实后予以补发。

第二十一条 《就业失业登记证》的发放、换发和补发均不得向劳动者收费。

第二十二条 劳动者发生下列情形之一的，其持有的《就业失业登记证》自动失效并由公共就业人才服务机构进行注销：

（一）达到法定退休年龄的；

（二）享受基本养老保险待遇的；

（三）移居境外的；

（四）完全丧失劳动能力的；

（五）死亡的；

（六）依据法律法规应当失效的其他情形。

第六章 附 则

第二十三条 本办法自下发之日起实施。原劳动和社会保障部已经发布的有关就业失业登记证明的相关规定内容，如与本办法规定不一致的，以本办法为准。

第二十四条 各省、自治区、直辖市人力资源社会保障部门应根据本办法制定实施细则。

第二十五条 本办法由人力资源和社会保障部负责解释。

人力资源社会保障部、外交部、教育部关于允许优秀外籍高校毕业生在华就业有关事项的通知

1. 2017年1月6日

2. 人社部发〔2017〕3号

各省、自治区、直辖市人力资源社会保障厅（局）、外事办公室、教育厅（教委）：

为贯彻落实《关于深化人才发展体制机制改革的意见》（中发〔2016〕9号），拟允许部分无工作经历的优秀外籍高校毕业生在华就业。按照《外国人在中国就业管理规定》，现就有关事项通知如下：

一、人员范围

外籍高校毕业生包括在中国境内高校取得硕士及以上学位且毕业一年以内的外国留学生，以及在境外知名高校取得硕士及以上学位且毕业一年以内的外籍毕业生。

二、审批条件

外籍高校毕业生在中国就业，应具备以下条件：

（一）年满18周岁，身体健康；

（二）无犯罪记录；

（三）学习成绩优秀，平均成绩不低于80分（百分制，其他分制换算成百分制处理）或B+/B（等级制）以上，在校期间无不良行为记录；

（四）取得相应的学历与学位；

（五）有确定的聘用单位，从事工作岗位与所学专业对口。薪酬原则上不低于当地城镇单位在岗职工平均工资，具体标准由各省级人力资源社会保障部门根据就业市场实际和引进人才工作的需要合理确定；

（六）持有有效护照或能代替护照的其他国际旅行证件。

三、办理程序

用人单位聘用符合条件的外籍高校毕业生，应向当地人力资源社会保障部门或外国专家归口管理部门提出申请，并提供以下材料：

（一）拟聘用者履历证明；

（二）聘用意向书（包括意向薪酬）；

（三）聘用原因报告（包括当地公共就业和人才服务机构面向国内劳动者公开发布招聘信息满30天的证明）；

（四）拟聘用者健康状况证明；

（五）拟聘用者无犯罪记录证明；

（六）拟聘用者所取得的学历学位证明材料；

（七）拟聘用者所就读学校出具的在校期间无不良行为记录（境外高校外籍毕业生可免除）和成绩证明材料；

（八）拟聘用者6个月内正面免冠照片。

人力资源社会保障部门或外国专家归口管理部门按规定进行审批。对符合条件的外国留学生发放外国人就业许可证书（或工作许可，下同）和外国人就业证（或工作证，下同）。

对符合条件的境外高校外籍毕业生发放外国人就业许可证书。取得外国人就业许可证书的海外高校外籍毕业生，应按规定办理Z字签证，入境后办理外国人就业证。

四、其他事项

（一）外国人就业证有效期首次为1年。聘用外籍高校毕业生就业期满，用人单位拟继续聘用的，按规定履行审批手续后可以继续聘用，期限不超过5年。外籍高校毕业生所缴纳个人所得税低于意向薪酬应付税额、或用人单位拟给予其的薪酬低于规定标准的，就业证不予延期。

（二）外籍高校毕业生在华就业实行配额管理。各省级人力资源社会保障部门要根据本省企业对外籍高校毕业生的需求数量、本地区高校毕业生就业形势等因素，提出本省配额需求数量，于每年12月1日前报送人力资源社会保障部。人力资源社会保障部将综合研究确定下一年度全国及各省（区、市）的配额数量，以适当方式公开公示，并抄送外交、教育、公安配合实施。2017年配额需求由各省级人力资源社会保障部门于2017年1月31日前提出申请。

（三）本通知自印发之日起执行。

外商投资人才中介机构管理暂行规定

1. 2003年9月4日人事部、商务部、国家工商行政管理总局令第2号公布

2. 根据2005年5月24日人事部、商务部、国家工商行政管理总局令第5号《关于修改〈中外合资人才中介机构管理暂行规定〉的决定》第一次修订

3. 根据2015年4月30日人力资源社会保障部令第24号《关于修改部分规章的决定》第二次修订

4. 根据2019年12月31日人力资源社会保障部令第43号《关于修改部分规章的决定》第三次修订

第一章 总　　则

第一条 为了加强对外商投资人才中介机构的管理，维护人才市场秩序，促进人才市场发展，根据有关法律、法规，制定本规定。

第二条 本规定所称外商投资人才中介机构，是指全部或者部分由外国投资者投资，依照中国法律在中国境内经登记、许可设立的人才中介机构。

第三条 外国企业常驻中国代表机构和在中国成立的商会等组织不得在中国境内从事人才中介服务。

第四条 外商投资人才中介机构必须遵守中华人民共和国法律、法规，不得损害中华人民共和国的社会公共利益和国家安全。

外商投资人才中介机构的正当经营活动和合法权益，受中华人民共和国法律保护。

第五条 县级以上人民政府人事行政部门、商务部门和工商行政管理部门依法按照职责分工负责本行政区域内外商投资人才中介机构的审批、登记、管理和监督工作。

第二章 设立与登记

第六条 申请设立外商投资人才中介机构，必须符合下列条件：

（一）有健全的组织机构；有熟悉人力资源管理业务的人员，其中必须有5名以上具有大专以上学历并取得人才中介服务资格证书的专职人员；

（二）有与其申请的业务相适应的固定场所、资金和办公设施；

（三）有健全可行的机构章程、管理制度、工作规则，有明确的业务范围；

（四）能够独立享有民事权利，承担民事责任；

（五）法律、法规规定的其他条件。

第七条 申请设立外商投资人才中介机构，应当由拟设立机构所在地的县级以上人民政府人事行政部门审批。

第八条 申请设立外商投资人才中介机构，可以通过信函、电报、电传、传真、电子数据交换和电子邮件等方式向县级以上人民政府人事行政部门提出申请。申请材料应包括以下内容：

（一）书面申请及可行性报告；

（二）管理制度草案与章程；

（三）工商营业执照（副本）；

（四）法律、法规和县级以上人民政府人事行政部门要求提供的其他材料。

上述所列的申请材料凡是用外文书写的，应当附有中文译本。

第九条 县级以上人民政府人事行政部门在接到设立外商投资人才中介机构的申请报告之日起20日内审核完毕，20日内不能作出决定的，经本行政机关负责人批准，可以延长10日，并应当将延长期限的理由告知申请人。

批准同意的，发给《人才中介服务许可证》（以下简称许可证），并应当在作出决定之日起10日内向申请人颁发、送达许可证；不同意的应当书面通知申请人，并说明理由。

审批机关应在行政机关网站上公布审批程序、期限和需要提交的全部材料的目录，以及批准设立的外商投资人才中介机构的名录等信息。

第三章 经营范围与管理

第十条 县级以上人民政府人事行政部门根据外商投资

人才中介机构的资金、人员和管理水平情况，在下列业务范围内，核准其开展一项或多项业务：

（一）人才供求信息的收集、整理、储存、发布和咨询服务；

（二）人才推荐；

（三）人才招聘；

（四）人才测评；

（五）人才培训；

（六）人才信息网络服务；

（七）法规、规章规定的其他有关业务。

第十一条 外商投资人才中介机构必须遵循自愿、公平、诚信的原则，遵守行业道德，在核准的业务范围内开展活动，不得采用不正当竞争手段。

第十二条 外商投资人才中介机构招聘人才出境，应当按照中国政府有关规定办理手续。其中，不得招聘下列人才出境：

（一）正在承担国家、省级重点工程、科研项目的技术和管理人员，未经单位或主管部门同意的；

（二）在职国家公务员；

（三）由国家统一派出而又未满轮换年限的支援西部开发的人员；

（四）在岗的涉密人员和离岗脱密期未满的涉密人员；

（五）有违法嫌疑正在依法接受审查尚未结案的人员；

（六）法律、法规规定暂时不能流动的其他特殊岗位的人员或者需经批准方可出境的人员。

第十三条 外商投资人才中介机构设立分支机构、变更机构名称、法定代表人和经营场所，应当自工商登记或者变更登记办理完毕之日起15日内，书面报告人事行政部门。

第十四条 县级以上人民政府人事行政部门依法指导、检查和监督外商投资人才中介机构的日常管理和业务开展情况。

县级以上人民政府人事行政部门对其批准成立的外商投资人才中介机构依法进行检查或抽查，并可以查阅或者要求其报送有关材料。外商投资人才中介机构应接受检查，并如实提供有关情况和材料。县级以上人民政府人事行政部门应将检查结果进行公布。

第四章 罚 则

第十五条 外商投资人才中介机构不依法接受检查，不按规定办理许可证变更等手续，提供虚假信息或者采取其他手段欺骗用人单位和应聘人员的，县级以上人民政府人事行政部门予以警告，并可处以10000元人民币以下罚款；情节严重的，有违法所得的，处以不超过违法所得3倍的罚款，但最高不得超过30000元人民币。

第十六条 违反本规定，未经批准擅自设立外商投资人才中介机构的，超出核准登记的经营范围从事经营活动的，按照《公司登记管理条例》、《无照经营查处取缔办法》和有关规定进行处罚。采用不正当竞争行为的，按照《反不正当竞争法》有关规定进行处罚。

第十七条 政府部门工作人员在审批和管理外商投资人才中介机构工作中，玩忽职守、徇私舞弊，侵犯单位、个人和合资各方合法权益的，按照管理权限，由有关部门给予行政处分；构成犯罪的，依法追究刑事责任。

第五章 附 则

第十八条 香港特别行政区、澳门特别行政区、台湾地区投资者投资设立人才中介机构，参照本规定执行。法律法规另有规定的，依照其规定执行。

第十九条 外商投资人才中介机构在中国境内从事涉及外籍人员业务活动的，按照有关规定执行。

第二十条 本规定由人事部、商务部、国家工商行政管理总局负责解释。

第二十一条 本规定自2003年11月1日起施行。

外商投资职业介绍机构设立管理暂行规定

1. 2001年10月9日劳动和社会保障部、国家工商行政管理总局令第14号公布

2. 根据2015年4月30日人力资源社会保障部令第24号《关于修改部分规章的决定》第一次修订

3. 根据2019年12月31日人力资源社会保障部令第43号《关于修改部分规章的决定》第二次修订

第一条 为规范外商投资职业介绍机构的设立，保障求职者和用人单位的合法权益，根据有关法律、法规，制定本规定。

第二条 本规定所称外商投资职业介绍机构，是指全部或者部分由外国投资者投资，依照中国法律在中国境内经登记、许可设立的职业介绍机构。

第三条 劳动保障行政部门、外经贸行政部门和工商行政管理部门在各自职权范围内负责外商投资职业介绍机构的审批、登记、管理和监督检查工作。

设立外商投资职业介绍机构应当到企业住所地国家工商行政管理总局授权的地方工商行政管理局进行

登记注册后，由县级以上人民政府劳动保障行政部门（以下简称县级以上劳动保障行政部门）批准。

外国企业常驻中国代表机构和在中国成立的外国商会不得在中国从事职业介绍服务。

第四条 外商投资职业介绍机构应当依法开展经营活动，其依法开展的经营活动受中国法律保护。

第五条 外商投资职业介绍机构可以从事下列业务：

（一）为中外求职者和用人单位、居民家庭提供职业介绍服务；

（二）提供职业指导、咨询服务；

（三）收集和发布劳动力市场信息；

（四）举办职业招聘洽谈会；

（五）根据国家有关规定从事互联网职业信息服务；

（六）经县级以上劳动保障行政部门核准的其他服务项目。

外商投资职业介绍机构介绍中国公民出境就业和外国企业常驻中国代表机构聘用中方雇员按照国家有关规定执行。

第六条 拟设立的外商投资职业介绍机构应当具有一定数量具备职业介绍资格的专职工作人员，有明确的业务范围、机构章程、管理制度，有与开展业务相适应的固定场所、办公设施。

第七条 设立外商投资职业介绍机构，应当依法到拟设立企业住所所在地国家工商行政管理总局授权的地方工商行政管理局申请登记注册，领取营业执照。

第八条 外商投资职业介绍机构应当到县级以上劳动保障行政部门提出申请，并提交下列材料：

（一）设立申请书；

（二）机构章程和管理制度草案；

（三）拟任专职工作人员的简历和职业资格证明；

（四）住所使用证明；

（五）拟任负责人的基本情况、身份证明；

（六）工商营业执照（副本）；

（七）法律、法规规定的其他文件。

第九条 县级以上劳动保障行政部门应当在接到申请之日起20个工作日内审核完毕。批准同意的，发给职业介绍许可；不予批准的，应当通知申请者。

第十条 外商投资职业介绍机构设立分支机构，应当自工商登记办理完毕之日起15日内，书面报告劳动保障行政部门。

第十一条 外商投资职业介绍机构的管理适用《就业服务与就业管理规定》和外商投资企业的有关管理规定。

第十二条 香港特别行政区、澳门特别行政区投资者在内地以及台湾地区投资者在大陆投资设立职业介绍机构，参照本规定执行。法律法规另有规定的，依照其规定执行。

第十三条 本规定自2001年12月1日起施行。

3. 职业资格与职业能力

职业技能鉴定规定

1. 1993年7月9日劳动部发布
2. 劳部发〔1993〕134号

第一章 总 则

第一条 为适应社会主义市场经济发展的需要,进一步完善职业技能鉴定制度,实现职业技能鉴定的社会化管理,促进职业技能开发,提高劳动者素质,根据《工人考核条例》,制定本规定。

第二条 本规定所称职业技能鉴定是指对劳动者进行技术等级的考核和技师、高级技师(以下统称技师)资格的考评。

第三条 职业技能鉴定实行政府指导下的社会化管理体制。

(一)劳动部综合管理全国职业技能鉴定工作,制定规划、政策和标准;审查批准有关行业的职业技能鉴定机构。

(二)各省、自治区、直辖市劳动行政部门综合管理本地区职业技能鉴定工作,审查批准各类职业技能鉴定指导中心和站(所),制定以下有关规定和办法:

1. 参加技能鉴定人员的申报条件和鉴定程序;
2. 专业技术知识、操作技能考核办法;
3. 考务、考评人员工作守则和考评小组成员组成原则及其管理办法;
4. 职业技能鉴定站(所)考场规则;
5.《技术等级证书》的印鉴和核发办法。

(三)职业技能鉴定指导中心负责组织、协调、指导职业技能鉴定工作。

(四)职业技能鉴定站(所),具体实施对劳动者职业技能的鉴定。

第四条 本规定适用于各级劳动行政部门和各级职业技能鉴定指导中心、职业技能鉴定站(所)。

第二章 职业技能鉴定机构

第五条 劳动部所属职业技能鉴定指导中心主要职责是:参与制订国家职业技能标准和组建国家职业技能鉴定题库;开展职业分类、标准、技能鉴定理论研究及咨询服务;推动全国职业技能竞赛活动。

第六条 各省、自治区、直辖市劳动行政部门所属职业技能鉴定指导中心主要职责是:组织本地区职业技能鉴定工作和具体实施考评员的资格培训;开展职业技能鉴定有关问题的研究和咨询服务;推动本地区职业技能竞赛活动。

第七条 经劳动部批准,有关行业可建立行业的职业技能鉴定指导中心,主要职责是:参与制定国家职业技能标准以外非社会通用的本行业特有工种的职业技能标准;组织本行业特有工种的职业技能鉴定工作和考评员的资格培训;开展职业技能鉴定及有关问题的研究和咨询服务;推动本行业的职业技能竞赛活动。

第八条 职业技能鉴定指导中心是事业性机构,在管理上实行中心主任负责制。

第九条 职业技能鉴定站(所)是具体承担对待业人员、从业人员、军地两地人才、各级各类职业技术院校和其他职业培训机构的毕(结)业生,进行职业技术鉴定的事业性机构。在管理上实行站(所)长负责制。

第三章 职业技能鉴定的组织和实施

第十条 建立职业技能鉴定站(所)。

(一)建立职业技能鉴定站(所)的条件是:

1. 具有与所鉴定工种(专业)及其等级或类别相适应的考核场地和设备;
2. 具有与所鉴定工种(专业)及其等级或类别操作技能考核相适应的、符合国家标准的检测仪器;
3. 有专(兼)职的组织管理人员和考评员;
4. 有完善的管理办法。

(二)申请建立职业技能鉴定站(所)的单位,根据上述条件和省、自治区、直辖市的具体规定,报当地劳动行政部门审查批准并由其发给《职业技能鉴定许可证》,明确鉴定的工种(专业)范围、等级和类别,同时授予统一的职业技能鉴定站(所)标牌。

(三)鉴定技术等级的职业技能鉴定站(所),由省、自治区、直辖市劳动行政部门规定审批权限;鉴定技师资格的职业技能鉴定站(所),由省、自治区、直辖市劳动行政部门审批,并报劳动部备案。

(四)行业特有工种的职业技能鉴定站(所),一般由省、自治区、直辖市劳动行政部门审批;跨地区的行业特有工种的职业技能鉴定站(所)和中央、国家机关、解放军各总部机关直属单位的职业技能鉴定站(所),由劳动部审批。

第十一条 职业技能鉴定站(所),享有独立进行职业技能鉴定的权利,有权拒绝任何组织或个人更改鉴定结果的非正当要求。

第十二条 劳动部组织有关行业或单位的专家、名师,根据现行《工人技术等级标准》和《国家职业技能标准》,统一编制职业技能鉴定试题,建立职业技能鉴定题库。

第十三条 职业技能鉴定站(所),必须遵守劳动行政部门的有关规定、实施办法。职业技能鉴定试题必须从国家规定的试题库提取,不得自行编制试题。

第十四条 职业技能鉴定站(所),应受理一切符合申报条件、规定手续人员的职业技能鉴定,要严格执行考评员对其亲属的职业技能鉴定回避制度。

第十五条 职业技能鉴定的对象:

(一)各类职业技术学校和培训机构毕(结)业生,凡属技术等级考核的工种,逐步实行职业技能鉴定;

(二)企业、事业单位学徒期满的学徒工,必须进行职业技能鉴定;

(三)企业、事业单位的职工以及社会各类人员,根据需要,自愿申请职业技能鉴定。

第十六条 申报职业技能鉴定的单位或个人,可向当地职业技能鉴定站(所)提出申请,由职业技能鉴定站(所)签发准考证,按规定的时间、方式进行考核或考评。

第十七条 国家实行职业技能鉴定证书制度。

(一)对技术等级考核合格的劳动者,发给相应的《技术等级证书》;对技师资格考评合格者,发给相应的《技师合格证书》或《高级技师合格证书》;

(二)《技术等级证书》、《技师合格证书》和《高级技师合格证书》是劳动者职业技能水平的凭证,同时,按照劳动部、司法部劳培字〔1992〕1号《对出国工人技术等级、技术职务证书公证的规定》,是我国公民境外就业、劳务输出法律公证的有效证件;

(三)上述证书由劳动部统一印制,劳动行政部门按规定核发。

第十八条 单位或个人申报职业技能鉴定,均应按照规定交纳鉴定费用。

(一)职业技能鉴定费用支付项目是:组织职业技能鉴定场地、命题、考务、阅卷、考评、检测及原材料、能源、设备消耗的费用;

(二)职业技能鉴定收费标准,由省、自治区、直辖市劳动行政部门按照财政部、劳动部(92)财工字第68号《关于工人考核费用开支的规定》,商当地财政、物价部门做出具体规定。

第四章 职业技能鉴定考评员

第十九条 职业技能鉴定考评员必须具有高级工或技师、中级专业技术职务以上的资格;鉴定技师资格的考评员必须具有高级技师、高级专业技术职务的资格。

第二十条 考评员由职业技能鉴定指导中心进行资格考核,由劳动行政部门核准并颁发考评员资格证书和带有本人照片的职业技能鉴定资格胸卡。

第二十一条 鉴定技术等级的考评员资格认定和合格证书的核发权限,由省、自治区、直辖市劳动行政部门具体规定;鉴定技师资格的考评员资格认定和合格证书的颁发,由省、自治区、直辖市劳动行政部门核准。

第二十二条 职业技能鉴定站(所)要在取得考评员资格证书的人员中聘任相应工种、等级或类别的考评员,聘期三年,并应采取不定期轮换、调整考评员的方式组成专业考评小组。

第二十三条 考评员要严格遵守考评员工作守则和执行考场规则。

第五章 罚 则

第二十四条 劳动行政部门对职业技能鉴定机构实行监督、检查。

第二十五条 职业技能鉴定指导中心和职业技能鉴定站(所)的工作人员,在职业技能鉴定工作中弄虚作假、徇私舞弊的,视情节轻重,由其所在单位根据人事管理权限给予行政处分,并停止其在指导中心或鉴定站(所)的工作;考评人员如有上述行为者;吊销考评员资格证书。

第二十六条 违反本规定第十三条、第十四条和第十八条(二),造成不良影响的职业技能鉴定站(所),由劳动行政部门吊销其《职业技能鉴定许可证》;对乱收费的,没收其非法所得费用。没收的费用,专项用于职业技能鉴定事业。

第二十七条 违反本规定第三条(二)中第五项和第十七条(三),伪造、仿制或滥发《技术等级证书》、《技师合格证书》、《高级技师合格证书》的,除宣布其所发证书无效外,还应视情节轻重,由其上级主管部门或监察机关对主要责任者给予行政处分;对其中通过滥发证书获取非法收入的,应没收其非法所得,并处以非法所得五倍以下的罚款;构成犯罪的,应依法追究刑事责任。

第六章 附 则

第二十八条 本规定由劳动部负责解释。

第二十九条 本规定自颁发之日起施行。

职业资格证书规定

1. 1994年2月22日劳动部、人事部发布

2. 劳部发〔1994〕98号

第一条 为了深化劳动、人事制度改革,适应社会主义市场经济对人才的需求，客观公正地评价专业（工种）技术人才，促进人才的合理流动，制定本规定。

第二条 职业资格是对从事某一职业所必备的学识、技术和能力的基本要求。

职业资格包括从业资格和执业资格。从业资格是指从事某一专业（工种）学识、技术和能力的起点标准。执业资格是指政府对某些责任较大，社会通用性强，关系公共利益的专业（工种）实行准入控制，是依法独立开业或从事某一特定专业（工种）学识、技术和能力的必备标准。

第三条 职业资格分别由国务院劳动、人事行政部门通过学历认定、资格考试、专家评定、职业技能鉴定等方式进行评价，对合格者授予国家职业资格证书。

第四条 职业资格证书是国家对申请人专业（工种）学识、技术、能力的认可，是求职、任职、独立开业和单位录用的主要依据。

第五条 职业资格证书制度遵循申请自愿，费用自理，客观公正的原则。凡中华人民共和国公民和获准在我国境内就业的其他国籍的人员都可按照国家有关政策规定和程序申请相应的职业资格。

第六条 职业资格证书实行政府指导下的管理体制，由国务院劳动、人事行政部门综合管理。

若干专业技术资格和职业技能鉴定（技师、高级技师考评和技术等级考核）纳入职业资格证书制度。

劳动部负责以技能为主的职业资格鉴定和证书的核发与管理（证书的名称、种类按现行规定执行）。

人事部负责专业技术人员的职业资格评价和证书的核发与管理。

各省、自治区、直辖市劳动、人事行政部门负责本地区职业资格证书制度的组织实施。

第七条 国务院劳动、人事行政部门会同有关行业主管部门研究和确定职业资格的范围、职业（专业、工种）分类、职业资格标准以及学历认定、资格考试、专家评定和技能鉴定的办法。

第八条 国家职业资格证书参照国际惯例，实行国际双边或多边互认。

第九条 本规定适用于国家机关、团体和所有企、事业单位。

第十条 国务院劳动、人事行政部门按职责范围分别制定实施细则。

第十一条 本规定由国务院劳动、人事行政部门按职责范围分别负责解释。

第十二条 本规定自颁发之日起实施。

专业技术人员职业资格证书管理工作规程（试行）

1. 2023年5月22日
2. 人社厅发〔2023〕16号
3. 自2023年6月15日起施行

第一章 总 则

第一条 为规范专业技术人员职业资格证书制作和发放工作，提升管理与服务水平，依据有关法律、法规和制度规定，制定本规程。

第二条 由人力资源社会保障部统一制作的专业技术人员职业资格证书管理工作适用于本规程。

第三条 专业技术人员职业资格证书管理工作应当坚持依法依规、安全规范、高效便民的原则。

第四条 人力资源社会保障部负责专业技术人员职业资格证书的核发管理、政策制定、信息化及其他综合管理工作，对证书制作发放工作进行监督指导。

各有关行业主管部门、各省级人力资源社会保障行政部门、有关行业协会或者学会负责本行业或者本地区专业技术人员职业资格证书制作发放的管理工作。

各级考试机构（含具有专业技术人员职业资格考试管理职能的行业协会或者学会）负责证书数据的采集、审核，以及证书的发放工作。

人力资源社会保障部人事考试中心承担证书数据接收、证书制作、证书发放等具体管理工作，负责全国专业技术人员职业资格证书查询验证系统的运行维护，提供证书查询验证等应用服务。

第二章 证书的形式和内容

第五条 专业技术人员职业资格证书包括纸质证书和电子证书两种形式，具有同等法律效力，原则上应当同步制作和发放。

第六条 专业技术人员职业资格证书按照法律法规、职业资格制度等有关规定用印。

第七条 专业技术人员职业资格纸质证书记载的基本信息包括职业资格信息、持证人信息、管理信息和备注信息等。

职业资格信息包括职业资格名称、级别、专业等。

持证人信息包括姓名、性别、出生年月、本人照片、证件号码等。

管理信息包括管理号、批准日期、查验二维码等。

备注信息包括有效范围、有效期限、持证人信息变更情况记录等。

专业技术人员职业资格电子证书记载的信息应当符合电子证照信息标准等有关规定。

第三章 证书的制作

第八条 持证人信息一般由有关考试机构在组织考试报名时采集。

第九条 有关考试机构应当按照考试报名证明事项告知承诺制和有关考试规定及时完成数据核查和处理工作，确保证书信息完整、准确、有效。有关考试机构原则上应当于考试成绩发布后25个工作日内向人力资源社会保障部人事考试中心提交符合信息标准的证书数据。不能于规定时限一次性提交证书数据的，可以分批提交。

第十条 人力资源社会保障部人事考试中心接收证书数据后，一般应当于20个工作日内交付印制纸质证书并开通证书查询验证服务。已经实行电子证书的，应当同步制发电子证书。

第四章 证书的发放

第十一条 证书发放机构应当建立完善纸质证书交接、登记、保管、发放等工作制度，配备专门的工作场所和专责的证书管理人员，建立健全纸质证书管理风险防控机制和工作责任体系，公开纸质证书领取时间、方式和服务事项办理流程等。

证书发放机构接收纸质证书时应当认真清点、检查和验收，并于履行签收手续后10个工作日内启动纸质证书发放工作。

第十二条 证书发放机构原则上应当提供纸质证书现场发放服务和邮寄服务，并提供证书邮寄服务的网上申请途径。

证书邮寄费用一般由提出申请的持证人支付。

第十三条 现场发放的纸质证书应当由本人领取。确需委托他人代为领取的，应当提供持证人和代领人的身份证件、委托书等。

未按时领取的纸质证书，由证书发放机构代为保管，保管期限为自考试结束日起5年。

第十四条 电子证书由人力资源社会保障部人事考试中心通过中国人事考试网全国专业技术人员职业资格证书查询验证系统提供下载等应用服务。

第十五条 持证人信息发生改变确需变更证书的，持证人可以按规定向证书发放机构申请换发证书。

证书发放机构对换发证书申请初审后，报送有关考试机构或者考试主管部门。有关考试机构或者考试主管部门审核确认后，向人力资源社会保障部人事考试中心提交换发证书数据。人力资源社会保障部人事考试中心按程序重新制发证书。

重新制发的证书，应当在证书的备注信息中载明持证人信息的变更情况，并在管理信息系统中记录。

第十六条 纸质证书遗失、损毁或者超出保管期限未领取的，持证人可以向证书发放机构申请补发纸质证书，证书补发与证书换发的工作流程一致，重新补发的纸质证书标注“补发”字样。已经制发电子证书的，不再补发纸质证书。

第五章 证书撤销、无效的处理

第十七条 有关机构依据专业技术人员职业资格考试违纪违规行为处理规定等作出专业技术人员职业资格证书无效处理后，应当于10个工作日内以书面方式将处理决定和处理事由告知有关考试机构和人力资源社会保障部人事考试中心。

第十八条 有关考试机构应当于专业技术人员职业资格证书无效处理作出后的15个工作日内完成相关数据处理并提交人力资源社会保障部人事考试中心。

人力资源社会保障部人事考试中心应当于接收相关数据后的5个工作日内完成证书查询验证数据的更新工作；已经制发电子证书的，应当同步撤销相应的电子证书。

第六章 其他服务

第十九条 有关考试主管部门或者考试机构应当对存量纸质证书进行归集整理，逐步将证书数据交由人力资源社会保障部人事考试中心汇总后，向社会提供网络查询验证服务。

第二十条 人力资源社会保障部人事考试中心根据存量证书数据归集整理情况，按照有关电子证照管理办法，对存量证书制作电子证书。

第二十一条 证书换发、补发、存量证书归集整理和制作电子证书时，职业资格信息或者实施部门（单位）发生调整的，使用调整后的新信息。

存量证书归集整理和制作电子证书时，持证人姓名、证件号码等关键信息缺失或者不完整的，按照信息标准补全关键信息；其他信息缺失或者不完整的，可以采取信息容缺方式处理。

第二十二条 人力资源社会保障部人事考试中心通过中国人事考试网全国专业技术人员职业资格证书查询验证系统提供证书的查询验证服务。

人力资源社会保障部按照相关规定通过国家政务服务平台、国家数据共享交换平台、全国人力资源和社会保障政务服务平台等提供专业技术人员职业资格证书信息共享和服务。

第二十三条　人力资源社会保障部人事考试中心通过中国人事考试网定期向社会公布证书制作发放工作进度、证书查询验证范围、职业资格实行电子证书的范围等信息。

第七章　附　　则

第二十四条　已经退出国家职业资格目录的职业资格办理证书换发和补发事项，按申请人自愿原则，由各地证书发放机构审核确认后开具相应的职业资格证明；人力资源社会保障部不再作为实施部门的，各级人力资源社会保障部门不再受理相关证书的换发和补发事宜。

第二十五条　持证人或者有关单位对证书及其查询验证结果存在异议的，可以向证书发放机构申请核实。

第二十六条　收回的纸质证书，以及超出保管期限未领取的纸质证书，由证书发放机构登记造册后按年度交由人力资源社会保障部人事考试中心销毁。

第二十七条　由人力资源社会保障部颁发考试合格证明等，或者由人力资源社会保障部提供考试合格电子证明制作和应用服务的，参照本规程管理。

由省级人力资源社会保障行政部门组织实施的专业技术人员职业资格考试并颁发证书的，可以参照本规程管理。

第二十八条　本规程由人力资源社会保障部负责解释。

第二十九条　本规程自2023年6月15日起施行。本规程施行之前的规定与本规程不一致的，以本规程为准。

中华技能大奖和全国技术能手评选表彰管理办法

2000年8月29日劳动和社会保障部令第7号公布施行

第一条　为表彰和宣传各行各业优秀技术工人，促进广大劳动者提高技术技能，规范中华技能大奖（以下简称大奖）和全国技术能手（以下简称能手）评选表彰活动，根据《中华人民共和国劳动法》和国家有关规定，制定本办法。

第二条　大奖和能手评选表彰是国家对全国优秀技术技能人才的奖励制度。劳动和社会保障部设全国技能人才评选表彰办公室，负责大奖和能手评选表彰活动的具体 组织管理工作。

大奖和能手评选的职业（工种）范围为国家职业标准中设有高级（国家职业资格三级）以上等级的职业（工种）。全国范围的评选表彰活动每两年开展一次，每次评选表彰人数由劳动和社会保障部确定。

第三条　凡中华人民共和国公民，具有良好的职业道德和敬业精神，已获得省（行业）级技术能手称号，且具有高级以上职业资格或同等资格，技术技能水平在国内本职业（工种）中有较大影响，并具备下列条件之一的可参加能手的评选：

（一）在本职业（工种）中具备较高技艺，并在培养徒弟，传授技术技能方面做出突出贡献的；

（二）在开展技术革新、技术改造活动中做出重要贡献，取得重大经济效益和社会效益的；

（三）在本企业、同行业中具有领先的技术技能水平，并在某一生产工作领域总结出先进的操作技术方法，取得重大经济效益和社会效益的；

（四）在开发、应用先进科学技术成果转化成现实生产力方面有突出贡献，并取得重大经济效益和社会效益的。

第四条　凡中华人民共和国公民，已获得能手称号，在本职业（工种）中的技术技能水平在国际国内有重要影响，并具备下列条件之一的可参加大奖的评选：

（一）在技术创新、攻克技术难关等方面做出突出贡献，并总结出独特的操作技术方法，产生重大经济效益和社会效益的；

（二）在本职业（工种）中，具备某种绝招绝技，并在带徒传艺方面做出突出贡献，在国际国内产生重要影响的；

（三）在推广应用先进技术等方面做出突出贡献的。

第五条　能手候选人由用人单位申报，省级人民政府劳动保障行政部门和国务院行业主管部门劳动保障工作机构按照分配名额推荐；大奖候选人由省级人民政府劳动保障行政部门和国务院行业主管部门劳动保障工作机构按照当年规定的推荐数额推荐。推荐能手和大奖候选人应提供申报表、事迹材料和经省级人民政府劳动保障行政部门或国务院行业主管部门劳动保障工作机构认定的证明材料。

省级人民政府劳动保障行政部门和国务院行业主管部门劳动保障工作机构推荐大奖和能手候选人时，少数民族和妇女应占一定比例。

第六条　大奖和能手评选实行国家和省（行业）两级评审制。劳动和社会保障部设立全国专家评审委员会，省级人民政府劳动保障行政部门和国务院行业主管部门劳动保障工作机构设立本省（行业）专家评审委员会。评审委员会由有关工程技术人员、专业管理人员等组成，其中，工程技术人员所占比例为三分之二。

第七条　省专家评审委员会负责本地区技术能手的评审工作，本地区向国家推荐大奖和能手候选人的初评审工作。

行业专家评审委员会负责本行业技术能手的评审工作，本行业向国家推荐大奖和能手候选人的初评审及省推荐的同行业大奖候选人的复审工作。

第八条　全国专家评审委员会负责对省（行业）初评审推荐的大奖和能手候选人终评审工作。

大奖和能手候选人由全国专家评审委员会委员评议表决，劳动和社会保障部批准。

第九条　大奖和能手获得者可获得如下表彰和奖励：

（一）由劳动和社会保障部授予大奖获得者和能手荣誉称号，进行表彰并颁发证书、奖章和奖金；

（二）能手称号获得者原具有高级（国家职业资格三级）职业资格，且本职业（工种）设有技师以上资格的，由省级人民政府劳动保障行政部门按照管理权限认定技师资格；大奖获得者原具有技师资格，且本职业（工种）设有高级技师资格的，由省级人民政府劳动保障行政部门按照管理权限认定高级技师资格。

第十条　评选表彰活动所需经费由各级劳动保障行政部门商由同级财政部门予以支持。

第十一条　参加国家级和国际职业技能竞赛活动，获得相应名次者，可按照劳动和社会保障部有关规定直接授予能手称号。

第十二条　省技能人才评选表彰具体办法，由省级人民政府劳动保障行政部门依照本办法制定。

第十三条　本办法自颁布之日起施行。

专业技术人员继续教育规定

1. 2015年8月13日人力资源和社会保障部令第25号公布
2. 自2015年10月1日起施行

第一章　总　　则

第一条　为了规范继续教育活动，保障专业技术人员权益，不断提高专业技术人员素质，根据有关法律法规和国务院规定，制定本规定。

第二条　国家机关、企业、事业单位以及社会团体等组织（以下称用人单位）的专业技术人员继续教育（以下称继续教育），适用本规定。

第三条　继续教育应当以经济社会发展和科技进步为导向，以能力建设为核心，突出针对性、实用性和前瞻性，坚持理论联系实际、按需施教、讲求实效、培养与使用相结合的原则。

第四条　用人单位应当保障专业技术人员参加继续教育的权利。

专业技术人员应当适应岗位需要和职业发展的要求，积极参加继续教育，完善知识结构、增强创新能力、提高专业水平。

第五条　继续教育实行政府、社会、用人单位和个人共同投入机制。

国家机关的专业技术人员参加继续教育所需经费应当按照国家有关规定予以保障。企业、事业单位等应当依照法律、行政法规和国家有关规定提取和使用职工教育经费，不断加大对专业技术人员继续教育经费的投入。

第六条　继续教育工作实行统筹规划、分级负责、分类指导的管理体制。

人力资源社会保障部负责对全国专业技术人员继续教育工作进行综合管理和统筹协调，制定继续教育政策，编制继续教育规划并组织实施。

县级以上地方人力资源社会保障行政部门负责对本地区专业技术人员继续教育工作进行综合管理和组织实施。

行业主管部门在各自职责范围内依法做好本行业继续教育的规划、管理和实施工作。

第二章　内容和方式

第七条　继续教育内容包括公需科目和专业科目。

公需科目包括专业技术人员应当普遍掌握的法律法规、理论政策、职业道德、技术信息等基本知识。专业科目包括专业技术人员从事专业工作应当掌握的新理论、新知识、新技术、新方法等专业知识。

第八条　专业技术人员参加继续教育的时间，每年累计应不少于90学时，其中，专业科目一般不少于总学时的三分之二。

专业技术人员通过下列方式参加继续教育的，计入本人当年继续教育学时：

（一）参加培训班、研修班或者进修班学习；

（二）参加相关的继续教育实践活动；

（三）参加远程教育；

（四）参加学术会议、学术讲座、学术访问等活动；

（五）符合规定的其他方式。

继续教育方式和学时的具体认定办法，由省、自治区、直辖市人力资源社会保障行政部门制定。

第九条　用人单位可以根据本规定，结合本单位发展战略和岗位要求，组织开展继续教育活动或者参加本行业组织的继续教育活动，为本单位专业技术人员参加继续教育提供便利。

第十条　专业技术人员根据岗位要求和职业发展需要，参加本单位组织的继续教育活动，也可以利用业余时间或者经用人单位同意利用工作时间，参加本单位组织之外的继续教育活动。

第十一条　专业技术人员按照有关法律法规规定从事有职业资格要求工作的，用人单位应当为其参加继续教育活动提供保障。

第十二条　专业技术人员经用人单位同意，脱产或者半脱产参加继续教育活动的，用人单位应当按照国家有关规定或者与劳动者的约定，支付工资、福利等待遇。

用人单位安排专业技术人员在工作时间之外参加继续教育活动的，双方应当约定费用分担方式和相关待遇。

第十三条　用人单位可以与生产、教学、科研等单位联合开展继续教育活动，建立生产、教学、科研以及项目、资金、人才相结合的继续教育模式。

第十四条　国家通过实施重大人才工程和继续教育项目、区域人才特殊培养项目、对口支援等方式，对重点领域、特殊区域和关键岗位的专业技术人员继续教育工作给予扶持。

第三章　组织管理和公共服务

第十五条　专业技术人员应当遵守有关学习纪律和管理制度，完成规定的继续教育学时。

专业技术人员承担全部或者大部分继续教育费用的，用人单位不得指定继续教育机构。

第十六条　用人单位应当建立本单位专业技术人员继续教育与使用、晋升相衔接的激励机制，把专业技术人员参加继续教育情况作为专业技术人员考核评价、岗位聘用的重要依据。

专业技术人员参加继续教育情况应当作为聘任专业技术职务或者申报评定上一级资格的重要条件。有关法律法规规定专业技术人员参加继续教育作为职业资格登记或者注册的必要条件的，从其规定。

第十七条　用人单位应当建立继续教育登记管理制度，对专业技术人员参加继续教育的种类、内容、时间和考试考核结果等情况进行记录。

第十八条　依法成立的高等院校、科研院所、大型企业的培训机构等各类教育培训机构（以下称继续教育机构）可以面向专业技术人员提供继续教育服务。

继续教育机构应当具备与继续教育目的任务相适应的场所、设施、教材和人员，建立健全相应的组织机构和管理制度。

第十九条　继续教育机构应当认真实施继续教育教学计划，向社会公开继续教育的范围、内容、收费项目及标准等情况，建立教学档案，根据考试考核结果如实出具专业技术人员参加继续教育的证明。

继续教育机构可以充分利用现代信息技术开展远程教育，形成开放式的继续教育网络，为基层、一线专业技术人员更新知识结构、提高能力素质提供便捷高效的服务。

第二十条　继续教育机构应当按照专兼职结合的原则，聘请具有丰富实践经验、理论水平高的业务骨干和专家学者，建设继续教育师资队伍。

第二十一条　人力资源社会保障部按照国家有关规定遴选培训质量高、社会效益好、在继续教育方面起引领和示范作用的继续教育机构，建设国家级专业技术人员继续教育基地。

县级以上地方人力资源社会保障行政部门和有关行业主管部门可以结合实际，建设区域性、行业性专业技术人员继续教育基地。

第二十二条　人力资源社会保障行政部门会同有关行业主管部门和行业组织，建立健全继续教育公共服务体系，搭建继续教育公共信息综合服务平台，发布继续教育公需科目指南和专业科目指南。

人力资源社会保障行政部门会同有关行业主管部门和行业组织，根据专业技术人员不同岗位、类别和层次，加强课程和教材体系建设，推荐优秀课程和优秀教材，促进优质资源共享。

第二十三条　人力资源社会保障行政部门和有关行业主管部门直接举办继续教育活动的，应当突出公益性，不得收取费用。

人力资源社会保障行政部门和有关行业主管部门委托继续教育机构举办继续教育活动的，应当依法通过招标等方式选择，并与继续教育机构签订政府采购合同，明确双方权利和义务。

鼓励和支持企业、事业单位、行业组织等举办公益性继续教育活动。

第二十四条　人力资源社会保障行政部门应当建立继续教育统计制度，对继续教育人数、时间、经费等基本情况进行常规统计和随机统计，建立专业技术人员继续教育情况数据库。

第二十五条　人力资源社会保障行政部门或者其委托的第三方评估机构可以对继续教育效果实施评估，评估结果作为政府有关项目支持的重要参考。

第二十六条　人力资源社会保障行政部门应当依法对用人单位、继续教育机构执行本规定的情况进行监督检查。

第四章 法律责任

第二十七条 用人单位违反本规定第五条、第十一条、第十二条、第十五条第二款、第十六条、第十七条规定的，由人力资源社会保障行政部门或者有关行业主管部门责令改正；给专业技术人员造成损害的，依法承担赔偿责任。

第二十八条 专业技术人员违反本规定第八条第一款、第十五条第一款规定，无正当理由不参加继续教育或者在学习期间违反学习纪律和管理制度的，用人单位可视情节给予批评教育、不予报销或者要求退还学习费用。

第二十九条 继续教育机构违反本规定第十九条第一款规定的，由人力资源社会保障行政部门或者有关行业主管部门责令改正，给予警告。

第三十条 人力资源社会保障行政部门、有关行业主管部门及其工作人员，在继续教育管理工作中不认真履行职责或者徇私舞弊、滥用职权、玩忽职守的，由其上级主管部门或者监察机关责令改正，并按照管理权限对直接负责的主管人员和其他直接责任人员依法予以处理。

第五章 附 则

第三十一条 本规定自2015年10月1日起施行。1995年11月1日原人事部发布的《全国专业技术人员继续教育暂行规定》（人核培发〔1995〕131号）同时废止。

专业技术人才知识更新工程实施方案

1. 2021年9月15日人力资源社会保障部、财政部、工业和信息化部、科技部、教育部、中国科学院发布
2. 人社部发〔2021〕73号

为深入实施人才强国战略，加强全国专业技术人才队伍建设，促进专业技术人才能力素质提升，根据国家"十四五"规划和2035年远景目标纲要，制定本实施方案。

一、指导思想

以习近平新时代中国特色社会主义思想为指导，深入实施人才强国战略和创新驱动发展战略，聚焦科技自立自强、聚焦"卡脖子"问题、聚焦高质量发展、聚焦国家重大战略，以人才能力建设为核心，以培养高层次、急需紧缺和骨干专业技术人才为重点，加大人力资本投入，创新完善人才培养机制，推进分类分层的专业技术人才继续教育体系建设，开展大规模知识更新继续教育，培养造就一批创新型、应用型、技术型人才，壮大高水平工程师队伍，为夺取全面建设社会主义现代化国家新胜利、实现中华民族伟大复兴的中国梦提供有力的人才支撑。

二、目标任务

围绕我国经济结构优化、经济社会高质量发展和自主创新能力提升，在新一代信息技术、生物技术、新能源、新材料、高端装备、新能源汽车、绿色环保以及航空航天、海洋装备等战略性新兴产业领域，开展大规模知识更新继续教育，每年培训100万名高层次、急需紧缺和骨干专业技术人才；依托高等院校、科研院所、大型企业现有施教机构，建设一批国家级专业技术人员继续教育基地。

三、重点项目

（一）高级研修项目

围绕服务创新驱动发展、乡村振兴、可持续发展和制造强国、网络强国、数字强国、质量强国等国家重大战略以及区域协调发展战略，瞄准量子信息、生命健康、脑科学、生物育种、空天科技、深地深海等前沿领域，攻坚关键核心技术，推动传统产业高端化、智能化、绿色化，按照高水平、小规模、重特色的要求，主要面向中高层次专业技术人员和经营管理人员，每年举办300期左右国家级高级研修班，培养培训2万名左右高层次专业技术人才和经营管理人才，培养造就一批素质优良、创新能力强、具有较强竞争力的专业技术人才。

实施办法：按照《专业技术人才知识更新工程高级研修项目管理办法》，每年度各地各部门申报研修选题，经审核批准确定年度研修计划；各期国家级高级研修班由地方或部门组织举办；中央财政给予重点保障，鼓励自筹经费保障的部分研修计划列入国家级高级研修项目。中央财政支持的办班经费采取在一定限额内实报实销的办法拨付。鼓励各地各部门组织开展省（区、市）级或行业高级研修项目。

（二）专业技术人员能力提升项目

围绕工程重点领域，针对专业技术人才职业发展和工作需要，实施大规模、广覆盖、高质量的知识更新继续教育，加强公需科目学习，开展思想政治学习、知识更新拓展、科学精神培育、职业道德养成、团队合作建设等能力提升培训，普及数字技术、知识产权、网络安全、应急管理等知识，引导专业技术人员学习新思想、新知识、新技术、新方法，不断更新知识结构、掌握先进技术、提升专业水平、提高创新能力，每年培养培训各类专业技术人才90万人左右。

实施办法：国家发展改革委、教育部、科技部、工业和信息化部、财政部、自然资源部、生态环境部、交通运输部、农业农村部、应急管理部、国家市场监管总局、中国科学院、国家能源局、国家知识产权局等重点领域主管部门科学确定本领域人才培养培训规划，组织开发行业人才培训包，指导开展行业人才培养培训。人力资源社会保障部定期发布公需科目参考目录，组织遴选开发课件，共享给各地人力资源社会保障部门开展公需科目免费线上学习。各地人力资源社会保障部门加大统筹协调力度，指导国家级和省级专业技术人员继续教育基地主动对接各重点领域人才需求，按照每年培训国家级基地不少于2000人、省级基地不少于500人的要求，科学制定年度任务计划，开展贴近行业特色、方式灵活多样的能力提升培训活动。国家级继续教育基地于每年12月10日前将年度执行情况总结和下一年度计划报推荐设立该基地的管理单位审核，审核同意后，于当年12月31日前将年度计划执行情况总结和下一年度计划，以及各地各类专业技术人员继续教育基地开展能力提升培训项目情况一并报人力资源社会保障部。

（三）数字技术工程师培育项目

围绕人工智能、物联网、大数据、云计算、数字化管理、智能制造、工业互联网、虚拟现实、区块链、集成电路等数字技术技能领域，组织制定颁布国家职业标准，开发培训大纲和培训教程，实施规范化培训、社会化评价，提升从业人员数字技术水平，每年培养培训数字技术技能人员8万人左右，培育壮大高水平数字技术工程师队伍。

实施办法：人力资源社会保障部统筹协调数字技术工程师培育工作，会同有关行业主管部门制定颁布数字技术领域新职业标准，指导中国人力资源和社会保障出版集团开发全国新职业培训教程和培训大纲，实施规范化培训、社会化评价、项目化管理，分职业、分方向、分等级进行，稳妥推进数字技术人员培训评价。人力资源社会保障部对项目中的培训评价实施目录清单管理，制定数字技术职业目录、培训机构目录、评价机构目录，及时向社会公开并实行动态调整。培训机构优先遴选国家级专业技术人员继续教育基地，坚持市场导向、需求导向、目标导向，以能力建设为核心，按照国家职业标准和培训大纲，科学制定培训计划，加强师资建设，开发教学课程，配套软硬件教学环境，开展线上线下培训，严格学员考勤管理，对完成规定学时和内容的学员进行结业考核，颁发培训合格证书。评价机构优先遴选相关职业标准开发单位或行业组织、龙头企业，组织师资和考评员培训，建设考核题库，规范考核流程，严把标准质量，组织符合申报条件的学员进行专业技术等级考核，为考核合格人员颁发专业技术等级证书。人力资源社会保障部统一专业技术等级证书样式、编码规则，提供证书信息查询验证网络服务。

（四）国家级专业技术人员继续教育基地建设项目

根据工程培养培训任务要求，依托高等院校、科研院所、大型企业现有施教机构，分期建设一批国家级专业技术人员继续教育基地。加强基地建设管理，定期考核评估，建立退出机制，实行动态管理。组织开展基地间交流合作，推进培训项目、专家师资、教材课程、课题研究和在线学习平台等建设，促进培训资源整合，提升基地施教水平，更好发挥基地培养人才的平台作用。

实施办法：按照《国家级专业技术人员继续教育基地管理办法》，每年由各地各部门组织申报，经审核批准后运行。制定国家级专业技术人员继续教育基地考核评估办法，加强基地承担培养培训任务评估检查。基地评估结果作为各地各部门承接工程项目的重要参考。鼓励各地各部门给予必要经费支持。

四、组织实施

（一）加强组织领导。工程实施实行统一领导、分工负责、分类指导、分级组织的原则，采取年度项目计划管理的方式进行。在中央人才工作领导小组领导下，由人力资源社会保障部会同有关部门成立全国专业技术人才知识更新工程指导协调小组（简称全国指导协调小组），负责全国工程的组织领导工作，审定发布工程总体实施方案、实施细则和工作部署。全国指导协调小组下设办公室，设在人力资源社会保障部专业技术人员管理司，负责全国工程的组织实施工作，制定工程项目规划和年度计划，对工程实施进行指导监督和检查评估，并作为下一年度任务安排的重要依据，奖优罚劣。各省（区、市）由人力资源社会保障厅（局）会同有关部门成立相应的指导协调小组，有关重点领域行业主管部门根据工作需要也可成立指导协调小组。各地各部门要切实落实好工程实施方案、培养培训任务及经费预算，做好监督检查工作。发挥中国继续工程教育协会及各地各部门继续工程教育协会的职能作用。调动政府部门、社会组织、培养培训基地（机构）、用人单位和专业技术人才各方积极性，推动建立多层次、多渠道、多类别、多形式的培养培训格局。

（二）支持人才培训。专业技术人员参加工程学习情况作为个人专业技术经历，高级研修、能力提升和数字技术工程师培育等项目的学员名单均可上传至国家专业技术人才知识更新工程公共服务平台（网址：zsgx. mohrss. gov. cn），相应学时记入《专业技术人员继续教育证书》。进一步完善继续教育与工作考核、职称评审、岗位聘任（聘用）、职业资格注册等人事管理制度的衔接。实行“人才＋项目”的培养模式，主动对接国家重大专项、重大工程、重大建设项目。推进“互联网＋继续教育”，推动公需科目免费学习惠及全体专业技术人员。重视发挥企业作用，加强用人单位人才培养培训与工程培养培训任务的衔接，在实践中集聚和培养创新型人才。非公有制单位专业技术人员参加工程培养培训项目享受同等政策待遇。

参加数字技术工程师培育项目，取得培训合格证书的，按照有关规定申领职业培训补贴；取得高级专业技术等级证书的，可作为申报高级职称评审的重要参考；取得中级、初级专业技术等级证书的，可纳入各地各部门中级、初级职称认定范围。各地人力资源社会保障部门负责将培训机构目录、评价机构目录等信息纳入本地职业技能提升行动“两目录一系统”，结合实际自行研究制定具体职业培训补贴政策、职称认定或衔接办法。

（三）强化经费保障。工程经费主要由政府、社会、用人单位和个人投入等多元构成。政府经费主要发挥对工程经费投入的支持和引导作用，各级政府承担的工程项目任务，由同级财政予以保障。有关部门要加强统筹规划、突出重点、优化结构，整合现有专业技术人才培养培训项目资源，避免重复建设，做好政策衔接，确保重点项目的实施。国家级专业技术人员继续教育基地开展的专业技术人员能力提升培训和数字技术工程师培育项目要突出公益性、示范性，按照弥补成本、以支定收的原则合理合法合规确定收费标准，培训师资、开发课件、升级教学设备和网络教学平台等经费可从基地补助经费列支。各用人单位按规定比例提取职工培训费，保障本单位开展人才培养培训支出。

（四）严格监督管理。完善工程项目管理制度，对入选的工程项目和承办单位进行公示，接受社会监督；对工程项目开展情况进行指导、监督和检查。建立健全工程人才培养培训评估体系，及时跟踪考核工程社会效益和实际效果。加强经费使用情况的监督，建立完善配套制度，确保培养培训资金专款专用。提升工程信息化水平，依托国家专业技术人才知识更新工程网，逐步实现工程管理服务网络化、数字化，及时掌握情况，实时监控，动态调控，确保工程实施效果。加强对工程项目实施的指导监督，采取“双随机、一公开”的监管模式，鼓励行业自律和社会监督，对群众投诉的问题及时调查核实处理，确有违规行为的，交有关主管部门依法依规处理。

（五）稳步推进实施。工程采取分阶段、分步骤、动态调整的方式组织实施。2021年，研究制定新一轮《专业技术人才知识更新工程实施方案》，启动工程实施工作；2021—2025年，逐步落实工程各项工作，大规模开展专业技术人员培养培训活动，推动制度改革和机制创新；2025—2030年，全面开展工程各项工作，进行中期检查评估，巩固成果，加强薄弱环节，适时调整重点方向，力争在制度建设、机制创新上有突破；2030年，对工程实施情况进行全面总结和评估。

人力资源社会保障部办公厅关于加强新职业培训工作的通知

1. 2021年4月30日
2. 人社厅发〔2021〕28号

各省、自治区、直辖市及新疆生产建设兵团人力资源社会保障厅（局），中共海南省委人才发展局，国务院有关部委、直属机构人事劳动保障工作机构，有关行业协会、企业、事业单位人事劳动保障工作机构：

党的十九届五中全会提出，发展战略性新兴产业，推动互联网、大数据、人工智能等同各产业深度融合，推动先进制造业集群发展，构建一批各具特色、优势互补、结构合理的战略性新兴产业增长引擎。近年来，随着新技术、新产业、新业态、新模式的不断产生和发展，新职业不断涌现，我部会同有关部门分批向社会发布了新职业信息。为加快培养大批高素质劳动者和技术技能人才，改善新职业人才供给质量结构，支持战略性新兴产业发展，推动数字经济与实体经济深度融合，现就加强新职业培训工作有关事项通知如下：

一、加快新职业标准开发。组织制定新职业标准，同时面向社会广泛征集新职业标准或评价规范。对于征集到的新职业标准或评价规范，经我部组织评估论证后，及时上升为国家职业标准。有条件的省（自治区、直辖市）和部门（行业）可依托本地区、本部门（行业）的龙头企业、行业组织和院校等开发职业标准或评价规范，经我部审定后，作为国家职业标准予以颁布。探索职业标准开发新模式，增强国家职业标准的灵活性和适应性。

二、组织开展新职业培训。根据区域经济社会发展需要，适应市场需求，坚持就业导向，突出能力建设，大力开展新职业培训特别是数字经济领域人才培养。鼓励培训机构依据国家职业标准，采取多种形式开展培训。对于数字技术技能类职业，探索引入现代化手段和方式开展培训。组织举办新职业领域的专家论坛、专题研修等，广泛组织开展新职业技能竞赛活动，充分发挥以赛促学、以赛促训作用。结合新经济、新产业、新职业发展，建立职业与教育培训专业（项目）对应指引，修订技工院校专业目录，完善专业技术人才继续教育专业科目内容，增设与新职业对应的新专业（项目），加强新职业人才培养。

三、加强新职业培训基础建设。加快新职业培训大纲、培训教材、教学课程、职业培训包等基础资源开发，引导社会力量积极参与。加强新职业培训师资队伍建设，鼓励龙头企业、行业组织和院校中从事与新职业相关工作的人员参加师资培训。支持培训机构配套软硬件，改善教学环境。鼓励各类机构开发新职业实训设施设备等资源，服务新职业人才培养培训。

四、有序开展新职业评价。按照有关规定，组织新职业评价机构的征集遴选，积极稳妥推行社会化评价。经备案的评价机构根据职业特点，探索多元化评价方式。创新评价服务模式，探索“互联网＋人才评价”的新模式，对于数字技术技能类职业可探索采用在线评价认定模式。对评价认定合格的人员，由评价机构按照有关规定制作并颁发证书（或电子证书）。获证人员信息纳入人才统计范围。

五、强化政策待遇落实。坚持以用为本，建立健全培养与使用相结合、评价与激励相联系的人才发展机制。各地人力资源社会保障部门要将新职业培训评价项目纳入本地职业技能提升行动“两目录一系统”，按规定落实职业技能培训补贴和职业技能鉴定补贴等政策。取得高级专业技术等级证书的，可作为申报高级职称的重要参考条件；取得中级、初级专业技术等级证书的，可纳入相应中级、初级职称直接认定范围。落实高技能人才与专业技术人才职业发展贯通相关政策，各类用人单位对在聘的高级工、技师、高级技师在学习进修、岗位聘任、职务职级晋升、评优评奖、科研项目申报等方面，比照相应层级专业技术人员享受同等待遇。

各地区、各有关部门要高度重视新职业培训工作，加强组织领导和沟通协调。加大宣传力度，做好政策解读，大力宣传典型经验和做法。加强工作指导和监督检查，强化引领和示范作用，营造良好社会氛围。

专业技术人才知识更新工程数字技术工程师培育项目实施办法

1．2021年10月8日人力资源社会保障部办公厅发布
2．人社厅发〔2021〕71号

为实施好专业技术人才知识更新工程数字技术工程师培育项目（以下简称项目），根据《专业技术人才知识更新工程实施方案》和《人力资源社会保障部办公厅关于加强新职业培训工作的通知》有关要求，制定本实施办法。

一、目标任务

2021年至2030年，围绕人工智能、物联网、大数据、云计算、数字化管理、智能制造、工业互联网、虚拟现实、区块链、集成电路等数字技术技能领域，每年培养培训数字技术技能人员8万人左右，培育壮大高水平数字技术工程师队伍。

二、组织领导

（一）坚持统一领导、分工负责、分类指导、分级组织的原则，实施规范化培训、社会化评价，探索建立数字技术工程师培育认证制度。

（二）国家专业技术人才知识更新工程指导协调小组（以下简称工程指导协调小组）负责项目的政策制定、统筹协调、组织管理，建立政府主导、社会参与、市场推动、多方监督的管理体制。

（三）工程指导协调小组办公室设在人力资源社会保障部专业技术人员管理司，负责项目的组织实施，组织制定项目实施办法，制定专业技术等级证书样式和编码规则，安排部署相关工作，对项目实施进行指导协调和监督检查；会同中国就业培训技术指导中心征集遴选发布培训机构和评价机构目录。

（四）各地人力资源社会保障部门负责本地区项目的具体实施，对在本地区组织的培训和评价全过程进行监督检查，制定相关配套政策措施。

（五）中国就业培训技术指导中心具体负责组织开发国家职业标准、提供专业技术等级证书信息网络查询服务等工作。

三、职业培训和评价

（一）国家职业标准是数字技术技能领域从业人员培训和评价的依据。人力资源社会保障部会同有关行业主管部门统筹规划并制定颁布国家职业标准。各职业均分为初级、中级、高级三个专业技术等级，分职业、分方向、分等级开展培训和评价。

（二）人力资源社会保障部会同行业主管部门组织相关职业领域的专家学者编写培训大纲和培训教程，中国人力资源和社会保障出版集团负责出版培训教程，供相关领域培训和评价使用。

（三）培训和评价工作坚持质量第一、以用为本原则，坚持市场导向、需求导向、目标导向，以能力建设为核心，以培育壮大高水平数字技术工程师队伍为目标，高标准、高质量规范组织实施，确保培训质量、评价结果经得起社会和市场检验。

（四）培训机构按照国家职业标准和培训大纲明确的培训学时、内容和要求，规范开展线上、线下培训，对完成规定学时和内容的学员进行结业考核，颁发培训合格证书。

（五）符合国家职业标准规定申报条件的学员，按照申报考核证明事项告知承诺制的有关要求，向评价机构诚实守信申报相关职业专业技术等级考核。培训机构应主动对接评价机构，协调做好学员申报考核有关服务保障工作。

（六）评价机构按照国家职业标准规定的申报条件审核确认报考名单，科学、客观、公正地组织专业技术等级考核，理论知识考核和专业能力考核成绩皆达60分（含）以上者为合格，考核合格者获得相应专业技术等级证书。

（七）评价机构按照全国统一的编码规则和证书样式，制作并颁发专业技术等级证书（或电子证书，可将社会保障卡作为电子证书的载体），谁评价、谁发证、谁负责。电子证书与纸质证书具有同等效力。

四、培训机构和评价机构的遴选

（一）坚持公开、公平、公正，对项目中的培训和评价实施目录清单管理，制定职业目录、培训机构目录、评价机构目录，目录向社会公开并动态调整。

（二）具备以下条件的独立法人机构，可向人力资源社会保障部门申请开展数字技术技能人员职业培训或评价工作：

1. 在中国境内依法登记具有培训资质的机构，建有规范的财务制度和管理制度，社会信用良好，无违法、失信、重大经济纠纷等不良记录。

2. 在拟开展培训或评价的职业（行业）领域具有较强的影响力、公信力、认可度，配有专职工作人员、稳定的师资队伍，配备相应的场地、设备和工具（软件）系统等实训场所、工作现场或线上平台，能开展线上、线下培训或考核。

3. 培训机构和评价机构一般应具有5年以上技术技能人员培训、考核经验，达到年培训、考核技术技能人员2000人次以上的规模。

4. 自愿接受人力资源社会保障部门的监督。

（三）培训机构优先遴选国家级专业技术人员继续教育基地；评价机构优先遴选相关职业标准开发单位，逐步扩大到管理规范、运行正常、符合条件的行业组织、龙头企业。

（四）具备相关资质条件的社会机构自愿申请，经省级人力资源社会保障部门或行业主管部门人事部门推荐，由中国就业培训技术指导中心组织专家进行初评，初评结果经工程指导协调小组办公室审核后，报工程指导协调小组确定培训机构和评价机构目录。

（五）工程指导协调小组办公室将遴选确定的培训机构和评价机构面向社会公示15个工作日，对公示无异议的机构，在技能（技术）人才评价工作网（网址：www. osta. org. cn）和国家专业技术人才知识更新工程公共服务平台（网址：zsgx. mohrss. gov. cn）公布培训机构和评价机构目录。

（六）列入目录的培训机构和评价机构有效期限为3年，并在有效期限内按照以下要求具体实施：

1. 培训机构和评价机构应制定培训考核年度计划，年终进行总结，并将总结和年度计划报送工程指导协调小组办公室。

2. 培训机构应建设稳定的高水平师资队伍，加大经费投入，配套培训场地和软、硬件基础设施，开发利用线上培训平台，建立学员考勤、质量评估等制度，规范开展培训。

3. 评价机构应加强命题专家、考评员和质量督导员队伍建设，依托现有培训场地建设标准化考场和环境，开发利用线上考核平台，建设考核题库，建立考务管理、考核保密、证书管理等制度，客观、公正、严密组织考核，并在考核结束后1个月内将专业技术等级证书数据和考核有关情况统计表报属地省级人力资源社会保障厅（局）进行数据真实性、合规性审核归集后，通过信息报送渠道报中国就业培训技术指导中心初核，由工程指导协调小组办公室审核后上网。

4. 培训机构和评价机构应根据服务成本、市场需求和经济发展水平等因素合法合理确定收费标准，并向社会公开。国家级专业技术人员继续教育基地要突出公益性、示范性，按照弥补成本、以支定收的原则确定收费标准。鼓励地方、部门、用人单位和个人等多渠道给予经费支持。

5. 培训机构和评价机构应当妥善保管培训和评价工作全过程资料，纸质资料保管不少于3年，电子资料不少于5年，确保培训和评价的过程及结果可追溯、可倒查。

五、政策保障

各地人力资源社会保障部门要坚持以用为本，建立健全培养与使用、评价与激励相衔接的制度保障，将取得专业技术等级证书和职业技能等级证书人员信息纳入人才统计范围，兑现相关政策。

（一）参加数字技术工程师培育项目取得的相应学时记入《专业技术人员继续教育证书》，当年度全国有效。

（二）取得高级专业技术等级证书的，可作为申报高级职称评审的重要参考；取得中级、初级专业技术等级证书的，可纳入各地各部门中级、初级职称认定范围。具体职称认定或衔接办法由各地各部门结合实际自行研究制定。

（三）取得培训合格证书的，按照有关规定申领职业培训补贴。各地人力资源社会保障部门负责将培训机构目录、评价机构目录等信息纳入本地职业技能提升行动“两目录一系统”，制定完善职业培训补贴政策。

六、服务和监管

（一）中国就业培训技术指导中心依托技能（技术）人才评价工作网，向社会提供信息查询服务，内容包括培训机构、评价机构、有效期限、培训评价职业及等级范围、国家职业标准、专业技术等级证书等信息。

（二）人力资源社会保障部门会同有关部门采取“双随机、一公开”监管模式，通过调阅资料、现场检查等方式对培训机构、评价机构及其培训、评价活动进行抽查检查，探索建立以培训出勤率、考核通过率、就业创业成功率等为主要内容的评估机制，构建政府监管、机构自律、社会监督的监督体系。

（三）培训机构和评价机构不得发布虚假广告、发放“培训贷”、夸大培训效果（如包过、不过退费、包就业、包年薪等），不得在目录之外或转包、转让给其他机构开展相关培训评价活动，不得弄虚作假，严禁违规套取或冒领费用。有上述违规行为的，一经调查核实，则退出培训机构或评价机构目录，并交有关主管部门依法依规处理。

职称评审管理暂行规定

1. 2019年7月1日人力资源和社会保障部令第40号公布
2. 自2019年9月1日起施行

第一章 总 则

第一条 为规范职称评审程序，加强职称评审管理，保证职称评审质量，根据有关法律法规和国务院规定，制定本规定。

第二条 职称评审是按照评审标准和程序，对专业技术人才品德、能力、业绩的评议和认定。职称评审结果是专业技术人才聘用、考核、晋升等的重要依据。

对企业、事业单位、社会团体、个体经济组织等（以下称用人单位）以及自由职业者开展专业技术人才职称评审工作，适用本规定。

第三条 职称评审坚持德才兼备、以德为先的原则，科学公正评价专业技术人才的职业道德、创新能力、业绩水平和实际贡献。

第四条 国务院人力资源社会保障行政部门负责全国的职称评审统筹规划和综合管理工作。县级以上地方各级人力资源社会保障行政部门负责本地区职称评审综合管理和组织实施工作。

行业主管部门在各自职责范围内负责本行业的职称评审管理和实施工作。

第五条 职称评审标准分为国家标准、地区标准和单位标准。

各职称系列国家标准由国务院人力资源社会保障行政部门会同行业主管部门制定。

地区标准由各地区人力资源社会保障行政部门会同行业主管部门依据国家标准，结合本地区实际制定。

单位标准由具有职称评审权的用人单位依据国家标准、地区标准，结合本单位实际制定。

地区标准、单位标准不得低于国家标准。

第二章 职称评审委员会

第六条 各地区、各部门以及用人单位等按照规定开展职称评审，应当申请组建职称评审委员会。

职称评审委员会负责评议、认定专业技术人才学术技术水平和专业能力，对组建单位负责，受组建单位监督。

职称评审委员会按照职称系列或者专业组建，不得跨系列组建综合性职称评审委员会。

第七条　职称评审委员会分为高级、中级、初级职称评审委员会。

申请组建高级职称评审委员会应当具备下列条件：

（一）拟评审的职称系列或者专业为职称评审委员会组建单位主体职称系列或者专业；

（二）拟评审的职称系列或者专业在行业内具有重要影响力，能够代表本领域的专业发展水平；

（三）具有一定数量的专业技术人才和符合条件的高级职称评审专家；

（四）具有开展高级职称评审的能力。

第八条　国家对职称评审委员会实行核准备案管理制度。职称评审委员会备案有效期不得超过3年，有效期届满应当重新核准备案。

国务院各部门、中央企业、全国性行业协会学会、人才交流服务机构等组建的高级职称评审委员会由国务院人力资源社会保障行政部门核准备案；各地区组建的高级职称评审委员会由省级人力资源社会保障行政部门核准备案；其他用人单位组建的高级职称评审委员会按照职称评审管理权限由省级以上人力资源社会保障行政部门核准备案。

申请组建中级、初级职称评审委员会的条件以及核准备案的具体办法，按照职称评审管理权限由国务院各部门、省级人力资源社会保障行政部门以及具有职称评审权的用人单位制定。

第九条　职称评审委员会组成人员应当是单数，根据工作需要设主任委员和副主任委员。按照职称系列组建的高级职称评审委员会评审专家不少于25人，按照专业组建的高级职称评审委员会评审专家不少于11人。各地区组建的高级职称评审委员会的人数，经省级人力资源社会保障行政部门同意，可以适当调整。

第十条　职称评审委员会的评审专家应当具备下列条件：

（一）遵守宪法和法律；

（二）具备良好的职业道德；

（三）具有本职称系列或者专业相应层级的职称；

（四）从事本领域专业技术工作；

（五）能够履行职称评审工作职责。

评审专家每届任期不得超过3年。

第十一条　各地区、各部门和用人单位可以按照职称系列或者专业建立职称评审委员会专家库，在职称评审委员会专家库内随机抽取规定数量的评审专家组成职称评审委员会。

职称评审委员会专家库参照本规定第八条进行核准备案，从专家库内抽取专家组成的职称评审委员会不再备案。

第十二条　职称评审委员会组建单位可以设立职称评审办事机构或者指定专门机构作为职称评审办事机构，由其负责职称评审的日常工作。

第三章　申报审核

第十三条　申报职称评审的人员（以下简称申报人）应当遵守宪法和法律，具备良好的职业道德，符合相应职称系列或者专业、相应级别职称评审规定的申报条件。

申报人应当为本单位在职的专业技术人才，离退休人员不得申报参加职称评审。

事业单位工作人员受到记过以上处分的，在受处分期间不得申报参加职称评审。

第十四条　申报人一般应当按照职称层级逐级申报职称评审。取得重大基础研究和前沿技术突破、解决重大工程技术难题，在经济社会各项事业发展中作出重大贡献的专业技术人才，可以直接申报高级职称评审。

对引进的海外高层次人才和急需紧缺人才，可以合理放宽资历、年限等条件限制。

对长期在艰苦边远地区和基层一线工作的专业技术人才，侧重考查其实际工作业绩，适当放宽学历和任职年限要求。

第十五条　申报人应当在规定期限内提交申报材料，对其申报材料的真实性负责。

凡是通过法定证照、书面告知承诺、政府部门内部核查或者部门间核查、网络核验等能够办理的，不得要求申报人额外提供证明材料。

第十六条　申报人所在工作单位应当对申报材料进行审核，并在单位内部进行公示，公示期不少于5个工作日，对经公示无异议的，按照职称评审管理权限逐级上报。

第十七条　非公有制经济组织的专业技术人才申报职称评审，可以由所在工作单位或者人事代理机构等履行审核、公示、推荐等程序。

自由职业者申报职称评审，可以由人事代理机构等履行审核、公示、推荐等程序。

第十八条　职称评审委员会组建单位按照申报条件对申报材料进行审核。

申报材料不符合规定条件的，职称评审委员会组建单位应当一次性告知申报人需要补正的全部内容。

逾期未补正的，视为放弃申报。

第四章 组织评审

第十九条 职称评审委员会组建单位组织召开评审会议。评审会议由主任委员或者副主任委员主持，出席评审会议的专家人数应当不少于职称评审委员会人数的2/3。

第二十条 职称评审委员会经过评议，采取少数服从多数的原则，通过无记名投票表决，同意票数达到出席评审会议的评审专家总数2/3以上的即为评审通过。

未出席评审会议的评审专家不得委托他人投票或者补充投票。

第二十一条 根据评审工作需要，职称评审委员会可以按照学科或者专业组成若干评议组，每个评议组评审专家不少于3人，负责对申报人提出书面评议意见；也可以不设评议组，由职称评审委员会3名以上评审专家按照分工，提出评议意见。评议组或者分工负责评议的专家在评审会议上介绍评议情况，作为职称评审委员会评议表决的参考。

第二十二条 评审会议结束时，由主任委员或者主持评审会议的副主任委员宣布投票结果，并对评审结果签字确认，加盖职称评审委员会印章。

第二十三条 评审会议应当做好会议记录，内容包括出席评委、评审对象、评议意见、投票结果等内容，会议记录归档管理。

第二十四条 评审会议实行封闭管理，评审专家名单一般不对外公布。

评审专家和职称评审办事机构工作人员在评审工作保密期内不得对外泄露评审内容，不得私自接收评审材料，不得利用职务之便谋取不正当利益。

第二十五条 评审专家与评审工作有利害关系或者其他关系可能影响客观公正的，应当申请回避。

职称评审办事机构发现上述情形的，应当通知评审专家回避。

第二十六条 职称评审委员会组建单位对评审结果进行公示，公示期不少于5个工作日。

公示期间，对通过举报投诉等方式发现的问题线索，由职称评审委员会组建单位调查核实。

经公示无异议的评审通过人员，按照规定由人力资源社会保障行政部门或者职称评审委员会组建单位确认。具有职称评审权的用人单位，其经公示无异议的评审通过人员，按照规定由职称评审委员会核准部门备案。

第二十七条 申报人对涉及本人的评审结果不服的，可以按照有关规定申请复查、进行投诉。

第二十八条 不具备职称评审委员会组建条件的地区和单位，可以委托经核准备案的职称评审委员会代为评审。具体办法按照职称评审管理权限由国务院各部门、省级人力资源社会保障行政部门制定。

第二十九条 专业技术人才跨区域、跨单位流动时，其职称按照职称评审管理权限重新评审或者确认，国家另有规定的除外。

第五章 评审服务

第三十条 职称评审委员会组建单位应当建立职称评价服务平台，提供便捷化服务。

第三十一条 职称评审委员会组建单位应当加强职称评审信息化建设，推广在线评审，逐步实现网上受理、网上办理、网上反馈。

第三十二条 人力资源社会保障行政部门建立职称评审信息化管理系统，统一数据标准，规范评审结果等数据采集。

第三十三条 人力资源社会保障行政部门在保障信息安全和个人隐私的前提下，逐步开放职称信息查询验证服务，积极探索实行职称评审电子证书。电子证书与纸质证书具有同等效力。

第六章 监督管理

第三十四条 人力资源社会保障行政部门和行业主管部门应当加强对职称评审工作的监督检查。

被检查的单位、相关机构和个人应当如实提供与职称评审有关的资料，不得拒绝检查或者谎报、瞒报。

第三十五条 人力资源社会保障行政部门和行业主管部门通过质询、约谈、现场观摩、查阅资料等形式，对各级职称评审委员会及其组建单位开展的评审工作进行抽查、巡查，依据有关问题线索进行倒查、复查。

第三十六条 人力资源社会保障行政部门和行业主管部门应当依法查处假冒职称评审、制作和销售假证等违法行为。

第三十七条 职称评审委员会组建单位应当依法执行物价、财政部门核准的收费标准，自觉接受监督和审计。

第七章 法律责任

第三十八条 违反本规定第八条规定，职称评审委员会未经核准备案、有效期届满未重新核准备案或者超越职称评审权限、擅自扩大职称评审范围的，人力资源社会保障行政部门对其职称评审权限或者超越权限和范围的职称评审行为不予认可；情节严重的，由人力资源社会保障行政部门取消职称评审委员会组建单位职称评审权，并依法追究相关人员的责任。

第三十九条　违反本规定第十三条、第十五条规定，申报人通过提供虚假材料、剽窃他人作品和学术成果或者通过其他不正当手段取得职称的，由人力资源社会保障行政部门或者职称评审委员会组建单位撤销其职称，并记入职称评审诚信档案库，纳入全国信用信息共享平台，记录期限为3年。

第四十条　违反本规定第十六条规定，申报人所在工作单位未依法履行审核职责的，由人力资源社会保障行政部门或者职称评审委员会组建单位对直接负责的主管人员和其他直接责任人员予以批评教育，并责令采取补救措施；情节严重的，依法追究相关人员责任。

违反本规定第十七条规定，非公有制经济组织或者人事代理机构等未依法履行审核职责的，按照前款规定处理。

第四十一条　违反本规定第十八条规定，职称评审委员会组建单位未依法履行审核职责的，由人力资源社会保障行政部门对其直接负责的主管人员和其他直接责任人员予以批评教育，并责令采取补救措施；情节严重的，取消其职称评审权，并依法追究相关人员责任。

第四十二条　评审专家违反本规定第二十四条、第二十五条规定的，由职称评审委员会组建单位取消其评审专家资格，通报批评并记入职称评审诚信档案库；构成犯罪的，依法追究刑事责任。

职称评审办事机构工作人员违反本规定第二十四条、第二十五条规定的，由职称评审委员会组建单位责令不得再从事职称评审工作，进行通报批评；构成犯罪的，依法追究刑事责任。

第八章　附　　则

第四十三条　涉密领域职称评审的具体办法，由相关部门和单位参照本规定另行制定。

第四十四条　本规定自2019年9月1日起施行。

国家职业资格目录(2021年版)

2021年11月23日人力资源社会保障部公布

一、专业技术人员职业资格

(共计59项。其中准入类33项，水平评价类26项)

序号	职业资格名称	实施部门（单位）	资格类别	设定依据
1	教师资格	教育部	准入类	《中华人民共和国教师法》 《教师资格条例》 《〈教师资格条例〉实施办法》（教育部令2000年第10号）
2	法律职业资格	司法部	准入类	《中华人民共和国法官法》 《中华人民共和国检察官法》 《中华人民共和国公务员法》 《中华人民共和国律师法》 《中华人民共和国公证法》 《中华人民共和国仲裁法》 《中华人民共和国行政复议法》 《中华人民共和国行政处罚法》
3	中国委托公证人资格（香港、澳门）	司法部	准入类	《国务院对确需保留的行政审批项目设定行政许可的决定》

续表

<table>
<tr><th>序号</th><th colspan="2">职业资格名称</th><th>实施部门
（单位）</th><th>资格类别</th><th>设定依据</th></tr>
<tr><td>4</td><td colspan="2">注册会计师</td><td>财政部</td><td>准入类</td><td>《中华人民共和国注册会计师法》</td></tr>
<tr><td>5</td><td colspan="2">注册城乡规划师</td><td>自然资源部
人力资源社会保障部
相关行业协会</td><td>准入类</td><td>《中华人民共和国城乡规划法》</td></tr>
<tr><td>6</td><td colspan="2">注册测绘师</td><td>自然资源部
人力资源社会保障部</td><td>准入类</td><td>《中华人民共和国测绘法》
《注册测绘师制度暂行规定》（国人部发〔2007〕14 号）</td></tr>
<tr><td rowspan="2">7</td><td rowspan="2">核安全设备无损检验人员资格</td><td>民用核安全设备无损检验人员</td><td>生态环境部</td><td>准入类</td><td>《民用核安全设备监督管理条例》</td></tr>
<tr><td>国防科技工业军用核安全设备无损检验人员</td><td>国防科工局</td><td>准入类</td><td>《中华人民共和国核安全法》</td></tr>
<tr><td rowspan="2">8</td><td rowspan="2">核设施操纵人员资格</td><td>民用核设施操纵人员</td><td>生态环境部
国家能源局</td><td>准入类</td><td>《中华人民共和国民用核设施安全监督管理条例》</td></tr>
<tr><td>国防科技工业军用核设施操纵人员</td><td>国防科工局</td><td>准入类</td><td>《中华人民共和国核安全法》</td></tr>
<tr><td>9</td><td colspan="2">注册核安全工程师</td><td>生态环境部
人力资源社会保障部</td><td>准入类</td><td>《中华人民共和国放射性污染防治法》
《注册核安全工程师执业资格制度暂行规定》（人发〔2002〕106 号）</td></tr>
<tr><td>10</td><td colspan="2">注册建筑师</td><td>全国注册建筑师管理委员会及省级注册建筑师管理委员会</td><td>准入类</td><td>《中华人民共和国建筑法》
《中华人民共和国注册建筑师条例》
《建设工程勘察设计管理条例》
《关于建立注册建筑师制度及有关工作的通知》（建设〔1994〕第 598 号）</td></tr>
<tr><td>11</td><td colspan="2">监理工程师</td><td>住房城乡建设部
交通运输部
水利部
人力资源社会保障部</td><td>准入类</td><td>《中华人民共和国建筑法》
《建设工程质量管理条例》
《监理工程师职业资格制度规定》（建人规〔2020〕3 号）
《注册监理工程师管理规定》（建设部令 2006 年第 147 号，根据住房和城乡建设部令 2016 年第 32 号修订）
《公路水运工程监理企业资质管理规定》（交通运输部令 2019 年第 37 号）
《水利工程建设监理规定》（水利部令 2006 年第 28 号，根据水利部令 2017 年第 49 号修订）</td></tr>
<tr><td>12</td><td colspan="2">房地产估价师</td><td>住房城乡建设部
自然资源部</td><td>准入类</td><td>《中华人民共和国城市房地产管理法》</td></tr>
</table>

续表

序号	职业资格名称		实施部门 （单位）	资格类别	设定依据
13	造价工程师		住房城乡建设部 交通运输部 水利部 人力资源社会保障部	准入类	《中华人民共和国建筑法》 《造价工程师职业资格制度规定》（建人〔2018〕67 号） 《注册造价工程师管理办法》（建设部令 2006 年第 150 号，根据住房和城乡建设部令 2016 年第 32 号、2020 年第 50 号修订）
14	建造师		住房城乡建设部 人力资源社会保障部	准入类	《中华人民共和国建筑法》 《注册建造师管理规定》（建设部令 2006 年第 153 号，根据住房和城乡建设部令 2016 年第 32 号修订） 《建造师执业资格制度暂行规定》（人发〔2002〕111 号）
15	勘察设计注册工程师	注册结构工程师	住房城乡建设部 人力资源社会保障部	准入类	《中华人民共和国建筑法》 《建设工程勘察设计管理条例》 《勘察设计注册工程师管理规定》（建设部令 2005 年第 137 号，根据住房和城乡建设部令 2016 年第 32 号修订） 《注册结构工程师执业资格制度暂行规定》（建设〔1997〕222 号）
		注册土木工程师	住房城乡建设部 交通运输部 水利部 人力资源社会保障部		《中华人民共和国建筑法》 《建设工程勘察设计管理条例》 《勘察设计注册工程师管理规定》（建设部令 2005 年第 137 号，根据住房和城乡建设部令 2016 年第 32 号修订） 《注册土木工程师（岩土）执业资格制度暂行规定》（人发〔2002〕35 号） 《注册土木工程师（水利水电工程）制度暂行规定》（国人部发〔2005〕58 号） 《注册土木工程师（港口与航道工程）执业资格制度暂行规定》（人发〔2003〕27 号） 《勘察设计注册土木工程师（道路工程）制度暂行规定》（国人部发〔2007〕18 号）
		注册化工工程师	住房城乡建设部 人力资源社会保障部		《中华人民共和国建筑法》 《建设工程勘察设计管理条例》 《勘察设计注册工程师管理规定》（建设部令 2005 年第 137 号，根据住房和城乡建设部令 2016 年第 32 号修订） 《注册化工工程师执业资格制度暂行规定》（人发〔2003〕26 号）
		注册电气工程师			《中华人民共和国建筑法》 《建设工程勘察设计管理条例》 《勘察设计注册工程师管理规定》（建设部令 2005 年第 137 号，根据住房和城乡建设部令 2016 年第 32 号修订） 《注册电气工程师执业资格制度暂行规定》（人发〔2003〕25 号）

续表

序号	职业资格名称		实施部门（单位）	资格类别	设定依据
	勘察设计注册工程师	注册公用设备工程师	住房城乡建设部 人力资源社会保障部	准入类	《中华人民共和国建筑法》 《建设工程勘察设计管理条例》 《勘察设计注册工程师管理规定》（建设部令2005年第137号，根据住房和城乡建设部令2016年第32号修订） 《注册公用设备工程师执业资格制度暂行规定》（人发〔2003〕24号）
		注册环保工程师	住房城乡建设部 生态环境部 人力资源社会保障部		《中华人民共和国建筑法》 《建设工程勘察设计管理条例》 《勘察设计注册工程师管理规定》（建设部令2005年第137号，根据住房和城乡建设部令2016年第32号修订） 《注册环保工程师制度暂行规定》（国人部发〔2005〕56号）
16	注册验船师		交通运输部 人力资源社会保障部	准入类	《中华人民共和国船舶和海上设施检验条例》 《中华人民共和国渔业船舶检验条例》 《注册验船师制度暂行规定》（国人部发〔2006〕8号）
17	船员资格（含船员、渔业船员）		交通运输部 农业农村部	准入类	《中华人民共和国海上交通安全法》 《中华人民共和国船员条例》 《中华人民共和国内河交通安全管理条例》 《中华人民共和国渔港水域交通安全管理条例》
18	执业兽医		农业农村部	准入类	《中华人民共和国动物防疫法》
19	演出经纪人员资格		文化和旅游部	准入类	《营业性演出管理条例》 《营业性演出管理条例实施细则》（文化部令2009年第47号，根据文化部令2017年第57号修订）
20	导游资格		文化和旅游部	准入类	《中华人民共和国旅游法》 《导游人员管理条例》
21	医生资格	医师	国家卫生健康委	准入类	《中华人民共和国医师法》
		乡村医生			《乡村医生从业管理条例》
		人体器官移植医师			《中华人民共和国医师法》 《人体器官移植条例》 《关于对人体器官移植技术临床应用规划及拟批准开展人体器官移植医疗机构和医师开展审定工作的通知》（卫办医发〔2007〕38号） 《国务院关于取消和调整一批行政审批项目等事项的决定》（国发〔2014〕27号）
		职业病诊断医师			《中华人民共和国职业病防治法》 《国务院关于取消一批职业资格许可和认定事项的决定》（国发〔2016〕5号）

续表

序号	职业资格名称		实施部门（单位）	资格类别	设定依据
22	护士执业资格		国家卫生健康委 人力资源社会保障部	准入类	《护士条例》 《护士执业资格考试办法》(卫生部、人力资源社会保障部令2010年第74号)
23	母婴保健技术服务人员资格		国家卫生健康委	准入类	《中华人民共和国母婴保健法》
24	注册安全工程师		应急管理部 人力资源社会保障部	准入类	《中华人民共和国安全生产法》 《注册安全工程师职业资格制度规定》(应急〔2019〕8号)
25	注册消防工程师		应急管理部 人力资源社会保障部	准入类	《中华人民共和国消防法》 《注册消防工程师制度暂行规定》(人社部发〔2012〕56号)
26	注册计量师		市场监管总局 人力资源社会保障部	准入类	《中华人民共和国计量法》 《注册计量师职业资格制度规定》(国市监计量〔2019〕197号)
27	特种设备检验、检测人员资格		市场监管总局	准入类	《中华人民共和国特种设备安全法》
28	广播电视播音员、主持人资格		广电总局	准入类	《国务院对确需保留的行政审批项目设定行政许可的决定》
29	新闻记者职业资格		国家新闻出版署	准入类	《国务院对确需保留的行政审批项目设定行政许可的决定》 《新闻记者证管理办法》(新闻出版总署令2009年第44号)
30	航空人员资格	空勤人员、地面人员	中国民航局	准入类	《中华人民共和国民用航空法》
		民用航空器外国驾驶员、领航员、飞行机械员、飞行通信员			《国务院对确需保留的行政审批项目设定行政许可的决定》
		航空安全员			《国务院对确需保留的行政审批项目设定行政许可的决定》
		民用航空电信人员、航行情报人员、气象人员			《国务院对确需保留的行政审批项目设定行政许可的决定》
31	执业药师		国家药监局 人力资源社会保障部	准入类	《中华人民共和国药品管理法》 《中华人民共和国药品管理法实施条例》 《国务院对确需保留的行政审批项目设定行政许可的决定》 《药品经营质量管理规范》(国家食品药品监督管理总局令2015年第13号,根据国家食品药品监督管理总局令2016年第28号修正) 《执业药师职业资格制度规定》(国药监人〔2019〕12号)
32	专利代理师		国家知识产权局	准入类	《专利代理条例》 《专利代理师资格考试办法》(国家市场监督管理总局令2019年第7号)

续表

序号	职业资格名称	实施部门（单位）	资格类别	设定依据
33	拍卖师	中国拍卖行业协会	准入类	《中华人民共和国拍卖法》
34	工程咨询（投资）专业技术人员职业资格	国家发展改革委 人力资源社会保障部 中国工程咨询协会	水平评价类	《工程咨询（投资）专业技术人员职业资格制度暂行规定》（人社部发〔2015〕64号）
35	通信专业技术人员职业资格	工业和信息化部 人力资源社会保障部	水平评价类	《中华人民共和国电信条例》 《通信专业技术人员职业水平评价暂行规定》（国人部发〔2006〕10号）
36	计算机技术与软件专业技术资格	工业和信息化部 人力资源社会保障部	水平评价类	《计算机技术与软件专业技术资格（水平）考试暂行规定》（国人部发〔2003〕39号）
37	社会工作者职业资格	民政部 人力资源社会保障部	水平评价类	《国家中长期人才发展规划纲要（2010－2020年）》 《关于加强社会工作专业人才队伍建设的意见》（中组发〔2011〕25号） 《社会工作者职业水平评价暂行规定》（国人部发〔2006〕71号） 《高级社会工作师评价办法》（人社部规〔2018〕2号）
38	会计专业技术资格	财政部 人力资源社会保障部	水平评价类	《中华人民共和国会计法》 《关于深化会计人员职称制度改革的指导意见》（人社部发〔2019〕8号） 《会计专业技术资格考试暂行规定》（财会〔2000〕11号）
39	资产评估师	财政部 人力资源社会保障部 中国资产评估协会	水平评价类	《中华人民共和国资产评估法》 《资产评估师职业资格制度暂行规定》（人社部规〔2017〕7号）
40	经济专业技术资格	人力资源社会保障部	水平评价类	《关于深化经济专业人员职称制度改革的指导意见》（人社部发〔2019〕53号） 《经济专业技术资格规定》（人社部规〔2020〕1号）
41	不动产登记代理专业人员职业资格	自然资源部 中国土地估价师与土地登记代理人协会	水平评价类	《不动产登记暂行条例》
42	矿业权评估师	自然资源部 中国矿业权评估师协会	水平评价类	《中华人民共和国资产评估法》 《矿产资源勘查区块登记管理办法》 《矿产资源开采登记管理办法》 《探矿权采矿权转让管理办法》
43	环境影响评价工程师	生态环境部 人力资源社会保障部	水平评价类	《建设项目环境保护管理条例》 《环境影响评价工程师职业资格制度暂行规定》（国人部发〔2004〕13号）

续表

序号	职业资格名称	实施部门（单位）	资格类别	设定依据
44	房地产经纪专业人员职业资格	住房城乡建设部 人力资源社会保障部 中国房地产估价师与房地产经纪人学会	水平评价类	《中华人民共和国城市房地产管理法》 《房地产经纪专业人员职业资格制度暂行规定》（人社部发〔2015〕47号）
45	机动车检测维修专业技术人员职业资格	交通运输部 人力资源社会保障部	水平评价类	《中华人民共和国道路运输条例》 《机动车检测维修专业技术人员职业水平评价暂行规定》（国人部发〔2006〕51号）
46	公路水运工程试验检测专业技术人员职业资格	交通运输部 人力资源社会保障部	水平评价类	《建设工程质量管理条例》 《公路水运工程试验检测专业技术人员职业资格制度规定》（人社部发〔2015〕59号）
47	水利工程质量检测员资格	水利部	水平评价类	《建设工程质量管理条例》 《水利工程质量检测管理规定》（水利部令2008年第36号，根据水利部令2017年第49号、2019年第50号修订）
48	卫生专业技术资格	国家卫生健康委 人力资源社会保障部	水平评价类	《关于深化卫生专业技术人员职称制度改革的指导意见》（人社部发〔2021〕51号） 《临床医学专业技术资格考试暂行规定》（卫人发〔2000〕462号） 《预防医学、全科医学、药学、护理、其他卫生技术等专业技术资格考试暂行规定》（卫人发〔2001〕164号）
49	审计专业技术资格	审计署 人力资源社会保障部	水平评价类	《中华人民共和国审计法》 《中华人民共和国审计法实施条例》 《关于深化审计专业人员职称制度改革的指导意见》（人社部发〔2020〕84号） 《审计专业技术初、中级资格考试规定》（审人发〔2003〕4号） 《高级审计师评价办法（试行）》（人发〔2002〕58号）
50	税务师	税务总局 人力资源社会保障部 中国注册税务师协会	水平评价类	《中华人民共和国税收征收管理法》 《税务师职业资格制度暂行规定》（人社部发〔2015〕90号）
51	认证人员职业资格	市场监管总局	水平评价类	《中华人民共和国认证认可条例》
52	设备监理师	市场监管总局 人力资源社会保障部	水平评价类	《国务院关于第三批取消和调整行政审批项目的决定》（国发〔2004〕16号）
53	统计专业技术资格	国家统计局 人力资源社会保障部	水平评价类	《中华人民共和国统计法》 《关于深化统计专业人员职称制度改革的指导意见》（人社部发〔2020〕16号） 《统计专业技术资格考试暂行规定》（国统字〔1995〕46号）

续表

序号	职业资格名称	实施部门（单位）	资格类别	设定依据
54	出版专业技术人员职业资格	国家新闻出版署 人力资源社会保障部	水平评价类	《出版管理条例》 《音像制品管理条例》 《关于深化出版专业技术人员职称制度改革的指导意见》（人社部发〔2021〕10 号） 《出版专业技术人员职业资格考试暂行规定》（人发〔2001〕86 号）
55	银行业专业人员职业资格	银保监会 人力资源社会保障部 中国银行业协会	水平评价类	《银行业专业人员职业资格制度暂行规定》（人社部发〔2013〕101 号）
56	精算师	银保监会 人力资源社会保障部 中国精算师协会	水平评价类	《中华人民共和国保险法》
57	证券期货基金业从业人员资格	证监会	水平评价类	《中华人民共和国证券法》 《中华人民共和国证券投资基金法》 《期货交易管理条例》
58	文物保护工程从业资格	国家文物局	水平评价类	《中华人民共和国文物保护法实施条例》 《文物保护工程管理办法》（文化部令 2003 年第 26 号） 《文物保护工程勘察设计资质管理办法（试行）》 《文物保护工程施工资质管理办法（试行）》 《文物保护工程监理资质管理办法（试行）》（文物保发〔2014〕13 号）
59	翻译专业资格	中国外文局 人力资源社会保障部	水平评价类	《关于深化翻译专业人员职称制度改革的指导意见》（人社部发〔2019〕110 号） 《翻译专业资格（水平）考试暂行规定》（人发〔2003〕21 号）

二、技能人员职业资格

（共计 13 项）

序号	职业资格名称		实施部门（单位）	资格类别	设定依据	备注
1	焊工	民用核安全设备焊工、焊接操作工	生态环境部	准入类	《民用核安全设备监督管理条例》 《国务院对确需保留的行政审批项目设定行政许可的决定》 《国务院关于修改部分行政法规的决定》	
		国防科技工业军用核安全设备焊接人员	国防科工局	准入类	《中华人民共和国核安全法》	

续表

序号	职业资格名称		实施部门（单位）	资格类别	设定依据	备注
2	安全保护服务人员	保安员	公安部门及相关机构	准入类	《保安服务管理条例》《人力资源社会保障部办公厅 公安部办公厅关于颁布保安员国家职业技能标准的通知》(人社厅发〔2019〕60 号)	
		民航安全检查员	民航行业技能鉴定机构	水平评价类	《人力资源社会保障部办公厅 中国民用航空局综合司关于颁布民航乘务员等 3 个国家职业技能标准的通知》(人社厅发〔2019〕110 号)	涉及安全，根据 2019 年 12 月 30 日国务院常务会议精神，拟依法调整为准入类职业资格。
3	消防和应急救援人员	消防员	消防行业技能鉴定机构	水平评价类	《关于印发灭火救援员国家职业技能标准的通知》(人社厅发〔2011〕18 号)	涉及安全，根据 2019 年 12 月 30 日国务院常务会议精神，拟依法调整为准入类职业资格。
		森林消防员	应急管理部、国家林业和草原局		《关于印发第十二批房地产策划师等 54 个国家职业标准的通知》(劳社厅发〔2006〕1 号)	
		应急救援员	紧急救援行业技能鉴定机构		《人力资源社会保障部办公厅 应急管理部办公厅关于颁布应急救援员国家职业技能标准的通知》(人社厅发〔2019〕8 号)	
4	消防设施操作员		消防行业技能鉴定机构	准入类	《中华人民共和国消防法》	
5	健身和娱乐场所服务人员	游泳救生员	体育行业技能鉴定机构	准入类	《全民健身条例》	
		社会体育指导员			《全民健身条例》《第一批高危险性体育项目目录公告》(国家体育总局公告 2013 年第 16 号)	指从事游泳、滑雪、潜水、攀岩等高危险性体育项目的社会体育指导员。
6	航空运输服务人员	民航乘务员	民航行业技能鉴定机构	准入类	《中华人民共和国民用航空法》《人力资源社会保障部办公厅 中国民用航空局综合司关于颁布民航乘务员等 3 个国家职业技能标准的通知》(人社厅发〔2019〕110 号)	
		机场运行指挥员	民航行业技能鉴定机构	水平评价类	《人力资源社会保障部办公厅 中国民用航空局综合司关于颁布民航乘务员等 3 个国家职业技能标准的通知》(人社厅发〔2019〕110 号)	涉及安全，根据 2019 年 12 月 30 日国务院常务会议精神，拟依法调整为准入类职业资格。

续表

<table>
<tr><th>序号</th><th colspan="2">职业资格名称</th><th>实施部门（单位）</th><th>资格类别</th><th>设定依据</th><th>备注</th></tr>
<tr><td rowspan="2">7</td><td rowspan="2">轨道交通运输服务人员</td><td rowspan="2">轨道列车司机</td><td>交通运输主管部门及相关机构</td><td rowspan="2">准入类</td><td rowspan="2">《铁路安全管理条例》
《国务院办公厅关于保障城市轨道交通安全运行的意见》（国办发〔2018〕13 号）
《人力资源社会保障部办公厅 交通运输部办公厅 国家铁路局综合司关于颁布轨道列车司机国家职业技能标准的通知》（人社厅发〔2019〕121 号）</td><td rowspan="2"></td></tr>
<tr><td>国家铁路局</td></tr>
<tr><td rowspan="3">8</td><td rowspan="3">危险货物、化学品运输从业人员</td><td>危险货物道路运输从业人员</td><td rowspan="3">交通运输主管部门及相关机构</td><td rowspan="3">准入类</td><td rowspan="3">《中华人民共和国安全生产法》
《中华人民共和国道路运输条例》
《危险化学品安全管理条例》
《放射性物品运输安全管理条例》
《道路运输从业人员管理规定》（交通运输部令 2019 年第 18 号）
《危险货物水路运输从业人员考核和从业资格管理规定》（交通运输部令 2021 年第 29 号）</td><td rowspan="3"></td></tr>
<tr><td>放射性物品道路运输从业人员</td></tr>
<tr><td>危险货物水路运输从业人员</td></tr>
<tr><td rowspan="3">9</td><td rowspan="3">道路运输从业人员</td><td>经营性客运驾驶员</td><td>交通运输主管部门及相关机构</td><td>准入类</td><td>《中华人民共和国道路运输条例》
《国务院关于加强道路交通安全工作的意见》（国发〔2012〕30 号）
《道路运输从业人员管理规定》（交通运输部令 2019 年第 18 号）</td><td></td></tr>
<tr><td>经营性货运驾驶员</td><td>交通运输主管部门及相关机构</td><td>准入类</td><td>《中华人民共和国道路运输条例》
《国务院关于加强道路交通安全工作的意见》（国发〔2012〕30 号）
《道路运输从业人员管理规定》（交通运输部令 2019 年第 18 号）</td><td>除使用总质量 4500 千克及以下普通货运车辆的驾驶人员外。</td></tr>
<tr><td>出租汽车驾驶员</td><td>交通运输主管部门及相关机构</td><td>准入类</td><td>《国务院对确需保留的行政审批项目设定行政许可的决定》
《出租汽车驾驶员从业资格管理规定》（交通运输部令 2021 年第 15 号）
《巡游出租汽车经营服务管理规定》（交通运输部令 2021 年第 16 号）
《网络预约出租汽车经营服务管理暂行办法》（交通运输部令 2019 年第 46 号）</td><td></td></tr>
</table>

续表

序号	职业资格名称	实施部门（单位）	资格类别	设定依据	备注
10	特种作业人员	应急管理部门、矿山安全监管部门	准入类	《中华人民共和国安全生产法》 《中华人民共和国劳动法》 《中华人民共和国矿山安全法》 《安全生产许可证条例》 《煤矿安全监察条例》 《危险化学品安全管理条例》 《烟花爆竹安全管理条例》 《特种作业人员安全技术培训考核管理规定》（国家安全监管总局令2010年第30号、2013年第63号第一次修正、2015年第80号第二次修正）	
11	建筑施工特种作业人员	住房和城乡建设主管部门及相关机构	准入类	《中华人民共和国安全生产法》 《中华人民共和国特种设备安全法》 《建设工程安全生产管理条例》 《特种设备安全监察条例》 《安全生产许可证条例》 《建筑起重机械安全监督管理规定》（建设部令2008年第166号）	
12	特种设备安全管理和作业人员	市场监督管理部门	准入类	《中华人民共和国特种设备安全法》 《特种设备安全监察条例》 《特种设备作业人员监督管理办法》（国家质量监督检验检疫总局令2011年第140号）	
13	家畜繁殖员	农业行业技能鉴定机构	准入类	《中华人民共和国畜牧法》	

人力资源社会保障部办公厅关于颁布水泥生产工等3个国家职业技能标准的通知

1. 2020年3月30日

2. 人社厅发〔2020〕32号

各省、自治区、直辖市及新疆生产建设兵团人力资源社会保障厅（局），国务院有关部委、直属机构人事劳动保障工作机构，有关行业组织人事劳动保障工作机构，中央军委政治工作部兵员和文职人员局：

根据《中华人民共和国劳动法》有关规定，我部组织制定了水泥生产工、石膏制品生产工、乳品评鉴师等3个国家职业技能标准，现予颁布施行。原相应国家职业技能标准同时废止。

3个国家职业技能标准目录

序号	职业编码	职业名称
1	6-15-01-01	水泥生产工
2	6-15-01-05	石膏制品生产工
3	6-02-04-02	乳品评鉴师

人力资源社会保障部办公厅、工业和信息化部办公厅关于颁布集成电路工程技术人员等7个国家职业技术技能标准的通知

1. 2021年9月29日
2. 人社厅发〔2021〕70号

各省、自治区、直辖市及新疆生产建设兵团人力资源社会保障厅(局)、工业和信息化主管部门,中共海南省委人才发展局,各省、自治区、直辖市通信管理局:

根据《中华人民共和国劳动法》有关规定,人力资源社会保障部、工业和信息化部共同制定了集成电路工程技术人员等7个国家职业技术技能标准,现予颁布施行。

附件:7个国家职业技术技能标准目录

附件

7个国家职业技术技能标准目录

序号	职业编码	职业名称
1	2-02-09-06	集成电路工程技术人员
2	2-02-10-09	人工智能工程技术人员
3	2-02-10-10	物联网工程技术人员
4	2-02-10-12	云计算工程技术人员
5	2-02-10-13	工业互联网工程技术人员
6	2-02-10-14	虚拟现实工程技术人员
7	2-02-30-11	数字化管理师

人力资源社会保障部办公厅关于进一步做好技能人员职业资格证书发放管理有关工作的通知

1. 2018年5月3日
2. 人社厅发〔2018〕42号

各省、自治区、直辖市及新疆生产建设兵团人力资源社会保障厅(局),国务院有关部门、有关行业组织和集团公司人事劳动保障工作机构,军队士兵职业技能鉴定工作办公室:

为规范实施《国家职业资格目录》(以下简称《目录》),做好技能人员职业资格证书(以下简称证书)发放管理工作,现就有关事项通知如下:

一、我部自5月起启用2018年版证书。2018年版证书沿用2015年版证书的颜色、基本样式和防伪技术指标,对证书内页有关内容进行了修改和调整。将“职业(工种)及等级”项调整为“职业资格”项并在其下增加一空行,用于填写《目录》中的职业资格名称;增加“职业方向”项,用于填写相应职业技能标准中确定的工种或模块名称(或填写“——”,不能空项)。证书编码、验印等,继续按照我部原有关规定执行。

二、2018年版证书由我部统一印制,我部职业技能鉴定中心负责监制、统计和发放工作。依照各地区、各有关部门(行业组织)上年度相应季度各等级鉴定合格人数,按季度提前发放空白证书。各地区、各有关部门(行业组织)要加强统筹安排,避免出现证书短缺特别是结构性短缺问题。

三、2015年版证书从2019年1月1日起停止使用。此前按规定核发的证书继续有效。各地区、各有关部门(行业组织、集团公司)要优先使用2015年版证书。有富余空白证书的,请及时与我部职业技能鉴定中心联系,统一安排调剂使用。未列入《目录》实施部门(单位)的,应主动上缴多余空白证书。到期结余的2015年版证书,由各地区、各有关部门(行业组织、集团公司)按规定自行销毁,并将销毁的证书号段报我部职业技能鉴定中心。

四、各地区、各有关部门(行业组织、集团公司)应按照《人力资源社会保障部办公厅关于做好取消部分技能人员职业资格许可认定事项后续工作的通知》(人社厅发〔2016〕182号)和《人力资源社会保障部办公厅关于做好国家职业资格目录公布实施后技能人员职业资格有关工作的通知》(人社厅发〔2017〕133号)要求,妥善处理后续工作,加强证书规范管理,相关信息不再报备。

五、证书持有人遗失证书申请补发或因境外就业申请换发证书,所持证书的职业(工种)在《目录》内的,由原证书颁发机构负责审核办理,补发或换发的证书使用原证书编码并在备注栏内注明;职业(工种)不在《目录》内的,不再补发或换发证书,改由原证书颁发机构出具书面证明,载明原证书详细信息。

六、各地区、各有关部门(行业组织、集团公司)要按照“谁鉴定谁负责、谁发证谁负责”的原则,规范考务管理,做好证书打印发放工作。要以证书发放管理为切入点,统筹加强职业技能鉴定信息化建设,确保数据安

全、真实、完整、准确。要承诺证书办理时限，简化证书办理流程，缩短发证周期，向人民群众提供优质高效的公共服务。

七、《目录》中由原环境保护部、国家铁路局、原安全生产监督管理部门相关机构等具体实施的职业资格，仍使用其原证书，证书发放管理按原规定执行。

三、劳动合同

《中华人民共和国劳动合同法》导读：

《中华人民共和国劳动合同法》（以下简称《劳动合同法》）经过全国人大常委会四次审议，于 2007 年 6 月 29 日由十届全国人大常委会第二十八次会议通过，2007 年 6 月 29 日颁布，并于 2008 年 1 月 1 日起施行。《劳动合同法》的颁布实施，标志着我国的劳动合同制度纳入了依法规范、依法调整的法制轨道。

总的来看，《劳动合同法》主要有以下特点：

（一）从法律角度对劳动合同制度作了较为全面的规范。《劳动法》已经对劳动合同制度进行了规范，但原有的法律规定已经不能完全适应依法规范劳动合同制度的需要，需要制定一部较为全面的法律，对劳动合同制度作出规定。《劳动合同法》从劳动合同的订立、劳动合同的履行和变更、劳动合同的解除和终止、特别规定（集体合同、劳务派遣合同、其他用工形式）、监督检查、法律责任等方面对劳动合同制度作了全面的规定。

（二）完善和健全了我国的劳动合同制度。在劳动合同制度的实行过程中，新的问题、新的矛盾不断出现，如劳动合同制度的适用范围问题，劳动合同试用期规定不明确的问题，无固定期限劳动合同的订立条件问题，解除或终止劳动合同的经济补偿问题、竞业限制问题，限制用人单位滥用解除劳动合同权利的问题，集体合同制度与劳动合同制度对接的问题等。《劳动合同法》对这些实践中产生的问题，都从协调劳动关系、保护劳动者合法权益的角度作了相应的规定。

（三）对劳务派遣的用工形式进行了法律规范。《劳动合同法》针对劳务派遣中存在的问题作了专节规定，把劳务派遣用工形式的范围限定为临时性、辅助性或者替代性的工作岗位，并对劳务派遣三方的权利义务作了具体的规定。

（四）在劳动合同法律制度的设计上符合中国国情。《劳动合同法》的起草和制定，一直从中国的国情出发，参照国际上不同国家的不同用工制度，针对当前在劳动合同制度中劳动者所处的弱势地位，对保护劳动者的合法权益作了相应的规定，从法律条款看似对劳动者有所倾斜，但从法律制度应平衡各社会利益集团之间的矛盾和法律对国家发展和经济进步的保障作用来讲，《劳动合同法》是符合我国的具体国情的，并将对我国劳动关系的稳定发展和和谐社会的构建产生积极的推动作用。

2008 年 9 月 18 日，国务院公布《中华人民共和国劳动合同法实施条例》，对《劳动合同法》实施中的一些具体问题作了规定。2012 年 12 月 28 日，十一届全国人大常委会第三十次会议通过《关于修改〈中华人民共和国劳动合同法〉的决定》，对《劳动合同法》中有关劳务派遣的部分条文作了修改。2017 年 11 月 24 日，人力资源和社会保障部废止原《违反和解除劳动合同的经济补偿办法》。

资料补充栏

1.综　合

中华人民共和国劳动合同法

1. 2007年6月29日第十届全国人民代表大会常务委员会第二十八次会议通过

2. 根据2012年12月28日第十一届全国人民代表大会常务委员会第三十次会议《关于修改〈中华人民共和国劳动合同法〉的决定》修正

目　录

第一章　总　　则

第一条　【立法宗旨】为了完善劳动合同制度,明确劳动合同双方当事人的权利和义务,保护劳动者的合法权益,构建和发展和谐稳定的劳动关系,制定本法。

第二条　【适用范围】中华人民共和国境内的企业、个体经济组织、民办非企业单位等组织(以下称用人单位)与劳动者建立劳动关系,订立、履行、变更、解除或者终止劳动合同,适用本法。

国家机关、事业单位、社会团体和与其建立劳动关系的劳动者,订立、履行、变更、解除或者终止劳动合同,依照本法执行。

第三条　【基本原则】订立劳动合同,应当遵循合法、公平、平等自愿、协商一致、诚实信用的原则。

依法订立的劳动合同具有约束力,用人单位与劳动者应当履行劳动合同约定的义务。

第四条　【规章制度保障】用人单位应当依法建立和完善劳动规章制度,保障劳动者享有劳动权利、履行劳动义务。

用人单位在制定、修改或者决定有关劳动报酬、工作时间、休息休假、劳动安全卫生、保险福利、职工培训、劳动纪律以及劳动定额管理等直接涉及劳动者切身利益的规章制度或者重大事项时,应当经职工代表大会或者全体职工讨论,提出方案和意见,与工会或者职工代表平等协商确定。

在规章制度和重大事项决定实施过程中,工会或者职工认为不适当的,有权向用人单位提出,通过协商予以修改完善。

用人单位应当将直接涉及劳动者切身利益的规章制度和重大事项决定公示,或者告知劳动者。

第五条　【协调劳动关系三方机制】县级以上人民政府劳动行政部门会同工会和企业方面代表,建立健全协调劳动关系三方机制,共同研究解决有关劳动关系的重大问题。

第六条　【集体协商机制】工会应当帮助、指导劳动者与用人单位依法订立和履行劳动合同,并与用人单位建立集体协商机制,维护劳动者的合法权益。

第二章　劳动合同的订立

第七条　【劳动关系的建立】用人单位自用工之日起即与劳动者建立劳动关系。用人单位应当建立职工名册备查。

第八条　【用人单位的告知义务和劳动者的说明义务】用人单位招用劳动者时,应当如实告知劳动者工作内容、工作条件、工作地点、职业危害、安全生产状况、劳动报酬,以及劳动者要求了解的其他情况;用人单位有权了解劳动者与劳动合同直接相关的基本情况,劳动者应当如实说明。

第九条　【用人单位不得扣押劳动者证件和要求提供担保】用人单位招用劳动者,不得扣押劳动者的居民身份证和其他证件,不得要求劳动者提供担保或者以其他名义向劳动者收取财物。

第十条　【订立书面劳动合同】建立劳动关系,应当订立书面劳动合同。

已建立劳动关系,未同时订立书面劳动合同的,应当自用工之日起一个月内订立书面劳动合同。

用人单位与劳动者在用工前订立劳动合同的,劳动关系自用工之日起建立。

第十一条　【未订立书面劳动合同时劳动报酬不明确的解决】用人单位未在用工的同时订立书面劳动合同,与劳动者约定的劳动报酬不明确的,新招用的劳动者的劳动报酬按照集体合同规定的标准执行;没有集体合同或者集体合同未规定的,实行同工同酬。

第十二条　【劳动合同的种类】劳动合同分为固定期限劳动合同、无固定期限劳动合同和以完成一定工作任务为期限的劳动合同。

第十三条 【固定期限劳动合同】固定期限劳动合同,是指用人单位与劳动者约定合同终止时间的劳动合同。

用人单位与劳动者协商一致,可以订立固定期限劳动合同。

第十四条 【无固定期限劳动合同】无固定期限劳动合同,是指用人单位与劳动者约定无确定终止时间的劳动合同。

用人单位与劳动者协商一致,可以订立无固定期限劳动合同。有下列情形之一,劳动者提出或者同意续订、订立劳动合同的,除劳动者提出订立固定期限劳动合同外,应当订立无固定期限劳动合同:

(一)劳动者在该用人单位连续工作满十年的;

(二)用人单位初次实行劳动合同制度或者国有企业改制重新订立劳动合同时,劳动者在该用人单位连续工作满十年且距法定退休年龄不足十年的;

(三)连续订立二次固定期限劳动合同,且劳动者没有本法第三十九条和第四十条第一项、第二项规定的情形,续订劳动合同的。

用人单位自用工之日起满一年不与劳动者订立书面劳动合同的,视为用人单位与劳动者已订立无固定期限劳动合同。

第十五条 【以完成一定工作任务为期限的劳动合同】以完成一定工作任务为期限的劳动合同,是指用人单位与劳动者约定以某项工作的完成为合同期限的劳动合同。

用人单位与劳动者协商一致,可以订立以完成一定工作任务为期限的劳动合同。

第十六条 【劳动合同的生效】劳动合同由用人单位与劳动者协商一致,并经用人单位与劳动者在劳动合同文本上签字或者盖章生效。

劳动合同文本由用人单位和劳动者各执一份。

第十七条 【劳动合同的内容】劳动合同应当具备以下条款:

(一)用人单位的名称、住所和法定代表人或者主要负责人;

(二)劳动者的姓名、住址和居民身份证或者其他有效身份证件号码;

(三)劳动合同期限;

(四)工作内容和工作地点;

(五)工作时间和休息休假;

(六)劳动报酬;

(七)社会保险;

(八)劳动保护、劳动条件和职业危害防护;

(九)法律、法规规定应当纳入劳动合同的其他事项。

劳动合同除前款规定的必备条款外,用人单位与劳动者可以约定试用期、培训、保守秘密、补充保险和福利待遇等其他事项。

第十八条 【劳动合同对劳动报酬和劳动条件约定不明确的解决】劳动合同对劳动报酬和劳动条件等标准约定不明确,引发争议的,用人单位与劳动者可以重新协商;协商不成的,适用集体合同规定;没有集体合同或者集体合同未规定劳动报酬的,实行同工同酬;没有集体合同或者集体合同未规定劳动条件等标准的,适用国家有关规定。

第十九条 【试用期】劳动合同期限三个月以上不满一年的,试用期不得超过一个月;劳动合同期限一年以上不满三年的,试用期不得超过二个月;三年以上固定期限和无固定期限的劳动合同,试用期不得超过六个月。

同一用人单位与同一劳动者只能约定一次试用期。

以完成一定工作任务为期限的劳动合同或者劳动合同期限不满三个月的,不得约定试用期。

试用期包含在劳动合同期限内。劳动合同仅约定试用期的,试用期不成立,该期限为劳动合同期限。

第二十条 【试用期工资】劳动者在试用期的工资不得低于本单位相同岗位最低档工资或者劳动合同约定工资的百分之八十,并不得低于用人单位所在地的最低工资标准。

第二十一条 【试用期内解除劳动合同】在试用期中,除劳动者有本法第三十九条和第四十条第一项、第二项规定的情形外,用人单位不得解除劳动合同。用人单位在试用期解除劳动合同的,应当向劳动者说明理由。

第二十二条 【服务期】用人单位为劳动者提供专项培训费用,对其进行专业技术培训的,可以与该劳动者订立协议,约定服务期。

劳动者违反服务期约定的,应当按照约定向用人单位支付违约金。违约金的数额不得超过用人单位提供的培训费用。用人单位要求劳动者支付的违约金不得超过服务期尚未履行部分所应分摊的培训费用。

用人单位与劳动者约定服务期的,不影响按照正常的工资调整机制提高劳动者在服务期期间的劳动报酬。

第二十三条 【保密义务和竞业限制】用人单位与劳动者可以在劳动合同中约定保守用人单位的商业秘密和与知识产权相关的保密事项。

对负有保密义务的劳动者,用人单位可以在劳动合同或者保密协议中与劳动者约定竞业限制条款，并约定在解除或者终止劳动合同后，在竞业限制期限内按月给予劳动者经济补偿。劳动者违反竞业限制约定的，应当按照约定向用人单位支付违约金。

第二十四条 【竞业限制的范围和期限】竞业限制的人员限于用人单位的高级管理人员、高级技术人员和其他负有保密义务的人员。竞业限制的范围、地域、期限由用人单位与劳动者约定，竞业限制的约定不得违反法律、法规的规定。

在解除或者终止劳动合同后，前款规定的人员到与本单位生产或者经营同类产品、从事同类业务的有竞争关系的其他用人单位，或者自己开业生产或者经营同类产品、从事同类业务的竞业限制期限，不得超过二年。

第二十五条 【违约金】除本法第二十二条和第二十三条规定的情形外，用人单位不得与劳动者约定由劳动者承担违约金。

第二十六条 【劳动合同的无效】下列劳动合同无效或者部分无效：

（一）以欺诈、胁迫的手段或者乘人之危，使对方在违背真实意思的情况下订立或者变更劳动合同的；

（二）用人单位免除自己的法定责任、排除劳动者权利的；

（三）违反法律、行政法规强制性规定的。

对劳动合同的无效或者部分无效有争议的，由劳动争议仲裁机构或者人民法院确认。

第二十七条 【劳动合同部分无效】劳动合同部分无效，不影响其他部分效力的，其他部分仍然有效。

第二十八条 【劳动合同无效后劳动报酬的支付】劳动合同被确认无效，劳动者已付出劳动的，用人单位应当向劳动者支付劳动报酬。劳动报酬的数额，参照本单位相同或者相近岗位劳动者的劳动报酬确定。

第三章 劳动合同的履行和变更

第二十九条 【劳动合同的履行】用人单位与劳动者应当按照劳动合同的约定，全面履行各自的义务。

第三十条 【劳动报酬】用人单位应当按照劳动合同约定和国家规定，向劳动者及时足额支付劳动报酬。

用人单位拖欠或者未足额支付劳动报酬的，劳动者可以依法向当地人民法院申请支付令，人民法院应当依法发出支付令。

第三十一条 【加班】用人单位应当严格执行劳动定额标准，不得强迫或者变相强迫劳动者加班。用人单位安排加班的，应当按照国家有关规定向劳动者支付加班费。

第三十二条 【劳动者拒绝违章指挥、强令冒险作业】劳动者拒绝用人单位管理人员违章指挥、强令冒险作业的，不视为违反劳动合同。

劳动者对危害生命安全和身体健康的劳动条件，有权对用人单位提出批评、检举和控告。

第三十三条 【用人单位名称、法定代表人等的变更】用人单位变更名称、法定代表人、主要负责人或者投资人等事项，不影响劳动合同的履行。

第三十四条 【用人单位合并或者分立】用人单位发生合并或者分立等情况，原劳动合同继续有效，劳动合同由承继其权利和义务的用人单位继续履行。

第三十五条 【劳动合同的变更】用人单位与劳动者协商一致，可以变更劳动合同约定的内容。变更劳动合同，应当采用书面形式。

变更后的劳动合同文本由用人单位和劳动者各执一份。

第四章 劳动合同的解除和终止

第三十六条 【协商解除劳动合同】用人单位与劳动者协商一致，可以解除劳动合同。

第三十七条 【劳动者提前通知解除劳动合同】劳动者提前三十日以书面形式通知用人单位，可以解除劳动合同。劳动者在试用期内提前三日通知用人单位，可以解除劳动合同。

第三十八条 【劳动者单方解除劳动合同】用人单位有下列情形之一的，劳动者可以解除劳动合同：

（一）未按照劳动合同约定提供劳动保护或者劳动条件的；

（二）未及时足额支付劳动报酬的；

（三）未依法为劳动者缴纳社会保险费的；

（四）用人单位的规章制度违反法律、法规的规定，损害劳动者权益的；

（五）因本法第二十六条第一款规定的情形致使劳动合同无效的；

（六）法律、行政法规规定劳动者可以解除劳动合同的其他情形。

用人单位以暴力、威胁或者非法限制人身自由的手段强迫劳动者劳动的，或者用人单位违章指挥、强令冒险作业危及劳动者人身安全的，劳动者可以立即解除劳动合同，不需事先告知用人单位。

第三十九条 【用人单位单方解除劳动合同】劳动者有下列情形之一的，用人单位可以解除劳动合同：

（一）在试用期间被证明不符合录用条件的；

（二）严重违反用人单位的规章制度的；

（三）严重失职，营私舞弊，给用人单位造成重大损害的；

（四）劳动者同时与其他用人单位建立劳动关系，对完成本单位的工作任务造成严重影响，或者经用人单位提出，拒不改正的；

（五）因本法第二十六条第一款第一项规定的情形致使劳动合同无效的；

（六）被依法追究刑事责任的。

第四十条　【无过失性辞退】有下列情形之一的，用人单位提前三十日以书面形式通知劳动者本人或者额外支付劳动者一个月工资后，可以解除劳动合同：

（一）劳动者患病或者非因工负伤，在规定的医疗期满后不能从事原工作，也不能从事由用人单位另行安排的工作的；

（二）劳动者不能胜任工作，经过培训或者调整工作岗位，仍不能胜任工作的；

（三）劳动合同订立时所依据的客观情况发生重大变化，致使劳动合同无法履行，经用人单位与劳动者协商，未能就变更劳动合同内容达成协议的。

第四十一条　【经济性裁员】有下列情形之一，需要裁减人员二十人以上或者裁减不足二十人但占企业职工总数百分之十以上的，用人单位提前三十日向工会或者全体职工说明情况，听取工会或者职工的意见后，裁减人员方案经向劳动行政部门报告，可以裁减人员：

（一）依照企业破产法规定进行重整的；

（二）生产经营发生严重困难的；

（三）企业转产、重大技术革新或者经营方式调整，经变更劳动合同后，仍需裁减人员的；

（四）其他因劳动合同订立时所依据的客观经济情况发生重大变化，致使劳动合同无法履行的。

裁减人员时，应当优先留用下列人员：

（一）与本单位订立较长期限的固定期限劳动合同的；

（二）与本单位订立无固定期限劳动合同的；

（三）家庭无其他就业人员，有需要扶养的老人或者未成年人的。

用人单位依照本条第一款规定裁减人员，在六个月内重新招用人员的，应当通知被裁减的人员，并在同等条件下优先招用被裁减的人员。

第四十二条　【用人单位不得解除劳动合同的情形】劳动者有下列情形之一的，用人单位不得依照本法第四十条、第四十一条的规定解除劳动合同：

（一）从事接触职业病危害作业的劳动者未进行离岗前职业健康检查，或者疑似职业病病人在诊断或者医学观察期间的；

（二）在本单位患职业病或者因工负伤并被确认丧失或者部分丧失劳动能力的；

（三）患病或者非因工负伤，在规定的医疗期内的；

（四）女职工在孕期、产期、哺乳期的；

（五）在本单位连续工作满十五年，且距法定退休年龄不足五年的；

（六）法律、行政法规规定的其他情形。

第四十三条　【工会在劳动合同解除中的监督作用】用人单位单方解除劳动合同，应当事先将理由通知工会。用人单位违反法律、行政法规规定或者劳动合同约定的，工会有权要求用人单位纠正。用人单位应当研究工会的意见，并将处理结果书面通知工会。

第四十四条　【劳动合同的终止】有下列情形之一的，劳动合同终止：

（一）劳动合同期满的；

（二）劳动者开始依法享受基本养老保险待遇的；

（三）劳动者死亡，或者被人民法院宣告死亡或者宣告失踪的；

（四）用人单位被依法宣告破产的；

（五）用人单位被吊销营业执照、责令关闭、撤销或者用人单位决定提前解散的；

（六）法律、行政法规规定的其他情形。

第四十五条　【劳动合同的逾期终止】劳动合同期满，有本法第四十二条规定情形之一的，劳动合同应当续延至相应的情形消失时终止。但是，本法第四十二条第二项规定丧失或者部分丧失劳动能力劳动者的劳动合同的终止，按照国家有关工伤保险的规定执行。

第四十六条　【经济补偿的情形】有下列情形之一的，用人单位应当向劳动者支付经济补偿：

（一）劳动者依照本法第三十八条规定解除劳动合同的；

（二）用人单位依照本法第三十六条规定向劳动者提出解除劳动合同并与劳动者协商一致解除劳动合同的；

（三）用人单位依照本法第四十条规定解除劳动合同的；

（四）用人单位依照本法第四十一条第一款规定解除劳动合同的；

（五）除用人单位维持或者提高劳动合同约定条件续订劳动合同，劳动者不同意续订的情形外，依照本法第四十四条第一项规定终止固定期限劳动合同的；

（六）依照本法第四十四条第四项、第五项规定终止劳动合同的；

（七）法律、行政法规规定的其他情形。

第四十七条 【经济补偿的计算】经济补偿按劳动者在本单位工作的年限，每满一年支付一个月工资的标准向劳动者支付。六个月以上不满一年的，按一年计算；不满六个月的，向劳动者支付半个月工资的经济补偿。

劳动者月工资高于用人单位所在直辖市、设区的市级人民政府公布的本地区上年度职工月平均工资三倍的，向其支付经济补偿的标准按职工月平均工资三倍的数额支付，向其支付经济补偿的年限最高不超过十二年。

本条所称月工资是指劳动者在劳动合同解除或者终止前十二个月的平均工资。

第四十八条 【违法解除或者终止劳动合同的法律后果】用人单位违反本法规定解除或者终止劳动合同，劳动者要求继续履行劳动合同的，用人单位应当继续履行；劳动者不要求继续履行劳动合同或者劳动合同已经不能继续履行的，用人单位应当依照本法第八十七条规定支付赔偿金。

第四十九条 【社会保险关系跨地区转移接续】国家采取措施，建立健全劳动者社会保险关系跨地区转移接续制度。

第五十条 【劳动合同解除或者终止后双方的义务】用人单位应当在解除或者终止劳动合同时出具解除或者终止劳动合同的证明，并在十五日内为劳动者办理档案和社会保险关系转移手续。

劳动者应当按照双方约定，办理工作交接。用人单位依照本法有关规定应当向劳动者支付经济补偿的，在办结工作交接时支付。

用人单位对已经解除或者终止的劳动合同的文本，至少保存二年备查。

第五章 特别规定

第一节 集体合同

第五十一条 【集体合同的订立和内容】企业职工一方与用人单位通过平等协商，可以就劳动报酬、工作时间、休息休假、劳动安全卫生、保险福利等事项订立集体合同。集体合同草案应当提交职工代表大会或者全体职工讨论通过。

集体合同由工会代表企业职工一方与用人单位订立；尚未建立工会的用人单位，由上级工会指导劳动者推举的代表与用人单位订立。

第五十二条 【专项集体合同】企业职工一方与用人单位可以订立劳动安全卫生、女职工权益保护、工资调整机制等专项集体合同。

第五十三条 【行业性集体合同、区域性集体合同】在县级以下区域内，建筑业、采矿业、餐饮服务业等行业可以由工会与企业方面代表订立行业性集体合同，或者订立区域性集体合同。

第五十四条 【集体合同的报送和生效】集体合同订立后，应当报送劳动行政部门；劳动行政部门自收到集体合同文本之日起十五日内未提出异议的，集体合同即行生效。

依法订立的集体合同对用人单位和劳动者具有约束力。行业性、区域性集体合同对当地本行业、本区域的用人单位和劳动者具有约束力。

第五十五条 【集体合同中劳动报酬、劳动条件等标准】集体合同中劳动报酬和劳动条件等标准不得低于当地人民政府规定的最低标准；用人单位与劳动者订立的劳动合同中劳动报酬和劳动条件等标准不得低于集体合同规定的标准。

第五十六条 【集体合同纠纷和法律救济】用人单位违反集体合同，侵犯职工劳动权益的，工会可以依法要求用人单位承担责任；因履行集体合同发生争议，经协商解决不成的，工会可以依法申请仲裁、提起诉讼。

第二节 劳务派遣

第五十七条 【劳务派遣单位的设立条件】经营劳务派遣业务应当具备下列条件：

（一）注册资本不得少于人民币二百万元；

（二）有与开展业务相适应的固定的经营场所和设施；

（三）有符合法律、行政法规规定的劳务派遣管理制度；

（四）法律、行政法规规定的其他条件。

经营劳务派遣业务，应当向劳动行政部门依法申请行政许可；经许可的，依法办理相应的公司登记。未经许可，任何单位和个人不得经营劳务派遣业务。

第五十八条 【劳务派遣单位、用工单位及劳动者的权利义务】劳务派遣单位是本法所称用人单位，应当履行用人单位对劳动者的义务。劳务派遣单位与被派遣劳动者订立的劳动合同，除应当载明本法第十七条规定的事项外，还应当载明被派遣劳动者的用工单位以及派遣期限、工作岗位等情况。

劳务派遣单位应当与被派遣劳动者订立二年以上的固定期限劳动合同，按月支付劳动报酬；被派遣劳动者在无工作期间，劳务派遣单位应当按照所在地人民政府规定的最低工资标准，向其按月支付报酬。

第五十九条 【劳务派遣协议】劳务派遣单位派遣劳动者应当与接受以劳务派遣形式用工的单位（以下称用

工单位)订立劳务派遣协议。劳务派遣协议应当约定派遣岗位和人员数量、派遣期限、劳动报酬和社会保险费的数额与支付方式以及违反协议的责任。

用工单位应当根据工作岗位的实际需要与劳务派遣单位确定派遣期限,不得将连续用工期限分割订立数个短期劳务派遣协议。

第六十条 【劳务派遣单位的告知义务】劳务派遣单位应当将劳务派遣协议的内容告知被派遣劳动者。

劳务派遣单位不得克扣用工单位按照劳务派遣协议支付给被派遣劳动者的劳动报酬。

劳务派遣单位和用工单位不得向被派遣劳动者收取费用。

第六十一条 【跨地区派遣劳动者的劳动报酬、劳动条件】劳务派遣单位跨地区派遣劳动者的,被派遣劳动者享有的劳动报酬和劳动条件,按照用工单位所在地的标准执行。

第六十二条 【用工单位的义务】用工单位应当履行下列义务:

(一)执行国家劳动标准,提供相应的劳动条件和劳动保护;

(二)告知被派遣劳动者的工作要求和劳动报酬;

(三)支付加班费、绩效奖金,提供与工作岗位相关的福利待遇;

(四)对在岗被派遣劳动者进行工作岗位所必需的培训;

(五)连续用工的,实行正常的工资调整机制。

用工单位不得将被派遣劳动者再派遣到其他用人单位。

第六十三条 【被派遣劳动者同工同酬】被派遣劳动者享有与用工单位的劳动者同工同酬的权利。用工单位应当按照同工同酬原则,对被派遣劳动者与本单位同类岗位的劳动者实行相同的劳动报酬分配办法。用工单位无同类岗位劳动者的,参照用工单位所在地相同或者相近岗位劳动者的劳动报酬确定。

劳务派遣单位与被派遣劳动者订立的劳动合同和与用工单位订立的劳务派遣协议,载明或者约定的向被派遣劳动者支付的劳动报酬应当符合前款规定。

第六十四条 【被派遣劳动者参加或者组织工会】被派遣劳动者有权在劳务派遣单位或者用工单位依法参加或者组织工会,维护自身的合法权益。

第六十五条 【劳务派遣中解除劳动合同】被派遣劳动者可以依照本法第三十六条、第三十八条的规定与劳务派遣单位解除劳动合同。

被派遣劳动者有本法第三十九条和第四十条第一项、第二项规定情形的,用工单位可以将劳动者退回劳务派遣单位,劳务派遣单位依照本法有关规定,可以与劳动者解除劳动合同。

第六十六条 【劳务派遣的适用条件】劳动合同用工是我国的企业基本用工形式。劳务派遣用工是补充形式,只能在临时性、辅助性或者替代性的工作岗位上实施。

前款规定的临时性工作岗位是指存续时间不超过六个月的岗位;辅助性工作岗位是指为主营业务岗位提供服务的非主营业务岗位;替代性工作岗位是指用工单位的劳动者因脱产学习、休假等原因无法工作的一定期间内,可以由其他劳动者替代工作的岗位。

用工单位应当严格控制劳务派遣用工数量,不得超过其用工总量的一定比例,具体比例由国务院劳动行政部门规定。

第六十七条 【用人单位不得自设劳务派遣单位】用人单位不得设立劳务派遣单位向本单位或者所属单位派遣劳动者。

第三节 非全日制用工

第六十八条 【非全日制用工的概念】非全日制用工,是指以小时计酬为主,劳动者在同一用人单位一般平均每日工作时间不超过四小时,每周工作时间累计不超过二十四小时的用工形式。

第六十九条 【非全日制用工的劳动合同】非全日制用工双方当事人可以订立口头协议。

从事非全日制用工的劳动者可以与一个或者一个以上用人单位订立劳动合同;但是,后订立的劳动合同不得影响先订立的劳动合同的履行。

第七十条 【非全日制用工不得约定试用期】非全日制用工双方当事人不得约定试用期。

第七十一条 【非全日制用工的终止用工】非全日制用工双方当事人任何一方都可以随时通知对方终止用工。终止用工,用人单位不向劳动者支付经济补偿。

第七十二条 【非全日制用工的劳动报酬】非全日制用工小时计酬标准不得低于用人单位所在地人民政府规定的最低小时工资标准。

非全日制用工劳动报酬结算支付周期最长不得超过十五日。

第六章 监督检查

第七十三条 【劳动合同制度的监督管理体制】国务院劳动行政部门负责全国劳动合同制度实施的监督管理。

县级以上地方人民政府劳动行政部门负责本行政

区域内劳动合同制度实施的监督管理。

县级以上各级人民政府劳动行政部门在劳动合同制度实施的监督管理工作中，应当听取工会、企业方面代表以及有关行业主管部门的意见。

第七十四条 【劳动行政部门监督检查事项】县级以上地方人民政府劳动行政部门依法对下列实施劳动合同制度的情况进行监督检查：

（一）用人单位制定直接涉及劳动者切身利益的规章制度及其执行的情况；

（二）用人单位与劳动者订立和解除劳动合同的情况；

（三）劳务派遣单位和用工单位遵守劳务派遣有关规定的情况；

（四）用人单位遵守国家关于劳动者工作时间和休息休假规定的情况；

（五）用人单位支付劳动合同约定的劳动报酬和执行最低工资标准的情况；

（六）用人单位参加各项社会保险和缴纳社会保险费的情况；

（七）法律、法规规定的其他劳动监察事项。

第七十五条 【监督检查措施和依法行政、文明执法】县级以上地方人民政府劳动行政部门实施监督检查时，有权查阅与劳动合同、集体合同有关的材料，有权对劳动场所进行实地检查，用人单位和劳动者都应当如实提供有关情况和材料。

劳动行政部门的工作人员进行监督检查，应当出示证件，依法行使职权，文明执法。

第七十六条 【其他有关主管部门的监督管理】县级以上人民政府建设、卫生、安全生产监督管理等有关主管部门在各自职责范围内，对用人单位执行劳动合同制度的情况进行监督管理。

第七十七条 【劳动者权利救济途径】劳动者合法权益受到侵害的，有权要求有关部门依法处理，或者依法申请仲裁、提起诉讼。

第七十八条 【工会监督检查的权利】工会依法维护劳动者的合法权益，对用人单位履行劳动合同、集体合同的情况进行监督。用人单位违反劳动法律、法规和劳动合同、集体合同的，工会有权提出意见或者要求纠正；劳动者申请仲裁、提起诉讼的，工会依法给予支持和帮助。

第七十九条 【对违法行为的举报】任何组织或者个人对违反本法的行为都有权举报，县级以上人民政府劳动行政部门应当及时核实、处理，并对举报有功人员给予奖励。

第七章 法律责任

第八十条 【规章制度违法的法律责任】用人单位直接涉及劳动者切身利益的规章制度违反法律、法规规定的，由劳动行政部门责令改正，给予警告；给劳动者造成损害的，应当承担赔偿责任。

第八十一条 【缺乏必备条款、不提供劳动合同文本的法律责任】用人单位提供的劳动合同文本未载明本法规定的劳动合同必备条款或者用人单位未将劳动合同文本交付劳动者的，由劳动行政部门责令改正；给劳动者造成损害的，应当承担赔偿责任。

第八十二条 【不订立书面劳动合同的法律责任】用人单位自用工之日起超过一个月不满一年未与劳动者订立书面劳动合同的，应当向劳动者每月支付二倍的工资。

用人单位违反本法规定不与劳动者订立无固定期限劳动合同的，自应当订立无固定期限劳动合同之日起向劳动者每月支付二倍的工资。

第八十三条 【违法约定试用期的法律责任】用人单位违反本法规定与劳动者约定试用期的，由劳动行政部门责令改正；违法约定的试用期已经履行的，由用人单位以劳动者试用期满月工资为标准，按已经履行的超过法定试用期的期间向劳动者支付赔偿金。

第八十四条 【扣押劳动者身份等证件的法律责任】用人单位违反本法规定，扣押劳动者居民身份证等证件的，由劳动行政部门责令限期退还劳动者本人，并依照有关法律规定给予处罚。

用人单位违反本法规定，以担保或者其他名义向劳动者收取财物的，由劳动行政部门责令限期退还劳动者本人，并以每人五百元以上二千元以下的标准处以罚款；给劳动者造成损害的，应当承担赔偿责任。

劳动者依法解除或者终止劳动合同，用人单位扣押劳动者档案或者其他物品的，依照前款规定处罚。

第八十五条 【未依法支付劳动报酬、经济补偿等的法律责任】用人单位有下列情形之一的，由劳动行政部门责令限期支付劳动报酬、加班费或者经济补偿；劳动报酬低于当地最低工资标准的，应当支付其差额部分；逾期不支付的，责令用人单位按应付金额百分之五十以上百分之一百以下的标准向劳动者加付赔偿金：

（一）未按照劳动合同的约定或者国家规定及时足额支付劳动者劳动报酬的；

（二）低于当地最低工资标准支付劳动者工资的；

（三）安排加班不支付加班费的；

（四）解除或者终止劳动合同，未依照本法规定向劳动者支付经济补偿的。

第八十六条　【订立无效劳动合同的法律责任】劳动合同依照本法第二十六条规定被确认无效，给对方造成损害的，有过错的一方应当承担赔偿责任。

第八十七条　【违反解除或者终止劳动合同的法律责任】用人单位违反本法规定解除或者终止劳动合同的，应当依照本法第四十七条规定的经济补偿标准的二倍向劳动者支付赔偿金。

第八十八条　【侵害劳动者人身权益的法律责任】用人单位有下列情形之一的，依法给予行政处罚；构成犯罪的，依法追究刑事责任；给劳动者造成损害的，应当承担赔偿责任：

（一）以暴力、威胁或者非法限制人身自由的手段强迫劳动的；

（二）违章指挥或者强令冒险作业危及劳动者人身安全的；

（三）侮辱、体罚、殴打、非法搜查或者拘禁劳动者的；

（四）劳动条件恶劣、环境污染严重，给劳动者身心健康造成严重损害的。

第八十九条　【不出具解除、终止书面证明的法律责任】用人单位违反本法规定未向劳动者出具解除或者终止劳动合同的书面证明，由劳动行政部门责令改正；给劳动者造成损害的，应当承担赔偿责任。

第九十条　【劳动者的赔偿责任】劳动者违反本法规定解除劳动合同，或者违反劳动合同中约定的保密义务或者竞业限制，给用人单位造成损失的，应当承担赔偿责任。

第九十一条　【用人单位的连带赔偿责任】用人单位招用与其他用人单位尚未解除或者终止劳动合同的劳动者，给其他用人单位造成损失的，应当承担连带赔偿责任。

第九十二条　【劳务派遣单位、用工单位的法律责任】违反本法规定，未经许可，擅自经营劳务派遣业务的，由劳动行政部门责令停止违法行为，没收违法所得，并处违法所得一倍以上五倍以下的罚款；没有违法所得的，可以处五万元以下的罚款。

劳务派遣单位、用工单位违反本法有关劳务派遣规定的，由劳动行政部门责令限期改正；逾期不改正的，以每人五千元以上一万元以下的标准处以罚款，对劳务派遣单位，吊销其劳务派遣业务经营许可证。用工单位给被派遣劳动者造成损害的，劳务派遣单位与用工单位承担连带赔偿责任。

第九十三条　【无营业执照经营单位的法律责任】对不具备合法经营资格的用人单位的违法犯罪行为，依法追究法律责任；劳动者已经付出劳动的，该单位或者其出资人应当依照本法有关规定向劳动者支付劳动报酬、经济补偿、赔偿金；给劳动者造成损害的，应当承担赔偿责任。

第九十四条　【个人承包经营者的连带赔偿责任】个人承包经营违反本法规定招用劳动者，给劳动者造成损害的，发包的组织与个人承包经营者承担连带赔偿责任。

第九十五条　【不履行法定职责、违法行使职权的法律责任】劳动行政部门和其他有关主管部门及其工作人员玩忽职守、不履行法定职责，或者违法行使职权，给劳动者或者用人单位造成损害的，应当承担赔偿责任；对直接负责的主管人员和其他直接责任人员，依法给予行政处分；构成犯罪的，依法追究刑事责任。

第八章　附　　则

第九十六条　【事业单位聘用制劳动合同的法律适用】事业单位与实行聘用制的工作人员订立、履行、变更、解除或者终止劳动合同，法律、行政法规或者国务院另有规定的，依照其规定；未作规定的，依照本法有关规定执行。

第九十七条　【过渡性条款】本法施行前已依法订立且在本法施行之日存续的劳动合同，继续履行；本法第十四条第二款第三项规定连续订立固定期限劳动合同的次数，自本法施行后续订固定期限劳动合同时开始计算。

本法施行前已建立劳动关系，尚未订立书面劳动合同的，应当自本法施行之日起一个月内订立。

本法施行之日存续的劳动合同在本法施行后解除或者终止，依照本法第四十六条规定应当支付经济补偿的，经济补偿年限自本法施行之日起计算；本法施行前按照当时有关规定，用人单位应当向劳动者支付经济补偿的，按照当时有关规定执行。

第九十八条　【施行日期】本法自 2008 年 1 月 1 日起施行。

中华人民共和国劳动合同法实施条例

2008 年 9 月 18 日国务院令第 535 号公布施行

第一章　总　　则

第一条　【立法宗旨】为了贯彻实施《中华人民共和国劳动合同法》（以下简称劳动合同法），制定本条例。

第二条　【政府义务】各级人民政府和县级以上人民政

府劳动行政等有关部门以及工会等组织,应当采取措施,推动劳动合同法的贯彻实施,促进劳动关系的和谐。

第三条 【用人单位范围界定】依法成立的会计师事务所、律师事务所等合伙组织和基金会,属于劳动合同法规定的用人单位。

第二章 劳动合同的订立

第四条 【分支机构订立劳动合同】劳动合同法规定的用人单位设立的分支机构,依法取得营业执照或者登记证书的,可以作为用人单位与劳动者订立劳动合同;未依法取得营业执照或者登记证书的,受用人单位委托可以与劳动者订立劳动合同。

第五条 【劳动者一个月内不订合同的处理】自用工之日起一个月内,经用人单位书面通知后,劳动者不与用人单位订立书面劳动合同的,用人单位应当书面通知劳动者终止劳动关系,无需向劳动者支付经济补偿,但是应当依法向劳动者支付其实际工作时间的劳动报酬。

第六条 【用人单位一年内不订合同的处理】用人单位自用工之日起超过一个月不满一年未与劳动者订立书面劳动合同的,应当依照劳动合同法第八十二条的规定向劳动者每月支付两倍的工资,并与劳动者补订书面劳动合同;劳动者不与用人单位订立书面劳动合同的,用人单位应当书面通知劳动者终止劳动关系,并依照劳动合同法第四十七条的规定支付经济补偿。

前款规定的用人单位向劳动者每月支付两倍工资的起算时间为用工之日起满一个月的次日,截止时间为补订书面劳动合同的前一日。

第七条 【用人单位满一年不订合同的处理】用人单位自用工之日起满一年未与劳动者订立书面劳动合同的,自用工之日起满一个月的次日至满一年的前一日应当依照劳动合同法第八十二条的规定向劳动者每月支付两倍的工资,并视为自用工之日起满一年的当日已经与劳动者订立无固定期限劳动合同,应当立即与劳动者补订书面劳动合同。

第八条 【职工名册内容】劳动合同法第七条规定的职工名册,应当包括劳动者姓名、性别、公民身份号码、户籍地址及现住址、联系方式、用工形式、用工起始时间、劳动合同期限等内容。

第九条 【连续工作时间计算】劳动合同法第十四条第二款规定的连续工作满10年的起始时间,应当自用人单位用工之日起计算,包括劳动合同法施行前的工作年限。

第十条 【到新单位工作的年限计算】劳动者非因本人原因从原用人单位被安排到新用人单位工作的,劳动者在原用人单位的工作年限合并计算为新用人单位的工作年限。原用人单位已经向劳动者支付经济补偿的,新用人单位在依法解除、终止劳动合同计算支付经济补偿的工作年限时,不再计算劳动者在原用人单位的工作年限。

第十一条 【订立无固定期限劳动合同】除劳动者与用人单位协商一致的情形外,劳动者依照劳动合同法第十四条第二款的规定,提出订立无固定期限劳动合同的,用人单位应当与其订立无固定期限劳动合同。对劳动合同的内容,双方应当按照合法、公平、平等自愿、协商一致、诚实信用的原则协商确定;对协商不一致的内容,依照劳动合同法第十八条的规定执行。

第十二条 【公益性岗位的特殊规定】地方各级人民政府及县级以上地方人民政府有关部门为安置就业困难人员提供的给予岗位补贴和社会保险补贴的公益性岗位,其劳动合同不适用劳动合同法有关无固定期限劳动合同的规定以及支付经济补偿的规定。

第十三条 【用人单位不得约定法外终止条件】用人单位与劳动者不得在劳动合同法第四十四条规定的劳动合同终止情形之外约定其他的劳动合同终止条件。

第十四条 【劳动合同履行地与用人单位注册地不一致时的执行标准】劳动合同履行地与用人单位注册地不一致的,有关劳动者的最低工资标准、劳动保护、劳动条件、职业危害防护和本地区上年度职工月平均工资标准等事项,按照劳动合同履行地的有关规定执行;用人单位注册地的有关标准高于劳动合同履行地的有关标准,且用人单位与劳动者约定按照用人单位注册地的有关规定执行的,从其约定。

第十五条 【试用期工资】劳动者在试用期的工资不得低于本单位相同岗位最低档工资的80%或者不得低于劳动合同约定工资的80%,并不得低于用人单位所在地的最低工资标准。

第十六条 【培训费用范围】劳动合同法第二十二条第二款规定的培训费用,包括用人单位为了对劳动者进行专业技术培训而支付的有凭证的培训费用、培训期间的差旅费用以及因培训产生的用于该劳动者的其他直接费用。

第十七条 【合同期满服务期未满的处理】劳动合同期满,但是用人单位与劳动者依照劳动合同法第二十二条的规定约定的服务期尚未到期的,劳动合同应当续延至服务期满;双方另有约定的,从其约定。

第三章 劳动合同的解除和终止

第十八条 【劳动者解除合同情形】有下列情形之一的,

依照劳动合同法规定的条件、程序，劳动者可以与用人单位解除固定期限劳动合同、无固定期限劳动合同或者以完成一定工作任务为期限的劳动合同：

（一）劳动者与用人单位协商一致的；

（二）劳动者提前30日以书面形式通知用人单位的；

（三）劳动者在试用期内提前3日通知用人单位的；

（四）用人单位未按照劳动合同约定提供劳动保护或者劳动条件的；

（五）用人单位未及时足额支付劳动报酬的；

（六）用人单位未依法为劳动者缴纳社会保险费的；

（七）用人单位的规章制度违反法律、法规的规定，损害劳动者权益的；

（八）用人单位以欺诈、胁迫的手段或者乘人之危，使劳动者在违背真实意思的情况下订立或者变更劳动合同的；

（九）用人单位在劳动合同中免除自己的法定责任、排除劳动者权利的；

（十）用人单位违反法律、行政法规强制性规定的；

（十一）用人单位以暴力、威胁或者非法限制人身自由的手段强迫劳动者劳动的；

（十二）用人单位违章指挥、强令冒险作业危及劳动者人身安全的；

（十三）法律、行政法规规定劳动者可以解除劳动合同的其他情形。

第十九条　【用人单位解除合同情形】有下列情形之一的，依照劳动合同法规定的条件、程序，用人单位可以与劳动者解除固定期限劳动合同、无固定期限劳动合同或者以完成一定工作任务为期限的劳动合同：

（一）用人单位与劳动者协商一致的；

（二）劳动者在试用期间被证明不符合录用条件的；

（三）劳动者严重违反用人单位的规章制度的；

（四）劳动者严重失职，营私舞弊，给用人单位造成重大损害的；

（五）劳动者同时与其他用人单位建立劳动关系，对完成本单位的工作任务造成严重影响，或者经用人单位提出，拒不改正的；

（六）劳动者以欺诈、胁迫的手段或者乘人之危，使用人单位在违背真实意思的情况下订立或者变更劳动合同的；

（七）劳动者被依法追究刑事责任的；

（八）劳动者患病或者非因工负伤，在规定的医疗期满后不能从事原工作，也不能从事由用人单位另行安排的工作的；

（九）劳动者不能胜任工作，经过培训或者调整工作岗位，仍不能胜任工作的；

（十）劳动合同订立时所依据的客观情况发生重大变化，致使劳动合同无法履行，经用人单位与劳动者协商，未能就变更劳动合同内容达成协议的；

（十一）用人单位依照企业破产法规定进行重整的；

（十二）用人单位生产经营发生严重困难的；

（十三）企业转产、重大技术革新或者经营方式调整，经变更劳动合同后，仍需裁减人员的；

（十四）其他因劳动合同订立时所依据的客观经济情况发生重大变化，致使劳动合同无法履行的。

第二十条　【额外支付的工资标准】用人单位依照劳动合同法第四十条的规定，选择额外支付劳动者一个月工资解除劳动合同的，其额外支付的工资应当按照该劳动者上一个月的工资标准确定。

第二十一条　【退休时合同终止】劳动者达到法定退休年龄的，劳动合同终止。

第二十二条　【终止以完成一定工作任务为期限的劳动合同】以完成一定工作任务为期限的劳动合同因任务完成而终止的，用人单位应当依照劳动合同法第四十七条的规定向劳动者支付经济补偿。

第二十三条　【终止工伤职工劳动合同】用人单位依法终止工伤职工的劳动合同的，除依照劳动合同法第四十七条的规定支付经济补偿外，还应当依照国家有关工伤保险的规定支付一次性工伤医疗补助金和伤残就业补助金。

第二十四条　【解除、终止劳动合同证明的内容】用人单位出具的解除、终止劳动合同的证明，应当写明劳动合同期限、解除或者终止劳动合同的日期、工作岗位、在本单位的工作年限。

第二十五条　【赔偿金与经济补偿不并罚】用人单位违反劳动合同法的规定解除或者终止劳动合同，依照劳动合同法第八十七条的规定支付了赔偿金的，不再支付经济补偿。赔偿金的计算年限自用工之日起计算。

第二十六条　【解除约定服务期的劳动合同】用人单位与劳动者约定了服务期，劳动者依照劳动合同法第三十八条的规定解除劳动合同的，不属于违反服务期的约定，用人单位不得要求劳动者支付违约金。

有下列情形之一，用人单位与劳动者解除约定服务期的劳动合同的，劳动者应当按照劳动合同的约定向用人单位支付违约金：

（一）劳动者严重违反用人单位的规章制度的；

（二）劳动者严重失职，营私舞弊，给用人单位造成重大损害的；

（三）劳动者同时与其他用人单位建立劳动关系，对完成本单位的工作任务造成严重影响，或者经用人单位提出，拒不改正的；

（四）劳动者以欺诈、胁迫的手段或者乘人之危，使用人单位在违背真实意思的情况下订立或者变更劳动合同的；

（五）劳动者被依法追究刑事责任的。

第二十七条 **【月工资的计算】**劳动合同法第四十七条规定的经济补偿的月工资按照劳动者应得工资计算，包括计时工资或者计件工资以及奖金、津贴和补贴等货币性收入。劳动者在劳动合同解除或者终止前12个月的平均工资低于当地最低工资标准的，按照当地最低工资标准计算。劳动者工作不满12个月的，按照实际工作的月数计算平均工资。

第四章 劳务派遣特别规定

第二十八条 **【不得设立的劳务派遣单位】**用人单位或者其所属单位出资或者合伙设立的劳务派遣单位，向本单位或者所属单位派遣劳动者的，属于劳动合同法第六十七条规定的不得设立的劳务派遣单位。

第二十九条 **【用工单位义务】**用工单位应当履行劳动合同法第六十二条规定的义务，维护被派遣劳动者的合法权益。

第三十条 **【不得以非全日制用工形式派遣】**劳务派遣单位不得以非全日制用工形式招用被派遣劳动者。

第三十一条 **【经济补偿的参照执行】**劳务派遣单位或者被派遣劳动者依法解除、终止劳动合同的经济补偿，依照劳动合同法第四十六条、第四十七条的规定执行。

第三十二条 **【解除、终止劳动合同的参照执行】**劳务派遣单位违法解除或者终止被派遣劳动者的劳动合同的，依照劳动合同法第四十八条的规定执行。

第五章 法律责任

第三十三条 **【违反建立职工名册规定的处罚】**用人单位违反劳动合同法有关建立职工名册规定的，由劳动行政部门责令限期改正；逾期不改正的，由劳动行政部门处2000元以上2万元以下的罚款。

第三十四条 **【未支付两倍工资或赔偿金的处理】**用人单位依照劳动合同法的规定应当向劳动者每月支付两倍的工资或者应当向劳动者支付赔偿金而未支付的，劳动行政部门应当责令用人单位支付。

第三十五条 **【违反劳务派遣规定的处罚】**用工单位违反劳动合同法和本条例有关劳务派遣规定的，由劳动行政部门和其他有关主管部门责令改正；情节严重的，以每位被派遣劳动者1000元以上5000元以下的标准处以罚款；给被派遣劳动者造成损害的，劳务派遣单位和用工单位承担连带赔偿责任。

第六章 附 则

第三十六条 **【对投诉、举报的处理】**对违反劳动合同法和本条例的行为的投诉、举报，县级以上地方人民政府劳动行政部门依照《劳动保障监察条例》的规定处理。

第三十七条 **【发生争议的处理】**劳动者与用人单位因订立、履行、变更、解除或者终止劳动合同发生争议的，依照《中华人民共和国劳动争议调解仲裁法》的规定处理。

第三十八条 **【施行日期】**本条例自公布之日起施行。

集体合同规定

1. *2004年1月20日劳动和社会保障部令第22号公布*
2. *自2004年5月1日起施行*

第一章 总 则

第一条 为规范集体协商和签订集体合同行为，依法维护劳动者和用人单位的合法权益，根据《中华人民共和国劳动法》和《中华人民共和国工会法》，制定本规定。

第二条 中华人民共和国境内的企业和实行企业化管理的事业单位（以下统称用人单位）与本单位职工之间进行集体协商，签订集体合同，适用本规定。

第三条 本规定所称集体合同，是指用人单位与本单位职工根据法律、法规、规章的规定，就劳动报酬、工作时间、休息休假、劳动安全卫生、职业培训、保险福利等事项，通过集体协商签订的书面协议；所称专项集体合同，是指用人单位与本单位职工根据法律、法规、规章的规定，就集体协商的某项内容签订的专项书面协议。

第四条 用人单位与本单位职工签订集体合同或专项集体合同，以及确定相关事宜，应当采取集体协商的方式。集体协商主要采取协商会议的形式。

第五条 进行集体协商，签订集体合同或专项集体合同，应当遵循下列原则：

（一）遵守法律、法规、规章及国家有关规定；

（二）相互尊重，平等协商；

（三）诚实守信，公平合作；

（四）兼顾双方合法权益；

（五）不得采取过激行为。

第六条　符合本规定的集体合同或专项集体合同，对用人单位和本单位的全体职工具有法律约束力。

用人单位与职工个人签订的劳动合同约定的劳动条件和劳动报酬等标准，不得低于集体合同或专项集体合同的规定。

第七条　县级以上劳动保障行政部门对本行政区域内用人单位与本单位职工开展集体协商、签订、履行集体合同的情况进行监督，并负责审查集体合同或专项集体合同。

第二章　集体协商内容

第八条　集体协商双方可以就下列多项或某项内容进行集体协商，签订集体合同或专项集体合同：

（一）劳动报酬；

（二）工作时间；

（三）休息休假；

（四）劳动安全与卫生；

（五）补充保险和福利；

（六）女职工和未成年工特殊保护；

（七）职业技能培训；

（八）劳动合同管理；

（九）奖惩；

（十）裁员；

（十一）集体合同期限；

（十二）变更、解除集体合同的程序；

（十三）履行集体合同发生争议时的协商处理办法；

（十四）违反集体合同的责任；

（十五）双方认为应当协商的其他内容。

第九条　劳动报酬主要包括：

（一）用人单位工资水平、工资分配制度、工资标准和工资分配形式；

（二）工资支付办法；

（三）加班、加点工资及津贴、补贴标准和奖金分配办法；

（四）工资调整办法；

（五）试用期及病、事假等期间的工资待遇；

（六）特殊情况下职工工资（生活费）支付办法；

（七）其他劳动报酬分配办法。

第十条　工作时间主要包括：

（一）工时制度；

（二）加班加点办法；

（三）特殊工种的工作时间；

（四）劳动定额标准。

第十一条　休息休假主要包括：

（一）日休息时间、周休息日安排、年休假办法；

（二）不能实行标准工时职工的休息休假；

（三）其他假期。

第十二条　劳动安全卫生主要包括：

（一）劳动安全卫生责任制；

（二）劳动条件和安全技术措施；

（三）安全操作规程；

（四）劳保用品发放标准；

（五）定期健康检查和职业健康体检。

第十三条　补充保险和福利主要包括：

（一）补充保险的种类、范围；

（二）基本福利制度和福利设施；

（三）医疗期延长及其待遇；

（四）职工亲属福利制度。

第十四条　女职工和未成年工的特殊保护主要包括：

（一）女职工和未成年工禁忌从事的劳动；

（二）女职工的经期、孕期、产期和哺乳期的劳动保护；

（三）女职工、未成年工定期健康检查；

（四）未成年工的使用和登记制度。

第十五条　职业技能培训主要包括：

（一）职业技能培训项目规划及年度计划；

（二）职业技能培训费用的提取和使用；

（三）保障和改善职业技能培训的措施。

第十六条　劳动合同管理主要包括：

（一）劳动合同签订时间；

（二）确定劳动合同期限的条件；

（三）劳动合同变更、解除、续订的一般原则及无固定期限劳动合同的终止条件；

（四）试用期的条件和期限。

第十七条　奖惩主要包括：

（一）劳动纪律；

（二）考核奖惩制度；

（三）奖惩程序。

第十八条　裁员主要包括：

（一）裁员的方案；

（二）裁员的程序；

（三）裁员的实施办法和补偿标准。

第三章　集体协商代表

第十九条　本规定所称集体协商代表（以下统称协商代表），是指按照法定程序产生并有权代表本方利益进行集体协商的人员。

集体协商双方的代表人数应当对等,每方至少3人,并各确定1名首席代表。

第二十条　职工一方的协商代表由本单位工会选派。未建立工会的,由本单位职工民主推荐,并经本单位半数以上职工同意。

职工一方的首席代表由本单位工会主席担任。工会主席可以书面委托其他协商代表代理首席代表。工会主席空缺的,首席代表由工会主要负责人担任。未建立工会的,职工一方的首席代表从协商代表中民主推举产生。

第二十一条　用人单位一方的协商代表,由用人单位法定代表人指派,首席代表由单位法定代表人担任或由其书面委托的其他管理人员担任。

第二十二条　协商代表履行职责的期限由被代表方确定。

第二十三条　集体协商双方首席代表可以书面委托本单位以外的专业人员作为本方协商代表。委托人数不得超过本方代表的三分之一。

首席代表不得由非本单位人员代理。

第二十四条　用人单位协商代表与职工协商代表不得相互兼任。

第二十五条　协商代表应履行下列职责:

(一)参加集体协商;

(二)接受本方人员质询,及时向本方人员公布协商情况并征求意见;

(三)提供与集体协商有关的情况和资料;

(四)代表本方参加集体协商争议的处理;

(五)监督集体合同或专项集体合同的履行;

(六)法律、法规和规章规定的其他职责。

第二十六条　协商代表应当维护本单位正常的生产、工作秩序,不得采取威胁、收买、欺骗等行为。

协商代表应当保守在集体协商过程中知悉的用人单位的商业秘密。

第二十七条　企业内部的协商代表参加集体协商视为提供了正常劳动。

第二十八条　职工一方协商代表在其履行协商代表职责期间劳动合同期满的,劳动合同期限自动延长至完成履行协商代表职责之时,除出现下列情形之一的,用人单位不得与其解除劳动合同:

(一)严重违反劳动纪律或用人单位依法制定的规章制度的;

(二)严重失职、营私舞弊,对用人单位利益造成重大损害的;

(三)被依法追究刑事责任的。

职工一方协商代表履行协商代表职责期间,用人单位无正当理由不得调整其工作岗位。

第二十九条　职工一方协商代表就本规定第二十七条、第二十八条的规定与用人单位发生争议的,可以向当地劳动争议仲裁委员会申请仲裁。

第三十条　工会可以更换职工一方协商代表;未建立工会的,经本单位半数以上职工同意可以更换职工一方协商代表。

用人单位法定代表人可以更换用人单位一方协商代表。

第三十一条　协商代表因更换、辞任或遇有不可抗力等情形造成空缺的,应在空缺之日起15日内按照本规定产生新的代表。

第四章　集体协商程序

第三十二条　集体协商任何一方均可就签订集体合同或专项集体合同以及相关事宜,以书面形式向对方提出进行集体协商的要求。

一方提出进行集体协商要求的,另一方应当在收到集体协商要求之日起20日内以书面形式给以回应,无正当理由不得拒绝进行集体协商。

第三十三条　协商代表在协商前应进行下列准备工作:

(一)熟悉与集体协商内容有关的法律、法规、规章和制度;

(二)了解与集体协商内容有关的情况和资料,收集用人单位和职工对协商意向所持的意见;

(三)拟定集体协商议题,集体协商议题可由提出协商一方起草,也可由双方指派代表共同起草;

(四)确定集体协商的时间、地点等事项;

(五)共同确定一名非协商代表担任集体协商记录员。记录员应保持中立、公正,并为集体协商双方保密。

第三十四条　集体协商会议由双方首席代表轮流主持,并按下列程序进行:

(一)宣布议程和会议纪律;

(二)一方首席代表提出协商的具体内容和要求,另一方首席代表就对方的要求作出回应;

(三)协商双方就商谈事项发表各自意见,开展充分讨论;

(四)双方首席代表归纳意见。达成一致的,应当形成集体合同草案或专项集体合同草案,由双方首席代表签字。

第三十五条　集体协商未达成一致意见或出现事先未预料的问题时,经双方协商,可以中止协商。中止期限及下次协商时间、地点、内容由双方商定。

第五章 集体合同的订立、变更、解除和终止

第三十六条 经双方协商代表协商一致的集体合同草案或专项集体合同草案应当提交职工代表大会或者全体职工讨论。

职工代表大会或者全体职工讨论集体合同草案或专项集体合同草案，应当有三分之二以上职工代表或者职工出席，且须经全体职工代表半数以上或者全体职工半数以上同意，集体合同草案或专项集体合同草案方获通过。

第三十七条 集体合同草案或专项集体合同草案经职工代表大会或者职工大会通过后，由集体协商双方首席代表签字。

第三十八条 集体合同或专项集体合同期限一般为1至3年，期满或双方约定的终止条件出现，即行终止。

集体合同或专项集体合同期满前3个月内，任何一方均可向对方提出重新签订或续订的要求。

第三十九条 双方协商代表协商一致，可以变更或解除集体合同或专项集体合同。

第四十条 有下列情形之一的，可以变更或解除集体合同或专项集体合同：

（一）用人单位因被兼并、解散、破产等原因，致使集体合同或专项集体合同无法履行的；

（二）因不可抗力等原因致使集体合同或专项集体合同无法履行或部分无法履行的；

（三）集体合同或专项集体合同约定的变更或解除条件出现的；

（四）法律、法规、规章规定的其他情形。

第四十一条 变更或解除集体合同或专项集体合同适用本规定的集体协商程序。

第六章 集体合同审查

第四十二条 集体合同或专项集体合同签订或变更后，应当自双方首席代表签字之日起10日内，由用人单位一方将文本一式三份报送劳动保障行政部门审查。

劳动保障行政部门对报送的集体合同或专项集体合同应当办理登记手续。

第四十三条 集体合同或专项集体合同审查实行属地管辖，具体管辖范围由省级劳动保障行政部门规定。

中央管辖的企业以及跨省、自治区、直辖市的用人单位的集体合同应当报送劳动保障部或劳动保障部指定的省级劳动保障行政部门。

第四十四条 劳动保障行政部门应当对报送的集体合同或专项集体合同的下列事项进行合法性审查：

（一）集体协商双方的主体资格是否符合法律、法规和规章规定；

（二）集体协商程序是否违反法律、法规、规章规定；

（三）集体合同或专项集体合同内容是否与国家规定相抵触。

第四十五条 劳动保障行政部门对集体合同或专项集体合同有异议的，应当自收到文本之日起15日内将《审查意见书》送达双方协商代表。《审查意见书》应当载明以下内容：

（一）集体合同或专项集体合同当事人双方的名称、地址；

（二）劳动保障行政部门收到集体合同或专项集体合同的时间；

（三）审查意见；

（四）作出审查意见的时间。

《审查意见书》应当加盖劳动保障行政部门印章。

第四十六条 用人单位与本单位职工就劳动保障行政部门提出异议的事项经集体协商重新签订集体合同或专项集体合同的，用人单位一方应当根据本规定第四十二条的规定将文本报送劳动保障行政部门审查。

第四十七条 劳动保障行政部门自收到文本之日起15日内未提出异议的，集体合同或专项集体合同即行生效。

第四十八条 生效的集体合同或专项集体合同，应当自其生效之日起由协商代表及时以适当的形式向本方全体人员公布。

第七章 集体协商争议的协调处理

第四十九条 集体协商过程中发生争议，双方当事人不能协商解决的，当事人一方或双方可以书面向劳动保障行政部门提出协调处理申请；未提出申请的，劳动保障行政部门认为必要时也可以进行协调处理。

第五十条 劳动保障行政部门应当组织同级工会和企业组织等三方面的人员，共同协调处理集体协商争议。

第五十一条 集体协商争议处理实行属地管辖，具体管辖范围由省级劳动保障行政部门规定。

中央管辖的企业以及跨省、自治区、直辖市用人单位因集体协商发生的争议，由劳动保障部指定的省级劳动保障行政部门组织同级工会和企业组织等三方面的人员协调处理，必要时，劳动保障部也可以组织有关方面协调处理。

第五十二条 协调处理集体协商争议，应当自受理协调处理申请之日起30日内结束协调处理工作。期满未

结束的，可以适当延长协调期限，但延长期限不得超过15日。

第五十三条　协调处理集体协商争议应当按照以下程序进行：

（一）受理协调处理申请；

（二）调查了解争议的情况；

（三）研究制定协调处理争议的方案；

（四）对争议进行协调处理；

（五）制作《协调处理协议书》。

第五十四条　《协调处理协议书》应当载明协调处理申请、争议的事实和协调结果，双方当事人就某些协商事项不能达成一致的，应将继续协商的有关事项予以载明。《协调处理协议书》由集体协商争议协调处理人员和争议双方首席代表签字盖章后生效。争议双方均应遵守生效后的《协调处理协议书》。

第八章　附　　则

第五十五条　因履行集体合同发生的争议，当事人协商解决不成的，可以依法向劳动争议仲裁委员会申请仲裁。

第五十六条　用人单位无正当理由拒绝工会或职工代表提出的集体协商要求的，按照《工会法》及有关法律、法规的规定处理。

第五十七条　本规定于2004年5月1日起实施。原劳动部1994年12月5日颁布的《集体合同规定》同时废止。

劳动部关于实行劳动合同制度若干问题的通知

1．1996年10月31日

2．劳部发〔1996〕354号

《劳动法》实施以来，全国推行劳动合同制度的工作进展顺利，但部分地区、企业在实行劳动合同制度过程中提出一些问题，需要予以明确。

1. 在签订劳动合同时，按照《劳动法》的规定，只要当事人双方协商一致，即可签订有固定期限、无固定期限或以完成一定工作为期限的劳动合同。

2. 在固定工制度向劳动合同制度转变过程中，用人单位对符合下列条件之一的劳动者，如果其提出订立无固定期限的劳动合同，应当与其订立无固定期限的劳动合同：

（1）按照《劳动法》的规定，在同一用人单位连续工作满十年以上，当事人双方同意续延劳动合同的；

（2）工作年限较长，且距法定退休年龄十年以内的；

（3）复员、转业军人初次就业的；

（4）法律、法规规定的其他情形。

3. 按照《劳动法》的规定，劳动合同中可以约定不超过六个月的试用期。劳动合同期限在六个月以下的，试用期不得超过十五日；劳动合同期限在六个月以上一年以下的，试用期不得超过三十日；劳动合同期限在一年以上两年以下的，试用期不得超过六十日。

试用期包括在劳动合同期限中。

4. 用人单位对工作岗位没有发生变化的同一劳动者只能试用一次。

5. 劳动合同可以规定合同的生效时间。没有规定劳动合同生效时间的，当事人签字之日即视为该劳动合同生效时间。

劳动合同的终止时间，应当以劳动合同期限最后一日的二十四时为准。

6. 生产经营发生严重困难的企业应当与劳动者签订劳动合同，但劳动合同中有关工作岗位、劳动报酬等内容可在协商一致的基础上通过签订专项协议来规定。专项协议作为劳动合同的附件，具有与劳动合同同等的约束力。

7. “停薪留职”的职工愿意回原单位工作的，用人单位应当与其签订劳动合同，明确权利义务关系。如果用人单位不能安排工作岗位，而职工又愿意到其他单位工作并继续与原单位保留劳动关系的，应当按照劳动部《关于贯彻实施〈中华人民共和国劳动法〉若干问题的意见》第七条规定办理，即职工与原单位保持劳动关系但不在岗的，可以变更劳动合同相关内容。

8. 用人单位应与本单位富余人员签订劳动合同，对待岗或放长假的应当变更劳动合同相关内容，并就有关内容协商签订专项协议。

9. 企业法定代表人的变更，不影响劳动合同的履行，用人单位和劳动者不需因此重新签订劳动合同。

10. 在固定工制度向劳动合同制度转变过程中，对已经患有精神病但病情得到控制的职工，用人单位应当安排适当工作，签订劳动合同；对病情严重不能控制的，应当送医院治疗。医疗终结后，按照国家有关规定办理退休或退职手续。

11. 用人单位对新招用的职工，在试用期内发现并经有关机构确认患有精神病的，可以解除劳动合同。

12. 已办理厂内离岗休养或退休手续的原固定工，用人单位应当与其签订劳动合同，明确权利义务关系，其离岗休养或退养的有关文件作为劳动合同的附件。

13. 已享受养老保险待遇的离退休人员被再次聘用时，用人单位应与其签订书面协议，明确聘用期内的工作内容、报酬、医疗、劳保待遇等权利和义务。

14. 有固定期限的劳动合同期满后，因用人单位方面的原因未办理终止或续订手续而形成事实劳动关系的，视为续订劳动合同。用人单位应及时与劳动者协商合同期限，办理续订手续。由此给劳动者造成损失的，该用人单位应当依法承担赔偿责任。

15. 在劳动者履行了有关义务终止、解除劳动合同时，用人单位应当出具终止、解除劳动合同证明书，作为该劳动者按规定享受失业保险待遇和失业登记、求职登记的凭证。

说明书应写明劳动合同期限、终止或解除的日期、所担任的工作。如果劳动者要求，用人单位可在证明中客观地说明解除劳动合同的原因。

16. 职工劳动合同期限届满，终止劳动合同后符合退休条件的，可以办理退休手续，领取养老保险金；不符合退休条件的，应当到就业服务机构进行失业登记，按规定领取失业救济金。

17. 用人单位招用职工时应查验终止、解除劳动合同证明，以及其他能证明该职工与任何用人单位不存在劳动关系的凭证，方可与其签订劳动合同。

18. 职工解除劳动合同，应当严格按照《劳动法》的规定，提前三十日以书面形式向用人单位提出。职工自动离职属于违法解除劳动合同，应当按照《违反〈劳动法〉有关劳动合同规定的赔偿办法》承担赔偿责任。

19. 按照《劳动法》第二十七条的规定，进行经济性裁员的企业在六个月内录用人员的，应当优先从被裁减的人员中录用。因经济性裁员而被用人单位裁减的职工，在六个月内又被原单位重新录用的，对职工裁减前和重新录用后的工作年限应当连续计算为本单位工作时间。

20. 劳动者按照《劳动法》第二十四条的规定，主动提出解除劳动合同的，用人单位可以不支付经济补偿金。

21. 劳动者在劳动合同期限内，由于主管部门调动或转移工作单位而被解除劳动合同，未造成失业的，用人单位可以不支付经济补偿金。

22. 劳动者患病或者非因工负伤，合同期满终止劳动合同的，用人单位应当支付不低于六个月工资的医疗补助费；对患重病或绝症的，还应适当增加医疗补助费。

劳动和社会保障部等关于加强建设等行业农民工劳动合同管理的通知

1. 2005年4月18日劳动和社会保障部、建设部、全国总工会发布

2. 劳社部发〔2005〕9号

各省、自治区、直辖市劳动和社会保障厅（局）、建设厅（建委）、总工会：

为贯彻落实《国务院办公厅关于进一步做好改善农民进城就业环境工作的通知》（国办发〔2004〕92号）精神，加强建设等行业农民工劳动合同管理，维护农民工的合法权益，现就有关问题通知如下：

一、高度重视农民工劳动合同管理工作

通过劳动合同确立用人单位与农民工的劳动关系，是维护农民工合法权益的重要措施。各级劳动保障部门要以使用农民工较集中的建筑、餐饮、加工等行业为重点，明确农民工劳动合同管理工作职责，切实把农民工劳动合同管理工作摆到重要日程。建设等行业行政主管部门和工会组织要协助劳动保障部门采取有力措施推进劳动合同制度的落实，不断完善劳动合同管理政策，推动各类用人单位依法与农民工签订劳动合同，提高劳动合同签订率。要指导和督促用人单位加强内部劳动合同管理，依据国家有关法律法规，建立健全劳动合同管理制度，实现劳动合同动态管理。

二、规范签订劳动合同行为

用人单位使用农民工，应当依法与农民工签订书面劳动合同，并向劳动保障行政部门进行用工备案。签订劳动合同应当遵循平等自愿、协商一致的原则，用人单位不得采取欺骗、威胁等手段与农民工签订劳动合同，不得在签订劳动合同时收取抵押金、风险金。

劳动合同必须由具备用工主体资格的用人单位与农民工本人直接签订，不得由他人代签。建筑领域工程项目部、项目经理、施工作业班组、包工头等不具备用工主体资格，不能作为用工主体与农民工签订劳动合同。

三、完善劳动合同内容

用人单位与农民工签订劳动合同，应当包括以下条款。

（一）劳动合同期限。经双方协商一致，可以采取有固定期限、无固定期限或以完成一定的工作任务为期限三种形式。无固定期限劳动合同要明确劳动合同的终止条件。有固定期限的劳动合同，应当明确起

始和终止时间。双方在劳动合同中可以约定试用期。劳动合同期限半年以内的,一般不约定试用期;劳动合同期限半年以上1年以内的,试用期不得超过30日;劳动合同期限1至2年的,试用期不得超过60日;劳动合同期限2年以上的,试用期最多不得超过6个月。

(二)*工作内容和工作时间*。劳动合同中要明确农民工的工种、岗位和所从事工作的内容。工作时间要按照国家规定执行,法定节日应安排农民工休息。如需安排农民工加班或延长工作时间的,必须按规定支付加班工资。建筑业企业根据生产特点,按规定报劳动保障行政部门批准后,可对部分工种岗位实行综合计算工时工作制。

(三)*劳动保护和劳动条件*。用人单位要按照安全生产有关规定,为农民工提供必要的劳动安全保护及劳动条件。在农民工上岗前要对其进行安全生产教育。施工现场必须按国家建筑施工安全生产的规定,采取必要的安全措施。用人单位为农民工提供的宿舍、食堂、饮用水、洗浴、公厕等基本生活条件应达到安全、卫生要求,其中建筑施工现场要符合《建筑施工现场环境与卫生标准》(JGJ 146－2004)。

(四)*劳动报酬*。在劳动合同中要明确工资以货币形式按月支付,并约定支付的时间、标准和支付方式。用人单位根据行业特点,经过民主程序确定具体工资支付办法的,应在劳动合同中予以明确,但按月支付的工资不得低于当地政府规定的最低工资标准。已建立集体合同制度的单位,工资标准不得低于集体合同规定的工资标准。

(五)*劳动纪律*。在劳动合同中明确要求农民工遵守的用人单位有关规章制度,应当依法制定。用人单位应当在签订劳动合同前告知农民工。

(六)*违反劳动合同的责任*。劳动合同中应当约定违约责任,一方违反劳动合同给对方造成经济损失的,要按《劳动法》等有关法律规定承担赔偿责任。

根据不同岗位的特点,用人单位与农民工协商一致,还可以在劳动合同中约定其他条款。

四、指导用人单位建立健全劳动合同管理制度

各级劳动保障部门要会同建设等行业行政主管部门和工会组织,积极指导用人单位依法建立健全内部劳动合同管理制度。用人单位要对劳动合同签订、续订、变更、终止和解除等各个环节制定具体管理规定,经职代会或职工大会讨论通过后执行。要指定专职或兼职人员负责劳动合同管理工作,建立劳动合同管理台帐,实行动态管理。对履行劳动合同情况,特别是工资支付、保险福利、加班加点等有关情况要有书面记录。对终止解除劳动合同的农民工,用人单位应当结清工资,并出具终止解除劳动合同证明。

五、加大劳动保障监察执法和劳动争议处理工作力度

各级劳动保障部门要加强劳动保障监察执法工作,充实劳动保障监察人员,加大对用人单位招用农民工签订劳动合同情况的监督检查力度。要公布举报投诉电话,及时处理举报投诉案件。对不按规定与农民工签订劳动合同的用人单位,要依法责令其纠正。

要加强劳动争议仲裁机构和仲裁员队伍建设,切实解决用人单位与农民工因履行劳动合同发生的争议。要加强劳动争议调解工作,及时化解纠纷。对申诉到劳动争议仲裁机构的劳动争议,要在条件允许的情况下依法采取简易程序,做到快立案、快审案、快结案。对涉及用人单位拖欠工资、工伤待遇的争议要优先受理、裁决。对生活困难的农民工,减免应由农民工本人负担的仲裁费用,切实解决农民工申诉难的问题。

六、加强对农民工劳动合同管理的组织领导

各级劳动保障部门、建设等行业行政主管部门和工会组织,要认真贯彻落实国办发〔2004〕92号文件精神,各司其职,各负其责,加强配合,建立健全工作目标责任制,完善工作协调机制,共同做好农民工劳动合同签订和管理的组织领导工作。要加强劳动保障法律、法规的宣传,增强用人单位和农民工的劳动合同意识,促进劳动合同制度全面实施。省级劳动保障行政部门要会同建设等行业行政主管部门制订适合不同行业特点的农民工劳动合同范本,指导督促用人单位与农民工签订劳动合同,切实提高劳动合同签订率。各级工会组织要积极指导、帮助农民工与用人单位签订劳动合同,加强对劳动合同履行情况的监督;要推进使用农民工的企业开展平等协商签订集体合同,切实维护广大农民工的合法权益。

劳动和社会保障部等关于开展区域性行业性集体协商工作的意见

1. *2006年8月17日劳动和社会保障部、中华全国总工会、中国企业联合会/中国企业家协会发布*
2. *劳社部发〔2006〕32号*

各省、自治区、直辖市劳动和社会保障厅(局)、总工会、企业联合会/企业家协会:

为进一步开展区域性行业性集体协商工作,充分发挥集体合同制度在协调劳动关系中的作用,促进劳动关系和谐稳定,现提出以下意见:

一、开展区域性行业性集体协商的重要意义

随着社会主义市场经济的发展，我国非公有制企业迅速增多，这些企业大多规模较小，职工流动性较大，工会力量薄弱，职工合法权益受侵害的现象时有发生，劳动关系矛盾相对突出。一些地方的实践经验证明，在非公有制小企业或同行业企业比较集中的地区开展区域性行业性集体协商签订集体合同工作，对维护职工和企业双方的合法权益，构建和谐稳定的劳动关系，营造有利于企业持续健康发展的良好环境，促进区域和行业经济的协调发展，维护社会稳定，将发挥重要的作用。

二、区域性行业性集体协商的范围

区域性行业性集体协商是指区域内的工会组织或行业工会组织与企业代表或企业代表组织，就劳动报酬、工作时间、休息休假、劳动安全卫生、保险福利等事项，开展集体协商签订集体合同的行为。

区域性行业性集体协商一般在小型企业或同行业企业比较集中的乡镇、街道、社区和工业园区（经济技术开发区、高新技术产业园区）开展。在行业特点明显的区域要重点推行行业性集体协商和集体合同工作，具备条件的地区可以根据实际情况在县（区）一级开展行业性集体协商签订集体合同。

三、区域性行业性集体协商代表的产生方式

区域性行业性集体协商代表应按照规范程序产生。职工一方的协商代表由区域内的工会组织或行业工会组织选派，首席代表由工会主席担任。企业一方的协商代表由区域内的企业联合会/企业家协会或其他企业组织、行业协会选派，也可以由上级企业联合会/企业家协会组织区域内的企业主经民主推选或授权委托等方式产生，首席代表由企业方代表民主推选产生。

集体协商双方的代表人数应当对等，一般每方3～10人。双方首席代表可以书面委托专家、学者、律师等专业人员作为本方的协商代表，但委托人数不得超过本方代表的三分之一。

四、区域性行业性集体协商的内容

开展区域性行业性集体协商工作，要从本区域、本行业劳动关系的特点和企业实际出发，紧紧围绕劳动报酬、劳动定额、工作时间、休息休假、劳动安全卫生、保险福利、女职工和未成年工特殊劳动保护等问题进行。通过协商签订的区域性行业性集体合同可以是综合性的，也可以是专项的。在协商过程中要力求重点突出，议题集中，措施可行。签订集体合同的条款要具体，标准要量化，切实增强针对性和实效性。

当前，要将职工工资水平、工作时间以及与此直接相关的劳动定额、计件单价等劳动标准作为区域性行业性集体协商的重点，通过集体协商妥善处理各方的利益分配关系，推动企业建立正常的工资决定机制。

五、区域性行业性集体协商的程序

开展区域性行业性集体协商要严格履行程序，协商过程要充分表达职工群众和企业方的意愿和要求，协商内容要得到双方的一致认可。一般应按照以下程序进行：

（一）一方协商代表应以书面形式向另一方提出协商要求，另一方应以书面形式回应。

（二）双方协商代表在分别广泛征求职工和企业方的意见基础上，拟定集体协商议题。

（三）召开集体协商会议，在协商一致的基础上形成集体合同草案。

（四）集体合同草案要经区域职工代表大会或区域内企业的职工代表大会或职工大会审议通过，并经区域内企业主签字（或盖公章）确认后，由集体协商双方首席代表签字。

（五）企业方协商代表将集体合同报送当地劳动保障行政部门审核备案。

（六）劳动保障行政部门在收到文本之日起15日内未提出异议的，集体合同即行生效。

（七）区域性行业性集体合同生效后，由企业方代表采取适当方式及时向全体职工公布。

企业方代表向劳动保障行政部门报送集体合同时，除报送《劳动部关于加强集体合同审核管理工作的通知》（劳部发〔1996〕360号）规定的材料外，还须报送企业主对集体合同的签字确认件以及职工代表大会或职工大会审议通过的文件。

六、区域性行业性集体合同的效力和争议处理

按照规定签订的区域性行业性集体合同，对辖区内签约的所有企业和职工具有约束力。企业签订的集体合同，其标准不得低于区域性行业性集体合同的规定。

对在区域性行业性集体协商过程中发生的争议，双方当事人不能协商解决的，当事人一方或双方可以书面向辖区内的劳动保障行政部门提出协调处理申请；未提出申请的，劳动保障行政部门认为必要时也可以进行协调处理。劳动保障行政部门应当组织同级工会和企业代表组织等三方面的人员，共同协调处理集体协商争议。

对在区域性行业性集体合同履行过程中发生的争议，按照《劳动法》和《集体合同规定》的有关规定协调

和处理。

七、区域性行业性集体协商工作的组织实施

各级劳动保障部门、工会组织和企业联合会/企业家协会要从构建社会主义和谐社会的高度，充分认识开展区域性行业性集体协商工作的重要性和必要性，在当地党委和政府的领导下，将其纳入经济社会发展整体规划，加强协调配合，创新工作思路，加大工作力度，采取有效措施积极推动这项工作规范有序开展。各级劳动保障部门要认真研究完善区域性行业性集体协商的有关政策，改进和加强集体合同审核备案工作，会同同级工会和企业代表组织及时妥善处理区域性行业性集体协商争议和履行合同争议。各级工会组织要加强县以下区域和行业工会的组织建设，指导区域和行业工会积极开展集体协商要约行动；要大力培训工会干部和职工代表，提高他们的协商能力和水平。各级企业联合会/企业家协会要建立健全组织，将协调劳动关系工作向乡镇、街道、社区延伸，培育企业方协商主体；要教育和引导企业经营管理者加强相关法律法规和政策的学习，履行好企业的社会责任，重视和支持集体协商工作，认真履行集体合同。各级三方要加强沟通、协调和信息交流，认真总结推广典型经验，注意研究解决签订和履行集体合同工作中的各种问题，及时将开展区域性行业性集体协商集体合同工作中遇到的新情况新问题上报国家协调劳动关系三方会议办公室。

劳动和社会保障部关于建立劳动用工备案制度的通知

1. 2006年12月22日

2. 劳社部发〔2006〕46号

各省、自治区、直辖市劳动和社会保障厅（局）：

为进一步贯彻落实《劳动力市场管理规定》，加强劳动用工管理，规范劳动用工秩序，全面推进劳动合同制度实施，维护劳动者和用人单位的合法权益，促进劳动关系和谐稳定，现就建立劳动用工备案制度有关问题通知如下：

一、充分认识建立劳动用工备案制度的重要意义

建立劳动用工备案制度，是社会主义市场经济条件下政府劳动保障行政部门履行社会管理和市场监管职能，加强对用人单位劳动用工宏观管理的重要措施，是规范劳动用工秩序，全面实施劳动合同制度，维护劳动者和用人单位双方合法权益的重要手段。做好这项工作，对促进劳动关系和谐，维护社会稳定具有十分重要的意义。各级劳动保障行政部门要从规范社会主义市场经济秩序、全面贯彻落实科学发展观和构建社会主义和谐社会的高度，充分认识建立劳动用工备案制度的重要性和紧迫性，采取有力措施，切实推动这项制度全面建立和实施。

二、明确建立劳动用工备案制度的目标任务

建立劳动用工备案制度的目标任务是，从2007年起，我国境内所有用人单位招用依法形成劳动关系的职工，都应到登记注册地的县级以上劳动保障行政部门办理劳动用工备案手续；到2008年底，全国省、市、县三级都要建立以签订劳动合同为基础的劳动用工备案制度，并依托金保工程劳动保障业务专网，实现国家、省、市三级劳动用工信息数据的交换与共享，基本建立全国劳动用工信息基础数据库。

三、规范劳动用工备案的内容和要求

（一）用人单位进行劳动用工备案的信息应当包括：用人单位名称、法定代表人、经济类型、组织机构代码，招用职工的人数、姓名、性别、公民身份号码，与职工签订劳动合同的起止时间，终止或解除劳动合同的人数、职工姓名、时间等。各省、自治区、直辖市劳动保障行政部门可根据实际需要适当增加备案信息。

（二）用人单位新招用职工或与职工续订劳动合同的，应自招用或续订劳动合同之日起30日内进行劳动用工备案。用人单位与职工终止或解除劳动合同的，应在终止或解除劳动合同后7日内进行劳动用工备案。

用人单位名称、法定代表人、经济类型、组织机构代码发生变更后，应在30日内办理劳动用工备案变更手续。用人单位注销后，应在7日内办理劳动用工备案注销手续。

（三）用人单位登记注册地与实际经营地不一致的，在实际经营地的劳动保障行政部门进行劳动用工备案。

四、大力推进劳动用工备案制度的实施

（一）各级劳动保障行政部门要高度重视建立劳动用工备案制度，加强统一领导，指定机构、配备专门人员负责劳动用工备案工作。劳动工资、就业、失业、统计和劳动保障监察等相关机构要加强协调配合，搞好劳动保障部门内部各项涉及劳动用工备案、登记工作的相互衔接，实现资源共享，避免相同内容重复备案。要在组织力量搞好调查摸底，掌握本地区用人单位户数及现有劳动用工情况的基础上，按照相关数据信息全面、准确、规范、统一的要求，为每个用人单位建

立劳动用工台账，逐步建立和完善劳动用工信息数据库，实现对用人单位劳动用工及劳动合同制度实施情况的动态管理。

（二）搞好劳动用工备案服务。健全劳动用工备案工作制度，完善工作流程和操作程序，采取直接备案、邮寄备案和网络备案等方式，方便用人单位办理劳动用工备案手续。具备条件的地区要尽可能实行网络备案方式，充分利用互联网等现代化手段，提供有关劳动用工备案制式表格的下载服务，公布劳动用工备案工作流程。

（三）加强对劳动用工备案情况的监督检查。采取提前通告、跟踪催办和监督检查等办法，督促用人单位及时进行劳动用工备案。要建立职工查询举报渠道，方便职工及时查询用人单位是否进行了劳动用工备案、备案的内容是否真实。对不履行备案义务、备案内容不真实、不依法签订劳动合同的用人单位，责令其限期改正，对拒不改正的，依法给予相应处罚。

要充分发挥媒体的宣传和监督作用，大力宣传劳动用工备案制度的重要性和必要性，不断增强用人单位进行劳动用工备案的主动性，对不按规定进行劳动用工备案、侵害职工合法权益的典型事例要予以曝光。

（四）充分发挥劳动用工备案信息在政府宏观管理和市场监管中的作用。定期对辖区内劳动用工备案信息进行综合分析，全面掌握用人单位劳动用工的存量、变量以及劳动合同签订等情况，为制定劳动保障政策提供决策依据。特别是要通过劳动用工备案动态掌握用人单位劳动合同签订的情况，及时督促用人单位与职工签订劳动合同，维护职工与用人单位双方的合法权益。

（五）各省、自治区、直辖市劳动保障行政部门要按照通知要求，制定本地区开展劳动用工备案的具体操作办法。

电子劳动合同订立指引

1．2021年7月1日人力资源社会保障部办公厅发布
2．人社厅发〔2021〕54号

第一章 总 则

第一条 本指引所指电子劳动合同，是指用人单位与劳动者按照《中华人民共和国劳动合同法》《中华人民共和国民法典》《中华人民共和国电子签名法》等法律法规规定，经协商一致，以可视为书面形式的数据电文为载体，使用可靠的电子签名订立的劳动合同。

第二条 依法订立的电子劳动合同具有法律效力，用人单位与劳动者应当按照电子劳动合同的约定，全面履行各自的义务。

第二章 电子劳动合同的订立

第三条 用人单位与劳动者订立电子劳动合同的，要通过电子劳动合同订立平台订立。

第四条 电子劳动合同订立平台要通过有效的现代信息技术手段提供劳动合同订立、调取、储存、应用等服务，具备身份认证、电子签名、意愿确认、数据安全防护等能力，确保电子劳动合同信息的订立、生成、传递、储存等符合法律法规规定，满足真实、完整、准确、不可篡改和可追溯等要求。

第五条 鼓励用人单位和劳动者使用政府发布的劳动合同示范文本订立电子劳动合同。劳动合同未载明《中华人民共和国劳动合同法》规定的劳动合同必备条款或内容违反法律法规规定的，用人单位依法承担相应的法律责任。

第六条 双方同意订立电子劳动合同的，用人单位要在订立电子劳动合同前，明确告知劳动者订立电子劳动合同的流程、操作方法、注意事项和查看、下载完整的劳动合同文本的途径，并不得向劳动者收取费用。

第七条 用人单位和劳动者要确保向电子劳动合同订立平台提交的身份信息真实、完整、准确。电子劳动合同订立平台要通过数字证书、联网信息核验、生物特征识别验证、手机短信息验证码等技术手段，真实反映订立人身份和签署意愿，并记录和保存验证确认过程。具备条件的，可使用电子社保卡开展实人实名认证。

第八条 用人单位和劳动者要使用符合《中华人民共和国电子签名法》要求、依法设立的电子认证服务机构颁发的数字证书和密钥，进行电子签名。

第九条 电子劳动合同经用人单位和劳动者签署可靠的电子签名后生效，并应附带可信时间戳。

第十条 电子劳动合同订立后，用人单位要以手机短信、微信、电子邮件或者App信息提示等方式通知劳动者电子劳动合同已订立完成。

第三章 电子劳动合同的调取、储存、应用

第十一条 用人单位要提示劳动者及时下载和保存电子劳动合同文本，告知劳动者查看、下载电子劳动合同的方法，并提供必要的指导和帮助。

第十二条 用人单位要确保劳动者可以使用常用设备随时查看、下载、打印电子劳动合同的完整内容，不得向劳动者收取费用。

第十三条 劳动者需要电子劳动合同纸质文本的，用人

单位要至少免费提供一份,并通过盖章等方式证明与数据电文原件一致。

第十四条 电子劳动合同的储存期限要符合《中华人民共和国劳动合同法》关于劳动合同保存期限的规定。

第十五条 鼓励用人单位和劳动者优先选用人力资源社会保障部门等政府部门建设的电子劳动合同订立平台(以下简称政府平台)。用人单位和劳动者未通过政府平台订立电子劳动合同的,要按照当地人力资源社会保障部门公布的数据格式和标准,提交满足电子政务要求的电子劳动合同数据,便捷办理就业创业、劳动用工备案、社会保险、人事人才、职业培训等业务。非政府平台的电子劳动合同订立平台要支持用人单位和劳动者及时提交相关数据。

第十六条 电子劳动合同订立平台要留存订立和管理电子劳动合同全过程证据,包括身份认证、签署意愿、电子签名等,保证电子证据链的完整性,确保相关信息可查询、可调用,为用人单位、劳动者以及法律法规授权机构查询和提取电子数据提供便利。

第四章 信息保护和安全

第十七条 电子劳动合同信息的管理、调取和应用要符合《中华人民共和国网络安全法》《互联网信息服务管理办法》等法律法规,不得侵害信息主体合法权益。

第十八条 电子劳动合同订立平台及其所依赖的服务环境,要按照《信息安全等级保护管理办法》第三级的相关要求实施网络安全等级保护,确保平台稳定运行,提供连续服务,防止所收集或使用的身份信息、合同内容信息、日志信息泄漏、篡改、丢失。

第十九条 电子劳动合同订立平台要建立健全电子劳动合同信息保护制度,不得非法收集、使用、加工、传输、提供、公开电子劳动合同信息。未经信息主体同意或者法律法规授权,电子劳动合同订立平台不得向他人非法提供电子劳动合同查阅、调取等服务。

第五章 附 则

第二十条 本指引中主要用语的含义:

(一)数据电文,是指以电子、光学、磁或者类似手段生成、发送、接收或者储存的信息。

(二)可视为书面形式的数据电文,是指能够有形地表现所载内容,并可以随时调取查用的数据电文。

(三)电子签名,是指数据电文中以电子形式所含、所附用于识别签名人身份并表明签名人认可其中内容的数据。

(四)可靠的电子签名,是指同时符合下列条件的电子签名:

1. 电子签名制作数据用于电子签名时,属于电子签名人专有;

2. 签署时电子签名制作数据仅由电子签名人控制;

3. 签署后对电子签名的任何改动能够被发现;

4. 签署后对数据电文内容和形式的任何改动能够被发现。

(五)可信时间戳,是指权威机构使用数字签名技术产生的能够证明所签名的原始文件在签名时间之前已经存在的数据。

第二十一条 本指引未尽事宜,按照有关法律法规和政策规定执行。

·典型案例·

劳动者提供虚假学历证书是否导致劳动合同无效[①]

【基本案情】

2018年6月,某网络公司发布招聘启事,招聘计算机工程专业大学本科以上学历的网络技术人员1名。赵某为销售专业大专学历,但其向该网络公司提交了计算机工程专业大学本科学历的学历证书、个人履历等材料。后赵某与网络公司签订了劳动合同,进入网络公司从事网络技术工作。2018年9月初,网络公司偶然获悉赵某的实际学历为大专,并向赵某询问。赵某承认自己为应聘而提供虚假学历证书、个人履历的事实。网络公司认为,赵某提供虚假学历证书、个人履历属欺诈行为,严重违背诚实信用原则,根据《中华人民共和国劳动合同法》(以下简称《劳动合同法》)第二十六条、第三十九条规定解除了与赵某的劳动合同。赵某不服,向劳动人事争议仲裁委员会(以下简称仲裁委员会)申请仲裁。

【申请人请求】

裁决网络公司继续履行劳动合同。

【处理结果】

仲裁委员会裁决驳回赵某的仲裁请求。

【案例分析】

本案的争议焦点是赵某提供虚假学历证书、个人履历是否导致劳动合同无效。

---

① 此部分案例摘自《人力资源和社会保障部 最高人民法院关于联合发布第一批劳动人事争议典型案例的通知》(人社部函〔2020〕62号)。

《劳动合同法》第八条规定:“用人单位招用劳动者时,应当如实告知劳动者工作内容、工作条件、工作地点、职业危害、安全生产状况、劳动报酬,以及劳动者要求了解的其他情况;用人单位有权了解劳动者与劳动合同直接相关的基本情况,劳动者应当如实说明。”第二十六条第一款规定:“下列劳动合同无效或者部分无效:(一)以欺诈、胁迫的手段或者乘人之危,使对方在违背真实意思的情况下订立或者变更劳动合同的……”第三十九条规定:“劳动者有下列情形之一的,用人单位可以解除劳动合同:……(五)因本法第二十六条第一款第一项规定的情形致使劳动合同无效的……”从上述条款可知,劳动合同是用人单位与劳动者双方协商一致达成的协议,相关信息对于是否签订劳动合同、建立劳动关系的真实意思表示具有重要影响。《劳动合同法》第八条既规定了用人单位的告知义务,也规定了劳动者的告知义务。如果劳动者违反诚实信用原则,隐瞒或者虚构与劳动合同直接相关的基本情况,根据《劳动合同法》第二十六条第一款规定属于劳动合同无效或部分无效的情形。用人单位可以根据《劳动合同法》第三十九条规定解除劳动合同并不支付经济补偿。此外,应当注意的是,《劳动合同法》第八条“劳动者应当如实说明”应仅限于“与劳动合同直接相关的基本情况”,如履行劳动合同所必需的知识技能、学历、学位、职业资格、工作经历等,用人单位无权要求劳动者提供婚姻状况、生育情况等涉及个人隐私的信息,也即不能任意扩大用人单位知情权及劳动者告知义务的外延。

本案中,“计算机工程专业”“大学本科学历”等情况与网络公司招聘的网络技术人员岗位职责、工作完成效果有密切关联性,属于“与劳动合同直接相关的基本情况”。赵某在应聘时故意提供虚假学历证书、个人履历,致使网络公司在违背真实意思的情况下与其签订了劳动合同。因此,根据《劳动合同法》第二十六条第一款规定,双方签订的劳动合同无效。网络公司根据《劳动合同法》第三十九条第五项规定,解除与赵某的劳动合同符合法律规定,故依法驳回赵某的仲裁请求。

【典型意义】

《劳动合同法》第三条规定:“订立劳动合同,应当遵循合法、公平、平等自愿、协商一致、诚实信用的原则。”第二十六条规定以欺诈、胁迫的手段或者乘人之危,使对方在违背真实意思的情况下订立或者变更劳动合同的劳动合同无效或部分无效;第三十九条有关以欺诈手段订立的劳动合同无效、可以单方解除的规定,进一步体现了诚实信用原则。诚实信用既是《劳动合同法》的基本原则之一,也是社会基本道德之一。用人单位与劳动者订立劳动合同时都必须遵循诚实信用原则,建立合法、诚信、和谐的劳动关系。

视为订立无固定期限劳动合同后用人单位仍未与劳动者签订劳动合同的是否应当支付第二倍工资

【基本案情】

2016年8月1日,万某入职某食品公司,从事检验工作,双方口头约定万某月工资为3000元。万某入职时,公司负责人告知其3个月试用期后签订书面劳动合同,但是双方一直未签订书面劳动合同。2018年7月31日,万某与食品公司解除劳动关系。万某要求食品公司支付2017年8月至2018年7月期间未与其签订无固定期限劳动合同的第二倍工资,该公司拒绝支付。万某遂向劳动人事争议仲裁委员会(以下简称仲裁委员会)申请仲裁。

【申请人请求】

裁决食品公司支付2017年8月至2018年7月期间未签订无固定期限劳动合同的第二倍工资36000元。

【处理结果】

仲裁委员会裁决驳回万某的仲裁请求。

【案例分析】

本案的争议焦点是2017年8月至2018年7月期间,万某与食品公司之间未签订书面劳动合同的情形是否属于《中华人民共和国劳动合同法》(以下简称《劳动合同法》)第八十二条规定情形。

《劳动合同法》第八十二条规定:“用人单位自用工之日起超过一个月不满一年未与劳动者订立书面劳动合同的,应当向劳动者每月支付二倍的工资。用人单位违反本法规定不与劳动者订立无固定期限劳动合同的,自应当订立无固定期限劳动合同之日起向劳动者每月支付二倍的工资。”从上述条款可知,用人单位支付未依法签订劳动合同第二倍工资的情形包括两种:第一种是用人单位自用工之日起超过一个月不满一年未与劳动者订立书面劳动合同的;第二种是用人单位应当与劳动者订立无固定期限劳动合同,但违反本法规定不与劳动者订立无固定期限劳动合同的。第二种情形中的“本法规定”,是指《劳动合同法》第十四条第二款规定的“除劳动者提出订立固定期限劳动合同外,应当订立无固定期限劳动合同”的三种情形,即“(一)劳动者在该用人单位连续工作满十年的;(二)用人单位初次实行劳动合同制度或者国有企业改制重新订立劳动合同时,劳动者在该用人单位连续工作满十年且距法定退休年龄不足十年的;(三)连续订立二次固定期限劳动合同,且劳动者没有本法第三十九条和第四十条第一项、第二项规定的情形,续订劳动合同的”。而《劳动合同法》第十四条第三款规定的“用人单位自用工之日起满一年不与劳动者订立书面劳动合同的,视为用人单位与劳动者已订立无固定期限劳动合同”是对用人单位不签订书面劳动合同满一年的法律后果的拟制规定,并非有关应当订立无固定期限劳动合同的情形规定。《中华人民共和国劳动合同法实施条例》第七条对于此种情形的法律后果也作了相同的分类规定。

本案中,万某于2016年8月1日入职,食品公司一直未与其签订书面劳动合同,自2017年8月1日起,根据上述法律法规的规定,双方之间视为已订立了无固定期限劳动合同,而非《劳动合同法》第八十二条规定的用人单位违反本法规定不与劳动者订立无固定期限劳动合同的情形。因此,食品公司无须向万某支付未依法签订无固定期限劳动合同的第二倍工资,故依法驳回万某的仲裁请求。

【典型意义】

无固定期限劳动合同是指用人单位与劳动者约定无确定终止时间的劳动合同。为了保障劳动关系稳定性,《劳动合同法》第十四条规定了“可以”“应当”“视为”三类订立无固定期限劳动合同的情形,其中“视为”签订无固定期限劳动合同的规定,主要目的是为解决一些用人单位不愿与劳动者签订劳动合同,造成劳动者合法权益无法得到保障的问题。未依法签订劳动合同所应承担的第二倍工资责任在法律性质上是惩罚性赔偿,该责任设定与拟制无固定期限劳动合同的签订相结合,既保障了劳动者合法权益又限制了用人单位赔偿责任的无限扩大,有效地平衡了各方利益。

用人单位未支付竞业限制经济补偿,劳动者是否需承担竞业限制违约责任

【基本案情】

2013年7月,乐某入职某银行,在贸易金融事业部担任客户经理。该银行与乐某签订了为期8年的劳动合同,明确其年薪为100万元。该劳动合同约定了保密与竞业限制条款,约定乐某须遵守竞业限制协议约定,即离职后不能在诸如银行、保险、证券等金融行业从事相关工作,竞业限制期限为两年。同时,双方还约定了乐某如违反竞业限制义务应赔偿银行违约金200万元。2018年3月1日,银行因乐某严重违反规章制度而与乐某解除了劳动合同,但一直未支付乐某竞业限制经济补偿。2019年2月,乐某入职当地另一家银行依旧从事客户经理工作。2019年9月,银行向劳动人事争议仲裁委员会(以下简称仲裁委员会)申请仲裁。

【申请人请求】

裁决乐某支付违反竞业限制义务违约金200万元并继续履行竞业限制协议。

【处理结果】

仲裁委员会裁决驳回银行的仲裁请求。

【案例分析】

本案的争议焦点是银行未支付竞业限制经济补偿,乐某是否需承担竞业限制违约责任。

依据《中华人民共和国劳动合同法》(以下简称《劳动合同法》)第二十三条第二款规定:“对负有保密义务的劳动者,用人单位可以在劳动合同或者保密协议中与劳动者约定竞业限制条款,并约定在解除或者终止劳动合同后,在竞业限制期限内按月给予劳动者经济补偿。劳动者违反竞业限制约定的,应当按照约定向用人单位支付违约金。”由此,竞业限制义务,是关于劳动者在劳动合同解除或终止后应履行的义务。本案中,双方当事人在劳动合同中约定了竞业限制条款,劳动合同解除后,竞业限制约定对于双方当事人发挥约束力。《劳动合同法》第二十九条规定:“用人单位与劳动者应当按照劳动合同的约定,全面履行各自的义务。”《最高人民法院关于审理劳动争议案件适用法律若干问题的解释(四)》(法释〔2013〕4号)第八条规定:“当事人在劳动合同或者保密协议中约定了竞业限制和经济补偿,劳动合同解除或者终止后,因用人单位的原因导致三个月未支付经济补偿,劳动者请求解除竞业限制约定的,人民法院应予支持。”用人单位未履行竞业限制期间经济补偿支付义务并不意味着劳动者可以“有约不守”,但劳动者的竞业限制义务与用人单位的经济补偿义务是对等给付关系,用人单位未按约定支付经济补偿已构成违反其在竞业限制约定中承诺的主要义务。具体到本案中,银行在竞业限制协议履行期间长达11个月未向乐某支付经济补偿,造成乐某遵守竞业限制约定却得不到相应补偿的后果。根据公平原则,劳动合同解除或终止后,因用人单位原因未支付经济补偿达三个月,劳动者此后实施了竞业限制行为,应视为劳动者以其行为提出解除竞业限制约定,用人单位要求劳动者承担违反竞业限制违约责任的不予支持,故依法驳回银行的仲裁请求。

【典型意义】

随着新兴行业迅猛发展,越来越多的用人单位增强了知识产权和核心技术的保密意识,强化了其高级管理

人员、高级技术人员及负有保密义务的其他人员的竞业限制约束力。用人单位应当严格按照劳动合同的约定向劳动者履行竞业限制期间的经济补偿支付义务，劳动者亦应秉持诚实守信原则履行竞业限制义务。同时，仲裁与司法实务中应始终关注劳动关系的实质不平等性，避免用人单位免除自己的法定责任，而排除劳动者的合法权益的情形，依法公正地维护双方的合法权益。

用人单位与劳动者自行约定实行不定时工作制是否有效

【基本案情】

2017 年 11 月 1 日，张某与某物业公司签订 3 年期劳动合同，约定张某担任安全员，月工资为 3500 元，所在岗位实行不定时工作制。物业公司于 2018 年 4 月向当地人力资源社会保障部门就安全员岗位申请不定时工作制，获批期间为 2018 年 5 月 1 日至 2019 年 4 月 30 日。2018 年 9 月 30 日，张某与物业公司经协商解除了劳动合同。双方认可 2017 年 11 月至 2018 年 4 月、2018 年 5 月至 2018 年 9 月期间，张某分别在休息日工作 15 天、10 天，物业公司既未安排调休也未支付休息日加班工资。张某要求物业公司支付上述期间休息日加班工资，物业公司以张某实行不定时工作制为由未予支付。2018 年 10 月，张某向劳动人事争议仲裁委员会（以下简称仲裁委员会）申请仲裁。

【申请人请求】

裁决物业公司支付 2017 年 11 月至 2018 年 9 月的休息日加班工资共计 8046 元（3500 元 ÷ 21.75 天 × 25 天 × 200%）。

【处理结果】

仲裁委员会裁决物业公司支付张某 2017 年 11 月至 2018 年 4 月的休息日加班工资 4828 元（3500 元 ÷ 21.75 天 × 15 天 × 200%），张某不服仲裁裁决起诉，一审法院判决与仲裁裁决一致，后不服一审判决向上一级人民法院提起上诉，二审判决维持原判。

【案例分析】

本案的争议焦点是未经审批，物业公司能否仅凭与张某的约定实行不定时工作制。

《中华人民共和国劳动法》（以下简称《劳动法》）第三十九条规定："企业因生产特点不能实行本法第三十六条、第三十八条规定的，经劳动行政部门批准，可以实行其他工作和休息办法。"《关于企业实行不定时工作制和综合计算工时工作制的审批办法》（劳部发〔1994〕503 号）第四条规定："企业对符合下列条件之一的职工，可以实行不定时工作制。（一）企业中的高级管理人员、外勤人员、推销人员、部分值班人员和其他因工作无法按标准工作时间衡量的职工……"从上述条款可知，用人单位对劳动者实行不定时工作制，有严格的适用主体和适用程序要求。只有符合国家规定的特殊岗位劳动者，并经过人力资源社会保障部门审批，用人单位才能实行不定时工作制，否则不能实行。

本案中，张某所在的安全员岗位经审批实行不定时工作制的期间为 2018 年 5 月 1 日至 2019 年 4 月 30 日，此期间内根据《工资支付暂行规定》（劳部发〔1994〕489 号）第十三条规定，物业公司依法可以不支付张某休息日加班工资。2017 年 11 月至 2018 年 4 月期间，物业公司未经人力资源社会保障部门审批，对张某所在岗位实行不定时工作制，违反相关法律规定。因此，应当认定此期间张某实行标准工时制，物业公司应当按照《劳动法》第四十四条规定"休息日安排劳动者工作又不能安排补休的，支付不低于工资的百分之二百的工资报酬"支付张某休息日加班工资。

【典型意义】

不定时工作制是针对因生产特点、工作特殊需要或职责范围的关系，无法按标准工作时间衡量或需要机动作业的劳动者所采用的一种工时制度。法律规定不定时工作制必须经审批方可实行。一方面，用人单位不能仅凭与劳动者约定就实行不定时工作制，而应当及时报人力资源社会保障部门批准后实行。对实行不定时工作制劳动者，也应当根据有关规定，采用集中工作、集中休息、轮休调休、弹性工作时间等方式，确保劳动者休息休假权利。另一方面，人力资源社会保障部门不断完善特殊工时工作制的审批机制，及时满足用人单位经营管理需要。比如，规定批复时效在疫情防控期间到期且无法通过邮寄、网络等方式办理的，经原审批部门同意并备案后，原批复有效期可顺延至疫情防控措施结束。

用人单位如何行使用工自主权合法调整劳动者的工作岗位和地点

【基本案情】

孙某于 2017 年 8 月入职某模具公司，双方订立了无固定期限劳动合同，约定孙某的工作地点为某直辖市，岗位为"后勤辅助岗"，具体工作内容为"财务、预算管理和其他行政性工作"。双方还约定："模具公司可以根据生产经营的需要，对孙某工作岗位、工作内容及工作地点进行调整。"入职后，孙某被安排在模具公司位于某城区的开发中心从事财务人事等辅助性工作。2019 年 7 月 1

日,基于公司生产经营和管理需要,为减轻各中心的工作负担,模具公司将各中心的财务工作统一转回公司总部的财务处统一管理。为此,孙某办理了开发中心全部财务凭证的交接。模具公司与孙某沟通协商,提出安排其到开发中心其他岗位工作,但均被孙某拒绝。后模具公司安排孙某到位于相邻城区的公司总部从事人事相关工作。7月底,孙某要求模具公司将其调回原工作地点原岗位工作,双方由此发生争议。孙某向劳动人事争议仲裁委员会(以下简称仲裁委员会)申请仲裁。

【申请人请求】

要求模具公司按原工作地点及原工作岗位继续履行劳动合同。

【处理结果】

仲裁委员会裁决驳回孙某的仲裁请求。

【案例分析】

本案的争议焦点是模具公司对孙某调整工作岗位和工作地点是否属于合法行使用工自主权。

《中华人民共和国就业促进法》第八条规定:“用人单位依法享有自主用人的权利。”用人单位作为市场主体,根据自身生产经营需要而对劳动者的工作岗位、工作地点进行适当调整,是行使用工自主权的重要内容,对其正常生产经营不可或缺。但同时,用人单位用工自主权的行使也必须在相关法律和政策的框架内,符合一定条件和范围,如用人单位须对岗位或工作地点的调整作出合理说明,防止用人单位借此打击报复或变相逼迫劳动者主动离职,也即防止其权利的滥用。仲裁和司法实务中,岗位或工作地点调整的合理性一般考虑以下因素:1.是否基于用人单位生产经营需要;2.是否属于对劳动合同约定的较大变更;3.是否对劳动者有歧视性、侮辱性;4.是否对劳动报酬及其他劳动条件产生较大影响;5.劳动者是否能够胜任调整的岗位;6.工作地点作出不便调整后,用人单位是否提供必要协助或补偿措施等。

本案中,双方在劳动合同中约定孙某的工作岗位为“后勤辅助岗”,该岗位不属固定或专业岗位;模具公司根据生产经营需要,适当调整孙某的工作岗位、工作内容及工作地点是基于财务统一管理的需要,对孙某并无针对性;同时,该工作地点和工作内容的调整模具公司亦与孙某进行了沟通协商,给出了包括在原工作地点适当调整岗位等多种选择方案,体现了对孙某劳动权益的尊重;且调整后的人事岗位与孙某的原先岗位性质相近,孙某也完全能够胜任;最后,孙某调整后的工作地点也处于交通便利的城区,上下班时间虽有所增加,但该地点变更不足以认定对其产生较大不利影响,对其劳动权益也构不成侵害,故依法驳回孙某的仲裁请求。

【典型意义】

在市场经济条件下,用人单位因生产经营需要而调整变化属正常现象。法律允许用人单位根据自身生产经营需要,合理调整劳动者的工作岗位及工作地点,不仅有利于维护用人单位发展,也有利于劳动关系稳定。需要注意的是,如果支持用人单位对岗位或工作地点进行不合理调整必然侵害劳动者合法权益,劳动者可依法请求继续履行劳动合同或补偿工资差额等。《中华人民共和国劳动合同法》第三十五条规定:“用人单位与劳动者协商一致,可以变更劳动合同约定的内容。变更劳动合同,应当采用书面形式。”对于用人单位来说,在生产经营或管理调整时,首先应当选择与劳动者充分协商,尽量通过变更或补充签订劳动合同方式完成调整;若未能协商一致,在基于用工自主权调整劳动者工作岗位或地点时,也要充分考虑劳动者的权益保障问题。作为劳动者,也应理解用人单位发展,在发生调整时,充分了解对自己权益的影响,积极与用人单位开展协商,共同寻求调整变化中的和谐。

事业单位科研人员离岗创业期间受开除处分的,原单位能否与其解除聘用合同

【基本案情】

2014年12月1日,刘某与某科学院(某地方政府直属事业单位)签订了6年期聘用合同,到科学院从事科研工作。2017年10月,刘某与科学院订立离岗协议,并变更聘用合同,约定2017年12月至2020年11月与科学院保留人事关系,到某企业从事科研创新工作,期间服从企业工作安排。2018年9月,刘某公开发表的科研成果被认定存在大量伪造数据及捏造事实,造成严重不良社会影响。按照国家有关规定,科学院决定给予刘某开除处分,并解除聘用合同。刘某认为其离岗创业期间与科学院仅保留人事关系,根据离岗协议及聘用合同约定,应由企业进行管理,科学院无权对其作出人事处理,遂向劳动人事争议仲裁委员会(以下简称仲裁委员会)申请仲裁。

【申请人请求】

裁决科学院继续履行聘用合同。

【处理结果】

仲裁委员会裁决驳回刘某的仲裁请求。

【案例分析】

本案的争议焦点是刘某离岗创业期间受开除处分,科学院能否与其解除聘用合同。

《人力资源社会保障部关于支持和鼓励事业单位专

业技术人员创新创业的指导意见》（人社部规〔2017〕4号，以下简称部规4号文件）规定："事业单位专业技术人员离岗创业，……，可在3年内保留人事关系""离岗创业人员离岗创业期间执行原单位职称评审、培训、考核、奖励等管理制度""离岗创业期间违反事业单位工作人员管理相关规定的，按照事业单位人事管理条例等相关政策法规处理"。《人力资源社会保障部关于进一步支持和鼓励事业单位科研人员创新创业的指导意见》（人社部发〔2019〕137号，以下简称137号文件）将人员范围限定为"科研人员"，除对离岗创业期限有补充条款外，上述条款均继续有效。依据上述规定，事业单位科研人员离岗创业，并不改变其与原单位的人事关系，也不改变相关管理制度和管理方式。《事业单位人事管理条例》（以下简称《条例》）第十八条规定："事业单位工作人员受到开除处分的，解除聘用合同"；《事业单位工作人员处分暂行规定》（以下简称《规定》）第七条规定："事业单位工作人员受到开除处分的，自处分决定生效之日起，终止其与事业单位的人事关系"。也即，不同于《条例》第十五条事业单位工作人员旷工等事业单位"可以解除聘用合同"的规定，上述情形事业单位工作人员受到开除处分并规定人事关系终止或聘用合同解除的，属于法定解除情形，双方之间原有的权利义务不再存在，事业单位必须依法解除。

本案中，刘某在离岗创业期间身份仍为事业单位工作人员，属于《条例》及《规定》的适用范围。科学院依法依规对刘某给予开除处分，刘某如对处分决定不服，可根据《条例》《规定》及《事业单位工作人员申诉规定》等有关规定申请复核、提出申诉。本案离岗协议及聘用合同所涉离岗创业期间服从企业工作安排的约定，应理解为是对刘某工作内容、工作方式的安排，并不改变其作为事业单位的工作人员的受管理地位。因此，科学院依据处分决定解除与刘某的聘用合同，符合法律和政策的规定，故依法驳回刘某的仲裁请求。

【典型意义】

支持和鼓励事业单位科研人员创新创业是国家加快实施创新驱动发展战略、壮大新动能的重要举措。做好这项工作，一方面要破除体制机制障碍，营造良好政策环境，解除科研人员后顾之忧；另一方面也要完善配套的人事管理办法，保证工作健康有序开展。因此，部规4号文件和137号文件明确，虽然对离岗创业人员可实行特殊的工作模式、激励措施等，但其仍属于事业单位正式工作人员，仍具有公职人员身份，应当按照原有标准进行要求和管理。实践中，事业单位在根据上述规定灵活做好离岗创业人员服务，为其开展创新创业创造良好环境的同时，也需特别注意事业单位要对离岗创业人员实施有效监督管理，敦促其规范自身行为、依法履职尽责。

2. 劳动合同订立与劳动关系确认

实施《劳动法》中有关劳动合同问题的解答

1. 1995年4月27日劳动部发布
2. 劳部发〔1995〕202号

一、关于厂长、经理签订劳动合同的问题

按照劳动部劳部发〔1994〕360号文的规定,厂长、经理是由其上级部门聘任(委任)的,应与聘任(委任)部门签订劳动合同。实行公司制的企业厂长、经理和有关经营管理人员,应根据《中华人民共和国公司法》中有关经理和经营管理人员的规定与董事会签订劳动合同。

二、关于党委书记、工会主席签订劳动合同的问题

按照劳动部劳办发〔1995〕19号和33号文件的规定,党委书记、工会主席等党群专职人员也是职工的一员,按照《劳动法》的规定,应当与用人单位签订劳动合同。对于有特殊规定的,可以按有关规定办理。

三、关于固定工签订劳动合同的问题

按照劳动部劳部发〔1994〕360号文件和劳动部劳办发〔1995〕19号文件的规定,为使固定工制度向劳动合同制度平稳过渡,应根据《劳动法》规定的不同合同期限,对工作时间较长,距退休年龄十年以内的老职工,如本人提出要求,可签订无固定期限的劳动合同。对其他固定职工,在当前新旧用人制度转换过程中,作为一次性的过渡办法,各省、自治区、直辖市可以根据当地情况,从保护工作时间较长职工的利益出发,作出一些特别规定。

四、关于长期病休、放长假和提前退养职工签订劳动合同问题

企业中长期病休、放长假和提前退养的职工,仍是企业职工,与用人单位保持着劳动关系,按照《劳动法》关于建立劳动关系应当订立劳动合同的规定,上述职工也应与企业签订劳动合同。

五、关于农民轮换工的劳动合同期限问题

1991年国务院发布的第87号令规定,在国务院劳动行政主管部门确定的有害身体健康的工种、岗位招用的农民工,劳动合同期限最多不超过八年,是为了保护劳动者的身体健康。《劳动法》实施后,为了继续保护这部分职工的利益,仍应执行这一规定。

用人单位经批准招用农民工从事非有害身体健康工种、岗位工作的,其劳动合同期限,可以由用人单位和劳动者协商确定。

劳动部关于订立劳动合同有关问题的通知

1. 1996年2月13日
2. 劳部发〔1996〕51号

1995年全国已有80%以上的企业职工签订了劳动合同,企业新型的劳动用人制度正在逐步建立。为了保证这项工作的顺利进行,现就一些地方和单位在党委书记签订劳动合同方式上反映的问题提出如下意见,这些意见已商中组部同意。

《劳动法》规定:"劳动合同是劳动者与用人单位确立劳动关系、明确双方权利和义务的协议。建立劳动关系应当订立劳动合同。"订立劳动合同的目的是为了更好地保护劳动者的合法权益,使劳动关系纳入法制管理的轨道。因此,企业党委书记作为劳动者,也应当签订劳动合同。但在订立劳动合同的方式上,可采取党委书记和厂长、经理一起,与企业的上级主管部门签订劳动合同的方式来完成。

劳动部关于企业工会主席签订劳动合同问题的通知

1. 1996年4月12日
2. 劳部发〔1996〕122号

1995年全国已有85%以上的企业职工签订了劳动合同,企业新型的劳动用人制度已基本确立。为了保证这项工作的顺利进行,现就一些地方和单位在企业工会主席签订劳动合同方式上反映的问题,经商全国总工会同意,提出如下意见。

《劳动法》规定:"劳动合同是劳动者与用人单位确立劳动关系、明确双方权利和义务的协议。建立劳动关系应当订立劳动合同。"订立劳动合同的目的是为了更好地保证劳动者的合法权益,使劳动关系纳入法制管理的轨道。企业工会主席作为劳动者,也应当与用人单位签订劳动合同。但考虑到劳动制度转轨时期的实际情况,在订立劳动合同的方式上,对尚未签订劳动合同的工会主席,可以和党委书记、厂长、经理一样,与企业的上级主管部门签订劳动合同。已经与企业签订了劳动合同的工会主席，双方应继续履行劳动合同，不经本单位工会委员会和上级工会同意，企业不得解除劳动合同。

劳动部办公厅关于固定工签订劳动合同有关问题的复函

1. 1996年4月26日
2. 劳办发〔1996〕71号

北京市劳动局：

你局《关于固定工转制时职工不与企业签订劳动合同和双方协商不一致签不成劳动合同问题的请示》（京劳关文〔1996〕21号）收悉。经研究，现答复如下：

《劳动法》明确规定："劳动合同是劳动者与用人单位确立劳动关系、明确双方权利和义务的协议。建立劳动关系应当订立劳动合同。"劳动部《关于贯彻执行〈中华人民共和国劳动法〉若干问题的意见》（劳部发〔1995〕309号）进一步规定："在国有企业固定工转制过程中，劳动者无正当理由不得单方面与用人单位解除劳动关系；用人单位也不得以实行劳动合同制度为由，借机辞退部分职工。"根据以上精神，对企业固定工在转制过程中遇到的问题，可按下述办法处理：

一、职工不愿与用人单位签订劳动合同，经双方协商同意，可在书面申请三十日后解除劳动关系。对于用人单位招（接）收的大中专毕业生，按有关规定签订了服务合同或其他协议的，未到期的仍应继续履行，并应与用人单位签订劳动合同；对于拒绝签订劳动合同又不履行协议的，用人单位可在其提出书面申请三十日后解除劳动关系。劳动关系解除后，如原服务合同、协议约定或用人单位依法规定了赔偿办法的，职工应按服务合同、协议约定或用人单位规定承担赔偿责任；如无约定或规定的，按国家有关规定执行。

用人单位与职工解除劳动关系后，应及时将职工档案转到职工新的接收单位；无接收单位的，应转到职工本人户口所在地。

二、对拒绝签订劳动合同但仍要求保持劳动关系的职工，用人单位可以在规定的期限满后，与职工解除劳动关系，并办理有关手续。

三、职工给用人单位造成经济损失并经有关机构证明尚未处理完毕或由于其他问题在被审查期间，不得与用人单位解除劳动关系。

四、在转制过程中，用人单位与职工应本着相互合作的精神，在平等自愿的基础上协商确定劳动合同期限。

劳动部办公厅关于企业职工被错判宣告无罪释放后，是否应恢复与企业的劳动关系等有关问题的复函

1. 1997年4月29日
2. 劳办发〔1997〕40号

新疆维吾尔自治区劳动厅：

你厅《关于职工在停薪留职期间承包经济实体因经济问题被错判平反后其工资待遇问题的请示》（新劳字〔1997〕19号）收悉。经研究，现答复如下：

关于企业职工被错判，宣告无罪释放后，企业是否应与其恢复劳动关系，补发工资问题。我们认为，职工于《国家赔偿法》实施以前被判犯罪，后经司法机关改判无罪的，如企业仅因其被判刑而解除劳动关系的，企业应恢复与该职工的劳动关系，并按照原劳动人事部《关于受处分人员的工资待遇问题给天津市劳动局的复文》（劳人薪局〔1985〕第12号）的规定，恢复其原工资待遇，并补发在押期间的工资。

劳动部办公厅关于职工应征入伍后与企业劳动关系的复函

1. 1997年5月30日
2. 劳办发〔1997〕50号

广东省劳动厅：

你厅《关于如何认定合同制职工应征入伍后与企业劳动关系的请示》（粤劳关〔1997〕105号）收悉，现函复如下：

职工应征入伍后，根据国家现行法律、法规的规定，企业应当与其继续保持劳动关系，但双方可以变更原劳动合同中具体的权利与义务条款。按照《兵役法》《退伍义务兵安置条例》的有关规定，义务兵入伍前原是国家机关、人民团体、企业、事业单位正式职工，退伍后原则上回原单位复工复职。在全面实行劳动合同制度后，对应征入伍的职工，仍应执行上述规定。同时按照《军人抚恤优待条例》的规定，执行义务兵优待办法。

劳动部办公厅对《关于实行劳动合同制度若干问题的请示》的复函

1．1997年9月15日
2．劳办发〔1997〕88号

江西省劳动厅：

你厅《关于实行劳动合同制度若干问题的请示》（赣劳关〔1997〕26号）收悉。经研究，现答复如下：

一、**关于临时工订立无固定期限劳动合同问题。**全面实行劳动合同制度以后，用人单位在临时性岗位上用工，应当与劳动者签订劳动合同并依法为其建立各种社会保险。对于在本企业工作已满10年的临时工，续订劳动合同时，也应当按照《劳动法》的规定，如果本人要求，应当订立无固定期限的劳动合同，并在劳动合同中明确其工资、保险福利待遇。用人单位及其本人应当按照国家规定缴纳社会保险费用，并享受有关保险福利待遇。

二、**关于离退休人员的再次聘用问题。**各地应采取适当的调控措施，优先解决适龄劳动者的就业和再就业问题。对被再次聘用的已享受养老保险待遇的离退休人员，根据劳动部《关于实行劳动合同制度若干问题的通知》（劳部发〔1996〕354号）第13条的规定，其聘用协议可以明确工作内容、报酬、医疗、劳动保护待遇等权利、义务。离退休人员与用人单位应当按照聘用协议的约定履行义务，聘用协议约定提前解除书面协议的，应当按照双方约定办理，未约定的，应当协商解决。离退休人员聘用协议的解除不能依据《劳动法》第二十八条执行。离退休人员与用人单位发生争议，如果属于劳动争议仲裁委员会受案范围的，劳动争议仲裁委员会应予受理。

三、**关于内部退养的职工可否流动的问题。**根据国务院《国有企业富余职工安置规定》（国务院令第111号）的有关规定，对距退休年龄不到5年的职工办理内部退养是安置富余职工的一项措施。职工办理离岗退养手续后，与新的用人单位建立劳动关系的，应当与原用人单位解除劳动合同，到新用人单位签订劳动合同。

劳动和社会保障部关于确立劳动关系有关事项的通知

1．2005年5月25日
2．劳社部发〔2005〕12号

各省、自治区、直辖市劳动和社会保障厅（局）：

近一个时期，一些地方反映部分用人单位招用劳动者不签订劳动合同，发生劳动争议时因双方劳动关系难以确定，致使劳动者合法权益难以维护，对劳动关系的和谐稳定带来不利影响。为规范用人单位用工行为，保护劳动者合法权益，促进社会稳定，现就用人单位与劳动者确立劳动关系的有关事项通知如下：

一、用人单位招用劳动者未订立书面劳动合同，但同时具备下列情形的，劳动关系成立。

（一）用人单位和劳动者符合法律、法规规定的主体资格；

（二）用人单位依法制定的各项劳动规章制度适用于劳动者，劳动者受用人单位的劳动管理，从事用人单位安排的有报酬的劳动；

（三）劳动者提供的劳动是用人单位业务的组成部分。

二、用人单位未与劳动者签订劳动合同，认定双方存在劳动关系时可参照下列凭证：

（一）工资支付凭证或记录（职工工资发放花名册）、缴纳各项社会保险费的记录；

（二）用人单位向劳动者发放的“工作证”、“服务证”等能够证明身份的证件；

（三）劳动者填写的用人单位招工招聘“登记表”、“报名表”等招用记录；

（四）考勤记录；

（五）其他劳动者的证言等。

其中，（一）、（三）、（四）项的有关凭证由用人单位负举证责任。

三、用人单位招用劳动者符合第一条规定的情形的，用人单位应当与劳动者补签劳动合同，劳动合同期限由双方协商确定。协商不一致的，任何一方均可提出终止劳动关系，但对符合签订无固定期限劳动合同条件的劳动者，如果劳动者提出订立无固定期限劳动合同，用人单位应当订立。

用人单位提出终止劳动关系的，应当按照劳动者在本单位工作年限每满一年支付一个月工资的经济补偿金。

四、建筑施工、矿山企业等用人单位将工程（业务）或经营权发包给不具备用工主体资格的组织或自然人，对该组织或自然人招用的劳动者，由具备用工主体资格的发包方承担用工主体责任。

五、劳动者与用人单位就是否存在劳动关系引发争议的，可以向有管辖权的劳动争议仲裁委员会申请仲裁。

人力资源社会保障部等关于维护新就业形态劳动者劳动保障权益的指导意见

1. 2021年7月16日人力资源社会保障部、国家发展改革委、交通运输部、应急部、市场监管总局、国家医保局、最高人民法院、全国总工会发布

2. 人社部发〔2021〕56号

各省、自治区、直辖市人民政府、高级人民法院、总工会，新疆生产建设兵团，新疆维吾尔自治区高级人民法院生产建设兵团分院，新疆生产建设兵团总工会：

近年来，平台经济迅速发展，创造了大量就业机会，依托互联网平台就业的网约配送员、网约车驾驶员、货车司机、互联网营销师等新就业形态劳动者数量大幅增加，维护劳动者劳动保障权益面临新情况新问题。为深入贯彻落实党中央、国务院决策部署，支持和规范发展新就业形态，切实维护新就业形态劳动者劳动保障权益，促进平台经济规范健康持续发展，经国务院同意，现提出以下意见：

一、规范用工，明确劳动者权益保障责任

（一）指导和督促企业依法合规用工，积极履行用工责任，稳定劳动者队伍。主动关心关爱劳动者，努力改善劳动条件，拓展职业发展空间，逐步提高劳动者权益保障水平。培育健康向上的企业文化，推动劳动者共享企业发展成果。

（二）符合确立劳动关系情形的，企业应当依法与劳动者订立劳动合同。不完全符合确立劳动关系情形但企业对劳动者进行劳动管理（以下简称不完全符合确立劳动关系情形）的，指导企业与劳动者订立书面协议，合理确定企业与劳动者的权利义务。个人依托平台自主开展经营活动、从事自由职业等，按照民事法律调整双方的权利义务。

（三）平台企业采取劳务派遣等合作用工方式组织劳动者完成平台工作的，应选择具备合法经营资质的企业，并对其保障劳动者权益情况进行监督。平台企业采用劳务派遣方式用工的，依法履行劳务派遣用工单位责任。对采取外包等其他合作用工方式，劳动者权益受到损害的，平台企业依法承担相应责任。

二、健全制度，补齐劳动者权益保障短板

（四）落实公平就业制度，消除就业歧视。企业招用劳动者不得违法设置性别、民族、年龄等歧视性条件，不得以缴纳保证金、押金或者其他名义向劳动者收取财物，不得违法限制劳动者在多平台就业。

（五）健全最低工资和支付保障制度，推动将不完全符合确立劳动关系情形的新就业形态劳动者纳入制度保障范围。督促企业向提供正常劳动的劳动者支付不低于当地最低工资标准的劳动报酬，按时足额支付，不得克扣或者无故拖欠。引导企业建立劳动报酬合理增长机制，逐步提高劳动报酬水平。

（六）完善休息制度，推动行业明确劳动定员定额标准，科学确定劳动者工作量和劳动强度。督促企业按规定合理确定休息办法，在法定节假日支付高于正常工作时间劳动报酬的合理报酬。

（七）健全并落实劳动安全卫生责任制，严格执行国家劳动安全卫生保护标准。企业要牢固树立安全“红线”意识，不得制定损害劳动者安全健康的考核指标。要严格遵守安全生产相关法律法规，落实全员安全生产责任制，建立健全安全生产规章制度和操作规程，配备必要的劳动安全卫生设施和劳动防护用品，及时对劳动工具的安全和合规状态进行检查，加强安全生产和职业卫生教育培训，重视劳动者身心健康，及时开展心理疏导。强化恶劣天气等特殊情形下的劳动保护，最大限度减少安全生产事故和职业病危害。

（八）完善基本养老保险、医疗保险相关政策，各地要放开灵活就业人员在就业地参加基本养老、基本医疗保险的户籍限制，个别超大型城市难以一步实现的，要结合本地实际，积极创造条件逐步放开。组织未参加职工基本养老、职工基本医疗保险的灵活就业人员，按规定参加城乡居民基本养老、城乡居民基本医疗保险，做到应保尽保。督促企业依法参加社会保险。企业要引导和支持不完全符合确立劳动关系情形的新就业形态劳动者根据自身情况参加相应的社会保险。

（九）强化职业伤害保障，以出行、外卖、即时配送、同城货运等行业的平台企业为重点，组织开展平台灵活就业人员职业伤害保障试点，平台企业应当按规定参加。采取政府主导、信息化引领和社会力量承办相结合的方式，建立健全职业伤害保障管理服务规范和运行机制。鼓励平台企业通过购买人身意外、雇主责任等商业保险，提升平台灵活就业人员保障水平。

（十）督促企业制定修订平台进入退出、订单分配、计件单价、抽成比例、报酬构成及支付、工作时间、奖惩等直接涉及劳动者权益的制度规则和平台算法，充分听取工会或劳动者代表的意见建议，将结果公示并告知劳动者。工会或劳动者代表提出协商要求的，企业应当积极响应，并提供必要的信息和资料。指导企业建立健全劳动者申诉机制，保障劳动者的申诉得到及时回应和客观公正处理。

三、提升效能，优化劳动者权益保障服务

（十一）创新方式方法，积极为各类新就业形态劳动者提供个性化职业介绍、职业指导、创业培训等服务，及时发布职业薪酬和行业人工成本信息等，为企业和劳动者提供便捷化的劳动保障、税收、市场监管等政策咨询服务，便利劳动者求职就业和企业招工用工。

（十二）优化社会保险经办，探索适合新就业形态的社会保险经办服务模式，在参保缴费、权益查询、待遇领取和结算等方面提供更加便捷的服务，做好社会保险关系转移接续工作，提高社会保险经办服务水平，更好保障参保人员公平享受各项社会保险待遇。

（十三）建立适合新就业形态劳动者的职业技能培训模式，保障其平等享有培训的权利。对各类新就业形态劳动者在就业地参加职业技能培训的，优化职业技能培训补贴申领、发放流程，加大培训补贴资金直补企业工作力度，符合条件的按规定给予职业技能培训补贴。健全职业技能等级制度，支持符合条件的企业按规定开展职业技能等级认定。完善职称评审政策，畅通新就业形态劳动者职称申报评价渠道。

（十四）加快城市综合服务网点建设，推动在新就业形态劳动者集中居住区、商业区设置临时休息场所，解决停车、充电、饮水、如厕等难题，为新就业形态劳动者提供工作生活便利。

（十五）保障符合条件的新就业形态劳动者子女在常住地平等接受义务教育的权利。推动公共文体设施向劳动者免费或低收费开放，丰富公共文化产品和服务供给。

四、齐抓共管，完善劳动者权益保障工作机制

（十六）保障新就业形态劳动者权益是稳定就业、改善民生、加强社会治理的重要内容。各地区要加强组织领导，强化责任落实，切实做好新就业形态劳动者权益保障各项工作。人力资源社会保障部、国家发展改革委、交通运输部、应急部、市场监管总局、国家医保局、最高人民法院、全国总工会等部门和单位要认真履行职责，强化工作协同，将保障劳动者权益纳入数字经济协同治理体系，建立平台企业用工情况报告制度，健全劳动者权益保障联合激励惩戒机制，完善相关政策措施和司法解释。

（十七）各级工会组织要加强组织和工作有效覆盖，拓宽维权和服务范围，积极吸纳新就业形态劳动者加入工会。加强对劳动者的思想政治引领，引导劳动者理性合法维权。监督企业履行用工责任，维护好劳动者权益。积极与行业协会、头部企业或企业代表组织开展协商，签订行业集体合同或协议，推动制定行业劳动标准。

（十八）各级法院和劳动争议调解仲裁机构要加强劳动争议办案指导，畅通裁审衔接，根据用工事实认定企业和劳动者的关系，依法依规处理新就业形态劳动者劳动保障权益案件。各类调解组织、法律援助机构及其他专业化社会组织要依法为新就业形态劳动者提供更加便捷、优质高效的纠纷调解、法律咨询、法律援助等服务。

（十九）各级人力资源社会保障行政部门要加大劳动保障监察力度，督促企业落实新就业形态劳动者权益保障责任，加强治理拖欠劳动报酬、违法超时加班等突出问题，依法维护劳动者权益。各级交通运输、应急、市场监管等职能部门和行业主管部门要规范企业经营行为，加大监管力度，及时约谈、警示、查处侵害劳动者权益的企业。

各地区各有关部门要认真落实本意见要求，出台具体实施办法，加强政策宣传，积极引导社会舆论，增强新就业形态劳动者职业荣誉感，努力营造良好环境，确保各项劳动保障权益落到实处。

·典型案例·

如何认定网约货车司机与平台企业之间是否存在劳动关系?①

【基本案情】

刘某于2020年6月14日与某信息技术公司订立为期1年的《车辆管理协议》，约定：刘某与某信息技术公司建立合作关系；刘某自备中型面包车1辆提供货物运输服务，须由本人通过公司平台在某市区域内接受公司派单并驾驶车辆，每日至少完成4单，多接订单给予加单

① 此部分案例摘自《人力资源社会保障部　最高人民法院关于联合发布第三批劳动人事争议典型案例的通知》（人社部函〔2023〕36号）

奖励；某信息技术公司通过平台与客户结算货物运输费，每月向刘某支付包月运输服务费 6000 元及奖励金，油费、过路费、停车费等另行报销。刘某从事运输工作期间，每日在公司平台签到并接受平台派单，跑单时长均在 8 小时以上。某信息技术公司通过平台对刘某的订单完成情况进行全程跟踪，刘某每日接单量超过 4 单时按照每单 70 元进行加单奖励，出现接单量不足 4 单、无故拒单、运输超时、货物损毁等情形时按照公司制定的费用结算办法扣减部分服务费。2021 年 3 月 2 日，某信息技术公司与刘某订立《车辆管理终止协议》，载明公司因调整运营规划，与刘某协商一致提前终止合作关系。刘某认为其与某信息技术公司之间实际上已构成劳动关系，终止合作的实际法律后果是劳动关系解除，某信息技术公司应当支付经济补偿。某信息技术公司以双方书面约定建立合作关系为由否认存在劳动关系，拒绝支付经济补偿，刘某遂向劳动人事争议仲裁委员会（以下简称仲裁委员会）申请仲裁。

【申请人请求】

请求裁决某信息技术公司支付解除劳动合同经济补偿。

【处理结果】

仲裁委员会裁决：某信息技术公司向刘某支付解除劳动合同经济补偿。

【案例分析】

本案的争议焦点是，刘某与某信息技术公司之间是否符合确立劳动关系的情形？

《中华人民共和国劳动合同法》第七条规定："用人单位自用工之日起即与劳动者建立劳动关系"，《关于维护新就业形态劳动者劳动保障权益的指导意见》（人社部发〔2021〕56 号）第十八条规定："根据用工事实认定企业和劳动者的关系"，以上法律规定和政策精神体现出，认定劳动关系应当坚持事实优先原则。《关于确立劳动关系有关事项的通知》（劳社部发〔2005〕12 号）相关规定体现出，劳动关系的核心特征为"劳动管理"，即劳动者与用人单位之间具有人格从属性、经济从属性、组织从属性。在新就业形态下，由于平台企业生产经营方式发生较大变化，劳动管理的体现形式也相应具有许多新的特点。当前，认定新就业形态劳动者与平台企业之间是否存在劳动关系，应当对照劳动管理的相关要素，综合考量人格从属性、经济从属性、组织从属性的有无及强弱。从人格从属性看，主要体现为平台企业的工作规则、劳动纪律、奖惩办法等是否适用于劳动者，平台企业是否可通过制定规则、设定算法等对劳动者劳动过程进行管理控制；劳动者是否须按照平台指令完成工作任务，能否自主决定工作时间、工作量等。从经济从属性看，主要体现为平台企业是否掌握劳动者从业所必需的数据信息等重要生产资料，是否允许劳动者商定服务价格；劳动者通过平台获得的报酬是否构成其重要收入来源等。从组织从属性看，主要体现在劳动者是否被纳入平台企业的组织体系当中，成为企业生产经营组织的有机部分，并以平台名义对外提供服务等。

本案中，虽然某信息技术公司与刘某订立《车辆管理协议》约定双方为合作关系，但依据相关法律规定和政策精神，仍应根据用工事实认定双方之间的法律关系性质。某信息技术公司要求须由刘某本人驾驶车辆，通过平台向刘某发送工作指令、监控刘某工作情况，并依据公司规章制度对刘某进行奖惩；刘某须遵守某信息技术公司规定的工作时间、工作量等要求，体现了较强的人格从属性。某信息技术公司占有用户需求数据信息，单方制定服务费用结算标准；刘某从业行为具有较强持续性和稳定性，其通过平台获得的服务费用构成其稳定收入来源，体现了明显的经济从属性。某信息技术公司将刘某纳入其组织体系进行管理，刘某是其稳定成员，并以平台名义对外提供服务，从事的货物运输业务属于某信息技术公司业务的组成部分，体现了较强的组织从属性。综上，某信息技术公司对刘某存在明显的劳动管理行为，符合确立劳动关系的情形，应当认定双方之间存在劳动关系。某信息技术公司与刘某订立《车辆管理终止协议》，实际上构成了劳动关系的解除，因此，对刘某要求某信息技术公司支付经济补偿的仲裁请求，应当予以支持。

【典型意义】

近年来，平台经济迅速发展，创造了大量就业机会。与此同时，维护劳动者劳动保障权益面临诸多新情况新问题，其中，平台企业与劳动者之间的法律关系性质引发社会普遍关注。不同平台之间用工模式存在差异，一些平台企业占有数据信息这一新就业形态劳动者从业所必需的生产资料，通过制定规则、设定算法对劳动者的工作机会、劳动条件、劳动方式、劳动收入、进出平台自由等进行限制或施加影响，并从劳动者劳动成果中获益。此类模式下，平台企业并非提供信息中介、交易撮合等服务，而是通过对劳动者进行组织和管理，使他们按照一定模式和标准以平台名义对外提供服务，因此，其应当作为用工主体或用人单位承担相应法律义务和责任。在仲裁和司法实践中，各级劳动人事争议仲裁机构和人民法院应当注意审查平台运营方式、算法规则等，查明平台企业是否对劳动者存在劳动管理行为，据实认定法律关系性质。

如何认定网约配送员与平台企业之间是否存在劳动关系？

【基本案情】

徐某于2019年7月5日从某科技公司餐饮外卖平台众包骑手入口注册成为网约配送员，并在线订立了《网约配送协议》，协议载明：徐某同意按照平台发送的配送信息自主选择接受服务订单，接单后及时完成配送，服务费按照平台统一标准按单结算。从事餐饮外卖配送业务期间，公司未对徐某上线接单时间提出要求，徐某每周实际上线接单天数为3至6天不等，每天上线接单时长为2至5小时不等。平台按照算法规则向一定区域内不特定的多名配送员发送订单信息，徐某通过抢单获得配送机会，平台向其按单结算服务费。出现配送超时、客户差评等情形时，平台核实情况后按照统一标准扣减服务费。2020年1月4日，徐某向平台客服提出订立劳动合同、缴纳社会保险费等要求，被平台客服拒绝，遂向仲裁委员会申请仲裁。

【申请人请求】

请求确认徐某与某科技公司于2019年7月5日至2020年1月4日期间存在劳动关系，某科技公司支付解除劳动合同经济补偿。

【处理结果】

仲裁委员会裁决：驳回徐某的仲裁请求。

【案例分析】

本案的争议焦点是，徐某与某科技公司之间是否符合确立劳动关系的情形？

根据《关于发布智能制造工程技术人员等职业信息的通知》（人社厅发〔2020〕17号）相关规定，网约配送员是指通过移动互联网平台等，从事接收、验视客户订单，根据订单需求，按照平台智能规划路线，在一定时间内将订单物品递送至指定地点的服务人员。《关于维护新就业形态劳动者劳动保障权益的指导意见》（人社部发〔2021〕56号）根据平台不同用工形式，在劳动关系情形外，还明确了不完全符合确立劳动关系的情形及相应劳动者的基本权益。

本案中，徐某在某科技公司餐饮外卖平台上注册成为网约配送员，其与某科技公司均具备建立劳动关系的主体资格。认定徐某与某科技公司之间是否符合确立劳动关系的情形，需要查明某科技公司是否对徐某进行了较强程度的劳动管理。从用工事实看，徐某须遵守某科技公司制定的餐饮外卖平台配送服务规则，其订单完成时间、客户评价等均作为平台结算服务费的依据，但平台对其上线接单时间、接单量均无要求，徐某能够完全自主决定工作时间及工作量，因此，双方之间人格从属性较标准劳动关系有所弱化。某科技公司掌握徐某从事网约配送业务所必需的数据信息，制定餐饮外卖平台配送服务费结算标准和办法，徐某通过平台获得收入，双方之间具有一定的经济从属性。虽然徐某依托平台从事餐饮外卖配送业务，但某科技公司并未将其纳入平台配送业务组织体系进行管理，未按照传统劳动管理方式要求其承担组织成员义务，因此，双方之间的组织从属性较弱。综上，虽然某科技公司通过平台对徐某进行一定的劳动管理，但其程度不足以认定劳动关系。因此，对徐某提出的确认劳动关系等仲裁请求，仲裁委员会不予支持。

【典型意义】

近年来，网约配送员成为备受社会关注的群体，如何维护好其劳动保障权益也频频引发舆论热议。在网约配送行业中，平台企业对网约配送员存在多种组织和管理模式。在类似本案的模式中，平台向非特定配送员发送订单信息，不对配送员的上线接单时间和接单量作任何要求，但与此同时，平台企业制定统一的配送服务规则和服务费结算标准，通过设定算法对配送员的配送行为进行控制和管理，并将配送时长、客户评价等作为结算服务费的依据。一方面，劳动者工作时间、工作地点更加自由，不再受限于特定的生产经营组织体系；另一方面，平台企业借助信息技术手段打破了传统用工方式的时空限制，对劳动者实现了更加精细的用工管理。对此，《关于维护新就业形态劳动者劳动保障权益的指导意见》（人社部发〔2021〕56号）明确不完全符合确立劳动关系的情形，并指出相关部门应指导企业与该类劳动者订立书面协议、合理确定双方权利义务，逐步推动将该类劳动者纳入最低工资、休息休假等制度保障范围。在仲裁与司法实践中，应在区分各类情形的基础上分类保障劳动者合法权益，并积极推动完善相关法律政策，进一步畅通劳动者维权渠道，充分实现平台经济良性发展与劳动者权益保护互促共进。

外卖平台用工合作企业通过劳务公司招用网约配送员，如何认定劳动关系？

【基本案情】

某货运代理公司承包经营某外卖平台配送站点，负责该站点网约配送业务。2019年5月27日，某货运代理公司与某劳务公司订立《配送业务承包协议》，约定由某劳务公司负责站点的配送员招募和管理工作。何某于2019年7月28日进入某外卖平台站点工作，并与某劳务公司订立了为期1年的《外卖配送服务协议》，约定：何某同意在某外卖平台注册为网约配送员，并进入某货运代理公司承包的配送站点从事配送业务；何某须遵守某货运代理公司制定的站点工作制度，每周经提前申请可休息1天，每天至少在线接单8小时；何某与某劳务公司之间为劳务合作关系，某劳务公司根据订单完成量向何某按月结算劳务报酬。从事配送工作期间，何某按照某货运代理公司制定的《配送员管理规则》，每天8:30到站点开早会，每周工作6至7天，每天在线接单时长为8至11小时不等。何某请假时，均须通过站长向某货运代理公司提出申请。某货运代理公司按照何某订单完成量向何某按月支付服务费，出现高峰时段不服从平台调配、无故拒接平台派单、超时配送、客户差评等情形时，某货运代理公司均按一定比例扣减服务费，而某劳务公司未对包含何某在内的站点配送员进行管理。2019年11月3日，何某在执行配送任务途中摔倒受伤，其要求某货运代理公司、某劳务公司按照工伤保险待遇标准向其赔偿各项治疗费用，某货运代理公司以未与何某订立任何协议为由拒绝承担责任，某劳务公司以与何某之间系劳务合作关系为由拒绝支付工伤保险待遇。2019年12月19日，何某以某货运代理公司、某劳务公司为共同被申请人向仲裁委员会申请仲裁。

【申请人请求】

请求确认何某与某货运代理公司、某劳务公司于2019年7月28日至2019年12月19日期间存在劳动关系。

【处理结果】

仲裁委员会裁决：何某与某货运代理公司于2019年7月28日至2019年12月19日期间存在劳动关系。

【案例分析】

本案的争议焦点是，何某是否与两家公司存在劳动关系？与哪家公司存在劳动关系？

本案中，从某货运代理公司与某劳务公司订立的《配送业务承包协议》内容看，某货运代理公司将配送员招募和管理工作外包给某劳务公司，应当由某劳务公司负责具体的用工组织和管理工作。但从本案用工事实看，某劳务公司并未对何某等站点配送员进行管理，其与某货运代理公司之间的《配送业务承包协议》并未实际履行；某货运代理公司虽然未与何某订立书面协议，却对其进行了劳动管理。因此，应当根据某货运代理公司对何某的劳动管理程度，认定双方之间是否存在劳动关系。何某须遵守某货运代理公司制定的《配送员管理规则》，按时到站点考勤；某货运代理公司对何某执行配送任务的情况进行监督，通过扣减服务费等方式对何某的工作时间、接单行为、服务质量等进行管理，双方之间存在较强的人格从属性。某货运代理公司根据单方制定的服务费结算办法向何某按月结算服务费，双方之间存在明显的经济从属性。何某虽以平台名义从事配送任务，但某货运代理公司将其纳入站点的配送组织体系进行管理，双方之间存在较强的组织从属性。综上，某货运代理公司对何某进行了较强程度的劳动管理，应当认定双方之间存在劳动关系。

【典型意义】

《关于维护新就业形态劳动者劳动保障权益的指导意见》（人社部发〔2021〕56号）对平台企业采取合作用工方式组织劳动者完成平台工作的情形作出了规定。在新就业形态劳动争议处理中，一些平台用工合作企业也以外包或劳务派遣等灵活方式组织用工。部分配送站点承包经营企业形式上将配送员的招募和管理工作外包给其他企业，但实际上仍直接对配送员进行劳动管理，在劳动者主张相关权益时通常否认与劳动者之间存在劳动关系，将“外包”当成了规避相应法律责任的“挡风板”“防火墙”，增加了劳动者的维权难度。在仲裁和司法实践中，应当谨慎区分劳动关系与各类民事关系，对于此类“隐蔽劳动关系”，不能简单适用“外观主义”审查，应当根据劳动管理事实和从属性特征明确劳动关系主体，依法确定各方权利义务。

劳动者注册个体工商户与平台企业或其用工合作企业订立合作协议，能否认定劳动关系？

【基本案情】

孙某于2019年6月11日进入某外卖平台配送站点工作，该站点由某物流公司承包经营。某物流公司与孙某订立了自2019年6月11日起至2021年6月10日止的书面劳动合同。从事配送工作期间，孙某按照某物流公司要求在规定时间、指定区域范围内执行某外卖平台派发的配送任务，某物流公司根据孙某出勤及订单完成情况向其按月支付劳动报酬。某物流公司于2020年8月21日与某商务信息咨询公司订立《服务协议》，约定将含孙某在内的部分配送员委托给某商务信息咨询公司管理。在某商务信息咨询公司安排下，孙某注册了名为“某配送服务部”的个体工商户，并于2020年9月6日与某物流公司订立了为期1年的《项目承包协议》，约定：某配送服务部与某物流公司建立合作关系，某配送服务部承接某外卖平台配送站点的部分配送业务，某物流公司按照配送业务完成量向某配送服务部按月结算费用。此后,孙某仍然在某外卖平台站点从事配送工作,接受某物流公司管理,管理方式未发生任何变化。2020 年 12 月 10 日,某物流公司单方面终止《项目承包协议》,孙某要求某物流公司支付违法解除劳动合同赔偿金。某物流公司认为订立《项目承包协议》后,双方之间已从劳动关系变为合作关系,劳动合同自动终止,并以此为由拒绝支付违法解除劳动合同赔偿金。孙某遂向仲裁委员会申请仲裁。

【申请人请求】

请求确认孙某与某物流公司于 2020 年 9 月 6 日至 2020 年 12 月 10 日期间存在劳动关系,某物流公司支付违法解除劳动合同赔偿金。

【处理结果】

仲裁委员会裁决:孙某与某物流公司于 2020 年 9 月 6 日至 2020 年 12 月 10 日期间存在劳动关系,某物流公司向孙某支付违法解除劳动合同赔偿金。

【案例分析】

本案的争议焦点是,在孙某以个体工商户名义订立《项目承包协议》情况下,其与某物流公司之间是否存在劳动关系?

从法律主体资格看,劳动者注册为个体工商户后,既可以作为自然人与其他用人单位建立劳动关系,也有权以个体工商户名义开展市场经营活动。在第一种情形下,劳动者与企业之间存在"管理—从属"关系,即企业对劳动者实施劳动管理,劳动者向企业提供从属性劳动,双方之间市场主体地位不平等,法律关系呈现明显的从属性;在第二种情形下,个体工商户与企业均具有平等的市场主体法律地位,个体工商户可以依照约定向企业提供服务并获取对价,但服务内容和方式、对价形式及多少等事项由双方协商确定,企业与个体工商户背后的自然人之间不具有"管理—从属"关系。

本案中,在某商务信息咨询公司安排下,孙某注册个体工商户,并以个体工商户名义与某物流公司书面约定建立合作关系,但从用工事实看,某物流公司与孙某之间完全延续了此前的劳动管理方式,孙某仍然向某物流公司提供从属性劳动,双方之间并未作为法律地位平等的市场主体开展经营活动。因此,某物流公司关于双方之间由劳动关系变为合作关系、劳动合同自动终止的主张,与事实不符,应当认定在 2020 年 9 月 6 日之后双方之间仍然存在劳动关系,对孙某要求某物流公司支付违法解除劳动合同赔偿金的仲裁请求,应当予以支持。

【典型意义】

在新就业形态下,劳动关系与合作关系之间的边界更加模糊,劳动者的劳动形式、劳动时间、工作场所、取酬方式等更加灵活多样。一些平台企业及其用工合作企业利用这一特点,一方面诱导或强迫劳动者注册成为个体工商户,并与之订立合作协议;另一方面仍对劳动者进行较强程度的劳动管理,单方确定劳动规则、报酬标准等事项,以合作之名行劳动用工之实,严重损害了劳动者劳动保障权益。对此,国务院印发的《促进个体工商户发展条例》第三十条第二款规定:"任何单位和个人不得诱导、强迫劳动者登记注册为个体工商户。"在仲裁和司法实践中,应当重点审查企业与劳动者之间是否存在劳动管理和从属性劳动,坚决防止"去劳动关系化"规避用工责任,充分保障劳动者各项劳动保障权益。

如何认定网络主播与文化传播公司之间是否存在劳动关系?

【基本案情】

李某于 2018 年 11 月 29 日与某文化传播公司订立为期 2 年的《艺人独家合作协议》,约定:李某聘请某文化传播公司为其经纪人,某文化传播公司为李某提供网络主播培训及推广宣传,将其培养成为知名的网络主播;在合同期内,某文化传播公司为李某提供整套直播设备和直播室,负责安排李某的全部直播工作及直播之外的商业或非商业公众活动,全权代理李某涉及直播、出版、演出、广告、录音、录像等与演艺有关的商业或非商业公众活动,可在征得李某同意后作为其委托代理人签署有关合同;李某有权参与某文化传播公司安排的商业活动的策划过程、了解直播收支情况,并对个人形象定位等事项提出建议,但一经双方协商一致,李某必须严格遵守相关约定;李某直播内容和时间均由其自行确定,其每月获得各直播平台后台礼物累计价值 5000 元,可得基本收入 2600 元,超过 5000 元部分由公司和李某进行四六分成,超过 9000 元部分进行三七分成,超过 12 000 元部分进行二八分成。从事直播活动后,李某按照某文化传播公司要求入驻 2 家直播平台,双方均严格履行协议约定的权利义务。李某每天直播时长、每月直播天数均不固定,月收入均未超过 3500 元。2019 年 3 月 31 日,李某因直播收入较低,单方解除《艺人独家合作协议》,并以公司未缴纳社会保险费为由要求某文化传播公司向其支付解除劳动合同经济补偿。某文化传播公司以双方之间不存在劳动关系为由拒绝支付。李某向仲裁委员会申请仲裁,仲裁委员会裁决双方之间不存在劳动关系。李某不服仲裁裁决,诉至人民法院。

【原告诉讼请求】

请求确认与某文化传播公司之间于 2018 年 11 月 29

日至2019年3月31日期间存在劳动关系，某文化传播公司支付解除劳动合同经济补偿。

【处理结果】

一审法院判决：李某与某文化传播公司之间不存在劳动关系。李某不服一审判决，提起上诉。二审法院判决：驳回上诉，维持原判。

【案例分析】

本案的争议焦点是，某文化传播公司对李某的管理是否属于劳动管理？

在传统演艺领域，企业以经纪人身份与艺人订立的合同通常兼具委托合同、中介合同、行纪合同等性质，并因合同约定产生企业对艺人的"管理"行为，但此类管理与劳动管理存在明显差异：从"管理"的主要目的看，企业除安排艺人从事演艺活动为其创造经济收益之外，还要对艺人进行培训、包装、宣传、推广等，使之获得相对独立的公众知名度和市场价值；而在劳动关系中，企业通过劳动管理组织劳动者进行生产经营活动，并不以提升劳动者独立的公众知名度和市场价值为目的。从"管理"事项的确定看，企业对艺人的管理内容和程度通常由双方自主协商约定，艺人还可以就自身形象设计、发展规划和收益分红等事项与企业进行协商；而在订立劳动合同时，单个劳动者与企业之间进行个性化协商的空间一般比较有限，劳动纪律、报酬标准、奖惩办法等规章制度通常由企业统一制定并普遍适用于企业内部的劳动者。此外，从劳动成果分配方式看，企业作为经纪人，一般以约定的分成方式获取艺人创造的经济收益；而在劳动关系中，企业直接占有劳动者的劳动成果，按照统一标准向劳动者支付报酬及福利，不以约定分成作为主要分配方式。综上，企业作为经纪人与艺人之间的法律关系体现出平等协商的特点，而存在劳动关系的用人单位与劳动者之间则体现出较强的从属性特征，可据此对两种法律关系予以区分。

本案中，通过《艺人独家合作协议》内容及履行情况可以看出，某文化传播公司作为李某的经纪人，虽然也安排李某从事为其创造直接经济收益的直播活动，但其主要目的是通过培训、包装、宣传、推广等手段使李某成为知名的网络主播；李某的直播时间及内容由其自主决定，其他相关活动要求等由双方协商确定，李某对其个人包装、活动参与等事项有协商权，对其创造的经济收益有知情权；双方以李某创造的经济收益为衡量标准，约定了"阶梯式"的收益分成方式。因此，双方之间的法律关系体现出平等协商的特点，并未体现出《关于确立劳动关系有关事项的通知》（劳社部发〔2005〕12号）规定的劳动管理及从属性特征，应当认定为民事关系。李某提出确认劳动关系并支付解除劳动合同经济补偿的诉求，与事实不符，不予支持。

【典型意义】

近年来，随着网红经济的迅速发展，大量网络主播经纪公司也应运而生。与传统演艺业相比，网络主播行业具有更强的灵活性、互动性、可及性和价值多元性，经纪公司"造星"周期和"投资－回报"周期也相应缩短。一些经纪公司沿袭传统方式与主播建立民事合作关系，以培养知名主播、组织主播参加各类商业或非商业公众活动为主业，通过平等协商确定双方权利义务，以约定的分成方式进行收益分配；但与此同时，一些企业招用网络主播的主要目的是开展"直播带货"业务，以网络直播手段推销各类产品，主播对个人包装、直播内容、演艺方式、收益分配等没有协商权，双方之间体现出较强的从属性特征，更加符合确立劳动关系的情形。因此，在仲裁和司法实践中，应当加强对法律关系的个案分析，重点审查企业与网络主播之间的权利义务内容及确定方式，综合认定双方之间的法律关系性质。

如何认定网约家政服务人员与家政公司之间是否存在劳动关系？

【基本案情】

宋某，出生日期为1976年10月7日，于2019年10月26日到某员工制家政公司应聘家政保洁员，双方订立了《家政服务协议》，约定：某家政公司为宋某安排保洁业务上岗培训（初级），培训费用由公司承担，宋某经培训合格后须按照公司安排为客户提供入户保洁服务，合作期限为2年；宋某须遵守公司统一制定的《家政服务人员行为规范》，合作期限内不得通过其他平台从事家政服务工作；某家政公司为宋某配备工装及保洁用具，并购买意外险，费用均由公司承担；宋某每周须工作6天，工作期间某家政公司通过本公司家政服务平台统一接收客户订单，并根据客户需求信息匹配度向宋某派发保洁类订单，工作日无订单任务时宋某须按照公司安排从事其他工作；某家政公司按月向宋某结付报酬，报酬计算标准为底薪1600元/月，保洁服务费15元/小时，全勤奖200元/月；如宋某无故拒接订单或收到客户差评，某家政公司将在核实情况后扣减部分服务费。2019年11月1日，宋某经培训合格后上岗。从事保洁工作期间，宋某每周工作6天，每天入户服务6至8小时。2020年1月10日，宋某在工作中受伤，要求某家政公司按照工伤保险待遇标准向其赔偿各类治疗费用，某家政公司以双方之间不存在劳动关系为由拒绝支付。宋某于2020年1

月21日向仲裁委员会申请仲裁，请求确认与某家政公司于2019年11月1日至2020年1月21日期间存在劳动关系。仲裁委员会裁决宋某与某家政公司之间存在劳动关系，某家政公司不服仲裁裁决，诉至人民法院。

【原告诉讼请求】

请求确认某家政公司与宋某之间不存在劳动关系。

【处理结果】

一审法院判决：宋某与某家政公司于2019年11月1日至2020年1月21日期间存在劳动关系。某家政公司不服一审判决，提起上诉。二审法院判决：驳回上诉，维持原判。

【案例分析】

本案的争议焦点是，宋某与某家政公司之间是否符合订立劳动合同的情形？

认定家政企业与家政服务人员是否符合订立劳动合同的情形，应当根据《关于确立劳动关系有关事项的通知》（劳社部发〔2005〕12号）第一条之规定，重点审查双方是否均为建立劳动关系的合法主体，双方之间是否存在较强程度的劳动管理。

本案中，宋某未达法定退休年龄，其与某家政公司均是建立劳动关系的合法主体。在劳动管理方面，某家政公司要求宋某遵守其制定的工作规则，通过平台向宋某安排工作，并通过发放全勤奖、扣减服务费等方式对宋某的工作时间、接单行为、服务质量等进行控制和管理，双方之间存在较强的人格从属性。某家政公司掌握宋某从事家政服务业所必需的用户需求信息，统一为宋某配备保洁工具，并以固定薪资结构向宋某按月支付报酬，双方之间存在较强的经济从属性。宋某以某家政公司名义对外提供家政服务，某家政公司将宋某纳入其家政服务组织体系进行管理，并通过禁止多平台就业等方式限制宋某进入其他组织，双方之间存在明显的组织从属性。综上，某家政公司对宋某存在较强程度的劳动管理，符合订立劳动合同的情形，虽然双方以合作为名订立书面协议，但根据事实优先原则，应当认定双方之间存在劳动关系。

【典型意义】

在传统家政企业运营模式中，家政企业主要在家政服务人员与客户之间起中介作用，通过介绍服务人员为客户提供家政服务收取中介费；家政企业与服务人员之间建立民事合作关系，企业不对服务人员进行培训和管理、不支付劳动报酬，家政服务工作内容及服务费用由服务人员与客户自行协商确定。为有效解决传统家政行业发展不规范等问题，《关于促进家政服务业提质扩容的意见》（国办发〔2019〕30号）指出，员工制家政企业应依法与招用的家政服务人员签订劳动合同，按月足额缴纳城镇职工社会保险费；家政服务人员不符合签订劳动合同情形的，员工制家政企业应与其签订服务协议，家政服务人员可作为灵活就业人员按规定自愿参加城镇职工社会保险或城乡居民社会保险。各地落实该意见要求积极支持发展员工制家政企业。在此类企业中，家政企业与客户直接订立服务合同，与家政服务人员依法签订劳动合同或服务协议，统一安排服务人员为客户提供服务，直接支付或代发服务人员不低于当地最低工资标准的劳动报酬，并对服务人员进行持续培训管理。在仲裁与司法实践中，对于家政企业与家政服务人员之间发生的确认劳动关系争议，应当充分考虑家政服务行业特殊性，明确企业运营模式，查明企业与家政服务人员是否具备建立劳动关系的法律主体资格，严格审查双方之间是否存在较强程度的劳动管理，以此对签订劳动合同和签订服务协议的情形作出区分，据实认定劳动关系。

3. 劳动合同变更与解除

国有企业富余职工安置规定

1993 年 4 月 20 日国务院令第 111 号发布施行

第一条 为了妥善安置国有企业富余职工，增强企业活力，提高企业经济效益，制定本规定。

第二条 安置国有企业（以下简称企业）中的富余职工，应当遵循企业自行安置为主、社会帮助安置为辅，保障富余职工基本生活的原则。

第三条 企业安置富余职工应当依照本规定采取拓展多种经营、组织劳务活动、发展第三产业、综合利用资源和其它措施。

企业行政主管部门、劳动行政主管部门和工会组织应当指导、帮助和支持企业做好富余职工安置工作，积极创造条件，培育和完善劳务市场，开辟社会安置渠道。

第四条 企业为安置富余职工而兴办的从事第三产业的独立核算企业，自开业之日起两年免征、三年减半征收企业所得税。

第五条 企业开办的劳动就业服务企业，应当承担安置本企业富余职工的任务。企业应当按照国家有关国有资产管理的规定，在资金、场地、原材料和设备等方面给予扶持。

第六条 企业组织本企业富余职工依法兴办的独立核算企业，可以承担本企业中原由外单位承包的技术改造或者劳务项目。

第七条 企业可以对富余职工实行待岗和转业培训，培训期间的工资待遇由企业自行确定。

第八条 经企业职工代表大会讨论同意并报企业行政主管部门备案，企业可以对职工实行有限期的放假。职工放假期间，由企业发给生活费。

孕期或者哺乳期的女职工，经本人申请，企业可以给予不超过二年的假期，放假期间发给生活费。假期内含产假的，产假期间按照国家规定发给工资。

第九条 职工距退休年龄不到五年的，经本人申请，企业领导批准，可以退出工作岗位休养。职工退出工作岗位休养期间，由企业发给生活费。已经实行退休费用统筹的地方，企业和退出工作岗位休养的职工应当按照有关规定缴纳基本养老保险费。职工退出工作岗位休养期间达到国家规定的退休年龄时，按照规定办理退休手续。职工退出工作岗位休养期间视为工龄，与其以前的工龄合并计算。

第十条 职工可以申请辞职。经企业批准辞职的职工，在办理辞职手续时，企业应当按照国家有关规定发给一次性生活补助费。

第十一条 按照本规定第八条、第九条规定发放的生活费在企业工资基金中列支，生活费标准由企业自主确定，但是不得低于省、自治区、直辖市人民政府规定的最低标准。

第十二条 企业因生产经营发生重大变化，必须裁减职工的，对劳动合同制职工，经企业职工代表大会讨论同意，可以提前解除劳动合同，但是应当按照合同约定履行义务；合同没有约定的，企业对被提前解除劳动合同的职工，按照其在本企业工作的年限，工龄每满一年，发给相当于本人一个月标准工资的补偿费。

第十三条 各级劳动行政主管部门和企业行政主管部门应当做好富余职工的社会安置和调剂工作，鼓励和帮助富余职工组织起来就业和自谋职业。企业之间调剂职工，可以正式调动，也可以临时借调；临时借调的，借调期间的工资和福利待遇由双方企业在协议中商定。

第十四条 富余职工由企业自行安置有困难到社会待业的，在待业期间，依法享受待业保险待遇。劳动行政主管部门和有关行政主管部门应当创造条件，帮助职工再就业。

第十五条 企业依照本规定兴办的独立核算企业安置的职工，按照国家有关规定纳入新办企业的职工人数和经济指标的统计范围。

第十六条 省、自治区、直辖市人民政府可以根据本规定制定实施办法。

第十七条 本规定由国务院劳动行政主管部门负责解释。

第十八条 本规定自发布之日起施行。

企业经济性裁减人员规定

1. 1994 年 11 月 14 日劳动部发布
2. 劳部发〔1994〕447 号
3. 自 1995 年 1 月 1 日起施行

第一条 为指导用人单位依法正确行使裁减人员权利，根据《中华人民共和国劳动法》的有关规定，制定本规定。

第二条 用人单位濒临破产，被人民法院宣告进入法定整顿期间或生产经营发生严重困难，达到当地政府规定的严重困难企业标准，确需裁减人员的，可以裁员。

第三条 用人单位有条件的，应为被裁减的人员提供培训或就业帮助。

第四条 用人单位确需裁减人员，应按下列程序进行：

（一）提前三十日向工会或者全体职工说明情况，并提供有关生产经营状况的资料；

（二）提出裁减人员方案，内容包括：被裁减人员名单，裁减时间及实施步骤，符合法律、法规规定和集体合同约定的被裁减人员经济补偿办法；

（三）将裁减人员方案征求工会或者全体职工的意见，并对方案进行修改和完善；

（四）向当地劳动行政部门报告裁减人员方案以及工会或者全体职工的意见，并听取劳动行政部门的意见；

（五）由用人单位正式公布裁减人员方案，与被裁减人员办理解除劳动合同手续，按照有关规定向被裁减人员本人支付经济补偿金，出具裁减人员证明书。

第五条 用人单位不得裁减下列人员：

（一）患职业病或者因工负伤并被确认丧失或者部分丧失劳动能力的；

（二）患病或者负伤，在规定的医疗期内的；

（三）女职工在孕期、产期、哺乳期内的；

（四）法律、行政法规规定的其他情形。

第六条 对于被裁减而失业的人员，参加失业保险的，可到当地劳动就业服务机构登记，申领失业救济金。

第七条 用人单位从裁减人员之日起，六个月内需要新招人员的，必须优先从本单位裁减的人员中录用，并向当地劳动行政部门报告录用人员的数量、时间、条件以及优先录用人员的情况。

第八条 劳动行政部门对用人单位违反法律、法规和有关规定裁减人员的，应依法制止和纠正。

第九条 工会或职工对裁员提出的合理意见，用人单位应认真听取。

用人单位违反法律、法规规定和集体合同约定裁减人员的，工会有权要求重新处理。

第十条 因裁减人员发生的劳动争议，当事人双方应按照劳动争议处理的有关规定执行。

第十一条 各省、自治区、直辖市劳动行政部门可根据本规定和本地区实际情况制定实施办法。

第十二条 本规定自1995年1月1日起施行。

劳动部办公厅对《关于如何确定试用期内不符合录用条件可以解除劳动合同的请示》的复函

1. 1995年1月19日
2. 劳办发〔1995〕16号

四川省劳动厅：

你厅《关于如何确定试用期内不符合录用条件可以解除劳动合同的请示》（川劳仲〔1994〕45号）收悉。现答复如下：

同意你厅第一种意见，即：对试用期内不符合录用条件的劳动者，企业可以解除劳动合同；若超过试用期，则企业不能以试用期内不符合录用条件为由解除劳动合同。

劳动部办公厅对《关于患有精神病的合同制工人解除劳动合同问题的请示》的复函

1. 1995年1月30日
2. 劳办发〔1995〕1号

浙江省劳动厅：

你厅《关于患有精神病的合同制工人解除劳动合同问题的请示》（浙劳仲〔1994〕217号）收悉，现函复如下：

合同制工人在试用期间因患精神病不符合录用条件的，应按劳动部办公厅《关于患有精神病的合同制工人医疗期间问题的复函》（劳办力字〔1992〕5号）的规定执行，即企业招用合同制工人在试用期内发现患有精神病不符合录用条件的，可以解除劳动合同。劳办发〔1994〕214号文的规定，不适用于试用期解除劳动合同的情况。

此复。

劳动部办公厅对《关于如何理解无效劳动合同有关问题的请示》的复函

1. 1995年10月18日
2. 劳办发〔1995〕268号

北京市劳动局：

你局《关于如何理解无效劳动合同有关问题的请

示》(京劳仲文〔1995〕115 号)收悉。经研究,现函复如下:

最高人民法院《关于贯彻执行〈中华人民共和国民法通则〉若干问题的意见(试行)》第 68 条规定:“以给公民及其亲人的生命健康、名誉、荣誉、财产等造成损害,或者以给法人的名誉、荣誉、财产等造成损害为要挟,迫使对方作出违背真实的意思表示的,可以认定为胁迫行为。”第 69 条规定:“一方当事人乘对方处于危难之机,为牟取不正当利益,迫使对方作出不真实的意思表示,严重损害对方利益的,可以认定为乘人之危。”据此精神,劳动部《关于印发〈关于贯彻执行《中华人民共和国劳动法》若干问题的意见〉的通知》(劳部发〔1995〕309 号)第 16 条规定中所说的“职工被迫签订的劳动合同”,是指有证据表明职工在受到胁迫或被对方乘己之危的情况下,违背自己的真实意思而签订的劳动合同。“未经协商一致签订的劳动合同”,是指有证据表明用人单位和劳动者不是在双方充分表达自己意思的基础上、经平等协商、取得一致的情况下签订的劳动合同。

劳动部办公厅关于劳动者解除劳动合同有关问题的复函

1. 1995 年 12 月 19 日
2. 劳办发〔1995〕324 号

浙江省劳动厅:

你厅《关于劳动者解除劳动合同有关问题的请示》(浙劳政〔1995〕192 号)收悉。经研究,答复如下:

《关于贯彻执行〈中华人民共和国劳动法〉若干问题的意见》(劳动部〔1995〕309 号)第 32 条的规定,是对《劳动法》第三十一条的具体解释。

按照《劳动法》第三十一条的规定:“劳动者解除劳动合同,应当提前三十日以书面形式通知用人单位”。劳动者提前三十日以书面形式通知用人单位,既是解除劳动合同的程序,也是解除劳动合同的条件。劳动者提前三十日以书面形式通知用人单位,解除劳动合同,无需征得用人单位的同意。超过三十日,劳动者向用人单位提出办理解除劳动合同的手续,用人单位应予以办理。但由于劳动者违反劳动合同有关约定而给用人单位造成经济损失的,应依据有关法律、法规、规章的规定和劳动合同的约定,由劳动者承担赔偿责任。

劳动者违反提前三十日以书面形式通知用人单位的规定,而要求解除劳动合同,用人单位可以不予办理。劳动者违法解除劳动合同而给原用人单位造成经济损失,应当依据有关法律、法规、规章的规定和劳动合同的约定承担赔偿责任。

《违反〈劳动法〉有关劳动合同规定的赔偿办法》(劳部发〔1995〕223 号)第六条规定的“用人单位招用尚未解除劳动合同的劳动者,对原用人单位造成经济损失的,该用人单位应当承担连带赔偿责任”,是对用人单位承担连带赔偿责任的规定,与劳动者提前三十日提出解除劳动合同没有关系。

· 典型案例 ·

侯宏军诉上海隆茂建筑装潢有限公司劳动合同纠纷案

【裁判摘要】

一次性伤残就业补助金是在终止或解除劳动合同时,工伤职工应当享受的由用人单位支付的费用。在用人单位解除劳动合同的情形下,用人单位仍有义务向工伤职工支付一次性伤残就业补助金。

【基本案情】

原告:侯宏军。

被告:上海隆茂建筑装潢有限公司,住所地:上海市长宁区华阳路。

法定代表人:张学武,该公司经理。

原告侯宏军因与被告上海隆茂建筑装潢有限公司(以下简称隆茂公司)发生劳动合同纠纷,向上海市闵行区人民法院提起诉讼。

原告侯宏军诉称:其与被告隆茂公司签订了期限自 2011 年 3 月 1 日起至 2012 年 2 月 28 日止的劳动合同,被告将其安排至原上海澳联有限公司(以下简称澳联公司)工作,后该公司改名为欧文斯(上海)玻璃容器有限公司(以下简称欧文斯公司)。其于 2012 年 3 月 21 日受了工伤,但被告未依法支付其工伤保险待遇。为此其申请劳动仲裁,现不服仲裁裁决,故诉至法院请求判令:1. 被告支付原告十级伤残一次性工伤医疗补助金 14 076 元(人民币,币种下同);2. 被告支付原告十级伤残一次性就业补助金 14 076 元;3. 被告支付原告解除劳动合同经济补偿金 4332 元。

被告隆茂公司辩称:其与欧文斯公司签订过期限为 2009 年 10 月 17 日至 2010 年 10 月 16 日的劳务派遣协议,到期后未续签。原告侯宏军系其派遣至欧文斯公司工作,但其与原告签订的劳动合同至 2012 年 2 月底到期,原告于同年 3 月 21 日受伤,此时已超过劳动合同期限。原告伤愈后于同年7月16日恢复上班,同年7月27日即因严重违反劳动纪律而被欧文斯公司开除。同年8月15日其接到了欧文斯公司的开除通知,故于同年8月24日为原告办理了退工。其认为,因原告严重违反规章制度,欧文斯公司将之合法退回,被告据此解除与原告劳动关系的行为合法,第1、2项诉请也由于原告系被合法解除而不符合支付条件,故不同意原告全部诉请。另,按照其与欧文斯公司的约定,即使应支付原告费用,付款义务也应当由欧文斯公司承担。

上海市闵行区人民法院一审查明:

2011年3月1日,原、被告签订了期限自当日起至2012年2月28日止的劳务合同。合同约定,被告隆茂公司将原告候宏军安排至澳联公司工作,月工资1140元,若原告因严重违反用工单位依法制定的各项规章制度而被用工单位退回的,被告可以解除本合同。2012年3月21日,原告在储运车间修理木托盘时被机器压伤左手食指,经医院诊治结论为左食指挫裂伤,左食指末端粉碎性骨折。同年4月17日,被告作为申请人向上海市长宁区人力资源和社会保障局申请工伤认定。同年4月27日,该局作出长宁人社认结字(2012)第0295号认定工伤决定书,确认原告上述所受伤害属于工伤。同年8月31日,上海市长宁区劳动能力鉴定委员会出具劳鉴(长)字1207-0051号鉴定结论书,结论为原告上述工伤构成因工致残程度十级。同年7月19日,澳联公司向原告出具员工违纪处罚单,主要内容为原告于当日擅自离岗回家睡觉,根据员工手册之规定,对该蓄意怠工之违纪行为予以三类违纪处罚,处罚内容为最后书面警告并罚款200元。原告拒绝签收此员工违纪处罚单。同年7月26日,澳联公司再次向原告出具员工违纪处罚单,主要内容为原告于当日拒绝服从上司工作安排,根据员工手册之规定,该违纪事实属于不服从公司管理人员调动及其他命令,作三类违纪处罚,因原告已于一个月内连续两次触犯三类违纪规则,故根据员工手册规定予以开除处分。原告拒绝签收此员工违纪处罚单。次日,澳联公司以电子邮件形式告知被告,因原告多次违反其处管理制度,故予以开除处分,并附其于2012年7月26日作出的员工违纪处罚单。同年8月15日,澳联公司以电子邮件形式通知被告,主要内容为原告于同年7月26日离职,原告的社会保险费缴纳至同年7月止。

被告隆茂公司为原告候宏军办理了2011年7月至2012年7月期间的上海市城镇社会保险费,并于2012年8月24日办理了原告的社会保险个人账户转出手续。

2013年2月,澳联公司经工商行政部门核准更名为欧文斯公司。

2012年4月11日,原告候宏军以被告隆茂公司及欧文斯公司(为行文统一,以下统一表述为欧文斯公司)为被申请人向上海市闵行区劳动人事争议仲裁委员会申请仲裁,要求两公司支付其加班工资及赔偿金、未签订劳动合同双倍工资差额等多项费用。后该会作出闵劳人仲(2012)办字第2373号仲裁裁决书,对原告的仲裁请求不予支持,并于裁决中确认原告于2011年3月1日与被告建立劳动关系,与欧文斯公司间为劳务用工关系。原、被告及欧文斯公司收到裁决书后均未起诉,该裁决已生效。

2012年10月8日,原告候宏军向上海市闵行区劳动人事争议仲裁委员会申请仲裁,要求恢复与被告隆茂公司的劳动关系,并要求被告支付其2012年7月27日至恢复劳动关系之日期间的工资、停工留薪期工资差额等各项费用。同年11月30日,该会作出闵劳人仲(2012)办字第7706号裁决,由被告支付原告2012年3月21日至同年7月15日期间的停工留薪期工资差额3148.40元、2012年3月21日至同年7月26日期间的就医交通费148元、2012年7月27日至同年11月30日期间的工资5933.30元,欧文斯公司对前述停工留薪期工资差额及就医交通费承担连带责任,对原告的其余仲裁请求不予支持(不包括不予处理的部分)。原、被告均不服该裁决而分别提起诉讼。原告要求判令欧文斯公司和被告恢复与其的劳动关系,并支付其工资、停工留薪期工资及差额、未签劳动合同双倍工资差额、未休年休假工资、交通费等各项费用,及为其缴纳社会保险,归还工作服等物品。被告则要求判令无须按照仲裁裁决支付原告停工留薪期工资差额、交通费及工资。法院以(2013)闵民一(民)初字第2363号案立案受理该案后,于2013年7月19日依法作出判决,在认定原告与被告间存在劳动关系,欧文斯公司则为实际用工单位,而原告停工留薪期结束后只打考勤卡未实际提供劳动的工作表现有违劳动纪律,被告据此解除与原告劳动关系的做法并无不当等事实的基础上,判决被告支付原告2012年7月27日至同年8月24日期间的工资1332.45元、被告无须支付原告停工留薪期工资差额3148.40元,欧文斯公司支付原告停工留薪期工资差额3148.40元,被告支付原告交通费124元,欧文斯公司对此124元交通费承担连带责任并另行支付原告交通费24元,驳回原告包括要求恢复劳动关系在内的其余诉讼请求。原告及欧文斯公司均不服该判决而提起上诉,上海市第一中级人民法院以(2013)沪一中民三(民)终字第1438号案立案受理。经审理,该院于2013年11月18日对该案依法作出判决,查明包括如下事实:欧文斯公司与被告签订的劳务派遣协议于2010年10月16日到期后未再续签,但此后双方仍在按照原协议履行，欧文斯公司定期将包括原告在内的劳务工工资及管理费付至被告处，被告亦在开具发票并为原告缴纳社会保险费，且被告在其与原告签订的劳动合同到期后的2012年4月17日作为用人单位申请为原告认定工伤，故确认自2012年3月起，原、被告之间存在劳动关系，欧文斯公司为实际用工单位，故对原告要求与不存在劳动关系的欧文斯公司恢复劳动关系的要求难予支持；原告对于其所称的欧文斯公司同意其停工留薪期满后只需上下班打卡无需实际提供劳动，及其因伤势情况而在上班时间内需回家休息的主张均未能举证予以证明，原告在停工留薪期结束后的表现明显违反劳动纪律，被告据此于2012年8月24日解除与原告劳动关系的做法并无不当，故对原告要求恢复与被告间劳动关系的上诉请求难予支持。在所查明事实的基础上，作出了欧文斯公司无需支付原告停工留薪期工资差额3148.40元，欧文斯公司无需对被告应付交通费124元承担连带责任，维持其余原审判决内容的终审判决。

2013年12月4日，原告候宏军就本案系争事项向上海市闵行区劳动人事争议仲裁委员会申请仲裁。同年12月6日，该会作出闵劳人仲(2013)通字第289号不予受理通知书，以原告的请求事项已超过仲裁申请时效为由决定不予受理。原告不服此决定而提起本案诉讼。

【一审裁判理由】

上海市闵行区人民法院一审认为：

被告隆茂公司因原告候宏军违反劳动纪律而解除了双方的劳动关系，而被告解除与原告劳动关系之行为已经生效判决书确认属合法解除，且此不属劳动合同法规定的用人单位应当支付劳动者解除劳动合同经济补偿金的情形，故原告要求被告支付其解除劳动合同经济补偿金之诉请缺乏依据，不予支持。

关于原告候宏军要求被告隆茂公司支付其十级伤残一次性工伤医疗补助金及一次性伤残就业补助金的诉请，按照《上海市工伤保险实施办法》第四十一条之规定，因工致残被鉴定为七级至十级伤残的工伤人员，在劳动合同期满终止或工伤人员本人提出解除劳动合同的情况下，可享受由工伤保险基金支付一次性工伤医疗补助金，用人单位支付一次性伤残就业补助金的工伤待遇。故原告要求被告作为用人单位支付一次性工伤医疗补助金无依据。至于一次性伤残就业补助金，与前述同理，原、被告的劳动关系由被告合法解除，不属于上述法规规定的用人单位应支付该一次性待遇的情形，原告该部分诉请无依据，不予支持。

【一审裁判结果】

综上，上海市闵行区人民法院依照《中华人民共和国劳动合同法》第二条第一款之规定，于2014年3月17日判决：

驳回原告候宏军的诉讼请求。

【上诉情况】

候宏军不服一审判决，向上海市第一中级人民法院提起上诉称：被上诉人隆茂公司违法解除与候宏军的劳动关系，候宏军有大华医院、上海市第六人民医院、盱眙县中医院疾病诊断书病情证明单，2012年7月19日及26日均在病假期间。隆茂公司人事考虑到候宏军伤情，同意候宏军只需上下班打卡无需实际提供劳动。所以澳联公司开除决定中的两次违纪均不能成立。综上所述，候宏军请求二审法院撤销原审判决，改判隆茂公司支付：1.十级伤残一次性工伤医疗补助金14 076元；2.十级伤残一次性就业补助金14 076元；3.违法解除劳动合同赔偿金8664元；4.不能恢复劳动关系补偿金三个月6498元；5.强行违纪罚款200元；6.工伤医药费500.40元；7.年休假882元；8.确认隆茂公司的开除决定无效，并撤销该开除决定。

被上诉人隆茂公司答辩称，原审判决认定事实清楚，适用法律正确，请求二审法院予以维持。

上海市第一中级人民法院经二审，确认了一审查明的事实。

【二审争议焦点】

上海市第一中级人民法院二审认为：

本案的争议焦点是：当用人单位解除劳动合同时，用人单位是否应当向工伤职工支付一次性工伤医疗补助金与一次性伤残就业补助金。

【二审裁判理由】

关于上诉人候宏军主张的一次性工伤医疗补助金，根据《工伤保险条例》第37条第2款的规定，因工致残被鉴定为七级至十级伤残的工伤人员，在劳动合同期满终止或工伤人员本人提出解除劳动合同的情况下，可享受由工伤保险基金支付一次性工伤医疗补助金。本案中，被上诉人隆茂公司为候宏军办理了2011年7月至2012年7月期间的上海市城镇社会保险费，隆茂公司并非支付一次性工伤医疗补助金的责任主体，故候宏军要求隆茂公司支付一次性工伤医疗补助金的上诉请求缺乏法律依据，不予支持。

关于上诉人候宏军主张的一次性伤残就业补助金，一次性伤残就业补助金等工伤保险待遇是对职工因工作原因受到伤害而给予的补救和补偿，它不应受劳动关系解除原因等因素的影响。首先，《社会保险法》第39条第3款明确规定，终止或者解除劳动合同时，工伤职工应当享受的一次性伤残就业补助金，按照国家规定由用人单位支付。该规定仅将终止或解除劳动合同作为工伤职工享受一次性伤残就业补助金的前提条件,并未将合同解除方式与原因作为支付一次性伤残就业补助金的前提条件。其次,根据《工伤保险条例》第42条的规定,工伤职工仅在丧失享受待遇条件、拒不接受劳动能力鉴定、拒绝治疗的情况下,停止享受工伤保险待遇,用人单位解除劳动合同并不属于工伤职工停止享受工伤保险待遇的情形。再次,举轻以明重,《工伤保险条例》第37条第2款规定在工伤职工主动提出解除劳动合同及劳动合同期限终止时,用人单位尚需支付一次性伤残就业补助金,那么用人单位在主动解除劳动合同时支付一次性伤残就业补助金,更是理所当然的。故被上诉人隆茂公司应支付候宏军一次性伤残就业补助金,候宏军的相关上诉请求,予以支持。至于候宏军提出的其余上诉请求,因均未经仲裁前置程序,故在本案中均不予处理。

【二审裁判结果】

综上,上海市第一中级人民法院依照《中华人民共和国民事诉讼法》第一百七十条第一款第(二)项,于2014年7月15日判决:

一、撤销(2014)闵民一(民)初字第2198号民事判决;

二、上海隆茂建筑装潢有限公司应于本判决生效之起十日内支付候宏军一次性伤残就业补助金14 076元;

三、驳回候宏军的其余诉讼请求(不包含本院不予处理部分)。

本判决为终审判决。

张传杰诉上海敬豪劳务服务有限公司等劳动合同纠纷案

【裁判摘要】

从事接触职业病危害的作业的劳动者未进行离岗前职业健康检查的,用人单位不得解除或终止与其订立的劳动合同。即使用人单位与劳动者已协商一致解除劳动合同,解除协议也应认定无效。

【基本案情】

原告:张传杰,男,47岁,汉族,住安徽省阜南县。

被告:上海敬豪劳务服务有限公司,住所地:上海市浦东新区川沙新镇。

法定代表人:王文清,该公司经理。

被告:中海工业(上海长兴)有限公司,住所地:上海市崇明县长兴岛。

法定代表人:张一兵,该公司董事长。

原告张传杰因与被告上海敬豪劳务服务有限公司(以下简称敬豪公司)、中海工业(上海长兴)有限公司(以下简称中海公司)发生劳务派遣合同纠纷,向上海市崇明县人民法院提起诉讼。

原告张传杰诉称:2007年10月,原告与上海兴旭劳务服务有限公司签订劳动合同,公司法定代表人是王文清。2010年1月,原告被转入同为王文清担任法定代表人的被告敬豪公司。自2007年10月起,原告被派往被告中海公司担任电焊工。2014年1月13日,敬豪公司与原告签订协商解除劳动合同协议书,原告要求进行离职前职业健康检查,敬豪公司承诺签订协议后安排原告体检,但第二天即反悔。原告经向有关部门投诉后,敬豪公司才安排原告进行体检。原告认为与敬豪公司签订的协商解除劳动合同协议书系敬豪公司提供的格式合同,协议书虽称系原告提出解除劳动关系,实则是敬豪公司提出解除劳动关系。原告提起仲裁、诉讼,要求原告与敬豪公司自2014年1月13日起恢复劳动关系。

被告敬豪公司、中海公司辩称:原告张传杰与敬豪公司于2014年1月13日已经达成解除劳动关系的协议,并支付补偿金。现原告已离开被告处一年多,故不同意恢复劳动关系。

上海市崇明县人民法院一审查明:

2010年1月,原告张传杰与被告敬豪公司建立劳动关系后被派遣至被告中海公司担任电焊工,双方签订最后一期的劳动合同的期限为2010年1月1日至2014年6月30日。2014年1月13日,敬豪公司(甲方)与原告(乙方)签订协商解除劳动合同协议书,协议中载明甲、乙双方一致同意劳动关系于2014年1月13日解除,双方的劳动权利义务终止;甲方向乙方一次性支付人民币48 160元,以上款项包括解除劳动合同的经济补偿、其他应得劳动报酬及福利待遇等。敬豪公司于2014年1月21日向原告支付人民币48 160元。

2014年4月,原告张传杰经上海市肺科医院诊断为电焊工尘肺壹期。2014年12月10日,原告经上海市劳动能力鉴定委员会鉴定为职业病致残程度柒级。2014年11月27日,原告向上海市崇明县劳动人事争议仲裁委员会申请仲裁,要求自2014年1月13日起恢复与敬豪公司的劳动关系。该委裁决对于原告的请求事项不予支持。

【一审裁判理由】

上海市崇明县人民法院一审认为:

从事接触职业病危害作业的劳动者未进行离岗前职业健康检查,或者疑似职业病病人在诊断或者医学观察期间的,用人单位不得依照《中华人民共和国劳动合同法》第四十条、第四十一条的规定解除劳动合同。现原、被告协商一致解除劳动关系，不属该法第四十条、第四十一条规定的情形，且双方的解除行为系真实意思的表示。原告张传杰为职业病致残程度柒级，且原、被告的劳动合同也已到期，现被告敬豪公司不同意恢复劳动关系，原告要求自2014年1月13日起恢复与敬豪公司的劳动关系，于法无据，不予支持。

【一审裁判结果】

据此，上海市崇明县人民法院依照《中华人民共和国劳动合同法》第三十六条、第四十一条、第四十二条之规定，于2015年6月24日作出判决：

原告张传杰要求与被告上海敬豪劳务服务有限公司自2014年1月13日起恢复劳动关系的诉讼请求不予支持。

【上诉情况】

张传杰不服，向上海市第二中级人民法院提起上诉称：张传杰与敬豪公司虽于2014年1月13日签订了《协商解除劳动合同协议书》，但由于敬豪公司的缘故，直到2014年12月张传杰才被鉴定为“职业病致残程度柒级”。敬豪公司未安排其在离职前体检，违反了《中华人民共和国职业病防治法》的相关规定，故之前不能解除劳动合同。因此，请求法院判令自2014年1月13日起恢复张传杰与敬豪公司的劳动关系。

被上诉人敬豪公司、中海公司共同辩称：双方系经协商一致解除劳动合同，上诉人张传杰经鉴定为“职业病致残程度柒级”，与其解除劳动关系不违反《中华人民共和国劳动合同法》的相关规定，故不同意与张传杰恢复劳动关系。综上，请求驳回张传杰的上诉请求。

上海市第二中级人民法院经二审，确认了一审查明的事实。

【二审争议焦点】

本案的争议焦点为：从事接触职业病危害作业的劳动者未进行离岗前职业健康检查的，用人单位与劳动者协商一致解除劳动合同是否当然有效。

【二审裁判理由】

上海市第二中级人民法院二审认为：

根据《中华人民共和国劳动合同法》第四十二条第一款的规定，从事解除职业病危害作业的劳动者未进行离岗前职业健康检查的，用人单位不得依照该法第四十条、第四十一条的规定解除劳动合同。此款规定虽然没有排除用人单位与劳动者协商一致解除劳动合同的情形，但根据《中华人民共和国职业病防治法》第三十六条的规定，“对从事接触职业病危害的作业的劳动者，用人单位应当按照国务院安全生产监督管理部门、卫生行政部门的规定组织上岗前、在岗期间和离岗时的职业健康检查，并将检查结果书面告知劳动者……对未进行离岗前职业健康检查的劳动者不得解除或者终止与其订立的劳动合同”。因此，用人单位安排从事接触职业病危害的作业的劳动者进行离岗职业健康检查是其法定义务，该项义务并不因劳动者与用人单位协商一致解除劳动合同而当然免除。

本案中，双方于2014年1月13日签订的《协商解除劳动合同协议书》并未明确上诉人张传杰已经知晓并放弃了进行离岗前职业健康检查的权利，且张传杰于事后亦通过各种途径积极要求被上诉人敬豪公司为其安排离岗职业健康检查。因此，张传杰并未放弃对该项权利的主张，敬豪公司应当为其安排离岗职业健康检查。在张传杰的职业病鉴定结论未出之前，双方的劳动关系不能当然解除。

2014年12月10日，上诉人张传杰被鉴定为“职业病致残程度柒级”。根据《工伤保险条例》第三十七条规定，职工因工致残被鉴定为七级至十级伤残的，劳动、聘用合同期满终止，或者职工本人提出解除劳动、聘用合同的，由工伤保险基金支付一次性工伤医疗补助金，由用人单位支付一次性伤残就业补助金。因此，鉴于双方签订的劳动合同原应于2014年6月30日到期，而张传杰2014年12月10日被鉴定为“职业病致残程度柒级”，依据《工伤保险条例》的规定，用人单位可以终止到期合同，故张传杰与被上诉人敬豪公司的劳动关系应于2014年12月10日终止。

【二审裁判结果】

综上，上海市第二中级人民法院依照《中华人民共和国职业病防治法》第三十六条、《工伤保险条例》第三十七条、《中华人民共和国民事诉讼法》第一百七十条第一款第(二)项之规定，于2015年11月12日作出判决：

一、撤销上海市崇明县人民法院(2015)崇民一(民)初字第1021号民事判决；

二、上诉人张传杰与被上诉人上海敬豪劳务服务有限公司自2014年1月13日起恢复劳动关系至2014年12月10日止。

本判决为终审判决。

·指导案例·

最高人民法院指导案例 18 号
——中兴通讯(杭州)有限责任公司诉王鹏劳动合同纠纷案

(最高人民法院审判委员会讨论通过
2013 年 11 月 8 日发布)

【关键词】

民事　劳动合同　单方解除

【裁判要点】

劳动者在用人单位等级考核中居于末位等次,不等同于“不能胜任工作”,不符合单方解除劳动合同的法定条件,用人单位不能据此单方解除劳动合同。

【相关法条】

《中华人民共和国劳动合同法》第三十九条、第四十条

【基本案情】

2005 年 7 月,被告王鹏进入原告中兴通讯(杭州)有限责任公司(以下简称中兴通讯)工作,劳动合同约定王鹏从事销售工作,基本工资每月 3840 元。该公司的《员工绩效管理办法》规定:员工半年、年度绩效考核分别为 S、A、C1、C2 四个等级,分别代表优秀、良好、价值观不符、业绩待改进;S、A、C(C1、C2)等级的比例分别为 20%、70%、10%;不胜任工作原则上考核为 C2。王鹏原在该公司分销科从事销售工作,2009 年 1 月后因分销科解散等原因,转岗至华东区从事销售工作。2008 年下半年、2009 年上半年及 2010 年下半年,王鹏的考核结果均为 C2。中兴通讯认为,王鹏不能胜任工作,经转岗后,仍不能胜任工作,故在支付了部分经济补偿金的情况下解除了劳动合同。

2011 年 7 月 27 日,王鹏提起劳动仲裁。同年 10 月 8 日,仲裁委作出裁决:中兴通讯支付王鹏违法解除劳动合同的赔偿金余额 36 596.28 元。中兴通讯认为其不存在违法解除劳动合同的行为,故于同年 11 月 1 日诉至法院,请求判令不予支付解除劳动合同赔偿金余额。

【裁判结果】

浙江省杭州市滨江区人民法院于 2011 年 12 月 6 日作出(2011)杭滨民初字第 885 号民事判决:原告中兴通讯(杭州)有限责任公司于本判决生效之日起十五日内一次性支付被告王鹏违法解除劳动合同的赔偿金余额 36 596.28元。宣判后,双方均未上诉,判决已发生法律效力。

【裁判理由】

法院生效裁判认为:为了保护劳动者的合法权益,构建和发展和谐稳定的劳动关系,《中华人民共和国劳动法》《中华人民共和国劳动合同法》对用人单位单方解除劳动合同的条件进行了明确限定。原告中兴通讯以被告王鹏不胜任工作,经转岗后仍不胜任工作为由,解除劳动合同,对此应负举证责任。根据《员工绩效管理办法》的规定,“C(C1、C2)考核等级的比例为 10%”,虽然王鹏曾经考核结果为 C2,但是 C2 等级并不完全等同于“不能胜任工作”,中兴通讯仅凭该限定考核等级比例的考核结果,不能证明劳动者不能胜任工作,不符合据此单方解除劳动合同的法定条件。虽然 2009 年 1 月王鹏从分销科转岗,但是转岗前后均从事销售工作,并存在分销科解散导致王鹏转岗这一根本原因,故不能证明王鹏系因不能胜任工作而转岗。因此,中兴通讯主张王鹏不胜任工作,经转岗后仍然不胜任工作的依据不足,存在违法解除劳动合同的情形,应当依法向王鹏支付经济补偿标准二倍的赔偿金。

4. 经济补偿与赔偿

违反《劳动法》有关劳动合同规定的赔偿办法

1. 1995年5月10日劳动部发布
2. 劳部发〔1995〕223号

第一条　为明确违反劳动法有关劳动合同规定的赔偿责任,维护劳动合同双方当事人的合法权益,根据《中华人民共和国劳动法》的有关规定,制定本办法。

第二条　用人单位有下列情形之一,对劳动者造成损害的,应赔偿劳动者损失:

(一)用人单位故意拖延不订立劳动合同,即招用后故意不按规定订立劳动合同以及劳动合同到期后故意不及时续订劳动合同的;

(二)由于用人单位的原因订立无效劳动合同,或订立部分无效劳动合同的;

(三)用人单位违反规定或劳动合同的约定侵害女职工或未成年工合法权益的;

(四)用人单位违反规定或劳动合同的约定解除劳动合同的。

第三条　本办法第二条规定的赔偿,按下列规定执行:

(一)造成劳动者工资收入损失的,按劳动者本人应得工资收入支付给劳动者,并加付应得工资收入25%的赔偿费用;

(二)造成劳动者劳动保护待遇损失的,应按国家规定补足劳动者的劳动保护津贴和用品;

(三)造成劳动者工伤、医疗待遇损失的,除按国家规定为劳动者提供工伤、医疗待遇外,还应支付劳动者相当于医疗费用25%的赔偿费用;

(四)造成女职工和未成年工身体健康损害的,除按国家规定提供治疗期间的医疗待遇外,还应支付相当于其医疗费用25%的赔偿费用;

(五)劳动合同约定的其他赔偿费用。

第四条　劳动者违反规定或劳动合同的约定解除劳动合同,对用人单位造成损失的,劳动者应赔偿用人单位下列损失:

(一)用人单位招收录用其所支付的费用;

(二)用人单位为其支付的培训费用,双方另有约定的按约定办理;

(三)对生产、经营和工作造成的直接经济损失;

(四)劳动合同约定的其他赔偿费用。

第五条　劳动者违反劳动合同中约定的保密事项,对用人单位造成经济损失的,按《反不正当竞争法》第二十条的规定支付用人单位赔偿费用。

第六条　用人单位招用尚未解除劳动合同的劳动者,对原用人单位造成经济损失的,除该劳动者承担直接赔偿责任外,该用人单位应当承担连带赔偿责任。其连带赔偿的份额应不低于对原用人单位造成经济损失总额的百分之七十。向原用人单位赔偿下列损失:

(一)对生产、经营和工作造成的直接经济损失;

(二)因获取商业秘密给原用人单位造成的经济损失。

赔偿本条第(二)项规定的损失,按《反不正当竞争法》第二十条的规定执行。

第七条　因赔偿引起争议的,按照国家有关劳动争议处理的规定办理。

第八条　本办法自发布之日起施行。

劳动部办公厅对《关于如何理解“同一用人单位连续工作时间”和“本单位工作年限”的请示》的复函

1. 1996年9月16日
2. 劳办发〔1996〕191号

上海市劳动局:

你局《关于如何理解“同一用人单位连续工作时间”和“本单位工作年限”的请示》(沪劳保字〔1996〕18号)收悉,经研究,现函复如下:

一、“同一用人单位连续工作时间”是指劳动者与同一用人单位保持劳动关系的时间。

二、按照《劳动法》及有关配套规章的规定,劳动者患病或非因工负伤,依法享有医疗期,因此在计算“同一用人单位连续工作时间”时,不应扣除劳动者依法享有的医疗期时间。

三、在计算医疗期、经济补偿时,“本单位工作年限”与“同一用人单位连续工作时间”为同一概念,也不应扣除劳动者此前依法享有的医疗期时间。

劳动和社会保障部办公厅关于用人单位违反劳动合同规定有关赔偿问题的复函

1．2001年11月5日
2．劳社厅函〔2001〕238号

浙江省劳动和社会保障厅：

你厅转来的《关于用人单位违反劳动合同规定有关赔偿问题的请示》（浙劳社劳薪〔2001〕231号）收悉。经研究，答复如下：

《违反〈劳动法〉有关劳动合同规定的赔偿办法》（劳部发〔1995〕233号）第三条第一项中的“劳动者本人应得工资收入”，是指因用人单位违反国家法律法规或劳动合同的约定，解除劳动合同造成劳动者不能提供正常劳动而损失的工资收入。

劳动和社会保障部办公厅关于对事实劳动关系解除是否应该支付经济补偿金问题的复函

1．2001年11月26日
2．劳社厅函〔2001〕249号

浙江省劳动和社会保障厅：

你厅《关于事实劳动关系解除是否应该支付经济补偿金问题的请示》（浙劳社仲〔2001〕259号）收悉。经商最高人民法院，现答复如下：

最高人民法院《关于审理劳动争议案件适用法律若干问题的解释》（法释〔2001〕14号）第十六条规定：“劳动合同期满后，劳动者仍在原用人单位工作，原用人单位未表示异议的，视为双方同意以原条件继续履行劳动合同。一方提出终止劳动关系的，人民法院应当支持。”该规定中的“终止”，是指劳动合同期满后，劳动者仍在原用人单位工作，用人单位未表示异议的，劳动者和原用人单位之间存在的是一种事实上的劳动关系，而不等于双方按照原劳动合同约定的期限续签了一个新的劳动合同。一方提出终止劳动关系的，应认定为终止事实上的劳动关系。

劳动和社会保障部办公厅关于复转军人军龄及有关人员工龄是否作为计算职工经济补偿金年限的答复意见

1．2002年1月28日
2．劳社厅函〔2002〕20号

黑龙江省劳动和社会保障厅：

你厅《关于复转军人军龄及有关人员工龄是否作为计算职工经济补偿金年限的请示》（黑劳社呈〔2001〕45号）收悉。经研究，答复如下：

一、关于退伍、复员、转业军人的军龄是否作为计发经济补偿金年限问题。按照《中华人民共和国兵役法》和中共中央、国务院、中央军委《军队转业干部安置暂行办法》（中发〔2001〕3号）第三十七条以及国务院、中央军委《关于退伍义务兵安置工作随用人单位改革实行劳动合同制度的意见》（国发〔1993〕54号）第五条规定，军队退伍、复员、转业军人的军龄，计算为接收安置单位的连续工龄。原劳动部《违反和解除劳动合同的经济补偿办法》（劳部发〔1994〕481号）规定，经济补偿金按职工在本单位的工作年限计发，因此，企业与职工解除劳动关系计发法定的经济补偿金时，退伍、转业军人的军龄应当计算为“本单位工作年限”。

二、关于组织调动、企业分立、合并后，经济补偿金年限计算问题，原劳动部办公厅《对〈关于终止或解除劳动合同计发经济补偿金有关问题的请示〉的复函》（劳办发〔1996〕33号）中第四条已有明确规定：“因用人单位的合并、兼并、合资、单位改变性质、法人改变名称等原因而改变工作单位的，其改变前的工作时间可以计算为在本单位的工作时间。由于成建制调动、组织调动等原因而改变工作单位的，是否计算为在本单位的工作时间，在行业直属企业间成建制调动或组织调动等，由行业主管部门作出规定，其他调动，由各省、自治区、直辖市作出规定”。对企业改制改组中已经向职工支付经济补偿金的，职工被改制改组后企业重新录用的，在解除劳动合同支付经济补偿金时，职工在改制前单位的工作年限可以不计算为改制后单位的工作年限。

劳动和社会保障部办公厅关于破产企业一次性安置人员再就业后工龄计算问题的复函

1. 2002年5月20日
2. 劳社厅函〔2002〕179号

青海省劳动和社会保障厅：

你厅《关于破产企业一次性安置人员再就业后工龄计算问题的请示》（青劳社厅发〔2002〕28号）收悉。经研究，现答复如下：

关于破产企业领取一次性安置费的人员再就业后工龄计算问题，同意你厅意见，即其原在国有企业的工龄及再就业后的工龄可合并计算为连续工龄。但在重新就业的单位与职工解除劳动关系支付经济补偿金时，原单位的工作年限不计算为新单位的工作年限。

·典型案例·

北京泛太物流有限公司诉单晶晶劳动争议纠纷案

【裁判摘要】

《劳动合同法》第八十二条关于用人单位未与劳动者订立书面劳动合同的，应当向劳动者每月支付二倍工资的规定，是对用人单位违反法律规定的惩戒。如用人单位与劳动者未订立书面劳动合同，但双方之间签署的其他有效书面文件的内容已经具备了劳动合同的各项要件，明确了双方的劳动关系和权利义务，具有了书面劳动合同的性质，则该文件应视为双方的书面劳动合同，对于劳动者提出因未订立书面劳动合同而要求二倍工资的诉讼请求不应予以支持。

【基本案情】

原告：北京泛太物流有限公司。

被告：单晶晶。

原告北京泛太物流有限公司（以下简称泛太物流公司）因与被告单晶晶发生劳动争议纠纷，向北京市海淀区人民法院提起诉讼。

原告泛太物流公司诉称：被告单晶晶于2011年6月30日入职我公司，负责员工档案管理工作。其自2011年7月29日下班后，就未再到公司上班，原告多次与其电话联系，其始终没有上班，且未办理请假或离职手续，直到2011年8月17日其给原告相关领导发了一封电子邮件，内容为：“因我个人不认同公司的文化，特向各位领导提出辞职”。单晶晶的行为属于擅自离职。原告认为：首先，双方劳动关系截止日期应为2011年7月29日。其次，单晶晶擅自离职后，向原告以电子邮件的形式提交了辞职报告，原告无须支付解除劳动关系经济补偿金。第三，单晶晶入职当日，原告即与其签订了为期3年的劳动合同，该《劳动合同》与《员工录用审批表》、《公司物品申请表》一起放在了单晶晶的人事档案袋中。单晶晶利用保管员工档案的便利在离职时将包括《劳动合同》在内的相关资料带走，但在仲裁庭审质证时出具了与《劳动合同》一起存放在档案袋中的《员工录用审批表》、《公司物品申请表》的原件，这一事实佐证了单晶晶离职时带走了包括劳动合同在内的相关资料，原告不应支付其未签劳动合同的双倍工资差额。另外，双方劳动关系截止日期为2011年7月29日，即使我公司无法提交双方签订的劳动合同，因自用工之日起未超过一个月，也不应支付单晶晶未签劳动合同二倍工资差额。第四，单晶晶自2011年7月29日后未到我公司上班，其8月份工资不应支付。第五，单晶晶的档案转移应由其自行处理，原告可以协助。综上，诉至法院，请求判令：1.确认双方劳动关系为2011年6月30日至2011年7月29日；2.原告无须支付单晶晶解除劳动关系经济补偿金2000元；3.原告无须支付单晶晶2011年7月30日至2011年8月30日未签劳动合同二倍工资差额3652.94元；4.原告无须支付单晶晶2011年8月工资4000元；5.判令原告无须为单晶晶办理档案转移手续。

被告单晶晶辩称：不同意被告泛太物流公司的诉讼请求，同意仲裁裁决结果。

北京市海淀区人民法院一审查明：

被告单晶晶于2011年6月30日入职原告泛太物流公司，担任人力行政部员工，其月工资标准为税前4000元，税后实发金额3652.94元，泛太物流公司支付单晶晶工资至2011年7月31日。

被告单晶晶主张原告泛太物流公司未与其签订书面劳动合同，泛太物流公司提出单晶晶入职后该公司与其签订了3年期的劳动合同，因单晶晶负责保管员工档案，其离职时擅自将劳动合同等材料带走。对此泛太物流公司提供了单晶晶的《工作职责》为证，上述材料载明：“2011年7月7日经理分配给我的工作如下：员工投诉……员工档案管理：档案转我处后，审表格、审手续……”上述内容下方有单晶晶签字，并写明2011年7月7日：单晶晶否认自己负责员工档案管理，亦否认《工作职责》中的签字系自己书写，经法院释明，单晶晶不申请对上述签名是否为自己书写进行司法鉴定。另查,本案审理中,单晶晶提交了《员工录用审批表》以及《公司物品申请表》的原件,其中《员工录用审批表》载明:姓名单晶晶、性别女、部门人力行政部、工作地点北京……聘用期限自2011年7月1日起至2014年7月1日止共叁年,试用期自2011年7月1日起至2011年9月30日止,共叁月;试用期待遇:基本工资1500元、岗位工资1500元、各项补贴500元、加班工资500元,合计4000元:转正后待遇……合计5000元;审批表下方"人力资源部意见"以及"总经理批示"栏分别由相关负责人及法定代表人苏树平的签字。其中《公司物品申请表》载明单晶晶2011年7月开始社保增加,邮箱地址为shanjingjing@ tps - logistics. com,并由总部行政负责人、办事处人事负责人以及信息部门经办人签字确认,其中信息一栏注明"域帐号、邮件登陆后请修改密码"。泛太物流公司提出上述审批表及申请表与劳动合同同时存放于单晶晶的员工档案中,上述材料原件在单晶晶手中的事实本身即说明了单晶晶负责保管档案并带走劳动合同的事实。单晶晶提出上述两份材料系泛太物流公司的杨富清为让自己了解工作职能而交给自己的,事后未要回,故原件由自己保管。

被告单晶晶与原告泛太物流公司均认可双方已经解除劳动关系,但就最后工作时间、解除劳动关系时间及经过存在争议。单晶晶提出其最后工作至2011年8月30日,当日泛太物流公司无故口头告知与其解除劳动关系,对此单晶晶未提供证据佐证。泛太物流公司主张单晶晶最后工作至2011年7月29日,并于2011年8月17日向该公司负责人发送邮件申请辞职,故双方劳动关系于2011年8月17日因单晶晶辞职而解除。泛太物流公司对上述主张提供2011年6月、7月的考勤汇总表以及该公司相关负责人于2011年8月17日收取的单晶晶通过电子邮箱(shanjingjing@ tps - logistics. com)发送的邮件为证,上述考勤汇总表无单晶晶签字确认,且未显示2011年7月底以后的出勤情况;上述邮件内容为"各位泛太公司领导:我于2011年6月30日入职泛太公司。约定试用期三个月。现因我个人不认同公司的企业文化,特向各位提出辞职。单晶晶2011年8月17日"。单晶晶否认考勤汇总表的真实性,其认可发送上述电子邮件的电子邮箱系自己入职时注册的邮箱,但否认该邮件系由其本人发送的,其提出泛太物流公司的网管人员掌握自己的邮箱地址及密码,上述邮件内容完全有可能系泛太物流公司自己发送的。

另查,被告单晶晶的档案现仍存放于原告泛太物流公司集体存档户内。

再查,被告单晶晶曾以要求确认与原告泛太物流公司于2011年6月30日至2011年8月30日期间存在劳动关系,并要求该公司支付解除劳动关系经济补偿金、2011年7月30日至2011年8月30日期间未签订劳动合同的二倍工资差额、2011年8月1日至2011年8月30日工资、延迟转移档案损失以及要求泛太物流公司办理档案转移手续等为由,向北京市海淀区劳动争议仲裁委员会提出申诉,仲裁委员会作出裁决如下:一、确认2011年6月30日至2011年8月30日期间单晶晶与泛太物流公司存在事实劳动关系;二、自本裁决书生效之日起七日内,泛太物流公司向单晶晶一次性支付解除劳动关系经济补偿金2000元;三、自本裁决书生效之日起七日内,泛太物流公司向单晶晶一次性支付2011年7月30日至2011年8月30日期间未签订劳动合同二倍工资差额3652.94元;四、自本裁决书生效之日起七日内,泛太物流公司向单晶晶一次性支付2011年8月1日至2011年8月30日拖欠工资税前4000元;五、自本裁决书生效之日起七日内,泛太物流公司为单晶晶办理档案转移手续;六、驳回单晶晶的其他申请请求。泛太物流公司不服上述裁决第一至五项内容,于法定期限内提起诉讼;单晶晶同意仲裁结果。

【一审裁判理由】

海淀区人民法院一审认为:

被告单晶晶于2011年6月30日入职原告泛太物流公司,双方建立劳动关系。

(一)关于被告单晶晶最后工作时间及双方解除劳动关系的时间及原因。双方各执一词,法院认为,原告泛太物流公司提出单晶晶于2011年8月17日通过电子邮件提出辞职,单晶晶虽否认上述邮件系其本人发送,但其认可发送该邮件的电子邮箱系其本人申请注册的,其虽提出泛太物流公司掌握该邮箱地址及密码,但未提供证据佐证其上述主张;同时,单晶晶作为具备完全行为能力的自然人应当对其个人邮箱密码负有安全保密义务,依据常理该密码不应由第三人知悉,且单晶晶持有的《公司物品申请表》中亦已经注明要求其邮件登陆修改初始密码,故法院对单晶晶的抗辩不予采信,确认该邮件的证明力,进而采纳泛太物流公司的主张即双方劳动合同于2011年8月17日因单晶晶提出辞职而解除。鉴于此,法院认定单晶晶与泛太物流公司之间于2011年6月30日至2011年8月17日期间存在劳动关系,该公司无须向其支付解除劳动关系的经济补偿金2000元。

被告单晶晶虽提出其最后工作至2011年8月30日,同日原告泛太物流公司口头与其解除劳动合同,但未提供证据佐证;且如上文所述,法院确认其于2011年8

月17日通过电子邮件提出了辞职，其未能举证证明提出辞职后继续为泛太物流公司提供劳动，故对其上述主张法院不予采信。同时，泛太物流公司虽称单晶晶最后工作至2011年7月29日，但其提供的考勤汇总表未经单晶晶签字确认，且不能显示2011年7月底以后的出勤情况，故对其该主张法院亦不予采信，鉴于泛太物流公司作为用人单位对员工的出勤情况负有举证责任，综合单晶晶于2011年8月17日申请辞职的情况，法院确认单晶晶最后工作至2011年8月17日。据此，泛太物流公司应向单晶晶支付2011年8月1日至2011年8月17日期间的税前工资2390.8元（计算方式4000÷21.75×13），无须继续支付2011年8月18日至2011年8月30日的工资。

（二）关于未签订劳动合同的二倍工资差额。原告泛太物流公司提出曾与被告单晶晶订立书面劳动合同，单晶晶负责保管员工档案并借此将所签订的劳动合同取走。对此法院认为，依据泛太物流公司提供的《工作职责》的内容，单晶晶负责公司员工的档案管理工作，其虽否认负责上述工作，且否认《工作职责》中自己签字的真实性，但经法院释明，其未申请对上述签字的真伪进行鉴定，应当承担上述事实不能查明的不利法律后果，即法院对《工作职责》的证明力予以确认，采信泛太物流公司关于单晶晶负责员工档案管理的主张，但仅凭借单晶晶负责保管档案以及其持有部分泛太物流公司文件的事实并不足以证实泛太物流公司曾与单晶晶签订有书面劳动合同书。反而，单晶晶持有的《员工录用审批表》中明确约定了其工作部门、工作地点、聘用期限、试用期、工资待遇等，并附有泛太物流公司法定代表人苏树平的签字，上述审批表内容已经具备劳动合同的要件，特别是上述《员工录用审批表》现由单晶晶持有并由其作为证据提供，即其认可上述审批表的内容，因此法院认为该审批表具有劳动合同的性质。故单晶晶要求泛太物流公司支付2011年7月30日至2011年8月30日期间未签订劳动合同的二倍工资差额，其中2011年7月30日至2011年8月17日期间系包含在上述审批表所载明的合同期限内，其中2011年8月17日后双方已经解除劳动合同关系，故泛太物流公司无须支付上述期间二倍工资差额。综上，对泛太物流公司提出的无须支付未签订劳动合同的二倍工资差额的主张，法院予以支持。

鉴于双方劳动关系已经解除，而被告单晶晶档案现仍存放于原告泛太物流公司集体存档户内，依据相关法律规定，泛太物流公司有义务为单晶晶办理档案转移手续，其要求由单晶晶自行办理档案转移手续没有法律依据，法院不予支持。

【一审裁判结果】

综上，海淀区人民法院依据《中华人民共和国劳动合同法》第三十条第一款、第五十条第一款之规定，于2012年3月5日判决如下：

一、确认被告单晶晶与原告泛太物流公司于2011年6月30日至2011年8月17日期间存在劳动关系；

二、原告泛太物流公司于本判决生效后七日内给付被告单晶晶2011年8月1日至2011年8月17日期间工资2390.80元；

三、原告泛太物流公司于本判决生效后七日内为被告单晶晶办理档案转移手续；

四、原告泛太物流公司无须向被告单晶晶支付解除劳动关系经济补偿金2000元；

五、原告泛太物流公司无须向被告单晶晶支付2011年7月30日至2011年8月30日未签订劳动合同二倍工资差额3652.94元。

【上诉情况】

单晶晶不服，向北京市第一中级人民法院提起上诉，其上诉理由同一审辩称。

被上诉人泛太物流公司辩称：同意一审判决，不同意上诉人单晶晶的上诉请求。

北京市第一中级人民法院经二审，确认了一审查明的事实。

【二审争议焦点】

本案二审的争议焦点是：上诉人单晶晶的离职时间以及双方是否签订有劳动合同或录用审批表能否作为劳动合同。

【二审裁判理由】

北京市第一中级人民法院二审认为：

关于上诉人单晶晶离职时间问题，单晶晶坚持原审理由，主张其工作至2011年8月30日，同日被上诉人泛太物流公司口头与其解除劳动合同，但其在一审、二审中均未提供证据予以佐证。泛太物流公司主张单晶晶于2011年8月17日通过电子邮件提出辞职并提交了该电子邮件，依据举证规则，泛太物流公司完成了以电子邮件形式证明系单晶晶提出辞职主张的举证责任；单晶晶对此予以否认，即对泛太物流公司的该项主张予以反驳，其应提举证据予以证明，否则将承担不利的后果。本案中单晶晶认可发送该邮件的电子邮箱系其本人申请注册的，其提出泛太物流公司掌握该邮箱地址及密码意图推翻泛太物流公司的上述主张，但其未提供证据佐证其上述主张；加之，单晶晶作为具备完全行为能力人应当对其个人邮箱密码负有安全保密义务，依据常理该密码不应为第三人所知悉，且单晶晶持有的《公司物品申请表》中亦已经注明要求其邮件登陆修改初始密码，故原审法院对单晶晶的抗辩不予采信、确认该邮件的证明力、进而采纳泛太物流公司的主张即双方劳动合同于 2011 年 8 月 17 日因单晶晶提出辞职而解除的认定正确，法院予以确认。单晶晶的该项上诉请求没有事实和法律依据，法院不予支持。

关于双方是否签有劳动合同一节，双方各执一词，该节争议的核心即是否能对被上诉人泛太物流公司予以双倍工资惩罚。由于双方均认可填有《员工录用审批表》且该表为上诉人单晶晶持有和提举，所以，该节争议的实质就演化为该《员工录用审批表》能否视为是双方的书面劳动合同。对此，法院认为应结合《劳动合同法》未签订书面劳动合同予以双倍工资惩罚的立法目的予以分析。首先，《劳动合同法》第八十二条针对实践中劳动合同签订率低以及《劳动法》第十六条仅规定"建立劳动关系应当订立劳动合同"而没有规定违法后果的立法缺陷，增设了二倍工资的惩罚，该第二倍差额的性质并非劳动者的劳动所得而是对用人单位违反法律规定的一种惩戒。二倍工资的立法目的在于提高书面劳动合同签订率、明晰劳动关系中的权利义务而非劳动者可以从中谋取超出劳动报酬的额外利益。其次，结合单晶晶持有的《员工录用审批表》分析，该表已基本实现了书面劳动合同的功能。表中明确约定了单晶晶工作部门、工作地点、聘用期限、试用期、工资待遇等，并附有泛太物流公司法定代表人苏树平的签字，该审批表内容已经具备劳动合同的要件，能够既明确双方的劳动关系又固定了双方的权利义务，实现了书面劳动合同的功能。一审法院认定该审批表具有劳动合同的性质、驳回单晶晶要求泛太物流公司支付二倍工资差额的诉讼请求正确，法院予以确认。单晶晶该节上诉请求没有事实和法律依据，不予支持。

综上，上诉人单晶晶上诉理由不能成立，原判认定事实清楚，适用法律正确，应予维持。

【二审裁判结果】

北京市第一中级人民法院依照《中华人民共和国民事诉讼法》第一百五十三条第一款第（一）项之规定，于 2012 年 6 月 1 日作出判决：

驳回上诉，维持原判。

本判决为终审判决。

5. 劳务派遣

劳务派遣暂行规定

1. 2014年1月24日人力资源和社会保障部令第22号公布
2. 自2014年3月1日起施行

第一章　总　　则

第一条　为规范劳务派遣，维护劳动者的合法权益，促进劳动关系和谐稳定，依据《中华人民共和国劳动合同法》（以下简称劳动合同法）和《中华人民共和国劳动合同法实施条例》（以下简称劳动合同法实施条例）等法律、行政法规，制定本规定。

第二条　劳务派遣单位经营劳务派遣业务，企业（以下称用工单位）使用被派遣劳动者，适用本规定。

依法成立的会计师事务所、律师事务所等合伙组织和基金会以及民办非企业单位等组织使用被派遣劳动者，依照本规定执行。

第二章　用工范围和用工比例

第三条　用工单位只能在临时性、辅助性或者替代性的工作岗位上使用被派遣劳动者。

前款规定的临时性工作岗位是指存续时间不超过6个月的岗位；辅助性工作岗位是指为主营业务岗位提供服务的非主营业务岗位；替代性工作岗位是指用工单位的劳动者因脱产学习、休假等原因无法工作的一定期间内，可以由其他劳动者替代工作的岗位。

用工单位决定使用被派遣劳动者的辅助性岗位，应当经职工代表大会或者全体职工讨论，提出方案和意见，与工会或者职工代表平等协商确定，并在用工单位内公示。

第四条　用工单位应当严格控制劳务派遣用工数量，使用的被派遣劳动者数量不得超过其用工总量的10%。

前款所称用工总量是指用工单位订立劳动合同人数与使用的被派遣劳动者人数之和。

计算劳务派遣用工比例的用工单位是指依照劳动合同法和劳动合同法实施条例可以与劳动者订立劳动合同的用人单位。

第三章　劳动合同、劳务派遣协议的订立和履行

第五条　劳务派遣单位应当依法与被派遣劳动者订立2年以上的固定期限书面劳动合同。

第六条　劳务派遣单位可以依法与被派遣劳动者约定试用期。劳务派遣单位与同一被派遣劳动者只能约定一次试用期。

第七条　劳务派遣协议应当载明下列内容：

（一）派遣的工作岗位名称和岗位性质；

（二）工作地点；

（三）派遣人员数量和派遣期限；

（四）按照同工同酬原则确定的劳动报酬数额和支付方式；

（五）社会保险费的数额和支付方式；

（六）工作时间和休息休假事项；

（七）被派遣劳动者工伤、生育或者患病期间的相关待遇；

（八）劳动安全卫生以及培训事项；

（九）经济补偿等费用；

（十）劳务派遣协议期限；

（十一）劳务派遣服务费的支付方式和标准；

（十二）违反劳务派遣协议的责任；

（十三）法律、法规、规章规定应当纳入劳务派遣协议的其他事项。

第八条　劳务派遣单位应当对被派遣劳动者履行下列义务：

（一）如实告知被派遣劳动者劳动合同法第八条规定的事项、应遵守的规章制度以及劳务派遣协议的内容；

（二）建立培训制度，对被派遣劳动者进行上岗知识、安全教育培训；

（三）按照国家规定和劳务派遣协议约定，依法支付被派遣劳动者的劳动报酬和相关待遇；

（四）按照国家规定和劳务派遣协议约定，依法为被派遣劳动者缴纳社会保险费，并办理社会保险相关手续；

（五）督促用工单位依法为被派遣劳动者提供劳动保护和劳动安全卫生条件；

（六）依法出具解除或者终止劳动合同的证明；

（七）协助处理被派遣劳动者与用工单位的纠纷；

（八）法律、法规和规章规定的其他事项。

第九条　用工单位应当按照劳动合同法第六十二条规定，向被派遣劳动者提供与工作岗位相关的福利待遇，不得歧视被派遣劳动者。

第十条　被派遣劳动者在用工单位因工作遭受事故伤害的，劳务派遣单位应当依法申请工伤认定，用工单位应当协助工伤认定的调查核实工作。劳务派遣单位承担工伤保险责任，但可以与用工单位约定补偿办法。

被派遣劳动者在申请进行职业病诊断、鉴定时，用工单位应当负责处理职业病诊断、鉴定事宜，并如实提供职业病诊断、鉴定所需的劳动者职业史和职业危害接触史、工作场所职业病危害因素检测结果等资料，劳务派遣单位应当提供被派遣劳动者职业病诊断、鉴定所需的其他材料。

第十一条 劳务派遣单位行政许可有效期未延续或者《劳务派遣经营许可证》被撤销、吊销的，已经与被派遣劳动者依法订立的劳动合同应当履行至期限届满。双方经协商一致，可以解除劳动合同。

第十二条 有下列情形之一的，用工单位可以将被派遣劳动者退回劳务派遣单位：

（一）用工单位有劳动合同法第四十条第三项、第四十一条规定情形的；

（二）用工单位被依法宣告破产、吊销营业执照、责令关闭、撤销、决定提前解散或者经营期限届满不再继续经营的；

（三）劳务派遣协议期满终止的。

被派遣劳动者退回后在无工作期间，劳务派遣单位应当按照不低于所在地人民政府规定的最低工资标准，向其按月支付报酬。

第十三条 被派遣劳动者有劳动合同法第四十二条规定情形的，在派遣期限届满前，用工单位不得依据本规定第十二条第一款第一项规定将被派遣劳动者退回劳务派遣单位；派遣期限届满的，应当延续至相应情形消失时方可退回。

第四章 劳动合同的解除和终止

第十四条 被派遣劳动者提前30日以书面形式通知劳务派遣单位，可以解除劳动合同。被派遣劳动者在试用期内提前3日通知劳务派遣单位，可以解除劳动合同。劳务派遣单位应当将被派遣劳动者通知解除劳动合同的情况及时告知用工单位。

第十五条 被派遣劳动者因本规定第十二条规定被用工单位退回，劳务派遣单位重新派遣时维持或者提高劳动合同约定条件，被派遣劳动者不同意的，劳务派遣单位可以解除劳动合同。

被派遣劳动者因本规定第十二条规定被用工单位退回，劳务派遣单位重新派遣时降低劳动合同约定条件，被派遣劳动者不同意的，劳务派遣单位不得解除劳动合同。但被派遣劳动者提出解除劳动合同的除外。

第十六条 劳务派遣单位被依法宣告破产、吊销营业执照、责令关闭、撤销、决定提前解散或者经营期限届满不再继续经营的，劳动合同终止。用工单位应当与劳务派遣单位协商妥善安置被派遣劳动者。

第十七条 劳务派遣单位因劳动合同法第四十六条或者本规定第十五条、第十六条规定的情形，与被派遣劳动者解除或者终止劳动合同的，应当依法向被派遣劳动者支付经济补偿。

第五章 跨地区劳务派遣的社会保险

第十八条 劳务派遣单位跨地区派遣劳动者的，应当在用工单位所在地为被派遣劳动者参加社会保险，按照用工单位所在地的规定缴纳社会保险费，被派遣劳动者按照国家规定享受社会保险待遇。

第十九条 劳务派遣单位在用工单位所在地设立分支机构的，由分支机构为被派遣劳动者办理参保手续，缴纳社会保险费。

劳务派遣单位未在用工单位所在地设立分支机构的，由用工单位代劳务派遣单位为被派遣劳动者办理参保手续，缴纳社会保险费。

第六章 法律责任

第二十条 劳务派遣单位、用工单位违反劳动合同法和劳动合同法实施条例有关劳务派遣规定的，按照劳动合同法第九十二条规定执行。

第二十一条 劳务派遣单位违反本规定解除或者终止被派遣劳动者劳动合同的，按照劳动合同法第四十八条、第八十七条规定执行。

第二十二条 用工单位违反本规定第三条第三款规定的，由人力资源社会保障行政部门责令改正，给予警告；给被派遣劳动者造成损害的，依法承担赔偿责任。

第二十三条 劳务派遣单位违反本规定第六条规定的，按照劳动合同法第八十三条规定执行。

第二十四条 用工单位违反本规定退回被派遣劳动者的，按照劳动合同法第九十二条第二款规定执行。

第七章 附则

第二十五条 外国企业常驻代表机构和外国金融机构驻华代表机构等使用被派遣劳动者的，以及船员用人单位以劳务派遣形式使用国际远洋海员的，不受临时性、辅助性、替代性岗位和劳务派遣用工比例的限制。

第二十六条 用人单位将本单位劳动者派往境外工作或者派往家庭、自然人处提供劳动的，不属于本规定所称劳务派遣。

第二十七条 用人单位以承揽、外包等名义，按劳务派遣用工形式使用劳动者的，按照本规定处理。

第二十八条 用工单位在本规定施行前使用被派遣劳动者数量超过其用工总量10%的，应当制定调整用工方案，于本规定施行之日起2年内降至规定比例。但是，《全国人民代表大会常务委员会关于修改〈中华人民共和国劳动合同法〉的决定》公布前已依法订立的劳动合同和劳务派遣协议期限届满日期在本规定施行之日起 2 年后的，可以依法继续履行至期限届满。

用工单位应当将制定的调整用工方案报当地人力资源社会保障行政部门备案。

用工单位未将本规定施行前使用的被派遣劳动者数量降至符合规定比例之前，不得新用被派遣劳动者。

第二十九条　本规定自 2014 年 3 月 1 日起施行。

劳务派遣行政许可实施办法

1. 2013 年 6 月 20 日人力资源和社会保障部令第 19 号公布
2. 自 2013 年 7 月 1 日起施行

第一章　总　　则

第一条　为了规范劳务派遣，根据《中华人民共和国劳动合同法》《中华人民共和国行政许可法》等法律，制定本办法。

第二条　劳务派遣行政许可的申请受理、审查批准以及相关的监督检查等，适用本办法。

第三条　人力资源社会保障部负责对全国的劳务派遣行政许可工作进行监督指导。

县级以上地方人力资源社会保障行政部门按照省、自治区、直辖市人力资源社会保障行政部门确定的许可管辖分工，负责实施本行政区域内劳务派遣行政许可工作以及相关的监督检查。

第四条　人力资源社会保障行政部门实施劳务派遣行政许可，应当遵循权责统一、公开公正、优质高效的原则。

第五条　人力资源社会保障行政部门应当在本行政机关办公场所、网站上公布劳务派遣行政许可的依据、程序、期限、条件和需要提交的全部材料目录以及监督电话，并在本行政机关网站和至少一种全地区性报纸上向社会公布获得许可的劳务派遣单位名单及其许可变更、延续、撤销、吊销、注销等情况。

第二章　劳务派遣行政许可

第六条　经营劳务派遣业务，应当向所在地有许可管辖权的人力资源社会保障行政部门（以下称许可机关）依法申请行政许可。

未经许可，任何单位和个人不得经营劳务派遣业务。

第七条　申请经营劳务派遣业务应当具备下列条件：

（一）注册资本不得少于人民币 200 万元；

（二）有与开展业务相适应的固定的经营场所和设施；

（三）有符合法律、行政法规规定的劳务派遣管理制度；

（四）法律、行政法规规定的其他条件。

第八条　申请经营劳务派遣业务的，申请人应当向许可机关提交下列材料：

（一）劳务派遣经营许可申请书；

（二）营业执照或者《企业名称预先核准通知书》；

（三）公司章程以及验资机构出具的验资报告或者财务审计报告；

（四）经营场所的使用证明以及与开展业务相适应的办公设施设备、信息管理系统等清单；

（五）法定代表人的身份证明；

（六）劳务派遣管理制度，包括劳动合同、劳动报酬、社会保险、工作时间、休息休假、劳动纪律等与劳动者切身利益相关的规章制度文本；拟与用工单位签订的劳务派遣协议样本。

第九条　许可机关收到申请材料后，应当根据下列情况分别作出处理：

（一）申请材料存在可以当场更正的错误的，应当允许申请人当场更正；

（二）申请材料不齐全或者不符合法定形式的，应当当场或者在 5 个工作日内一次告知申请人需要补正的全部内容，逾期不告知的，自收到申请材料之日起即为受理；

（三）申请材料齐全、符合法定形式，或者申请人按照要求提交了全部补正申请材料的，应当受理行政许可申请。

第十条　许可机关对申请人提出的申请决定受理的，应当出具《受理决定书》；决定不予受理的，应当出具《不予受理决定书》，说明不予受理的理由，并告知申请人享有依法申请行政复议或者提起行政诉讼的权利。

第十一条　许可机关决定受理申请的，应当对申请人提交的申请材料进行审查。根据法定条件和程序，需要对申请材料的实质内容进行核实的，许可机关应当指派 2 名以上工作人员进行核查。

第十二条　许可机关应当自受理之日起 20 个工作日内作出是否准予行政许可的决定。20 个工作日内不能作出决定的，经本行政机关负责人批准，可以延长 10 个工作日，并应当将延长期限的理由告知申请人。

第十三条　申请人的申请符合法定条件的，许可机关应当依法作出准予行政许可的书面决定，并自作出决定之日起 5 个工作日内通知申请人领取《劳务派遣经营许可证》。

申请人的申请不符合法定条件的，许可机关应当依法作出不予行政许可的书面决定，说明不予行政许可的理由，并告知申请人享有依法申请行政复议或者提起行政诉讼的权利。

第十四条　《劳务派遣经营许可证》应当载明单位名称、住所、法定代表人、注册资本、许可经营事项、有效期限、编号、发证机关以及发证日期等事项。《劳务派遣经营许可证》分为正本、副本。正本、副本具有同等法律效力。

《劳务派遣经营许可证》有效期为3年。

《劳务派遣经营许可证》由人力资源社会保障部统一制定样式，由各省、自治区、直辖市人力资源社会保障行政部门负责印制、免费发放和管理。

第十五条　劳务派遣单位取得《劳务派遣经营许可证》后，应当妥善保管，不得涂改、倒卖、出租、出借或者以其他形式非法转让。

第十六条　劳务派遣单位名称、住所、法定代表人或者注册资本等改变的，应当向许可机关提出变更申请。符合法定条件的，许可机关应当自收到变更申请之日起10个工作日内依法办理变更手续，并换发新的《劳务派遣经营许可证》或者在原《劳务派遣经营许可证》上予以注明；不符合法定条件的，许可机关应当自收到变更申请之日起10个工作日内作出不予变更的书面决定，并说明理由。

第十七条　劳务派遣单位分立、合并后继续存续，其名称、住所、法定代表人或者注册资本等改变的，应当按照本办法第十六条规定执行。

劳务派遣单位分立、合并后设立新公司的，应当按照本办法重新申请劳务派遣行政许可。

第十八条　劳务派遣单位需要延续行政许可有效期的，应当在有效期届满60日前向许可机关提出延续行政许可的书面申请，并提交3年以来的基本经营情况；劳务派遣单位逾期提出延续行政许可的书面申请的，按照新申请经营劳务派遣行政许可办理。

第十九条　许可机关应当根据劳务派遣单位的延续申请，在该行政许可有效期届满前作出是否准予延续的决定；逾期未作决定的，视为准予延续。

准予延续行政许可的，应当换发新的《劳务派遣经营许可证》。

第二十条　劳务派遣单位有下列情形之一的，许可机关应当自收到延续申请之日起10个工作日内作出不予延续书面决定，并说明理由：

（一）逾期不提交劳务派遣经营情况报告或者提交虚假劳务派遣经营情况报告，经责令改正，拒不改正的；

（二）违反劳动保障法律法规，在一个行政许可期限内受到2次以上行政处罚的。

第二十一条　劳务派遣单位设立子公司经营劳务派遣业务的，应当由子公司向所在地许可机关申请行政许可；劳务派遣单位设立分公司经营劳务派遣业务的，应当书面报告许可机关，并由分公司向所在地人力资源社会保障行政部门备案。

第三章　监督检查

第二十二条　劳务派遣单位应当于每年3月31日前向许可机关提交上一年度劳务派遣经营情况报告，如实报告下列事项：

（一）经营情况以及上年度财务审计报告；

（二）被派遣劳动者人数以及订立劳动合同、参加工会的情况；

（三）向被派遣劳动者支付劳动报酬的情况；

（四）被派遣劳动者参加社会保险、缴纳社会保险费的情况；

（五）被派遣劳动者派往的用工单位、派遣数量、派遣期限、用工岗位的情况；

（六）与用工单位订立的劳务派遣协议情况以及用工单位履行法定义务的情况；

（七）设立子公司、分公司等情况。

劳务派遣单位设立的子公司或者分公司，应当向办理许可或者备案手续的人力资源社会保障行政部门提交上一年度劳务派遣经营情况报告。

第二十三条　许可机关应当对劳务派遣单位提交的年度经营情况报告进行核验，依法对劳务派遣单位进行监督，并将核验结果和监督情况载入企业信用记录。

第二十四条　有下列情形之一的，许可机关或者其上级行政机关，可以撤销劳务派遣行政许可：

（一）许可机关工作人员滥用职权、玩忽职守，给不符合条件的申请人发放《劳务派遣经营许可证》的；

（二）超越法定职权发放《劳务派遣经营许可证》的；

（三）违反法定程序发放《劳务派遣经营许可证》的；

（四）依法可以撤销行政许可的其他情形。

第二十五条　申请人隐瞒真实情况或者提交虚假材料申请行政许可的，许可机关不予受理、不予行政许可。

劳务派遣单位以欺骗、贿赂等不正当手段和隐瞒真实情况或者提交虚假材料取得行政许可的，许可机关应当予以撤销。被撤销行政许可的劳务派遣单位在1年内不得再次申请劳务派遣行政许可。

第二十六条　有下列情形之一的，许可机关应当依法办理劳务派遣行政许可注销手续：

（一）《劳务派遣经营许可证》有效期届满，劳务派遣单位未申请延续的，或者延续申请未被批准的；

（二）劳务派遣单位依法终止的；

（三）劳务派遣行政许可依法被撤销，或者《劳务派遣经营许可证》依法被吊销的；

（四）法律、法规规定的应当注销行政许可的其他情形。

第二十七条　劳务派遣单位向许可机关申请注销劳务派遣行政许可的，应当提交已经依法处理与被派遣劳动者的劳动关系及其社会保险权益等材料，许可机关应当在核实有关情况后办理注销手续。

第二十八条　当事人对许可机关作出的有关劳务派遣行政许可的行政决定不服的，可以依法申请行政复议或者提起行政诉讼。

第二十九条　任何组织和个人有权对实施劳务派遣行政许可中的违法违规行为进行举报，人力资源社会保障行政部门应当及时核实、处理。

第四章　法律责任

第三十条　人力资源社会保障行政部门有下列情形之一的，由其上级行政机关或者监察机关责令改正，对直接负责的主管人员和其他直接责任人员依法给予处分；构成犯罪的，依法追究刑事责任：

（一）向不符合法定条件的申请人发放《劳务派遣经营许可证》，或者超越法定职权发放《劳务派遣经营许可证》的；

（二）对符合法定条件的申请人不予行政许可或者不在法定期限内作出准予行政许可决定的；

（三）在办理行政许可、实施监督检查工作中，玩忽职守、徇私舞弊，索取或者收受他人财物或者谋取其他利益的；

（四）不依法履行监督职责或者监督不力，造成严重后果的。

许可机关违法实施行政许可，给当事人的合法权益造成损害的，应当依照国家赔偿法的规定给予赔偿。

第三十一条　任何单位和个人违反《中华人民共和国劳动合同法》的规定，未经许可，擅自经营劳务派遣业务的，由人力资源社会保障行政部门责令停止违法行为，没收违法所得，并处违法所得1倍以上5倍以下的罚款；没有违法所得的，可以处5万元以下的罚款。

第三十二条　劳务派遣单位违反《中华人民共和国劳动合同法》有关劳务派遣规定的，由人力资源社会保障行政部门责令限期改正；逾期不改正的，以每人5000元以上1万元以下的标准处以罚款，并吊销其《劳务派遣经营许可证》。

第三十三条　劳务派遣单位有下列情形之一的，由人力资源社会保障行政部门处1万元以下的罚款；情节严重的，处1万元以上3万元以下的罚款：

（一）涂改、倒卖、出租、出借《劳务派遣经营许可证》，或者以其他形式非法转让《劳务派遣经营许可证》的；

（二）隐瞒真实情况或者提交虚假材料取得劳务派遣行政许可的；

（三）以欺骗、贿赂等不正当手段取得劳务派遣行政许可的。

第五章　附　　则

第三十四条　劳务派遣单位在2012年12月28日至2013年6月30日之间订立的劳动合同和劳务派遣协议，2013年7月1日后应当按照《全国人大常委会关于修改〈中华人民共和国劳动合同法〉的决定》执行。

本办法施行前经营劳务派遣业务的单位，应当按照本办法取得劳务派遣行政许可后，方可经营新的劳务派遣业务；本办法施行后未取得劳务派遣行政许可的，不得经营新的劳务派遣业务。

第三十五条　本办法自2013年7月1日起施行。

·典型案例·

上海珂帝纸品包装有限责任公司不服上海市人力资源和社会保障局责令补缴外来从业人员综合保险费案

【裁判摘要】

从事劳务派遣业务的单位应当依法登记设立。用人单位与未经工商注册登记、不具备劳务派遣经营资质的公司签订用工协议，与派遣人员形成事实劳动关系，应由用人单位依法为其缴纳综合保险费；用人单位与不具备缴费资格的主体的协议约定，不能免除其法定缴费义务。

【基本案情】

原告：上海珂帝纸品包装有限责任公司，住所地：上海市嘉定区马陆镇励学路。

法定代表人：张贤俊，该公司董事长。

被告：上海市人力资源和社会保障局，住所地：上海市中山南路。

法定代表人：周海洋，该局局长。

原告上海珂帝纸品包装有限责任公司（以下简称珂

帝公司)不服被告上海市人力资源和社会保障局(以下简称市人保局)作出的沪人社监(2008)理字第2221号行政处理决定,向上海市黄浦区人民法院提起诉讼。

原告珂帝公司诉称:在被告市人保局下属的劳动监察部门来原告公司对涉嫌欠缴72名外来从业职工的综合保险费一事进行调查时,原告曾明确告知,其中有35名人员系案外人上海黄氏实业有限公司(以下简称黄氏公司)依据双方协议向原告派遣,不属于原告的员工,被告明知该事实,却仍然作出了要求原告缴纳72名外来从业人员综合保险费合计人民币85 759.90元的行政处理决定。原告认为被告的处理决定违法,故起诉要求撤销被告于2009年1月6日作出的沪人社监(2008)理字第2221号行政处理决定。

被告市人保局辩称:经被告调查证实,行政处理决定所载的72名外来从业人员均在原告珂帝公司工作,受原告管理,从原告处领取报酬,原告声称其中有35名人员不是原告员工的理由不能成立。被告作出的行政处理决定认定事实清楚、证据确凿、程序合法,适用依据正确,请求法院予以维持。

上海市黄浦区人民法院一审查明:

原告珂帝公司系依法登记成立的有限责任公司。2008年8月26日,被告市人保局接到举报,反映原告存在未为其使用的外来从业人员缴纳综合保险费等情况。同年9月17日、9月25日、10月7日,被告向原告分别发出《调查询问书》,对原告实施劳动保障监察。期间,原告向被告提供了《全厂人员名单》、《出勤考核表》、《员工出勤记录表》、《工资发放表》等材料。2008年11月5日,被告予以立案。被告经调查后发现,2005年3月至2008年10月期间,原告未按规定缴纳95名员工的外来从业人员综合保险费,遂于2008年11月6日向原告送达了《责令改正通知书》,要求原告于2008年11月16日前补缴所欠缴的外来从业人员综合保险费。2008年11月19日,被告致函嘉定区外来从业人员管理部门,要求核定原告应补缴综合保险费的金额。同年12月10日,嘉定区外来从业人员管理部门出具了《委托协办函回执》并附《外劳缴费人员明细》,认定原告未缴纳王国英等72名外来从业人员在2005年3月至2008年10月期间的综合保险费,合计金额为人民币85 759.90元。因原告未实施整改,被告即于2009年1月6日作出沪人社监(2008)理字第2221号行政处理决定,认定珂帝公司于2005年3月至2008年10月期间未按规定缴纳王国英等72名外来从业人员的综合保险费,违反了《上海市外来从业人员综合保险暂行办法》第五条、第八条的规定,依据《上海市外来从业人员综合保险暂行办法》第十九条第二款的规定,对珂帝公司作出自收到本处理决定书之日起十五日内补缴王国英等72名外来从业人员2005年3月至2008年10月期间的综合保险费,共计人民币85 759.90元的行政处理决定;逾期不缴纳的,除补缴欠款数额外,从欠缴之日起,按日加收千分之二的滞纳金;拒不履行本行政处理决定的,依据《劳动保障监察条例》第三十条第一款第(三)项规定,处2000元以上20 000元以下罚款。庭审中,原告对被告认定王国英等72名外来从业人员于2005年3月至2008年10月期间在原告处务工,以及工作期间均未缴纳综合保险费的事实没有异议,法院对该事实的真实性依法予以确认。

【一审争议焦点】

本案一审的争议焦点是:王国英等72名外来从业人员中的部分人员是否属于其他公司的劳务派遣人员;原告珂帝公司和案外人关于为这部分外来从业人员缴纳综合保险费的约定可否免除原告的缴费义务。

【一审裁判理由】

上海市黄浦区人民法院一审认为:

一、关于部分外来从业人员是否属于原告珂帝公司员工的争议。原告主张部分外来从业人员系案外人黄氏公司依据双方协议向原告派遣,不属于原告的员工,并出示了原告与黄氏公司之间的协议。首先,从协议内容来看,双方约定由黄氏公司在一年的期限内派遣部分劳动者至原告单位工作,该部分劳动者应享有与原告单位员工同等的待遇,原告单位定期结算该部分劳动者的工资。表面上这份协议符合《劳动合同法》规定的劳务派遣协议应当具备的内容,对被派遣劳动者社会保险费用的缴纳也作出了约定,但经合议庭调查核实,该份协议存在主体不适格的问题。根据《劳动合同法》第五十七条的规定:“劳务派遣单位应当依照公司法的有关规定设立,注册资本不得少于五十万元”。据此,劳务派遣单位应当是依法登记设立的公司,具备一定的经济实力,且能够独立承担法律责任。而黄氏公司既未经工商登记注册成立,在社保系统中也没有登记开户,没有为任何劳动者缴纳过社会保险费用的记录;原告虽主张查验过黄氏公司的工商营业执照,但未能在庭审中提供,也没有其他证据能够证明黄氏公司系具有向其合法派遣劳务人员的经营资质的用人单位。故本案中黄氏公司不是合法成立的公司,并不具备合法的劳务派遣资质。此外,劳务派遣单位还应当与被派遣劳动者订立两年以上的劳动合同,向其支付基本的劳动报酬,而本案中涉案的35名外来人员并没有与黄氏公司签订劳动合同,实际上也不在黄氏公司处工作,而是一直在原告公司从事原告的生产任务,故本案中原告所主张的劳务派遣关系并不能成立。

在劳务派遣关系不成立的情况下，本案需对35名外来人员是否属于原告珂帝公司的员工，从而应否由原告为其缴纳综合保险费作出认定。劳动关系是用人单位和劳动者之间的关系，根据《劳动法》第十六条的规定："劳动合同是劳动者与用人单位确立劳动关系、明确双方权利和义务的协议。建立劳动关系应当订立劳动合同。"据此，劳动关系的建立以订立劳动合同为主要标志，但实践中存在大量的用人单位用工却不与劳动者订立劳动合同的现象。为此，1995年劳动部《关于贯彻执行〈中华人民共和国劳动法〉若干问题的意见》中提出了"事实劳动关系"的概念，该意见第一条规定"中国境内的企业、个体经济组织与劳动者之间，只要形成劳动关系，即劳动者事实上已成为企业、个体经济组织成员，并为其提供了有偿劳动，适用劳动法。"这里规定的"事实劳动关系"是相对于劳动法调整的劳动法律关系而言的，劳动者与用人单位虽然没有签订书面的劳动合同，但是履行了实际的劳动关系，包括为用人单位提供劳动，接受用人单位的管理和约束，受到用人单位的保护等等，即双方在事实上确立了劳动关系。为保护事实劳动关系中劳动者的权益，《中华人民共和国劳动合同法》作出了进一步的明确，第七条规定："用人单位自用工之日起即与劳动者建立劳动关系。"第十条规定："建立劳动关系，应当订立书面劳动合同。……用人单位与劳动者在用工前订立劳动合同的，劳动关系自用工之日起建立。"据此，引起劳动关系产生的基本法律事实是用工，而不是订立劳动合同；只要存在用工行为，劳动者即享有法律规定的权利。一般情况下，可以从以下四个方面鉴别是否存在事实劳动关系：一是劳动者与用人单位之间是否存在从属关系，接受用人单位的管理、指挥和监督；二是用人单位是否根据某种分配原则，组织工资分配，劳动者按照一定方式领取劳动报酬；三是劳动者提供的劳动是否为用人单位业务的组成部分；四是劳动者是否在用人单位提供的工作场所、使用用人单位提供的生产工具。在存在劳务派遣的情况下，劳务派遣单位与被派遣的劳动者之间形成的是劳动关系。结合到本案的实际情况，由于劳务派遣关系并不成立，故需审查的是原告与35名外来从业人员之间是否存在事实上的劳动关系。从经过庭审质证的一系列证据来看，原告在劳动监察过程中所作笔录可以证明，原告公司共使用了95名外来从业人员，其中即包括争议的35名外来员工；原告提供的出勤考核表、员工出勤记录表、工资发放表等证据材料也反映出，原告单位员工共95名，包括该部分外来员工均在原告处工作，从事原告单位的生产任务，受原告统一管理，并从原告处领取工资报酬；原告在庭审中也确认了35名外来人员在原告单位务工的事实，据此，该部分外来从业人员与原告之间的关系符合事实劳动关系的基本特征，应当属于原告的员工，原告应履行用人单位的相关法定义务。

二、原告珂帝公司与案外人关于为部分外来从业人员缴纳综合保险费的约定可否免除原告的缴费义务的争议。本案中被告市人保局作出具体行政行为所适用的条文依据是《上海市外来从业人员综合保险暂行办法》（以下简称《暂行办法》）的相关规定。《暂行办法》是上海市政府为切实解决外来农民工的社会保障问题，根据外来从业人员的自身特点和需求制定的，对于维护其合法权益、规范单位的用工行为具有重要作用和积极意义。作为社会保险的外来从业人员综合保险，由政府强制实施，凡本市行政区域内使用外来从业人员的单位及其使用的外来从业人员均须按规定参加。根据该办法，使用外来从业人员的用人单位应当及时、足额地为每一位外来从业人员缴纳综合保险，这既是依法保障外来从业人员合法权益，当外来从业人员发生工伤、疾病等意外时能以统筹基金给予救助的重要途径，也是用工单位合法规避用工风险，避免产生劳资纠纷的重要手段。被告依据《暂行办法》第五条、第八条的规定认定原告未依法履行缴费义务，并对其作出补缴所欠综合保险费用的行政处理决定。而原告则认为，其与黄氏公司签订的协议第五条规定："工人综合保险有（由）甲方公司（即黄氏公司）来缴"，应由黄氏公司承担缴纳综合保险费的义务。故本案需要明确的问题是：综合保险费的缴纳主体应当如何认定，以及原告与黄氏公司的约定能否排除其缴费义务。

根据《暂行办法》第三条的规定，"使用外来从业人员"的企业、事业单位、社会团体等统称为用人单位，适用本办法；第五条规定了缴纳综合保险费的主体，即"用人单位和无单位的外来从业人员"；第八条进一步规定："用人单位和无单位的外来从业人员应当自办理综合保险登记手续当月起，按月向市外来人员就业管理机构缴纳综合保险费。"据此，使用外来从业人员的用人单位是缴纳其工作期间综合保险费的法定义务主体。在存在劳务派遣法律关系的情况下，劳务派遣单位作为法定用人单位，属于该法规定的用人单位，应当承担缴纳综合保险费的义务。由于本案中劳务派遣关系并不成立，而原告作为经工商注册登记、具备合法用工主体资格的企业法人，在本案中实际使用外来从业人员，并与其建立事实劳动关系，故属于《暂行办法》规定的法定缴费主体，应当为这部分外来从业人员缴纳综合保险费用。至于原告与黄氏公司在协议中的约定，黄氏公司由于不具备合法的劳务派遣资质，并非可承担缴纳综合保险费责任的适格主体，原告以协议方式将其法定缴费义务转让给不具有缴费资格的案外人，不符合《暂行办法》的规定，故不能免除原告的缴费义务。

综上，被告市人保局所作行政处理决定认定事实清楚，法律适用正确。原告珂帝公司的起诉理由不成立，对其诉讼请求，法院依法不予支持。

【一审裁判结果】

据此，上海市黄浦区人民法院依照最高人民法院《关于执行〈中华人民共和国行政诉讼法〉若干问题的解释》第五十六条第（四）项之规定，于2009年5月27日判决如下：

驳回原告珂帝公司的诉讼请求。

案件受理费人民币50元（原告珂帝公司已预交），由原告负担。

【上诉情况】

珂帝公司不服上述判决，向上海市第二中级人民法院提起上诉。在二审审理期间，二审法院分别于2009年7月22日、8月19日两次向上诉人确认的送达地址寄送开庭传票，传唤上诉人于2009年8月6日、8月25日参加庭审。但上诉人在收到传票后无正当理由拒不到庭。

【二审裁判结果】

据此，上海市第二中级人民法院依照《中华人民共和国行政诉讼法》第四十八条、最高人民法院《关于执行若干问题的解释》第四十九条第一款的规定，于2009年8月26日裁定如下：

本案按撤诉处理。

上诉案件受理费人民币50元，减半收取人民币25元，由上诉人珂帝公司负担。

本裁定为终审裁定。

四、薪酬福利

资料补充栏

1. 工　资

(1)综合

关于工资总额组成的规定

1．1989年9月30日国务院批准
2．1990年1月1日国家统计局令第1号发布施行

第一章　总　　则

第一条　为了统一工资总额的计算范围,保证国家对工资进行统一的统计核算和会计核算,有利于编制、检查计划和进行工资管理以及正确地反映职工的工资收入,制定本规定。

第二条　全民所有制和集体所有制企业、事业单位,各种合营单位,各级国家机关、政党机关和社会团体,在计划、统计、会计上有关工资总额范围的计算,均应遵守本规定。

第三条　工资总额是指各单位在一定时期内直接支付给本单位全部职工的劳动报酬总额。

工资总额的计算应以直接支付给职工的全部劳动报酬为根据。

第二章　工资总额的组成

第四条　工资总额由下列六个部分组成:

(一)计时工资;
(二)计件工资;
(三)奖金;
(四)津贴和补贴;
(五)加班加点工资;
(六)特殊情况下支付的工资。

第五条　计时工资是指按计时工资标准(包括地区生活费补贴)和工作时间支付给个人的劳动报酬。包括:

(一)对已做工作按计时工资标准支付的工资;

(二)实行结构工资制的单位支付给职工的基础工资和职务(岗位)工资;

(三)新参加工作职工的见习工资(学徒的生活费);

(四)运动员体育津贴。

第六条　计件工资是指对已做工作按计件单价支付的劳动报酬。包括:

(一)实行超额累进计件、直接无限计件、限额计件、超定额计件等工资制,按劳动部门或主管部门批准的定额和计件单价支付给个人的工资;

(二)按工作任务包干方法支付给个人的工资;

(三)按营业额提成或利润提成办法支付给个人的工资。

第七条　奖金是指支付给职工的超额劳动报酬和增收节支的劳动报酬。包括:

(一)生产奖;
(二)节约奖;
(三)劳动竞赛奖;
(四)机关、事业单位的奖励工资;
(五)其他奖金。

第八条　津贴和补贴是指为了补偿职工特殊或额外的劳动消耗和因其他特殊原因支付给职工的津贴,以及为了保证职工工资水平不受物价影响支付给职工的物价补贴。

(一)津贴。包括:补偿职工特殊或额外劳动消耗的津贴,保健性津贴,技术性津贴,年功性津贴及其他津贴。

(二)物价补贴。包括:为保证职工工资水平不受物价上涨或变动影响而支付的各种补贴。

第九条　加班加点工资是指按规定支付的加班工资和加点工资。

第十条　特殊情况下支付的工资。包括:

(一)根据国家法律、法规和政策规定,因病、工伤、产假、计划生育假、婚丧假、事假、探亲假、定期休假、停工学习、执行国家或社会义务等原因按计时工资标准或计时工资标准的一定比例支付的工资;

(二)附加工资、保留工资。

第三章　工资总额不包括的项目

第十一条　下列各项不列入工资总额的范围:

(一)根据国务院发布的有关规定颁发的发明创造奖、自然科学奖、科学技术进步奖和支付的合理化建议和技术改进奖以及支付给运动员、教练员的奖金;

(二)有关劳动保险和职工福利方面的各项费用;

(三)有关离休、退休、退职人员待遇的各项支出;

(四)劳动保护的各项支出;

(五)稿费、讲课费及其他专门工作报酬;

(六)出差伙食补助费、误餐补助、调动工作的旅费和安家费;

(七)对自带工具、牲畜来企业工作职工所支付的工具、牲畜等的补偿费用;

(八)实行租赁经营单位的承租人的风险性补偿

收入；

（九）对购买本企业股票和债券的职工所支付的股息（包括股金分红）和利息；

（十）劳动合同制职工解除劳动合同时由企业支付的医疗补助费、生活补助费等；

（十一）因录用临时工而在工资以外向提供劳动力单位支付的手续费或管理费；

（十二）支付给家庭工人的加工费和按加工订货办法支付给承包单位的发包费用；

（十三）支付给参加企业劳动的在校学生的补贴；

（十四）计划生育独生子女补贴。

第十二条　前条所列各项按照国家规定另行统计。

第四章　附　　则

第十三条　中华人民共和国境内的私营单位、华侨及港、澳、台工商业者经营单位和外商经营单位有关工资总额范围的计算，参照本规定执行。

第十四条　本规定由国家统计局负责解释。

第十五条　各地区、各部门可依据本规定制定有关工资总额组成的具体范围的规定。

第十六条　本规定自发布之日起施行。国务院一九五五年五月二十一日批准颁发的《关于工资总额组成的暂行规定》同时废止。

国家统计局《关于工资总额组成的规定》若干具体范围的解释

1. 1990年1月1日

2. 统制字〔1990〕1号

一、关于工资总额的计算

工资总额的计算原则应以直接支付给职工的全部劳动报酬为根据。各单位支付给职工的劳动报酬以及其他根据有关规定支付的工资，不论是计入成本的，还是不计入成本的；不论是按国家规定列入计征奖金税项目的，还是未列入计征奖金税项目的；不论是以货币形式支付的还是以实物形式支付的，均应列入工资总额的计算范围。

二、关于奖金的范围

（一）生产（业务）奖包括超产奖、质量奖、安全（无事故）奖、考核各项经济指标的综合奖、提前竣工奖、外轮速遣奖、年终奖（劳动分红）等。

（二）节约奖包括各种动力、燃料、原材料等节约奖。

（三）劳动竞赛奖包括发给劳动模范、先进个人的各种奖金和实物奖励。

（四）其他奖金包括从兼课酬金和业余医疗卫生服务收入提成中支付的奖金等。

三、关于津贴和补贴的范围

（一）津贴。包括：

1. 补偿职工特殊或额外劳动消耗的津贴。具体有：高空津贴、井下津贴、流动施工津贴、野外工作津贴、林区津贴、高温作业临时补贴、海岛津贴、艰苦气象台（站）津贴、微波站津贴、高原地区临时补贴、冷库低温津贴、基层审计人员外勤工作补贴、邮电人员外勤津贴、夜班津贴、中班津贴、班（组）长津贴、学校班主任津贴、三种艺术（舞蹈、武功、管乐）人员工种补贴、运动队班（队）干部驻队补贴、公安干警值勤岗位津贴、环卫人员岗位津贴、广播电视天线岗位津贴、盐业岗位津贴、废品回收人员岗位津贴、殡葬特殊行业津贴、城市社会福利事业单位岗位津贴、环境监测津贴、收容遣送岗位津贴等。

2. 保健性津贴。具体有：卫生防疫津贴、医疗卫生津贴、科技保健津贴、各种社会福利院职工特殊保健津贴等。

3. 技术性津贴。具体有：特级教师补贴、科研津贴、工人技师津贴、中药老药工技术津贴、特殊教育津贴等。

4. 年功性津贴。具体有：工龄津贴、教龄津贴和护士工龄津贴等。

5. 其他津贴。具体有：直接支付给个人的伙食津贴（火车司机和乘务员的乘务津贴、航行和空勤人员伙食津贴、水产捕捞人员伙食津贴、专业车队汽车司机行车津贴、体育运动员和教练员伙食补助费、少数民族伙食津贴、小伙食单位补贴等）、合同制职工的工资性补贴以及书报费等。

（二）补贴。包括：

为保证职工工资水平不受物价上涨或变动影响而支付的各种补贴，如肉类等价格补贴、副食品价格补贴、粮价补贴、煤价补贴、房贴、水电贴等。

四、关于工资总额不包括的项目的范围

（一）有关劳动保险和职工福利方面的费用。具体有：职工死亡丧葬费及抚恤费、医疗卫生费或公费医疗费用、职工生活困难补助费、集体福利事业补贴、工会文教费、集体福利费、探亲路费、冬季取暖补贴、上下班交通补贴以及洗理费等。

（二）劳动保护的各种支出。具体有：工作服、手套等劳保用品、解毒剂、清凉饮料，以及按照1963年7

月19日劳动部等七单位规定的范围对接触有毒物质、矽尘作业、放射线作业和潜水、沉箱作业、高温作业等五类工种所享受的由劳动保护费开支的保健食品待遇。

五、关于标准工资(基本工资,下同)和非标准工资(辅助工资,下同)的定义

(一)标准工资是指按规定的工资标准计算的工资(包括实行结构工资制的基础工资、职务工资和工龄津贴)。

(二)非标准工资是指标准工资以外的各种工资。

六、奖金范围内的节约奖、从兼课酬金和医疗卫生服务收入提成中支付的奖金及津贴和补贴范围内的各种价格补贴,在统计报表中单列统计。

工资支付暂行规定

1. 1994年12月6日劳动部发布
2. 劳部发〔1994〕489号
3. 自1995年1月1日起施行

第一条 为维护劳动者通过劳动获得劳动报酬的权利,规范用人单位的工资支付行为,根据《中华人民共和国劳动法》有关规定,制定本规定。

第二条 本规定适用于在中华人民共和国境内的企业、个体经济组织(以下统称用人单位)和与之形成劳动关系的劳动者。

国家机关、事业组织、社会团体和与之建立劳动合同关系的劳动者,依照本规定执行。

第三条 本规定所称工资是指用人单位依据劳动合同的规定,以各种形式支付给劳动者的工资报酬。

第四条 工资支付主要包括:工资支付项目、工资支付水平、工资支付形式、工资支付对象、工资支付时间以及特殊情况下的工资支付。

第五条 工资应当以法定货币支付。不得以实物及有价证券替代货币支付。

第六条 用人单位应将工资支付给劳动者本人。劳动者本人因故不能领取工资时,可由其亲属或委托他人代领。

用人单位可委托银行代发工资。

用人单位必须书面记录支付劳动者工资的数额、时间、领取者的姓名以及签字,并保存两年以上备查。用人单位在支付工资时应向劳动者提供一份其个人的工资清单。

第七条 工资必须在用人单位与劳动者约定的日期支付。如遇节假日或休息日,则应提前在最近的工作日支付。工资至少每月支付一次,实行周、日、小时工资制的可按周、日、小时支付工资。

第八条 对完成一次性临时劳动或某项具体工作的劳动者,用人单位应按有关协议或合同规定在其完成劳动任务后即支付工资。

第九条 劳动关系双方依法解除或终止劳动合同时,用人单位应在解除或终止劳动合同时一次付清劳动者工资。

第十条 劳动者在法定工作时间内依法参加社会活动期间,用人单位应视同其提供了正常劳动而支付工资。社会活动包括:依法行使选举权或被选举权;当选代表出席乡(镇)、区以上政府、党派、工会、青年团、妇女联合会等组织召开的会议;出任人民法庭证明人;出席劳动模范、先进工作者大会;《工会法》规定的不脱产工会基层委员会委员因工会活动占用的生产或工作时间;其他依法参加的社会活动。

第十一条 劳动者依法享受年休假、探亲假、婚假、丧假期间,用人单位应按劳动合同规定的标准支付劳动者工资。

第十二条 非因劳动者原因造成单位停工、停产在一个工资支付周期内的,用人单位应按劳动合同规定的标准支付劳动者工资。超过一个工资支付周期的,若劳动者提供了正常劳动,则支付给劳动者的劳动报酬不得低于当地的最低工资标准;若劳动者没有提供正常劳动,应按国家有关规定办理。

第十三条 用人单位在劳动者完成劳动定额或规定的工作任务后,根据实际需要安排劳动者在法定标准工作时间以外工作的,应按以下标准支付工资:

(一)用人单位依法安排劳动者在日法定标准工作时间以外延长工作时间的,按照不低于劳动合同规定的劳动者本人小时工资标准的150%支付劳动者工资;

(二)用人单位依法安排劳动者在休息日工作,而又不能安排补休的,按照不低于劳动合同规定的劳动者本人日或小时工资标准的200%支付劳动者工资;

(三)用人单位依法安排劳动者在法定休假节日工作的,按照不低于劳动合同规定的劳动者本人日或小时工资标准的300%支付劳动者工资。

实行计件工资的劳动者,在完成计件定额任务后,由用人单位安排延长工作时间的,应根据上述规定的原则,分别按照不低于其本人法定工作时间计件单价的150%、200%、300%支付其工资。

经劳动行政部门批准实行综合计算工时工作制

的，其综合计算工作时间超过法定标准工作时间的部分，应视为延长工作时间，并应按本规定支付劳动者延长工作时间的工资。

实行不定时工时制度的劳动者，不执行上述规定。

第十四条　用人单位依法破产时，劳动者有权获得其工资。在破产清偿中用人单位应按《中华人民共和国企业破产法》规定的清偿顺序，首先支付欠付本单位劳动者的工资。

第十五条　用人单位不得克扣劳动者工资。有下列情况之一的，用人单位可以代扣劳动者工资：

（一）用人单位代扣代缴的个人所得税；

（二）用人单位代扣代缴的应由劳动者个人负担的各项社会保险费用；

（三）法院判决、裁定中要求代扣的抚养费、赡养费；

（四）法律、法规规定可以从劳动者工资中扣除的其他费用。

第十六条　因劳动者本人原因给用人单位造成经济损失的，用人单位可按照劳动合同的约定要求其赔偿经济损失。经济损失的赔偿，可从劳动者本人的工资中扣除。但每月扣除的部分不得超过劳动者当月工资的20%。若扣除后的剩余工资部分低于当地月最低工资标准，则按最低工资标准支付。

第十七条　用人单位应根据本规定，通过与职工大会、职工代表大会或者其他形式协商制定内部的工资支付制度，并告知本单位全体劳动者，同时抄报当地劳动行政部门备案。

第十八条　各级劳动行政部门有权监察用人单位工资支付的情况。用人单位有下列侵害劳动者合法权益行为的，由劳动行政部门责令其支付劳动者工资和经济补偿，并可责令其支付赔偿金：

（一）克扣或者无故拖欠劳动者工资的；

（二）拒不支付劳动者延长工作时间工资的；

（三）低于当地最低工资标准支付劳动者工资的。

经济补偿和赔偿金的标准，按国家有关规定执行。

第十九条　劳动者与用人单位因工资支付发生劳动争议的，当事人可依法向劳动争议仲裁机关申请仲裁。对仲裁裁决不服的，可以向人民法院提起诉讼。

第二十条　本规定自一九九五年一月一日起执行。

劳动部对《工资支付暂行规定》有关问题的补充规定

1. 1995年5月12日

2. 劳部发〔1995〕226号

根据《工资支付暂行规定》（劳部发〔1994〕489号，以下简称《规定》）确定的原则，现就有关问题作出如下补充规定：

一、《规定》第十一条、第十二条、第十三条所称“按劳动合同规定的标准”，系指劳动合同规定的劳动者本人所在的岗位（职位）相对应的工资标准。

因劳动合同制度尚处于推进的过程中，按上述条款规定执行确有困难的，地方或行业劳动行政部门可在不违反《规定》所确定的总的原则基础上，制定过渡措施。

二、关于加班加点的工资支付问题

1.《规定》第十三条第（一）、（二）、（三）款规定的在符合法定标准工作时间的制度工时以外延长工作时间及安排休息日和法定休假节日工作应支付的工资，是根据加班加点的多少，以劳动合同确定的正常工作时间工资标准的一定倍数所支付的劳动报酬，即凡是安排劳动者在法定工作日延长工作时间或安排在休息日工作而又不能补休的，均应支付给劳动者不低于劳动合同规定的劳动者本人小时或日工资标准150%、200%的工资；安排在法定休假节日工作的，应另外支付给劳动者不低于劳动合同规定的劳动者本人小时或日工资标准300%的工资。

2. 关于劳动者日工资折算。由于劳动定额等劳动标准都与制度工时相联系，因此，劳动者日工资可统一按劳动者本人的月工资标准除以每月制度工作天数进行折算。

根据国家关于职工每日工作8小时，每周工作时间40小时的规定，每月制度工时天数为21.5天。考虑到国家允许施行每周40小时工作制度有困难的企业最迟可以延期到1997年5月1日施行，因此，在过渡期内，实行每周44小时工时制度的企业，其日工资折算可仍按每月制度工作天数23.5天执行。

三、《规定》第十五条中所称“克扣”系指用人单位无正当理由扣减劳动者应得工资（即在劳动者已提供正常劳动的前提下用人单位按劳动合同规定的标准应当支付给劳动者的全部劳动报酬）。不包括以下减发工资的情况：（1）国家的法律、法规中有明确规定的；（2）依法签订的劳动合同中有明确规定的;(3)用人单位依法制定并经职代会批准的厂规、厂纪中有明确规定的;(4)企业工资总额与经济效益相联系,经济效益下浮时,工资必须下浮的(但支付给劳动者工资不得低于当地的最低工资标准);(5)因劳动者请事假等相应减发工资等。

四、《规定》第十八条所称"无故拖欠"系指用人单位无正当理由超过规定付薪时间未支付劳动者工资。不包括:(1)用人单位遇到非人力所能抗拒的自然灾害、战争等原因,无法按时支付工资;(2)用人单位确因生产经营困难、资金周转受到影响,在征得本单位工会同意后,可暂时延期支付劳动者工资,延期时间的最长限制可由各省、自治区、直辖市劳动行政部门根据各地情况确定。其他情况下拖欠工资均属无故拖欠。

五、关于特殊人员的工资支付问题

1. 劳动者受处分后的工资支付:(1)劳动者受行政处分后仍在原单位工作(如留用察看、降级等)或受刑事处分后重新就业的,应主要由用人单位根据具体情况自主确定其工资报酬;(2)劳动者受刑事处分期间,如收容审查、拘留(羁押)、缓刑、监外执行或劳动教养期间,其待遇按国家有关规定执行。

2. 学徒工、熟练工、大中专毕业生在学徒期、熟练期、见习期、试用期及转正定级后的工资待遇由用人单位自主确定。

3. 新就业复员军人的工资待遇由用人单位自主确定;分配到企业军队转业干部的工资待遇,按国家有关规定执行。

工资集体协商试行办法

2000年11月8日劳动和社会保障部令第9号发布施行

第一章 总 则

第一条 为规范工资集体协商和签订工资集体协议(以下简称工资协议)的行为,保障劳动关系双方的合法权益,促进劳动关系的和谐稳定,依据《中华人民共和国劳动法》和国家有关规定,制定本办法。

第二条 中华人民共和国境内的企业依法开展工资集体协商,签订工资协议,适用本办法。

第三条 本办法所称工资集体协商,是指职工代表与企业代表依法就企业内部工资分配制度、工资分配形式、工资收入水平等事项进行平等协商,在协商一致的基础上签订工资协议的行为。

本办法所称工资协议,是指专门就工资事项签订的专项集体合同。已订立集体合同的,工资协议作为集体合同的附件,并与集体合同具有同等效力。

第四条 依法订立的工资协议对企业和职工双方具有同等约束力。双方必须全面履行工资协议规定的义务,任何一方不得擅自变更或解除工资协议。

第五条 职工个人与企业订立的劳动合同中关于工资报酬的标准,不得低于工资协议规定的最低标准。

第六条 县级以上劳动保障行政部门依法对工资协议进行审查,对协议的履行情况进行监督检查。

第二章 工资集体协商内容

第七条 工资集体协商一般包括以下内容:

(一)工资协议的期限;

(二)工资分配制度、工资标准和工资分配形式;

(三)职工年度平均工资水平及其调整幅度;

(四)奖金、津贴、补贴等分配办法;

(五)工资支付办法;

(六)变更、解除工资协议的程序;

(七)工资协议的终止条件;

(八)工资协议的违约责任;

(九)双方认为应当协商约定的其他事项。

第八条 协商确定职工年度工资水平应符合国家有关工资分配的宏观调控政策,并综合参考下列因素:

(一)地区、行业、企业的人工成本水平;

(二)地区、行业的职工平均工资水平;

(三)当地政府发布的工资指导线、劳动力市场工资指导价位;

(四)本地区城镇居民消费价格指数;

(五)企业劳动生产率和经济效益;

(六)国有资产保值增值;

(七)上年度企业职工工资总额和职工平均工资水平;

(八)其他与工资集体协商有关的情况。

第三章 工资集体协商代表

第九条 工资集体协商代表应依照法定程序产生。职工一方由工会代表。未建工会的企业由职工民主推举代表,并得到半数以上职工的同意。企业代表由法定代表人和法定代表人指定的其他人员担任。

第十条 协商双方各确定一名首席代表。职工首席代表应当由工会主席担任,工会主席可以书面委托其他人员作为自己的代理人;未成立工会的,由职工集体协商代表推举。企业首席代表应当由法定代表人担任,法定代表人可以书面委托其他管理人员作为自己的代理人。

第十一条　协商双方的首席代表在工资集体协商期间轮流担任协商会议执行主席。协商会议执行主席的主要职责是负责工资集体协商有关组织协调工作，并对协商过程中发生的问题提出处理建议。

第十二条　协商双方可书面委托本企业以外的专业人士作为本方协商代表。委托人数不得超过本方代表的1/3。

第十三条　协商双方享有平等的建议权、否决权和陈述权。

第十四条　由企业内部产生的协商代表参加工资集体协商的活动应视为提供正常劳动，享受的工资、奖金、津贴、补贴、保险福利待遇不变。其中，职工协商代表的合法权益受法律保护。企业不得对职工协商代表采取歧视性行为，不得违法解除或变更其劳动合同。

第十五条　协商代表应遵守双方确定的协商规则，履行代表职责，并负有保守企业商业秘密的责任。协商代表任何一方不得采取过激、威胁、收买、欺骗等行为。

第十六条　协商代表应了解和掌握工资分配的有关情况，广泛征求各方面的意见，接受本方人员对工资集体协商有关问题的质询。

第四章　工资集体协商程序

第十七条　职工和企业任何一方均可提出进行工资集体协商的要求。工资集体协商的提出方应向另一方提出书面的协商意向书，明确协商的时间、地点、内容等。另一方接到协商意向书后，应于20日内予以书面答复，并与提出方共同进行工资集体协商。

第十八条　在不违反有关法律、法规的前提下，协商双方有义务按照对方要求，在协商开始前5日内，提供与工资集体协商有关的真实情况和资料。

第十九条　工资协议草案应提交职工代表大会或职工大会讨论审议。

第二十条　工资集体协商双方达成一致意见后，由企业行政方制作工资协议文本。工资协议经双方首席代表签字盖章后成立。

第五章　工资协议审查

第二十一条　工资协议签订后，应于7日内由企业将工资协议一式三份及说明，报送劳动保障行政部门审查。

第二十二条　劳动保障行政部门应在收到工资协议15日内，对工资集体协商双方代表资格、工资协议的条款内容和签订程序等进行审查。

劳动保障行政部门经审查对工资协议无异议，应及时向协商双方送达《工资协议审查意见书》，工资协议即行生效。

劳动保障行政部门对工资协议有修改意见，应将修改意见在《工资协议审查意见书》中通知协商双方。双方应就修改意见及时协商，修改工资协议，并重新报送劳动保障行政部门。

工资协议向劳动保障行政部门报送经过15日后，协议双方未收到劳动保障行政部门的《工资协议审查意见书》，视为已经劳动保障行政部门同意，该工资协议即行生效。

第二十三条　协商双方应于5日内将已经生效的工资协议以适当形式向本方全体人员公布。

第二十四条　工资集体协商一般情况下一年进行一次。职工和企业双方均可在原工资协议期满前60日内，向对方书面提出协商意向书，进行下一轮的工资集体协商，做好新旧工资协议的相互衔接。

第六章　附　　则

第二十五条　本办法对工资集体协商和工资协议的有关内容未做规定的，按《集体合同规定》的有关规定执行。

第二十六条　本办法自发布之日起施行。

最低工资规定

1. 2004年1月20日劳动和社会保障部令第21号公布
2. 自2004年3月1日起施行

第一条　为了维护劳动者取得劳动报酬的合法权益，保障劳动者个人及其家庭成员的基本生活，根据劳动法和国务院有关规定，制定本规定。

第二条　本规定适用于在中华人民共和国境内的企业、民办非企业单位、有雇工的个体工商户（以下统称用人单位）和与之形成劳动关系的劳动者。

国家机关、事业单位、社会团体和与之建立劳动合同关系的劳动者，依照本规定执行。

第三条　本规定所称最低工资标准，是指劳动者在法定工作时间或依法签订的劳动合同约定的工作时间内提供了正常劳动的前提下，用人单位依法应支付的最低劳动报酬。

本规定所称正常劳动，是指劳动者按依法签订的劳动合同约定，在法定工作时间或劳动合同约定的工作时间内从事的劳动。劳动者依法享受带薪年休假、探亲假、婚丧假、生育（产）假、节育手术假等国家规定的假期间，以及法定工作时间内依法参加社会活动期间，视为提供了正常劳动。

第四条　县级以上地方人民政府劳动保障行政部门负责对本行政区域内用人单位执行本规定情况进行监督检查。

各级工会组织依法对本规定执行情况进行监督，发现用人单位支付劳动者工资违反本规定的，有权要求当地劳动保障行政部门处理。

第五条　最低工资标准一般采取月最低工资标准和小时最低工资标准的形式。月最低工资标准适用于全日制就业劳动者，小时最低工资标准适用于非全日制就业劳动者。

第六条　确定和调整月最低工资标准，应参考当地就业者及其赡养人口的最低生活费用、城镇居民消费价格指数、职工个人缴纳的社会保险费和住房公积金、职工平均工资、经济发展水平、就业状况等因素。

确定和调整小时最低工资标准，应在颁布的月最低工资标准的基础上，考虑单位应缴纳的基本养老保险费和基本医疗保险费因素，同时还应适当考虑非全日制劳动者在工作稳定性、劳动条件和劳动强度、福利等方面与全日制就业人员之间的差异。

月最低工资标准和小时最低工资标准具体测算方法见附件。

第七条　省、自治区、直辖市范围内的不同行政区域可以有不同的最低工资标准。

第八条　最低工资标准的确定和调整方案，由省、自治区、直辖市人民政府劳动保障行政部门会同同级工会、企业联合会/企业家协会研究拟订，并将拟订的方案报送劳动保障部。方案内容包括最低工资确定和调整的依据、适用范围、拟订标准和说明。劳动保障部在收到拟订方案后，应征求全国总工会、中国企业联合会/企业家协会的意见。

劳动保障部对方案可以提出修订意见，若在方案收到后14日内未提出修订意见的，视为同意。

第九条　省、自治区、直辖市劳动保障行政部门应将本地区最低工资标准方案报省、自治区、直辖市人民政府批准，并在批准后7日内在当地政府公报上和至少一种全地区性报纸上发布。省、自治区、直辖市劳动保障行政部门应在发布后10日内将最低工资标准报劳动保障部。

第十条　最低工资标准发布实施后，如本规定第六条所规定的相关因素发生变化，应当适时调整。最低工资标准每两年至少调整一次。

第十一条　用人单位应在最低工资标准发布后10日内将该标准向本单位全体劳动者公示。

第十二条　在劳动者提供正常劳动的情况下，用人单位应支付给劳动者的工资在剔除下列各项以后，不得低于当地最低工资标准：

（一）延长工作时间工资；

（二）中班、夜班、高温、低温、井下、有毒有害等特殊工作环境、条件下的津贴；

（三）法律、法规和国家规定的劳动者福利待遇等。

实行计件工资或提成工资等工资形式的用人单位，在科学合理的劳动定额基础上，其支付劳动者的工资不得低于相应的最低工资标准。

劳动者由于本人原因造成在法定工作时间内或依法签订的劳动合同约定的工作时间内未提供正常劳动的，不适用于本条规定。

第十三条　用人单位违反本规定第十一条规定的，由劳动保障行政部门责令其限期改正；违反本规定第十二条规定的，由劳动保障行政部门责令其限期补发所欠劳动者工资，并可责令其按所欠工资的1至5倍支付劳动者赔偿金。

第十四条　劳动者与用人单位之间就执行最低工资标准发生争议，按劳动争议处理有关规定处理。

第十五条　本规定自2004年3月1日起实施。1993年11月24日原劳动部发布的《企业最低工资规定》同时废止。

附件：

最低工资标准测算方法

一、确定最低工资标准应考虑的因素

确定最低工资标准一般考虑城镇居民生活费用支出、职工个人缴纳社会保险费、住房公积金、职工平均工资、失业率、经济发展水平等因素。可用公式表示为：

$M = f(C、S、A、U、E、a)$

M　最低工资标准；

C　城镇居民人均生活费用；

S　职工个人缴纳社会保险费、住房公积金；

A　职工平均工资；

U　失业率；

E　经济发展水平；

a　调整因素。

二、确定最低工资标准的通用方法

1. 比重法　即根据城镇居民家计调查资料，确定一定比例的最低人均收入户为贫困户，统计出贫困户

的人均生活费用支出水平，乘以每一就业者的赡养系数，再加上一个调整数。

2. 恩格尔系数法　即根据国家营养学会提供的年度标准食物谱及标准食物摄取量，结合标准食物的市场价格，计算出最低食物支出标准，除以恩格尔系数，得出最低生活费用标准，再乘以每一就业者的赡养系数，再加上一个调整数。

以上方法计算出月最低工资标准后，再考虑职工个人缴纳社会保险费、住房公积金、职工平均工资水平、社会救济金和失业保险金标准、就业状况、经济发展水平等进行必要的修正。

举例：某地区最低收入组人均每月生活费支出为210元，每一就业者赡养系数为1.87，最低食物费用为127元，恩格尔系数为0.604，平均工资为900元。

1. 按比重法计算得出该地区月最低工资标准为：

月最低工资标准 $=210\times1.87+a=393+a$（元）　(1)

2. 按恩格尔系数法计算得出该地区月最低工资标准为：

月最低工资标准 $=127\div0.604\times1.87+a=393+a$（元）　(2)

公式(1)与(2)中a的调整因素主要考虑当地个人缴纳养老、失业、医疗保险费和住房公积金等费用。

另，按照国际上一般月最低工资标准相当于月平均工资的40～60%，则该地区月最低工资标准范围应在360元～540元之间。

小时最低工资标准 = [（月最低工资标准 ÷ 20.92 ÷ 8）×（1 + 单位应当缴纳的基本养老保险费、基本医疗保险费比例之和）] ×（1 + 浮动系数）

浮动系数的确定主要考虑非全日制就业劳动者工作稳定性、劳动条件和劳动强度、福利等方面与全日制就业人员之间的差异。

各地可参照以上测算办法，根据当地实际情况合理确定月、小时最低工资标准。

城镇集体所有制企业工资同经济效益挂钩办法

1. 1991年10月5日劳动部、国家税务局发布

2. 劳薪字〔1991〕46号

根据国务院国发〔1990〕59号文件精神，为了深化城镇集体所有制企业工资改革，调动企业和职工的积极性，提高企业的经济效益，加强工资基金的管理，制定本办法。

一、实行范围

具备下列条件的县（区）以上〔含县（区），下同〕，城镇集体工业企业（以下简称企业），可以实行工资同经济效益挂钩的办法：

（一）生产经营正常，上缴国家税收稳定增长。

（二）管理基础较好，财务管理制度和会计核算制度健全。

（三）由劳动部门管理工资基金，并能正确提供核定工资基数的资料和数据。

凡不具备上述条件和实行个人承包、租赁以及减免税、税前还贷较多的企业，不得实行工效挂钩办法。

其他行业和县（区）以下的集体企业一般不实行工效挂钩办法，对符合上述规定条件的个别企业要求试行的，需经县（区）劳动局、税务局审核上报省、自治区、直辖市劳动和税务部门批准，并按本办法规定的原则实行挂钩。同时，报劳动部和国家税务局备案。

二、挂钩的形式

（一）企业原则上实行工资同上缴税金挂钩。

（二）经省、自治区、直辖市劳动和税务部门批准，下列企业可实行复合经济效益指标挂钩办法：

1. 在较长时期内，生产国民经济急需、市场紧缺、品种单一的产品，有严格、健全的质量检验制度和生产资料消耗定额管理制度的企业，可以实行工资同上缴税金及产品销售量复合挂钩。

2. 在国民经济中急需发展，并且社会效益和经济效益主要反映在工作量指标上的企业，可以实行工资同上缴税金及实际工作量复合挂钩。

实行复合挂钩的企业，其上缴税金所占复合指标的比重（相应的工资基数比重）不能低于50%。

（三）个别行业、企业情况特殊，也可以实行其他挂钩形式，挂钩办法由省、自治区、直辖市劳动、税务部门根据本办法规定的原则制定，报劳动部和国家税务局备案。

三、工资基数的核定

（一）企业挂钩的工资是指按国家税务局制定的城镇集体企业财务制度规定允许进入成本的工资，包括：经劳动部门批准的职工标准工资、加班工资、岗位津贴和奖金。

（二）企业工资总额中的下列部分不包括在挂钩的工资范围内：

1. 按国家规定支付给职工的各类价格补贴。

2. 按国家规定提取的特定燃料、原材料节约奖。

3. 超过城镇集体企业财务制度规定范围和标准支付给职工的标准工资、加班工资、岗位津贴和提取的奖金，以及自费改革工资支付的工资、劳动竞赛奖。

4. 劳动分红。

（三）企业实行工资同经济效益挂钩办法的第一年，其挂钩的工资基数以挂钩工资范围内的上年统计年报数为基础，进行核定。在核定时应减去补发以前年度的工资，剔除违反财务制度规定列入成本的工资，加上企业上年度增加人员及职工转正、定级在本年度的翘尾工资。

企业在实行工资同经济效益挂钩办法的第二年及以后年度，其挂钩的工资基数，以上年的挂钩工资基数为基础，加上提取的新增效益工资并按国家规定对新增效益工资超过免税限额部分扣减应缴纳的奖金税后，进行核定。对因价格因素造成效益工资增长幅度过大的，应酌情扣减工资基数，并适当调减效益基数。

（四）企业实行工资同经济效益挂钩办法后，下列情况所增加的工资，当年可在成本中单独列支，第二年核入挂钩的工资基数内：

1. 国家统一安排的复员、转业、退伍军人；

2. 国家统一分配的大中专和技工学校毕业生；

3. 经劳动部门批准招收的城镇待业人员。

（五）企业新建、扩建项目竣工并由基建正式移交投入生产后，经劳动部门批准增加人员的工资可相应调整工资基数。

（六）企业由于成建制划入（划出）所增加（减少）职工的工资，可以按挂钩工资范围的上年统计年报数核增（核减）工资基数。

（七）企业实行工效挂钩办法期间，国家统一调整工资标准或允许在成本中列支的工资，经批准，可酌情调整挂钩的工资基数。

（八）企业自行招收职工所增加的工资，在新增效益工资中开支，不核增工资基数。

企业职工离休、退休等自然减员，其减少工资额应全额核减下年度的工资基数；企业职工正常的调出，应按减少职工工资额的50%核减下年度的工资基数。

（九）企业挂钩的工资基数经主管部门审核后，由劳动部门会同税务部门进行核定。

四、经济效益指标基数的核定

（一）上缴税金基数的核定

1. 企业挂钩的上缴税金范围包括：产品税、增值税、营业税、城市维护建设税、车船使用税、土地使用税、房产税、印花税、资源税、所得税。

2. 企业实行工资同经济效益挂钩办法的第一年，其挂钩的上缴税金基数按挂钩税种的上年实际上缴数为基础，进行核定。在核定时应加上上年欠交的税款，减去补交以前年度的税款。如果上年上缴数低于前三年平均数，则参照前三年情况合理核定。

企业在实行工资同经济效益挂钩办法的第二年及以后年度，其挂钩的上缴税金基数，以上年实际上缴数为基础，加上欠交的税款，进行核定。

3. 企业挂钩的上缴税金基数核定后，不得随意变动。但发生下列情况应进行调整：

（1）企业上年度享受减免税或税前还贷的优惠，如果减免税期或还款期已过，对上年度减免的税款应全额核定在上缴税金基数内，税前还贷部分按企业适用所得税率计算，核定在上缴税金基数内。

（2）国家开征新税种应按全年数调整上缴税金基数。

（3）企业新建、扩建项目增人增资，应同时参照同行业或该企业平均的工资税金率适当核增挂钩的上缴税金基数。

（4）企业由于成建制划入（划出）增加（减少）职工核增（核减）工资基数，应同时按上年决算数调整上缴税金基数。

4. 国务院批准的重大经济改革措施对企业上缴税金指标影响较大时，按规定经税务部门批准后，可适当调整上缴税金基数。

（二）销售（工作）量基数的核定

1. 企业实行工资同经济效益挂钩办法的第一年，其挂钩的销售（工作）量基数，以上年实际完成数为基础，进行核定。如果上年实际完成数低于前三年平均数，则参照前三年情况合理核定。

2. 企业在实行工资同经济效益挂钩办法的第二年及以后年度，其挂钩的销售（工作）量基数，以上年实际完成数为基础，进行核定。

（三）企业挂钩的经济效益指标基数经主管部门审核后，由税务部门会同劳动部门进行核定。

五、挂钩浮动比例的核定

（一）企业工资同经济效益挂钩的浮动比例，由企业主管部门提出意见，劳动部门和税务部门共同核定。

（二）在核定浮动比例时，要考虑企业之间经济效益水平的不同，以同行业人均税金、工资税金率、资金税金率和劳动生产率等主要综合经济指标的高低为依据分档确定,要体现鼓励先进、鞭策后进的原则,促进企业提高经济效益。

(三)企业工效挂钩的浮动比例一般确定在1∶0.3～1∶0.7之间。经济效益低、未达到设计能力、潜力大的企业,浮动比例可以低于1∶0.3,少数经济效益高、潜力小的企业,浮动比例可以大于1∶0.7,但最高不得超过1∶0.75。各地在核定企业的挂钩浮动比例时,应从严掌握。

六、审批程序

(一)实行工资同经济效益挂钩,由企业提出申请,并根据本办法的规定,据实填报《城镇集体企业工资同经济效益挂钩报审表》,经主管部门审核后报同级劳动部门和税务部门审批。

(二)企业经批准实行工资挂钩办法后,原则上一定3年,但工资基数和经济效益基数须每年核定一次。如果企业中途停止实行工效挂钩办法,其挂钩期间提取的新增效益工资应全部冲减成本追回。

七、新增效益工资的提取

(一)企业实行工资同经济效益挂钩办法后,按核定比例提取的新增效益工资,在当年成本中列支;按本办法第三条(二)款规定未列入挂钩范围的工资,仍按国家税务局制定的城镇集体企业税务制度的规定,在原渠道列支。

(二)企业在执行工效挂钩期间,根据经济效益的增长情况,每季按核定的浮动比例预提,但累计预提最高不得超过新增效益工资的80%,年终进行清算。

(三)企业挂钩的经济效益指标下降时,工资也要按核定的挂钩浮动比例相应下浮。但下浮的幅度最高不超过工资基数的20%。

八、效益工资的使用和管理

(一)企业必须严格按照批准的工资基数、经济效益基数及浮动比例计提效益工资。企业效益工资的使用,不得超过提取数。企业必须建立工资储备金制度,结余的效益工资,可结转以后年度调剂使用,用于以丰补歉。

(二)要严格监督考核挂钩企业执行物价政策的情况。对以不正当手段侵害国家与消费者利益的企业,一经查出,取消全部新增效益工资。

(三)对挂钩企业还要考核产品质量、消耗、安全、劳动生产率等经济技术指标。未完成考核指标的,要按一定比例扣减新增效益工资。

各省、自治区、直辖市劳动、税务部门可依照本办法修改本地区原有工效挂钩办法或制定具体实施办法,并报劳动部和国家税务局备案。

本办法自下发之日起执行。本办法颁发前的有关规定,凡与本办法相抵触的,均以本办法为准。

国有企业工资总额同经济效益挂钩规定

1. 1993年7月9日劳动部、财政部、国家计委、国家体改委、国家经贸委发布

2. 劳部发〔1993〕161号

第一章　总　　则

第一条　为了深化国有企业(以下简称企业)工资制度改革,建立健全工资总量调控机制,促进企业经营机制的转变和经济效益的提高,根据《全民所有制工业企业转换经营机制条例》制定本规定。

第二条　工资总额同经济效益挂钩(以下简称工效挂钩)目前是向社会主义市场经济体制转换过程中,确定和调控企业工资总量的主要形式。企业实行工效挂钩办法,必须坚持工资总额增长幅度低于本企业经济效益(依据实现利税计算)增长幅度、职工实际平均工资增长幅度低于本企业劳动生产率(依据净产值计算)增长幅度的原则。

第三条　实行企业工效挂钩,要贯彻效益与公平的原则,根据企业的生产经营特点,从实际情况出发,确定具体的挂钩形式。企业的工资总额基数,应在地区工资总额弹性计划范围内核定。

第二章　经济效益指标及其基数

第四条　本规定所称的经济效益指标,是指由企业选择并报经财政、劳动部门审核确定的企业工效挂钩的经济指标,本规定所称经济效益指标基数,是指用以计算上述指标增长幅度的基额。

第五条　实行工效挂钩,应以能够综合反映企业经济效益和社会效益的指标作为挂钩指标,一般以实现利税、实现利润、上缴税利为主要挂钩指标;因企业生产经营特点不同,也可将实物(工作)量、业务量、销售收入、创汇额、收汇额以及劳动生产率、工资利税率、资本金利税率等综合经济效益指标做为复合挂钩指标。经财政部门认定的亏损企业可实行工资总额与减亏指标挂钩,或采用新增工资按减亏额的一定比例提取的办法。工资总额与税利总额严重倒挂的企业,可采取税利新增长部分按核定定额提取效益工资的办法。

第六条　要建立能够全面反映企业综合经济效益和社会效益的考核指标体系。考核指标一般包括:企业承包合同完成情况、国有资产保值增殖状况以及质量、消耗、安全等。要把国有资产保值增殖作为否定指标，达不到考核要求的不能提取新增效益工资。其他考核指标达不到要求的，要扣减一定比例的新增效益工资。

第七条　经济效益指标基数要按照鼓励先进、鞭策后进的原则核定，既对企业自身经济效益高低、潜力大小进行纵向比较，又进行企业间的横向比较。

经济效益指标基数，一般以企业上年实际完成数为基础，剔除不可比因素或不合理部分，并参照本地区同行业平均水平进行核定。

第八条　对已实行工效挂钩的企业，调整经济效益指标基数还应考虑以下因素：

(1)暂未实行基建和生产单位统一核算管理的企业，新建扩建项目由基建正式移交生产后，在按该项目计划增加的人数相应核增工资总额基数的同时，参照同行业或该企业人均效益水平合理核增挂钩的经济效益指标基数；

(2)企业之间成建制划入划出职工，按上年决算数调整经济效益指标基数；

(3)国家批准的重大经济政策改革对企业经济效益影响较大时，由财政、劳动部门批准，可适当调整企业经济效益指标基数。

第三章　工资总额基数

第九条　本规定所称工资总额基数，是指经劳动、财政部门审核确定的，工效挂钩企业用以计算年度工资总额提取量的基额。

第十条　企业挂钩的工资总额，应为国家规定的全部职工的工资总额。要将职工全部工资收入逐步纳入挂钩工资总额基数，取消挂钩工资总额外提取和列支的各种工资项目。

第十一条　企业的挂钩工资总额基数，原则上以企业上年劳动工资统计年报中的工资总额为基础核定，实行增人不增工资总额、减人不减工资总额的办法。

第十二条　已实行工效挂钩办法的企业，其工资总额基数以上年工资清算应提取的工资总额为基础，核增暂未实行基建和生产单位统一核算管理企业新建扩建项目的增人增资、按国家政策接收复转军人和大中专毕业生的增人增资，以及增减成建制划入划出职工的工资等其它增减工资的因素后确定。

第十三条　新实行工效挂钩办法的企业，其工资总额基数以上年劳动工资统计年报中的工资总额为基础，核减一次性补发上年工资、成建制划出职工工资以及各种不合理的工资性支出；核增上年增人、成建制划入职工的翘尾工资以及国家规定的增减工资后确定。

第十四条　挂钩工资总额基数外单列的原材料、燃料、动力节约奖、各种单项奖及其他工资性支出等，应纳入挂钩工资总额基数，具体办法另行制定。

第四章　浮动比例

第十五条　本规定所称浮动比例，是指工效挂钩企业工资总额随挂钩经济指标变化而浮动的比例系数或工资含量系数。

第十六条　企业工效挂钩的浮动比例，根据企业劳动生产率、工资利税率、资本金利税率等经济效益指标高低和潜力大小，按企业纵向比较与企业之间横向比较相结合的方法确定。挂钩的浮动比例一般按1∶0.3－0.7核定。少数特殊的企业，其浮动比例经过批准可适当提高，但最高按低于1∶1核定。

第十七条　实行工资含量办法的企业，经济效益指标完成核定基数和超过基数一定幅度以内，按核定的工资系数(含量)提取含量工资，超过基数一定幅度后一般按不超过工资系数(含量)的70%提取含量工资。

第十八条　挂钩基数、浮动比例的核定，可以实行“环比”办法，办法每年核定一次；也可以采取“定比”、“工资系数”或“工资含量”法，一定三至五年不变。

第十九条　企业挂钩工资总额应根据企业挂钩效益指标当年实际完成情况，严格按核定的挂钩浮动比例计算提取。经济效益增长时按核定比例增提工资总额，下降时按核定比例减提工资总额。

第五章　工效挂钩的管理

第二十条　劳动、财政部门会同计划等部门对企业工效挂钩实施综合管理，主要职责是：

(1)制定工效挂钩的政策法规和实施办法；

(2)根据国民经济和社会发展对企业的要求及企业的生产经营特点，审核确定企业的挂钩方案；

(3)核定企业挂钩的工资总额基数、经济效益指标基数和挂钩浮动比例，并进行年终工资清算；

(4)监督检查企业工效挂钩的执行情况。

第二十一条　企业工效挂钩的办法，由劳动、财政部门会同有关部门，依据本规定并结合企业的生产经营特点确定。挂钩办法要科学合理、简便易行。劳动、财政部门要积极支持企业探索新的挂钩形式，凡能促进企业改善经营管理、走向市场、提高经济效益和社会效益的挂钩办法，经批准后即可实行。

第二十二条　企业的全部工资性收入应逐步纳入成本管理，实行工效挂钩办法的企业，其工资总额基数和新增工资按有关财务规定在企业成本中列支。

第二十三条　企业要认真编报工资总额同经济效益挂钩方案，按管理体制经劳动、财政部门会同计划部门审核批准后执行。企业挂钩执行情况，应按劳动部、财政部、国家计委统一制定的工资总额同经济效益挂钩年度清算表，依工资管理体制进行清算。企业超过核定比例多提多发工资总额的，劳动、财政、计划部门应予以纠正并扣回。

第六章　附　　则

第二十四条　本规定所称国有企业包括工业、交通运输、邮电、地质勘探、建筑安装、商业、外贸、物资、农林、水利、文教、科技等企业、公司以及企业集团。

第二十五条　本规定自发布之日起实行。过去办法与本规定不符合的，按本规定执行。

第二十六条　各省、自治区、直辖市及计划单列市可根据本规定制定具体规定。

第二十七条　本规定由劳动部、财政部、国家计委负责解释。

国有企业科技人才薪酬分配指引

1．2022年11月9日人力资源社会保障部办公厅发布
2．人社厅发〔2022〕54号

第一章　总　　则

第一条　为贯彻落实党中央、国务院关于加强科技创新、完善科技人才激励机制的决策部署，引导国有企业建立完善科学的科技人才薪酬分配制度，加大科技人才薪酬分配激励力度，充分调动科技人才创新活力，促进企业科技创新，根据国家有关法律法规和政策，制定本指引。

第二条　本指引所称科技人才是指企业中具备较强的科学思维和创新能力，掌握某个领域专业知识、技能，从事科研、生产等工作的人员。主要包括从事科学研究、工程设计、技术开发、科技服务、科技管理、技能操作等科技活动的人员。

第三条　科技人才薪酬分配应遵循以下原则：

（一）坚持服务国家创新驱动发展战略。围绕国家科技创新需求，重点加大对承担前瞻性、战略性、基础性等重点研发任务的科技人才激励力度，为科技人才创新创造提供有力支持和保障。

（二）坚持生产要素按贡献参与分配。建立健全劳动、知识、技术、管理和数据等生产要素按贡献参与分配的机制，实行以增加知识价值为导向的分配办法，薪酬分配向科技人才倾斜。

（三）坚持市场化薪酬分配改革方向。充分发挥市场在薪酬分配中的决定性作用，完善市场化薪酬分配机制，科学评价科技人才贡献，按贡献决定科技人才报酬，更加科学地运用市场化手段做好科技人才薪酬分配。

（四）坚持当期激励与长期激励相结合。实行科技人才分类管理、分类激励，结合不同科技人才特点，建立完善当期薪酬激励与股权等中长期激励相结合的分配机制，充分激发科技人才创新活力。

第四条　加强企业科技人才薪酬分配与工资总额管理的有机结合，确保薪酬分配符合国家关于工资总额管理政策规定。

第二章　科技人才薪酬制度体系

第五条　科技人才薪酬制度体系包括岗位评价和职级评定、绩效管理、薪酬结构、薪酬水平确定和调整、中长期激励等制度。

第六条　岗位评价和职级评定为科技人才薪酬体系的基础，具体包括基于岗位分析的岗位价值评估体系和基于能力评测的职级评定体系。

岗位价值评估是在工作分析的基础上，根据岗位所要求的技术水平高低、创新要求难易、劳动强度大小以及市场稀缺程度等因素，对岗位价值进行系统衡量和评价。

职级评定是在岗位序列划分基础上，对同一岗位序列的不同职位按照能力素质等级划分的职级体系。其中，能力素质既包括专业知识与技能等显性素质，又涵盖个性品质、特质、动机等隐性素质。

第七条　科技人才绩效管理是通过设置绩效目标，引导督促科技人才按照既定目标实施并完成任务，最后评价其任务产出结果的过程。绩效管理一般包括绩效目标设定、绩效实施、绩效考核、绩效反馈、结果运用、绩效改进等六个环节。

第八条　科技人才薪酬结构一般分为当期薪酬和中长期激励。当期薪酬一般由岗位基本薪酬和绩效薪酬组成。岗位基本薪酬主要根据岗位相对价值和科技人才能力等级确定，相对固定。绩效薪酬按照科技人才实际贡献确定，相对浮动。当期薪酬中还可设置科技人才岗位津贴、补贴等作为岗位基本薪酬的补充。根据企业实际和岗位特点，还可采取其他特殊薪酬形式。

第九条　综合考虑企业发展战略、发展阶段、经济效益、市场薪酬水平、外部环境和国家工资分配政策等因素，科学制定企业科技人才薪酬策略，合理确定科技人才薪酬水平。

第十条　根据企业经营战略调整、人才队伍变化和外部市场环境变化，定期对本企业薪酬制度和薪酬水平进行评估，根据评估情况适时完善薪酬制度和调整科技人才薪酬水平。

第十一条　按照国家规定并结合企业实际对科技人才实行中长期激励，中长期激励一般可分为股权型激励、现金型激励和创新型激励三类。

股权型激励主要包括股票增值权、限制性股票、股票期权等。现金型激励主要包括任期激励收入、岗位分红、项目分红、科技成果转化收益激励、利润分享等。创新型激励主要包括项目跟投、合伙人机制等。

第十二条　围绕薪酬、福利、环境、认可度、荣誉、发展和幸福等激励因素，实行全面薪酬策略。建立完善企业福利制度，健全科技人才培训制度，畅通科技人才职业发展通道，完善科技创新荣誉奖励制度等。加强对科技人才的人文关怀，创建"报国为民""自强不息""开拓创新"等优良企业文化，弘扬科学家精神、主人翁精神，营造宽松的科研创新环境，增强科技人才获得感、归属感和幸福感。

第三章　岗位、职级评定和绩效管理

第一节　岗位评价

第十三条　根据工作岗位性质和职责不同，岗位序列可分为管理、技术、技能、营销等类别。其中，科技人才主要分布在技术和技能序列岗位，从事科技管理工作的科技人才可列入管理序列，也可根据承担的工作职责情况按技术序列管理。

第十四条　根据企业实际可将技术序列岗位进一步细化为研究、设计、工程、工艺、质量等岗位中类。技能序列岗位可细化为加工、维修、检测、调度等岗位中类。规模较大或管理精细化程度较高的企业可将岗位中类再细分为岗位小类。

第十五条　岗位价值评估方法包括要素计分法、排序法和配对对比法等。技术技能岗位价值评估一般采取要素计分法，工作性质单一、岗位较少的企业可采取排序法、配对对比法。

第十六条　要素计分法是根据预先规定的衡量要素，由企业组成专业岗位评价委员会或评价小组对岗位的主要影响因素逐一进行评比、估量和打分，加总得出各个岗位分数，再按照分数从高到低绘制岗位价值散点图，将得分相近的岗位作为同一等级，依次划分岗位等级。

评价要素主要包括知识技能、创新、劳动强度、市场稀缺等。评价时对各要素赋予权重，明确各要素不同要求条件下的分值，再根据各岗位不同要求进行打分。同一岗位序列的不同岗位一般应在统一要素计分体系内评分。

第二节　职级评定

第十七条　岗位等级确定后，根据企业科技发展战略、人才发展需求等开展基于能力的职位等级评定，形成职级体系。

第十八条　职位等级设置主要考虑企业发展阶段、规模、科技人才素质结构等因素。初创期、规模较小的企业每个岗位序列一般可划分 3－5 个职级，发展成熟、规模较大的企业可以划分 5－7 个职级或更多。

第十九条　技术类岗位序列可参考国家关于职称层级有关规定进行设置，也可结合企业实际按照首席工程（研发、设计、工艺等）师、资深师、主任师、高级师、主管师、助理师、技术员等进行设置。

技能类岗位可按照首席技师、特级技师、高级技师、技师、高级工、中级工、初级工、学徒工等进行设置。

高等级的职位要适当控制数量和比例，首席类职位一般不得超过企业科技人才总数的5%。

第二十条　职位等级确定后，科学界定各层级职位的能力素质（任职资格）要求，包括学习能力、专业知识水平、技术水平、创新能力、执行力、承压力、项目跟踪和控制力、风险识别及成本分析控制力、团队影响力等，每个等级应明确需要达到的最低能力素质要求。

第二十一条　岗位和职位等级确定后，相应确定每个岗位序列各职位薪酬等级。企业组织架构和岗位相对简单的，一个职位等级可对应一个薪酬等级，复杂的可一个职位等级再细分多个薪酬等级。

对特殊人才难以明确岗位设置的，可直接基于能力评测确定其薪酬等级。

第三节　绩效管理

第二十二条　坚持共通性与特殊性、水平业绩与发展潜力、定性与定量评价相结合，以职业属性和岗位要求为基础，健全科学的人才分类评价体系，对科技人才应结合岗位特点分类实行绩效考核，为科技人才营造相对宽松、宽容的创新环境，鼓励科技人才自由探索。

第二十三条　科技人才绩效管理应克服唯论文、唯职称、唯学历、唯奖项等倾向，依据能力、实绩、贡献评价人才，注重考察各类科技人才的专业性、创新性和实际贡献。

基础研究人才主要采取同行评价的方式，加强学术团体等第三方评价、国际同行评价。应用研究和技术开发人才、技能人才主要突出市场评价，由市场、用户和专家等第三方深度参与评价。

第二十四条　绩效管理可根据科技人才的工作性质和岗位特征,分类侧重考核不同的内容和指标:

（一）对于从事基础研究类的科技人才,结合基础性研究技术路线不确定性、研发失败风险高等特点,着重评价其提出和解决重大科学问题的原创能力、重大原创性贡献、成果的科学价值、学术影响和研究能力等,一般以科技人才取得的阶段性成果、证实证伪的结论、下一步研究路径等作为考核指标。

（二）对于从事应用研究和技术开发类的科技人才,结合应用研究技术工作一般具有较为明确市场导向和技术路线的特点,着重评价其技术创新与集成能力、取得的自主知识产权和重大技术突破、成果转化、对产业发展的实际贡献等,一般以研发工作的技术指标先进性、研发效率、成果的市场价值和应用实效等作为考核指标。

（三）对于从事技能操作类的科技人才,着重评价其实际操作能力和水平,一般以工作效率、工作质量和解决技能操作难题等作为考核指标。

第二十五条　遵循不同类型科技人才成长发展规律,统筹考虑科技人才行业特点、岗位特征、技术周期等因素,科学合理设置评价考核周期,突出中长期目标导向,注重过程评价和结果评价、短期评价和长期评价相结合。

适当延长基础研究人才、青年科技人才等评价考核周期,原则上以 1 年作为考核周期,特殊的可以 3 至 5 年作为一个周期,鼓励持续研究和长期积累。

第二十六条　结合行业属性、经营特点、科技人才类型、企业文化等因素,创新绩效考核方式方法,可单独选择或综合运用目标与关键成果法（OKR）、360 度绩效考核、关键绩效指标法（KPI）、平衡积分卡法（BSC）等方式开展绩效考核。

第二十七条　研发创新型企业可探索使用目标与关键成果法（OKR）对科技人才进行绩效管理。企业根据发展实际明确具有挑战性的战略目标,通过自下而上由科技人才结合企业战略目标提出需要完成的关键成果,经过内部充分磋商讨论达成共识。目标与关键成果确定并实施后,一般采取每周调度会、季度质询会等形式,对实施情况进行反馈和评估,回顾目标、评估结果、分析原因、总结经验,为下一周期绩效管理持续提升做好准备。

目标与关键成果法（OKR）实施应重反馈、轻考核,其完成情况不与薪酬、晋升、奖惩等直接挂钩。企业可配套采取 360 度绩效考核加强对科技人才的日常绩效管理,通过外部评价、同事互评、上下级互评、自我评价等形式重点考核工作态度、工作过程、工作进度等,考核结果与薪酬挂钩。

第四章　当 期 薪 酬

第一节　岗位基本薪酬

第二十八条　岗位基本薪酬以岗位、能力作为主要依据且更加侧重能力,结合岗位职级体系,采取宽带薪酬或等级薪酬形式。对实行扁平化管理的企业,可简化和淡化职位等级,采取宽带薪酬形式,以更好地体现同职级科技人才不同能力、贡献的差别。对职位等级划分较细的企业,可采取突出纵深的等级薪酬形式,更多体现不同职级薪酬标准。

第二十九条　岗位基本薪酬根据本地区经济社会发展水平、企业经营状况、岗位评价结果、市场薪酬对标等确定,具体可按照以下步骤确定:

（一）根据岗位评价和职级评定结果,将价值度相近的岗位归为一个薪酬等级,将薪酬等级自下而上排序。

（二）根据市场薪酬价位、本企业历史薪酬水平等确定最高、最低和关键岗位的薪酬等级的薪酬标准。

（三）采取等差数列（薪酬标准差别相对较小）或等比数列（薪酬标准差别相对较大）等方式,确定每个薪酬等级的薪酬标准。

（四）结合企业科技人才能力、年龄结构、人员资历分布等因素,同一薪酬等级再横向划分具体的薪酬档次或薪酬区间。

第三十条　根据企业岗位基本薪酬表,综合考虑个人岗位、能力、职务职级、职称或技能等级、学历、工作年限等相关因素,确定科技人才个人岗位基本薪酬。岗位基本薪酬一般按月发放。

第三十一条　企业可根据实际建立科技人才津贴、补贴制度,设立科技类的津贴、补贴项目作为岗位基本薪酬的补充,也可将一般普惠性津贴、补贴调整优化为科技创新、技能提升等津贴、补贴项目。

对战略性、关键性领域核心岗位和承担重大科技项目、专项攻关任务,以及作出重大突出贡献的科技人才,可设置特定岗位津贴、专项任务津贴等。

第二节　绩 效 薪 酬

第三十二条　绩效薪酬是体现科技人才业绩贡献差别的浮动薪酬单元,根据个人绩效考核结果确定发放,具体形式有绩效工资、项目奖金、年终奖金等。

规模较小、组织架构简单的企业绩效薪酬一般采取直接确定至个人的方式。规模较大、组织架构复杂的企业一般采取分层次确定。

第三十三条　绩效薪酬分配一般以绩效考核结果为依据，按照以下程序确定发放：

（一）根据履行出资人职责机构或母公司核定的年度工资总额预算，统筹考虑岗位基本薪酬以及津贴补贴等固定部分的发放情况，确定可发放的绩效薪酬总额。

（二）根据企业内部各部门或项目组目标任务完成情况及考核结果、技术或项目难度以及战略贡献度、科技人才数量等，由企业确定各部门或项目组的绩效薪酬总额。采取直接确定的，根据个人绩效考核结果一次性直接分配至个人。绩效薪酬总额应统筹考虑其他非科技人才绩效薪酬分配。

（三）企业内部各部门或项目组根据个人绩效考核情况，包括承担的技术角色、技术难度、工作量和贡献度、工作投入度等，确定各科技人才的绩效薪酬。

绩效薪酬按照绩效考核周期，根据绩效考核结果可按年度、半年度、季度或者项目进度发放。

第三十四条　根据不同类型科技人才特点，科学合理确定岗位基本薪酬和绩效薪酬的比例关系。

从事基础研究类的科技人才岗位基本薪酬占总薪酬的比例原则上应达到60%以上。

从事应用研究类的科技人才绩效薪酬占总薪酬的比例原则上应达到50%以上，其中从事直接面向市场的应用研究、技术销售等工作的科技人才可不设岗位基本薪酬单元，实行单一的绩效薪酬结构，但薪酬支付应符合国家关于最低工资标准等要求。

第三十五条　企业符合以下情形的，可按照国家关于国有企业重大科技创新薪酬分配激励有关政策设立激励项目，据实计入工资总额，不作为工资总额基数：

（一）对承担财政资金投入科研项目的企业，提取的间接费用可按规定全部用于绩效支出。现有工资总额难以满足的，可在科研项目间接费用范围内，按照国家规定向参与项目的科技人才发放奖金。

（二）对承担国家重大科技项目任务、引进高层次技术技能人才且符合国有企业重大科技创新薪酬分配政策适用条件的企业，可按照国家规定设立科技项目专项奖金、高层次人才“薪酬包”等。

第三节　特殊薪酬制度

第三十六条　企业对核心关键科技人才、高层次科技管理人才、短期难以衡量产出效果的研究开发人员等，可实行年薪制，根据职责、责任、难度以及业绩和实际贡献等，参考市场价位薪酬水平确定。

第三十七条　企业可探索建立科技人才回溯薪酬制度，科学评价从事原创技术探索、基础研究科技人才的贡献，对其历史贡献在薪酬分配激励中未体现或未充分体现部分予以薪酬补偿。

第三十八条　企业对短期或阶段性聘用的科技人才、项目科技顾问、在线网络办公等工作相对灵活的科技人才，可实行即时薪酬制，通过数字化手段实时计量科技人才工作量和工作成果，按照项目或日、小时及时支付科技人才相应薪酬。

第五章　中长期激励

第三十九条　企业可按照国家有关规定对符合条件的科技人才实行股权激励。综合考虑科技人才岗位价值、实际贡献、承担风险和服务年限等因素，重点激励在自主创新和科技成果转化中发挥主要作用的关键核心技术人才。

第四十条　企业实施科技成果转化的，可按照国家规定实行项目收益分红、岗位分红以及发放奖励和报酬。其中，按照国家规定分红激励每次激励人数一般不超过本企业在岗职工总数的30%，参与分红的技术技能人才占总分红人数比重一般不低于60%。

第四十一条　初创型或发展遇到瓶颈的企业可探索实施科技人才超额利润分享计划，更好激发科技人才对促进企业成长、脱困、转型和发展的重要作用。发展成熟型企业、经济效益良好的企业可在按照工资效益联动机制确定的工资总额内，薪酬分配向科技人才倾斜，一般不再实施超额利润分享。

第四十二条　企业拓展新产业、新业态、新商业模式，或者投资周期较长、业务发展前景不明朗、具有较高风险和不确定性的创新业务，可实施科技人才项目跟投，实行企业与科技人才利益共享、风险共担。

第四十三条　企业可探索实施事业合伙人机制，将关键核心技术人才作为事业合伙人，对其实行有充分市场竞争力的薪酬，并可按照国家规定实行股票增值权等股权激励。企业可结合实际设立合伙人董事席位，吸收合伙人参与公司决策和日常经营管理。

第四十四条　企业按照国家规定实行的项目收益分红、岗位分红等中长期激励和科技成果转化收益激励，发放的激励收入可据实计入工资总额，不作为工资总额预算基数。其他现金型激励按照工资效益联动机制纳入工资总额统一管理。

第六章　薪酬水平确定及调整

第四十五条　企业通过开展行业市场对标、标杆企业岗位对标，结合企业薪酬策略，科学确定科技人才薪酬水平，加大科技人才特别是关键核心技术人才的激励，增强企业人才市场竞争力。

第四十六条　企业可根据人力资源社会保障部、国家统计局以及上市公司、协会商会、权威咨询机构等发布的薪酬数据进行薪酬市场对标分析。根据企业实际和岗位特点，可委托专业机构定向细分行业领域中某个或多个同类企业，进行更加精准的薪酬对标。

第四十七条　企业根据发展战略和阶段，选择合适的企业作为市场对标对象，合理确定薪酬对标分位值。企业薪酬策略结合企业不同发展阶段或企业经营特点等，一般可选择领先型（总体薪酬水平处于市场75分位以上）、匹配型（总体薪酬水平围绕市场50分位波动）、滞后型（总体薪酬水平围绕市场25分位波动）、混合型（按不同部门、岗位和人才分层分类确定薪酬水平），科技型企业实践中一般采取混合型策略。

第四十八条　企业基于可获得的市场薪酬数据，可采取居中趋势分析法、离散分析法、回归分析法等方式开展岗位市场对标。

第四十九条　企业在确定内部不同群体薪酬水平时，原则上科技人才薪酬水平和增长速度不低于同职级管理人员，领军科技人才的薪酬水平最高可高于本企业高级管理人员。

对于企业发展至关重要的战略科学家、顶尖领军人才等特殊关键核心技术人才，可不限于岗位薪酬框架，实行"一人一议"的协议开放薪酬，对标市场90分位值以上，可上不封顶。

第五十条　企业内部工资总额分配应向科技人才集中的子企业或机构倾斜，工资总额增量优先用于科技人才激励，合理提高科技人员薪酬水平。

第五十一条　定期评估企业科技人才薪酬策略和水平，结合地区和行业薪酬水平、物价指数等变动情况以及科技人才诉求，评估科技人才现有薪酬水平是否与其岗位职责、绩效表现相匹配，不相匹配的应予以调整。

薪酬水平调整一般以1至3年为周期进行调整，也可每半年调整一次。企业薪酬水平调整分为普遍调整和个别调整、岗位基本薪酬调整和薪酬总水平调整。

第五十二条　薪酬水平普遍调整一般根据企业未来发展目标、年度经营、人工成本情况，参考地区和行业平均薪酬水平、标杆企业薪酬水平、人力资源社会保障部门发布的工资指导线和地区物价水平变化等进行调整。

第五十三条　薪酬水平个别调整一般根据科技人才的职位、业绩、能力等变化进行调整，对于一些特殊科技人才或重大贡献科技人才可根据实际即时调整。

第七章　附　　则

第五十四条　本指引主要为国有企业科技人才薪酬分配提供参考。

国有企业可参照本指引，结合企业实际，深化内部薪酬分配制度改革，完善科技人才薪酬分配制度体系，进一步分层分类细化有关内容，提升薪酬分配激励的精准性、公平性和有效性，充分激发科技人才的创新活力。

第五十五条　其他企业科技人才薪酬分配可参照本指引实施。

人力资源社会保障部、财政部关于做好国有企业津贴补贴和福利管理工作的通知

1. 2023年2月16日
2. 人社部发〔2023〕13号

各省、自治区、直辖市及新疆生产建设兵团人力资源社会保障厅（局）、财政厅（局），中央和国家机关有关部委、直属机构，全国人大常委会办公厅，全国政协办公厅，国家监委，最高人民法院，最高人民检察院，有关民主党派中央，有关人民团体：

为贯彻落实党的二十大精神，进一步深化国有企业工资分配制度改革，规范收入分配秩序，按照党中央、国务院关于深化中央企业负责人薪酬制度改革意见和《国务院关于改革国有企业工资决定机制的意见》（国发〔2018〕16号）有关规定，现就做好国有企业津贴补贴和福利管理工作通知如下：

一、加强津贴补贴管理

企业应按照国家法律和行政法规，党中央、国务院制定或批准的规范性文件以及本通知规定（以下简称国家规定），结合实际制定完善津贴补贴制度。制度内容包括津贴补贴项目名称、适用范围、确定程序、发放标准、监督办法等。

企业应结合实际不断优化调整津贴补贴设置，除国家规定明确要求必须设置的项目外，减少一般性津贴补贴设置，鼓励在技术技能和一线艰苦岗位设置科技专项津贴、技能津贴、高温津贴等津贴补贴。

企业应合理确定津贴补贴项目水平，国家对津贴补贴项目水平有明确规定的，按照规定确定项目水平；国家没有明确规定的，应根据项目的功能，参照当地物价水平、同类项目市场水平、社会平均工资，并结合本企业职工工资水平、企业承受力等因素合理确定。

企业津贴补贴统一纳入工资总额管理并在应付职

工薪酬中列支，不得以代金券或按人按标准报销等形式在工资总额外变相设置或发放。

二、规范福利管理

企业应按照国家规定并结合实际制定完善福利制度，明确福利项目名称、适用范围、确定程序、发放标准、监督办法等。

国家规定的福利项目主要包括：

（一）丧葬补助费、抚恤金、职工异地安家费、探亲假路费、防暑降温费、离退休人员统筹外费用等对职工出现特定情形的补偿性福利。

（二）救济困难职工的基金支出或者发放的困难职工补助等对出现特定生活困难职工的救助性福利。

（三）工作服装（非劳动保护性质工服）、体检、职工疗养、自办食堂或无食堂统一供餐等集体福利。

（四）国家规定的其他福利。

除上述四项情形外，企业不得自行设置其他福利项目。

国家对福利项目水平有明确规定的，按照规定执行；国家没有明确规定的，根据市场水平、企业承受力等因素合理确定。企业经济效益下降或亏损的，除国家另有规定外，原则上不得增加福利项目或提高水平，必要时应缩减项目或适当降低水平。

企业不得将本企业产品和服务免费或低价提供职工使用，确实需要的，应按市场价格公平交易。推进货币化福利改革，将取暖费等按人按标准定期发放的货币化福利纳入工资总额管理。除国家另有规定或企业在工资总额内设置津贴补贴外，企业不得以福利或其他名义承担职工个人支出。福利项目支出列入职工福利费管理，其中集体福利设备设施管理经费列入职工福利费管理，但与企业建立劳动关系的集体福利部门职工的工资性收入纳入工资总额管理。工会福利、职工教育经费、社会保险及住房公积金有关费用列支按照国家相关规定管理。

三、规范企业负责人薪酬外待遇

坚持国有企业负责人薪酬制度改革成果，严格规范企业负责人薪酬待遇，除下列情形外，企业负责人不得以任何名义领取其他货币性收入：

（一）国家规定的国家科学技术奖等，纳入经批准的评比达标表彰项目按照国家规定给予个人非由企业资金承担的奖金。

（二）国家规定的履职待遇、业务支出相关补贴等。参加或承担符合规定的非本单位课题、项目以及参加评审、讲课或写作等所获得的补贴（劳务费）。

（三）国家规定的社会保险、住房公积金等待遇和非货币性集体福利。

四、做好组织实施

各地区、各有关部门和国有企业要高度重视企业津贴补贴和福利管理工作，明确工作职责，认真做好政策实施。国有企业要根据本通知完善津贴补贴和福利制度，开展自查自纠，严肃分配纪律和财经纪律，确保分配合法合规。对本通知实施前企业在工资总额外发放的津贴补贴要予以妥善处理，其中，按照国家规定设置且未在工资总额内设置相同性质项目的，应纳入工资总额管理；不符合国家规定或已在工资总额内设置相同性质项目的，应予以取消并不得核增工资总额。在国家规定之外自行设置的福利项目，应予以调整取消。

本通知适用于国家出资的国有独资及国有控股企业。中央和地方有关部门或机构作为实际控制人的企业，参照本通知执行。

技能人才薪酬分配指引

1. 2021年1月26日人力资源社会保障部办公厅发布
2. 人社厅发〔2021〕7号

第一章 总 则

第一条 为健全技能人才培养、使用、评价、激励制度，推动企业建立多职级的技能人才职业发展通道，建立以体现技能价值为导向的技能人才薪酬分配制度，大力提高技能人才职业荣誉感和经济待遇，不断发展壮大技能人才队伍，为中国制造和中国创造提供重要人才支撑，结合企业薪酬分配理论实践和技能人才特点，特制定本指引。

第二条 本指引旨在为企业提供技能人才薪酬分配可供参考的方式方法。企业可结合实际，借鉴本指引，不断建立健全适应本企业发展需要的技能人才薪酬分配体系。

第三条 本指引所称技能人才，是指在生产或服务一线从事技能操作的人员。

第四条 技能人才薪酬分配应遵循以下原则：

（一）坚持按劳分配和按要素贡献参与分配。体现多劳者多得、技高者多得的价值分配导向，合理评价技能要素贡献。

（二）坚持职业发展设计与薪酬分配相配套。充分考虑企业的组织架构、职位体系、定岗定编、岗位评价、薪酬分配、绩效管理等相互联系、相互制约的实际，使技能人才薪酬分配与职业发展通道相衔接。

(三)坚持统筹处理好工资分配关系。参考岗位测评结果、市场标杆岗位的薪酬价位,综合考虑企业内部操作技能、专业技术和经营管理等类别实际,统筹确定技能操作岗位和企业内部其他类别岗位之间薪酬分配关系。

第二章　技能人才职业发展通道设计

第五条　本指引所称技能人才职业发展通道,是在企业岗位体系的基础上,形成横向按工作性质、内容等划分不同技能序列,纵向按技能人才专业知识、技术技能、资历经验、工作业绩等因素划分层级的有机系统,既体现技能人才个人能力,又反映岗位差别。

第六条　技能人才职业发展通道一般应与企业的经营管理类、专业技术类职业发展通道并行设置,层级互相对照。企业可根据发展需要,贯通工程技术领域操作技能与工程技术序列融合发展的路径,并逐步拓宽贯通领域,扩大贯通规模。对制造业的技能人才,可以设置基本生产技能操作、辅助生产技能操作等细分类别,纵向设置多个职级(详见附表1)。其他行业企业可结合实际参照设置。

纵向成长通道一般应基于不同类别岗位的重要程度、复杂程度等因素,并考虑不同类别岗位人员的职业发展规律作出差别化安排。纵向成长通道具体层级设置数量可根据企业发展战略、主体业务、员工队伍状况等实际进行调整。

企业内部不同类别之间对应关系,技能操作类的正常成长通道最高可与部门正职/分厂厂长/分支机构正职等中层正职相当,高精尖的高技能领军人才可与企业高层管理岗相当。对企业技能操作中的基本生产技能操作工种、辅助生产技能操作工种和熟练服务工种等,一般应设置差别化成长通道。同时,在满足任职资格条件基础上,不同职业发展通道可以相互贯通。

第七条　为实现职业发展通道有效运转,需定责权,即对具体职位在工作职责、管理权限等方面作出统一规范和界定。定责权,主要是解决好职业发展通道和企业内部管理岗位之间的关系问题,总的原则是以事定责、按责配权,实现权责利的统一。职责权限的划分根据相关业务流程,通过编制岗位说明书等方式进行明确,并结合实际动态调整。

处于高职级的技能人才对本领域业务工作负有组织制订(修订)标准、指导落实、监控、审查、结果判定等职责和权限;同时,需承担本业务领域难度较大、创新性的工作任务,并负有编制培训教材、培训授课、平时指导等培训指导职责。

第八条　职业发展通道有效运转需定数量,即根据企业战略和相应的人力资源规划,参考企业所在业务领域专业细分结果,结合企业对各职位的需求以及人员结构情况,制定各职级的职数标准和比例结构。

设置职位数量的规则,一般采取两头放开、中间择优的方式安排。高层职级一般按资格条件管理,不设具体职位数量,成熟一个聘任一个,宁缺毋滥;基层职级一般不设职数,符合条件即可正常晋升;中间层级可按照细分专业数量设置职数,也可以按照一定比例进行安排。

第九条　职业发展通道有效运转需定资格,即根据履行职位职责的要求,对职位任职人员所应具备的学历、资历、能力、经验、业绩等多维度任职条件作出统一规范和界定。职位任职资格标准可将经人社部门公布的技能人才评价机构评价的职业技能等级作为重要参考,并明确相互间对应关系。

结合人才成长规律,职业发展通道一般可按三个阶段设置,形成全职业周期的成长发展通道。新进技能人才在第一个十年中,每2至3年晋升一个职级,在基层岗位职位上正常成长;第二个十年中,在中间层级岗位职位上择优晋升发展;第三个十年中,在高层级岗位职位上逐步成长为专家权威。同时,对具有特殊技能和突出贡献的高技能人才应有破格晋升的制度安排。

随着新生代劳动者成长预期的变化,以及不同类型企业的技能操作难度有差异,对技能人才的成长年限安排以及相应的任职资格标准可有所不同。

第十条　职业发展通道有效运转需定考评,即明确各类人员进入所在职级通道的考评办法,根据考评结果组织聘任,实现能上能下。

第十一条　职业发展通道有效运转需定待遇,即对进入职业发展通道的技能人才,可对新职级职位按照岗位进行管理,职位职级变化时执行岗变薪变规则。各职级人员聘任到位后,按相应岗位工资标准执行,根据绩效考核结果发放绩效工资。

第十二条　职业发展通道有效运转需动态管理,即对职位职数标准、任职人员配置以及职位体系框架的动态管理。

其中,职位职级聘任应有任期规定,高职级职位的任期可比低职级长。任期期满重新进行评聘。在职位职数规定范围内,对任期评聘成绩优秀并达到上一职级任职资格的可予以晋升,考评合格的可保留原职级,考评不合格的可降低职级。

第三章 技能人才薪酬分配制度设计

第一节 工资结构设计

第十三条 按照为岗位付酬、为能力付酬、为绩效付酬的付酬因素，技能人才工资结构可由体现岗位价值的岗位工资单元、体现能力差别的能力工资单元和体现绩效贡献的绩效工资单元等组成。

第十四条 为稳定职工队伍，保障职工基本生活，企业可结合实际增加设置体现保障基本生活的基础工资单元和体现员工历史贡献积累的年功工资单元。

第十五条 在各工资单元功能不重复体现的原则下，为补偿技能人才在特定环境或承担特定任务的额外付出，可设置相应的津贴单元，包括体现夜班工作条件下额外劳动付出的夜班津贴、体现高温噪音污染等艰苦环境条件下额外劳动付出的作业环境津贴、体现技能人才技能水平的技能津贴、体现技能人才班组长额外劳动付出的班组长津贴、体现技能人才师傅带徒弟额外劳动付出的带徒津贴等。根据需要，还可设置鼓励多学技能、向复合型人才发展的多能津贴或通岗津贴等。

第十六条 企业根据需要可以合并、减少或增加相关工资单元。例如，能力工资单元可以采用设置技能人才特殊岗位津贴的形式体现，也可以采用将职级通道直接纳入岗位工资单元进行体现；年功工资单元可在岗位工资单元中设置一岗多薪、一岗多档，岗级体现不同岗位的价值度，档次用于体现同一岗位上不同员工的岗位任职时间、业绩贡献、年度正常增长等因素。

第二节 岗位工资单元设计

第十七条 岗位工资等级应以岗位评价结果为基础。岗位评价是实现不同岗位之间价值可比，体现企业薪酬分配内部公平的重要基础工作。

岗位评价一般有四种方法：一是排序法，将企业全部岗位视为一个系列，根据各个岗位对组织的贡献度和作用度不同，对岗位次序进行排列的一种方法，一般适用于工作性质单一、岗位较少的企业。二是分类套级法，将企业全部岗位分为若干系列、每个系列分为若干级别，分类别对岗位次序进行排列的一种方法。三是因素比较法，事先确定测评要素和若干主要岗位（或称标杆岗位），将每一个主要岗位的每个影响因素分别加以排序或评价。其他岗位按影响因素与已测评标杆岗位各因素测评结果分别进行比较，进而确定岗位的价值等级。四是要素计分法，根据预先规定的衡量标准，对岗位的主要影响因素逐一进行评比、估量，由此得出各个岗位的量值。

第十八条 企业采用要素计分法对技能操作类岗位进行岗位评价，通常考虑岗位对上岗人员技能水平要求的高低，岗位工作量及质量责任的轻重，体力或脑力劳动强度的大小和岗位工作条件的好差等进行评价。在此基础上，要遵循战略导向原则，从突出企业关键重要岗位的角度选择评价要素，确定评价要素权重。

第十九条 企业在评价要素的选择、评价权重的设置、评价过程的组织等方面应贯彻公正、公开原则，得到员工认可。第一步是初评，企业内各二级单位评价确定本单位内部技能操作岗位纵向岗位关系；第二步进行复测，在各单位初评结果中筛选出标杆岗位，选取熟悉技能操作类岗位职责情况、公信力高的岗位评价代表进行复测，确定不同单位之间技能操作类岗位的等级关系。

第二十条 岗位工资可采取一岗一薪、岗变薪变，也可采取一岗多薪、宽带薪酬形式。一岗多薪、宽带薪酬指的是在每个岗位等级内设多个工资档次，以体现同岗级人员不同能力、资历和不同业绩贡献的差别。一岗多薪、宽带薪酬既能体现员工的岗位价值，又能体现员工的能力素质，还可以兼顾到员工薪资的正常晋升，这一做法在实践中被较多企业选择。

实行一岗多薪、宽带薪酬的企业，技能人才可通过晋档实现工资正常增长。其中，档次晋升调整可与技能人才年度绩效考核结果挂钩，合格及以上的技能人才每年可在本岗级上晋升 1 档，少部分优秀的可晋升 2 档，个别贡献突出的还可以奖励更多晋档，极少数表现不合格的可不晋升或降档。

第二十一条 岗位工资采用一岗多薪、宽带薪酬，具体晋档条件有三种表现形式。一是条件规定形式，即明确晋档应当达到的规定条件。晋档条件有一个以上的，各条件要素需有互补性规定。针对技能操作类岗位，可设置学历与工作年限的互补条件，较长工作年限可在一定程度上弥补学历的不足。二是综合系数表现形式，即按各个晋档要素之间相对关系，将晋档条件转换为系数分数。综合系数表现形式直接实现了各个晋档要素的综合互补。晋档综合系数的确定首先依据不同职级岗位任职资格的要求来确定起步档次的条件。其次，需要将各个条件之间的相对价值进行比较，确定系数标准值，实现各个条件之间的平衡互补。三是特殊贡献表现形式。可将技能人才参加一定层级技能大赛获奖情况、技术攻关和创新等贡献情况，作为晋档或跨档条件。

第二十二条 岗位工资标准的设计，一般参考以下三个因素：一是岗位价值度评估分数。企业可参考技能操作类岗位价值度评估分数之间的倍数关系，确定不同技能操作岗位工资标准之间差别。二是人力资源市场价位情况。企业可参考人力资源市场类似岗位工资价位的绝对水平，确定技能操作类岗位工资标准；或参考市场上相应典型岗位的薪酬比例关系，优化调整相应技能操作类岗位工资标准。三是企业内部标杆技能操作类岗位之间的历史分配关系。企业可结合市场工资价位，重新评估内部技能操作岗位间的分配关系，如果体现岗位价值度的工资标准与市场比差距过小，可以调整优化，适当拉开差距。

第二十三条　岗位工资标准的设计，一般按以下步骤进行：一是首先确定内部关键点岗位（最高岗位、最低岗位、主体标杆岗位等）工资标准之间的比例关系。二是按照一定规律确定每个关键点之间不同层级的岗位工资标准关系，一般可以用等差数列关系确定（差别相对较小），也可以用等比数列确定（差别相对较大）。三是结合技能操作类内部层级因素适当调整。跨职级的差距可适当拉大，同一职级内部差距可适当缩小。经过验证，模拟测算调整，通过比较工资标准高低是否与预先设定的目标一致，最终确定岗位工资标准。

第二十四条　岗位工资标准的表现形式，一般有两种：一是以工资水平绝对值的形式表现；二是以岗位工资系数值（或薪点数）的形式表现。对不同的工资单元可以采用不同的工资标准表现形式。对于效益波动比较大的企业，岗位工资、绩效工资可采取具体的系数或薪点标准。基数值或薪点值可结合企业效益情况、工资总额承受能力、市场价位变动情况等相应确定。

第三节　绩效工资单元设计

第二十五条　绩效工资单元是体现员工实际业绩差别的工资单元，根据绩效考核结果浮动发放，对发挥工资的激励功能具有重要作用。企业可按照绩效工资总量考核发放、授权二次分配、加强监控指导的管理原则，建立绩效工资与企业效益情况（影响工资总额变动）、本部门绩效考核结果（影响本部门绩效工资额度变动）、本人绩效考核结果（影响本人实际绩效所得）联动的分配机制。年度绩效考核除影响绩效工资外，还可与岗位调整、培训、职级升降挂钩。

第二十六条　绩效考核周期的确定需综合考虑行业特点、岗位特征、考评可操作性等因素。技能人才绩效显现时间相对于管理人员、专业技术人员一般较短，可按月为主计发绩效工资。

第二十七条　绩效考核可根据技能人才的工作性质和岗位特征，采取分类考核办法。例如，主要以个人计件计酬的岗位，可以按月设立基础任务量，超过基础任务量部分可分档设立不同计件单价，根据任务完成情况核定绩效工资。

对于以班组、车间为单元集体作业的基本生产技能岗位人员，可参照上述办法将团队绩效工资总额分配到班组、车间，再由班组长、车间主任根据规定程序，按照个人工作量和个人绩效进行合理分配。

对于辅助生产技能岗位人员，可依据其支持服务的基本生产技能岗位人员月绩效工资平均值的一定比例（比如70%至95%），作为人均绩效工资分配额度，以此为基础计算辅助生产技能岗位人员绩效工资总量，再按照绩效工资系数、组织和个人绩效考核的结果进行分配。

第四节　专项津贴单元设计

第二十八条　专项津贴是对特殊条件下的额外劳动付出的补偿。针对技能人才的劳动特点，制造型企业可结合实际需求，可设置夜班津贴、作业环境津贴、技能津贴、班组长津贴、师带徒津贴等。

第二十九条　夜班津贴是对劳动者在夜晚工作额外付出的补偿，主要适用于基本生产技能岗位人员。夜班劳动对于劳动者的体力、精力、心理压力等带来较大影响。实践中，部分“四班三运转”岗位人员的月度夜班津贴水平一般占月度应发工资收入的15%至20%。企业可结合职工薪酬收入水平、当地经济社会发展实际，合理确定夜班津贴的标准水平。

第三十条　作业环境津贴是对劳动者在井下、高空、高温、低温、物理粉尘辐射、化工有毒有害等环境下作业额外付出的补偿，主要适用于技能操作类人员。企业可结合实际，根据作业环境的艰苦程度划分出不同档次，设置差别化的作业环境津贴。

第三十一条　技能等级除作为职业发展通道的晋升条件外，考虑到高技能人才整体仍然短缺的实际，企业可以设置技能津贴，对于取得高级工、技师、高级技师，并在相关技能操作类岗位工作的技能人才，发放一定额度的技能津贴，鼓励技能人才学技术、长本领。取得相应技能等级资质的技能人才，聘任到较高技能操作职级上，除适用技能津贴外，还可同时执行相应发展通道职级的工资标准。技能津贴可同样适用于“双师”（工程师、技师）型技能人才。

第三十二条　班组一般是企业管理的最基层单元，班组长在基础管理、分配任务、考勤考绩等方面均有较多的付出。对于非专职脱产人员担任班组长的，可设置班组长津贴。班组长津贴标准可采取两种方式进行安排：一是按照班组管理幅度，按照具体人数确定适用津贴标准。可在基本标准基础上，每增加1名技能人才，相应增加津贴标准。二是按照班组类别和难度大小，设置不同的档次标准。但对于班组长工资待遇已在岗位工资等级或者档次体现的，可不再重复设置班组长津贴。

第三十三条 师带徒津贴是对师傅培养培训徒弟额外劳动付出的补偿。对于签订带徒协议、明确师傅徒弟权利义务的，可向师傅支付一定额度带徒津贴。协议期满根据考核结果可另行给予奖励。徒弟在技能大赛等获奖的，也可额外对师傅进行奖励，建立徒弟成才、师傅受益的联动机制。企业通过推行“传帮带”“师带徒”“老带新”等多种措施，不仅可以促进整体生产效率的提升，而且能够帮助企业在长期内形成较为稳定的技能人才梯队，积蓄技能人才资源。师带徒，通过企业实践培训提高，针对性强，效果好，应大力推行。

第三十四条 津贴设置应坚持不重复体现原则。本节所提到的夜班津贴、作业环境津贴、技能津贴、班组长津贴、师带徒津贴等各类津贴，如在岗位评价要素或者职级成长通道任职资格条件中已有充分体现的，应本着不重复的原则不再单独设置。

第五节 技能人才与其他人才工资分配关系设计

第三十五条 企业可参考岗位测评结果确定技能人才岗位和其他类别岗位之间薪酬分配关系。如果不同类别岗位测评采用的要素和参评专家不同，则测评分数之间的相互关系不宜简单对应，应选择不同系列的典型岗位进行跨类别岗位测评以确定对应关系。

第三十六条 企业可参考市场标杆岗位之间的薪酬分配关系确定对应关系。如将市场上某技能操作岗位与某管理岗位等薪酬水平的对应关系，作为确定不同类别岗位分配关系的参考。同时，标杆岗位中市场招聘的薪酬价位，可以作为确定技能操作岗位和其他类别岗位起点薪酬分配关系的参考。

第三十七条 技能人才特别是高技能人才，其人力资本是个人努力和长期操作经验的累积结果，在薪酬标准上应体现其人力资本及技能要素贡献。对掌握关键操作技能、代表专业技能较高水平、能够组织技改攻关项目的，其薪酬水平可达到工程技术类人员的较高薪酬水平，或者相当于中层管理岗位薪酬水平，行业佼佼者薪酬待遇可与工程技术类高层级专家级别和企业高层管理岗的薪酬水平相当。

第四章 高技能领军人才薪酬待遇制度设计

第三十八条 高技能领军人才包括获得全国劳动模范、全国五一劳动奖章、中华技能大奖、全国技术能手等荣誉以及享受省级以上政府特殊津贴的人员，或各省（自治区、直辖市）政府认定的“高精尖缺”高技能人才。高技能领军人才是技能人才队伍中的关键少数，应提高其薪酬待遇，鼓励参照高级管理人员标准落实经济待遇。

第三十九条 年薪制是以年度为单位，依据生产经营规模和经营业绩，确定并支付薪酬的分配方式。年薪制一般适用于公司经营班子成员以及承担财务损益责任的分子公司负责人。

高技能领军人才可探索实行年薪制，应把握以下三个方面：一是合理界定适用范围。年薪制适用范围较小，一般适用于承担经营风险、业绩显现周期较长且需建立有效激励约束机制的人员。高技能领军人才具有稀缺性，贡献价值度高，可将其纳入年薪制适用范围。二是明确薪酬结构。一般由基本年薪和绩效年薪为主的薪酬构成，基本年薪占比相对较小、按月发放，绩效年薪占比相对较大、按年发放，体现业绩导向。三是建立相应的激励和约束机制。高技能领军人才应建立体现高技能领军人才特点、体现短期和长期贡献的业绩考核办法，如将关键任务攻关、技能人才队伍培养等作为年度或任期绩效考核目标，业绩考核结果与薪酬挂钩，实现业绩升、薪酬升，业绩降、薪酬降，体现责任、风险和利益的统一。

第四十条 协议薪酬制是企业和劳动者双方协商谈判确定薪酬的分配方式，主要适用于人力资源市场稀缺的核心关键岗位人才或企业重点吸引和留用的紧缺急需人才。

企业要处理好薪酬内部公平性和外部竞争性的平衡。在此基础上，对高技能领军人才实行协议薪酬，应把握以下三个方面：一是合理确定适用范围。一般而言，协议薪酬主要适用于面向社会公开招聘实行市场化管理的高技能领军人才。二是实行任期聘任制。实行协议薪酬制的高技能领军人才，可按任期聘任，按合同规定条件予以续聘或解聘。三是事先约定绩效考核要求。对实行协议薪酬制的高技能领军人才，既协商薪酬也应协商绩效要求，应签订《绩效目标责任书》，确定考评周期内的绩效目标和激励约束规则。同时，实行协议薪酬制人员，薪酬待遇按协议约定执行，一般不再适用企业主体薪酬制度中的岗位工资、绩效奖金、津补贴等分配方式。

第四十一条 专项特殊奖励是对作出重大贡献的部门和个人的专项奖励。

实行专项特殊奖励，应把握以下三个方面：一是专项特殊奖励不仅适用于高技能领军人才，也适用于包括技能人才在内的所有员工。二是对在正常绩效激励中未体现的特殊贡献，均可适用特殊奖励。其中，包括为企业生产效率提高、工作任务完成、新品试制、技改攻关等做出的巨大贡献，或为社会作出突出贡献，或为企业取得重大社会荣誉等（比如技能大赛获得名次）。三是专项特殊奖励属于非常规激励。为避免滥发或不发，应制定较为规范的企业内部专项特殊奖励管理办法。

第四十二条 结合实际探索对技能人才特别是高技能领军人才实行股权激励（包括业绩股票、股票期权、虚拟股票、股票增值权、限制性股票、员工持股等形式）、超额利润分享、项目跟投、项目分红或岗位分红等中长期激励方式。中长期激励应符合国家相关规定。

第四十三条 超额利润分享以超过企业目标利润的部分作为基数，科学合理地设计提取规则，主要适用于企业中的关键核心人才。

应把握以下三个方面：一是将技能人才特别是高技能领军人才纳入实施范围，引导企业构建“目标一致、责任共担、成果共享”的发展共同体。二是明确激励总量的确定规则。激励总量可以本年度超目标净利润增量（或减亏额）为基数，按一定比例计提，并与企业综合绩效系数挂钩调节。其中，净利润目标一般可分为基本目标、激励目标和挑战目标，计提比例可根据净利润实际达成情况按不同比例分段提取。三是明确激励额度分配办法。员工个人激励额度一般可依据激励对象的岗位系数和个人绩效考核结果系数综合确定。其中，个人岗位系数应体现所在岗位职位的正常激励水平，个人绩效考核结果系数应根据实际绩效设置，既关注岗位职位，也关注实际贡献。

第四十四条 岗位分红以企业经营收益为标的，主要适用于对企业重要岗位人员实施激励。对高技能领军人才实施岗位分红的，企业应建立规范的内部财务管理制度和员工绩效考核评价制度，评估高技能领军人才在企业的重要性和贡献，明确实施岗位分红的企业业绩和个人业绩条件。同时，处理好岗位分红所得与薪酬所得的关系，合理确定分红标准。

第五章 附 则

第四十五条 各地人力资源社会保障部门应结合本地实际，加强宣传培训，可分行业或分职业类别进一步细化相关内容，发布典型案例，强化示范引领。创新企业工资宏观调控指导方式，推动企业建立健全技能人才薪酬分配体系，不断提高对本地区企业技能人才薪酬分配的指导实效。

劳动和社会保障部办公厅关于部分公民放假有关工资问题的函

1. 2000年2月12日
2. 劳社厅函〔2000〕18号

上海市劳动和社会保障局：

你局《关于部分公民放假有关问题的请示》收悉。经研究，答复如下：

关于部分公民放假的节日期间，用人单位安排职工工作，如何计发职工工资报酬问题。按照国务院《全国年节及纪念日放假办法》（国务院令第270号）中关于妇女节、青年节等部分公民放假的规定，在部分公民放假的节日期间，对参加社会或单位组织庆祝活动和照常工作的职工，单位应支付工资报酬，但不支付加班工资。如果该节日恰逢星期六、星期日，单位安排职工加班工作，则应当依法支付休息日的加班工资。

人力资源社会保障部办公厅关于国有企业新设企业或机构增人增资有关政策规定意见的函

1. 2022年7月29日
2. 人社厅函〔2022〕119号

各省、自治区、直辖市及新疆生产建设兵团人力资源社会保障厅（局），党中央有关部门办公厅（室），国务院有关部委、直属机构办公厅（室），全国人大常委会办公厅、全国政协办公厅秘书局，国家监委、最高人民法院、最高人民检察院办公厅，有关民主党派中央办公厅（室），有关人民团体办公厅（室）：

为进一步贯彻落实《国务院关于改革国有企业工资决定机制的意见》（国发〔2018〕16号），明确关于新设企业或机构等情况可以合理增加工资总额的有关规定，现提出如下意见：

一、国有资本发起设立国有一级企业或者国有企业新设立并取得营业执照的子公司、分公司、分支机构的，可以按照新设企业或机构合理增加工资总额。有关新设企业或机构应积极落实聚焦主业等要求。关闭、划出企业或机构应当按照相同原则，根据减少人员上年度实发工资相应核减工资总额。

二、根据新设企业或机构新增人员数量(不含企业集团内部调整至新设企业或机构的现有人员),统筹考虑离退休人员等自然减员因素,参考企业现有职工平均工资水平、市场薪酬价位等因素,合理确定应当增加的工资总额。

三、新设企业或机构核定增人增资期限自取得营业执照当月起计算,原则上为12个月。确因特殊原因长期未开展经营的,经履行出资人职责机构(或其他企业主管部门,下同)同意,期限可自开始经营当月起计算。根据企业特点、生产经营及效益状况等,期满后仍难以通过工资效益联动机制满足企业设立初期增人增资需要的,经履行出资人职责机构同意可适当延长期限,但最长不得超过36个月。

四、新设企业或机构在实行增人增资政策期间,已实现一定营收、盈利的,集团公司按照工资效益联动机制编制企业整体工资总额时,应在核算企业整体经济效益中合理剔除新设企业或机构产生的效益,按同口径计算经济效益增减幅度。关闭、划出企业或机构按照相同原则处理。

五、除国家有明确规定外,企业不得在按照工资效益联动机制确定的工资总额外,以新增内设机构或部门、新扩建项目、招聘人员、引进人才、人员晋级晋职、设立津补贴和奖励等各种名义额外核增或单列工资总额。

劳动和社会保障部等关于调整煤矿井下艰苦岗位津贴有关工作的通知

1. 2006年7月12日劳动和社会保障部、国家发展改革委、财政部发布
2. 劳社部发〔2006〕24号

各省、自治区、直辖市劳动和社会保障厅(局)、发展改革委(经贸委、经委、煤炭局)、财政厅(局):

为贯彻落实《国务院关于促进煤炭工业健康发展的若干意见》(国发〔2005〕18号)精神,提高煤矿工人的工资收入,稳定煤矿职工队伍,促进煤炭行业持续稳定健康发展,现就调整煤矿井下工人岗位津贴有关工作通知如下:

一、煤矿井下艰苦岗位津贴的执行范围

井下艰苦岗位津贴适用于各类煤炭企业的井下作业职工,不包括露天煤矿职工。具体发放范围为:井下采掘工人、辅助工人、安检人员及下井工作且编制在井下采掘、辅助队的基层干部、技术人员和管理人员。

二、煤矿井下艰苦岗位津贴的种类及标准

井下艰苦岗位津贴包括:井下津贴、班中餐补贴和夜班津贴。

(一)井下津贴

1. 井下采掘工:15-30元/工;

2. 井下辅助工:10-20元/工;

3. 安检人员、基层干部、技术人员及管理人员的井下津贴标准按井下辅助工标准执行。

(二)班中餐补贴:6-10元/工。

班中餐补贴由企业集中用于井下作业职工的伙食,不得挪作他用,也不得直接支付给职工个人。

(三)夜班津贴

1. 前夜班:6-10元/工;

2. 后夜班:8-12元/工。

三、调整煤矿井下艰苦岗位津贴的资金来源

调整井下艰苦岗位津贴所需资金可在企业成本中列支。实行工资总额同经济效益挂钩的企业,调整津贴标准增加的工资在挂钩工资基数外单列。

四、煤矿井下艰苦岗位津贴的实施

各类煤炭企业要认真执行国家关于井下艰苦岗位津贴的有关规定,切实落实井下人员的相关待遇。企业发放的井下艰苦岗位津贴不得低于各地确定的标准。实行吨煤工资含量计件制的企业,应结合职工出勤情况,在吨煤工资以外发放井下艰苦岗位津贴。企业要结合提高井下艰苦岗位津贴,采取多种措施,提高井下职工的收入水平,使工资分配向井下一线职工倾斜,形成合理的井下人员与地面人员的工资收入分配关系。

各类煤炭企业要在提高井下艰苦岗位津贴的同时,积极改善劳动条件和劳动环境,切实保证职工的身体健康。

五、有关工作要求

各省、自治区、直辖市应在上述标准区间内,综合考虑井下劳动强度、工作时间、煤层的赋存条件以及水、火、瓦斯等自然灾害和粉尘、温度、湿度、噪音等作业环境,合理确定本地区煤矿井下艰苦岗位津贴的具体标准,在2个月内提出本地区调整煤矿井下艰苦岗位津贴标准的具体意见,并分别报送劳动保障部、发展改革委、财政部备案。

劳动和社会保障部关于职工全年月平均工作时间和工资折算问题的通知

1. 2008年1月3日
2. 劳社部发〔2008〕3号

各省、自治区、直辖市劳动和社会保障厅(局)：

根据《全国年节及纪念日放假办法》(国务院令第513号)的规定，全体公民的节日假期由原来的10天增设为11天。据此，职工全年月平均制度工作天数和工资折算办法分别调整如下：

一、制度工作时间的计算

年工作日：365天－104天(休息日)－11天(法定节假日)＝250天

季工作日：250天÷4季＝62.5天/季

月工作日：250天÷12月＝20.83天/月

工作小时数的计算：以月、季、年的工作日乘以每日的8小时。

二、日工资、小时工资的折算

按照《劳动法》第五十一条的规定，法定节假日用人单位应当依法支付工资，即折算日工资、小时工资时不剔除国家规定的11天法定节假日。据此，日工资、小时工资的折算为：

日工资：月工资收入÷月计薪天数

小时工资：月工资收入÷(月计薪天数×8小时)

月计薪天数＝(365天－104天)÷12月＝21.75天

三、2000年3月17日劳动保障部发布的《关于职工全年月平均工作时间和工资折算问题的通知》(劳社部发〔2000〕8号)同时废止。

财政部关于企业加强职工福利费财务管理的通知

1. 2009年11月12日
2. 财企〔2009〕242号

党中央有关部门，国务院各部委、各直属机构，全国人大常委会办公厅，全国政协办公厅，解放军总后勤部，武警总部，各省、自治区、直辖市、计划单列市财政厅(局)，新疆生产建设兵团财务局，各中央管理企业：

为加强企业职工福利费财务管理，维护正常的收入分配秩序，保护国家、股东、企业和职工的合法权益，根据《公司法》、《企业财务通则》(财政部令第41号)等有关精神，现通知如下：

一、企业职工福利费是指企业为职工提供的除职工工资、奖金、津贴、纳入工资总额管理的补贴、职工教育经费、社会保险费和补充养老保险费(年金)、补充医疗保险费及住房公积金以外的福利待遇支出，包括发放给职工或为职工支付的以下各项现金补贴和非货币性集体福利：

(一)为职工卫生保健、生活等发放或支付的各项现金补贴和非货币性福利，包括职工因公外地就医费用、暂未实行医疗统筹企业职工医疗费用、职工供养直系亲属医疗补贴、职工疗养费用、自办职工食堂经费补贴或未办职工食堂统一供应午餐支出、符合国家有关财务规定的供暖费补贴、防暑降温费等。

(二)企业尚未分离的内设集体福利部门所发生的设备、设施和人员费用，包括职工食堂、职工浴室、理发室、医务所、托儿所、疗养院、集体宿舍等集体福利部门设备、设施的折旧、维修保养费用以及集体福利部门工作人员的工资薪金、社会保险费、住房公积金、劳务费等人工费用。

(三)职工困难补助，或者企业统筹建立和管理的专门用于帮助、救济困难职工的基金支出。

(四)离退休人员统筹外费用，包括离休人员的医疗费及离退休人员其他统筹外费用。企业重组涉及的离退休人员统筹外费用，按照《财政部关于企业重组有关职工安置费用财务管理问题的通知》(财企〔2009〕117号)执行。国家另有规定的，从其规定。

(五)按规定发生的其他职工福利费，包括丧葬补助费、抚恤费、职工异地安家费、独生子女费、探亲假路费，以及符合企业职工福利费定义但没有包括在本通知各条款项目中的其他支出。

二、企业为职工提供的交通、住房、通讯待遇，已经实行货币化改革的，按月按标准发放或支付的住房补贴、交通补贴或者车改补贴、通讯补贴，应当纳入职工工资总额，不再纳入职工福利费管理；尚未实行货币化改革的，企业发生的相关支出作为职工福利费管理，但根据国家有关企业住房制度改革政策的统一规定，不得再为职工购建住房。

企业给职工发放的节日补助、未统一供餐而按月发放的午餐费补贴，应当纳入工资总额管理。

三、职工福利是企业对职工劳动补偿的辅助形式，企业应当参照历史一般水平合理控制职工福利费在职工总收入的比重。按照《企业财务通则》第四十六条规定，应当由个人承担的有关支出，企业不得作为职工福利费开支。

四、企业应当逐步推进内设集体福利部门的分离改革，通过市场化方式解决职工福利待遇问题。同时，结合企业薪酬制度改革，逐步建立完整的人工成本管理制度，将职工福利纳入职工工资总额管理。

对实行年薪制等薪酬制度改革的企业负责人，企业应当将符合国家规定的各项福利性货币补贴纳入薪酬体系统筹管理，发放或支付的福利性货币补贴从其个人应发薪酬中列支。

五、企业职工福利一般应以货币形式为主。对以本企业产品和服务作为职工福利的，企业要严格控制。国家出资的电信、电力、交通、热力、供水、燃气等企业，将本企业产品和服务作为职工福利的，应当按商业化原则实行公平交易，不得直接供职工及其亲属免费或者低价使用。

六、企业职工福利费财务管理应当遵循以下原则和要求：

（一）制度健全。企业应当依法制定职工福利费的管理制度，并经股东会或董事会批准，明确职工福利费开支的项目、标准、审批程序、审计监督。

（二）标准合理。国家对企业职工福利费支出有明确规定的，企业应当严格执行。国家没有明确规定的，企业应当参照当地物价水平、职工收入情况、企业财务状况等要求，按照职工福利项目制定合理标准。

（三）管理科学。企业应当统筹规划职工福利费开支，实行预算控制和管理。职工福利费预算应当经过职工代表大会审议后，纳入企业财务预算，按规定批准执行，并在企业内部向职工公开相关信息。

（四）核算规范。企业发生的职工福利费，应当按规定进行明细核算，准确反映开支项目和金额。

七、企业按照企业内部管理制度，履行内部审批程序后，发生的职工福利费，按照《企业会计准则》等有关规定进行核算，并在年度财务会计报告中按规定予以披露。

在计算应纳税所得额时，企业职工福利费财务管理同税收法律、行政法规的规定不一致的，应当依照税收法律、行政法规的规定计算纳税。

八、本通知自印发之日起施行。以前有关企业职工福利费的财务规定与本通知不符的，以本通知为准。金融企业另有规定的，从其规定。

最高人民法院关于审理拒不支付劳动报酬刑事案件适用法律若干问题的解释

1. 2013年1月14日最高人民法院审判委员会第1567次会议通过
2. 2013年1月16日公布
3. 法释〔2013〕3号
4. 自2013年1月23日起施行

为依法惩治拒不支付劳动报酬犯罪，维护劳动者的合法权益，根据《中华人民共和国刑法》有关规定，现就办理此类刑事案件适用法律的若干问题解释如下：

第一条　劳动者依照《中华人民共和国劳动法》和《中华人民共和国劳动合同法》等法律的规定应得的劳动报酬，包括工资、奖金、津贴、补贴、延长工作时间的工资报酬及特殊情况下支付的工资等，应当认定为刑法第二百七十六条之一第一款规定的“劳动者的劳动报酬”。

第二条　以逃避支付劳动者的劳动报酬为目的，具有下列情形之一的，应当认定为刑法第二百七十六条之一第一款规定的“以转移财产、逃匿等方法逃避支付劳动者的劳动报酬”：

（一）隐匿财产、恶意清偿、虚构债务、虚假破产、虚假倒闭或者以其他方法转移、处分财产的；

（二）逃跑、藏匿的；

（三）隐匿、销毁或者篡改账目、职工名册、工资支付记录、考勤记录等与劳动报酬相关的材料的；

（四）以其他方法逃避支付劳动报酬的。

第三条　具有下列情形之一的，应当认定为刑法第二百七十六条之一第一款规定的“数额较大”：

（一）拒不支付一名劳动者三个月以上的劳动报酬且数额在五千元至二万元以上的；

（二）拒不支付十名以上劳动者的劳动报酬且数额累计在三万元至十万元以上的。

各省、自治区、直辖市高级人民法院可以根据本地区经济社会发展状况，在前款规定的数额幅度内，研究确定本地区执行的具体数额标准，报最高人民法院备案。

第四条　经人力资源社会保障部门或者政府其他有关部门依法以限期整改指令书、行政处理决定书等文书责令支付劳动者的劳动报酬后，在指定的期限内仍不支付的，应当认定为刑法第二百七十六条之一第一款规定的“经政府有关部门责令支付仍不支付”，但有证据证明行为人有正当理由未知悉责令支付或者未及时支付劳动报酬的除外。

行为人逃匿，无法将责令支付文书送交其本人、同住成年家属或者所在单位负责收件的人的，如果有关部门已通过在行为人的住所地、生产经营场所等地张贴责令支付文书等方式责令支付，并采用拍照、录像等方式记录的，应当视为“经政府有关部门责令支付”。

第五条 拒不支付劳动者的劳动报酬，符合本解释第三条的规定，并具有下列情形之一的，应当认定为刑法第二百七十六条之一第一款规定的“造成严重后果”：

（一）造成劳动者或者其被赡养人、被扶养人、被抚养人的基本生活受到严重影响、重大疾病无法及时医治或者失学的；

（二）对要求支付劳动报酬的劳动者使用暴力或者进行暴力威胁的；

（三）造成其他严重后果的。

第六条 拒不支付劳动者的劳动报酬，尚未造成严重后果，在刑事立案前支付劳动者的劳动报酬，并依法承担相应赔偿责任的，可以认定为情节显著轻微危害不大，不认为是犯罪；在提起公诉前支付劳动者的劳动报酬，并依法承担相应赔偿责任的，可以减轻或者免除刑事处罚；在一审宣判前支付劳动者的劳动报酬，并依法承担相应赔偿责任的，可以从轻处罚。

对于免除刑事处罚的，可以根据案件的不同情况，予以训诫、责令具结悔过或者赔礼道歉。

拒不支付劳动者的劳动报酬，造成严重后果，但在宣判前支付劳动者的劳动报酬，并依法承担相应赔偿责任的，可以酌情从宽处罚。

第七条 不具备用工主体资格的单位或者个人，违法用工且拒不支付劳动者的劳动报酬，数额较大，经政府有关部门责令支付仍不支付的，应当依照刑法第二百七十六条之一的规定，以拒不支付劳动报酬罪追究刑事责任。

第八条 用人单位的实际控制人实施拒不支付劳动报酬行为，构成犯罪的，应当依照刑法第二百七十六条之一的规定追究刑事责任。

第九条 单位拒不支付劳动报酬，构成犯罪的，依照本解释规定的相应个人犯罪的定罪量刑标准，对直接负责的主管人员和其他直接责任人员定罪处罚，并对单位判处罚金。

（2）农民工工资

保障农民工工资支付条例

1. 2019年12月30日国务院令第724号公布
2. 自2020年5月1日起施行

第一章 总 则

第一条 为了规范农民工工资支付行为，保障农民工按时足额获得工资，根据《中华人民共和国劳动法》及有关法律规定，制定本条例。

第二条 保障农民工工资支付，适用本条例。

本条例所称农民工，是指为用人单位提供劳动的农村居民。

本条例所称工资，是指农民工为用人单位提供劳动后应当获得的劳动报酬。

第三条 农民工有按时足额获得工资的权利。任何单位和个人不得拖欠农民工工资。

农民工应当遵守劳动纪律和职业道德，执行劳动安全卫生规程，完成劳动任务。

第四条 县级以上地方人民政府对本行政区域内保障农民工工资支付工作负责，建立保障农民工工资支付工作协调机制，加强监管能力建设，健全保障农民工工资支付工作目标责任制，并纳入对本级人民政府有关部门和下级人民政府进行考核和监督的内容。

乡镇人民政府、街道办事处应当加强对拖欠农民工工资矛盾的排查和调处工作，防范和化解矛盾，及时调解纠纷。

第五条 保障农民工工资支付，应当坚持市场主体负责、政府依法监管、社会协同监督，按照源头治理、预防为主、防治结合、标本兼治的要求，依法根治拖欠农民工工资问题。

第六条 用人单位实行农民工劳动用工实名制管理，与招用的农民工书面约定或者通过依法制定的规章制度规定工资支付标准、支付时间、支付方式等内容。

第七条 人力资源社会保障行政部门负责保障农民工工资支付工作的组织协调、管理指导和农民工工资支付情况的监督检查，查处有关拖欠农民工工资案件。

住房城乡建设、交通运输、水利等相关行业工程建设主管部门按照职责履行行业监管责任，督办因违法发包、转包、违法分包、挂靠、拖欠工程款等导致的拖欠农民工工资案件。

发展改革等部门按照职责负责政府投资项目的审

批管理,依法审查政府投资项目的资金来源和筹措方式,按规定及时安排政府投资,加强社会信用体系建设,组织对拖欠农民工工资失信联合惩戒对象依法依规予以限制和惩戒。

财政部门负责政府投资资金的预算管理,根据经批准的预算按规定及时足额拨付政府投资资金。

公安机关负责及时受理、侦办涉嫌拒不支付劳动报酬刑事案件,依法处置因农民工工资拖欠引发的社会治安案件。

司法行政、自然资源、人民银行、审计、国有资产管理、税务、市场监管、金融监管等部门,按照职责做好与保障农民工工资支付相关的工作。

第八条 工会、共产主义青年团、妇女联合会、残疾人联合会等组织按照职责依法维护农民工获得工资的权利。

第九条 新闻媒体应当开展保障农民工工资支付法律法规政策的公益宣传和先进典型的报道,依法加强对拖欠农民工工资违法行为的舆论监督,引导用人单位增强依法用工、按时足额支付工资的法律意识,引导农民工依法维权。

第十条 被拖欠工资的农民工有权依法投诉,或者申请劳动争议调解仲裁和提起诉讼。

任何单位和个人对拖欠农民工工资的行为,有权向人力资源社会保障行政部门或者其他有关部门举报。

人力资源社会保障行政部门和其他有关部门应当公开举报投诉电话、网站等渠道,依法接受对拖欠农民工工资行为的举报、投诉。对于举报、投诉的处理实行首问负责制,属于本部门受理的,应当依法及时处理;不属于本部门受理的,应当及时转送相关部门,相关部门应当依法及时处理,并将处理结果告知举报、投诉人。

第二章 工资支付形式与周期

第十一条 农民工工资应当以货币形式,通过银行转账或者现金支付给农民工本人,不得以实物或者有价证券等其他形式替代。

第十二条 用人单位应当按照与农民工书面约定或者依法制定的规章制度规定的工资支付周期和具体支付日期足额支付工资。

第十三条 实行月、周、日、小时工资制的,按照月、周、日、小时为周期支付工资;实行计件工资制的,工资支付周期由双方依法约定。

第十四条 用人单位与农民工书面约定或者依法制定的规章制度规定的具体支付日期,可以在农民工提供劳动的当期或者次期。具体支付日期遇法定节假日或者休息日的,应当在法定节假日或者休息日前支付。

用人单位因不可抗力未能在支付日期支付工资的,应当在不可抗力消除后及时支付。

第十五条 用人单位应当按照工资支付周期编制书面工资支付台账,并至少保存3年。

书面工资支付台账应当包括用人单位名称,支付周期,支付日期,支付对象姓名、身份证号码、联系方式,工作时间,应发工资项目及数额,代扣、代缴、扣除项目和数额,实发工资数额,银行代发工资凭证或者农民工签字等内容。

用人单位向农民工支付工资时,应当提供农民工本人的工资清单。

第三章 工资清偿

第十六条 用人单位拖欠农民工工资的,应当依法予以清偿。

第十七条 不具备合法经营资格的单位招用农民工,农民工已经付出劳动而未获得工资的,依照有关法律规定执行。

第十八条 用工单位使用个人、不具备合法经营资格的单位或者未依法取得劳务派遣许可证的单位派遣的农民工,拖欠农民工工资的,由用工单位清偿,并可以依法进行追偿。

第十九条 用人单位将工作任务发包给个人或者不具备合法经营资格的单位,导致拖欠所招用农民工工资的,依照有关法律规定执行。

用人单位允许个人、不具备合法经营资格或者未取得相应资质的单位以用人单位的名义对外经营,导致拖欠所招用农民工工资的,由用人单位清偿,并可以依法进行追偿。

第二十条 合伙企业、个人独资企业、个体经济组织等用人单位拖欠农民工工资的,应当依法予以清偿;不清偿的,由出资人依法清偿。

第二十一条 用人单位合并或者分立时,应当在实施合并或者分立前依法清偿拖欠的农民工工资;经与农民工书面协商一致的,可以由合并或者分立后承继其权利和义务的用人单位清偿。

第二十二条 用人单位被依法吊销营业执照或者登记证书、被责令关闭、被撤销或者依法解散的,应当在申请注销登记前依法清偿拖欠的农民工工资。

未依据前款规定清偿农民工工资的用人单位主要出资人,应当在注册新用人单位前清偿拖欠的农民工工资。

第四章 工程建设领域特别规定

第二十三条 建设单位应当有满足施工所需要的资金安排。没有满足施工所需要的资金安排的，工程建设项目不得开工建设；依法需要办理施工许可证的，相关行业工程建设主管部门不予颁发施工许可证。

政府投资项目所需资金，应当按照国家有关规定落实到位，不得由施工单位垫资建设。

第二十四条 建设单位应当向施工单位提供工程款支付担保。

建设单位与施工总承包单位依法订立书面工程施工合同，应当约定工程款计量周期、工程款进度结算办法以及人工费用拨付周期，并按照保障农民工工资按时足额支付的要求约定人工费用。人工费用拨付周期不得超过1个月。

建设单位与施工总承包单位应当将工程施工合同保存备查。

第二十五条 施工总承包单位与分包单位依法订立书面分包合同，应当约定工程款计量周期、工程款进度结算办法。

第二十六条 施工总承包单位应当按照有关规定开设农民工工资专用账户，专项用于支付该工程建设项目农民工工资。

开设、使用农民工工资专用账户有关资料应当由施工总承包单位妥善保存备查。

第二十七条 金融机构应当优化农民工工资专用账户开设服务流程，做好农民工工资专用账户的日常管理工作；发现资金未按约定拨付等情况的，及时通知施工总承包单位，由施工总承包单位报告人力资源社会保障行政部门和相关行业工程建设主管部门，并纳入欠薪预警系统。

工程完工且未拖欠农民工工资的，施工总承包单位公示30日后，可以申请注销农民工工资专用账户，账户内余额归施工总承包单位所有。

第二十八条 施工总承包单位或者分包单位应当依法与所招用的农民工订立劳动合同并进行用工实名登记，具备条件的行业应当通过相应的管理服务信息平台进行用工实名登记、管理。未与施工总承包单位或者分包单位订立劳动合同并进行用工实名登记的人员，不得进入项目现场施工。

施工总承包单位应当在工程项目部配备劳资专管员，对分包单位劳动用工实施监督管理，掌握施工现场用工、考勤、工资支付等情况，审核分包单位编制的农民工工资支付表，分包单位应当予以配合。

施工总承包单位、分包单位应当建立用工管理台账，并保存至工程完工且工资全部结清后至少3年。

第二十九条 建设单位应当按照合同约定及时拨付工程款，并将人工费用及时足额拨付至农民工工资专用账户，加强对施工总承包单位按时足额支付农民工工资的监督。

因建设单位未按照合同约定及时拨付工程款导致农民工工资拖欠的，建设单位应当以未结清的工程款为限先行垫付被拖欠的农民工工资。

建设单位应当以项目为单位建立保障农民工工资支付协调机制和工资拖欠预防机制，督促施工总承包单位加强劳动用工管理，妥善处理与农民工工资支付相关的矛盾纠纷。发生农民工集体讨薪事件的，建设单位应当会同施工总承包单位及时处理，并向项目所在地人力资源社会保障行政部门和相关行业工程建设主管部门报告有关情况。

第三十条 分包单位对所招用农民工的实名制管理和工资支付负直接责任。

施工总承包单位对分包单位劳动用工和工资发放等情况进行监督。

分包单位拖欠农民工工资的，由施工总承包单位先行清偿，再依法进行追偿。

工程建设项目转包，拖欠农民工工资的，由施工总承包单位先行清偿，再依法进行追偿。

第三十一条 工程建设领域推行分包单位农民工工资委托施工总承包单位代发制度。

分包单位应当按月考核农民工工作量并编制工资支付表，经农民工本人签字确认后，与当月工程进度等情况一并交施工总承包单位。

施工总承包单位根据分包单位编制的工资支付表，通过农民工工资专用账户直接将工资支付到农民工本人的银行账户，并向分包单位提供代发工资凭证。

用于支付农民工工资的银行账户所绑定的农民工本人社会保障卡或者银行卡，用人单位或者其他人员不得以任何理由扣押或者变相扣押。

第三十二条 施工总承包单位应当按照有关规定存储工资保证金，专项用于支付为所承包工程提供劳动的农民工被拖欠的工资。

工资保证金实行差异化存储办法，对一定时期内未发生工资拖欠的单位实行减免措施，对发生工资拖欠的单位适当提高存储比例。工资保证金可以用金融机构保函替代。

工资保证金的存储比例、存储形式、减免措施等具体办法，由国务院人力资源社会保障行政部门会同有关部门制定。

第三十三条 除法律另有规定外，农民工工资专用账户资金和工资保证金不得因支付为本项目提供劳动的农民工工资之外的原因被查封、冻结或者划拨。

第三十四条 施工总承包单位应当在施工现场醒目位置设立维权信息告示牌，明示下列事项：

（一）建设单位、施工总承包单位及所在项目部、分包单位、相关行业工程建设主管部门、劳资专管员等基本信息；

（二）当地最低工资标准、工资支付日期等基本信息；

（三）相关行业工程建设主管部门和劳动保障监察投诉举报电话、劳动争议调解仲裁申请渠道、法律援助申请渠道、公共法律服务热线等信息。

第三十五条 建设单位与施工总承包单位或者承包单位与分包单位因工程数量、质量、造价等产生争议的，建设单位不得因争议不按照本条例第二十四条的规定拨付工程款中的人工费用，施工总承包单位也不得因争议不按照规定代发工资。

第三十六条 建设单位或者施工总承包单位将建设工程发包或者分包给个人或者不具备合法经营资格的单位，导致拖欠农民工工资的，由建设单位或者施工总承包单位清偿。

施工单位允许其他单位和个人以施工单位的名义对外承揽建设工程，导致拖欠农民工工资的，由施工单位清偿。

第三十七条 工程建设项目违反国土空间规划、工程建设等法律法规，导致拖欠农民工工资的，由建设单位清偿。

第五章 监督检查

第三十八条 县级以上地方人民政府应当建立农民工工资支付监控预警平台，实现人力资源社会保障、发展改革、司法行政、财政、住房城乡建设、交通运输、水利等部门的工程项目审批、资金落实、施工许可、劳动用工、工资支付等信息及时共享。

人力资源社会保障行政部门根据水电燃气供应、物业管理、信贷、税收等反映企业生产经营相关指标的变化情况，及时监控和预警工资支付隐患并做好防范工作，市场监管、金融监管、税务等部门应当予以配合。

第三十九条 人力资源社会保障行政部门、相关行业工程建设主管部门和其他有关部门应当按照职责，加强对用人单位与农民工签订劳动合同、工资支付以及工程建设项目实行农民工实名制管理、农民工工资专用账户管理、施工总承包单位代发工资、工资保证金存储、维权信息公示等情况的监督检查，预防和减少拖欠农民工工资行为的发生。

第四十条 人力资源社会保障行政部门在查处拖欠农民工工资案件时，需要依法查询相关单位金融账户和相关当事人拥有房产、车辆等情况的，应当经设区的市级以上地方人民政府人力资源社会保障行政部门负责人批准，有关金融机构和登记部门应当予以配合。

第四十一条 人力资源社会保障行政部门在查处拖欠农民工工资案件时，发生用人单位拒不配合调查、清偿责任主体及相关当事人无法联系等情形的，可以请求公安机关和其他有关部门协助处理。

人力资源社会保障行政部门发现拖欠农民工工资的违法行为涉嫌构成拒不支付劳动报酬罪的，应当按照有关规定及时移送公安机关审查并作出决定。

第四十二条 人力资源社会保障行政部门作出责令支付被拖欠的农民工工资的决定，相关单位不支付的，可以依法申请人民法院强制执行。

第四十三条 相关行业工程建设主管部门应当依法规范本领域建设市场秩序，对违法发包、转包、违法分包、挂靠等行为进行查处，并对导致拖欠农民工工资的违法行为及时予以制止、纠正。

第四十四条 财政部门、审计机关和相关行业工程建设主管部门按照职责，依法对政府投资项目建设单位按照工程施工合同约定向农民工工资专用账户拨付资金情况进行监督。

第四十五条 司法行政部门和法律援助机构应当将农民工列为法律援助的重点对象，并依法为请求支付工资的农民工提供便捷的法律援助。

公共法律服务相关机构应当积极参与相关诉讼、咨询、调解等活动，帮助解决拖欠农民工工资问题。

第四十六条 人力资源社会保障行政部门、相关行业工程建设主管部门和其他有关部门应当按照“谁执法谁普法”普法责任制的要求，通过以案释法等多种形式，加大对保障农民工工资支付相关法律法规的普及宣传。

第四十七条 人力资源社会保障行政部门应当建立用人单位及相关责任人劳动保障守法诚信档案，对用人单位开展守法诚信等级评价。

用人单位有严重拖欠农民工工资违法行为的，由人力资源社会保障行政部门向社会公布，必要时可以通过召开新闻发布会等形式向媒体公开曝光。

第四十八条 用人单位拖欠农民工工资，情节严重或者造成严重不良社会影响的，有关部门应当将该用人单位及其法定代表人或者主要负责人、直接负责的主管人员和其他直接责任人员列入拖欠农民工工资失信联合惩戒对象名单，在政府资金支持、政府采购、招投标、融资贷款、市场准入、税收优惠、评优评先、交通出行等方面依法依规予以限制。

拖欠农民工工资需要列入失信联合惩戒名单的具体情形，由国务院人力资源社会保障行政部门规定。

第四十九条　建设单位未依法提供工程款支付担保或者政府投资项目拖欠工程款，导致拖欠农民工工资的，县级以上地方人民政府应当限制其新建项目，并记入信用记录，纳入国家信用信息系统进行公示。

第五十条　农民工与用人单位就拖欠工资存在争议，用人单位应当提供依法由其保存的劳动合同、职工名册、工资支付台账和清单等材料；不提供的，依法承担不利后果。

第五十一条　工会依法维护农民工工资权益，对用人单位工资支付情况进行监督；发现拖欠农民工工资的，可以要求用人单位改正，拒不改正的，可以请求人力资源社会保障行政部门和其他有关部门依法处理。

第五十二条　单位或者个人编造虚假事实或者采取非法手段讨要农民工工资，或者以拖欠农民工工资为名讨要工程款的，依法予以处理。

第六章　法律责任

第五十三条　违反本条例规定拖欠农民工工资的，依照有关法律规定执行。

第五十四条　有下列情形之一的，由人力资源社会保障行政部门责令限期改正；逾期不改正的，对单位处 2 万元以上 5 万元以下的罚款，对法定代表人或者主要负责人、直接负责的主管人员和其他直接责任人员处 1 万元以上 3 万元以下的罚款：

（一）以实物、有价证券等形式代替货币支付农民工工资；

（二）未编制工资支付台账并依法保存，或者未向农民工提供工资清单；

（三）扣押或者变相扣押用于支付农民工工资的银行账户所绑定的农民工本人社会保障卡或者银行卡。

第五十五条　有下列情形之一的，由人力资源社会保障行政部门、相关行业工程建设主管部门按照职责责令限期改正；逾期不改正的，责令项目停工，并处 5 万元以上 10 万元以下的罚款；情节严重的，给予施工单位限制承接新工程、降低资质等级、吊销资质证书等处罚：

（一）施工总承包单位未按规定开设或者使用农民工工资专用账户；

（二）施工总承包单位未按规定存储工资保证金或者未提供金融机构保函；

（三）施工总承包单位、分包单位未实行劳动用工实名制管理。

第五十六条　有下列情形之一的，由人力资源社会保障行政部门、相关行业工程建设主管部门按照职责责令限期改正；逾期不改正的，处 5 万元以上 10 万元以下的罚款：

（一）分包单位未按月考核农民工工作量、编制工资支付表并经农民工本人签字确认；

（二）施工总承包单位未对分包单位劳动用工实施监督管理；

（三）分包单位未配合施工总承包单位对其劳动用工进行监督管理；

（四）施工总承包单位未实行施工现场维权信息公示制度。

第五十七条　有下列情形之一的，由人力资源社会保障行政部门、相关行业工程建设主管部门按照职责责令限期改正；逾期不改正的，责令项目停工，并处 5 万元以上 10 万元以下的罚款：

（一）建设单位未依法提供工程款支付担保；

（二）建设单位未按约定及时足额向农民工工资专用账户拨付工程款中的人工费用；

（三）建设单位或者施工总承包单位拒不提供或者无法提供工程施工合同、农民工工资专用账户有关资料。

第五十八条　不依法配合人力资源社会保障行政部门查询相关单位金融账户的，由金融监管部门责令改正；拒不改正的，处 2 万元以上 5 万元以下的罚款。

第五十九条　政府投资项目政府投资资金不到位拖欠农民工工资的，由人力资源社会保障行政部门报本级人民政府批准，责令限期足额拨付所拖欠的资金；逾期不拨付的，由上一级人民政府人力资源社会保障行政部门约谈直接责任部门和相关监管部门负责人，必要时进行通报，约谈地方人民政府负责人。情节严重的，对地方人民政府及其有关部门负责人、直接负责的主管人员和其他直接责任人员依法依规给予处分。

第六十条　政府投资项目建设单位未经批准立项建设、擅自扩大建设规模、擅自增加投资概算、未及时拨付工程款等导致拖欠农民工工资的，除依法承担责任外，由人力资源社会保障行政部门、其他有关部门按照职责约谈建设单位负责人，并作为其业绩考核、薪酬分配、评优评先、职务晋升等的重要依据。

第六十一条　对于建设资金不到位、违法违规开工建设的社会投资工程建设项目拖欠农民工工资的，由人力资源社会保障行政部门、其他有关部门按照职责依法对建设单位进行处罚;对建设单位负责人依法依规给予处分。相关部门工作人员未依法履行职责的,由有关机关依法依规给予处分。

第六十二条 县级以上地方人民政府人力资源社会保障、发展改革、财政、公安等部门和相关行业工程建设主管部门工作人员,在履行农民工工资支付监督管理职责过程中滥用职权、玩忽职守、徇私舞弊的,依法依规给予处分;构成犯罪的,依法追究刑事责任。

第七章 附 则

第六十三条 用人单位一时难以支付拖欠的农民工工资或者拖欠农民工工资逃匿的,县级以上地方人民政府可以动用应急周转金,先行垫付用人单位拖欠的农民工部分工资或者基本生活费。对已经垫付的应急周转金,应当依法向拖欠农民工工资的用人单位进行追偿。

第六十四条 本条例自2020年5月1日起施行。

拖欠农民工工资"黑名单"管理暂行办法

1. 2017年9月25日人力资源和社会保障部发布
2. 人社部规〔2017〕16号
3. 自2018年1月1日起施行

第一条 为规范拖欠农民工工资"黑名单"管理工作,加强对拖欠工资违法失信用人单位的惩戒,维护劳动者合法权益,根据《企业信息公示暂行条例》、《国务院关于建立完善守信联合激励和失信联合惩戒制度加快推进社会诚信建设的指导意见》(国发〔2016〕33号)、《国务院办公厅关于全面治理拖欠农民工工资问题的意见》(国办发〔2016〕1号),制定本办法。

第二条 本办法所称拖欠农民工工资"黑名单"(以下简称拖欠工资"黑名单"),是指违反国家工资支付法律法规规章规定,存在本办法第五条所列拖欠工资情形的用人单位及其法定代表人、其他责任人。

第三条 人力资源社会保障部负责指导监督全国拖欠工资"黑名单"管理工作。

省、自治区、直辖市人力资源社会保障行政部门负责指导监督本行政区域拖欠工资"黑名单"管理工作,每半年向人力资源社会保障部报送本行政区域的拖欠工资"黑名单"。

地方人力资源社会保障行政部门依据行政执法管辖权限,负责拖欠工资"黑名单"管理的具体实施工作。

第四条 拖欠工资"黑名单"管理实行"谁执法,谁认定,谁负责",遵循依法依规、公平公正、客观真实的原则。

第五条 用人单位存在下列情形之一的,人力资源社会保障行政部门应当自查处违法行为并作出行政处理或处罚决定之日起20个工作日内,按照管辖权限将其列入拖欠工资"黑名单"。

(一)克扣、无故拖欠农民工工资报酬,数额达到认定拒不支付劳动报酬罪数额标准的;

(二)因拖欠农民工工资违法行为引发群体性事件、极端事件造成严重不良社会影响的。

将劳务违法分包、转包给不具备用工主体资格的组织和个人造成拖欠农民工工资且符合前款规定情形的,应将违法分包、转包单位及不具备用工主体资格的组织和个人一并列入拖欠工资"黑名单"。

第六条 人力资源社会保障行政部门将用人单位列入拖欠工资"黑名单"的,应当提前书面告知,听取其陈述和申辩意见。核准无误的,应当作出列入决定。

列入决定应当列明用人单位名称及其法定代表人、其他责任人姓名、统一社会信用代码、列入日期、列入事由、权利救济期限和途径、作出决定机关等。

第七条 人力资源社会保障行政部门应当按照有关规定,将拖欠工资"黑名单"信息通过部门门户网站、"信用中国"网站、国家企业信用信息公示系统等予以公示。

第八条 人力资源社会保障行政部门应当按照有关规定,将拖欠工资"黑名单"信息纳入当地和全国信用信息共享平台,由相关部门在各自职责范围内依法依规实施联合惩戒,在政府资金支持、政府采购、招投标、生产许可、资质审核、融资贷款、市场准入、税收优惠、评优评先等方面予以限制。

第九条 拖欠工资"黑名单"实行动态管理。

用人单位首次被列入拖欠工资"黑名单"的期限为1年,自作出列入决定之日起计算。

列入拖欠工资"黑名单"的用人单位改正违法行为且自列入之日起1年内未再发生第五条规定情形的,由作出列入决定的人力资源社会保障行政部门于期满后20个工作日内决定将其移出拖欠工资"黑名单";用人单位未改正违法行为或者列入期间再次发生第五条规定情形的,期满不予移出并自动续期2年。

已移出拖欠工资"黑名单"的用人单位再次发生第五条规定情形,再次列入拖欠工资"黑名单",期限为2年。

第十条 人力资源社会保障行政部门决定将用人单位移

出拖欠工资“黑名单”的，应当通过部门门户网站、“信用中国”网站、国家企业信用信息公示系统等予以公示。

第十一条　用人单位被列入拖欠工资“黑名单”所依据的行政处理或处罚决定被依法变更或者撤销的，作出列入决定的人力资源社会保障行政部门应当及时更正拖欠工资“黑名单”。

第十二条　用人单位被移出拖欠工资“黑名单”管理的，相关部门联合惩戒措施即行终止。

第十三条　人力资源社会保障等行政部门工作人员在实施拖欠工资“黑名单”管理过程中，滥用职权、玩忽职守、徇私舞弊的，依法予以处理。

第十四条　各省级人力资源社会保障行政部门可根据本办法制定实施细则。

第十五条　本办法自2018年1月1日起施行。

拖欠农民工工资失信联合惩戒对象名单管理暂行办法

1. 2021年11月10日人力资源和社会保障部令第45号公布
2. 自2022年1月1日起施行

第一条　为了维护劳动者合法权益，完善失信约束机制，加强信用监管，规范拖欠农民工工资失信联合惩戒对象名单（以下简称失信联合惩戒名单）管理工作，根据《保障农民工工资支付条例》等有关规定，制定本办法。

第二条　人力资源社会保障行政部门实施列入失信联合惩戒名单、公开信息、信用修复等管理活动，适用本办法。

第三条　人力资源社会保障部负责组织、指导全国失信联合惩戒名单管理工作。

县级以上地方人力资源社会保障行政部门依据行政执法管辖权限，负责失信联合惩戒名单管理的具体实施工作。

第四条　失信联合惩戒名单管理实行“谁执法、谁认定、谁负责”，遵循依法依规、客观公正、公开透明、动态管理的原则。

实施失信联合惩戒名单管理，应当依法依规加强信用信息安全和个人信息保护。人力资源社会保障行政部门及其工作人员对实施失信联合惩戒名单管理过程中知悉的国家秘密、商业秘密、个人隐私，应当依法依规予以保密。

第五条　用人单位拖欠农民工工资，具有下列情形之一，经人力资源社会保障行政部门依法责令限期支付工资，逾期未支付的，人力资源社会保障行政部门应当作出列入决定，将该用人单位及其法定代表人或者主要负责人、直接负责的主管人员和其他直接责任人员（以下简称当事人）列入失信联合惩戒名单：

（一）克扣、无故拖欠农民工工资达到认定拒不支付劳动报酬罪数额标准的；

（二）因拖欠农民工工资违法行为引发群体性事件、极端事件造成严重不良社会影响的。

第六条　人力资源社会保障行政部门在作出列入决定前，应当告知当事人拟列入失信联合惩戒名单的事由、依据、提出异议等依法享有的权利和本办法第七条可以不予列入失信联合惩戒名单的规定。

当事人自收到告知之日起5个工作日内，可以向人力资源社会保障行政部门提出异议。对异议期内提出的异议，人力资源社会保障行政部门应当自收到异议之日起5个工作日内予以核实，并将结果告知当事人。

第七条　用人单位在人力资源社会保障行政部门作出列入决定前，已经改正拖欠农民工工资违法行为，且作出不再拖欠农民工工资书面信用承诺的，可以不予列入失信联合惩戒名单。

第八条　人力资源社会保障行政部门应当自责令限期支付工资文书指定期限届满之日起20个工作日内作出列入决定。情况复杂的，经人力资源社会保障行政部门负责人批准，可以延长20个工作日。

人力资源社会保障行政部门作出列入决定，应当制作列入决定书。列入决定书应当载明列入事由、列入依据、联合惩戒措施提示、提前移出条件和程序、救济措施等，并按照有关规定交付或者送达当事人。

第九条　作出列入决定的人力资源社会保障行政部门应当按照政府信息公开等有关规定，通过本部门门户网站和其他指定的网站公开失信联合惩戒名单。

第十条　作出列入决定的人力资源社会保障行政部门应当按照有关规定，将失信联合惩戒名单信息共享至同级信用信息共享平台，供相关部门作为在各自职责范围内按照《保障农民工工资支付条例》等有关规定，对被列入失信联合惩戒名单的当事人实施联合惩戒的依据。

对被列入失信联合惩戒名单的当事人，由相关部门在政府资金支持、政府采购、招投标、融资贷款、市场准入、税收优惠、评优评先、交通出行等方面依法依规予以限制。

第十一条　当事人被列入失信联合惩戒名单的期限为3

年，自人力资源社会保障行政部门作出列入决定之日起计算。

第十二条　用人单位同时符合下列条件的，可以向作出列入决定的人力资源社会保障行政部门申请提前移出失信联合惩戒名单：

（一）已经改正拖欠农民工工资违法行为的；

（二）自改正之日起被列入失信联合惩戒名单满6个月的；

（三）作出不再拖欠农民工工资书面信用承诺的。

第十三条　用人单位符合本办法第十二条规定条件，但是具有下列情形之一的，不得提前移出失信联合惩戒名单：

（一）列入失信联合惩戒名单期限内再次发生拖欠农民工工资违法行为的；

（二）因涉嫌拒不支付劳动报酬犯罪正在刑事诉讼期间或者已经被追究刑事责任的；

（三）法律、法规和党中央、国务院政策文件规定的其他情形。

第十四条　用人单位申请提前移出失信联合惩戒名单，应当提交书面申请、已经改正拖欠农民工工资违法行为的证据和不再拖欠农民工工资书面信用承诺。

人力资源社会保障行政部门应当自收到用人单位提前移出失信联合惩戒名单申请之日起15个工作日内予以核实，决定是否准予提前移出，制作决定书并按照有关规定交付或者送达用人单位。不予提前移出的，应当说明理由。

人力资源社会保障行政部门准予用人单位提前移出失信联合惩戒名单的，应当将该用人单位的其他当事人一并提前移出失信联合惩戒名单。

第十五条　申请提前移出的用人单位故意隐瞒真实情况、提供虚假资料，情节严重的，由作出提前移出决定的人力资源社会保障行政部门撤销提前移出决定，恢复列入状态。列入的起止时间重新计算。

第十六条　列入决定所依据的责令限期支付工资文书被依法撤销的，作出列入决定的人力资源社会保障行政部门应当撤销列入决定。

第十七条　有下列情形之一的，作出列入决定的人力资源社会保障行政部门应当于10个工作日内将当事人移出失信联合惩戒名单，在本部门门户网站停止公开相关信息，并告知第九条规定的有关网站：

（一）当事人被列入失信联合惩戒名单期限届满的；

（二）人力资源社会保障行政部门决定提前移出失信联合惩戒名单的；

（三）列入决定被依法撤销的。

当事人被移出失信联合惩戒名单的，人力资源社会保障行政部门应当及时将移出信息共享至同级信用信息共享平台，相关部门联合惩戒措施按照规定终止。

第十八条　当事人对列入失信联合惩戒名单决定或者不予提前移出失信联合惩戒名单决定不服的，可以依法申请行政复议或者提起行政诉讼。

第十九条　人力资源社会保障行政部门工作人员在实施失信联合惩戒名单管理过程中，滥用职权、玩忽职守、徇私舞弊的，依法依规给予处分；构成犯罪的，依法追究刑事责任。

第二十条　本办法自2022年1月1日起施行。

建设领域农民工工资支付管理暂行办法

1. 2004年9月6日劳动和社会保障部、建设部发布
2. 劳社部发〔2004〕22号

为规范建设领域农民工工资支付行为，预防和解决建筑业企业拖欠或克扣农民工工资问题，根据《中华人民共和国劳动法》、《工资支付暂行规定》等有关规定，制定本办法。

一、本办法适用于在中华人民共和国境内的建筑业企业（以下简称企业）和与之形成劳动关系的农民工。

本办法所指建筑业企业，是指从事土木工程、建筑工程、线路管道设备安装工程、装修工程的新建、扩建、改建活动的企业。

二、县级以上劳动和社会保障行政部门负责企业工资支付的监督管理，建设行政主管部门协助劳动和社会保障行政部门对企业执行本办法的情况进行监督检查。

三、企业必须严格按照《劳动法》、《工资支付暂行规定》和《最低工资规定》等有关规定支付农民工工资，不得拖欠或克扣。

四、企业应依法通过集体协商或其他民主协商形式制定内部工资支付办法，并告知本企业全体农民工，同时抄报当地劳动和社会保障行政部门与建设行政主管部门。

五、企业内部工资支付办法应包括以下内容：支付项目、支付标准、支付方式、支付周期和日期、加班工资计算基数、特殊情况下的工资支付以及其他工资支付内容。

六、企业应当根据劳动合同约定的农民工工资标准等内容，按照依法签订的集体合同或劳动合同约定的日期按月支付工资，并不得低于当地最低工资标准。具体支付方式可由企业结合建筑行业特点在内部工资支付办法中规定。

七、企业应将工资直接发放给农民工本人，严禁发放给"包工头"或其他不具备用工主体资格的组织和个人。

企业可委托银行发放农民工工资。

八、企业支付农民工工资应编制工资支付表，如实记录支付单位、支付时间、支付对象、支付数额等工资支付情况，并保存两年以上备查。

九、工程总承包企业应对劳务分包企业工资支付进行监督，督促其依法支付农民工工资。

十、业主或工程总承包企业未按合同约定与建设工程承包企业结清工程款，致使建设工程承包企业拖欠农民工工资的，由业主或工程总承包企业先行垫付农民工被拖欠的工资，先行垫付的工资数额以未结清的工程款为限。

十一、企业因被拖欠工程款导致拖欠农民工工资的，企业追回的被拖欠工程款，应优先用于支付拖欠的农民工工资。

十二、工程总承包企业不得将工程违反规定发包、分包给不具备用工主体资格的组织或个人，否则应承担清偿拖欠工资连带责任。

十三、企业应定期如实向当地劳动和社会保障行政部门及建设行政主管部门报送本单位工资支付情况。

十四、企业违反国家工资支付规定拖欠或克扣农民工工资的，记入信用档案，并通报有关部门。

建设行政主管部门可依法对其市场准入、招投标资格和新开工项目施工许可等进行限制，并予以相应处罚。

十五、企业应按有关规定缴纳工资保障金，存入当地政府指定的专户，用于垫付拖欠的农民工工资。

十六、农民工发现企业有下列情形之一的，有权向劳动和社会保障行政部门举报：

（一）未按照约定支付工资的；

（二）支付工资低于当地最低工资标准的；

（三）拖欠或克扣工资的；

（四）不支付加班工资的；

（五）侵害工资报酬权益的其他行为。

十七、各级劳动和社会保障行政部门依法对企业支付农民工工资情况进行监察，对违法行为进行处理。企业在接受监察时应当如实报告情况，提供必要的资料和证明。

十八、农民工与企业因工资支付发生争议的，按照国家劳动争议处理有关规定处理。

对事实清楚、不及时裁决会导致农民工生活困难的工资争议案件，以及涉及农民工工伤、患病期间工资待遇的争议案件，劳动争议仲裁委员会可部分裁决；企业不执行部分裁决的，当事人可依法向人民法院申请强制执行。

十九、本办法自发布之日起施行。

工程建设领域农民工工资保证金规定

1. 2021年8月17日人力资源社会保障部、住房和城乡建设部、交通运输部、水利部、银保监会、铁路局、民航局发布
2. 人社部发〔2021〕65号
3. 自2021年11月1日起施行

第一章　总　　则

第一条　为依法保护农民工工资权益，发挥工资保证金在解决拖欠农民工工资问题中的重要作用，根据《保障农民工工资支付条例》，制定本规定。

第二条　本规定所指工资保证金，是指工程建设领域施工总承包单位（包括直接承包建设单位发包工程的专业承包企业）在银行设立账户并按照工程施工合同额的一定比例存储，专项用于支付为所承包工程提供劳动的农民工被拖欠工资的专项资金。

工资保证金可以用银行类金融机构出具的银行保函替代，有条件的地区还可探索引入工程担保公司保函或工程保证保险。

第三条　工程建设领域工资保证金的存储比例、存储形式、减免措施以及使用返还等事项适用本规定。

第四条　各省级人力资源社会保障行政部门负责组织实施本行政区工资保证金制度。

地方人力资源社会保障行政部门应建立健全与本地区行业工程建设主管部门和金融监管部门的会商机制，加强信息通报和执法协作，确保工资保证金制度规范平稳运行。

第五条　工资保证金制度原则上由地市级人力资源社会保障行政部门具体管理，有条件的地区可逐步将管理层级上升为省级人力资源社会保障行政部门。

实施具体管理的地市级或省级人力资源社会保障行政部门，以下简称"属地人力资源社会保障行政部门"；对应的行政区，以下统称"工资保证金管理地区"。

同一工程地理位置涉及两个或两个以上工资保证金管理地区，发生管辖争议的，由共同的上一级人力资源社会保障行政部门商同级行业工程建设主管部门指定管辖。

第二章　工资保证金存储

第六条　施工总承包单位应当在工程所在地的银行存储工资保证金或申请开立银行保函。

第七条　经办工资保证金的银行(以下简称经办银行)依法办理工资保证金账户开户、存储、查询、支取、销户及开立保函等业务,应具备以下条件:

(一)在工程所在的工资保证金管理地区设有分支机构;

(二)信用等级良好、服务水平优良,并承诺按照监管要求提供工资保证金业务服务。

第八条　施工总承包单位应当自工程取得施工许可证(开工报告批复)之日起20个工作日内(依法不需要办理施工许可证或批准开工报告的工程自签订施工合同之日起20个工作日之内),持营业执照副本、与建设单位签订的施工合同在经办银行开立工资保证金专门账户存储工资保证金。

行业工程建设主管部门应当在颁发施工许可证或批准开工报告时告知相关单位及时存储工资保证金。

第九条　存储工资保证金的施工总承包单位应与经办银行签订《农民工工资保证金存款协议书》(附件1),并将协议书副本送属地人力资源社会保障行政部门备案。

第十条　经办银行应当规范工资保证金账户开户工作,为存储工资保证金提供必要的便利,与开户单位核实账户性质,在业务系统中对工资保证金账户进行特殊标识,并在相关网络查控平台、电子化专线信息传输系统等作出整体限制查封、冻结或划拨设置,防止被不当查封、冻结或划拨,保障资金安全。

第十一条　工资保证金按工程施工合同额(或年度合同额)的一定比例存储,原则上不低于1%,不超过3%,单个工程合同额较高的,可设定存储上限。

施工总承包单位在同一工资保证金管理地区有多个在建工程,存储比例可适当下浮但不得低于施工合同额(或年度合同额)的0.5%。

施工合同额低于300万元的工程,且该工程的施工总承包单位在签订施工合同前一年内承建的工程未发生工资拖欠的,各地区可结合行业保障农民工工资支付实际,免除该工程存储工资保证金。

前款规定的施工合同额可适当调整,调整范围由省级人力资源社会保障行政部门会同行业工程建设主管部门确定,并报人力资源社会保障部、住房和城乡建设部、交通运输部、水利部、铁路局、民航局备案。

第十二条　施工总承包单位存储工资保证金或提交银行保函后,在工资保证金管理地区承建工程连续2年未发生工资拖欠的,其新增工程应降低存储比例,降幅不低于50%;连续3年未发生工资拖欠且按要求落实用工实名制管理和农民工工资专用账户制度的,其新增工程可免于存储工资保证金。

施工总承包单位存储工资保证金或提交银行保函前2年内在工资保证金管理地区承建工程发生工资拖欠的,工资保证金存储比例应适当提高,增幅不低于50%;因拖欠农民工工资被纳入“严重失信主体名单”的,增幅不低于100%。

第十三条　工资保证金具体存储比例及浮动办法由省级人力资源社会保障行政部门商同级行业工程建设主管部门研究确定,报人力资源社会保障部备案。工资保证金存储比例应根据本行政区保障农民工工资支付实际情况实行定期动态调整,主动向社会公布。

第十四条　工资保证金账户内本金和利息归开立账户的施工总承包单位所有。在工资保证金账户被监管期间,企业可自由提取和使用工资保证金的利息及其他合法收益。

除符合本规定第十九条规定的情形,其他任何单位和个人不得动用工资保证金账户内本金。

第十五条　施工总承包单位可选择以银行保函替代现金存储工资保证金,保函担保金额不得低于按规定比例计算应存储的工资保证金数额。

保函正本由属地人力资源社会保障行政部门保存。

第十六条　银行保函应以属地人力资源社会保障行政部门为受益人,保函性质为不可撤销见索即付保函(附件2)。

施工总承包单位所承包工程发生拖欠农民工工资,经人力资源社会保障行政部门依法作出责令限期清偿或先行清偿的行政处理决定,到期拒不清偿时,由经办银行依照保函承担担保责任。

第十七条　施工总承包单位应在其工程施工期内提供有效的保函,保函有效期至少为1年并不得短于合同期。工程未完工保函到期的,属地人力资源社会保障行政部门应在保函到期前一个月提醒施工总承包单位更换新的保函或延长保函有效期。

第十八条　属地人力资源社会保障行政部门应当将存储工资保证金或开立银行保函的施工总承包单位名单及对应的工程名称向社会公布,施工总承包单位应当将本工程落实工资保证金制度情况纳入维权信息告示牌内容。

第三章　工资保证金使用

第十九条　施工总承包单位所承包工程发生拖欠农民工工资的，经人力资源社会保障行政部门依法作出责令限期清偿或先行清偿的行政处理决定，施工总承包单位到期拒不履行的，属地人力资源社会保障行政部门可以向经办银行出具《农民工工资保证金支付通知书》（附件3，以下简称《支付通知书》），书面通知有关施工总承包单位和经办银行。经办银行应在收到《支付通知书》5个工作日内，从工资保证金账户中将相应数额的款项以银行转账方式支付给属地人力资源社会保障行政部门指定的被拖欠工资农民工本人。

施工总承包单位采用银行保函替代工资保证金，发生前款情形的，提供银行保函的经办银行应在收到《支付通知书》5个工作日内，依照银行保函约定支付农民工工资。

第二十条　工资保证金使用后，施工总承包单位应当自使用之日起10个工作日内将工资保证金补足。

采用银行保函替代工资保证金发生前款情形的，施工总承包单位应在10个工作日内提供与原保函相同担保范围和担保金额的新保函。施工总承包单位开立新保函后，原保函即行失效。

第二十一条　经办银行应每季度分别向施工总承包单位和属地人力资源社会保障行政部门提供工资保证金存款对账单。

第二十二条　工资保证金对应的工程完工，施工总承包单位作出书面承诺该工程不存在未解决的拖欠农民工工资问题，并在施工现场维权信息告示牌及属地人力资源社会保障行政部门门户网站公示30日后，可以申请返还工资保证金或银行保函正本。

属地人力资源社会保障行政部门自施工总承包单位提交书面申请5个工作日内审核完毕，并在审核完毕3个工作日内向经办银行和施工总承包单位出具工资保证金返还（销户）确认书。经办银行收到确认书后，工资保证金账户解除监管，相应款项不再属于工资保证金，施工总承包单位可自由支配账户资金或办理账户销户。

选择使用银行保函替代现金存储工资保证金并符合本条第一款规定的，属地人力资源社会保障行政部门自施工总承包单位提交书面申请5个工作日内审核完毕，并在审核完毕3个工作日内返还银行保函正本。

属地人力资源社会保障行政部门在审核过程中发现工资保证金对应工程存在未解决的拖欠农民工工资问题，应在审核完毕3个工作日内书面告知施工总承包单位，施工总承包单位依法履行清偿（先行清偿）责任后，可再次提交返还工资保证金或退还银行保函正本的书面申请。

属地人力资源社会保障行政部门应建立工资保证金定期（至少每半年一次）清查机制，对经核实工程完工且不存在拖欠农民工工资问题，施工总承包单位在一定期限内未提交返还申请的，应主动启动返还程序。

第二十三条　施工总承包单位认为行政部门的行政行为损害其合法权益的，可以依法申请行政复议或者向人民法院提起行政诉讼。

第四章　工资保证金监管

第二十四条　工资保证金实行专款专用，除用于清偿或先行清偿施工总承包单位所承包工程拖欠农民工工资外，不得用于其他用途。

除法律另有规定外，工资保证金不得因支付为本工程提供劳动的农民工工资之外的原因被查封、冻结或者划拨。

第二十五条　人力资源社会保障行政部门应加强监管，对施工总承包单位未依据《保障农民工工资支付条例》和本规定存储、补足工资保证金（或提供、更新保函）的，应按照《保障农民工工资支付条例》第五十五条规定追究其法律责任。

第二十六条　属地人力资源社会保障行政部门要建立工资保证金管理台账，严格规范财务、审计制度，加强账户监管，确保专款专用。

行业工程建设主管部门对在日常监督检查中发现的未按规定存储工资保证金问题，应及时通报同级人力资源社会保障行政部门。对未按规定执行工资保证金制度的施工单位，除依法给予行政处罚（处理）外，应按照有关规定计入其信用记录，依法实施信用惩戒。

对行政部门擅自减免、超限额收缴、违规挪用、无故拖延返还工资保证金的，要严肃追究责任，依法依规对有关责任人员实行问责；涉嫌犯罪的，移送司法机关处理。

第五章　附　　则

第二十七条　房屋市政、铁路、公路、水路、民航、水利领域之外的其他工程，参照本规定执行。

采用工程担保公司保函或工程保证保险方式代替工资保证金的，参照银行保函的相关规定执行。

第二十八条　本规定由人力资源社会保障部会同住房和城乡建设部、交通运输部、水利部、银保监会、铁路局、民航局负责解释。各地区可根据本规定并结合工作实际，制定具体实施办法，并向人力资源社会保障部、住房和城乡建设部、交通运输部、水利部、银保监会、铁路局、民航局备案。在贯彻实施中遇到的重大问题，请及时向人力资源社会保障部报告。

第二十九条 本规定自2021年11月1日起施行。

本规定施行前已按属地原有工资保证金政策存储的工资保证金或保函继续有效，其日常管理、动用和返还等按照原有规定执行；本规定施行后新开工工程和尚未存储工资保证金的在建工程工资保证金按照本规定及各地区具体实施办法执行。

附件：1. 农民工工资保证金存款协议书（样本）（略）

2. 农民工工资保证金银行保函（样本）（略）

3. 农民工工资保证金支付通知书（样本）（略）

工程建设领域农民工工资专用账户管理暂行办法

1. 2021年7月7日人力资源社会保障部、国家发展改革委、财政部、住房城乡建设部、交通运输部、水利部、人民银行、国家铁路局、中国民用航空局、中国银保监会发布

2. 人社部发〔2021〕53号

第一章 总 则

第一条 为根治工程建设领域拖欠农民工工资问题，规范农民工工资专用账户管理，切实维护农民工劳动报酬权益，根据《保障农民工工资支付条例》《人民币银行结算账户管理办法》等有关法规规定，制定本办法。

第二条 本办法所称农民工工资专用账户（以下简称专用账户）是指施工总承包单位（以下简称总包单位）在工程建设项目所在地银行业金融机构（以下简称银行）开立的，专项用于支付农民工工资的专用存款账户。人工费用是指建设单位向总包单位专用账户拨付的专项用于支付农民工工资的工程款。

第三条 本办法所称建设单位是指工程建设项目的项目法人或负有建设管理责任的相关单位；总包单位是指从建设单位承包施工任务，具有施工承包资质的企业，包括工程总承包单位、施工总承包企业、直接承包建设单位发包工程的专业承包企业；分包单位是指承包总包单位发包的专业工程或者劳务作业，具有相应资质的企业；监理单位是指受建设单位委托依法执行工程监理任务，取得监理资质证书，具有法人资格的监理公司等单位。

本办法所称相关行业工程建设主管部门是指各级住房和城乡建设、交通运输、水利、铁路、民航等工程建设项目的行政主管部门。

第四条 本办法适用于房屋建筑、市政、交通运输、水利及基础设施建设的建筑工程、线路管道、设备安装、工程装饰装修、城市园林绿化等各种新建、扩建、改建工程建设项目。

第二章 专用账户的开立、撤销

第五条 建设单位与总包单位订立书面工程施工合同时，应当约定以下事项：

（一）工程款计量周期和工程款进度结算办法；

（二）建设单位拨付人工费用的周期和拨付日期；

（三）人工费用的数额或者占工程款的比例等。

前款第三项应当满足农民工工资按时足额支付的要求。

第六条 专用账户按工程建设项目开立。总包单位应当在工程施工合同签订之日起30日内开立专用账户，并与建设单位、开户银行签订资金管理三方协议。专用账户名称为总包单位名称加工程建设项目名称后加“农民工工资专用账户”。总包单位应当在专用账户开立后的30日内报项目所在地专用账户监管部门备案。监管部门由各省、自治区、直辖市根据《保障农民工工资支付条例》确定。

总包单位有2个及以上工程建设项目的，可开立新的专用账户，也可在符合项目所在地监管要求的情况下，在已有专用账户下按项目分别管理。

第七条 开户银行应当规范优化农民工工资专用账户开立服务流程，配合总包单位及时做好专用账户开立和管理工作，在业务系统中对账户进行特殊标识。

开户银行不得将专用账户资金转入除本项目农民工本人银行账户以外的账户，不得为专用账户提供现金支取和其他转账结算服务。

第八条 除法律另有规定外，专用账户资金不得因支付为本项目提供劳动的农民工工资之外的原因被查封、冻结或者划拨。

第九条 工程完工、总包单位或者开户银行发生变更需要撤销专用账户的，总包单位将本工程建设项目无拖欠农民工工资情况公示30日，并向项目所在地人力资源社会保障行政部门、相关行业工程建设主管部门出具无拖欠农民工工资承诺书。

开户银行依据专用账户监管部门通知取消账户特殊标识，按程序办理专用账户撤销手续，专用账户余额归总包单位所有。总包单位或者开户银行发生变更，撤销账户后可按照第六条规定开立新的专用账户。

第十条 工程建设项目存在以下情况，总包单位不得向开户银行申请撤销专用账户：

（一）尚有拖欠农民工工资案件正在处理的；

（二）农民工因工资支付问题正在申请劳动争议仲裁或者向人民法院提起诉讼的；

（三）其他拖欠农民工工资的情形。

第十一条　建设单位应当加强对总包单位开立、撤销专用账户情况的监督。

第三章　人工费用的拨付

第十二条　建设单位应当按工程施工合同约定的数额或者比例等，按时将人工费用拨付到总包单位专用账户。人工费用拨付周期不得超过1个月。

开户银行应当做好专用账户日常管理工作。出现未按约定拨付人工费用等情况的，开户银行应当通知总包单位，由总包单位报告项目所在地人力资源社会保障行政部门和相关行业工程建设主管部门，相关部门应当纳入欠薪预警并及时进行处置。

建设单位已经按约定足额向专用账户拨付资金，但总包单位依然拖欠农民工工资的，建设单位应及时报告有关部门。

第十三条　因用工量增加等原因导致专用账户余额不足以按时足额支付农民工工资时，总包单位提出需增加的人工费用数额，由建设单位核准后及时追加拨付。

第十四条　工程建设项目开工后，工程施工合同约定的人工费用的数额、占工程款的比例等需要修改的，总包单位可与建设单位签订补充协议并将相关修改情况通知开户银行。

第四章　农民工工资的支付

第十五条　工程建设领域总包单位对农民工工资支付负总责，推行分包单位农民工工资委托总包单位代发制度（以下简称总包代发制度）。

工程建设项目施行总包代发制度的，总包单位与分包单位签订委托工资支付协议。

第十六条　总包单位或者分包单位应当按照相关行业工程建设主管部门的要求开展农民工实名制管理工作，依法与所招用的农民工订立劳动合同并进行用工实名登记。总包单位和分包单位对农民工实名制基本信息进行采集、核实、更新，建立实名制管理台账。工程建设项目应结合行业特点配备农民工实名制管理所必需的软硬件设施设备。

未与总包单位或者分包单位订立劳动合同并进行用工实名登记的人员，不得进入项目现场施工。

第十七条　施行总包代发制度的，分包单位以实名制管理信息为基础，按月考核农民工工作量并编制工资支付表，经农民工本人签字确认后，与农民工考勤表、当月工程进度等情况一并交总包单位，并协助总包单位做好农民工工资支付工作。

总包单位应当在工程建设项目部配备劳资专管员，对分包单位劳动用工实施监督管理，审核分包单位编制的农民工考勤表、工资支付表等工资发放资料。

第十八条　总包单位应当按时将审核后的工资支付表等工资发放资料报送开户银行，开户银行应当及时将工资通过专用账户直接支付到农民工本人的银行账户，并由总包单位向分包单位提供代发工资凭证。

第十九条　农民工工资卡实行一人一卡、本人持卡，用人单位或者其他人员不得以任何理由扣押或者变相扣押。

开户银行应采取有效措施，积极防范本机构农民工工资卡被用于出租、出售、洗钱、赌博、诈骗和其他非法活动。

第二十条　开户银行支持农民工使用本人的具有金融功能的社会保障卡或者现有银行卡领取工资，不得拒绝其使用他行社会保障卡银行账户或他行银行卡。任何单位和个人不得强制要求农民工重新办理工资卡。农民工使用他行社会保障卡银行账户或他行银行卡的，鼓励执行优惠的跨行代发工资手续费率。

农民工本人确需办理新工资卡的，优先办理具有金融功能的社会保障卡，鼓励开户银行提供便利化服务，上门办理。

第二十一条　总包单位应当将专用账户有关资料、用工管理台账等妥善保存，至少保存至工程完工且工资全部结清后3年。

第二十二条　建设单位在签订工程监理合同时，可通过协商委托监理单位实施农民工工资支付审核及监督。

第五章　工资支付监控预警平台建设

第二十三条　人力资源社会保障部会同相关部门统筹做好全国农民工工资支付监控预警平台的规划和建设指导工作。

省级应当建立全省集中的农民工工资支付监控预警平台，支持辖区内省、市、县各级开展农民工工资支付监控预警。同时，按照网络安全和信息化有关要求，做好平台安全保障工作。

国家、省、市、县逐步实现农民工工资支付监控预警数据信息互联互通，与建筑工人管理服务、投资项目在线审批监管、全国信用信息共享、全国水利建设市场监管、铁路工程监督管理等信息平台对接，实现信息比对、分析预警等功能。

第二十四条　相关单位应当依法将工程施工合同中有关专用账户和工资支付的内容及修改情况、专用账户开立和撤销情况、劳动合同签订情况、实名制管理信息、考勤表信息、工资支付表信息、工资支付信息等实时上传农民工工资支付监控预警平台。

第二十五条 各地人力资源社会保障、发展改革、财政、住房和城乡建设、交通运输、水利等部门应当加强工程建设项目审批、资金落实、施工许可、劳动用工、工资支付等信息的及时共享，依托农民工工资支付监控预警平台开展多部门协同监管。

各地要统筹做好农民工工资支付监控预警平台与工程建设领域其他信息化平台的数据信息共享，避免企业重复采集、重复上传相关信息。

第二十六条 农民工工资支付监控预警平台依法归集专用账户管理、实名制管理和工资支付等方面信息，对违反专用账户管理、人工费用拨付、工资支付规定的情况及时进行预警，逐步实现工程建设项目农民工工资支付全过程动态监管。

第二十七条 加强劳动保障监察相关系统与农民工工资支付监控预警平台的协同共享和有效衔接，开通工资支付通知、查询功能和拖欠工资的举报投诉功能，方便农民工及时掌握本人工资支付情况，依法维护劳动报酬权益。

第二十八条 已建立农民工工资支付监控预警平台并实现工资支付动态监管的地区，专用账户开立、撤销不再要求进行书面备案。

第六章 监督管理

第二十九条 各地应当依据本办法完善工程建设领域农民工工资支付保障制度体系，坚持市场主体负责、政府依法监管、社会协同监督，按照源头治理、预防为主、防治结合、标本兼治的要求，依法根治工程建设领域拖欠农民工工资问题。

第三十条 各地人力资源社会保障行政部门和相关行业工程建设主管部门应当按职责对工程建设项目专用账户管理、人工费用拨付、农民工工资支付等情况进行监督检查，并及时处理有关投诉、举报、报告。

第三十一条 人民银行及其分支机构、银保监会及其派出机构应当采取必要措施支持银行为专用账户管理提供便利化服务。

第三十二条 各级人力资源社会保障行政部门和相关行业工程建设主管部门不得借推行专用账户制度的名义，指定开户银行和农民工工资卡办卡银行；不得巧立名目收取费用，增加企业负担。

第七章 附 则

第三十三条 各省级人力资源社会保障行政部门可根据本暂行办法，会同相关部门结合本地区实际情况制定实施细则。

第三十四条 同一工程建设项目发生管辖争议的，由共同的上一级人力资源社会保障部门会同相关行业工程建设主管部门指定管辖。

第三十五条 本暂行办法自印发之日起施行。办法施行前已开立的专用账户，可继续保留使用。

·典型案例·

如何快速处理拖欠农民工工资集体劳动争议①

【基本案情】

2018年，王某等142名农民工与某汽车配件公司签订劳动合同，从事汽车配件制作、销售等工作。2019年4月，该公司全面停工停产，并开始拖欠工资。2019年9月3日以后，该公司陆续邮寄了书面解除劳动合同通知，但未涉及拖欠工资事项。2019年9月15日，王某等142名农民工向劳动人事争议仲裁委员会（以下简称仲裁委员会）申请仲裁。

【申请人请求】

裁决汽车配件公司支付拖欠的工资等。

【处理结果】

经仲裁委员会调解，王某等142名农民工与汽车配件公司当庭达成调解协议，由该公司于调解书生效后10日内支付工资等共计145万元。

【案例分析】

本案中，仲裁委员会采取的快速处理拖欠农民工工资集体劳动争议方法值得借鉴。

1. 建立拖欠农民工工资争议快速处理机制

人力资源社会保障部、最高人民法院等五部门联合下发的《关于实施“护薪”行动全力做好拖欠农民工工资争议处理工作的通知》（人社部发〔2019〕80号，以下简称《“护薪”行动通知》）提出：“仲裁委员会要对拖欠农民工工资争议实行全程优先处理。”《劳动人事争议仲裁办案规则》第五十八条规定：“简易处理的案件，经与被申请人协商同意，仲裁庭可以缩短或者取消答辩期。”本案中，仲裁委员会为王某等142名农民工开通“绿色通

① 此部分案例摘自《人力资源和社会保障部 最高人民法院关于联合发布第一批劳动人事争议典型案例的通知》（人社部函〔2020〕62号）。

道”，于收到仲裁申请当日立案，通过简化优化仲裁程序，对能合并送达的开庭、举证通知等仲裁文书一并送达。此外，在征询双方当事人同意后，对本案取消了答辩期，于立案后两个工作日即开庭审理，并对当庭达成调解协议的，当庭制作、送达调解书。

2. 运用要素式办案方式

要素式办案，是指围绕案件争议要素加强案前引导、优化庭审程序、简化裁决文书的仲裁处理方式，对于创新仲裁办案方式，优化仲裁程序，提升办案效能，满足当事人快速解决争议的需要具有重要意义。《中华人民共和国劳动法》第五十条规定：“工资应当以货币形式按月支付给劳动者本人。不得克扣或者无故拖欠劳动者的工资。”本案中，仲裁庭以仲裁申请书为基础，提炼案件要素并梳理总结争议焦点，考虑到案件同质性强且涉及劳动者人数较多的实际情况，在开庭前对农民工代表及委托代理人制作要素式谈话笔录，明确入职时间、工资标准、拖欠工资数额、劳动合同解除时间等要素，并在开庭前安排汽车配件公司代理人逐一核对王某等农民工请求事项，对于无争议要素由代理人签字确认，对于有争议要素由代理人当场写明理由及依据。

3. 发挥工会、企业代表组织协商作用

根据要素谈话笔录反映的信息，仲裁委员会理清了案情脉络，并及时引入社会力量，会同当地工会、工商联等，启动集体劳动争议应急预案，由工会、工商联派人与农民工代表、汽车配件公司反复沟通协商，充分解答双方咨询法律问题、释明法律风险，为仲裁调解奠定了良好基础。

4. 通过调解化解争议

《劳动人事争议仲裁办案规则》第六十六条规定：“仲裁庭处理集体劳动人事争议，开庭前应当引导当事人自行协商，或者先行调解。”2019 年 9 月 18 日仲裁庭审中，仲裁庭分别进行了“面对面”和“背对背”调解，对涉及停工停产后劳动报酬的支付问题、劳动争议的“一裁两审”程序等进行了解释说明，从经济成本、时间成本、社会诚信以及和谐劳动关系等角度引导双方当事人协商，最终双方就工资支付数额、期限和方式达成一致，并当庭制作 142 份调解书送达了双方当事人。

【典型意义】

依法及时有效保障农民工工资权益，关系到人民群众的切身利益，关系到社会和谐稳定，是实现社会公平正义的必然要求，是践行立党为公、执政为民的具体体现。人社部、最高人民法院等下发的《“护薪”行动通知》，要求完善协商、调解、仲裁、诉讼相互协调、有序衔接的多元处理机制。发生拖欠农民工工资集体劳动争议时，要根据国家有关保障工资支付法律和政策规定，先行引导当事人到专业性劳动争议调解组织进行调解；调解不成的，则需及时引导进入仲裁程序，要充分发挥协商、调解在争议处理中的基础性作用和仲裁准司法的优势，发挥人社部门、工会和企业代表组织等有关部门合力及与司法的联动效能共同解决好拖欠农民工工资集体劳动争议，实现政治效果、法律效果与社会效果的统一。

培训期间工资是否属于专项培训费用

【基本案情】

2013 年 6 月 1 日，张某与某体检公司签订无固定期限劳动合同，到体检公司工作。2014 年 7 月 3 日，张某与体检公司签订培训协议，该公司安排张某到外地参加一年专业技术培训。培训协议约定：由体检公司支付培训费、差旅费，并按照劳动合同约定正常支付张某培训期间工资；张某培训完成后在体检公司至少服务 5 年；若张某未满服务期解除劳动合同，应当按照体检公司在培训期间所支出的所有费用支付违约金。培训期间，体检公司实际支付培训费 47 000 元、差旅费 5600 元，同时支付张某工资 33 000 元。培训结束后，张某于 2015 年 7 月 3 日回体检公司上班。2018 年 3 月 1 日，张某向体检公司递交书面通知，提出于 2018 年 4 月 2 日解除劳动合同。体检公司要求张某支付违约金 85 600 元（47 000 元 + 5600 元 + 33 000 元），否则拒绝出具解除劳动合同的证明。为顺利入职新用人单位，张某支付了违约金，但认为违约金数额违法，遂向劳动人事争议仲裁委员会（以下简称仲裁委员会）申请仲裁。

【申请人请求】

裁决体检公司返还违法收取的违约金 85 600 元。

【处理结果】

仲裁委员会裁决体检公司返还张某 61 930 元（85 600 元 − 23 670 元）。

【案例分析】

本案的争议焦点是体检公司支付给张某培训期间的工资是否属于专项培训费用。

《中华人民共和国劳动合同法》第二十二条规定：“用人单位为劳动者提供专项培训费用，对其进行专业技术培训的，可以与该劳动者订立协议，约定服务期。劳动者违反服务期约定的，应当按照约定向用人单位支付违约金。违约金的数额不得超过用人单位提供的培训费用。用人单位要求劳动者支付的违约金不得超过服务期尚未履行部分所应分摊的培训费用。”《中华人民共和国劳动合同法实施条例》第十六条规定：“劳动合同法第二十二条第二款规定的培训费用，包括用人单位为了对劳动者进行专业技术培训而支付的有凭证的培训费用、培训期间的差旅费用以及因培训产生的用于该劳动者的其他直接费用。”《中华人民共和国劳动法》第五十条规定：“工资应当以货币形式按月支付给劳动者本人。不得克扣或者无故拖欠劳动者的工资。”《关于贯彻执行〈中华人民共和国劳动法〉若干问题的意见》（劳部发〔1995〕309号）第53条规定：“劳动法中的‘工资’是指用人单位依据国家有关规定或劳动合同的约定，以货币形式直接支付给本单位劳动者的劳动报酬……”从上述条款可知，专项培训费用与工资存在明显区别：（1）从性质看，专项培训费用是用于培训的直接费用，工资是劳动合同履行期间用人单位支付给劳动者的劳动报酬；（2）从产生依据看，专项培训费用是因用人单位安排劳动者参加培训产生，工资是依据国家有关规定或劳动合同约定产生；（3）从给付对象看，专项培训费用由用人单位支付给培训服务单位等，工资由用人单位支付给劳动者本人。

本案中，张某脱产参加培训是在劳动合同履行期间，由体检公司安排，目的是提升其个人技能，使其能够创造更大的经营效益，张某参加培训的行为，应当视为履行对体检公司的劳动义务。综合前述法律规定，体检公司支付给张某培训期间的33 000元工资不属于专项培训费用。仲裁委员会结合案情依法计算得出：培训期间体检公司支付的专项培训费用为52 600元（47 000元＋5600元）；培训协议约定张某培训结束后的服务期为5年（即60个月），张某已实际服务33个月，服务期尚未履行部分为27个月。因此，张某依法应当支付的违约金为23 670元（52 600元÷60个月×27个月），体检公司应当返还张某61 930元（85 600元－23 670元）。

【典型意义】

《中共中央　国务院关于构建和谐劳动关系的意见》（中发〔2015〕10号）提出，要统筹处理好促进企业发展和维护职工权益的关系。用人单位可以与劳动者约定专业技术培训服务期，保障用人单位对劳动者技能培训投入的相应收益，这既有利于劳动者人力资源的开发，也有利于用人单位提升市场竞争力，对增强劳动关系的稳定性具有积极意义。实践中，用人单位在与劳动者订立服务期协议时，应当注意依法对服务期限、违约金等事项进行明确约定。特别要注意的是，协议约定的违约金不得超过用人单位提供的专项培训费用、实际要求劳动者支付的违约金数额不得超过服务期尚未履行部分所应分摊的培训费用等问题。劳动者参加了用人单位提供的专业技术培训，并签订服务期协议的，应当尊重并依法履行该约定，一旦违反，应当依法承担违约责任。

2. 工 时

国务院关于职工工作时间的规定

1. 1994年2月3日国务院令第146号发布
2. 根据1995年3月25日国务院令第174号《关于修改〈国务院关于职工工作时间的规定〉的决定》修订

第一条 为了合理安排职工的工作和休息时间，维护职工的休息权利，调动职工的积极性，促进社会主义现代化建设事业的发展，根据宪法有关规定，制定本规定。

第二条 本规定适用于在中华人民共和国境内的国家机关、社会团体、企业事业单位以及其他组织的职工。

第三条 职工每日工作8小时、每周工作40小时。

第四条 在特殊条件下从事劳动和有特殊情况，需要适当缩短工作时间的，按照国家有关规定执行。

第五条 因工作性质或者生产特点的限制，不能实行每日工作8小时、每周工作40小时标准工时制度的，按照国家有关规定，可以实行其他工作和休息办法。

第六条 任何单位和个人不得擅自延长职工工作时间。因特殊情况和紧急任务确需延长工作时间的，按照国家有关规定执行。

第七条 国家机关、事业单位实行统一的工作时间，星期六和星期日为周休息日。企业和不能实行前款规定的统一工作时间的事业单位，可以根据实际情况灵活安排周休息日。

第八条 本规定由劳动部、人事部负责解释，实施办法由劳动部、人事部制定。

第九条 本规定自1995年5月1日起施行，1995年5月1日施行有困难的企业、事业单位，可以适当延期，但是，事业单位最迟应当自1996年1月1日起施行，企业最迟应当自1997年5月1日起施行。

劳动部贯彻《国务院关于职工工作时间的规定》的实施办法

1. 1995年3月25日
2. 劳部发〔1995〕143号

第一条 根据《国务院关于职工工作时间的规定》（以下简称《规定》），制定本办法。

第二条 本办法适用于中华人民共和国境内的企业的职工和个体经济组织的劳动者（以下统称职工）。

第三条 职工每日工作八小时、每周工作四十小时。实行这一工时制度，应保证完成生产和工作任务，不减少职工的收入。

第四条 在特殊条件下从事劳动和有特殊情况，需要在每周工作四十小时的基础上再适当缩短工作时间的，应在保证完成生产和工作任务的前提下，根据《中华人民共和国劳动法》第三十六条的规定，由企业根据实际情况决定。

第五条 因工作性质或生产特点的限制，不能实行每日工作八小时、每周工作四十小时标准工时制度的，可以实行不定时工作制或综合计算工时工作制等其他工作和休息办法，并按照劳动部《关于企业实行不定时工作制和综合计算工时工作制的审批办法》执行。

第六条 任何单位和个人不得擅自延长职工工作时间。企业由于生产经营需要而延长职工工作时间的，应按《中华人民共和国劳动法》第四十一条的规定执行。

第七条 有下列特殊情形和紧急任务之一的，延长工作时间不受本办法第六条规定的限制：

（一）发生自然灾害、事故或者因其他原因，使人民的安全健康和国家资财遭到严重威胁，需要紧急处理的；

（二）生产设备、交通运输线路、公共设施发生故障，影响生产和公众利益，必须及时抢修的；

（三）必须利用法定节日或公休假日的停产期间进行设备检修、保养的；

（四）为完成国防紧急任务，或者完成上级在国家计划外安排的其他紧急生产任务，以及商业、供销企业在旺季完成收购、运输、加工农副产品紧急任务的。

第八条 根据本办法第六条、第七条延长工作时间的，企业应当按照《中华人民共和国劳动法》第四十四条的规定，给职工支付工资报酬或安排补休。

第九条 企业根据所在地的供电、供水和交通等实际情况，经与工会和职工协商后，可以灵活安排周休息日。

第十条 县级以上各级人民政府劳动行政部门对《规定》实施的情况进行监督检查。

第十一条 各省、自治区、直辖市人民政府劳动行政部门和国务院行业主管部门应根据《规定》和本办法及本地区、本行业的实际情况制定实施步骤，并报劳动部备案。

第十二条 本办法与《规定》同时实施。从1995年5月1日起施行每周四十小时工时制度有困难的企业，可以延期实行，但最迟应当于1997年5月1日起施行。在本办法施行前劳动部、人事部于1994年2月8日共同颁发的《〈国务院关于职工工作时间的规定〉的实施办法》继续有效。

《国务院关于职工工作时间的规定》问题解答

1. 1995年4月22日劳动部发布
2. 劳部发〔1995〕187号

一、问:1995年2月17日《国务院关于职工工作时间的规定》(以下简称《规定》)发布后,企业职工每周工作时间不超过四十小时,是否一定要每周休息两天?

答:有条件的企业应尽可能实行职工每日工作八小时、每周工作四十小时这一标准工时制度。有些企业因工作性质和生产特点不能实行标准工时制度的,应将贯彻《规定》和贯彻《劳动法》结合起来,保证职工每周工作时间不超过四十小时,每周至少休息一天;有些企业还可以实行不定时工作制、综合计算工时工作制等其他工作和休息办法。

二、问:实行新工时制后,企业职工原有的年休假还实行吗?

答:劳动法第四十五条规定:"国家实行带薪年休假制度。劳动者连续工作一年以上的,享受带薪年休假。具体办法由国务院规定"。在国务院没有发布企业职工年休假规定以前,1991年6月15日中共中央、国务院共同发出的《关于职工休假问题的通知》应继续贯彻执行。

三、问:《规定》第九条中"1995年5月1日施行有困难的企业"主要指的是哪些?

答:贯彻执行《规定》有一个很重要的原则,这就是既要维护职工的休息权利,也要保证生产和工作任务的完成,确保全国生产工作秩序的正常,以促进社会主义现代化建设事业的发展。《规定》所提到的有困难的企业主要是指:需要连续生产作业,而劳动组织、班制一时难以调整到位的关系国计民生的行业、企业;确有较多业务技术骨干需经较长时间培训合格上岗才能进一步缩短工时的企业;如立即实行新工时制,可能要严重影响企业完成生产任务、企业信誉和企业职工收入,确需一段准备过渡时间的企业。

这里特别需要指出的是,对于上述暂时存在困难的企业,各地区、各部门务必加强领导,精心指导,帮助他们制定切实可行的实施步骤;上述企业也应立足自身,挖掘潜力,积极创造条件,力争早日实行新工时制度,而不要非拖到1997年5月1日再实行。

四、问:如果有些企业只因极少数技术骨干轮换不过来而影响《规定》的贯彻实施,能不能用加班加点的办法予以解决?

答:为了使更多的企业职工能够实施新工时制度,企业首先要抓紧进行业务、技术骨干的培养,以便有足够的技术力量轮换顶班。只有这样才能既保证全体职工的健康和休息权利,也能保证正常的生产和工作秩序。在抓紧培养技术骨干的同时,为使企业绝大多数职工能尽早实行新工时制度,可以采取一些过渡性措施,即对极少数技术骨干发加班工资或补休。但是,一要与工会和劳动者本人协商,做好工作;二要保障技术骨干的身体健康;三不能无限期地延续下去,必须尽快招聘合格人才或抓紧培养合格人才。

五、问:哪些企业职工可实行不定时工作制?

答:不定时工作制是针对因生产特点、工作特殊需要或职责范围的关系,无法按标准工作时间衡量或需要机动作业的职工所采用的一种工时制度。例如:企业中从事高级管理、推销、货运、装卸、长途运输驾驶、押运、非生产性值班和特殊工作形式的个体工作岗位的职工,出租车驾驶员等,可实行不定时工作制。鉴于每个企业的情况不同,企业可依据上述原则结合企业的实际情况进行研究,并按有关规定报批。

六、问:哪些企业职工可实行综合计算工时工作制?

答:综合计算工时工作制是针对因工作性质特殊,需连续作业或受季节及自然条件限制的企业的部分职工,采用的以周、月、季、年等为周期综合计算工作时间的一种工时制度,但其平均日工作时间和平均周工作时间应与法定标准工作时间基本相同。主要是指:交通、铁路、邮电、水运、航空、渔业等行业中因工作性质特殊,需要连续作业的职工;地质、石油及资源勘探、建筑、制盐、制糖、旅游等季节和自然条件限制的行业的部分职工;亦工亦农或由于受能源、原材料供应等条件限制难以均衡生产的乡镇企业的职工等。另外,对于那些在市场竞争中,由于外界因素影响,生产任务不均衡的企业的部分职工也可以参照综合计算工时工作制的办法实施。

对于因工作性质或生产特点的限制,实行不定时工作制或综合计算工时工作制等其他工作和休息办法的职工,企业都应根据《中华人民共和国劳动法》和《规定》的有关条款,在保障职工身体健康并充分听取职工意见的基础上,采取集中工作、集中休息、轮休调休、弹性工作时间等适当的工作和休息方式,确保职工的休息休假权利和生产、工作任务的完成。同时,各企业主管部门也应积极创造条件,尽可能使企业的生产任务均衡合理，帮助企业解决贯彻《规定》中的实际问题。

七、问：在特殊条件下从事劳动和有特殊情况的，是否可以进一步缩短工作时间？

答：在特殊条件下从事劳动和有特殊情况，需要在每周工作四十小时的基础上再适当缩短工作时间的，应在保证完成生产和工作任务的前提下，根据《中华人民共和国劳动法》第三十六条的规定，由企业根据实际情况决定。

八、问：中外合营企业中外籍人员，应如何执行《规定》？

答：根据《中华人民共和国涉外经济合同法》第四十条规定："在中华人民共和国境内履行、经国家批准成立的中外合资经营企业合同、中外合作经营企业合同、中外合作勘探开发自然资源合同，在法律有新的规定时，可以仍然按照合同的规定执行"。因此，在《规定》发布前，凡以合同形式聘用的外籍员工，其工作时间仍可按原合同执行。

九、问：企业因生产经营需要延长工作时间是在每周四十小时，还是在每周四十四小时基础上计算？

答：1997年5月1日以前，以企业所执行的工时制度为基础。即实行每周四十小时工作制度的企业，以每周四十小时为基础计算加班加点时间；实行每周四十四小时工时制度的企业，以每周四十四小时为基础计算加班加点时间。上述加班加点，仍然按《劳动法》的有关规定执行。

1997年5月1日以后，一律应以每周四十小时为基础计算。

关于企业实行不定时工作制和综合计算工时工作制的审批办法

1. 1994年12月14日劳动部发布
2. 劳部发〔1994〕503号
3. 自1995年1月1日起施行

第一条　根据《中华人民共和国劳动法》第三十九条的规定，制定本办法。

第二条　本办法适用于中华人民共和国境内的企业。

第三条　企业因生产特点不能实行《中华人民共和国劳动法》第三十六条、第三十八条规定的，可以实行不定时工作制或综合计算工时工作制等其他工作和休息办法。

第四条　企业对符合下列条件之一的职工，可以实行不定时工作制。

（一）企业中的高级管理人员、外勤人员、推销人员、部分值班人员和其他因工作无法按标准工作时间衡量的职工；

（二）企业中的长途运输人员、出租汽车司机和铁路、港口、仓库的部分装卸人员以及因工作性质特殊，需机动作业的职工；

（三）其他因生产特点、工作特殊需要或职责范围的关系，适合实行不定时工作制的职工。

第五条　企业对符合下列条件之一的职工，可实行综合计算工时工作制，即分别以周、月、季、年等为周期，综合计算工作时间，但其平均日工作时间和平均周工作时间应与法定标准工作时间基本相同。

（一）交通、铁路、邮电、水运、航空、渔业等行业中因工作性质特殊，需连续作业的职工；

（二）地质及资源勘探、建筑、制盐、制糖、旅游等受季节和自然条件限制的行业的部分职工；

（三）其他适合实行综合计算工时工作制的职工。

第六条　对于实行不定时工作制和综合计算工时工作制等其他工作和休息办法的职工，企业应根据《中华人民共和国劳动法》第一章、第四章有关规定，在保障职工身体健康并充分听取职工意见的基础上，采用集中工作、集中休息、轮休调休、弹性工作时间等适当方式，确保职工的休息休假权利和生产、工作任务的完成。

第七条　中央直属企业实行不定时工作制和综合计算工时工作制等其他工作和休息办法的，经国务院行业主管部门审核，报国务院劳动行政部门批准。

地方企业实行不定时工作制和综合计算工时工作制等其他工作和休息办法的审批办法，由各省、自治区、直辖市人民政府劳动行政部门制定，报国务院劳动行政部门备案。

第八条　本办法自1995年1月1日起实行。

劳动部关于职工工作时间有关问题的复函

1. 1997年9月10日
2. 劳部发〔1997〕271号

广州市劳动局：

你局《关于职工工作时间有关问题的请示》（穗劳函字〔1997〕127号）收悉，经研究，函复如下：

一、企业和部分不能实行统一工作时间的事业单位，可否不实行"双休日"而安排每周工作六天，每天工作不超过6小时40分钟？

根据《劳动法》和《国务院关于职工工作时间的规定》(国务院令第174号)的规定,我国目前实行劳动者每日工作8小时,每周工作40小时这一标准工时制度。有条件的企业应实行标准工时制度。有些企业因工作性质和生产特点不能实行标准工时制度,应保证劳动者每天工作不超过8小时、每周工作不超过40小时、每周至少休息一天。此外,根据一些企业的生产实际情况还可实行不定时工作制和综合计算工作制。实行不定时工作制和综合计算工时工作制的企业应按劳动部《关于企业实行不定时工作制和综合计算工时工作制的审批办法》(劳部发〔1994〕503号)的规定办理审批手续。

二、用人单位要求劳动者每周工作超过40小时但不超过44小时,且不作延长工作时间处理,劳动行政机关可否认定其违法并依据《劳动法》第九十、九十一条和劳部发〔1994〕489、532号文件的规定予以处罚?

《国务院关于职工工作时间的规定》(国务院令第174号)是依据《劳动法》第三十六条的规定,按照我国经济和社会发展的需要,在标准工时制度方面进一步作出的规定。如果用人单位要求劳动者每周工作超过40小时但不超过44小时,且不作延长工作时间处理,劳动行政机关有权要求其改正。

三、《劳动法》第四十一、四十四条中的"延长工作时间"是否仅指加点,而不包括休息日或节日等法定休假日的加班(即是否加班不受《劳动法》的第四十一条限制)?

《劳动法》第四十一条有关延长工作时间的限制包括正常工作日的加点、休息日和法定休假日的加班。即每月工作日的加点、休息日和法定休假日的加班的总时数不得超过36小时。在国家立法部门没有作出立法解释前,应按此精神执行。

四、休息日或法定休假日加班,用人单位可否不支付加班费而给予补休?补休的标准如何确定?

依据《劳动法》第四十四条规定,休息日安排劳动者加班工作的,应首先安排补休,不能补休时,则应支付不低于工资的百分之二百的工资报酬。补休时间应等同于加班时间。法定休假日安排劳动者加班工作的,应另外支付不低于工资的百分之三百的工资报酬,一般不安排补休。

五、经批准实行综合计算工时工作制的用人单位,在计算周期内若日(或周)的平均工作时间没超过法定标准工作时间,但某一具体日(或周)的实际工作时间工作超过8小时(或40小时),"超过"部分是否视为加点(或加班)且受《劳动法》第四十一条的限制?

依据劳动部《关于企业实行不定时工作制和综合计算工时工作制的审批办法》第五条的规定,综合计算工时工作制采用的是以周、月、季、年等为周期综合计算工作时间,但其平均日工作时间和平均周工作时间应与法定标准工作时间基本相同。也就是说,在综合计算周期内,某一具体日(或周)的实际工作时间可以超过8小时(或40小时),但综合计算周期内的总实际工作时间不应超过总法定标准工作时间,超过部分应视为延长工作时间并按《劳动法》第四十四条第一款的规定支付工资报酬,其中法定休假日安排劳动者工作的,按《劳动法》第四十四条第三款的规定支付工资报酬。而且,延长工作时间的小时数平均每月不得超过36小时。

六、若甲企业经批准以季为周期综合计算工时(总工时应为40时/周×12周/季=480时/季)。若乙职工在该季的第一、二月份刚好完成了480小时的工作,第三个月整月休息。甲企业这样做是否合法且不存在着延长工作时间问题,该季各月的工资及加班费(若认定为延长工作时间的话)应如何计发?

某企业经劳动行政部门批准以季为周期综合计算工时(总工时应为508小时/季)。该企业因生产任务需要,经商工会和劳动者同意,安排劳动者在该季的第一、二月份刚好完成了508小时的工作,第三个月整月休息。该企业这样做应视为合法且没有延长工作时间。对于这种打破常规的工作时间安排,一定要取得工会和劳动者的同意,并且注意劳逸结合,切实保障劳动者身体健康。

工时计算方法应为:

1. 工作日的计算

年工作日:365天/年-104天/年(休息日)-7天/年(法定休假日)=254天/年

季工作日:254天/年÷4季=63.5天

月工作日:254天/年÷12月=21.16天

2. 工作小时数的计算

以每周、月、季、年的工作日乘以每日的8小时。

七、劳部发〔1994〕489号文第十三条中"其综合工作时间超过法定标准工作时间部分"是指日(或周)平均工作时间超过,还是指某一具体日(或周)实际工作时间超过?

实行综合计算工时工作制的企业,在综合计算周期内,如果劳动者的实际工作时间总数超过该周期的法定标准工作时间总数,超过部分应视为延长工作时间。如果在整个综合计算周期内的实际工作时间总数不超过该周期的法定标准工作时间总数,只是该综合计算周期内的某一具体日(或周、或月、或季)超过法定标准工作时间,其超过部分不应视为延长工作时间。

八、实行不定时工作制的工资如何计发?其休息休假如何确定?

对于实行不定时工作制的劳动者,企业应当根据标准工时制度合理确定劳动者的劳动定额或其他考核标准,以便安排劳动者休息。其工资由企业按照本单位的工资制度和工资分配办法,根据劳动者的实际工作时间和完成劳动定额情况计发。对于符合带薪年休假条件的劳动者,企业可安排其享受带薪年休假。

九、本市拟在审批综合计算工时过程中强制性地附加“保证劳动者每周至少休息一天”和“每日实际工作时间不得超过11小时”两个条件,是否妥当?

实行综合计算工时工作制是从部分企业生产实际出发,允许实行相对集中工作、集中休息的工作制度,以保证生产的正常进行和劳动者的合法权益。因此,在审批综合计算工时工作制过程中不宜再要求企业实行符合标准工时工作制的规定。但是,在审批综合计算工时工作制过程中应要求企业做到以下两点:

1. 企业实行综合计算工时工作制以及在实行综合计算工时工作中采取何种工作方式,一定要与工会和劳动者协商。

2. 对于第三级以上(含第三级)体力劳动强度的工作岗位,劳动者每日连续工作时间不得超过11小时,而且每周至少休息一天。

人力资源和社会保障部、商务部关于服务外包企业实行特殊工时制度有关问题的通知

1. 2009年3月29日
2. 人社部发〔2009〕36号

北京市、天津市、辽宁省、黑龙江省、上海市、江苏省、浙江省、安徽省、江西省、山东省、湖北省、湖南省、广东省、重庆市、四川省、陕西省人力资源社会保障(劳动保障)厅(局),商务厅(局):

为积极承接国际服务外包业务,促进我国服务外包产业发展,按照《国务院办公厅有关促进服务外包产业发展问题的复函》(国办函〔2009〕9号)的要求,现就服务外包企业实行特殊工时制度的有关问题通知如下:

一、在国务院批转的北京、天津、重庆、大连、深圳、广州、武汉、哈尔滨、成都、南京、西安、济南、杭州、合肥、南昌、长沙、大庆、苏州、无锡等20个服务外包示范城市,对符合条件且劳动用工管理规范的技术先进性服务外包企业,确因生产特点无法实行标准工时工作制的部分岗位,经所在地省级人力资源社会保障(劳动保障)部门批准,可以实施特殊工时工作制。其中,对软件设计人员、科技研发人员、中高级管理人员和其他工作无法按照标准工作时间衡量或需机动作业的职工,经批准可以实行不定时工作制;对因工作性质特殊需连续工作的职工和其他适合实行综合计算工时工作制的职工,经批准可以实行综合计算工时工作制。

二、实行特殊工时制度的服务外包企业,应当依法制定具体实施方案,科学安排职工的工作和休息时间,采取集中工作、集中休息、轮休调休、弹性工作时间等适当方式,确保职工的休息休假权利。

三、服务外包企业所在地省级人力资源社会保障(劳动保障)部门要改进对企业实行特殊工时制度的审批办法和程序,提高审批效率。要会同示范城市人力资源社会保障(劳动保障)部门、省市商务主管部门加强对服务外包企业的指导和服务,主动帮助解决实行特殊工时制度中遇到的问题。有关商务主管部门要积极配合人力资源社会保障(劳动保障)部门做好对服务外包企业实施特殊工时制度的管理和服务工作。

四、服务外包企业所在地省级人力资源社会保障(劳动保障)部门要注意了解掌握有关服务外包企业实行特殊工时制度的情况,搞好对实行特殊工时制度的企业、实行不定时工作制和综合计算工时工作制的岗位和职工人数的统计,于每年1月和7月报人力资源社会保障部备案,同时抄送商务部合同及商务主管部门。工作中遇到问题,及时向人力资源社会保障部报告。

·典型案例·

劳动者拒绝违法超时加班安排,用人单位能否解除劳动合同[①]

【基本案情】

张某于2020年6月入职某快递公司,双方订立的劳动合同约定试用期为3个月,试用期月工资为8000元,工作时间执行某快递公司规章制度相关规定。某快递公司规章制度规定,工作时间为早9时至晚9时,每周工作

① 本部分案例摘自《人力资源社会保障部　最高人民法院关于联合发布第二批劳动人事争议典型案例的通知》(人社部函〔2021〕90号)。

6天。2个月后，张某以工作时间严重超过法律规定上限为由拒绝超时加班安排，某快递公司即以张某在试用期间被证明不符合录用条件为由与其解除劳动合同。张某向劳动人事争议仲裁委员会（简称仲裁委员会）申请仲裁。

【申请人请求】

请求裁决某快递公司支付违法解除劳动合同赔偿金8000元。

【处理结果】

仲裁委员会裁决某快递公司支付张某违法解除劳动合同赔偿金8000元（裁决为终局裁决）。仲裁委员会将案件情况通报劳动保障监察机构，劳动保障监察机构对某快递公司规章制度违反法律、法规规定的情形责令其改正，给予警告。

【案例分析】

本案的争议焦点是张某拒绝违法超时加班安排，某快递公司能否与其解除劳动合同。

《中华人民共和国劳动法》第四十一条规定："用人单位由于生产经营需要，经与工会和劳动者协商后可以延长工作时间，一般每日不得超过一小时；因特殊原因需要延长工作时间的，在保障劳动者身体健康的条件下延长工作时间每日不得超过三小时，但是每月不得超过三十六小时。"第四十三条规定："用人单位不得违反本法规定延长劳动者的工作时间。"《中华人民共和国劳动合同法》第二十六条规定："下列劳动合同无效或者部分无效：……（三）违反法律、行政法规强制性规定的。"为确保劳动者休息权的实现，我国法律对延长工作时间的上限予以明确规定。用人单位制定违反法律规定的加班制度，在劳动合同中与劳动者约定违反法律规定的加班条款，均应认定为无效。

本案中，某快递公司规章制度中"工作时间为早9时至晚9时，每周工作6天"的内容，严重违反法律关于延长工作时间上限的规定，应认定为无效。张某拒绝违法超时加班安排，系维护自己合法权益，不能据此认定其在试用期间被证明不符合录用条件。故仲裁委员会依法裁决某快递公司支付张某违法解除劳动合同赔偿金。

【典型意义】

《中华人民共和国劳动法》第四条规定："用人单位应当依法建立和完善规章制度，保障劳动者享有劳动权利和履行劳动义务。"法律在支持用人单位依法行使管理职权的同时，也明确其必须履行保障劳动者权利的义务。用人单位的规章制度以及相应工作安排必须符合法律、行政法规的规定，否则既要承担违法后果，也不利于构建和谐稳定的劳动关系、促进自身健康发展。

劳动者与用人单位订立放弃加班费协议，能否主张加班费

【基本案情】

张某于2020年6月入职某科技公司，月工资20 000元。某科技公司在与张某订立劳动合同时，要求其订立一份协议作为合同附件，协议内容包括"我自愿申请加入公司奋斗者计划，放弃加班费。"半年后，张某因个人原因提出解除劳动合同，并要求支付加班费。某科技公司认可张某加班事实，但以其自愿订立放弃加班费协议为由拒绝支付。张某向劳动人事争议仲裁委员会（简称仲裁委员会）申请仲裁。

【申请人请求】

请求裁决某科技公司支付2020年6月至12月加班费24 000元。

【处理结果】

仲裁委员会裁决某科技公司支付张某2020年6月至12月加班费24 000元。

【案例分析】

本案的争议焦点是张某订立放弃加班费协议后，还能否主张加班费。

《中华人民共和国劳动合同法》第二十六条规定："下列劳动合同无效或者部分无效：……（二）用人单位免除自己的法定责任、排除劳动者权利的。"《最高人民法院关于审理劳动争议案件适用法律问题的解释（一）》（法释〔2020〕26号）第三十五条规定："劳动者与用人单位就解除或者终止劳动合同办理相关手续、支付工资报酬、加班费、经济补偿或者赔偿金等达成的协议，不违反法律、行政法规的强制性规定，且不存在欺诈、胁迫或者乘人之危情形的，应当认定有效。前款协议存在重大误解或者显失公平情形，当事人请求撤销的，人民法院应予支持。"加班费是劳动者延长工作时间的工资报酬，《中华人民共和国劳动法》第四十四条、《中华人民共和国劳动合同法》第三十一条明确规定了用人单位支付劳动者加班费的责任。约定放弃加班费的协议免除了用人单位的法定责任、排除了劳动者权利，显失公平，应认定无效。

本案中，某科技公司利用在订立劳动合同时的主导地位，要求张某在其单方制定的格式条款上签字放弃加班费，既违反法律规定，也违背公平原则，侵害了张某工资报酬权益。故仲裁委员会依法裁决某科技公司支付张某加班费。

【典型意义】

崇尚奋斗无可厚非，但不能成为用人单位规避法定

责任的挡箭牌。谋求企业发展、塑造企业文化都必须守住不违反法律规定、不侵害劳动者合法权益的底线，应在坚持按劳分配原则的基础上，通过科学合理的措施激发劳动者的主观能动性和创造性，统筹促进企业发展与维护劳动者权益。

用人单位未按规章制度履行加班审批手续，能否认定劳动者加班事实

【基本案情】

吴某于2019年12月入职某医药公司，月工资为18 000元。某医药公司加班管理制度规定："加班需提交加班申请单，按程序审批。未经审批的，不认定为加班，不支付加班费。"吴某入职后，按照某医药公司安排实际执行每天早9时至晚9时，每周工作6天的工作制度。其按照某医药公司加班管理制度提交了加班申请单，但某医药公司未实际履行审批手续。2020年11月，吴某与某医药公司协商解除劳动合同，要求某医药公司支付加班费，并出具了考勤记录、与部门领导及同事的微信聊天记录、工作会议纪要等。某医药公司虽认可上述证据的真实性但以无公司审批手续为由拒绝支付。吴某向劳动人事争议仲裁委员会（简称仲裁委员会）申请仲裁。

【申请人请求】

请求裁决某医药公司支付2019年12月至2020年11月加班费50 000元。

【处理结果】

仲裁委员会裁决某医药公司支付吴某2019年12月至2020年11月加班费50 000元。某医药公司不服仲裁裁决起诉，一审法院判决与仲裁裁决一致，某医药公司未上诉，一审判决已生效。

【案例分析】

本案的争议焦点是某医药公司能否以无公司审批手续为由拒绝支付吴某加班费。

《中华人民共和国劳动法》第四十四条规定："有下列情形之一的，用人单位应当按照下列标准支付高于劳动者正常工作时间工资的工资报酬：（一）安排劳动者延长工作时间的，支付不低于工资的百分之一百五十的工资报酬；（二）休息日安排劳动者工作又不能安排补休的，支付不低于工资的百分之二百的工资报酬。"《工资支付暂行规定》（劳部发〔1994〕489号）第十三条规定："用人单位在劳动者完成劳动定额或规定的工作任务后，根据实际需要安排劳动者在法定标准工作时间以外工作的，应按以下标准支付工资：……。"从上述条款可知，符合"用人单位安排""法定标准工作时间以外工作"情形的，用人单位应当依法支付劳动者加班费。

本案中，吴某提交的考勤记录、与部门领导及同事的微信聊天记录、工作会议纪要等证据形成了相对完整的证据链，某医药公司亦认可上述证据的真实性。某医药公司未实际履行加班审批手续，并不影响对"用人单位安排"加班这一事实的认定。故仲裁委员会依法裁决某医药公司支付吴某加班费。

【典型意义】

劳动规章制度对用人单位和劳动者都具有约束力。一方面，用人单位应严格按照规章制度的规定实施管理行为，不得滥用优势地位，侵害劳动者合法权益；另一方面，劳动者在合法权益受到侵害时，要注意保留相关证据，为维权提供依据。仲裁委员会、人民法院应准确把握加班事实认定标准，纠正用人单位规避法定责任、侵害劳动者合法权益的行为。

用人单位与劳动者约定实行包薪制，是否需要依法支付加班费

【基本案情】

周某于2020年7月入职某汽车服务公司，双方订立的劳动合同约定月工资为4000元（含加班费）。2021年2月，周某因个人原因提出解除劳动合同，并认为即使按照当地最低工资标准认定其法定标准工作时间工资，某汽车服务公司亦未足额支付加班费，要求支付差额。某汽车服务公司认可周某加班事实，但以劳动合同中约定的月工资中已含加班费为由拒绝支付。周某向劳动人事争议仲裁委员会（简称仲裁委员会）申请仲裁。

【申请人请求】

请求裁决某汽车服务公司支付加班费差额17 000元。

【处理结果】

仲裁委员会裁决某汽车服务公司支付周某加班费差额17 000元（裁决为终局裁决），并就有关问题向某汽车服务公司发出仲裁建议书。

【案例分析】

本案的争议焦点是某汽车服务公司与周某约定实行包薪制，是否还需要依法支付周某加班费差额。

《中华人民共和国劳动法》第四十七条规定："用人单位根据本单位的生产经营特点和经济效益，依法自主确定本单位的工资分配方式和工资水平。"第四十八条规定："国家实行最低工资保障制度。"《最低工资规定》（劳动和社会保障部令第21号）第三条规定："本规定所称最低工资标准，是指劳动者在法定工作时间或依法签

订的劳动合同约定的工作时间内提供了正常劳动的前提下，用人单位依法应支付的最低劳动报酬。”从上述条款可知，用人单位可以依法自主确定本单位的工资分配方式和工资水平，并与劳动者进行相应约定，但不得违反法律关于最低工资保障、加班费支付标准的规定。

本案中，根据周某实际工作时间折算，即使按照当地最低工资标准认定周某法定标准工作时间工资，并以此为基数核算加班费，也超出了4000元的约定工资，表明某汽车服务公司未依法足额支付周某加班费。故仲裁委员会依法裁决某汽车服务公司支付周某加班费差额。

【典型意义】

包薪制是指在劳动合同中打包约定法定标准工作时间工资和加班费的一种工资分配方式，在部分加班安排较多且时间相对固定的行业中比较普遍。虽然用人单位有依法制定内部薪酬分配制度的自主权，但内部薪酬分配制度的制定和执行须符合相关法律的规定。实践中，部分用人单位存在以实行包薪制规避或者减少承担支付加班费法定责任的情况。实行包薪制的用人单位应严格按照不低于最低工资标准支付劳动者法定标准工作时间的工资，同时按照国家关于加班费的有关法律规定足额支付加班费。

用人单位未与劳动者协商一致增加工作任务，劳动者是否有权拒绝

【基本案情】

张某于2018年9月入职某报刊公司从事投递员工作，每天工作6小时，每周工作6天，月工资3500元。2020年6月，因同区域另外一名投递员离职，某报刊公司在未与张某协商的情况下，安排其在第三季度承担该投递员的工作任务。张某认为，要完成加倍的工作量，其每天工作时间至少需延长4小时以上，故拒绝上述安排。某报刊公司依据员工奖惩制度，以张某不服从工作安排为由与其解除劳动合同。张某向劳动人事争议仲裁委员会（简称仲裁委员会）申请仲裁。

【申请人请求】

请求裁决某报刊公司支付违法解除劳动合同赔偿金14 000元。

【处理结果】

仲裁委员会裁决某报刊公司支付张某违法解除劳动合同赔偿金14 000元（裁决为终局裁决）。

【案例分析】

本案的争议焦点是某报刊公司未与张某协商一致增加其工作任务，张某是否有权拒绝。

《中华人民共和国劳动合同法》第三十一条规定：“用人单位应当严格执行劳动定额标准，不得强迫或者变相强迫劳动者加班。”第三十五条规定：“用人单位与劳动者协商一致，可以变更劳动合同约定的内容。”劳动合同是明确用人单位和劳动者权利义务的书面协议，未经变更，双方均应严格按照约定履行，特别是涉及工作时间等劳动定额标准的内容。

本案中，某报刊公司超出合理限度大幅增加张某的工作任务，应视为变更劳动合同约定的内容，违反了关于“协商一致”变更劳动合同的法律规定，已构成变相强迫劳动者加班。因此，张某有权依法拒绝上述安排。某报刊公司以张某不服从工作安排为由与其解除劳动合同不符合法律规定。故仲裁委员会依法裁决某报刊公司支付张某违法解除劳动合同赔偿金。

【典型意义】

允许用人单位与劳动者协商一致变更劳动合同，有利于保障用人单位根据生产经营需要合理调整用工安排的权利。但要注意的是，变更劳动合同要遵循合法、公平、平等自愿、协商一致、诚实信用的原则。工作量、工作时间的变更直接影响劳动者休息权的实现，用人单位对此进行大幅调整，应与劳动者充分协商，而不应采取强迫或者变相强迫的方式，更不得违反相关法律规定。

处理加班费争议，如何分配举证责任

【基本案情】

林某于2020年1月入职某教育咨询公司，月工资为6000元。2020年7月，林某因个人原因提出解除劳动合同，并向劳动人事争议仲裁委员会（简称仲裁委员会）申请仲裁。林某主张其工作期间每周工作6天，并提交了某打卡App打卡记录（显示林某及某教育咨询公司均实名认证，林某每周一至周六打卡；每天打卡两次，第一次打卡时间为早9时左右，第二次打卡时间为下午6时左右；打卡地点均为某教育咨询公司所在位置，存在个别日期未打卡情形）、工资支付记录打印件（显示曾因事假扣发工资，扣发日期及天数与打卡记录一致，未显示加班费支付情况）。某教育咨询公司不认可上述证据的真实性，主张林某每周工作5天，但未提交考勤记录、工资支付记录。

【申请人请求】

请求裁决某教育咨询公司支付加班费10 000元。

【处理结果】

仲裁委员会裁决某教育咨询公司支付林某加班费10 000元（裁决为终局裁决）。

【案例分析】

本案的争议焦点是如何分配林某与某教育咨询公司的举证责任。

《中华人民共和国劳动争议调解仲裁法》第六条规定:"发生劳动争议,当事人对自己提出的主张,有责任提供证据。与争议事项有关的证据属于用人单位掌握管理的,用人单位应当提供;用人单位不提供的,应当承担不利后果。"《最高人民法院关于审理劳动争议案件适用法律问题的解释(一)》(法释〔2020〕26号)第四十二条规定:"劳动者主张加班费的,应当就加班事实的存在承担举证责任。但劳动者有证据证明用人单位掌握加班事实存在的证据,用人单位不提供的,由用人单位承担不利后果。"从上述条款可知,主张加班费的劳动者有责任按照"谁主张谁举证"的原则,就加班事实的存在提供证据,或者就相关证据属于用人单位掌握管理提供证据。用人单位应当提供而不提供有关证据的,可以推定劳动者加班事实存在。

本案中,虽然林某提交的工资支付记录为打印件,但与实名认证的App打卡记录互相印证,能够证明某教育咨询公司掌握加班事实存在的证据。某教育咨询公司虽然不认可上述证据的真实性,但未提交反证或者作出合理解释,应承担不利后果。故仲裁委员会依法裁决某教育咨询公司支付林某加班费。

【典型意义】

我国劳动法律将保护劳动者的合法权益作为立法宗旨之一,在实体和程序方面都作出了相应规定。在加班费争议处理中,要充分考虑劳动者举证能力不足的实际情况,根据"谁主张谁举证"原则、证明妨碍规则,结合具体案情合理分配用人单位与劳动者的举证责任。

劳动者超时加班发生工伤,用工单位、劳务派遣单位是否承担连带赔偿责任

【基本案情】

2017年8月,某服务公司(已依法取得劳务派遣行政许可)与某传媒公司签订劳务派遣协议,约定某服务公司为某传媒公司提供派遣人员,每天工作11小时,每人每月最低保底工时286小时。2017年9月,某服务公司招用李某并派遣至某传媒公司工作,未为李某缴纳工伤保险。2018年8月、9月、11月,李某月工时分别为319小时、293小时、322.5小时,每月休息日不超过3日。2018年11月30日,李某工作时间为当日晚8时30分至12月1日上午8时30分。李某于12月1日凌晨5时30分晕倒在单位卫生间,经抢救无效于当日死亡,死亡原因为心肌梗死等。2018年12月,某传媒公司与李某近亲属惠某等签订赔偿协议,约定某传媒公司支付惠某等工亡待遇42万元,惠某等不得再就李某工亡赔偿事宜或在派遣工作期间享有的权利,向某传媒公司提出任何形式的赔偿要求。上述协议签订后,某传媒公司实际支付惠某等各项费用计423 497.80元。此后,李某所受伤害被社会保险行政部门认定为工伤。某服务公司、惠某等不服仲裁裁决,诉至人民法院。

【原告诉讼请求】

惠某等请求判决某服务公司与某传媒公司连带支付医疗费、一次性工亡补助金、丧葬补助金、供养亲属抚恤金,共计1 193 821元。

某服务公司请求判决不应支付供养亲属抚恤金;应支付的各项赔偿中应扣除某传媒公司已支付款项;某传媒公司承担连带责任。

【裁判结果】

一审法院判决:按照《工伤保险条例》,因用人单位未为李某参加工伤保险,其工亡待遇由用人单位全部赔偿。某服务公司和某传媒公司连带赔偿惠某等医疗费、一次性工亡补助金、丧葬补助金、供养亲属抚恤金合计766 911.55元。某传媒公司不服,提起上诉。二审法院判决:驳回上诉,维持原判。

【案例分析】

本案的争议焦点是李某超时加班发生工伤,用工单位与劳务派遣单位是否应承担连带赔偿责任。

《中华人民共和国劳动法》第三十八条规定:"用人单位应当保证劳动者每周至少休息一日。"第四十一条规定:"用人单位由于生产经营需要,经与工会和劳动者协商后可以延长工作时间,一般每日不得超过一小时;因特殊原因需要延长工作时间的,在保障劳动者身体健康的条件下延长工作时间每日不得超过三小时,但是每月不得超过三十六小时。"《中华人民共和国劳动合同法》第九十二条规定:"用工单位给被派遣劳动者造成损害的,劳务派遣单位与用工单位承担连带赔偿责任。"《国务院关于职工工作时间的规定》(国务院令第174号)第三条规定:"职工每日工作8小时、每周工作40小时。"休息权是劳动者的基本劳动权利,即使在支付劳动者加班费的情况下,劳动者的工作时间仍然受到法定延长工作时间上限的制约。劳务派遣用工中,劳动者超时加班发生工伤,用工单位和劳务派遣单位对劳动者的损失均负有责任,应承担连带赔偿责任。劳动者与用工单位、劳务派遣单位达成赔偿协议的,当赔偿协议存在违反法律、行政法规的强制性规定、欺诈、胁迫或者乘人之危情形时,不应认定赔偿协议有效;当赔偿协议存在重大误解或者

显失公平情形时，应当支持劳动者依法行使撤销权。

本案中，某服务公司和某传媒公司协议约定的被派遣劳动者每天工作时间及每月工作保底工时，均严重超过法定标准。李某工亡前每月休息时间不超过3日，每日工作时间基本超过11小时，每月延长工作时间超过36小时数倍，其依法享有的休息权受到严重侵害。某传媒公司作为用工单位长期安排李某超时加班，存在过错，对李某在工作期间突发疾病死亡负有不可推卸的责任。惠某等主张某传媒公司与某服务公司就李某工伤的相关待遇承担连带赔偿责任，应予支持。惠某等虽与某传媒公司达成了赔偿协议，但赔偿协议是在劳动者未经社会保险行政部门认定工伤的情形下签订的，且赔偿协议约定的补偿数额明显低于法定工伤保险待遇标准，某服务公司和某传媒公司应对差额部分予以补足。

【典型意义】

面对激烈的市场竞争环境，个别用人单位为降低用工成本、追求利润最大化，长期安排劳动者超时加班，对劳动者的身心健康、家庭和睦、参与社会生活等造成了严重影响，极端情况下会威胁劳动者的生命安全。本案系劳动者超时加班发生工伤而引发的工伤保险待遇纠纷，是超时劳动严重损害劳动者健康权的缩影。本案裁判明确了此种情况下用工单位、劳务派遣单位承担连带赔偿责任，可以有效避免劳务派遣用工中出现责任真空的现象，实现对劳动者合法权益的充分保障。同时，用人单位应依法为职工参加工伤保险，保障职工的工伤权益，也能分散自身风险。如用人单位未为职工参加工伤保险，工伤职工工伤保险待遇全部由用人单位支付。

用人单位以规章制度形式否认劳动者加班事实是否有效

【基本案情】

常某于2016年4月入职某网络公司。入职之初，某网络公司通过电子邮件告知常某，公司采取指纹打卡考勤。员工手册规定："21:00之后起算加班时间；加班需由员工提出申请，部门负责人审批。"常某于2016年5月至2017年1月期间，通过工作系统累计申请加班126小时。某网络公司以公司规章制度中明确21:00之后方起算加班时间，21:00之前的不应计入加班时间为由，拒绝支付常某加班费差额。常某向劳动人事争议仲裁委员会（简称仲裁委员会）申请仲裁，请求裁决某网络公司支付其加班费差额。某网络公司不服仲裁裁决，诉至人民法院。

【原告诉讼请求】

请求判决不支付常某加班费差额。

【裁判结果】

一审法院判决：某网络公司支付常某加班费差额32 000元。双方不服，均提起上诉。二审法院判决：驳回上诉，维持原判。

【案例分析】

本案的争议焦点是某网络公司以规章制度形式否认常某加班事实是否有效。

《中华人民共和国劳动合同法》第四条规定："用人单位应当依法建立和完善劳动规章制度，保障劳动者享有劳动权利、履行劳动义务。用人单位在制定、修改或者决定有关劳动报酬、工作时间、休息休假、劳动安全卫生、保险福利、职工培训、劳动纪律以及劳动定额管理等直接涉及劳动者切身利益的规章制度或者重大事项时，应当经职工代表大会或者全体职工讨论，提出方案和意见，与工会或者职工代表平等协商确定。……用人单位应当将直接涉及劳动者切身利益的规章制度和重大事项决定公示，或者告知劳动者。"通过民主程序制定的规章制度，不违反国家法律、行政法规及政策规定，并已向劳动者公示的，可以作为确定双方权利义务的依据。

本案中，一方面，某网络公司的员工手册规定有加班申请审批制度，该规定并不违反法律规定，且具有合理性，在劳动者明知此规定的情况下，可以作为确定双方权利义务的依据。另一方面，某网络公司的员工手册规定21:00之后起算加班时间，并主张18:00至21:00是员工晚餐和休息时间，故自21:00起算加班。鉴于18:00至21:00时间长达3个小时，远超过合理用餐时间，且在下班3个小时后再加班，不具有合理性。在某网络公司不能举证证实该段时间为员工晚餐和休息时间的情况下，其规章制度中的该项规定不具有合理性，人民法院依法否定了其效力。人民法院结合考勤记录、工作系统记录等证据，确定了常某的加班事实，判决某网络公司支付常某加班费差额。

【典型意义】

劳动争议案件的处理，既要保护劳动者的合法权益，亦应促进企业有序发展。合法的规章制度既能规范用人单位用工自主权的行使，又能保障劳动者参与用人单位民主管理，实现构建和谐劳动关系的目的。不合理的规章制度则会导致用人单位的社会声誉差、认同感低，最终引发人才流失，不利于用人单位的长远发展。用人单位制定的合理合法的规章制度，可以作为确定用人单位、劳动者权利义务的依据。一旦用人单位以规章制度形式规避应当承担的用工成本，侵害劳动者的合法权益，仲裁委员会、人民法院应当依法予以审查，充分保护劳动者的合法权益。用人单位应当根据单位实际，制定更为人性化的规章制度，增强劳动者对规章制度的认同感，激发劳动者的工作积极性，从而进一步减少劳动纠纷，为构建和谐劳动关系做出贡献。

劳动者在离职文件上签字确认加班费已结清，是否有权请求支付欠付的加班费

【基本案情】

2017年7月，肖某与某科技公司（已依法取得劳务派遣行政许可）订立劳动合同，被派遣至某快递公司担任配送员，月工资为基本工资加提成。肖某主张某快递公司在用工期间安排其双休日及法定节假日加班，并提交了工资表。工资表加盖有某科技公司公章，某科技公司和某快递公司均认可其真实性。该工资表显示，2017年7月至2019年10月期间肖某存在不同程度的双休日加班及法定节假日加班，但仅获得少则46.15元、多则115.40元的出勤补款或节假日补助。2019年11月，肖某向某科技公司提出离职，当日双方签署离职申请交接表。该表“员工离职原因”一栏显示：“公司未上社会保险，工作压力大、没给加班费。”“员工确认”一栏显示：“经说明，我已知悉《劳动合同法》上的权利和义务，现单位已经将我的工资、加班费、经济补偿结清，我与单位无其他任何争议。本人承诺不再以任何理由向某科技公司及用工单位主张权利。”员工签名处有肖某本人签名。肖某对离职申请交接表的真实性认可，但认为表中“员工确认”一栏虽系其本人签字，但并非其真实意思，若不签字，某科技公司就不让其办理工作交接，该栏内容系某科技公司逃避法律责任的一种方法。肖某不服仲裁裁决，诉至人民法院。

【原告诉讼请求】

请求判决某科技公司与某快递公司支付加班费82 261元。

【裁判结果】

一审法院判决：驳回肖某加班费的诉讼请求。肖某不服，提起上诉。二审法院改判：某科技公司与某快递公司连带支付肖某加班费24 404.89元。

【案例分析】

本案的争议焦点是肖某是否与用人单位就支付加班费达成合法有效的协议。

《最高人民法院关于审理劳动争议案件适用法律问题的解释（一）》（法释〔2020〕26号）第三十五条规定：“劳动者与用人单位就解除或者终止劳动合同办理相关手续、支付工资报酬、加班费、经济补偿或者赔偿金等达成的协议，不违反法律、行政法规的强制性规定，且不存在欺诈、胁迫或者乘人之危情形的，应当认定有效。”司法实践中，既应尊重和保障双方基于真实自愿合法原则签订的终止或解除劳动合同的协议，也应对劳动者明确持有异议的、涉及劳动者基本权益保护的协议真实性予以审查，依法保护劳动者的合法权益。

本案中，肖某认为离职申请交接表“员工确认”一栏不是其真实意思表示，上面记载的内容也与事实不符。该表中“员工离职原因”与“员工确认”两处表述确实存在矛盾。两家公司均未提供与肖某就加班费等款项达成的协议及已向肖某支付上述款项的证据，且肖某否认双方就上述款项已达成一致并已给付。因此，离职申请交接表中员工确认的“现单位已将我的工资、加班费、经济补偿结清，我与单位无其他任何争议”与事实不符，不能认定为肖某的真实意思表示。本案情形并不符合《最高人民法院关于审理劳动争议案件适用法律问题的解释（一）》第三十五条之规定，故二审法院依法支持肖某关于加班费的诉讼请求。

【典型意义】

实践中，有的用人单位在终止或解除劳动合同时，会与劳动者就加班费、经济补偿或赔偿金等达成协议。部分用人单位利用其在后续工资发放、离职证明开具、档案和社会保险关系转移等方面的优势地位，借机变相迫使劳动者在用人单位提供的格式文本上签字，放弃包括加班费在内的权利，或者在未足额支付加班费的情况下让劳动者签字确认加班费已经付清的事实。劳动者往往事后反悔，提起劳动争议仲裁与诉讼。本案中，人民法院最终依法支持劳动者关于加班费的诉讼请求，既维护了劳动者合法权益，对用人单位日后诚信协商、依法保护劳动者劳动报酬权亦有良好引导作用，有助于构建和谐稳定的劳动关系。劳动者在签署相关协议时，亦应熟悉相关条款含义，审慎签订协议，通过合法途径维护自身权益。

加班费的仲裁时效应当如何认定

【基本案情】

张某于2016年7月入职某建筑公司从事施工管理工作，2019年2月离职。工作期间，张某存在加班情形，但某建筑公司未支付其加班费。2019年12月，张某向劳动人事争议仲裁委员会申请仲裁，请求裁决某建筑公司依法支付其加班费，某建筑公司以张某的请求超过仲裁时效为由抗辩。张某不服仲裁裁决，诉至人民法院。

【原告诉讼请求】

请求判决某建筑公司支付加班费46 293元。

【裁判结果】

一审法院判决：某建筑公司支付张某加班费18 120元。张某与某建筑公司均未提起上诉，一审判决已生效。

【案例分析】

本案的争议焦点是张某关于加班费的请求是否超过仲裁时效。

《中华人民共和国劳动争议调解仲裁法》第二十七条规定："劳动争议申请仲裁的时效期间为一年。仲裁时效期间从当事人知道或者应当知道其权利被侵害之日起计算。……劳动关系存续期间因拖欠劳动报酬发生争议的，劳动者申请仲裁不受本条第一款规定的仲裁时效期间的限制；但是，劳动关系终止的，应当自劳动关系终止之日起一年内提出。"《中华人民共和国劳动法》第四十四条规定："有下列情形之一的，用人单位应当按照下列标准支付高于劳动者正常工作时间工资的工资报酬……"《关于工资总额组成的规定》（国家统计局令第1号）第四条规定："工资总额由下列六个部分组成：……（五）加班加点工资。"仲裁时效分为普通仲裁时效和特别仲裁时效，在劳动关系存续期间因拖欠劳动报酬发生劳动争议的，应当适用特别仲裁时效，即劳动关系存续期间的拖欠劳动报酬仲裁时效不受"知道或者应当知道权利被侵害之日起一年"的限制，但是劳动关系终止的，应当自劳动关系终止之日起一年内提出。加班费属于劳动报酬，相关争议处理中应当适用特别仲裁时效。

本案中，某建筑公司主张张某加班费的请求已经超过了一年的仲裁时效，不应予以支持。人民法院认为，张某与某建筑公司的劳动合同于2019年2月解除，其支付加班费的请求应自劳动合同解除之日起一年内提出，张某于2019年12月提出仲裁申请，其请求并未超过仲裁时效。根据劳动保障监察机构在执法中调取的工资表上的考勤记录，人民法院认定张某存在加班的事实，判决某建筑公司支付张某加班费。

【典型意义】

时效是指权利人不行使权利的事实状态持续经过法定期间，其权利即发生效力减损的制度。作为权利行使尤其是救济权行使期间的一种，时效既与当事人的实体权利密切相关，又与当事人通过相应的程序救济其权益密不可分。获取劳动报酬权是劳动权益中最基本、最重要的权益，考虑劳动者在劳动关系存续期间的弱势地位，法律对于拖欠劳动报酬争议设置了特别仲裁时效，对于有效保护劳动者权益具有重要意义。

3. 休　假

职工带薪年休假条例

1. 2007年12月14日国务院令第514号公布
2. 自2008年1月1日起施行

第一条　为了维护职工休息休假权利，调动职工工作积极性，根据劳动法和公务员法，制定本条例。

第二条　机关、团体、企业、事业单位、民办非企业单位、有雇工的个体工商户等单位的职工连续工作1年以上的，享受带薪年休假(以下简称年休假)。单位应当保证职工享受年休假。

职工在年休假期间享受与正常工作期间相同的工资收入。

第三条　职工累计工作已满1年不满10年的，年休假5天；已满10年不满20年的，年休假10天；已满20年的，年休假15天。

国家法定休假日、休息日不计入年休假的假期。

第四条　职工有下列情形之一的，不享受当年的年休假：

(一)职工依法享受寒暑假，其休假天数多于年休假天数的；

(二)职工请事假累计20天以上且单位按照规定不扣工资的；

(三)累计工作满1年不满10年的职工，请病假累计2个月以上的；

(四)累计工作满10年不满20年的职工，请病假累计3个月以上的；

(五)累计工作满20年以上的职工，请病假累计4个月以上的。

第五条　单位根据生产、工作的具体情况，并考虑职工本人意愿，统筹安排职工年休假。

年休假在1个年度内可以集中安排，也可以分段安排，一般不跨年度安排。单位因生产、工作特点确有必要跨年度安排职工年休假的，可以跨1个年度安排。

单位确因工作需要不能安排职工休年休假的，经职工本人同意，可以不安排职工休年休假。对职工应休未休的年休假天数，单位应当按照该职工日工资收入的300%支付年休假工资报酬。

第六条　县级以上地方人民政府人事部门、劳动保障部门应当依据职权对单位执行本条例的情况主动进行监督检查。

工会组织依法维护职工的年休假权利。

第七条　单位不安排职工休年休假又不依照本条例规定给予年休假工资报酬的，由县级以上地方人民政府人事部门或者劳动保障部门依据职权责令限期改正；对逾期不改正的，除责令该单位支付年休假工资报酬外，单位还应当按照年休假工资报酬的数额向职工加付赔偿金；对拒不支付年休假工资报酬、赔偿金的，属于公务员和参照公务员法管理的人员所在单位的，对直接负责的主管人员以及其他直接责任人员依法给予处分；属于其他单位的，由劳动保障部门、人事部门或者职工申请人民法院强制执行。

第八条　职工与单位因年休假发生的争议，依照国家有关法律、行政法规的规定处理。

第九条　国务院人事部门、国务院劳动保障部门依据职权，分别制定本条例的实施办法。

第十条　本条例自2008年1月1日起施行。

企业职工带薪年休假实施办法

2008年9月18日人力资源和社会保障部令第1号发布施行

第一条　为了实施《职工带薪年休假条例》(以下简称条例)，制定本实施办法。

第二条　中华人民共和国境内的企业、民办非企业单位、有雇工的个体工商户等单位(以下称用人单位)和与其建立劳动关系的职工，适用本办法。

第三条　职工连续工作满12个月以上的，享受带薪年休假(以下简称年休假)。

第四条　年休假天数根据职工累计工作时间确定。职工在同一或者不同用人单位工作期间，以及依照法律、行政法规或者国务院规定视同工作期间，应当计为累计工作时间。

第五条　职工新进用人单位且符合本办法第三条规定的，当年度年休假天数，按照在本单位剩余日历天数折算确定，折算后不足1整天的部分不享受年休假。

前款规定的折算方法为：(当年度在本单位剩余日历天数÷365天)×职工本人全年应当享受的年休假天数。

第六条　职工依法享受的探亲假、婚丧假、产假等国家规定的假期以及因工伤停工留薪期间不计入年休假假期。

第七条　职工享受寒暑假天数多于其年休假天数的，不享受当年的年休假。确因工作需要，职工享受的寒暑假天数少于其年休假天数的，用人单位应当安排补足年休假天数。

第八条 职工已享受当年的年休假,年度内又出现条例第四条第(二)、(三)、(四)、(五)项规定情形之一的,不享受下一年度的年休假。

第九条 用人单位根据生产、工作的具体情况,并考虑职工本人意愿,统筹安排年休假。用人单位确因工作需要不能安排职工年休假或者跨1个年度安排年休假的,应征得职工本人同意。

第十条 用人单位经职工同意不安排年休假或者安排职工年休假天数少于应休年休假天数,应当在本年度内对职工应休未休年休假天数,按照其日工资收入的300%支付未休年休假工资报酬,其中包含用人单位支付职工正常工作期间的工资收入。

用人单位安排职工休年休假,但是职工因本人原因且书面提出不休年休假的,用人单位可以只支付其正常工作期间的工资收入。

第十一条 计算未休年休假工资报酬的日工资收入按照职工本人的月工资除以月计薪天数(21.75天)进行折算。

前款所称月工资是指职工在用人单位支付其未休年休假工资报酬前12个月剔除加班工资后的月平均工资。在本用人单位工作时间不满12个月的,按实际月份计算月平均工资。

职工在年休假期间享受与正常工作期间相同的工资收入。实行计件工资、提成工资或者其他绩效工资制的职工,日工资收入的计发办法按照本条第一款、第二款的规定执行。

第十二条 用人单位与职工解除或者终止劳动合同时,当年度未安排职工休满应休年休假的,应当按照职工当年已工作时间折算应休未休年休假天数并支付未休年休假工资报酬,但折算后不足1整天的部分不支付未休年休假工资报酬。

前款规定的折算方法为:(当年度在本单位已过日历天数÷365天)×职工本人全年应当享受的年休假天数－当年度已安排年休假天数。

用人单位当年已安排职工年休假的,多于折算应休年休假的天数不再扣回。

第十三条 劳动合同、集体合同约定的或者用人单位规章制度规定的年休假天数、未休年休假工资报酬高于法定标准的,用人单位应当按照有关约定或者规定执行。

第十四条 劳务派遣单位的职工符合本办法第三条规定条件的,享受年休假。

被派遣职工在劳动合同期限内无工作期间由劳务派遣单位依法支付劳动报酬的天数多于其全年应当享受的年休假天数的,不享受当年的年休假;少于其全年应当享受的年休假天数的,劳务派遣单位、用工单位应当协商安排补足被派遣职工年休假天数。

第十五条 县级以上地方人民政府劳动行政部门应当依法监督检查用人单位执行条例及本办法的情况。

用人单位不安排职工休年休假又不依照条例及本办法规定支付未休年休假工资报酬的,由县级以上地方人民政府劳动行政部门依据职权责令限期改正;对逾期不改正的,除责令该用人单位支付未休年休假工资报酬外,用人单位还应当按照未休年休假工资报酬的数额向职工加付赔偿金;对拒不执行支付未休年休假工资报酬、赔偿金行政处理决定的,由劳动行政部门申请人民法院强制执行。

第十六条 职工与用人单位因年休假发生劳动争议的,依照劳动争议处理的规定处理。

第十七条 除法律、行政法规或者国务院另有规定外,机关、事业单位、社会团体和与其建立劳动关系的职工,依照本办法执行。

船员的年休假按《中华人民共和国船员条例》执行。

第十八条 本办法中的“年度”是指公历年度。

第十九条 本办法自发布之日起施行。

人力资源和社会保障部办公厅关于《企业职工带薪年休假实施办法》有关问题的复函

1. 2009年4月15日
2. 人社厅函〔2009〕149号

上海市人力资源和社会保障局:

你局《关于〈企业职工带薪年休假实施办法〉若干问题的请示》(沪人社福字〔2008〕15号)收悉。经研究,现函复如下:

一、关于带薪年休假的享受条件

《企业职工带薪年休假实施办法》第三条中的“职工连续工作满12个月以上”,既包括职工在同一用人单位连续工作满12个月以上的情形,也包括职工在不同用人单位连续工作满12个月以上的情形。

二、关于累计工作时间的确定

《企业职工带薪年休假实施办法》第四条中的“累计工作时间”,包括职工在机关、团体、企业、事业单位、民办非企业单位、有雇工的个体工商户等单位从事全日制工作期间,以及依法服兵役和其他按照国家法律、行政法规和国务院规定可以计算为工龄的期间(视同工作期间)。职工的累计工作时间可以根据档案记载、单位缴纳社保费记录、劳动合同或者其他具有法律效力的证明材料确定。

全国年节及纪念日放假办法

1. 1949年12月23日政务院公布
2. 根据1999年9月18日国务院令第270号《关于修改〈全国年节及纪念日放假办法〉的决定》第一次修订
3. 根据2007年12月14日国务院令第513号《关于修改〈全国年节及纪念日放假办法〉的决定》第二次修订
4. 根据2013年12月11日国务院令第644号《关于修改〈全国年节及纪念日放假办法〉的决定》第三次修订

第一条　为统一全国年节及纪念日的假期,制定本办法。

第二条　全体公民放假的节日:

（一）新年,放假1天(1月1日);

（二）春节,放假3天(农历正月初一、初二、初三);

（三）清明节,放假1天(农历清明当日);

（四）劳动节,放假1天(5月1日);

（五）端午节,放假1天(农历端午当日);

（六）中秋节,放假1天(农历中秋当日);

（七）国庆节,放假3天(10月1日、2日、3日)。

第三条　部分公民放假的节日及纪念日:

（一）妇女节(3月8日),妇女放假半天;

（二）青年节(5月4日),14周岁以上的青年放假半天;

（三）儿童节(6月1日),不满14周岁的少年儿童放假1天;

（四）中国人民解放军建军纪念日(8月1日),现役军人放假半天。

第四条　少数民族习惯的节日,由各少数民族聚居地区的地方人民政府,按照各该民族习惯,规定放假日期。

第五条　二七纪念日、五卅纪念日、七七抗战纪念日、九三抗战胜利纪念日、九一八纪念日、教师节、护士节、记者节、植树节等其他节日、纪念日,均不放假。

第六条　全体公民放假的假日,如果适逢星期六、星期日,应当在工作日补假。部分公民放假的假日,如果适逢星期六、星期日,则不补假。

第七条　本办法自公布之日起施行。

国务院关于职工探亲待遇的规定

1. 1981年3月14日
2. 国发〔1981〕36号

第一条　为了适当地解决职工同亲属长期远居两地的探亲问题,特制定本规定。

第二条　凡在国家机关、人民团体和全民所有制企业、事业单位工作满一年的固定职工,与配偶不住在一起,又不能在公休假日团聚的,可以享受本规定探望配偶的待遇;与父亲、母亲都不住在一起,又不能在公休假日团聚的,可以享受本规定探望父母的待遇。但是,职工与父亲或与母亲一方能够在公休假日团聚的,不能享受本规定探望父母的待遇。

第三条　职工探亲假期:

（一）职工探望配偶的,每年给予一方探亲假一次,假期为三十天。

（二）未婚职工探望父母,原则上每年给假一次,假期为二十天。如果因为工作需要,本单位当年不能给予假期,或者职工自愿两年探亲一次的,可以两年给假一次,假期为四十五天。

（三）已婚职工探望父母的,每四年给假一次,假期为二十天。

探亲假期是指职工与配偶、父、母团聚的时间,另外,根据实际需要给予路程假。上述假期均包括公休假日和法定节日在内。

第四条　凡实行休假制度的职工(例如学校的教职工),应该在休假期间探亲;如果休假期较短,可由本单位适当安排,补足其探亲假的天数。

第五条　职工在规定的探亲假期和路程假期内,按照本人的标准工资发给工资。

第六条　职工探望配偶和未婚职工探望父母的往返路费,由所在单位负担。已婚职工探望父母的往返路费,在本人月标准工资百分之三十以内的,由本人自理,超过部分由所在单位负担。

第七条　各省、直辖市人民政府可以根据本规定制定实施细则,并抄送国家劳动总局备案。

自治区可以根据本规定的精神制定探亲规定,报国务院批准执行。

第八条　集体所有制企业、事业单位职工的探亲待遇,由各省、自治区、直辖市人民政府根据本地区的实际情况自行规定。

第九条　本规定自发布之日起施行。一九五八年二月九日《国务院关于工人、职员回家探亲的假期和工资待遇的暂行规定》同时废止。

国家劳动总局关于制定《国务院关于职工探亲待遇的规定》实施细则的若干问题的意见

1. 1981年3月26日
2. 劳总险字〔81〕12号

为便于各地区制定《国务院关于职工探亲待遇的规定》的实施细则，现就若干问题提出如下意见：

一、《国务院关于职工探亲待遇的规定》（以下简称《探亲规定》）所称的父母，包括自幼抚养职工长大，现在由职工供养的亲属。不包括岳父母、公婆。

二、学徒、见习生、实习生在学习、见习、实习期间不能享受《探亲规定》的待遇。

三、《探亲规定》所称的“不能在公休假日团聚”是指不能利用公休假日在家居住一夜和休息半个白天。

四、符合探望配偶条件的职工，因工作需要当年不能探望配偶时，其不实行探亲制度的配偶，可以到职工工作地点探亲，职工所在单位应按规定报销其往返路费。职工本人当年则不应再享受探亲待遇。

五、女职工到配偶工作地点生育，在生育休假期间，超过五十六天（难产、双生七十天）产假以后，与配偶团聚三十天以上的，不再享受当年探亲待遇。

六、职工的父亲或母亲和职工的配偶同居一地的，职工在探望配偶时，即可同时探望其父亲或者母亲，因此，不能再享受探望父母的待遇。

七、具备探望父母条件的已婚职工，每四年给假一次，在这四年中的任何一年，经过单位领导批准即可探亲。

八、职工配偶是军队干部的，其探亲待遇仍按1964年7月27日《劳动部关于配偶是军官的工人、职员是否享受探亲假待遇问题的通知》办理。

九、职工在探亲往返旅途中，遇到意外交通事故，例如坍方、洪水冲毁道路等，造成交通停顿，以致职工不能按期返回工作岗位的，在持有当地交通机关证明，向所在单位提出申请后，其超假日期可以算作探亲路程假期。

十、各单位要合理安排职工探亲的假期，务求不要妨碍生产和工作的正常进行，并且不得因此而增加人员编制。

十一、各单位对职工探亲要建立严格的审批、登记、请假、销假制度。对无故超假的，要按旷工处理。

十二、有关探亲路费的具体开支办法按财政部的规定办理。

十三、1958年4月23日《劳动部对于制定国务院关于工人、职员回家探亲的假期和工资待遇的暂行规定实施细则中若干问题的意见》予以废止。

铁道部、交通部也可以根据《探亲规定》，参照上述意见制定铁道、航运系统的实施细则，在本系统内统一执行，并抄送国家劳动总局备案。

国家劳动总局、财政部关于国营企业职工请婚丧假和路程假问题的通知

1. 1980年2月20日
2. 劳总薪字〔80〕29号

原劳动部一九五九年六月一日发出的（59）中劳薪字第67号通知中曾规定，企业单位的职工请婚丧假在三个工作日以内的，工资照发。这个办法试行以来，有些单位和职工反映，职工结婚时双方不在一地工作，职工的直系亲属死亡时需要职工本人到外地料理丧事的，由于没有路程假，给职工带来了一些实际困难。经研究，现对职工请婚丧假和路程假的问题，作如下通知：

一、职工本人结婚或职工的直系亲属（父母、配偶和子女）死亡时，可以根据具体情况，由本单位行政领导批准，酌情给予一至三天的婚丧假。

二、职工结婚时双方不在一地工作的；职工在外地的直系亲属死亡时需要职工本人去外地料理丧事的，都可以根据路程远近，另给予路程假。

三、在批准的婚丧假和路程假期间，职工的工资照发。途中的车船费等，全部由职工自理。

四、以上规定从本通知下达之月起执行。

企业职工患病或非因工负伤医疗期规定

1. 1994年12月1日劳动部发布
2. 劳部发〔1994〕479号
3. 自1995年1月1日起施行

第一条 为了保障企业职工在患病或非因工负伤期间的合法权益，根据《中华人民共和国劳动法》第二十六、二十九条规定，制定本规定。

第二条 医疗期是指企业职工因患病或非因工负伤停止工作治病休息不得解除劳动合同的时限。

第三条 企业职工因患病或非因工负伤，需要停止工作

医疗时，根据本人实际参加工作年限和在本单位工作年限，给予三个月到二十四个月的医疗期：

（一）实际工作年限十年以下的，在本单位工作年限五年以下的为三个月；五年以上的为六个月。

（二）实际工作年限十年以上的，在本单位工作年限五年以下的为六个月；五年以上十年以下的为九个月；十年以上十五年以下的为十二个月；十五年以上二十年以下的为十八个月；二十年以上的为二十四个月。

第四条　医疗期三个月的按六个月内累计病休时间计算；六个月的按十二个月内累计病休时间计算；九个月的按十五个月内累计病休时间计算；十二个月的按十八个月内累计病休时间计算；十八个月的按二十四个月内累计病休时间计算；二十四个月的按三十个月内累计病休时间计算。

第五条　企业职工在医疗期内，其病假工资、疾病救济费和医疗待遇按照有关规定执行。

第六条　企业职工非因工致残和经医生或医疗机构认定患有难以治疗的疾病，在医疗期内医疗终结，不能从事原工作，也不能从事用人单位另行安排的工作的，应当由劳动鉴定委员会参照工伤与职业病致残程度鉴定标准进行劳动能力的鉴定。被鉴定为一至四级的，应当退出劳动岗位，终止劳动关系，办理退休、退职手续，享受退休、退职待遇；被鉴定为五至十级的，医疗期内不得解除劳动合同。

第七条　企业职工非因工致残和经医生或医疗机构认定患有难以治疗的疾病，医疗期满，应当由劳动鉴定委员会参照工伤与职业病致残程度鉴定标准进行劳动能力的鉴定。被鉴定为一至四级的，应当退出劳动岗位，解除劳动关系，并办理退休、退职手续，享受退休、退职待遇。

第八条　医疗期满尚未痊愈者，被解除劳动合同的经济补偿问题按照有关规定执行。

第九条　本规定自一九九五年一月一日起施行。

劳动部关于贯彻《企业职工患病或非因工负伤医疗期规定》的通知

1. 1995年5月23日

2. 劳部发〔1995〕236号

各省、自治区、直辖市及计划单列市劳动（劳动人事）厅（局）：

1994年12月1日，我部发布了《企业职工患病或非因工负伤医疗期规定》（劳部发〔1994〕479号，以下简称《医疗期规定》）后，一些企业和地方劳动部门反映，《医疗期规定》中医疗期最长为24个月，时间过短，限制较死，在实际执行中遇到一定困难，要求适当延长医疗期，并要求进一步明确计算医疗期的起止时间。经研究，现对贯彻《医疗期规定》提出以下意见：

一、关于医疗期的计算问题

1. 医疗期计算应从病休第一天开始，累计计算。如：应享受三个月医疗期的职工，如果从1995年3月5日起第一次病休，那么，该职工的医疗期应在3月5日至9月5日之间确定在此期间累计病休三个月即视为医疗期满。其他依此类推。

2. 病休期间，公休、假日和法定节日包括在内。

二、关于特殊疾病的医疗期问题

根据目前的实际情况，对某些患特殊疾病（如癌症、精神病、瘫痪等）的职工，在24个月内尚不能痊愈的，经企业和劳动主管部门批准，可以适当延长医疗期。

各省、自治区、直辖市在实施《医疗期规定》时，可根据当地实际情况，抓紧制定具体细则，并及时报我部备案。

4. 公积金

住房公积金管理条例

1. 1999年4月3日国务院令第262号发布
2. 根据2002年3月24日国务院令第350号《关于修改〈住房公积金管理条例〉的决定》第一次修订
3. 根据2019年3月24日国务院令第710号《关于修改部分行政法规的决定》第二次修订

第一章 总 则

第一条 【立法宗旨】为了加强对住房公积金的管理,维护住房公积金所有者的合法权益,促进城镇住房建设,提高城镇居民的居住水平,制定本条例。

第二条 【住房公积金的概念】本条例适用于中华人民共和国境内住房公积金的缴存、提取、使用、管理和监督。

本条例所称住房公积金,是指国家机关、国有企业、城镇集体企业、外商投资企业、城镇私营企业及其他城镇企业、事业单位、民办非企业单位、社会团体(以下统称单位)及其在职职工缴存的长期住房储金。

第三条 【住房公积金归属】职工个人缴存的住房公积金和职工所在单位为职工缴存的住房公积金,属于职工个人所有。

第四条 【基本原则】住房公积金的管理实行住房公积金管理委员会决策、住房公积金管理中心运作、银行专户存储、财政监督的原则。

第五条 【住房公积金用途】住房公积金应当用于职工购买、建造、翻建、大修自住住房,任何单位和个人不得挪作他用。

第六条 【住房公积金利率】住房公积金的存、贷利率由中国人民银行提出,经征求国务院建设行政主管部门的意见后,报国务院批准。

第七条 【住房公积金监督】国务院建设行政主管部门会同国务院财政部门、中国人民银行拟定住房公积金政策,并监督执行。

省、自治区人民政府建设行政主管部门会同同级财政部门以及中国人民银行分支机构,负责本行政区域内住房公积金管理法规、政策执行情况的监督。

第二章 机构及其职责

第八条 【住房公积金管理委员会】直辖市和省、自治区人民政府所在地的市以及其他设区的市(地、州、盟),应当设立住房公积金管理委员会,作为住房公积金管理的决策机构。住房公积金管理委员会的成员中,人民政府负责人和建设、财政、人民银行等有关部门负责人以及有关专家占1/3,工会代表和职工代表占1/3,单位代表占1/3。

住房公积金管理委员会主任应当由具有社会公信力的人士担任。

第九条 【管理委员会职责】住房公积金管理委员会在住房公积金管理方面履行下列职责:

(一)依据有关法律、法规和政策,制定和调整住房公积金的具体管理措施,并监督实施;

(二)根据本条例第十八条的规定,拟订住房公积金的具体缴存比例;

(三)确定住房公积金的最高贷款额度;

(四)审批住房公积金归集、使用计划;

(五)审议住房公积金增值收益分配方案;

(六)审批住房公积金归集、使用计划执行情况的报告。

第十条 【住房公积金管理中心】直辖市和省、自治区人民政府所在地的市以及其他设区的市(地、州、盟)应当按照精简、效能的原则,设立一个住房公积金管理中心,负责住房公积金的管理运作。县(市)不设立住房公积金管理中心。

前款规定的住房公积金管理中心可以在有条件的县(市)设立分支机构。住房公积金管理中心与其分支机构应当实行统一的规章制度,进行统一核算。

住房公积金管理中心是直属城市人民政府的不以营利为目的的独立的事业单位。

第十一条 【管理中心职责】住房公积金管理中心履行下列职责:

(一)编制、执行住房公积金的归集、使用计划;

(二)负责记载职工住房公积金的缴存、提取、使用等情况;

(三)负责住房公积金的核算;

(四)审批住房公积金的提取、使用;

(五)负责住房公积金的保值和归还;

(六)编制住房公积金归集、使用计划执行情况的报告;

(七)承办住房公积金管理委员会决定的其他事项。

第十二条 【委托银行】住房公积金管理委员会应当按照中国人民银行的有关规定,指定受委托办理住房公积金金融业务的商业银行(以下简称受委托银行);住房公积金管理中心应当委托受委托银行办理住房公积金贷款、结算等金融业务和住房公积金账户的设立、缴存、归还等手续。

住房公积金管理中心应当与受委托银行签订委托合同。

第三章 缴 存

第十三条 【住房公积金账户】住房公积金管理中心应当在受委托银行设立住房公积金专户。

单位应当向住房公积金管理中心办理住房公积金缴存登记，并为本单位职工办理住房公积金账户设立手续。每个职工只能有一个住房公积金账户。

住房公积金管理中心应当建立职工住房公积金明细账，记载职工个人住房公积金的缴存、提取等情况。

第十四条 【单位变更与公积金缴存】新设立的单位应当自设立之日起30日内向住房公积金管理中心办理住房公积金缴存登记，并自登记之日起20日内，为本单位职工办理住房公积金账户设立手续。

单位合并、分立、撤销、解散或者破产的，应当自发生上述情况之日起30日内由原单位或者清算组织向住房公积金管理中心办理变更登记或者注销登记，并自办妥变更登记或者注销登记之日起20日内，为本单位职工办理住房公积金账户转移或者封存手续。

第十五条 【员工变动与公积金缴存】单位录用职工的，应当自录用之日起30日内向住房公积金管理中心办理缴存登记，并办理职工住房公积金账户的设立或者转移手续。

单位与职工终止劳动关系的，单位应当自劳动关系终止之日起30日内向住房公积金管理中心办理变更登记，并办理职工住房公积金账户转移或者封存手续。

第十六条 【一般员工的月缴存额】职工住房公积金的月缴存额为职工本人上一年度月平均工资乘以职工住房公积金缴存比例。

单位为职工缴存的住房公积金的月缴存额为职工本人上一年度月平均工资乘以单位住房公积金缴存比例。

第十七条 【新员工的月缴存额】新参加工作的职工从参加工作的第二个月开始缴存住房公积金，月缴存额为职工本人当月工资乘以职工住房公积金缴存比例。

单位新调入的职工从调入单位发放工资之日起缴存住房公积金，月缴存额为职工本人当月工资乘以职工住房公积金缴存比例。

第十八条 【缴存比例】职工和单位住房公积金的缴存比例均不得低于职工上一年度月平均工资的5%；有条件的城市，可以适当提高缴存比例。具体缴存比例由住房公积金管理委员会拟订，经本级人民政府审核后，报省、自治区、直辖市人民政府批准。

第十九条 【代扣代缴】职工个人缴存的住房公积金，由所在单位每月从其工资中代扣代缴。

单位应当于每月发放职工工资之日起5日内将单位缴存的和为职工代缴的住房公积金汇缴到住房公积金专户内，由受委托银行计入职工住房公积金账户。

第二十条 【缓缴或降低比例】单位应当按时、足额缴存住房公积金，不得逾期缴存或者少缴。

对缴存住房公积金确有困难的单位，经本单位职工代表大会或者工会讨论通过，并经住房公积金管理中心审核，报住房公积金管理委员会批准后，可以降低缴存比例或者缓缴；待单位经济效益好转后，再提高缴存比例或者补缴缓缴。

第二十一条 【计息时间】住房公积金自存入职工住房公积金账户之日起按照国家规定的利率计息。

第二十二条 【缴存凭证】住房公积金管理中心应当为缴存住房公积金的职工发放缴存住房公积金的有效凭证。

第二十三条 【缴存列支】单位为职工缴存的住房公积金，按照下列规定列支：

（一）机关在预算中列支；

（二）事业单位由财政部门核定收支后，在预算或者费用中列支；

（三）企业在成本中列支。

第四章 提取和使用

第二十四条 【住房公积金提取】职工有下列情形之一的，可以提取职工住房公积金账户内的存储余额：

（一）购买、建造、翻建、大修自住住房的；

（二）离休、退休的；

（三）完全丧失劳动能力，并与单位终止劳动关系的；

（四）出境定居的；

（五）偿还购房贷款本息的；

（六）房租超出家庭工资收入的规定比例的。

依照前款第（二）、（三）、（四）项规定，提取职工住房公积金的，应当同时注销职工住房公积金账户。

职工死亡或者被宣告死亡的，职工的继承人、受遗赠人可以提取职工住房公积金账户内的存储余额；无继承人也无受遗赠人的，职工住房公积金账户内的存储余额纳入住房公积金的增值收益。

第二十五条 【提取手续】职工提取住房公积金账户内的存储余额的，所在单位应当予以核实，并出具提取证明。

职工应当持提取证明向住房公积金管理中心申请提取住房公积金。住房公积金管理中心应当自受理申请之日起3日内作出准予提取或者不准提取的决定，并通知申请人；准予提取的，由受委托银行办理支付手续。

第二十六条 【住房公积金贷款】缴存住房公积金的职工，在购买、建造、翻建、大修自住住房时，可以向住房公积金管理中心申请住房公积金贷款。

住房公积金管理中心应当自受理申请之日起15日内作出准予贷款或者不准贷款的决定,并通知申请人;准予贷款的,由受委托银行办理贷款手续。

住房公积金贷款的风险,由住房公积金管理中心承担。

第二十七条 【贷款担保】申请人申请住房公积金贷款的,应当提供担保。

第二十八条 【住房公积金管理与使用的限制】住房公积金管理中心在保证住房公积金提取和贷款的前提下,经住房公积金管理委员会批准,可以将住房公积金用于购买国债。

住房公积金管理中心不得向他人提供担保。

第二十九条 【住房公积金增值收益的用途】住房公积金的增值收益应当存入住房公积金管理中心在受委托银行开立的住房公积金增值收益专户,用于建立住房公积金贷款风险准备金、住房公积金管理中心的管理费用和建设城市廉租住房的补充资金。

第三十条 【管理费用】住房公积金管理中心的管理费用,由住房公积金管理中心按照规定的标准编制全年预算支出总额,报本级人民政府财政部门批准后,从住房公积金增值收益中上交本级财政,由本级财政拨付。

住房公积金管理中心的管理费用标准,由省、自治区、直辖市人民政府建设行政主管部门会同同级财政部门按照略高于国家规定的事业单位费用标准制定。

第五章 监　　督

第三十一条 【财政部门监督】地方有关人民政府财政部门应当加强对本行政区域内住房公积金归集、提取和使用情况的监督,并向本级人民政府的住房公积金管理委员会通报。

住房公积金管理中心在编制住房公积金归集、使用计划时,应当征求财政部门的意见。

住房公积金管理委员会在审批住房公积金归集、使用计划和计划执行情况的报告时,必须有财政部门参加。

第三十二条 【预决算审核与财务报告】住房公积金管理中心编制的住房公积金年度预算、决算,应当经财政部门审核后,提交住房公积金管理委员会审议。

住房公积金管理中心应当每年定期向财政部门和住房公积金管理委员会报送财务报告,并将财务报告向社会公布。

第三十三条 【审计监督】住房公积金管理中心应当依法接受审计部门的审计监督。

第三十四条 【督促单位履行义务】住房公积金管理中心和职工有权督促单位按时履行下列义务:

(一)住房公积金的缴存登记或者变更、注销登记;

(二)住房公积金账户的设立、转移或者封存;

(三)足额缴存住房公积金。

第三十五条 【督促受委托银行履行义务】住房公积金管理中心应当督促受委托银行及时办理委托合同约定的业务。

受委托银行应当按照委托合同的约定,定期向住房公积金管理中心提供有关的业务资料。

第三十六条 【职工与单位的查询权与复核权】职工、单位有权查询本人、本单位住房公积金的缴存、提取情况,住房公积金管理中心、受委托银行不得拒绝。

职工、单位对住房公积金账户内的存储余额有异议的,可以申请受委托银行复核;对复核结果有异议的,可以申请住房公积金管理中心重新复核。受委托银行、住房公积金管理中心应当自收到申请之日起5日内给予书面答复。

职工有权揭发、检举、控告挪用住房公积金的行为。

第六章 罚　　则

第三十七条 【单位未办理登记或账户设立手续的法律责任】违反本条例的规定,单位不办理住房公积金缴存登记或者不为本单位职工办理住房公积金账户设立手续的,由住房公积金管理中心责令限期办理;逾期不办理的,处1万元以上5万元以下的罚款。

第三十八条 【单位不缴或少缴公积金的法律责任】违反本条例的规定,单位逾期不缴或者少缴住房公积金的,由住房公积金管理中心责令限期缴存;逾期仍不缴存的,可以申请人民法院强制执行。

第三十九条 【管理委员会失职的法律责任】住房公积金管理委员会违反本条例规定审批住房公积金使用计划的,由国务院建设行政主管部门会同国务院财政部门或者由省、自治区人民政府建设行政主管部门会同同级财政部门,依据管理职权责令限期改正。

第四十条 【管理中心失职的法律责任】住房公积金管理中心违反本条例规定,有下列行为之一的,由国务院建设行政主管部门或者省、自治区人民政府建设行政主管部门依据管理职权,责令限期改正;对负有责任的主管人员和其他直接责任人员,依法给予行政处分:

(一)未按照规定设立住房公积金专户的;

(二)未按照规定审批职工提取、使用住房公积金的;

(三)未按照规定使用住房公积金增值收益的;

(四)委托住房公积金管理委员会指定的银行以外的机构办理住房公积金金融业务的;

(五)未建立职工住房公积金明细账的;

(六)未为缴存住房公积金的职工发放缴存住房

公积金的有效凭证的；

（七）未按照规定用住房公积金购买国债的。

第四十一条 【挪用公积金的法律责任】违反本条例规定，挪用住房公积金的，由国务院建设行政主管部门或者省、自治区人民政府建设行政主管部门依据管理职权，追回挪用的住房公积金，没收违法所得；对挪用或者批准挪用住房公积金的人民政府负责人和政府有关部门负责人以及住房公积金管理中心负有责任的主管人员和其他直接责任人员，依照刑法关于挪用公款罪或者其他罪的规定，依法追究刑事责任；尚不够刑事处罚的，给予降级或者撤职的行政处分。

第四十二条 【管理中心违反财政法规的法律责任】住房公积金管理中心违反财政法规的，由财政部门依法给予行政处罚。

第四十三条 【管理中心违规担保的法律责任】违反本条例规定，住房公积金管理中心向他人提供担保的，对直接负责的主管人员和其他直接责任人员依法给予行政处分。

第四十四条 【监督失职的法律责任】国家机关工作人员在住房公积金监督管理工作中滥用职权、玩忽职守、徇私舞弊，构成犯罪的，依法追究刑事责任；尚不构成犯罪的，依法给予行政处分。

第七章 附 则

第四十五条 【财务管理和会计核算办法】住房公积金财务管理和会计核算的办法，由国务院财政部门商国务院建设行政主管部门制定。

第四十六条 【缴存登记与账户设立的时限】本条例施行前尚未办理住房公积金缴存登记和职工住房公积金账户设立手续的单位，应当自本条例施行之日起60日内到住房公积金管理中心办理缴存登记，并到受委托银行办理职工住房公积金账户设立手续。

第四十七条 【施行日期】本条例自发布之日起施行。

住房公积金统计管理办法

1. 2021年9月2日住房和城乡建设部修订发布

2. 建金〔2021〕64号

3. 自2021年9月6日起施行

第一章 总 则

第一条 为加强住房公积金统计管理，规范统计行为，提高统计质量，有效组织实施住房公积金统计工作，发挥统计在住房公积金管理工作中的重要作用，根据《中华人民共和国统计法》《中华人民共和国统计法实施条例》《住房公积金管理条例》等有关法律、法规，制定本办法。

第二条 住房公积金统计是指对住房公积金管理和业务运行的基本情况进行统计调查、统计分析，提供统计信息，实行信息交流与共享，进行统计管理和监督活动的总称。

第三条 本办法适用于住房和城乡建设部、省（自治区）住房和城乡建设厅和设区城市住房公积金管理中心组织实施的住房公积金统计工作。

第四条 住房公积金统计工作实行统一管理、分级负责。住房和城乡建设部负责全国住房公积金统计工作。省（自治区）住房和城乡建设厅负责本行政区域住房公积金统计工作。设区城市住房公积金管理中心负责组织实施本行政区域住房公积金统计工作。

第五条 住房公积金统计工作遵循真实、准确、完整、及时的原则。

第二章 机构职责和统计人员

第六条 住房和城乡建设部、省（自治区）住房和城乡建设厅、设区城市住房公积金管理中心应当明确承担住房公积金统计工作职责的部门，设置统计岗位，指定统计工作负责人，保障统计工作经费。

第七条 住房和城乡建设部履行以下住房公积金统计职责：

（一）建立住房公积金统计工作制度，组织、协调、管理和监督全国住房公积金统计工作。

（二）建立全国住房公积金统计指标体系和统计报表制度。

（三）提出住房公积金统计数据质量控制要求。

（四）采集、审核、汇总、管理全国住房公积金统计资料，开展统计分析和预测，提供统计信息和咨询。

（五）编制、公布全国住房公积金年度报告等统计资料。

（六）推进现代化信息技术在住房公积金统计工作中的应用，建立并管理全国住房公积金统计信息系统。

（七）组织全国住房公积金统计业务培训。

第八条 省（自治区）住房和城乡建设厅履行以下住房公积金统计职责：

（一）执行全国住房公积金统计工作制度，落实住房公积金统计数据质量控制要求，组织、协调、管理和监督本行政区域住房公积金统计工作。

（二）采集、审核、汇总、报送、管理本行政区域住房公积金统计资料，开展统计分析和预测，提供统计信息和咨询。

（三）编制、公布本行政区域住房公积金年度报告等统计资料。

（四）组织开展本行政区域住房公积金统计业务培训。

第九条 设区城市住房公积金管理中心履行以下住房公积金统计职责：

（一）执行全国住房公积金统计工作制度，组织实施住房公积金统计工作。

（二）采集、汇总、报送住房公积金决策和管理机构设置、人员状况、政策规定、业务运行等统计资料。

（三）编制、公布本行政区域住房公积金年度报告等统计资料。

第十条 设区城市住房公积金管理中心应当加强统计基础工作，为履行法定的统计资料报送提供人员和工作保障。

第十一条 设区城市住房公积金管理中心主要负责人是住房公积金统计工作第一责任人，按照住房公积金统计数据质量控制要求，对统计资料的真实性、准确性、完整性和及时性负责。住房和城乡建设部、省（自治区）住房和城乡建设厅住房公积金监管部门对统计工作负有审查、监督责任。

第十二条 住房公积金统计人员应当优先从具备相关专业的人员中选调，上岗前必须参加岗前培训。统计人员发生变化时，应做好工作交接。

第十三条 住房公积金统计人员应当坚持实事求是，恪守职业道德，对其负责采集、审核、汇总、录入的统计资料和报送的统计资料的一致性负责。

第十四条 住房公积金统计人员进行统计调查时，有权就与统计有关的问题询问有关人员，要求如实提供有关情况和资料。

第三章 统计调查内容

第十五条 住房公积金统计内容包括住房公积金政策规定、业务运行、机构设置和人员状况、住房公积金管理中心资产和费用支出等。

第十六条 住房公积金政策规定统计调查包括国家、省（自治区）、设区城市有关住房公积金缴存、提取、贷款、核算、受托银行等政策规定和实际执行情况。

第十七条 住房公积金业务运行统计包括住房公积金缴存、提取、贷款、服务、增值收益分配、风险资产、结余资金存款结构和存款银行。

第十八条 机构设置和人员状况统计包括住房公积金管理委员会人员组成、住房公积金管理中心机构及人员编制、住房公积金监管机构及人员编制等情况。

第十九条 住房公积金管理中心资产和费用支出统计是指经同级财政部门批准的住房公积金管理中心资产和费用支出。

第四章 统计信息报送和管理

第二十条 住房公积金统计信息通过住房公积金统计信息系统逐级报送，按照分级负责原则进行审核管理。住房公积金统计信息系统迁移至全国住房公积金监管服务平台后，统计人员通过该平台统计报表模块报送。

第二十一条 省（自治区）住房和城乡建设厅审核确认本行政区域内住房公积金统计信息系统用户，对用户进行备案管理，协助住房和城乡建设部分配系统权限和系统密钥。

第二十二条 设区城市住房公积金管理中心应当将经本单位主要负责人审定后的统计资料按时报送省（自治区）住房和城乡建设厅。

第二十三条 省（自治区）住房和城乡建设厅应当对本行政区域住房公积金管理中心报送的统计资料进行审查，确认无误后，按时报送住房和城乡建设部。

第二十四条 省（自治区）住房和城乡建设厅和设区城市住房公积金管理中心应做好对统计结果的分析与运用工作。

第二十五条 住房公积金统计报表分为月报、季报、年报等，应按规定时限报送，如遇法定节假日可顺延。

设区城市住房公积金管理中心应在每月 10 日前将上月月报报省（自治区）住房和城乡建设厅。省（自治区）住房和城乡建设厅审核汇总后，应在每月 15 日前报住房和城乡建设部。

设区城市住房公积金管理中心应在每季度首月 10 日前将上季度季报报省（自治区）住房和城乡建设厅。省（自治区）住房和城乡建设厅审核汇总后，应在每季度首月 15 日前报住房和城乡建设部。

设区城市住房公积金管理中心应在每年 3 月 15 日前将上年年报报省（自治区）住房和城乡建设厅。省（自治区）住房和城乡建设厅审核汇总后，应在每年 3 月 20 日前报住房和城乡建设部。

直辖市、新疆生产建设兵团住房公积金管理中心按照省（自治区）住房和城乡建设厅上报时限，直接报送住房和城乡建设部。

第二十六条 设区城市住房公积金管理中心对统计资料逐年分类整理，依法立卷存档。对电子资料进行备份。

第二十七条 涉及国家秘密和缴存职工个人信息的统计资料应当保密。

第二十八条 有虚假填报、迟报住房公积金统计资料等情形的，依法依纪追究责任。

第五章　附　　则

第二十九条　本办法由住房和城乡建设部负责解释。

第三十条　本办法自2021年9月6日起施行。2015年9月17日印发的《住房公积金统计管理办法》同时废止。

建设部等关于住房公积金管理若干具体问题的指导意见

1. 2005年1月10日建设部、财政部、中国人民银行发布

2. 建金管〔2005〕5号

为进一步完善住房公积金管理，规范归集使用业务，健全风险防范机制，维护缴存人的合法权益，发挥住房公积金制度的作用，现就住房公积金管理若干具体问题提出如下意见：

一、国家机关、国有企业、城镇集体企业、外商投资企业、城镇私营企业及其他城镇企业、事业单位、民办非企业单位、社会团体（以下统称单位）及其在职职工，应当按《住房公积金管理条例》（国务院令第350号，以下简称《条例》）的规定缴存住房公积金。有条件的地方，城镇单位聘用进城务工人员，单位和职工可缴存住房公积金；城镇个体工商户、自由职业人员可申请缴存住房公积金，月缴存额的工资基数按照缴存人上一年度月平均纳税收入计算。

二、设区城市（含地、州、盟，下同）应当结合当地经济、社会发展情况，统筹兼顾各方面承受能力，严格按照《条例》规定程序，合理确定住房公积金缴存比例。单位和职工缴存比例不应低于5%，原则上不高于12%。采取提高单位住房公积金缴存比例方式发放职工住房补贴的，应当在个人账户中予以注明。未按照规定程序报省、自治区、直辖市人民政府批准的住房公积金缴存比例，应予以纠正。

三、缴存住房公积金的月工资基数，原则上不应超过职工工作地所在设区城市统计部门公布的上一年度职工月平均工资的2倍或3倍。具体标准由各地根据实际情况确定。职工月平均工资应按国家统计局规定列入工资总额统计的项目计算。

四、各地要按照《条例》规定，建立健全单位降低缴存比例或者缓缴住房公积金的审批制度，明确具体条件、需要提供的文件和办理程序。未经本单位职工代表大会或者工会讨论通过的，住房公积金管理委员会和住房公积金管理中心（以下简称管理中心）不得同意降低缴存比例或者缓缴。

五、单位发生合并、分立、撤销、破产、解散或者改制等情形的，应当为职工补缴以前欠缴（包括未缴和少缴）的住房公积金。单位合并、分立和改制时无力补缴住房公积金的，应当明确住房公积金缴存责任主体，才能办理合并、分立和改制等有关事项。新设立的单位，应当按照规定及时办理住房公积金缴存手续。

六、单位补缴住房公积金（包括单位自行补缴和人民法院强制补缴）的数额，可根据实际采取不同方式确定：单位从未缴存住房公积金的，原则上应当补缴自《条例》（国务院令第262号）发布之月起欠缴职工的住房公积金。单位未按照规定的职工范围和标准缴存住房公积金的，应当为职工补缴。单位不提供职工工资情况或者职工对提供的工资情况有异议的，管理中心可依据当地劳动部门、司法部门核定的工资，或所在设区城市统计部门公布的上年职工平均工资计算。

七、职工符合规定情形，申请提取本人住房公积金账户内存储余额的，所在单位核实后，应出具提取证明。单位不为职工出具住房公积金提取证明的，职工可以凭规定的有效证明材料，直接到管理中心或者受委托银行申请提取住房公积金。

八、职工购买、建造、翻建、大修自住住房，未申请个人住房公积金贷款的，原则上职工本人及其配偶在购建和大修住房一年内，可以凭有效证明材料，一次或者分次提取住房公积金账户内的存储余额。夫妻双方累计提取总额不能超过实际发生的住房支出。

九、进城务工人员、城镇个体工商户、自由职业人员购买自住住房或者在户口所在地购建自住住房的，可以凭购房合同、用地证明及其他有效证明材料，提取本人及其配偶住房公积金账户内的存储余额。

十、职工享受城镇最低生活保障；与单位终止劳动关系未再就业、部分或者全部丧失劳动能力以及遇到其他突发事件，造成家庭生活严重困难的，提供有效证明材料，经管理中心审核，可以提取本人住房公积金账户内的存储余额。

十一、职工调动工作，原工作单位不按规定为职工办理住房公积金变更登记和账户转移手续的，职工可以向管理中心投诉，或者凭有效证明材料，直接向管理中心申请办理账户转移手续。

十二、职工调动工作到另一设区城市的，调入单位为职工办理住房公积金账户设立手续后，新工作地的管理中心应当向原工作地管理中心出具新账户证明及个人要求转账的申请。原工作地管理中心向调出单位核实后，办理变更登记和账户转移手续；原账户已经封存的，可直接办理转移手续。账户转移原则上采取转账方式，不能转账的，也可以电汇或者信汇到新工作地的管理中心。调入单位未建立住房公积金制度的，原工作地管理中心可将职工账户暂时封存。

十三、职工购买、建造、翻建和大修自住住房需申请个人住房贷款的，受委托银行应当首先提供住房公积金贷款。管理中心或者受委托银行要一次性告知职工需要提交的文件和资料，职工按要求提交文件资料后，应当在15个工作日内办完贷款手续。15日内未办完手续的，经管理中心负责人批准，可以延长5个工作日，并应当将延长期限的理由告知申请人。职工没有还清贷款前，不得再次申请住房公积金贷款。

十四、进城务工人员、城镇个体工商户和自由职业人员购买自住住房时，可按规定申请住房公积金贷款。

十五、管理中心和受委托银行应按照委托贷款协议的规定，严格审核借款人身份、还款能力和个人信用，以及购建住房的合法性和真实性，加强对抵押物和保证人担保能力审查。要逐笔审批贷款，逐笔委托银行办理贷款手续。

十六、贷款资金应当划入售房单位（售房人）或者建房、修房承担方在银行开设的账户内，不得直接划入借款人账户或者支付现金给借款人。

十七、借款人委托他人或者中介机构代办手续的，应当签订书面委托书。管理中心要建立借款人面谈制度，核实有关情况，指导借款人在借款合同、担保合同等有关文件上当面签字。

十八、各地要根据当地经济适用住房或者普通商品住房平均价格和居民家庭平均住房水平，拟订住房公积金贷款最高额度。职工个人贷款具体额度的确定，要综合考虑购建住房价格、借款人还款能力及其住房公积金账户存储余额等因素。

十九、职工使用个人住房贷款（包括商业性贷款和住房公积金贷款）的，职工本人及其配偶可按规定提取住房公积金账户内的余额，用于偿还贷款本息。每次提取额不得超过当期应还款付息额，提前还款的提取额不得超过住房公积金贷款余额。

二十、职工在缴存住房公积金所在地以外的设区城市购买自住住房的，可以向住房所在地管理中心申请住房公积金贷款，缴存住房公积金所在地管理中心要积极协助提供职工缴存住房公积金证明，协助调查还款能力和个人信用等情况。

本意见自发布之日起实施。各地可以结合实际制订具体办法。

住房公积金服务指引（试行）

1. 2011年1月19日住房城乡建设部、财政部、中国人民银行、中国银行业监督管理委员会发布
2. 建金〔2011〕9号

为推动住房公积金管理中心（以下简称管理中心）服务工作规范化、标准化，促进政务公开，增强服务意识，提高服务效能，方便缴存单位和职工办理住房公积金业务，制定本服务指引。

一、缴存服务

（一）缴存登记

新设立的单位，应自设立之日起30日内办理住房公积金缴存登记。

办理场所：管理中心指定的窗口

办理要件：

1. 单位住房公积金缴存登记表；
2. 组织机构代码证副本原件及复印件；
3. 党政机关、事业单位、社会团体或民办非企业单位出具单位设立批准文件或法人证书副本原件及复印件；企业出具营业执照副本原件及复印件；
4. 管理中心要求提供的其他材料。

办理流程：单位提供要件材料－管理中心审核－办理缴存登记

办理时限：手续齐全情况下，不超过5个工作日。

（二）个人账户设立

单位设立或新录用职工，应自办理缴存登记之日起20日内办理职工账户设立手续。

办理场所：管理中心和受委托银行指定的窗口

办理要件：

1. 个人住房公积金明细账户设立登记表；
2. 设立住房公积金账户的职工身份证复印件；
3. 管理中心要求提供的其他材料。

办理流程：单位提供要件材料－管理中心审核－去受委托银行开立个人账户

办理时限：手续齐全情况下，不超过3个工作日。

（三）变更登记

单位或职工个人基本信息发生变动，应提供相关证明，自发生变更之日起30日内到管理中心办理变更登记。

办理场所：管理中心指定的窗口

办理要件：

单位办理信息变更登记所需材料：

1. 单位住房公积金缴存信息变更登记表；

2. 单位缴存登记事项变更的证明资料及复印件；
3. 管理中心要求提供的其他材料。
职工办理信息变更登记所需材料：
1. 职工住房公积金缴存信息变更登记表；
2. 职工身份证原件及复印件；
3. 管理中心要求提供的其他材料。
办理流程：单位或职工提供要件材料－管理中心审核－办理变更登记
办理时限：手续齐全情况下，当场办理。

（四）注销登记

单位因合并、分立、撤销、破产或者解散而终止的，应自发生之日起30日内办理注销登记。

办理场所：管理中心指定的窗口

办理要件：

1. 单位注销住房公积金缴存登记申请表；
2. 上级单位或主管部门批准撤销、解散或破产的文件，人民法院裁定破产清算的文件，工商部门责令关闭的文件和注销工商登记等文件及复印件；
3. 管理中心要求提供的其他材料。

办理流程：单位提供要件材料－管理中心审核－办理注销登记

办理时限：手续齐全情况下，当场办理。

（五）账户转移

单位调整或职工工作发生变动，单位应为职工办理住房公积金转移手续。转移包括同城转移和异地转移。

办理场所：管理中心和受委托银行指定的窗口

办理要件：

1. 住房公积金转移申请书或异地转移申请书；
2. 管理中心要求提供的其他材料。

办理流程：

1. 同城转移：单位或职工提供要件材料－管理中心审核－受委托银行办理同城转移手续
2. 异地转移：职工提供要件材料－转入地向转出地管理中心出具新账户证明及异地转移联系函－转出地管理中心转账或电汇－转入地管理中心登记个人明细账

办理时限：手续齐全情况下，同城转移不超过3个工作日，异地转移不超过15个工作日。

（六）账户封存与启封

单位破产、撤销或解散；职工与单位终止劳动关系，或与单位保留劳动关系但停止或暂停发放工资，暂时中断缴存住房公积金，且不符合销户提取条件的，单位应到管理中心和受委托银行为职工办理住房公积金封存手续；与原单位终止劳动关系，且无接收单位的职工，其住房公积金明细账户应实行集中封存管理。职工需要恢复缴存住房公积金时，应办理住房公积金启封手续。

办理场所：管理中心和受委托银行指定的窗口

办理要件：

1. 住房公积金汇缴变更清册；
2. 管理中心要求提供的其他材料。

办理流程：单位提供要件材料－管理中心审核－受委托银行办理封存或启封手续

办理时限：手续齐全情况下，不超过3个工作日。

（七）汇、补缴

单位应于每月发放工资之日起5个工作日内或按与管理中心约定的日期，办理住房公积金汇缴手续。单位欠缴住房公积金的，或缓缴住房公积金到期的，应及时补缴住房公积金。

办理场所：管理中心或受委托银行指定的窗口，或者委托受委托银行从单位账户扣划汇缴

办理要件：

1. 住房公积金汇补缴书；
2. 付款票据（支票、进账单或汇票等）；
3. 管理中心要求提供的其他材料。

办理流程：

1. 到服务网点窗口汇（补）缴：单位提供要件材料－管理中心或受委托银行审核－到受委托银行办理缴款手续－管理中心登记个人明细账
2. 委托银行扣划汇缴：单位提供要件材料－与管理中心、单位开户银行签订委托扣划协议－受委托银行于约定划款日划款－管理中心登记个人明细账

办理时限：手续齐全情况下，不超过5个工作日。

（八）缴存基数调整

住房公积金缴存基数按照职工本人上一年度月平均工资每年调整一次，缴存基数原则上不应超过职工工作地所在设区城市统计部门公布的上一年度职工月平均工资的2倍或3倍。每年调整时间由管理中心提前对外公告。

办理场所：管理中心指定的窗口，有条件的也可通过网络上传资料办理缴存基数调整业务

办理要件：

1. 住房公积金调整清册；
2. 调整住房公积金缴存比例申请表；
3. 管理中心要求提供的其他材料。

办理流程：单位提供要件材料－管理中心审核－办理缴存基数调整手续

办理时限：手续齐全情况下，不超过5个工作日。

（九）降低缴存比例和缓缴

缴存住房公积金确有困难的单位，经本单位职工代

表大会或者工会讨论通过，并经管理中心审核，报住房公积金管理委员会批准后，可以降低缴存比例或者缓缴。待单位经济效益好转后，再提高缴存比例或补缴缓缴。

办理场所：管理中心指定的窗口

办理要件：

1. 经单位职工代表大会、工会或全体职工讨论通过的单位降低住房公积金缴存比例（或缓缴住房公积金）审批表；
2. 缴存住房公积金确有困难的证明资料；
3. 管理中心要求提供的其他材料。

办理流程：单位提供要件材料－管理中心审核－管委会审批或由管委会授权管理中心审批－管理中心办理降低缴存比例或缓缴手续－通知单位执行

办理时限：手续齐全情况下，有管委会授权的，不超过15个工作日；没有管委会授权的，为管委会批准后5个工作日。

二、提取服务

职工有下列情形之一的，可申请提取住房公积金。

1. 购买、建造、翻建、大修自住住房的；
2. 偿还购建自住住房贷款本息的；
3. 租赁自住住房，房租超出家庭工资收入一定比例的；
4. 离休、退休的；
5. 出境定居的；
6. 职工死亡、被宣告死亡的；
7. 享受城镇最低生活保障的；
8. 完全或部分丧失劳动能力，并与单位终止劳动关系的；
9. 管委会依据相关法规规定的其他情形。

办理场所：管理中心或受委托银行指定的窗口，有条件的，经审核可直接转入职工的住房公积金联名卡或银行存折

办理要件：职工符合规定提取条件的，应提供本人身份证、相应证明材料及复印件等。由代办人办理的，提供委托书及代办人身份证。相应的证明材料应包括：

1. 购买新建商品住房的，提供房屋所有权证或经房地产行政主管部门备案的购房合同和付款凭证；
2. 购买二手房的，提供经房地产行政主管部门备案的购房协议或房屋所有权证、契税完税凭证；
3. 建造、翻建住房的，提供规划部门建房、翻建批准文件、支付费用凭证；
4. 大修自住住房的，提供有资质机构出具的房屋安全鉴定证明、房屋权属证明、工程预决算及支付费用凭证；
5. 偿还住房贷款本息的，提供经房地产行政主管部门备案的购房合同、借款合同、银行出具的还款证明；
6. 租赁自住住房的，提供经房管部门登记备案的房屋租赁合同、房租发票、家庭收入证明；
7. 离休、退休的，提供本人离、退休证明或劳动人事部门出具的相关证明；
8. 出境定居的，提供户籍注销证明或出境定居的证明；
9. 死亡、被宣告死亡的，由其合法继承人或受遗赠人提供缴存人死亡证明或被宣告死亡证明、继承人或受遗赠人身份证、继承权或受遗赠权证明、公证书；
10. 享受最低生活保障的，提供民政部门发放的最低生活保障证明；
11. 完全或部分丧失劳动能力，并与单位终止劳动关系的，提供人力资源和社会保障部门出具的劳动能力鉴定证明、单位解除劳动合同证明或失业证明；
12. 管委会依据相关法规规定的其他情形和材料。

办理流程：职工提供要件材料－管理中心审核－受委托银行支付住房公积金

办理时限：手续齐全情况下，当场办理。需核查事项，自受理提取申请之日起3个工作日内告知结果。提取申请人对管理中心审核意见有异议的，可申请复核。复核申请在5个工作日内给予答复。

三、贷款服务

（一）贷款办理

职工在购买、建造、翻建、大修自住住房时，可申请个人住房公积金贷款。

办理场所：管理中心和受委托银行指定的窗口

办理要件：

1. 个人住房公积金借款申请表；
2. 身份证、军官证等有效身份证明和户口簿、暂住证等有效居留证明；
3. 婚姻状况证明；
4. 经房地产行政主管部门备案的购买自住住房的合同（协议）；建造、翻建自住住房的规划部门批准文件、工程概预算；大修自住住房的房屋权属证明、房屋安全鉴定证明、工程概预算；
5. 已支付总价款规定比例的首付款凭证或者契税完税凭证和二手房估价报告；
6. 管理中心要求提供的其他证明或材料。

办理流程：职工提供要件材料－管理中心审核－签订合同－办理贷款担保抵押－受委托银行发放贷款

办理时限：贷款申请资料齐全，审核时限不超过10个工作日；符合贷款发放条件的，抵押登记后放款时限不超过5个工作日。

（二）提前还贷

借款人可提前归还个人住房公积金贷款。提前还款可采取提前一次性归还全部贷款本息或提前归还部分贷款本金的方式。

办理场所：管理中心或受委托银行指定的窗口

办理要件：

1. 提前还贷申请表；
2. 借款人身份证件；
3. 管理中心要求提供的其他材料。

办理流程：

1. 一次性归还本息：借款人提供要件材料－管理中心或受委托银行审批－到管理中心或受委托银行办理结清手续

2. 提前部分还贷：借款人提供要件材料－确定提前还贷金额、剩余贷款的还款计算方式、提前还款日－管理中心审批－与管理中心或受委托银行签订变更合同－办理还款手续

办理时限：不超过5个工作日。

四、信息查询

查询渠道：办理场所的柜台、客户服务热线（号码）、网上客户服务中心（域名）、自助查询终端等。柜台和自动查询终端查询服务应提供近三年的职工或单位的明细账信息，电话及网络查询服务应提供当年缴存、提取、结息及余额信息。

查询内容：单位和职工可查询住房公积金账户信息及缴存、提取、贷款明细。

查询所需要件：

1. 通过柜台查询的，职工应出示身份证或住房公积金缴存凭证；单位经办人员应出示住房公积金缴存登记证和本人身份证等证件。

2. 通过电话、自助查询终端或网络查询的，职工应输入本人身份证号或本人住房公积金明细账号及密码，单位经办人员应输入单位缴存登记号及密码。

查询时限：通过柜台、电话、自助查询终端申请查询的，应当场予以答复；通过网络查询的，应在5个工作日内予以答复；申请查询超过三年以上住房公积金信息的，应在受理申请后10个工作日内予以答复。单位或职工对查询结果有异议的，可向管理中心申请复核，复核结果应在15个工作日内反馈申请人。

五、政策咨询

咨询渠道：办理场所的柜台或咨询台、客户服务热线（号码）、网上客户服务中心（域名）等。

答复时限：柜台、咨询台及电话咨询当即答复，疑难问题或网上回复时限不超过5个工作日。

六、投诉建议

投诉渠道：办理场所的柜台、意见箱和意见簿、投诉热线（号码）、网上客户服务中心（域名）等。

反馈时限：管理中心收到投诉建议后，在第一时间与投诉人沟通，15个工作日内将办理结果反馈投诉人。

有关要求：

指引中下划线部分由各管理中心依据本地现行的政策文件，对相应内容作具体规定。

文中办理时限为最低标准要求，各地应采取有效措施，积极缩短办理时限。

各地在公布服务指南的同时，应一并公布如下内容：

1. 当地住房公积金服务热线号码、服务时间；
2. 当地管理中心、分中心、管理部服务网点地址、服务时间、联系电话；
3. 受委托银行服务网点地址、服务时间、联系电话；
4. 管理中心投诉电话、受理时间；
5. 管理中心的服务项目均不收费。其他与住房公积金业务相关的收费项目，应公布收费标准、收费依据和收费单位。

五、劳动保护

资料补充栏

1. 安全生产

中华人民共和国安全生产法

1. 2002年6月29日第九届全国人民代表大会常务委员会第二十八次会议通过
2. 根据2009年8月27日第十一届全国人民代表大会常务委员会第十次会议《关于修改部分法律的决定》第一次修正
3. 根据2014年8月31日第十二届全国人民代表大会常务委员会第十次会议《关于修改〈中华人民共和国安全生产法〉的决定》第二次修正
4. 根据2021年6月10日第十三届全国人民代表大会常务委员会第二十九次会议《关于修改〈中华人民共和国安全生产法〉的决定》第三次修正

目　　录

第一章　总　　则

第一条　【立法目的】为了加强安全生产工作，防止和减少生产安全事故，保障人民群众生命和财产安全，促进经济社会持续健康发展，制定本法。

第二条　【效力范围】在中华人民共和国领域内从事生产经营活动的单位（以下统称生产经营单位）的安全生产，适用本法；有关法律、行政法规对消防安全和道路交通安全、铁路交通安全、水上交通安全、民用航空安全以及核与辐射安全、特种设备安全另有规定的，适用其规定。

第三条　【工作方针、理念、机制】安全生产工作坚持中国共产党的领导。

安全生产工作应当以人为本，坚持人民至上、生命至上，把保护人民生命安全摆在首位，树牢安全发展理念，坚持安全第一、预防为主、综合治理的方针，从源头上防范化解重大安全风险。

安全生产工作实行管行业必须管安全、管业务必须管安全、管生产经营必须管安全，强化和落实生产经营单位主体责任与政府监管责任，建立生产经营单位负责、职工参与、政府监管、行业自律和社会监督的机制。

第四条　【生产经营单位的基本义务】生产经营单位必须遵守本法和其他有关安全生产的法律、法规，加强安全生产管理，建立健全全员安全生产责任制和安全生产规章制度，加大对安全生产资金、物资、技术、人员的投入保障力度，改善安全生产条件，加强安全生产标准化、信息化建设，构建安全风险分级管控和隐患排查治理双重预防机制，健全风险防范化解机制，提高安全生产水平，确保安全生产。

平台经济等新兴行业、领域的生产经营单位应当根据本行业、领域的特点，建立健全并落实全员安全生产责任制，加强从业人员安全生产教育和培训，履行本法和其他法律、法规规定的有关安全生产义务。

第五条　【生产经营单位主要负责人及其他负责人的职责】生产经营单位的主要负责人是本单位安全生产第一责任人，对本单位的安全生产工作全面负责。其他负责人对职责范围内的安全生产工作负责。

第六条　【从业人员安全生产权利义务】生产经营单位的从业人员有依法获得安全生产保障的权利，并应当依法履行安全生产方面的义务。

第七条　【工会职责】工会依法对安全生产工作进行监督。

生产经营单位的工会依法组织职工参加本单位安全生产工作的民主管理和民主监督，维护职工在安全生产方面的合法权益。生产经营单位制定或者修改有关安全生产的规章制度，应当听取工会的意见。

第八条　【安全生产规划】国务院和县级以上地方各级人民政府应当根据国民经济和社会发展规划制定安全生产规划，并组织实施。安全生产规划应当与国土空间规划等相关规划相衔接。

各级人民政府应当加强安全生产基础设施建设和安全生产监管能力建设，所需经费列入本级预算。

县级以上地方各级人民政府应当组织有关部门建立完善安全风险评估与论证机制，按照安全风险管控要求，进行产业规划和空间布局，并对位置相邻、行业相近、业态相似的生产经营单位实施重大安全风险联防联控。

第九条　【各级人民政府安全生产工作职责】国务院和县级以上地方各级人民政府应当加强对安全生产工作的领导，建立健全安全生产工作协调机制，支持、督促各有关部门依法履行安全生产监督管理职责，及时协调、解决安全生产监督管理中存在的重大问题。

乡镇人民政府和街道办事处，以及开发区、工业园区、港区、风景区等应当明确负责安全生产监督管理的有关工作机构及其职责，加强安全生产监管力量建设，按照职责对本行政区域或者管理区域内生产经营单位安全生产状况进行监督检查，协助人民政府有关部门或者按照授权依法履行安全生产监督管理职责。

第十条 【安全生产监督管理体制】国务院应急管理部门依照本法，对全国安全生产工作实施综合监督管理；县级以上地方各级人民政府应急管理部门依照本法，对本行政区域内安全生产工作实施综合监督管理。

国务院交通运输、住房和城乡建设、水利、民航等有关部门依照本法和其他有关法律、行政法规的规定，在各自的职责范围内对有关行业、领域的安全生产工作实施监督管理；县级以上地方各级人民政府有关部门依照本法和其他有关法律、法规的规定，在各自的职责范围内对有关行业、领域的安全生产工作实施监督管理。对新兴行业、领域的安全生产监督管理职责不明确的，由县级以上地方各级人民政府按照业务相近的原则确定监督管理部门。

应急管理部门和对有关行业、领域的安全生产工作实施监督管理的部门，统称负有安全生产监督管理职责的部门。负有安全生产监督管理职责的部门应当相互配合、齐抓共管、信息共享、资源共用，依法加强安全生产监督管理工作。

第十一条 【安全生产相关标准】国务院有关部门应当按照保障安全生产的要求，依法及时制定有关的国家标准或者行业标准，并根据科技进步和经济发展适时修订。

生产经营单位必须执行依法制定的保障安全生产的国家标准或者行业标准。

第十二条 【安全生产国家标准的制定】国务院有关部门按照职责分工负责安全生产强制性国家标准的项目提出、组织起草、征求意见、技术审查。国务院应急管理部门统筹提出安全生产强制性国家标准的立项计划。国务院标准化行政主管部门负责安全生产强制性国家标准的立项、编号、对外通报和授权批准发布工作。国务院标准化行政主管部门、有关部门依据法定职责对安全生产强制性国家标准的实施进行监督检查。

第十三条 【安全生产教育】各级人民政府及其有关部门应当采取多种形式，加强对有关安全生产的法律、法规和安全生产知识的宣传，增强全社会的安全生产意识。

第十四条 【协会组织职责】有关协会组织依照法律、行政法规和章程，为生产经营单位提供安全生产方面的信息、培训等服务，发挥自律作用，促进生产经营单位加强安全生产管理。

第十五条 【为安全生产提供技术、管理服务机构的职责】依法设立的为安全生产提供技术、管理服务的机构，依照法律、行政法规和执业准则，接受生产经营单位的委托为其安全生产工作提供技术、管理服务。

生产经营单位委托前款规定的机构提供安全生产技术、管理服务的，保证安全生产的责任仍由本单位负责。

第十六条 【生产安全事故责任追究制度】国家实行生产安全事故责任追究制度，依照本法和有关法律、法规的规定，追究生产安全事故责任单位和责任人员的法律责任。

第十七条 【安全生产权力和责任清单】县级以上各级人民政府应当组织负有安全生产监督管理职责的部门依法编制安全生产权力和责任清单，公开并接受社会监督。

第十八条 【国家鼓励安全生产科研及技术推广】国家鼓励和支持安全生产科学技术研究和安全生产先进技术的推广应用，提高安全生产水平。

第十九条 【国家奖励】国家对在改善安全生产条件、防止生产安全事故、参加抢险救护等方面取得显著成绩的单位和个人，给予奖励。

第二章 生产经营单位的安全生产保障

第二十条 【生产经营单位应当具备安全生产条件】生产经营单位应当具备本法和有关法律、行政法规和国家标准或者行业标准规定的安全生产条件；不具备安全生产条件的，不得从事生产经营活动。

第二十一条 【生产经营单位的主要负责人的职责】生产经营单位的主要负责人对本单位安全生产工作负有下列职责：

（一）建立健全并落实本单位全员安全生产责任制，加强安全生产标准化建设；

（二）组织制定并实施本单位安全生产规章制度和操作规程；

（三）组织制定并实施本单位安全生产教育和培训计划；

（四）保证本单位安全生产投入的有效实施；

（五）组织建立并落实安全风险分级管控和隐患排查治理双重预防工作机制，督促、检查本单位的安全生产工作，及时消除生产安全事故隐患；

（六）组织制定并实施本单位的生产安全事故应急救援预案；

（七）及时、如实报告生产安全事故。

第二十二条 【全员安全生产责任制】生产经营单位的全员安全生产责任制应当明确各岗位的责任人员、责任范围和考核标准等内容。

生产经营单位应当建立相应的机制，加强对全员安全生产责任制落实情况的监督考核，保证全员安全生产责任制的落实。

第二十三条 【安全投入保障义务】生产经营单位应当具备的安全生产条件所必需的资金投入，由生产经营单位的决策机构、主要负责人或者个人经营的投资人予以保证，并对由于安全生产所必需的资金投入不足导致的后果承担责任。

有关生产经营单位应当按照规定提取和使用安全生产费用，专门用于改善安全生产条件。安全生产费用在成本中据实列支。安全生产费用提取、使用和监督管理的具体办法由国务院财政部门会同国务院应急管理部门征求国务院有关部门意见后制定。

第二十四条 【安全生产管理机构及人员的设置、配备】矿山、金属冶炼、建筑施工、运输单位和危险物品的生产、经营、储存、装卸单位，应当设置安全生产管理机构或者配备专职安全生产管理人员。

前款规定以外的其他生产经营单位，从业人员超过一百人的，应当设置安全生产管理机构或者配备专职安全生产管理人员；从业人员在一百人以下的，应当配备专职或者兼职的安全生产管理人员。

第二十五条 【安全生产管理机构及管理人员的职责】生产经营单位的安全生产管理机构以及安全生产管理人员履行下列职责：

（一）组织或者参与拟订本单位安全生产规章制度、操作规程和生产安全事故应急救援预案；

（二）组织或者参与本单位安全生产教育和培训，如实记录安全生产教育和培训情况；

（三）组织开展危险源辨识和评估，督促落实本单位重大危险源的安全管理措施；

（四）组织或者参与本单位应急救援演练；

（五）检查本单位的安全生产状况，及时排查生产安全事故隐患，提出改进安全生产管理的建议；

（六）制止和纠正违章指挥、强令冒险作业、违反操作规程的行为；

（七）督促落实本单位安全生产整改措施。

生产经营单位可以设置专职安全生产分管负责人，协助本单位主要负责人履行安全生产管理职责。

第二十六条 【履职要求与履职保障】生产经营单位的安全生产管理机构以及安全生产管理人员应当恪尽职守，依法履行职责。

生产经营单位作出涉及安全生产的经营决策，应当听取安全生产管理机构以及安全生产管理人员的意见。

生产经营单位不得因安全生产管理人员依法履行职责而降低其工资、福利等待遇或者解除与其订立的劳动合同。

危险物品的生产、储存单位以及矿山、金属冶炼单位的安全生产管理人员的任免，应当告知主管的负有安全生产监督管理职责的部门。

第二十七条 【知识和管理能力】生产经营单位的主要负责人和安全生产管理人员必须具备与本单位所从事的生产经营活动相应的安全生产知识和管理能力。

危险物品的生产、经营、储存、装卸单位以及矿山、金属冶炼、建筑施工、运输单位的主要负责人和安全生产管理人员，应当由主管的负有安全生产监督管理职责的部门对其安全生产知识和管理能力考核合格。考核不得收费。

危险物品的生产、储存、装卸单位以及矿山、金属冶炼单位应当有注册安全工程师从事安全生产管理工作。鼓励其他生产经营单位聘用注册安全工程师从事安全生产管理工作。注册安全工程师按专业分类管理，具体办法由国务院人力资源和社会保障部门、国务院应急管理部门会同国务院有关部门制定。

第二十八条 【安全生产教育和培训】生产经营单位应当对从业人员进行安全生产教育和培训，保证从业人员具备必要的安全生产知识，熟悉有关的安全生产规章制度和安全操作规程，掌握本岗位的安全操作技能，了解事故应急处理措施，知悉自身在安全生产方面的权利和义务。未经安全生产教育和培训合格的从业人员，不得上岗作业。

生产经营单位使用被派遣劳动者的，应当将被派遣劳动者纳入本单位从业人员统一管理，对被派遣劳动者进行岗位安全操作规程和安全操作技能的教育和培训。劳务派遣单位应当对被派遣劳动者进行必要的安全生产教育和培训。

生产经营单位接收中等职业学校、高等学校学生实习的，应当对实习学生进行相应的安全生产教育和培训，提供必要的劳动防护用品。学校应当协助生产经营单位对实习学生进行安全生产教育和培训。

生产经营单位应当建立安全生产教育和培训档

案，如实记录安全生产教育和培训的时间、内容、参加人员以及考核结果等情况。

第二十九条 【技术更新的安全教育培训】生产经营单位采用新工艺、新技术、新材料或者使用新设备，必须了解、掌握其安全技术特性，采取有效的安全防护措施，并对从业人员进行专门的安全生产教育和培训。

第三十条 【特种作业人员安全管理规定】生产经营单位的特种作业人员必须按照国家有关规定经专门的安全作业培训，取得相应资格，方可上岗作业。

特种作业人员的范围由国务院应急管理部门会同国务院有关部门确定。

第三十一条 【建设项目安全设施"三同时"制度】生产经营单位新建、改建、扩建工程项目（以下统称建设项目）的安全设施，必须与主体工程同时设计、同时施工、同时投入生产和使用。安全设施投资应当纳入建设项目概算。

第三十二条 【特殊建设项目安全评价】矿山、金属冶炼建设项目和用于生产、储存、装卸危险物品的建设项目，应当按照国家有关规定进行安全评价。

第三十三条 【建设项目安全设计审查】建设项目安全设施的设计人、设计单位应当对安全设施设计负责。

矿山、金属冶炼建设项目和用于生产、储存、装卸危险物品的建设项目的安全设施设计应当按照国家有关规定报经有关部门审查，审查部门及其负责审查的人员对审查结果负责。

第三十四条 【建设项目安全设施施工与验收】矿山、金属冶炼建设项目和用于生产、储存、装卸危险物品的建设项目的施工单位必须按照批准的安全设施设计施工，并对安全设施的工程质量负责。

矿山、金属冶炼建设项目和用于生产、储存、装卸危险物品的建设项目竣工投入生产或者使用前，应当由建设单位负责组织对安全设施进行验收；验收合格后，方可投入生产和使用。负有安全生产监督管理职责的部门应当加强对建设单位验收活动和验收结果的监督核查。

第三十五条 【安全警示标志】生产经营单位应当在有较大危险因素的生产经营场所和有关设施、设备上，设置明显的安全警示标志。

第三十六条 【安全设备管理】安全设备的设计、制造、安装、使用、检测、维修、改造和报废，应当符合国家标准或者行业标准。

生产经营单位必须对安全设备进行经常性维护、保养，并定期检测，保证正常运转。维护、保养、检测应当作好记录，并由有关人员签字。

生产经营单位不得关闭、破坏直接关系生产安全的监控、报警、防护、救生设备、设施，或者篡改、隐瞒、销毁其相关数据、信息。

餐饮等行业的生产经营单位使用燃气的，应当安装可燃气体报警装置，并保障其正常使用。

第三十七条 【特种设备安全管理】生产经营单位使用的危险物品的容器、运输工具，以及涉及人身安全、危险性较大的海洋石油开采特种设备和矿山井下特种设备，必须按照国家有关规定，由专业生产单位生产，并经具有专业资质的检测、检验机构检测、检验合格，取得安全使用证或者安全标志，方可投入使用。检测、检验机构对检测、检验结果负责。

第三十八条 【工艺、设备淘汰制度】国家对严重危及生产安全的工艺、设备实行淘汰制度，具体目录由国务院应急管理部门会同国务院有关部门制定并公布。法律、行政法规对目录的制定另有规定的，适用其规定。

省、自治区、直辖市人民政府可以根据本地区实际情况制定并公布具体目录，对前款规定以外的危及生产安全的工艺、设备予以淘汰。

生产经营单位不得使用应当淘汰的危及生产安全的工艺、设备。

第三十九条 【危险物品的监管】生产、经营、运输、储存、使用危险物品或者处置废弃危险物品的，由有关主管部门依照有关法律、法规的规定和国家标准或者行业标准审批并实施监督管理。

生产经营单位生产、经营、运输、储存、使用危险物品或者处置废弃危险物品，必须执行有关法律、法规和国家标准或者行业标准，建立专门的安全管理制度，采取可靠的安全措施，接受有关主管部门依法实施的监督管理。

第四十条 【重大危险源安全管理】生产经营单位对重大危险源应当登记建档，进行定期检测、评估、监控，并制定应急预案，告知从业人员和相关人员在紧急情况下应当采取的应急措施。

生产经营单位应当按照国家有关规定将本单位重大危险源及有关安全措施、应急措施报有关地方人民政府应急管理部门和有关部门备案。有关地方人民政府应急管理部门和有关部门应当通过相关信息系统实现信息共享。

第四十一条 【风险管控和隐患排查治理】生产经营单位应当建立安全风险分级管控制度，按照安全风险分级采取相应的管控措施。

生产经营单位应当建立健全并落实生产安全事故隐患排查治理制度，采取技术、管理措施，及时发现并消除事故隐患。事故隐患排查治理情况应当如实记录，并通过职工大会或者职工代表大会、信息公示栏等方式向从业人员通报。其中，重大事故隐患排查治理情况应当及时向负有安全生产监督管理职责的部门和职工大会或者职工代表大会报告。

县级以上地方各级人民政府负有安全生产监督管理职责的部门应当将重大事故隐患纳入相关信息系统，建立健全重大事故隐患治理督办制度，督促生产经营单位消除重大事故隐患。

第四十二条 【生产经营场所和员工宿舍安全管理】生产、经营、储存、使用危险物品的车间、商店、仓库不得与员工宿舍在同一座建筑物内，并应当与员工宿舍保持安全距离。

生产经营场所和员工宿舍应当设有符合紧急疏散要求、标志明显、保持畅通的出口、疏散通道。禁止占用、锁闭、封堵生产经营场所或者员工宿舍的出口、疏散通道。

第四十三条 【危险作业现场安全管理】生产经营单位进行爆破、吊装、动火、临时用电以及国务院应急管理部门会同国务院有关部门规定的其他危险作业，应当安排专门人员进行现场安全管理，确保操作规程的遵守和安全措施的落实。

第四十四条 【从业人员安全管理】生产经营单位应当教育和督促从业人员严格执行本单位的安全生产规章制度和安全操作规程；并向从业人员如实告知作业场所和工作岗位存在的危险因素、防范措施以及事故应急措施。

生产经营单位应当关注从业人员的身体、心理状况和行为习惯，加强对从业人员的心理疏导、精神慰藉，严格落实岗位安全生产责任，防范从业人员行为异常导致事故发生。

第四十五条 【生产经营单位提供劳动防护用品】生产经营单位必须为从业人员提供符合国家标准或者行业标准的劳动防护用品，并监督、教育从业人员按照使用规则佩戴、使用。

第四十六条 【检查职责及重大事故隐患报告】生产经营单位的安全生产管理人员应当根据本单位的生产经营特点，对安全生产状况进行经常性检查；对检查中发现的安全问题，应当立即处理；不能处理的，应当及时报告本单位有关负责人，有关负责人应当及时处理。检查及处理情况应当如实记录在案。

生产经营单位的安全生产管理人员在检查中发现重大事故隐患，依照前款规定向本单位有关负责人报告，有关负责人不及时处理的，安全生产管理人员可以向主管的负有安全生产监督管理职责的部门报告，接到报告的部门应当依法及时处理。

第四十七条 【经费保障】生产经营单位应当安排用于配备劳动防护用品、进行安全生产培训的经费。

第四十八条 【交叉作业的安全管理】两个以上生产经营单位在同一作业区域内进行生产经营活动，可能危及对方生产安全的，应当签订安全生产管理协议，明确各自的安全生产管理职责和应当采取的安全措施，并指定专职安全生产管理人员进行安全检查与协调。

第四十九条 【发包与出租的安全生产责任】生产经营单位不得将生产经营项目、场所、设备发包或者出租给不具备安全生产条件或者相应资质的单位或者个人。

生产经营项目、场所发包或者出租给其他单位的，生产经营单位应当与承包单位、承租单位签订专门的安全生产管理协议，或者在承包合同、租赁合同中约定各自的安全生产管理职责；生产经营单位对承包单位、承租单位的安全生产工作统一协调、管理，定期进行安全检查，发现安全问题的，应当及时督促整改。

矿山、金属冶炼建设项目和用于生产、储存、装卸危险物品的建设项目的施工单位应当加强对施工项目的安全管理，不得倒卖、出租、出借、挂靠或者以其他形式非法转让施工资质，不得将其承包的全部建设工程转包给第三人或者将其承包的全部建设工程支解以后以分包的名义分别转包给第三人，不得将工程分包给不具备相应资质条件的单位。

第五十条 【事故发生时主要负责人职责】生产经营单位发生生产安全事故时，单位的主要负责人应当立即组织抢救，并不得在事故调查处理期间擅离职守。

第五十一条 【工伤保险和安全生产责任保险】生产经营单位必须依法参加工伤保险，为从业人员缴纳保险费。

国家鼓励生产经营单位投保安全生产责任保险；属于国家规定的高危行业、领域的生产经营单位，应当投保安全生产责任保险。具体范围和实施办法由国务院应急管理部门会同国务院财政部门、国务院保险监督管理机构和相关行业主管部门制定。

第三章 从业人员的安全生产权利义务

第五十二条 【劳动合同应载明的安全事项】生产经营单位与从业人员订立的劳动合同，应当载明有关保障从业人员劳动安全、防止职业危害的事项，以及依法为从业人员办理工伤保险的事项。

生产经营单位不得以任何形式与从业人员订立协

议，免除或者减轻其对从业人员因生产安全事故伤亡依法应承担的责任。

第五十三条　【知情权和建议权】生产经营单位的从业人员有权了解其作业场所和工作岗位存在的危险因素、防范措施及事故应急措施，有权对本单位的安全生产工作提出建议。

第五十四条　【批评、检举、控告、拒绝权】从业人员有权对本单位安全生产工作中存在的问题提出批评、检举、控告；有权拒绝违章指挥和强令冒险作业。

生产经营单位不得因从业人员对本单位安全生产工作提出批评、检举、控告或者拒绝违章指挥、强令冒险作业而降低其工资、福利等待遇或者解除与其订立的劳动合同。

第五十五条　【紧急撤离权】从业人员发现直接危及人身安全的紧急情况时，有权停止作业或者在采取可能的应急措施后撤离作业场所。

生产经营单位不得因从业人员在前款紧急情况下停止作业或者采取紧急撤离措施而降低其工资、福利等待遇或者解除与其订立的劳动合同。

第五十六条　【及时救治义务及损害赔偿请求权】生产经营单位发生生产安全事故后，应当及时采取措施救治有关人员。

因生产安全事故受到损害的从业人员，除依法享有工伤保险外，依照有关民事法律尚有获得赔偿的权利的，有权提出赔偿要求。

第五十七条　【从业人员安全生产义务】从业人员在作业过程中，应当严格落实岗位安全责任，遵守本单位的安全生产规章制度和操作规程，服从管理，正确佩戴和使用劳动防护用品。

第五十八条　【从业人员接受安全生产教育培训】从业人员应当接受安全生产教育和培训，掌握本职工作所需的安全生产知识，提高安全生产技能，增强事故预防和应急处理能力。

第五十九条　【对事故隐患及不安全因素的报告义务】从业人员发现事故隐患或者其他不安全因素，应当立即向现场安全生产管理人员或者本单位负责人报告；接到报告的人员应当及时予以处理。

第六十条　【工会监督】工会有权对建设项目的安全设施与主体工程同时设计、同时施工、同时投入生产和使用进行监督，提出意见。

工会对生产经营单位违反安全生产法律、法规，侵犯从业人员合法权益的行为，有权要求纠正；发现生产经营单位违章指挥、强令冒险作业或者发现事故隐患时，有权提出解决的建议，生产经营单位应当及时研究答复；发现危及从业人员生命安全的情况时，有权向生产经营单位建议组织从业人员撤离危险场所，生产经营单位必须立即作出处理。

工会有权依法参加事故调查，向有关部门提出处理意见，并要求追究有关人员的责任。

第六十一条　【被派遣劳动者的权利义务】生产经营单位使用被派遣劳动者的，被派遣劳动者享有本法规定的从业人员的权利，并应当履行本法规定的从业人员的义务。

第四章　安全生产的监督管理

第六十二条　【政府和应急管理部门职责】县级以上地方各级人民政府应当根据本行政区域内的安全生产状况，组织有关部门按照职责分工，对本行政区域内容易发生重大生产安全事故的生产经营单位进行严格检查。

应急管理部门应当按照分类分级监督管理的要求，制定安全生产年度监督检查计划，并按照年度监督检查计划进行监督检查，发现事故隐患，应当及时处理。

第六十三条　【安全生产事项的审批、验收】负有安全生产监督管理职责的部门依照有关法律、法规的规定，对涉及安全生产的事项需要审查批准（包括批准、核准、许可、注册、认证、颁发证照等，下同）或者验收的，必须严格依照有关法律、法规和国家标准或者行业标准规定的安全生产条件和程序进行审查；不符合有关法律、法规和国家标准或者行业标准规定的安全生产条件的，不得批准或者验收通过。对未依法取得批准或者验收合格的单位擅自从事有关活动的，负责行政审批的部门发现或者接到举报后应当立即予以取缔，并依法予以处理。对已经依法取得批准的单位，负责行政审批的部门发现其不再具备安全生产条件的，应当撤销原批准。

第六十四条　【审批、验收的禁止性规定】负有安全生产监督管理职责的部门对涉及安全生产的事项进行审查、验收，不得收取费用；不得要求接受审查、验收的单位购买其指定品牌或者指定生产、销售单位的安全设备、器材或者其他产品。

第六十五条　【现场检查权】应急管理部门和其他负有安全生产监督管理职责的部门依法开展安全生产行政执法工作，对生产经营单位执行有关安全生产的法律、法规和国家标准或者行业标准的情况进行监督检查，行使以下职权：

（一）进入生产经营单位进行检查，调阅有关资料，向有关单位和人员了解情况；

（二）对检查中发现的安全生产违法行为，当场予以纠正或者要求限期改正；对依法应当给予行政处罚的行为，依照本法和其他有关法律、行政法规的规定作出行政处罚决定；

（三）对检查中发现的事故隐患，应当责令立即排除；重大事故隐患排除前或者排除过程中无法保证安全的，应当责令从危险区域内撤出作业人员，责令暂时停产停业或者停止使用相关设施、设备；重大事故隐患排除后，经审查同意，方可恢复生产经营和使用；

（四）对有根据认为不符合保障安全生产的国家标准或者行业标准的设施、设备、器材以及违法生产、储存、使用、经营、运输的危险物品予以查封或者扣押，对违法生产、储存、使用、经营危险物品的作业场所予以查封，并依法作出处理决定。

监督检查不得影响被检查单位的正常生产经营活动。

第六十六条 【配合监督检查】生产经营单位对负有安全生产监督管理职责的部门的监督检查人员（以下统称安全生产监督检查人员）依法履行监督检查职责，应当予以配合，不得拒绝、阻挠。

第六十七条 【安全生产监督检查人员的工作原则】安全生产监督检查人员应当忠于职守，坚持原则，秉公执法。

安全生产监督检查人员执行监督检查任务时，必须出示有效的行政执法证件；对涉及被检查单位的技术秘密和业务秘密，应当为其保密。

第六十八条 【书面记录】安全生产监督检查人员应当将检查的时间、地点、内容、发现的问题及其处理情况，作出书面记录，并由检查人员和被检查单位的负责人签字；被检查单位的负责人拒绝签字的，检查人员应当将情况记录在案，并向负有安全生产监督管理职责的部门报告。

第六十九条 【各部门联合检查】负有安全生产监督管理职责的部门在监督检查中，应当互相配合，实行联合检查；确需分别进行检查的，应当互通情况，发现存在的安全问题应当由其他有关部门进行处理的，应当及时移送其他有关部门并形成记录备查，接受移送的部门应当及时进行处理。

第七十条 【强制停止生产经营活动】负有安全生产监督管理职责的部门依法对存在重大事故隐患的生产经营单位作出停产停业、停止施工、停止使用相关设施或者设备的决定，生产经营单位应当依法执行，及时消除事故隐患。生产经营单位拒不执行，有发生生产安全事故的现实危险的，在保证安全的前提下，经本部门主要负责人批准，负有安全生产监督管理职责的部门可以采取通知有关单位停止供电、停止供应民用爆炸物品等措施，强制生产经营单位履行决定。通知应当采用书面形式，有关单位应当予以配合。

负有安全生产监督管理职责的部门依照前款规定采取停止供电措施，除有危及生产安全的紧急情形外，应当提前二十四小时通知生产经营单位。生产经营单位依法履行行政决定、采取相应措施消除事故隐患的，负有安全生产监督管理职责的部门应当及时解除前款规定的措施。

第七十一条 【监察】监察机关依照监察法的规定，对负有安全生产监督管理职责的部门及其工作人员履行安全生产监督管理职责实施监察。

第七十二条 【安全生产服务机构资质与义务】承担安全评价、认证、检测、检验职责的机构应当具备国家规定的资质条件，并对其作出的安全评价、认证、检测、检验结果的合法性、真实性负责。资质条件由国务院应急管理部门会同国务院有关部门制定。

承担安全评价、认证、检测、检验职责的机构应当建立并实施服务公开和报告公开制度，不得租借资质、挂靠、出具虚假报告。

第七十三条 【举报核查】负有安全生产监督管理职责的部门应当建立举报制度，公开举报电话、信箱或者电子邮件地址等网络举报平台，受理有关安全生产的举报；受理的举报事项经调查核实后，应当形成书面材料；需要落实整改措施的，报经有关负责人签字并督促落实。对不属于本部门职责，需要由其他有关部门进行调查处理的，转交其他有关部门处理。

涉及人员死亡的举报事项，应当由县级以上人民政府组织核查处理。

第七十四条 【举报权利和公益诉讼】任何单位或者个人对事故隐患或者安全生产违法行为，均有权向负有安全生产监督管理职责的部门报告或者举报。

因安全生产违法行为造成重大事故隐患或者导致重大事故，致使国家利益或者社会公共利益受到侵害的，人民检察院可以根据民事诉讼法、行政诉讼法的相关规定提起公益诉讼。

第七十五条 【居民委员会、村民委员会对安全隐患的报告义务】居民委员会、村民委员会发现其所在区域内的生产经营单位存在事故隐患或者安全生产违法行为时，应当向当地人民政府或者有关部门报告。

第七十六条 【举报奖励】县级以上各级人民政府及其有关部门对报告重大事故隐患或者举报安全生产违法行为的有功人员，给予奖励。具体奖励办法由国务院应急管理部门会同国务院财政部门制定。

第七十七条 【舆论监督】新闻、出版、广播、电影、电视等单位有进行安全生产公益宣传教育的义务,有对违反安全生产法律、法规的行为进行舆论监督的权利。

第七十八条 【违法行为信息库】负有安全生产监督管理职责的部门应当建立安全生产违法行为信息库,如实记录生产经营单位及其有关从业人员的安全生产违法行为信息;对违法行为情节严重的生产经营单位及其有关从业人员,应当及时向社会公告,并通报行业主管部门、投资主管部门、自然资源主管部门、生态环境主管部门、证券监督管理机构以及有关金融机构。有关部门和机构应当对存在失信行为的生产经营单位及其有关从业人员采取加大执法检查频次、暂停项目审批、上调有关保险费率、行业或者职业禁入等联合惩戒措施,并向社会公示。

负有安全生产监督管理职责的部门应当加强对生产经营单位行政处罚信息的及时归集、共享、应用和公开,对生产经营单位作出处罚决定后七个工作日内在监督管理部门公示系统予以公开曝光,强化对违法失信生产经营单位及其有关从业人员的社会监督,提高全社会安全生产诚信水平。

第五章 生产安全事故的应急救援与调查处理

第七十九条 【加强生产安全事故应急能力建设】国家加强生产安全事故应急能力建设,在重点行业、领域建立应急救援基地和应急救援队伍,并由国家安全生产应急救援机构统一协调指挥;鼓励生产经营单位和其他社会力量建立应急救援队伍,配备相应的应急救援装备和物资,提高应急救援的专业化水平。

国务院应急管理部门牵头建立全国统一的生产安全事故应急救援信息系统,国务院交通运输、住房和城乡建设、水利、民航等有关部门和县级以上地方人民政府建立健全相关行业、领域、地区的生产安全事故应急救援信息系统,实现互联互通、信息共享,通过推行网上安全信息采集、安全监管和监测预警,提升监管的精准化、智能化水平。

第八十条 【各级人民政府建立应急救援体系】县级以上地方各级人民政府应当组织有关部门制定本行政区域内生产安全事故应急救援预案,建立应急救援体系。

乡镇人民政府和街道办事处,以及开发区、工业园区、港区、风景区等应当制定相应的生产安全事故应急救援预案,协助人民政府有关部门或者按照授权依法履行生产安全事故应急救援工作职责。

第八十一条 【生产经营单位制定应急救援预案】生产经营单位应当制定本单位生产安全事故应急救援预案,与所在地县级以上地方人民政府组织制定的生产安全事故应急救援预案相衔接,并定期组织演练。

第八十二条 【高危行业生产经营单位的应急救援义务】危险物品的生产、经营、储存单位以及矿山、金属冶炼、城市轨道交通运营、建筑施工单位应当建立应急救援组织;生产经营规模较小的,可以不建立应急救援组织,但应当指定兼职的应急救援人员。

危险物品的生产、经营、储存、运输单位以及矿山、金属冶炼、城市轨道交通运营、建筑施工单位应当配备必要的应急救援器材、设备和物资,并进行经常性维护、保养,保证正常运转。

第八十三条 【安全事故报告和抢救义务】生产经营单位发生生产安全事故后,事故现场有关人员应当立即报告本单位负责人。

单位负责人接到事故报告后,应当迅速采取有效措施,组织抢救,防止事故扩大,减少人员伤亡和财产损失,并按照国家有关规定立即如实报告当地负有安全生产监督管理职责的部门,不得隐瞒不报、谎报或者迟报,不得故意破坏事故现场、毁灭有关证据。

第八十四条 【行政机关事故报告义务】负有安全生产监督管理职责的部门接到事故报告后,应当立即按照国家有关规定上报事故情况。负有安全生产监督管理职责的部门和有关地方人民政府对事故情况不得隐瞒不报、谎报或者迟报。

第八十五条 【事故抢救】有关地方人民政府和负有安全生产监督管理职责的部门的负责人接到生产安全事故报告后,应当按照生产安全事故应急救援预案的要求立即赶到事故现场,组织事故抢救。

参与事故抢救的部门和单位应当服从统一指挥,加强协同联动,采取有效的应急救援措施,并根据事故救援的需要采取警戒、疏散等措施,防止事故扩大和次生灾害的发生,减少人员伤亡和财产损失。

事故抢救过程中应当采取必要措施,避免或者减少对环境造成的危害。

任何单位和个人都应当支持、配合事故抢救,并提供一切便利条件。

第八十六条 【事故调查处理的原则】事故调查处理应当按照科学严谨、依法依规、实事求是、注重实效的原则,及时、准确地查清事故原因,查明事故性质和责任,评估应急处置工作,总结事故教训,提出整改措施,并对事故责任单位和人员提出处理建议。事故调查报告应当依法及时向社会公布。事故调查和处理的具体办法由国务院制定。

事故发生单位应当及时全面落实整改措施，负有安全生产监督管理职责的部门应当加强监督检查。

负责事故调查处理的国务院有关部门和地方人民政府应当在批复事故调查报告后一年内，组织有关部门对事故整改和防范措施落实情况进行评估，并及时向社会公开评估结果；对不履行职责导致事故整改和防范措施没有落实的有关单位和人员，应当按照有关规定追究责任。

第八十七条　【责任事故的法律后果】生产经营单位发生生产安全事故，经调查确定为责任事故的，除了应当查明事故单位的责任并依法予以追究外，还应当查明对安全生产的有关事项负有审查批准和监督职责的行政部门的责任，对有失职、渎职行为的，依照本法第九十条的规定追究法律责任。

第八十八条　【不得阻挠和干涉对事故的依法调查处理】任何单位和个人不得阻挠和干涉对事故的依法调查处理。

第八十九条　【定期统计分析生产安全事故情况】县级以上地方各级人民政府应急管理部门应当定期统计分析本行政区域内发生生产安全事故的情况，并定期向社会公布。

第六章　法律责任

第九十条　【监管部门工作人员的违法行为及责任】负有安全生产监督管理职责的部门的工作人员，有下列行为之一的，给予降级或者撤职的处分；构成犯罪的，依照刑法有关规定追究刑事责任：

（一）对不符合法定安全生产条件的涉及安全生产的事项予以批准或者验收通过的；

（二）发现未依法取得批准、验收的单位擅自从事有关活动或者接到举报后不予取缔或者不依法予以处理的；

（三）对已经依法取得批准的单位不履行监督管理职责，发现其不再具备安全生产条件而不撤销原批准或者发现安全生产违法行为不予查处的；

（四）在监督检查中发现重大事故隐患，不依法及时处理的。

负有安全生产监督管理职责的部门的工作人员有前款规定以外的滥用职权、玩忽职守、徇私舞弊行为的，依法给予处分；构成犯罪的，依照刑法有关规定追究刑事责任。

第九十一条　【监管部门违法责任】负有安全生产监督管理职责的部门，要求被审查、验收的单位购买其指定的安全设备、器材或者其他产品的，在对安全生产事项的审查、验收中收取费用的，由其上级机关或者监察机关责令改正，责令退还收取的费用；情节严重的，对直接负责的主管人员和其他直接责任人员依法给予处分。

第九十二条　【承担安全评价、认证、检测、检验职责的机构及责任人员的法律责任】承担安全评价、认证、检测、检验职责的机构出具失实报告的，责令停业整顿，并处三万元以上十万元以下的罚款；给他人造成损害的，依法承担赔偿责任。

承担安全评价、认证、检测、检验职责的机构租借资质、挂靠、出具虚假报告的，没收违法所得；违法所得在十万元以上的，并处违法所得二倍以上五倍以下的罚款，没有违法所得或者违法所得不足十万元的，单处或者并处十万元以上二十万元以下的罚款；对其直接负责的主管人员和其他直接责任人员处五万元以上十万元以下的罚款；给他人造成损害的，与生产经营单位承担连带赔偿责任；构成犯罪的，依照刑法有关规定追究刑事责任。

对有前款违法行为的机构及其直接责任人员，吊销其相应资质和资格，五年内不得从事安全评价、认证、检测、检验等工作；情节严重的，实行终身行业和职业禁入。

第九十三条　【未投入保证安全生产所必需的资金的法律责任】生产经营单位的决策机构、主要负责人或者个人经营的投资人不依照本法规定保证安全生产所必需的资金投入，致使生产经营单位不具备安全生产条件的，责令限期改正，提供必需的资金；逾期未改正的，责令生产经营单位停产停业整顿。

有前款违法行为，导致发生生产安全事故的，对生产经营单位的主要负责人给予撤职处分，对个人经营的投资人处二万元以上二十万元以下的罚款；构成犯罪的，依照刑法有关规定追究刑事责任。

第九十四条　【主要负责人未履行安全生产职责的法律责任】生产经营单位的主要负责人未履行本法规定的安全生产管理职责的，责令限期改正，处二万元以上五万元以下的罚款；逾期未改正的，处五万元以上十万元以下的罚款，责令生产经营单位停产停业整顿。

生产经营单位的主要负责人有前款违法行为，导致发生生产安全事故的，给予撤职处分；构成犯罪的，依照刑法有关规定追究刑事责任。

生产经营单位的主要负责人依照前款规定受刑事处罚或者撤职处分的，自刑罚执行完毕或者受处分之日起，五年内不得担任任何生产经营单位的主要负责人；对重大、特别重大生产安全事故负有责任的，终身不得担任本行业生产经营单位的主要负责人。

第九十五条　【发生生产安全事故后主要负责人的法律责任】生产经营单位的主要负责人未履行本法规定的安全生产管理职责，导致发生生产安全事故的，由应急管理部门依照下列规定处以罚款：

（一）发生一般事故的，处上一年年收入百分之四十的罚款；

（二）发生较大事故的，处上一年年收入百分之六十的罚款；

（三）发生重大事故的，处上一年年收入百分之八十的罚款；

（四）发生特别重大事故的，处上一年年收入百分之一百的罚款。

第九十六条　【其他负责人和安全生产管理人员未履行安全生产职责的法律责任】生产经营单位的其他负责人和安全生产管理人员未履行本法规定的安全生产管理职责的，责令限期改正，处一万元以上三万元以下的罚款；导致发生生产安全事故的，暂停或者吊销其与安全生产有关的资格，并处上一年年收入百分之二十以上百分之五十以下的罚款；构成犯罪的，依照刑法有关规定追究刑事责任。

第九十七条　【与从业人员、教育培训相关的违法行为及法律责任】生产经营单位有下列行为之一的，责令限期改正，处十万元以下的罚款；逾期未改正的，责令停产停业整顿，并处十万元以上二十万元以下的罚款，对其直接负责的主管人员和其他直接责任人员处二万元以上五万元以下的罚款：

（一）未按照规定设置安全生产管理机构或者配备安全生产管理人员、注册安全工程师的；

（二）危险物品的生产、经营、储存、装卸单位以及矿山、金属冶炼、建筑施工、运输单位的主要负责人和安全生产管理人员未按照规定经考核合格的；

（三）未按照规定对从业人员、被派遣劳动者、实习学生进行安全生产教育和培训，或者未按照规定如实告知有关的安全生产事项的；

（四）未如实记录安全生产教育和培训情况的；

（五）未将事故隐患排查治理情况如实记录或者未向从业人员通报的；

（六）未按照规定制定生产安全事故应急救援预案或者未定期组织演练的；

（七）特种作业人员未按照规定经专门的安全作业培训并取得相应资格，上岗作业的。

第九十八条　【与矿山、金属冶炼建设项目相关违法行为及法律后果】生产经营单位有下列行为之一的，责令停止建设或者停产停业整顿，限期改正，并处十万元以上五十万元以下的罚款，对其直接负责的主管人员和其他直接责任人员处二万元以上五万元以下的罚款；逾期未改正的，处五十万元以上一百万元以下的罚款，对其直接负责的主管人员和其他直接责任人员处五万元以上十万元以下的罚款；构成犯罪的，依照刑法有关规定追究刑事责任：

（一）未按照规定对矿山、金属冶炼建设项目或者用于生产、储存、装卸危险物品的建设项目进行安全评价的；

（二）矿山、金属冶炼建设项目或者用于生产、储存、装卸危险物品的建设项目没有安全设施设计或者安全设施设计未按照规定报经有关部门审查同意的；

（三）矿山、金属冶炼建设项目或者用于生产、储存、装卸危险物品的建设项目的施工单位未按照批准的安全设施设计施工的；

（四）矿山、金属冶炼建设项目或者用于生产、储存、装卸危险物品的建设项目竣工投入生产或者使用前，安全设施未经验收合格的。

第九十九条　【与安全设备相关的违法行为及法律后果】生产经营单位有下列行为之一的，责令限期改正，处五万元以下的罚款；逾期未改正的，处五万元以上二十万元以下的罚款，对其直接负责的主管人员和其他直接责任人员处一万元以上二万元以下的罚款；情节严重的，责令停产停业整顿；构成犯罪的，依照刑法有关规定追究刑事责任：

（一）未在有较大危险因素的生产经营场所和有关设施、设备上设置明显的安全警示标志的；

（二）安全设备的安装、使用、检测、改造和报废不符合国家标准或者行业标准的；

（三）未对安全设备进行经常性维护、保养和定期检测的；

（四）关闭、破坏直接关系生产安全的监控、报警、防护、救生设备、设施，或者篡改、隐瞒、销毁其相关数据、信息的；

（五）未为从业人员提供符合国家标准或者行业标准的劳动防护用品的；

（六）危险物品的容器、运输工具，以及涉及人身安全、危险性较大的海洋石油开采特种设备和矿山井下特种设备未经具有专业资质的机构检测、检验合格，取得安全使用证或者安全标志，投入使用的；

（七）使用应当淘汰的危及生产安全的工艺、设备的；

（八）餐饮等行业的生产经营单位使用燃气未安

装可燃气体报警装置的。

第一百条　【违反危险物品安全管理的法律责任】未经依法批准，擅自生产、经营、运输、储存、使用危险物品或者处置废弃危险物品的，依照有关危险物品安全管理的法律、行政法规的规定予以处罚；构成犯罪的，依照刑法有关规定追究刑事责任。

第一百零一条　【与安全管理制度相关的违法行为及法律责任】生产经营单位有下列行为之一的，责令限期改正，处十万元以下的罚款；逾期未改正的，责令停产停业整顿，并处十万元以上二十万元以下的罚款，对其直接负责的主管人员和其他直接责任人员处二万元以上五万元以下的罚款；构成犯罪的，依照刑法有关规定追究刑事责任：

（一）生产、经营、运输、储存、使用危险物品或者处置废弃危险物品，未建立专门安全管理制度、未采取可靠的安全措施的；

（二）对重大危险源未登记建档，未进行定期检测、评估、监控，未制定应急预案，或者未告知应急措施的；

（三）进行爆破、吊装、动火、临时用电以及国务院应急管理部门会同国务院有关部门规定的其他危险作业，未安排专门人员进行现场安全管理的；

（四）未建立安全风险分级管控制度或者未按照安全风险分级采取相应管控措施的；

（五）未建立事故隐患排查治理制度，或者重大事故隐患排查治理情况未按照规定报告的。

第一百零二条　【未采取措施消除事故隐患的法律责任】生产经营单位未采取措施消除事故隐患的，责令立即消除或者限期消除，处五万元以下的罚款；生产经营单位拒不执行的，责令停产停业整顿，对其直接负责的主管人员和其他直接责任人员处五万元以上十万元以下的罚款；构成犯罪的，依照刑法有关规定追究刑事责任。

第一百零三条　【违反承包、出租中安全管理职责的法律责任】生产经营单位将生产经营项目、场所、设备发包或者出租给不具备安全生产条件或者相应资质的单位或者个人的，责令限期改正，没收违法所得；违法所得十万元以上的，并处违法所得二倍以上五倍以下的罚款；没有违法所得或者违法所得不足十万元的，单处或者并处十万元以上二十万元以下的罚款；对其直接负责的主管人员和其他直接责任人员处一万元以上二万元以下的罚款；导致发生生产安全事故给他人造成损害的，与承包方、承租方承担连带赔偿责任。

生产经营单位未与承包单位、承租单位签订专门的安全生产管理协议或者未在承包合同、租赁合同中明确各自的安全生产管理职责，或者未对承包单位、承租单位的安全生产统一协调、管理的，责令限期改正，处五万元以下的罚款，对其直接负责的主管人员和其他直接责任人员处一万元以下的罚款；逾期未改正的，责令停产停业整顿。

矿山、金属冶炼建设项目和用于生产、储存、装卸危险物品的建设项目的施工单位未按照规定对施工项目进行安全管理的，责令限期改正，处十万元以下的罚款，对其直接负责的主管人员和其他直接责任人员处二万元以下的罚款；逾期未改正的，责令停产停业整顿。以上施工单位倒卖、出租、出借、挂靠或者以其他形式非法转让施工资质的，责令停产停业整顿，吊销资质证书，没收违法所得；违法所得十万元以上的，并处违法所得二倍以上五倍以下的罚款，没有违法所得或者违法所得不足十万元的，单处或者并处十万元以上二十万元以下的罚款；对其直接负责的主管人员和其他直接责任人员处五万元以上十万元以下的罚款；构成犯罪的，依照刑法有关规定追究刑事责任。

第一百零四条　【违反交叉作业安全管理的法律责任】两个以上生产经营单位在同一作业区域内进行可能危及对方安全生产的生产经营活动，未签订安全生产管理协议或者未指定专职安全生产管理人员进行安全检查与协调的，责令限期改正，处五万元以下的罚款，对其直接负责的主管人员和其他直接责任人员处一万元以下的罚款；逾期未改正的，责令停产停业。

第一百零五条　【员工宿舍不符合安全要求的法律责任】生产经营单位有下列行为之一的，责令限期改正，处五万元以下的罚款，对其直接负责的主管人员和其他直接责任人员处一万元以下的罚款；逾期未改正的，责令停产停业整顿；构成犯罪的，依照刑法有关规定追究刑事责任：

（一）生产、经营、储存、使用危险物品的车间、商店、仓库与员工宿舍在同一座建筑内，或者与员工宿舍的距离不符合安全要求的；

（二）生产经营场所和员工宿舍未设有符合紧急疏散需要、标志明显、保持畅通的出口、疏散通道，或者占用、锁闭、封堵生产经营场所或者员工宿舍出口、疏散通道的。

第一百零六条　【免责协议无效】生产经营单位与从业人员订立协议，免除或者减轻其对从业人员因生产安全事故伤亡依法应承担的责任的，该协议无效；对生产经营单位的主要负责人、个人经营的投资人处二万元以上十万元以下的罚款。

第一百零七条　【从业人员不服从安全管理的法律责任】生产经营单位的从业人员不落实岗位安全责任，不服从管理，违反安全生产规章制度或者操作规程的，由生产经营单位给予批评教育，依照有关规章制度给予处分；构成犯罪的，依照刑法有关规定追究刑事责任。

第一百零八条　【拒绝、阻碍安全检查的法律责任】违反本法规定，生产经营单位拒绝、阻碍负有安全生产监督管理职责的部门依法实施监督检查的，责令改正；拒不改正的，处二万元以上二十万元以下的罚款；对其直接负责的主管人员和其他直接责任人员处一万元以上二万元以下的罚款；构成犯罪的，依照刑法有关规定追究刑事责任。

第一百零九条　【未按规定投保的法律责任】高危行业、领域的生产经营单位未按照国家规定投保安全生产责任保险的，责令限期改正，处五万元以上十万元以下的罚款；逾期未改正的，处十万元以上二十万元以下的罚款。

第一百一十条　【主要负责人不立即组织抢救的法律责任】生产经营单位的主要负责人在本单位发生生产安全事故时，不立即组织抢救或者在事故调查处理期间擅离职守或者逃匿的，给予降级、撤职的处分，并由应急管理部门处上一年年收入百分之六十至百分之一百的罚款；对逃匿的处十五日以下拘留；构成犯罪的，依照刑法有关规定追究刑事责任。

生产经营单位的主要负责人对生产安全事故隐瞒不报、谎报或者迟报的，依照前款规定处罚。

第一百一十一条　【对生产安全事故隐瞒不报、谎报或者迟报的法律责任】有关地方人民政府、负有安全生产监督管理职责的部门，对生产安全事故隐瞒不报、谎报或者迟报的，对直接负责的主管人员和其他直接责任人员依法给予处分；构成犯罪的，依照刑法有关规定追究刑事责任。

第一百一十二条　【拒不改正的法律后果】生产经营单位违反本法规定，被责令改正且受到罚款处罚，拒不改正的，负有安全生产监督管理职责的部门可以自作出责令改正之日的次日起，按照原处罚数额按日连续处罚。

第一百一十三条　【"关闭"行政处罚的具体适用】生产经营单位存在下列情形之一的，负有安全生产监督管理职责的部门应当提请地方人民政府予以关闭，有关部门应当依法吊销其有关证照。生产经营单位主要负责人五年内不得担任任何生产经营单位的主要负责人；情节严重的，终身不得担任本行业生产经营单位的主要负责人：

（一）存在重大事故隐患，一百八十日内三次或者一年内四次受到本法规定的行政处罚的；

（二）经停产停业整顿，仍不具备法律、行政法规和国家标准或者行业标准规定的安全生产条件的；

（三）不具备法律、行政法规和国家标准或者行业标准规定的安全生产条件，导致发生重大、特别重大生产安全事故的；

（四）拒不执行负有安全生产监督管理职责的部门作出的停产停业整顿决定的。

第一百一十四条　【应急管理部门处以罚款的情形】发生生产安全事故，对负有责任的生产经营单位除要求其依法承担相应的赔偿等责任外，由应急管理部门依照下列规定处以罚款：

（一）发生一般事故的，处三十万元以上一百万元以下的罚款；

（二）发生较大事故的，处一百万元以上二百万元以下的罚款；

（三）发生重大事故的，处二百万元以上一千万元以下的罚款；

（四）发生特别重大事故的，处一千万元以上二千万元以下的罚款。

发生生产安全事故，情节特别严重、影响特别恶劣的，应急管理部门可以按照前款罚款数额的二倍以上五倍以下对负有责任的生产经营单位处以罚款。

第一百一十五条　【行政处罚决定机关】本法规定的行政处罚，由应急管理部门和其他负有安全生产监督管理职责的部门按照职责分工决定；其中，根据本法第九十五条、第一百一十条、第一百一十四条的规定应当给予民航、铁路、电力行业的生产经营单位及其主要负责人行政处罚的，也可以由主管的负有安全生产监督管理职责的部门进行处罚。予以关闭的行政处罚，由负有安全生产监督管理职责的部门报请县级以上人民政府按照国务院规定的权限决定；给予拘留的行政处罚，由公安机关依照治安管理处罚的规定决定。

第一百一十六条　【赔偿】生产经营单位发生生产安全事故造成人员伤亡、他人财产损失的，应当依法承担赔偿责任；拒不承担或者其负责人逃匿的，由人民法院依法强制执行。

生产安全事故的责任人未依法承担赔偿责任，经人民法院依法采取执行措施后，仍不能对受害人给予足额赔偿的，应当继续履行赔偿义务；受害人发现责任人有其他财产的，可以随时请求人民法院执行。

第七章　附　　则

第一百一十七条　【用语含义】本法下列用语的含义：

危险物品，是指易燃易爆物品、危险化学品、放射性物品等能够危及人身安全和财产安全的物品。

重大危险源，是指长期地或者临时地生产、搬运、使用或者储存危险物品，且危险物品的数量等于或者超过临界量的单元（包括场所和设施）。

第一百一十八条　【安全事故的划分标准】本法规定的生产安全一般事故、较大事故、重大事故、特别重大事故的划分标准由国务院规定。

国务院应急管理部门和其他负有安全生产监督管理职责的部门应当根据各自的职责分工，制定相关行业、领域重大危险源的辨识标准和重大事故隐患的判定标准。

第一百一十九条　【施行日期】本法自2002年11月1日起施行。

生产安全事故报告和调查处理条例

1. 2007年4月9日国务院令第493号公布
2. 自2007年6月1日起施行

第一章　总　　则

第一条　为了规范生产安全事故的报告和调查处理，落实生产安全事故责任追究制度，防止和减少生产安全事故，根据《中华人民共和国安全生产法》和有关法律，制定本条例。

第二条　生产经营活动中发生的造成人身伤亡或者直接经济损失的生产安全事故的报告和调查处理，适用本条例；环境污染事故、核设施事故、国防科研生产事故的报告和调查处理不适用本条例。

第三条　根据生产安全事故（以下简称事故）造成的人员伤亡或者直接经济损失，事故一般分为以下等级：

（一）特别重大事故，是指造成30人以上死亡，或者100人以上重伤（包括急性工业中毒，下同），或者1亿元以上直接经济损失的事故；

（二）重大事故，是指造成10人以上30人以下死亡，或者50人以上100人以下重伤，或者5000万元以上1亿元以下直接经济损失的事故；

（三）较大事故，是指造成3人以上10人以下死亡，或者10人以上50人以下重伤，或者1000万元以上5000万元以下直接经济损失的事故；

（四）一般事故，是指造成3人以下死亡，或者10人以下重伤，或者1000万元以下直接经济损失的事故。

国务院安全生产监督管理部门可以会同国务院有关部门，制定事故等级划分的补充性规定。

本条第一款所称的"以上"包括本数，所称的"以下"不包括本数。

第四条　事故报告应当及时、准确、完整，任何单位和个人对事故不得迟报、漏报、谎报或者瞒报。

事故调查处理应当坚持实事求是、尊重科学的原则，及时、准确地查清事故经过、事故原因和事故损失，查明事故性质，认定事故责任，总结事故教训，提出整改措施，并对事故责任者依法追究责任。

第五条　县级以上人民政府应当依照本条例的规定，严格履行职责，及时、准确地完成事故调查处理工作。

事故发生地有关地方人民政府应当支持、配合上级人民政府或者有关部门的事故调查处理工作，并提供必要的便利条件。

参加事故调查处理的部门和单位应当互相配合，提高事故调查处理工作的效率。

第六条　工会依法参加事故调查处理，有权向有关部门提出处理意见。

第七条　任何单位和个人不得阻挠和干涉对事故的报告和依法调查处理。

第八条　对事故报告和调查处理中的违法行为，任何单位和个人有权向安全生产监督管理部门、监察机关或者其他有关部门举报，接到举报的部门应当依法及时处理。

第二章　事 故 报 告

第九条　事故发生后，事故现场有关人员应当立即向本单位负责人报告；单位负责人接到报告后，应当于1小时内向事故发生地县级以上人民政府安全生产监督管理部门和负有安全生产监督管理职责的有关部门报告。

情况紧急时，事故现场有关人员可以直接向事故发生地县级以上人民政府安全生产监督管理部门和负有安全生产监督管理职责的有关部门报告。

第十条　安全生产监督管理部门和负有安全生产监督管理职责的有关部门接到事故报告后，应当依照下列规定上报事故情况，并通知公安机关、劳动保障行政部门、工会和人民检察院：

（一）特别重大事故、重大事故逐级上报至国务院安全生产监督管理部门和负有安全生产监督管理职责的有关部门；

（二）较大事故逐级上报至省、自治区、直辖市人民政府安全生产监督管理部门和负有安全生产监督管理职责的有关部门；

（三）一般事故上报至设区的市级人民政府安全生产监督管理部门和负有安全生产监督管理职责的有

关部门。

安全生产监督管理部门和负有安全生产监督管理职责的有关部门依照前款规定上报事故情况，应当同时报告本级人民政府。国务院安全生产监督管理部门和负有安全生产监督管理职责的有关部门以及省级人民政府接到发生特别重大事故、重大事故的报告后，应当立即报告国务院。

必要时，安全生产监督管理部门和负有安全生产监督管理职责的有关部门可以越级上报事故情况。

第十一条　安全生产监督管理部门和负有安全生产监督管理职责的有关部门逐级上报事故情况，每级上报的时间不得超过2小时。

第十二条　报告事故应当包括下列内容：

（一）事故发生单位概况；

（二）事故发生的时间、地点以及事故现场情况；

（三）事故的简要经过；

（四）事故已经造成或者可能造成的伤亡人数（包括下落不明的人数）和初步估计的直接经济损失；

（五）已经采取的措施；

（六）其他应当报告的情况。

第十三条　事故报告后出现新情况的，应当及时补报。

自事故发生之日起30日内，事故造成的伤亡人数发生变化的，应当及时补报。道路交通事故、火灾事故自发生之日起7日内，事故造成的伤亡人数发生变化的，应当及时补报。

第十四条　事故发生单位负责人接到事故报告后，应当立即启动事故相应应急预案，或者采取有效措施，组织抢救，防止事故扩大，减少人员伤亡和财产损失。

第十五条　事故发生地有关地方人民政府、安全生产监督管理部门和负有安全生产监督管理职责的有关部门接到事故报告后，其负责人应当立即赶赴事故现场，组织事故救援。

第十六条　事故发生后，有关单位和人员应当妥善保护事故现场以及相关证据，任何单位和个人不得破坏事故现场、毁灭相关证据。

因抢救人员、防止事故扩大以及疏通交通等原因，需要移动事故现场物件的，应当做出标志，绘制现场简图并做出书面记录，妥善保存现场重要痕迹、物证。

第十七条　事故发生地公安机关根据事故的情况，对涉嫌犯罪的，应当依法立案侦查，采取强制措施和侦查措施。犯罪嫌疑人逃匿的，公安机关应当迅速追捕归案。

第十八条　安全生产监督管理部门和负有安全生产监督管理职责的有关部门应当建立值班制度，并向社会公布值班电话，受理事故报告和举报。

第三章　事故调查

第十九条　特别重大事故由国务院或者国务院授权有关部门组织事故调查组进行调查。

重大事故、较大事故、一般事故分别由事故发生地省级人民政府、设区的市级人民政府、县级人民政府负责调查。省级人民政府、设区的市级人民政府、县级人民政府可以直接组织事故调查组进行调查，也可以授权或者委托有关部门组织事故调查组进行调查。

未造成人员伤亡的一般事故，县级人民政府也可以委托事故发生单位组织事故调查组进行调查。

第二十条　上级人民政府认为必要时，可以调查由下级人民政府负责调查的事故。

自事故发生之日起30日内（道路交通事故、火灾事故自发生之日起7日内），因事故伤亡人数变化导致事故等级发生变化，依照本条例规定应当由上级人民政府负责调查的，上级人民政府可以另行组织事故调查组进行调查。

第二十一条　特别重大事故以下等级事故，事故发生地与事故发生单位不在同一个县级以上行政区域的，由事故发生地人民政府负责调查，事故发生单位所在地人民政府应当派人参加。

第二十二条　事故调查组的组成应当遵循精简、效能的原则。

根据事故的具体情况，事故调查组由有关人民政府、安全生产监督管理部门、负有安全生产监督管理职责的有关部门、监察机关、公安机关以及工会派人组成，并应当邀请人民检察院派人参加。

事故调查组可以聘请有关专家参与调查。

第二十三条　事故调查组成员应当具有事故调查所需要的知识和专长，并与所调查的事故没有直接利害关系。

第二十四条　事故调查组组长由负责事故调查的人民政府指定。事故调查组组长主持事故调查组的工作。

第二十五条　事故调查组履行下列职责：

（一）查明事故发生的经过、原因、人员伤亡情况及直接经济损失；

（二）认定事故的性质和事故责任；

（三）提出对事故责任者的处理建议；

（四）总结事故教训，提出防范和整改措施；

（五）提交事故调查报告。

第二十六条　事故调查组有权向有关单位和个人了解与事故有关的情况，并要求其提供相关文件、资料，有关单位和个人不得拒绝。

事故发生单位的负责人和有关人员在事故调查期间不得擅离职守，并应当随时接受事故调查组的询问，如实提供有关情况。

事故调查中发现涉嫌犯罪的，事故调查组应当及时将有关材料或者其复印件移交司法机关处理。

第二十七条　事故调查中需要进行技术鉴定的，事故调查组应当委托具有国家规定资质的单位进行技术鉴定。必要时，事故调查组可以直接组织专家进行技术鉴定。技术鉴定所需时间不计入事故调查期限。

第二十八条　事故调查组成员在事故调查工作中应当诚信公正、恪尽职守，遵守事故调查组的纪律，保守事故调查的秘密。

未经事故调查组组长允许，事故调查组成员不得擅自发布有关事故的信息。

第二十九条　事故调查组应当自事故发生之日起60日内提交事故调查报告；特殊情况下，经负责事故调查的人民政府批准，提交事故调查报告的期限可以适当延长，但延长的期限最长不超过60日。

第三十条　事故调查报告应当包括下列内容：

（一）事故发生单位概况；

（二）事故发生经过和事故救援情况；

（三）事故造成的人员伤亡和直接经济损失；

（四）事故发生的原因和事故性质；

（五）事故责任的认定以及对事故责任者的处理建议；

（六）事故防范和整改措施。

事故调查报告应当附具有关证据材料。事故调查组成员应当在事故调查报告上签名。

第三十一条　事故调查报告报送负责事故调查的人民政府后，事故调查工作即告结束。事故调查的有关资料应当归档保存。

第四章　事 故 处 理

第三十二条　重大事故、较大事故、一般事故，负责事故调查的人民政府应当自收到事故调查报告之日起15日内做出批复；特别重大事故，30日内做出批复，特殊情况下，批复时间可以适当延长，但延长的时间最长不超过30日。

有关机关应当按照人民政府的批复，依照法律、行政法规规定的权限和程序，对事故发生单位和有关人员进行行政处罚，对负有事故责任的国家工作人员进行处分。

事故发生单位应当按照负责事故调查的人民政府的批复，对本单位负有事故责任的人员进行处理。

负有事故责任的人员涉嫌犯罪的，依法追究刑事责任。

第三十三条　事故发生单位应当认真吸取事故教训，落实防范和整改措施，防止事故再次发生。防范和整改措施的落实情况应当接受工会和职工的监督。

安全生产监督管理部门和负有安全生产监督管理职责的有关部门应当对事故发生单位落实防范和整改措施的情况进行监督检查。

第三十四条　事故处理的情况由负责事故调查的人民政府或者其授权的有关部门、机构向社会公布，依法应当保密的除外。

第五章　法 律 责 任

第三十五条　事故发生单位主要负责人有下列行为之一的，处上一年年收入40%至80%的罚款；属于国家工作人员的，并依法给予处分；构成犯罪的，依法追究刑事责任：

（一）不立即组织事故抢救的；

（二）迟报或者漏报事故的；

（三）在事故调查处理期间擅离职守的。

第三十六条　事故发生单位及其有关人员有下列行为之一的，对事故发生单位处100万元以上500万元以下的罚款；对主要负责人、直接负责的主管人员和其他直接责任人员处上一年年收入60%至100%的罚款；属于国家工作人员的，并依法给予处分；构成违反治安管理行为的，由公安机关依法给予治安管理处罚；构成犯罪的，依法追究刑事责任：

（一）谎报或者瞒报事故的；

（二）伪造或者故意破坏事故现场的；

（三）转移、隐匿资金、财产，或者销毁有关证据、资料的；

（四）拒绝接受调查或者拒绝提供有关情况和资料的；

（五）在事故调查中作伪证或者指使他人作伪证的；

（六）事故发生后逃匿的。

第三十七条　事故发生单位对事故发生负有责任的，依照下列规定处以罚款：

（一）发生一般事故的，处10万元以上20万元以下的罚款；

（二）发生较大事故的，处20万元以上50万元以下的罚款；

（三）发生重大事故的，处50万元以上200万元以下的罚款；

（四）发生特别重大事故的，处200万元以上500万元以下的罚款。

第三十八条　事故发生单位主要负责人未依法履行安全生产管理职责，导致事故发生的，依照下列规定处以罚款；属于国家工作人员的，并依法给予处分；构成犯罪的，依法追究刑事责任：

（一）发生一般事故的，处上一年年收入30%的罚款；

（二）发生较大事故的，处上一年年收入40%的罚款；

（三）发生重大事故的，处上一年年收入60%的罚款；

（四）发生特别重大事故的，处上一年年收入80%的罚款。

第三十九条　有关地方人民政府、安全生产监督管理部门和负有安全生产监督管理职责的有关部门有下列行为之一的，对直接负责的主管人员和其他直接责任人员依法给予处分；构成犯罪的，依法追究刑事责任：

（一）不立即组织事故抢救的；

（二）迟报、漏报、谎报或者瞒报事故的；

（三）阻碍、干涉事故调查工作的；

（四）在事故调查中作伪证或者指使他人作伪证的。

第四十条　事故发生单位对事故发生负有责任的，由有关部门依法暂扣或者吊销其有关证照；对事故发生单位负有事故责任的有关人员，依法暂停或者撤销其与安全生产有关的执业资格、岗位证书；事故发生单位主要负责人受到刑事处罚或者撤职处分的，自刑罚执行完毕或者受处分之日起，5年内不得担任任何生产经营单位的主要负责人。

为发生事故的单位提供虚假证明的中介机构，由有关部门依法暂扣或者吊销其有关证照及其相关人员的执业资格；构成犯罪的，依法追究刑事责任。

第四十一条　参与事故调查的人员在事故调查中有下列行为之一的，依法给予处分；构成犯罪的，依法追究刑事责任：

（一）对事故调查工作不负责任，致使事故调查工作有重大疏漏的；

（二）包庇、袒护负有事故责任的人员或者借机打击报复的。

第四十二条　违反本条例规定，有关地方人民政府或者有关部门故意拖延或者拒绝落实经批复的对事故责任人的处理意见的，由监察机关对有关责任人员依法给予处分。

第四十三条　本条例规定的罚款的行政处罚，由安全生产监督管理部门决定。

法律、行政法规对行政处罚的种类、幅度和决定机关另有规定的，依照其规定。

第六章　附　　则

第四十四条　没有造成人员伤亡，但是社会影响恶劣的事故，国务院或者有关地方人民政府认为需要调查处理的，依照本条例的有关规定执行。

国家机关、事业单位、人民团体发生的事故的报告和调查处理，参照本条例的规定执行。

第四十五条　特别重大事故以下等级事故的报告和调查处理，有关法律、行政法规或者国务院另有规定的，依照其规定。

第四十六条　本条例自2007年6月1日起施行。国务院1989年3月29日公布的《特别重大事故调查程序暂行规定》和1991年2月22日公布的《企业职工伤亡事故报告和处理规定》同时废止。

安全生产事故隐患排查治理暂行规定

1. 2007年12月28日国家安全生产监督管理总局令第16号公布

2. 自2008年2月1日起施行

第一章　总　　则

第一条　为了建立安全生产事故隐患排查治理长效机制，强化安全生产主体责任，加强事故隐患监督管理，防止和减少事故，保障人民群众生命财产安全，根据安全生产法等法律、行政法规，制定本规定。

第二条　生产经营单位安全生产事故隐患排查治理和安全生产监督管理部门、煤矿安全监察机构（以下统称安全监管监察部门）实施监管监察，适用本规定。

有关法律、行政法规对安全生产事故隐患排查治理另有规定的，依照其规定。

第三条　本规定所称安全生产事故隐患（以下简称事故隐患），是指生产经营单位违反安全生产法律、法规、规章、标准、规程和安全生产管理制度的规定，或者因其他因素在生产经营活动中存在可能导致事故发生的物的危险状态、人的不安全行为和管理上的缺陷。

事故隐患分为一般事故隐患和重大事故隐患。一般事故隐患，是指危害和整改难度较小，发现后能够立即整改排除的隐患。重大事故隐患，是指危害和整改难度较大，应当全部或者局部停产停业，并经过一定时间整改治理方能排除的隐患，或者因外部因素影响致使生产经营单位自身难以排除的隐患。

第四条　生产经营单位应当建立健全事故隐患排查治理制度。

生产经营单位主要负责人对本单位事故隐患排查治理工作全面负责。

第五条　各级安全监管监察部门按照职责对所辖区域内

生产经营单位排查治理事故隐患工作依法实施综合监督管理；各级人民政府有关部门在各自职责范围内对生产经营单位排查治理事故隐患工作依法实施监督管理。

第六条 任何单位和个人发现事故隐患，均有权向安全监管监察部门和有关部门报告。

安全监管监察部门接到事故隐患报告后，应当按照职责分工立即组织核实并予以查处；发现所报告事故隐患应当由其他有关部门处理的，应当立即移送有关部门并记录备查。

第二章 生产经营单位的职责

第七条 生产经营单位应当依照法律、法规、规章、标准和规程的要求从事生产经营活动。严禁非法从事生产经营活动。

第八条 生产经营单位是事故隐患排查、治理和防控的责任主体。

生产经营单位应当建立健全事故隐患排查治理和建档监控等制度，逐级建立并落实从主要负责人到每个从业人员的隐患排查治理和监控责任制。

第九条 生产经营单位应当保证事故隐患排查治理所需的资金，建立资金使用专项制度。

第十条 生产经营单位应当定期组织安全生产管理人员、工程技术人员和其他相关人员排查本单位的事故隐患。对排查出的事故隐患，应当按照事故隐患的等级进行登记，建立事故隐患信息档案，并按照职责分工实施监控治理。

第十一条 生产经营单位应当建立事故隐患报告和举报奖励制度，鼓励、发动职工发现和排除事故隐患，鼓励社会公众举报。对发现、排除和举报事故隐患的有功人员，应当给予物质奖励和表彰。

第十二条 生产经营单位将生产经营项目、场所、设备发包、出租的，应当与承包、承租单位签订安全生产管理协议，并在协议中明确各方对事故隐患排查、治理和防控的管理职责。生产经营单位对承包、承租单位的事故隐患排查治理负有统一协调和监督管理的职责。

第十三条 安全监管监察部门和有关部门的监督检查人员依法履行事故隐患监督检查职责时，生产经营单位应当积极配合，不得拒绝和阻挠。

第十四条 生产经营单位应当每季、每年对本单位事故隐患排查治理情况进行统计分析，并分别于下一季度15日前和下一年1月31日前向安全监管监察部门和有关部门报送书面统计分析表。统计分析表应当由生产经营单位主要负责人签字。

对于重大事故隐患，生产经营单位除依照前款规定报送外，应当及时向安全监管监察部门和有关部门报告。重大事故隐患报告内容应当包括：

（一）隐患的现状及其产生原因；

（二）隐患的危害程度和整改难易程度分析；

（三）隐患的治理方案。

第十五条 对于一般事故隐患，由生产经营单位（车间、分厂、区队等）负责人或者有关人员立即组织整改。

对于重大事故隐患，由生产经营单位主要负责人组织制定并实施事故隐患治理方案。重大事故隐患治理方案应当包括以下内容：

（一）治理的目标和任务；

（二）采取的方法和措施；

（三）经费和物资的落实；

（四）负责治理的机构和人员；

（五）治理的时限和要求；

（六）安全措施和应急预案。

第十六条 生产经营单位在事故隐患治理过程中，应当采取相应的安全防范措施，防止事故发生。事故隐患排除前或者排除过程中无法保证安全的，应当从危险区域内撤出作业人员，并疏散可能危及的其他人员，设置警戒标志，暂时停产停业或者停止使用；对暂时难以停产或者停止使用的相关生产储存装置、设施、设备，应当加强维护和保养，防止事故发生。

第十七条 生产经营单位应当加强对自然灾害的预防。对于因自然灾害可能导致事故灾难的隐患，应当按照有关法律、法规、标准和本规定的要求排查治理，采取可靠的预防措施，制定应急预案。在接到有关自然灾害预报时，应当及时向下属单位发出预警通知；发生自然灾害可能危及生产经营单位和人员安全的情况时，应当采取撤离人员、停止作业、加强监测等安全措施，并及时向当地人民政府及其有关部门报告。

第十八条 地方人民政府或者安全监管监察部门及有关部门挂牌督办并责令全部或者局部停产停业治理的重大事故隐患，治理工作结束后，有条件的生产经营单位应当组织本单位的技术人员和专家对重大事故隐患的治理情况进行评估；其他生产经营单位应当委托具备相应资质的安全评价机构对重大事故隐患的治理情况进行评估。

经治理后符合安全生产条件的，生产经营单位应当向安全监管监察部门和有关部门提出恢复生产的书面申请，经安全监管监察部门和有关部门审查同意后，方可恢复生产经营。申请报告应当包括治理方案的内容、项目和安全评价机构出具的评价报告等。

第三章　监督管理

第十九条　安全监管监察部门应当指导、监督生产经营单位按照有关法律、法规、规章、标准和规程的要求，建立健全事故隐患排查治理等各项制度。

第二十条　安全监管监察部门应当建立事故隐患排查治理监督检查制度，定期组织对生产经营单位事故隐患排查治理情况开展监督检查；应当加强对重点单位的事故隐患排查治理情况的监督检查。对检查过程中发现的重大事故隐患，应当下达整改指令书，并建立信息管理台账。必要时，报告同级人民政府并对重大事故隐患实行挂牌督办。

安全监管监察部门应当配合有关部门做好对生产经营单位事故隐患排查治理情况开展的监督检查，依法查处事故隐患排查治理的非法和违法行为及其责任者。

安全监管监察部门发现属于其他有关部门职责范围内的重大事故隐患的，应该及时将有关资料移送有管辖权的有关部门，并记录备查。

第二十一条　已经取得安全生产许可证的生产经营单位，在其被挂牌督办的重大事故隐患治理结束前，安全监管监察部门应当加强监督检查。必要时，可以提请原许可证颁发机关依法暂扣其安全生产许可证。

第二十二条　安全监管监察部门应当会同有关部门把重大事故隐患整改纳入重点行业领域的安全专项整治中加以治理，落实相应责任。

第二十三条　对挂牌督办并采取全部或者局部停产停业治理的重大事故隐患，安全监管监察部门收到生产经营单位恢复生产的申请报告后，应当在10日内进行现场审查。审查合格的，对事故隐患进行核销，同意恢复生产经营；审查不合格的，依法责令改正或者下达停产整改指令。对整改无望或者生产经营单位拒不执行整改指令的，依法实施行政处罚；不具备安全生产条件的，依法提请县级以上人民政府按照国务院规定的权限予以关闭。

第二十四条　安全监管监察部门应当每季将本行政区域重大事故隐患的排查治理情况和统计分析表逐级报至省级安全监管监察部门备案。

省级安全监管监察部门应当每半年将本行政区域重大事故隐患的排查治理情况和统计分析表报国家安全生产监督管理总局备案。

第四章　罚　　则

第二十五条　生产经营单位及其主要负责人未履行事故隐患排查治理职责，导致发生生产安全事故的，依法给予行政处罚。

第二十六条　生产经营单位违反本规定，有下列行为之一的，由安全监管监察部门给予警告，并处三万元以下的罚款：

（一）未建立安全生产事故隐患排查治理等各项制度的；

（二）未按规定上报事故隐患排查治理统计分析表的；

（三）未制定事故隐患治理方案的；

（四）重大事故隐患不报或者未及时报告的；

（五）未对事故隐患进行排查治理擅自生产经营的；

（六）整改不合格或者未经安全监管监察部门审查同意擅自恢复生产经营的。

第二十七条　承担检测检验、安全评价的中介机构，出具虚假评价证明，尚不够刑事处罚的，没收违法所得，违法所得在五千元以上的，并处违法所得二倍以上五倍以下的罚款，没有违法所得或者违法所得不足五千元的，单处或者并处五千元以上二万元以下的罚款，同时可对其直接负责的主管人员和其他直接责任人员处五千元以上五万元以下的罚款；给他人造成损害的，与生产经营单位承担连带赔偿责任。

对有前款违法行为的机构，撤销其相应的资质。

第二十八条　生产经营单位事故隐患排查治理过程中违反有关安全生产法律、法规、规章、标准和规程规定的，依法给予行政处罚。

第二十九条　安全监管监察部门的工作人员未依法履行职责的，按照有关规定处理。

第五章　附　　则

第三十条　省级安全监管监察部门可以根据本规定，制定事故隐患排查治理和监督管理实施细则。

第三十一条　事业单位、人民团体以及其他经济组织的事故隐患排查治理，参照本规定执行。

第三十二条　本规定自2008年2月1日起施行。

企业安全生产责任体系
五落实五到位规定

1. 2015年3月16日国家安全生产监督管理总局印发

2. 安监总办〔2015〕27号

一、必须落实“党政同责”要求，董事长、党组织书记、总经理对本企业安全生产工作共同承担领导责任。

二、必须落实安全生产“一岗双责”，所有领导班子成员对分管范围内安全生产工作承担相应职责。

三、必须落实安全生产组织领导机构，成立安全生产委员会，由董事长或总经理担任主任。

四、必须落实安全管理力量，依法设置安全生产管理机构，配齐配强注册安全工程师等专业安全管理人员。

五、必须落实安全生产报告制度，定期向董事会、业绩考核部门报告安全生产情况，并向社会公示。

六、必须做到安全责任到位、安全投入到位、安全培训到位、安全管理到位、应急救援到位。

2. 职业病防治

中华人民共和国职业病防治法

1. 2001年10月27日第九届全国人民代表大会常务委员会第二十四次会议通过

2. 根据2011年12月31日第十一届全国人民代表大会常务委员会第二十四次会议《关于修改〈中华人民共和国职业病防治法〉的决定》第一次修正

3. 根据2016年7月2日第十二届全国人民代表大会常务委员会第二十一次会议《关于修改〈中华人民共和国节约能源法〉等六部法律的决定》第二次修正

4. 根据2017年11月4日第十二届全国人民代表大会常务委员会第三十次会议《关于修改〈中华人民共和国会计法〉等十一部法律的决定》第三次修正

5. 根据2018年12月29日第十三届全国人民代表大会常务委员会第七次会议《关于修改〈中华人民共和国劳动法〉等七部法律的决定》第四次修正

目　录

第一章　总　　则

第一条　【立法目的】为了预防、控制和消除职业病危害，防治职业病，保护劳动者健康及其相关权益，促进经济社会发展，根据宪法，制定本法。

第二条　【职业病概念】本法适用于中华人民共和国领域内的职业病防治活动。

本法所称职业病，是指企业、事业单位和个体经济组织等用人单位的劳动者在职业活动中，因接触粉尘、放射性物质和其他有毒、有害因素而引起的疾病。

职业病的分类和目录由国务院卫生行政部门会同国务院劳动保障行政部门制定、调整并公布。

第三条　【工作方针】职业病防治工作坚持预防为主、防治结合的方针，建立用人单位负责、行政机关监管、行业自律、职工参与和社会监督的机制，实行分类管理、综合治理。

第四条　【职业卫生保护权】劳动者依法享有职业卫生保护的权利。

用人单位应当为劳动者创造符合国家职业卫生标准和卫生要求的工作环境和条件，并采取措施保障劳动者获得职业卫生保护。

工会组织依法对职业病防治工作进行监督，维护劳动者的合法权益。用人单位制定或者修改有关职业病防治的规章制度，应当听取工会组织的意见。

第五条　【用人单位防治责任】用人单位应当建立、健全职业病防治责任制，加强对职业病防治的管理，提高职业病防治水平，对本单位产生的职业病危害承担责任。

第六条　【主要责任人】用人单位的主要负责人对本单位的职业病防治工作全面负责。

第七条　【工伤保险】用人单位必须依法参加工伤保险。

国务院和县级以上地方人民政府劳动保障行政部门应当加强对工伤保险的监督管理，确保劳动者依法享受工伤保险待遇。

第八条　【在技术、工艺、设备、材料上控制职业病】国家鼓励和支持研制、开发、推广、应用有利于职业病防治和保护劳动者健康的新技术、新工艺、新设备、新材料，加强对职业病的机理和发生规律的基础研究，提高职业病防治科学技术水平；积极采用有效的职业病防治技术、工艺、设备、材料；限制使用或者淘汰职业病危害严重的技术、工艺、设备、材料。

国家鼓励和支持职业病医疗康复机构的建设。

第九条　【职业卫生监督制度】国家实行职业卫生监督制度。

国务院卫生行政部门、劳动保障行政部门依照本法和国务院确定的职责，负责全国职业病防治的监督管理工作。国务院有关部门在各自的职责范围内负责职业病防治的有关监督管理工作。

县级以上地方人民政府卫生行政部门、劳动保障行政部门依据各自职责，负责本行政区域内职业病防治的监督管理工作。县级以上地方人民政府有关部门在各自的职责范围内负责职业病防治的有关监督管理工作。

县级以上人民政府卫生行政部门、劳动保障行政部门（以下统称职业卫生监督管理部门）应当加强沟通，密切配合，按照各自职责分工，依法行使职权，承担责任。

第十条　【防治规划】国务院和县级以上地方人民政府应当制定职业病防治规划，将其纳入国民经济和社会发展计划，并组织实施。

县级以上地方人民政府统一负责、领导、组织、协调本行政区域的职业病防治工作，建立健全职业病防治工作体制、机制，统一领导、指挥职业卫生突发事件应对工作；加强职业病防治能力建设和服务体系建设，完善、落实职业病防治工作责任制。

乡、民族乡、镇的人民政府应当认真执行本法，支持职业卫生监督管理部门依法履行职责。

第十一条 【宣传教育】县级以上人民政府职业卫生监督管理部门应当加强对职业病防治的宣传教育，普及职业病防治的知识，增强用人单位的职业病防治观念，提高劳动者的职业健康意识、自我保护意识和行使职业卫生保护权利的能力。

第十二条 【国家职业卫生标准的制定与公布】有关防治职业病的国家职业卫生标准，由国务院卫生行政部门组织制定并公布。

国务院卫生行政部门应当组织开展重点职业病监测和专项调查，对职业健康风险进行评估，为制定职业卫生标准和职业病防治政策提供科学依据。

县级以上地方人民政府卫生行政部门应当定期对本行政区域的职业病防治情况进行统计和调查分析。

第十三条 【检举、控告和奖励】任何单位和个人有权对违反本法的行为进行检举和控告。有关部门收到相关的检举和控告后，应当及时处理。

对防治职业病成绩显著的单位和个人，给予奖励。

第二章 前期预防

第十四条 【从源头上控制和消除】用人单位应当依照法律、法规要求，严格遵守国家职业卫生标准，落实职业病预防措施，从源头上控制和消除职业病危害。

第十五条 【职业卫生要求】产生职业病危害的用人单位的设立除应当符合法律、行政法规规定的设立条件外，其工作场所还应当符合下列职业卫生要求：

（一）职业病危害因素的强度或者浓度符合国家职业卫生标准；

（二）有与职业病危害防护相适应的设施；

（三）生产布局合理，符合有害与无害作业分开的原则；

（四）有配套的更衣间、洗浴间、孕妇休息间等卫生设施；

（五）设备、工具、用具等设施符合保护劳动者生理、心理健康的要求；

（六）法律、行政法规和国务院卫生行政部门关于保护劳动者健康的其他要求。

第十六条 【危害项目申报制度】国家建立职业病危害项目申报制度。

用人单位工作场所存在职业病目录所列职业病的危害因素的，应当及时、如实向所在地卫生行政部门申报危害项目，接受监督。

职业病危害因素分类目录由国务院卫生行政部门制定、调整并公布。职业病危害项目申报的具体办法由国务院卫生行政部门制定。

第十七条 【职业病危害预评价报告】新建、扩建、改建建设项目和技术改造、技术引进项目（以下统称建设项目）可能产生职业病危害的，建设单位在可行性论证阶段应当进行职业病危害预评价。

医疗机构建设项目可能产生放射性职业病危害的，建设单位应当向卫生行政部门提交放射性职业病危害预评价报告。卫生行政部门应当自收到预评价报告之日起三十日内，作出审核决定并书面通知建设单位。未提交预评价报告或者预评价报告未经卫生行政部门审核同意的，不得开工建设。

职业病危害预评价报告应当对建设项目可能产生的职业病危害因素及其对工作场所和劳动者健康的影响作出评价，确定危害类别和职业病防护措施。

建设项目职业病危害分类管理办法由国务院卫生行政部门制定。

第十八条 【职业病防护设施实施】建设项目的职业病防护设施所需费用应当纳入建设项目工程预算，并与主体工程同时设计，同时施工，同时投入生产和使用。

建设项目的职业病防护设施设计应当符合国家职业卫生标准和卫生要求；其中，医疗机构放射性职业病危害严重的建设项目的防护设施设计，应当经卫生行政部门审查同意后，方可施工。

建设项目在竣工验收前，建设单位应当进行职业病危害控制效果评价。

医疗机构可能产生放射性职业病危害的建设项目竣工验收时，其放射性职业病防护设施经卫生行政部门验收合格后，方可投入使用；其他建设项目的职业病防护设施应当由建设单位负责依法组织验收，验收合格后，方可投入生产和使用。卫生行政部门应当加强对建设单位组织的验收活动和验收结果的监督核查。

第十九条 【特殊管理】国家对从事放射性、高毒、高危粉尘等作业实行特殊管理。具体管理办法由国务院制定。

第三章 劳动过程中的防护与管理

第二十条 【职业病防治管理措施】用人单位应当采取下列职业病防治管理措施：

（一）设置或者指定职业卫生管理机构或者组织，配备专职或者兼职的职业卫生管理人员，负责本单位的职业病防治工作；

（二）制定职业病防治计划和实施方案；

（三）建立、健全职业卫生管理制度和操作规程；

（四）建立、健全职业卫生档案和劳动者健康监护档案；

（五）建立、健全工作场所职业病危害因素监测及评价制度；

（六）建立、健全职业病危害事故应急救援预案。

第二十一条 【保障资金投入】用人单位应当保障职业病防治所需的资金投入，不得挤占、挪用，并对因资金投入不足导致的后果承担责任。

第二十二条 【提供职业病防护用品】用人单位必须采用有效的职业病防护设施，并为劳动者提供个人使用的职业病防护用品。

用人单位为劳动者个人提供的职业病防护用品必须符合防治职业病的要求；不符合要求的，不得使用。

第二十三条 【技术、工艺、设备、材料替代】用人单位应当优先采用有利于防治职业病和保护劳动者健康的新技术、新工艺、新设备、新材料，逐步替代职业病危害严重的技术、工艺、设备、材料。

第二十四条 【职业病公告和警示】产生职业病危害的用人单位，应当在醒目位置设置公告栏，公布有关职业病防治的规章制度、操作规程、职业病危害事故应急救援措施和工作场所职业病危害因素检测结果。

对产生严重职业病危害的作业岗位，应当在其醒目位置，设置警示标识和中文警示说明。警示说明应当载明产生职业病危害的种类、后果、预防以及应急救治措施等内容。

第二十五条 【职业病防护设备、应急、救援设施和个人使用的职业病防护用品】对可能发生急性职业损伤的有毒、有害工作场所，用人单位应当设置报警装置，配置现场急救用品、冲洗设备、应急撤离通道和必要的泄险区。

对放射工作场所和放射性同位素的运输、贮存，用人单位必须配置防护设备和报警装置，保证接触放射线的工作人员佩戴个人剂量计。

对职业病防护设备、应急救援设施和个人使用的职业病防护用品，用人单位应当进行经常性的维护、检修，定期检测其性能和效果，确保其处于正常状态，不得擅自拆除或者停止使用。

第二十六条 【符合国家职业卫生标准和卫生要求】用人单位应当实施由专人负责的职业病危害因素日常监测，并确保监测系统处于正常运行状态。

用人单位应当按照国务院卫生行政部门的规定，定期对工作场所进行职业病危害因素检测、评价。检测、评价结果存入用人单位职业卫生档案，定期向所在地卫生行政部门报告并向劳动者公布。

职业病危害因素检测、评价由依法设立的取得国务院卫生行政部门或者设区的市级以上地方人民政府卫生行政部门按照职责分工给予资质认可的职业卫生技术服务机构进行。职业卫生技术服务机构所作检测、评价应当客观、真实。

发现工作场所职业病危害因素不符合国家职业卫生标准和卫生要求时，用人单位应当立即采取相应治理措施，仍然达不到国家职业卫生标准和卫生要求的，必须停止存在职业病危害因素的作业；职业病危害因素经治理后，符合国家职业卫生标准和卫生要求的，方可重新作业。

第二十七条 【卫生行政部门的监督职责】职业卫生技术服务机构依法从事职业病危害因素检测、评价工作，接受卫生行政部门的监督检查。卫生行政部门应当依法履行监督职责。

第二十八条 【设备警示说明】向用人单位提供可能产生职业病危害的设备的，应当提供中文说明书，并在设备的醒目位置设置警示标识和中文警示说明。警示说明应当载明设备性能、可能产生的职业病危害、安全操作和维护注意事项、职业病防护以及应急救治措施等内容。

第二十九条 【材料危险说明】向用人单位提供可能产生职业病危害的化学品、放射性同位素和含有放射性物质的材料的，应当提供中文说明书。说明书应当载明产品特性、主要成份、存在的有害因素、可能产生的危害后果、安全使用注意事项、职业病防护以及应急救治措施等内容。产品包装应当有醒目的警示标识和中文警示说明。贮存上述材料的场所应当在规定的部位设置危险物品标识或者放射性警示标识。

国内首次使用或者首次进口与职业病危害有关的化学材料，使用单位或者进口单位按照国家规定经国务院有关部门批准后，应当向国务院卫生行政部门报送该化学材料的毒性鉴定以及经有关部门登记注册或者批准进口的文件等资料。

进口放射性同位素、射线装置和含有放射性物质的物品的，按照国家有关规定办理。

第三十条 【明令禁止使用】任何单位和个人不得生产、经营、进口和使用国家明令禁止使用的可能产生职业病危害的设备或者材料。

第三十一条 【具备职业病防护条件】任何单位和个人不得将产生职业病危害的作业转移给不具备职业病防

护条件的单位和个人。不具备职业病防护条件的单位和个人不得接受产生职业病危害的作业。

第三十二条　【知悉职业病危害】用人单位对采用的技术、工艺、设备、材料，应当知悉其产生的职业病危害，对有职业病危害的技术、工艺、设备、材料隐瞒其危害而采用的，对所造成的职业病危害后果承担责任。

第三十三条　【告知职业病危害】用人单位与劳动者订立劳动合同（含聘用合同，下同）时，应当将工作过程中可能产生的职业病危害及其后果、职业病防护措施和待遇等如实告知劳动者，并在劳动合同中写明，不得隐瞒或者欺骗。

劳动者在已订立劳动合同期间因工作岗位或者工作内容变更，从事与所订立劳动合同中未告知的存在职业病危害的作业时，用人单位应当依照前款规定，向劳动者履行如实告知的义务，并协商变更原劳动合同相关条款。

用人单位违反前两款规定的，劳动者有权拒绝从事存在职业病危害的作业，用人单位不得因此解除与劳动者所订立的劳动合同。

第三十四条　【职业卫生培训】用人单位的主要负责人和职业卫生管理人员应当接受职业卫生培训，遵守职业病防治法律、法规，依法组织本单位的职业病防治工作。

用人单位应当对劳动者进行上岗前的职业卫生培训和在岗期间的定期职业卫生培训，普及职业卫生知识，督促劳动者遵守职业病防治法律、法规、规章和操作规程，指导劳动者正确使用职业病防护设备和个人使用的职业病防护用品。

劳动者应当学习和掌握相关的职业卫生知识，增强职业病防范意识，遵守职业病防治法律、法规、规章和操作规程，正确使用、维护职业病防护设备和个人使用的职业病防护用品，发现职业病危害事故隐患应当及时报告。

劳动者不履行前款规定义务的，用人单位应当对其进行教育。

第三十五条　【职业健康检查】对从事接触职业病危害的作业的劳动者，用人单位应当按照国务院卫生行政部门的规定组织上岗前、在岗期间和离岗时的职业健康检查，并将检查结果书面告知劳动者。职业健康检查费用由用人单位承担。

用人单位不得安排未经上岗前职业健康检查的劳动者从事接触职业病危害的作业；不得安排有职业禁忌的劳动者从事其所禁忌的作业；对在职业健康检查中发现有与所从事的职业相关的健康损害的劳动者，应当调离原工作岗位，并妥善安置；对未进行离岗前职业健康检查的劳动者不得解除或者终止与其订立的劳动合同。

职业健康检查应当由取得《医疗机构执业许可证》的医疗卫生机构承担。卫生行政部门应当加强对职业健康检查工作的规范管理，具体管理办法由国务院卫生行政部门制定。

第三十六条　【职业健康监护档案】用人单位应当为劳动者建立职业健康监护档案，并按照规定的期限妥善保存。

职业健康监护档案应当包括劳动者的职业史、职业病危害接触史、职业健康检查结果和职业病诊疗等有关个人健康资料。

劳动者离开用人单位时，有权索取本人职业健康监护档案复印件，用人单位应当如实、无偿提供，并在所提供的复印件上签章。

第三十七条　【急性职业病危害事故的应急救援和控制措施】发生或者可能发生急性职业病危害事故时，用人单位应当立即采取应急救援和控制措施，并及时报告所在地卫生行政部门和有关部门。卫生行政部门接到报告后，应当及时会同有关部门组织调查处理；必要时，可以采取临时控制措施。卫生行政部门应当组织做好医疗救治工作。

对遭受或者可能遭受急性职业病危害的劳动者，用人单位应当及时组织救治、进行健康检查和医学观察，所需费用由用人单位承担。

第三十八条　【对未成年工和女职工的保护】用人单位不得安排未成年工从事接触职业病危害的作业；不得安排孕期、哺乳期的女职工从事对本人和胎儿、婴儿有危害的作业。

第三十九条　【劳动者职业卫生保护权利】劳动者享有下列职业卫生保护权利：

（一）获得职业卫生教育、培训；

（二）获得职业健康检查、职业病诊疗、康复等职业病防治服务；

（三）了解工作场所产生或者可能产生的职业病危害因素、危害后果和应当采取的职业病防护措施；

（四）要求用人单位提供符合防治职业病要求的职业病防护设施和个人使用的职业病防护用品，改善工作条件；

（五）对违反职业病防治法律、法规以及危及生命健康的行为提出批评、检举和控告；

（六）拒绝违章指挥和强令进行没有职业病防护措施的作业；

（七）参与用人单位职业卫生工作的民主管理，对职业病防治工作提出意见和建议。

用人单位应当保障劳动者行使前款所列权利。因劳动者依法行使正当权利而降低其工资、福利等待遇或者解除、终止与其订立的劳动合同的，其行为无效。

第四十条　【工会职责】工会组织应当督促并协助用人单位开展职业卫生宣传教育和培训，有权对用人单位的职业病防治工作提出意见和建议，依法代表劳动者与用人单位签订劳动安全卫生专项集体合同，与用人单位就劳动者反映的有关职业病防治的问题进行协调并督促解决。

工会组织对用人单位违反职业病防治法律、法规，侵犯劳动者合法权益的行为，有权要求纠正；产生严重职业病危害时，有权要求采取防护措施，或者向政府有关部门建议采取强制性措施；发生职业病危害事故时，有权参与事故调查处理；发现危及劳动者生命健康的情形时，有权向用人单位建议组织劳动者撤离危险现场，用人单位应当立即作出处理。

第四十一条　【费用列支】用人单位按照职业病防治要求，用于预防和治理职业病危害、工作场所卫生检测、健康监护和职业卫生培训等费用，按照国家有关规定，在生产成本中据实列支。

第四十二条　【职责分工】职业卫生监督管理部门应当按照职责分工，加强对用人单位落实职业病防护管理措施情况的监督检查，依法行使职权，承担责任。

第四章　职业病诊断与职业病病人保障

第四十三条　【职业病诊断的医疗卫生机构资格】职业病诊断应当由取得《医疗机构执业许可证》的医疗卫生机构承担。卫生行政部门应当加强对职业病诊断工作的规范管理，具体管理办法由国务院卫生行政部门制定。

承担职业病诊断的医疗卫生机构还应当具备下列条件：

（一）具有与开展职业病诊断相适应的医疗卫生技术人员；

（二）具有与开展职业病诊断相适应的仪器、设备；

（三）具有健全的职业病诊断质量管理制度。

承担职业病诊断的医疗卫生机构不得拒绝劳动者进行职业病诊断的要求。

第四十四条　【职业病诊断地】劳动者可以在用人单位所在地、本人户籍所在地或者经常居住地依法承担职业病诊断的医疗卫生机构进行职业病诊断。

第四十五条　【相关法规制定】职业病诊断标准和职业病诊断、鉴定办法由国务院卫生行政部门制定。职业病伤残等级的鉴定办法由国务院劳动保障行政部门会同国务院卫生行政部门制定。

第四十六条　【职业病诊断因素】职业病诊断，应当综合分析下列因素：

（一）病人的职业史；

（二）职业病危害接触史和工作场所职业病危害因素情况；

（三）临床表现以及辅助检查结果等。

没有证据否定职业病危害因素与病人临床表现之间的必然联系的，应当诊断为职业病。

职业病诊断证明书应当由参与诊断的取得职业病诊断资格的执业医师签署，并经承担职业病诊断的医疗卫生机构审核盖章。

第四十七条　【用人单位提供资料及协助调查义务】用人单位应当如实提供职业病诊断、鉴定所需的劳动者职业史和职业病危害接触史、工作场所职业病危害因素检测结果等资料；卫生行政部门应当监督检查和督促用人单位提供上述资料；劳动者和有关机构也应当提供与职业病诊断、鉴定有关的资料。

职业病诊断、鉴定机构需要了解工作场所职业病危害因素情况时，可以对工作场所进行现场调查，也可以向卫生行政部门提出，卫生行政部门应当在十日内组织现场调查。用人单位不得拒绝、阻挠。

第四十八条　【对存在异议的资料或职业病危害因素情况的制定】职业病诊断、鉴定过程中，用人单位不提供工作场所职业病危害因素检测结果等资料的，诊断、鉴定机构应当结合劳动者的临床表现、辅助检查结果和劳动者的职业史、职业病危害接触史，并参考劳动者的自述、卫生行政部门提供的日常监督检查信息等，作出职业病诊断、鉴定结论。

劳动者对用人单位提供的工作场所职业病危害因素检测结果等资料有异议，或者因劳动者的用人单位解散、破产，无用人单位提供上述资料的，诊断、鉴定机构应当提请卫生行政部门进行调查，卫生行政部门应当自接到申请之日起三十日内对存在异议的资料或者工作场所职业病危害因素情况作出判定；有关部门应当配合。

第四十九条　【申请仲裁或依法起诉】职业病诊断、鉴定过程中，在确认劳动者职业史、职业病危害接触史时，当事人对劳动关系、工种、工作岗位或者在岗时间有争议的，可以向当地的劳动人事争议仲裁委员会申请仲裁；接到申请的劳动人事争议仲裁委员会应当受理，并在三十日内作出裁决。

当事人在仲裁过程中对自己提出的主张,有责任提供证据。劳动者无法提供由用人单位掌握管理的与仲裁主张有关的证据的,仲裁庭应当要求用人单位在指定期限内提供;用人单位在指定期限内不提供的,应当承担不利后果。

劳动者对仲裁裁决不服的,可以依法向人民法院提起诉讼。

用人单位对仲裁裁决不服的,可以在职业病诊断、鉴定程序结束之日起十五日内依法向人民法院提起诉讼;诉讼期间,劳动者的治疗费用按照职业病待遇规定的途径支付。

第五十条 【发现职业病病人报告】用人单位和医疗卫生机构发现职业病病人或者疑似职业病病人时,应当及时向所在地卫生行政部门报告。确诊为职业病的,用人单位还应当向所在地劳动保障行政部门报告。接到报告的部门应当依法作出处理。

第五十一条 【职业病统计报告管理】县级以上地方人民政府卫生行政部门负责本行政区域内的职业病统计报告的管理工作,并按照规定上报。

第五十二条 【职业病诊断争议处理】当事人对职业病诊断有异议的,可以向作出诊断的医疗卫生机构所在地地方人民政府卫生行政部门申请鉴定。

职业病诊断争议由设区的市级以上地方人民政府卫生行政部门根据当事人的申请,组织职业病诊断鉴定委员会进行鉴定。

当事人对设区的市级职业病诊断鉴定委员会的鉴定结论不服的,可以向省、自治区、直辖市人民政府卫生行政部门申请再鉴定。

第五十三条 【职业病诊断鉴定委员会组成和诊断费用承担】职业病诊断鉴定委员会由相关专业的专家组成。

省、自治区、直辖市人民政府卫生行政部门应当设立相关的专家库,需要对职业病争议作出诊断鉴定时,由当事人或者当事人委托有关卫生行政部门从专家库中以随机抽取的方式确定参加诊断鉴定委员会的专家。

职业病诊断鉴定委员会应当按照国务院卫生行政部门颁布的职业病诊断标准和职业病诊断、鉴定办法进行职业病诊断鉴定,向当事人出具职业病诊断鉴定书。职业病诊断、鉴定费用由用人单位承担。

第五十四条 【委员会成员道德和纪律】职业病诊断鉴定委员会组成人员应当遵守职业道德,客观、公正地进行诊断鉴定,并承担相应的责任。职业病诊断鉴定委员会组成人员不得私下接触当事人,不得收受当事人的财物或者其他好处,与当事人有利害关系的,应当回避。

人民法院受理有关案件需要进行职业病鉴定时,应当从省、自治区、直辖市人民政府卫生行政部门依法设立的相关的专家库中选取参加鉴定的专家。

第五十五条 【疑似职业病病人的发现及诊断】医疗卫生机构发现疑似职业病病人时,应当告知劳动者本人并及时通知用人单位。

用人单位应当及时安排对疑似职业病病人进行诊断;在疑似职业病病人诊断或者医学观察期间,不得解除或者终止与其订立的劳动合同。

疑似职业病病人在诊断、医学观察期间的费用,由用人单位承担。

第五十六条 【职业病待遇】用人单位应当保障职业病病人依法享受国家规定的职业病待遇。

用人单位应当按照国家有关规定,安排职业病病人进行治疗、康复和定期检查。

用人单位对不适宜继续从事原工作的职业病病人,应当调离原岗位,并妥善安置。

用人单位对从事接触职业病危害的作业的劳动者,应当给予适当岗位津贴。

第五十七条 【社会保障】职业病病人的诊疗、康复费用,伤残以及丧失劳动能力的职业病病人的社会保障,按照国家有关工伤保险的规定执行。

第五十八条 【赔偿】职业病病人除依法享有工伤保险外,依照有关民事法律,尚有获得赔偿的权利的,有权向用人单位提出赔偿要求。

第五十九条 【用人单位责任承担】劳动者被诊断患有职业病,但用人单位没有依法参加工伤保险的,其医疗和生活保障由该用人单位承担。

第六十条 【职业病病人变动工作和用人单位变动】职业病病人变动工作单位,其依法享有的待遇不变。

用人单位在发生分立、合并、解散、破产等情形时,应当对从事接触职业病危害的作业的劳动者进行健康检查,并按照国家有关规定妥善安置职业病病人。

第六十一条 【申请医疗生活救助】用人单位已经不存在或者无法确认劳动关系的职业病病人,可以向地方人民政府医疗保障、民政部门申请医疗救助和生活等方面的救助。

地方各级人民政府应当根据本地区的实际情况,采取其他措施,使前款规定的职业病病人获得医疗救治。

第五章 监督检查

第六十二条 【监督检查部门】县级以上人民政府职业

卫生监督管理部门依照职业病防治法律、法规、国家职业卫生标准和卫生要求，依据职责划分，对职业病防治工作进行监督检查。

第六十三条　【监督措施】卫生行政部门履行监督检查职责时，有权采取下列措施：

（一）进入被检查单位和职业病危害现场，了解情况，调查取证；

（二）查阅或者复制与违反职业病防治法律、法规的行为有关的资料和采集样品；

（三）责令违反职业病防治法律、法规的单位和个人停止违法行为。

第六十四条　【临时控制措施】发生职业病危害事故或者有证据证明危害状态可能导致职业病危害事故发生时，卫生行政部门可以采取下列临时控制措施：

（一）责令暂停导致职业病危害事故的作业；

（二）封存造成职业病危害事故或者可能导致职业病危害事故发生的材料和设备；

（三）组织控制职业病危害事故现场。

在职业病危害事故或者危害状态得到有效控制后，卫生行政部门应当及时解除控制措施。

第六十五条　【职业卫生监督执法人员职责】职业卫生监督执法人员依法执行职务时，应当出示监督执法证件。

职业卫生监督执法人员应当忠于职守，秉公执法，严格遵守执法规范；涉及用人单位的秘密的，应当为其保密。

第六十六条　【支持配合检查】职业卫生监督执法人员依法执行职务时，被检查单位应当接受检查并予以支持配合，不得拒绝和阻碍。

第六十七条　【卫生行政部门、安全生产监管部门及其职业卫生监督执法人员禁止行为】卫生行政部门及其职业卫生监督执法人员履行职责时，不得有下列行为：

（一）对不符合法定条件的，发给建设项目有关证明文件、资质证明文件或者予以批准；

（二）对已经取得有关证明文件的，不履行监督检查职责；

（三）发现用人单位存在职业病危害的，可能造成职业病危害事故，不及时依法采取控制措施；

（四）其他违反本法的行为。

第六十八条　【职业卫生监督执法人员资格认证】职业卫生监督执法人员应当依法经过资格认定。

职业卫生监督管理部门应当加强队伍建设，提高职业卫生监督执法人员的政治、业务素质，依照本法和其他有关法律、法规的规定，建立、健全内部监督制度，对其工作人员执行法律、法规和遵守纪律的情况，进行监督检查。

第六章　法律责任

第六十九条　【建设单位法律责任】建设单位违反本法规定，有下列行为之一的，由卫生行政部门给予警告，责令限期改正；逾期不改正的，处十万元以上五十万元以下的罚款；情节严重的，责令停止产生职业病危害的作业，或者提请有关人民政府按照国务院规定的权限责令停建、关闭：

（一）未按照规定进行职业病危害预评价的；

（二）医疗机构可能产生放射性职业病危害的建设项目未按照规定提交放射性职业病危害预评价报告，或者放射性职业病危害预评价报告未经卫生行政部门审核同意，开工建设的；

（三）建设项目的职业病防护设施未按照规定与主体工程同时设计、同时施工、同时投入生产和使用的；

（四）建设项目的职业病防护设施设计不符合国家职业卫生标准和卫生要求，或者医疗机构放射性职业病危害严重的建设项目的防护设施设计未经卫生行政部门审查同意擅自施工的；

（五）未按照规定对职业病防护设施进行职业病危害控制效果评价的；

（六）建设项目竣工投入生产和使用前，职业病防护设施未按照规定验收合格的。

第七十条　【警告和罚款】违反本法规定，有下列行为之一的，由卫生行政部门给予警告，责令限期改正；逾期不改正的，处十万元以下的罚款：

（一）工作场所职业病危害因素检测、评价结果没有存档、上报、公布的；

（二）未采取本法第二十条规定的职业病防治管理措施的；

（三）未按照规定公布有关职业病防治的规章制度、操作规程、职业病危害事故应急救援措施的；

（四）未按照规定组织劳动者进行职业卫生培训，或者未对劳动者个人职业病防护采取指导、督促措施的；

（五）国内首次使用或者首次进口与职业病危害有关的化学材料，未按照规定报送毒性鉴定资料以及经有关部门登记注册或者批准进口的文件的。

第七十一条　【用人单位法律责任】用人单位违反本法规定，有下列行为之一的，由卫生行政部门责令限期改正，给予警告，可以并处五万元以上十万元以下的罚款：

（一）未按照规定及时、如实向卫生行政部门申报产生职业病危害的项目的；

（二）未实施由专人负责的职业病危害因素日常监测，或者监测系统不能正常监测的；

（三）订立或者变更劳动合同时，未告知劳动者职业病危害真实情况的；

（四）未按照规定组织职业健康检查、建立职业健康监护档案或者未将检查结果书面告知劳动者的；

（五）未依照本法规定在劳动者离开用人单位时提供职业健康监护档案复印件的。

第七十二条 【用人单位法律责任】用人单位违反本法规定，有下列行为之一的，由卫生行政部门给予警告，责令限期改正，逾期不改正的，处五万元以上二十万元以下的罚款；情节严重的，责令停止产生职业病危害的作业，或者提请有关人民政府按照国务院规定的权限责令关闭：

（一）工作场所职业病危害因素的强度或者浓度超过国家职业卫生标准的；

（二）未提供职业病防护设施和个人使用的职业病防护用品，或者提供的职业病防护设施和个人使用的职业病防护用品不符合国家职业卫生标准和卫生要求的；

（三）对职业病防护设备、应急救援设施和个人使用的职业病防护用品未按照规定进行维护、检修、检测，或者不能保持正常运行、使用状态的；

（四）未按照规定对工作场所职业病危害因素进行检测、评价的；

（五）工作场所职业病危害因素经治理仍然达不到国家职业卫生标准和卫生要求时，未停止存在职业病危害因素的作业的；

（六）未按照规定安排职业病病人、疑似职业病病人进行诊治的；

（七）发生或者可能发生急性职业病危害事故时，未立即采取应急救援和控制措施或者未按照规定及时报告的；

（八）未按照规定在产生严重职业病危害的作业岗位醒目位置设置警示标识和中文警示说明的；

（九）拒绝职业卫生监督管理部门监督检查的；

（十）隐瞒、伪造、篡改、毁损职业健康监护档案、工作场所职业病危害因素检测评价结果等相关资料，或者拒不提供职业病诊断、鉴定所需资料的；

（十一）未按照规定承担职业病诊断、鉴定费用和职业病病人的医疗、生活保障费用的。

第七十三条 【未提供说明的处罚】向用人单位提供可能产生职业病危害的设备、材料，未按照规定提供中文说明书或者设置警示标识和中文警示说明的，由卫生行政部门责令限期改正，给予警告，并处五万元以上二十万元以下的罚款。

第七十四条 【未按规定报告的处罚】用人单位和医疗卫生机构未按照规定报告职业病、疑似职业病的，由有关主管部门依据职责分工责令限期改正，给予警告，可以并处一万元以下的罚款；弄虚作假的，并处二万元以上五万元以下的罚款；对直接负责的主管人员和其他直接责任人员，可以依法给予降级或者撤职的处分。

第七十五条 【责令限期治理、停业、关闭】违反本法规定，有下列情形之一的，由卫生行政部门责令限期治理，并处五万元以上三十万元以下的罚款；情节严重的，责令停止产生职业病危害的作业，或者提请有关人民政府按照国务院规定的权限责令关闭：

（一）隐瞒技术、工艺、设备、材料所产生的职业病危害而采用的；

（二）隐瞒本单位职业卫生真实情况的；

（三）可能发生急性职业损伤的有毒、有害工作场所、放射工作场所或者放射性同位素的运输、贮存不符合本法第二十五条规定的；

（四）使用国家明令禁止使用的可能产生职业病危害的设备或者材料的；

（五）将产生职业病危害的作业转移给没有职业病防护条件的单位和个人，或者没有职业病防护条件的单位和个人接受产生职业病危害的作业的；

（六）擅自拆除、停止使用职业病防护设备或者应急救援设施的；

（七）安排未经职业健康检查的劳动者、有职业禁忌的劳动者、未成年工或者孕期、哺乳期女职工从事接触职业病危害的作业或者禁忌作业的；

（八）违章指挥和强令劳动者进行没有职业病防护措施的作业的。

第七十六条 【生产、经营、进口国家明令禁用的设备材料的处罚】生产、经营或者进口国家明令禁止使用的可能产生职业病危害的设备或者材料的，依照有关法律、行政法规的规定给予处罚。

第七十七条 【对劳动者生命健康严重损害的处罚】用人单位违反本法规定，已经对劳动者生命健康造成严重损害的，由卫生行政部门责令停止产生职业病危害的作业，或者提请有关人民政府按照国务院规定的权限责令关闭，并处十万元以上五十万元以下的罚款。

第七十八条 【直接责任人员的刑事责任】用人单位违反本法规定，造成重大职业病危害事故或者其他严重后果，构成犯罪的，对直接负责的主管人员和其他直接责任人员，依法追究刑事责任。

第七十九条 【擅自从事职业卫生技术服务的处罚】未取得职业卫生技术服务资质认可擅自从事职业卫生技术服务的，由卫生行政部门责令立即停止违法行为，没收违法所得；违法所得五千元以上的，并处违法所得二倍以上十倍以下的罚款；没有违法所得或者违法所得不足五千元的，并处五千元以上五万元以下的罚款；情节严重的，对直接负责的主管人员和其他直接责任人员，依法给予降级、撤职或者开除的处分。

第八十条 【越权从事职业卫生技术服务等行为的处罚】从事职业卫生技术服务的机构和承担职业病诊断的医疗卫生机构违反本法规定，有下列行为之一的，由卫生行政部门责令立即停止违法行为，给予警告，没收违法所得；违法所得五千元以上的，并处违法所得二倍以上五倍以下的罚款；没有违法所得或者违法所得不足五千元的，并处五千元以上二万元以下的罚款；情节严重的，由原认可或者登记机关取消其相应的资格；对直接负责的主管人员和其他直接责任人员，依法给予降级、撤职或者开除的处分；构成犯罪的，依法追究刑事责任：

（一）超出资质认可或者诊疗项目登记范围从事职业卫生技术服务或者职业病诊断的；

（二）不按照本法规定履行法定职责的；

（三）出具虚假证明文件的。

第八十一条 【对鉴定委员会组成人员的处罚】职业病诊断鉴定委员会组成人员收受职业病诊断争议当事人的财物或者其他好处的，给予警告，没收收受的财物，可以并处三千元以上五万元以下的罚款，取消其担任职业病诊断鉴定委员会组成人员的资格，并从省、自治区、直辖市人民政府卫生行政部门设立的专家库中予以除名。

第八十二条 【对不按照规定报告的处罚】卫生行政部门不按照规定报告职业病和职业病危害事故的，由上一级行政部门责令改正，通报批评，给予警告；虚报、瞒报的，对单位负责人、直接负责的主管人员和其他直接责任人员依法给予降级、撤职或者开除的处分。

第八十三条 【县级以上地方人民政府及职业卫生监管部门渎职责任】县级以上地方人民政府在职业病防治工作中未依照本法履行职责，本行政区域出现重大职业病危害事故、造成严重社会影响的，依法对直接负责的主管人员和其他直接责任人员给予记大过直至开除的处分。

县级以上人民政府职业卫生监督管理部门不履行本法规定的职责，滥用职权、玩忽职守、徇私舞弊，依法对直接负责的主管人员和其他直接责任人员给予记大过或者降级的处分；造成职业病危害事故或者其他严重后果的，依法给予撤职或者开除的处分。

第八十四条 【刑事责任】违反本法规定，构成犯罪的，依法追究刑事责任。

第七章 附 则

第八十五条 【用语含义】本法下列用语的含义：

职业病危害，是指对从事职业活动的劳动者可能导致职业病的各种危害。职业病危害因素包括：职业活动中存在的各种有害的化学、物理、生物因素以及在作业过程中产生的其他职业有害因素。

职业禁忌，是指劳动者从事特定职业或者接触特定职业病危害因素时，比一般职业人群更易于遭受职业病危害和罹患职业病或者可能导致原有自身疾病病情加重，或者在从事作业过程中诱发可能导致对他人生命健康构成危险的疾病的个人特殊生理或者病理状态。

第八十六条 【参照】本法第二条规定的用人单位以外的单位，产生职业病危害的，其职业病防治活动可以参照本法执行。

劳务派遣用工单位应当履行本法规定的用人单位的义务。

中国人民解放军参照执行本法的办法，由国务院、中央军事委员会制定。

第八十七条 【放射性职业病危害控制的监管】对医疗机构放射性职业病危害控制的监督管理，由卫生行政部门依照本法的规定实施。

第八十八条 【施行日期】本法自2002年5月1日起施行。

使用有毒物品作业场所劳动保护条例

2002年5月12日国务院令第352号公布施行

第一章 总 则

第一条 为了保证作业场所安全使用有毒物品，预防、控制和消除职业中毒危害，保护劳动者的生命安全、身体健康及其相关权益，根据职业病防治法和其他有关法律、行政法规的规定，制定本条例。

第二条 作业场所使用有毒物品可能产生职业中毒危害的劳动保护，适用本条例。

第三条 按照有毒物品产生的职业中毒危害程度,有毒物品分为一般有毒物品和高毒物品。国家对作业场所使用高毒物品实行特殊管理。

一般有毒物品目录、高毒物品目录由国务院卫生行政部门会同有关部门依据国家标准制定、调整并公布。

第四条 从事使用有毒物品作业的用人单位(以下简称用人单位)应当使用符合国家标准的有毒物品,不得在作业场所使用国家明令禁止使用的有毒物品或者使用不符合国家标准的有毒物品。

用人单位应当尽可能使用无毒物品;需要使用有毒物品的,应当优先选择使用低毒物品。

第五条 用人单位应当依照本条例和其他有关法律、行政法规的规定,采取有效的防护措施,预防职业中毒事故的发生,依法参加工伤保险,保障劳动者的生命安全和身体健康。

第六条 国家鼓励研制、开发、推广、应用有利于预防、控制、消除职业中毒危害和保护劳动者健康的新技术、新工艺、新材料;限制使用或者淘汰有关职业中毒危害严重的技术、工艺、材料;加强对有关职业病的机理和发生规律的基础研究,提高有关职业病防治科学技术水平。

第七条 禁止使用童工。

用人单位不得安排未成年人和孕期、哺乳期的女职工从事使用有毒物品的作业。

第八条 工会组织应当督促并协助用人单位开展职业卫生宣传教育和培训,对用人单位的职业卫生工作提出意见和建议,与用人单位就劳动者反映的职业病防治问题进行协调并督促解决。

工会组织对用人单位违反法律、法规,侵犯劳动者合法权益的行为,有权要求纠正;产生严重职业中毒危害时,有权要求用人单位采取防护措施,或者向政府有关部门建议采取强制性措施;发生职业中毒事故时,有权参与事故调查处理;发现危及劳动者生命、健康的情形时,有权建议用人单位组织劳动者撤离危险现场,用人单位应当立即作出处理。

第九条 县级以上人民政府卫生行政部门及其他有关行政部门应当依据各自的职责,监督用人单位严格遵守本条例和其他有关法律、法规的规定,加强作业场所使用有毒物品的劳动保护,防止职业中毒事故发生,确保劳动者依法享有的权利。

第十条 各级人民政府应当加强对使用有毒物品作业场所职业卫生安全及相关劳动保护工作的领导,督促、支持卫生行政部门及其他有关行政部门依法履行监督检查职责,及时协调、解决有关重大问题;在发生职业中毒事故时,应当采取有效措施,控制事故危害的蔓延并消除事故危害,并妥善处理有关善后工作。

第二章 作业场所的预防措施

第十一条 用人单位的设立,应当符合有关法律、行政法规规定的设立条件,并依法办理有关手续,取得营业执照。

用人单位的使用有毒物品作业场所,除应当符合职业病防治法规定的职业卫生要求外,还必须符合下列要求:

(一)作业场所与生活场所分开,作业场所不得住人;

(二)有害作业与无害作业分开,高毒作业场所与其他作业场所隔离;

(三)设置有效的通风装置;可能突然泄漏大量有毒物品或者易造成急性中毒的作业场所,设置自动报警装置和事故通风设施;

(四)高毒作业场所设置应急撤离通道和必要的泄险区。

用人单位及其作业场所符合前两款规定的,由卫生行政部门发给职业卫生安全许可证,方可从事使用有毒物品的作业。

第十二条 使用有毒物品作业场所应当设置黄色区域警示线、警示标识和中文警示说明。警示说明应当载明产生职业中毒危害的种类、后果、预防以及应急救治措施等内容。

高毒作业场所应当设置红色区域警示线、警示标识和中文警示说明,并设置通讯报警设备。

第十三条 新建、扩建、改建的建设项目和技术改造、技术引进项目(以下统称建设项目),可能产生职业中毒危害的,应当依照职业病防治法的规定进行职业中毒危害预评价,并经卫生行政部门审核同意;可能产生职业中毒危害的建设项目的职业中毒危害防护设施应当与主体工程同时设计,同时施工,同时投入生产和使用;建设项目竣工,应当进行职业中毒危害控制效果评价,并经卫生行政部门验收合格。

存在高毒作业的建设项目的职业中毒危害防护设施设计,应当经卫生行政部门进行卫生审查;经审查,符合国家职业卫生标准和卫生要求的,方可施工。

第十四条 用人单位应当按照国务院卫生行政部门的规定,向卫生行政部门及时、如实申报存在职业中毒危害项目。

从事使用高毒物品作业的用人单位,在申报使用高毒物品作业项目时,应当向卫生行政部门提交下列有关资料：

（一）职业中毒危害控制效果评价报告；

（二）职业卫生管理制度和操作规程等材料；

（三）职业中毒事故应急救援预案。

从事使用高毒物品作业的用人单位变更所使用的高毒物品品种的，应当依照前款规定向原受理申报的卫生行政部门重新申报。

第十五条　用人单位变更名称、法定代表人或者负责人的，应当向原受理申报的卫生行政部门备案。

第十六条　从事使用高毒物品作业的用人单位，应当配备应急救援人员和必要的应急救援器材、设备，制定事故应急救援预案，并根据实际情况变化对应急救援预案适时进行修订，定期组织演练。事故应急救援预案和演练记录应当报当地卫生行政部门、安全生产监督管理部门和公安部门备案。

第三章　劳动过程的防护

第十七条　用人单位应当依照职业病防治法的有关规定，采取有效的职业卫生防护管理措施，加强劳动过程中的防护与管理。

从事使用高毒物品作业的用人单位，应当配备专职的或者兼职的职业卫生医师和护士；不具备配备专职的或者兼职的职业卫生医师和护士条件的，应当与依法取得资质认证的职业卫生技术服务机构签订合同，由其提供职业卫生服务。

第十八条　用人单位应当与劳动者订立劳动合同，将工作过程中可能产生的职业中毒危害及其后果、职业中毒危害防护措施和待遇等如实告知劳动者，并在劳动合同中写明，不得隐瞒或者欺骗。

劳动者在已订立劳动合同期间因工作岗位或者工作内容变更，从事劳动合同中未告知的存在职业中毒危害的作业时，用人单位应当依照前款规定，如实告知劳动者，并协商变更原劳动合同有关条款。

用人单位违反前两款规定的，劳动者有权拒绝从事存在职业中毒危害的作业，用人单位不得因此单方面解除或者终止与劳动者所订立的劳动合同。

第十九条　用人单位有关管理人员应当熟悉有关职业病防治的法律、法规以及确保劳动者安全使用有毒物品作业的知识。

用人单位应当对劳动者进行上岗前的职业卫生培训和在岗期间的定期职业卫生培训，普及有关职业卫生知识，督促劳动者遵守有关法律、法规和操作规程，指导劳动者正确使用职业中毒危害防护设备和个人使用的职业中毒危害防护用品。

劳动者经培训考核合格，方可上岗作业。

第二十条　用人单位应当确保职业中毒危害防护设备、应急救援设施、通讯报警装置处于正常适用状态，不得擅自拆除或者停止运行。

用人单位应当对前款所列设施进行经常性的维护、检修，定期检测其性能和效果，确保其处于良好运行状态。

职业中毒危害防护设备、应急救援设施和通讯报警装置处于不正常状态时，用人单位应当立即停止使用有毒物品作业；恢复正常状态后，方可重新作业。

第二十一条　用人单位应当为从事使用有毒物品作业的劳动者提供符合国家职业卫生标准的防护用品，并确保劳动者正确使用。

第二十二条　有毒物品必须附具说明书，如实载明产品特性、主要成分、存在的职业中毒危害因素、可能产生的危害后果、安全使用注意事项、职业中毒危害防护以及应急救治措施等内容；没有说明书或者说明书不符合要求的，不得向用人单位销售。

用人单位有权向生产、经营有毒物品的单位索取说明书。

第二十三条　有毒物品的包装应当符合国家标准，并以易于劳动者理解的方式加贴或者拴挂有毒物品安全标签。有毒物品的包装必须有醒目的警示标识和中文警示说明。

经营、使用有毒物品的单位，不得经营、使用没有安全标签、警示标识和中文警示说明的有毒物品。

第二十四条　用人单位维护、检修存在高毒物品的生产装置，必须事先制订维护、检修方案，明确职业中毒危害防护措施，确保维护、检修人员的生命安全和身体健康。

维护、检修存在高毒物品的生产装置，必须严格按照维护、检修方案和操作规程进行。维护、检修现场应当有专人监护，并设置警示标志。

第二十五条　需要进入存在高毒物品的设备、容器或者狭窄封闭场所作业时，用人单位应当事先采取下列措施：

（一）保持作业场所良好的通风状态，确保作业场所职业中毒危害因素浓度符合国家职业卫生标准；

（二）为劳动者配备符合国家职业卫生标准的防护用品；

（三）设置现场监护人员和现场救援设备。

未采取前款规定措施或者采取的措施不符合要求的，用人单位不得安排劳动者进入存在高毒物品的设备、容器或者狭窄封闭场所作业。

第二十六条　用人单位应当按照国务院卫生行政部门的

规定,定期对使用有毒物品作业场所职业中毒危害因素进行检测、评价。检测、评价结果存入用人单位职业卫生档案,定期向所在地卫生行政部门报告并向劳动者公布。

从事使用高毒物品作业的用人单位应当至少每一个月对高毒作业场所进行一次职业中毒危害因素检测;至少每半年进行一次职业中毒危害控制效果评价。

高毒作业场所职业中毒危害因素不符合国家职业卫生标准和卫生要求时,用人单位必须立即停止高毒作业,并采取相应的治理措施;经治理,职业中毒危害因素符合国家职业卫生标准和卫生要求的,方可重新作业。

第二十七条 从事使用高毒物品作业的用人单位应当设置淋浴间和更衣室,并设置清洗、存放或者处理从事使用高毒物品作业劳动者的工作服、工作鞋帽等物品的专用间。

劳动者结束作业时,其使用的工作服、工作鞋帽等物品必须存放在高毒作业区域内,不得穿戴到非高毒作业区域。

第二十八条 用人单位应当按照规定对从事使用高毒物品作业的劳动者进行岗位轮换。

用人单位应当为从事使用高毒物品作业的劳动者提供岗位津贴。

第二十九条 用人单位转产、停产、停业或者解散、破产的,应当采取有效措施,妥善处理留存或者残留有毒物品的设备、包装物和容器。

第三十条 用人单位应当对本单位执行本条例规定的情况进行经常性的监督检查;发现问题,应当及时依照本条例规定的要求进行处理。

第四章 职业健康监护

第三十一条 用人单位应当组织从事使用有毒物品作业的劳动者进行上岗前职业健康检查。

用人单位不得安排未经上岗前职业健康检查的劳动者从事使用有毒物品的作业,不得安排有职业禁忌的劳动者从事其所禁忌的作业。

第三十二条 用人单位应当对从事使用有毒物品作业的劳动者进行定期职业健康检查。

用人单位发现有职业禁忌或者有与所从事职业相关的健康损害的劳动者,应当将其及时调离原工作岗位,并妥善安置。

用人单位对需要复查和医学观察的劳动者,应当按照体检机构的要求安排其复查和医学观察。

第三十三条 用人单位应当对从事使用有毒物品作业的劳动者进行离岗时的职业健康检查;对离岗时未进行职业健康检查的劳动者,不得解除或者终止与其订立的劳动合同。

用人单位发生分立、合并、解散、破产等情形的,应当对从事使用有毒物品作业的劳动者进行健康检查,并按照国家有关规定妥善安置职业病病人。

第三十四条 用人单位对受到或者可能受到急性职业中毒危害的劳动者,应当及时组织进行健康检查和医学观察。

第三十五条 劳动者职业健康检查和医学观察的费用,由用人单位承担。

第三十六条 用人单位应当建立职业健康监护档案。

职业健康监护档案应当包括下列内容:

(一)劳动者的职业史和职业中毒危害接触史;

(二)相应作业场所职业中毒危害因素监测结果;

(三)职业健康检查结果及处理情况;

(四)职业病诊疗等劳动者健康资料。

第五章 劳动者的权利与义务

第三十七条 从事使用有毒物品作业的劳动者在存在威胁生命安全或者身体健康危险的情况下,有权通知用人单位并从使用有毒物品造成的危险现场撤离。

用人单位不得因劳动者依据前款规定行使权利,而取消或者减少劳动者在正常工作时享有的工资、福利待遇。

第三十八条 劳动者享有下列职业卫生保护权利:

(一)获得职业卫生教育、培训;

(二)获得职业健康检查、职业病诊疗、康复等职业病防治服务;

(三)了解工作场所产生或者可能产生的职业中毒危害因素、危害后果和应当采取的职业中毒危害防护措施;

(四)要求用人单位提供符合防治职业病要求的职业中毒危害防护设施和个人使用的职业中毒危害防护用品,改善工作条件;

(五)对违反职业病防治法律、法规,危及生命、健康的行为提出批评、检举和控告;

(六)拒绝违章指挥和强令进行没有职业中毒危害防护措施的作业;

(七)参与用人单位职业卫生工作的民主管理,对职业病防治工作提出意见和建议。

用人单位应当保障劳动者行使前款所列权利。禁止因劳动者依法行使正当权利而降低其工资、福利等待遇或者解除、终止与其订立的劳动合同。

第三十九条 劳动者有权在正式上岗前从用人单位获得下列资料:

（一）作业场所使用的有毒物品的特性、有害成分、预防措施、教育和培训资料；

（二）有毒物品的标签、标识及有关资料；

（三）有毒物品安全使用说明书；

（四）可能影响安全使用有毒物品的其他有关资料。

第四十条　劳动者有权查阅、复印其本人职业健康监护档案。

劳动者离开用人单位时，有权索取本人健康监护档案复印件；用人单位应当如实、无偿提供，并在所提供的复印件上签章。

第四十一条　用人单位按照国家规定参加工伤保险的，患职业病的劳动者有权按照国家有关工伤保险的规定，享受下列工伤保险待遇：

（一）医疗费：因患职业病进行诊疗所需费用，由工伤保险基金按照规定标准支付；

（二）住院伙食补助费：由用人单位按照当地因公出差伙食标准的一定比例支付；

（三）康复费：由工伤保险基金按照规定标准支付；

（四）残疾用具费：因残疾需要配置辅助器具的，所需费用由工伤保险基金按照普及型辅助器具标准支付；

（五）停工留薪期待遇：原工资、福利待遇不变，由用人单位支付；

（六）生活护理补助费：经评残并确认需要生活护理的，生活护理补助费由工伤保险基金按照规定标准支付；

（七）一次性伤残补助金：经鉴定为十级至一级伤残的，按照伤残等级享受相当于6个月至24个月的本人工资的一次性伤残补助金，由工伤保险基金支付；

（八）伤残津贴：经鉴定为四级至一级伤残的，按照规定享受相当于本人工资75%至90%的伤残津贴，由工伤保险基金支付；

（九）死亡补助金：因职业中毒死亡的，由工伤保险基金按照不低于48个月的统筹地区上年度职工月平均工资的标准一次支付；

（十）丧葬补助金：因职业中毒死亡的，由工伤保险基金按照6个月的统筹地区上年度职工月平均工资的标准一次支付；

（十一）供养亲属抚恤金：因职业中毒死亡的，对由死者生前提供主要生活来源的亲属由工伤保险基金支付抚恤金：对其配偶每月按照统筹地区上年度职工月平均工资的40%发给，对其生前供养的直系亲属每人每月按照统筹地区上年度职工月平均工资的30%发给；

（十二）国家规定的其他工伤保险待遇。

本条例施行后，国家对工伤保险待遇的项目和标准作出调整时，从其规定。

第四十二条　用人单位未参加工伤保险的，其劳动者从事有毒物品作业患职业病的，用人单位应当按照国家有关工伤保险规定的项目和标准，保证劳动者享受工伤待遇。

第四十三条　用人单位无营业执照以及被依法吊销营业执照，其劳动者从事使用有毒物品作业患职业病的，应当按照国家有关工伤保险规定的项目和标准，给予劳动者一次性赔偿。

第四十四条　用人单位分立、合并的，承继单位应当承担由原用人单位对患职业病的劳动者承担的补偿责任。

用人单位解散、破产的，应当依法从其清算财产中优先支付患职业病的劳动者的补偿费用。

第四十五条　劳动者除依法享有工伤保险外，依照有关民事法律的规定，尚有获得赔偿的权利的，有权向用人单位提出赔偿要求。

第四十六条　劳动者应当学习和掌握相关职业卫生知识，遵守有关劳动保护的法律、法规和操作规程，正确使用和维护职业中毒危害防护设施及其用品；发现职业中毒事故隐患时，应当及时报告。

作业场所出现使用有毒物品产生的危险时，劳动者应当采取必要措施，按照规定正确使用防护设施，将危险加以消除或者减少到最低限度。

第六章　监督管理

第四十七条　县级以上人民政府卫生行政部门应当依照本条例的规定和国家有关职业卫生要求，依据职责划分，对作业场所使用有毒物品作业及职业中毒危害检测、评价活动进行监督检查。

卫生行政部门实施监督检查，不得收取费用，不得接受用人单位的财物或者其他利益。

第四十八条　卫生行政部门应当建立、健全监督制度，核查反映用人单位有关劳动保护的材料，履行监督责任。

用人单位应当向卫生行政部门如实、具体提供反映有关劳动保护的材料；必要时，卫生行政部门可以查阅或者要求用人单位报送有关材料。

第四十九条　卫生行政部门应当监督用人单位严格执行有关职业卫生规范。

卫生行政部门应当依照本条例的规定对使用有毒物品作业场所的职业卫生防护设备、设施的防护性能进行定期检验和不定期的抽查；发现职业卫生防护设备、设施存在隐患时,应当责令用人单位立即消除隐患;消除隐患期间,应当责令其停止作业。

第五十条 卫生行政部门应当采取措施,鼓励对用人单位的违法行为进行举报、投诉、检举和控告。

卫生行政部门对举报、投诉、检举和控告应当及时核实,依法作出处理,并将处理结果予以公布。

卫生行政部门对举报人、投诉人、检举人和控告人负有保密的义务。

第五十一条 卫生行政部门执法人员依法执行职务时,应当出示执法证件。

卫生行政部门执法人员应当忠于职守,秉公执法;涉及用人单位秘密的,应当为其保密。

第五十二条 卫生行政部门依法实施罚款的行政处罚,应当依照有关法律、行政法规的规定,实施罚款决定与罚款收缴分离;收缴的罚款以及依法没收的经营所得,必须全部上缴国库。

第五十三条 卫生行政部门履行监督检查职责时,有权采取下列措施:

(一)进入用人单位和使用有毒物品作业场所现场,了解情况,调查取证,进行抽样检查、检测、检验,进行实地检查;

(二)查阅或者复制与违反本条例行为有关的资料,采集样品;

(三)责令违反本条例规定的单位和个人停止违法行为。

第五十四条 发生职业中毒事故或者有证据证明职业中毒危害状态可能导致事故发生时,卫生行政部门有权采取下列临时控制措施:

(一)责令暂停导致职业中毒事故的作业;

(二)封存造成职业中毒事故或者可能导致事故发生的物品;

(三)组织控制职业中毒事故现场。

在职业中毒事故或者危害状态得到有效控制后,卫生行政部门应当及时解除控制措施。

第五十五条 卫生行政部门执法人员依法执行职务时,被检查单位应当接受检查并予以支持、配合,不得拒绝和阻碍。

第五十六条 卫生行政部门应当加强队伍建设,提高执法人员的政治、业务素质,依照本条例的规定,建立、健全内部监督制度,对执法人员执行法律、法规和遵守纪律的情况进行监督检查。

第七章 罚 则

第五十七条 卫生行政部门的工作人员有下列行为之一,导致职业中毒事故发生的,依照刑法关于滥用职权罪、玩忽职守罪或者其他罪的规定,依法追究刑事责任;造成职业中毒危害但尚未导致职业中毒事故发生,不够刑事处罚的,根据不同情节,依法给予降级、撤职或者开除的行政处分:

(一)对不符合本条例规定条件的涉及使用有毒物品作业事项,予以批准的;

(二)发现用人单位擅自从事使用有毒物品作业,不予取缔的;

(三)对依法取得批准的用人单位不履行监督检查职责,发现其不再具备本条例规定的条件而不撤销原批准或者发现违反本条例的其他行为不予查处的;

(四)发现用人单位存在职业中毒危害,可能造成职业中毒事故,不及时依法采取控制措施的。

第五十八条 用人单位违反本条例的规定,有下列情形之一的,由卫生行政部门给予警告,责令限期改正,处10万元以上50万元以下的罚款;逾期不改正的,提请有关人民政府按照国务院规定的权限责令停建、予以关闭;造成严重职业中毒危害或者导致职业中毒事故发生的,对负有责任的主管人员和其他直接责任人员依照刑法关于重大劳动安全事故罪或者其他罪的规定,依法追究刑事责任:

(一)可能产生职业中毒危害的建设项目,未依照职业病防治法的规定进行职业中毒危害预评价,或者预评价未经卫生行政部门审核同意,擅自开工的;

(二)职业卫生防护设施未与主体工程同时设计,同时施工,同时投入生产和使用的;

(三)建设项目竣工,未进行职业中毒危害控制效果评价,或者未经卫生行政部门验收或者验收不合格,擅自投入使用的;

(四)存在高毒作业的建设项目的防护设施设计未经卫生行政部门审查同意,擅自施工的。

第五十九条 用人单位违反本条例的规定,有下列情形之一的,由卫生行政部门给予警告,责令限期改正,处5万元以上20万元以下的罚款;逾期不改正的,提请有关人民政府按照国务院规定的权限予以关闭;造成严重职业中毒危害或者导致职业中毒事故发生的,对负有责任的主管人员和其他直接责任人员依照刑法关于重大劳动安全事故罪或者其他罪的规定,依法追究刑事责任:

(一)使用有毒物品作业场所未按照规定设置警示标识和中文警示说明的;

(二)未对职业卫生防护设备、应急救援设施、通讯报警装置进行维护、检修和定期检测,导致上述设施处于不正常状态的;

（三）未依照本条例的规定进行职业中毒危害因素检测和职业中毒危害控制效果评价的；

（四）高毒作业场所未按照规定设置撤离通道和泄险区的；

（五）高毒作业场所未按照规定设置警示线的；

（六）未向从事使用有毒物品作业的劳动者提供符合国家职业卫生标准的防护用品，或者未保证劳动者正确使用的。

第六十条 用人单位违反本条例的规定，有下列情形之一的，由卫生行政部门给予警告，责令限期改正，处5万元以上30万元以下的罚款；逾期不改正的，提请有关人民政府按照国务院规定的权限予以关闭；造成严重职业中毒危害或者导致职业中毒事故发生的，对负有责任的主管人员和其他直接责任人员依照刑法关于重大责任事故罪、重大劳动安全事故罪或者其他罪的规定，依法追究刑事责任：

（一）使用有毒物品作业场所未设置有效通风装置的，或者可能突然泄漏大量有毒物品或者易造成急性中毒的作业场所未设置自动报警装置或者事故通风设施的；

（二）职业卫生防护设备、应急救援设施、通讯报警装置处于不正常状态而不停止作业，或者擅自拆除或者停止运行职业卫生防护设备、应急救援设施、通讯报警装置的。

第六十一条 从事使用高毒物品作业的用人单位违反本条例的规定，有下列行为之一的，由卫生行政部门给予警告，责令限期改正，处5万元以上20万元以下的罚款；逾期不改正的，提请有关人民政府按照国务院规定的权限予以关闭；造成严重职业中毒危害或者导致职业中毒事故发生的，对负有责任的主管人员和其他直接责任人员依照刑法关于重大责任事故罪或者其他罪的规定，依法追究刑事责任：

（一）作业场所职业中毒危害因素不符合国家职业卫生标准和卫生要求而不立即停止高毒作业并采取相应的治理措施的，或者职业中毒危害因素治理不符合国家职业卫生标准和卫生要求重新作业的；

（二）未依照本条例的规定维护、检修存在高毒物品的生产装置的；

（三）未采取本条例规定的措施，安排劳动者进入存在高毒物品的设备、容器或者狭窄封闭场所作业的。

第六十二条 在作业场所使用国家明令禁止使用的有毒物品或者使用不符合国家标准的有毒物品的，由卫生行政部门责令立即停止使用，处5万元以上30万元以下的罚款；情节严重的，责令停止使用有毒物品作业，或者提请有关人民政府按照国务院规定的权限予以关闭；造成严重职业中毒危害或者导致职业中毒事故发生的，对负有责任的主管人员和其他直接责任人员依照刑法关于危险物品肇事罪、重大责任事故罪或者其他罪的规定，依法追究刑事责任。

第六十三条 用人单位违反本条例的规定，有下列行为之一的，由卫生行政部门给予警告，责令限期改正；逾期不改正的，处5万元以上30万元以下的罚款；造成严重职业中毒危害或者导致职业中毒事故发生的，对负有责任的主管人员和其他直接责任人员依照刑法关于重大责任事故罪或者其他罪的规定，依法追究刑事责任：

（一）使用未经培训考核合格的劳动者从事高毒作业的；

（二）安排有职业禁忌的劳动者从事所禁忌的作业的；

（三）发现有职业禁忌或者有与所从事职业相关的健康损害的劳动者，未及时调离原工作岗位，并妥善安置的；

（四）安排未成年人或者孕期、哺乳期的女职工从事使用有毒物品作业的；

（五）使用童工的。

第六十四条 违反本条例的规定，未经许可，擅自从事使用有毒物品作业的，由工商行政管理部门、卫生行政部门依据各自职权予以取缔；造成职业中毒事故的，依照刑法关于危险物品肇事罪或者其他罪的规定，依法追究刑事责任；尚不够刑事处罚的，由卫生行政部门没收经营所得，并处经营所得3倍以上5倍以下的罚款；对劳动者造成人身伤害的，依法承担赔偿责任。

第六十五条 从事使用有毒物品作业的用人单位违反本条例的规定，在转产、停产、停业或者解散、破产时未采取有效措施，妥善处理留存或者残留高毒物品的设备、包装物和容器的，由卫生行政部门责令改正，处2万元以上10万元以下的罚款；触犯刑律的，对负有责任的主管人员和其他直接责任人员依照刑法关于重大环境污染事故罪、危险物品肇事罪或者其他罪的规定，依法追究刑事责任。

第六十六条 用人单位违反本条例的规定，有下列情形之一的，由卫生行政部门给予警告，责令限期改正，处5000元以上2万元以下的罚款；逾期不改正的，责令停止使用有毒物品作业，或者提请有关人民政府按照国务院规定的权限予以关闭；造成严重职业中毒危害或者导致职业中毒事故发生的，对负有责任的主管人员和其他直接责任人员依照刑法关于重大劳动安全事

故罪、危险物品肇事罪或者其他罪的规定,依法追究刑事责任:

(一)使用有毒物品作业场所未与生活场所分开或者在作业场所住人的;

(二)未将有害作业与无害作业分开的;

(三)高毒作业场所未与其他作业场所有效隔离的;

(四)从事高毒作业未按照规定配备应急救援设施或者制定事故应急救援预案的。

第六十七条 用人单位违反本条例的规定,有下列情形之一的,由卫生行政部门给予警告,责令限期改正,处2万元以上5万元以下的罚款;逾期不改正的,提请有关人民政府按照国务院规定的权限予以关闭:

(一)未按照规定向卫生行政部门申报高毒作业项目的;

(二)变更使用高毒物品品种,未按照规定向原受理申报的卫生行政部门重新申报,或者申报不及时、有虚假的。

第六十八条 用人单位违反本条例的规定,有下列行为之一的,由卫生行政部门给予警告,责令限期改正,处2万元以上5万元以下的罚款;逾期不改正的,责令停止使用有毒物品作业,或者提请有关人民政府按照国务院规定的权限予以关闭:

(一)未组织从事使用有毒物品作业的劳动者进行上岗前职业健康检查,安排未经上岗前职业健康检查的劳动者从事使用有毒物品作业的;

(二)未组织从事使用有毒物品作业的劳动者进行定期职业健康检查的;

(三)未组织从事使用有毒物品作业的劳动者进行离岗职业健康检查的;

(四)对未进行离岗职业健康检查的劳动者,解除或者终止与其订立的劳动合同的;

(五)发生分立、合并、解散、破产情形,未对从事使用有毒物品作业的劳动者进行健康检查,并按照国家有关规定妥善安置职业病病人的;

(六)对受到或者可能受到急性职业中毒危害的劳动者,未及时组织进行健康检查和医学观察的;

(七)未建立职业健康监护档案的;

(八)劳动者离开用人单位时,用人单位未如实、无偿提供职业健康监护档案的;

(九)未依照职业病防治法和本条例的规定将工作过程中可能产生的职业中毒危害及其后果、有关职业卫生防护措施和待遇等如实告知劳动者并在劳动合同中写明的;

(十)劳动者在存在威胁生命、健康危险的情况下,从危险现场中撤离,而被取消或者减少应当享有的待遇的。

第六十九条 用人单位违反本条例的规定,有下列行为之一的,由卫生行政部门给予警告,责令限期改正,处5000元以上2万元以下的罚款;逾期不改正的,责令停止使用有毒物品作业,或者提请有关人民政府按照国务院规定的权限予以关闭:

(一)未按照规定配备或者聘请职业卫生医师和护士的;

(二)未为从事使用高毒物品作业的劳动者设置淋浴间、更衣室或者未设置清洗、存放和处理工作服、工作鞋帽等物品的专用间,或者不能正常使用的;

(三)未安排从事使用高毒物品作业一定年限的劳动者进行岗位轮换的。

第八章 附 则

第七十条 涉及作业场所使用有毒物品可能产生职业中毒危害的劳动保护的有关事项,本条例未作规定的,依照职业病防治法和其他有关法律、行政法规的规定执行。

有毒物品的生产、经营、储存、运输、使用和废弃处置的安全管理,依照危险化学品安全管理条例执行。

第七十一条 本条例自公布之日起施行。

工作场所职业卫生管理规定

1. 2020年12月31日国家卫生健康委员会令第5号公布
2. 自2021年2月1日起施行

第一章 总 则

第一条 为了加强职业卫生管理工作,强化用人单位职业病防治的主体责任,预防、控制职业病危害,保障劳动者健康和相关权益,根据《中华人民共和国职业病防治法》等法律、行政法规,制定本规定。

第二条 用人单位的职业病防治和卫生健康主管部门对其实施监督管理,适用本规定。

第三条 用人单位应当加强职业病防治工作,为劳动者提供符合法律、法规、规章、国家职业卫生标准和卫生要求的工作环境和条件,并采取有效措施保障劳动者的职业健康。

第四条 用人单位是职业病防治的责任主体,并对本单位产生的职业病危害承担责任。

用人单位的主要负责人对本单位的职业病防治工作全面负责。

第五条 国家卫生健康委依照《中华人民共和国职业病防治法》和国务院规定的职责，负责全国用人单位职业卫生的监督管理工作。

县级以上地方卫生健康主管部门依照《中华人民共和国职业病防治法》和本级人民政府规定的职责，负责本行政区域内用人单位职业卫生的监督管理工作。

第六条 为职业病防治提供技术服务的职业卫生技术服务机构，应当依照国家有关职业卫生技术服务机构管理的相关法律法规及标准、规范的要求，为用人单位提供技术服务。

第七条 任何单位和个人均有权向卫生健康主管部门举报用人单位违反本规定的行为和职业病危害事故。

第二章 用人单位的职责

第八条 职业病危害严重的用人单位，应当设置或者指定职业卫生管理机构或者组织，配备专职职业卫生管理人员。

其他存在职业病危害的用人单位，劳动者超过一百人的，应当设置或者指定职业卫生管理机构或者组织，配备专职职业卫生管理人员；劳动者在一百人以下的，应当配备专职或者兼职的职业卫生管理人员，负责本单位的职业病防治工作。

第九条 用人单位的主要负责人和职业卫生管理人员应当具备与本单位所从事的生产经营活动相适应的职业卫生知识和管理能力，并接受职业卫生培训。

对用人单位主要负责人、职业卫生管理人员的职业卫生培训，应当包括下列主要内容：

（一）职业卫生相关法律、法规、规章和国家职业卫生标准；

（二）职业病危害预防和控制的基本知识；

（三）职业卫生管理相关知识；

（四）国家卫生健康委规定的其他内容。

第十条 用人单位应当对劳动者进行上岗前的职业卫生培训和在岗期间的定期职业卫生培训，普及职业卫生知识，督促劳动者遵守职业病防治的法律、法规、规章、国家职业卫生标准和操作规程。

用人单位应当对职业病危害严重的岗位的劳动者，进行专门的职业卫生培训，经培训合格后方可上岗作业。

因变更工艺、技术、设备、材料，或者岗位调整导致劳动者接触的职业病危害因素发生变化的，用人单位应当重新对劳动者进行上岗前的职业卫生培训。

第十一条 存在职业病危害的用人单位应当制定职业病危害防治计划和实施方案，建立、健全下列职业卫生管理制度和操作规程：

（一）职业病危害防治责任制度；

（二）职业病危害警示与告知制度；

（三）职业病危害项目申报制度；

（四）职业病防治宣传教育培训制度；

（五）职业病防护设施维护检修制度；

（六）职业病防护用品管理制度；

（七）职业病危害监测及评价管理制度；

（八）建设项目职业病防护设施“三同时”管理制度；

（九）劳动者职业健康监护及其档案管理制度；

（十）职业病危害事故处置与报告制度；

（十一）职业病危害应急救援与管理制度；

（十二）岗位职业卫生操作规程；

（十三）法律、法规、规章规定的其他职业病防治制度。

第十二条 产生职业病危害的用人单位的工作场所应当符合下列基本要求：

（一）生产布局合理，有害作业与无害作业分开；

（二）工作场所与生活场所分开，工作场所不得住人；

（三）有与职业病防治工作相适应的有效防护设施；

（四）职业病危害因素的强度或者浓度符合国家职业卫生标准；

（五）有配套的更衣间、洗浴间、孕妇休息间等卫生设施；

（六）设备、工具、用具等设施符合保护劳动者生理、心理健康的要求；

（七）法律、法规、规章和国家职业卫生标准的其他规定。

第十三条 用人单位工作场所存在职业病目录所列职业病的危害因素的，应当按照《职业病危害项目申报办法》的规定，及时、如实向所在地卫生健康主管部门申报职业病危害项目，并接受卫生健康主管部门的监督检查。

第十四条 新建、改建、扩建的工程建设项目和技术改造、技术引进项目（以下统称建设项目）可能产生职业病危害的，建设单位应当按照国家有关建设项目职业病防护设施“三同时”监督管理的规定，进行职业病危害预评价、职业病防护设施设计、职业病危害控制效果评价及相应的评审，组织职业病防护设施验收。

第十五条 产生职业病危害的用人单位，应当在醒目位置设置公告栏，公布有关职业病防治的规章制度、操作规程、职业病危害事故应急救援措施和工作场所职业病危害因素检测结果。

存在或者产生职业病危害的工作场所、作业岗位、设备、设施，应当按照《工作场所职业病危害警示标识》（GBZ 158）的规定，在醒目位置设置图形、警示线、警示语句等警示标识和中文警示说明。警示说明应当载明产生职业病危害的种类、后果、预防和应急处置措施等内容。

存在或者产生高毒物品的作业岗位，应当按照《高毒物品作业岗位职业病危害告知规范》（GBZ/T 203）的规定，在醒目位置设置高毒物品告知卡，告知卡应当载明高毒物品的名称、理化特性、健康危害、防护措施及应急处理等告知内容与警示标识。

第十六条 用人单位应当为劳动者提供符合国家职业卫生标准的职业病防护用品，并督促、指导劳动者按照使用规则正确佩戴、使用，不得发放钱物替代发放职业病防护用品。

用人单位应当对职业病防护用品进行经常性的维护、保养，确保防护用品有效，不得使用不符合国家职业卫生标准或者已经失效的职业病防护用品。

第十七条 在可能发生急性职业损伤的有毒、有害工作场所，用人单位应当设置报警装置，配置现场急救用品、冲洗设备、应急撤离通道和必要的泄险区。

现场急救用品、冲洗设备等应当设在可能发生急性职业损伤的工作场所或者临近地点，并在醒目位置设置清晰的标识。

在可能突然泄漏或者逸出大量有害物质的密闭或者半密闭工作场所，除遵守本条第一款、第二款规定外，用人单位还应当安装事故通风装置以及与事故排风系统相连锁的泄漏报警装置。

生产、销售、使用、贮存放射性同位素和射线装置的场所，应当按照国家有关规定设置明显的放射性标志，其入口处应当按照国家有关安全和防护标准的要求，设置安全和防护设施以及必要的防护安全联锁、报警装置或者工作信号。放射性装置的生产调试和使用场所，应当具有防止误操作、防止工作人员受到意外照射的安全措施。用人单位必须配备与辐射类型和辐射水平相适应的防护用品和监测仪器，包括个人剂量测量报警、固定式和便携式辐射监测、表面污染监测、流出物监测等设备，并保证可能接触放射线的工作人员佩戴个人剂量计。

第十八条 用人单位应当对职业病防护设备、应急救援设施进行经常性的维护、检修和保养，定期检测其性能和效果，确保其处于正常状态，不得擅自拆除或者停止使用。

第十九条 存在职业病危害的用人单位，应当实施由专人负责的工作场所职业病危害因素日常监测，确保监测系统处于正常工作状态。

第二十条 职业病危害严重的用人单位，应当委托具有相应资质的职业卫生技术服务机构，每年至少进行一次职业病危害因素检测，每三年至少进行一次职业病危害现状评价。

职业病危害一般的用人单位，应当委托具有相应资质的职业卫生技术服务机构，每三年至少进行一次职业病危害因素检测。

检测、评价结果应当存入本单位职业卫生档案，并向卫生健康主管部门报告和劳动者公布。

第二十一条 存在职业病危害的用人单位发生职业病危害事故或者国家卫生健康委规定的其他情形的，应当及时委托具有相应资质的职业卫生技术服务机构进行职业病危害现状评价。

用人单位应当落实职业病危害现状评价报告中提出的建议和措施，并将职业病危害现状评价结果及整改情况存入本单位职业卫生档案。

第二十二条 用人单位在日常的职业病危害监测或者定期检测、现状评价过程中，发现工作场所职业病危害因素不符合国家职业卫生标准和卫生要求时，应当立即采取相应治理措施，确保其符合职业卫生环境和条件的要求；仍然达不到国家职业卫生标准和卫生要求的，必须停止存在职业病危害因素的作业；职业病危害因素经治理后，符合国家职业卫生标准和卫生要求的，方可重新作业。

第二十三条 向用人单位提供可能产生职业病危害的设备的，应当提供中文说明书，并在设备的醒目位置设置警示标识和中文警示说明。警示说明应当载明设备性能、可能产生的职业病危害、安全操作和维护注意事项、职业病防护措施等内容。

用人单位应当检查前款规定的事项，不得使用不符合要求的设备。

第二十四条 向用人单位提供可能产生职业病危害的化学品、放射性同位素和含有放射性物质的材料的，应当提供中文说明书。说明书应当载明产品特性、主要成份、存在的有害因素、可能产生的危害后果、安全使用注意事项、职业病防护和应急救治措施等内容。产品包装应当有醒目的警示标识和中文警示说明。贮存上述材料的场所应当在规定的部位设置危险物品标识或者放射性警示标识。

用人单位应当检查前款规定的事项，不得使用不符合要求的材料。

第二十五条 任何用人单位不得使用国家明令禁止使用的可能产生职业病危害的设备或者材料。

第二十六条 任何单位和个人不得将产生职业病危害的作业转移给不具备职业病防护条件的单位和个人。不具备职业病防护条件的单位和个人不得接受产生职业病危害的作业。

第二十七条 用人单位应当优先采用有利于防治职业病危害和保护劳动者健康的新技术、新工艺、新材料、新设备，逐步替代产生职业病危害的技术、工艺、材料、设备。

第二十八条 用人单位对采用的技术、工艺、材料、设备，应当知悉其可能产生的职业病危害，并采取相应的防护措施。对有职业病危害的技术、工艺、设备、材料，故意隐瞒其危害而采用的，用人单位对其所造成的职业病危害后果承担责任。

第二十九条 用人单位与劳动者订立劳动合同时，应当将工作过程中可能产生的职业病危害及其后果、职业病防护措施和待遇等如实告知劳动者，并在劳动合同中写明，不得隐瞒或者欺骗。

劳动者在履行劳动合同期间因工作岗位或者工作内容变更，从事与所订立劳动合同中未告知的存在职业病危害的作业时，用人单位应当依照前款规定，向劳动者履行如实告知的义务，并协商变更原劳动合同相关条款。

用人单位违反本条规定的，劳动者有权拒绝从事存在职业病危害的作业，用人单位不得因此解除与劳动者所订立的劳动合同。

第三十条 对从事接触职业病危害因素作业的劳动者，用人单位应当按照《用人单位职业健康监护监督管理办法》、《放射工作人员职业健康管理办法》、《职业健康监护技术规范》(GBZ 188)、《放射工作人员职业健康监护技术规范》(GBZ 235)等有关规定组织上岗前、在岗期间、离岗时的职业健康检查，并将检查结果书面如实告知劳动者。

职业健康检查费用由用人单位承担。

第三十一条 用人单位应当按照《用人单位职业健康监护监督管理办法》的规定，为劳动者建立职业健康监护档案，并按照规定的期限妥善保存。

职业健康监护档案应当包括劳动者的职业史、职业病危害接触史、职业健康检查结果、处理结果和职业病诊疗等有关个人健康资料。

劳动者离开用人单位时，有权索取本人职业健康监护档案复印件，用人单位应当如实、无偿提供，并在所提供的复印件上签章。

第三十二条 劳动者健康出现损害需要进行职业病诊断、鉴定的，用人单位应当如实提供职业病诊断、鉴定所需的劳动者职业史和职业病危害接触史、工作场所职业病危害因素检测结果和放射工作人员个人剂量监测结果等资料。

第三十三条 用人单位不得安排未成年工从事接触职业病危害的作业，不得安排有职业禁忌的劳动者从事其所禁忌的作业，不得安排孕期、哺乳期女职工从事对本人和胎儿、婴儿有危害的作业。

第三十四条 用人单位应当建立健全下列职业卫生档案资料：

（一）职业病防治责任制文件；

（二）职业卫生管理规章制度、操作规程；

（三）工作场所职业病危害因素种类清单、岗位分布以及作业人员接触情况等资料；

（四）职业病防护设施、应急救援设施基本信息，以及其配置、使用、维护、检修与更换等记录；

（五）工作场所职业病危害因素检测、评价报告与记录；

（六）职业病防护用品配备、发放、维护与更换等记录；

（七）主要负责人、职业卫生管理人员和职业病危害严重工作岗位的劳动者等相关人员职业卫生培训资料；

（八）职业病危害事故报告与应急处置记录；

（九）劳动者职业健康检查结果汇总资料，存在职业禁忌证、职业健康损害或者职业病的劳动者处理和安置情况记录；

（十）建设项目职业病防护设施“三同时”有关资料；

（十一）职业病危害项目申报等有关回执或者批复文件；

（十二）其他有关职业卫生管理的资料或者文件。

第三十五条 用人单位发生职业病危害事故，应当及时向所在地卫生健康主管部门和有关部门报告，并采取有效措施，减少或者消除职业病危害因素，防止事故扩大。对遭受或者可能遭受急性职业病危害的劳动者，用人单位应当及时组织救治、进行健康检查和医学观察，并承担所需费用。

用人单位不得故意破坏事故现场、毁灭有关证据，不得迟报、漏报、谎报或者瞒报职业病危害事故。

第三十六条 用人单位发现职业病病人或者疑似职业病病人时，应当按照国家规定及时向所在地卫生健康主管部门和有关部门报告。

第三十七条 用人单位在卫生健康主管部门行政执法人员依法履行监督检查职责时，应当予以配合，不得拒绝、阻挠。

第三章 监督管理

第三十八条 卫生健康主管部门应当依法对用人单位执行有关职业病防治的法律、法规、规章和国家职业卫生标准的情况进行监督检查，重点监督检查下列内容：

（一）设置或者指定职业卫生管理机构或者组织，配备专职或者兼职的职业卫生管理人员情况；

（二）职业卫生管理制度和操作规程的建立、落实及公布情况；

（三）主要负责人、职业卫生管理人员和职业病危害严重的工作岗位的劳动者职业卫生培训情况；

（四）建设项目职业病防护设施“三同时”制度落实情况；

（五）工作场所职业病危害项目申报情况；

（六）工作场所职业病危害因素监测、检测、评价及结果报告和公布情况；

（七）职业病防护设施、应急救援设施的配置、维护、保养情况，以及职业病防护用品的发放、管理及劳动者佩戴使用情况；

（八）职业病危害因素及危害后果警示、告知情况；

（九）劳动者职业健康监护、放射工作人员个人剂量监测情况；

（十）职业病危害事故报告情况；

（十一）提供劳动者健康损害与职业史、职业病危害接触关系等相关资料的情况；

（十二）依法应当监督检查的其他情况。

第三十九条 卫生健康主管部门应当建立健全职业卫生监督检查制度，加强行政执法人员职业卫生知识的培训，提高行政执法人员的业务素质。

第四十条 卫生健康主管部门应当加强建设项目职业病防护设施“三同时”的监督管理，建立健全相关资料的档案管理制度。

第四十一条 卫生健康主管部门应当加强职业卫生技术服务机构的资质认可管理和技术服务工作的监督检查，督促职业卫生技术服务机构公平、公正、客观、科学地开展职业卫生技术服务。

第四十二条 卫生健康主管部门应当建立健全职业病危害防治信息统计分析制度，加强对用人单位职业病危害因素检测、评价结果、劳动者职业健康监护信息以及职业卫生监督检查信息等资料的统计、汇总和分析。

第四十三条 卫生健康主管部门应当按照有关规定，支持、配合有关部门和机构开展职业病的诊断、鉴定工作。

第四十四条 卫生健康主管部门行政执法人员依法履行监督检查职责时，应当出示有效的执法证件。

行政执法人员应当忠于职守，秉公执法，严格遵守执法规范；涉及被检查单位的技术秘密、业务秘密以及个人隐私的，应当为其保密。

第四十五条 卫生健康主管部门履行监督检查职责时，有权采取下列措施：

（一）进入被检查单位及工作场所，进行职业病危害检测，了解情况，调查取证；

（二）查阅、复制被检查单位有关职业病危害防治的文件、资料，采集有关样品；

（三）责令违反职业病防治法律、法规的单位和个人停止违法行为；

（四）责令暂停导致职业病危害事故的作业，封存造成职业病危害事故或者可能导致职业病危害事故发生的材料和设备；

（五）组织控制职业病危害事故现场。

在职业病危害事故或者危害状态得到有效控制后，卫生健康主管部门应当及时解除前款第四项、第五项规定的控制措施。

第四十六条 发生职业病危害事故，卫生健康主管部门应当依照国家有关规定报告事故和组织事故的调查处理。

第四章 法律责任

第四十七条 用人单位有下列情形之一的，责令限期改正，给予警告，可以并处五千元以上二万元以下的罚款：

（一）未按照规定实行有害作业与无害作业分开、工作场所与生活场所分开的；

（二）用人单位的主要负责人、职业卫生管理人员未接受职业卫生培训的；

（三）其他违反本规定的行为。

第四十八条 用人单位有下列情形之一的，责令限期改正，给予警告；逾期未改正的，处十万元以下的罚款：

（一）未按照规定制定职业病防治计划和实施方案的；

（二）未按照规定设置或者指定职业卫生管理机构或者组织，或者未配备专职或者兼职的职业卫生管理人员的；

（三）未按照规定建立、健全职业卫生管理制度和操作规程的；

（四）未按照规定建立、健全职业卫生档案和劳动者健康监护档案的；

（五）未建立、健全工作场所职业病危害因素监测及评价制度的；

（六）未按照规定公布有关职业病防治的规章制度、操作规程、职业病危害事故应急救援措施的；

（七）未按照规定组织劳动者进行职业卫生培训，或者未对劳动者个体防护采取有效的指导、督促措施的；

（八）工作场所职业病危害因素检测、评价结果未按照规定存档、上报和公布的。

第四十九条　用人单位有下列情形之一的，责令限期改正，给予警告，可以并处五万元以上十万元以下的罚款：

（一）未按照规定及时、如实申报产生职业病危害的项目的；

（二）未实施由专人负责职业病危害因素日常监测，或者监测系统不能正常监测的；

（三）订立或者变更劳动合同时，未告知劳动者职业病危害真实情况的；

（四）未按照规定组织劳动者进行职业健康检查、建立职业健康监护档案或者未将检查结果书面告知劳动者的；

（五）未按照规定在劳动者离开用人单位时提供职业健康监护档案复印件的。

第五十条　用人单位有下列情形之一的，责令限期改正，给予警告；逾期未改正的，处五万元以上二十万元以下的罚款；情节严重的，责令停止产生职业病危害的作业，或者提请有关人民政府按照国务院规定的权限责令关闭：

（一）工作场所职业病危害因素的强度或者浓度超过国家职业卫生标准的；

（二）未提供职业病防护设施和劳动者使用的职业病防护用品，或者提供的职业病防护设施和劳动者使用的职业病防护用品不符合国家职业卫生标准和卫生要求的；

（三）未按照规定对职业病防护设备、应急救援设施和劳动者职业病防护用品进行维护、检修、检测，或者不能保持正常运行、使用状态的；

（四）未按照规定对工作场所职业病危害因素进行检测、现状评价的；

（五）工作场所职业病危害因素经治理仍然达不到国家职业卫生标准和卫生要求时，未停止存在职业病危害因素的作业的；

（六）发生或者可能发生急性职业病危害事故，未立即采取应急救援和控制措施或者未按照规定及时报告的；

（七）未按照规定在产生严重职业病危害的作业岗位醒目位置设置警示标识和中文警示说明的；

（八）拒绝卫生健康主管部门监督检查的；

（九）隐瞒、伪造、篡改、毁损职业健康监护档案、工作场所职业病危害因素检测评价结果等相关资料，或者不提供职业病诊断、鉴定所需要资料的；

（十）未按照规定承担职业病诊断、鉴定费用和职业病病人的医疗、生活保障费用的。

第五十一条　用人单位有下列情形之一的，依法责令限期改正，并处五万元以上三十万元以下的罚款；情节严重的，责令停止产生职业病危害的作业，或者提请有关人民政府按照国务院规定的权限责令关闭：

（一）隐瞒技术、工艺、设备、材料所产生的职业病危害而采用的；

（二）隐瞒本单位职业卫生真实情况的；

（三）可能发生急性职业损伤的有毒、有害工作场所或者放射工作场所不符合法律有关规定的；

（四）使用国家明令禁止使用的可能产生职业病危害的设备或者材料的；

（五）将产生职业病危害的作业转移给没有职业病防护条件的单位和个人，或者没有职业病防护条件的单位和个人接受产生职业病危害的作业的；

（六）擅自拆除、停止使用职业病防护设备或者应急救援设施的；

（七）安排未经职业健康检查的劳动者、有职业禁忌的劳动者、未成年工或者孕期、哺乳期女职工从事接触产生职业病危害的作业或者禁忌作业的；

（八）违章指挥和强令劳动者进行没有职业病防护措施的作业的。

第五十二条　用人单位违反《中华人民共和国职业病防治法》的规定，已经对劳动者生命健康造成严重损害的，责令停止产生职业病危害的作业，或者提请有关人民政府按照国务院规定的权限责令关闭，并处十万元以上五十万元以下的罚款。

造成重大职业病危害事故或者其他严重后果，构成犯罪的，对直接负责的主管人员和其他直接责任人员，依法追究刑事责任。

第五十三条　向用人单位提供可能产生职业病危害的设备或者材料，未按照规定提供中文说明书或者设置警示标识和中文警示说明的,责令限期改正,给予警告,并处五万元以上二十万元以下的罚款。

第五十四条 用人单位未按照规定报告职业病、疑似职业病的,责令限期改正,给予警告,可以并处一万元以下的罚款;弄虚作假的,并处二万元以上五万元以下的罚款。

第五十五条 卫生健康主管部门及其行政执法人员未按照规定报告职业病危害事故的,依照有关规定给予处理;构成犯罪的,依法追究刑事责任。

第五十六条 本规定所规定的行政处罚,由县级以上地方卫生健康主管部门决定。法律、行政法规和国务院有关规定对行政处罚决定机关另有规定的,依照其规定。

第五章 附 则

第五十七条 本规定下列用语的含义:

工作场所,是指劳动者进行职业活动的所有地点,包括建设单位施工场所。

职业病危害严重的用人单位,是指建设项目职业病危害风险分类管理目录中所列职业病危害严重行业的用人单位。建设项目职业病危害风险分类管理目录由国家卫生健康委公布。各省级卫生健康主管部门可以根据本地区实际情况,对分类管理目录作出补充规定。

建设项目职业病防护设施"三同时",是指建设项目的职业病防护设施与主体工程同时设计、同时施工、同时投入生产和使用。

第五十八条 本规定未规定的其他有关职业病防治事项,依照《中华人民共和国职业病防治法》和其他有关法律、法规、规章的规定执行。

第五十九条 医疗机构放射卫生管理按照放射诊疗管理相关规定执行。

第六十条 本规定自2021年2月1日起施行。原国家安全生产监督管理总局2012年4月27日公布的《工作场所职业卫生监督管理规定》同时废止。

用人单位职业健康监护监督管理办法

1. 2012年4月27日国家安全生产监督管理总局令第49号公布

2. 自2012年6月1日起施行

第一章 总 则

第一条 为了规范用人单位职业健康监护工作,加强职业健康监护的监督管理,保护劳动者健康及其相关权益,根据《中华人民共和国职业病防治法》,制定本办法。

第二条 用人单位从事接触职业病危害作业的劳动者(以下简称劳动者)的职业健康监护和安全生产监督管理部门对其实施监督管理,适用本办法。

第三条 本办法所称职业健康监护,是指劳动者上岗前、在岗期间、离岗时、应急的职业健康检查和职业健康监护档案管理。

第四条 用人单位应当建立、健全劳动者职业健康监护制度,依法落实职业健康监护工作。

第五条 用人单位应当接受安全生产监督管理部门依法对其职业健康监护工作的监督检查,并提供有关文件和资料。

第六条 对用人单位违反本办法的行为,任何单位和个人均有权向安全生产监督管理部门举报或者报告。

第二章 用人单位的职责

第七条 用人单位是职业健康监护工作的责任主体,其主要负责人对本单位职业健康监护工作全面负责。

用人单位应当依照本办法以及《职业健康监护技术规范》(GBZ 188)、《放射工作人员职业健康监护技术规范》(GBZ 235)等国家职业卫生标准的要求,制定、落实本单位职业健康检查年度计划,并保证所需要的专项经费。

第八条 用人单位应当组织劳动者进行职业健康检查,并承担职业健康检查费用。

劳动者接受职业健康检查应当视同正常出勤。

第九条 用人单位应当选择由省级以上人民政府卫生行政部门批准的医疗卫生机构承担职业健康检查工作,并确保参加职业健康检查的劳动者身份的真实性。

第十条 用人单位在委托职业健康检查机构对从事接触职业病危害作业的劳动者进行职业健康检查时,应当如实提供下列文件、资料:

(一)用人单位的基本情况;

(二)工作场所职业病危害因素种类及其接触人员名册;

(三)职业病危害因素定期检测、评价结果。

第十一条 用人单位应当对下列劳动者进行上岗前的职业健康检查:

(一)拟从事接触职业病危害作业的新录用劳动者,包括转岗到该作业岗位的劳动者;

(二)拟从事有特殊健康要求作业的劳动者。

第十二条 用人单位不得安排未经上岗前职业健康检查的劳动者从事接触职业病危害的作业,不得安排有职业禁忌的劳动者从事其所禁忌的作业。

用人单位不得安排未成年工从事接触职业病危害的作业，不得安排孕期、哺乳期的女职工从事对本人和胎儿、婴儿有危害的作业。

第十三条　用人单位应当根据劳动者所接触的职业病危害因素，定期安排劳动者进行在岗期间的职业健康检查。

对在岗期间的职业健康检查，用人单位应当按照《职业健康监护技术规范》(GBZ 188)等国家职业卫生标准的规定和要求，确定接触职业病危害的劳动者的检查项目和检查周期。需要复查的，应当根据复查要求增加相应的检查项目。

第十四条　出现下列情况之一的，用人单位应当立即组织有关劳动者进行应急职业健康检查：

(一)接触职业病危害因素的劳动者在作业过程中出现与所接触职业病危害因素相关的不适症状的；

(二)劳动者受到急性职业中毒危害或者出现职业中毒症状的。

第十五条　对准备脱离所从事的职业病危害作业或者岗位的劳动者，用人单位应当在劳动者离岗前30日内组织劳动者进行离岗时的职业健康检查。劳动者离岗前90日内的在岗期间的职业健康检查可以视为离岗时的职业健康检查。

用人单位对未进行离岗时职业健康检查的劳动者，不得解除或者终止与其订立的劳动合同。

第十六条　用人单位应当及时将职业健康检查结果及职业健康检查机构的建议以书面形式如实告知劳动者。

第十七条　用人单位应当根据职业健康检查报告，采取下列措施：

(一)对有职业禁忌的劳动者，调离或者暂时脱离原工作岗位；

(二)对健康损害可能与所从事的职业相关的劳动者，进行妥善安置；

(三)对需要复查的劳动者，按照职业健康检查机构要求的时间安排复查和医学观察；

(四)对疑似职业病病人，按照职业健康检查机构的建议安排其进行医学观察或者职业病诊断；

(五)对存在职业病危害的岗位，立即改善劳动条件，完善职业病防护设施，为劳动者配备符合国家标准的职业病危害防护用品。

第十八条　职业健康监护中出现新发生职业病(职业中毒)或者两例以上疑似职业病(职业中毒)的，用人单位应当及时向所在地安全生产监督管理部门报告。

第十九条　用人单位应当为劳动者个人建立职业健康监护档案，并按照有关规定妥善保存。职业健康监护档案包括下列内容：

(一)劳动者姓名、性别、年龄、籍贯、婚姻、文化程度、嗜好等情况；

(二)劳动者职业史、既往病史和职业病危害接触史；

(三)历次职业健康检查结果及处理情况；

(四)职业病诊疗资料；

(五)需要存入职业健康监护档案的其他有关资料。

第二十条　安全生产行政执法人员、劳动者或者其近亲属、劳动者委托的代理人有权查阅、复印劳动者的职业健康监护档案。

劳动者离开用人单位时，有权索取本人职业健康监护档案复印件，用人单位应当如实、无偿提供，并在所提供的复印件上签章。

第二十一条　用人单位发生分立、合并、解散、破产等情形时，应当对劳动者进行职业健康检查，并依照国家有关规定妥善安置职业病病人；其职业健康监护档案应当依照国家有关规定实施移交保管。

第三章　监督管理

第二十二条　安全生产监督管理部门应当依法对用人单位落实有关职业健康监护的法律、法规、规章和标准的情况进行监督检查，重点监督检查下列内容：

(一)职业健康监护制度建立情况；

(二)职业健康监护计划制定和专项经费落实情况；

(三)如实提供职业健康检查所需资料情况；

(四)劳动者上岗前、在岗期间、离岗时、应急职业健康检查情况；

(五)对职业健康检查结果及建议，向劳动者履行告知义务情况；

(六)针对职业健康检查报告采取措施情况；

(七)报告职业病、疑似职业病情况；

(八)劳动者职业健康监护档案建立及管理情况；

(九)为离开用人单位的劳动者如实、无偿提供本人职业健康监护档案复印件情况；

(十)依法应当监督检查的其他情况。

第二十三条　安全生产监督管理部门应当加强行政执法人员职业健康知识培训，提高行政执法人员的业务素质。

第二十四条　安全生产行政执法人员依法履行监督检查职责时，应当出示有效的执法证件。

安全生产行政执法人员应当忠于职守，秉公执法，严格遵守执法规范；涉及被检查单位技术秘密、业务秘密以及个人隐私的，应当为其保密。

第二十五条 安全生产监督管理部门履行监督检查职责时，有权进入被检查单位，查阅、复制被检查单位有关职业健康监护的文件、资料。

第四章 法律责任

第二十六条 用人单位有下列行为之一的，给予警告，责令限期改正，可以并处3万元以下的罚款：

（一）未建立或者落实职业健康监护制度的；

（二）未按照规定制定职业健康监护计划和落实专项经费的；

（三）弄虚作假，指使他人冒名顶替参加职业健康检查的；

（四）未如实提供职业健康检查所需要的文件、资料的；

（五）未根据职业健康检查情况采取相应措施的；

（六）不承担职业健康检查费用的。

第二十七条 用人单位有下列行为之一的，责令限期改正，给予警告，可以并处5万元以上10万元以下的罚款：

（一）未按照规定组织职业健康检查、建立职业健康监护档案或者未将检查结果如实告知劳动者的；

（二）未按照规定在劳动者离开用人单位时提供职业健康监护档案复印件的。

第二十八条 用人单位有下列情形之一的，给予警告，责令限期改正，逾期不改正的，处5万元以上20万元以下的罚款；情节严重的，责令停止产生职业病危害的作业，或者提请有关人民政府按照国务院规定的权限责令关闭：

（一）未按照规定安排职业病病人、疑似职业病病人进行诊治的；

（二）隐瞒、伪造、篡改、损毁职业健康监护档案等相关资料，或者拒不提供职业病诊断、鉴定所需资料的。

第二十九条 用人单位有下列情形之一的，责令限期治理，并处5万元以上30万元以下的罚款；情节严重的，责令停止产生职业病危害的作业，或者提请有关人民政府按照国务院规定的权限责令关闭：

（一）安排未经职业健康检查的劳动者从事接触职业病危害的作业的；

（二）安排未成年工从事接触职业病危害的作业的；

（三）安排孕期、哺乳期女职工从事对本人和胎儿、婴儿有危害的作业的；

（四）安排有职业禁忌的劳动者从事所禁忌的作业的。

第三十条 用人单位违反本办法规定，未报告职业病、疑似职业病的，由安全生产监督管理部门责令限期改正，给予警告，可以并处1万元以下的罚款；弄虚作假的，并处2万元以上5万元以下的罚款。

第五章 附则

第三十一条 煤矿安全监察机构依照本办法负责煤矿劳动者职业健康监护的监察工作。

第三十二条 本办法自2012年6月1日起施行。

职业病诊断与鉴定管理办法

2021年1月4日国家卫生健康委员会令第6号公布施行

第一章 总则

第一条 为了规范职业病诊断与鉴定工作，加强职业病诊断与鉴定管理，根据《中华人民共和国职业病防治法》（以下简称《职业病防治法》），制定本办法。

第二条 职业病诊断与鉴定工作应当按照《职业病防治法》、本办法的有关规定及《职业病分类和目录》、国家职业病诊断标准进行，遵循科学、公正、及时、便捷的原则。

第三条 国家卫生健康委负责全国范围内职业病诊断与鉴定的监督管理工作，县级以上地方卫生健康主管部门依据职责负责本行政区域内职业病诊断与鉴定的监督管理工作。

省、自治区、直辖市卫生健康主管部门（以下简称省级卫生健康主管部门）应当结合本行政区域职业病防治工作实际和医疗卫生服务体系规划，充分利用现有医疗卫生资源，实现职业病诊断机构区域覆盖。

第四条 各地要加强职业病诊断机构能力建设，提供必要的保障条件，配备相关的人员、设备和工作经费，以满足职业病诊断工作的需要。

第五条 各地要加强职业病诊断与鉴定信息化建设，建立健全劳动者接触职业病危害、开展职业健康检查、进行职业病诊断与鉴定等全过程的信息化系统，不断提高职业病诊断与鉴定信息报告的准确性、及时性和有效性。

第六条 用人单位应当依法履行职业病诊断、鉴定的相关义务：

（一）及时安排职业病病人、疑似职业病病人进行诊治；

（二）如实提供职业病诊断、鉴定所需的资料；

（三）承担职业病诊断、鉴定的费用和疑似职业病病人在诊断、医学观察期间的费用；

（四）报告职业病和疑似职业病；

（五）《职业病防治法》规定的其他相关义务。

第二章　诊断机构

第七条　医疗卫生机构开展职业病诊断工作，应当在开展之日起十五个工作日内向省级卫生健康主管部门备案。

省级卫生健康主管部门应当自收到完整备案材料之日起十五个工作日内向社会公布备案的医疗卫生机构名单、地址、诊断项目（即《职业病分类和目录》中的职业病类别和病种）等相关信息。

第八条　医疗卫生机构开展职业病诊断工作应当具备下列条件：

（一）持有《医疗机构执业许可证》；

（二）具有相应的诊疗科目及与备案开展的诊断项目相适应的职业病诊断医师及相关医疗卫生技术人员；

（三）具有与备案开展的诊断项目相适应的场所和仪器、设备；

（四）具有健全的职业病诊断质量管理制度。

第九条　医疗卫生机构进行职业病诊断备案时，应当提交以下证明其符合本办法第八条规定条件的有关资料：

（一）《医疗机构执业许可证》原件、副本及复印件；

（二）职业病诊断医师资格等相关资料；

（三）相关的仪器设备清单；

（四）负责职业病信息报告人员名单；

（五）职业病诊断质量管理制度等相关资料。

第十条　职业病诊断机构对备案信息的真实性、准确性、合法性负责。

当备案信息发生变化时，应当自信息发生变化之日起十个工作日内向省级卫生健康主管部门提交变更信息。

第十一条　设区的市没有医疗卫生机构备案开展职业病诊断的，省级卫生健康主管部门应当根据职业病诊断工作的需要，指定符合本办法第八条规定条件的医疗卫生机构承担职业病诊断工作。

第十二条　职业病诊断机构的职责是：

（一）在备案的诊断项目范围内开展职业病诊断；

（二）及时向所在地卫生健康主管部门报告职业病；

（三）按照卫生健康主管部门要求报告职业病诊断工作情况；

（四）承担《职业病防治法》中规定的其他职责。

第十三条　职业病诊断机构依法独立行使诊断权，并对其作出的职业病诊断结论负责。

第十四条　职业病诊断机构应当建立和健全职业病诊断管理制度，加强职业病诊断医师等有关医疗卫生人员技术培训和政策、法律培训，并采取措施改善职业病诊断工作条件，提高职业病诊断服务质量和水平。

第十五条　职业病诊断机构应当公开职业病诊断程序和诊断项目范围，方便劳动者进行职业病诊断。

职业病诊断机构及其相关工作人员应当尊重、关心、爱护劳动者，保护劳动者的隐私。

第十六条　从事职业病诊断的医师应当具备下列条件，并取得省级卫生健康主管部门颁发的职业病诊断资格证书：

（一）具有医师执业证书；

（二）具有中级以上卫生专业技术职务任职资格；

（三）熟悉职业病防治法律法规和职业病诊断标准；

（四）从事职业病诊断、鉴定相关工作三年以上；

（五）按规定参加职业病诊断医师相应专业的培训，并考核合格。

省级卫生健康主管部门应当依据本办法的规定和国家卫生健康委制定的职业病诊断医师培训大纲，制定本行政区域职业病诊断医师培训考核办法并组织实施。

第十七条　职业病诊断医师应当依法在职业病诊断机构备案的诊断项目范围内从事职业病诊断工作，不得从事超出其职业病诊断资格范围的职业病诊断工作；职业病诊断医师应当按照有关规定参加职业卫生、放射卫生、职业医学等领域的继续医学教育。

第十八条　省级卫生健康主管部门应当加强本行政区域内职业病诊断机构的质量控制管理工作，组织开展职业病诊断机构质量控制评估。

职业病诊断质量控制规范和医疗卫生机构职业病报告规范另行制定。

第三章　诊　　断

第十九条　劳动者可以在用人单位所在地、本人户籍所在地或者经常居住地的职业病诊断机构进行职业病诊断。

第二十条　职业病诊断应当按照《职业病防治法》、本办法的有关规定及《职业病分类和目录》、国家职业病诊断标准，依据劳动者的职业史、职业病危害接触史和工作场所职业病危害因素情况、临床表现以及辅助检查结果等，进行综合分析。材料齐全的情况下，职业病诊断机构应当在收齐材料之日起三十日内作出诊断结论。

没有证据否定职业病危害因素与病人临床表现之间的必然联系的，应当诊断为职业病。

第二十一条 职业病诊断需要以下资料：

（一）劳动者职业史和职业病危害接触史（包括在岗时间、工种、岗位、接触的职业病危害因素名称等）；

（二）劳动者职业健康检查结果；

（三）工作场所职业病危害因素检测结果；

（四）职业性放射性疾病诊断还需要个人剂量监测档案等资料。

第二十二条 劳动者依法要求进行职业病诊断的，职业病诊断机构不得拒绝劳动者进行职业病诊断的要求，并告知劳动者职业病诊断的程序和所需材料。劳动者应当填写《职业病诊断就诊登记表》，并提供本人掌握的职业病诊断有关资料。

第二十三条 职业病诊断机构进行职业病诊断时，应当书面通知劳动者所在的用人单位提供本办法第二十一条规定的职业病诊断资料，用人单位应当在接到通知后的十日内如实提供。

第二十四条 用人单位未在规定时间内提供职业病诊断所需要资料的，职业病诊断机构可以依法提请卫生健康主管部门督促用人单位提供。

第二十五条 劳动者对用人单位提供的工作场所职业病危害因素检测结果等资料有异议，或者因劳动者的用人单位解散、破产，无用人单位提供上述资料的，职业病诊断机构应当依法提请用人单位所在地卫生健康主管部门进行调查。

卫生健康主管部门应当自接到申请之日起三十日内对存在异议的资料或者工作场所职业病危害因素情况作出判定。

职业病诊断机构在卫生健康主管部门作出调查结论或者判定前应当中止职业病诊断。

第二十六条 职业病诊断机构需要了解工作场所职业病危害因素情况时，可以对工作场所进行现场调查，也可以依法提请卫生健康主管部门组织现场调查。卫生健康主管部门应当在接到申请之日起三十日内完成现场调查。

第二十七条 在确认劳动者职业史、职业病危害接触史时，当事人对劳动关系、工种、工作岗位或者在岗时间有争议的，职业病诊断机构应当告知当事人依法向用人单位所在地的劳动人事争议仲裁委员会申请仲裁。

第二十八条 经卫生健康主管部门督促，用人单位仍不提供工作场所职业病危害因素检测结果、职业健康监护档案等资料或者提供资料不全的，职业病诊断机构应当结合劳动者的临床表现、辅助检查结果和劳动者的职业史、职业病危害接触史，并参考劳动者自述或工友旁证资料、卫生健康等有关部门提供的日常监督检查信息等，作出职业病诊断结论。对于作出无职业病诊断结论的病人，可依据病人的临床表现以及辅助检查结果，作出疾病的诊断，提出相关医学意见或者建议。

第二十九条 职业病诊断机构可以根据诊断需要，聘请其他单位职业病诊断医师参加诊断。必要时，可以邀请相关专业专家提供咨询意见。

第三十条 职业病诊断机构作出职业病诊断结论后，应当出具职业病诊断证明书。职业病诊断证明书应当由参与诊断的取得职业病诊断资格的执业医师签署。

职业病诊断机构应当对职业病诊断医师签署的职业病诊断证明书进行审核，确认诊断的依据与结论符合有关法律法规、标准的要求，并在职业病诊断证明书上盖章。

职业病诊断证明书的书写应当符合相关标准的要求。

职业病诊断证明书一式五份，劳动者一份，用人单位所在地县级卫生健康主管部门一份，用人单位两份，诊断机构存档一份。

职业病诊断证明书应当于出具之日起十五日内由职业病诊断机构送达劳动者、用人单位及用人单位所在地县级卫生健康主管部门。

第三十一条 职业病诊断机构应当建立职业病诊断档案并永久保存，档案应当包括：

（一）职业病诊断证明书；

（二）职业病诊断记录；

（三）用人单位、劳动者和相关部门、机构提交的有关资料；

（四）临床检查与实验室检验等资料。

职业病诊断机构拟不再开展职业病诊断工作的，应当在拟停止开展职业病诊断工作的十五个工作日之前告知省级卫生健康主管部门和所在地县级卫生健康主管部门，妥善处理职业病诊断档案。

第三十二条 职业病诊断机构发现职业病病人或者疑似职业病病人时，应当及时向所在地县级卫生健康主管部门报告。职业病诊断机构应当在作出职业病诊断之日起十五日内通过职业病及健康危害因素监测信息系统进行信息报告，并确保报告信息的完整、真实和准确。

确诊为职业病的，职业病诊断机构可以根据需要，向卫生健康主管部门、用人单位提出专业建议；告知职业病病人依法享有的职业健康权益。

第三十三条　未承担职业病诊断工作的医疗卫生机构，在诊疗活动中发现劳动者的健康损害可能与其所从事的职业有关时，应及时告知劳动者到职业病诊断机构进行职业病诊断。

第四章　鉴　　定

第三十四条　当事人对职业病诊断机构作出的职业病诊断有异议的，可以在接到职业病诊断证明书之日起三十日内，向作出诊断的职业病诊断机构所在地设区的市级卫生健康主管部门申请鉴定。

职业病诊断争议由设区的市级以上地方卫生健康主管部门根据当事人的申请组织职业病诊断鉴定委员会进行鉴定。

第三十五条　职业病鉴定实行两级鉴定制，设区的市级职业病诊断鉴定委员会负责职业病诊断争议的首次鉴定。

当事人对设区的市级职业病鉴定结论不服的，可以在接到诊断鉴定书之日起十五日内，向原鉴定组织所在地省级卫生健康主管部门申请再鉴定，省级鉴定为最终鉴定。

第三十六条　设区的市级以上地方卫生健康主管部门可以指定办事机构，具体承担职业病诊断鉴定的组织和日常性工作。职业病鉴定办事机构的职责是：

（一）接受当事人申请；

（二）组织当事人或者接受当事人委托抽取职业病诊断鉴定专家；

（三）组织职业病诊断鉴定会议，负责会议记录、职业病诊断鉴定相关文书的收发及其他事务性工作；

（四）建立并管理职业病诊断鉴定档案；

（五）报告职业病诊断鉴定相关信息；

（六）承担卫生健康主管部门委托的有关职业病诊断鉴定的工作。

职业病诊断机构不能作为职业病鉴定办事机构。

第三十七条　设区的市级以上地方卫生健康主管部门应当向社会公布本行政区域内依法承担职业病诊断鉴定工作的办事机构的名称、工作时间、地点、联系人、联系电话和鉴定工作程序。

第三十八条　省级卫生健康主管部门应当设立职业病诊断鉴定专家库（以下简称专家库），并根据实际工作需要及时调整其成员。专家库可以按照专业类别进行分组。

第三十九条　专家库应当以取得职业病诊断资格的不同专业类别的医师为主要成员，吸收临床相关学科、职业卫生、放射卫生、法律等相关专业的专家组成。专家应当具备下列条件：

（一）具有良好的业务素质和职业道德；

（二）具有相关专业的高级专业技术职务任职资格；

（三）熟悉职业病防治法律法规和职业病诊断标准；

（四）身体健康，能够胜任职业病诊断鉴定工作。

第四十条　参加职业病诊断鉴定的专家，应当由当事人或者由其委托的职业病鉴定办事机构从专家库中按照专业类别以随机抽取的方式确定。抽取的专家组成职业病诊断鉴定委员会（以下简称鉴定委员会）。

经当事人同意，职业病鉴定办事机构可以根据鉴定需要聘请本省、自治区、直辖市以外的相关专业专家作为鉴定委员会成员，并有表决权。

第四十一条　鉴定委员会人数为五人以上单数，其中相关专业职业病诊断医师应当为本次鉴定专家人数的半数以上。疑难病例应当增加鉴定委员会人数，充分听取意见。鉴定委员会设主任委员一名，由鉴定委员会成员推举产生。

职业病诊断鉴定会议由鉴定委员会主任委员主持。

第四十二条　参加职业病诊断鉴定的专家有下列情形之一的，应当回避：

（一）是职业病诊断鉴定当事人或者当事人近亲属的；

（二）已参加当事人职业病诊断或者首次鉴定的；

（三）与职业病诊断鉴定当事人有利害关系的；

（四）与职业病诊断鉴定当事人有其他关系，可能影响鉴定公正的。

第四十三条　当事人申请职业病诊断鉴定时，应当提供以下资料：

（一）职业病诊断鉴定申请书；

（二）职业病诊断证明书；

（三）申请省级鉴定的还应当提交市级职业病诊断鉴定书。

第四十四条　职业病鉴定办事机构应当自收到申请资料之日起五个工作日内完成资料审核，对资料齐全的发给受理通知书；资料不全的，应当当场或者在五个工作日内一次性告知当事人补充。资料补充齐全的，应当受理申请并组织鉴定。

职业病鉴定办事机构收到当事人鉴定申请之后，

根据需要可以向原职业病诊断机构或者组织首次鉴定的办事机构调阅有关的诊断、鉴定资料。原职业病诊断机构或者组织首次鉴定的办事机构应当在接到通知之日起十日内提交。

职业病鉴定办事机构应当在受理鉴定申请之日起四十日内组织鉴定、形成鉴定结论,并出具职业病诊断鉴定书。

第四十五条 根据职业病诊断鉴定工作需要,职业病鉴定办事机构可以向有关单位调取与职业病诊断、鉴定有关的资料,有关单位应当如实、及时提供。

鉴定委员会应当听取当事人的陈述和申辩,必要时可以组织进行医学检查,医学检查应当在三十日内完成。

需要了解被鉴定人的工作场所职业病危害因素情况时,职业病鉴定办事机构根据鉴定委员会的意见可以组织对工作场所进行现场调查,或者依法提请卫生健康主管部门组织现场调查。现场调查应当在三十日内完成。

医学检查和现场调查时间不计算在职业病鉴定规定的期限内。

职业病诊断鉴定应当遵循客观、公正的原则,鉴定委员会进行职业病诊断鉴定时,可以邀请有关单位人员旁听职业病诊断鉴定会议。所有参与职业病诊断鉴定的人员应当依法保护当事人的个人隐私、商业秘密。

第四十六条 鉴定委员会应当认真审阅鉴定资料,依照有关规定和职业病诊断标准,经充分合议后,根据专业知识独立进行鉴定。在事实清楚的基础上,进行综合分析,作出鉴定结论,并制作职业病诊断鉴定书。

鉴定结论应当经鉴定委员会半数以上成员通过。

第四十七条 职业病诊断鉴定书应当包括以下内容:

(一)劳动者、用人单位的基本信息及鉴定事由;

(二)鉴定结论及其依据,鉴定为职业病的,应当注明职业病名称、程度(期别);

(三)鉴定时间。

诊断鉴定书加盖职业病鉴定委员会印章。

首次鉴定的职业病诊断鉴定书一式五份,劳动者、用人单位、用人单位所在地市级卫生健康主管部门、原诊断机构各一份,职业病鉴定办事机构存档一份;省级鉴定的职业病诊断鉴定书一式六份,劳动者、用人单位、用人单位所在地省级卫生健康主管部门、原诊断机构、首次职业病鉴定办事机构各一份,省级职业病鉴定办事机构存档一份。

职业病诊断鉴定书的格式由国家卫生健康委员会统一规定。

第四十八条 职业病鉴定办事机构出具职业病诊断鉴定书后,应当于出具之日起十日内送达当事人,并在出具职业病诊断鉴定书后的十日内将职业病诊断鉴定书等有关信息告知原职业病诊断机构或者首次职业病鉴定办事机构,并通过职业病及健康危害因素监测信息系统报告职业病鉴定相关信息。

第四十九条 职业病鉴定结论与职业病诊断结论或者首次职业病鉴定结论不一致的,职业病鉴定办事机构应当在出具职业病诊断鉴定书后十日内向相关卫生健康主管部门报告。

第五十条 职业病鉴定办事机构应当如实记录职业病诊断鉴定过程,内容应当包括:

(一)鉴定委员会的专家组成;

(二)鉴定时间;

(三)鉴定所用资料;

(四)鉴定专家的发言及其鉴定意见;

(五)表决情况;

(六)经鉴定专家签字的鉴定结论。

有当事人陈述和申辩的,应当如实记录。

鉴定结束后,鉴定记录应当随同职业病诊断鉴定书一并由职业病鉴定办事机构存档,永久保存。

第五章 监督管理

第五十一条 县级以上地方卫生健康主管部门应当定期对职业病诊断机构进行监督检查,检查内容包括:

(一)法律法规、标准的执行情况;

(二)规章制度建立情况;

(三)备案的职业病诊断信息真实性情况;

(四)按照备案的诊断项目开展职业病诊断工作情况;

(五)开展职业病诊断质量控制、参加质量控制评估及整改情况;

(六)人员、岗位职责落实和培训情况;

(七)职业病报告情况。

第五十二条 设区的市级以上地方卫生健康主管部门应当加强对职业病鉴定办事机构的监督管理,对职业病鉴定工作程序、制度落实情况及职业病报告等相关工作情况进行监督检查。

第五十三条 县级以上地方卫生健康主管部门监督检查时,有权查阅或者复制有关资料,职业病诊断机构应当予以配合。

第六章 法律责任

第五十四条 医疗卫生机构未按照规定备案开展职业病诊断的,由县级以上地方卫生健康主管部门责令改正,给予警告,可以并处三万元以下罚款。

第五十五条 职业病诊断机构有下列行为之一的,其作出的职业病诊断无效,由县级以上地方卫生健康主管部门按照《职业病防治法》的第八十条的规定进行处理:

(一)超出诊疗项目登记范围从事职业病诊断的;

(二)不按照《职业病防治法》规定履行法定职责的;

(三)出具虚假证明文件的。

第五十六条 职业病诊断机构未按照规定报告职业病、疑似职业病的,由县级以上地方卫生健康主管部门按照《职业病防治法》第七十四条的规定进行处理。

第五十七条 职业病诊断机构违反本办法规定,有下列情形之一的,由县级以上地方卫生健康主管部门责令限期改正;逾期不改的,给予警告,并可以根据情节轻重处以三万元以下罚款:

(一)未建立职业病诊断管理制度的;

(二)未按照规定向劳动者公开职业病诊断程序的;

(三)泄露劳动者涉及个人隐私的有关信息、资料的;

(四)未按照规定参加质量控制评估,或者质量控制评估不合格且未按要求整改的;

(五)拒不配合卫生健康主管部门监督检查的。

第五十八条 职业病诊断鉴定委员会组成人员收受职业病诊断争议当事人的财物或者其他好处的,由省级卫生健康主管部门按照《职业病防治法》第八十一条的规定进行处理。

第五十九条 县级以上地方卫生健康主管部门及其工作人员未依法履行职责,按照《职业病防治法》第八十三条第二款规定进行处理。

第六十条 用人单位有下列行为之一的,由县级以上地方卫生健康主管部门按照《职业病防治法》第七十二条规定进行处理:

(一)未按照规定安排职业病病人、疑似职业病病人进行诊治的;

(二)拒不提供职业病诊断、鉴定所需资料的;

(三)未按照规定承担职业病诊断、鉴定费用。

第六十一条 用人单位未按照规定报告职业病、疑似职业病的,由县级以上地方卫生健康主管部门按照《职业病防治法》第七十四条规定进行处理。

第七章 附 则

第六十二条 本办法所称"证据",包括疾病的证据、接触职业病危害因素的证据,以及用于判定疾病与接触职业病危害因素之间因果关系的证据。

第六十三条 本办法自公布之日起施行。原卫生部2013年2月19日公布的《职业病诊断与鉴定管理办法》同时废止。

职业病分类和目录

1. 2013年12月23日国家卫生和计划生育委员会、人力资源和社会保障部、国家安全生产监督管理总局、中华全国总工会发布

2. 国卫疾控发〔2013〕48号

一、职业性尘肺病及其他呼吸系统疾病

(一)尘肺病

1. 矽肺
2. 煤工尘肺
3. 石墨尘肺
4. 碳黑尘肺
5. 石棉肺
6. 滑石尘肺
7. 水泥尘肺
8. 云母尘肺
9. 陶工尘肺
10. 铝尘肺
11. 电焊工尘肺
12. 铸工尘肺
13. 根据《尘肺病诊断标准》和《尘肺病理诊断标准》可以诊断的其他尘肺病

(二)其他呼吸系统疾病

1. 过敏性肺炎
2. 棉尘病
3. 哮喘
4. 金属及其化合物粉尘肺沉着病(锡、铁、锑、钡及其化合物等)
5. 刺激性化学物所致慢性阻塞性肺疾病
6. 硬金属肺病

二、职业性皮肤病

1. 接触性皮炎
2. 光接触性皮炎
3. 电光性皮炎
4. 黑变病
5. 痤疮
6. 溃疡
7. 化学性皮肤灼伤

8. 白斑
9. 根据《职业性皮肤病的诊断总则》可以诊断的其他职业性皮肤病

三、职业性眼病

1. 化学性眼部灼伤
2. 电光性眼炎
3. 白内障(含放射性白内障、三硝基甲苯白内障)

四、职业性耳鼻喉口腔疾病

1. 噪声聋
2. 铬鼻病
3. 牙酸蚀病
4. 爆震聋

五、职业性化学中毒

1. 铅及其化合物中毒(不包括四乙基铅)
2. 汞及其化合物中毒
3. 锰及其化合物中毒
4. 镉及其化合物中毒
5. 铍病
6. 铊及其化合物中毒
7. 钡及其化合物中毒
8. 钒及其化合物中毒
9. 磷及其化合物中毒
10. 砷及其化合物中毒
11. 铀及其化合物中毒
12. 砷化氢中毒
13. 氯气中毒
14. 二氧化硫中毒
15. 光气中毒
16. 氨中毒
17. 偏二甲基肼中毒
18. 氮氧化合物中毒
19. 一氧化碳中毒
20. 二硫化碳中毒
21. 硫化氢中毒
22. 磷化氢、磷化锌、磷化铝中毒
23. 氟及其无机化合物中毒
24. 氰及腈类化合物中毒
25. 四乙基铅中毒
26. 有机锡中毒
27. 羰基镍中毒
28. 苯中毒
29. 甲苯中毒
30. 二甲苯中毒
31. 正己烷中毒
32. 汽油中毒
33. 一甲胺中毒
34. 有机氟聚合物单体及其热裂解物中毒
35. 二氯乙烷中毒
36. 四氯化碳中毒
37. 氯乙烯中毒
38. 三氯乙烯中毒
39. 氯丙烯中毒
40. 氯丁二烯中毒
41. 苯的氨基及硝基化合物(不包括三硝基甲苯)中毒
42. 三硝基甲苯中毒
43. 甲醇中毒
44. 酚中毒
45. 五氯酚(钠)中毒
46. 甲醛中毒
47. 硫酸二甲酯中毒
48. 丙烯酰胺中毒
49. 二甲基甲酰胺中毒
50. 有机磷中毒
51. 氨基甲酸酯类中毒
52. 杀虫脒中毒
53. 溴甲烷中毒
54. 拟除虫菊酯类中毒
55. 铟及其化合物中毒
56. 溴丙烷中毒
57. 碘甲烷中毒
58. 氯乙酸中毒
59. 环氧乙烷中毒
60. 上述条目未提及的与职业有害因素接触之间存在直接因果联系的其他化学中毒

六、物理因素所致职业病

1. 中暑
2. 减压病
3. 高原病
4. 航空病
5. 手臂振动病
6. 激光所致眼(角膜、晶状体、视网膜)损伤
7. 冻伤

七、职业性放射性疾病

1. 外照射急性放射病
2. 外照射亚急性放射病
3. 外照射慢性放射病
4. 内照射放射病

5. 放射性皮肤疾病
6. 放射性肿瘤(含矿工高氡暴露所致肺癌)
7. 放射性骨损伤
8. 放射性甲状腺疾病
9. 放射性性腺疾病
10. 放射复合伤
11. 根据《职业性放射性疾病诊断标准(总则)》可以诊断的其他放射性损伤

八、职业性传染病

1. 炭疽
2. 森林脑炎
3. 布鲁氏菌病
4. 艾滋病(限于医疗卫生人员及人民警察)
5. 莱姆病

九、职业性肿瘤

1. 石棉所致肺癌、间皮瘤
2. 联苯胺所致膀胱癌
3. 苯所致白血病
4. 氯甲醚、双氯甲醚所致肺癌
5. 砷及其化合物所致肺癌、皮肤癌
6. 氯乙烯所致肝血管肉瘤
7. 焦炉逸散物所致肺癌
8. 六价铬化合物所致肺癌
9. 毛沸石所致肺癌、胸膜间皮瘤
10. 煤焦油、煤焦油沥青、石油沥青所致皮肤癌
11. β-萘胺所致膀胱癌

十、其他职业病

1. 金属烟热
2. 滑囊炎(限于井下工人)
3. 股静脉血栓综合征、股动脉闭塞症或淋巴管闭塞症(限于刮研作业人员)

用人单位劳动防护用品管理规范

1. 2015年12月29日国家安全生产监督管理总局办公厅印发

2. 根据2018年1月15日《国家安全监管总局办公厅关于修改〈用人单位劳动防护用品管理规范〉的通知》(安监总厅安健〔2018〕3号)修正

第一章 总　　则

第一条 为规范用人单位劳动防护用品的使用和管理,保障劳动者安全健康及相关权益,根据《中华人民共和国安全生产法》、《中华人民共和国职业病防治法》等法律、行政法规和规章,制定本规范。

第二条 本规范适用于中华人民共和国境内企业、事业单位和个体经济组织等用人单位的劳动防护用品管理工作。

第三条 本规范所称的劳动防护用品,是指由用人单位为劳动者配备的,使其在劳动过程中免遭或者减轻事故伤害及职业病危害的个体防护装备。

第四条 劳动防护用品是由用人单位提供的,保障劳动者安全与健康的辅助性、预防性措施,不得以劳动防护用品替代工程防护设施和其他技术、管理措施。

第五条 用人单位应当健全管理制度,加强劳动防护用品配备、发放、使用等管理工作。

第六条 用人单位应当安排专项经费用于配备劳动防护用品,不得以货币或者其他物品替代。该项经费计入生产成本,据实列支。

第七条 用人单位应当为劳动者提供符合国家标准或者行业标准的劳动防护用品。使用进口的劳动防护用品,其防护性能不得低于我国相关标准。

第八条 劳动者在作业过程中,应当按照规章制度和劳动防护用品使用规则,正确佩戴和使用劳动防护用品。

第九条 用人单位使用的劳务派遣工、接纳的实习学生应当纳入本单位人员统一管理,并配备相应的劳动防护用品。对处于作业地点的其他外来人员,必须按照与进行作业的劳动者相同的标准,正确佩戴和使用劳动防护用品。

第二章 劳动防护用品选择

第十条 劳动防护用品分为以下十大类:

(一)防御物理、化学和生物危险、有害因素对头部伤害的头部防护用品。

(二)防御缺氧空气和空气污染物进入呼吸道的呼吸防护用品。

(三)防御物理和化学危险、有害因素对眼面部伤害的眼面部防护用品。

(四)防噪声危害及防水、防寒等的听力防护用品。

(五)防御物理、化学和生物危险、有害因素对手部伤害的手部防护用品。

(六)防御物理和化学危险、有害因素对足部伤害的足部防护用品。

(七)防御物理、化学和生物危险、有害因素对躯干伤害的躯干防护用品。

(八)防御物理、化学和生物危险、有害因素损伤皮肤或引起皮肤疾病的护肤用品。

（九）防止高处作业劳动者坠落或者高处落物伤害的坠落防护用品。

（十）其他防御危险、有害因素的劳动防护用品。

第十一条 用人单位应按照识别、评价、选择的程序（见附件1），结合劳动者作业方式和工作条件，并考虑其个人特点及劳动强度，选择防护功能和效果适用的劳动防护用品。

（一）接触粉尘、有毒、有害物质的劳动者应当根据不同粉尘种类、粉尘浓度及游离二氧化硅含量和毒物的种类及浓度配备相应的呼吸器（见附件2）、防护服、防护手套和防护鞋等。具体可参照《呼吸防护用品自吸过滤式防颗粒物呼吸器》（GB 2626）、《呼吸防护用品的选择、使用及维护》（GB/T 18664）、《防护服装化学防护服的选择、使用和维护》（GB/T 24536）、《手部防护防护手套的选择、使用和维护指南》（GB/T 29512）和《个体防护装备足部防护鞋（靴）的选择、使用和维护指南》（GB/T 28409）等标准。

（二）接触噪声的劳动者，当暴露于 $80dB \leqslant L_{EX,8h} < 85dB$ 的工作场所时，用人单位应当根据劳动者需求为其配备适用的护听器；当暴露于 $L_{EX,8h} \geqslant 85dB$ 的工作场所时，用人单位必须为劳动者配备适用的护听器，并指导劳动者正确佩戴和使用（见附件2）。具体可参照《护听器的选择指南》（GB/T 23466）。

（三）工作场所中存在电离辐射危害的，经危害评价确认劳动者需佩戴劳动防护用品的，用人单位可参照电离辐射的相关标准及《个体防护装备配备基本要求》（GB/T 29510）为劳动者配备劳动防护用品，并指导劳动者正确佩戴和使用。

（四）从事存在物体坠落、碎屑飞溅、转动机械和锋利器具等作业的劳动者，用人单位还可参照《个体防护装备选用规范》（GB/T 11651）、《头部防护安全帽选用规范》（GB/T 30041）和《坠落防护装备安全使用规范》（GB/T 23468）等标准，为劳动者配备适用的劳动防护用品。

第十二条 同一工作地点存在不同种类的危险、有害因素的，应当为劳动者同时提供防御各类危害的劳动防护用品。需要同时配备的劳动防护用品，还应考虑其可兼容性。

劳动者在不同地点工作，并接触不同的危险、有害因素，或接触不同的危害程度的有害因素的，为其选配的劳动防护用品应满足不同工作地点的防护需求。

第十三条 劳动防护用品的选择还应当考虑其佩戴的合适性和基本舒适性，根据个人特点和需求选择适合号型、式样。

第十四条 用人单位应当在可能发生急性职业损伤的有毒、有害工作场所配备应急劳动防护用品，放置于现场临近位置并有醒目标识。

用人单位应当为巡检等流动性作业的劳动者配备随身携带的个人应急防护用品。

第三章 劳动防护用品采购、发放、培训及使用

第十五条 用人单位应当根据劳动者工作场所中存在的危险、有害因素种类及危害程度、劳动环境条件、劳动防护用品有效使用时间制定适合本单位的劳动防护用品配备标准（见附件3）。

第十六条 用人单位应当根据劳动防护用品配备标准制定采购计划，购买符合标准的合格产品。

第十七条 用人单位应当查验并保存劳动防护用品检验报告等质量证明文件的原件或复印件。

第十八条 用人单位应当按照本单位制定的配备标准发放劳动防护用品，并作好登记（见附件4）。

第十九条 用人单位应当对劳动者进行劳动防护用品的使用、维护等专业知识的培训。

第二十条 用人单位应当督促劳动者在使用劳动防护用品前，对劳动防护用品进行检查，确保外观完好、部件齐全、功能正常。

第二十一条 用人单位应当定期对劳动防护用品的使用情况进行检查，确保劳动者正确使用。

第四章 劳动防护用品维护、更换及报废

第二十二条 劳动防护用品应当按照要求妥善保存，及时更换，保证其在有效期内。

公用的劳动防护用品应当由车间或班组统一保管，定期维护。

第二十三条 用人单位应当对应急劳动防护用品进行经常性的维护、检修，定期检测劳动防护用品的性能和效果，保证其完好有效。

第二十四条 用人单位应当按照劳动防护用品发放周期定期发放，对工作过程中损坏的，用人单位应及时更换。

第二十五条 安全帽、呼吸器、绝缘手套等安全性能要求高、易损耗的劳动防护用品，应当按照有效防护功能最低指标和有效使用期，到期强制报废。

第五章 附 则

第二十六条 本规范所称的工作地点，是指劳动者从事职业活动或进行生产管理而经常或定时停留的岗位和作业地点。

第二十七条 煤矿劳动防护用品的管理，按照《煤矿职业安全卫生个体防护用品配备标准》（AQ 1051）规定执行。

附件1：劳动防护用品选择程序（略）

附件2：呼吸器和护听器的选用

附件3：用人单位劳动防护用品配备标准（略）

附件4：劳动防护用品发放登记表（略）

附件2：

呼吸器和护听器的选用

危害因素	分类	要求
颗粒物	一般粉尘，如煤尘、水泥尘、木粉尘、云母尘、滑石尘及其他粉尘	过滤效率至少满足《呼吸防护用品自吸过滤式防颗粒物呼吸器》（GB 2626）规定的 KN 90 级别的防颗粒物呼吸器
	石棉	可更换式防颗粒物半面罩或全面罩，过滤效率至少满足 GB 2626 规定的 KN 95 级别的防颗粒物呼吸器
	矽尘、金属粉尘（如铅尘、镉尘）、砷尘、烟（如焊接烟、铸造烟）	过滤效率至少满足 GB 2626 规定的 KN 95 级别的防颗粒物呼吸器
	放射性颗粒物	过滤效率至少满足 GB 2626 规定的 KN 100 级别的防颗粒物呼吸器
	致癌性油性颗粒物（如焦炉烟、沥青烟等）	过滤效率至少满足 GB 2626 规定的 KP 95 级别的防颗粒物呼吸器
化学物质	窒息气体	隔绝式正压呼吸器
	无机气体、有机蒸气	防毒面具 面罩类型： 工作场所毒物浓度超标不大于10倍，使用送风或自吸过滤半面罩；工作场所毒物浓度超标不大于100倍，使用送风或自吸过滤全面罩；工作场所毒物浓度超标大于100倍，使用隔绝式或送风过滤式全面罩
	酸、碱性溶液、蒸气	防酸碱面罩、防酸碱手套、防酸碱服、防酸碱鞋
噪声	劳动者暴露于工作场所 80dB≤$L_{EX,8h}$<85 dB 的	用人单位应根据劳动者需求为其配备适用的护听器
	劳动者暴露于工作场所 $L_{EX,8h}$≥85dB 的	用人单位应为劳动者配备适用的护听器，并指导劳动者正确佩戴和使用。劳动者暴露于工作场所 $L_{EX,8h}$ 为 85～95dB 的应选用护听器 SNR 为 17～34dB 的耳塞或耳罩；劳动者暴露于工作场所 $L_{EX,8h}$≥95dB 的应选用护听器 SNR ≥34dB 的耳塞、耳罩或者同时佩戴耳塞和耳罩，耳塞和耳罩组合使用时的声衰减值，可按二者中较高的声衰减值增加 5dB 估算

3. 特定人群保护

女职工劳动保护特别规定

2012年4月28日国务院令第619号公布施行

第一条 为了减少和解决女职工在劳动中因生理特点造成的特殊困难，保护女职工健康，制定本规定。

第二条 中华人民共和国境内的国家机关、企业、事业单位、社会团体、个体经济组织以及其他社会组织等用人单位及其女职工，适用本规定。

第三条 用人单位应当加强女职工劳动保护，采取措施改善女职工劳动安全卫生条件，对女职工进行劳动安全卫生知识培训。

第四条 用人单位应当遵守女职工禁忌从事的劳动范围的规定。用人单位应当将本单位属于女职工禁忌从事的劳动范围的岗位书面告知女职工。

女职工禁忌从事的劳动范围由本规定附录列示。国务院安全生产监督管理部门会同国务院人力资源社会保障行政部门、国务院卫生行政部门根据经济社会发展情况，对女职工禁忌从事的劳动范围进行调整。

第五条 用人单位不得因女职工怀孕、生育、哺乳降低其工资、予以辞退、与其解除劳动或者聘用合同。

第六条 女职工在孕期不能适应原劳动的，用人单位应当根据医疗机构的证明，予以减轻劳动量或者安排其他能够适应的劳动。

对怀孕7个月以上的女职工，用人单位不得延长劳动时间或者安排夜班劳动，并应当在劳动时间内安排一定的休息时间。

怀孕女职工在劳动时间内进行产前检查，所需时间计入劳动时间。

第七条 女职工生育享受98天产假，其中产前可以休假15天；难产的，增加产假15天；生育多胞胎的，每多生育1个婴儿，增加产假15天。

女职工怀孕未满4个月流产的，享受15天产假；怀孕满4个月流产的，享受42天产假。

第八条 女职工产假期间的生育津贴，对已经参加生育保险的，按照用人单位上年度职工月平均工资的标准由生育保险基金支付；对未参加生育保险的，按照女职工产假前工资的标准由用人单位支付。

女职工生育或者流产的医疗费用，按照生育保险规定的项目和标准，对已经参加生育保险的，由生育保险基金支付；对未参加生育保险的，由用人单位支付。

第九条 对哺乳未满1周岁婴儿的女职工，用人单位不得延长劳动时间或者安排夜班劳动。

用人单位应当在每天的劳动时间内为哺乳期女职工安排1小时哺乳时间；女职工生育多胞胎的，每多哺乳1个婴儿每天增加1小时哺乳时间。

第十条 女职工比较多的用人单位应当根据女职工的需要，建立女职工卫生室、孕妇休息室、哺乳室等设施，妥善解决女职工在生理卫生、哺乳方面的困难。

第十一条 在劳动场所，用人单位应当预防和制止对女职工的性骚扰。

第十二条 县级以上人民政府人力资源社会保障行政部门、安全生产监督管理部门按照各自职责负责对用人单位遵守本规定的情况进行监督检查。

工会、妇女组织依法对用人单位遵守本规定的情况进行监督。

第十三条 用人单位违反本规定第六条第二款、第七条、第九条第一款规定的，由县级以上人民政府人力资源社会保障行政部门责令限期改正，按照受侵害女职工每人1000元以上5000元以下的标准计算，处以罚款。

用人单位违反本规定附录第一条、第二条规定的，由县级以上人民政府安全生产监督管理部门责令限期改正，按照受侵害女职工每人1000元以上5000元以下的标准计算，处以罚款。用人单位违反本规定附录第三条、第四条规定的，由县级以上人民政府安全生产监督管理部门责令限期治理，处5万元以上30万元以下的罚款；情节严重的，责令停止有关作业，或者提请有关人民政府按照国务院规定的权限责令关闭。

第十四条 用人单位违反本规定，侵害女职工合法权益的，女职工可以依法投诉、举报、申诉，依法向劳动人事争议调解仲裁机构申请调解仲裁，对仲裁裁决不服的，依法向人民法院提起诉讼。

第十五条 用人单位违反本规定，侵害女职工合法权益，造成女职工损害的，依法给予赔偿；用人单位及其直接负责的主管人员和其他直接责任人员构成犯罪的，依法追究刑事责任。

第十六条 本规定自公布之日起施行。1988年7月21日国务院发布的《女职工劳动保护规定》同时废止。

附录：

女职工禁忌从事的劳动范围

一、女职工禁忌从事的劳动范围：

（一）矿山井下作业；

（二）体力劳动强度分级标准中规定的第四级体力劳动强度的作业；

（三）每小时负重6次以上、每次负重超过20公斤的作业，或者间断负重、每次负重超过25公斤的作业。

二、女职工在经期禁忌从事的劳动范围：

（一）冷水作业分级标准中规定的第二级、第三级、第四级冷水作业；

（二）低温作业分级标准中规定的第二级、第三级、第四级低温作业；

（三）体力劳动强度分级标准中规定的第三级、第四级体力劳动强度的作业；

（四）高处作业分级标准中规定的第三级、第四级高处作业。

三、女职工在孕期禁忌从事的劳动范围：

（一）作业场所空气中铅及其化合物、汞及其化合物、苯、镉、铍、砷、氰化物、氮氧化物、一氧化碳、二硫化碳、氯、己内酰胺、氯丁二烯、氯乙烯、环氧乙烷、苯胺、甲醛等有毒物质浓度超过国家职业卫生标准的作业；

（二）从事抗癌药物、己烯雌酚生产，接触麻醉剂气体等的作业；

（三）非密封源放射性物质的操作，核事故与放射事故的应急处置；

（四）高处作业分级标准中规定的高处作业；

（五）冷水作业分级标准中规定的冷水作业；

（六）低温作业分级标准中规定的低温作业；

（七）高温作业分级标准中规定的第三级、第四级的作业；

（八）噪声作业分级标准中规定的第三级、第四级的作业；

（九）体力劳动强度分级标准中规定的第三级、第四级体力劳动强度的作业；

（十）在密闭空间、高压室作业或者潜水作业，伴有强烈振动的作业，或者需要频繁弯腰、攀高、下蹲的作业。

四、女职工在哺乳期禁忌从事的劳动范围：

（一）孕期禁忌从事的劳动范围的第一项、第三项、第九项；

（二）作业场所空气中锰、氟、溴、甲醇、有机磷化合物、有机氯化合物等有毒物质浓度超过国家职业卫生标准的作业。

禁止使用童工规定

1. 2002年10月1日国务院令第364号公布
2. 自2002年12月1日起施行

第一条 为保护未成年人的身心健康，促进义务教育制度的实施，维护未成年人的合法权益，根据宪法和劳动法、未成年人保护法，制定本规定。

第二条 国家机关、社会团体、企业事业单位、民办非企业单位或者个体工商户（以下统称用人单位）均不得招用不满16周岁的未成年人（招用不满16周岁的未成年人，以下统称使用童工）。

禁止任何单位或者个人为不满16周岁的未成年人介绍就业。

禁止不满16周岁的未成年人开业从事个体经营活动。

第三条 不满16周岁的未成年人的父母或者其他监护人应当保护其身心健康，保障其接受义务教育的权利，不得允许其被用人单位非法招用。

不满16周岁的未成年人的父母或者其他监护人允许其被用人单位非法招用的，所在地的乡（镇）人民政府、城市街道办事处以及村民委员会、居民委员会应当给予批评教育。

第四条 用人单位招用人员时，必须核查被招用人员的身份证；对不满16周岁的未成年人，一律不得录用。用人单位录用人员的录用登记、核查材料应当妥善保管。

第五条 县级以上各级人民政府劳动保障行政部门负责本规定执行情况的监督检查。

县级以上各级人民政府公安、工商行政管理、教育、卫生等行政部门在各自职责范围内对本规定的执行情况进行监督检查，并对劳动保障行政部门的监督检查给予配合。

工会、共青团、妇联等群众组织应当依法维护未成年人的合法权益。

任何单位或者个人发现使用童工的，均有权向县级以上人民政府劳动保障行政部门举报。

第六条 用人单位使用童工的，由劳动保障行政部门按照每使用一名童工每月处5000元罚款的标准给予处罚；在使用有毒物品的作业场所使用童工的，按照《使用有毒物品作业场所劳动保护条例》规定的罚款幅度，或者按照每使用一名童工每月处5000元罚款的标准，从重处罚。劳动保障行政部门并应当责令用人单位限期将童工送回原居住地交其父母或者其他监护人，所需交通和食宿费用全部由用人单位承担。

用人单位经劳动保障行政部门依照前款规定责令限期改正，逾期仍不将童工送交其父母或者其他监护人的，从责令限期改正之日起，由劳动保障行政部门按照每使用一名童工每月处1万元罚款的标准处罚，并由工商行政管理部门吊销其营业执照或者由民政部门撤销民办非企业单位登记；用人单位是国家机关、事业单位的，由有关单位依法对直接负责的主管人员和其他直接责任人员给予降级或者撤职的行政处分或者纪律处分。

第七条 单位或者个人为不满16周岁的未成年人介绍就业的，由劳动保障行政部门按照每介绍一人处5000元罚款的标准给予处罚；职业中介机构为不满16周岁的未成年人介绍就业的，并由劳动保障行政部门吊销其职业介绍许可证。

第八条 用人单位未按照本规定第四条的规定保存录用登记材料，或者伪造录用登记材料的，由劳动保障行政部门处1万元的罚款。

第九条 无营业执照、被依法吊销营业执照的单位以及未依法登记、备案的单位使用童工或者介绍童工就业的，依照本规定第六条、第七条、第八条规定的标准加一倍罚款，该非法单位由有关的行政主管部门予以取缔。

第十条 童工患病或者受伤的，用人单位应当负责送到医疗机构治疗，并负担治疗期间的全部医疗和生活费用。

童工伤残或者死亡的，用人单位由工商行政管理部门吊销营业执照或者由民政部门撤销民办非企业单位登记；用人单位是国家机关、事业单位的，由有关单位依法对直接负责的主管人员和其他直接责任人员给予降级或者撤职的行政处分或者纪律处分；用人单位还应当一次性地对伤残的童工、死亡童工的直系亲属给予赔偿，赔偿金额按照国家工伤保险的有关规定计算。

第十一条 拐骗童工，强迫童工劳动，使用童工从事高空、井下、放射性、高毒、易燃易爆以及国家规定的第四级体力劳动强度的劳动，使用不满14周岁的童工，或者造成童工死亡或者严重伤残的，依照刑法关于拐卖儿童罪、强迫劳动罪或者其他罪的规定，依法追究刑事责任。

第十二条 国家行政机关工作人员有下列行为之一的，依法给予记大过或者降级的行政处分；情节严重的，依法给予撤职或者开除的行政处分；构成犯罪的，依照刑法关于滥用职权罪、玩忽职守罪或者其他罪的规定，依法追究刑事责任：

（一）劳动保障等有关部门工作人员在禁止使用童工的监督检查工作中发现使用童工的情况，不予制止、纠正、查处的；

（二）公安机关的人民警察违反规定发放身份证或者在身份证上登录虚假出生年月的；

（三）工商行政管理部门工作人员发现申请人是不满16周岁的未成年人，仍然为其从事个体经营发放营业执照的。

第十三条 文艺、体育单位经未成年人的父母或者其他监护人同意，可以招用不满16周岁的专业文艺工作者、运动员。用人单位应当保障被招用的不满16周岁的未成年人的身心健康，保障其接受义务教育的权利。文艺、体育单位招用不满16周岁的专业文艺工作者、运动员的办法，由国务院劳动保障行政部门会同国务院文化、体育行政部门制定。

学校、其他教育机构以及职业培训机构按照国家有关规定组织不满16周岁的未成年人进行不影响其人身安全和身心健康的教育实践劳动、职业技能培训劳动，不属于使用童工。

第十四条 本规定自2002年12月1日起施行。1991年4月15日国务院发布的《禁止使用童工规定》同时废止。

未成年工特殊保护规定

1. *1994年12月9日劳动部发布*
2. *劳部发〔1994〕498号*
3. *自1995年1月1日起施行*

第一条 为维护未成年工的合法权益，保护其在生产劳动中的健康，根据《中华人民共和国劳动法》的有关规定，制定本规定。

第二条 未成年工是指年满十六周岁，未满十八周岁的劳动者。

未成年工的特殊保护是针对未成年工处于生长发育期的特点，以及接受义务教育的需要，采取的特殊劳动保护措施。

第三条 用人单位不得安排未成年工从事以下范围的劳动：

（一）《生产性粉尘作业危害程度分级》国家标准中第一级以上的接尘作业；

（二）《有毒作业分级》国家标准中第一级以上的有毒作业；

（三）《高处作业分级》国家标准中第二级以上的高处作业；

（四）《冷水作业分级》国家标准中第二级以上的冷水作业；

（五）《高温作业分级》国家标准中第三级以上的高温作业；

（六）《低温作业分级》国家标准中第三级以上的低温作业；

（七）《体力劳动强度分级》国家标准中第四级体力劳动强度的作业；

（八）矿山井下及矿山地面采石作业；

（九）森林业中的伐木、流放及守林作业；

（十）工作场所接触放射性物质的作业；

（十一）有易燃易爆、化学性烧伤和热烧伤等危险性大的作业；

（十二）地质勘探和资源勘探的野外作业；

（十三）潜水、涵洞、涵道作业和海拔三千米以上的高原作业（不包括世居高原者）；

（十四）连续负重每小时在六次以上并每次超过20公斤，间断负重每次超过25公斤的作业；

（十五）使用凿岩机、捣固机、气镐、气铲、铆钉机、电锤的作业；

（十六）工作中需要长时间保持低头、弯腰、上举、下蹲等强迫体位和动作频率每分钟大于五十次的流水线作业；

（十七）锅炉司炉。

第四条 未成年工患有某种疾病或具有某些生理缺陷（非残疾型）时，用人单位不得安排其从事以下范围的劳动：

（一）《高处作业分级》国家标准中第一级以上的高处作业；

（二）《低温作业分级》国家标准中第二级以上的低温作业；

（三）《高温作业分级》国家标准中第二级以上的高温作业；

（四）《体力劳动强度分级》国家标准中第三级以上体力劳动强度的作业；

（五）接触铅、苯、汞、甲醛、二硫化碳等易引起过敏反应的作业。

第五条 患有某种疾病或具有某些生理缺陷（非残疾型）的未成年工，是指有以下一种或一种以上情况者：

（一）心血管系统

1. 先天性心脏病；

2. 克山病；

3. 收缩期或舒张期二级以上心脏杂音。

（二）呼吸系统

1. 中度以上气管炎或支气管哮喘；

2. 呼吸音明显减弱；

3. 各类结核病；

4. 体弱儿，呼吸道反复感染者。

（三）消化系统

1. 各类肝炎；

2. 肝、脾肿大；

3. 胃、十二指肠溃疡；

4. 各种消化道疝。

（四）泌尿系统

1. 急、慢性肾炎；

2. 泌尿系感染。

（五）内分泌系统

1. 甲状腺机能亢进；

2. 中度以上糖尿病。

（六）精神神经系统

1. 智力明显低下；

2. 精神忧郁或狂暴。

（七）肌肉、骨骼运动系统

1. 身高和体重低于同龄人标准；

2. 一个及一个以上肢体存在明显功能障碍；

3. 躯干四分之一以上部位活动受限，包括强直或不能旋转。

（八）其它

1. 结核性胸膜炎；

2. 各类重度关节炎；

3. 血吸虫病；

4. 严重贫血，其血色素每升低于95克（9.5g/dL）。

第六条 用人单位应按下列要求对未成年工定期进行健康检查：

（一）安排工作岗位之前；

（二）工作满1年；

（三）年满18周岁，距前一次的体检时间已超过半年。

第七条 未成年工的健康检查，应按本规定所附《未成年工健康检查表》列出的项目进行。

第八条 用人单位应根据未成年工的健康检查结果安排其从事适合的劳动，对不能胜任原劳动岗位的，应根据医务部门的证明，予以减轻劳动量或安排其他劳动。

第九条 对未成年工的使用和特殊保护实行登记制度。

（一）用人单位招收使用未成年工，除符合一般用工要求外，还须向所在地的县级以上劳动行政部门办理登记。劳动行政部门根据《未成年工健康检查表》、《未成年工登记表》，核发《未成年工登记证》。

（二）各级劳动行政部门须按本规定第三、四、五、七条的有关规定，审核体检情况和拟安排的劳动范围。

（三）未成年工须持《未成年工登记证》上岗。

（四）《未成年工登记证》由国务院劳动行政部门统一印制。

第十条 未成年工上岗前用人单位应对其进行有关的职业安全卫生教育、培训；未成年工体检和登记，由用人单位统一办理和承担费用。

第十一条 县级以上劳动行政部门对用人单位执行本规定的情况进行监督检查，对违反本规定的行为依照有关法规进行处罚。

各级工会组织对本规定的执行情况进行监督。

第十二条 省、自治区、直辖市劳动行政部门可以根据本规定制定实施办法。

第十三条 本规定自1995年1月1日起施行。

建筑施工人员个人劳动保护用品使用管理暂行规定

1. 2007年11月5日建设部发布
2. 建质〔2007〕255号

第一条 为加强对建筑施工人员个人劳动保护用品的使用管理，保障施工作业人员安全与健康，根据《中华人民共和国建筑法》、《建设工程安全生产管理条例》、《安全生产许可证条例》等法律法规，制定本规定。

第二条 本规定所称个人劳动保护用品，是指在建筑施工现场，从事建筑施工活动的人员使用的安全帽、安全带以及安全（绝缘）鞋、防护眼镜、防护手套、防尘（毒）口罩等个人劳动保护用品（以下简称“劳动保护用品”）。

第三条 凡从事建筑施工活动的企业和个人，劳动保护用品的采购、发放、使用、管理等必须遵守本规定。

第四条 劳动保护用品的发放和管理，坚持“谁用工，谁负责”的原则。施工作业人员所在企业（包括总承包企业、专业承包企业、劳务企业等，下同）必须按国家规定免费发放劳动保护用品，更换已损坏或已到使用期限的劳动保护用品，不得收取或变相收取任何费用。

劳动保护用品必须以实物形式发放，不得以货币或其他物品替代。

第五条 企业应建立完善劳动保护用品的采购、验收、保管、发放、使用、更换、报废等规章制度。同时应建立相应的管理台账，管理台账保存期限不得少于两年，以保证劳动保护用品的质量具有可追溯性。

第六条 企业采购、个人使用的安全帽、安全带及其他劳动防护用品等，必须符合《安全帽》（GB 2811）、《安全带》（GB 6095）及其他劳动保护用品相关国家标准的要求。

企业、施工作业人员，不得采购和使用无安全标记或不符合国家相关标准要求的劳动保护用品。

第七条 企业应当按照劳动保护用品采购管理制度的要求，明确企业内部有关部门、人员的采购管理职责。企业在一个地区组织施工的，可以集中统一采购；对企业工程项目分布在多个地区，集中统一采购有困难的，可由各地区或项目部集中采购。

第八条 企业采购劳动保护用品时，应查验劳动保护用品生产厂家或供货商的生产、经营资格，验明商品合格证明和商品标识，以确保采购劳动保护用品的质量符合安全使用要求。

企业应当向劳动保护用品生产厂家或供货商索要法定检验机构出具的检验报告或由供货商签字盖章的检验报告复印件，不能提供检验报告或检验报告复印件的劳动保护用品不得采购。

第九条 企业应加强对施工作业人员的教育培训，保证施工作业人员能正确使用劳动保护用品。

工程项目部应有教育培训的记录，有培训人员和被培训人员的签名和时间。

第十条 企业应加强对施工作业人员劳动保护用品使用情况的检查，并对施工作业人员劳动保护用品的质量和正确使用负责。实行施工总承包的工程项目，施工总承包企业应加强对施工现场内所有施工作业人员劳动保护用品的监督检查。督促相关分包企业和人员正确使用劳动保护用品。

第十一条 施工作业人员有接受安全教育培训的权利，有按照工作岗位规定使用合格的劳动保护用品的权利；有拒绝违章指挥、拒绝使用不合格劳动保护用品的权利。同时，也负有正确使用劳动保护用品的义务。

第十二条 监理单位要加强对施工现场劳动保护用品的监督检查。发现有不使用、或使用不符合要求的劳动保护用品，应责令相关企业立即改正。对拒不改正的，应当向建设行政主管部门报告。

第十三条 建设单位应当及时、足额向施工企业支付安全措施专项经费,并督促施工企业落实安全防护措施,使用符合相关国家产品质量要求的劳动保护用品。

第十四条 各级建设行政主管部门应当加强对施工现场劳动保护用品使用情况的监督管理。发现有不使用、或使用不符合要求的劳动保护用品的违法违规行为的,应当责令改正;对因不使用或使用不符合要求的劳动保护用品造成事故或伤害的,应当依据《建设工程安全生产管理条例》和《安全生产许可证条例》等法律法规,对有关责任方给予行政处罚。

第十五条 各级建设行政主管部门应将企业劳动保护用品的发放、管理情况列入建筑施工企业《安全生产许可证》条件的审查内容之一;施工现场劳动保护用品的质量情况作为认定企业是否降低安全生产条件的内容之一;施工作业人员是否正确使用劳动保护用品情况作为考核企业安全生产教育培训是否到位的依据之一。

第十六条 各地建设行政主管部门可建立合格劳动保护用品的信息公告制度,为企业购买合格的劳动保护用品提供信息服务。同时依法加大对采购、使用不合格劳动保护用品的处罚力度。

第十七条 施工现场内,为保证施工作业人员安全与健康所需的其他劳动保护用品可参照本规定执行。

第十八条 各地可根据本规定,制定具体的实施办法。

第十九条 本规定自发布之日起施行。

防暑降温措施管理办法

1. 2012年6月29日国家安全生产监督管理总局、卫生部、人力资源和社会保障部、中华全国总工会印发
2. 安监总安健〔2012〕89号

第一条 为了加强高温作业、高温天气作业劳动保护工作,维护劳动者健康及其相关权益,根据《中华人民共和国职业病防治法》、《中华人民共和国安全生产法》、《中华人民共和国劳动法》、《中华人民共和国工会法》等有关法律、行政法规的规定,制定本办法。

第二条 本办法适用于存在高温作业及在高温天气期间安排劳动者作业的企业、事业单位和个体经济组织等用人单位。

第三条 高温作业是指有高气温、或有强烈的热辐射、或伴有高气湿(相对湿度≥80% RH)相结合的异常作业条件、湿球黑球温度指数(WBGT 指数)超过规定限值的作业。

高温天气是指地市级以上气象主管部门所属气象台站向公众发布的日最高气温35℃以上的天气。

高温天气作业是指用人单位在高温天气期间安排劳动者在高温自然气象环境下进行的作业。

工作场所高温作业 WBGT 指数测量依照《工作场所物理因素测量 第7部分:高温》(GBZ/T 189.7)执行;高温作业职业接触限值依照《工作场所有害因素职业接触限值第2部分:物理因素》(GBZ 2.2)执行;高温作业分级依照《工作场所职业病危害作业分级第3部分:高温》(GBZ/T 229.3)执行。

第四条 国务院安全生产监督管理部门、卫生行政部门、人力资源社会保障行政部门依照相关法律、行政法规和国务院确定的职责,负责全国高温作业、高温天气作业劳动保护的监督管理工作。

县级以上地方人民政府安全生产监督管理部门、卫生行政部门、人力资源社会保障行政部门依据法律、行政法规和各自职责,负责本行政区域内高温作业、高温天气作业劳动保护的监督管理工作。

第五条 用人单位应当建立、健全防暑降温工作制度,采取有效措施,加强高温作业、高温天气作业劳动保护工作,确保劳动者身体健康和生命安全。

用人单位的主要负责人对本单位的防暑降温工作全面负责。

第六条 用人单位应当根据国家有关规定,合理布局生产现场,改进生产工艺和操作流程,采用良好的隔热、通风、降温措施,保证工作场所符合国家职业卫生标准要求。

第七条 用人单位应当落实以下高温作业劳动保护措施:

(一)优先采用有利于控制高温的新技术、新工艺、新材料、新设备,从源头上降低或者消除高温危害。对于生产过程中不能完全消除的高温危害,应当采取综合控制措施,使其符合国家职业卫生标准要求。

(二)存在高温职业病危害的建设项目,应当保证其设计符合国家职业卫生相关标准和卫生要求,高温防护设施应当与主体工程同时设计,同时施工,同时投入生产和使用。

(三)存在高温职业病危害的用人单位,应当实施由专人负责的高温日常监测,并按照有关规定进行职业病危害因素检测、评价。

(四)用人单位应当依照有关规定对从事接触高温危害作业劳动者组织上岗前、在岗期间和离岗时的职业健康检查,将检查结果存入职业健康监护档案并书面告知劳动者。职业健康检查费用由用人单位承担。

（五）用人单位不得安排怀孕女职工和未成年工从事《工作场所职业病危害作业分级第 3 部分：高温》（GBZ/T 229.3）中第三级以上的高温工作场所作业。

第八条 在高温天气期间，用人单位应当按照下列规定，根据生产特点和具体条件，采取合理安排工作时间、轮换作业、适当增加高温工作环境下劳动者的休息时间和减轻劳动强度、减少高温时段室外作业等措施：

（一）用人单位应当根据地市级以上气象主管部门所属气象台当日发布的预报气温，调整作业时间，但因人身财产安全和公众利益需要紧急处理的除外：

1. 日最高气温达到 40℃以上，应当停止当日室外露天作业；

2. 日最高气温达到 37℃以上、40℃以下时，用人单位全天安排劳动者室外露天作业时间累计不得超过 6 小时，连续作业时间不得超过国家规定，且在气温最高时段 3 小时内不得安排室外露天作业；

3. 日最高气温达到 35℃以上、37℃以下时，用人单位应当采取换班轮休等方式，缩短劳动者连续作业时间，并且不得安排室外露天作业劳动者加班。

（二）在高温天气来临之前，用人单位应当对高温天气作业的劳动者进行健康检查，对患有心、肺、脑血管性疾病、肺结核、中枢神经系统疾病及其他身体状况不适合高温作业环境的劳动者，应当调整作业岗位。职业健康检查费用由用人单位承担。

（三）用人单位不得安排怀孕女职工和未成年工在 35℃以上的高温天气期间从事室外露天作业及温度在 33℃以上的工作场所作业。

（四）因高温天气停止工作、缩短工作时间的，用人单位不得扣除或降低劳动者工资。

第九条 用人单位应当向劳动者提供符合要求的个人防护用品，并督促和指导劳动者正确使用。

第十条 用人单位应当对劳动者进行上岗前职业卫生培训和在岗期间的定期职业卫生培训，普及高温防护、中暑急救等职业卫生知识。

第十一条 用人单位应当为高温作业、高温天气作业的劳动者供给足够的、符合卫生标准的防暑降温饮料及必需的药品。

不得以发放钱物替代提供防暑降温饮料。防暑降温饮料不得充抵高温津贴。

第十二条 用人单位应当在高温工作环境设立休息场所。休息场所应当设有座椅，保持通风良好或者配有空调等防暑降温设施。

第十三条 用人单位应当制定高温中暑应急预案，定期进行应急救援的演习，并根据从事高温作业和高温天气作业的劳动者数量及作业条件等情况，配备应急救援人员和足量的急救药品。

第十四条 劳动者出现中暑症状时，用人单位应当立即采取救助措施，使其迅速脱离高温环境，到通风阴凉处休息，供给防暑降温饮料，并采取必要的对症处理措施；病情严重者，用人单位应当及时送医疗卫生机构治疗。

第十五条 劳动者应当服从用人单位合理调整高温天气作息时间或者对有关工作地点、工作岗位的调整安排。

第十六条 工会组织代表劳动者就高温作业和高温天气劳动保护事项与用人单位进行平等协商，签订集体合同或者高温作业和高温天气劳动保护专项集体合同。

第十七条 劳动者从事高温作业的，依法享受岗位津贴。

用人单位安排劳动者在 35℃以上高温天气从事室外露天作业以及不能采取有效措施将工作场所温度降低到 33℃以下的，应当向劳动者发放高温津贴，并纳入工资总额。高温津贴标准由省级人力资源社会保障行政部门会同有关部门制定，并根据社会经济发展状况适时调整。

第十八条 承担职业性中暑诊断的医疗卫生机构，应当经省级人民政府卫生行政部门批准。

第十九条 劳动者因高温作业或者高温天气作业引起中暑，经诊断为职业病的，享受工伤保险待遇。

第二十条 工会组织依法对用人单位的高温作业、高温天气劳动保护措施实行监督。发现违法行为，工会组织有权向用人单位提出，用人单位应当及时改正。用人单位拒不改正的，工会组织应当提请有关部门依法处理，并对处理结果进行监督。

第二十一条 用人单位违反职业病防治与安全生产法律、行政法规，危害劳动者身体健康的，由县级以上人民政府相关部门依据各自职责责令用人单位整改或者停止作业；情节严重的，按照国家有关法律法规追究用人单位及其负责人的相应责任；构成犯罪的，依法追究刑事责任。

用人单位违反国家劳动保障法律、行政法规有关工作时间、工资津贴规定，侵害劳动者劳动保障权益的，由县级以上人力资源社会保障行政部门依法责令改正。

第二十二条 各省级人民政府安全生产监督管理部门、

卫生行政部门、人力资源社会保障行政部门和工会组织可以根据本办法，制定实施细则。

第二十三条　本办法由国家安全生产监督管理总局会同卫生部、人力资源和社会保障部、全国总工会负责解释。

第二十四条　本办法所称“以上”摄氏度(℃)含本数，“以下”摄氏度(℃)不含本数。

第二十五条　本办法自发布之日起施行。1960 年 7 月 1 日卫生部、劳动部、全国总工会联合公布的《防暑降温措施暂行办法》同时废止。

六、劳动监察

资料补充栏

劳动保障监察条例

1. 2004年11月1日国务院令第423号公布
2. 自2004年12月1日起施行

第一章 总 则

第一条 为了贯彻实施劳动和社会保障(以下称劳动保障)法律、法规和规章,规范劳动保障监察工作,维护劳动者的合法权益,根据劳动法和有关法律,制定本条例。

第二条 对企业和个体工商户(以下称用人单位)进行劳动保障监察,适用本条例。

对职业介绍机构、职业技能培训机构和职业技能考核鉴定机构进行劳动保障监察,依照本条例执行。

第三条 国务院劳动保障行政部门主管全国的劳动保障监察工作。县级以上地方各级人民政府劳动保障行政部门主管本行政区域内的劳动保障监察工作。

县级以上各级人民政府有关部门根据各自职责,支持、协助劳动保障行政部门的劳动保障监察工作。

第四条 县级、设区的市级人民政府劳动保障行政部门可以委托符合监察执法条件的组织实施劳动保障监察。

劳动保障行政部门和受委托实施劳动保障监察的组织中的劳动保障监察员应当经过相应的考核或者考试录用。

劳动保障监察证件由国务院劳动保障行政部门监制。

第五条 县级以上地方各级人民政府应当加强劳动保障监察工作。劳动保障监察所需经费列入本级财政预算。

第六条 用人单位应当遵守劳动保障法律、法规和规章,接受并配合劳动保障监察。

第七条 各级工会依法维护劳动者的合法权益,对用人单位遵守劳动保障法律、法规和规章的情况进行监督。

劳动保障行政部门在劳动保障监察工作中应当注意听取工会组织的意见和建议。

第八条 劳动保障监察遵循公正、公开、高效、便民的原则。

实施劳动保障监察,坚持教育与处罚相结合,接受社会监督。

第九条 任何组织或者个人对违反劳动保障法律、法规或者规章的行为,有权向劳动保障行政部门举报。

劳动者认为用人单位侵犯其劳动保障合法权益的,有权向劳动保障行政部门投诉。

劳动保障行政部门应当为举报人保密;对举报属实,为查处重大违反劳动保障法律、法规或者规章的行为提供主要线索和证据的举报人,给予奖励。

第二章 劳动保障监察职责

第十条 劳动保障行政部门实施劳动保障监察,履行下列职责:

(一)宣传劳动保障法律、法规和规章,督促用人单位贯彻执行;

(二)检查用人单位遵守劳动保障法律、法规和规章的情况;

(三)受理对违反劳动保障法律、法规或者规章的行为的举报、投诉;

(四)依法纠正和查处违反劳动保障法律、法规或者规章的行为。

第十一条 劳动保障行政部门对下列事项实施劳动保障监察:

(一)用人单位制定内部劳动保障规章制度的情况;

(二)用人单位与劳动者订立劳动合同的情况;

(三)用人单位遵守禁止使用童工规定的情况;

(四)用人单位遵守女职工和未成年工特殊劳动保护规定的情况;

(五)用人单位遵守工作时间和休息休假规定的情况;

(六)用人单位支付劳动者工资和执行最低工资标准的情况;

(七)用人单位参加各项社会保险和缴纳社会保险费的情况;

(八)职业介绍机构、职业技能培训机构和职业技能考核鉴定机构遵守国家有关职业介绍、职业技能培训和职业技能考核鉴定的规定的情况;

(九)法律、法规规定的其他劳动保障监察事项。

第十二条 劳动保障监察员依法履行劳动保障监察职责,受法律保护。

劳动保障监察员应当忠于职守,秉公执法,勤政廉洁,保守秘密。

任何组织或者个人对劳动保障监察员的违法违纪行为,有权向劳动保障行政部门或者有关机关检举、控告。

第三章 劳动保障监察的实施

第十三条 对用人单位的劳动保障监察,由用人单位用工所在地的县级或者设区的市级劳动保障行政部门管辖。

上级劳动保障行政部门根据工作需要,可以调查处理下级劳动保障行政部门管辖的案件。劳动保障行政部门对劳动保障监察管辖发生争议的,报请共同的上一级劳动保障行政部门指定管辖。

省、自治区、直辖市人民政府可以对劳动保障监察的管辖制定具体办法。

第十四条 劳动保障监察以日常巡视检查、审查用人单位按照要求报送的书面材料以及接受举报投诉等形式进行。

劳动保障行政部门认为用人单位有违反劳动保障法律、法规或者规章的行为,需要进行调查处理的,应当及时立案。

劳动保障行政部门或者受委托实施劳动保障监察的组织应当设立举报、投诉信箱和电话。

对因违反劳动保障法律、法规或者规章的行为引起的群体性事件,劳动保障行政部门应当根据应急预案,迅速会同有关部门处理。

第十五条 劳动保障行政部门实施劳动保障监察,有权采取下列调查、检查措施:

(一)进入用人单位的劳动场所进行检查;

(二)就调查、检查事项询问有关人员;

(三)要求用人单位提供与调查、检查事项相关的文件资料,并作出解释和说明,必要时可以发出调查询问书;

(四)采取记录、录音、录像、照像或者复制等方式收集有关情况和资料;

(五)委托会计师事务所对用人单位工资支付、缴纳社会保险费的情况进行审计;

(六)法律、法规规定可以由劳动保障行政部门采取的其他调查、检查措施。

劳动保障行政部门对事实清楚、证据确凿、可以当场处理的违反劳动保障法律、法规或者规章的行为有权当场予以纠正。

第十六条 劳动保障监察员进行调查、检查,不得少于2人,并应当佩戴劳动保障监察标志、出示劳动保障监察证件。

劳动保障监察员办理的劳动保障监察事项与本人或者其近亲属有直接利害关系的,应当回避。

第十七条 劳动保障行政部门对违反劳动保障法律、法规或者规章的行为的调查,应当自立案之日起60个工作日内完成;对情况复杂的,经劳动保障行政部门负责人批准,可以延长30个工作日。

第十八条 劳动保障行政部门对违反劳动保障法律、法规或者规章的行为,根据调查、检查的结果,作出以下处理:

(一)对依法应当受到行政处罚的,依法作出行政处罚决定;

(二)对应当改正未改正的,依法责令改正或者作出相应的行政处理决定;

(三)对情节轻微且已改正的,撤销立案。

发现违法案件不属于劳动保障监察事项的,应当及时移送有关部门处理;涉嫌犯罪的,应当依法移送司法机关。

第十九条 劳动保障行政部门对违反劳动保障法律、法规或者规章的行为作出行政处罚或者行政处理决定前,应当听取用人单位的陈述、申辩;作出行政处罚或者行政处理决定,应当告知用人单位依法享有申请行政复议或者提起行政诉讼的权利。

第二十条 违反劳动保障法律、法规或者规章的行为在2年内未被劳动保障行政部门发现,也未被举报、投诉的,劳动保障行政部门不再查处。

前款规定的期限,自违反劳动保障法律、法规或者规章的行为发生之日起计算;违反劳动保障法律、法规或者规章的行为有连续或者继续状态的,自行为终了之日起计算。

第二十一条 用人单位违反劳动保障法律、法规或者规章,对劳动者造成损害的,依法承担赔偿责任。劳动者与用人单位就赔偿发生争议的,依照国家有关劳动争议处理的规定处理。

对应当通过劳动争议处理程序解决的事项或者已经按照劳动争议处理程序申请调解、仲裁或者已经提起诉讼的事项,劳动保障行政部门应当告知投诉人依照劳动争议处理或者诉讼的程序办理。

第二十二条 劳动保障行政部门应当建立用人单位劳动保障守法诚信档案。用人单位有重大违反劳动保障法律、法规或者规章的行为的,由有关的劳动保障行政部门向社会公布。

第四章 法律责任

第二十三条 用人单位有下列行为之一的,由劳动保障行政部门责令改正,按照受侵害的劳动者每人1000元以上5000元以下的标准计算,处以罚款:

(一)安排女职工从事矿山井下劳动、国家规定的第四级体力劳动强度的劳动或者其他禁忌从事的劳动的;

(二)安排女职工在经期从事高处、低温、冷水作业或者国家规定的第三级体力劳动强度的劳动的;

(三)安排女职工在怀孕期间从事国家规定的第

三级体力劳动强度的劳动或者孕期禁忌从事的劳动的；

（四）安排怀孕7个月以上的女职工夜班劳动或者延长其工作时间的；

（五）女职工生育享受产假少于90天的；

（六）安排女职工在哺乳未满1周岁的婴儿期间从事国家规定的第三级体力劳动强度的劳动或者哺乳期禁忌从事的其他劳动，以及延长其工作时间或者安排其夜班劳动的；

（七）安排未成年工从事矿山井下、有毒有害、国家规定的第四级体力劳动强度的劳动或者其他禁忌从事的劳动的；

（八）未对未成年工定期进行健康检查的。

第二十四条　用人单位与劳动者建立劳动关系不依法订立劳动合同的，由劳动保障行政部门责令改正。

第二十五条　用人单位违反劳动保障法律、法规或者规章延长劳动者工作时间的，由劳动保障行政部门给予警告，责令限期改正，并可以按照受侵害的劳动者每人100元以上500元以下的标准计算，处以罚款。

第二十六条　用人单位有下列行为之一的，由劳动保障行政部门分别责令限期支付劳动者的工资报酬、劳动者工资低于当地最低工资标准的差额或者解除劳动合同的经济补偿；逾期不支付的，责令用人单位按照应付金额50%以上1倍以下的标准计算，向劳动者加付赔偿金：

（一）克扣或者无故拖欠劳动者工资报酬的；

（二）支付劳动者的工资低于当地最低工资标准的；

（三）解除劳动合同未依法给予劳动者经济补偿的。

第二十七条　用人单位向社会保险经办机构申报应缴纳的社会保险费数额时，瞒报工资总额或者职工人数的，由劳动保障行政部门责令改正，并处瞒报工资数额1倍以上3倍以下的罚款。

骗取社会保险待遇或者骗取社会保险基金支出的，由劳动保障行政部门责令退还，并处骗取金额1倍以上3倍以下的罚款；构成犯罪的，依法追究刑事责任。

第二十八条　职业介绍机构、职业技能培训机构或者职业技能考核鉴定机构违反国家有关职业介绍、职业技能培训或者职业技能考核鉴定的规定的，由劳动保障行政部门责令改正，没收违法所得，并处1万元以上5万元以下的罚款；情节严重的，吊销许可证。

未经劳动保障行政部门许可，从事职业介绍、职业技能培训或者职业技能考核鉴定的组织或者个人，由劳动保障行政部门、工商行政管理部门依照国家有关无照经营查处取缔的规定查处取缔。

第二十九条　用人单位违反《中华人民共和国工会法》，有下列行为之一的，由劳动保障行政部门责令改正：

（一）阻挠劳动者依法参加和组织工会，或者阻挠上级工会帮助、指导劳动者筹建工会的；

（二）无正当理由调动依法履行职责的工会工作人员的工作岗位，进行打击报复的；

（三）劳动者因参加工会活动而被解除劳动合同的；

（四）工会工作人员因依法履行职责被解除劳动合同的。

第三十条　有下列行为之一的，由劳动保障行政部门责令改正；对有第（一）项、第（二）项或者第（三）项规定的行为的，处2000元以上2万元以下的罚款：

（一）无理抗拒、阻挠劳动保障行政部门依照本条例的规定实施劳动保障监察的；

（二）不按照劳动保障行政部门的要求报送书面材料，隐瞒事实真相，出具伪证或者隐匿、毁灭证据的；

（三）经劳动保障行政部门责令改正拒不改正，或者拒不履行劳动保障行政部门的行政处理决定的；

（四）打击报复举报人、投诉人的。

违反前款规定，构成违反治安管理行为的，由公安机关依法给予治安管理处罚；构成犯罪的，依法追究刑事责任。

第三十一条　劳动保障监察员滥用职权、玩忽职守、徇私舞弊或者泄露在履行职责过程中知悉的商业秘密的，依法给予行政处分；构成犯罪的，依法追究刑事责任。

劳动保障行政部门和劳动保障监察员违法行使职权，侵犯用人单位或者劳动者的合法权益的，依法承担赔偿责任。

第三十二条　属于本条例规定的劳动保障监察事项，法律、其他行政法规对处罚另有规定的，从其规定。

第五章　附　　则

第三十三条　对无营业执照或者已被依法吊销营业执照，有劳动用工行为的，由劳动保障行政部门依照本条例实施劳动保障监察，并及时通报工商行政管理部门予以查处取缔。

第三十四条　国家机关、事业单位、社会团体执行劳动保障法律、法规和规章的情况，由劳动保障行政部门根据其职责，依照本条例实施劳动保障监察。

第三十五条　劳动安全卫生的监督检查，由卫生部门、安全生产监督管理部门、特种设备安全监督管理部门等有关部门依照有关法律、行政法规的规定执行。

第三十六条　本条例自2004年12月1日起施行。

关于实施《劳动保障监察条例》若干规定

1. 2004年12月31日劳动和社会保障部令第25号公布

2. 根据2022年1月7日人力资源社会保障部令第47号《关于修改部分规章的决定》修订

第一章　总　　则

第一条　为了实施《劳动保障监察条例》，规范劳动保障监察行为，制定本规定。

第二条　劳动保障行政部门及所属劳动保障监察机构对企业和个体工商户（以下称用人单位）遵守劳动保障法律、法规和规章（以下简称劳动保障法律）的情况进行监察，适用本规定；对职业介绍机构、职业技能培训机构和职业技能考核鉴定机构进行劳动保障监察，依照本规定执行；对国家机关、事业单位、社会团体执行劳动保障法律情况进行劳动保障监察，根据劳动保障行政部门的职责，依照本规定执行。

第三条　劳动保障监察遵循公正、公开、高效、便民的原则。

实施劳动保障行政处罚坚持以事实为依据，以法律为准绳，坚持教育与处罚相结合，接受社会监督。

第四条　劳动保障监察实行回避制度。

第五条　县级以上劳动保障行政部门设立的劳动保障监察行政机构和劳动保障行政部门依法委托实施劳动保障监察的组织（以下统称劳动保障监察机构）具体负责劳动保障监察管理工作。

第二章　一 般 规 定

第六条　劳动保障行政部门对用人单位及其劳动场所的日常巡视检查，应当制定年度计划和中长期规划，确定重点检查范围，并按照现场检查的规定进行。

第七条　劳动保障行政部门对用人单位按照要求报送的有关遵守劳动保障法律情况的书面材料应进行审查，并对审查中发现的问题及时予以纠正和查处。

第八条　劳动保障行政部门可以针对劳动保障法律实施中存在的重点问题集中组织专项检查活动，必要时，可以联合有关部门或组织共同进行。

第九条　劳动保障行政部门应当设立举报、投诉信箱，公开举报、投诉电话，依法查处举报和投诉反映的违反劳动保障法律的行为。

第三章　受理与立案

第十条　任何组织或个人对违反劳动保障法律的行为，有权向劳动保障行政部门举报。

第十一条　劳动保障行政部门对举报人反映的违反劳动保障法律的行为应当依法予以查处，并为举报人保密；对举报属实，为查处重大违反劳动保障法律的行为提供主要线索和证据的举报人，给予奖励。

第十二条　劳动者对用人单位违反劳动保障法律、侵犯其合法权益的行为，有权向劳动保障行政部门投诉。对因同一事由引起的集体投诉，投诉人可推荐代表投诉。

第十三条　投诉应当由投诉人向劳动保障行政部门递交投诉文书。书写投诉文书确有困难的，可以口头投诉，由劳动保障监察机构进行笔录，并由投诉人签字。

第十四条　投诉文书应当载明下列事项：

（一）投诉人的姓名、性别、年龄、职业、工作单位、住所和联系方式，被投诉用人单位的名称、住所、法定代表人或者主要负责人的姓名、职务；

（二）劳动保障合法权益受到侵害的事实和投诉请求事项。

第十五条　有下列情形之一的投诉，劳动保障行政部门应当告知投诉人依照劳动争议处理或者诉讼程序办理：

（一）应当通过劳动争议处理程序解决的；

（二）已经按照劳动争议处理程序申请调解、仲裁的；

（三）已经提起劳动争议诉讼的。

第十六条　下列因用人单位违反劳动保障法律行为对劳动者造成损害，劳动者与用人单位就赔偿发生争议的，依照国家有关劳动争议处理的规定处理：

（一）因用人单位制定的劳动规章制度违反法律、法规规定，对劳动者造成损害的；

（二）因用人单位违反对女职工和未成年工的保护规定，对女职工和未成年工造成损害的；

（三）因用人单位原因订立无效合同，对劳动者造成损害的；

（四）因用人单位违法解除劳动合同或者故意拖延不订立劳动合同，对劳动者造成损害的；

（五）法律、法规和规章规定的其他因用人单位违反劳动保障法律的行为，对劳动者造成损害的。

第十七条　劳动者或者用人单位与社会保险经办机构发生的社会保险行政争议，按照《社会保险行政争议处理办法》处理。

第十八条 对符合下列条件的投诉，劳动保障行政部门应当在接到投诉之日起5个工作日内依法受理，并于受理之日立案查处：

（一）违反劳动保障法律的行为发生在两年内的；

（二）有明确的被投诉用人单位，且投诉人的合法权益受到侵害是被投诉用人单位违反劳动保障法律的行为所造成的；

（三）属于劳动保障监察职权范围并由受理投诉的劳动保障行政部门管辖。

对不符合第一款第（一）项规定的投诉，劳动保障行政部门应当在接到投诉之日起5个工作日内决定不予受理，并书面通知投诉人。

对不符合第一款第（二）项规定的投诉，劳动保障监察机构应当告知投诉人补正投诉材料。

对不符合第一款第（三）项规定的投诉，即对不属于劳动保障监察职权范围的投诉，劳动保障监察机构应当告诉投诉人；对属于劳动保障监察职权范围但不属于受理投诉的劳动保障行政部门管辖的投诉，应当告知投诉人向有关劳动保障行政部门提出。

第十九条 劳动保障行政部门通过日常巡视检查、书面审查、举报等发现用人单位有违反劳动保障法律的行为，需要进行调查处理的，应当及时立案查处。

立案应当填写立案审批表，报劳动保障监察机构负责人审查批准。劳动保障监察机构负责人批准之日即为立案之日。

第四章 调查与检查

第二十条 劳动保障监察员进行调查、检查不得少于两人。

劳动保障监察机构应指定其中1名为主办劳动保障监察员。

第二十一条 劳动保障监察员对用人单位遵守劳动保障法律情况进行监察时，应当遵循以下规定：

（一）进入用人单位时，应佩戴劳动保障监察执法标志，出示劳动保障监察证件，并说明身份；

（二）就调查事项制作笔录，应由劳动保障监察员和被调查人（或其委托代理人）签名或盖章。被调查人拒不签名、盖章的，应注明拒签情况。

第二十二条 劳动保障监察员进行调查、检查时，承担下列义务：

（一）依法履行职责，秉公执法；

（二）保守在履行职责过程中获知的商业秘密；

（三）为举报人保密。

第二十三条 劳动保障监察员在实施劳动保障监察时，有下列情形之一的，应当回避：

（一）本人是用人单位法定代表人或主要负责人的近亲属的；

（二）本人或其近亲属与承办查处的案件事项有直接利害关系的；

（三）因其他原因可能影响案件公正处理的。

第二十四条 当事人认为劳动保障监察员符合本规定第二十三条规定应当回避的，有权向劳动保障行政部门申请，要求其回避。当事人申请劳动保障监察员回避，应当采用书面形式。

第二十五条 劳动保障行政部门应当在收到回避申请之日起3个工作日内依法审查，并由劳动保障行政部门负责人作出回避决定。决定作出前，不停止实施劳动保障监察。回避决定应当告知申请人。

第二十六条 劳动保障行政部门实施劳动保障监察，有权采取下列措施：

（一）进入用人单位的劳动场所进行检查；

（二）就调查、检查事项询问有关人员；

（三）要求用人单位提供与调查、检查事项相关的文件资料，必要时可以发出调查询问书；

（四）采取记录、录音、录像、照像和复制等方式收集有关的情况和资料；

（五）对事实确凿、可以当场处理的违反劳动保障法律、法规或规章的行为当场予以纠正；

（六）可以委托注册会计师事务所对用人单位工资支付、缴纳社会保险费的情况进行审计；

（七）法律、法规规定可以由劳动保障行政部门采取的其他调查、检查措施。

第二十七条 劳动保障行政部门调查、检查时，有下列情形之一的可以采取证据登记保存措施：

（一）当事人可能对证据采取伪造、变造、毁灭行为的；

（二）当事人采取措施不当可能导致证据灭失的；

（三）不采取证据登记保存措施以后难以取得的；

（四）其他可能导致证据灭失的情形的。

第二十八条 采取证据登记保存措施应当按照下列程序进行：

（一）劳动保障监察机构根据本规定第二十七条的规定，提出证据登记保存申请，报劳动保障行政部门负责人批准；

（二）劳动保障监察员将证据登记保存通知书及证据登记清单交付当事人，由当事人签收。当事人拒不签名或者盖章的，由劳动保障监察员注明情况；

（三）采取证据登记保存措施后，劳动保障行政部门应当在7日内及时作出处理决定，期限届满后应当解除证据登记保存措施。

在证据登记保存期内，当事人或者有关人员不得销毁或者转移证据；劳动保障监察机构及劳动保障监察员可以随时调取证据。

第二十九条 劳动保障行政部门在实施劳动保障监察中涉及异地调查取证的，可以委托当地劳动保障行政部门协助调查。受委托方的协助调查应在双方商定的时间内完成。

第三十条 劳动保障行政部门对违反劳动保障法律的行为的调查，应当自立案之日起60个工作日内完成；情况复杂的，经劳动保障行政部门负责人批准，可以延长30个工作日。

第五章 案件处理

第三十一条 对用人单位存在的违反劳动保障法律的行为事实确凿并有法定处罚（处理）依据的，可以当场作出限期整改指令或依法当场作出行政处罚决定。

当场作出限期整改指令或行政处罚决定的，劳动保障监察员应当填写预定格式、编有号码的限期整改指令书或行政处罚决定书，当场交付当事人。

第三十二条 当场处以警告或罚款处罚的，应当按照下列程序进行：

（一）口头告知当事人违法行为的基本事实、拟作出的行政处罚、依据及其依法享有的权利；

（二）听取当事人的陈述和申辩；

（三）填写预定格式的处罚决定书；

（四）当场处罚决定书应当由劳动保障监察员签名或者盖章；

（五）将处罚决定书当场交付当事人，由当事人签收。

劳动保障监察员应当在两日内将当场限期整改指令和行政处罚决定书存档联交所属劳动保障行政部门存档。

第三十三条 对不能当场作出处理的违法案件，劳动保障监察员经调查取证，应当提出初步处理建议，并填写案件处理报批表。

案件处理报批表应写明被处理单位名称、案由、违反劳动保障法律行为事实、被处理单位的陈述、处理依据、建议处理意见。

第三十四条 对违反劳动保障法律的行为作出行政处罚或者行政处理决定前，应当告知用人单位，听取其陈述和申辩；法律、法规规定应当依法听证的，应当告知用人单位有权依法要求举行听证；用人单位要求听证的，劳动保障行政部门应当组织听证。

第三十五条 劳动保障行政部门对违反劳动保障法律的行为，根据调查、检查的结果，作出以下处理：

（一）对依法应当受到行政处罚的，依法作出行政处罚决定；

（二）对应当改正未改正的，依法责令改正或者作出相应的行政处理决定；

（三）对情节轻微，且已改正的，撤销立案。

经调查、检查，劳动保障行政部门认定违法事实不能成立的，也应当撤销立案。

发现违法案件不属于劳动保障监察事项的，应当及时移送有关部门处理；涉嫌犯罪的，应当依法移送司法机关。

第三十六条 劳动保障监察行政处罚（处理）决定书应载明下列事项：

（一）被处罚（处理）单位名称、法定代表人、单位地址；

（二）劳动保障行政部门认定的违法事实和主要证据；

（三）劳动保障行政处罚（处理）的种类和依据；

（四）处罚（处理）决定的履行方式和期限；

（五）不服行政处罚（处理）决定，申请行政复议或者提起行政诉讼的途径和期限；

（六）作出处罚（处理）决定的行政机关名称和作出处罚（处理）决定的日期。

劳动保障行政处罚（处理）决定书应当加盖劳动保障行政部门印章。

第三十七条 劳动保障行政部门立案调查完成，应在15个工作日内作出行政处罚（行政处理或者责令改正）或者撤销立案决定；特殊情况，经劳动保障行政部门负责人批准可以延长。

第三十八条 劳动保障监察限期整改指令书、劳动保障行政处理决定书、劳动保障行政处罚决定书应当在宣告后当场交付当事人；当事人不在场的，劳动保障行政部门应当在7日内依照《中华人民共和国民事诉讼法》的有关规定，将劳动保障监察限期整改指令书、劳动保障行政处理决定书、劳动保障行政处罚决定书送达当事人。

第三十九条 作出行政处罚、行政处理决定的劳动保障行政部门发现决定不适当的，应当予以纠正并及时告知当事人。

第四十条 劳动保障监察案件结案后应建立档案。档案资料应当至少保存3年。

第四十一条 劳动保障行政处理或处罚决定依法作出后，当事人应当在决定规定的期限内予以履行。

第四十二条 当事人对劳动保障行政处理或行政处罚决定不服申请行政复议或者提起行政诉讼的，行政处理或行政处罚决定不停止执行。法律另有规定的除外。

第四十三条　当事人确有经济困难，需要延期或者分期缴纳罚款的，经当事人申请和劳动保障行政部门批准，可以暂缓或者分期缴纳。

第四十四条　当事人对劳动保障行政部门作出的行政处罚决定、责令支付劳动者工资报酬、赔偿金或者征缴社会保险费等行政处理决定逾期不履行的，劳动保障行政部门可以申请人民法院强制执行，或者依法强制执行。

第四十五条　除依法当场收缴的罚款外，作出罚款决定的劳动保障行政部门及其劳动保障监察员不得自行收缴罚款。当事人应当自收到行政处罚决定书之日起15日内，到指定银行缴纳罚款。

第四十六条　地方各级劳动保障行政部门应当按照劳动保障部有关规定对承办的案件进行统计并填表上报。

地方各级劳动保障行政部门制作的行政处罚决定书，应当在10个工作日内报送上一级劳动保障行政部门备案。

第六章　附　　则

第四十七条　对无营业执照或者已被依法吊销营业执照，有劳动用工行为的，由劳动保障行政部门依照本规定实施劳动保障监察。

第四十八条　本规定自2005年2月1日起施行。原《劳动监察规定》（劳部发〔1993〕167号）、《劳动监察程序规定》（劳部发〔1995〕457号）、《处理举报劳动违法行为规定》（劳动部令第5号，1996年12月17日）同时废止。

劳动监察员管理办法

1. 1994年11月14日劳动部发布
2. 劳部发〔1994〕448号
3. 根据2010年11月12日人力资源和社会保障部令第7号《关于废止和修改部分人力资源和社会保障规章的决定》修正

第一条　为加强劳动监察员管理工作，规范劳动监察行为，提高劳动监察工作质量，保障劳动法律、法规的贯彻实施，根据《中华人民共和国劳动法》有关监督检查人员的规定，制定本办法。

第二条　县级以上各级人民政府劳动行政部门应按照本办法规定对劳动监察员进行管理和监督。

劳动安全卫生监察员管理工作，按照现行规定执行。

第三条　劳动监察员是县级以上各级人民政府劳动行政部门执行劳动监督检查公务的人员。

第四条　劳动监察员必须坚持严肃执法、文明执法原则，做到有法必依、执法必严、违法必究。

第五条　县级以上各级人民政府劳动行政部门根据工作需要配备专职劳动监察员和兼职劳动监察员。专职劳动监察员是劳动行政部门专门从事劳动监察工作的人员，兼职劳动监察员是劳动行政部门非专门从事劳动监察工作的人员。

兼职监察员，主要负责与其业务有关的单项监察，须对用人单位处罚时，应会同专职监察员进行。

第六条　劳动监察人员执行公务，有权进入用人单位了解遵守劳动法律、法规的情况，查阅必要的资料，并对劳动场所进行检查。

劳动监察人员执行公务，必须出示中华人民共和国劳动监察证件，秉公执法，并遵守有关规定。

第七条　劳动监察员应当具备以下任职条件：

（一）认真贯彻执行国家法律、法规和政策；

（二）熟悉劳动业务，熟练掌握和运用劳动法律、法规知识；

（三）坚持原则，作风正派，勤政廉洁；

（四）在劳动行政部门从事劳动行政业务工作三年以上，并经国务院劳动行政部门或省级劳动行政部门劳动监察专业培训合格。

第八条　劳动监察员培训工作应纳入劳动行政部门公务员培训计划，按照有关公务员培训规定办理。

第九条　劳动监察员的任命程序：

劳动行政部门专职劳动监察员的任命，由劳动监察机构负责提出任命建议并填写中华人民共和国劳动监察员审批表，经同级人事管理机构审核，报劳动行政部门领导批准；兼职劳动监察员的任命，由有关业务工作机构按规定推荐人选，并填写中华人民共和国劳动监察员审批表，经同级劳动监察机构和人事管理机构进行审核，报劳动行政部门领导批准。经批准任命的劳动监察员由劳动监察机构办理颁发中华人民共和国劳动监察证件手续。

劳动监察员任命后，地方各级劳动行政部门按照规定填写《中华人民共和国劳动监察证件统计表》，逐级上报省级劳动行政部门，由省级劳动行政部门汇总并报国务院劳动行政部门备案。

第十条　中华人民共和国劳动监察证件由国务院劳动行政部门统一监制。

第十一条　劳动监察员遗失劳动监察证件应立即向发证

单位报告。发证单位应在报上登载启示声明作废。对遗失证件者,经发证机关审核后,予以补发。

劳动监察员调离原工作岗位,或不再直接承担劳动监察任务时,由任命机关免去任职,监察机构负责收回其监察证件,并交回发证机关注销。

第十二条 劳动监察员实行每三年进行一次考核验证制度。对经考核合格的换发新证,并按本办法第九条第二款规定填写报送《中华人民共和国劳动监察证件统计表》。

持证人未按规定考核验证或经考核不能胜任劳动监察工作的,注销其中华人民共和国劳动监察证件。

第十三条 各级劳动行政部门应建立劳动监察员培训制度,制定培训计划,按岗位技能要求,组织进行职业技能、专业理论知识等方面的培训,不断提高监察人员的政治素质和业务素质。

第十四条 劳动行政部门对模范执法、成绩优异的劳动监察员应当按照《中华人民共和国公务员法》给予奖励。

第十五条 应加强对劳动监察员的监督。对越权或非公务场合使用劳动监察证件,或利用职权谋取私利、违法乱纪的劳动监察人员,应给予批评教育;情节严重的,由任命机关撤销任命、收缴其劳动监察证件,并给予处分;触犯刑律的,由司法机关依法追究刑事责任。

第十六条 本办法自1995年1月1日起实行。

跨地区劳动保障监察案件协查办法

1. 2010年12月22日人力资源和社会保障部发布
2. 人社部发〔2010〕103号

第一条 为规范跨地区劳动保障监察案件协查工作,提高劳动保障监察案件办理工作质量和效率,根据《关于实施〈劳动保障监察条例〉若干规定》(劳动保障部部令第25号),制定本办法。

第二条 跨地区劳动保障监察案件协查,是指各级人力资源社会保障行政部门在实施劳动保障监察过程中,发现劳动保障监察案件需要跨省、自治区、直辖市(以下简称跨地区)调查的,可以委托案件相关地人力资源社会保障行政部门协助调查并反馈协查结果的工作。

第三条 跨地区劳动保障监察案件协查工作应遵循合法、公正、高效的原则。

第四条 本办法适用于地方各级人力资源社会保障行政部门对跨地区劳动保障监察案件的协查。

第五条 人力资源社会保障部负责指导跨地区劳动保障监察案件协查工作。

各省级人力资源社会保障行政部门负责对跨地区劳动保障监察案件协查工作的组织实施。

第六条 跨地区劳动保障监察案件的查处以用人单位用工所在地人力资源社会保障行政部门为主,案件相关地人力资源社会保障行政部门协助调查。

第七条 跨地区劳动保障监察案件协查的具体实施,由用人单位用工所在地省级人力资源社会保障行政部门的劳动保障监察机构(以下简称委托方)向案件相关地有关省级人力资源社会保障行政部门的劳动保障监察机构(以下简称受托方)发出委托协查请求。

各地可根据协查工作需要,与案件相关地省级人力资源社会保障行政部门的劳动保障监察机构协商进一步明确委托和受托主体。

第八条 劳动保障监察案件有下列情形之一且需要相关地区协助的,委托方可以启动委托协查工作:

(一)本地区发生劳动保障监察案件的用人单位注册地、主要营业地或者主要办事机构所在地在其他地区的;

(二)本地区发生劳动保障监察案件的违法行为涉及其他地区的;

(三)本地区在查处劳动保障监察案件过程中需要相关地区协助的。

第九条 委托协查的工作范围包括:

(一)协助调查工作;

(二)协助核实证据材料;

(三)协助送达文书;

(四)协助督促整改;

(五)其他事项。

第十条 委托协查以书面形式进行,由委托方发出委托协查函,同时提供已掌握的违法线索情况。委托协查函的内容包括:涉案单位基本情况、协查范围、涉嫌违法事实、协助调查事项及内容等。

第十一条 委托方应指定专人负责与受托方联系,及时沟通信息,确保协查信息的真实、有效。

第十二条 委托方收到协查回函结果后,如需再次发出委托协查请求,应提供新发现的违法事实及相关证据材料。

第十三条 委托方协查案件的归档资料应包括委托协查函、协查回函(样式附后)及受托方寄送的相关材料等。

第十四条 受托方收到委托协查函后,按照协查请求和本办法规定开展协查工作。受托方应指定专人负责协查工作的组织协调，根据需要可以通过信函、电话、传真、电邮等方式及时沟通情况。

第十五条 受托方按照委托协查相关要求及时发送协查回函。一般情况下，回函时间自收到委托协查函之日起不超过20个工作日。对案情特别重大和紧急的委托协查，回函时间自收到委托协查函之日起不超过10个工作日。特殊情况不能如期回函的，应及时向委托方说明原因。

第十六条 受托方在协查中发现被调查对象存在管辖范围内的违法行为，应按照有关规定及时立案查处。

第十七条 委托方、受托方如以传真、电邮等形式发送相关函件，应在发送后的1个工作日内将委托协查函原件或协查回函原件及相关材料寄送对方。

第十八条 各省级人力资源社会保障行政部门应根据本办法建立本行政区域内跨地区劳动保障监察案件协查工作制度。

第十九条 本办法自发布之日起施行。

企业劳动保障守法诚信等级评价办法

1. 2016年7月25日人力资源和社会保障部发布
2. 人社部规〔2016〕1号
3. 自2017年1月1日起施行

第一条 为增强劳动保障监察的针对性和效率，实行企业分类监管，督促企业遵守劳动保障法律规定，履行守法诚信义务，根据《劳动保障监察条例》有关规定，制定本办法。

第二条 企业劳动保障守法诚信等级评价是根据企业遵守劳动保障法律、法规和规章的情况，对企业进行劳动保障守法诚信等级评价的行为。

第三条 开展企业劳动保障守法诚信等级评价，应当根据事实，遵循依法、公正原则。

第四条 县级以上地方人力资源社会保障行政部门按照劳动保障监察管辖范围负责企业劳动保障守法诚信等级评价工作，由劳动保障监察机构负责组织实施，每年开展一次评价。

第五条 企业劳动保障守法诚信等级评价主要依据日常巡视检查、书面材料审查、举报投诉查处以及专项检查等劳动保障监察和其他有关工作中取得的企业上一年度信用记录进行。

开展企业劳动保障守法诚信等级评价应注意听取当地政府有关部门及工会组织的意见和建议。

第六条 人力资源社会保障行政部门根据下列情况对企业劳动保障守法诚信等级进行评价：

（一）制定内部劳动保障规章制度的情况；

（二）与劳动者订立劳动合同的情况；

（三）遵守劳务派遣规定的情况；

（四）遵守禁止使用童工规定的情况；

（五）遵守女职工和未成年工特殊劳动保护规定的情况；

（六）遵守工作时间和休息休假规定的情况；

（七）支付劳动者工资和执行最低工资标准的情况；

（八）参加各项社会保险和缴纳社会保险费的情况；

（九）其他遵守劳动保障法律、法规和规章的情况。

第七条 企业劳动保障守法诚信等级划分为A、B、C三级：

（一）企业遵守劳动保障法律、法规和规章，未因劳动保障违法行为被查处的，评为A级。

（二）企业因劳动保障违法行为被查处，但不属于C级所列情形的，评为B级。

（三）企业存在下列情形之一的，评为C级。

1. 因劳动保障违法行为被查处三次以上（含三次）的；

2. 因劳动保障违法行为引发群体性事件、极端事件或造成严重不良社会影响的；

3. 因使用童工、强迫劳动等严重劳动保障违法行为被查处的；

4. 拒不履行劳动保障监察限期整改指令、行政处理决定或者行政处罚决定的；

5. 无理抗拒、阻挠人力资源社会保障行政部门实施劳动保障监察的；

6. 因劳动保障违法行为被追究刑事责任的。

第八条 作出劳动保障守法诚信等级评价的人力资源社会保障行政部门可以适当方式将评价结果告知企业。

第九条 劳动保障守法诚信等级评价结果应归入企业劳动保障守法诚信档案，至少保留3年。

第十条 人力资源社会保障行政部门根据企业劳动保障守法诚信等级评价情况，对劳动保障监察管辖范围内的企业实行分类监管。

对于被评为A级的企业，适当减少劳动保障监察日常巡视检查频次。

对于被评为B级的企业，适当增加劳动保障监察日常巡视检查频次。

对于被评为C级的企业，列入劳动保障监察重点对象，强化劳动保障监察日常巡视检查。

第十一条 对于被评为C级的企业，人力资源社会保障行政部门应对其主要负责人、直接责任人进行约谈，敦促其遵守劳动保障法律、法规和规章。

第十二条 企业劳动保障守法诚信等级评价结果确定后，发生劳动保障违法行为需要降级的，作出评价的人力资源社会保障行政部门应当重新评价，及时调整其劳动保障守法诚信等级。

第十三条 人力资源社会保障行政部门应当与工商、金融、住房城乡建设、税务等部门和工会组织建立信用信息交换共享机制，对企业实行守信联合激励和失信联合惩戒。

第十四条 人力资源社会保障行政部门应当加强劳动保障监察管理信息系统建设，充分利用信息技术和手段，整合信息资源，提高企业劳动保障守法诚信等级评价工作效率。

第十五条 人力资源社会保障行政部门工作人员在企业劳动保障守法诚信等级评价工作中滥用职权、玩忽职守、徇私舞弊的，按照有关规定给予处分。

第十六条 对其他劳动保障监察对象开展劳动保障守法诚信等级评价工作，依照本办法执行。

第十七条 省级人力资源社会保障行政部门可根据本办法和本地实际，制定实施办法。

第十八条 本办法自2017年1月1日起施行。

重大劳动保障违法行为社会公布办法

1. 2016年9月1日人力资源和社会保障部令第29号公布
2. 自2017年1月1日起施行

第一条 为加强对重大劳动保障违法行为的惩戒，强化社会舆论监督，促进用人单位遵守劳动保障法律、法规和规章，根据《劳动保障监察条例》《企业信息公示暂行条例》等有关规定，制定本办法。

第二条 人力资源社会保障行政部门依法向社会公布用人单位重大劳动保障违法行为，适用本办法。

第三条 人力资源社会保障行政部门向社会公布重大劳动保障违法行为，应当遵循依法依规、公平公正、客观真实的原则。

第四条 人力资源社会保障部负责指导监督全国重大劳动保障违法行为社会公布工作，并向社会公布在全国有重大影响的劳动保障违法行为。

省、自治区、直辖市人力资源社会保障行政部门负责指导监督本行政区域重大劳动保障违法行为社会公布工作，并向社会公布在本行政区域有重大影响的劳动保障违法行为。

地市级、县级人力资源社会保障行政部门依据行政执法管辖权限，负责本辖区的重大劳动保障违法行为社会公布工作。

第五条 人力资源社会保障行政部门对下列已经依法查处并作出处理决定的重大劳动保障违法行为，应当向社会公布：

（一）克扣、无故拖欠劳动者劳动报酬，数额较大的；拒不支付劳动报酬，依法移送司法机关追究刑事责任的；

（二）不依法参加社会保险或者不依法缴纳社会保险费，情节严重的；

（三）违反工作时间和休息休假规定，情节严重的；

（四）违反女职工和未成年工特殊劳动保护规定，情节严重的；

（五）违反禁止使用童工规定的；

（六）因劳动保障违法行为造成严重不良社会影响的；

（七）其他重大劳动保障违法行为。

第六条 向社会公布重大劳动保障违法行为，应当列明下列事项：

（一）违法主体全称、统一社会信用代码（或者注册号）及地址；

（二）法定代表人或者负责人姓名；

（三）主要违法事实；

（四）相关处理情况。

涉及国家秘密、商业秘密以及个人隐私的信息不得公布。

第七条 重大劳动保障违法行为应当在人力资源社会保障行政部门门户网站公布，并在本行政区域主要报刊、电视等媒体予以公布。

第八条 地市级、县级人力资源社会保障行政部门对本辖区发生的重大劳动保障违法行为每季度向社会公布一次。

人力资源社会保障部和省级人力资源社会保障行政部门每半年向社会公布一次重大劳动保障违法行为。

根据工作需要，对重大劳动保障违法行为可随时公布。

第九条 县级以上地方人力资源社会保障行政部门在向社会公布重大劳动保障违法行为之前，应当将公布的信息报告上一级人力资源社会保障行政部门。

第十条 人力资源社会保障行政部门应当将重大劳动保障违法行为及其社会公布情况记入用人单位劳动保障守法诚信档案，纳入人力资源社会保障信用体系，并与其他部门和社会组织依法依规实施信息共享和联合惩戒。

第十一条 用人单位对社会公布内容有异议的，由负责查处的人力资源社会保障行政部门自收到申请之日起15个工作日内予以复核和处理，并通知用人单位。

重大劳动保障违法行为处理决定被依法变更或者撤销的，负责查处的人力资源社会保障行政部门应当自变更或者撤销之日起10个工作日内，对社会公布内容予以更正。

第十二条 人力资源社会保障行政部门工作人员在重大劳动保障违法行为社会公布中滥用职权、玩忽职守、徇私舞弊的，依法予以处理。

第十三条 本办法自2017年1月1日起施行。

中华人民共和国行政处罚法（节录）

1. 1996年3月17日第八届全国人民代表大会第四次会议通过

2. 根据2009年8月27日第十一届全国人民代表大会常务委员会第十次会议《关于修改部分法律的决定》第一次修正

3. 根据2017年9月1日第十二届全国人民代表大会常务委员会第二十九次会议《关于修改〈中华人民共和国法官法〉等八部法律的决定》第二次修正

4. 2021年1月22日第十三届全国人民代表大会常务委员会第二十五次会议修订

第四章　行政处罚的管辖和适用

第二十二条　【行政处罚的地域管辖】行政处罚由违法行为发生地的行政机关管辖。法律、行政法规、部门规章另有规定的，从其规定。

第二十三条　【行政处罚的级别管辖和职能管辖】行政处罚由县级以上地方人民政府具有行政处罚权的行政机关管辖。法律、行政法规另有规定的，从其规定。

第二十四条　【下放行政处罚权的条件与情形】省、自治区、直辖市根据当地实际情况，可以决定将基层管理迫切需要的县级人民政府部门的行政处罚权交由能够有效承接的乡镇人民政府、街道办事处行使，并定期组织评估。决定应当公布。

承接行政处罚权的乡镇人民政府、街道办事处应当加强执法能力建设，按照规定范围、依照法定程序实施行政处罚。

有关地方人民政府及其部门应当加强组织协调、业务指导、执法监督，建立健全行政处罚协调配合机制，完善评议、考核制度。

第二十五条　【行政处罚的管辖归属】两个以上行政机关都有管辖权的，由最先立案的行政机关管辖。

对管辖发生争议的，应当协商解决，协商不成的，报请共同的上一级行政机关指定管辖；也可以直接由共同的上一级行政机关指定管辖。

第二十六条　【行政处罚的协助实施请求权】行政机关因实施行政处罚的需要，可以向有关机关提出协助请求。协助事项属于被请求机关职权范围内的，应当依法予以协助。

第二十七条　【行政处罚案件的移送管辖】违法行为涉嫌犯罪的，行政机关应当及时将案件移送司法机关，依法追究刑事责任。对依法不需要追究刑事责任或者免予刑事处罚，但应当给予行政处罚的，司法机关应当及时将案件移送有关行政机关。

行政处罚实施机关与司法机关之间应当加强协调配合，建立健全案件移送制度，加强证据材料移交、接收衔接，完善案件处理信息通报机制。

第二十八条　【责令改正与没收违法所得】行政机关实施行政处罚时，应当责令当事人改正或者限期改正违法行为。

当事人有违法所得，除依法应当退赔的外，应当予以没收。违法所得是指实施违法行为所取得的款项。法律、行政法规、部门规章对违法所得的计算另有规定的，从其规定。

第二十九条　【一事不再罚】对当事人的同一个违法行为，不得给予两次以上罚款的行政处罚。同一个违法行为违反多个法律规范应当给予罚款处罚的，按照罚款数额高的规定处罚。

第三十条　【未成年人的行政处罚】不满十四周岁的未成年人有违法行为的，不予行政处罚，责令监护人加以管教；已满十四周岁不满十八周岁的未成年人有违法行为的，应当从轻或者减轻行政处罚。

第三十一条　【精神状况异常及智力低下的人的行政处罚】精神病人、智力残疾人在不能辨认或者不能控制自己行为时有违法行为的，不予行政处罚，但应当责令其监护人严加看管和治疗。间歇性精神病人在精神正常时有违法行为的，应当给予行政处罚。尚未完全丧失辨认或者控制自己行为能力的精神病人、智力残疾人有违法行为的，可以从轻或者减轻行政处罚。

第三十二条　【从轻或者减轻行政处罚】当事人有下列情形之一，应当从轻或者减轻行政处罚：

（一）主动消除或者减轻违法行为危害后果的；

（二）受他人胁迫或者诱骗实施违法行为的；

（三）主动供述行政机关尚未掌握的违法行为的；

（四）配合行政机关查处违法行为有立功表现的；

（五）法律、法规、规章规定其他应当从轻或者减轻行政处罚的。

第三十三条　【免予处罚】违法行为轻微并及时改正，没有造成危害后果的，不予行政处罚。初次违法且危害后果轻微并及时改正的，可以不予行政处罚。

当事人有证据足以证明没有主观过错的，不予行政处罚。法律、行政法规另有规定的，从其规定。

对当事人的违法行为依法不予行政处罚的，行政机关应当对当事人进行教育。

第三十四条　【裁量基准的制定】行政机关可以依法制定行政处罚裁量基准，规范行使行政处罚裁量权。行政处罚裁量基准应当向社会公布。

第三十五条　【刑罚的折抵】违法行为构成犯罪，人民法院判处拘役或者有期徒刑时，行政机关已经给予当事人行政拘留的，应当依法折抵相应刑期。

违法行为构成犯罪，人民法院判处罚金时，行政机关已经给予当事人罚款的，应当折抵相应罚金；行政机关尚未给予当事人罚款的，不再给予罚款。

第三十六条　【行政处罚追责时效】违法行为在二年内未被发现的，不再给予行政处罚；涉及公民生命健康安全、金融安全且有危害后果的，上述期限延长至五年。法律另有规定的除外。

前款规定的期限，从违法行为发生之日起计算；违法行为有连续或者继续状态的，从行为终了之日起计算。

第三十七条　【从旧兼从轻原则】实施行政处罚，适用违法行为发生时的法律、法规、规章的规定。但是，作出行政处罚决定时，法律、法规、规章已被修改或者废止，且新的规定处罚较轻或者不认为是违法的，适用新的规定。

第三十八条　【无效的行政处罚】行政处罚没有依据或者实施主体不具有行政主体资格的，行政处罚无效。

违反法定程序构成重大且明显违法的，行政处罚无效。

第五章　行政处罚的决定

第一节　一般规定

第三十九条　【行政处罚公示制度】行政处罚的实施机关、立案依据、实施程序和救济渠道等信息应当公示。

第四十条　【行政处罚的前提条件】公民、法人或者其他组织违反行政管理秩序的行为，依法应当给予行政处罚的，行政机关必须查明事实；违法事实不清、证据不足的，不得给予行政处罚。

第四十一条　【电子监控设备的配置程序、内容审核、权利告知】行政机关依照法律、行政法规规定利用电子技术监控设备收集、固定违法事实的，应当经过法制和技术审核，确保电子技术监控设备符合标准、设置合理、标志明显，设置地点应当向社会公布。

电子技术监控设备记录违法事实应当真实、清晰、完整、准确。行政机关应当审核记录内容是否符合要求；未经审核或者经审核不符合要求的，不得作为行政处罚的证据。

行政机关应当及时告知当事人违法事实，并采取信息化手段或者其他措施，为当事人查询、陈述和申辩提供便利。不得限制或者变相限制当事人享有的陈述权、申辩权。

第四十二条　【对行政执法人员的执法要求】行政处罚应当由具有行政执法资格的执法人员实施。执法人员不得少于两人，法律另有规定的除外。

执法人员应当文明执法，尊重和保护当事人合法权益。

第四十三条　【行政执法人员回避制度】执法人员与案件有直接利害关系或者有其他关系可能影响公正执法的，应当回避。

当事人认为执法人员与案件有直接利害关系或者有其他关系可能影响公正执法的，有权申请回避。

当事人提出回避申请的，行政机关应当依法审查，由行政机关负责人决定。决定作出之前，不停止调查。

第四十四条　【行政机关的告知义务】行政机关在作出行政处罚决定之前，应当告知当事人拟作出的行政处罚内容及事实、理由、依据，并告知当事人依法享有的陈述、申辩、要求听证等权利。

第四十五条　【当事人的陈述权和申辩权】当事人有权进行陈述和申辩。行政机关必须充分听取当事人的意见，对当事人提出的事实、理由和证据，应当进行复核；当事人提出的事实、理由或者证据成立的，行政机关应当采纳。

行政机关不得因当事人陈述、申辩而给予更重的处罚。

第四十六条　【证据的种类及适用规则】证据包括：

（一）书证；

（二）物证；

（三）视听资料；

（四）电子数据；

（五）证人证言；

（六）当事人的陈述；

（七）鉴定意见；

（八）勘验笔录、现场笔录。

证据必须经查证属实，方可作为认定案件事实的根据。

以非法手段取得的证据，不得作为认定案件事实的根据。

第四十七条 【行政执法全过程记录制度】行政机关应当依法以文字、音像等形式，对行政处罚的启动、调查取证、审核、决定、送达、执行等进行全过程记录，归档保存。

第四十八条 【行政处罚决定信息公开】具有一定社会影响的行政处罚决定应当依法公开。

公开的行政处罚决定被依法变更、撤销、确认违法或者确认无效的，行政机关应当在三日内撤回行政处罚决定信息并公开说明理由。

第四十九条 【重大突发事件从快处理、从重处罚】发生重大传染病疫情等突发事件，为了控制、减轻和消除突发事件引起的社会危害，行政机关对违反突发事件应对措施的行为，依法快速、从重处罚。

第五十条 【保护国家秘密、商业秘密或者个人隐私义务】行政机关及其工作人员对实施行政处罚过程中知悉的国家秘密、商业秘密或者个人隐私，应当依法予以保密。

第二节 简易程序

第五十一条 【行政机关当场处罚】违法事实确凿并有法定依据，对公民处以二百元以下、对法人或者其他组织处以三千元以下罚款或者警告的行政处罚的，可以当场作出行政处罚决定。法律另有规定的，从其规定。

第五十二条 【行政机关当场处罚需履行法定手续】执法人员当场作出行政处罚决定的，应当向当事人出示执法证件，填写预定格式、编有号码的行政处罚决定书，并当场交付当事人。当事人拒绝签收的，应当在行政处罚决定书上注明。

前款规定的行政处罚决定书应当载明当事人的违法行为，行政处罚的种类和依据、罚款数额、时间、地点，申请行政复议、提起行政诉讼的途径和期限以及行政机关名称，并由执法人员签名或者盖章。

执法人员当场作出的行政处罚决定，应当报所属行政机关备案。

第五十三条 【行政机关当场处罚履行方式】对当场作出的行政处罚决定，当事人应当依照本法第六十七条至第六十九条的规定履行。

第三节 普通程序

第五十四条 【处罚前调查取证程序】除本法第五十一条规定的可以当场作出的行政处罚外，行政机关发现公民、法人或者其他组织有依法应当给予行政处罚的行为的，必须全面、客观、公正地调查，收集有关证据；必要时，依照法律、法规的规定，可以进行检查。

符合立案标准的，行政机关应当及时立案。

第五十五条 【执法人员调查中应出示证件及调查对象配合义务】执法人员在调查或者进行检查时，应当主动向当事人或者有关人员出示执法证件。当事人或者有关人员有权要求执法人员出示执法证件。执法人员不出示执法证件的，当事人或者有关人员有权拒绝接受调查或者检查。

当事人或者有关人员应当如实回答询问，并协助调查或者检查，不得拒绝或者阻挠。询问或者检查应当制作笔录。

第五十六条 【取证方法和程序】行政机关在收集证据时，可以采取抽样取证的方法；在证据可能灭失或者以后难以取得的情况下，经行政机关负责人批准，可以先行登记保存，并应当在七日内及时作出处理决定，在此期间，当事人或者有关人员不得销毁或者转移证据。

第五十七条 【处罚决定】调查终结，行政机关负责人应当对调查结果进行审查，根据不同情况，分别作出如下决定：

（一）确有应受行政处罚的违法行为的，根据情节轻重及具体情况，作出行政处罚决定；

（二）违法行为轻微，依法可以不予行政处罚的，不予行政处罚；

（三）违法事实不能成立的，不予行政处罚；

（四）违法行为涉嫌犯罪的，移送司法机关。

对情节复杂或者重大违法行为给予行政处罚，行政机关负责人应当集体讨论决定。

第五十八条 【特定事项法制审核制度】有下列情形之一，在行政机关负责人作出行政处罚的决定之前，应当由从事行政处罚决定法制审核的人员进行法制审核；未经法制审核或者审核未通过的，不得作出决定：

（一）涉及重大公共利益的；

（二）直接关系当事人或者第三人重大权益，经过听证程序的；

（三）案件情况疑难复杂、涉及多个法律关系的；

（四）法律、法规规定应当进行法制审核的其他情形。

行政机关中初次从事行政处罚决定法制审核的人员，应当通过国家统一法律职业资格考试取得法律职业资格。

第五十九条　【行政处罚决定书的制作和内容】行政机关依照本法第五十七条的规定给予行政处罚，应当制作行政处罚决定书。行政处罚决定书应当载明下列事项：

（一）当事人的姓名或者名称、地址；

（二）违反法律、法规、规章的事实和证据；

（三）行政处罚的种类和依据；

（四）行政处罚的履行方式和期限；

（五）申请行政复议、提起行政诉讼的途径和期限；

（六）作出行政处罚决定的行政机关名称和作出决定的日期。

行政处罚决定书必须盖有作出行政处罚决定的行政机关的印章。

第六十条　【行政处罚期限】行政机关应当自行政处罚案件立案之日起九十日内作出行政处罚决定。法律、法规、规章另有规定的，从其规定。

第六十一条　【行政处罚决定书的送达】行政处罚决定书应当在宣告后当场交付当事人；当事人不在场的，行政机关应当在七日内依照《中华人民共和国民事诉讼法》的有关规定，将行政处罚决定书送达当事人。

当事人同意并签订确认书的，行政机关可以采用传真、电子邮件等方式，将行政处罚决定书等送达当事人。

第六十二条　【不得做出行政处罚决定的情形】行政机关及其执法人员在作出行政处罚决定之前，未依照本法第四十四条、第四十五条的规定向当事人告知拟作出的行政处罚内容及事实、理由、依据，或者拒绝听取当事人的陈述、申辩，不得作出行政处罚决定；当事人明确放弃陈述或者申辩权利的除外。

第四节　听　证　程　序

第六十三条　【行政处罚听证程序的适用范围】行政机关拟作出下列行政处罚决定，应当告知当事人有要求听证的权利，当事人要求听证的，行政机关应当组织听证：

（一）较大数额罚款；

（二）没收较大数额违法所得、没收较大价值非法财物；

（三）降低资质等级、吊销许可证件；

（四）责令停产停业、责令关闭、限制从业；

（五）其他较重的行政处罚；

（六）法律、法规、规章规定的其他情形。

当事人不承担行政机关组织听证的费用。

第六十四条　【行政处罚的听证程序】听证应当依照以下程序组织：

（一）当事人要求听证的，应当在行政机关告知后五日内提出；

（二）行政机关应当在举行听证的七日前，通知当事人及有关人员听证的时间、地点；

（三）除涉及国家秘密、商业秘密或者个人隐私依法予以保密外，听证公开举行；

（四）听证由行政机关指定的非本案调查人员主持；当事人认为主持人与本案有直接利害关系的，有权申请回避；

（五）当事人可以亲自参加听证，也可以委托一至二人代理；

（六）当事人及其代理人无正当理由拒不出席听证或者未经许可中途退出听证的，视为放弃听证权利，行政机关终止听证；

（七）举行听证时，调查人员提出当事人违法的事实、证据和行政处罚建议，当事人进行申辩和质证；

（八）听证应当制作笔录。笔录应当交当事人或者其代理人核对无误后签字或者盖章。当事人或者其代理人拒绝签字或者盖章的，由听证主持人在笔录中注明。

第六十五条　【听证笔录及处罚决定】听证结束后，行政机关应当根据听证笔录，依照本法第五十七条的规定，作出决定。

劳动行政处罚听证程序规定

1. 1996年9月27日劳动部令第2号公布

2. 根据2022年1月7日人力资源社会保障部令第47号《关于修改部分规章的决定》修订

第一条　为规范劳动行政处罚听证程序，根据《中华人民共和国行政处罚法》，制定本规定。

第二条　本规定适用于依法享有行政处罚权的县级以上劳动行政部门和依法申请听证的行政处罚当事人。

县级以上劳动行政部门的法制工作机构或承担法制工作的机构负责本部门的听证工作。

劳动行政部门的法制工作机构与劳动行政执法机构为同一机构的，应遵循听证与案件调查取证职责分离的原则。

第三条　劳动行政部门作出下列行政处罚决定，应当告知当事人有要求听证的权利，当事人要求听证的，劳动行政部门应当组织听证：

（一）较大数额罚款；

（二）没收较大数额违法所得、没收较大价值非法财物；

（三）降低资质等级、吊销许可证件；

（四）责令停产停业、责令关闭、限制从业；

（五）其他较重的行政处罚；

（六）法律、法规、规章规定的其他情形。

当事人不承担组织听证的费用。

第四条　听证由听证主持人、听证记录员、案件调查取证人员、当事人及其委托代理人、与案件的处理结果有直接利害关系的第三人参加。

第五条　劳动行政部门应当从本部门的下列人员中指定一名听证主持人、一名听证记录员：

（一）法制工作机构的公务员；

（二）未设法制机构的，承担法制工作的其他机构的公务员；

（三）法制机构与行政执法机构为同一机构的，该机构其他非参与本案调查的公务员。

第六条　听证主持人享有下列权利：

（一）决定举行听证的时间和地点；

（二）就案件的事实或者与之相关的法律进行询问、发问；

（三）维护听证秩序，对违反听证秩序的人员进行警告或者批评；

（四）中止或者终止听证；

（五）就听证案件的处理向劳动行政部门的负责人提出书面建议。

第七条　听证主持人承担下列义务：

（一）将与听证有关的通知及有关材料依法及时送达当事人及其他有关人员；

（二）根据听证认定的证据，依法独立、客观、公正地作出判断并写出书面报告；

（三）保守与案件相关的国家秘密、商业秘密和个人隐私。

听证记录员负责制作听证笔录，并承担前款第（三）项的义务。

第八条　听证案件的当事人依法享有下列权利：

（一）申请回避权。依法申请听证主持人、听证记录员回避；

（二）委托代理权。当事人可以亲自参加听证，也可以委托一至二人代理参加听证；

（三）质证权。对本案的证据向调查人员及其证人进行质询；

（四）申辩权。就本案的事实与法律问题进行申辩；

（五）最后陈述权。听证结束前有权就本案的事实、法律及处理进行最后陈述。

第九条　听证案件的当事人依法承担下列义务：

（一）按时参加听证；

（二）如实回答听证主持人的询问；

（三）遵守听证秩序。

第十条　与案件的处理结果有直接利害关系的第三人享有与当事人相同的权利并承担相同的义务。

第十一条　劳动行政部门告知当事人有要求举行听证的权利，可以用书面形式告知。也可以用口头形式告知。以口头形式告知应当制作笔录，并经当事人签名。在告知当事人有权要求听证的同时，必须告知当事人要求举行听证的期限，即应在告知后5个工作日内提出。

当事人要求听证的，应当在接受劳动行政部门告知后5个工作日内以书面或者口头形式提出。经口头形式提出的，劳动行政部门应制作笔录，并经当事人签名。逾期不提出者，视为放弃听证权。

第十二条　劳动行政部门负责听证的机构接到当事人要求听证的申请后，应当立即确定听证主持人和听证记录员。由听证主持人在举行听证的7个工作日前送达听证通知书。听证通知书应载明听证主持人和听证记录员姓名、听证时间、听证地点、调查取证人员认定的违法事实、证据及行政处罚建议等内容。

劳动行政部门的有关机构或人员接到当事人要求听证的申请后，应当立即告知本部门负责听证的机构。

除涉及国家秘密、商业秘密或者个人隐私依法予以保密外，听证应当公开进行。对于公开举行的听证，劳动行政部门可以先期公布听证案由、听证时间及地点。

第十三条　听证主持人有下列情况之一的，应当自行回避，当事人也有权申请其回避：

（一）参与本案的调查取证人员；

（二）本案当事人的近亲属或者与当事人有其他利害关系的人员；

（三）与案件的处理结果有利害关系，可能影响听证公正进行的人员。听证记录员的回避适用前款的规定。

听证主持人和听证记录员的回避，由劳动行政部门负责人决定。

第十四条　听证应当按照下列程序进行：

（一）由听证主持人宣布听证会开始，宣布听证纪律、告知当事人听证中的权利和义务；

（二）由案件调查取证人员宣布案件的事实、证据、适用的法律、法规和规章，以及拟作出的行政处罚决定的理由；

（三）听证主持人询问当事人、案件调查取证人员、证人和其他有关人员并要求出示有关证据材料；

（四）由当事人或者其代理人从事实和法律上进行答辩，并对证据材料进行质证；

（五）当事人或者其代理人和本案调查取证人员就本案相关的事实和法律问题进行辩论；

（六）辩论结束后，当事人作最后陈述；

（七）听证主持人宣布听证会结束。

当事人及其代理人无正当理由拒不出席听证或者未经许可中途退出听证的，视为放弃听证权利，劳动行政部门终止听证。

第十五条 听证应当制作笔录。笔录由听证记录员制作。听证笔录在听证结束后，应当立即交当事人或者其代理人核对无误后签字或者盖章。当事人或者其代理人拒绝签字或者盖章的，由听证主持人在笔录中注明。

第十六条 所有与认定案件主要事实有关的证据都必须在听证中出示，并通过质证和辩论进行认定。劳动行政部门不得以未经听证认定的证据作为行政处罚的依据。

第十七条 听证结束后，听证主持人应当根据听证确定的事实和证据，依据法律、法规和规章，向劳动行政部门负责人提出对听证案件处理的书面建议。劳动行政部门应当根据听证笔录，依据《中华人民共和国行政处罚法》第五十七条的规定作出决定。

第十八条 本规定自1996年10月1日起施行。

劳动和社会保障部办公厅关于转发国务院法制办公室秘书行政司对解决有关劳动保障监察行政处罚问题的意见的通知

1. 2005年10月24日
2. 劳社厅发〔2005〕9号

各省、自治区、直辖市劳动和社会保障厅（局）：

为了加大劳动保障监察执法力度，解决对用人单位不按照劳动保障行政部门的要求报送书面材料等违法行为予以行政处罚的法律依据问题，国务院法制办公室秘书行政司作出了《对〈关于请解决有关劳动保障监察行政处罚问题的函〉的复函》（国法秘函〔2005〕377号），现予以转发，并就有关问题通知如下：

一、正确确认违法性质。《劳动保障监察条例》（以下简称《条例》）规定，用人单位应当遵守劳动保障法律、法规和规章，接受并配合劳动保障监察。根据《条例》和国法秘函〔2005〕377号文件规定，用人单位不按照劳动保障行政部门的要求报送书面材料，隐瞒事实真相，出具伪证或者隐匿、毁灭证据，属于三种违法情形。对这三种违法情形，劳动保障行政部门可以依法处以罚款。

二、正确适用法律规定。用人单位同时具有不按照劳动保障行政部门的要求报送书面材料，隐瞒事实真相，出具伪证或者隐匿、毁灭证据的情形的，劳动保障行政部门责令其改正，按照《条例》第三十条第一款第（二）项的规定，处以罚款。用人单位有上述三种情形之一的，劳动保障行政部门可以依法责令其改正；对拒不改正的，劳动保障行政部门可以依照第三十条第一款第（三）项的规定，处以罚款。

三、加强对行政处罚的监督工作。各级劳动保障行政部门应当建立对行政处罚的监督制度，完善行政处罚案件备案制度和行政复议制度，及时纠正违法实施行政处罚的行为。

附件：

国务院法制办公室秘书行政司《对〈关于请解决有关劳动保障监察行政处罚问题的函〉的复函》

（2005年10月17日）

劳动保障部办公厅：

你厅《关于请解决有关劳动保障监察行政处罚问题的函》（劳社厅函〔2005〕333号）收悉。经研究，函复如下：

对《劳动保障监察条例》第三十条第一款第（二）项的规定，我们认为应当理解为，只有用人单位同时具有不按照劳动保障监察行政部门的要求报送书面材料，隐瞒事实真相，出具伪证或者隐匿、毁灭证据三种情形的，劳动保障行政部门才可以处以罚款。对于用人单位有上述三种情形之一的，劳动保障行政部门可以依法责令其改正；对拒不改正的，劳动保障行政部门可以依照第三十条第一款第（三）项的规定，处以罚款。

人力资源和社会保障部办公厅关于转发宁夏回族自治区人力资源和社会保障厅关于印发劳动保障监察行政处罚自由裁量标准的通知

1. 2011年6月13日
2. 人社厅函〔2011〕314号

各省、自治区、直辖市人力资源社会保障厅（局），新疆生产建设兵团劳动保障局，副省级市人力资源社会保障（劳动保障）局：

按照我部关于劳动保障监察"机构标准化、人员专业化、执法规范化"的要求，各地人力资源社会保障部门结合实际，陆续出台相关政策文件，进一步完善劳动保障监察工作制度，规范劳动保障监察执法行为，提高了依法行政能力和水平，推动了劳动保障监察事业的发展。现将宁夏回族自治区人力资源和社会保障厅《关于印发劳动保障监察行政处罚自由裁量标准的通知》转发给你们，供参考借鉴。

宁夏回族自治区人力资源和社会保障厅关于印发劳动保障监察行政处罚自由裁量标准的通知

（2011年5月5日　宁人社发〔2011〕132号）

各市、县（区）人力资源社会保障（劳动保障）局：

为规范劳动保障监察行政处罚自由裁量行为，推进依法行政，确保劳动保障监察执法人员合理合法行使自由裁量权，有效控制处罚随意性，切实维护劳动关系双方的合法权益，根据《中华人民共和国行政处罚法》、《劳动保障监察条例》等相关法律、法规和规章的规定，自治区人力资源社会保障厅制定了《劳动保障监察行政处罚自由裁量细化标准》，现印发你们，并请按以下要求抓好贯彻执行。

一、劳动保障监察行政处罚自由裁量权，是指各级人力资源社会保障行政机关在办理劳动保障监察案件中，根据相关法律、法规、规章规定的处罚种类和幅度，综合考虑当事人违法行为的事实、性质、情节、社会危害性等因素，确定行政处罚形式、处罚幅度的权力，并合理使用自由裁量权的原则和行为标准。

二、自治区行政区域内各级人力资源社会保障行政部门以及受其委托实施劳动保障监察执法工作的劳动保障监察机构（以下统称人力资源社会保障行政部门）在实施劳动保障监察行政处罚时，应当依据本通知颁布的标准实行。

三、各级人力资源社会保障行政部门在实施劳动保障监察行政处罚时应当坚持过罚相当的原则，必须以事实为依据，以法律为准绳，既不能轻过重罚，也不能重过轻罚，要避免发生畸轻畸重的不合理、不公正处罚行为。

四、实施劳动保障监察行政处罚时坚持教育为主、处罚为辅的原则。对情节轻微、无危害后果并能及时纠正的违法行为，不予处罚；对一般违法行为，先教育规范，再限期整改；对拒不执行责令整改的依法予以行政处罚。

五、实施劳动保障监察行政处罚时应当遵循公开原则。在作出行政处罚决定之前，应告知当事人作出行政处罚决定的事实、理由及依据，并告知当事人依法享有的权利。在劳动保障监察执法工作中，应当充分尊重当事人的陈述和申辩权，认真听取当事人的陈述和申辩，对当事人提出的事实、理由和证据进行复核；当事人提出的事实、理由或者证据成立的，应予采纳，并不得因当事人申辩而加重处罚。

六、实施劳动保障监察行政处罚时应由案件主办监察员提出具体行政处罚意见和依据，经本部门（单位）负责人审核，报主管领导审批后，作出行政处罚决定。较重的行政处罚经集体讨论后作出行政处罚决定。当处罚金额达到或超过听证规定的处罚金额时，应当书面告知当事人有要求举行听证的权利。当事人要求听证的，行政机关应当组织听证。

七、各级人力资源社会保障行政机关应当定期对作出的行政处罚案件进行复查，发现自由裁量权行使不当的，应当纠正。

八、本通知细化标准中"以上"含本数，"以下"不含本数。

九、本通知中自由裁量标准与法律、法规、规章不一致的，以法律、法规、规章规定为准。

劳动保障监察行政处罚自由裁量权细化标准

一、违法扣押证件、收取财物的处罚

《劳动合同法》第八十四条　用人单位违反本法规定，扣押劳动者居民身份证等证件的，由劳动行政部门责令限期退还劳动者本人，并依照有关法律规定给予处罚。

用人单位违反本法规定，以担保或者其他名义向劳动者收取财物的，由劳动行政部门责令限期退还劳动者本人，并以每人500元以上2000元以下的标准处以罚款；给劳动者造成损害的，应当承担赔偿责任。

劳动者依法解除或者终止劳动合同，用人单位扣押劳动者档案或者其他物品的，依照前款规定处罚。

细化标准：

1. 收取劳动者财物折合人民币在500元以下的，按每涉及一人处500元以上700元以下罚款；

2. 收取劳动者财物折合人民币500元以上不足1000元的，按每涉及一人处700元以上1000元以下罚款；

3. 收取劳动者财物折合人民币1000元以上不足2000元的，按每涉及一人处1000元以上1600元以下罚款；

4. 收取劳动者财物折合人民币2000元以上的，按每涉及一人处1600元以上2000元以下罚款。

二、违法支付劳动报酬的处罚

《劳动合同法》第八十五条 用人单位有下列情形之一的，由劳动行政部门责令限期支付劳动报酬、加班费或者经济补偿；劳动报酬低于当地最低工资标准的，应当支付其差额部分；逾期不支付的，责令用人单位按应付金额百分之五十以上百分之一百以下的标准向劳动者加付赔偿金：

（一）未按照劳动合同的约定或者国家规定及时足额支付劳动者劳动报酬的；

（二）低于当地最低工资标准支付劳动者工资的；

（三）安排加班不支付加班费的；

（四）解除或者终止劳动合同，未依照本法规定向劳动者支付经济补偿的。

细化标准：

1. 逾期1个月以内的，按应付金额50%的标准支付赔偿金；

2. 逾期超过1个月不足3个月的，按应付金额80%的标准支付赔偿金；

3. 逾期超过3个月以上的，按应付金额100%的标准支付赔偿金。

三、劳务派遣违法行为处罚

《劳动合同法》第九十二条 劳务派遣单位违反本法规定的，由劳动行政部门和其他有关主管部门责令改正；情节严重的，以每人1000元以上5000元以下的标准处以罚款，并由工商行政管理部门吊销营业执照；给被派遣劳动者造成损害的，劳务派遣单位与用工单位承担连带赔偿责任。

细化标准：

1. 涉及人数10人以下的，按每涉及1人处1000元以上2000元以下罚款；

2. 涉及人数10人以上20人以下的，按每涉及1人处2000元以上3000元以下罚款；

3. 涉及人数20人以上50人以下的，按每涉及1人处3000元以上4000元以下罚款；

4. 涉及人数50人以上的，按每涉及1人处4000元以上5000元以下罚款。

四、职业中介违法行为处罚

（一）擅自从事职业中介活动

《就业促进法》第六十四条 未经许可和登记，擅自从事职业中介活动的，由劳动行政部门或者其他主管部门依法予以关闭；有违法所得的，没收违法所得，并处10000元以上50000元以下的罚款。

细化标准：

1. 介绍人数在5人以下或违法所得不足10000元的，没收违法所得，并处10000元以上20000元以下罚款；

2. 介绍人数在10人以下或违法所得10000元以上不足30000元的，没收违法所得，并处20000元以上30000元以下罚款；

3. 介绍人数在30人以下或违法所得30000元以上不足50000元的，没收违法所得，并处30000元以上40000元以下罚款；

4. 介绍人数在30人以上或违法所得在50000元以上的，没收违法所得，并处40000元以上50000元以下罚款。

（二）提供虚假就业信息

《就业促进法》第六十五条 违反本法规定，职业中介机构提供虚假就业信息，为无合法证照的用人单位提供职业中介服务，伪造、涂改、转让职业中介许可证的，由劳动行政部门或者其他主管部门责令改正；有违法所得的，没收违法所得，并处10000元以上50000元以下的罚款；情节严重的，吊销职业中介许可证。

细化标准：

1. 涉及人数在5人以下或违法所得不足10000元的，没收违法所得，并处10000元以上20000元以下罚款；

2. 涉及人数在10人以下或违法所得10000元以上不足30000元的，没收违法所得，并处20000元以上30000元以下罚款；

3. 涉及人数在30人以下或违法所得30000元以

上不足50000元的，没收违法所得，并处30000元以上40000元以下罚款；

4. 涉及人数在30人以上或违法所得在50000元以上的，没收违法所得，并处40000元以上50000元以下罚款，吊销职业中介许可证。

（三）违法收取押金

《就业促进法》第六十六条第二款　违反本法规定，职业中介机构向劳动者收取押金的，由劳动行政部门责令限期退还劳动者，并以每人500元以上2000元以下的标准处以罚款。

细化标准：

1. 收取劳动者押金每人500元以下的，按每涉及1人处500元以上800元以下罚款；

2. 收取劳动者押金每人500元以上800元以下的，按每涉及1人处800元以上1200元以下罚款；

3. 收取劳动者押金每人800元以上1000元以下的，按每涉及1人处1200元以上1600元以下罚款；

4. 收取劳动者押金每人1000元以上的，按每涉及1人处1600元以上2000元以下罚款。

五、社会保险违法行为处罚

《社会保险法》第八十四条　用人单位不办理社会保险登记的，由社会保险行政部门责令限期改正；逾期不改正的，对用人单位处应缴社会保险费数额一倍以上三倍以下的罚款，对其直接负责的主管人员和其他直接责任人员处五百元以上三千元以下的罚款。

细化标准：

1. 逾期1个月以内不改正的，按应缴社会保险费数额一倍的标准支付处罚金，对直接负责的主管人员和其他直接责任人员处以500元以上1000元以下罚款；

2. 逾期超过1个月不足3个月不改正的，按缴社会保险费数额两倍标准支付处罚金，对直接负责的主管人员和其他直接责任人员处1000元以上1500元以下罚款；

3. 逾期超过3个月以上不改正的，按应缴社会保险费数额三倍的标准支付处罚金，对直接负责的主管人员和其他直接责任人员处以1500元以上3000元以下罚款。

《社会保险法》第八十六条　用人单位未按时足额缴纳社会保险费的，由社会保险费征收机构责令限期缴纳或者补足，并自欠缴之日起，按日加收万分之五的滞纳金；逾期仍不缴纳的，由有关行政部门处欠缴数额一倍以上三倍以下的罚款。

细化标准：

1. 逾期1个月以内不缴纳的，社会保险行政部门负责督促其在限期内缴纳欠缴的社会保险费，并从欠缴之日起计收滞纳金；

2. 逾期超过1个月不足3个月不缴纳的，处以欠缴社会保险数额一倍的罚款，并从欠缴之日起计收滞纳金；

3. 迟延缴纳逾期超过3个月不足6个月不缴纳的，处以欠缴社会保险数额两倍的罚款，并从欠缴之日起计收滞纳金；

4. 迟延缴纳逾期超过6个月不缴纳的，处以欠缴社会保险数额三倍的罚款，并从欠缴之日起计收滞纳金。

《社会保险法》第八十七条　社会保险经办机构以及医疗机构、药品经营单位等社会保险服务机构以欺诈、伪造证明材料或者其他手段骗取社会保险基金支出的，由社会保险行政部门责令退回骗取的社会保险金，处骗取金额二倍以上五倍以下的罚款；属于社会保险服务机构的，解除服务协议；直接负责的主管人员和其他直接责任人员有执业资格的，依法吊销其执业资格。

细化标准：

1. 社会保险服务机构违法行为轻微或没有造成重大后果的，处骗取金额2倍以上4倍以下罚款；

2. 社会保险服务机构违法行为情节严重或造成严重后果的，处骗取金额4倍以上5倍以下罚款。

《社会保险法》第八十八条　以欺诈、伪造证明材料或者其他手段骗取社会保险待遇的，由社会保险行政部门责令退回骗取的社会保险金，处骗取金额二倍以上五倍以下的罚款。

细化标准：

1. 违法行为轻微或没有造成重大后果的，处骗取金额2倍以上4倍以下罚款；

2. 违法行为情节严重或造成严重后果的，处骗取金额4倍以上5倍以下罚款。

六、社会保险费征缴违法行为处罚

《社会保险费征缴暂行条例》第二十三条　缴费单位未按照规定办理社会保险登记、变更登记或者注销登记，或者未按照规定申报应缴纳的社会保险费数额的，由劳动保障行政部门责令限期改正；情节严重的，对直接负责的主管人员和其他直接责任人员可以处1000元以上5000元以下的罚款；情节特别严重的，对直接负责的主管人员和其他直接责任人员可以处5000元以上10000元以下的罚款。

细化标准：

缴费单位未按照规定办理社会保险登记、变更登记或者注销登记，或者未按照规定申报应缴纳的社会保险费数额的，由劳动保障行政部门责令限期改正，按以下标准予以处罚。

1. 逾期1个月以上2个月以下的，处1000元以上2000元以下罚款；

2. 逾期2个月以上3个月以下的，处2000元以上3000元以下罚款；

3. 逾期3个月以上4个月以下的，处3000元以上5000元以下罚款；

4. 逾期4个月以上的，处5000元以上10000元以下罚款。

《社会保险费征缴暂行条例》第二十四条　缴费单位违反有关财务、会计、统计的法律、行政法规和国家有关规定，伪造、变造、故意毁灭有关帐册、材料，或者不设帐册，致使社会保险费缴费基数无法确定的，除依照有关法律、行政法规的规定给予行政处罚、纪律处分、刑事处罚外，依照本条例第十条的规定征缴；迟延缴纳的，由劳动保障行政部门或者税务机关依照第十三条的规定决定加收滞纳金，并对直接负责的主管人员和其他直接责任人员处5000元以上20000元以下的罚款。

引注：《社会保险费征缴暂行条例》第十三条　缴费单位未按规定缴纳和代扣代缴社会保险费的，由劳动保障行政部门或者税务机关责令限期缴纳；逾期仍不缴纳的，除补缴欠缴数额外，从欠缴之日起，按日加收千分之二的滞纳金。滞纳金并入社会保险基金。

细化标准：

1. 迟延缴纳逾期1个月以下的，人力资源社会保障行政部门负责督促其在限期内缴纳欠缴的社会保险费，并从欠缴之日计收滞纳金；

2. 迟延缴纳逾期超过1个月不足3个月的，对直接负责的主管人员和其他直接责任人员处以5000元以上10000元以下罚款；

3. 迟延缴纳逾期超过3个月不足6个月的，对直接负责的主管人员和其他直接责任人员处10000元以上15000元以下罚款；

4. 迟延缴纳逾期超过6个月的，对直接负责的主管人员和其他直接责任人员处以15000元以上20000元以下罚款。

七、失业保险违法行为处罚

《失业保险条例》第二十八条　不符合享受失业保险待遇条件，骗取失业保险金和其他失业保险待遇的，由社会保险经办机构责令退还；情节严重的，由劳动保障行政部门处骗取金额1倍以上3倍以下的罚款。

细化标准：

1. 用人单位违法行为轻微且没有在限期内退还的，处瞒报金额1倍以上2倍以下罚款；

2. 用人单位违法行为情节严重或造成严重后果的，处瞒报金额2倍以上3倍以下罚款。

八、工伤保险违法行为处罚

《工伤保险条例》第六十条　用人单位、工伤职工或者其近亲属骗取工伤保险待遇，医疗机构、辅助器具配置机构骗取工伤保险基金支出的，由社会保险行政部门责令退还，处骗取金额2倍以上5倍以下的罚款；情节严重，构成犯罪的，依法追究刑事责任。

细化标准：

1. 骗取金额不足10000元的，处骗取金额2倍的罚款；

2. 骗取金额10000元以上30000元以下的，处骗取金额3倍的罚款；

3. 骗取金额30000元以上50000元以下的，处骗取金额4倍的罚款；

4. 骗取金额50000元以上的，处骗取金额5倍的罚款。

《工伤保险条例》第六十一条　从事劳动能力鉴定的组织或者个人有下列情形之一的，由社会保险行政部门责令改正，处2000元以上1万元以下的罚款；情节严重，构成犯罪的，依法追究刑事责任：

（一）提供虚假鉴定意见的；

（二）提供虚假诊断证明的；

（三）收受当事人财物的。

细化标准：

1. 从事劳动能力鉴定的组织提供虚假鉴定意见的，处5000元以上6000元以下罚款；个人提供虚假鉴定意见的，处2000元以上3000元以下罚款；

2. 从事劳动能力鉴定的组织提供虚假诊断证明的，处6000元以上8000元以下罚款；个人提供虚假诊断证明的，处3000元以上5000元以下罚款；

3. 从事劳动能力鉴定的组织收受当事人财物的，处8000元以上9000元以下罚款；个人收受当事人财物的，处5000元以上7000元以下罚款；

4. 从事劳动能力鉴定的组织违反本条规定所列情形两种或两种以上的，处9000元以上10000元以下罚款；个人违反本条规定所列情形两种或两种以上的，处7000元以上10000元以下罚款。

《工伤保险条例》第六十二条　用人单位依照本

条例规定应当参加工伤保险而未参加的，由社会保险行政部门责令限期参加，补缴应当缴纳的工伤保险费，并自欠缴之日起，按日加收万分之五的滞纳金；逾期仍不缴纳的，处欠缴数额1倍以上3倍以下的罚款。

细化标准：

1. 逾期1个月以内的，社会保险行政部门负责督促其在限期内缴纳欠缴的社会保险费，并从欠缴之日计收滞纳金；

2. 逾期超过1个月不足3个月的，处以欠缴社会保险数额1倍的罚款；

3. 迟延缴纳逾期超过3个月不足6个月的，处以欠缴社会保险数额2倍的罚款；

4. 迟延缴纳逾期超过6个月的，处以欠缴社会保险数额3倍的罚款。

《工伤保险条例》第六十三条　用人单位违反本条例第十九条的规定，拒不协助社会保险行政部门对事故进行调查核实的，由社会保险行政部门责令改正，处2000元以上2万元以下的罚款。

引注：《工伤保险条例》第十九条　社会保险行政部门受理工伤认定申请后，根据审核需要可以对事故伤害进行调查核实，用人单位、职工、工会组织、医疗机构以及有关部门应当予以协助。职业病诊断和诊断争议的鉴定，依照职业病防治法的有关规定执行。对依法取得职业病诊断证明书或者职业病诊断鉴定书的，社会保险行政部门不再进行调查核实。

职工或者其近亲属认为是工伤，用人单位不认为是工伤的，由用人单位承担举证责任。

细化标准：

用人单位拒不协助社会保险行政部门对事故进行调查核实的，由社会保险行政部门责令改正并按以下标准予以处罚。

1. 用人单位没有完整提供工伤认定相关资料，经补办资料后不影响职工工伤认定的，处2000元以上5000元以下罚款；

2. 用人单位提供的工伤认定资料严重不足，影响职工工伤认定的，处5000元以上12000元以下罚款；

3. 用人单位故意隐瞒工伤认定相关资料的，处12000元以上20000元以下罚款；

4. 用人单位故意销毁工伤认定资料的，处20000元罚款。

九、劳动用工违法行为处罚

《劳动合同法实施条例》第三十三条　用人单位违反劳动合同法有关建立职工名册规定的，由劳动行政部门责令限期改正；逾期不改正的，由劳动行政部门处2000元以上2万元以下的罚款。

细化标准：

用人单位逾期不改正的，劳动行政部门按以下标准予以处罚。

1. 涉及人数在10人以下的，处以2000元以上5000元以下的罚款；

2. 涉及人数在10以上20人以下的，处以5000元以上10000元以下的罚款；

3. 涉及人数在20以上30人以下的，处以10000元以上16000元(含)以下的罚款；

4. 涉及人数在30人以上的，处以16000元以上20000元以下的罚款。

《劳动合同法实施条例》第三十五条　用工单位违反劳动合同法和本条例有关劳务派遣规定的，由劳动行政部门和其他有关主管部门责令改正；情节严重的，以每位被派遣劳动者1000元以上5000元以下的标准处以罚款；给被派遣劳动者造成损害的，劳务派遣单位和用工单位承担连带赔偿责任。

细化标准：

1. 涉及人数10人以下的，按每涉及1人处1000元以上2000元以下罚款；

2. 涉及人数10人以上20人以下的，按每涉及1人处2000元以上3000元以下罚款；

3. 涉及人数20人以上50人以下的，按每涉及1人处3000元以上4000元以下罚款；

4. 涉及人数50人以上的，按每涉及1人处4000元以上5000元以下罚款。

十、违法使用特殊人群行为处罚

《劳动保障监察条例》第二十三条　用人单位有下列行为之一的，由劳动保障行政部门责令改正，按照受侵害的劳动者每人1000元以上5000元以下的标准计算，处以罚款：

(一)安排女职工从事矿山井下劳动、国家规定的第四级体力劳动强度的劳动或者其他禁忌从事的劳动的；

(二)安排女职工在经期从事高处、低温、冷水作业或者国家规定的第三级体力劳动强度的劳动的；

(三)安排女职工在怀孕期间从事国家规定的第三级体力劳动强度的劳动或者孕期禁忌从事的劳动的；

(四)安排怀孕7个月以上的女职工夜班劳动或者延长其工作时间的；

(五)女职工生育享受产假少于90天的；

(六)安排女职工在哺乳未满1周岁的婴儿期间

从事国家规定的第三级体力劳动强度的劳动或者哺乳期禁忌从事的其他劳动，以及延长其工作时间或者安排其夜班劳动的；

（七）安排未成年工从事矿山井下、有毒有害、国家规定的第四级体力劳动强度的劳动或者其他禁忌从事的劳动的；

（八）未对未成年工定期进行健康检查的。

（一）女职工违法行为劳动保障监察处罚细化标准：

1. 涉及人数10人以下的，按每涉及1人处1000元以上2000元以下罚款；

2. 涉及人数10人以上20人以下的，按每涉及1人处2000元以上3000元以下罚款；

3. 涉及人数20人以上50人以下的，按每涉及1人处3000元以上4000元以下罚款；

4. 涉及人数50人以上的，按每涉及1人处4000元以上5000元以下罚款。

（二）未成年人违法行为劳动保障监察处罚细化标准：

1. 涉及人数5人以下的，按每涉及1人处1000元以上2000元以下罚款；

2. 涉及人数5人以上10人以下的，按每涉及1人处2000元以上3000元以下罚款；

3. 涉及人数10人以上20人以下的，按每涉及1人处3000元以上4000元以下罚款；

4. 涉及人数20人以上的，按每涉及一人处4000元以上5000元以下罚款。

十一、延长工作时间违法行为处罚

《劳动保障监察条例》第二十五条　用人单位违反劳动保障法律、法规或者规章延长劳动者工作时间的，由劳动保障行政部门给予警告，责令限期改正，并可以按照受侵害的劳动者每人100元以上500元以下的标准计算，处以罚款。

细化标准：

1. 涉及人数占职工人数不足10%或延长工作时间超过国家法定标准1倍以下的，按每涉及1人处100元以上200元以下罚款；

2. 涉及人数占职工人数10%以上不足30%或延长工作时间超过国家法定标准1倍以上2倍以下的，按每涉及1人处200元以上300元以下罚款；

3. 涉及人数占职工人数30%以上不足60%或延长工作时间超过国家法定标准2倍以上的，按每涉及1人处300元以上400元以下罚款；

4. 涉及人数占职工人数60%以上或违法延长时间3个月以上的，按每涉及1人处400元以上500元以下罚款。

十二、瞒报工资总额、职工人数行为处罚

《劳动保障监察条例》第二十七条第一款　用人单位向社会保险经办机构申报应缴纳的社会保险费数额时，瞒报工资总额或者职工人数的，由劳动保障行政部门责令改正，并处瞒报工资数额1倍以上3倍以下罚款。

细化标准：

1. 用人单位瞒报工资总额或者职工人数不超过本单位工资总额或者职工总数10%的，处瞒报金额1倍以上2倍以下罚款；

2. 用人单位瞒报工资总额或者职工人数超过本单位工资总额或者职工总数10%的，处瞒报金额2倍以上3倍以下罚款。

十三、骗取社保待遇的处罚

《劳动保障监察条例》第二十七条第二款　骗取社会保险待遇或者骗取社会保险基金支出的，由劳动保障行政部门责令改正，并处瞒报骗取金额1倍以上3倍以下的罚款。

细化标准：

1. 用人单位骗取社会保险待遇或者骗取社会保险基金支出金额不超过5000元的，处瞒报骗取金额1倍以上2倍以下罚款；

2. 用人单位骗取社会保险待遇或者骗取社会保险基金支出超过5000元的，处瞒报骗取金额2倍以上3倍以下罚款。

十四、职业介绍违法行为处罚

《劳动保障监察条例》第二十八条　职业介绍机构、职业技能培训机构或者职业技能考核鉴定机构违反国家有关职业介绍、职业技能培训或者职业技能考核鉴定的规定的，由劳动保障行政部门责令改正，没收违法所得，并处10000元以上50000元以下的罚款。

细化标准：

劳动保障行政部门责令改正，没收违法所得，并按以下标准予以处罚。

1. 涉及人数5人以下或违法所得10000元以下的，处10000元以上20000元以下罚款；

2. 涉及人数5人以上10人以下或违法所得30000元以下的，处20000元以上30000元以下罚款；

3. 涉及人数10人以上30人以下或违法所得50000元以下的，处30000元以上40000元以下罚款；

4. 涉及人数30人以上或违法所得50000元以上的，处40000元以上50000元以下罚款。

十五、不履行责令整改行为处罚

《劳动保障监察条例》第三十条　有下列行为之一的，由劳动保障行政部门责令改正；对有第（一）项、第（二）项或者第（三）项规定的行为的，处 2000 元以上 20000 元以下的罚款。

（一）无理抗拒、阻挠劳动保障行政部门依照本条例的规定实施劳动保障监察的；

（二）不按照劳动保障行政部门的要求报送书面材料，隐瞒事实真相，出具伪证或者隐匿、毁灭证据的；

（三）经劳动保障行政部门责令改正拒不改正，或者拒不履行劳动保障行政部门的行政处理决定的；

（四）打击报复举报人、投诉人的。

细化标准：

用人单位有本条所列情形之一的，由劳动保障行政部门责令改正，按以下标准予以处罚。

1. 逾期 1 个月以内没有改正的，处 2000 元以上 5000 元以下罚款；

2. 逾期 1 个月以上 3 个月以内没有改正的，处 5000 元以上 12000 元以下罚款；

3. 逾期 3 个月以上 6 个月以内没有改正的，处 12000 元以上 20000 元以下罚款；

4. 逾期 6 个月以上没有改正的，处 20000 元罚款。

十六、违法收取学生费用行为处罚

《中外合作办学条例》第五十一条　违反本条例的规定，未经批准擅自设立中外合作办学机构，或者以不正当手段骗取中外合作办学许可证的，由教育行政部门、劳动行政部门按照职责分工予以取缔或者会同公安机关予以取缔，责令退还向学生收取的费用，并处以 10 万元以下的罚款；触犯刑律的，依照刑法关于诈骗罪或者其他罪的规定，依法追究刑事责任。

细化标准：

按职责分工，由劳动行政部门责令退还向学生收取的费用，并按以下标准予以处罚。

1. 违法办学时间 20 天以下的，处 10000 元以下罚款；

2. 违法办学时间 20 天以上 1 个月以下的，处 10000 元以上 25000 元以下罚款；

3. 违法办学时间 1 个月以上 3 个月以下的，处 25000 元以上 40000 元以下罚款；

4. 违法办学时间在 3 个月以上 6 个月以下的，处 40000 元以上 65000 元以下罚款；

5. 违法办学时间在 6 个月以上 12 个月以下的，处 65000 元以上 80000 元以下罚款；

6. 违法办学时间 12 个月以上的，处 80000 元以上 100000 元以下罚款。

《中外合作办学条例》第五十二条　违反本条例的规定，在中外合作办学机构筹备设立期间招收学生的，由教育行政部门、劳动行政部门按照职责分工责令停止招生，责令退还向学生收取的费用，并处以 10 万元以下的罚款；情节严重，拒不停止招生的，由审批机关撤销筹备设立批准书。

细化标准：

按职责分工，由劳动行政部门责令退还向学生收取的费用，并按以下标准予以处罚。

1. 涉及招收学生 5 人以下的，处以 5000 元以上 10000 元以下的罚款；

2. 涉及招收学生 5 人以上 10 人以下的，处以 10000 元以上 20000 元以下罚款；

3. 涉及招收学生 10 以上 20 人以下的，处以 20000 元以上 30000 元以下罚款；

4. 涉及招收学生 20 人以上 30 人以下的，处以 30000 元以上 50000 元以下的罚款；

5. 涉及招收学生 30 人以上 50 人以下的，处以 50000 以上 80000 元以下的罚款；

6. 涉及招收学生 50 人以上的，处以 80000 元以上 100000 元的罚款。

十七、对虚假出资、抽逃资金行为处罚

《中外合作办学条例》第五十三条　中外合作办学者虚假出资或者在中外合作办学机构成立后抽逃出资的，由教育行政部门、劳动行政部门按照职责分工责令限期改正；逾期不改正的，由教育行政部门、劳动行政部门按照职责分工处以虚假出资金额或者抽逃出资金额 2 倍以下的罚款。

细化标准：

按职责分工，由劳动行政部门责令限期改正，逾期不改正的，按以下标准予以处罚。

1. 违法行为涉及金额 50000 元以下的，处涉及金额 0.5 倍以下罚款；

2. 违法行为涉及金额在 50000 元以上 100000 元以下的，处涉及金额 0.5 倍以上 1 倍以下罚款；

3. 违法行为涉及金额在 100000 元以上 200000 元以下的，处涉及金额 1 倍以上 1.5 倍以下罚款；

4. 违法行为涉及金额 200000 元以上的，处涉及金额 1.5 倍以上 2 倍以下罚款。

十八、发布虚假招生简章，骗取钱财行为处罚

《中外合作办学条例》第五十七条　违反本条例的规定，发布虚假招生简章，骗取钱财的，由教育行政部门、劳动行政部门按照职责分工，责令限期改正并予

以警告；有违法所得的，退还所收费用后没收违法所得，并可处以10万元以下的罚款；情节严重的，责令停止招生、吊销中外合作办学许可证；构成犯罪的，依照刑法关于诈骗罪或者其他罪的规定，依法追究刑事责任。

细化标准：

1.骗取金额50000元以下的，处25000元以下罚款；

2.骗取金额50000元以上100000元以下的，处25000元以上50000元以下罚款；

3.骗取金额100000元以上200000元以下的，处50000元以上75000元以下罚款；

4.骗取金额200000元以上的，处75000元以上100000元以下罚款。

十九、未办理解除、终止劳动合同手续行为处罚

《宁夏回族自治区劳动合同条例》第五十条　用人单位违反本条例规定，未按照法定程序办理解除、终止劳动合同手续的，由劳动保障行政部门责令限期改正，逾期不改正的，处以五百元以上二千元以下的罚款。

细化标准：

1.用人单位根据本条例解除劳动合同但未提前三十日以书面形式通知劳动者的，处以500元以上1000元以下罚款；

2.用人单位根据本条例解除劳动合同但未书面告知劳动者本人的，处以1000元以上1500元以下罚款；

3.用人单位因生产经营发生严重困难或者资不抵债，确需裁减人员的，但未经工会或者向全体劳动者说明情况也未向当地劳动行政部门报告的，处以1500元以上2000元以下罚款。

二十、强迫签订劳动合同行为处罚

《宁夏回族自治区劳动合同条例》第五十二条　用人单位以暴力、威胁或者非法限制人身自由手段强迫劳动者劳动，迫使劳动者解除劳动合同的，由劳动保障行政部门处以一万元以上五万元以下的罚款。

细化标准：

1.涉及人数5人以下的，处以10000元以上15000元以下的罚款；

2.涉及人数5人以上10人以下的，处以15000元以上25000元以下罚款；

3.涉及人数10人以上的，处以25000元以上40000元以下罚款；

4.用人单位以暴力等非法限制人身自由手段强迫劳动或迫使劳动者解除劳动合同的，处以40000以上50000元以下罚款。

二十一、企业民主管理违法行为处罚

《宁夏回族自治区企业民主管理条例》第三十六条　违反本条例规定，企业有下列情形之一的，由县级以上人民政府人力资源和社会保障行政主管部门责令限期改正，给予警告；情节严重的，处一万元以上三万元以下的罚款，并可对企业法定代表人或者主要负责人以及其他责任人员处以三千至五千元罚款。

（一）不支持召开职工（代表）大会的；

（二）应当提交职工（代表）大会依法决定审议、通过、决定、选举的事项而不提交的或者拒不执行职工（代表）大会决议的；

（三）不开展工资集体协商，不签订职工工资专项集体合同的；

（四）阻挠职工、职工代表、职工工资协商代表、职工董事、职工监事依法履行职责的；

（五）拒绝实行厂务公开或公开内容不真实的。

细化标准：

企业有本规定所列情形之一的，由县级以上人民政府人力资源和社会保障行政主管部门责令限期改正，给予警告，并按以下标准予以处罚。

1.逾期2个月以下未改正的，由县级以上人力资源和社会保障行政部门督促其整改；

2.逾期2个月以上4个月以下未改正的，处10000元以上20000元以下的罚款，并可对企业法定代表人或者主要负责人以及其他责任人员处以3000元以上4000元以下的罚款；

3.逾期4个月以上未改正的，处20000元以上30000元以下的罚款，并可对企业法定代表人或者主要负责人以及其他责任人员处以4000元以上5000元以下的罚款。

二十二、违法招用劳动者行为处罚

《就业服务与就业管理规定》第六十七条　用人单位违反本规定第十四条第（二）、（三）项规定的，按照劳动合同法第八十四条的规定予以处罚；用人单位违反第十四条第（四）项规定的，按照国家禁止使用童工和其他有关法律、法规的规定予以处罚。用人单位违反第十四条第（一）、（五）、（六）项规定的，由劳动保障行政部门责令改正，并可处以一千元以下的罚款；对当事人造成损害的，应当承担赔偿责任。

引注：《就业服务与就业管理规定》第十四条　用人单位招用人员不得有下列行为：

（一）提供虚假招聘信息，发布虚假招聘广告；

（二）扣押被录用人员的居民身份证和其他证件；

（三）以担保或者其他名义向劳动者收取财物；

（四）招用未满16周岁的未成年人以及国家法律、行政法规规定不得招用的其他人员；

（五）招用无合法身份证件的人员；

（六）以招用人员为名牟取不正当利益或进行其他违法活动。

细化标准：

1. 涉及人数5人以下的，处以300元以下的罚款；

2. 涉及人数超过5人10人以下的，处以300元以上500元以下罚款；

3. 涉及人数超过10人15人以下的，处以500元以上800元以下罚款；

4. 涉及人数超过15人的，处以800元以上1000元以下罚款。

二十三、就业歧视行为处罚

《就业服务与就业管理规定》第六十八条 用人单位违反本规定第十九条第二款规定，在国家法律、行政法规和国务院卫生行政部门规定禁止乙肝病原携带者从事的工作岗位以外招用人员时，将乙肝病毒血清学指标作为体检标准的，由劳动保障行政部门责令改正，并可处以一千元以下的罚款；对当事人造成损害的，应当承担赔偿责任。

引注：《就业服务与就业管理规定》第十九条第二款 用人单位招用人员，除国家法律、行政法规和国务院卫生行政部门规定禁止乙肝病原携带者从事的工作外，不得强行将乙肝病毒血清学指标作为体检标准。

细化标准：

劳动行政部门责令限期改正，并按以下标准予以处罚。

1. 涉及人数3人以下的，处以500元以下罚款；

2. 涉及人数超过3人5人以下的，处以500元以上800元以下罚款；

3. 涉及人数超过5人以上的，处以800元以上1000元以下罚款。

二十四、职业中介机构管理不规范行为处罚

《就业服务与就业管理规定》第七十一条 职业中介机构违反本规定第五十三条规定，未明示职业中介许可证、监督电话的，由劳动保障行政部门责令改正，并可处以一千元以下的罚款；未明示收费标准的，提请价格主管部门依据国家有关规定处罚；未明示营业执照的，提请工商行政管理部门依据国家有关规定处罚。

引注：《就业服务与就业管理规定》第五十三条 职业中介机构应当在服务场所明示营业执照、职业中介许可证、服务项目、收费标准、监督机关名称和监督电话等，并接受劳动保障行政部门及其他有关部门的监督检查。

细化标准：

1. 未明示职业中介许可证、监督电话的，处以500元以下罚款；

2. 经劳动保障行政部门责令出示而不出示，处以500元以上1000元以下罚款。

《就业服务与就业管理规定》第七十二条 职业中介机构违反本规定第五十四条规定，未建立服务台账，或虽建立服务台账但未记录服务对象、服务过程、服务结果和收费情况的，由劳动保障行政部门责令改正，并可处以一千元以下的罚款。

引注：《就业服务与就业管理规定》第五十四条 职业中介机构应当建立服务台账，记录服务对象、服务过程、服务结果和收费情况等，并接受劳动保障行政部门的监督检查。

细化标准：

劳动行政部门责令限期改正，并按以下标准予以处罚。

1. 虽建立服务台账但未记录服务对象、服务过程、服务结果和收费情况的，处以500元以下罚款；

2. 未建立服务台账经劳动保障行政部门责令整改而未整改的，处以500元以上1000元以下罚款。

《就业服务与就业管理规定》第七十四条 职业中介机构违反本规定第五十八条第（一）、（三）、（四）、（八）项规定的，按照就业促进法第六十五条、第六十六条规定予以处罚。违反本规定第五十八条第（五）项规定的，按照国家禁止使用童工的规定予以处罚。违反本规定第五十八条其他各项规定的，由劳动保障行政部门责令改正，没有违法所得的，可处以一万元以下的罚款；有违法所得的，可处以不超过违法所得三倍的罚款，但最高不得超过三万元；情节严重的，提请工商部门依法吊销营业执照；对当事人造成损害的，应当承担赔偿责任。

细化标准：

1. 没有违法所得的，可处以10000元以下的罚款；

2. 有违法所得的，处以不超过违法所得3倍罚款，最高不超过30000元。

《就业服务与就业管理规定》第七十五条 用人单位违反本规定第六十二条规定，未及时为劳动者办理就业登记手续的，由劳动保障行政部门责令改正，并可处以一千元以下的罚款。

引注：《就业服务与就业管理规定》第六十二条

劳动者被用人单位招用的，由用人单位为劳动者办理就业登记。用人单位招用劳动者和与劳动者终止或者解除劳动关系，应当到当地公共就业服务机构备案，为劳动者办理就业登记手续。用人单位招用人员后，应当于录用之日起30日内办理登记手续；用人单位与职工终止或者解除劳动关系后，应当于15日内办理登记手续。

细化标准：

劳动行政部门责令限期改正，并按以下标准予以处罚。

1. 逾期超过1个月不满3个月的，处以300元以下罚款；

2. 逾期超过3个月不满6个月的，处以300元以上600元以下罚款；

3. 逾期超过6个月不满12个月的，处以600元以上800元以下罚款；

4. 逾期超过12个月以上的，处以800元以上1000元以下罚款。

二十五、未扣缴社会保险费行为处罚

《社会保险费征缴监督检查办法》第十四条　对缴费单位有下列行为之一的，应当给予警告，并可以处以5000元以下的罚款：

（一）伪造、变造社会保险登记证的；

（二）未按规定从缴费个人工资中代扣代缴社会保险费的；

（三）未按规定向职工公布本单位社会保险费缴纳情况的。

细化标准：

1. 伪造、变造社会保险登记证的，应当给予警告，并处以2000元以下罚款，经人力资源社会保障行政部门警告仍未重新办理的，处以2000元以上5000元以下罚款；

2. 逾期1个月以内，未代扣代缴社会保险费或未公布本单位社会保险费缴纳情况的，应当给予警告，并处以2000元以下罚款；

3. 逾期超过1个月不满3个月，未代扣代缴社会保险费或未公布本单位社会保险费缴纳情况的，应当给予警告，并处以2000元以上4000元以下罚款；

4. 逾期超过3个月以上，未代扣代缴社会保险费或未公布本单位社会保险费缴纳情况的，应当给予警告，并处以4000元以上5000元以下罚款。

二十六、社会保险费征缴违法行为处罚

《社会保险费征缴监督检查办法》第十五条　对缴费单位有下列行为之一的，应当给予警告，并可以处以10000元以下的罚款：

（一）阻挠劳动保障监察人员依法行使监察职权，拒绝检查的；

（二）隐瞒事实真相，谎报、瞒报，出具伪证，或者隐匿、毁灭证据的；

（三）拒绝提供与缴纳社会保险费有关的用人情况、工资表、财务报表等资料的；

（四）拒绝执行劳动保障行政部门下达的监督检查询问书的；

（五）拒绝执行劳动保障行政部门下达的限期改正指令书的；

（六）打击报复举报人员的；

（七）法律、法规及规章规定的其他情况。

（一）隐瞒真相、拒不配合行为的细化标准：

1. 违法行为情节轻微的，应当给予警告，并处以4000元以下罚款；

2. 违法行为情节较重的，应当给予警告，并处以4000元以上6000元以下罚款；

3. 违法行为情节严重的，应当给予警告，并处以6000元以上8000元以下罚款；

4. 违法行为情节特别严重的，应当给予警告，并处以8000元以上10000元以下罚款。

（二）打击报复举报人员行为的细化标准：

1. 涉及1人的，应当给予警告，并处4000元以上6000元以下罚款；

2. 涉及2人的，应当给予警告，并处6000元以上8000元以下罚款；

3. 涉及3人的，应当给予警告，并处8000元以上9000元以下罚款；

4. 涉及3人以上或涉及3人以下且造成严重后果的，应当给予警告，并处以9000元以上10000元以下罚款。

二十七、违法招用劳动者行为处罚

《招用技术工种从业人员规定》第十一条　用人单位违反本规定招用未取得相应职业资格证书的劳动者从事技术工种工作的，由劳动保障行政部门给予警告，责令用人单位限期对有关人员进行相关培训，取得职业资格证书后再上岗，并可处以1000元以下罚款。

细化标准：

1. 涉及人数5人以下的，处以500元以下罚款；

2. 涉及人数超过5人10人以下的，处以500元以上800元以下罚款；

3. 涉及人数超过10人的，处以800元以上1000元以下罚款。

二十八、违法使用就业证、许可证行为处罚

《外国人在中国就业管理规定》第三十条　对伪造、涂改、冒用、转让、买卖就业证和许可证的外国人和用人单位,由劳动行政部门收缴就业证和许可证书,没收其非法所得,并处以一万元以上十万元以下的罚款;情节严重构成犯罪的,移送司法机关依法追究刑事责任。

细化标准:

1. 非法所得涉及金额不足10000元的,没收其非法所得,并处以10000元以上30000元以下罚款;

2. 非法所得涉及金额在10000元以上不足50000元的,没收其非法所得,并处以30000元以上50000元以下罚款;

3. 非法所得涉及金额在50000元以上不足100000元的,没收其非法所得,并处以50000元以上80000元以下罚款;

4. 非法所得涉及金额100000万元以上的,没收其非法所得,并处以80000元以上100000元以下罚款。

二十九、不签订集体合同行为处罚

《宁夏回族自治区集体合同规定》第二十六条　用人单位违反本规定,有下列情形之一的,由劳动和社会保障行政主管部门责令限期改正;逾期不改的,可以处以1000元至10000元的罚款:

(一)拒绝或者拖延签订集体合同的;

(二)不执行集体合同约定的劳动标准或者其他事项的;

(三)不提供或者不如实提供签订集体合同所需真实情况和有关资料的;

(四)用人单位单方擅自变更或者解除职工一方代表的劳动合同的。

用人单位不履行或者不完全履行劳动合同的,依法承担违约责任;给职工造成损害的,依法承担赔偿责任。

细化标准:

1. 逾期不足1个月不改正的,由人力资源和社会保障行政部门督促其整改;

2. 逾期超过1个月不足3个月不改正的,处以1000元以上3000元以下罚款;

3. 逾期超过3个月不足6个月不改正的,处以3000元以上6000元以下罚款;

4. 逾期超过6个月不足12个月不改正的,处以6000元以上8000元以下罚款;

5. 逾期超过12个月以上不改正的,处以8000元以上10000元以下罚款。

三十、生育保险违法行为处罚

《宁夏回族自治区职工生育保险办法》第二十四条　用人单位迟延缴纳生育保险费的,由劳动保障行政部门责令限期缴纳,逾期仍不缴纳的,除补缴欠缴数额外,从欠缴之日起,按日加收千分之二的滞纳金。

用人单位伪造、变造、故意毁灭有关账册、材料或者不设账册以及有其他违法行为,致使生育保险费迟延缴纳的,由劳动保障行政部门按照前款规定加收滞纳金,并对直接负责的主管人员和其他直接责任人员处以5000元以上20000元以下的罚款。

细化标准:

1. 迟延缴纳逾期不足1个月的,劳动保障行政部门负责督促其在限期内缴纳欠缴的社会保险费,并从欠缴之日起计收滞纳金;

2. 迟延缴纳逾期超过1个月不足3个月的,对直接负责的主管人员和其他直接责任人员处以5000元以上10000元以下罚款并从欠缴之日起计收滞纳金;

3. 迟延缴纳逾期超过3个月不足6个月的,对直接负责的主管人员和其他直接责任人员处10000元以上15000元以下罚款,并从欠缴之日起计收滞纳金;

4. 迟延缴纳逾期超过6个月的,对直接负责的主管人员和其他直接责任人员处以15000元以上20000元以下罚款,并从欠缴之日起计收滞纳金。

最高人民法院行政审判庭关于设区的市的区劳动和社会保障局是否具有劳动保障监察职权的答复

1. 2010年10月25日
2. 行他字〔2011〕第128号

山东省高级人民法院:

你院报送的《关于区劳动和社会保障局是否具有劳动保障监察职权的请示》收悉。经研究,答复如下:

原则同意你院审判委员会多数人的意见。即根据《劳动保障监察条例》第十三条的规定,设区的市的"区劳动保障行政部门"具有对用人单位实施劳动保障监察职权,但地方性法规或者规章明确规定由市劳动保障行政部门实施的除外。

此复。

七、劳动争议处理

《中华人民共和国劳动争议调解仲裁法》导读：

2007 年 12 月 29 日，十届全国人大常委会第三十一次会议通过了《中华人民共和国劳动争议调解仲裁法》（以下简称《劳动争议调解仲裁法》），自 2008 年 5 月 1 日起施行。该法共 4 章 54 条，对以下制度作出了规定和明确：

（一）部分劳动争议实行一裁终局。《劳动争议调解仲裁法》保留了劳动争议仲裁这一必经的前置程序，但同时规定对部分劳动争议纠纷实行一裁终局，以此保证利益受损劳动者可尽快获得经济补偿。

（二）劳动争议申请仲裁的时效为一年。《劳动争议调解仲裁法》延长了劳动争议申请仲裁的时效期间，规定劳动争议申请仲裁的时效期间为一年，仲裁时效期间从当事人知道或者应当知道其权利被侵害之日起计算，并完善了时效中断、中止制度。此外，本法还规定，劳动关系存续期间因拖欠劳动报酬发生争议的，劳动者申请仲裁不受一年的仲裁时效期间的限制；但是，劳动关系终止的，应当自劳动关系终止之日起一年内提出。

（三）明确劳动行政部门的责任。用人单位违反国家规定，拖欠或者未足额支付劳动报酬，或者拖欠工伤医疗费、经济补偿或赔偿金的，劳动者可以向劳动行政部门投诉，劳动行政部门应当依法处理。

（四）完善当事人司法救济的渠道。对劳动争议仲裁委员会不予受理或者逾期未作出决定的，申请人可以就该劳动争议事项向人民法院提起诉讼。

（五）举证责任倒置助劳动者维权。与争议事项有关的证据属于用人单位掌握管理的，用人单位应当提供；用人单位不提供的，应当承担不利后果。

（六）关于劳动争议诉讼制度。《劳动争议调解仲裁法》对劳动争议诉讼作了与诉讼法衔接性的规定：一是，规定劳动仲裁委员会对当事人的仲裁申请不予受理的，申请人可以自收到不予受理通知书之日起 15 日内向人民法院提起诉讼。二是，规定对本法第 44 条规定终局裁决的案件，当事人可以依法申请人民法院撤销仲裁裁决或者不予执行。三是，规定当事人对本法第 44 条规定以外的其他劳动争议案件的仲裁裁决不服的，可以自收到仲裁裁决书之日起 15 日内向人民法院提起诉讼。至于具体诉讼程序，适用《民事诉讼法》的有关规定。

资料补充栏

1. 调　解

中华人民共和国人民调解法

1. 2010年8月28日第十一届全国人民代表大会常务委员会第十六次会议通过
2. 2010年8月28日中华人民共和国主席令第34号公布
3. 自2011年1月1日起施行

目　　录

第一章　总　　则

第一条　【立法目的】为了完善人民调解制度，规范人民调解活动，及时解决民间纠纷，维护社会和谐稳定，根据宪法，制定本法。

第二条　【人民调解的内涵】本法所称人民调解，是指人民调解委员会通过说服、疏导等方法，促使当事人在平等协商基础上自愿达成调解协议，解决民间纠纷的活动。

第三条　【人民调解的原则】人民调解委员会调解民间纠纷，应当遵循下列原则：

（一）在当事人自愿、平等的基础上进行调解；

（二）不违背法律、法规和国家政策；

（三）尊重当事人的权利，不得因调解而阻止当事人依法通过仲裁、行政、司法等途径维护自己的权利。

第四条　【调解不收费原则】人民调解委员会调解民间纠纷，不收取任何费用。

第五条　【对人民调解工作的指导】国务院司法行政部门负责指导全国的人民调解工作，县级以上地方人民政府司法行政部门负责指导本行政区域的人民调解工作。

基层人民法院对人民调解委员会调解民间纠纷进行业务指导。

第六条　【国家对人民调解工作的支持和保障】国家鼓励和支持人民调解工作。县级以上地方人民政府对人民调解工作所需经费应当给予必要的支持和保障，对有突出贡献的人民调解委员会和人民调解员按照国家规定给予表彰奖励。

第二章　人民调解委员会

第七条　【人民调解委员会的性质和法律地位】人民调解委员会是依法设立的调解民间纠纷的群众性组织。

第八条　【人民调解委员会的组成】村民委员会、居民委员会设立人民调解委员会。企业事业单位根据需要设立人民调解委员会。

人民调解委员会由委员三至九人组成，设主任一人，必要时，可以设副主任若干人。

人民调解委员会应当有妇女成员，多民族居住的地区应当有人数较少民族的成员。

第九条　【人民调解委员会委员的产生和任期】村民委员会、居民委员会的人民调解委员会委员由村民会议或者村民代表会议、居民会议推选产生；企业事业单位设立的人民调解委员会委员由职工大会、职工代表大会或者工会组织推选产生。

人民调解委员会委员每届任期三年，可以连选连任。

第十条　【人民调解委员会的设立情况统计】县级人民政府司法行政部门应当对本行政区域内人民调解委员会的设立情况进行统计，并且将人民调解委员会以及人员组成和调整情况及时通报所在地基层人民法院。

第十一条　【人民调解委员会工作制度的建立健全和监督】人民调解委员会应当建立健全各项调解工作制度，听取群众意见，接受群众监督。

第十二条　【人民调解委员会的工作保障】村民委员会、居民委员会和企业事业单位应当为人民调解委员会开展工作提供办公条件和必要的工作经费。

第三章　人民调解员

第十三条　【人民调解员的产生】人民调解员由人民调解委员会委员和人民调解委员会聘任的人员担任。

第十四条　【人民调解员的个人素质及其培训】人民调解员应当由公道正派、热心人民调解工作，并具有一定文化水平、政策水平和法律知识的成年公民担任。

县级人民政府司法行政部门应当定期对人民调解员进行业务培训。

第十五条　【对不良调解员的处理】人民调解员在调解工作中有下列行为之一的，由其所在的人民调解委员会给予批评教育、责令改正，情节严重的，由推选或者聘任单位予以罢免或者解聘：

（一）偏袒一方当事人的；

（二）侮辱当事人的；

（三）索取、收受财物或者牟取其他不正当利益的；

（四）泄露当事人的个人隐私、商业秘密的。

第十六条 【对人民调解员的生活、医疗保障及其家属的救助】人民调解员从事调解工作，应当给予适当的误工补贴；因从事调解工作致伤致残，生活发生困难的，当地人民政府应当提供必要的医疗、生活救助；在人民调解工作岗位上牺牲的人民调解员，其配偶、子女按照国家规定享受抚恤和优待。

第四章 调解程序

第十七条 【调解程序的启动】当事人可以向人民调解委员会申请调解；人民调解委员会也可以主动调解。当事人一方明确拒绝调解的，不得调解。

第十八条 【人民调解与行政调解、诉讼调解三种方式的衔接】基层人民法院、公安机关对适宜通过人民调解方式解决的纠纷，可以在受理前告知当事人向人民调解委员会申请调解。

第十九条 【人民调解员的选择】人民调解委员会根据调解纠纷的需要，可以指定一名或者数名人民调解员进行调解，也可以由当事人选择一名或者数名人民调解员进行调解。

第二十条 【调解活动的参与】人民调解员根据调解纠纷的需要，在征得当事人的同意后，可以邀请当事人的亲属、邻里、同事等参与调解，也可以邀请具有专门知识、特定经验的人员或者有关社会组织的人员参与调解。

人民调解委员会支持当地公道正派、热心调解、群众认可的社会人士参与调解。

第二十一条 【调解公正与调解及时原则】人民调解员调解民间纠纷，应当坚持原则，明法析理，主持公道。

调解民间纠纷，应当及时、就地进行，防止矛盾激化。

第二十二条 【调解的灵活性原则】人民调解员根据纠纷的不同情况，可以采取多种方式调解民间纠纷，充分听取当事人的陈述，讲解有关法律、法规和国家政策，耐心疏导，在当事人平等协商、互谅互让的基础上提出纠纷解决方案，帮助当事人自愿达成调解协议。

第二十三条 【当事人的权利】当事人在人民调解活动中享有下列权利：

（一）选择或者接受人民调解员；

（二）接受调解、拒绝调解或者要求终止调解；

（三）要求调解公开进行或者不公开进行；

（四）自主表达意愿、自愿达成调解协议。

第二十四条 【当事人的义务】当事人在人民调解活动中履行下列义务：

（一）如实陈述纠纷事实；

（二）遵守调解现场秩序，尊重人民调解员；

（三）尊重对方当事人行使权利。

第二十五条 【人民调解员的能动性】人民调解员在调解纠纷过程中，发现纠纷有可能激化的，应当采取有针对性的预防措施；对有可能引起治安案件、刑事案件的纠纷，应当及时向当地公安机关或者其他有关部门报告。

第二十六条 【调解不成的处理】人民调解员调解纠纷，调解不成的，应当终止调解，并依据有关法律、法规的规定，告知当事人可以依法通过仲裁、行政、司法等途径维护自己的权利。

第二十七条 【调解案件的立档、归档问题】人民调解员应当记录调解情况。人民调解委员会应当建立调解工作档案，将调解登记、调解工作记录、调解协议书等材料立卷归档。

第五章 调解协议

第二十八条 【调解协议的达成】经人民调解委员会调解达成调解协议的，可以制作调解协议书。当事人认为无需制作调解协议书的，可以采取口头协议方式，人民调解员应当记录协议内容。

第二十九条 【调解协议书的内容】调解协议书可以载明下列事项：

（一）当事人的基本情况；

（二）纠纷的主要事实、争议事项以及各方当事人的责任；

（三）当事人达成调解协议的内容，履行的方式、期限。

调解协议书自各方当事人签名、盖章或者按指印，人民调解员签名并加盖人民调解委员会印章之日起生效。调解协议书由当事人各执一份，人民调解委员会留存一份。

第三十条 【口头调解协议的生效日期】口头调解协议自各方当事人达成协议之日起生效。

第三十一条 【调解协议书的效力】经人民调解委员会调解达成的调解协议，具有法律约束力，当事人应当按照约定履行。

人民调解委员会应当对调解协议的履行情况进行监督，督促当事人履行约定的义务。

第三十二条 【调解协议达成后的司法救济】经人民调解委员会调解达成调解协议后，当事人之间就调解协议的履行或者调解协议的内容发生争议的，一方当事人可以向人民法院提起诉讼。

第三十三条 【人民调解协议的司法确认】经人民调解委员会调解达成调解协议后,双方当事人认为有必要的,可以自调解协议生效之日起三十日内共同向人民法院申请司法确认,人民法院应当及时对调解协议进行审查,依法确认调解协议的效力。

人民法院依法确认调解协议有效,一方当事人拒绝履行或者未全部履行的,对方当事人可以向人民法院申请强制执行。

人民法院依法确认调解协议无效的,当事人可以通过人民调解方式变更原调解协议或者达成新的调解协议,也可以向人民法院提起诉讼。

第六章 附 则

第三十四条 【人民调解委员会的参照设立】乡镇、街道以及社会团体或者其他组织根据需要可以参照本法有关规定设立人民调解委员会,调解民间纠纷。

第三十五条 【施行日期】本法自2011年1月1日起施行。

企业劳动争议协商调解规定

1. 2011年11月30日人力资源和社会保障部令第17号公布

2. 自2012年1月1日起施行

第一章 总 则

第一条 为规范企业劳动争议协商、调解行为,促进劳动关系和谐稳定,根据《中华人民共和国劳动争议调解仲裁法》,制定本规定。

第二条 企业劳动争议协商、调解,适用本规定。

第三条 企业应当依法执行职工大会、职工代表大会、厂务公开等民主管理制度,建立集体协商、集体合同制度,维护劳动关系和谐稳定。

第四条 企业应当建立劳资双方沟通对话机制,畅通劳动者利益诉求表达渠道。

劳动者认为企业在履行劳动合同、集体合同,执行劳动保障法律、法规和企业劳动规章制度等方面存在问题的,可以向企业劳动争议调解委员会(以下简称调解委员会)提出。调解委员会应当及时核实情况,协调企业进行整改或者向劳动者做出说明。

劳动者也可以通过调解委员会向企业提出其他合理诉求。调解委员会应当及时向企业转达,并向劳动者反馈情况。

第五条 企业应当加强对劳动者的人文关怀,关心劳动者的诉求,关注劳动者的心理健康,引导劳动者理性维权,预防劳动争议发生。

第六条 协商、调解劳动争议,应当根据事实和有关法律法规的规定,遵循平等、自愿、合法、公正、及时的原则。

第七条 人力资源和社会保障行政部门应当指导企业开展劳动争议预防调解工作,具体履行下列职责:

(一)指导企业遵守劳动保障法律、法规和政策;

(二)督促企业建立劳动争议预防预警机制;

(三)协调工会、企业代表组织建立企业重大集体性劳动争议应急调解协调机制,共同推动企业劳动争议预防调解工作;

(四)检查辖区内调解委员会的组织建设、制度建设和队伍建设情况。

第二章 协 商

第八条 发生劳动争议,一方当事人可以通过与另一方当事人约见、面谈等方式协商解决。

第九条 劳动者可以要求所在企业工会参与或者协助其与企业进行协商。工会也可以主动参与劳动争议的协商处理,维护劳动者合法权益。

劳动者可以委托其他组织或者个人作为其代表进行协商。

第十条 一方当事人提出协商要求后,另一方当事人应当积极做出口头或者书面回应。5日内不做出回应的,视为不愿协商。

协商的期限由当事人书面约定,在约定的期限内没有达成一致的,视为协商不成。当事人可以书面约定延长期限。

第十一条 协商达成一致,应当签订书面和解协议。和解协议对双方当事人具有约束力,当事人应当履行。

经仲裁庭审查,和解协议程序和内容合法有效的,仲裁庭可以将其作为证据使用。但是,当事人为达成和解的目的作出妥协所涉及的对争议事实的认可,不得在其后的仲裁中作为对其不利的证据。

第十二条 发生劳动争议,当事人不愿协商、协商不成或者达成和解协议后,一方当事人在约定的期限内不履行和解协议的,可以依法向调解委员会或者乡镇、街道劳动就业社会保障服务所(中心)等其他依法设立的调解组织申请调解,也可以依法向劳动人事争议仲裁委员会(以下简称仲裁委员会)申请仲裁。

第三章 调 解

第十三条 大中型企业应当依法设立调解委员会,并配备专职或者兼职工作人员。

有分公司、分店、分厂的企业,可以根据需要在分支机构设立调解委员会。总部调解委员会指导分支机构调解委员会开展劳动争议预防调解工作。

调解委员会可以根据需要在车间、工段、班组设立调解小组。

第十四条 小微型企业可以设立调解委员会,也可以由劳动者和企业共同推举人员,开展调解工作。

第十五条 调解委员会由劳动者代表和企业代表组成,人数由双方协商确定,双方人数应当对等。劳动者代表由工会委员会成员担任或者由全体劳动者推举产生,企业代表由企业负责人指定。调解委员会主任由工会委员会成员或者双方推举的人员担任。

第十六条 调解委员会履行下列职责:

(一)宣传劳动保障法律、法规和政策;

(二)对本企业发生的劳动争议进行调解;

(三)监督和解协议、调解协议的履行;

(四)聘任、解聘和管理调解员;

(五)参与协调履行劳动合同、集体合同、执行企业劳动规章制度等方面出现的问题;

(六)参与研究涉及劳动者切身利益的重大方案;

(七)协助企业建立劳动争议预防预警机制。

第十七条 调解员履行下列职责:

(一)关注本企业劳动关系状况,及时向调解委员会报告;

(二)接受调解委员会指派,调解劳动争议案件;

(三)监督和解协议、调解协议的履行;

(四)完成调解委员会交办的其他工作。

第十八条 调解员应当公道正派、联系群众、热心调解工作,具有一定劳动保障法律政策知识和沟通协调能力。调解员由调解委员会聘任的本企业工作人员担任,调解委员会成员均为调解员。

第十九条 调解员的聘期至少为 1 年,可以续聘。调解员不能履行调解职责时,调解委员会应当及时调整。

第二十条 调解员依法履行调解职责,需要占用生产或者工作时间的,企业应当予以支持,并按照正常出勤对待。

第二十一条 发生劳动争议,当事人可以口头或者书面形式向调解委员会提出调解申请。

申请内容应当包括申请人基本情况、调解请求、事实与理由。

口头申请的,调解委员会应当当场记录。

第二十二条 调解委员会接到调解申请后,对属于劳动争议受理范围且双方当事人同意调解的,应当在 3 个工作日内受理。对不属于劳动争议受理范围或者一方当事人不同意调解的,应当做好记录,并书面通知申请人。

第二十三条 发生劳动争议,当事人没有提出调解申请,调解委员会可以在征得双方当事人同意后主动调解。

第二十四条 调解委员会调解劳动争议一般不公开进行。但是,双方当事人要求公开调解的除外。

第二十五条 调解委员会根据案件情况指定调解员或者调解小组进行调解,在征得当事人同意后,也可以邀请有关单位和个人协助调解。

调解员应当全面听取双方当事人的陈述,采取灵活多样的方式方法,开展耐心、细致的说服疏导工作,帮助当事人自愿达成调解协议。

第二十六条 经调解达成调解协议的,由调解委员会制作调解协议书。调解协议书应当写明双方当事人基本情况、调解请求事项、调解的结果和协议履行期限、履行方式等。

调解协议书由双方当事人签名或者盖章,经调解员签名并加盖调解委员会印章后生效。

调解协议书一式三份,双方当事人和调解委员会各执一份。

第二十七条 生效的调解协议对双方当事人具有约束力,当事人应当履行。

双方当事人可以自调解协议生效之日起 15 日内共同向仲裁委员会提出仲裁审查申请。仲裁委员会受理后,应当对调解协议进行审查,并根据《劳动人事争议仲裁办案规则》第五十四条规定,对程序和内容合法有效的调解协议,出具调解书。

第二十八条 双方当事人未按前条规定提出仲裁审查申请,一方当事人在约定的期限内不履行调解协议的,另一方当事人可以依法申请仲裁。

仲裁委员会受理仲裁申请后,应当对调解协议进行审查,调解协议合法有效且不损害公共利益或者第三人合法利益的,在没有新证据出现的情况下,仲裁委员会可以依据调解协议作出仲裁裁决。

第二十九条 调解委员会调解劳动争议,应当自受理调解申请之日起 15 日内结束。但是,双方当事人同意延期的可以延长。

在前款规定期限内未达成调解协议的,视为调解不成。

第三十条 当事人不愿调解、调解不成或者达成调解协议后,一方当事人在约定的期限内不履行调解协议的,调解委员会应当做好记录,由双方当事人签名或者盖章,并书面告知当事人可以向仲裁委员会申请仲裁。

第三十一条 有下列情形之一的,按照《劳动人事争议仲裁办案规则》第十条的规定属于仲裁时效中断,从中断时起，仲裁时效期间重新计算：

（一）一方当事人提出协商要求后，另一方当事人不同意协商或者在5日内不做出回应的；

（二）在约定的协商期限内，一方或者双方当事人不同意继续协商的；

（三）在约定的协商期限内未达成一致的；

（四）达成和解协议后，一方或者双方当事人在约定的期限内不履行和解协议的；

（五）一方当事人提出调解申请后，另一方当事人不同意调解的；

（六）调解委员会受理调解申请后，在第二十九条规定的期限内一方或者双方当事人不同意调解的；

（七）在第二十九条规定的期限内未达成调解协议的；

（八）达成调解协议后，一方当事人在约定期限内不履行调解协议的。

第三十二条　调解委员会应当建立健全调解登记、调解记录、督促履行、档案管理、业务培训、统计报告、工作考评等制度。

第三十三条　企业应当支持调解委员会开展调解工作，提供办公场所，保障工作经费。

第三十四条　企业未按照本规定成立调解委员会，劳动争议或者群体性事件频发，影响劳动关系和谐，造成重大社会影响的，由县级以上人力资源和社会保障行政部门予以通报；违反法律法规规定的，依法予以处理。

第三十五条　调解员在调解过程中存在严重失职或者违法违纪行为，侵害当事人合法权益的，调解委员会应当予以解聘。

第四章　附　　则

第三十六条　民办非企业单位、社会团体开展劳动争议协商、调解工作参照本规定执行。

第三十七条　本规定自2012年1月1日起施行。

最高人民法院关于人民调解协议司法确认程序的若干规定

1．2011年3月21日最高人民法院审判委员会第1515次会议通过
2．2011年3月23日公布
3．法释〔2011〕5号
4．自2011年3月30日起施行

为了规范经人民调解委员会调解达成的民事调解协议的司法确认程序，进一步建立健全诉讼与非诉讼相衔接的矛盾纠纷解决机制，依照《中华人民共和国民事诉讼法》和《中华人民共和国人民调解法》的规定，结合审判实际，制定本规定。

第一条　当事人根据《中华人民共和国人民调解法》第三十三条的规定共同向人民法院申请确认调解协议的，人民法院应当依法受理。

第二条　当事人申请确认调解协议的，由主持调解的人民调解委员会所在地基层人民法院或者它派出的法庭管辖。

人民法院在立案前委派人民调解委员会调解并达成调解协议，当事人申请司法确认的，由委派的人民法院管辖。

第三条　当事人申请确认调解协议，应当向人民法院提交司法确认申请书、调解协议和身份证明、资格证明，以及与调解协议相关的财产权利证明等证明材料，并提供双方当事人的送达地址、电话号码等联系方式。委托他人代为申请的，必须向人民法院提交由委托人签名或者盖章的授权委托书。

第四条　人民法院收到当事人司法确认申请，应当在三日内决定是否受理。人民法院决定受理的，应当编立“调确字”案号，并及时向当事人送达受理通知书。双方当事人同时到法院申请司法确认的，人民法院可以当即受理并作出是否确认的决定。

有下列情形之一的，人民法院不予受理：

（一）不属于人民法院受理民事案件的范围或者不属于接受申请的人民法院管辖的；

（二）确认身份关系的；

（三）确认收养关系的；

（四）确认婚姻关系的。

第五条　人民法院应当自受理司法确认申请之日起十五日内作出是否确认的决定。因特殊情况需要延长的，经本院院长批准，可以延长十日。

在人民法院作出是否确认的决定前，一方或者双方当事人撤回司法确认申请的，人民法院应当准许。

第六条　人民法院受理司法确认申请后，应当指定一名审判人员对调解协议进行审查。人民法院在必要时可以通知双方当事人同时到场，当面询问当事人。当事人应当向人民法院如实陈述申请确认的调解协议的有关情况，保证提交的证明材料真实、合法。人民法院在审查中，认为当事人的陈述或者提供的证明材料不充分、不完备或者有疑义的，可以要求当事人补充陈述或者补充证明材料。当事人无正当理由未按时补充或者拒不接受询问的，可以按撤回司法确认申请处理。

第七条 具有下列情形之一的，人民法院不予确认调解协议效力：

（一）违反法律、行政法规强制性规定的；

（二）侵害国家利益、社会公共利益的；

（三）侵害案外人合法权益的；

（四）损害社会公序良俗的；

（五）内容不明确，无法确认的；

（六）其他不能进行司法确认的情形。

第八条 人民法院经审查认为调解协议符合确认条件的，应当作出确认决定书；决定不予确认调解协议效力的，应当作出不予确认决定书。

第九条 人民法院依法作出确认决定后，一方当事人拒绝履行或者未全部履行的，对方当事人可以向作出确认决定的人民法院申请强制执行。

第十条 案外人认为经人民法院确认的调解协议侵害其合法权益的，可以自知道或者应当知道权益被侵害之日起一年内，向作出确认决定的人民法院申请撤销确认决定。

第十一条 人民法院办理人民调解协议司法确认案件，不收取费用。

第十二条 人民法院可以将调解协议不予确认的情况定期或者不定期通报同级司法行政机关和相关人民调解委员会。

第十三条 经人民法院建立的调解员名册中的调解员调解达成协议后，当事人申请司法确认的，参照本规定办理。人民法院立案后委托他人调解达成的协议的司法确认，按照《最高人民法院关于人民法院民事调解工作若干问题的规定》（法释〔2004〕12 号）的有关规定办理。

相关文书样式（略）。

人力资源和社会保障部等关于加强劳动人事争议调解工作的意见

1. 2009 年 10 月 30 日人力资源和社会保障部、司法部、中华全国总工会、中国企业联合会/中国企业家协会发布

2. 人社部发〔2009〕124 号

各省、自治区、直辖市人力资源社会保障（人事、劳动保障）厅（局）、司法厅（局）、总工会、企业联合会/企业家协会，新疆生产建设兵团人事局、劳动保障局、司法局、工会、企业联合会/企业家协会，国务院有关部委、直属机构人事部门：

为进一步贯彻落实劳动争议调解仲裁法，切实发挥调解在促进劳动人事关系和谐和社会稳定中的重要作用，现就加强劳动人事争议调解工作提出如下意见。

一、充分认识新形势下加强劳动人事争议调解工作的重要性

当前，随着劳动人事制度改革的深化以及劳动者维权意识增强，劳动人事争议案件呈上升态势，集体劳动争议增多，处理难度加大，迫切需要进一步完善劳动人事争议处理工作机制，加大调解工作力度。中央明确提出，要完善矛盾纠纷排查调处机制，建立党和政府主导的维护群众权益机制，更多采用调解方法，把矛盾化解在基层，解决在萌芽状态。劳动争议调解仲裁法针对劳动人事争议处理中的一些突出矛盾和问题，从构建和谐社会的需要出发，将调解作为劳动人事争议处理的基本原则和重要程序，拓展了调解组织的范围，强化了调解在争议处理过程中的地位和作用。因此，要充分认识调解在妥善处理社会矛盾、实现社会公平正义、构建和谐社会中不可替代的作用，充分认识加强劳动人事争议调解工作的重要性和紧迫性，以科学发展观为统领，贯彻“预防为主、基层为主、调解为主”的工作方针，把调解作为促进和谐社会建设的重要基础性工作，摆在争议处理工作更加突出的位置，逐步建立和完善企事业单位调解、乡镇街道调解、行业调解、人民调解、行政调解等多渠道的争议调解体系，推动和促进具有调解职能的其他社会组织及律师、专家学者开展调解工作，形成开放式的社会化调解网络，最大限度地将争议通过调解快捷、平稳化解，维护劳动人事关系和谐和社会稳定。

二、建立完善企业劳动争议调解组织，提高企业自主解决争议的能力

建立健全企业劳动争议调解委员会，是加强劳动争议调解工作的重要基础。要根据劳动争议调解仲裁法的要求，推动企业依法设立劳动争议调解委员会。已成立工会的企业一般应设立调解委员会，尚未成立工会的企业要将工会组建与调解组织建设同步推进。要充分发挥国有企业劳动争议调解委员会的作用，积极探索调解组织制度化建设的有效途径。在大中型企业，要加强集团公司和分公司、子公司调解组织建设，设立办事机构、配备得力人员、保障工作经费、发挥调解作用。在车间、工段、班组设立调解小组，形成企业内部调解工作网络，及时化解劳动争议。尚未建立劳动争议调解委员会的小型企业，可推举企业和职工共同认可的职工代表负责与企业经营者、职工以及乡镇街道劳动争议调解组织的沟通协调，预防和解决劳动争议。企业调解组织要与当地人力资源社会保障行政

部门、工会、企业代表组织建立工作联系机制，及时报送调解委员会的组成、工作进展等情况。

企业劳动争议调解委员会要加强争议预防工作，宣传劳动法律法规和企业规章制度，主动参与协调履行劳动合同、集体合同、执行规章制度等方面出现的矛盾和问题，健全劳动争议预防和预警机制，做到超前防范，提高企业自主解决争议的能力，将争议化解在源头。

三、大力推进乡镇街道调解组织建设，夯实基层化解纠纷的工作基础

劳动争议调解仲裁法规定，在乡镇、街道设立具有劳动争议调解职能的组织，是强化基层调解，就近就地化解劳动争议的重要体现。要在个体经济、私营经济比较集中的地区，在地方党委、政府的统一领导下，大力推动乡镇、街道劳动保障服务所（站）和工会、企业代表组织设立的劳动争议调解组织建设，不断完善工作机制，落实工作经费，将调解职能向企业比较集中的村和社区延伸。没有明确调解职能的劳动保障服务所（站）要尽快加载调解职能，通过各种方式充实调解员，积极开展劳动争议调解工作。乡镇、街道等基层调解组织，要积极探索劳动争议和解建议书试点，引导劳动争议双方当事人在平等自愿基础上，充分协商达成和解，妥善化解劳动争议。

要建立健全由行业（产业）工会和行业协会双方代表组成的行业性劳动争议调解组织，根据行业特点有效开展劳动争议预防和调解工作，当前要在劳动争议多发的出租车、餐饮服务、建筑业等行业建立行业性劳动争议调解组织。

四、充分发挥人民调解委员会调解劳动争议的作用，拓宽劳动争议调解的渠道

人民调解委员会要依法将劳动争议纳入调解范围，发挥人民调解组织遍布城乡、网络健全、贴近群众的优势，积极开展劳动争议调解工作。劳动争议多发的乡镇、街道人民调解委员会可以设立专门的服务窗口，及时受理并调解劳动争议。要充分发挥司法所指导人民调解委员会开展劳动争议调解的职能作用，有针对性地开展法律咨询和法制宣传工作，预防和减少劳动争议。要加强对人民调解员调解劳动争议的业务培训，使人民调解员了解和掌握劳动保障法律法规及政策规定，掌握劳动争议调解的基本方法和技巧，提高调解劳动争议的能力和水平。要认真研究、摸索和总结人民调解组织处理劳动争议的特点、规律，加强人民调解委员会与其他劳动争议调解组织的沟通、协调与配合，加强与劳动争议仲裁、审判程序的有机衔接，及时有效化解劳动争议。

五、推动事业单位人事争议调解工作，为深化事业单位人事制度改革提供保障

加强人事争议调解是规范事业单位人事管理，维护事业单位和工作人员合法权益的重要环节。事业单位要积极建立由人事部门代表、职工代表、工会代表、法律专家等组成的人事争议调解组织。加强主管部门对所属事业单位人事争议调解工作的指导，做到简单争议由事业单位内部调解解决，复杂争议由单位主管部门调解解决。积极创造条件，推动在教育、科技、文化、卫生等事业单位及其主管部门建立人事争议调解组织。切实发挥调解组织预防争议的作用，规范事业单位人事管理，探索有效化解人事争议的长效机制。

六、建立政府主导、各方参与的应急调解协调机制，及时处置重大集体劳动人事争议

人力资源社会保障行政部门要会同工会和企业代表组织，通过协调劳动关系三方机制等形式，共同研究解决劳动争议的重大问题。建立健全人力资源社会保障行政部门主导，工会、企业代表组织及主管部门共同参与的对突发性、集体性劳动人事争议应急调解协调机制，落实重大集体劳动人事争议信息报告制度。明确职责分工，排查争议隐患，深入研究重大集体劳动人事争议特点，发现重大纠纷苗头，及时研究对策，有针对性地制订应急方案，妥善处理争议案件。

七、加强劳动人事争议调解与仲裁的相互衔接，共同做好争议处理工作

调解和仲裁衔接是解决争议的有效工作机制。调解组织和仲裁机构要加强协调配合，共同做好争议处理工作，提高争议处理的质量和效率。对未经调解组织调解，当事人直接申请仲裁的劳动争议案件，仲裁委员会可向当事人发出调解建议书，引导其在乡镇、街道、企业以及人民调解委员会等调解组织进行调解，就近就地解决争议。仲裁委员会认为可以委托调解组织调解的劳动人事争议案件，经当事人同意，可以委托调解组织进行调解。对当事人双方提出的确认调解协议的申请，仲裁委员会应及时受理，对合法的调解协议，可以出具仲裁调解书。

八、加强调解员队伍建设，不断提高调解质量和效能

加强调解员队伍建设是做好劳动人事争议调解工作的重要保障。要拓宽调解员来源，积极吸纳律师、专家学者、法律工作者等参与劳动人事争议调解工作。要通过劳动人事法律知识培训、调解方法和技巧培训、典型案例评析研讨等形式，不断提高调解员的调解能力和法律素养。要加强对调解员的考核和管理，不断健全激励保障措施。努力建设一支公道正派、联系群众、热心调解工作，具有劳动人事法律知识、政策水平和实际工作能力的高素质调解员队伍。

九、明确职责分工，形成推动调解工作合力

人力资源社会保障行政部门、司法行政部门、工会、企业代表组织要加强对劳动人事争议调解工作的指导，充分发挥各自职能优势，落实责任，加大投入，整合资源，形成协调配合、通力合作的劳动人事争议调解工作新格局。

人力资源社会保障行政部门要统筹规划，会同司法行政部门、工会、企业代表组织及有关部门指导推动劳动人事争议调解和预防工作；做好与立法机构制定法律、司法审判机关法律适用等方面的协调；建立人力资源社会保障行政部门牵头，工会、企业代表组织及主管部门共同参与的集体性劳动人事争议应急调解协调机制；推动乡镇街道劳动保障服务所（站）开展劳动争议调解工作。司法行政部门要对人民调解委员会开展劳动争议调解工作进行指导，健全劳动争议法律援助制度，规范律师在劳动争议调解代理中的执业行为。工会、企业代表组织要共同推进企业建立健全劳动争议调解委员会，完善争议预防和调解制度，引导争议双方通过协商解决争议，提高企业自主解决劳动争议的能力。推动乡镇、街道工会和企业代表组织设立的劳动争议调解组织以及行业工会与行业协会设立的行业性劳动争议调解组织建设，有效开展调解工作。

各地区、各有关部门要不断提高认识，改进工作方法，转变工作作风，总结、探索劳动人事争议调解工作的新思路、新机制、新方法，为促进劳动人事关系和谐稳定，构建社会主义和谐社会作出新的贡献。

人力资源社会保障部、中华全国工商业联合会关于加强非公有制企业劳动争议预防调解工作的意见

1. 2013年1月10日
2. 人社部发〔2013〕2号

各省、自治区、直辖市及新疆生产建设兵团人力资源社会保障厅（局）、工商业联合会：

非公有制经济是社会主义市场经济的重要组成部分，是促进就业的主要渠道，是构建和谐劳动关系的重要领域。当前，非公有制企业劳动关系总体和谐稳定，但企业内部劳动争议协商解决机制不健全，劳动争议预防调解制度尚未全面建立，劳动争议仍易发、多发。为贯彻落实《中华人民共和国劳动争议调解仲裁法》及《企业劳动争议协商调解规定》，切实加强非公有制企业劳动争议预防调解工作，进一步促进劳动关系和谐，维护社会稳定，现提出如下意见：

一、加强非公有制企业劳动争议预防调解工作的指导思想和目标任务

加强非公有制企业劳动争议预防调解工作要以邓小平理论、“三个代表”重要思想和科学发展观为指导，按照“预防为主、基层为主、调解为主”的工作方针，建立健全企业内部劳动争议协商调解机制，提升企业自主预防解决争议的能力，促进建立互利共赢、和谐稳定的劳动关系，推动企业健康持续发展。

加强非公有制企业劳动争议预防调解工作的目标任务是：在大中型企业普遍依法建立劳动争议调解委员会，在小型微型民营企业设立劳动争议调解员，在商会（协会）建立劳动争议调解组织，建立健全企业内部劳动争议协商解决机制，形成企业、商会（协会）、乡镇街道调解组织与仲裁机构协调配合的劳动争议预防调解工作网络，建设一支公道正派、热心调解、具有较高专业素质的调解员队伍，逐步实现非公有制企业劳动争议预防调解工作全覆盖，努力将劳动争议化解在萌芽状态、解决在基层。

二、推动非公有制企业普遍建立劳动争议协商调解机制

指导推动大中型企业在总部设立劳动争议调解委员会，鼓励企业根据需要在分支机构设立劳动争议调解委员会，在车间、工段、班组设立调解小组，建立企业内部多层次的劳动争议调解组织，逐步形成劳动争议分类处理、分级负责、上下联动的工作机制。指导推动小型微型民营企业由劳动者与企业共同推举职工代表担任调解员，负责本企业劳动争议预防调解工作。

指导企业探索建立多种形式的劳动争议协商解决机制。充分发挥企业劳动争议调解委员会或调解员促进劳资双方沟通协商的作用，采取召开劳资恳谈会、劳资协商会以及设立意见箱、开展问卷调查等方式，就劳动条件、劳动报酬、职工福利等涉及劳动者切身利益的问题听取职工意见，及时了解掌握并认真研究解决职工的合理诉求。完善职代会、厂务公开等民主管理制度，依法保障职工的知情权、参与权、表达权、监督权。

三、充分发挥商会（协会）预防调解劳动争议的作用

指导行业性、区域性商会（协会）建立劳动争议调解组织，当前要重点推进制造、餐饮、建筑、商贸服务和民营高科技等行业商会（协会）劳动争议调解组织建设。商会（协会）要依托劳动争议调解组织，切实加强对本行业、本区域内非公有制企业劳动争议预防调解工作的指导，积极开展劳动保障法律法规政策咨询服

务和劳动争议调解工作，搞好企业劳动争议预防调解培训，协助企业与当地调解仲裁机构进行沟通。

四、加强非公有制企业劳动争议调解与仲裁工作的衔接

各地劳动争议仲裁机构要大力开展非公有制企业、商会（协会）劳动争议调解组织调解协议的仲裁审查确认工作，对于争议双方当事人持生效的调解协议书向仲裁委员会提出的审查申请，要及时受理，快速立案，对程序和内容合法有效的调解协议依法出具调解书，不断提高企业、商会（协会）调解组织的社会公信力和调解协议的执行力。要积极开展劳动争议调解建议工作，对当事人未经调解直接申请仲裁的劳动争议案件，在征询双方当事人同意后，可向当事人发出调解建议书，引导其在企业、商会（协会）等劳动争议调解组织解决争议。要积极稳妥开展委托调解工作，研究制定委托调解的基本条件，完善委托程序，制定规范的委托调解文书，将适合调解的申请仲裁案件委托商会（协会）、乡镇街道劳动争议调解组织处理。

五、加强非公有制企业劳动争议预防调解工作的组织实施

各级人力资源社会保障行政部门和工商联组织要高度重视非公有制企业劳动争议预防调解工作，切实加强组织领导，共同推动这项工作深入开展。人力资源社会保障行政部门要发挥统筹协调作用，会同工商联组织制定工作计划，积极指导推动非公有制企业和商会（协会）加强劳动争议预防调解工作，建立健全集体性劳动争议协调处理机制。工商联组织要发挥职能优势，加强对非公有制企业经营者的培训，引导企业认真执行劳动保障法律法规及政策，搞好劳动争议协商调解工作，参与处理重大集体性劳动争议。

要建立非公有制企业劳动争议预防调解工作情况通报制度，及时沟通争议处理情况，共同研究解决工作中存在的困难和问题，不断完善预防调解政策措施。要建立集体性劳动争议预防预警制度，共同加强对非公有制企业劳动争议隐患的排查，对于已经发生的集体劳动争议，加强联调联控，积极稳妥处理。

人力资源社会保障部、中央综治办关于加强专业性劳动争议调解工作的意见

1. 2015年6月3日

2. 人社部发〔2015〕53号

各省、自治区、直辖市及新疆生产建设兵团人力资源社会保障厅（局）、综治办：

为贯彻落实中共中央、国务院《关于构建和谐劳动关系的意见》（中发〔2015〕10号）及中央综治委、人力资源社会保障部等16部委《关于深入推进矛盾纠纷大调解工作的指导意见》（综治委〔2011〕10号），进一步加强专业性劳动争议调解工作，现提出以下意见：

一、总体要求

深入贯彻党的十八大和十八届三中、四中全会关于健全社会矛盾纠纷预防化解机制、创新劳动关系协调机制、加强劳动争议调解的精神，按照《关于构建和谐劳动关系的意见》的要求，坚持“预防为主、基层为主、调解为主”的方针，建立党委、政府领导、综治协调、人力资源社会保障行政部门主导、有关部门和单位共同参与的专业性劳动争议调解工作机制，健全调解组织，完善工作制度，强化基础保障，提升专业性劳动争议调解工作能力，发挥专业性调解在争议处理中的基础性作用，促进劳动关系和谐与社会大局稳定。

二、加强专业性劳动争议调解组织建设

建立健全专业性劳动争议调解组织。积极推动企业劳动争议调解组织建设，建立有效的劳动争议协商解决机制，提高企业自主解决争议的能力。指导和推动行业商会（协会）建立劳动争议调解组织，重点推进争议多发的制造、餐饮、建筑、商贸服务和民营高科技等行业商会（协会）建立劳动争议调解组织。进一步加强乡镇（街道）劳动就业社会保障服务所（中心）调解组织建设。加强统筹协调，在乡镇（街道）矛盾纠纷调解工作平台设置“劳动争议调解窗口”，由当地乡镇（街道）劳动就业社会保障服务所（中心）调解组织负责调解窗口的日常工作。各类专业性劳动争议调解组织的设立和人员组成情况要及时向当地人力资源社会保障行政部门备案。各地人力资源社会保障行政部门要加强工作情况通报，建立调解组织、调解员名册制度，定期向社会公开调解组织、调解员名单。

推进专业性劳动争议调解组织规范化建设。各类专业性劳动争议调解组织和“劳动争议调解窗口”要按照人力资源社会保障部关于基层调解工作规范化建设的要求，统一规范标识、名称、工作职责、工作程序和调解员行为。各地人力资源社会保障行政部门要将推进调解工作规范化建设作为加强专业性劳动争议调解工作的重要措施，加强指导推动和督促检查。有条件的地区可通过发放劳动争议调解服务手册、联系卡，或在相关网站平台发布信息等方式，为企业、职工提供方便，提高调解组织的管理服务水平。

三、推动专业性劳动争议调解制度建设

完善劳动争议调解工作制度。对于小额、简单劳动争议案件，各类专业性劳动争议调解组织要探索

符合其特点的调解制度和方法技巧，就近就地予以化解。对于重大集体劳动争议案件，各地仲裁机构要会同工会、企业代表组织及时介入，积极引导当事人双方通过调解化解争议，调解成功的要现场制作调解书，调解不成的要及时引导进入仲裁程序。各地人力资源社会保障行政部门要指导各类专业性劳动争议调解组织完善调解案件登记、调解工作记录、督促履行调解协议、档案管理、统计报告等工作制度。

完善调解与仲裁衔接机制。各地人力资源社会保障行政部门要指导仲裁机构做好调解与仲裁工作的衔接，加强对辖区内专业性劳动争议调解组织的支持。仲裁机构要落实调解建议书、委托调解、调解协议仲裁审查确认等三项工作制度，制定具体实施细则，提升调解协议的执行力。对未经调解组织调解，当事人直接申请仲裁的劳动争议案件，劳动人事争议仲裁委员会可向当事人发出调解建议书，引导其在企业、乡镇（街道）、行业调解组织进行调解。仲裁委员会对于已经立案的劳动争议案件，认为可以委托调解的，经当事人双方同意，可以委托调解组织进行调解。对当事人双方提出的审查调解协议申请，仲裁委员会受理后，应当对调解协议进行审查，对程序和内容合法有效的调解协议出具调解书。

四、加强专业性劳动争议调解的基础保障

加强调解员队伍建设。各类专业性劳动争议调解组织要合理配备专职或者兼职调解员。乡镇（街道）劳动就业社会保障服务所（中心）调解组织可通过调剂事业编制、政府购买服务、开发公益性岗位等多种途径，充实调解员队伍，争议案件易发、多发的乡镇（街道）要配备专职调解员。各地人力资源社会保障行政部门要指导各类专业性劳动争议调解组织建立和完善调解员的选聘、业务培训、工作考评等管理制度，逐步实现调解员持证上岗。加大调解员培训力度，建立调解员分级培训机制，提升调解员的法律素养和工作能力。加强调解队伍作风建设，增强服务意识，改进服务措施，提高服务能力，打造专业性劳动争议调解优质服务品牌。

改善调解工作条件。要积极协调有关方面，支持各类专业性调解组织改善工作条件。乡镇（街道）劳动就业社会保障服务所（中心）调解组织要有独立的调解室，配备必要的办案和办公设备。各地要积极协调将乡镇（街道）调解工作经费纳入当地财政预算，保证工作正常开展。根据调解案件数量和难易程度，通过政府购买服务方式，按照以案定补方式给予必要的经费支持。

五、加强对专业性劳动争议调解工作的组织领导

各地人力资源社会保障行政部门、综治组织要高度重视专业性劳动争议调解工作，将其作为构建和谐劳动关系、健全社会矛盾纠纷预防化解机制的重要任务，切实加强组织领导，密切配合，形成工作合力。

人力资源社会保障行政部门主要承担专业性劳动争议调解工作的牵头职责，负责制定劳动争议调解规章政策，会同有关部门推动各类专业性调解组织和队伍建设，建立健全集体劳动争议调解机制。

综治组织在党委、政府领导下，加强调查研究、组织协调、督导检查、考评、推动，推进矛盾纠纷排查预警、调解处置工作，研究完善群众利益协调机制，落实矛盾纠纷排查调处工作协调会议纪要月报制度。会同人力资源社会保障行政部门，将专业性劳动争议调解工作纳入综治工作（平安建设）考评。

各地人力资源社会保障行政部门、综治组织要对加强专业性劳动争议调解工作情况联合开展督促检查，推动各项任务落到实处。要建立联席会议、信息通报等制度，及时发现、定期分析工作中存在的问题和困难，共同研究对策措施。

人力资源社会保障部、司法部、财政部关于进一步加强劳动人事争议调解仲裁法律援助工作的意见

1. 2020年6月22日
2. 人社部发〔2020〕52号

各省、自治区、直辖市及新疆生产建设兵团人力资源社会保障厅（局）、司法厅（局）、财政厅（局）：

加强劳动人事争议调解仲裁法律援助工作（以下简称调解仲裁法律援助工作），保障符合条件的劳动者特别是贫困农民工及时获得法律援助服务，对于维护劳动者合法权益、确保法律正确实施、促进社会公平正义具有重要意义。近年来，一些地方主动采取措施加强调解仲裁法律援助工作，取得了良好效果。但与人民群众日益增长的法律援助需求相比，调解仲裁法律援助工作还存在协作机制有待健全、保障机制不够完善等问题。为认真落实中央关于全面推进依法治国的重大战略部署，统筹推进疫情防控与经济社会发展，加快处理各类涉疫情劳动人事争议，进一步满足人民群众特别是贫困劳动者对调解仲裁法律援助工作的需要，根据中央关于完善法律援助制度的有关精神和《法律援助条例》相关规定，现就进一步加强调解仲裁

法律援助工作提出如下意见。

一、建立健全调解仲裁法律援助协作机制。人力资源社会保障行政部门、劳动人事争议仲裁院(以下简称仲裁院)和司法行政机关、法律援助机构要建立完善调解仲裁法律援助协作工作机制,切实加强调解仲裁法律援助工作。人力资源社会保障行政部门和仲裁院要充分发挥处理劳动人事争议的专业优势,司法行政机关和法律援助机构要加强法律援助业务指导,提升规范化服务水平。仲裁院可以引导当事人通过拨打"12348"公共法律服务热线或登录法律服务网等方式进行法律咨询,帮助符合法律援助条件的农民工和困难职工申请法律援助;法律援助机构要在仲裁院公示法律援助机构办公地址、法律援助申请材料和工作流程等信息。有条件的地方,司法行政机关可以根据工作需要在当地仲裁院设立法律援助工作站,或在当地公共法律服务中心设立调解仲裁法律援助窗口。人力资源社会保障部门要为设立在当地仲裁院的法律援助工作站提供工作场所,配备办公设备、服务设施等。财政部门要完善调解仲裁法律援助经费保障机制,省级财政要提供经费支持,市、县级财政要将法律援助经费纳入同级财政预算,根据地方财力和办案量合理安排经费,适当提高法律援助补贴标准并及时支付。

二、扩大调解仲裁法律援助范围。在法律援助对象上,司法行政机关要综合考虑当地法律援助资源供给状况、困难群众法律援助需求等因素,推动法律援助逐步覆盖低收入劳动者,重点做好农民工、工伤职工和孕期、产期、哺乳期(以下简称"三期")女职工的调解仲裁法律援助工作。在法律援助事项上,司法行政机关要在《法律援助条例》规定的请求支付劳动报酬、给予社会保险待遇等事项基础上,推动有条件的地方将经济补偿、赔偿金等涉及劳动保障事项纳入法律援助补充事项范围。在仲裁院设立法律援助工作站的,工作站可以配合仲裁院开展法律知识宣讲、以案释法等活动,引导劳动者依法维权。

三、规范调解仲裁法律援助程序。加强调解仲裁法律援助工作标准化规范化建设,建立健全调解仲裁法律援助工作机制。在仲裁院设立法律援助工作站的,对来访咨询,工作站接待人员应当登记受援人基本信息和联系方式,全面了解案件事实和受援人法律诉求,对咨询事项符合法律援助条件的,应当告知其申请法律援助的条件和程序,指导其申请法律援助;对咨询事项不属于法律援助的,应当为受援人提出法律建议;对咨询事项不属于法律问题或者与法律援助无关的,告知受援人应咨询的部门或渠道。

四、健全便民服务机制。简化审查程序,对建档立卡贫困劳动者和申请支付劳动报酬、工伤赔偿的农民工,免予经济困难审查。开辟法律援助"绿色通道",对农民工、工伤职工、"三期"女职工等重点服务对象申请法律援助的,加快办理进度,有条件的当日受理、当日转交。对情况紧急的集体劳动争议案件,可以先行提供法律援助,事后补交申请材料、补办相关手续。

五、加强组织领导。各地要将开展调解仲裁法律援助工作作为完善劳动人事争议多元处理机制的重要工作来抓,将其纳入当地为民办实事清单。人力资源社会保障部门与司法行政部门要加强沟通协调和工作对接,形成工作合力。要建立健全联席会议、工作信息通报机制,定期交流工作情况,总结推广经验做法,共同研究解决工作中遇到的问题。要加强监督管理,对调解仲裁法律援助工作站履行职责、服务质量、工作绩效、规范化建设等加强指导监管。鼓励和支持社会力量通过多种方式依法有序参与调解仲裁法律援助工作。

2. 仲　裁

中华人民共和国
劳动争议调解仲裁法

1. 2007年12月29日第十届全国人民代表大会常务委员会第三十一次会议通过
2. 2007年12月29日中华人民共和国主席令第80号公布
3. 自2008年5月1日起施行

目　　录

第一章　总　　则

第一条　【立法目的】为了公正及时解决劳动争议，保护当事人合法权益，促进劳动关系和谐稳定，制定本法。

第二条　【调整范围】中华人民共和国境内的用人单位与劳动者发生的下列劳动争议，适用本法：

（一）因确认劳动关系发生的争议；

（二）因订立、履行、变更、解除和终止劳动合同发生的争议；

（三）因除名、辞退和辞职、离职发生的争议；

（四）因工作时间、休息休假、社会保险、福利、培训以及劳动保护发生的争议；

（五）因劳动报酬、工伤医疗费、经济补偿或者赔偿金等发生的争议；

（六）法律、法规规定的其他劳动争议。

第三条　【劳动争议处理的原则】解决劳动争议，应当根据事实，遵循合法、公正、及时、着重调解的原则，依法保护当事人的合法权益。

第四条　【劳动争议当事人的协商和解】发生劳动争议，劳动者可以与用人单位协商，也可以请工会或者第三方共同与用人单位协商，达成和解协议。

第五条　【劳动争议处理的基本程序】发生劳动争议，当事人不愿协商、协商不成或者达成和解协议后不履行的，可以向调解组织申请调解；不愿调解、调解不成或者达成调解协议后不履行的，可以向劳动争议仲裁委员会申请仲裁；对仲裁裁决不服的，除本法另有规定的外，可以向人民法院提起诉讼。

第六条　【举证责任】发生劳动争议，当事人对自己提出的主张，有责任提供证据。与争议事项有关的证据属于用人单位掌握管理的，用人单位应当提供；用人单位不提供的，应当承担不利后果。

第七条　【劳动争议处理的代表人制度】发生劳动争议的劳动者一方在十人以上，并有共同请求的，可以推举代表参加调解、仲裁或者诉讼活动。

第八条　【劳动争议处理的协调劳动关系三方机制】县级以上人民政府劳动行政部门会同工会和企业方面代表建立协调劳动关系三方机制，共同研究解决劳动争议的重大问题。

第九条　【劳动监察】用人单位违反国家规定，拖欠或者未足额支付劳动报酬，或者拖欠工伤医疗费、经济补偿或者赔偿金的，劳动者可以向劳动行政部门投诉，劳动行政部门应当依法处理。

第二章　调　　解

第十条　【调解组织】发生劳动争议，当事人可以到下列调解组织申请调解：

（一）企业劳动争议调解委员会；

（二）依法设立的基层人民调解组织；

（三）在乡镇、街道设立的具有劳动争议调解职能的组织。

企业劳动争议调解委员会由职工代表和企业代表组成。职工代表由工会成员担任或者由全体职工推举产生，企业代表由企业负责人指定。企业劳动争议调解委员会主任由工会成员或者双方推举的人员担任。

第十一条　【担任调解员的条件】劳动争议调解组织的调解员应当由公道正派、联系群众、热心调解工作，并具有一定法律知识、政策水平和文化水平的成年公民担任。

第十二条　【调解申请】当事人申请劳动争议调解可以书面申请，也可以口头申请。口头申请的，调解组织应当当场记录申请人基本情况、申请调解的争议事项、理由和时间。

第十三条　【调解方式】调解劳动争议，应当充分听取双方当事人对事实和理由的陈述，耐心疏导，帮助其达成协议。

第十四条　【调解协议】经调解达成协议的，应当制作调解协议书。

调解协议书由双方当事人签名或者盖章，经调解员签名并加盖调解组织印章后生效，对双方当事人具有约束力，当事人应当履行。

自劳动争议调解组织收到调解申请之日起十五日内未达成调解协议的，当事人可以依法申请仲裁。

第十五条 【申请仲裁】达成调解协议后，一方当事人在协议约定期限内不履行调解协议的，另一方当事人可以依法申请仲裁。

第十六条 【支付令】因支付拖欠劳动报酬、工伤医疗费、经济补偿或者赔偿金事项达成调解协议，用人单位在协议约定期限内不履行的，劳动者可以持调解协议书依法向人民法院申请支付令。人民法院应当依法发出支付令。

第三章 仲 裁

第一节 一般规定

第十七条 【劳动争议仲裁委员会设立】劳动争议仲裁委员会按照统筹规划、合理布局和适应实际需要的原则设立。省、自治区人民政府可以决定在市、县设立；直辖市人民政府可以决定在区、县设立。直辖市、设区的市也可以设立一个或者若干个劳动争议仲裁委员会。劳动争议仲裁委员会不按行政区划层层设立。

第十八条 【制定仲裁规则及指导劳动争议仲裁工作】国务院劳动行政部门依照本法有关规定制定仲裁规则。省、自治区、直辖市人民政府劳动行政部门对本行政区域的劳动争议仲裁工作进行指导。

第十九条 【劳动争议仲裁委员会组成及职责】劳动争议仲裁委员会由劳动行政部门代表、工会代表和企业方面代表组成。劳动争议仲裁委员会组成人员应当是单数。

劳动争议仲裁委员会依法履行下列职责：

（一）聘任、解聘专职或者兼职仲裁员；

（二）受理劳动争议案件；

（三）讨论重大或者疑难的劳动争议案件；

（四）对仲裁活动进行监督。

劳动争议仲裁委员会下设办事机构，负责办理劳动争议仲裁委员会的日常工作。

第二十条 【仲裁员资格条件】劳动争议仲裁委员会应当设仲裁员名册。

仲裁员应当公道正派并符合下列条件之一：

（一）曾任审判员的；

（二）从事法律研究、教学工作并具有中级以上职称的；

（三）具有法律知识、从事人力资源管理或者工会等专业工作满五年的；

（四）律师执业满三年的。

第二十一条 【仲裁管辖】劳动争议仲裁委员会负责管辖本区域内发生的劳动争议。

劳动争议由劳动合同履行地或者用人单位所在地的劳动争议仲裁委员会管辖。双方当事人分别向劳动合同履行地和用人单位所在地的劳动争议仲裁委员会申请仲裁的，由劳动合同履行地的劳动争议仲裁委员会管辖。

第二十二条 【仲裁案件当事人】发生劳动争议的劳动者和用人单位为劳动争议仲裁案件的双方当事人。

劳务派遣单位或者用工单位与劳动者发生劳动争议的，劳务派遣单位和用工单位为共同当事人。

第二十三条 【仲裁案件第三人】与劳动争议案件的处理结果有利害关系的第三人，可以申请参加仲裁活动或者由劳动争议仲裁委员会通知其参加仲裁活动。

第二十四条 【委托代理】当事人可以委托代理人参加仲裁活动。委托他人参加仲裁活动，应当向劳动争议仲裁委员会提交有委托人签名或者盖章的委托书，委托书应当载明委托事项和权限。

第二十五条 【法定代理和指定代理】丧失或者部分丧失民事行为能力的劳动者，由其法定代理人代为参加仲裁活动；无法定代理人的，由劳动争议仲裁委员会为其指定代理人。劳动者死亡的，由其近亲属或者代理人参加仲裁活动。

第二十六条 【仲裁公开】劳动争议仲裁公开进行，但当事人协议不公开进行或者涉及国家秘密、商业秘密和个人隐私的除外。

第二节 申请和受理

第二十七条 【仲裁时效】劳动争议申请仲裁的时效期间为一年。仲裁时效期间从当事人知道或者应当知道其权利被侵害之日起计算。

前款规定的仲裁时效，因当事人一方向对方当事人主张权利，或者向有关部门请求权利救济，或者对方当事人同意履行义务而中断。从中断时起，仲裁时效期间重新计算。

因不可抗力或者有其他正当理由，当事人不能在本条第一款规定的仲裁时效期间申请仲裁的，仲裁时效中止。从中止时效的原因消除之日起，仲裁时效期间继续计算。

劳动关系存续期间因拖欠劳动报酬发生争议的，劳动者申请仲裁不受本条第一款规定的仲裁时效期间的限制；但是，劳动关系终止的，应当自劳动关系终止之日起一年内提出。

第二十八条 【仲裁申请】申请人申请仲裁应当提交书面仲裁申请，并按照被申请人人数提交副本。

仲裁申请书应当载明下列事项：

（一）劳动者的姓名、性别、年龄、职业、工作单位和住所，用人单位的名称、住所和法定代表人或者主要负责人的姓名、职务；

（二）仲裁请求和所根据的事实、理由；

（三）证据和证据来源、证人姓名和住所。

书写仲裁申请确有困难的，可以口头申请，由劳动争议仲裁委员会记入笔录，并告知对方当事人。

第二十九条　【仲裁申请的受理和不予受理】劳动争议仲裁委员会收到仲裁申请之日起五日内，认为符合受理条件的，应当受理，并通知申请人；认为不符合受理条件的，应当书面通知申请人不予受理，并说明理由。对劳动争议仲裁委员会不予受理或者逾期未作出决定的，申请人可以就该劳动争议事项向人民法院提起诉讼。

第三十条　【仲裁申请送达与仲裁答辩书的提供】劳动争议仲裁委员会受理仲裁申请后，应当在五日内将仲裁申请书副本送达被申请人。

被申请人收到仲裁申请书副本后，应当在十日内向劳动争议仲裁委员会提交答辩书。劳动争议仲裁委员会收到答辩书后，应当在五日内将答辩书副本送达申请人。被申请人未提交答辩书的，不影响仲裁程序的进行。

第三节　开庭和裁决

第三十一条　【仲裁庭组成】劳动争议仲裁委员会裁决劳动争议案件实行仲裁庭制。仲裁庭由三名仲裁员组成，设首席仲裁员。简单劳动争议案件可以由一名仲裁员独任仲裁。

第三十二条　【书面通知仲裁庭组成情况】劳动争议仲裁委员会应当在受理仲裁申请之日起五日内将仲裁庭的组成情况书面通知当事人。

第三十三条　【仲裁员回避】仲裁员有下列情形之一，应当回避，当事人也有权以口头或者书面方式提出回避申请：

（一）是本案当事人或者当事人、代理人的近亲属的；

（二）与本案有利害关系的；

（三）与本案当事人、代理人有其他关系，可能影响公正裁决的；

（四）私自会见当事人、代理人，或者接受当事人、代理人的请客送礼的。

劳动争议仲裁委员会对回避申请应当及时作出决定，并以口头或者书面方式通知当事人。

第三十四条　【仲裁员的法律责任】仲裁员有本法第三十三条第四项规定情形，或者有索贿受贿、徇私舞弊、枉法裁决行为的，应当依法承担法律责任。劳动争议仲裁委员会应当将其解聘。

第三十五条　【开庭通知与延期开庭】仲裁庭应当在开庭五日前，将开庭日期、地点书面通知双方当事人。当事人有正当理由的，可以在开庭三日前请求延期开庭。是否延期，由劳动争议仲裁委员会决定。

第三十六条　【视为撤回仲裁申请和缺席裁决】申请人收到书面通知，无正当理由拒不到庭或者未经仲裁庭同意中途退庭的，可以视为撤回仲裁申请。

被申请人收到书面通知，无正当理由拒不到庭或者未经仲裁庭同意中途退庭的，可以缺席裁决。

第三十七条　【鉴定】仲裁庭对专门性问题认为需要鉴定的，可以交由当事人约定的鉴定机构鉴定；当事人没有约定或者无法达成约定的，由仲裁庭指定的鉴定机构鉴定。

根据当事人的请求或者仲裁庭的要求，鉴定机构应当派鉴定人参加开庭。当事人经仲裁庭许可，可以向鉴定人提问。

第三十八条　【质证、辩论、陈述最后意见】当事人在仲裁过程中有权进行质证和辩论。质证和辩论终结时，首席仲裁员或者独任仲裁员应当征询当事人的最后意见。

第三十九条　【证据及举证责任】当事人提供的证据经查证属实的，仲裁庭应当将其作为认定事实的根据。

劳动者无法提供由用人单位掌握管理的与仲裁请求有关的证据，仲裁庭可以要求用人单位在指定期限内提供。用人单位在指定期限内不提供的，应当承担不利后果。

第四十条　【仲裁庭审笔录】仲裁庭应当将开庭情况记入笔录。当事人和其他仲裁参加人认为对自己陈述的记录有遗漏或者差错的，有权申请补正。如果不予补正，应当记录该申请。

笔录由仲裁员、记录人员、当事人和其他仲裁参加人签名或者盖章。

第四十一条　【当事人自行和解】当事人申请劳动争议仲裁后，可以自行和解。达成和解协议的，可以撤回仲裁申请。

第四十二条　【仲裁庭调解】仲裁庭在作出裁决前，应当先行调解。

调解达成协议的，仲裁庭应当制作调解书。

调解书应当写明仲裁请求和当事人协议的结果。调解书由仲裁员签名，加盖劳动争议仲裁委员会印章，送达双方当事人。调解书经双方当事人签收后，发生法律效力。

调解不成或者调解书送达前，一方当事人反悔的，仲裁庭应当及时作出裁决。

第四十三条 【**仲裁审理时限及先行裁决**】仲裁庭裁决劳动争议案件，应当自劳动争议仲裁委员会受理仲裁申请之日起四十五日内结束。案情复杂需要延期的，经劳动争议仲裁委员会主任批准，可以延期并书面通知当事人，但是延长期限不得超过十五日。逾期未作出仲裁裁决的，当事人可以就该劳动争议事项向人民法院提起诉讼。

仲裁庭裁决劳动争议案件时，其中一部分事实已经清楚，可以就该部分先行裁决。

第四十四条 【**先予执行**】仲裁庭对追索劳动报酬、工伤医疗费、经济补偿或者赔偿金的案件，根据当事人的申请，可以裁决先予执行，移送人民法院执行。

仲裁庭裁决先予执行的，应当符合下列条件：

（一）当事人之间权利义务关系明确；

（二）不先予执行将严重影响申请人的生活。

劳动者申请先予执行的，可以不提供担保。

第四十五条 【**作出裁决**】裁决应当按照多数仲裁员的意见作出，少数仲裁员的不同意见应当记入笔录。仲裁庭不能形成多数意见时，裁决应当按照首席仲裁员的意见作出。

第四十六条 【**裁决书**】裁决书应当载明仲裁请求、争议事实、裁决理由、裁决结果和裁决日期。裁决书由仲裁员签名，加盖劳动争议仲裁委员会印章。对裁决持不同意见的仲裁员，可以签名，也可以不签名。

第四十七条 【**终局裁决**】下列劳动争议，除本法另有规定的外，仲裁裁决为终局裁决，裁决书自作出之日起发生法律效力：

（一）追索劳动报酬、工伤医疗费、经济补偿或者赔偿金，不超过当地月最低工资标准十二个月金额的争议；

（二）因执行国家的劳动标准在工作时间、休息休假、社会保险等方面发生的争议。

第四十八条 【**劳动者提起诉讼**】劳动者对本法第四十七条规定的仲裁裁决不服的，可以自收到仲裁裁决书之日起十五日内向人民法院提起诉讼。

第四十九条 【**用人单位申请撤销终局裁决**】用人单位有证据证明本法第四十七条规定的仲裁裁决有下列情形之一，可以自收到仲裁裁决书之日起三十日内向劳动争议仲裁委员会所在地的中级人民法院申请撤销裁决：

（一）适用法律、法规确有错误的；

（二）劳动争议仲裁委员会无管辖权的；

（三）违反法定程序的；

（四）裁决所根据的证据是伪造的；

（五）对方当事人隐瞒了足以影响公正裁决的证据的；

（六）仲裁员在仲裁该案时有索贿受贿、徇私舞弊、枉法裁决行为的。

人民法院经组成合议庭审查核实裁决有前款规定情形之一的，应当裁定撤销。

仲裁裁决被人民法院裁定撤销的，当事人可以自收到裁定书之日起十五日内就该劳动争议事项向人民法院提起诉讼。

第五十条 【**不服仲裁裁决提起诉讼**】当事人对本法第四十七条规定以外的其他劳动争议案件的仲裁裁决不服的，可以自收到仲裁裁决书之日起十五日内向人民法院提起诉讼；期满不起诉的，裁决书发生法律效力。

第五十一条 【**生效调解书、裁决书的执行**】当事人对发生法律效力的调解书、裁决书，应当依照规定的期限履行。一方当事人逾期不履行的，另一方当事人可以依照民事诉讼法的有关规定向人民法院申请执行。受理申请的人民法院应当依法执行。

第四章　附　　则

第五十二条 【**事业单位劳动争议的处理**】事业单位实行聘用制的工作人员与本单位发生劳动争议的，依照本法执行；法律、行政法规或者国务院另有规定的，依照其规定。

第五十三条 【**仲裁不收费**】劳动争议仲裁不收费。劳动争议仲裁委员会的经费由财政予以保障。

第五十四条 【**施行日期**】本法自 2008 年 5 月 1 日起施行。

劳动人事争议仲裁办案规则

1. 2017 年 5 月 8 日人力资源和社会保障部令第 33 号公布

2. 自 2017 年 7 月 1 日起施行

第一章　总　　则

第一条　为公正及时处理劳动人事争议（以下简称争议），规范仲裁办案程序，根据《中华人民共和国劳动争议调解仲裁法》（以下简称调解仲裁法）以及《中华人民共和国公务员法》（以下简称公务员法）、《事业单位人事管理条例》、《中国人民解放军文职人员条例》和有关法律、法规、国务院有关规定，制定本规则。

第二条　本规则适用下列争议的仲裁：

（一）企业、个体经济组织、民办非企业单位等组织与劳动者之间，以及机关、事业单位、社会团体与其建立劳动关系的劳动者之间，因确认劳动关系，订立、履行、变更、解除和终止劳动合同，工作时间、休息休假、社会保险、福利、培训以及劳动保护，劳动报酬、工伤医疗费、经济补偿或者赔偿金等发生的争议；

（二）实施公务员法的机关与聘任制公务员之间、参照公务员法管理的机关（单位）与聘任工作人员之间因履行聘任合同发生的争议；

（三）事业单位与其建立人事关系的工作人员之间因终止人事关系以及履行聘用合同发生的争议；

（四）社会团体与其建立人事关系的工作人员之间因终止人事关系以及履行聘用合同发生的争议；

（五）军队文职人员用人单位与聘用制文职人员之间因履行聘用合同发生的争议；

（六）法律、法规规定由劳动人事争议仲裁委员会（以下简称仲裁委员会）处理的其他争议。

第三条　仲裁委员会处理争议案件，应当遵循合法、公正的原则，先行调解，及时裁决。

第四条　仲裁委员会下设实体化的办事机构，称为劳动人事争议仲裁院（以下简称仲裁院）。

第五条　劳动者一方在十人以上并有共同请求的争议，或者因履行集体合同发生的劳动争议，仲裁委员会应当优先立案，优先审理。

第二章　一般规定

第六条　发生争议的用人单位未办理营业执照、被吊销营业执照、营业执照到期继续经营、被责令关闭、被撤销以及用人单位解散、歇业，不能承担相关责任的，应当将用人单位和其出资人、开办单位或者主管部门作为共同当事人。

第七条　劳动者与个人承包经营者发生争议，依法向仲裁委员会申请仲裁的，应当将发包的组织和个人承包经营者作为共同当事人。

第八条　劳动合同履行地为劳动者实际工作场所地，用人单位所在地为用人单位注册、登记地或者主要办事机构所在地。用人单位未经注册、登记的，其出资人、开办单位或者主管部门所在地为用人单位所在地。

双方当事人分别向劳动合同履行地和用人单位所在地的仲裁委员会申请仲裁的，由劳动合同履行地的仲裁委员会管辖。有多个劳动合同履行地的，由最先受理的仲裁委员会管辖。劳动合同履行地不明确的，由用人单位所在地的仲裁委员会管辖。

案件受理后，劳动合同履行地或者用人单位所在地发生变化的，不改变争议仲裁的管辖。

第九条　仲裁委员会发现已受理案件不属于其管辖范围的，应当移送至有管辖权的仲裁委员会，并书面通知当事人。

对上述移送案件，受移送的仲裁委员会应当依法受理。受移送的仲裁委员会认为移送的案件按照规定不属于其管辖，或者仲裁委员会之间因管辖争议协商不成的，应当报请共同的上一级仲裁委员会主管部门指定管辖。

第十条　当事人提出管辖异议的，应当在答辩期满前书面提出。仲裁委员会应当审查当事人提出的管辖异议，异议成立的，将案件移送至有管辖权的仲裁委员会并书面通知当事人；异议不成立的，应当书面决定驳回。

当事人逾期提出的，不影响仲裁程序的进行。

第十一条　当事人申请回避，应当在案件开庭审理前提出，并说明理由。回避事由在案件开庭审理后知晓的，也可以在庭审辩论终结前提出。

当事人在庭审辩论终结后提出回避申请的，不影响仲裁程序的进行。

仲裁委员会应当在回避申请提出的三日内，以口头或者书面形式作出决定。以口头形式作出的，应当记入笔录。

第十二条　仲裁员、记录人员是否回避，由仲裁委员会主任或者其委托的仲裁院负责人决定。仲裁委员会主任担任案件仲裁员是否回避，由仲裁委员会决定。

在回避决定作出前，被申请回避的人员应当暂停参与该案处理，但因案件需要采取紧急措施的除外。

第十三条　当事人对自己提出的主张有责任提供证据。与争议事项有关的证据属于用人单位掌握管理的，用人单位应当提供；用人单位不提供的，应当承担不利后果。

第十四条　法律没有具体规定、按照本规则第十三条规定无法确定举证责任承担的，仲裁庭可以根据公平原则和诚实信用原则，综合当事人举证能力等因素确定举证责任的承担。

第十五条　承担举证责任的当事人应当在仲裁委员会指定的期限内提供有关证据。当事人在该期限内提供证据确有困难的，可以向仲裁委员会申请延长期限，仲裁委员会根据当事人的申请适当延长。当事人逾期提供证据的，仲裁委员会应当责令其说明理由；拒不说明理由或者理由不成立的，仲裁委员会可以根据不同情形不予采纳该证据，或者采纳该证据但予以训诫。

第十六条　当事人因客观原因不能自行收集的证据，仲裁委员会可以根据当事人的申请，参照民事诉讼有关规定予以收集；仲裁委员会认为有必要的，也可以决定参照民事诉讼有关规定予以收集。

第十七条　仲裁委员会依法调查取证时，有关单位和个人应当协助配合。

仲裁委员会调查取证时，不得少于两人，并应当向被调查对象出示工作证件和仲裁委员会出具的介绍信。

第十八条　争议处理中涉及证据形式、证据提交、证据交换、证据质证、证据认定等事项，本规则未规定的，可以参照民事诉讼证据规则的有关规定执行。

第十九条　仲裁期间包括法定期间和仲裁委员会指定期间。

仲裁期间的计算，本规则未规定的，仲裁委员会可以参照民事诉讼关于期间计算的有关规定执行。

第二十条　仲裁委员会送达仲裁文书必须有送达回证，由受送达人在送达回证上记明收到日期，并签名或者盖章。受送达人在送达回证上的签收日期为送达日期。

因企业停业等原因导致无法送达且劳动者一方在十人以上的，或者受送达人拒绝签收仲裁文书的，通过在受送达人住所留置、张贴仲裁文书，并采用拍照、录像等方式记录的，自留置、张贴之日起经过三日即视为送达，不受本条第一款的限制。

仲裁文书的送达方式，本规则未规定的，仲裁委员会可以参照民事诉讼关于送达方式的有关规定执行。

第二十一条　案件处理终结后，仲裁委员会应当将处理过程中形成的全部材料立卷归档。

第二十二条　仲裁案卷分正卷和副卷装订。

正卷包括：仲裁申请书、受理（不予受理）通知书、答辩书、当事人及其他仲裁参加人的身份证明材料、授权委托书、调查证据、勘验笔录、当事人提供的证据材料、委托鉴定材料、开庭通知、庭审笔录、延期通知书、撤回仲裁申请书、调解书、裁决书、决定书、案件移送函、送达回证等。

副卷包括：立案审批表、延期审理审批表、中止审理审批表、调查提纲、阅卷笔录、会议笔录、评议记录、结案审批表等。

第二十三条　仲裁委员会应当建立案卷查阅制度。对案卷正卷材料，应当允许当事人及其代理人依法查阅、复制。

第二十四条　仲裁裁决结案的案卷，保存期不少于十年；仲裁调解和其他方式结案的案卷，保存期不少于五年；国家另有规定的，从其规定。

保存期满后的案卷，应当按照国家有关档案管理的规定处理。

第二十五条　在仲裁活动中涉及国家秘密或者军事秘密的，按照国家或者军队有关保密规定执行。

当事人协议不公开或者涉及商业秘密和个人隐私的，经相关当事人书面申请，仲裁委员会应当不公开审理。

第三章　仲 裁 程 序

第一节　申请和受理

第二十六条　本规则第二条第（一）、（三）、（四）、（五）项规定的争议，申请仲裁的时效期间为一年。仲裁时效期间从当事人知道或者应当知道其权利被侵害之日起计算。

本规则第二条第（二）项规定的争议，申请仲裁的时效期间适用公务员法有关规定。

劳动人事关系存续期间因拖欠劳动报酬发生争议的，劳动者申请仲裁不受本条第一款规定的仲裁时效期间的限制；但是，劳动人事关系终止的，应当自劳动人事关系终止之日起一年内提出。

第二十七条　在申请仲裁的时效期间内，有下列情形之一的，仲裁时效中断：

（一）一方当事人通过协商、申请调解等方式向对方当事人主张权利的；

（二）一方当事人通过向有关部门投诉，向仲裁委员会申请仲裁，向人民法院起诉或者申请支付令等方式请求权利救济的；

（三）对方当事人同意履行义务的。

从中断时起，仲裁时效期间重新计算。

第二十八条　因不可抗力，或者有无民事行为能力或者限制民事行为能力劳动者的法定代理人未确定等其他正当理由，当事人不能在规定的仲裁时效期间申请仲裁的，仲裁时效中止。从中止时效的原因消除之日起，仲裁时效期间继续计算。

第二十九条　申请人申请仲裁应当提交书面仲裁申请，并按照被申请人人数提交副本。

仲裁申请书应当载明下列事项：

（一）劳动者的姓名、性别、出生日期、身份证件号码、住所、通讯地址和联系电话，用人单位的名称、住所、通讯地址、联系电话和法定代表人或者主要负责人的姓名、职务；

（二）仲裁请求和所根据的事实、理由；

（三）证据和证据来源，证人姓名和住所。

书写仲裁申请确有困难的，可以口头申请，由仲裁委员会记入笔录，经申请人签名、盖章或者捺印确认。

对于仲裁申请书不规范或者材料不齐备的，仲裁委员会应当当场或者在五日内一次性告知申请人需要补正的全部材料。

仲裁委员会收取当事人提交的材料应当出具收件回执。

第三十条 仲裁委员会对符合下列条件的仲裁申请应当予以受理，并在收到仲裁申请之日起五日内向申请人出具受理通知书：

（一）属于本规则第二条规定的争议范围；

（二）有明确的仲裁请求和事实理由；

（三）申请人是与本案有直接利害关系的自然人、法人或者其他组织，有明确的被申请人；

（四）属于本仲裁委员会管辖范围。

第三十一条 对不符合本规则第三十条第（一）、（二）、（三）项规定之一的仲裁申请，仲裁委员会不予受理，并在收到仲裁申请之日起五日内向申请人出具不予受理通知书；对不符合本规则第三十条第（四）项规定的仲裁申请，仲裁委员会应当在收到仲裁申请之日起五日内，向申请人作出书面说明并告知申请人向有管辖权的仲裁委员会申请仲裁。

对仲裁委员会逾期未作出决定或者决定不予受理的，申请人可以就该争议事项向人民法院提起诉讼。

第三十二条 仲裁委员会受理案件后，发现不应当受理的，除本规则第九条规定外，应当撤销案件，并自决定撤销案件后五日内，以决定书的形式通知当事人。

第三十三条 仲裁委员会受理仲裁申请后，应当在五日内将仲裁申请书副本送达被申请人。

被申请人收到仲裁申请书副本后，应当在十日内向仲裁委员会提交答辩书。仲裁委员会收到答辩书后，应当在五日内将答辩书副本送达申请人。被申请人逾期未提交答辩书的，不影响仲裁程序的进行。

第三十四条 符合下列情形之一，申请人基于同一事实、理由和仲裁请求又申请仲裁的，仲裁委员会不予受理：

（一）仲裁委员会已经依法出具不予受理通知书的；

（二）案件已在仲裁、诉讼过程中或者调解书、裁决书、判决书已经发生法律效力的。

第三十五条 仲裁处理结果作出前，申请人可以自行撤回仲裁申请。申请人再次申请仲裁的，仲裁委员会应当受理。

第三十六条 被申请人可以在答辩期间提出反申请，仲裁委员会应当自收到被申请人反申请之日起五日内决定是否受理并通知被申请人。

决定受理的，仲裁委员会可以将反申请和申请合并处理。

反申请应当另行申请仲裁的，仲裁委员会应当书面告知被申请人另行申请仲裁；反申请不属于本规则规定应当受理的，仲裁委员会应当向被申请人出具不予受理通知书。

被申请人答辩期满后对申请人提出反申请的，应当另行申请仲裁。

第二节 开庭和裁决

第三十七条 仲裁委员会应当在受理仲裁申请之日起五日内组成仲裁庭并将仲裁庭的组成情况书面通知当事人。

第三十八条 仲裁庭应当在开庭五日前，将开庭日期、地点书面通知双方当事人。当事人有正当理由的，可以在开庭三日前请求延期开庭。是否延期，由仲裁委员会根据实际情况决定。

第三十九条 申请人收到书面开庭通知，无正当理由拒不到庭或者未经仲裁庭同意中途退庭的，可以按撤回仲裁申请处理；申请人重新申请仲裁的，仲裁委员会不予受理。被申请人收到书面开庭通知，无正当理由拒不到庭或者未经仲裁庭同意中途退庭的，仲裁庭可以继续开庭审理，并缺席裁决。

第四十条 当事人申请鉴定的，鉴定费由申请鉴定方先行垫付，案件处理终结后，由鉴定结果对其不利方负担。鉴定结果不明确的，由申请鉴定方负担。

第四十一条 开庭审理前，记录人员应当查明当事人和其他仲裁参与人是否到庭，宣布仲裁庭纪律。

开庭审理时，由仲裁员宣布开庭、案由和仲裁员、记录人员名单，核对当事人，告知当事人有关的权利义务，询问当事人是否提出回避申请。

开庭审理中，仲裁员应当听取申请人的陈述和被申请人的答辩，主持庭审调查、质证和辩论、征询当事人最后意见，并进行调解。

第四十二条 仲裁庭应当将开庭情况记入笔录。当事人或者其他仲裁参与人认为对自己陈述的记录有遗漏或者差错的，有权当庭申请补正。仲裁庭认为申请无理由或者无必要的，可以不予补正，但是应当记录该申请。

仲裁员、记录人员、当事人和其他仲裁参与人应当在庭审笔录上签名或者盖章。当事人或者其他仲裁参与人拒绝在庭审笔录上签名或者盖章的，仲裁庭应当记明情况附卷。

第四十三条 仲裁参与人和其他人应当遵守仲裁庭纪律，不得有下列行为：

（一）未经准许进行录音、录像、摄影；

（二）未经准许以移动通信等方式现场传播庭审活动；

（三）其他扰乱仲裁庭秩序、妨害审理活动进行的行为。

仲裁参与人或者其他人有前款规定的情形之一的，仲裁庭可以训诫、责令退出仲裁庭，也可以暂扣进行录音、录像、摄影、传播庭审活动的器材，并责令其删除有关内容。拒不删除的，可以采取必要手段强制删除，并将上述事实记入庭审笔录。

第四十四条 申请人在举证期限届满前可以提出增加或者变更仲裁请求；仲裁庭对申请人增加或者变更的仲裁请求审查后认为应当受理的，应当通知被申请人并给予答辩期，被申请人明确表示放弃答辩期的除外。

申请人在举证期限届满后提出增加或者变更仲裁请求的，应当另行申请仲裁。

第四十五条 仲裁庭裁决案件，应当自仲裁委员会受理仲裁申请之日起四十五日内结束。案情复杂需要延期的，经仲裁委员会主任或者其委托的仲裁院负责人书面批准，可以延期并书面通知当事人，但延长期限不得超过十五日。

第四十六条 有下列情形的，仲裁期限按照下列规定计算：

（一）仲裁庭追加当事人或者第三人的，仲裁期限从决定追加之日起重新计算；

（二）申请人需要补正材料的，仲裁委员会收到仲裁申请的时间从材料补正之日起重新计算；

（三）增加、变更仲裁请求的，仲裁期限从受理增加、变更仲裁请求之日起重新计算；

（四）仲裁申请和反申请合并处理的，仲裁期限从受理反申请之日起重新计算；

（五）案件移送管辖的，仲裁期限从接受移送之日起重新计算；

（六）中止审理期间、公告送达期间不计入仲裁期限内；

（七）法律、法规规定应当另行计算的其他情形。

第四十七条 有下列情形之一的，经仲裁委员会主任或者其委托的仲裁院负责人批准，可以中止案件审理，并书面通知当事人：

（一）劳动者一方当事人死亡，需要等待继承人表明是否参加仲裁的；

（二）劳动者一方当事人丧失民事行为能力，尚未确定法定代理人参加仲裁的；

（三）用人单位终止，尚未确定权利义务承继者的；

（四）一方当事人因不可抗拒的事由，不能参加仲裁的；

（五）案件审理需要以其他案件的审理结果为依据，且其他案件尚未审结的；

（六）案件处理需要等待工伤认定、伤残等级鉴定以及其他鉴定结论的；

（七）其他应当中止仲裁审理的情形。

中止审理的情形消除后，仲裁庭应当恢复审理。

第四十八条 当事人因仲裁庭逾期未作出仲裁裁决而向人民法院提起诉讼并立案受理的，仲裁委员会应当决定该案件终止审理；当事人未就该争议事项向人民法院提起诉讼的，仲裁委员会应当继续处理。

第四十九条 仲裁庭裁决案件时，其中一部分事实已经清楚的，可以就该部分先行裁决。当事人对先行裁决不服的，可以按照调解仲裁法有关规定处理。

第五十条 仲裁庭裁决案件时，申请人根据调解仲裁法第四十七条第（一）项规定，追索劳动报酬、工伤医疗费、经济补偿或者赔偿金，如果仲裁裁决涉及数项，对单项裁决数额不超过当地月最低工资标准十二个月金额的事项，应当适用终局裁决。

前款经济补偿包括《中华人民共和国劳动合同法》（以下简称劳动合同法）规定的竞业限制期限内给予的经济补偿、解除或者终止劳动合同的经济补偿等；赔偿金包括劳动合同法规定的未签订书面劳动合同第二倍工资、违法约定试用期的赔偿金、违法解除或者终止劳动合同的赔偿金等。

根据调解仲裁法第四十七条第（二）项的规定，因执行国家的劳动标准在工作时间、休息休假、社会保险等方面发生的争议，应当适用终局裁决。

仲裁庭裁决案件时，裁决内容同时涉及终局裁决和非终局裁决的，应当分别制作裁决书，并告知当事人相应的救济权利。

第五十一条 仲裁庭对追索劳动报酬、工伤医疗费、经济补偿或者赔偿金的案件，根据当事人的申请，可以裁决先予执行，移送人民法院执行。

仲裁庭裁决先予执行的，应当符合下列条件：

（一）当事人之间权利义务关系明确；

（二）不先予执行将严重影响申请人的生活。

劳动者申请先予执行的，可以不提供担保。

第五十二条 裁决应当按照多数仲裁员的意见作出，少数仲裁员的不同意见应当记入笔录。仲裁庭不能形成多数意见时，裁决应当按照首席仲裁员的意见作出。

第五十三条 裁决书应当载明仲裁请求、争议事实、裁决理由、裁决结果、当事人权利和裁决日期。裁决书由仲裁员签名，加盖仲裁委员会印章。对裁决持不同意见的仲裁员，可以签名，也可以不签名。

第五十四条　对裁决书中的文字、计算错误或者仲裁庭已经裁决但在裁决书中遗漏的事项，仲裁庭应当及时制作决定书予以补正并送达当事人。

第五十五条　当事人对裁决不服向人民法院提起诉讼的，按照调解仲裁法有关规定处理。

第三节　简易处理

第五十六条　争议案件符合下列情形之一的，可以简易处理：

（一）事实清楚、权利义务关系明确、争议不大的；

（二）标的额不超过本省、自治区、直辖市上年度职工年平均工资的；

（三）双方当事人同意简易处理的。

仲裁委员会决定简易处理的，可以指定一名仲裁员独任仲裁，并应当告知当事人。

第五十七条　争议案件有下列情形之一的，不得简易处理：

（一）涉及国家利益、社会公共利益的；

（二）有重大社会影响的；

（三）被申请人下落不明的；

（四）仲裁委员会认为不宜简易处理的。

第五十八条　简易处理的案件，经与被申请人协商同意，仲裁庭可以缩短或者取消答辩期。

第五十九条　简易处理的案件，仲裁庭可以用电话、短信、传真、电子邮件等简便方式送达仲裁文书，但送达调解书、裁决书除外。

以简便方式送达的开庭通知，未经当事人确认或者没有其他证据证明当事人已经收到的，仲裁庭不得按撤回仲裁申请处理或者缺席裁决。

第六十条　简易处理的案件，仲裁庭可以根据案件情况确定举证期限、开庭日期、审理程序、文书制作等事项，但应当保障当事人陈述意见的权利。

第六十一条　仲裁庭在审理过程中，发现案件不宜简易处理的，应当在仲裁期限届满前决定转为按照一般程序处理，并告知当事人。

案件转为按照一般程序处理的，仲裁期限自仲裁委员会受理仲裁申请之日起计算，双方当事人已经确认的事实，可以不再进行举证、质证。

第四节　集体劳动人事争议处理

第六十二条　处理劳动者一方在十人以上并有共同请求的争议案件，或者因履行集体合同发生的劳动争议案件，适用本节规定。

符合本规则第五十六条第一款规定情形之一的集体劳动人事争议案件，可以简易处理，不受本节规定的限制。

第六十三条　发生劳动者一方在十人以上并有共同请求的争议的，劳动者可以推举三至五名代表参加仲裁活动。代表人参加仲裁的行为对其所代表的当事人发生效力，但代表人变更、放弃仲裁请求或者承认对方当事人的仲裁请求，进行和解，必须经被代表的当事人同意。

因履行集体合同发生的劳动争议，经协商解决不成的，工会可以依法申请仲裁；尚未建立工会的，由上级工会指导劳动者推举产生的代表依法申请仲裁。

第六十四条　仲裁委员会应当自收到当事人集体劳动人事争议仲裁申请之日起五日内作出受理或者不予受理的决定。决定受理的，应当自受理之日起五日内将仲裁庭组成人员、答辩期限、举证期限、开庭日期和地点等事项一次性通知当事人。

第六十五条　仲裁委员会处理集体劳动人事争议案件，应当由三名仲裁员组成仲裁庭，设首席仲裁员。

仲裁委员会处理因履行集体合同发生的劳动争议，应当按照三方原则组成仲裁庭处理。

第六十六条　仲裁庭处理集体劳动人事争议，开庭前应当引导当事人自行协商，或者先行调解。

仲裁庭处理集体劳动人事争议案件，可以邀请法律工作者、律师、专家学者等第三方共同参与调解。

协商或者调解未能达成协议的，仲裁庭应当及时裁决。

第六十七条　仲裁庭开庭场所可以设在发生争议的用人单位或者其他便于及时处理争议的地点。

第四章　调解程序

第一节　仲裁调解

第六十八条　仲裁委员会处理争议案件，应当坚持调解优先，引导当事人通过协商、调解方式解决争议，给予必要的法律释明以及风险提示。

第六十九条　对未经调解、当事人直接申请仲裁的争议，仲裁委员会可以向当事人发出调解建议书，引导其到调解组织进行调解。当事人同意先行调解的，应当暂缓受理；当事人不同意先行调解的，应当依法受理。

第七十条　开庭之前，经双方当事人同意，仲裁庭可以委托调解组织或者其他具有调解能力的组织、个人进行调解。

自当事人同意之日起十日内未达成调解协议的，应当开庭审理。

第七十一条 仲裁庭审理争议案件时,应当进行调解。必要时可以邀请有关单位、组织或者个人参与调解。

第七十二条 仲裁调解达成协议的,仲裁庭应当制作调解书。

调解书应当写明仲裁请求和当事人协议的结果。调解书由仲裁员签名,加盖仲裁委员会印章,送达双方当事人。调解书经双方当事人签收后,发生法律效力。

调解不成或者调解书送达前,一方当事人反悔的,仲裁庭应当及时作出裁决。

第七十三条 当事人就部分仲裁请求达成调解协议的,仲裁庭可以就该部分先行出具调解书。

第二节 调解协议的仲裁审查

第七十四条 经调解组织调解达成调解协议的,双方当事人可以自调解协议生效之日起十五日内,共同向有管辖权的仲裁委员会提出仲裁审查申请。

当事人申请审查调解协议,应当向仲裁委员会提交仲裁审查申请书、调解协议和身份证明、资格证明以及其他与调解协议相关的证明材料,并提供双方当事人的送达地址、电话号码等联系方式。

第七十五条 仲裁委员会收到当事人仲裁审查申请,应当及时决定是否受理。决定受理的,应当出具受理通知书。

有下列情形之一的,仲裁委员会不予受理:

(一)不属于仲裁委员会受理争议范围的;

(二)不属于本仲裁委员会管辖的;

(三)超出规定的仲裁审查申请期间的;

(四)确认劳动关系的;

(五)调解协议已经人民法院司法确认的。

第七十六条 仲裁委员会审查调解协议,应当自受理仲裁审查申请之日起五日内结束。因特殊情况需要延期的,经仲裁委员会主任或者其委托的仲裁院负责人批准,可以延长五日。

调解书送达前,一方或者双方当事人撤回仲裁审查申请的,仲裁委员会应当准许。

第七十七条 仲裁委员会受理仲裁审查申请后,应当指定仲裁员对调解协议进行审查。

仲裁委员会经审查认为调解协议的形式和内容合法有效的,应当制作调解书。调解书的内容应当与调解协议的内容相一致。调解书经双方当事人签收后,发生法律效力。

第七十八条 调解协议具有下列情形之一的,仲裁委员会不予制作调解书:

(一)违反法律、行政法规强制性规定的;

(二)损害国家利益、社会公共利益或者公民、法人、其他组织合法权益的;

(三)当事人提供证据材料有弄虚作假嫌疑的;

(四)违反自愿原则的;

(五)内容不明确的;

(六)其他不能制作调解书的情形。

仲裁委员会决定不予制作调解书的,应当书面通知当事人。

第七十九条 当事人撤回仲裁审查申请或者仲裁委员会决定不予制作调解书的,应当终止仲裁审查。

第五章 附 则

第八十条 本规则规定的“三日”、“五日”、“十日”指工作日,“十五日”、“四十五日”指自然日。

第八十一条 本规则自2017年7月1日起施行。2009年1月1日人力资源社会保障部公布的《劳动人事争议仲裁办案规则》(人力资源和社会保障部令第2号)同时废止。

劳动人事争议仲裁组织规则

1. 2017年5月8日人力资源和社会保障部令第34号公布
2. 自2017年7月1日起施行

第一章 总 则

第一条 为公正及时处理劳动人事争议(以下简称争议),根据《中华人民共和国劳动争议调解仲裁法》(以下简称调解仲裁法)和《中华人民共和国公务员法》、《事业单位人事管理条例》、《中国人民解放军文职人员条例》等有关法律、法规,制定本规则。

第二条 劳动人事争议仲裁委员会(以下简称仲裁委员会)由人民政府依法设立,专门处理争议案件。

第三条 人力资源社会保障行政部门负责指导本行政区域的争议调解仲裁工作,组织协调处理跨地区、有影响的重大争议,负责仲裁员的管理、培训等工作。

第二章 仲裁委员会及其办事机构

第四条 仲裁委员会按照统筹规划、合理布局和适应实际需要的原则设立,由省、自治区、直辖市人民政府依法决定。

第五条 仲裁委员会由干部主管部门代表、人力资源社会保障等相关行政部门代表、军队文职人员工作管理部门代表、工会代表和用人单位方面代表等组成。

仲裁委员会组成人员应当是单数。

第六条 仲裁委员会设主任一名,副主任和委员若干名。

仲裁委员会主任由政府负责人或者人力资源社会保障行政部门主要负责人担任。

第七条　仲裁委员会依法履行下列职责：

（一）聘任、解聘专职或者兼职仲裁员；

（二）受理争议案件；

（三）讨论重大或者疑难的争议案件；

（四）监督本仲裁委员会的仲裁活动；

（五）制定本仲裁委员会的工作规则；

（六）其他依法应当履行的职责。

第八条　仲裁委员会应当每年至少召开两次全体会议，研究本仲裁委员会职责履行情况和重要工作事项。

仲裁委员会主任或者三分之一以上的仲裁委员会组成人员提议召开仲裁委员会会议的，应当召开。

仲裁委员会的决定实行少数服从多数原则。

第九条　仲裁委员会下设实体化的办事机构，具体承担争议调解仲裁等日常工作。办事机构称为劳动人事争议仲裁院（以下简称仲裁院），设在人力资源社会保障行政部门。

仲裁院对仲裁委员会负责并报告工作。

第十条　仲裁委员会的经费依法由财政予以保障。仲裁经费包括人员经费、公用经费、仲裁专项经费等。

仲裁院可以通过政府购买服务等方式聘用记录人员、安保人员等办案辅助人员。

第十一条　仲裁委员会组成单位可以派兼职仲裁员常驻仲裁院，参与争议调解仲裁活动。

第三章　仲　裁　庭

第十二条　仲裁委员会处理争议案件实行仲裁庭制度，实行一案一庭制。

仲裁委员会可以根据案件处理实际需要设立派驻仲裁庭、巡回仲裁庭、流动仲裁庭，就近就地处理争议案件。

第十三条　处理下列争议案件应当由三名仲裁员组成仲裁庭，设首席仲裁员：

（一）十人以上并有共同请求的争议案件；

（二）履行集体合同发生的争议案件；

（三）有重大影响或者疑难复杂的争议案件；

（四）仲裁委员会认为应当由三名仲裁员组庭处理的其他争议案件。

简单争议案件可以由一名仲裁员独任仲裁。

第十四条　记录人员负责案件庭审记录等相关工作。

记录人员不得由本庭仲裁员兼任。

第十五条　仲裁庭组成不符合规定的，仲裁委员会应当予以撤销并重新组庭。

第十六条　仲裁委员会应当有专门的仲裁场所。仲裁场所应当悬挂仲裁徽章，张贴仲裁庭纪律及注意事项等，并配备仲裁庭专业设备、档案储存设备、安全监控设备和安检设施等。

第十七条　仲裁工作人员在仲裁活动中应当统一着装，佩戴仲裁徽章。

第四章　仲　裁　员

第十八条　仲裁员是由仲裁委员会聘任、依法调解和仲裁争议案件的专业工作人员。

仲裁员分为专职仲裁员和兼职仲裁员。专职仲裁员和兼职仲裁员在调解仲裁活动中享有同等权利，履行同等义务。

兼职仲裁员进行仲裁活动，所在单位应当予以支持。

第十九条　仲裁委员会应当依法聘任一定数量的专职仲裁员，也可以根据办案工作需要，依法从干部主管部门、人力资源社会保障行政部门、军队文职人员工作管理部门、工会、企业组织等相关机构的人员以及专家学者、律师中聘任兼职仲裁员。

第二十条　仲裁员享有以下权利：

（一）履行职责应当具有的职权和工作条件；

（二）处理争议案件不受干涉；

（三）人身、财产安全受到保护；

（四）参加聘前培训和在职培训；

（五）法律、法规规定的其他权利。

第二十一条　仲裁员应当履行以下义务：

（一）依法处理争议案件；

（二）维护国家利益和公共利益，保护当事人合法权益；

（三）严格执行廉政规定，恪守职业道德；

（四）自觉接受监督；

（五）法律、法规规定的其他义务。

第二十二条　仲裁委员会聘任仲裁员时，应当从符合调解仲裁法第二十条规定的仲裁员条件的人员中选聘。

仲裁委员会应当根据工作需要，合理配备专职仲裁员和办案辅助人员。专职仲裁员数量不得少于三名，办案辅助人员不得少于一名。

第二十三条　仲裁委员会应当设仲裁员名册，并予以公告。

省、自治区、直辖市人力资源社会保障行政部门应当将本行政区域内仲裁委员会聘任的仲裁员名单报送人力资源社会保障部备案。

第二十四条　仲裁员聘期一般为五年。仲裁委员会负责仲裁员考核，考核结果作为解聘和续聘仲裁员的依据。

第二十五条 仲裁委员会应当制定仲裁员工作绩效考核标准，重点考核办案质量和效率、工作作风、遵纪守法情况等。考核结果分为优秀、合格、不合格。

第二十六条 仲裁员有下列情形之一的，仲裁委员会应当予以解聘：

（一）聘期届满不再续聘的；

（二）在聘期内因工作岗位变动或者其他原因不再履行仲裁员职责的；

（三）年度考核不合格的；

（四）因违纪、违法犯罪不能继续履行仲裁员职责的；

（五）其他应当解聘的情形。

第二十七条 人力资源社会保障行政部门负责对拟聘任的仲裁员进行聘前培训。

拟聘为省、自治区、直辖市仲裁委员会仲裁员及副省级市仲裁委员会仲裁员的，参加人力资源社会保障部组织的聘前培训；拟聘为地（市）、县（区）仲裁委员会仲裁员的，参加省、自治区、直辖市人力资源社会保障行政部门组织的仲裁员聘前培训。

第二十八条 人力资源社会保障行政部门负责每年对本行政区域内的仲裁员进行政治思想、职业道德、业务能力和作风建设培训。

仲裁员每年脱产培训的时间累计不少于四十学时。

第二十九条 仲裁委员会应当加强仲裁员作风建设，培育和弘扬具有行业特色的仲裁文化。

第三十条 人力资源社会保障部负责组织制定仲裁员培训大纲，开发培训教材，建立师资库和考试题库。

第三十一条 建立仲裁员职业保障机制，拓展仲裁员职业发展空间。

第五章 仲裁监督

第三十二条 仲裁委员会应当建立仲裁监督制度，对申请受理、办案程序、处理结果、仲裁工作人员行为等进行监督。

第三十三条 仲裁员不得有下列行为：

（一）徇私枉法，偏袒一方当事人；

（二）滥用职权，侵犯当事人合法权益；

（三）利用职权为自己或者他人谋取私利；

（四）隐瞒证据或者伪造证据；

（五）私自会见当事人及其代理人，接受当事人及其代理人的请客送礼；

（六）故意拖延办案、玩忽职守；

（七）泄露案件涉及的国家秘密、商业秘密和个人隐私或者擅自透露案件处理情况；

（八）在受聘期间担任所在仲裁委员会受理案件的代理人；

（九）其他违法违纪的行为。

第三十四条 仲裁员有本规则第三十三条规定情形的，仲裁委员会视情节轻重，给予批评教育、解聘等处理；被解聘的，五年内不得再次被聘为仲裁员。仲裁员所在单位根据国家有关规定对其给予处分；构成犯罪的，依法追究刑事责任。

第三十五条 记录人员等办案辅助人员应当认真履行职责，严守工作纪律，不得有玩忽职守、偏袒一方当事人、泄露案件涉及的国家秘密、商业秘密和个人隐私或者擅自透露案件处理情况等行为。

办案辅助人员违反前款规定的，应当按照有关法律法规和本规则第三十四条的规定处理。

第六章 附 则

第三十六条 被聘任为仲裁员的，由人力资源社会保障部统一免费发放仲裁员证和仲裁徽章。

第三十七条 仲裁委员会对被解聘、辞职以及其他原因不再聘任的仲裁员，应当及时收回仲裁员证和仲裁徽章，并予以公告。

第三十八条 本规则自2017年7月1日起施行。2010年1月20日人力资源社会保障部公布的《劳动人事争议仲裁组织规则》（人力资源和社会保障部令第5号）同时废止。

劳动部、总后勤部关于军队、武警部队的用人单位与无军籍职工发生劳动争议如何受理的通知

1. 1995年6月5日
2. 劳部发〔1995〕252号

各省、自治区、直辖市劳动（劳动人事）厅（局），解放军总后勤部司令部、生产管理部：

最近，一些地方劳动争议仲裁委员会请示：军队、武警部队的用人单位与本单位无军籍职工发生劳动争议是否受理问题。经劳动部与中国人民解放军总后勤部协商一致，现答复如下：

军队、武警部队的用人单位（含机关、事业组织、企业）与本单位无军籍职工发生劳动争议，各级劳动争议仲裁委员会应按照《劳动法》和《企业劳动争议处理条例》的规定予以受理。用人单位的上级主管部门应予以协助。

劳动和社会保障部办公厅关于劳动争议仲裁机构能否受理退休干部要求更改参加革命工作时间问题的复函

1．2002年7月25日
2．劳社厅函〔2002〕228号

铁道部办公厅：

你厅关于劳动争议仲裁机构能否受理退休干部要求更改参加革命工作时间问题的请示收悉，经研究，答复如下：

中央组织部、劳动人事部1982年9月印发的《关于确定建国前参加革命工作时间的规定》（中组发〔1982〕11号）对确定建国前干部参加革命工作时间认定程序、职权范围等方面有明确的规定。因此，因确定建国前参加革命工作时间的争议，不属于劳动争议仲裁委员会的受理范围。

劳动和社会保障部关于劳动争议仲裁委员会作出仲裁裁决后不再变更被执行主体的复函

1．2003年5月16日
2．劳社厅函〔2003〕260号

浙江省劳动和社会保障厅：

你厅《关于仲裁裁决生效后能否变更主体的请示》（浙劳社仲〔2003〕66号）收悉。现答复如下：

《关于人民法院执行工作若干问题的规定（试行）》（法释〔1998〕15号）规定，依照《民事诉讼法》第二百一十三条、《最高人民法院关于适用民事诉讼法若干问题的意见》第271条至第274条及本规定裁定变更或追加被执行主体的，由执行法院的执行机构办理。据此，对于劳动仲裁裁决执行过程中发生主体消亡情形的，由人民法院根据有关规定进行处理。劳动争议仲裁裁决一经作出并生效后，仲裁程序即结束，劳动争议仲裁委员会作出仲裁裁决后不再变更被执行主体。

最高人民法院关于劳动争议仲裁委员会的复议仲裁决定书可否作为执行依据问题的批复

1．1996年7月21日
2．法复〔1996〕10号

河南省高级人民法院：

你院（1995）豫法执请字第1号《关于郑劳仲复裁字（1991）第1号复议仲裁决定书能否作为执行依据的请示》收悉。经研究，答复如下：

仲裁一裁终局制度，是指仲裁决定一经作出即发生法律效力，当事人没有提请再次裁决的权利，但这并不排除原仲裁机构发现自己作出的裁决有错误进行重新裁决的情况。劳动争议仲裁委员会发现自己作出的仲裁决定书有错误而进行重新仲裁，符合实事求是的原则，不违背一裁终局制度，不应视为违反法定程序。因此对当事人申请执行劳动争议仲裁委员会复议仲裁决定的，应予立案执行。如被执行人提出申辩称该复议仲裁决定书有其他应不予执行的情形，应按照民事诉讼法第二百一十七条的规定，认真审查，慎重处理。

最高人民法院关于人民法院对经劳动争议仲裁裁决的纠纷准予撤诉或驳回起诉后劳动争议仲裁裁决从何时起生效的解释

1．2000年4月4日最高人民法院审判委员会第1108次会议通过
2．2000年7月10日公布
3．法释〔2000〕18号
4．自2000年7月19日起施行

为正确适用法律审理劳动争议案件，对人民法院裁定准予撤诉或驳回起诉后，劳动争议仲裁裁决从何时起生效的问题解释如下：

第一条 当事人不服劳动争议仲裁裁决向人民法院起诉后又申请撤诉，经人民法院审查准予撤诉的，原仲裁裁决自人民法院裁定送达当事人之日起发生法律效力。

第二条 当事人因超过起诉期间而被人民法院裁定驳回起诉的,原仲裁裁决自起诉期间届满之次日起恢复法律效力。

第三条 因仲裁裁决确定的主体资格错误或仲裁裁决事项不属于劳动争议,被人民法院驳回起诉的,原仲裁裁决不发生法律效力。

3. 诉 讼

最高人民法院关于审理劳动争议案件适用法律问题的解释(一)

1. *2020年12月25日最高人民法院审判委员会第1825次会议通过*
2. *2020年12月29日公布*
3. *法释〔2020〕26号*
4. *自2021年1月1日起施行*

为正确审理劳动争议案件,根据《中华人民共和国民法典》《中华人民共和国劳动法》《中华人民共和国劳动合同法》《中华人民共和国劳动争议调解仲裁法》《中华人民共和国民事诉讼法》等相关法律规定,结合审判实践,制定本解释。

第一条 劳动者与用人单位之间发生的下列纠纷,属于劳动争议,当事人不服劳动争议仲裁机构作出的裁决,依法提起诉讼的,人民法院应予受理:

(一)劳动者与用人单位在履行劳动合同过程中发生的纠纷;

(二)劳动者与用人单位之间没有订立书面劳动合同,但已形成劳动关系后发生的纠纷;

(三)劳动者与用人单位因劳动关系是否已经解除或者终止,以及应否支付解除或者终止劳动关系经济补偿金发生的纠纷;

(四)劳动者与用人单位解除或者终止劳动关系后,请求用人单位返还其收取的劳动合同定金、保证金、抵押金、抵押物发生的纠纷,或者办理劳动者的人事档案、社会保险关系等移转手续发生的纠纷;

(五)劳动者以用人单位未为其办理社会保险手续,且社会保险经办机构不能补办导致其无法享受社会保险待遇为由,要求用人单位赔偿损失发生的纠纷;

(六)劳动者退休后,与尚未参加社会保险统筹的原用人单位因追索养老金、医疗费、工伤保险待遇和其他社会保险待遇而发生的纠纷;

(七)劳动者因为工伤、职业病,请求用人单位依法给予工伤保险待遇发生的纠纷;

(八)劳动者依据劳动合同法第八十五条规定,要求用人单位支付加付赔偿金发生的纠纷;

(九)因企业自主进行改制发生的纠纷。

第二条 下列纠纷不属于劳动争议:

(一)劳动者请求社会保险经办机构发放社会保险金的纠纷;

(二)劳动者与用人单位因住房制度改革产生的公有住房转让纠纷;

(三)劳动者对劳动能力鉴定委员会的伤残等级鉴定结论或者对职业病诊断鉴定委员会的职业病诊断鉴定结论的异议纠纷;

(四)家庭或者个人与家政服务人员之间的纠纷;

(五)个体工匠与帮工、学徒之间的纠纷;

(六)农村承包经营户与受雇人之间的纠纷。

第三条 劳动争议案件由用人单位所在地或者劳动合同履行地的基层人民法院管辖。

劳动合同履行地不明确的,由用人单位所在地的基层人民法院管辖。

法律另有规定的,依照其规定。

第四条 劳动者与用人单位均不服劳动争议仲裁机构的同一裁决,向同一人民法院起诉的,人民法院应当并案审理,双方当事人互为原告和被告,对双方的诉讼请求,人民法院应当一并作出裁决。在诉讼过程中,一方当事人撤诉的,人民法院应当根据另一方当事人的诉讼请求继续审理。双方当事人就同一仲裁裁决分别向有管辖权的人民法院起诉的,后受理的人民法院应当将案件移送给先受理的人民法院。

第五条 劳动争议仲裁机构以无管辖权为由对劳动争议案件不予受理,当事人提起诉讼的,人民法院按照以下情形分别处理:

(一)经审查认为该劳动争议仲裁机构对案件确无管辖权的,应当告知当事人向有管辖权的劳动争议仲裁机构申请仲裁;

(二)经审查认为该劳动争议仲裁机构有管辖权的,应当告知当事人申请仲裁,并将审查意见书面通知该劳动争议仲裁机构;劳动争议仲裁机构仍不受理,当事人就该劳动争议事项提起诉讼的,人民法院应予受理。

第六条 劳动争议仲裁机构以当事人申请仲裁的事项不属于劳动争议为由,作出不予受理的书面裁决、决定或者通知,当事人不服依法提起诉讼的,人民法院应当分别情况予以处理:

(一)属于劳动争议案件的,应当受理;

(二)虽不属于劳动争议案件,但属于人民法院主管的其他案件,应当依法受理。

第七条 劳动争议仲裁机构以申请仲裁的主体不适格为由,作出不予受理的书面裁决、决定或者通知,当事人不服依法提起诉讼，经审查确属主体不适格的，人民法院不予受理；已经受理的，裁定驳回起诉。

第八条　劳动争议仲裁机构为纠正原仲裁裁决错误重新作出裁决，当事人不服依法提起诉讼的，人民法院应当受理。

第九条　劳动争议仲裁机构仲裁的事项不属于人民法院受理的案件范围，当事人不服依法提起诉讼的，人民法院不予受理；已经受理的，裁定驳回起诉。

第十条　当事人不服劳动争议仲裁机构作出的预先支付劳动者劳动报酬、工伤医疗费、经济补偿或者赔偿金的裁决，依法提起诉讼的，人民法院不予受理。

用人单位不履行上述裁决中的给付义务，劳动者依法申请强制执行的，人民法院应予受理。

第十一条　劳动争议仲裁机构作出的调解书已经发生法律效力，一方当事人反悔提起诉讼的，人民法院不予受理；已经受理的，裁定驳回起诉。

第十二条　劳动争议仲裁机构逾期未作出受理决定或仲裁裁决，当事人直接提起诉讼的，人民法院应予受理，但申请仲裁的案件存在下列事由的除外：

（一）移送管辖的；

（二）正在送达或者送达延误的；

（三）等待另案诉讼结果、评残结论的；

（四）正在等待劳动争议仲裁机构开庭的；

（五）启动鉴定程序或者委托其他部门调查取证的；

（六）其他正当事由。

当事人以劳动争议仲裁机构逾期未作出仲裁裁决为由提起诉讼的，应当提交该仲裁机构出具的受理通知书或者其他已接受仲裁申请的凭证、证明。

第十三条　劳动者依据劳动合同法第三十条第二款和调解仲裁法第十六条规定向人民法院申请支付令，符合民事诉讼法第十七章督促程序规定的，人民法院应予受理。

依据劳动合同法第三十条第二款规定申请支付令被人民法院裁定终结督促程序后，劳动者就劳动争议事项直接提起诉讼的，人民法院应当告知其先向劳动争议仲裁机构申请仲裁。

依据调解仲裁法第十六条规定申请支付令被人民法院裁定终结督促程序后，劳动者依据调解协议直接提起诉讼的，人民法院应予受理。

第十四条　人民法院受理劳动争议案件后，当事人增加诉讼请求的，如该诉讼请求与讼争的劳动争议具有不可分性，应当合并审理；如属独立的劳动争议，应当告知当事人向劳动争议仲裁机构申请仲裁。

第十五条　劳动者以用人单位的工资欠条为证据直接提起诉讼，诉讼请求不涉及劳动关系其他争议的，视为拖欠劳动报酬争议，人民法院按照普通民事纠纷受理。

第十六条　劳动争议仲裁机构作出仲裁裁决后，当事人对裁决中的部分事项不服，依法提起诉讼的，劳动争议仲裁裁决不发生法律效力。

第十七条　劳动争议仲裁机构对多个劳动者的劳动争议作出仲裁裁决后，部分劳动者对仲裁裁决不服，依法提起诉讼的，仲裁裁决对提起诉讼的劳动者不发生法律效力；对未提起诉讼的部分劳动者，发生法律效力，如其申请执行的，人民法院应当受理。

第十八条　仲裁裁决的类型以仲裁裁决书确定为准。仲裁裁决书未载明该裁决为终局裁决或者非终局裁决，用人单位不服该仲裁裁决向基层人民法院提起诉讼的，应当按照以下情形分别处理：

（一）经审查认为该仲裁裁决为非终局裁决的，基层人民法院应予受理；

（二）经审查认为该仲裁裁决为终局裁决的，基层人民法院不予受理，但应告知用人单位可以自收到不予受理裁定书之日起三十日内向劳动争议仲裁机构所在地的中级人民法院申请撤销该仲裁裁决；已经受理的，裁定驳回起诉。

第十九条　仲裁裁决书未载明该裁决为终局裁决或者非终局裁决，劳动者依据调解仲裁法第四十七条第一项规定，追索劳动报酬、工伤医疗费、经济补偿或者赔偿金，如果仲裁裁决涉及数项，每项确定的数额均不超过当地月最低工资标准十二个月金额的，应当按照终局裁决处理。

第二十条　劳动争议仲裁机构作出的同一仲裁裁决同时包含终局裁决事项和非终局裁决事项，当事人不服该仲裁裁决向人民法院提起诉讼的，应当按照非终局裁决处理。

第二十一条　劳动者依据调解仲裁法第四十八条规定向基层人民法院提起诉讼，用人单位依据调解仲裁法第四十九条规定向劳动争议仲裁机构所在地的中级人民法院申请撤销仲裁裁决的，中级人民法院应当不予受理；已经受理的，应当裁定驳回申请。

被人民法院驳回起诉或者劳动者撤诉的，用人单位可以自收到裁定书之日起三十日内，向劳动争议仲裁机构所在地的中级人民法院申请撤销仲裁裁决。

第二十二条　用人单位依据调解仲裁法第四十九条规定向中级人民法院申请撤销仲裁裁决，中级人民法院作出的驳回申请或者撤销仲裁裁决的裁定为终审裁定。

第二十三条　中级人民法院审理用人单位申请撤销终局裁决的案件,应当组成合议庭开庭审理。经过阅卷、调查和询问当事人,对没有新的事实、证据或者理由,合议庭认为不需要开庭审理的,可以不开庭审理。

中级人民法院可以组织双方当事人调解。达成调解协议的,可以制作调解书。一方当事人逾期不履行调解协议的,另一方可以申请人民法院强制执行。

第二十四条　当事人申请人民法院执行劳动争议仲裁机构作出的发生法律效力的裁决书、调解书,被申请人提出证据证明劳动争议仲裁裁决书、调解书有下列情形之一,并经审查核实的,人民法院可以根据民事诉讼法第二百三十七条规定,裁定不予执行:

(一)裁决的事项不属于劳动争议仲裁范围,或者劳动争议仲裁机构无权仲裁的;

(二)适用法律、法规确有错误的;

(三)违反法定程序的;

(四)裁决所根据的证据是伪造的;

(五)对方当事人隐瞒了足以影响公正裁决的证据的;

(六)仲裁员在仲裁该案时有索贿受贿、徇私舞弊、枉法裁决行为的;

(七)人民法院认定执行该劳动争议仲裁裁决违背社会公共利益的。

人民法院在不予执行的裁定书中,应当告知当事人在收到裁定书之次日起三十日内,可以就该劳动争议事项向人民法院提起诉讼。

第二十五条　劳动争议仲裁机构作出终局裁决,劳动者向人民法院申请执行,用人单位向劳动争议仲裁机构所在地的中级人民法院申请撤销的,人民法院应当裁定中止执行。

用人单位撤回撤销终局裁决申请或者其申请被驳回的,人民法院应当裁定恢复执行。仲裁裁决被撤销的,人民法院应当裁定终结执行。

用人单位向人民法院申请撤销仲裁裁决被驳回后,又在执行程序中以相同理由提出不予执行抗辩的,人民法院不予支持。

第二十六条　用人单位与其它单位合并的,合并前发生的劳动争议,由合并后的单位为当事人;用人单位分立为若干单位的,其分立前发生的劳动争议,由分立后的实际用人单位为当事人。

用人单位分立为若干单位后,具体承受劳动权利义务的单位不明确的,分立后的单位均为当事人。

第二十七条　用人单位招用尚未解除劳动合同的劳动者,原用人单位与劳动者发生的劳动争议,可以列新的用人单位为第三人。

原用人单位以新的用人单位侵权为由提起诉讼的,可以列劳动者为第三人。

原用人单位以新的用人单位和劳动者共同侵权为由提起诉讼的,新的用人单位和劳动者列为共同被告。

第二十八条　劳动者在用人单位与其他平等主体之间的承包经营期间,与发包方和承包方双方或者一方发生劳动争议,依法提起诉讼的,应当将承包方和发包方作为当事人。

第二十九条　劳动者与未办理营业执照、营业执照被吊销或者营业期限届满仍继续经营的用人单位发生争议的,应当将用人单位或者其出资人列为当事人。

第三十条　未办理营业执照、营业执照被吊销或者营业期限届满仍继续经营的用人单位,以挂靠等方式借用他人营业执照经营的,应当将用人单位和营业执照出借方列为当事人。

第三十一条　当事人不服劳动争议仲裁机构作出的仲裁裁决,依法提起诉讼,人民法院审查认为仲裁裁决遗漏了必须共同参加仲裁的当事人的,应当依法追加遗漏的人为诉讼当事人。

被追加的当事人应当承担责任的,人民法院应当一并处理。

第三十二条　用人单位与其招用的已经依法享受养老保险待遇或者领取退休金的人员发生用工争议而提起诉讼的,人民法院应当按劳务关系处理。

企业停薪留职人员、未达到法定退休年龄的内退人员、下岗待岗人员以及企业经营性停产放长假人员,因与新的用人单位发生用工争议而提起诉讼的,人民法院应当按劳动关系处理。

第三十三条　外国人、无国籍人未依法取得就业证件即与中华人民共和国境内的用人单位签订劳动合同,当事人请求确认与用人单位存在劳动关系的,人民法院不予支持。

持有《外国专家证》并取得《外国人来华工作许可证》的外国人,与中华人民共和国境内的用人单位建立用工关系的,可以认定为劳动关系。

第三十四条　劳动合同期满后,劳动者仍在原用人单位工作,原用人单位未表示异议的,视为双方同意以原条件继续履行劳动合同。一方提出终止劳动关系的,人民法院应予支持。

根据劳动合同法第十四条规定,用人单位应当与劳动者签订无固定期限劳动合同而未签订的,人民法院可以视为双方之间存在无固定期限劳动合同关系，并以原劳动合同确定双方的权利义务关系。

第三十五条　劳动者与用人单位就解除或者终止劳动合同办理相关手续、支付工资报酬、加班费、经济补偿或者赔偿金等达成的协议，不违反法律、行政法规的强制性规定，且不存在欺诈、胁迫或者乘人之危情形的，应当认定有效。

前款协议存在重大误解或者显失公平情形，当事人请求撤销的，人民法院应予支持。

第三十六条　当事人在劳动合同或者保密协议中约定了竞业限制，但未约定解除或者终止劳动合同后给予劳动者经济补偿，劳动者履行了竞业限制义务，要求用人单位按照劳动者在劳动合同解除或者终止前十二个月平均工资的30%按月支付经济补偿的，人民法院应予支持。

前款规定的月平均工资的30%低于劳动合同履行地最低工资标准的，按照劳动合同履行地最低工资标准支付。

第三十七条　当事人在劳动合同或者保密协议中约定了竞业限制和经济补偿，当事人解除劳动合同时，除另有约定外，用人单位要求劳动者履行竞业限制义务，或者劳动者履行了竞业限制义务后要求用人单位支付经济补偿的，人民法院应予支持。

第三十八条　当事人在劳动合同或者保密协议中约定了竞业限制和经济补偿，劳动合同解除或者终止后，因用人单位的原因导致三个月未支付经济补偿，劳动者请求解除竞业限制约定的，人民法院应予支持。

第三十九条　在竞业限制期限内，用人单位请求解除竞业限制协议的，人民法院应予支持。

在解除竞业限制协议时，劳动者请求用人单位额外支付劳动者三个月的竞业限制经济补偿的，人民法院应予支持。

第四十条　劳动者违反竞业限制约定，向用人单位支付违约金后，用人单位要求劳动者按照约定继续履行竞业限制义务的，人民法院应予支持。

第四十一条　劳动合同被确认为无效，劳动者已付出劳动的，用人单位应当按照劳动合同法第二十八条、第四十六条、第四十七条的规定向劳动者支付劳动报酬和经济补偿。

由于用人单位原因订立无效劳动合同，给劳动者造成损害的，用人单位应当赔偿劳动者因合同无效所造成的经济损失。

第四十二条　劳动者主张加班费的，应当就加班事实的存在承担举证责任。但劳动者有证据证明用人单位掌握加班事实存在的证据，用人单位不提供的，由用人单位承担不利后果。

第四十三条　用人单位与劳动者协商一致变更劳动合同，虽未采用书面形式，但已经实际履行了口头变更的劳动合同超过一个月，变更后的劳动合同内容不违反法律、行政法规且不违背公序良俗，当事人以未采用书面形式为由主张劳动合同变更无效的，人民法院不予支持。

第四十四条　因用人单位作出的开除、除名、辞退、解除劳动合同、减少劳动报酬、计算劳动者工作年限等决定而发生的劳动争议，用人单位负举证责任。

第四十五条　用人单位有下列情形之一，迫使劳动者提出解除劳动合同的，用人单位应当支付劳动者的劳动报酬和经济补偿，并可支付赔偿金：

（一）以暴力、威胁或者非法限制人身自由的手段强迫劳动的；

（二）未按照劳动合同约定支付劳动报酬或者提供劳动条件的；

（三）克扣或者无故拖欠劳动者工资的；

（四）拒不支付劳动者延长工作时间工资报酬的；

（五）低于当地最低工资标准支付劳动者工资的。

第四十六条　劳动者非因本人原因从原用人单位被安排到新用人单位工作，原用人单位未支付经济补偿，劳动者依据劳动合同法第三十八条规定与新用人单位解除劳动合同，或者新用人单位向劳动者提出解除、终止劳动合同，在计算支付经济补偿或赔偿金的工作年限时，劳动者请求把在原用人单位的工作年限合并计算为新用人单位工作年限的，人民法院应予支持。

用人单位符合下列情形之一的，应当认定属于“劳动者非因本人原因从原用人单位被安排到新用人单位工作”：

（一）劳动者仍在原工作场所、工作岗位工作，劳动合同主体由原用人单位变更为新用人单位；

（二）用人单位以组织委派或任命形式对劳动者进行工作调动；

（三）因用人单位合并、分立等原因导致劳动者工作调动；

（四）用人单位及其关联企业与劳动者轮流订立劳动合同；

（五）其他合理情形。

第四十七条　建立了工会组织的用人单位解除劳动合同符合劳动合同法第三十九条、第四十条规定，但未按照劳动合同法第四十三条规定事先通知工会，劳动者以用人单位违法解除劳动合同为由请求用人单位支付赔偿金的，人民法院应予支持，但起诉前用人单位已经补正有关程序的除外。

第四十八条　劳动合同法施行后，因用人单位经营期限届满不再继续经营导致劳动合同不能继续履行，劳动者请求用人单位支付经济补偿的，人民法院应予支持。

第四十九条　在诉讼过程中，劳动者向人民法院申请采取财产保全措施，人民法院经审查认为申请人经济确有困难，或者有证据证明用人单位存在欠薪逃匿可能的，应当减轻或者免除劳动者提供担保的义务，及时采取保全措施。

人民法院作出的财产保全裁定中，应当告知当事人在劳动争议仲裁机构的裁决书或者在人民法院的裁判文书生效后三个月内申请强制执行。逾期不申请的，人民法院应当裁定解除保全措施。

第五十条　用人单位根据劳动合同法第四条规定，通过民主程序制定的规章制度，不违反国家法律、行政法规及政策规定，并已向劳动者公示的，可以作为确定双方权利义务的依据。

用人单位制定的内部规章制度与集体合同或者劳动合同约定的内容不一致，劳动者请求优先适用合同约定的，人民法院应予支持。

第五十一条　当事人在调解仲裁法第十条规定的调解组织主持下达成的具有劳动权利义务内容的调解协议，具有劳动合同的约束力，可以作为人民法院裁判的根据。

当事人在调解仲裁法第十条规定的调解组织主持下仅就劳动报酬争议达成调解协议，用人单位不履行调解协议确定的给付义务，劳动者直接提起诉讼的，人民法院可以按照普通民事纠纷受理。

第五十二条　当事人在人民调解委员会主持下仅就给付义务达成的调解协议，双方认为有必要的，可以共同向人民调解委员会所在地的基层人民法院申请司法确认。

第五十三条　用人单位对劳动者作出的开除、除名、辞退等处理，或者因其他原因解除劳动合同确有错误的，人民法院可以依法判决予以撤销。

对于追索劳动报酬、养老金、医疗费以及工伤保险待遇、经济补偿金、培训费及其他相关费用等案件，给付数额不当的，人民法院可以予以变更。

第五十四条　本解释自2021年1月1日起施行。

最高人民法院关于在民事审判工作中适用《中华人民共和国工会法》若干问题的解释

1. *2003年1月9日最高人民法院审判委员会第1263次会议通过、2003年6月25日公布、自2003年7月9日起施行（法释〔2003〕11号）*
2. *根据2020年12月23日最高人民法院审判委员会第1823次会议通过、2020年12月29日公布、自2021年1月1日起施行的《最高人民法院关于修改〈最高人民法院关于在民事审判工作中适用《中华人民共和国工会法》若干问题的解释〉等二十七件民事类司法解释的决定》（法释〔2020〕17号）修正*

为正确审理涉及工会经费和财产、工会工作人员权利的民事案件，维护工会和职工的合法权益，根据《中华人民共和国民法典》《中华人民共和国工会法》和《中华人民共和国民事诉讼法》等法律的规定，现就有关法律的适用问题解释如下：

第一条　人民法院审理涉及工会组织的有关案件时，应当认定依照工会法建立的工会组织的社团法人资格。具有法人资格的工会组织依法独立享有民事权利，承担民事义务。建立工会的企业、事业单位、机关与所建工会以及工会投资兴办的企业，根据法律和司法解释的规定，应当分别承担各自的民事责任。

第二条　根据工会法第十八条规定，人民法院审理劳动争议案件，涉及确定基层工会专职主席、副主席或者委员延长的劳动合同期限的，应当自上述人员工会职务任职期限届满之日起计算，延长的期限等于其工会职务任职的期间。

工会法第十八条规定的“个人严重过失”，是指具有《中华人民共和国劳动法》第二十五条第（二）项、第（三）项或者第（四）项规定的情形。

第三条　基层工会或者上级工会依照工会法第四十三条规定向人民法院申请支付令的，由被申请人所在地的基层人民法院管辖。

第四条　人民法院根据工会法第四十三条的规定受理工会提出的拨缴工会经费的支付令申请后，应当先行征询被申请人的意见。被申请人仅对应拨缴经费数额有异议的，人民法院应当就无异议部分的工会经费数额发出支付令。

人民法院在审理涉及工会经费的案件中，需要按照工会法第四十二条第一款第（二）项规定的“全部职工”“工资总额”确定拨缴数额的，“全部职工”“工资总额”的计算，应当按照国家有关部门规定的标准执行。

第五条 根据工会法第四十三条和民事诉讼法的有关规定，上级工会向人民法院申请支付令或者提起诉讼，要求企业、事业单位拨缴工会经费的，人民法院应当受理。基层工会要求参加诉讼的，人民法院可以准许其作为共同申请人或者共同原告参加诉讼。

第六条 根据工会法第五十二条规定，人民法院审理涉及职工和工会工作人员因参加工会活动或者履行工会法规定的职责而被解除劳动合同的劳动争议案件，可以根据当事人的请求裁判用人单位恢复其工作，并补发被解除劳动合同期间应得的报酬；或者根据当事人的请求裁判用人单位给予本人年收入二倍的赔偿，并根据劳动合同法第四十六条、第四十七条规定给予解除劳动合同时的经济补偿。

第七条 对于企业、事业单位无正当理由拖延或者拒不拨缴工会经费的，工会组织向人民法院请求保护其权利的诉讼时效期间，适用民法典第一百八十八条的规定。

第八条 工会组织就工会经费的拨缴向人民法院申请支付令的，应当按照《诉讼费用交纳办法》第十四条的规定交纳申请费；督促程序终结后，工会组织另行起诉的，按照《诉讼费用交纳办法》第十三条规定的财产案件受理费标准交纳诉讼费用。

最高人民法院关于审理劳动争议案件诉讼当事人问题的批复

1. *1988年10月19日*
2. *法(经)复〔1988〕50号*

陕西省高级人民法院：

你院陕高法研〔1988〕43号“关于审理劳动争议案件诉讼当事人问题的请示”收悉，经研究答复如下：

同意你院的意见。即：劳动争议当事人不服劳动争议仲裁委员会的仲裁决定，向人民法院起诉，争议的双方仍然是企业与职工。双方当事人在适用法律上和诉讼地位上是平等的。此类案件不是行政案件。人民法院在审理时，应以争议的双方为诉讼当事人，不应把劳动争议仲裁委员会列为被告或第三人。

最高人民法院关于安徽省高级人民法院关于李向阳等十人与亳州市烟草专卖局劳动争议纠纷一案的请示的复函

1. *2004年7月21日*
2. *〔2004〕民一他字第15号*

安徽省高级人民法院：

你院《关于李向阳等十人与亳州市烟草专卖局劳动争议纠纷一案的请示报告》收悉。据你院报告查明的事实：李向阳等人为退伍士兵安置问题与亳州市烟草专卖局发生争议，并集体到有关部门上访，该局为解决李向阳等人的生活困难遂临时安排其在局机关所属的稽查队工作。此后，李向阳等人向劳动争议仲裁委员会申诉，请求裁决亳州市烟草专卖局与其签订无固定期限的劳动合同，并支付其在稽查队工作期间的工资及保险福利待遇。经研究认为：

1. 依据《中华人民共和国兵役法》、国务院《退伍义务兵安置条例》的规定，安置单位与退伍义务兵就安置问题建立的关系是安置与被安置的关系，不是《中华人民共和国劳动法》第17条规定的在“平等自愿、协商一致”基础上建立的劳动关系，双方发生的争议是安置争议，不是《中华人民共和国劳动法》调整的劳动争议。如果亳州市烟草专卖局将李向阳等人临时安排在稽查队工作，不是对他们的安置，当然不发生与之签订无固定期限的劳动合同的义务，按照《最高人民法院关于审理劳动争议案件适用法律若干问题的解释》第1条的规定，李向阳等人与亳州市烟草专卖局之间的安置争议，不符合人民法院受理劳动争议案件的条件。

2. 李向阳等人就其被临时安排在稽查队工作期间的工资及保险福利待遇问题与亳州市烟草专卖局之间发生争议，由于双方当事人之间存在事实劳动关系，符合上述司法解释第1条第(2)项之规定，劳动争议仲裁委员会作裁决后，当事人依法诉至人民法院的，人民法院应当作为劳动争议案件受理。

人力资源社会保障部、最高人民法院关于加强劳动人事争议仲裁与诉讼衔接机制建设的意见

1．2017年11月8日
2．人社部发〔2017〕70号

各省、自治区、直辖市人力资源社会保障厅（局）、高级人民法院，解放军军事法院，新疆生产建设兵团人力资源社会保障局、新疆维吾尔自治区高级人民法院生产建设兵团分院：

加强劳动人事争议仲裁与诉讼衔接（以下简称裁审衔接）机制建设，是健全劳动人事争议处理制度、完善矛盾纠纷多元化解机制的重要举措。近年来，一些地区积极探索加强裁审衔接工作，促进了劳动人事争议合法公正及时解决，收到了良好的法律效果和社会效果。但是，从全国来看，劳动人事争议裁审衔接机制还没有在各地区普遍建立，已建立的也还不够完善，裁审工作中仍然存在争议受理范围不够一致、法律适用标准不够统一、程序衔接不够规范等问题，影响了争议处理质量和效率，降低了仲裁和司法的公信力。为进一步加强劳动人事争议裁审衔接机制建设，现提出如下意见。

一、明确加强裁审衔接机制建设的总体要求

做好裁审衔接工作，要全面贯彻党的十九大和十九届一中全会精神，以习近平新时代中国特色社会主义思想为指导，坚持以人民为中心的发展思想，切实落实深化依法治国实践以及提高保障和改善民生水平、加强和创新社会治理的决策部署，按照《中共中央 国务院关于构建和谐劳动关系的意见》（中发〔2015〕10号）、《中共中央办公厅 国务院办公厅关于完善矛盾纠纷多元化解机制的意见》（中办发〔2015〕60号）有关要求，积极探究和把握裁审衔接工作规律，逐步建立健全裁审受理范围一致、裁审标准统一、裁审程序有效衔接的新规则新制度，实现裁审衔接工作机制完善、运转顺畅，充分发挥劳动人事争议处理中仲裁的独特优势和司法的引领、推动、保障作用，合力化解矛盾纠纷，切实维护当事人合法权益，促进劳动人事关系和谐与社会稳定。

二、统一裁审受理范围和法律适用标准

（一）逐步统一裁审受理范围。各地劳动人事争议仲裁委员会（以下简称仲裁委员会）和人民法院要按照《中华人民共和国劳动争议调解仲裁法》等法律规定，逐步统一社会保险争议、人事争议等争议的受理范围。仲裁委员会要改进完善劳动人事争议受理立案制度，依法做到有案必立，有条件的可探索实行立案登记制，切实发挥仲裁前置的功能作用。

（二）逐步统一裁审法律适用标准。各地仲裁委员会和人民法院要严格按照法律规定处理劳动人事争议。对于法律规定不明确等原因造成裁审法律适用标准不一致的突出问题，由人力资源社会保障部与最高人民法院按照《中华人民共和国立法法》有关规定，通过制定司法解释或指导意见等形式明确统一的法律适用标准。省、自治区、直辖市人力资源社会保障部门与高级人民法院要结合裁审工作实际，加强对法律适用问题的调查研究，及时提出意见建议。

三、规范裁审程序衔接

（一）规范受理程序衔接。对未经仲裁程序直接起诉到人民法院的劳动人事争议案件，人民法院应裁定不予受理；对已受理的，应驳回起诉，并告知当事人向有管辖权的仲裁委员会申请仲裁。当事人因仲裁委员会逾期未作出仲裁裁决而向人民法院提起诉讼且人民法院立案受理的，人民法院应及时将该案的受理情况告知仲裁委员会，仲裁委员会应及时决定该案件终止审理。

（二）规范保全程序衔接。仲裁委员会对在仲裁阶段可能因用人单位转移、藏匿财产等行为致使裁决难以执行的，应告知劳动者通过仲裁机构向人民法院申请保全。劳动者申请保全的，仲裁委员会应及时向人民法院转交申请书及仲裁案件受理通知书等相关材料。人民法院裁定采取保全措施或者裁定驳回申请的，应将裁定书送达申请人，并通知仲裁委员会。

（三）规范执行程序衔接。仲裁委员会依法裁决先予执行的，应向有执行权的人民法院移送先予执行裁决书、裁决书的送达回证或其他送达证明材料；接受移送的人民法院应按照《中华人民共和国民事诉讼法》和《中华人民共和国劳动争议调解仲裁法》相关规定执行。人民法院要加强对仲裁委员会裁决书、调解书的执行工作，加大对涉及劳动报酬、工伤保险待遇争议特别是集体劳动人事争议等案件的执行力度。

四、完善裁审衔接工作机制

（一）建立联席会议制度。各地人力资源社会保障部门和人民法院要定期或不定期召开联席会议，共同研究分析劳动人事争议处理形势，互相通报工作情况，沟通协调争议仲裁与诉讼中的受理范围、程序衔接、法律适用标准等问题，推进裁审工作有效衔接。

（二）建立信息共享制度。各地人力资源社会保障部门和人民法院要加强劳动人事争议处理工作信息和统计数据的交流，实现信息互通和数据共享。人力资源社会保障部门要加强争议案件处理情况追踪，做好裁审对比情况统计分析，不断改进争议仲裁工作，人民法院要积极支持和配合。要建立健全案卷借阅制度，做好案卷借阅管理工作。有条件的地区，可以实行电子案卷借阅或通过信息平台共享电子案卷，并做好信息安全和保密工作。

（三）建立疑难复杂案件办案指导制度。各地仲裁委员会和人民法院要加强对疑难复杂、重大劳动人事争议案件的研讨和交流，开展类案分析，联合筛选并发布典型案例，充分发挥典型案例在统一裁审法律适用标准、规范裁审自由裁量尺度、服务争议当事人等方面的指导作用。

（四）建立联合培训制度。各地人力资源社会保障部门和人民法院要通过举办师资培训、远程在线培训、庭审观摩等方式，联合开展业务培训，增强办案人员的素质和能力，促进提高裁审衔接水平。

五、加强组织领导

各地人力资源社会保障部门和人民法院要高度重视加强劳动人事争议裁审衔接机制建设工作，将其作为推进建立中国特色劳动人事争议处理制度的重要措施，纳入劳动人事关系领域矛盾纠纷多元处理工作布局，加强领导，统筹谋划，结合当地实际联合制定实施意见，切实抓好贯彻落实。人力资源社会保障部门要积极主动加强与人民法院的沟通协调。人民法院要明确由一个庭室统一负责裁审衔接工作，各有关庭室要积极参与配合。省、自治区、直辖市人力资源社会保障部门、高级人民法院要加强对市、县裁审衔接工作的指导和督促检查，推动裁审衔接工作顺利开展。要加大政策引导和宣传力度，增进劳动人事争议当事人和社会公众对裁审衔接工作的了解，引导当事人依法理性维权，为合法公正及时处理争议营造良好氛围。

人力资源社会保障部、最高人民法院关于劳动人事争议仲裁与诉讼衔接有关问题的意见（一）

1. 2022年2月21日
2. 人社部发〔2022〕9号

各省、自治区、直辖市人力资源社会保障厅（局）、高级人民法院，解放军军事法院，新疆生产建设兵团人力资源社会保障局、新疆维吾尔自治区高级人民法院生产建设兵团分院：

为贯彻党中央关于健全社会矛盾纠纷多元预防调处化解综合机制的要求，落实《人力资源社会保障部最高人民法院关于加强劳动人事争议仲裁与诉讼衔接机制建设的意见》（人社部发〔2017〕70号），根据相关法律规定，结合工作实践，现就完善劳动人事争议仲裁与诉讼衔接有关问题，提出如下意见。

一、劳动人事争议仲裁委员会对调解协议仲裁审查申请不予受理或者经仲裁审查决定不予制作调解书的，当事人可依法就协议内容中属于劳动人事争议仲裁受理范围的事项申请仲裁。当事人直接向人民法院提起诉讼的，人民法院不予受理，但下列情形除外：

（一）依据《中华人民共和国劳动争议调解仲裁法》第十六条规定申请支付令被人民法院裁定终结督促程序后，劳动者依据调解协议直接提起诉讼的；

（二）当事人在《中华人民共和国劳动争议调解仲裁法》第十条规定的调解组织主持下仅就劳动报酬争议达成调解协议，用人单位不履行调解协议约定的给付义务，劳动者直接提起诉讼的；

（三）当事人在经依法设立的调解组织主持下就支付拖欠劳动报酬、工伤医疗费、经济补偿或者赔偿金事项达成调解协议，双方当事人依据《中华人民共和国民事诉讼法》第二百零一条规定共同向人民法院申请司法确认，人民法院不予确认，劳动者依据调解协议直接提起诉讼的。

二、经依法设立的调解组织调解达成的调解协议生效后，当事人可以共同向有管辖权的人民法院申请确认调解协议效力。

三、用人单位依据《中华人民共和国劳动合同法》第九十条规定，要求劳动者承担赔偿责任的，劳动人事争议仲裁委员会应当依法受理。

四、申请人撤回仲裁申请后向人民法院起诉的，人民法院应当裁定不予受理；已经受理的，应当裁定驳回起诉。

申请人再次申请仲裁的，劳动人事争议仲裁委员会应当受理。

五、劳动者请求用人单位支付违法解除或者终止劳动合同赔偿金，劳动人事争议仲裁委员会、人民法院经审查认为用人单位系合法解除劳动合同应当支付经济补偿的，可以依法裁决或者判决用人单位支付经济补偿。

劳动者基于同一事实在仲裁辩论终结前或者人民法院一审辩论终结前将仲裁请求、诉讼请求由要求用人单位支付经济补偿变更为支付赔偿金的，劳动人事争议仲裁委员会、人民法院应予准许。

六、当事人在仲裁程序中认可的证据，经审判人员在庭审中说明后，视为质证过的证据。

七、依法负有举证责任的当事人，在诉讼期间提交仲裁中未提交的证据的，人民法院应当要求其说明理由。

八、在仲裁或者诉讼程序中，一方当事人陈述的于己不利的事实，或者对于己不利的事实明确表示承认的，另一方当事人无需举证证明，但下列情形不适用有关自认的规定：

（一）涉及可能损害国家利益、社会公共利益的；

（二）涉及身份关系的；

（三）当事人有恶意串通损害他人合法权益可能的；

（四）涉及依职权追加当事人、中止仲裁或者诉讼、终结仲裁或者诉讼、回避等程序性事项的。

当事人自认的事实与已经查明的事实不符的，劳动人事争议仲裁委员会、人民法院不予确认。

九、当事人在诉讼程序中否认在仲裁程序中自认事实的，人民法院不予支持，但下列情形除外：

（一）经对方当事人同意的；

（二）自认是在受胁迫或者重大误解情况下作出的。

十、仲裁裁决涉及下列事项，对单项裁决金额不超过当地月最低工资标准十二个月金额的，劳动人事争议仲裁委员会应当适用终局裁决：

（一）劳动者在法定标准工作时间内提供正常劳动的工资；

（二）停工留薪期工资或者病假工资；

（三）用人单位未提前通知劳动者解除劳动合同的一个月工资；

（四）工伤医疗费；

（五）竞业限制的经济补偿；

（六）解除或者终止劳动合同的经济补偿；

（七）《中华人民共和国劳动合同法》第八十二条规定的第二倍工资；

（八）违法约定试用期的赔偿金；

（九）违法解除或者终止劳动合同的赔偿金；

（十）其他劳动报酬、经济补偿或者赔偿金。

十一、裁决事项涉及确认劳动关系的，劳动人事争议仲裁委员会就同一案件应当作出非终局裁决。

十二、劳动人事争议仲裁委员会按照《劳动人事争议仲裁办案规则》第五十条第四款规定对不涉及确认劳动关系的案件分别作出终局裁决和非终局裁决，劳动者对终局裁决向基层人民法院提起诉讼、用人单位向中级人民法院申请撤销终局裁决、劳动者或者用人单位对非终局裁决向基层人民法院提起诉讼的，有管辖权的人民法院应当依法受理。

审理申请撤销终局裁决案件的中级人民法院认为该案件必须以非终局裁决案件的审理结果为依据，另案尚未审结的，可以中止诉讼。

十三、劳动者不服终局裁决向基层人民法院提起诉讼，中级人民法院对用人单位撤销终局裁决的申请不予受理或者裁定驳回申请，用人单位主张终局裁决存在《中华人民共和国劳动争议调解仲裁法》第四十九条第一款规定情形的，基层人民法院应当一并审理。

十四、用人单位申请撤销终局裁决，当事人对部分终局裁决事项达成调解协议的，中级人民法院可以对达成调解协议的事项出具调解书；对未达成调解协议的事项进行审理，作出驳回申请或者撤销仲裁裁决的裁定。

十五、当事人就部分裁决事项向人民法院提起诉讼的，仲裁裁决不发生法律效力。当事人提起诉讼的裁决事项属于人民法院受理的案件范围的，人民法院应当进行审理。当事人未提起诉讼的裁决事项属于人民法院受理的案件范围的，人民法院应当在判决主文中予以确认。

十六、人民法院根据案件事实对劳动关系是否存在及相关合同效力的认定与当事人主张、劳动人事争议仲裁委员会裁决不一致的，人民法院应当将法律关系性质或者民事行为效力作为焦点问题进行审理，但法律关系性质对裁判理由及结果没有影响，或者有关问题已经当事人充分辩论的除外。

当事人根据法庭审理情况变更诉讼请求的，人民法院应当准许并可以根据案件的具体情况重新指定举证期限。

不存在劳动关系且当事人未变更诉讼请求的，人民法院应当判决驳回诉讼请求。

十七、对符合简易处理情形的案件，劳动人事争议仲裁委员会按照《劳动人事争议仲裁办案规则》第六十条规定，已经保障当事人陈述意见的权利，根据案件情况确定举证期限、开庭日期、审理程序、文书制作等事项，作出终局裁决，用人单位以违反法定程序为由申请撤销终局裁决的，人民法院不予支持。

十八、劳动人事争议仲裁委员会认为已经生效的仲裁处理结果确有错误，可以依法启动仲裁监督程序，但当事人提起诉讼，人民法院已经受理的除外。

劳动人事争议仲裁委员会重新作出处理结果后，当事人依法提起诉讼的，人民法院应当受理。

十九、用人单位因劳动者违反诚信原则，提供虚假学历证书、个人履历等与订立劳动合同直接相关的基本情况构成欺诈解除劳动合同，劳动者主张解除劳动合同经济补偿或者赔偿金的，劳动人事争议仲裁委员会、人民法院不予支持。

二十、用人单位自用工之日起满一年未与劳动者订立书面劳动合同，视为自用工之日起满一年的当日已经与劳动者订立无固定期限劳动合同。

存在前款情形，劳动者以用人单位未订立书面劳动合同为由要求用人单位支付自用工之日起满一年之后的第二倍工资的，劳动人事争议仲裁委员会、人民法院不予支持。

二十一、当事人在劳动合同或者保密协议中约定了竞业限制和经济补偿，劳动合同解除或者终止后，因用人单位的原因导致三个月未支付经济补偿，劳动者请求解除竞业限制约定的，劳动人事争议仲裁委员会、人民法院应予支持。

八、事业单位劳动人事

资料补充栏

事业单位人事管理条例

1. 2014年4月25日国务院令第652号公布
2. 自2014年7月1日起施行

第一章 总 则

第一条 为了规范事业单位的人事管理，保障事业单位工作人员的合法权益，建设高素质的事业单位工作人员队伍，促进公共服务发展，制定本条例。

第二条 事业单位人事管理，坚持党管干部、党管人才原则，全面准确贯彻民主、公开、竞争、择优方针。

国家对事业单位工作人员实行分级分类管理。

第三条 中央事业单位人事综合管理部门负责全国事业单位人事综合管理工作。

县级以上地方各级事业单位人事综合管理部门负责本辖区事业单位人事综合管理工作。

事业单位主管部门具体负责所属事业单位人事管理工作。

第四条 事业单位应当建立健全人事管理制度。

事业单位制定或者修改人事管理制度，应当通过职工代表大会或者其他形式听取工作人员意见。

第二章 岗位设置

第五条 国家建立事业单位岗位管理制度，明确岗位类别和等级。

第六条 事业单位根据职责任务和工作需要，按照国家有关规定设置岗位。

岗位应当具有明确的名称、职责任务、工作标准和任职条件。

第七条 事业单位拟订岗位设置方案，应当报人事综合管理部门备案。

第三章 公开招聘和竞聘上岗

第八条 事业单位新聘用工作人员，应当面向社会公开招聘。但是，国家政策性安置、按照人事管理权限由上级任命、涉密岗位等人员除外。

第九条 事业单位公开招聘工作人员按照下列程序进行：

（一）制定公开招聘方案；

（二）公布招聘岗位、资格条件等招聘信息；

（三）审查应聘人员资格条件；

（四）考试、考察；

（五）体检；

（六）公示拟聘人员名单；

（七）订立聘用合同，办理聘用手续。

第十条 事业单位内部产生岗位人选，需要竞聘上岗的，按照下列程序进行：

（一）制定竞聘上岗方案；

（二）在本单位公布竞聘岗位、资格条件、聘期等信息；

（三）审查竞聘人员资格条件；

（四）考评；

（五）在本单位公示拟聘人员名单；

（六）办理聘任手续。

第十一条 事业单位工作人员可以按照国家有关规定进行交流。

第四章 聘用合同

第十二条 事业单位与工作人员订立的聘用合同，期限一般不低于3年。

第十三条 初次就业的工作人员与事业单位订立的聘用合同期限3年以上的，试用期为12个月。

第十四条 事业单位工作人员在本单位连续工作满10年且距法定退休年龄不足10年，提出订立聘用至退休的合同的，事业单位应当与其订立聘用至退休的合同。

第十五条 事业单位工作人员连续旷工超过15个工作日，或者1年内累计旷工超过30个工作日的，事业单位可以解除聘用合同。

第十六条 事业单位工作人员年度考核不合格且不同意调整工作岗位，或者连续两年年度考核不合格的，事业单位提前30日书面通知，可以解除聘用合同。

第十七条 事业单位工作人员提前30日书面通知事业单位，可以解除聘用合同。但是，双方对解除聘用合同另有约定的除外。

第十八条 事业单位工作人员受到开除处分的，解除聘用合同。

第十九条 自聘用合同依法解除、终止之日起，事业单位与被解除、终止聘用合同人员的人事关系终止。

第五章 考核和培训

第二十条 事业单位应当根据聘用合同规定的岗位职责任务，全面考核工作人员的表现，重点考核工作绩效。考核应当听取服务对象的意见和评价。

第二十一条 考核分为平时考核、年度考核和聘期考核。

年度考核的结果可以分为优秀、合格、基本合格和不合格等档次，聘期考核的结果可以分为合格和不合格等档次。

第二十二条 考核结果作为调整事业单位工作人员岗位、工资以及续订聘用合同的依据。

第二十三条　事业单位应当根据不同岗位的要求，编制工作人员培训计划，对工作人员进行分级分类培训。

工作人员应当按照所在单位的要求，参加岗前培训、在岗培训、转岗培训和为完成特定任务的专项培训。

第二十四条　培训经费按照国家有关规定列支。

第六章　奖励和处分

第二十五条　事业单位工作人员或者集体有下列情形之一的，给予奖励：

（一）长期服务基层，爱岗敬业，表现突出的；

（二）在执行国家重要任务、应对重大突发事件中表现突出的；

（三）在工作中有重大发明创造、技术革新的；

（四）在培养人才、传播先进文化中作出突出贡献的；

（五）有其他突出贡献的。

第二十六条　奖励坚持精神奖励与物质奖励相结合、以精神奖励为主的原则。

第二十七条　奖励分为嘉奖、记功、记大功、授予荣誉称号。

第二十八条　事业单位工作人员有下列行为之一的，给予处分：

（一）损害国家声誉和利益的；

（二）失职渎职的；

（三）利用工作之便谋取不正当利益的；

（四）挥霍、浪费国家资财的；

（五）严重违反职业道德、社会公德的；

（六）其他严重违反纪律的。

第二十九条　处分分为警告、记过、降低岗位等级或者撤职、开除。

受处分的期间为：警告，6 个月；记过，12 个月；降低岗位等级或者撤职，24 个月。

第三十条　给予工作人员处分，应当事实清楚、证据确凿、定性准确、处理恰当、程序合法、手续完备。

第三十一条　工作人员受开除以外的处分，在受处分期间没有再发生违纪行为的，处分期满后，由处分决定单位解除处分并以书面形式通知本人。

第七章　工资福利和社会保险

第三十二条　国家建立激励与约束相结合的事业单位工资制度。

事业单位工作人员工资包括基本工资、绩效工资和津贴补贴。

事业单位工资分配应当结合不同行业事业单位特点，体现岗位职责、工作业绩、实际贡献等因素。

第三十三条　国家建立事业单位工作人员工资的正常增长机制。

事业单位工作人员的工资水平应当与国民经济发展相协调、与社会进步相适应。

第三十四条　事业单位工作人员享受国家规定的福利待遇。

事业单位执行国家规定的工时制度和休假制度。

第三十五条　事业单位及其工作人员依法参加社会保险，工作人员依法享受社会保险待遇。

第三十六条　事业单位工作人员符合国家规定退休条件的，应当退休。

第八章　人事争议处理

第三十七条　事业单位工作人员与所在单位发生人事争议的，依照《中华人民共和国劳动争议调解仲裁法》等有关规定处理。

第三十八条　事业单位工作人员对涉及本人的考核结果、处分决定等不服的，可以按照国家有关规定申请复核、提出申诉。

第三十九条　负有事业单位聘用、考核、奖励、处分、人事争议处理等职责的人员履行职责，有下列情形之一的，应当回避：

（一）与本人有利害关系的；

（二）与本人近亲属有利害关系的；

（三）其他可能影响公正履行职责的。

第四十条　对事业单位人事管理工作中的违法违纪行为，任何单位或者个人可以向事业单位人事综合管理部门、主管部门或者监察机关投诉、举报，有关部门和机关应当及时调查处理。

第九章　法 律 责 任

第四十一条　事业单位违反本条例规定的，由县级以上事业单位人事综合管理部门或者主管部门责令限期改正；逾期不改正的，对直接负责的主管人员和其他直接责任人员依法给予处分。

第四十二条　对事业单位工作人员的人事处理违反本条例规定给当事人造成名誉损害的，应当赔礼道歉、恢复名誉、消除影响；造成经济损失的，依法给予赔偿。

第四十三条　事业单位人事综合管理部门和主管部门的工作人员在事业单位人事管理工作中滥用职权、玩忽职守、徇私舞弊的，依法给予处分；构成犯罪的，依法追究刑事责任。

第十章　附　　则

第四十四条　本条例自 2014 年 7 月 1 日起施行。

事业单位工作人员考核规定

1. 2023年1月12日中共中央组织部、人力资源社会保障部发布
2. 人社部发〔2023〕6号

第一章　总　　则

第一条　为了准确评价事业单位工作人员的德才表现和工作实绩,规范事业单位工作人员考核工作,推动建设堪当民族复兴重任、忠诚干净担当的高素质专业化事业单位工作人员队伍,把新时代好干部标准落到实处,根据《事业单位人事管理条例》和有关法律法规,制定本规定。

第二条　事业单位工作人员考核,是指事业单位或者主管机关(部门)按照干部人事管理权限及规定的标准和程序,对事业单位工作人员的政治素质、履职能力、工作实绩、作风表现等进行的了解、核实和评价。

对事业单位领导人员的考核,按照有关规定执行。

第三条　事业单位工作人员考核工作,坚持以习近平新时代中国特色社会主义思想为指导,贯彻新时代党的组织路线和干部工作方针政策,着眼于充分调动事业单位工作人员积极性主动性创造性、促进新时代公益事业高质量发展,坚持尊重劳动、尊重知识、尊重人才、尊重创造,全面准确评价事业单位工作人员,鲜明树立新时代选人用人导向,推动形成能者上、优者奖、庸者下、劣者汰的良好局面。工作中,应当坚持下列原则:

(一)党管干部、党管人才;
(二)德才兼备、以德为先;
(三)事业为上、公道正派;
(四)注重实绩、群众公认;
(五)分级分类、简便有效;
(六)考用结合、奖惩分明。

第四条　事业单位工作人员考核的方式主要是年度考核和聘期考核,根据工作实际开展平时考核、专项考核。

第二章　考核内容

第五条　对事业单位工作人员的考核,以岗位职责和所承担的工作任务为基本依据,全面考核德、能、勤、绩、廉,突出对德和绩的考核。

(一)德。坚持将政治标准放在首位,全面考核政治品质和道德品行,重点了解学习贯彻习近平新时代中国特色社会主义思想,坚定拥护“两个确立”,增强“四个意识”、坚定“四个自信”、做到“两个维护”,坚定理想信念,坚守初心使命,忠于宪法、忠于国家、忠于人民的情况;做到坚持原则、敢于斗争、善于斗争的情况;模范践行社会主义核心价值观,胸怀祖国、服务人民,恪守职业道德,遵守社会公德、家庭美德和个人品德等情况。

(二)能。全面考核适应新时代要求履行岗位职责的政治能力、工作能力、专业素养和技术技能水平,重点了解政治判断力、政治领悟力、政治执行力和学习调研能力、依法办事能力、群众工作能力、沟通协调能力、贯彻执行能力、改革创新能力、应急处突能力等情况。

(三)勤。全面考核精神状态和工作作风,重点了解爱岗敬业、勤勉尽责、担当作为、锐意进取、勇于创造、甘于奉献等情况。

(四)绩。全面考核践行以人民为中心的发展思想,依法依规履行岗位职责、承担急难险重任务、为群众职工办实事等情况,重点了解完成工作的数量、质量、时效、成本,产生的社会效益和经济效益,服务对象满意度等情况。

(五)廉。全面考核廉洁从业情况,重点了解落实中央八项规定及其实施细则精神,执行本系统、本行业、本单位行风建设相关规章制度,遵规守纪、廉洁自律等情况。

第六条　对事业单位工作人员实行分级分类考核,考核内容应当细化明确考核要素和具体指标,体现不同行业、不同类型、不同层次、不同岗位工作人员的特点和具体要求,增强针对性、有效性。

第七条　对面向社会提供公益服务的事业单位工作人员的考核,突出公益服务职责,加强服务质量、行为规范、技术技能、行风建设等考核。宣传思想文化、教育、科技、卫生健康等重点行业领域事业单位要按照分类推进人才评价机制改革有关要求,分别确定工作人员考核内容的核心要素,合理设置指标权重,实行以行业属性为基础的差别化考核。

对主要为机关提供支持保障的事业单位工作人员的考核,突出履行支持保障职责情况考核。根据实际情况,可以与主管机关(部门)工作人员考核统筹。

第八条　对事业单位专业技术人员的考核,应当结合专业技术工作特点,以创新价值、能力、贡献为导向,注重公共服务意识、专业理论知识、专业能力水平、创新服务及成果等。

对事业单位管理人员的考核,应当结合管理工作特点，注重管理水平、组织协调能力、工作规范性、廉政勤政情况等。

对事业单位工勤技能人员的考核，应当结合工勤技能工作特点，注重技能水平、服务态度、质量、效率等。

第三章 年度考核

第九条 年度考核是以年度为周期对事业单位工作人员总体表现所进行的综合性考核，一般每年年末或者次年年初进行。

第十条 年度考核的结果一般分为优秀、合格、基本合格和不合格四个档次。

第十一条 年度考核确定为优秀档次应当具备下列条件：

（一）思想政治素质高，理想信念坚定，贯彻落实党中央决策部署坚决有力，模范遵守法律法规，恪守职业道德，具有良好社会公德、家庭美德和个人品德；

（二）履行岗位职责能力强，精通本职业务，与岗位要求相应的专业技术技能或者管理水平高；

（三）公共服务意识和工作责任心强，勤勉敬业奉献，改革创新意识强，工作作风好；

（四）全面履行岗位职责，高质量地完成各项工作任务，工作实绩突出，对社会或者单位有贡献，服务对象满意度高；

（五）廉洁从业且在遵守廉洁纪律方面具有模范带头作用。

第十二条 年度考核确定为合格档次应当具备下列条件：

（一）思想政治素质较高，能够贯彻落实党中央决策部署，自觉遵守法律法规和职业道德，具有较好社会公德、家庭美德和个人品德；

（二）履行岗位职责能力较强，熟悉本职业务，与岗位要求相应的专业技术技能或者管理水平较高；

（三）公共服务意识和工作责任心较强，工作认真负责，工作作风较好；

（四）能够履行岗位职责，较好地完成工作任务，服务对象满意度较高；

（五）廉洁从业。

第十三条 事业单位工作人员有下列情形之一的，年度考核应当确定为基本合格档次：

（一）思想政治素质一般，在贯彻落实党中央决策部署以及遵守职业道德、社会公德、家庭美德、个人品德等方面存在明显不足；

（二）履行岗位职责能力较弱，与岗位要求相应的专业技术技能或者管理水平较低；

（三）公共服务意识和工作责任心一般，工作纪律性不强，工作消极，或者工作作风方面存在明显不足；

（四）能够基本履行岗位职责、完成工作任务，但完成工作的数量不足、质量和效率不高，或者在工作中有一定的失误，或者服务对象满意度较低；

（五）能够基本做到廉洁从业，但某些方面存在不足。

第十四条 事业单位工作人员有下列情形之一的，年度考核应当确定为不合格档次：

（一）思想政治素质较差，在贯彻落实党中央决策部署以及职业道德、社会公德、家庭美德、个人品德等方面存在严重问题；

（二）业务素质和工作能力不能适应岗位要求；

（三）公共服务意识和工作责任心缺失，工作不担当、不作为，或者工作作风差；

（四）不履行岗位职责、未能完成工作任务，或者在工作中因严重失职失误造成重大损失或者恶劣社会影响；

（五）在廉洁从业方面存在问题，且情形较为严重。

第十五条 事业单位工作人员年度考核优秀档次人数，一般不超过本单位应参加年度考核的工作人员总人数的20%。优秀档次名额应当向一线岗位、艰苦岗位以及获得表彰奖励的人员倾斜。

事业单位在相应考核年度内有下列情形之一的，经主管机关（部门）或者同级事业单位人事综合管理部门审核同意，工作人员年度考核优秀档次的比例可以适当提高，一般掌握在25%：

（一）单位获得集体记功以上奖励的；

（二）单位取得重大工作创新或者作出突出贡献，取得有关机关（部门）认定的；

（三）单位绩效考核获得优秀档次的。

对单位绩效考核为不合格档次的，以及问题较多、被问责的事业单位，主管机关（部门）或者同级事业单位人事综合管理部门应当降低其年度考核优秀档次比例，一般不超过15%。

第十六条 对事业单位工作人员开展年度考核，可以成立考核委员会或者考核工作领导小组，负责考核工作的组织实施，相应的组织人事部门承担具体工作。考核委员会或者考核工作领导小组由本单位成立的，一般由单位主要负责人担任主任（组长），成员由单位其他领导人员、组织人事部门和纪检监察机构有关人员、职工代表等组成；由主管机关（部门）成立的，一般由主管机关（部门）组织人事部门负责人担任主任（组长),成员由主管机关(部门)组织人事部门有关人员以及事业单位有关领导人员、从事组织人事和纪检监察工作的有关人员、职工代表等组成。

第十七条 年度考核一般按照下列程序进行:

(一)制定方案。考核委员会或者考核工作领导小组制定事业单位年度考核工作方案,通过职工代表大会或者其他形式听取工作人员意见后,面向全单位发布。

(二)总结述职。事业单位工作人员按照岗位职责任务、考核内容以及有关要求进行总结,填写年度考核表,必要时可以在一定范围内述职。

(三)测评、核实与评价。考核委员会或者考核工作领导小组可以采取民主测评、绩效评价、听取主管领导意见以及单位内部评议、服务对象满意度调查、第三方评价等符合岗位特点的方法,对考核对象进行综合评价,提出考核档次建议。

(四)确定档次。事业单位领导班子或者主管机关(部门)组织人事部门集体研究审定考核档次。拟确定为优秀档次的须在本单位范围进行公示,公示期一般不少于5个工作日。考核结果以书面形式告知被考核人员,由本人签署意见。

第四章 聘期考核

第十八条 聘期考核是对事业单位工作人员在一个完整聘期内总体表现所进行的全方位考核,以聘用(任)合同为依据,以聘期内年度考核结果为基础,一般在聘用(任)合同期满前一个月内完成。

聘期考核侧重考核聘期任务目标完成情况。

第十九条 聘期考核的结果一般分为合格和不合格等档次。

第二十条 事业单位工作人员完成聘期目标任务,且聘期内年度考核均在合格及以上档次的,聘期考核应当确定为合格档次。

第二十一条 事业单位工作人员无正当理由,未完成聘期目标任务的,聘期考核应当确定为不合格档次。

第二十二条 事业单位工作人员聘期考核一般应当按照总结述职,测评、核实与评价,实绩分析,确定档次等程序进行,结合实际也可以与年度考核统筹进行。

第五章 平时考核和专项考核

第二十三条 平时考核是对事业单位工作人员日常工作和一贯表现所进行的经常性考核。

第二十四条 对事业单位工作人员开展平时考核,主要结合日常管理工作进行,根据行业和单位特点,可以采取工作检查、考勤记录、谈心谈话、听取意见等方法,具体操作办法由事业单位结合实际确定。

事业单位可以根据自身实际,探索建立平时考核记录,形成考核结果。平时考核结果可以采用考核报告、评语、档次或者鉴定等形式确定。

第二十五条 专项考核是对事业单位工作人员在完成重要专项工作、承担急难险重任务、应对和处置突发事件中的工作态度、担当精神、作用发挥、实际成效等情况所进行的针对性考核。

根据平时掌握情况,对表现突出或者问题反映较多的工作人员,可以进行专项考核。

第二十六条 对事业单位工作人员开展专项考核,可以按照了解核实、综合研判、结果反馈等程序进行,或者结合推进专项工作灵活安排。

专项考核结果可以采用考核报告、评语、档次或者鉴定等形式确定。

第六章 考核结果运用

第二十七条 坚持考用结合,将考核结果与选拔任用、培养教育、管理监督、激励约束、问责追责等结合起来,作为事业单位工作人员调整岗位、职务、职员等级、工资和评定职称、奖励,以及变更、续订、解除、终止聘用(任)合同等的依据。

第二十八条 事业单位工作人员年度考核被确定为合格以上档次的,按照下列规定办理:

(一)增加一级薪级工资;

(二)按照有关规定发放绩效工资;

(三)本考核年度计算为现聘岗位(职员)等级的任职年限。

其中,年度考核被确定为优秀档次的,在绩效工资分配时,同等条件下应当予以倾斜;在岗位晋升、职称评聘时,同等条件下应当予以优先考虑。

第二十九条 事业单位工作人员年度考核被确定为基本合格档次的,按照下列规定办理:

(一)责令作出书面检查,限期改进;

(二)不得增加薪级工资;

(三)相应核减绩效工资;

(四)本考核年度不计算为现聘岗位(职员)等级的任职年限,下一考核年度内不得晋升岗位(职员)等级;

(五)连续两年被确定为基本合格档次的,予以组织调整或者组织处理。

第三十条 事业单位工作人员年度考核被确定为不合格档次的,按照下列规定办理:

(一)不得增加薪级工资;

(二)相应核减绩效工资;

（三）向低一级岗位（职员）等级调整；

（四）本考核年度不计算为现聘岗位（职员）等级的任职年限；

（五）被确定为不合格档次且不同意调整工作岗位，或者连续两年被确定为不合格档次的，可以按规定解除聘用（任）合同。

其中，受处理、处分时已按规定降低岗位（职员）等级且当年年度考核被确定为不合格档次的，为避免重复处罚，不再向低一级岗位（职员）等级调整。

第三十一条　事业单位工作人员年度考核不确定档次的，按照下列规定办理：

（一）不得增加薪级工资；

（二）相应核减绩效工资；

（三）本考核年度不计算为现聘岗位（职员）等级的任职年限，连续两年不确定档次的，视情况调整工作岗位。

第三十二条　事业单位工作人员聘期考核被确定为合格档次且所聘岗位存续的，经本人、单位协商一致，可以续订聘用（任）合同。

聘期考核被确定为不合格档次的，合同期满一般不再续聘；特殊情况确需续订聘用（任）合同的，应当报经主管机关（部门）审核同意。

第三十三条　事业单位工作人员考核形成的结论性材料，应当存入本人干部人事档案。

第三十四条　平时考核、专项考核结果作为年度考核、聘期考核的重要参考。

运用平时考核、专项考核结果，有针对性地加强激励约束、培养教育，鼓励先进、鞭策落后。

第三十五条　考核中发现事业单位工作人员存在问题的，根据问题性质和情节轻重，依规依纪依法给予处理、处分；对涉嫌犯罪的，依法追究刑事责任。

第三十六条　事业单位工作人员对考核确定为基本合格或者不合格档次不服的，可以按照有关规定申请复核、提出申诉。

第七章　相关事宜

第三十七条　对初次就业的事业单位工作人员，在本单位工作不满考核年度半年的（含试用期），参加年度考核，只写评语，不确定档次。

对非初次就业的工作人员，当年在其他单位工作时间与本单位工作时间合并计算，不满考核年度半年的（含试用期），参加年度考核，只写评语，不确定档次；满考核年度半年的（含试用期），由其现所在事业单位进行年度考核并确定档次，原工作单位提供有关情况。

前款所称其他单位工作时间，可以根据干部人事档案有关记载、劳动合同、社会保险缴费证明等综合认定。

第三十八条　对事业单位外派的工作人员进行年度考核，按照下列规定办理：

（一）挂职、援派、驻外的工作人员，在外派期间一般由工作时间超过考核年度半年的单位进行考核并以适当的方式听取派出单位或者接收单位的意见。

（二）单位派出学习培训、执行任务的工作人员，经批准以兼职创新、在职创办企业或者选派到企业工作、参与项目合作等方式进行创新创业的专业技术人员，由人事关系所在单位进行考核，主要根据学习培训、执行任务、创新创业的表现确定档次，由相关单位提供在外表现情况。

第三十九条　对同时在事业单位管理岗位和专业技术岗位两类岗位任职人员的考核，应当以两类岗位的职责任务为依据，实行双岗位双考核。

第四十条　对高校、科研院所等事业单位的科研人员，立足其工作特点，探索完善考核方法，合理确定考核周期和频次，促进科研人员潜心研究、创造科研成果。

第四十一条　病假、事假、非单位派出外出学习培训累计超过考核年度半年的事业单位工作人员，参加年度考核，不确定档次。

女职工按规定休产假超过考核年度半年的，参加年度考核，确定档次。

第四十二条　事业单位工作人员涉嫌违纪违法被立案审查调查尚未结案的，参加年度考核，不写评语，不确定档次。结案后未受处分或者给予警告处分的，按规定补定档次。

第四十三条　受党纪政务处分或者组织处理、诫勉的事业单位工作人员参加年度考核，按照有关规定办理。

同时受党纪政务处分和组织处理的，按照对其年度考核结果影响较重的处理、处分确定年度考核结果。

第四十四条　对无正当理由不参加考核的事业单位工作人员，经教育后仍拒绝参加的，直接确定其考核档次为不合格。

第四十五条　事业单位或者主管机关（部门）应当加强考核工作统筹，优化工作流程，注意运用互联网技术和信息化手段，简便高效开展考核工作，提高考核质量和效率。

第四十六条　各级事业单位人事综合管理部门和主管机关（部门），应当加强对事业单位工作人员考核工作的指导监督。

对在考核过程中有徇私舞弊、打击报复、弄虚作假等行为的，按照有关规定予以严肃处理。

第八章 附 则

第四十七条 机关工勤人员的考核,参照本规定执行。

第四十八条 各地区各部门可以根据本规定,结合实际制定事业单位工作人员考核具体办法或者细则。

第四十九条 本规定由中共中央组织部、人力资源社会保障部负责解释。

第五十条 本规定自发布之日起施行。

1. 事业单位人事聘用

事业单位公开招聘人员暂行规定

1. 2005年11月16日人事部令第6号公布
2. 自2006年1月1日起施行

第一章　总　　则

第一条　为实现事业单位人事管理的科学化、制度化和规范化，规范事业单位招聘行为，提高人员素质，制定本规定。

第二条　事业单位招聘专业技术人员、管理人员和工勤人员，适用本规定。参照公务员制度进行管理和转为企业的事业单位除外。

事业单位新进人员除国家政策性安置、按干部人事管理权限由上级任命及涉密岗位等确需使用其他方法选拔任用人员外，都要实行公开招聘。

第三条　公开招聘要坚持德才兼备的用人标准，贯彻公开、平等、竞争、择优的原则。

第四条　公开招聘要坚持政府宏观管理与落实单位用人自主权相结合，统一规范、分类指导、分级管理。

第五条　公开招聘由用人单位根据招聘岗位的任职条件及要求，采取考试、考核的方法进行。

第六条　政府人事行政部门是政府所属事业单位进行公开招聘工作的主管机关。政府人事行政部门与事业单位的上级主管部门负责对事业单位公开招聘工作进行指导、监督和管理。

第七条　事业单位可以成立由本单位人事部门、纪检监察部门、职工代表及有关专家组成的招聘工作组织，负责招聘工作的具体实施。

第二章　招聘范围、条件及程序

第八条　事业单位招聘人员应当面向社会，凡符合条件的各类人员均可报名应聘。

第九条　应聘人员必须具备下列条件：

（一）具有中华人民共和国国籍；

（二）遵守宪法和法律；

（三）具有良好的品行；

（四）岗位所需的专业或技能条件；

（五）适应岗位要求的身体条件；

（六）岗位所需要的其他条件。

第十条　事业单位公开招聘人员，不得设置歧视性条件要求。

第十一条　公开招聘应按下列程序进行：

（一）制定招聘计划；

（二）发布招聘信息；

（三）受理应聘人员的申请，对资格条件进行审查；

（四）考试、考核；

（五）身体检查；

（六）根据考试、考核结果，确定拟聘人员；

（七）公示招聘结果；

（八）签订聘用合同，办理聘用手续。

第三章　招聘计划、信息发布与资格审查

第十二条　招聘计划由用人单位负责编制，主要包括以下内容：招聘的岗位及条件、招聘的时间、招聘人员的数量、采用的招聘方式等。

第十三条　国务院直属事业单位的年度招聘计划须报人事部备案；国务院各部委直属事业单位的招聘计划须报上级主管部门核准并报人事部备案。

各省、自治区、直辖市人民政府直属事业单位的招聘计划须报省（区、市）政府人事行政部门备案；各省、自治区、直辖市政府部门直属事业单位的招聘计划须报上级主管部门核准并报同级政府人事行政部门备案。

地（市）、县（市）人民政府所属事业单位的招聘计划须报地区或设区的市政府人事行政部门核准。

第十四条　事业单位招聘人员应当公开发布招聘信息，招聘信息应当载明用人单位情况简介、招聘的岗位、招聘人员数量及待遇；应聘人员条件；招聘办法；考试、考核的时间（时限）、内容、范围；报名方法等需要说明的事项。

第十五条　用人单位或组织招聘的部门应对应聘人员的资格条件进行审查，确定符合条件的人员。

第四章　考试与考核

第十六条　考试内容应为招聘岗位所必需的专业知识、业务能力和工作技能。

第十七条　考试科目与方式根据行业、专业及岗位特点确定。

第十八条　考试可采取笔试、面试等多种方式。

对于应聘工勤岗位的人员，可根据需要重点进行实际操作能力测试。

第十九条　考试由事业单位自行组织，也可以由政府人事行政部门、事业单位上级主管部门统一组织。

政府人事行政部门所属考试服务机构和人才服务

机构可受事业单位、政府人事行政部门或事业单位上级主管部门委托，为事业单位公开招聘人员提供服务。

第二十条 急需引进的高层次、短缺专业人才，具有高级专业技术职务或博士学位的人员，可以采取直接考核的方式招聘。

第二十一条 对通过考试的应聘人员，用人单位应组织对其思想政治表现、道德品质、业务能力、工作实绩等情况进行考核，并对应聘人员资格条件进行复查。

第五章 聘 用

第二十二条 经用人单位负责人员集体研究，按照考试和考核结果择优确定拟聘人员。

第二十三条 对拟聘人员应在适当范围进行公示，公示期一般为7至15日。

第二十四条 用人单位与拟聘人员签订聘用合同前，按照干部人事管理权限的规定报批或备案。

第二十五条 用人单位法定代表人或者其委托人与受聘人员签订聘用合同，确立人事关系。

第二十六条 事业单位公开招聘的人员按规定实行试用期制度。试用期包括在聘用合同期限内。

试用期满合格的，予以正式聘用；不合格的，取消聘用。

第六章 纪律与监督

第二十七条 事业单位公开招聘人员实行回避制度。

凡与聘用单位负责人员有夫妻关系、直系血亲关系、三代以内旁系血亲或者近姻亲关系的应聘人员，不得应聘该单位负责人员的秘书或者人事、财务、纪律检查岗位，以及有直接上下级领导关系的岗位。

聘用单位负责人员和招聘工作人员在办理人员聘用事项时，涉及与本人有上述亲属关系或者其他可能影响招聘公正的，也应当回避。

第二十八条 招聘工作要做到信息公开、过程公开、结果公开，接受社会及有关部门的监督。

第二十九条 政府人事行政部门和事业单位的上级主管部门要认真履行监管职责，对事业单位招聘过程中违反干部人事纪律及本规定的行为要予以制止和纠正，保证招聘工作的公开、公平、公正。

第三十条 严格公开招聘纪律。对有下列违反本规定情形的，必须严肃处理。构成犯罪的，依法追究刑事责任：

（一）应聘人员伪造、涂改证件、证明，或以其他不正当手段获取应聘资格的；

（二）应聘人员在考试考核过程中作弊的；

（三）招聘工作人员指使、纵容他人作弊，或在考试考核过程中参与作弊的；

（四）招聘工作人员故意泄露考试题目的；

（五）事业单位负责人员违反规定私自聘用人员的；

（六）政府人事行政部门、事业单位主管部门工作人员违反规定，影响招聘公平、公正进行的；

（七）违反本规定的其他情形的。

第三十一条 对违反公开招聘纪律的应聘人员，视情节轻重取消考试或聘用资格；对违反本规定招聘的受聘人员，一经查实，应当解除聘用合同，予以清退。

第三十二条 对违反公开招聘纪律的工作人员，视情节轻重调离招聘工作岗位或给予处分；对违反公开招聘纪律的其他相关人员，按照有关规定追究责任。

第七章 附 则

第三十三条 事业单位需要招聘外国国籍人员的，须报省级以上政府人事行政部门核准，并按照国家有关规定进行招聘。

第三十四条 省、自治区、直辖市政府人事行政部门可以根据本规定，制定本地区的公开招聘办法。

第三十五条 本规定自2006年1月1日起执行。

中共中央组织部、人力资源和社会保障部关于进一步规范事业单位公开招聘工作的通知

1. 2010年12月7日
2. 人社部发〔2010〕92号

各省、自治区、直辖市党委组织部、政府人力资源社会保障厅（局），福建省公务员局，新疆生产建设兵团党委组织部、人事局，各副省级市委组织部、政府人力资源社会保障（人事）局，中央和国家机关各部委、各人民团体干部（人事）部门：

事业单位公开招聘制度推行以来，各地各部门结合实际，积极探索，稳步实施，有力推动了公开招聘制度在事业单位的建立。但同时也要看到，在实施公开招聘的过程中，还存在着制度推行不平衡、政策执行不到位、操作程序不规范等问题。为贯彻落实《2010－2020年深化干部人事制度改革规划纲要》（中办发〔2009〕43号）和《国家中长期人才发展规划纲要（2010－2020年）》（中发〔2010〕6号），加快推进事业单位公开招聘工作，规范事业单位招聘行为，促进事业单位公开招聘工作制度化、规范化，现就有关问题通知

如下：

一、严格政策，全面落实事业单位公开招聘制度各项规定

事业单位新进人员，除国家政策性安置、按干部人事管理权限由上级任命及涉密岗位等确需使用其他方法选拔任用人员外，一律实行公开招聘。事业单位要在岗位空缺的前提下，按照岗位职责和任职条件，通过公开招聘择优聘用工作人员。严格执行《事业单位公开招聘人员暂行规定》（人事部令第6号）关于招聘范围、条件、程序、信息发布、资格审查、考试考核、聘用等方面的要求。事业单位应当按照规定制定公开招聘方案并报送有关部门核准备案。各级组织人事部门要按照规定权限严格履行招聘方案核准备案职责。

各地各部门要加快完善政策措施，尚未制定本地区本部门公开招聘实施办法的，要在2011年3月份前出台。已经出台实施办法的，要分类细化要求，完善公开招聘组织工作规程。到2012年，要基本实现公开招聘制度在全国各级各类事业单位的全覆盖。

二、坚持公开，增强事业单位公开招聘工作透明度

事业单位公开招聘要遵循民主、公开、竞争、择优的原则，切实做到信息公开、过程公开、结果公开。

严格规范公开招聘信息发布。事业单位招聘人员应当面向社会公开发布招聘信息，内容应包括公开招聘范围、条件、程序和时间安排、招聘办法、报名方法等内容。发布时间不少于7个工作日。招聘信息须在组织人事部门网站、招聘单位及主管部门网站上免费公布，同时也可以在人力资源市场网站或者其他媒体上公布。招聘信息一经公布，应当严格执行，不得擅自更改。

增强公开招聘实施过程透明度。对于公开招聘中资格审查、笔试、面试、考核等环节的进展情况应当面向社会公布，并确保及时、全面、准确。

健全公开招聘结果公示制度。公开招聘结果应在招聘信息发布的范围内进行公示，时间不少于7个工作日。公示内容应包括招聘单位名称、招聘岗位情况以及拟聘人员基本情况。

三、突出分类，创新事业单位公开招聘组织方式方法

公开招聘要坚持统一规范、分类指导、分级管理。要严格按照统一的公开招聘制度的要求，充分体现不同行业、不同类型事业单位的特点以及各类工作人员的专业特点，分类组织实施公开招聘。

公开招聘方式方法应符合事业单位特点，充分体现行业、专业及岗位特点。公开招聘采取考试与考核相结合的方法，择优聘用。公开招聘高层次、紧缺人才，可以采取直接考核的方式。各地各部门要积极探索符合高校毕业生就业特点的公开招聘方式，更好地服务于高校毕业生就业工作。

规范和完善公开招聘考试、考核方法。考试可采取笔试、面试、实际操作能力测试等多种方式。按照"干什么，考什么"的原则，合理设置考试内容，符合岗位要求。对专业技术岗位和工勤技能岗位的招聘，不应将行政职业能力测试列为笔试内容。考核应侧重于思想政治表现、道德品质以及与应聘岗位相关的业务能力和工作实绩等。

各地各部门要研究制定公开招聘考试工作规程，规范考试命题、笔试阅卷、面试组织等环节。要完善保密制度，明确分工，责任到人，确保考务安全。要加强公开招聘考官培训工作，提高面试、实际操作能力测试工作水平，增强考试公正度。鼓励有条件的地方加强题库建设。

组织人事部门、事业单位主管部门要根据事业单位公开招聘工作的实际需求，发挥考试、人才等服务机构的优势，为事业单位公开招聘搭建考试考务服务平台。

四、严肃纪律，提升事业单位公开招聘工作公信力

要认真落实《事业单位公开招聘人员暂行规定》关于回避制度的规定。在公开发布的招聘信息中，要明确有关人员回避的要求。对违反回避规定的公开招聘行为，应当及时予以纠正，对相关人员予以批评教育，造成不良影响的，要对有关责任人进行严肃处理。

对违反事业单位公开招聘规定的，由县级以上组织人事部门视情况责令纠正或者宣布无效；对负有领导责任和直接责任的人员予以严肃处理，根据情节轻重进行批评教育、调离工作岗位或者给予处分；对违反公开招聘规定的应聘人员，要按照规定及时处理。

事业单位公开招聘人员，应确保符合条件的应聘人员不因民族、性别或者身体残疾而受歧视。落实人力资源社会保障部、教育部、卫生部《关于进一步规范入学和就业体检项目维护乙肝表面抗原携带者入学和就业权利的通知》（人社部发〔2010〕12号）要求，除卫生部核准并予以公布的特殊职业外，事业单位在公开招聘中不得要求进行乙肝项目检测。

五、强化监管，确保事业单位公开招聘工作有序进行

各级组织人事部门要切实履行好事业单位公开招聘工作综合管理部门的职责，建立严格的制度规范，加强管理，强化监督，指导事业单位依法行使用人自主权。要加大对县级以下事业单位公开招聘工作的指导力度。事业单位主管部门要切实履行对事业单位公开招聘工作的指导和管理职责。公开招聘工作要主动接受纪检监察机关的监督。

组织人事部门应当及时受理有关投诉或者举报，接受社会监督。对有关投诉或者实名举报的调查处理情况，应当向投诉人或者实名举报人反馈；对新闻媒体反映问题的调查处理情况，应当及时向社会公布。

要建立事业单位公开招聘工作舆情监测报告制度，密切关注网络、媒体等舆论动态，做到早发现，早报告。加强对公开招聘突发性事件的舆情研判，制定应急预案，通过新闻发布会、向媒体提供新闻通稿等形式，第一时间发布权威消息，引导舆论，及时采取有效的应对措施，妥善处理。畅通信息渠道，对于重大舆情要及时处置并报同级党委政府和上级组织人事部门。

事业单位公开招聘违纪违规行为处理规定

1. 2017年10月9日人力资源和社会保障部令第35号公布
2. 自2018年1月1日起施行

第一章　总　　则

第一条　为加强事业单位公开招聘工作管理，规范公开招聘违纪违规行为的认定与处理，保证招聘工作公开、公平、公正，根据《事业单位人事管理条例》等有关规定，制定本规定。

第二条　事业单位公开招聘中违纪违规行为的认定与处理，适用本规定。

第三条　认定与处理公开招聘违纪违规行为，应当事实清楚、证据确凿、程序规范、适用规定准确。

第四条　中央事业单位人事综合管理部门负责全国事业单位公开招聘工作的综合管理与监督。

各级事业单位人事综合管理部门、事业单位主管部门、招聘单位按照事业单位公开招聘管理权限，依据本规定对公开招聘违纪违规行为进行认定与处理。

第二章　应聘人员违纪违规行为处理

第五条　应聘人员在报名过程中有下列违纪违规行为之一的，取消其本次应聘资格：

（一）伪造、涂改证件、证明等报名材料，或者以其他不正当手段获取应聘资格的；

（二）提供的涉及报考资格的申请材料或者信息不实，且影响报名审核结果的；

（三）其他应当取消其本次应聘资格的违纪违规行为。

第六条　应聘人员在考试过程中有下列违纪违规行为之一的，给予其当次该科目考试成绩无效的处理：

（一）携带规定以外的物品进入考场且未按要求放在指定位置，经提醒仍不改正的；

（二）未在规定座位参加考试，或者未经考试工作人员允许擅自离开座位或者考场，经提醒仍不改正的；

（三）经提醒仍不按规定填写、填涂本人信息的；

（四）在试卷、答题纸、答题卡规定以外位置标注本人信息或者其他特殊标记的；

（五）在考试开始信号发出前答题，或者在考试结束信号发出后继续答题，经提醒仍不停止的；

（六）将试卷、答题卡、答题纸带出考场，或者故意损坏试卷、答题卡、答题纸及考试相关设施设备的；

（七）其他应当给予当次该科目考试成绩无效处理的违纪违规行为。

第七条　应聘人员在考试过程中有下列严重违纪违规行为之一的，给予其当次全部科目考试成绩无效的处理，并将其违纪违规行为记入事业单位公开招聘应聘人员诚信档案库，记录期限为五年：

（一）抄袭、协助他人抄袭的；

（二）互相传递试卷、答题纸、答题卡、草稿纸等的；

（三）持伪造证件参加考试的；

（四）使用禁止带入考场的通讯工具、规定以外的电子用品的；

（五）本人离开考场后，在本场考试结束前，传播考试试题及答案的；

（六）其他应当给予当次全部科目考试成绩无效处理并记入事业单位公开招聘应聘人员诚信档案库的严重违纪违规行为。

第八条　应聘人员有下列特别严重违纪违规行为之一的，给予其当次全部科目考试成绩无效的处理，并将其违纪违规行为记入事业单位公开招聘应聘人员诚信档案库，长期记录：

（一）串通作弊或者参与有组织作弊的；

（二）代替他人或者让他人代替自己参加考试的；

（三）其他应当给予当次全部科目考试成绩无效处理并记入事业单位公开招聘应聘人员诚信档案库的特别严重的违纪违规行为。

第九条　应聘人员应当自觉维护招聘工作秩序，服从工作人员管理，有下列行为之一的，终止其继续参加考试，并责令离开现场；情节严重的，按照本规定第七条、第八条的规定处理；违反《中华人民共和国治安管理处罚法》的，交由公安机关依法处理；构成犯罪的，依法追究刑事责任：

（一）故意扰乱考点、考场以及其他招聘工作场所秩序的；

（二）拒绝、妨碍工作人员履行管理职责的；

（三）威胁、侮辱、诽谤、诬陷工作人员或者其他应聘人员的；

（四）其他扰乱招聘工作秩序的违纪违规行为。

第十条　在阅卷过程中发现应聘人员之间同一科目作答内容雷同，并经阅卷专家组确认的，给予其当次该科目考试成绩无效的处理。作答内容雷同的具体认定方法和标准，由中央事业单位人事综合管理部门确定。

应聘人员之间同一科目作答内容雷同，并有其他相关证据证明其违纪违规行为成立的，视具体情形按照本规定第七条、第八条处理。

第十一条　应聘人员在体检过程中弄虚作假或者隐瞒影响聘用的疾病、病史的，给予其不予聘用的处理。有请他人顶替体检以及交换、替换化验样本等严重违纪违规行为的，给予其不予聘用的处理，并将其违纪违规行为记入事业单位公开招聘应聘人员诚信档案库，记录期限为五年。

第十二条　应聘人员在考察过程中提供虚假材料、隐瞒事实真相或者有其他妨碍考察工作的行为，干扰、影响考察单位客观公正作出考察结论的，给予其不予聘用的处理；情节严重、影响恶劣的，将其违纪违规行为记入事业单位公开招聘应聘人员诚信档案库，记录期限为五年。

第十三条　应聘人员聘用后被查明有本规定所列违纪违规行为的，由招聘单位与其解除聘用合同、予以清退，其中符合第七条、第八条、第十一条、第十二条违纪违规行为的，记入事业单位公开招聘应聘人员诚信档案库。

第十四条　事业单位公开招聘应聘人员诚信档案库由中央事业单位人事综合管理部门统一建立，纳入全国信用信息共享平台，向招聘单位及社会提供查询，相关记录作为事业单位聘用人员的重要参考，管理办法另行制定。

第三章　招聘单位和招聘工作人员违纪违规行为处理

第十五条　招聘单位在公开招聘中有下列行为之一的，事业单位主管部门或者事业单位人事综合管理部门应当责令限期改正；逾期不改正的，对直接负责的主管人员和其他直接责任人员依法给予处分：

（一）未按规定权限和程序核准（备案）招聘方案，擅自组织公开招聘的；

（二）设置与岗位无关的指向性或者限制性条件的；

（三）未按规定发布招聘公告的；

（四）招聘公告发布后，擅自变更招聘程序、岗位条件、招聘人数、考试考察方式等的；

（五）未按招聘条件进行资格审查的；

（六）未按规定组织体检的；

（七）未按规定公示拟聘用人员名单的；

（八）其他应当责令改正的违纪违规行为。

第十六条　招聘工作人员有下列行为之一的，由相关部门给予处分，并停止其继续参加当年及下一年度招聘工作：

（一）擅自提前考试开始时间、推迟考试结束时间及缩短考试时间的；

（二）擅自为应聘人员调换考场或者座位的；

（三）未准确记录考场情况及违纪违规行为，并造成一定影响的；

（四）未执行回避制度的；

（五）其他一般违纪违规行为。

第十七条　招聘工作人员有下列行为之一的，由相关部门给予处分，并将其调离招聘工作岗位，不得再从事招聘工作；构成犯罪的，依法追究刑事责任：

（一）指使、纵容他人作弊，或者在考试、考察、体检过程中参与作弊的；

（二）在保密期限内，泄露考试试题、面试评分要素等应当保密的信息的；

（三）擅自更改考试评分标准或者不按评分标准进行评卷的；

（四）监管不严，导致考场出现大面积作弊现象的；

（五）玩忽职守，造成不良影响的；

（六）其他严重违纪违规行为。

第四章　处 理 程 序

第十八条　应聘人员的违纪违规行为被当场发现的，招聘工作人员应当予以制止。对于被认定为违纪违规的，要收集、保存相应证据材料，如实记录违纪违规事实和现场处理情况，当场告知应聘人员记录内容，并要求本人签字；对于拒绝签字或者恶意损坏证据材料的，由两名招聘工作人员如实记录其拒签或者恶意损坏证据材料的情况。违纪违规记录经考点负责人签字认定后，报送组织实施公开招聘的部门。

第十九条　对应聘人员违纪违规行为作出处理决定前，应当告知应聘人员拟作出的处理决定及相关事实、理由和依据，并告知应聘人员依法享有陈述和申辩的权利。作出处理决定的部门对应聘人员提出的事实、理由和证据，应当进行复核。

对应聘人员违纪违规行为作出处理决定的，应当制作公开招聘违纪违规行为处理决定书，依法送达被处理的应聘人员。

第二十条 应聘人员对处理决定不服的，可以依法申请行政复议或者提起行政诉讼。

第二十一条 参与公开招聘的工作人员对因违纪违规行为受到处分不服的，可以依法申请复核或者提出申诉。

第五章 附 则

第二十二条 本规定自2018年1月1日起施行。

国务院办公厅转发人事部关于在事业单位试行人员聘用制度意见的通知

1．2002年7月6日
2．国办发〔2002〕35号

各省、自治区、直辖市人民政府，国务院各部委、各直属机构：

人事部《关于在事业单位试行人员聘用制度的意见》已经国务院同意，现转发给你们，请认真贯彻执行。

在事业单位试行人员聘用制度，是用人制度的一项重要改革，是建立适应社会主义市场经济体制要求的事业单位人事制度的重要措施，对实施科教兴国战略和“人才强国”战略，调动事业单位各类人员的积极性和创造性，促进我国经济建设和各项社会事业的发展具有重要作用。各地区、各部门要高度重视，切实加强领导，积极稳妥地组织实施。要注意试行中可能出现的问题，及时研究解决，不断总结经验，确保事业单位人员聘用工作的顺利实施。

附：

关于在事业单位试行人员聘用制度的意见

随着我国社会主义市场经济体制的建立和加入世界贸易组织，迫切要求转换事业单位用人机制，建立充满生机和活力的用人制度。在事业单位试行人员聘用制度，是加快推进事业单位人事制度改革、提高队伍整体素质、增强事业单位活力的重要措施。为了规范事业单位人员聘用工作（简称人员聘用工作），保护单位和职工的合法权益，促进社会稳定，现就在事业单位试行人员聘用制度提出如下意见：

一、聘用制度的基本原则和实施范围

事业单位与职工应当按照国家有关法律、政策和本意见的要求，在平等自愿、协商一致的基础上，通过签订聘用合同，明确聘用单位和受聘人员与工作有关的权利和义务。人员聘用制度主要包括公开招聘、签订聘用合同、定期考核、解聘辞聘等制度。通过实行人员聘用制度，转换事业单位用人机制，实现事业单位人事管理由身份管理向岗位管理转变，由行政任用关系向平等协商的聘用关系转变，建立一套符合社会主义市场经济体制要求的事业单位人事管理制度。

建立和推行事业单位人员聘用制度，要贯彻党的干部路线，坚持党管干部原则；坚持尊重知识、尊重人才的方针，树立人才资源是第一资源的观念；坚持平等自愿、协商一致的原则；坚持公开、平等、竞争、择优的原则；坚持走群众路线，保证职工的参与权、知情权和监督权。

事业单位除按照国家公务员制度进行人事管理的以及转制为企业的以外，都要逐步试行人员聘用制度。对事业单位领导人员的任用，根据干部人事管理权限和规定的程序，可以采用招聘或者任命等形式。使用事业单位编制的社会团体录用专职工作人员，除按照国家公务员制度进行人事管理的以外，也要参照本意见逐步试行人员聘用制度。

二、全面推行公开招聘制度

为了规范用人行为，防止用人上的随意性和不正之风，事业单位凡出现空缺岗位，除涉密岗位确需使用其他方法选拔人员的以外，都要试行公开招聘。

事业单位要结合本单位的任务，按照科学合理、精简效能的原则设置岗位，并根据国家有关规定确定岗位的工资待遇；按照岗位的职责和聘用条件，通过公开招聘、考试或者考核的方法择优聘用工作人员。受聘人员应当具有履行岗位职责的能力，能够坚持正常工作；应聘实行执业资格制度岗位的，必须持有相应的执业资格证书。

为了保证人员聘用工作的顺利平稳进行，聘用人员应当优先从本单位现有人员中选聘；面向社会招聘的，同等条件下本单位的应聘人员优先。机构编制部门核定人员编制的事业单位聘用人员，不得突破核定的编制数额。

三、严格人员聘用的程序

为了保证人员聘用工作公平、公正，提高工作效率,聘用单位要成立与人员聘用工作相适应的聘用工作组织,严格人员聘用程序。聘用工作组织由本单位人事部门负责人、纪律检查部门负责人和工会代表组成,根据需要也可以聘请有关专家参加。人员的聘用、考核、续聘、解聘等事项由聘用工作组织提出意见,报本单位负责人员集体决定。人员聘用的基本程序是:

(一)公布空缺岗位及其职责、聘用条件、工资待遇等事项;

(二)应聘人员申请应聘;

(三)聘用工作组织对应聘人员的资格、条件进行初审;

(四)聘用工作组织对通过初审的应聘人员进行考试或者考核,根据结果择优提出拟聘人员名单;

(五)聘用单位负责人员集体讨论决定受聘人员;

(六)聘用单位法定代表人或者其委托的人与受聘人员签订聘用合同。

聘用合同期满,岗位需要、本人愿意、考核合格的,可以续签聘用合同。

人员聘用实行回避制度。受聘人员凡与聘用单位负责人员有夫妻关系、直系血亲关系、三代以内旁系血亲或者近姻亲关系的,不得被聘用从事该单位负责人员的秘书或者人事、财务、纪律检查岗位的工作,也不得在有直接上下级领导关系的岗位工作。聘用工作组织成员在办理人员聘用事项时,遇有与自己有上述亲属关系的,也应当回避。

四、规范聘用合同的内容

聘用合同由聘用单位的法定代表人或者其委托的人与受聘人员以书面形式订立。聘用合同必须具备下列条款:

(一)聘用合同期限;

(二)岗位及其职责要求;

(三)岗位纪律;

(四)岗位工作条件;

(五)工资待遇;

(六)聘用合同变更和终止的条件;

(七)违反聘用合同的责任。

经双方当事人协商一致,可以在聘用合同中约定试用期、培训和继续教育、知识产权保护、解聘提前通知时限等条款。

聘用合同分为短期、中长期和以完成一定工作为期限的合同。对流动性强、技术含量低的岗位一般签订3年以下的短期合同;岗位或者职业需要、期限相对较长的合同为中长期合同;以完成一定工作为期限的合同,根据工作任务确定合同期限。合同期限最长不得超过应聘人员达到国家规定的退休年龄的年限。聘用单位与受聘人员经协商一致,可以订立上述任何一种期限的合同。

对在本单位工作已满25年或者在本单位连续工作已满10年且年龄距国家规定的退休年龄已不足10年的人员,提出订立聘用至退休的合同的,聘用单位应当与其订立聘用至该人员退休的合同。

聘用单位与受聘人员签订聘用合同,可以约定试用期。试用期一般不超过3个月;情况特殊的,可以延长,但最长不得超过6个月。被聘人员为大中专应届毕业生的,试用期可以延长至12个月。试用期包括在聘用合同期限内。

聘用单位与受聘人员订立聘用合同时,不得收取任何形式的抵押金、抵押物或者其他财物。

五、建立和完善考核制度

聘用单位对受聘人员的工作情况实行年度考核;必要时,还可以增加聘期考核。考核必须坚持客观、公正的原则,实行领导考核与群众评议相结合、考核工作实绩与考核工作态度相统一的方法。考核的内容应当与岗位的实际需要相符合。考核结果分为优秀、合格、基本合格、不合格4个等次。聘用工作组织在群众评议意见和受聘人员领导意见的基础上提出考核等次意见,报聘用单位负责人员集体决定。

考核结果是续聘、解聘或者调整岗位的依据。受聘人员年度考核或者聘期考核不合格的,聘用单位可以调整该受聘人员的岗位或者安排其离岗接受必要的培训后调整岗位。岗位变化后,应当相应改变该受聘人员的岗位工资待遇,并对其聘用合同作相应变更。受聘人员无正当理由不同意变更的,聘用单位有权单方面解除聘用合同。

六、规范解聘辞聘制度

聘用单位、受聘人员双方经协商一致,可以解除聘用合同。

受聘人员有下列情形之一的,聘用单位可以随时单方面解除聘用合同:

(一)连续旷工超过10个工作日或者1年内累计旷工超过20个工作日的;

(二)未经聘用单位同意,擅自出国或者出国逾期不归的;

(三)违反工作规定或者操作规程,发生责任事故,或者失职、渎职,造成严重后果的;

(四)严重扰乱工作秩序,致使聘用单位、其他单位工作不能正常进行的;

(五)被判处有期徒刑以上刑罚收监执行的,或者被劳动教养的。

对在试用期内被证明不符合本岗位要求又不同意单位调整其工作岗位的，聘用单位也可以随时单方面解除聘用合同。

受聘人员有下列情形之一的，聘用单位可以单方面解除聘用合同，但是应当提前30日以书面形式通知拟被解聘的受聘人员：

（一）受聘人员患病或者非因工负伤，医疗期满后，不能从事原工作也不能从事由聘用单位安排的其他工作的；

（二）受聘人员年度考核或者聘期考核不合格，又不同意聘用单位调整其工作岗位的，或者虽同意调整工作岗位，但到新岗位后考核仍不合格的。

受聘人员有下列情形之一的，聘用单位不得解除聘用合同：

（一）受聘人员患病或者负伤，在规定的医疗期内的；

（二）女职工在孕期、产期和哺乳期内的；

（三）因工负伤，治疗终结后经劳动能力鉴定机构鉴定为1至4级丧失劳动能力的；

（四）患职业病以及现有医疗条件下难以治愈的严重疾病或者精神病的；

（五）受聘人员正在接受纪律审查尚未作出结论的；

（六）属于国家规定的不得解除聘用合同的其他情形的。

有下列情形之一的，受聘人员可以随时单方面解除聘用合同：

（一）在试用期内的；

（二）考入普通高等院校的；

（三）被录用或者选调到国家机关工作的；

（四）依法服兵役的。

除上述情形外，受聘人员提出解除聘用合同未能与聘用单位协商一致的，受聘人员应当坚持正常工作，继续履行聘用合同；6个月后再次提出解除聘用合同仍未能与聘用单位协商一致的，即可单方面解除聘用合同。

受聘人员经聘用单位出资培训后解除聘用合同，对培训费用的补偿在聘用合同中有约定的，按照合同的约定补偿。受聘人员解除聘用合同后违反规定使用或者允许他人使用原所在聘用单位的知识产权、技术秘密的，依法承担法律责任。涉密岗位受聘人员的解聘或者工作调动，应当遵守国家有关涉密人员管理的规定。

有下列解除聘用合同情形之一的，聘用单位应当根据被解聘人员在本单位的实际工作年限向其支付经济补偿：

（一）聘用单位提出解除聘用合同，受聘人员同意解除的；

（二）受聘人员患病或者非因工负伤，医疗期满后，不能从事原工作也不能从事由聘用单位安排的其他工作，聘用单位单方面解除聘用合同的；

（三）受聘人员年度考核不合格或者聘期考核不合格，又不同意聘用单位调整其工作岗位的，或者虽同意调整工作岗位，但到新岗位后考核仍不合格，聘用单位单方面解除聘用合同的。

经济补偿以被解聘人员在该聘用单位每工作1年，支付其本人1个月的上年月平均工资为标准；月平均工资高于当地月平均工资3倍以上的，按当地月平均工资的3倍计算。聘用单位分立、合并、撤销的，应当妥善安置人员；不能安置受聘人员到相应单位就业而解除聘用合同的，应当按照上述规定给予经济补偿。

受聘人员与所在聘用单位的聘用关系解除后，聘用单位要按照国家有关规定及时为职工办理社会保险关系调转手续，做好各项社会保险的衔接工作。

七、认真做好人事争议的处理工作

为了保障人员聘用制度的实施，聘用合同订立后，聘用单位与受聘人员双方都应当严格遵守、全面履行合同的约定。受聘人员应当遵守职业道德和聘用单位的规章制度，认真负责地完成岗位工作任务；聘用单位应当保障受聘人员的工作条件，保障受聘人员享受按照国家有关规定和合同约定应当享受的待遇。

为妥善处理人员聘用工作中出现的各种问题，及时化解矛盾，维护聘用单位和受聘人员双方的合法权益，要建立和完善事业单位人事争议仲裁制度，及时公正合理地处理、裁决人员聘用中的争议问题。受聘人员与聘用单位在公开招聘、聘用程序、聘用合同期限、定期或者聘期考核、解聘辞聘、未聘安置等问题上发生争议的，当事人可以申请当地人事争议仲裁委员会仲裁。仲裁结果对争议双方具有约束力。

八、积极稳妥地做好未聘人员安置工作

事业单位未聘人员的安置和管理，是人员聘用工作的重点和难点，政策性强，必须予以高度重视。要将未聘人员尽量安置在本单位或者当地本行业、本系统内，同时要探索多种安置办法。城市和有条件的地区可以跨行业、跨系统调剂安置。各地区、各部门要制定切实可行的政策，为未聘人员创办经济实体或者进入企业提供优惠条件，引导鼓励未聘人员面向基层、农村和中小企业，使他们在新的领域发挥作用、施展才干。

九、加强对人员聘用工作的组织领导

试行人员聘用制度涉及广大事业单位职工的切身利益，政策性强，情况复杂，在工作中，要切实加强领导，坚持原则，防止滥用职权、打击报复、以权谋私等行为的发生，对违反规定的，要追究行政纪律责任。各级人事部门要加强指导协调和监督检查，要充分发挥各有关部门的职能作用，认真做好事业单位人员聘用制度的组织实施工作。

要贯彻积极、稳妥的方针，正确处理好改革、发展、稳定的关系，充分考虑群众对改革的承受能力，不搞"一刀切"。要因地制宜、周密部署、缜密实施。在实施过程中，一方面要保证单位工作的正常运转，做到工作不断档，国有资产不流失；另一方面，要做好深入细致的思想政治工作，引导事业单位广大职工支持并积极参与这项改革，保证事业单位人员聘用制度的顺利实施，更好地为经济建设和社会发展服务。

事业单位试行人员聘用制度有关问题的解释

1. 2003年12月10日人事部发布

2. 国人部发〔2003〕61号

国务院办公厅转发人事部《关于在事业单位试行人员聘用制度的意见》（国办发〔2002〕35号，以下简称《意见》）以后，各地在实施中遇到了一些需要解释的具体问题。为了更好地贯彻《意见》精神，规范事业单位人员聘用制度，现对实施中的有关问题解释如下：

一、聘用制度实施范围

1. 事业单位（含实行企业化管理的事业单位）除按照国家公务员制度进行人事管理的以及转制为企业的以外都要逐步试行人员聘用制度。

2. 试行人员聘用制度的事业单位中，原固定用人制度职工、合同制职工、新进事业单位的职工，包括工勤人员都要实行聘用制度。

3. 事业单位的党群组织专职工作人员，在已与单位明确了聘用关系的人员范围内，按照各自章程或法律规定产生、任用。

二、推行聘用制度首次签订聘用合同的有关问题

4. 事业单位首次实行人员聘用制度，可以按照竞争上岗，择优聘用的原则，优先从本单位现有人员中选聘符合岗位要求的人员签订聘用合同，也可以根据本单位的实际情况，在严格考核的前提下，采用单位与现有在职职工签订聘用合同的办法予以过渡。

5. 有下列情况之一的，单位应与职工签订聘用合同：

（1）现役军人的配偶；

（2）女职工在孕期、产期、哺乳期内的；

（3）残疾人员；

（4）患职业病或因工负伤，经劳动能力鉴定委员会鉴定为1－6级伤残的；

（5）国家政策有明确规定的。

6. 经指定的医疗单位确诊患有难以治愈的严重疾病、精神病的，暂缓签订聘用合同，缓签期延续至前述情况消失；或者只保留人事关系和工资关系，直至该人员办理退休（退职）手续。

经劳动能力鉴定委员会鉴定完全丧失劳动能力的，按照国家有关规定办理退休（退职）手续。

7. 在首次签订聘用合同中，职工拒绝与单位签订合同的，单位给予其不少于3个月的择业期，择业期满后未调出的，应当劝其办理辞职手续，未调出又不辞职的，予以辞退。

三、公开招聘

8. 经费来源主要由财政拨款的事业单位，以及经费来源部分由财政支持的事业单位，公开招聘工作人员应在编制内进行。

9. 事业单位公开招聘必须在本地区发布招聘公告，采用公开方式对符合报名条件的应聘人员进行考试或考核，考试或考核结果及拟聘人员应进行公示。

四、聘用合同的期限

10. 聘用合同分为四种类型：3年（含）以下的合同为短期合同，对流动性强、技术含量低的岗位一般签订短期合同；3年（不含）以上的合同为中期合同；至职工退休的合同为长期合同；以完成一定工作为期限的合同为项目合同。

11. 试用期的规定只适用于单位新进的人员，试用期只能约定一次。试用期包括在聘用合同期限内。原固定用人制度职工签订聘用合同，不再规定试用期。

12. "对在本单位工作已满25年或者在本单位连续工作已满10年且年龄距国家规定的退休年龄已不足10年的人员，提出订立聘用至退休的合同的，聘用单位应当与其订立聘用至该人员退休的合同"中，"对在本单位工作已满25年"的规定，可按在本单位及国有单位工作的工龄合计已满25年掌握。

符合上述条件，在竞争上岗中没有被聘用的人员，应当比照《意见》中规定的未聘人员安置政策，予以妥善安置，不得解除与单位的人事关系。

13. 军队转业干部、复员退伍军人等政策性安置人员可以签订中、长期合同,首次签订聘用合同不得约定试用期,聘用合同的期限不得低于3年。

五、解聘辞聘

14. 被人民法院判处拘役、有期徒刑缓刑的,单位可以解除聘用合同。

15. 受聘人员提出解除聘用合同未能与聘用单位协商一致的,受聘人员应当坚持正常工作,继续履行聘用合同;6个月后再次提出解除聘用合同,仍未能与聘用单位协商一致,受聘人员即可单方面解除聘用合同。但对在涉及国家秘密岗位上工作,承担国家和地方重点项目的主要技术负责人和技术骨干不适用此项规定。

16.《意见》中事业单位职工医疗期的确定可暂时参照企业职工患病或非因工负伤医疗期的规定执行。

17. 在聘用合同中对培训费用没有约定的,受聘人员提出解除聘用合同后,单位不得收取培训费用;有约定的,按约定收取培训费,但不得超过培训的实际支出,并按培训结束后每服务一年递减20%执行。

18. 事业单位与职工解除工作关系,适用辞职辞退的有关规定;实行聘用制度以后,事业单位与职工解除聘用合同,适用解聘辞聘的有关规定。

19. 聘用合同解除后,单位和个人应当在3个月内办理人事档案转移手续。单位不得以任何理由扣留无聘用关系职工的人事档案;个人不得无故不办理档案转移手续。

六、经济补偿

20.《意见》中关于解除聘用合同的经济补偿是按职工在本单位工作的工龄核定补偿标准,不是对其在本单位工作的工龄补偿。

21. 在已经试行事业单位养老等社会保险的地区,受聘人员与所在单位的聘用关系解除后,聘用单位要按照国家有关规定及时为职工办理社会保险关系调转手续。

22. 单位分立、合并、撤销的,上级主管部门应当制定人员安置方案,重点做好未聘人员的安置等有关工作。

七、其他问题

23. 下列聘用合同为无效合同:

(1)违反国家法律、法规的聘用合同;

(2)采取欺诈、威胁等不正当手段订立的聘用合同;

(3)权利义务显失公正,严重损害一方当事人合法权益的聘用合同;

(4)未经本人书面委托,由他人代签的聘用合同,本人提出异议的。

无效合同由有管辖权的人事争议仲裁委员会确认。

24. 聘用工作组织是单位推行人员聘用工作的专门工作组织。《意见》对聘用工作组织的人员构成和工作职责做了专门规定。单位应按规定组建聘用工作组织,并按照规定的程序进行人员聘用工作,以保证聘用工作的客观、公正、公平。

事业单位岗位设置管理试行办法

1. 2006年7月4日人事部发布
2. 国人部发〔2006〕70号

第一章 总 则

第一条 为深化事业单位人事制度改革,建立健全事业单位岗位设置管理制度,实现事业单位人事管理的科学化、规范化、制度化,制定本办法。

第二条 本办法适用于为了社会公益目的,由国家机关举办或其他组织利用国有资产举办的事业单位。经批准参照公务员法进行管理的事业单位除外。

岗位设置管理中涉及事业单位领导人员的,按照干部人事管理权限的有关规定执行。

第三条 本办法所称岗位是指事业单位根据其社会功能、职责任务和工作需要设置的工作岗位,应具有明确的岗位名称、职责任务、工作标准和任职条件。

第四条 事业单位要按照科学合理、精简效能的原则进行岗位设置,坚持按需设岗、竞聘上岗、按岗聘用、合同管理。

第五条 国家对事业单位岗位设置实行宏观调控,分类指导,分级管理。

国家确定事业单位通用的岗位类别和等级,根据事业单位的功能、规格、规模以及隶属关系等情况,对岗位实行总量、结构比例和最高等级控制。

第六条 政府人事行政部门是事业单位岗位设置管理的综合管理部门,负责事业单位岗位设置的政策指导、宏观调控和监督管理。事业单位主管部门负责所属事业单位岗位设置的工作指导、组织实施和监督管理。

人事部会同有关行业主管部门制定有关行业事业单位岗位设置管理的指导意见。

第七条 事业单位根据岗位设置的政策规定,按照核准的岗位总量、结构比例和最高等级,自主设置本单位的具体工作岗位。

第二章 岗位类别

第八条 事业单位岗位分为管理岗位、专业技术岗位和工勤技能岗位三种类别。

第九条 管理岗位指担负领导职责或管理任务的工作岗位。

管理岗位的设置要适应增强单位运转效能、提高工作效率、提升管理水平的需要。

第十条 专业技术岗位指从事专业技术工作,具有相应专业技术水平和能力要求的工作岗位。专业技术岗位的设置要符合专业技术工作的规律和特点,适应发展社会公益事业与提高专业水平的需要。

第十一条 工勤技能岗位指承担技能操作和维护、后勤保障、服务等职责的工作岗位。工勤技能岗位的设置要适应提高操作维护技能,提升服务水平的要求,满足单位业务工作的实际需要。

鼓励事业单位后勤服务社会化,已经实现社会化服务的一般性劳务工作,不再设置相应的工勤技能岗位。

第十二条 根据事业发展和工作需要,经批准,事业单位可设置特设岗位,主要用于聘用急需的高层次人才等特殊需要。

第三章 岗位等级

第十三条 根据岗位性质、职责任务和任职条件,对事业单位管理岗位、专业技术岗位、工勤技能岗位分别划分通用的岗位等级。

第十四条 管理岗位分为10个等级,即一至十级职员岗位。

第十五条 专业技术岗位分为13个等级,包括高级岗位、中级岗位和初级岗位。高级岗位分7个等级,即一至七级;中级岗位分3个等级,即八至十级;初级岗位分3个等级,即十一至十三级。

第十六条 工勤技能岗位包括技术工岗位和普通工岗位,其中技术工岗位分为5个等级,即一至五级。普通工岗位不分等级。

第十七条 特设岗位的等级根据实际需要,按照规定的程序和管理权限确定。

第四章 岗位结构比例及等级确定

第十八条 根据不同类型事业单位的职责任务、工作性质和人员结构特点,实行不同的岗位类别结构比例控制。

第十九条 对事业单位管理岗位、专业技术岗位、工勤技能岗位实行最高等级控制和结构比例控制。

第二十条 管理岗位的最高等级和结构比例根据单位的规格、规模、隶属关系,按照干部人事管理有关规定和权限确定。

第二十一条 专业技术岗位的最高等级和结构比例(包括高级、中级、初级之间的结构比例以及高级、中级、初级内部各等级之间的比例)按照单位的功能、规格、隶属关系和专业技术水平等因素综合确定。

第二十二条 工勤技能岗位的最高等级和结构比例按照岗位等级规范、技能水平和工作需要确定。

第二十三条 特设岗位的设置须经主管部门审核后,按程序报地区或设区的市以上政府人事行政部门核准。

第五章 岗位设置程序及权限

第二十四条 事业单位设置岗位按照以下程序进行:

(一)制定岗位设置方案,填写岗位设置审核表;

(二)按程序报主管部门审核、政府人事行政部门核准;

(三)在核准的岗位总量、结构比例和最高等级限额内,制定岗位设置实施方案;

(四)广泛听取职工对岗位设置实施方案的意见;

(五)岗位设置实施方案由单位负责人员集体讨论通过;

(六)组织实施。

第二十五条 国务院直属事业单位的岗位设置方案报人事部核准。国务院各部门所属事业单位的岗位设置方案经主管部门审核后,报人事部备案。

各省、自治区、直辖市政府直属事业单位的岗位设置方案报本地区人事厅(局)核准。各省、自治区、直辖市政府部门所属事业单位的岗位设置方案经主管部门审核后,报本地区人事厅(局)核准。

地(市)、县(市)政府所属事业单位的岗位设置方案经主管部门审核后,按程序报地区或设区的市政府人事行政部门核准。

第二十六条 事业单位的岗位总量、结构比例和最高等级应保持相对稳定。

第二十七条 有下列情形之一的,岗位设置方案可按照第二十五条的权限申请变更:

(一)事业单位出现分立、合并,须对本单位的岗位进行重新设置的;

(二)根据上级或同级机构编制部门的正式文件,增减机构编制的;

(三)按照业务发展和实际情况,为完成工作任务确需变更岗位设置的。

第六章 岗位聘用

第二十八条 事业单位聘用人员,应在岗位有空缺的条件下,按照公开招聘、竞聘上岗的有关规定择优聘用。

第二十九条 事业单位应当与聘用人员签订聘用合同，确定相应的工资待遇。聘用合同期限内调整岗位的，应对聘用合同的相关内容作出相应变更。

第三十条 事业单位应按照管理岗位、专业技术岗位、工勤技能岗位的职责任务和任职条件聘用人员。

第三十一条 专业技术高级、中级和初级岗位的聘用条件应不低于国家规定的基本条件。实行职业资格准入控制的，应符合准入控制的要求。

第三十二条 事业单位人员原则上不得同时在两类岗位上任职，因行业特点确需兼任的，须按人事管理权限审批。

第三十三条 专业技术一级岗位人员的聘用，由事业单位按照行政隶属关系逐级上报，经省、自治区、直辖市或国务院部门审核后报人事部，人事部商有关部门确定。

第七章 监督管理

第三十四条 政府人事行政部门要制定和完善相关政策措施，加强对事业单位岗位设置的指导、监督和管理，定期检查，及时纠正违规行为，确保岗位设置工作有序进行。

第三十五条 事业单位岗位设置实行核准制度，严格按照规定的程序和管理权限进行审核。

第三十六条 经核准的岗位设置方案作为聘用人员、确定岗位等级、调整岗位以及核定工资的依据。

第三十七条 不按规定进行岗位设置和岗位聘用的事业单位，政府人事行政部门及有关部门不予确认岗位等级、不予兑现工资、不予核拨经费。情节严重的，对相关领导和责任人予以通报批评，按照人事管理权限给予相应的纪律处分。

第八章 附 则

第三十八条 使用事业编制的社会团体，除经批准参照公务员法进行管理的以外，参照本办法执行。

第三十九条 各省、自治区、直辖市可以根据本办法和有关行业岗位设置的指导意见，结合实际情况，制定本地区事业单位岗位设置管理的实施意见。

第四十条 本办法自下发之日起施行。

《事业单位岗位设置管理试行办法》实施意见

1. 2006年8月31日人事部发布

2. 国人部发〔2006〕87号

为贯彻落实《事业单位岗位设置管理试行办法》（以下简称《试行办法》），做好事业单位岗位设置管理实施工作，提出以下意见：

一、岗位设置管理的实施范围

1. 为了社会公益目的，由国家机关举办或者其他组织利用国有资产举办的事业单位，包括经费来源主要由财政拨款、部分由财政支持以及经费自理的事业单位，都要按照《试行办法》和本实施意见实施岗位设置管理。

2. 事业单位管理人员（职员）、专业技术人员和工勤技能人员，都要纳入岗位设置管理。岗位设置管理中涉及事业单位领导人员的，按照干部人事管理权限的有关规定执行。

3. 使用事业编制的各类学会、协会、基金会等社会团体工作人员，参照《试行办法》和本实施意见，纳入岗位设置管理。

4. 经批准参照《中华人民共和国公务员法》进行管理的事业单位、社会团体，各类企业所属的事业单位和事业单位所属独立核算的企业，以及由事业单位已经转制为企业的单位，不适用《试行办法》和本实施意见。

二、岗位类别设置

5. 根据事业单位的社会功能、职责任务、工作性质和人员结构特点等因素，综合确定事业单位管理岗位、专业技术岗位、工勤技能岗位（以下简称三类岗位）总量的结构比例。

6. 事业单位三类岗位的结构比例由政府人事行政部门和事业单位主管部门确定，控制标准如下：

（1）主要以专业技术提供社会公益服务的事业单位，应保证专业技术岗位占主体，一般不低于单位岗位总量的70%。

（2）主要承担社会事务管理职责的事业单位，应保证管理岗位占主体，一般应占单位岗位总量的一半以上。

（3）主要承担技能操作维护、服务保障等职责的事业单位，应保证工勤技能岗位占主体，一般应占单位岗位总量的一半以上。

（4）事业单位主体岗位之外的其他两类岗位，应该保持相对合理的结构比例。

（5）鼓励事业单位后勤服务社会化，逐步扩大社会化服务的覆盖面。已经实现社会化服务的一般性劳务工作，不再设置相应的工勤技能岗位。

7. 各省（自治区、直辖市）、国务院各有关部门根据实际情况，按照本实施意见和行业指导意见，制定本地区、本部门事业单位三类岗位结构比例的具体控制标准。

三、岗位等级设置

（一）管理岗位等级设置

8. 管理岗位的最高等级和结构比例根据事业单位的规格、规模、隶属关系，按照干部人事管理有关规定和权限确定。

9. 事业单位现行的部级正职、部级副职、厅级正职、厅级副职、处级正职、处级副职、科级正职、科级副职、科员、办事员依次分别对应管理岗位一到十级职员岗位。

10. 根据事业单位的规格、规模和隶属关系，按照干部人事管理权限设置事业单位各等级管理岗位的职员数量。

（二）专业技术岗位等级设置

11. 专业技术岗位的最高等级和结构比例按照事业单位的功能、规格、隶属关系和专业技术水平等因素，根据现行专业技术职务管理有关规定和行业指导意见确定。

12. 专业技术高级岗位分 7 个等级，即一至七级。高级专业技术职务正高级的岗位包括一至四级，副高级的岗位包括五至七级；中级岗位分 3 个等级，即八至十级；初级岗位分 3 个等级，即十一至十三级，其中十三级是员级岗位。

高级专业技术职务不区分正副高的，暂按现行专业技术职务有关规定执行，具体改革办法结合深化职称制度改革另行研究制定。

13. 专业技术高级、中级、初级岗位之间，以及高级、中级、初级岗位内部不同等级岗位之间的结构比例，根据地区经济、社会事业发展水平和行业特点，以及事业单位的功能、规格、隶属关系和专业技术水平，实行不同的结构比例控制。专业技术高级、中级、初级岗位之间的结构比例全国总体控制目标为 1∶3∶6。

高级、中级、初级岗位内部不同等级岗位之间的结构比例全国总体控制目标：二级、三级、四级岗位之间的比例为1∶3∶6，五级、六级、七级岗位之间的比例为2∶4∶4，八级、九级、十级岗位之间的比例为 3∶4∶3，十一级、十二级岗位之间的比例为5∶5。

14. 各省（自治区、直辖市）、国务院各有关部门要根据实际情况，在总结事业单位专业技术职务结构比例管理经验的基础上，按照优化结构、合理配置的要求，制定本地区、本部门事业单位专业技术高级、中级、初级岗位之间以及高级、中级、初级岗位内部不同等级岗位之间结构比例控制的标准和办法。各级人事部门及事业单位主管部门要严格控制专业技术岗位结构比例，严格控制高级专业技术岗位的总量，事业单位要严格执行核准的专业技术岗位结构比例。

（三）工勤技能岗位等级设置

15. 工勤技能岗位的最高等级和结构比例按照岗位等级规范、技能水平和工作需要确定。

16. 事业单位中的高级技师、技师、高级工、中级工、初级工，依次分别对应一至五级工勤技能岗位。

17. 工勤技能岗位结构比例，一级、二级、三级岗位的总量占工勤技能岗位总量的比例全国总体控制目标为 25% 左右，一级、二级岗位的总量占工勤技能岗位总量的比例全国总体控制目标为 5% 左右。

18. 工勤技能一级、二级岗位主要应在专业技术辅助岗位承担技能操作和维护职责等对技能水平要求较高的领域设置。各地区、各部门要制定政策措施严格控制工勤技能一级、二级岗位的总量。

（四）特设岗位设置

19. 特设岗位是事业单位根据事业发展聘用急需的高层次人才等特殊需要，经批准设置的工作岗位，是事业单位中的非常设岗位。特设岗位的等级根据具体情况确定。

特设岗位不受事业单位岗位总量、最高等级和结构比例限制，在完成工作任务后，按照管理权限予以核销。

20. 特设岗位的设置经主管部门审核后，报设区的市级以上政府人事行政部门核准。

各地区、各部门根据实际情况，制定具体的管理办法。

四、岗位基本条件

（一）各类岗位的基本条件

21. 事业单位管理岗位、专业技术岗位和工勤技能岗位的基本条件，主要根据岗位的职责任务和任职条件确定。事业单位三类岗位的基本任职条件：

（1）遵守宪法和法律；

（2）具有良好的品行；

（3）岗位所需的专业、能力或技能条件；

（4）适应岗位要求的身体条件。

（二）管理岗位基本条件

22. 职员岗位一般应具有中专以上文化程度，其中六级以上职员岗位，一般应具有大学专科以上文化程度，四级以上职员岗位一般应具有大学本科以上文化程度。

23. 各等级职员岗位的基本任职条件：

（1）三级、五级职员岗位，须分别在四级、六级职员岗位上工作两年以上；

（2）四级、六级职员岗位，须分别在五级、七级职员岗位上工作三年以上；

（3）七级、八级职员岗位，须分别在八级、九级职员岗位上工作三年以上。

24. 一级、二级职员岗位按照国家有关规定执行。

（三）专业技术岗位基本条件

25. 专业技术岗位的基本任职条件按照现行专业技术职务评聘的有关规定执行。

26. 实行职业资格准入控制的专业技术岗位的基本条件，应包括准入控制的要求。

27. 各省（自治区、直辖市）、国务院各有关部门以及事业单位在国家规定的专业技术高级、中级、初级岗位基本条件基础上，根据行业指导意见，结合实际情况，制定本地区、本部门以及本单位的具体条件。

28. 专业技术高级、中级、初级岗位内部不同等级岗位的条件，由主管部门和事业单位，按照《试行办法》、本实施意见以及行业指导意见，根据岗位的职责任务、专业技术水平要求等因素综合确定。

（四）工勤技能岗位基本条件

29. 工勤技能岗位基本任职条件：

（1）一级、二级工勤技能岗位，须在本工种下一级岗位工作满5年，并分别通过高级技师、技师技术等级考评；

（2）三级、四级工勤技能岗位，须在本工种下一级岗位工作满5年，并分别通过高级工、中级工技术等级考核；

（3）学徒（培训生）学习期满和工人见习、试用期满，通过初级工技术等级考核后，可确定为五级工勤技能岗位。

五、岗位设置的审核

30. 国务院直属事业单位的岗位设置方案报人事部核准后实施。

国务院各部门所属事业单位的岗位设置方案报主管部门审核汇总后，报人事部备案。

31. 省（自治区、直辖市）政府直属事业单位的岗位设置方案报本地区人事厅（局）核准。

省（自治区、直辖市）政府各部门所属事业单位的岗位设置方案经主管部门审核后，报本地区人事厅（局）核准。

32. 地（市）政府直属事业单位的岗位设置方案报本地（市）政府人事行政部门核准。

地（市）政府各部门所属事业单位的岗位设置方案经主管部门审核后，报本地（市）政府人事行政部门核准。

33. 县（县级市、区）政府直属事业单位的岗位设置方案经县（县级市、区）政府人事行政部门审核后，报地区或设区的市政府人事行政部门核准。

县（县级市、区）政府各部门所属事业单位的岗位设置方案经主管部门、县（县级市、区）政府人事行政部门审核汇总后，报地区或设区的市政府人事行政部门核准。

34. 国务院直属机构中垂直管理的，其事业单位的岗位设置管理实施方案，报人事部备案后，由国务院直属机构组织实施。

实行省以下垂直管理的政府直属机构，其事业单位的岗位设置实施方案，报省（自治区、直辖市）人事厅（局）核准后，由该直属机构组织实施。

六、岗位聘用

35. 事业单位按照《试行办法》和本实施意见、行业指导意见以及核准的岗位设置方案，根据按需设岗、竞聘上岗、按岗聘用的原则，确定具体岗位，明确岗位等级，聘用工作人员，签订聘用合同。

36. 事业单位要严格按照岗位的职责任务和任职条件，按照不低于国家规定的基本条件的要求聘用人员。对确有真才实学，岗位急需且符合破格条件的，可以按照有关规定破格聘用。

37. 尚未实行聘用制度和岗位管理制度的事业单位，应按照《国务院办公厅转发人事部关于在事业单位试行人员聘用制度意见的通知》和《试行办法》、本实施意见及行业指导意见的精神，抓紧进行岗位设置，实行聘用制度，组织岗位聘用。

已经实行聘用制度，签订聘用合同的事业单位，可以根据《试行办法》、本实施意见及行业指导意见的要求，按照核准的岗位设置方案，对本单位现有人员确定不同等级的岗位，并变更合同相应的内容。

38. 政府人事行政部门和事业单位主管部门对事业单位完成岗位设置、组织岗位聘用并签订聘用合同的情况进行认定。对符合政策规定，完成规范的岗位设置和岗位聘用的，根据所聘岗位确定岗位工资待遇。

39. 各级政府人事行政部门、事业单位主管部门和事业单位要根据国家有关规定，使事业单位现有在册的正式工作人员，按照现聘职务或岗位进入相应等级的岗位。

各地区、各部门和事业单位必须严格把握政策，不得违反规定突破现有的职务数额，不得突击聘用人员，不得突击聘用职务。要采取措施严格限制专业技术高级、中级、初级岗位中高等级岗位的设置。

40. 事业单位首次进行岗位设置和岗位聘用，岗位结构比例不得突破现有人员的结构比例。现有人员的结构比例已经超过核准的结构比例的，应通过自然减员、调出、低聘或解聘的办法，逐步达到规定的结构比例。尚未达到核准的结构比例的，要严格控制岗位聘用数量，根据事业发展要求和人员队伍状况等情况逐年逐步到位。

七、专业技术一级岗位

41. 专业技术一级岗位是国家专设的特级岗位。

42. 专业技术一级岗位的任职应具有下列条件之一：

(1)中国科学院院士、中国工程院院士；

(2)在自然科学、工程技术、社会科学领域做出系统的、创造性的成就和重大贡献的专家、学者；

(3)其他为国家做出重大贡献，享有盛誉，业内公认的一流人才。

43. 专业技术一级岗位由国家实行总量控制和管理，按照以下基本程序确定：

(1)按照行政隶属关系，事业单位将符合专业技术一级岗位条件的人选逐级上报至省(自治区、直辖市)政府或国务院主管部门；

(2)省(自治区、直辖市)政府或国务院主管部门对专业技术一级岗位人选进行审核后报人事部；

(3)人事部会同有关部门对各地区、各部门上报的人选进行审核确定。

确定专业技术一级岗位的具体办法另行制定。

八、组织实施

44. 各级政府人事行政部门作为事业单位岗位设置管理的综合管理部门，要根据《试行办法》和本实施意见的要求，加强政策指导、宏观调控和监督管理。要充分发挥各有关主管部门的职能作用，严格按照核准的各类岗位结构比例标准，共同做好岗位设置管理的组织实施工作。

45. 事业单位要按照岗位设置管理的有关规定自主设置本单位的各类具体岗位，明确岗位等级。政府人事行政部门和事业单位主管部门要落实单位用人自主权，确保事业单位根据岗位的职责任务和任职条件自主聘用人员。

46. 有行业岗位设置指导意见的，要按照《试行办法》、本实施意见和行业指导意见，做好事业单位岗位设置管理工作；能够参照行业岗位设置指导意见的，经政府人事行政部门同意，参照相近行业指导意见执行；其他事业单位的岗位设置由政府人事行政部门会同事业单位主管部门按照《试行办法》和本实施意见的精神执行。

47. 鼓励有条件的地区、部门和事业单位建立岗位设置管理信息数据库，运用计算机信息化技术，提高事业单位岗位管理的信息化、规范化水平。

48. 各地区、各部门和事业单位在岗位设置和岗位聘用工作中，要严格执行有关政策规定，坚持原则，坚持走群众路线。对违反规定滥用职权、打击报复、以权谋私的，要追究相应责任。对不按《试行办法》和本实施意见进行岗位设置和岗位聘用的事业单位，政府人事行政部门及有关部门不予确认岗位等级、不予兑现工资、不予核拨经费。情节严重的，对相关领导和责任人予以通报批评，按照人事管理权限给予相应的纪律处分。

49. 各省(自治区、直辖市)人事厅(局)、国务院各部委和直属机构人事部门要结合实际，根据《试行办法》、本实施意见和行业指导意见，制定本地区、本部门具体的岗位设置管理实施意见，报人事部备案后组织实施。

50. 本实施意见由人事部负责解释。

中共中央组织部、人力资源社会保障部关于进一步做好艰苦边远地区县乡事业单位公开招聘工作的通知

1. 2016年11月7日
2. 人社部规〔2016〕3号

各省、自治区、直辖市及新疆生产建设兵团党委组织部、政府人力资源社会保障厅(局)：

为鼓励和引导优秀人才到艰苦边远地区县乡事业单位干事创业，解决艰苦边远地区吸引留住人才难的问题，发挥好广大事业单位工作人员在打赢脱贫攻坚战、决胜全面建成小康社会中的重要作用，现就进一步做好艰苦边远地区县乡事业单位公开招聘工作通知如下。

一、实施范围

国家确定的集中连片特殊困难地区的县、国家扶贫开发工作重点县。

二、合理设置招聘条件

(一)招聘县乡事业单位管理人员和初级专业技术人员，年龄可以放宽到40周岁以下；招聘中、高级专业技术人员，可以根据工作需要进一步放宽。

(二)招聘乡镇事业单位工作人员，学历最低可以到高中、中专(含技工学校)，但不突破行业职业准入

对学历的要求。

（三）招聘乡镇事业单位管理人员，可以不作专业限制；招聘县乡事业单位专业技术人员，可以适当放宽专业要求。

（四）可以拿出一定数量岗位面向本县、本市或者周边县市户籍人员（或者生源）招聘，积极探索从优秀村干部中招聘乡镇事业单位工作人员。

三、改进招聘方式方法

（一）乡镇事业单位招聘大学本科以上毕业生，县级事业单位招聘中级以上专业技术职称或者硕士以上学位人员，以及行业、岗位、脱贫攻坚急需紧缺专业人才，可以根据实际情况，采取面试、组织考察等方式公开招聘。

（二）采取统一考试方式招聘的，可以根据工作需要，有区别地确定通用能力测试成绩权重，加大专业素质考试成绩的权重；可以根据应聘人员报名、专业分布等情况适当降低开考比例，或不设开考比例，划定成绩合格线。

（三）对“三支一扶”人员、大学生村官、西部志愿者等基层服务项目人员和退役士官士兵，可以按照有关规定进行专项招聘，并增加工作实绩在组织考察中的权重。

四、完善激励保障措施

（一）积极为事业单位工作人员搭建干事创业平台，适当提高艰苦边远地区县乡事业单位中、高级专业技术岗位设置比例。招聘高层次专业技术人员，可以采用特设岗位的办法，不受岗位结构比例限制。在岗位晋升、职称评审等方面，向县特别是乡镇事业单位倾斜，具体办法由省级组织、人力资源社会保障部门研究制定。

（二）落实乡镇工作补贴、艰苦边远地区津贴、高海拔地区折算工龄补贴、大中专毕业生到艰苦边远地区县乡工作提前转正定级并高定工资、带薪年休假制度等政策，采取有力措施改善工作、生活条件，帮助解决实际困难，加强人文关怀。

（三）拓宽县乡事业单位工作人员职业发展空间，积极选派业务骨干到上级单位或者发达地区挂职锻炼、跟班学习，注重选拔优秀乡镇站所负责人进入乡镇领导班子，大力表彰甘于奉献、实绩突出的事业单位工作人员，鼓励他们扎根基层、服务群众。

五、严密组织实施

（一）地方各级组织、人力资源社会保障部门要高度重视艰苦边远地区县乡事业单位公开招聘工作，在同级党委政府的领导下，发挥好职能作用，加强与相关部门协调配合，结合当地经济社会发展需要和队伍建设实际，综合施策，攻坚克难，着力形成“招得来、留得住、用得好”的体制机制，把各项工作落到实处。

（二）坚持事业单位公开招聘基本制度，坚持公开、公平、公正、择优，严格审核招聘方案，规范招聘程序，公示招聘结果。建立和完善省级公开招聘信息发布平台，便于应聘人员了解招聘政策和信息，便于群众监督。

（三）对放宽条件招聘的人员，用人单位可以视情况在聘用合同中约定3－5年最低服务期限，并明确违约责任和相关要求。在最低服务期限内，其他单位不得以借调、帮助工作等方式将其借出或调走。

（四）全面落实公开招聘各项纪律要求，采取有效措施，防止出现因人画像、人情招聘、暗箱操作等问题。对以权谋私、违规进人等违纪违法行为，坚决查处，严厉问责，公开通报。

其他条件特别艰苦、“招人难”“留人难”问题突出的县乡，可以参照本《通知》执行，具体范围由省级组织、人力资源社会保障部门研究确定、从严掌握。西藏和四川、云南、甘肃、青海四省藏区以及新疆南疆地区对事业单位公开招聘另有规定的，结合本《通知》一并执行。

人力资源社会保障部关于事业单位公开招聘岗位条件设置有关问题的通知

1. *2017年10月16日*
2. *人社部规〔2017〕17号*

各省、自治区、直辖市及新疆生产建设兵团人力资源社会保障厅（局），中央和国家机关各部委、各直属机构人事部门：

为完善事业单位公开招聘制度，规范事业单位选人用人行为，现就事业单位公开招聘岗位条件设置有关问题通知如下：

一、用人单位要根据招聘岗位需求，科学合理地设置招聘岗位条件，不得设置指向性或与岗位无关的歧视性条件。

二、专业设置须与招聘岗位相匹配。原则上应从宽确定专业要求，同一岗位可设置一个或多个相近的适合岗位要求的专业，也可按专业大类设置专业条件。对没有专业要求的招聘岗位，可设置为专业不限。

三、专业名称要准确、规范，具体可参照当地省级组织、人力资源社会保障部门制定或确定的公开招聘事业单位工作人员或考录公务员专业参考目录，也可参照教育部门的专业目录，并在招聘公告中明确相应的专业参考目录。

四、资格审查工作由用人单位或主管部门负责，事业单位人事综合管理部门负责监督，审查过程中要严格把关，确保相关材料真实、准确、有效。负责资格审查的单位和人员要认真履职，严格按照有关政策规定和招聘公告确定的招聘条件进行资格审查，准确把握审查标准，统一审查尺度，不得随意放宽招聘岗位条件。实施网上报名的，可在资格复审阶段查看原件。对没有通过资格审查的人员，用人单位或主管部门有义务接受其询问并告知其原因。

五、资格审查工作中，要重视和加强与应聘人员的沟通，做好政策宣传解释工作，及时化解争议，增强招聘工作公信力。

六、招聘岗位条件一经面向社会公开发布，未经招聘公告核准备案部门同意不得擅自更改。经同意确需更改的，要提前发布变更或补充公告。

七、从事事业单位公开招聘的工作人员要强化政治意识、责任意识，严格遵守各项工作纪律，维护公开招聘制度的严肃性。对违纪违规、失职渎职的责任人员要依法依规予以问责追责，严肃处理。

八、各地、各部门要根据本《通知》要求，制定具体的公开招聘岗位条件设置办法。

2. 事业单位人事待遇

国家机关、事业单位贯彻《国务院关于职工工作时间的规定》的实施办法

1. 1995年3月26日人事部发布
2. 人薪发〔1995〕32号
3. 自1995年5月1日起施行

第一条 根据《国务院关于职工工作时间的规定》（以下简称《规定》），制定本办法。

第二条 本办法适用于中华人民共和国境内的国家机关、社会团体和事业单位的职工。

第三条 职工每日工作8小时，每周工作40小时。国家机关、事业单位实行统一的工作时间，星期六和星期日为周休息日。实行这一制度，应保证完成工作任务。一些与人民群众的安全、保健及其他日常生活密切相关的机关、事业单位，需要在国家规定的周休息日和节假日继续工作的，要调整好人员和班制，加强内部管理，保证星期六和星期日照常工作，方便人民群众。

第四条 在特殊条件下从事劳动和有特殊情况，需要适当缩短工作时间的，由各省、自治区、直辖市和各主管部门按隶属关系提出意见，报人事部批准。

第五条 因工作性质或者职责限制，不能实行每日工作8小时、每周工作40小时标准工作制度的，由国务院行业主管部门制定实施意见，报人事部批准后可实行不定时工作制或综合计算工作时间制等办法。

因工作需要，不能执行国家统一的工作和休息时间的部门和单位，可根据实际情况采取轮班制的办法，灵活安排周休息日，并报同级人事部门备案。

第六条 下列情况可以延长职工工作时间：

（一）由于发生严重自然灾害、事故或其他灾害使人民的安全健康和国家财产遭到严重威胁需要紧急处理的；

（二）为完成国家紧急任务或完成上级安排的其他紧急任务的。

第七条 根据本办法第六条延长职工工作时间的，应给职工安排相应的补休。

第八条 1995年5月1日实施《规定》有困难的事业单位，可以适当推迟，但最迟应当自1996年1月1日起施行。在推迟实施期间，仍按国家现行工时制度的有关规定执行。

第九条 各级人事部门对《规定》的执行情况进行监督检查。

第十条 各省、自治区、直辖市人民政府人事部门和国务院行业主管部门应根据《规定》和本办法，结合本地区、本行业的实际情况，提出实施意见，并报人事部备案。

第十一条 本办法自1995年5月1日起施行。

第十二条 本办法由人事部负责解释。

人事部关于事业单位试行人员聘用制度有关工资待遇等问题的处理意见（试行）

1. 2004年7月12日
2. 国人部发〔2004〕63号

为贯彻落实《国务院办公厅转发人事部关于在事业单位试行人员聘用制度意见的通知》（国办发〔2002〕35号）精神，积极推进事业单位人事制度改革，现就事业单位试行人员聘用制度中有关工资待遇等问题，提出如下处理意见。

一、受聘人员的工资待遇

1. 试行人员聘用制度的事业单位，要在建立以聘用制和岗位管理为基本内容的新型用人制度的同时，进一步深化内部收入分配改革，逐步建立与事业单位人事制度改革相适应的分配激励机制。确定受聘人员的工资待遇，要与其岗位职责、工作绩效紧密结合，坚持按劳分配与按生产要素分配相结合，坚持效率优先、兼顾公平，向关键岗位和特殊岗位倾斜。

2. 经费来源主要由财政拨款的事业单位，以及经费来源部分由财政支持的事业单位，受聘人员的岗位工资待遇主要包括以下三部分：一是国家规定工资构成中的固定部分，根据所聘岗位的等级（专业技术职务等级、职员等级、工人技术职务和技术等级，下同）确定；二是国家规定工资构成中活的部分及单位收入中按国家有关规定可用于个人分配部分，由单位根据实际情况搞活分配；三是国家规定的津贴补贴，按现行政策执行。

3. 经费自理的事业单位，受聘人员的岗位工资待遇，由单位在核定的工资总额内，按照国家有关政策自主确定。受聘人员国家规定的工资待遇，由单位记载，并按国家工资政策相应调整，作为职工调动和养老保险制度改革前计发退休（退职）费的依据。

二、岗位变动人员的工资待遇

1. 受聘人员岗位变动后，按新聘岗位确定其工资待遇。

2. 由较高等级岗位受聘到较低等级岗位的人员，原则上按新聘岗位的等级就近就低确定国家规定的工资待遇。其中，对首次聘用时任原职务满 5 年、距法定退休年龄不足 5 年且符合订立聘用至退休合同条件的人员，可以保留原国家规定的工资待遇。

由较低等级岗位受聘到较高等级岗位的人员，按新聘岗位的等级就近就高确定国家规定的工资待遇。

3. 由工勤岗位受聘到专业技术岗位或管理岗位的人员，以及由专业技术岗位或管理岗位受聘到工勤岗位的人员，原则上按新聘岗位的等级重新确定国家规定的工资待遇。对首次聘用时由专业技术岗位或管理岗位受聘到工勤岗位的人员，任原职务满 5 年、符合订立聘用至退休合同条件的，可以保留原国家规定的工资待遇。

三、未聘人员及缓签聘用合同人员的待遇

1. 试行人员聘用制度中未聘人员的待遇，由各地区、各部门根据实际情况确定，在未聘期间按适当比例逐步递减，最低不低于未聘人员单位所在地人民政府规定的最低生活保障标准。

2. 经确诊患有难以治愈的严重疾病，精神病的缓签合同人员，在治疗期内执行国家规定的病假期间生活待遇。

四、解除聘用合同人员的待遇

1. 聘用单位依据国办发〔2002〕35 号文件的有关规定，向被解聘人员支付经济补偿时，以其上年实际领取的月平均工资计算。

被解聘人员上年实际领取的月平均工资低于本人同期国家规定工资构成中固定部分与国家规定的津贴补贴之和的，按被解聘人员同期国家规定工资构成中固定部分与国家规定的津贴补贴之和计算。

被解聘人员上年实际领取的月平均工资高于当地月平均工资 3 倍以上的，按当地月平均工资的 3 倍计算。当地月平均工资标准，按国家统计部门公布的聘用单位所在地同期职工平均工资确定。

2. 聘用单位、受聘人员双方经协商一致解除聘用合同的，以及聘用单位、受聘人员单方面解除聘用合同（不含随时单方面解除聘用合同）的，被重新录（聘）用到国家机关、事业单位后，被解聘人员解聘前的工龄与重新录用后的工龄合并计算为连续工龄。

3. 受聘人员因被录用或选调到国家机关工作、依法服兵役及考入普通高等院校而随时单方面解除聘用合同的，解聘前的工作时间计算为工龄。

五、受聘人员的退休（退职）待遇

1. 受聘人员原则上按所聘岗位国家规定的条件办理退休（退职）。在养老保险制度改革前，退休（退职）费以本人退休（退职）时国家规定工资构成中固定部分与活的部分两项之和为基数，按照国家规定的比例计发；已参加当地养老保险费社会统筹的事业单位，按当地的有关规定享受养老保险待遇。

2. 对由工勤岗位受聘到专业技术或管理岗位的人员，在专业技术岗位或管理岗位聘用满 10 年（本意见下发前已被聘用的，可连续计算）且在所聘岗位退休（退职）的，可按所聘岗位国家规定的条件办理退休（退职），并享受相应的退休（退职）待遇。

3. 对首次聘用时由专业技术岗位或管理岗位受聘到工勤岗位的人员，任原职务满 5 年、符合订立聘用至退休合同且保留原国家规定工资待遇的，应按专业技术岗位或管理岗位国家规定的条件办理退休（退职），并享受相应的退休（退职）待遇。

六、把握政策，严格程序

事业单位试行人员聘用制度改革中的工资待遇问题，政策性强，情况复杂，涉及广大职工的切身利益，各级人事部门和事业单位要高度重视，严格把握政策和程序，积极稳妥地开展这项工作。

各事业单位在研究拟定受聘人员岗位的工资待遇分配办法时，要根据国家有关政策，逐步规范个人收入，认真清理政策外各项津贴补贴收入，实现职工个人收入的公开化、透明化。同时，要兼顾国家、集体、个人三者利益，正确处理改革、发展、稳定的关系，妥善处理各类人员之间的关系。分配改革方案需充分听取群众的意见，经职工代表大会审议，并报上级主管部门审核和政府人事部门备案。其中，事业单位领导人员的收入分配办法，应按干部管理权限报主管部门批准。

各级人事部门要抓住在事业单位试行人员聘用制度改革的契机，积极指导事业单位进一步深化内部收入分配改革，并加强对事业单位工资收入分配的调控和管理，认真研究和妥善处理本地区、本部门实施中的具体问题，确保人员聘用制改革的平稳顺利进行。

事业单位工作人员收入分配制度改革方案

1. 2006 年 6 月 15 日人事部、财政部发布

2. 国人部发〔2006〕56 号

根据党的十六大和十六届三中全会关于推进事业

单位收入分配制度改革的精神，适应深化事业单位改革的要求，经党中央、国务院批准，改革 事业单位现行工资制度，建立符合事业单位特点、体现岗位绩效和分级分类管理的收入分配制度，完善工资正常调整机制，健全宏观调控机制，逐步实现事业单位收入分配的科学化和规范化。

一、改革的原则

（一）贯彻按劳分配与按生产要素分配相结合的原则，建立与岗位职责、工作业绩、实际贡献紧密联系和鼓励创新创造的分配激励机制。

（二）适应事业单位聘用制改革和岗位管理的要求，以岗定薪，岗变薪变，加大向优秀人才和关键岗位的倾斜力度。

（三）建立体现事业单位特点的工资正常调整机制，使事业单位工作人员收入与经济社会发展水平相适应。

（四）坚持搞活事业单位内部分配，进一步增强事业单位活力。

（五）实行分级分类管理，加强宏观调控，规范分配秩序，理顺分配关系。

二、改革的基本内容

（一）建立岗位绩效工资制度。

事业单位实行岗位绩效工资制度。岗位绩效工资由岗位工资、薪级工资、绩效工资和津贴补贴四部分组成，其中岗位工资和薪级工资为基本工资。

1. 岗位工资。

岗位工资主要体现工作人员所聘岗位的职责和要求。事业单位岗位分为专业技术岗位、管理岗位和工勤技能岗位。专业技术岗位设置 13 个等级，管理岗位设置 10 个等级，工勤技能岗位分为技术工岗位和普通工岗位，技术工岗位设置 5 个等级，普通工岗位不分等级。不同等级的岗位对应不同的工资标准（附表一至三）。工作人员按所聘岗位执行相应的岗位工资标准。

2. 薪级工资。

薪级工资主要体现工作人员的工作表现和资历。对专业技术人员和管理人员设置 65 个薪级，对工人设置 40 个薪级，每个薪级对应一个工资标准（附表一至三）。对不同岗位规定不同的起点薪级。工作人员根据工作表现、资历和所聘岗位等因素确定薪级，执行相应的薪级工资标准。

3. 绩效工资。

绩效工资主要体现工作人员的实绩和贡献。国家对事业单位绩效工资分配进行总量调控和政策指导。事业单位在核定的绩效工资总量内，按照规范的程序和要求，自主分配。

事业单位实行绩效工资后，取消现行年终一次性奖金，将一个月基本工资的额度以及地区附加津贴纳入绩效工资。

4. 津贴补贴。

事业单位津贴补贴，分为艰苦边远地区津贴和特殊岗位津贴补贴。

艰苦边远地区津贴主要是根据自然地理环境、社会发展等方面的差异，对在艰苦边远地区工作生活的工作人员给予适当补偿。艰苦边远地区的事业单位工作人员，执行国家统一规定的艰苦边远地区津贴制度。执行艰苦边远地区津贴所需经费，属于财政支付的，由中央财政负担。

特殊岗位津贴补贴主要体现对事业单位苦、脏、累、险及其他特殊岗位工作人员的政策倾斜。国家对特殊岗位津贴补贴实行统一管理。

（二）实行工资分类管理。

对从事公益服务的事业单位，根据其功能、职责和资源配置等不同情况，实行工资分类管理。基本工资执行国家统一的政策和标准，绩效工资根据单位类型实行不同的管理办法。

（三）完善工资正常调整机制。

1. 正常增加薪级工资。

在年度考核的基础上，对考核合格及以上等次的工作人员每年正常增加一级薪级工资。

2. 岗位变动调整工资。

工作人员岗位变动后，按新聘岗位执行相应的工资标准。

3. 调整基本工资标准。

国家根据经济发展、财政状况、企业相当人员工资水平和物价变动等因素，适时调整工作人员基本工资标准。

4. 调整津贴补贴标准。

国家根据经济发展、财政状况及调控收入分配关系的需要，适时调整艰苦边远地区津贴标准和特殊岗位津贴补贴标准。

（四）完善高层次人才和单位主要领导的分配激励约束机制。

1. 完善高层次人才分配激励机制。

加大对高层次人才的激励力度，继续实行政府特殊津贴制度，建立重要人才国家投保制度，采取一次性重奖以及协议工资等灵活多样的分配形式和办法，逐步完善高层次人才分配激励机制。

2. 建立事业单位主要领导的分配激励约束机制。

逐步建立事业单位主要领导的分配激励约束机制，探索多种分配形式，规范分配程序，合理确定收入水平，加强对事业单位主要领导收入分配的监督管理。

（五）健全收入分配宏观调控机制。

实行工资分级管理，明确中央、地方和部门的管理权限，完善收入分配调控政策，规范工资收入支付方式，加强工资收入支付管理，建立统分结合、权责清晰、运转协调、监督有力的宏观调控机制，将事业单位工作人员的工资收入纳入调控范围。加强监督检查，健全纪律惩戒措施，维护国家收入分配政策的严肃性。

三、相关政策

（一）新聘用人员工资待遇。

新参加工作的大学本科（含获得双学士学位的本科生和未获得硕士学位的研究生）及以下毕业生，实行一年见习期，并执行见习期工资；长学制专业大学本科毕业生，见习期工资待遇可适当提高。见习期工资执行期满后，岗位工资按所聘岗位确定，薪级工资按转正定级的标准执行。

获得硕士学位的毕业生和获得博士学位的毕业生，不实行见习期。在明确岗位前，执行初期工资；明确岗位后，岗位工资按所聘岗位确定，薪级工资按转正定级的标准执行。

到艰苦边远地区或国家扶贫开发工作重点县工作的大中专及以上毕业生，可提前转正定级，定级时薪级工资适当高定。

其他新聘用人员工资待遇，由聘用单位比照同等条件人员确定。

（二）部分行业事业单位工作人员工资待遇。

地质、测绘、交通、海洋、水产、民航等行业事业单位中野外、水上作业工作人员以及飞行人员的工资标准另行制定。

体育运动员仍实行体育津贴奖金制度，具体办法另行制定。

（三）离退休人员待遇。

截至2006年6月30日已办理离退休手续的人员，不实行新的收入分配制度，适当增加离退休费。

这次收入分配制度改革后离退休的人员，在事业单位养老保险制度建立前，相应调整离退休费计发办法。

四、经费来源

事业单位收入分配制度改革所需经费，按单位类型不同，分别由财政和事业单位负担。由财政负担的经费，按现行财政体制和单位隶属关系，分别由中央财政和地方财政负担。对中西部地区，中央财政给予适当补助，具体办法由财政部另行制定。

五、改革实施时间

这次事业单位收入分配制度改革，从2006年7月1日起实施。

六、组织领导

事业单位工作人员收入分配制度改革，政策性强，涉及面广，直接关系到广大工作人员的切身利益。各地区、各部门要高度重视，统一认识，加强领导，切实负起责任，精心组织实施，严格执行政策，严肃工作纪律。按照党中央、国务院要求，各级纪检、组织、监察、财政、人事、审计等部门共同做好管理和监督工作，凡违反政策的，要按照有关规定，进行严肃处理并追究领导者责任。同时，要切实做好工作人员的思想政治工作，确保改革平稳实施。

附表：（略）

事业单位工作人员
收入分配制度改革实施办法

1. 2006年6月21日人事部、财政部发布
2. 国人部发〔2006〕59号

根据党中央、国务院批准的《事业单位工作人员收入分配制度改革方案》，制定本实施办法。

一、实施范围

（一）这次事业单位收入分配制度改革方案的实施范围，限于下列单位中2006年7月1日在册的正式工作人员。

教育、卫生、科学研究事业单位。

文化、艺术、体育、新闻、出版、广播电影电视事业单位。

农业、林业、水利、水产、畜牧、兽医事业单位。

交通、海洋、地质勘查、测绘、气象、地震事业单位。

社会保障、社会福利、检验检疫、环境保护、环境卫生、园林绿化、房地产管理、物资储备事业单位。

机关、团体附属独立核算的事业单位。

列入事业编制的各类学会、协会、基金会、监管机构。

其他事业单位。

（二）经批准参照公务员法管理的事业单位、各类企业所属的事业单位和事业单位所属独立核算的企业，不列入这次事业单位收入分配制度改革的范围。

二、岗位绩效工资制度的实施

（一）岗位工资的实施。

1. 专业技术人员。

专业技术人员按本人现聘用的专业技术岗位，执行相应的岗位工资标准。具体办法是：聘用在正高级专业技术岗位的人员，执行一至四级岗位工资标准，其中执行一级岗位工资标准的人员，需经人事部批准；聘用在副高级专业技术岗位的人员，执行五至七级岗位工资标准；聘用在中级专业技术岗位的人员，执行八至十级岗位工资标准；聘用在助理级专业技术岗位的人员，执行十一至十二级岗位工资标准；聘用在员级专业技术岗位的人员，执行十三级岗位工资标准。

在事业单位按国家有关规定设置专业技术岗位并完成岗位聘用前，专业技术人员岗位工资暂按以下办法执行：聘为正高级专业技术职务的人员，执行四级岗位工资标准；聘为副高级专业技术职务的人员，执行七级岗位工资标准；聘为中级专业技术职务的人员，执行十级岗位工资标准；聘为助理级专业技术职务的人员，执行十二级岗位工资标准；聘为员级专业技术职务的人员，执行十三级岗位工资标准。待完成规范的岗位设置并按规定核准后，专业技术人员再按明确的岗位等级执行相应的岗位工资标准。

2. 管理人员。

管理人员按本人现聘用的岗位（任命的职务）执行相应的岗位工资标准。具体办法是：聘用在部级正职岗位的人员，执行一级职员岗位工资标准；聘用在部级副职岗位的人员，执行二级职员岗位工资标准；聘用在局级正职岗位的人员，执行三级职员岗位工资标准；聘用在局级副职岗位的人员，执行四级职员岗位工资标准；聘用在处级正职岗位的人员，执行五级职员岗位工资标准；聘用在处级副职岗位的人员，执行六级职员岗位工资标准；聘用在科级正职岗位的人员，执行七级职员岗位工资标准；聘用在科级副职岗位的人员，执行八级职员岗位工资标准；聘用在科员岗位的人员，执行九级职员岗位工资标准；聘用在办事员岗位的人员，执行十级职员岗位工资标准。

3. 工人。

工人按本人现聘用的岗位（技术等级或职务）执行相应的岗位工资标准。具体办法是：聘用在高级技师岗位的人员，执行技术工一级岗位工资标准；聘用在技师岗位的人员，执行技术工二级岗位工资标准；聘用在高级工岗位的人员，执行技术工三级岗位工资标准；聘用在中级工岗位的人员，执行技术工四级岗位工资标准；聘用在初级工岗位的人员，执行技术工五级岗位工资标准；聘用在普通工岗位的人员，执行普通工岗位工资标准。

国家制定事业单位岗位设置管理规定，对岗位总量、结构比例和最高岗位等级设置进行管理。各地区、各部门结合本地区、本部门实际制定实施意见，报人事部备案。各事业单位根据国家规定和本地区、本部门的实施意见，按上级主管部门核定的岗位总量、结构比例和最高岗位等级具体实施。事业单位岗位设置管理规定由人事部另行制定。

（二）薪级工资的实施。

工作人员按照本人套改年限、任职年限和所聘岗位，结合工作表现，套改相应的薪级工资（附表一至三）。

套改年限，是指工作年限与不计算工龄的在校学习时间合并计算的年限，其中须扣除1993年以来除见习期外年度考核不计考核等次或不合格的年限。不计算工龄的在校学习时间，是指在国家承认学历的全日制大专以上院校未计算为工龄的学习时间（只适用于这次分配制度改革，不涉及工龄计算问题）。在校学习的时间以国家规定的学制为依据，如短于国家学制规定，按实际学习年限计算；如长于国家学制规定，按国家规定学制计算。

任职年限，是指从聘用到现岗位当年起计算的年限。

套改年限和任职年限的计算截至2006年6月30日。

工作人员按现聘岗位套改的薪级工资，如低于按本人低一级岗位套改的薪级工资，可按低一级岗位进行套改，并将现聘岗位的任职年限与低一级岗位的任职年限合并计算。

工作人员由较高等级的岗位聘用到较低等级的岗位，这次套改可将原聘岗位与现聘岗位的任职年限合并计算。

工作人员按套改办法确定的薪级工资，低于相同学历新参加工作人员转正定级薪级工资的，执行相同学历新参加工作人员转正定级薪级工资标准。

（三）绩效工资的实施。

国家对事业单位绩效工资分配实行总量调控和政策指导。

各地区、各部门根据国家有关政策和规定，结合本地区、本部门实际，制定绩效工资分配的实施办法。

事业单位在上级主管部门核定的绩效工资总量内，按照规范的分配程序和要求，采取灵活多样的分配形式和办法，自主决定本单位绩效工资的分配。绩效工资分配应以工作人员的实绩和贡献为依据，合理拉开差距。

（四）津贴补贴的实施。

完善艰苦边远地区津贴制度。建立科学合理的艰苦边远地区津贴实施范围和类别的评估指标体系，建立艰苦边远地区津贴水平正常增长机制和实施范围、类别动态调整机制。完善艰苦边远地区津贴的方案另行制定。

规范特殊岗位津贴补贴管理。对在事业单位苦、脏、累、险及其他特殊岗位工作的人员，实行特殊岗位津贴补贴。国家统一制定特殊岗位津贴补贴政策和规范管理办法，规定特殊岗位津贴补贴的项目、标准和实施范围，明确调整和新建特殊岗位津贴补贴的条件，建立动态管理机制。除国务院和国务院授权的人事部、财政部外，任何地区、部门和单位不得自行建立特殊岗位津贴补贴项目、扩大实施范围和提高标准。

三、工资分类管理的实施

对从事公益服务的事业单位，按照事业单位分类改革所确定的不同类型，实行不同的绩效工资管理办法。具体办法由人事部、财政部另行制定。

在事业单位新的分类办法和地区附加津贴制度出台前，经费来源主要由财政拨款的事业单位，绩效工资总量暂按工作人员上年度十二月份基本工资额度和规范后的津贴补贴核定；经费来源部分由财政支持和经费自理的事业单位，绩效工资总量可分别高出一定幅度。

事业单位绩效工资总量应结合单位公益目标任务完成情况和绩效考核结果核定。对公益目标任务完成好、考核优秀的事业单位，适当增加绩效工资总量；对公益目标任务完成不好、考核较差的事业单位，相应核减绩效工资总量。

对知识技术密集、高层次人才集中的事业单位，核定绩效工资总量时可给予适当倾斜。

四、正常调整工资办法

（一）正常增加薪级工资。

从2006年7月1日起，年度考核结果为合格及以上等次的工作人员，每年增加一级薪级工资，并从第二年的1月起执行。

（二）岗位变动人员工资调整办法。

工作人员岗位变动后，从变动的下月起执行新聘岗位的工资标准。岗位工资按新聘岗位确定，薪级工资按以下办法确定：

由较低等级的岗位聘用到较高等级的岗位，原薪级工资低于新聘岗位起点薪级工资的，执行新聘岗位起点薪级工资，第二年不再正常增加薪级工资；原薪级工资达到新聘岗位起点薪级工资的，薪级工资不变。

由较高等级的岗位调整到较低等级的岗位，薪级工资不变。

在专业技术岗位、管理岗位、技术工岗位和普通工岗位之间变动的，薪级工资按新聘岗位比照同等条件人员重新确定。

（三）调整基本工资标准。

国家根据经济发展、财政状况、企业相当人员工资水平和物价变动等因素，适时调整事业单位工作人员的基本工资标准。基本工资标准的调整由国家统一部署，具体方案由人事部、财政部拟定，报国务院批准后实施。

（四）调整津贴补贴标准。

国家根据经济发展和财力增长及调控地区工资收入差距的需要，适时调整艰苦边远地区津贴标准；根据财政状况和对特殊岗位的倾斜政策，适时调整特殊岗位津贴补贴标准。

五、高层次人才和单位主要领导分配激励约束机制

（一）高层次人才分配激励措施。

1. 中国科学院院士、中国工程院院士以及为国家做出重大贡献的一流人才，经批准，执行专业技术一级岗位工资标准。

2. 对有突出贡献的专家、学者和技术人员，继续实行政府特殊津贴。

3. 对承担国家重大科研项目和工程建设项目等为我国经济建设和社会发展做出重要贡献的优秀人才，给予不同程度的一次性奖励。具体办法另行制定。

4. 对基础研究、战略高技术研究和重要公益领域的事业单位高层次人才，逐步建立特殊津贴制度。对重要人才建立国家投保制度。具体办法另行制定。

5. 对部分紧缺或者急需引进的高层次人才，经批准可实行协议工资、项目工资等灵活多样的分配办法。具体办法另行制定。

（二）事业单位主要领导收入分配激励约束机制。

国家对事业单位主要领导收入分配制定指导意见，选择有条件的事业单位进行试点，探索建立单位主要领导收入分配激励约束机制。政府人事、财政等部门制定事业单位主要领导的收入分配办法，结合考核合理确定其收入水平，使事业单位主要领导的收入与单位的社会经济效益及长远发展相联系，规范事业单位主要领导的收入分配，并加强监督管理。在试点的基础上，不断完善事业单位主要领导收入分配激励约

束机制。

六、加强收入分配宏观调控

（一）建立工资分级管理体制。

国家主要负责制定事业单位收入分配制度、政策和工资标准，对各类事业单位的收入分配进行政策指导和宏观管理，合理调控地区间、部门间事业单位的收入水平；各地区、各部门主要负责贯彻落实事业单位收入分配政策并组织实施，调控本地区、本部门事业单位收入水平，加强对事业单位收入分配的监督管理。

（二）完善收入分配调控政策。

国家制定事业单位绩效工资分配的指导意见和工作人员兼职兼薪管理办法，完善事业单位收入中可用于工作人员收入分配的资金管理政策，将工作人员的工资收入纳入国家调控范围，规范收入分配秩序。

（三）加强工资收入支付管理。

事业单位应当按照《行政事业单位工资和津贴补贴有关会计核算办法》规定，设立专门账簿进行核算管理。事业单位发放给工作人员的收入一律纳入专门账簿核算，不得账外列支。事业单位要建立工作人员个人工资银行账户，工资支付应以银行卡的形式发放，原则上不得发放现金。

（四）严肃收入分配纪律。

新的收入分配制度入轨后，各地区、各部门和各事业单位要严格执行国家的政策规定，一律不得在国家收入分配政策以及工资列支渠道之外，直接或变相发放津贴、补贴和奖金。各地区、各有关部门要按各自的管理权限和职能，加强对事业单位收入分配政策执行情况的监督检查，综合运用法律、经济和行政等手段，加大对违反政策行为的查处力度，坚决杜绝政出多门、资金渠道混乱的现象，维护收入分配政策的严肃性。

七、新聘用人员工资待遇

（一）新参加工作的各类学校毕业生见习期工资标准分别为：初中毕业生 570 元，高中、中专毕业生 590 元，大学专科毕业生 655 元，大学本科毕业生 685 元，获得双学士学位的大学本科毕业生（含学制为六年以上的大学本科毕业生）、研究生班毕业和未获得硕士学位的研究生 710 元。

见习期工资执行期满后，上述人员按所聘专业技术岗位或管理岗位执行相应的岗位工资标准，薪级工资按以下办法确定：初中毕业生执行 1 级薪级工资标准，高中、中专毕业生执行 2 级薪级工资标准，大学专科毕业生执行 5 级薪级工资标准，大学本科毕业生执行 7 级薪级工资标准，获得双学士学位的大学本科毕业生（含学制为六年以上的大学本科毕业生）、研究生班毕业和未获得硕士学位的研究生执行 9 级薪级工资标准。

获得硕士学位的研究生初期工资标准为 770 元，获得博士学位的研究生初期工资标准为 845 元。明确岗位后，按所聘专业技术岗位或管理岗位执行相应的岗位工资标准，薪级工资分别执行 11 级和 14 级薪级工资标准。

到艰苦边远地区或国家扶贫开发工作重点县工作的大中专及以上毕业生，可提前转正定级，转正定级时薪级工资高定 1 至 2 级。

（二）新参加工作的工人，实行学徒期和熟练期制度。学徒期、熟练期工资待遇以及学徒期、熟练期期满后的定级工资待遇，由各省、自治区和直辖市人民政府确定。

（三）其他新聘用人员，已明确岗位的，岗位工资按所聘岗位确定，薪级工资比照同等条件人员确定；未明确岗位的，由所在单位根据实际情况，确定其工资待遇。

八、相关政策

（一）中小学教师、护士的岗位工资和薪级工资标准提高 10% 。

（二）对在县以下基层单位工作的农林科技人员，继续按《国务院批转劳动人事部、农牧渔业部、林业部、财政部关于加强农林第一线科技队伍的报告的通知》（国发〔1983〕74 号）的规定执行。

（三）军队转业干部按本人现聘岗位（职务）套改岗位工资和薪级工资。如现聘岗位低于转业时部队原职务的，根据其现执行工资待遇对应的岗位套改工资。

（四）到事业单位工作的退役运动员按本人现聘岗位（职务）套改岗位工资，薪级工资按所聘岗位并参考本人原体育津贴水平和同等条件人员的工资水平确定。

（五）这次套改增资，事业单位原工资构成中津贴比例统一按 30% 计算。单位工资构成中津贴比例高出 30% 的部分，套改后纳入绩效工资总量；特殊岗位工资构成比例提高部分，暂时予以保留，今后逐步纳入特殊岗位津贴补贴。

（六）事业单位未聘及缓签聘用合同人员参加收入分配制度改革，具体办法由各地区、各部门确定。

（七）被授予省部级以上劳动模范和先进工作者等荣誉称号，且 1993 年工资制度改革以来按国家规定高定了工资档次的人员，仍保持荣誉的，薪级工资可适当高定。

九、组织实施

这次事业单位收入分配制度改革，党中央、国务院各部门所属在京事业单位由人事部、财政部组织协调，各部门组织实施。地方事业单位和党中央、国务院各部门（少数部门除外）所属京外的事业单位，由所在省、自治区、直辖市人民政府统一组织实施。县以上城镇集体所有制事业单位的收入分配制度改革，由各省、自治区、直辖市人民政府制定具体办法。

各地区、各部门要根据《事业单位工作人员收入分配制度改革方案》和本实施办法，结合本地区、本部门的实际情况，拟定具体实施意见，报送人事部、财政部审批。

本实施办法由人事部负责解释。

附表：（略）

关于机关事业单位离退休人员计发离退休费等问题的实施办法

1. 2006年6月20日人事部、财政部发布
2. 国人部发〔2006〕60号

根据党中央、国务院批准的《公务员工资制度改革方案》和《事业单位工作人员收入分配制度改革方案》，制定本实施办法。

一、离退休费计发办法

2006年7月1日后离退休的人员，在养老保险制度建立前，暂按下列办法计发离退休费：

（一）离休人员。

离休费按本人离休前职务工资和级别工资之和或岗位工资和薪级工资之和全额计发。

（二）退休人员。

1. 公务员退休后的退休费按本人退休前职务工资和级别工资之和的一定比例计发。其中，工作年限满35年的按90%计发；工作年限满30年不满35年的，按85%计发；工作年限满20年不满30年的，按80%计发。

2. 事业单位工作人员退休后的退休费按本人退休前岗位工资和薪级工资之和的一定比例计发。其中，工作年限满35年的，按90%计发；工作年限满30年不满35年的，按85%计发；工作年限满20年不满30年的，按80%计发。

3. 机关技术工人、普通工人退休后的退休费分别按本人退休前岗位工资和技术等级工资之和、岗位工资的一定比例计发。其中，工作年限满35年的，按90%计发；工作年限满30年不满35年的，按85%计发；工作年限满20年不满30年的，按80%计发。

二、增加离退休费的办法

2006年6月30日前已办理离退休手续的人员，从2006年7月1日起增加离退休费。具体办法是：

（一）离休人员按适当高于同职务在职人员平均增资额增加离休费，具体办法由各省、自治区、直辖市人民政府根据实际情况制定。

（二）退休人员按下列标准增加退休费：行政管理人员，厅局级750元，县处级450元，乡科级275元，科员及办事员180元；专业技术人员，教授及相当职务700元，副教授及相当职务400元，讲师及相当职务275元，助教（含相当职务）及以下职务180元；工人，高级技师和技师275元，高级工以下（含高级工）及普通工180元。

（三）退职人员按适当低于同岗位退休人员增加退休费的数额增加退职生活费。具体办法由各省、自治区、直辖市人民政府确定。

三、离退休费调整办法

机关事业单位养老保险制度建立前，在职人员调整工资标准时，离休人员相应增加离休费，退休人员适当增加退休费。

机关事业单位养老保险制度建立后，离退休人员离退休待遇调整办法另行研究制定。

本实施办法由人事部负责解释。

机关事业单位工作人员带薪年休假实施办法

2008年2月15日人事部令第9号发布施行

第一条　为了规范机关、事业单位实施带薪年休假（以下简称年休假）制度，根据《职工带薪年休假条例》（以下简称《条例》）及国家有关规定，制定本办法。

第二条　《条例》第二条中所称"连续工作"的时间和第三条、第四条中所称"累计工作"的时间，机关、事业单位工作人员（以下简称工作人员）均按工作年限计算。

工作人员工作年限满1年、满10年、满20年后，从下月起享受相应的年休假天数。

第三条　国家规定的探亲假、婚丧假、产假的假期，不计入年休假的假期。

第四条　工作人员已享受当年的年休假，年内又出现《条例》第四条第（二）、（三）、（四）、（五）项规定的情形之一的，不享受下一年的年休假。

第五条　依法应享受寒暑假的工作人员，因工作需要未休寒暑假的，所在单位应当安排其休年休假；因工作需要休寒暑假天数少于年休假天数的，所在单位应当安排补足其年休假天数。

第六条 工作人员因承担野外地质勘查、野外测绘、远洋科学考察、极地科学考察以及其他特殊工作任务，所在单位不能在本年度安排其休年休假的，可以跨1个年度安排。

第七条 机关、事业单位因工作需要不安排工作人员休年休假，应当征求工作人员本人的意见。

机关、事业单位应当根据工作人员应休未休的年休假天数，对其支付年休假工资报酬。年休假工资报酬的支付标准是：每应休未休1天，按照本人应休年休假当年日工资收入的300%支付，其中包含工作人员正常工作期间的工资收入。

工作人员年休假工资报酬中，除正常工作期间工资收入外，其余部分应当由所在单位在下一年第一季度一次性支付，所需经费按现行经费渠道解决。实行工资统发的单位，应当纳入工资统发。

第八条 工作人员应休年休假当年日工资收入的计算办法是：本人全年工资收入除以全年计薪天数(261天)。

机关工作人员的全年工资收入，为本人全年应发的基本工资、国家规定的津贴补贴、年终一次性奖金之和；事业单位工作人员的全年工资收入，为本人全年应发的基本工资、国家规定的津贴补贴、绩效工资之和。其中，国家规定的津贴补贴不含根据住房、用车等制度改革向工作人员直接发放的货币补贴。

第九条 机关、事业单位已安排年休假，工作人员未休且有下列情形之一的，只享受正常工作期间的工资收入：

(一)因个人原因不休年休假的；

(二)请事假累计已超过本人应休年休假天数，但不足20天的。

第十条 机关、事业单位根据工作的具体情况，并考虑工作人员本人意愿，统筹安排，保证工作人员享受年休假。机关、事业单位应当加强年休假管理，严格考勤制度。

县级以上地方人民政府人事行政部门应当依据职权，主动对机关、事业单位执行年休假的情况进行监督检查。

第十一条 机关、事业单位不安排工作人员休年休假又不按本办法规定支付年休假工资报酬的，由县级以上地方人民政府人事行政部门责令限期改正。对逾期不改正的，除责令该单位支付年休假工资报酬外，单位还应当按照年休假工资报酬的数额向工作人员加付赔偿金。

对拒不支付年休假工资报酬、赔偿金的，属于机关和参照公务员法管理的事业单位的，应当按照干部管理权限，对直接负责的主管人员以及其他直接责任人员依法给予处分，并责令支付；属于其他事业单位的，应当按照干部管理权限，对直接负责的主管人员以及其他直接责任人员依法给予处分，并由同级人事行政部门或工作人员本人申请人民法院强制执行。

第十二条 工作人员与所在单位因年休假发生的争议，依照国家有关公务员申诉控告和人事争议处理的规定处理。

第十三条 驻外使领馆工作人员、驻港澳地区内派人员以及机关、事业单位驻外非外交人员的年休假，按照《条例》和本办法的规定执行。

按照国家规定经批准执行机关、事业单位工资收入分配制度的其他单位工作人员的年休假，参照《条例》和本办法的规定执行。

第十四条 本办法自发布之日起施行。

人力资源和社会保障部等
关于事业单位工作人员和离退休人员
死亡一次性抚恤金发放办法的通知

1. 2008年6月18日人力资源和社会保障部、民政部、财政部发布

2. 人社部发〔2008〕42号

各省、自治区、直辖市人事厅(局)、劳动保障厅(局)、民政厅(局)、财政厅(局)，新疆生产建设兵团人事局、劳动保障局、民政局、财务局，中央和国家机关各部门、各直属机构人事(干部)部门：

经研究，现就事业单位工作人员和离退休人员死亡一次性抚恤金发放有关问题通知如下。

一、关于一次性抚恤金(工亡补助金)标准

(一)参照公务员法管理事业单位的工作人员和离退休人员死亡一次性抚恤金标准和计发办法，按照民政部、人事部、财政部《关于国家机关工作人员及离退休人员死亡一次性抚恤发放办法的通知》(民发〔2007〕64号)的规定执行。

(二)按照劳动和社会保障部、人事部、民政部、财政部《关于事业单位民间非营利组织工作人员工伤有关问题的通知》(劳社部发〔2005〕36号)规定，参加统筹地区工伤保险的事业单位工作人员属于因工死亡的，一次性工亡补助金标准按当地工伤保险规定执行。

(三)已参加企业职工基本养老保险事业单位的

工作人员和离退休人员，属于病故的，一次性抚恤待遇仍按当地规定执行。

（四）除上述情形外，事业单位工作人员和离退休人员死亡一次性抚恤金标准，从2004年10月1日起调整为：因公牺牲为本人生前40个月基本工资或基本离退休费，病故为本人生前20个月基本工资或基本离退休费。烈士的抚恤待遇，按国家有关规定执行。

发放事业单位工作人员和离退休人员死亡一次性抚恤金所需经费，按原渠道解决。

二、关于一次性抚恤金计发办法

从2006年7月1日起，执行事业单位工作人员和离退休人员死亡一次性抚恤金的，一次性抚恤金的计发基数调整为：

（一）工作人员。计发基数为本人生前最后一个月基本工资，即岗位工资和薪级工资之和。

（二）离退休人员。计发基数为本人生前最后一个月享受的基本离退休费，即离退休时计发的基本离退休费和离退休后历次按国家规定增加的基本离退休费之和。

（三）退职人员。按照《国务院关于颁发〈国务院关于安置老弱病残干部的暂行办法〉和〈国务院关于工人退休、退职的暂行办法〉的通知》（国发〔1978〕104号）规定办理退职的人员，计发基数为本人基本退职生活费，即退职时计发的基本退职生活费和退职后历次按国家规定增加的基本退职生活费之和。

（四）驻外使领馆工作人员、驻外非外交人员和港澳地区内派人员中原属事业单位工作人员的，计发基数为本人国内（内地）基本工资。

本《通知》下发后，《人事部、财政部关于工资制度改革后事业单位工作人员死亡一次性抚恤金计发问题的通知》（人薪发〔1994〕48号）即行废止。

本《通知》由人力资源和社会保障部负责解释。

3. 人事处分与争议处理

事业单位工作人员处分规定

1. 2023年11月6日中共中央组织部、人力资源社会保障部发布
2. 人社部发〔2023〕58号

第一章　总　　则

第一条　为严明事业单位纪律规矩，规范事业单位工作人员行为，保证事业单位及其工作人员依法履职，根据《中华人民共和国公职人员政务处分法》和《事业单位人事管理条例》，制定本规定。

第二条　事业单位工作人员违规违纪违法，应当承担纪律责任的，依照本规定给予处分。

任免机关、事业单位对事业单位中从事管理的人员给予处分，适用《中华人民共和国公职人员政务处分法》第二章、第三章规定。处分的程序、申诉等适用本规定。

第三条　给予事业单位工作人员处分，应当坚持党管干部、党管人才原则；坚持公正、公平；坚持惩治与教育相结合。

给予事业单位工作人员处分，应当与其违规违纪违法行为的性质、情节、危害程度相适应。

给予事业单位工作人员处分，应当事实清楚、证据确凿、定性准确、处理恰当、程序合法、手续完备。

第二章　处分的种类和适用

第四条　事业单位工作人员处分的种类为：

（一）警告；

（二）记过；

（三）降低岗位等级；

（四）开除。

第五条　事业单位工作人员受处分的期间为：

（一）警告，六个月；

（二）记过，十二个月；

（三）降低岗位等级，二十四个月。

处分决定自作出之日起生效，处分期自处分决定生效之日起计算。

第六条　事业单位工作人员受到警告处分的，在作出处分决定的当年，参加年度考核，不能确定为优秀档次；受到记过处分的当年，受到降低岗位等级处分的当年及第二年，参加年度考核，只写评语，不确定档次。

事业单位工作人员受到降低岗位等级处分的，自处分决定生效之日起降低一个以上岗位和职员等级聘用，按照事业单位收入分配有关规定确定其工资待遇；对同时在管理和专业技术两类岗位任职的事业单位工作人员发生违规违纪违法行为的，给予降低岗位等级处分时，应当同时降低两类岗位的等级，并根据违规违纪违法的情形与岗位性质的关联度确定降低岗位类别的主次。

事业单位工作人员在受处分期间，不得聘用到高于现聘岗位和职员等级。受到开除处分的，自处分决定生效之日起，终止其与事业单位的人事关系。

第七条　事业单位工作人员受到记过以上处分的，在受处分期间不得参加专业技术职称评审或者工勤技能人员职业技能等级认定。

第八条　事业单位工作人员同时有两种以上需要给予处分的行为的，应当分别确定其处分。应当给予的处分种类不同的，执行其中最重的处分；应当给予开除以外多个相同种类处分的，执行该处分，处分期应当按照一个处分期以上、多个处分期之和以下确定，但是最长不得超过四十八个月。

事业单位工作人员在受处分期间受到新的处分的，其处分期为原处分期尚未执行的期限与新处分期限之和，但是最长不得超过四十八个月。

第九条　事业单位工作人员二人以上共同违规违纪违法，需要给予处分的，按照各自应当承担的责任，分别给予相应的处分。

第十条　有下列情形之一的，应当从重处分：

（一）在处分期内再次故意违规违纪违法，应当受到处分的；

（二）在二人以上的共同违规违纪违法行为中起主要作用的；

（三）隐匿、伪造、销毁证据的；

（四）串供或者阻止他人揭发检举、提供证据材料的；

（五）包庇同案人员的；

（六）胁迫、唆使他人实施违规违纪违法行为的；

（七）拒不上交或者退赔违规违纪违法所得的；

（八）法律、法规、规章规定的其他从重情节。

第十一条　有下列情形之一的，可以从轻或者减轻给予处分：

（一）主动交代本人应当受到处分的违规违纪违法行为的；

（二）配合调查，如实说明本人违规违纪违法事实的；

（三）主动采取措施，有效避免、挽回损失或者消除不良影响的；

（四）检举他人违规违纪违法行为，情况属实的；

（五）在共同违规违纪违法行为中起次要或者辅助作用的；

（六）主动上交或者退赔违规违纪违法所得的；

（七）其他从轻或者减轻情节。

第十二条 违规违纪违法行为情节轻微，且具有本规定第十一条的情形之一的，可以对其进行谈话提醒、批评教育、责令检查或者予以诫勉，免予或者不予处分。

事业单位工作人员因不明真相被裹挟或者被胁迫参与违规违纪违法活动，经批评教育后确有悔改表现的，可以减轻、免予或者不予处分。

第十三条 事业单位工作人员违规违纪违法取得的财物和用于违规违纪违法的财物，除依法应当由其他机关没收、追缴或者责令退赔的，由处分决定单位没收、追缴或者责令退赔；应当退还原所有人或者原持有人的，依法予以退还；属于国家财产或者不应当退还以及无法退还的，上缴国库。

第十四条 已经退休的事业单位工作人员退休前或者退休后有违规违纪违法行为应当受到处分的，不再作出处分决定，但是可以对其立案调查；依规依纪依法应当给予降低岗位等级以上处分的，应当按照规定相应调整其享受的待遇。

第十五条 事业单位有违规违纪违法行为，应当追究纪律责任的，依规依纪依法对负有责任的领导人员和直接责任人员给予处分。

第三章 违规违纪违法行为及其适用的处分

第十六条 有下列行为之一的，给予记过处分；情节较重的，给予降低岗位等级处分；情节严重的，给予开除处分：

（一）散布有损宪法权威、中国共产党领导和国家声誉的言论的；

（二）参加旨在反对宪法、中国共产党领导和国家的集会、游行、示威等活动的；

（三）拒不执行或者变相不执行中国共产党和国家的路线方针政策、重大决策部署的；

（四）参加非法组织、非法活动的；

（五）利用宗教活动破坏民族团结和社会稳定的；挑拨、破坏民族关系，或者参加民族分裂活动的；

（六）在对外交往中损害国家荣誉和利益的；

（七）携带含有依法禁止内容的书刊、音像制品、电子出版物进入境内的；

（八）其他违反政治纪律的行为。

有前款第二项、第四项、第五项行为之一的，对策划者、组织者和骨干分子，给予开除处分。

公开发表反对宪法确立的国家指导思想，反对中国共产党领导，反对社会主义制度，反对改革开放的文章、演说、宣言、声明等的，给予开除处分。

第十七条 有下列行为之一的，给予警告或者记过处分；情节较重的，给予降低岗位等级处分；情节严重的，给予开除处分：

（一）采取不正当手段为本人或者他人谋取岗位；

（二）在事业单位选拔任用、公开招聘、考核、培训、回避、奖励、申诉、职称评审等人事管理工作中有违反组织人事纪律行为的；

（三）其他违反组织人事纪律的行为。

篡改、伪造本人档案资料的，给予记过处分；情节严重的，给予降低岗位等级处分。

违反规定出境或者办理因私出境证件的，给予记过处分；情节严重的，给予降低岗位等级处分。

违反规定取得外国国籍或者获取境外永久居留资格、长期居留许可的，给予降低岗位等级以上处分。

第十八条 有下列行为之一的，给予警告或者记过处分；情节较重的，给予降低岗位等级处分；情节严重的，给予开除处分：

（一）在执行国家重要任务、应对公共突发事件中，不服从指挥、调遣或者消极对抗的；

（二）破坏正常工作秩序，给国家或者公共利益造成损失的；

（三）违章指挥、违规操作，致使人民生命财产遭受损失的；

（四）发生重大事故、灾害、事件，擅离职守或者不按规定报告、不采取措施处置或者处置不力的；

（五）在项目评估评审、产品认证、设备检测检验等工作中徇私舞弊，或者违反规定造成不良影响的；

（六）泄露国家秘密，或者泄露因工作掌握的内幕信息、个人隐私，造成不良后果的；

（七）其他违反工作纪律失职渎职的行为。

第十九条 有下列行为之一的，给予警告或者记过处分；情节较重的，给予降低岗位等级处分；情节严重的，给予开除处分：

（一）贪污、索贿、受贿、行贿、介绍贿赂、挪用公款的；

（二）利用工作之便为本人或者他人谋取不正当利益的；

（三）在公务活动或者工作中接受礼品、礼金、各种有价证券、支付凭证的；

（四）利用知悉或者掌握的内幕信息谋取利益的；

（五）用公款旅游或者变相用公款旅游的；

（六）违反国家规定，从事、参与营利性活动或者兼任职务领取报酬的；

（七）其他违反廉洁从业纪律的行为。

第二十条　有下列行为之一的，给予警告或者记过处分；情节较重的，给予降低岗位等级处分；情节严重的，给予开除处分：

（一）违反国家财政收入上缴有关规定的；

（二）违反规定使用、骗取财政资金或者违反规定使用、骗取、隐匿、转移、侵占、挪用社会保险基金的；

（三）擅自设定收费项目或者擅自改变收费项目的范围、标准和对象的；

（四）挥霍、浪费国家资财或者造成国有资产流失的；

（五）违反国有资产管理规定，擅自占有、使用、处置国有资产的；

（六）在招标投标和物资采购工作中违反有关规定，造成不良影响或者损失的；

（七）其他违反财经纪律的行为。

第二十一条　有下列行为之一的，给予警告或者记过处分；情节较重的，给予降低岗位等级处分；情节严重的，给予开除处分：

（一）利用专业技术或者技能实施违规违纪违法行为的；

（二）有抄袭、剽窃、侵吞他人学术成果，伪造、篡改数据文献，或者捏造事实等学术不端行为的；

（三）利用职业身份进行利诱、威胁或者误导，损害他人合法权益的；

（四）利用权威、地位或者掌控的资源，压制不同观点，限制学术自由，造成重大损失或者不良影响的；

（五）在申报岗位、项目、荣誉等过程中弄虚作假的；

（六）工作态度恶劣，造成不良社会影响的；

（七）其他严重违反职业道德的行为。

有前款第一项规定行为的，给予记过以上处分。

第二十二条　有下列行为之一的，给予警告或者记过处分；情节较重的，给予降低岗位等级处分；情节严重的，给予开除处分：

（一）违背社会公序良俗，在公共场所有不当行为，造成不良影响的；

（二）制造、传播违法违禁物品及信息的；

（三）参与赌博活动的；

（四）有实施家庭暴力，虐待、遗弃家庭成员，或者拒不承担赡养、抚养、扶养义务等的；

（五）其他严重违反公共秩序、社会公德的行为。

吸食、注射毒品，组织赌博，组织、支持、参与卖淫、嫖娼、色情淫乱活动的，给予降低岗位等级以上处分。

第二十三条　事业单位工作人员犯罪，有下列情形之一的，给予开除处分：

（一）因故意犯罪被判处管制、拘役或者有期徒刑以上刑罚（含宣告缓刑）的；

（二）因过失犯罪被判处有期徒刑，刑期超过三年的；

（三）因犯罪被单处或者并处剥夺政治权利的。

因过失犯罪被判处管制、拘役或者三年以下有期徒刑的，一般应当给予开除处分；案件情况特殊，给予降低岗位等级处分更为适当的，可以不予开除，但是应当报请事业单位主管部门批准，并报同级事业单位人事综合管理部门备案。

事业单位工作人员因犯罪被单处罚金，或者犯罪情节轻微，人民检察院依法作出不起诉决定或者人民法院依法免予刑事处罚的，给予降低岗位等级处分；造成不良影响的，给予开除处分。

第四章　处分的权限和程序

第二十四条　对事业单位工作人员的处分，按照干部人事管理权限，由事业单位或者事业单位主管部门决定。

开除处分由事业单位主管部门决定，并报同级事业单位人事综合管理部门备案。

对中央和地方直属事业单位工作人员的处分，按照干部人事管理权限，由本单位或者有关部门决定；其中，由本单位作出开除处分决定的，报同级事业单位人事综合管理部门备案。

第二十五条　对事业单位工作人员的处分，按照以下程序办理：

（一）对事业单位工作人员违规违纪违法行为初步调查后，需要进一步查证的，应当按照干部人事管理权限，经事业单位负责人批准或者有关部门同意后立案；

（二）对被调查的事业单位工作人员的违规违纪违法行为作进一步调查，收集、查证有关证据材料，并形成书面调查报告；

（三）将调查认定的事实及拟给予处分的依据告知被调查的事业单位工作人员，听取其陈述和申辩，并对其所提出的事实、理由和证据进行复核，记录在案。被调查的事业单位工作人员提出的事实、理由和证据成立的，应予采信；

（四）按照处分决定权限，作出对该事业单位工作人员给予处分、免予不予处分或者撤销案件的决定；

（五）处分决定单位印发处分决定；

（六）将处分决定以书面形式通知受处分事业单位工作人员本人和有关单位，并在一定范围内宣布；

（七）将处分决定存入受处分事业单位工作人员的档案。

第二十六条　事业单位工作人员已经被立案调查，不宜继续履职的，可以按照干部人事管理权限，由事业单位或者有关部门暂停其职责。

被调查的事业单位工作人员在案件立案调查期间，不得解除聘用合同、出境，所在单位不得对其交流、晋升、奖励或者办理退休手续。

第二十七条　对事业单位工作人员案件进行调查，应当由二名以上办案人员进行；接受调查的单位和个人应当如实提供情况。

以暴力、威胁、引诱、欺骗等非法方式收集的证据不得作为定案的根据。

在调查中发现事业单位工作人员受到不实检举、控告或者诬告陷害，造成不良影响的，应当按照规定及时澄清事实，恢复名誉，消除不良影响。

第二十八条　参与事业单位工作人员案件调查、处理的人员应当回避的，执行《事业单位人事管理回避规定》等有关规定。

第二十九条　给予事业单位工作人员处分，应当自批准立案之日起六个月内作出决定；案情复杂或者遇有其他特殊情形的可以延长，但是办案期限最长不得超过十二个月。

第三十条　处分决定应当包括下列内容：

（一）受处分事业单位工作人员的姓名、工作单位、原所聘岗位（所任职务）名称及等级、职员等级等基本情况；

（二）经查证的违规违纪违法事实；

（三）处分的种类、受处分的期间和依据；

（四）不服处分决定的申诉途径和期限；

（五）处分决定单位的名称、印章和作出决定的日期。

第三十一条　事业单位工作人员受到处分，应当办理岗位、职员等级、工资及其他有关待遇等的变更手续的，由人事部门按照管理权限在作出处分决定后一个月内办理；特殊情况下，经批准可以适当延长办理期限，但是最长不得超过六个月。

第三十二条　事业单位工作人员受开除以外的处分，在受处分期间有悔改表现，并且没有再出现违规违纪违法情形的，处分期满后自动解除处分。

处分解除后，考核及晋升岗位和职员等级、职称、工资待遇按照国家有关规定执行，不再受原处分的影响。但是，受到降低岗位等级处分的，不恢复受处分前的岗位、职员等级、工资待遇；无岗位、职员等级可降而降低薪级工资的，处分解除后，不恢复受处分前的薪级工资。

第三十三条　事业单位工作人员受到开除处分后，事业单位应当及时办理档案和社会保险关系转移手续，具体办法按照有关规定执行。

第五章　复核和申诉

第三十四条　受到处分的事业单位工作人员对处分决定不服的，可以自知道或者应当知道该处分决定之日起三十日内向原处分决定单位申请复核。对复核结果不服的，可以自接到复核决定之日起三十日内，按照《事业单位工作人员申诉规定》等有关规定向原处分决定单位的主管部门或者同级事业单位人事综合管理部门提出申诉。

受到处分的中央和地方直属事业单位工作人员的申诉，按照干部人事管理权限，由同级事业单位人事综合管理部门受理。

第三十五条　原处分决定单位应当自接到复核申请后的三十日内作出复核决定。受理申诉的单位应当自受理之日起六十日内作出处理决定；案情复杂的，可以适当延长，但是延长期限最多不超过三十日。

复核、申诉期间不停止处分的执行。

事业单位工作人员不因提出复核、申诉而被加重处分。

第三十六条　有下列情形之一的，受理处分复核、申诉的单位应当撤销处分决定，重新作出决定或者责令原处分决定单位重新作出决定：

（一）处分所依据的事实不清、证据不足的；

（二）违反规定程序，影响案件公正处理的；

（三）超越职权或者滥用职权作出处分决定的。

第三十七条　有下列情形之一的，受理复核、申诉的单位应当变更处分决定或者责令原处分决定单位变更处分决定：

（一）适用法律、法规、规章错误的；

（二）对违规违纪违法行为的情节认定有误的；

（三）处分不当的。

第三十八条　事业单位工作人员的处分决定被变更，需要调整该工作人员的岗位、职员等级或者工资待遇的，应当按照规定予以调整；事业单位工作人员的处分决定被撤销的，需要恢复该工作人员的岗位、职员等级、工资待遇的，按照原岗位、职员等级安排相应的岗位、职员等级，恢复相应的工资待遇，并在原处分决定公布范围内为其恢复名誉。

被撤销处分或者被减轻处分的事业单位工作人员工资待遇受到损失的，应当予以补偿。没收、追缴财物错误的，应当依规依纪依法予以返还、赔偿。

第六章 附 则

第三十九条 对事业单位工作人员处分工作中有滥用职权、玩忽职守、徇私舞弊、收受贿赂等违规违纪违法行为的工作人员，按照有关规定给予处分；涉嫌犯罪的，依法追究刑事责任。

第四十条 对机关工勤人员给予处分，参照本规定执行。

第四十一条 教育、科研、文化、医疗卫生、体育等部门，可以依据本规定，结合自身工作的实际情况，与中央事业单位人事综合管理部门联合制定具体办法。

第四十二条 本规定实施前，已经结案的案件如果需要复核、申诉，适用当时的规定。尚未结案的案件，如果行为发生时的规定不认为是违规违纪违法的，适用当时的规定；如果行为发生时的规定认定是违规违纪违法的，依照当时的规定处理，但是如果本规定不认为是违规违纪违法的或者根据本规定处理较轻的，适用本规定。

第四十三条 本规定所称以上、以下，包括本数。

第四十四条 本规定由中共中央组织部、人力资源社会保障部负责解释。

第四十五条 本规定自发布之日起施行。

人事争议处理规定

1. *2007年8月9日中共中央组织部、人力资源和社会保障部、总政治部发布*
2. *根据2011年8月15日中共中央组织部、人力资源和社会保障部、总政治部《关于修改〈人事争议处理规定〉的通知》（人社部发〔2011〕88号）修正*

第一章 总 则

第一条 为公正及时地处理人事争议，保护当事人的合法权益，根据《中华人民共和国公务员法》、《中国人民解放军文职人员条例》等有关法律法规，制定本规定。

第二条 本规定适用于下列人事争议：

（一）实施公务员法的机关与聘任制公务员之间、参照《中华人民共和国公务员法》管理的机关（单位）与聘任工作人员之间因履行聘任合同发生的争议。

（二）事业单位与工作人员之间因解除人事关系、履行聘用合同发生的争议。

（三）社团组织与工作人员之间因解除人事关系、履行聘用合同发生的争议。

（四）军队聘用单位与文职人员之间因履行聘用合同发生的争议。

（五）依照法律、法规规定可以仲裁的其他人事争议。

第三条 人事争议发生后，当事人可以协商解决；不愿协商或者协商不成的，可以向主管部门申请调解，其中军队聘用单位与文职人员的人事争议，可以向聘用单位的上一级单位申请调解；不愿调解或调解不成的，可以向人事争议仲裁委员会申请仲裁。当事人也可以直接向人事争议仲裁委员会申请仲裁。当事人对仲裁裁决不服的，可以向人民法院提起诉讼。

第四条 当事人在人事争议处理中的地位平等，适用法律、法规平等。

当事人有使用本民族语言文字申请仲裁的权利。人事争议仲裁委员会对于不熟悉当地通用语言文字的当事人，应当为他们翻译。

第五条 处理人事争议，应当注重调解，遵循合法、公正、及时的原则，以事实为依据，以法律为准绳。

第二章 组织机构

第六条 省（自治区、直辖市）、副省级市、地（市、州、盟）、县（市、区、旗）设立人事争议仲裁委员会。

人事争议仲裁委员会独立办案，相互之间无隶属关系。

第七条 人事争议仲裁委员会由公务员主管部门代表、聘任（用）单位代表、工会组织代表、受聘人员代表以及人事、法律专家组成。人事争议仲裁委员会组成人员应当是单数，设主任一名、副主任二至四名、委员若干名。

同级人民政府分管人事工作的负责人或者政府人事行政部门的主要负责人任人事争议仲裁委员会主任。

第八条 人事争议仲裁委员会实行少数服从多数原则，不同意见应如实记录。

第九条 人事争议仲裁委员会的职责是：

（一）负责处理管辖范围内的人事争议。

（二）决定仲裁员的聘任和解聘。

（三）法律、法规规定由人事争议仲裁委员会承担的其他职责。

第十条 人事争议仲裁委员会下设办事机构，其职责是：负责人事争议案件的受理、仲裁文书送达、档案管理以及仲裁员的考核、培训等日常工作，办理人事争议仲裁委员会授权的其他事宜。办事机构设在同级人民政府人事部门。

第十一条　人事争议仲裁委员会处理人事争议案件实行仲裁庭制度，仲裁庭是人事争议仲裁委员会处理人事争议案件的基本形式。仲裁庭一般由三名仲裁员组成。人事争议仲裁委员会指定一名仲裁员担任首席仲裁员，主持仲裁庭工作；另两名仲裁员可由双方当事人各选定一名，也可由人事争议仲裁委员会指定。简单的人事争议案件，经双方当事人同意，人事争议仲裁委员会可以指定一名仲裁员独任处理。

第十二条　人事争议仲裁委员会可以聘任有关部门的工作人员、专家学者和律师为专职或兼职仲裁员。仲裁员的职责是：受人事争议仲裁委员会的委托或当事人的选择，负责人事争议案件的具体处理工作。

兼职仲裁员与专职仲裁员在仲裁活动中享有同等权利。

兼职仲裁员进行仲裁活动时，所在单位应当给予支持。

第三章　管　　辖

第十三条　中央机关、直属机构、直属事业单位及其在京所属单位的人事争议由北京市负责处理人事争议的仲裁机构处理，也可由北京市根据情况授权所在地的区（县）负责处理人事争议的仲裁机构处理。

中央机关在京外垂直管理机构以及中央机关、直属机构、直属事业单位在京外所属单位的人事争议，由所在地的省（自治区、直辖市）设立的人事争议仲裁委员会处理，也可由省（自治区、直辖市）根据情况授权所在地的人事争议仲裁委员会处理。

第十四条　省（自治区、直辖市）、副省级市、地（市、州、盟）、县（市、区、旗）人事争议仲裁委员会的管辖范围，由省（自治区、直辖市）确定。

第十五条　军队聘用单位与文职人员的人事争议，一般由聘用单位所在地的县（市、区、旗）人事争议仲裁委员会处理，其中师级聘用单位与文职人员的人事争议，由所在地的地（市、州、盟）、副省级市人事争议仲裁委员会处理，军级以上聘用单位与文职人员的人事争议由所在地的省（自治区、直辖市）人事争议仲裁委员会处理。

第四章　仲　　裁

第十六条　当事人从知道或应当知道其权利受到侵害之日起六十日内，以书面形式向有管辖权的人事争议仲裁委员会申请仲裁。

当事人因不可抗力或者有其他正当理由超过申请仲裁时效，经人事争议仲裁委员会调查确认的，人事争议仲裁委员会应当受理。

第十七条　当事人向人事争议仲裁委员会申请仲裁，应当提交仲裁申请书，并按被申请人人数递交副本。

仲裁申请书应当载明下列事项：

（一）申请人和被申请人姓名、性别、年龄、职业及职务、工作单位、住所和联系方式。申请人或被申请人是单位的，应写明单位的名称、住所、法定代表人或者主要负责人的姓名、职务和联系方式。

（二）仲裁请求和所依据的事实、理由。

（三）证据和证据来源、证人姓名和住所。

发生人事争议的一方在五人以上，并且有共同的仲裁请求和理由的，可以推举一至两名代表参加仲裁活动。代表人放弃、变更仲裁请求或者承认对方的仲裁请求，进行和解，必须经过被代表的当事人同意。

第十八条　人事争议仲裁委员会在收到仲裁申请书之日起十个工作日内，认为不符合受理条件的，应当书面通知申请人不予受理，并说明理由；认为符合受理条件的，应当受理，将受理通知书送达申请人，将仲裁申请书副本送达被申请人。

第十九条　被申请人应当在收到仲裁申请书副本之日起十个工作日内提交答辩书。被申请人没有按时提交或者不提交答辩书的，不影响仲裁的进行。

第二十条　仲裁应当公开开庭进行，涉及国家、军队秘密和个人隐私的除外。涉及商业秘密，当事人申请不公开开庭的，可以不公开开庭。当事人协议不开庭的，仲裁庭可以书面仲裁。

第二十一条　人事争议仲裁委员会应当在开庭审理人事争议案件五个工作日前，将开庭时间、地点、仲裁庭组成人员等书面通知当事人。申请人经书面通知无正当理由不到庭，或者到庭后未经仲裁庭许可中途退庭的，视为撤回仲裁申请。被申请人经书面通知无正当理由不到庭，或者未经仲裁庭许可中途退庭的，可以缺席裁决。

当事人有正当理由的，在开庭前可以申请延期开庭，是否延期由仲裁庭决定。

第二十二条　仲裁庭处理人事争议应注重调解。自受理案件到作出裁决前，都要积极促使当事人双方自愿达成调解协议。

当事人经调解自愿达成书面协议的，仲裁庭应当根据调解协议的内容制作仲裁调解书。协议内容不得违反法律法规，不得侵犯社会公共利益和他人的合法权益。

调解书由仲裁庭成员署名，加盖人事争议仲裁委员会印章。调解书送达后，即发生法律效力。

当庭调解未达成协议或者仲裁调解书送达前当事人反悔的，仲裁庭应当及时进行仲裁裁决。

第二十三条 当事人应当对自己的主张提供证据。仲裁庭认为有关证据由用人单位提供更方便的，应要求用人单位提供。

用人单位作出解除人事关系和不同意工作人员要求辞职或终止聘任(用)合同引发的人事争议，由用人单位负责举证。

仲裁庭认为需要调查取证的，可以自行取证。

第二十四条 人事争议仲裁委员会在处理人事争议时，有权向有关单位查阅与案件有关的档案、资料和其他证明材料，并有权向知情人调查，有关单位和个人不得拒绝并应当如实提供相关材料。人事争议仲裁委员会及其工作人员对调查人事争议案件中涉及的国家秘密、军队秘密、商业秘密和个人隐私应当保密。

第二十五条 当事人的举证材料应在仲裁庭上出示，并进行质证。只有经过质证认定的事实和证据，才能作为仲裁裁决的依据。

第二十六条 当事人在仲裁过程中有权进行辩论。辩论终结时，仲裁庭应当征询当事人的最后意见。

第二十七条 仲裁庭应当将开庭情况记入笔录。当事人和其他仲裁参与人认为对自己陈述的记录有遗漏或者差错的，有权申请补正。如果不予补正，应当记录该申请，并注明不予补正的原因。

笔录由仲裁员、书记员、当事人和其他仲裁参与人署名或者盖章。

第二十八条 仲裁裁决应当按照多数仲裁员的意见作出，少数仲裁员的不同意见应当记入笔录。

仲裁庭对重大、疑难以及仲裁庭不能形成多数处理意见案件的处理，应当提交人事争议仲裁委员会讨论决定；人事争议仲裁委员会作出的决定，仲裁庭必须执行。

仲裁庭应当在裁决作出后五个工作日内制作裁决书。裁决书由仲裁庭成员署名并加盖人事争议仲裁委员会印章。

第二十九条 仲裁庭处理人事争议案件，一般应当在受理案件之日起九十日内结案。需要延期的，经人事争议仲裁委员会批准，可以适当延期，但是延长的期限不得超过三十日。

第三十条 当事人、法定代理人可以委托一至二名律师或其他代理人进行仲裁活动。委托律师和其他代理人进行仲裁活动，应当向人事争议仲裁委员会提交有委托人签名或盖章的委托书。委托书应当明确委托事项和权限。

第三十一条 有下列情形之一的，仲裁员应当自行申请回避，当事人和代理人有权以口头或书面方式申请其回避：

(一)是案件的当事人、代理人或者当事人、代理人的近亲属。

(二)与案件有利害关系。

(三)与案件当事人、代理人有其他关系，可能影响公正仲裁的。

前款规定适用于书记员、鉴定人员、勘验人员和翻译人员。

第三十二条 当事人对仲裁裁决不服的，可以按照《中华人民共和国公务员法》、《中国人民解放军文职人员条例》以及最高人民法院相关司法解释的规定，自收到裁决书之日起十五日内向人民法院提起诉讼；逾期不起诉的，裁决书即发生法律效力。

第三十三条 对发生法律效力的调解书或者裁决书，当事人必须履行。一方当事人逾期不履行的，另一方当事人可以依照国家有关法律法规和最高人民法院相关司法解释的规定申请人民法院执行。

第五章 罚　　则

第三十四条 当事人及有关人员在仲裁过程中有下列行为之一的，人事争议仲裁委员会应当予以批评教育、责令改正；触犯法律的，提请司法机关依法追究法律责任：

(一)干扰仲裁活动，阻碍仲裁工作人员工作的。

(二)拒绝提供有关文件、资料和其他证明材料的。

(三)提供虚假情况的。

(四)对仲裁工作人员、仲裁参与人、证人进行打击报复的。

(五)其他应予以批评教育、责令改正或应依法追究法律责任的行为。

第三十五条 仲裁工作人员在仲裁活动中有徇私舞弊、收受贿赂、敲诈勒索、滥用职权等侵犯当事人合法权益行为的，由所在单位或上级机关给予处分；是仲裁员的，由人事争议仲裁委员会予以解聘；触犯法律的，提请司法机关依法追究法律责任。

第六章 附　　则

第三十六条 因考核、职务任免、职称评审等发生的人事争议，按照有关规定处理。

第三十七条 本规定由中共中央组织部、人力资源和社会保障部、中国人民解放军总政治部负责解释，省、自治区、直辖市可根据本规定制定实施办法。

第三十八条 本规定自2007年10月1日起施行,1997年人事部发布的《人事争议处理暂行规定》(人发〔1997〕71号)同时废止。

事业单位工作人员申诉规定

1. 2014年6月27日中共中央组织部、人力资源社会保障部发布

2. 人社部发〔2014〕45号

3. 自2014年7月1日起施行

第一章 总 则

第一条 为保障事业单位工作人员合法权益,依法处理事业单位工作人员的申诉,促进事业单位及其主管部门依法行使职权,根据《事业单位人事管理条例》,制定本规定。

第二条 事业单位工作人员对涉及本人的人事处理不服的,可以依照本规定申请复核;对复核结果不服的,可以依照本规定提出申诉、再申诉。

法律法规对事业单位工作人员申诉另有规定的,从其规定。

各级党委管理的事业单位领导人员的申诉,依照干部人事管理权限,按照有关规定办理。

第三条 处理事业单位工作人员申诉,应当坚持合法、公正、公平、及时的原则,依照规定的权限、条件和程序进行。

第四条 事业单位工作人员提出申诉,应当以事实为依据,不得捏造事实,诬告、陷害他人。

第五条 复核、申诉、再申诉期间不停止人事处理的执行。

事业单位工作人员不因申请复核或者提出申诉、再申诉而被加重处理。

第六条 复核、申诉、再申诉应当由事业单位工作人员本人申请。本人丧失行为能力、部分丧失行为能力或者死亡的,可以由其近亲属或监护人代为申请。

第二章 管 辖

第七条 事业单位工作人员对人事处理不服申请复核的,由原处理单位管辖。

第八条 事业单位工作人员对中央和地方直属事业单位作出的复核决定不服提出的申诉,由同级事业单位人事综合管理部门管辖。

事业单位工作人员对中央和地方各部门所属事业单位作出的复核决定不服提出的申诉,由主管部门管辖。

事业单位工作人员对主管部门或者其他有关部门作出的复核决定不服提出的申诉,由同级事业单位人事综合管理部门管辖。

事业单位工作人员对乡镇党委和人民政府作出的复核决定不服提出的申诉,由县级事业单位人事综合管理部门管辖。

第九条 事业单位工作人员对主管部门作出的申诉处理决定不服提出的再申诉,由同级事业单位人事综合管理部门管辖。

事业单位工作人员对市级、县级事业单位人事综合管理部门作出的申诉处理决定不服提出的再申诉,由上一级事业单位人事综合管理部门管辖。

第十条 事业单位工作人员对中央垂直管理部门省级以下机关作出的复核决定不服提出的申诉,由上一级机关管辖;对申诉处理决定不服提出的再申诉,由作出申诉处理决定机关的同级事业单位人事综合管理部门或者上一级机关管辖。

第三章 申请与受理

第十一条 事业单位工作人员对涉及本人的下列人事处理不服,可以申请复核或者提出申诉、再申诉:

(一)处分;

(二)清退违规进人;

(三)撤销奖励;

(四)考核定为基本合格或者不合格;

(五)未按国家规定确定或者扣减工资福利待遇;

(六)法律、法规、规章规定可以提出申诉的其他人事处理。

第十二条 申请复核或者提出申诉、再申诉的时效期间为三十日。复核的时效期间自申请人知道或者应当知道人事处理之日起计算;申诉、再申诉的时效期间自申请人收到复核决定、申诉处理决定之日起计算。

因不可抗力或者有其他正当理由,当事人不能在本条规定的时效期间内申请复核或者提出申诉、再申诉的,经受理机关批准可以延长期限。

第十三条 申请人申请复核和提出申诉、再申诉,应当提交申请书,同时提交原人事处理决定、复核决定或者申诉处理决定等材料的复印件。申请书可以通过当面提交、邮寄或者传真等方式提出。

申请人当面递交申请书的,受理单位应当场出具收件回执。

第十四条 申请书应当载明下列内容:

(一)申请人的姓名、出生年月、单位、岗位、政治面貌、联系方式、住址及其他基本情况;

（二）原处理单位的名称、地址、联系方式；

（三）复核、申诉、再申诉的事项、理由和要求；

（四）申请日期。

第十五条 受理单位应当对申请人提交的申请书是否符合受理条件进行审查，在接到申请书之日起十五日内，作出受理或者不予受理的决定，并以书面形式通知申请人。不予受理的，应当说明理由。

第十六条 符合以下条件的复核、申诉、再申诉，应予受理：

（一）申请人符合本规定第六条的规定；

（二）复核、申诉、再申诉事项属于本规定第十一条规定的受理范围；

（三）在规定的期限内提出；

（四）属于受理单位管辖范围；

（五）材料齐备。

凡不符合上述条件之一的，不予受理。申请材料不齐备的，应当一次性告知申请人所需补正的全部材料，申请人按照要求补正全部材料的，应予受理。

第十七条 在处理决定作出前，申请人可以以书面形式提出撤回复核、申诉、再申诉的申请。

受理单位在接到申请人关于撤回复核、申诉、再申诉的书面申请后，可以决定终结处理工作。

终结复核决定应当以书面形式告知申请人；终结申诉处理决定应以书面形式告知申请人和原处理单位；终结再申诉处理决定应当以书面形式告知申请人、申诉受理单位和原处理单位。

第四章 审理与决定

第十八条 受理复核申请的单位应当自接到申请书之日起三十日内作出维持、撤销或者变更原人事处理的复核决定，并以书面形式通知申请人。

受理申诉、再申诉申请的单位应当自决定受理之日起六十日内作出处理决定。案情复杂的，可以适当延长，但是延长期限不得超过三十日。

第十九条 受理申诉、再申诉的单位应当组成申诉公正委员会审理案件。

申诉公正委员会由受理申诉、再申诉的单位相关工作人员组成，必要时可以吸收其他相关人员参加。申诉公正委员会组成人数应当是单数，不得少于三人。申诉公正委员会负责人一般由主管申诉、再申诉工作的单位负责人或者负责申诉、再申诉的工作机构负责人担任。

第二十条 受理申诉、再申诉的单位有权要求有关单位提交答辩材料，有权对申诉、再申诉事项进行相关调查。

调查应当由两名以上工作人员进行，接受调查的单位或者个人有配合调查的义务，应当如实提供情况和证据。

第二十一条 申诉公正委员会应当根据调查情况对下列事项进行审议：

（一）原人事处理认定的事实是否存在、清楚，证据是否确实充分；

（二）原人事处理适用的法律、法规、规章和有关规定是否正确；

（三）原人事处理的程序是否符合规定；

（四）原人事处理是否显失公正；

（五）被申诉单位有无超越或者滥用职权的情形；

（六）其他需要审议的事项。

在审理对复核决定、申诉处理决定不服的申诉、再申诉时，申诉公正委员会还应当对复核决定、申诉处理决定进行审议。

审理期间，申诉公正委员会应当允许申请人进行必要的陈述或者申辩。

第二十二条 申诉公正委员会应当按照客观公正和少数服从多数的原则，提出审理意见。

第二十三条 受理单位应当根据申诉公正委员会的审理意见，区别不同情况，作出下列申诉处理决定：

（一）原人事处理认定事实清楚，适用法律、法规、规章和有关规定正确，处理恰当、程序合法的，维持原人事处理；

（二）原人事处理认定事实不存在的，或者超越职权、滥用职权做出处理的，按照管理权限责令原处理单位撤销或者直接撤销原人事处理；

（三）原人事处理认定事实清楚，但认定情节有误，或者适用法律、法规、规章和有关规定有错误，或者处理明显不当的，按照管理权限责令原处理单位变更或者直接变更原人事处理；

（四）原人事处理认定事实不清，证据不足，或者违反规定程序和权限的，责令原处理单位重新处理。

再申诉处理决定应当参照前款规定作出。

事业单位工作人员对重新处理后作出的处理决定不服，可以提出申诉或者再申诉。

第二十四条 作出申诉处理决定后，应当制作申诉处理决定书。申诉处理决定书应当载明下列内容：

（一）申诉人的姓名、出生年月、单位、岗位及其他基本情况；

（二）原处理单位的名称、地址、联系方式、人事处理和复核决定所认定的事实、理由及适用的法律、法规、规章和有关规定；

（三）申诉的事项、理由及要求；

（四）申诉公正委员会认定的事实、理由及适用的法律、法规、规章和有关规定；

（五）申诉处理决定；

（六）作出决定的日期；

（七）其他需要载明的内容。

再申诉处理决定作出后，应当制作再申诉处理决定书。再申诉处理决定书除前款规定内容外，还应当载明申诉处理决定的内容和作出申诉处理决定的日期。

申诉、再申诉处理决定书应当加盖受理申诉、再申诉单位或者申诉公正委员会的印章。

第二十五条　复核决定应当及时送达申请人。

申诉处理决定书应当及时送达申请人和原处理单位。

再申诉处理决定书应当及时送达申请人、申诉受理单位和原处理单位。

第二十六条　复核决定、申诉处理决定书、再申诉处理决定书按照下列规定送达：

（一）直接送达申请人本人，受送达人在送达回证上签名或者盖章，签收日期为送达日期；

（二）申请人本人不在的，可以由其同住的具有完全民事行为能力的近亲属在送达回证上签名或者盖章，视为送达，签收日期为送达日期；

（三）申请人或者其同住的具有完全民事行为能力的近亲属拒绝接收或者拒绝签名、盖章的，送达人应当邀请有关基层组织的代表或者其他有关人员到场，见证现场情况，由送达人在送达回证上记明拒收事由和日期，由送达人、见证人签名或者盖章，将处理决定留在申请人的住所或者所在单位，视为送达。送达人、见证人签名或者盖章日期为送达日期；

（四）直接送达确有困难的，可以通过邮寄送达。以回执上注明的收件日期为送达日期；

（五）上述规定的方式无法送达的，可以在相关媒体上公告送达，并在案卷中记明原因和经过。自公告发布之日起，经过六十日，即视为送达。

第二十七条　原处理单位应当将复核决定、申诉处理决定书、再申诉处理决定书存入申请人的个人档案。

第五章　执行与监督

第二十八条　处理决定应当在发生效力后三十日内执行。

下列处理决定是发生效力的最终决定：

（一）已过规定期限没有提出申诉的复核决定；

（二）已过规定期限没有提出再申诉的申诉处理决定；

（三）中央和省级事业单位人事综合管理部门作出的申诉处理决定；

（四）再申诉处理决定。

第二十九条　除维持原人事处理外，原处理单位应当在申诉、再申诉决定执行期满后三十日内将执行情况报申诉、再申诉受理单位备案。

原处理单位逾期不执行的，申请人可以向作出发生效力的决定的单位提出执行申请。接到执行申请的单位应当责令原处理单位执行。

第三十条　对事业单位工作人员处理错误的，应当及时予以纠正；造成名誉损害的，应当赔礼道歉、恢复名誉、消除影响；造成经济损失的，应当根据有关规定给予赔偿。

第三十一条　参与复核、申诉、再申诉审理的工作人员有下列情形之一的，应当提出回避申请：

（一）与申请人或者原处理单位主要负责人、承办人员有夫妻关系、直系血亲、三代以内旁系血亲关系或者近姻亲关系的；

（二）与原人事处理及案件有利害关系的；

（三）与申请人或者原处理单位主要负责人、承办人员有其他关系，可能影响案件公正处理的。

有前款规定的情形的，申请人、与原人事处理及案件有利害关系的公民、法人或者其他组织有权要求其回避。

复核案件审理工作人员的回避，由受理复核单位负责人决定。申诉或再申诉案件审理工作组织负责人的回避由受理单位负责人员集体决定；其他工作人员的回避，由申诉或再申诉案件审理工作组织负责人决定。回避决定作出前，相关人员应当暂停参与案件的调查和审理。

第三十二条　因下列情形之一侵害事业单位工作人员合法权益的，对相关责任人员和直接责任人员，应当根据有关规定，视情节轻重，给予批评教育、调离岗位或者处分；涉嫌犯罪的，移送司法机关处理：

（一）对申请复核或者提出申诉、再申诉的事业单位工作人员打击报复的；

（二）超越或者滥用职权的；

（三）适用法律、法规、规章错误或者违反规定程序的；

（四）在复核、申诉、再申诉工作中应当作为而不作为的；

（五）拒不执行发生效力的申诉、再申诉处理决定的；

（六）违反本规定的其他情形。

第三十三条　申请复核、提出申诉的事业单位工作人员弄虚作假、捏造事实、诬陷他人的，根据情节轻重，给予批评教育或者处分；涉嫌犯罪的，移送司法机关处理。

第六章　附　　则

第三十四条　机关工勤人员申请复核或者提出申诉、再申诉，参照本规定执行。

第三十五条　本规定自2014年7月1日起施行。

最高人民法院关于人民法院审理事业单位人事争议案件若干问题的规定

1．2003年6月17日最高人民法院审判委员会第1278次会议通过
2．2003年8月27日公布
3．法释〔2003〕13号
4．自2003年9月5日起施行

为了正确审理事业单位与其工作人员之间的人事争议案件，根据《中华人民共和国劳动法》的规定，现对有关问题规定如下：

第一条　事业单位与其工作人员之间因辞职、辞退及履行聘用合同所发生的争议，适用《中华人民共和国劳动法》的规定处理。

第二条　当事人对依照国家有关规定设立的人事争议仲裁机构所作的人事争议仲裁裁决不服，自收到仲裁裁决之日起十五日内向人民法院提起诉讼的，人民法院应当依法受理。一方当事人在法定期间内不起诉又不履行仲裁裁决，另一方当事人向人民法院申请执行的，人民法院应当依法执行。

第三条　本规定所称人事争议是指事业单位与其工作人员之间因辞职、辞退及履行聘用合同所发生的争议。

最高人民法院关于事业单位人事争议案件适用法律等问题的答复

1．2004年4月30日
2．法函〔2004〕30号

北京市高级人民法院：

你院《关于审理事业单位人事争议案件如何适用法律及管辖的请示》（京高法〔2003〕353号）收悉。经研究，答复如下：

一、《最高人民法院关于人民法院审理事业单位人事争议案件若干问题的规定》（法释〔2003〕13号）第一条规定，“事业单位与其工作人员之间因辞职、辞退及履行聘用合同所发生的争议，适用《中华人民共和国劳动法》的规定处理。”这里“适用《中华人民共和国劳动法》的规定处理”是指人民法院审理事业单位人事争议案件的程序运用《中华人民共和国劳动法》的相关规定。人民法院对事业单位人事争议案件的实体处理应当适用人事方面的法律规定，但涉及事业单位工作人员劳动权利的内容在人事法律中没有规定的，适用《中华人民共和国劳动法》的有关规定。

二、事业单位人事争议案件由用人单位或者聘用合同履行地的基层人民法院管辖。

三、人民法院审理事业单位人事争议案件的案由为“人事争议”。

下篇　社会保障法规政策

一、社会保险(综合)

《中华人民共和国社会保险法》导读：

《中华人民共和国社会保险法》(以下简称《社会保险法》)由全国人大常委会经四次审议后于 2010 年 10 月 28 日通过，这是最高国家立法机关首次就社会保险制度进行立法。

社会保险是为丧失劳动能力、暂时失去劳动岗位或因健康原因造成损失的人口提供收入或补偿的一种社会和经济制度。《社会保险法》是国家通过立法设立社会保险基金，使劳动者在暂时或永久丧失劳动能力以及失业时获得物质帮助和补偿的一种社会保障制度。社会保险计划由政府举办，强制某一群体将其收入的一部分作为社会保险税费形成社会保险基金，在满足一定条件的情况下，被保险人可从基金获得固定的收入或损失的补偿，它是一种再分配制度。它的目标是保证物质及劳动力的再生产和社会的稳定。社会保险制度是完善社会主义市场经济体制、构建社会主义和谐社会和全面建设小康社会的重要支柱性制度。

在《社会保险法》通过之前，我国社保体系已初步建立，但各项社会保险分别通过单项法规或政策进行规范，缺乏综合性统一法律；社会保险强制性偏弱，一些用人单位拒不参加法定社保，或长期拖欠保费；城乡之间，地区之间，机关、事业单位、企业之间社保制度缺乏衔接，社保资源分配存在不公；社保资金管理混乱，未能专款专用；参保人知情权不足，无法有效参与监督，权益受到侵害时救济不足。《社会保险法》针对现存弊病，从法律角度系统性规定了国家建立基本养老保险、基本医疗保险、工伤保险、失业保险、生育保险等社会保险制度，保障公民在年老、疾病、工伤、失业、生育等情况下依法从国家和社会获得物质帮助的权利。

根据《社会保险法》的规定，社会保险制度主要包括以下五项内容：

1.基本养老保险制度。基本养老保险制度，是指缴费达到法定期限并且个人达到法定退休年龄后，国家和社会提供物质帮助以保证年老者稳定、可靠的生活来源的社会保险制度。基本养老保险制度由三个部分组成：职工基本养老保险制度、新型农村社会养老保险制度、城镇居民社会养老保险制度。基本养老保险制度从法律制度层面上实现了"覆盖城乡居民"，基本养老保险制度的目标是"老有所养"。

2.基本医疗保险制度。基本医疗保险制度，是指按照国家规定缴纳一定比例的医疗保险费，在参保人因患病和意外伤害而发生医疗费用后，由医疗保险基金支付其医疗保险待遇的社会保险制度。基本医疗保险制度由三个部分组成：职工基本医疗保险制度、新型农村合作医疗制度、城镇居民基本医疗保险制度。基本医疗保险制度实现了"覆盖城乡居民"，使全体公民实现"病有所医"。

3.工伤保险制度。工伤保险制度，是指由用人单位缴纳工伤保险费，对劳动者因工作原因遭受意外伤害或者职业病，从而造成死亡、暂时或者永久丧失劳动能力时，给予职工及其相关人员工伤保险待遇的一项社会保险制度。

4.失业保险制度。失业保险制度，是指国家为失业而暂时失去工资收入的社会成员提供物质帮助，以保障失业人员的基本生活，维持劳动力的再生产，为失业人员重新就业创造条件的一项社会保险制度。

5.生育保险制度。生育保险制度，是指由用人单位缴纳保险费，其职工或者职工未就业配偶按照国家规定享受生育保险待遇的一项社会保险制度。生育保险具体的待遇包括生育医疗费用和生育津贴。

2018 年 12 月 29 日，十三届全国人大常委会第七次会议通过《关于修改〈中华人民共和国社会保险法〉的决定》，对本法第 57 条、第 64 条及第 66 条的内容进行了部分修改。

资料补充栏

1. 总　类

中华人民共和国社会保险法

1. 2010年10月28日第十一届全国人民代表大会常务委员会第十七次会议通过

2. 根据2018年12月29日第十三届全国人民代表大会常务委员会第七次会议《关于修改〈中华人民共和国社会保险法〉的决定》修正

目　　录

第一章　总　　则

第一条　【立法目的】为了规范社会保险关系，维护公民参加社会保险和享受社会保险待遇的合法权益，使公民共享发展成果，促进社会和谐稳定，根据宪法，制定本法。

第二条　【社会保险制度与权利】国家建立基本养老保险、基本医疗保险、工伤保险、失业保险、生育保险等社会保险制度，保障公民在年老、疾病、工伤、失业、生育等情况下依法从国家和社会获得物质帮助的权利。

第三条　【制度方针】社会保险制度坚持广覆盖、保基本、多层次、可持续的方针，社会保险水平应当与经济社会发展水平相适应。

第四条　【权利和义务】中华人民共和国境内的用人单位和个人依法缴纳社会保险费，有权查询缴费记录、个人权益记录，要求社会保险经办机构提供社会保险咨询等相关服务。

个人依法享受社会保险待遇，有权监督本单位为其缴费情况。

第五条　【财政保障】县级以上人民政府将社会保险事业纳入国民经济和社会发展规划。

国家多渠道筹集社会保险资金。县级以上人民政府对社会保险事业给予必要的经费支持。

国家通过税收优惠政策支持社会保险事业。

第六条　【社保基金监督管理】国家对社会保险基金实行严格监管。

国务院和省、自治区、直辖市人民政府建立健全社会保险基金监督管理制度，保障社会保险基金安全、有效运行。

县级以上人民政府采取措施，鼓励和支持社会各方面参与社会保险基金的监督。

第七条　【职责分工】国务院社会保险行政部门负责全国的社会保险管理工作，国务院其他有关部门在各自的职责范围内负责有关的社会保险工作。

县级以上地方人民政府社会保险行政部门负责本行政区域的社会保险管理工作，县级以上地方人民政府其他有关部门在各自的职责范围内负责有关的社会保险工作。

第八条　【经办机构职责】社会保险经办机构提供社会保险服务，负责社会保险登记、个人权益记录、社会保险待遇支付等工作。

第九条　【工会职责】工会依法维护职工的合法权益，有权参与社会保险重大事项的研究，参加社会保险监督委员会，对与职工社会保险权益有关的事项进行监督。

第二章　基本养老保险

第十条　【参保范围和缴费主体】职工应当参加基本养老保险，由用人单位和职工共同缴纳基本养老保险费。

无雇工的个体工商户、未在用人单位参加基本养老保险的非全日制从业人员以及其他灵活就业人员可以参加基本养老保险，由个人缴纳基本养老保险费。

公务员和参照公务员法管理的工作人员养老保险的办法由国务院规定。

第十一条　【制度模式和筹资方式】基本养老保险实行社会统筹与个人账户相结合。

基本养老保险基金由用人单位和个人缴费以及政府补贴等组成。

第十二条　【缴费基数和比例】用人单位应当按照国家规定的本单位职工工资总额的比例缴纳基本养老保险费，记入基本养老保险统筹基金。

职工应当按照国家规定的本人工资的比例缴纳基本养老保险费，记入个人账户。

无雇工的个体工商户、未在用人单位参加基本养老保险的非全日制从业人员以及其他灵活就业人员参加基本养老保险的，应当按照国家规定缴纳基本养老保险费，分别记入基本养老保险统筹基金和个人账户。

第十三条　【财政责任】国有企业、事业单位职工参加基本养老保险前，视同缴费年限期间应当缴纳的基本养老保险费由政府承担。

基本养老保险基金出现支付不足时，政府给予补贴。

第十四条　【个人账户养老金】个人账户不得提前支取，记账利率不得低于银行定期存款利率，免征利息税。个人死亡的，个人账户余额可以继承。

第十五条　【基本养老金的构成及确定因素】基本养老金由统筹养老金和个人账户养老金组成。

基本养老金根据个人累计缴费年限、缴费工资、当地职工平均工资、个人账户金额、城镇人口平均预期寿命等因素确定。

第十六条　【最低缴费年限和制度接转】参加基本养老保险的个人，达到法定退休年龄时累计缴费满十五年的，按月领取基本养老金。

参加基本养老保险的个人，达到法定退休年龄时累计缴费不足十五年的，可以缴费至满十五年，按月领取基本养老金；也可以转入新型农村社会养老保险或者城镇居民社会养老保险，按照国务院规定享受相应的养老保险待遇。

第十七条　【因病或者非因工致残的待遇】参加基本养老保险的个人，因病或者非因工死亡的，其遗属可以领取丧葬补助金和抚恤金；在未达到法定退休年龄时因病或者非因工致残完全丧失劳动能力的，可以领取病残津贴。所需资金从基本养老保险基金中支付。

第十八条　【养老金调整机制】国家建立基本养老金正常调整机制。根据职工平均工资增长、物价上涨情况，适时提高基本养老保险待遇水平。

第十九条　【转移接续制度】个人跨统筹地区就业的，其基本养老保险关系随本人转移，缴费年限累计计算。个人达到法定退休年龄时，基本养老金分段计算、统一支付。具体办法由国务院规定。

第二十条　【农村社会养老保险制度】国家建立和完善新型农村社会养老保险制度。

新型农村社会养老保险实行个人缴费、集体补助和政府补贴相结合。

第二十一条　【农村社会养老保险待遇】新型农村社会养老保险待遇由基础养老金和个人账户养老金组成。

参加新型农村社会养老保险的农村居民，符合国家规定条件的，按月领取新型农村社会养老保险待遇。

第二十二条　【城镇居民社会养老保险】国家建立和完善城镇居民社会养老保险制度。

省、自治区、直辖市人民政府根据实际情况，可以将城镇居民社会养老保险和新型农村社会养老保险合并实施。

第三章　基本医疗保险

第二十三条　【参保范围和缴费主体】职工应当参加职工基本医疗保险，由用人单位和职工按照国家规定共同缴纳基本医疗保险费。

无雇工的个体工商户、未在用人单位参加职工基本医疗保险的非全日制从业人员以及其他灵活就业人员可以参加职工基本医疗保险，由个人按照国家规定缴纳基本医疗保险费。

第二十四条　【新型农村合作医疗】国家建立和完善新型农村合作医疗制度。

新型农村合作医疗的管理办法，由国务院规定。

第二十五条　【城镇居民基本医疗保险】国家建立和完善城镇居民基本医疗保险制度。

城镇居民基本医疗保险实行个人缴费和政府补贴相结合。

享受最低生活保障的人、丧失劳动能力的残疾人、低收入家庭六十周岁以上的老年人和未成年人等所需个人缴费部分，由政府给予补贴。

第二十六条　【待遇标准】职工基本医疗保险、新型农村合作医疗和城镇居民基本医疗保险的待遇标准按照国家规定执行。

第二十七条　【退休后医疗保险待遇】参加职工基本医疗保险的个人，达到法定退休年龄时累计缴费达到国家规定年限的，退休后不再缴纳基本医疗保险费，按照国家规定享受基本医疗保险待遇；未达到国家规定年限的，可以缴费至国家规定年限。

第二十八条　【支付范围】符合基本医疗保险药品目录、诊疗项目、医疗服务设施标准以及急诊、抢救的医疗费用，按照国家规定从基本医疗保险基金中支付。

第二十九条　【医疗费用的直接结算】参保人员医疗费用中应当由基本医疗保险基金支付的部分，由社会保险经办机构与医疗机构、药品经营单位直接结算。

社会保险行政部门和卫生行政部门应当建立异地就医医疗费用结算制度，方便参保人员享受基本医疗保险待遇。

第三十条　【不纳入支付范围】下列医疗费用不纳入基本医疗保险基金支付范围：

（一）应当从工伤保险基金中支付的；

（二）应当由第三人负担的；

（三）应当由公共卫生负担的；

(四)在境外就医的。

医疗费用依法应当由第三人负担,第三人不支付或者无法确定第三人的,由基本医疗保险基金先行支付。基本医疗保险基金先行支付后,有权向第三人追偿。

第三十一条 【服务协议】社会保险经办机构根据管理服务的需要,可以与医疗机构、药品经营单位签订服务协议,规范医疗服务行为。

医疗机构应当为参保人员提供合理、必要的医疗服务。

第三十二条 【转移接续】个人跨统筹地区就业的,其基本医疗保险关系随本人转移,缴费年限累计计算。

第四章 工伤保险

第三十三条 【参保范围和缴费主体】职工应当参加工伤保险,由用人单位缴纳工伤保险费,职工不缴纳工伤保险费。

第三十四条 【费率确定】国家根据不同行业的工伤风险程度确定行业的差别费率,并根据使用工伤保险基金、工伤发生率等情况在每个行业内确定费率档次。行业差别费率和行业内费率档次由国务院社会保险行政部门制定,报国务院批准后公布施行。

社会保险经办机构根据用人单位使用工伤保险基金、工伤发生率和所属行业费率档次等情况,确定用人单位缴费费率。

第三十五条 【工伤保险费缴纳数额】用人单位应当按照本单位职工工资总额,根据社会保险经办机构确定的费率缴纳工伤保险费。

第三十六条 【享受工伤保险待遇的条件】职工因工作原因受到事故伤害或者患职业病,且经工伤认定的,享受工伤保险待遇;其中,经劳动能力鉴定丧失劳动能力的,享受伤残待遇。

工伤认定和劳动能力鉴定应当简捷、方便。

第三十七条 【不认定为工伤的情形】职工因下列情形之一导致本人在工作中伤亡的,不认定为工伤:

(一)故意犯罪;

(二)醉酒或者吸毒;

(三)自残或者自杀;

(四)法律、行政法规规定的其他情形。

第三十八条 【工伤保险基金支付的待遇】因工伤发生的下列费用,按照国家规定从工伤保险基金中支付:

(一)治疗工伤的医疗费用和康复费用;

(二)住院伙食补助费;

(三)到统筹地区以外就医的交通食宿费;

(四)安装配置伤残辅助器具所需费用;

(五)生活不能自理的,经劳动能力鉴定委员会确认的生活护理费;

(六)一次性伤残补助金和一至四级伤残职工按月领取的伤残津贴;

(七)终止或者解除劳动合同时,应当享受的一次性医疗补助金;

(八)因工死亡的,其遗属领取的丧葬补助金、供养亲属抚恤金和因工死亡补助金;

(九)劳动能力鉴定费。

第三十九条 【用人单位支付的待遇】因工伤发生的下列费用,按照国家规定由用人单位支付:

(一)治疗工伤期间的工资福利;

(二)五级、六级伤残职工按月领取的伤残津贴;

(三)终止或者解除劳动合同时,应当享受的一次性伤残就业补助金。

第四十条 【与职工基本养老保险的衔接】工伤职工符合领取基本养老金条件的,停发伤残津贴,享受基本养老保险待遇。基本养老保险待遇低于伤残津贴的,从工伤保险基金中补足差额。

第四十一条 【单位未缴费的工伤处理】职工所在用人单位未依法缴纳工伤保险费,发生工伤事故的,由用人单位支付工伤保险待遇。用人单位不支付的,从工伤保险基金中先行支付。

从工伤保险基金中先行支付的工伤保险待遇应当由用人单位偿还。用人单位不偿还的,社会保险经办机构可以依照本法第六十三条的规定追偿。

第四十二条 【第三人造成工伤的处理】由于第三人的原因造成工伤,第三人不支付工伤医疗费用或者无法确定第三人的,由工伤保险基金先行支付。工伤保险基金先行支付后,有权向第三人追偿。

第四十三条 【停止享受待遇的情形】工伤职工有下列情形之一的,停止享受工伤保险待遇:

(一)丧失享受待遇条件的;

(二)拒不接受劳动能力鉴定的;

(三)拒绝治疗的。

第五章 失业保险

第四十四条 【参保范围和缴费主体】职工应当参加失业保险,由用人单位和职工按照国家规定共同缴纳失业保险费。

第四十五条 【领取待遇的条件】失业人员符合下列条件的,从失业保险基金中领取失业保险金:

(一)失业前用人单位和本人已经缴纳失业保险费满一年的;

(二)非因本人意愿中断就业的;

（三）已经进行失业登记，并有求职要求的。

第四十六条　【领取待遇的期限】失业人员失业前用人单位和本人累计缴费满一年不足五年的，领取失业保险金的期限最长为十二个月；累计缴费满五年不足十年的，领取失业保险金的期限最长为十八个月；累计缴费十年以上的，领取失业保险金的期限最长为二十四个月。重新就业后，再次失业的，缴费时间重新计算，领取失业保险金的期限与前次失业应当领取而尚未领取的失业保险金的期限合并计算，最长不超过二十四个月。

第四十七条　【失业保险金标准】失业保险金的标准，由省、自治区、直辖市人民政府确定，不得低于城市居民最低生活保障标准。

第四十八条　【失业期间的医疗保险】失业人员在领取失业保险金期间，参加职工基本医疗保险，享受基本医疗保险待遇。

失业人员应当缴纳的基本医疗保险费从失业保险基金中支付，个人不缴纳基本医疗保险费。

第四十九条　【失业期间的丧葬补助金和抚恤金】失业人员在领取失业保险金期间死亡的，参照当地对在职职工死亡的规定，向其遗属发给一次性丧葬补助金和抚恤金。所需资金从失业保险基金中支付。

个人死亡同时符合领取基本养老保险丧葬补助金、工伤保险丧葬补助金和失业保险丧葬补助金条件的，其遗属只能选择领取其中的一项。

第五十条　【待遇领取程序】用人单位应当及时为失业人员出具终止或者解除劳动关系的证明，并将失业人员的名单自终止或者解除劳动关系之日起十五日内告知社会保险经办机构。

失业人员应当持本单位为其出具的终止或者解除劳动关系的证明，及时到指定的公共就业服务机构办理失业登记。

失业人员凭失业登记证明和个人身份证明，到社会保险经办机构办理领取失业保险金的手续。失业保险金领取期限自办理失业登记之日起计算。

第五十一条　【停止领取待遇的情形】失业人员在领取失业保险金期间有下列情形之一的，停止领取失业保险金，并同时停止享受其他失业保险待遇：

（一）重新就业的；

（二）应征服兵役的；

（三）移居境外的；

（四）享受基本养老保险待遇的；

（五）无正当理由，拒不接受当地人民政府指定部门或者机构介绍的适当工作或者提供的培训的。

第五十二条　【失业保险关系的转移接续】职工跨统筹地区就业的，其失业保险关系随本人转移，缴费年限累计计算。

第六章　生育保险

第五十三条　【参保范围和缴费主体】职工应当参加生育保险，由用人单位按照国家规定缴纳生育保险费，职工不缴纳生育保险费。

第五十四条　【生育保险待遇】用人单位已经缴纳生育保险费的，其职工享受生育保险待遇；职工未就业配偶按照国家规定享受生育医疗费用待遇。所需资金从生育保险基金中支付。

生育保险待遇包括生育医疗费用和生育津贴。

第五十五条　【生育医疗费用】生育医疗费用包括下列各项：

（一）生育的医疗费用；

（二）计划生育的医疗费用；

（三）法律、法规规定的其他项目费用。

第五十六条　【生育津贴】职工有下列情形之一的，可以按照国家规定享受生育津贴：

（一）女职工生育享受产假；

（二）享受计划生育手术休假；

（三）法律、法规规定的其他情形。

生育津贴按照职工所在用人单位上年度职工月平均工资计发。

第七章　社会保险费征缴

第五十七条　【社会保险登记要求】用人单位应当自成立之日起三十日内凭营业执照、登记证书或者单位印章，向当地社会保险经办机构申请办理社会保险登记。社会保险经办机构应当自收到申请之日起十五日内予以审核，发给社会保险登记证件。

用人单位的社会保险登记事项发生变更或者用人单位依法终止的，应当自变更或者终止之日起三十日内，到社会保险经办机构办理变更或者注销社会保险登记。

市场监督管理部门、民政部门和机构编制管理机关应当及时向社会保险经办机构通报用人单位的成立、终止情况，公安机关应当及时向社会保险经办机构通报个人的出生、死亡以及户口登记、迁移、注销等情况。

第五十八条　【办理社会保险登记的不同情形】用人单位应当自用工之日起三十日内为其职工向社会保险经办机构申请办理社会保险登记。未办理社会保险登记的，由社会保险经办机构核定其应当缴纳的社会保险费。

自愿参加社会保险的无雇工的个体工商户、未在用人单位参加社会保险的非全日制从业人员以及其他灵活就业人员,应当向社会保险经办机构申请办理社会保险登记。

国家建立全国统一的个人社会保障号码。个人社会保障号码为公民身份号码。

第五十九条　【社会保险费征收】县级以上人民政府加强社会保险费的征收工作。

社会保险费实行统一征收,实施步骤和具体办法由国务院规定。

第六十条　【社会保险费的缴纳】用人单位应当自行申报、按时足额缴纳社会保险费,非因不可抗力等法定事由不得缓缴、减免。职工应当缴纳的社会保险费由用人单位代扣代缴,用人单位应当按月将缴纳社会保险费的明细情况告知本人。

无雇工的个体工商户、未在用人单位参加社会保险的非全日制从业人员以及其他灵活就业人员,可以直接向社会保险费征收机构缴纳社会保险费。

第六十一条　【按时足额征收】社会保险费征收机构应当依法按时足额征收社会保险费,并将缴费情况定期告知用人单位和个人。

第六十二条　【社会保险费的核定】用人单位未按规定申报应当缴纳的社会保险费数额的,按照该单位上月缴费额的百分之一百一十确定应当缴纳数额;缴费单位补办申报手续后,由社会保险费征收机构按照规定结算。

第六十三条　【未按时足额缴纳的行政处理】用人单位未按时足额缴纳社会保险费的,由社会保险费征收机构责令其限期缴纳或者补足。

用人单位逾期仍未缴纳或者补足社会保险费的,社会保险费征收机构可以向银行和其他金融机构查询其存款账户;并可以申请县级以上有关行政部门作出划拨社会保险费的决定,书面通知其开户银行或者其他金融机构划拨社会保险费。用人单位账户余额少于应当缴纳的社会保险费的,社会保险费征收机构可以要求该用人单位提供担保,签订延期缴费协议。

用人单位未足额缴纳社会保险费且未提供担保的,社会保险费征收机构可以申请人民法院扣押、查封、拍卖其价值相当于应当缴纳社会保险费的财产,以拍卖所得抵缴社会保险费。

第八章　社会保险基金

第六十四条　【基金财务管理和统筹层次】社会保险基金包括基本养老保险基金、基本医疗保险基金、工伤保险基金、失业保险基金和生育保险基金。除基本医疗保险基金与生育保险基金合并建账及核算外,其他各项社会保险基金按照社会保险险种分别建账,分账核算。社会保险基金执行国家统一的会计制度。

社会保险基金专款专用,任何组织和个人不得侵占或者挪用。

基本养老保险基金逐步实行全国统筹,其他社会保险基金逐步实行省级统筹,具体时间、步骤由国务院规定。

第六十五条　【基金的收支平衡和政府责任】社会保险基金通过预算实现收支平衡。

县级以上人民政府在社会保险基金出现支付不足时,给予补贴。

第六十六条　【基金预算】社会保险基金按照统筹层次设立预算。除基本医疗保险基金与生育保险基金预算合并编制外,其他社会保险基金预算按照社会保险项目分别编制。

第六十七条　【基金预算、决算程序】社会保险基金预算、决算草案的编制、审核和批准,依照法律和国务院规定执行。

第六十八条　【基金存入财政专户】社会保险基金存入财政专户,具体管理办法由国务院规定。

第六十九条　【基金的保值增值】社会保险基金在保证安全的前提下,按照国务院规定投资运营实现保值增值。

社会保险基金不得违规投资运营,不得用于平衡其他政府预算,不得用于兴建、改建办公场所和支付人员经费、运行费用、管理费用,或者违反法律、行政法规规定挪作其他用途。

第七十条　【基金信息公开】社会保险经办机构应当定期向社会公布参加社会保险情况以及社会保险基金的收入、支出、结余和收益情况。

第七十一条　【全国社会保障基金】国家设立全国社会保障基金,由中央财政预算拨款以及国务院批准的其他方式筹集的资金构成,用于社会保障支出的补充、调剂。全国社会保障基金由全国社会保障基金管理运营机构负责管理运营,在保证安全的前提下实现保值增值。

全国社会保障基金应当定期向社会公布收支、管理和投资运营的情况。国务院财政部门、社会保险行政部门、审计机关对全国社会保障基金的收支、管理和投资运营情况实施监督。

第九章　社会保险经办

第七十二条　【经办机构的设立和经费保障】统筹地区设立社会保险经办机构。社会保险经办机构根据工作需要,经所在地的社会保险行政部门和机构编制管理机关批准,可以在本统筹地区设立分支机构和服务网点。

社会保险经办机构的人员经费和经办社会保险发

生的基本运行费用、管理费用，由同级财政按照国家规定予以保障。

第七十三条　【经办机构的管理制度和职责】社会保险经办机构应当建立健全业务、财务、安全和风险管理制度。

社会保险经办机构应当按时足额支付社会保险待遇。

第七十四条　【经办机构权利义务】社会保险经办机构通过业务经办、统计、调查获取社会保险工作所需的数据，有关单位和个人应当及时、如实提供。

社会保险经办机构应当及时为用人单位建立档案，完整、准确地记录参加社会保险的人员、缴费等社会保险数据，妥善保管登记、申报的原始凭证和支付结算的会计凭证。

社会保险经办机构应当及时、完整、准确地记录参加社会保险的个人缴费和用人单位为其缴费，以及享受社会保险待遇等个人权益记录，定期将个人权益记录单免费寄送本人。

用人单位和个人可以免费向社会保险经办机构查询、核对其缴费和享受社会保险待遇记录，要求社会保险经办机构提供社会保险咨询等相关服务。

第七十五条　【信息系统建设】全国社会保险信息系统按照国家统一规划，由县级以上人民政府按照分级负责的原则共同建设。

第十章　社会保险监督

第七十六条　【人大常委会监督】各级人民代表大会常务委员会听取和审议本级人民政府对社会保险基金的收支、管理、投资运营以及监督检查情况的专项工作报告，组织对本法实施情况的执法检查等，依法行使监督职权。

第七十七条　【社会保险行政部门监督】县级以上人民政府社会保险行政部门应当加强对用人单位和个人遵守社会保险法律、法规情况的监督检查。

社会保险行政部门实施监督检查时，被检查的用人单位和个人应当如实提供与社会保险有关的资料，不得拒绝检查或者谎报、瞒报。

第七十八条　【财政部门、审计机关的监督】财政部门、审计机关按照各自职责，对社会保险基金的收支、管理和投资运营情况实施监督。

第七十九条　【社会保险行政部门的职责】社会保险行政部门对社会保险基金的收支、管理和投资运营情况进行监督检查，发现存在问题的，应当提出整改建议，依法作出处理决定或者向有关行政部门提出处理建议。社会保险基金检查结果应当定期向社会公布。

社会保险行政部门对社会保险基金实施监督检查，有权采取下列措施：

（一）查阅、记录、复制与社会保险基金收支、管理和投资运营相关的资料，对可能被转移、隐匿或者灭失的资料予以封存；

（二）询问与调查事项有关的单位和个人，要求其对与调查事项有关的问题作出说明、提供有关证明材料；

（三）对隐匿、转移、侵占、挪用社会保险基金的行为予以制止并责令改正。

第八十条　【社会保险监督委员会的监督】统筹地区人民政府成立由用人单位代表、参保人员代表，以及工会代表、专家等组成的社会保险监督委员会，掌握、分析社会保险基金的收支、管理和投资运营情况，对社会保险工作提出咨询意见和建议，实施社会监督。

社会保险经办机构应当定期向社会保险监督委员会汇报社会保险基金的收支、管理和投资运营情况。社会保险监督委员会可以聘请会计师事务所对社会保险基金的收支、管理和投资运营情况进行年度审计和专项审计。审计结果应当向社会公开。

社会保险监督委员会发现社会保险基金收支、管理和投资运营中存在问题的，有权提出改正建议；对社会保险经办机构及其工作人员的违法行为，有权向有关部门提出依法处理建议。

第八十一条　【信息保密责任】社会保险行政部门和其他有关行政部门、社会保险经办机构、社会保险费征收机构及其工作人员，应当依法为用人单位和个人的信息保密，不得以任何形式泄露。

第八十二条　【对违法行为的举报、投诉】任何组织或者个人有权对违反社会保险法律、法规的行为进行举报、投诉。

社会保险行政部门、卫生行政部门、社会保险经办机构、社会保险费征收机构和财政部门、审计机关对属于本部门、本机构职责范围的举报、投诉，应当依法处理；对不属于本部门、本机构职责范围的，应当书面通知并移交有权处理的部门、机构处理。有权处理的部门、机构应当及时处理，不得推诿。

第八十三条　【救济途径】用人单位或者个人认为社会保险费征收机构的行为侵害自己合法权益的，可以依法申请行政复议或者提起行政诉讼。

用人单位或者个人对社会保险经办机构不依法办理社会保险登记、核定社会保险费、支付社会保险待遇、办理社会保险转移接续手续或者侵害其他社会保险权益的行为，可以依法申请行政复议或者提起行政诉讼。

个人与所在用人单位发生社会保险争议的，可以依法申请调解、仲裁，提起诉讼。用人单位侵害个人社会保险权益的，个人也可以要求社会保险行政部门或者社会保险费征收机构依法处理。

第十一章　法 律 责 任

第八十四条　【不办理登记的责任】用人单位不办理社会保险登记的，由社会保险行政部门责令限期改正；逾期不改正的，对用人单位处应缴社会保险费数额一倍以上三倍以下的罚款，对其直接负责的主管人员和其他直接责任人员处五百元以上三千元以下的罚款。

第八十五条　【不出具证明的责任】用人单位拒不出具终止或者解除劳动关系证明的，依照《中华人民共和国劳动合同法》的规定处理。

第八十六条　【未按时足额缴费的责任】用人单位未按时足额缴纳社会保险费的，由社会保险费征收机构责令限期缴纳或者补足，并自欠缴之日起，按日加收万分之五的滞纳金；逾期仍不缴纳的，由有关行政部门处欠缴数额一倍以上三倍以下的罚款。

第八十七条　【骗取基金支出的责任】社会保险经办机构以及医疗机构、药品经营单位等社会保险服务机构以欺诈、伪造证明材料或者其他手段骗取社会保险基金支出的，由社会保险行政部门责令退回骗取的社会保险金，处骗取金额二倍以上五倍以下的罚款；属于社会保险服务机构的，解除服务协议；直接负责的主管人员和其他直接责任人员有执业资格的，依法吊销其执业资格。

第八十八条　【骗取保险待遇的责任】以欺诈、伪造证明材料或者其他手段骗取社会保险待遇的，由社会保险行政部门责令退回骗取的社会保险金，处骗取金额二倍以上五倍以下的罚款。

第八十九条　【经办机构的责任】社会保险经办机构及其工作人员有下列行为之一的，由社会保险行政部门责令改正；给社会保险基金、用人单位或者个人造成损失的，依法承担赔偿责任；对直接负责的主管人员和其他直接责任人员依法给予处分：

（一）未履行社会保险法定职责的；

（二）未将社会保险基金存入财政专户的；

（三）克扣或者拒不按时支付社会保险待遇的；

（四）丢失或者篡改缴费记录、享受社会保险待遇记录等社会保险数据、个人权益记录的；

（五）有违反社会保险法律、法规的其他行为的。

第九十条　【社会保险费征收机构的责任】社会保险费征收机构擅自更改社会保险费缴费基数、费率，导致少收或者多收社会保险费的，由有关行政部门责令其追缴应当缴纳的社会保险费或者退还不应当缴纳的社会保险费；对直接负责的主管人员和其他直接责任人员依法给予处分。

第九十一条　【侵占、挪用基金的责任】违反本法规定，隐匿、转移、侵占、挪用社会保险基金或者违规投资运营的，由社会保险行政部门、财政部门、审计机关责令追回；有违法所得的，没收违法所得；对直接负责的主管人员和其他直接责任人员依法给予处分。

第九十二条　【泄露信息的责任】社会保险行政部门和其他有关行政部门、社会保险经办机构、社会保险费征收机构及其工作人员泄露用人单位和个人信息的，对直接负责的主管人员和其他直接责任人员依法给予处分；给用人单位或者个人造成损失的，应当承担赔偿责任。

第九十三条　【国家工作人员的行政处分责任】国家工作人员在社会保险管理、监督工作中滥用职权、玩忽职守、徇私舞弊的，依法给予处分。

第九十四条　【刑事责任】违反本法规定，构成犯罪的，依法追究刑事责任。

第十二章　附　　则

第九十五条　【进城务工农村居民的社会保险】进城务工的农村居民依照本法规定参加社会保险。

第九十六条　【被征地农民的社会保险】征收农村集体所有的土地，应当足额安排被征地农民的社会保险费，按照国务院规定将被征地农民纳入相应的社会保险制度。

第九十七条　【外国人参加社会保险】外国人在中国境内就业的，参照本法规定参加社会保险。

第九十八条　【施行日期】本法自 2011 年 7 月 1 日起施行。

实施《中华人民共和国社会保险法》若干规定

1. 2011 年 6 月 29 日人力资源和社会保障部令第 13 号公布
2. 自 2011 年 7 月 1 日起施行

为了实施《中华人民共和国社会保险法》（以下简称社会保险法），制定本规定。

第一章　关于基本养老保险

第一条　社会保险法第十五条规定的统筹养老金，按照国务院规定的基础养老金计发办法计发。

第二条　参加职工基本养老保险的个人达到法定退休年龄时，累计缴费不足十五年的，可以延长缴费至满十五年。社会保险法实施前参保、延长缴费五年后仍不足十五年的，可以一次性缴费至满十五年。

第三条　参加职工基本养老保险的个人达到法定退休年龄后，累计缴费不足十五年（含依照第二条规定延长缴费）的，可以申请转入户籍所在地新型农村社会养老保险或者城镇居民社会养老保险，享受相应的养老保险待遇。

参加职工基本养老保险的个人达到法定退休年龄后，累计缴费不足十五年（含依照第二条规定延长缴费），且未转入新型农村社会养老保险或者城镇居民社会养老保险的，个人可以书面申请终止职工基本养老保险关系。社会保险经办机构收到申请后，应当书面告知其转入新型农村社会养老保险或者城镇居民社会养老保险的权利以及终止职工基本养老保险关系的后果，经本人书面确认后，终止其职工基本养老保险关系，并将个人账户储存额一次性支付给本人。

第四条　参加职工基本养老保险的个人跨省流动就业，达到法定退休年龄时累计缴费不足十五年的，按照《国务院办公厅关于转发人力资源社会保障部财政部城镇企业职工基本养老保险关系转移接续暂行办法的通知》（国办发〔2009〕66号）有关待遇领取地的规定确定继续缴费地后，按照本规定第二条办理。

第五条　参加职工基本养老保险的个人跨省流动就业，符合按月领取基本养老金条件时，基本养老金分段计算、统一支付的具体办法，按照《国务院办公厅关于转发人力资源社会保障部财政部城镇企业职工基本养老保险关系转移接续暂行办法的通知》（国办发〔2009〕66号）执行。

第六条　职工基本养老保险个人账户不得提前支取。个人在达到法定的领取基本养老金条件前离境定居的，其个人账户予以保留，达到法定领取条件时，按照国家规定享受相应的养老保险待遇。其中，丧失中华人民共和国国籍的，可以在其离境时或者离境后书面申请终止职工基本养老保险关系。社会保险经办机构收到申请后，应当书面告知其保留个人账户的权利以及终止职工基本养老保险关系的后果，经本人书面确认后，终止其职工基本养老保险关系，并将个人账户储存额一次性支付给本人。

参加职工基本养老保险的个人死亡后，其个人账户中的余额可以全部依法继承。

第二章　关于基本医疗保险

第七条　社会保险法第二十七条规定的退休人员享受基本医疗保险待遇的缴费年限按照各地规定执行。

参加职工基本医疗保险的个人，基本医疗保险关系转移接续时，基本医疗保险缴费年限累计计算。

第八条　参保人员在协议医疗机构发生的医疗费用，符合基本医疗保险药品目录、诊疗项目、医疗服务设施标准的，按照国家规定从基本医疗保险基金中支付。

参保人员确需急诊、抢救的，可以在非协议医疗机构就医；因抢救必须使用的药品可以适当放宽范围。参保人员急诊、抢救的医疗服务具体管理办法由统筹地区根据当地实际情况制定。

第三章　关于工伤保险

第九条　职工（包括非全日制从业人员）在两个或者两个以上用人单位同时就业的，各用人单位应当分别为职工缴纳工伤保险费。职工发生工伤，由职工受到伤害时工作的单位依法承担工伤保险责任。

第十条　社会保险法第三十七条第二项中的醉酒标准，按照《车辆驾驶人员血液、呼气酒精含量阈值与检验》（GB 19522—2004）执行。公安机关交通管理部门、医疗机构等有关单位依法出具的检测结论、诊断证明等材料，可以作为认定醉酒的依据。

第十一条　社会保险法第三十八条第八项中的因工死亡补助金是指《工伤保险条例》第三十九条的一次性工亡补助金，标准为工伤发生时上一年度全国城镇居民人均可支配收入的20倍。

上一年度全国城镇居民人均可支配收入以国家统计局公布的数据为准。

第十二条　社会保险法第三十九条第一项治疗工伤期间的工资福利，按照《工伤保险条例》第三十三条有关职工在停工留薪期内应当享受的工资福利和护理等待遇的规定执行。

第四章　关于失业保险

第十三条　失业人员符合社会保险法第四十五条规定条件的，可以申请领取失业保险金并享受其他失业保险待遇。其中，非因本人意愿中断就业包括下列情形：

（一）依照劳动合同法第四十四条第一项、第四项、第五项规定终止劳动合同的；

（二）由用人单位依照劳动合同法第三十九条、第四十条、第四十一条规定解除劳动合同的；

（三）用人单位依照劳动合同法第三十六条规定向劳动者提出解除劳动合同并与劳动者协商一致解除劳动合同的；

（四）由用人单位提出解除聘用合同或者被用人单位辞退、除名、开除的；

(五)劳动者本人依照劳动合同法第三十八条规定解除劳动合同的;

(六)法律、法规、规章规定的其他情形。

第十四条　失业人员领取失业保险金后重新就业的,再次失业时,缴费时间重新计算。失业人员因当期不符合失业保险金领取条件的,原有缴费时间予以保留,重新就业并参保的,缴费时间累计计算。

第十五条　失业人员在领取失业保险金期间,应当积极求职,接受职业介绍和职业培训。失业人员接受职业介绍、职业培训的补贴由失业保险基金按照规定支付。

第五章　关于基金管理和经办服务

第十六条　社会保险基金预算、决算草案的编制、审核和批准,依照《国务院关于试行社会保险基金预算的意见》(国发〔2010〕2号)的规定执行。

第十七条　社会保险经办机构应当每年至少一次将参保人员个人权益记录单通过邮寄方式寄送本人。同时,社会保险经办机构可以通过手机短信或者电子邮件等方式向参保人员发送个人权益记录。

第十八条　社会保险行政部门、社会保险经办机构及其工作人员应当依法为用人单位和个人的信息保密,不得违法向他人泄露下列信息:

(一)涉及用人单位商业秘密或者公开后可能损害用人单位合法利益的信息;

(二)涉及个人权益的信息。

第六章　关于法律责任

第十九条　用人单位在终止或者解除劳动合同时拒不向职工出具终止或者解除劳动关系证明,导致职工无法享受社会保险待遇的,用人单位应当依法承担赔偿责任。

第二十条　职工应当缴纳的社会保险费由用人单位代扣代缴。用人单位未依法代扣代缴的,由社会保险费征收机构责令用人单位限期代缴,并自欠缴之日起向用人单位按日加收万分之五的滞纳金。用人单位不得要求职工承担滞纳金。

第二十一条　用人单位因不可抗力造成生产经营出现严重困难的,经省级人民政府社会保险行政部门批准后,可以暂缓缴纳一定期限的社会保险费,期限一般不超过一年。暂缓缴费期间,免收滞纳金。到期后,用人单位应当缴纳相应的社会保险费。

第二十二条　用人单位按照社会保险法第六十三条的规定,提供担保并与社会保险费征收机构签订缓缴协议的,免收缓缴期间的滞纳金。

第二十三条　用人单位按照本规定第二十一条、第二十二条缓缴社会保险费期间,不影响其职工依法享受社会保险待遇。

第二十四条　用人单位未按月将缴纳社会保险费的明细情况告知职工本人的,由社会保险行政部门责令改正;逾期不改的,按照《劳动保障监察条例》第三十条的规定处理。

第二十五条　医疗机构、药品经营单位等社会保险服务机构以欺诈、伪造证明材料或者其他手段骗取社会保险基金支出的,由社会保险行政部门责令退回骗取的社会保险金,处骗取金额二倍以上五倍以下的罚款。对与社会保险经办机构签订服务协议的医疗机构、药品经营单位,由社会保险经办机构按照协议追究责任,情节严重的,可以解除与其签订的服务协议。对有执业资格的直接负责的主管人员和其他直接责任人员,由社会保险行政部门建议授予其执业资格的有关主管部门依法吊销其执业资格。

第二十六条　社会保险经办机构、社会保险费征收机构、社会保险基金投资运营机构、开设社会保险基金专户的机构和专户管理银行及其工作人员有下列违法情形的,由社会保险行政部门按照社会保险法第九十一条的规定查处:

(一)将应征和已征的社会保险基金,采取隐藏、非法放置等手段,未按规定征缴、入账的;

(二)违规将社会保险基金转入社会保险基金专户以外的账户的;

(三)侵吞社会保险基金的;

(四)将各项社会保险基金互相挤占或者其他社会保障基金挤占社会保险基金的;

(五)将社会保险基金用于平衡财政预算,兴建、改建办公场所和支付人员经费、运行费用、管理费用的;

(六)违反国家规定的投资运营政策的。

第七章　其　　他

第二十七条　职工与所在用人单位发生社会保险争议的,可以依照《中华人民共和国劳动争议调解仲裁法》、《劳动人事争议仲裁办案规则》的规定,申请调解、仲裁,提起诉讼。

职工认为用人单位有未按时足额为其缴纳社会保险费等侵害其社会保险权益行为的,也可以要求社会保险行政部门或者社会保险费征收机构依法处理。社会保险行政部门或者社会保险费征收机构应当按照社会保险法和《劳动保障监察条例》等相关规定处理。在处理过程中,用人单位对双方的劳动关系提出异议的，社会保险行政部门应当依法查明相关事实后继续处理。

第二十八条　在社会保险经办机构征收社会保险费的地区，社会保险行政部门应当依法履行社会保险法第六十三条所规定的有关行政部门的职责。

第二十九条　2011 年 7 月 1 日后对用人单位未按时足额缴纳社会保险费的处理，按照社会保险法和本规定执行；对 2011 年 7 月 1 日前发生的用人单位未按时足额缴纳社会保险费的行为，按照国家和地方人民政府的有关规定执行。

第三十条　本规定自 2011 年 7 月 1 日起施行。

社会保险经办条例

1. 2023 年 8 月 16 日国务院令第 765 号公布
2. 自 2023 年 12 月 1 日起施行

第一章　总　　则

第一条　为了规范社会保险经办，优化社会保险服务，保障社会保险基金安全，维护用人单位和个人的合法权益，促进社会公平，根据《中华人民共和国社会保险法》，制定本条例。

第二条　经办基本养老保险、基本医疗保险、工伤保险、失业保险、生育保险等国家规定的社会保险，适用本条例。

第三条　社会保险经办工作坚持中国共产党的领导，坚持以人民为中心，遵循合法、便民、及时、公开、安全的原则。

第四条　国务院人力资源社会保障行政部门主管全国基本养老保险、工伤保险、失业保险等社会保险经办工作。国务院医疗保障行政部门主管全国基本医疗保险、生育保险等社会保险经办工作。

县级以上地方人民政府人力资源社会保障行政部门按照统筹层次主管基本养老保险、工伤保险、失业保险等社会保险经办工作。县级以上地方人民政府医疗保障行政部门按照统筹层次主管基本医疗保险、生育保险等社会保险经办工作。

第五条　国务院人力资源社会保障行政部门、医疗保障行政部门以及其他有关部门按照各自职责，密切配合、相互协作，共同做好社会保险经办工作。

县级以上地方人民政府应当加强对本行政区域社会保险经办工作的领导，加强社会保险经办能力建设，为社会保险经办工作提供保障。

第二章　社会保险登记和关系转移

第六条　用人单位在登记管理机关办理登记时同步办理社会保险登记。

个人申请办理社会保险登记，以公民身份号码作为社会保障号码，取得社会保障卡和医保电子凭证。社会保险经办机构应当自收到申请之日起 10 个工作日内办理完毕。

第七条　社会保障卡是个人参加基本养老保险、基本医疗保险、工伤保险、失业保险、生育保险等社会保险和享受各项社会保险待遇的凭证，包括实体社会保障卡和电子社会保障卡。

医保电子凭证是个人参加基本医疗保险、生育保险等社会保险和享受基本医疗保险、生育保险等社会保险待遇的凭证。

第八条　登记管理机关应当将用人单位设立、变更、注销登记的信息与社会保险经办机构共享，公安、民政、卫生健康、司法行政等部门应当将个人的出生、死亡以及户口登记、迁移、注销等信息与社会保险经办机构共享。

第九条　用人单位的性质、银行账户、用工等参保信息发生变化，以及个人参保信息发生变化的，用人单位和个人应当及时告知社会保险经办机构。社会保险经办机构应当对用人单位和个人提供的参保信息与共享信息进行比对核实。

第十条　用人单位和个人申请变更、注销社会保险登记，社会保险经办机构应当自收到申请之日起 10 个工作日内办理完毕。用人单位注销社会保险登记的，应当先结清欠缴的社会保险费、滞纳金、罚款。

第十一条　社会保险经办机构应当及时、完整、准确记录下列信息：

（一）社会保险登记情况；
（二）社会保险费缴纳情况；
（三）社会保险待遇享受情况；
（四）个人账户情况；
（五）与社会保险经办相关的其他情况。

第十二条　参加职工基本养老保险的个人跨统筹地区就业，其职工基本养老保险关系随同转移。

参加职工基本养老保险的个人在机关事业单位与企业等不同性质用人单位之间流动就业，其职工基本养老保险关系随同转移。

参加城乡居民基本养老保险且未享受待遇的个人跨统筹地区迁移户籍，其城乡居民基本养老保险关系可以随同转移。

第十三条　参加职工基本医疗保险的个人跨统筹地区就

业，其职工基本医疗保险关系随同转移。

参加城乡居民基本医疗保险的个人跨统筹地区迁移户籍或者变动经常居住地，其城乡居民基本医疗保险关系可以按照规定随同转移。

职工基本医疗保险与城乡居民基本医疗保险之间的关系转移，按照规定执行。

第十四条 参加失业保险的个人跨统筹地区就业，其失业保险关系随同转移。

第十五条 参加工伤保险、生育保险的个人跨统筹地区就业，在新就业地参加工伤保险、生育保险。

第十六条 用人单位和个人办理社会保险关系转移接续手续的，社会保险经办机构应当在规定时限内办理完毕，并将结果告知用人单位和个人，或者提供办理情况查询服务。

第十七条 军事机关和社会保险经办机构，按照各自职责办理军人保险与社会保险关系转移接续手续。

社会保险经办机构应当为军人保险与社会保险关系转移接续手续办理优先提供服务。

第三章 社会保险待遇核定和支付

第十八条 用人单位和个人应当按照国家规定，向社会保险经办机构提出领取基本养老金的申请。社会保险经办机构应当自收到申请之日起20个工作日内办理完毕。

第十九条 参加职工基本养老保险的个人死亡或者失业人员在领取失业保险金期间死亡，其遗属可以依法向社会保险经办机构申领丧葬补助金和抚恤金。社会保险经办机构应当及时核实有关情况，按照规定核定并发放丧葬补助金和抚恤金。

第二十条 个人医疗费用、生育医疗费用中应当由基本医疗保险（含生育保险）基金支付的部分，由社会保险经办机构审核后与医疗机构、药品经营单位直接结算。

因特殊情况个人申请手工报销，应当向社会保险经办机构提供医疗机构、药品经营单位的收费票据、费用清单、诊断证明、病历资料。社会保险经办机构应当对收费票据、费用清单、诊断证明、病历资料进行审核，并自收到申请之日起30个工作日内办理完毕。

参加生育保险的个人申领生育津贴，应当向社会保险经办机构提供病历资料。社会保险经办机构应当对病历资料进行审核，并自收到申请之日起10个工作日内办理完毕。

第二十一条 工伤职工及其用人单位依法申请劳动能力鉴定、辅助器具配置确认、停工留薪期延长确认、工伤旧伤复发确认，应当向社会保险经办机构提供诊断证明、病历资料。

第二十二条 个人治疗工伤的医疗费用、康复费用、安装配置辅助器具费用中应当由工伤保险基金支付的部分，由社会保险经办机构审核后与医疗机构、辅助器具配置机构直接结算。

因特殊情况用人单位或者个人申请手工报销，应当向社会保险经办机构提供医疗机构、辅助器具配置机构的收费票据、费用清单、诊断证明、病历资料。社会保险经办机构应当对收费票据、费用清单、诊断证明、病历资料进行审核，并自收到申请之日起20个工作日内办理完毕。

第二十三条 人力资源社会保障行政部门、医疗保障行政部门应当按照各自职责建立健全异地就医医疗费用结算制度。社会保险经办机构应当做好异地就医医疗费用结算工作。

第二十四条 个人申领失业保险金，社会保险经办机构应当自收到申请之日起10个工作日内办理完毕。

个人在领取失业保险金期间，社会保险经办机构应当从失业保险基金中支付其应当缴纳的基本医疗保险（含生育保险）费。

个人申领职业培训等补贴，应当提供职业资格证书或者职业技能等级证书。社会保险经办机构应当对职业资格证书或者职业技能等级证书进行审核，并自收到申请之日起10个工作日内办理完毕。

第二十五条 个人出现国家规定的停止享受社会保险待遇的情形，用人单位、待遇享受人员或者其亲属应当自相关情形发生之日起20个工作日内告知社会保险经办机构。社会保险经办机构核实后应当停止发放相应的社会保险待遇。

第二十六条 社会保险经办机构应当通过信息比对、自助认证等方式，核验社会保险待遇享受资格。通过信息比对、自助认证等方式无法确认社会保险待遇享受资格的，社会保险经办机构可以委托用人单位或者第三方机构进行核实。

对涉嫌丧失社会保险待遇享受资格后继续享受待遇的，社会保险经办机构应当调查核实。经调查确认不符合社会保险待遇享受资格的，停止发放待遇。

第四章 社会保险经办服务和管理

第二十七条 社会保险经办机构应当依托社会保险公共服务平台、医疗保障信息平台等实现跨部门、跨统筹地区社会保险经办。

第二十八条 社会保险经办机构应当推动社会保险经办事项与相关政务服务事项协同办理。社会保险经办窗口应当进驻政务服务中心，为用人单位和个人提供一站式服务。

人力资源社会保障行政部门、医疗保障行政部门应当强化社会保险经办服务能力，实现省、市、县、乡镇（街道）、村（社区）全覆盖。

第二十九条　用人单位和个人办理社会保险事务，可以通过政府网站、移动终端、自助终端等服务渠道办理，也可以到社会保险经办窗口现场办理。

第三十条　社会保险经办机构应当加强无障碍环境建设，提供无障碍信息交流，完善无障碍服务设施设备，采用授权代办、上门服务等方式，为老年人、残疾人等特殊群体提供便利。

第三十一条　用人单位和个人办理社会保险事务，社会保险经办机构要求其提供身份证件以外的其他证明材料的，应当有法律、法规和国务院决定依据。

第三十二条　社会保险经办机构免费向用人单位和个人提供查询核对社会保险缴费和享受社会保险待遇记录、社会保险咨询等相关服务。

第三十三条　社会保险经办机构应当根据经办工作需要，与符合条件的机构协商签订服务协议，规范社会保险服务行为。人力资源社会保障行政部门、医疗保障行政部门应当加强对服务协议订立、履行等情况的监督。

第三十四条　医疗保障行政部门所属的社会保险经办机构应当改进基金支付和结算服务，加强服务协议管理，建立健全集体协商谈判机制。

第三十五条　社会保险经办机构应当妥善保管社会保险经办信息，确保信息完整、准确和安全。

第三十六条　社会保险经办机构应当建立健全业务、财务、安全和风险管理等内部控制制度。

社会保险经办机构应当定期对内部控制制度的制定、执行情况进行检查、评估，对发现的问题进行整改。

第三十七条　社会保险经办机构应当明确岗位权责，对重点业务、高风险业务分级审核。

第三十八条　社会保险经办机构应当加强信息系统应用管理，健全信息核验机制，记录业务经办过程。

第三十九条　社会保险经办机构具体编制下一年度社会保险基金预算草案，报本级人力资源社会保障行政部门、医疗保障行政部门审核汇总。社会保险基金收入预算草案由社会保险经办机构会同社会保险费征收机构具体编制。

第四十条　社会保险经办机构设立社会保险基金支出户，用于接受财政专户拨入基金、支付基金支出款项、上解上级经办机构基金、下拨下级经办机构基金等。

第四十一条　社会保险经办机构应当按照国家统一的会计制度对社会保险基金进行会计核算、对账。

第四十二条　社会保险经办机构应当核查下列事项：

（一）社会保险登记和待遇享受等情况；

（二）社会保险服务机构履行服务协议、执行费用结算项目和标准情况；

（三）法律、法规规定的其他事项。

第四十三条　社会保险经办机构发现社会保险服务机构违反服务协议的，可以督促其履行服务协议，按照服务协议约定暂停或者不予拨付费用、追回违规费用、中止相关责任人员或者所在部门涉及社会保险基金使用的社会保险服务，直至解除服务协议；社会保险服务机构及其相关责任人员有权进行陈述、申辩。

第四十四条　社会保险经办机构发现用人单位、个人、社会保险服务机构违反社会保险法律、法规、规章的，应当责令改正。对拒不改正或者依法应当由人力资源社会保障行政部门、医疗保障行政部门处理的，及时移交人力资源社会保障行政部门、医疗保障行政部门处理。

第四十五条　国务院人力资源社会保障行政部门、医疗保障行政部门会同有关部门建立社会保险信用管理制度，明确社会保险领域严重失信主体名单认定标准。

社会保险经办机构应当如实记录用人单位、个人和社会保险服务机构及其工作人员违反社会保险法律、法规行为等失信行为。

第四十六条　个人多享受社会保险待遇的，由社会保险经办机构责令退回；难以一次性退回的，可以签订还款协议分期退回，也可以从其后续享受的社会保险待遇或者个人账户余额中抵扣。

第五章　社会保险经办监督

第四十七条　人力资源社会保障行政部门、医疗保障行政部门按照各自职责对社会保险经办机构下列事项进行监督检查：

（一）社会保险法律、法规、规章执行情况；

（二）社会保险登记、待遇支付等经办情况；

（三）社会保险基金管理情况；

（四）与社会保险服务机构签订服务协议和服务协议履行情况；

（五）法律、法规规定的其他事项。

财政部门、审计机关按照各自职责，依法对社会保险经办机构的相关工作实施监督。

第四十八条　人力资源社会保障行政部门、医疗保障行政部门应当按照各自职责加强对社会保险服务机构、用人单位和个人遵守社会保险法律、法规、规章情况的监督检查。社会保险服务机构、用人单位和个人应当配合，如实提供与社会保险有关的资料，不得拒绝检查或者谎报、瞒报。

人力资源社会保障行政部门、医疗保障行政部门发现社会保险服务机构、用人单位违反社会保险法律、法规、规章的,应当按照各自职责提出处理意见,督促整改,并可以约谈相关负责人。

第四十九条　人力资源社会保障行政部门、医疗保障行政部门、社会保险经办机构及其工作人员依法保护用人单位和个人的信息,不得以任何形式泄露。

第五十条　人力资源社会保障行政部门、医疗保障行政部门应当畅通监督渠道,鼓励和支持社会各方面对社会保险经办进行监督。

社会保险经办机构应当定期向社会公布参加社会保险情况以及社会保险基金的收入、支出、结余和收益情况,听取用人单位和个人的意见建议,接受社会监督。

工会、企业代表组织应当及时反映用人单位和个人对社会保险经办的意见建议。

第五十一条　任何组织和个人有权对违反社会保险法律、法规、规章的行为进行举报、投诉。

人力资源社会保障行政部门、医疗保障行政部门对收到的有关社会保险的举报、投诉,应当依法进行处理。

第五十二条　用人单位和个人认为社会保险经办机构在社会保险经办工作中侵害其社会保险权益的,可以依法申请行政复议或者提起行政诉讼。

第六章　法律责任

第五十三条　社会保险经办机构及其工作人员有下列行为之一的,由人力资源社会保障行政部门、医疗保障行政部门按照各自职责责令改正;给社会保险基金、用人单位或者个人造成损失的,依法承担赔偿责任;对负有责任的领导人员和直接责任人员依法给予处分:

(一)未履行社会保险法定职责的;

(二)违反规定要求提供证明材料的;

(三)克扣或者拒不按时支付社会保险待遇的;

(四)丢失或者篡改缴费记录、享受社会保险待遇记录等社会保险数据、个人权益记录的;

(五)违反社会保险经办内部控制制度的。

第五十四条　人力资源社会保障行政部门、医疗保障行政部门、社会保险经办机构及其工作人员泄露用人单位和个人信息的,对负有责任的领导人员和直接责任人员依法给予处分;给用人单位或者个人造成损失的,依法承担赔偿责任。

第五十五条　以欺诈、伪造证明材料或者其他手段骗取社会保险基金支出的,由人力资源社会保障行政部门、医疗保障行政部门按照各自职责责令退回,处骗取金额2倍以上5倍以下的罚款;属于定点医药机构的,责令其暂停相关责任部门6个月以上1年以下涉及社会保险基金使用的社会保险服务,直至由社会保险经办机构解除服务协议;属于其他社会保险服务机构的,由社会保险经办机构解除服务协议。对负有责任的领导人员和直接责任人员,有执业资格的,由有关主管部门依法吊销其执业资格。

第五十六条　隐匿、转移、侵占、挪用社会保险基金或者违规投资运营的,由人力资源社会保障行政部门、医疗保障行政部门、财政部门、审计机关按照各自职责责令追回;有违法所得的,没收违法所得;对负有责任的领导人员和直接责任人员依法给予处分。

第五十七条　社会保险服务机构拒绝人力资源社会保障行政部门、医疗保障行政部门监督检查或者谎报、瞒报有关情况的,由人力资源社会保障行政部门、医疗保障行政部门按照各自职责责令改正,并可以约谈有关负责人;拒不改正的,处1万元以上5万元以下的罚款。

第五十八条　公职人员在社会保险经办工作中滥用职权、玩忽职守、徇私舞弊的,依法给予处分。

第五十九条　违反本条例规定,构成违反治安管理行为的,依法给予治安管理处罚;构成犯罪的,依法追究刑事责任。

第七章　附　　则

第六十条　本条例所称社会保险经办机构,是指人力资源社会保障行政部门所属的经办基本养老保险、工伤保险、失业保险等社会保险的机构和医疗保障行政部门所属的经办基本医疗保险、生育保险等社会保险的机构。

第六十一条　本条例所称社会保险服务机构,是指与社会保险经办机构签订服务协议,提供社会保险服务的医疗机构、药品经营单位、辅助器具配置机构、失业保险委托培训机构等机构。

第六十二条　社会保障卡加载金融功能,有条件的地方可以扩大社会保障卡的应用范围,提升民生服务效能。医保电子凭证可以根据需要,加载相关服务功能。

第六十三条　本条例自2023年12月1日起施行。

社会保险行政争议处理办法

2001年5月27日劳动和社会保障部令第13号发布施行

第一条　为妥善处理社会保险行政争议,维护公民、法人和其他组织的合法权益,保障和监督社会保险经办机构(以下简称经办机构)依法行使职权,根据劳动法、行政复议法及有关法律、行政法规,制定本办法。

第二条　本办法所称的社会保险行政争议,是指经办机构在依照法律、法规及有关规定经办社会保险事务过程中,与公民、法人或者其他组织之间发生的争议。

本办法所称的经办机构,是指法律、法规授权的劳动保障行政部门所属的专门办理养老保险、医疗保险、失业保险、工伤保险、生育保险等社会保险事务的工作机构。

第三条　公民、法人或者其他组织认为经办机构的具体行政行为侵犯其合法权益,向经办机构或者劳动保障行政部门申请社会保险行政争议处理,经办机构或者劳动保障行政部门处理社会保险行政争议适用本办法。

第四条　经办机构和劳动保障行政部门的法制工作机构或者负责法制工作的机构为本单位的社会保险行政争议处理机构(以下简称保险争议处理机构),具体负责社会保险行政争议的处理工作。

第五条　经办机构和劳动保障行政部门分别采用复查和行政复议的方式处理社会保险行政争议。

第六条　有下列情形之一的,公民、法人或者其他组织可以申请行政复议:

(一)认为经办机构未依法为其办理社会保险登记、变更或者注销手续的;

(二)认为经办机构未按规定审核社会保险缴费基数的;

(三)认为经办机构未按规定记录社会保险费缴费情况或者拒绝其查询缴费记录的;

(四)认为经办机构违法收取费用或者违法要求履行义务的;

(五)对经办机构核定其社会保险待遇标准有异议的;

(六)认为经办机构不依法支付其社会保险待遇或者对经办机构停止其享受社会保险待遇有异议的;

(七)认为经办机构未依法为其调整社会保险待遇的;

(八)认为经办机构未依法为其办理社会保险关系转移或者接续手续的;

(九)认为经办机构的其他具体行政行为侵犯其合法权益的;

属于前款第(二)、(五)、(六)、(七)项情形之一的,公民、法人或者其他组织可以直接向劳动保障行政部门申请行政复议,也可以先向作出该具体行政行为的经办机构申请复查,对复查决定不服,再向劳动保障行政部门申请行政复议。

第七条　公民、法人或者其他组织认为经办机构的具体行政行为所依据的除法律、法规、规章和国务院文件以外的其他规范性文件不合法,在对具体行政行为申请行政复议时,可以向劳动保障行政部门一并提出对该规范性文件的审查申请。

第八条　公民、法人或者其他组织对经办机构作出的具体行政行为不服,可以向直接管理该经办机构的劳动保障行政部门申请行政复议。

第九条　申请人认为经办机构的具体行政行为侵犯其合法权益的,可以自知道该具体行政行为之日起60日内向经办机构申请复查或者向劳动保障行政部门申请行政复议。

申请人与经办机构之间发生的属于人民法院受案范围的行政案件,申请人也可以依法直接向人民法院提起行政诉讼。

第十条　经办机构作出具体行政行为时,未告知申请人有权申请行政复议或者行政复议申请期限的;行政复议申请期限从申请人知道行政复议权或者行政复议申请期限之日起计算,但最长不得超过二年。

因不可抗力或者其他正当理由耽误法定申请期限的,申请期限自障碍消除之日起继续计算。

第十一条　申请人向经办机构申请复查或者向劳动保障行政部门申请行政复议,一般应当以书面形式提出,也可以口头提出。口头提出的,接到申请的保险争议处理机构应当当场记录申请人的基本情况、请求事项、主要事实和理由、申请时间等事项,并由申请人签字或者盖章。

劳动保障行政部门的其他工作机构接到以书面形式提出的行政复议申请的,应当立即转送本部门的保险争议处理机构。

第十二条　申请人向作出该具体行政行为的经办机构申请复查的,该经办机构应指定其内部专门机构负责处理,并应当自接到复查申请之日起20日内作出维持或者改变该具体行政行为的复查决定。决定改变的,应当重新作出新的具体行政行为。

经办机构作出的复查决定应当采用书面形式。

第十三条　申请人对经办机构的复查决定不服,或者经办机构逾期未作出复查决定的,申请人可以向直接管理该经办机构的劳动保障行政部门申请行政复议。

申请人在经办机构复查该具体行政行为期间,向劳动保障行政部门申请行政复议的,经办机构的复查程序终止。

第十四条　经办机构复查期间,行政复议的申请期限中止,复查期限不计入行政复议申请期限。

第十五条 劳动保障行政部门的保险争议处理机构接到行政复议申请后,应当注明收到日期,并在5个工作日内进行审查,由劳动保障行政部门按照下列情况分别作出决定:

(一)对符合法定受理条件,但不属于本行政机关受理范围的,应当告知申请人向有关机关提出;

(二)对不符合法定受理条件的,应当作出不予受理决定,并制作行政复议不予受理决定书,送达申请人。该决定书中应当说明不予受理的理由。

除前款规定外,行政复议申请自劳动保障行政部门的保险争议处理机构收到之日起即为受理,并制作行政复议受理通知书,送达申请人和被申请人。该通知中应当告知受理日期。

本条规定的期限,从劳动保障行政部门的保险争议处理机构收到行政复议申请之日起计算;因行政复议申请书的主要内容欠缺致使劳动保障行政部门难以作出决定而要求申请人补正有关材料的,从保险争议处理机构收到补正材料之日起计算。

第十六条 经办机构作出具体行政行为时,没有制作或者没有送达行政文书,申请人不服提起行政复议的,只要能证明具体行政行为存在,劳动保障行政部门应当依法受理。

第十七条 申请人认为劳动保障行政部门无正当理由不受理其行政复议申请的,可以向上级劳动保障行政部门申诉,上级劳动保障行政部门在审查后,作出以下处理决定:

(一)申请人提出的行政复议申请符合法定受理条件的,应当责令下级劳动保障行政部门予以受理;其中申请人不服的具体行政行为是依据劳动保障法律、法规、部门规章、本级以上人民政府制定的规章或者本行政机关制定的规范性文件作出的,或者上级劳动保障行政部门认为有必要直接受理的,可以直接受理;

(二)上级劳动保障行政部门认为下级劳动保障行政部门不予受理行为确属有正当理由,应当将审查结论告知申请人。

第十八条 劳动保障行政部门的保险争议处理机构对已受理的社会保险行政争议案件,应当自收到申请之日起7个工作日内,将申请书副本或者申请笔录复印件和行政复议受理通知书送达被申请人。

第十九条 被申请人应当自接到行政复议申请书副本或者申请笔录复印件之日起10日内,提交答辩书,并提交作出该具体行政行为的证据、所依据的法律规范及其他有关材料。

被申请人不提供或者无正当理由逾期提供的,视为该具体行政行为没有证据、依据。

第二十条 申请人可以依法查阅被申请人提出的书面答辩、作出具体行政行为的证据、依据和其他有关材料。

第二十一条 劳动保障行政部门处理社会保险行政争议案件,原则上采用书面审查方式。必要时,可以向有关单位和个人调查了解情况,听取申请人、被申请人和有关人员的意见,并制作笔录。

第二十二条 劳动保障行政部门处理社会保险行政争议案件,以法律、法规、规章和依法制定的其他规范性文件为依据。

第二十三条 劳动保障行政部门在依法向有关部门请示行政复议过程中所遇到的问题应当如何处理期间,行政复议中止。

第二十四条 劳动保障行政部门在审查申请人一并提出的作出具体行政行为所依据的有关规定的合法性时,应当根据具体情况,分别作出以下处理:

(一)该规定是由本行政机关制定的,应当在30日内对该规定依法作出处理结论;

(二)该规定是由本行政机关以外的劳动保障行政部门制定的,应当在7个工作日内将有关材料直接移送制定该规定的劳动保障行政部门,请其在60日内依法作出处理结论,并将处理结论告知移送的劳动保障行政部门;

(三)该规定是由政府及其他工作部门制定的,应当在7个工作日内按照法定程序转送有权处理的国家机关依法处理。

审查该规定期间,行政复议中止,劳动保障行政部门应将有关中止情况通知申请人和被申请人。

第二十五条 行政复议中止的情形结束后,劳动保障行政部门应当继续对该具体行政行为进行审查,并将恢复行政复议审查的时间通知申请人和被申请人。

第二十六条 申请人向劳动保障行政部门提出行政复议申请后,在劳动保障行政部门作出处理决定之前,撤回行政复议申请的,经说明理由,劳动保障行政部门可以终止审理,并将有关情况记录在案。

第二十七条 劳动保障行政部门行政复议期间,被申请人变更或者撤销原具体行政行为的,应当书面告知劳动保障行政部门和申请人。劳动保障行政部门可以终止对原具体行政行为的审查,并书面告知申请人和被申请人。

申请人对被申请人变更或者重新作出的具体行政行为不服,向劳动保障行政部门提出行政复议申请的,劳动保障行政部门应当受理。

第二十八条 劳动保障行政部门的保险争议处理机构应

当对其组织审理的社会保险行政争议案件提出处理建议，经本行政机关负责人审查同意或者重大案件经本行政机关集体讨论决定后，由本行政机关依法作出行政复议决定。

第二十九条　劳动保障行政部门作出行政复议决定，应当制作行政复议决定书。行政复议决定书应当载明下列事项：

（一）申请人的姓名、性别、年龄、工作单位、住址（法人或者其他组织的名称、地址、法定代表人的姓名、职务）；

（二）被申请人的名称、地址、法定代表人的姓名、职务；

（三）申请人的复议请求和理由；

（四）被申请人的答辩意见；

（五）劳动保障行政部门认定的事实、理由，适用的法律、法规、规章和依法制定的其他规范性文件；

（六）复议结论；

（七）申请人不服复议决定向人民法院起诉的期限；

（八）作出复议决定的年、月、日。

行政复议决定书应当加盖本行政机关的印章。

第三十条　经办机构和劳动保障行政部门应当依照民事诉讼法有关送达的规定，将复查决定和行政复议文书送达申请人和被申请人。

第三十一条　申请人对劳动保障行政部门作出的行政复议决定不服的，可以依法向人民法院提起行政诉讼。

第三十二条　经办机构必须执行生效的行政复议决定书。拒不执行或者故意拖延不执行的，由直接主管该经办机构的劳动保障行政部门责令其限期履行，并按照人事管理权限对直接负责的主管人员给予行政处分，或者建议经办机构对有关人员给予行政处分。

第三十三条　经办机构或者劳动保障行政部门审查社会保险行政争议案件，不得向申请人收取任何费用。

行政复议活动所需经费，由本单位的行政经费予以保障。

第三十四条　本办法自发布之日起施行。

社会保险业务档案管理规定（试行）

1．2009年7月23日人力资源和社会保障部、国家档案局令第3号公布

2．自2009年9月1日起施行

第一条　为规范社会保险业务档案管理，维护社会保险业务档案真实、完整和安全，发挥档案的服务作用，根据《中华人民共和国档案法》和社会保险相关法规，制定本规定。

第二条　依法经办养老、医疗、失业、工伤、生育等社会保险业务的机构（以下简称社会保险经办机构），管理社会保险业务档案，适用本规定。

第三条　本规定所称社会保险业务档案，是指社会保险经办机构在办理社会保险业务过程中，直接形成的具有保存和利用价值的专业性文字材料、电子文档、图表、声像等不同载体的历史记录。

第四条　人力资源社会保障行政部门负责社会保险业务档案管理工作的组织领导。

社会保险经办机构负责社会保险业务档案的管理工作，并接受档案行政管理部门的业务指导。

社会保险业务档案由县级以上社会保险经办机构集中保存。

第五条　社会保险经办机构配备专门的管理人员和必要的设施、场所，确保档案的安全，并根据需要配备适应档案现代化管理要求的技术设备。

第六条　社会保险经办机构应当认真落实档案保管、保密、利用、移交、鉴定、销毁等管理要求，保证社会保险业务档案妥善保管、有序存放，严防毁损、遗失和泄密。

第七条　社会保险经办机构办理社会保险业务过程中形成的记录、证据、依据，按照《社会保险业务材料归档范围与保管期限》（见附件）进行收集、整理、立卷、归档，确保归档材料的完整、安全，不得伪造、篡改。

第八条　社会保险业务档案分类应当按照社会保险业务经办的规律和特点，以方便归档整理和检索利用为原则，采用"年度—业务环节"或"年度—险种—业务环节"的方法对社会保险业务材料进行分类、整理，并及时编制归档文件目录、卷内目录、案卷目录、备考表等。负责档案管理的机构应当对接收的档案材料及时进行检查、分类、整理、编号、入库保管，并及时编制索引目录。

第九条　社会保险业务档案的保管期限分为永久和定期两类。定期保管期限分为10年、30年、50年、100年，各种社会保险业务档案的具体保管期限按照《社会保险业务材料归档范围与保管期限》执行。

社会保险业务档案定期保管期限为最低保管期限。社会保险业务档案的保管期限，自形成之日的次年1月1日开始计算。

第十条　社会保险经办机构依法为参保单位和参保个人提供档案信息查询服务。

第十一条　社会保险经办机构应当对已到期的社会保险

业务档案进行鉴定。

鉴定工作应当由社会保险经办机构相关负责人、业务人员和档案管理人员，以及人力资源社会保障行政部门有关人员组成鉴定小组负责鉴定并提出处理意见。

鉴定中如发现业务档案保管期限划分过短，有必要继续保存的，应当重新确定保管期限。

第十二条　社会保险经办机构对经过鉴定可以销毁的档案，编制销毁清册，报同级人力资源社会保障行政部门备案，经社会保险经办机构主要负责人批准后销毁。

未经鉴定和批准，不得销毁任何档案。

社会保险经办机构应当派两人以上监督销毁档案。监督人员要在销毁清册上签名，并注明销毁的方式和时间。销毁清册永久保存。

第十三条　社会保险经办机构按照有关规定，将永久保存的社会保险业务档案向同级国家综合档案馆移交。

第十四条　社会保险经办机构有下列行为之一的，限期改正，并对直接负责的工作人员、主管人员和其他直接责任人员依法给予处分；给参保单位或者个人造成损失的，依法承担赔偿责任：

(一)不按规定归档或者不按规定移交档案的；

(二)伪造、篡改、隐匿档案或者擅自销毁档案的；

(三)玩忽职守，造成档案遗失、毁损的；

(四)违规提供、抄录档案，泄漏用人单位或者个人信息的；

(五)违反社会保险业务档案和国家档案法律、法规的其他行为。

第十五条　各类社会保险业务档案中涉及会计、电子文档等档案材料，国家有特别规定的，从其规定。

第十六条　本规定自2009年9月1日起施行。

附件

社会保险业务材料归档范围与保管期限

一、社会保险管理类

(一)参保单位登记材料。包括参保单位办理参保登记、变更登记、注销登记时填报的登记表单及相关审核材料 ……………………〔永久〕

(二)参保人员登记材料。包括缴费单位职工和退休人员，以家庭为单位或个人身份参加社会保险的城镇无业居民、农村居民、个体工商户、城镇灵活就业人员办理参保、社会保险关系变动、基本信息变更等登记手续时，填报的登记表单及相关审核材料 ……………………〔100年〕

(三)社会保险个人账户管理材料。包括养老、医疗保险个人账户对账、个人账户修改等相关材料 ……………………〔100年〕

(四)社会保险登记证管理材料。包括社会保险经办机构向参保单位核发社会保险登记证、对已核发的社会保险登记证验证换证、对遗失社会保险登记证的单位补证时的登记表单及相关审验材料 ……………………〔10年〕

(五)社会保险卡(证、手册)管理材料。为参保人员办理社会保险卡(证、手册)首发、补发、收回等管理的登记表单及相关材料 ……………………〔50年〕

(六)社会保险待遇领取资格验证材料。包括对享受社会保险待遇人员进行领取资格检查验证的相关审核材料 ……………………〔50年〕

(七)退休人员社会化管理服务材料。包括对实行社会化管理服务的退休人员进行信息采集、移交、日常管理服务的登记表单及相关材料 ………〔50年〕

(八)异地安置登记材料。包括异地安置应享受社会保险待遇人员和长期派驻异地工作的参保人员，办理安置地或派驻地享受各项社会保险待遇所填报的核定表、备案表及相关材料 ……………………〔50年〕

(九)服务协议管理材料。包括与基金收付款协议银行、定点医疗机构、定点零售药店、工伤协议医疗康复机构、工伤协议辅助器具配置机构、网络通信运营商、附加保险承保单位等签订的协议书、考核材料、终止协议材料 ……………………〔10年〕

二、社会保险费征缴类

(一)社会保险费征缴核定材料。包括缴费基数核定以及工伤费率确定、中断缴费、恢复缴费、补缴费、预(补)缴费、退费、加收滞纳金、加收利息等申报核定业务表单及相关审核材料 ……………………〔100年〕

(二)收款凭证、会计账簿、会计报表等，按《会计档案管理办法》确定保管期限。

(三)社会保险基金征缴明细表和汇总表 ……………………〔50年〕

(四)社会保险基金征缴年度汇总表……〔永久〕

(五)催缴材料。包括社会保险费补缴通知书、补缴协议 ……………………〔10年〕

(六)缴费证明材料。包括为缴费单位、缴费个人出具的缴费证明及相关材料 ……………………〔10年〕

三、养老保险待遇类

(一)养老保险待遇核定材料。参保人员基本养老金、养老金领取人员死亡后供养直系亲属及其抚恤金待遇、养老金领取人员丧葬费、养老保险其他一次性待遇核定、养老保险待遇调整、养老保险待遇更正、养老保险待遇补支付、养老保险待遇减支付等申报核定业务表单及相关审核材料……………………〔50年〕

（二）养老保险个人账户一次性支付申报核定业务表单及相关审核材料………………………〔50年〕

（三）劳动能力鉴定材料。包括参保人员劳动能力鉴定结论通知书及相关文书和审核材料……………………………………………………〔50年〕

（四）养老保险付款凭证、会计账簿、会计报表等，按《会计档案管理办法》确定保管期限。

（五）养老保险支付明细表和汇总表……〔30年〕

（六）养老保险基金支付年度汇总表……〔永久〕

四、医疗保险待遇类

（一）门诊特殊病登记材料。包括门诊特殊病参保人员登记表单及相关审核材料……………〔10年〕

（二）就医登记材料。包括参保人员办理住院、家庭病床、转诊转院登记表单及相关审核材料……………………………………………………〔10年〕

（三）医疗保险住院待遇核定材料。包括住院医疗费用申报核定业务表单及相关审核材料……………………………………………………〔10年〕

（四）医疗保险门诊待遇核定材料。包括门诊医疗费用申报核定业务表单及相关审核材料……………………………………………………〔10年〕

（五）医疗保险付款凭证、会计账簿、会计报表等，按《会计档案管理办法》确定保管期限。

（六）医疗保险支付明细表和汇总表……〔30年〕

（七）医疗保险基金支付年度汇总表……〔永久〕

五、失业保险待遇类

（一）失业备案材料。包括失业保险待遇享受资格审查登记业务表单、失业人员名单及相关失业证明材料……………………………………………〔10年〕

（二）失业人员失业保险关系转移材料。包括领取期限、待遇标准等相关材料 ………………〔10年〕

（三）失业保险待遇核定材料。包括失业保险待遇申报核定业务表单及相关审核材料………〔10年〕

（四）促进就业补贴核定材料。包括失业人员职业培训、职业介绍补贴申报核定业务表单及相关材料……………………………………………………〔10年〕

（五）失业保险付款凭证、会计账簿、会计报表等，按《会计档案管理办法》确定保管期限。

（六）失业保险支付明细表和汇总表……〔30年〕

（七）失业保险基金支付年度汇总表……〔永久〕

六、工伤保险待遇类

（一）工伤备案材料。包括工伤事故备案登记表单及相关材料……………………………………〔10年〕

（二）工伤认定材料。包括工伤认定决定书及相关文书和审核材料…………………………〔50年〕

（三）工伤人员登记变动材料。包括工伤职工登记、工伤保险信息变动登记表单及相关材料……………………………………………………〔50年〕

（四）工伤保险伤残工亡待遇核定材料。包括一次性伤残补助金、伤残津贴、生活护理费、一次性工亡补助金、工亡人员丧葬补助金、工亡人员供养直系亲属及其抚恤金等工伤保险待遇申报核定表单及相关材料……………………………………………………〔50年〕

（五）工伤保险医疗待遇核定材料。包括工伤人员因工伤发生的医疗、康复、配置辅助器具、劳动能力鉴定等费用申报核定业务表单及相关材料……………………………………………………〔10年〕

（六）工伤预防费用核定材料。包括参保单位工伤预防费用申报核定业务表单及相关材料……………………………………………………〔10年〕

（七）工伤保险付款凭证、会计账簿、会计报表等，按《会计档案管理办法》确定保管期限。

（八）工伤保险支付明细表和汇总表……〔30年〕

（九）工伤保险基金支付年度汇总表……〔永久〕

七、生育保险待遇类

（一）妊娠登记材料。包括女职工办理妊娠登记申报核定业务表单及相关材料…………………〔10年〕

（二）并发症登记材料。包括计划生育手术并发症等申报核定业务表单及相关材料…………〔10年〕

（三）生育保险待遇核定材料。包括参保人员因生育、计划生育、治疗并发症发生的医疗费用及生育津贴等申报核定业务表单等相关审核材料……〔10年〕

（四）生育保险付款凭证、会计账簿、会计报表等，按《会计档案管理办法》确定保管期限。

（五）生育保险支付明细表和汇总表……〔30年〕

（六）生育保险基金支付年度汇总表……〔永久〕

八、社会保险业务统计报表类

（一）各项社会保险年度统计报表………〔永久〕

（二）社会保险数据和分析报告等资料……………………………………………………〔30年〕

（三）社会保险业务月/季统计报表……〔10年〕

（四）各项社会保险基金年度预决算表按《会计档案管理办法》确定保管期限。

九、社会保险稽核监管类

(一)社会保险稽核材料。包括稽核方案、稽核通知书、工作记录、相关证据、稽核告知书或整改意见书、处罚建议书、稽核报告等专业文书及相关材料……〔30年〕

(二)社会保险监察材料。社会保险行政部门依照有关规定向社会保险经办机构通报的社会保险违法案件的查处情况及相关行政执法文书和其他材料……〔30年〕

(三)社会保险经办机构内部控制材料。包括内部控制监督工作方案、内部控制检查通知、工作记录、相关证据、告知书或整改意见书、内部控制报告等专业文书及相关材料……〔30年〕

(四)社会保险大案、要案、特殊案件的稽核材料……〔永久〕

社会保险个人权益记录管理办法

1. 2011年6月29日人力资源和社会保障部令第14号公布
2. 自2011年7月1日起施行

第一章 总 则

第一条 为了维护参保人员的合法权益,规范社会保险个人权益记录管理,根据《中华人民共和国社会保险法》等相关法律法规的规定,制定本办法。

第二条 本办法所称社会保险个人权益记录,是指以纸质材料和电子数据等载体记录的反映参保人员及其用人单位履行社会保险义务、享受社会保险权益状况的信息,包括下列内容:

(一)参保人员及其用人单位社会保险登记信息;

(二)参保人员及其用人单位缴纳社会保险费、获得相关补贴的信息;

(三)参保人员享受社会保险待遇资格及领取待遇的信息;

(四)参保人员缴费年限和个人账户信息;

(五)其他反映社会保险个人权益的信息。

第三条 社会保险经办机构负责社会保险个人权益记录管理,提供与社会保险个人权益记录相关的服务。

人力资源社会保障信息化综合管理机构(以下简称信息机构)对社会保险个人权益记录提供技术支持和安全保障服务。

人力资源社会保障行政部门对社会保险个人权益记录管理实施监督。

第四条 社会保险个人权益记录遵循及时、完整、准确、安全、保密原则,任何单位和个人不得用于商业交易或者营利活动,也不得违法向他人泄露。

第二章 采集和审核

第五条 社会保险经办机构通过业务经办、统计、调查等方式获取参保人员相关社会保险个人权益信息,同时,应当与社会保险费征收机构、工商、民政、公安、机构编制等部门通报的情况进行核对。

与社会保险经办机构签订服务协议的医疗机构、药品经营单位、工伤康复机构、辅助器具安装配置机构、相关金融机构等(以下简称社会保险服务机构)和参保人员及其用人单位应当及时、准确提供社会保险个人权益信息,社会保险经办机构应当按照规定程序进行核查。

第六条 社会保险经办机构应当依据业务经办原始资料及时采集社会保险个人权益信息。

通过互联网经办社会保险业务采集社会保险个人权益信息的,应当采取相应的安全措施。

社会保险经办机构应当在经办前台完成社会保险个人权益信息采集工作,不得在后台数据库直接录入、修改数据。

社会保险个人权益记录中缴费数额、待遇标准、个人账户储存额、缴费年限等待遇计发的数据,应当根据事先设定的业务规则,通过社会保险信息系统对原始采集数据进行计算处理后生成。

第七条 社会保险经办机构应当建立社会保险个人权益信息采集的初审、审核、复核、审批制度,明确岗位职责,并在社会保险信息系统中进行岗位权限设置。

第三章 保管和维护

第八条 社会保险经办机构和信息机构应当配备社会保险个人权益记录保管的场所和设施设备,建立并完善人力资源社会保障业务专网。

第九条 社会保险个人权益数据保管应当符合以下要求:

(一)建立完善的社会保险个人权益数据存储管理办法;

(二)定期对社会保险个人权益数据的保管、可读取、备份记录状况等进行测试,发现问题及时处理;

(三)社会保险个人权益数据应当定期备份,备份介质异地存放;

(四)保管的软硬件环境、存储载体等发生变化时,应当及时对社会保险个人权益数据进行迁移、转换,并保留原有数据备查。

第十条　参保人员流动就业办理社会保险关系转移时，新参保地社会保险经办机构应当及时做好社会保险个人权益记录的接收和管理工作；原参保地社会保险经办机构在将社会保险个人权益记录转出后，应当按照规定保留原有记录备查。

第十一条　社会保险经办机构应当安排专门工作人员对社会保险个人权益数据进行管理和日常维护，检查记录的完整性、合规性，并按照规定程序修正和补充。

社会保险经办机构不得委托其他单位或者个人单独负责社会保险个人权益数据维护工作。其他单位或者个人协助维护的，社会保险经办机构应当与其签订保密协议。

第十二条　社会保险经办机构应当建立社会保险个人权益记录维护日志，对社会保险个人权益数据维护的时间、内容、维护原因、处理方法和责任人等进行登记。

第十三条　社会保险个人权益信息的采集、保管和维护等环节涉及的书面材料应当存档备查。

第四章　查询和使用

第十四条　社会保险经办机构应当向参保人员及其用人单位开放社会保险个人权益记录查询程序，界定可供查询的内容，通过社会保险经办机构网点、自助终端或者电话、网站等方式提供查询服务。

第十五条　社会保险经办机构网点应当设立专门窗口向参保人员及其用人单位提供免费查询服务。

参保人员向社会保险经办机构查询本人社会保险个人权益记录的，需持本人有效身份证件；参保人员委托他人向社会保险经办机构查询本人社会保险个人权益记录的，被委托人需持书面委托材料和本人有效身份证件。需要书面查询结果或者出具本人参保缴费、待遇享受等书面证明的，社会保险经办机构应当按照规定提供。

参保用人单位凭有效证明文件可以向社会保险经办机构免费查询本单位缴费情况，以及职工在本单位工作期间涉及本办法第二条第一项、第二项相关内容。

第十六条　参保人员或者用人单位对社会保险个人权益记录存在异议时，可以向社会保险经办机构提出书面核查申请，并提供相关证明材料。社会保险经办机构应当进行复核，确实存在错误的，应当改正。

第十七条　人力资源社会保障行政部门、信息机构基于宏观管理、决策以及信息系统开发等目的，需要使用社会保险个人权益记录的，社会保险经办机构应当依据业务需求规定范围提供。非因依法履行工作职责需要的，所提供的内容不得包含可以直接识别个人身份的信息。

第十八条　有关行政部门、司法机关等因履行工作职责，依法需要查询社会保险个人权益记录的，社会保险经办机构依法按照规定的查询对象和记录项目提供查询。

第十九条　其他申请查询社会保险个人权益记录的单位，应当向社会保险经办机构提出书面申请。申请应当包括下列内容：

（一）申请单位的有效证明文件、单位名称、联系方式；

（二）查询目的和法律依据；

（三）查询的内容。

第二十条　社会保险经办机构收到依前条规定提出的查询申请后，应当进行审核，并按照下列情形分别作出处理：

（一）对依法应当予以提供的，按照规定程序提供；

（二）对无法律依据的，应当向申请人作出说明。

第二十一条　社会保险经办机构应当对除参保人员本人及其用人单位以外的其他单位查询社会保险个人权益记录的情况进行登记。

第二十二条　社会保险经办机构不得向任何单位和个人提供数据库全库交换或者提供超出规定查询范围的信息。

第五章　保密和安全管理

第二十三条　建立社会保险个人权益记录保密制度。人力资源社会保障行政部门、社会保险经办机构、信息机构、社会保险服务机构、信息技术服务商及其工作人员对在工作中获知的社会保险个人权益记录承担保密责任，不得违法向他人泄露。

第二十四条　依据本办法第十八条规定查询社会保险个人权益记录的有关行政部门和司法机关，不得将获取的社会保险个人权益记录用作约定之外的其他用途，也不得违法向他人泄露。

第二十五条　信息机构和社会保险经办机构应当建立健全社会保险信息系统安全防护体系和安全管理制度，加强应急预案管理和灾难恢复演练，确保社会保险个人权益数据安全。

第二十六条　信息机构应当按照社会保险经办机构的要求，建立社会保险个人权益数据库用户管理制度，明确系统管理员、数据库管理员、业务经办用户和信息查询用户的职责，实行用户身份认证和权限控制。

系统管理员、数据库管理员不得兼职业务经办用户或者信息查询用户。

第六章　法律责任

第二十七条　人力资源社会保障行政部门及其他有关行政部门、司法机关违反保密义务的，应当依法承担法律责任。

第二十八条　社会保险经办机构、信息机构及其工作人员有下列行为之一的，由人力资源社会保障行政部门责令改正；对直接负责的主管人员和其他直接责任人员依法给予处分；给社会保险基金、用人单位或者个人造成损失的，依法承担赔偿责任；构成违反治安管理行为的，由公安机关依法予以处罚；构成犯罪的，依法追究刑事责任：

（一）未及时、完整、准确记载社会保险个人权益信息的；

（二）系统管理员、数据库管理员兼职业务经办用户或者信息查询用户的；

（三）与用人单位或者个人恶意串通，伪造、篡改社会保险个人权益记录或者提供虚假社会保险个人权益信息的；

（四）丢失、破坏、违反规定销毁社会保险个人权益记录的；

（五）擅自提供、复制、公布、出售或者变相交易社会保险个人权益记录的；

（六）违反安全管理规定，将社会保险个人权益数据委托其他单位或个人单独管理和维护的。

第二十九条　社会保险服务机构、信息技术服务商以及按照本办法第十九条规定获取个人权益记录的单位及其工作人员，将社会保险个人权益记录用于与社会保险经办机构约定以外用途，或者造成社会保险个人权益信息泄露的，依法对直接负责的主管人员和其他直接责任人员给予处分；给社会保险基金、用人单位或者个人造成损失的，依法承担赔偿责任；构成违反治安管理行为的，由公安机关依法予以处罚；构成犯罪的，依法追究刑事责任。

第三十条　任何组织和个人非法提供、复制、公布、出售或者变相交易社会保险个人权益记录，有违法所得的，由人力资源社会保障行政部门没收违法所得；属于社会保险服务机构、信息技术服务商的，可由社会保险经办机构与其解除服务协议；依法对直接负责的主管人员和其他直接责任人员给予处分；给社会保险基金、用人单位或者个人造成损失的，依法承担赔偿责任；构成违反治安管理行为的，由公安机关依法予以处罚；构成犯罪的，依法追究刑事责任。

第七章　附　　则

第三十一条　社会保险个人权益记录管理涉及会计等材料，国家对其有特别规定的，从其规定。

法律、行政法规规定有关业务接受其他监管部门监督管理的，依照其规定执行。

第三十二条　本办法自2011年7月1日起施行。

社会保险欺诈案件管理办法

1．2016年4月28日人力资源和社会保障部办公厅发布
2．人社厅发〔2016〕61号

第一章　总　　则

第一条　为加强社会保险欺诈案件管理，规范执法办案行为，提高案件查办质量和效率，促进公正廉洁执法，根据《社会保险法》、《行政处罚法》和《行政执法机关移送涉嫌犯罪案件的规定》等法律法规以及《人力资源社会保障部 公安部关于加强社会保险欺诈案件查处和移送工作的通知》，结合工作实际，制定本办法。

第二条　社会保险行政部门应当建立规范、有效的社会保险欺诈案件管理制度，加强案件科学化、规范化、全程化、信息化管理。

第三条　社会保险行政部门对社会保险欺诈案件的管理活动适用本办法。

第四条　社会保险行政部门的基金监督机构具体负责社会保险欺诈案件归口管理工作。

上级社会保险行政部门应当加强对下级社会保险行政部门社会保险欺诈案件查办和案件管理工作的指导和监督。

第五条　社会保险行政部门应当制定统一、规范的社会保险欺诈案件执法办案流程和法律文书格式，实现执法办案活动程序化、标准化管理。

第六条　社会保险行政部门应当建立健全社会保险欺诈案件管理信息系统，实现执法办案活动信息化管理。

第七条　社会保险行政部门根据社会保险欺诈案件查办和管理工作需要，可以聘请专业人员和机构参与案件查办或者案件管理工作，提供专业咨询和技术支持。

第二章　记录管理和流程监控

第八条　社会保险行政部门应当建立社会保险欺诈案件管理台账，对社会保险欺诈案件进行统一登记、集中管理，对案件立案、调查、决定、执行、移送、结案、归档等执法办案全过程进行跟踪记录、监控和管理。

第九条　社会保险行政部门应当及时、准确地登记和记录案件全要素信息。

案件登记和记录内容包括:案件名称、编号、来源、立案时间、涉案对象和险种等案件基本信息情况,案件调查和检查、决定、执行、移送、结案和立卷归档情况,案件办理各环节法律文书签发和送达情况,办案人员情况以及其他需要登记和记录的案件信息。

第十条 社会保险行政部门应当建立案件流程监控制度,对案件查办时限、程序和文书办理进行跟踪监控和督促。

第十一条 社会保险行政部门应当根据案件查办期限要求,合理设定执法办案各环节的控制时限,加强案件查办时限监控。

第十二条 社会保险行政部门应当根据案件查办程序规定,设定执法办案程序流转的顺序控制,上一环节未完成不得进行下一环节。

第十三条 社会保险行政部门应当根据案件查办文书使用管理规定,设定文书办理程序和格式控制,规范文书办理和使用行为。

第三章 立案和查处管理

第十四条 社会保险行政部门立案查处社会保险欺诈案件,应当遵循依法行政、严格执法的原则,坚持有案必查、违法必究,做到事实清楚、证据确凿、程序合法、法律法规规章适用准确适当、法律文书使用规范。

第十五条 社会保险欺诈案件由违法行为发生地社会保险行政部门管辖。

社会保险行政部门对社会保险欺诈案件管辖发生争议的,应当按照主要违法行为发生地或者社会保险基金主要受损地管辖原则协商解决。协商不成的,报请共同的上一级社会保险行政部门指定管辖。

第十六条 社会保险行政部门应当健全立案管理制度,对发现的社会保险欺诈违法违规行为,符合立案条件,属于本部门管辖的,应当按照规定及时立案查处。

第十七条 社会保险行政部门对于查处的重大社会保险欺诈案件,应当在立案后10个工作日内向上一级社会保险行政部门报告。

立案报告内容应当包括案件名称、编号、来源、立案时间、涉案对象、险种等案件基本信息情况以及基本案情等。

第十八条 社会保险行政部门立案查处社会保险欺诈案件,应当指定案件承办人。

指定的案件承办人应当具备执法办案资格条件,并符合回避规定。

第十九条 案件承办人应当严格按照规定的程序、方法、措施和时限,开展案件调查或者检查,收集、调取、封存和保存证据,制作和使用文书,提交案件调查或者检查报告。

第二十条 社会保险行政部门应当对案件调查或者检查结果进行审查,并根据违法行为的事实、性质、情节以及社会危害程度等不同情况,作出给予或者不予行政处理、处罚的决定。

社会保险行政部门在作出行政处罚决定前,应当按照规定履行事先告知程序,保障当事人依法行使陈述、申辩权以及要求听证的权利。

第二十一条 社会保险行政部门作出行政处理、处罚决定的,应当制作行政处理、处罚决定书,并按照规定期限和程序送达当事人。

社会保险行政部门应当定期查询行政处理、处罚决定执行情况,对于当事人逾期并经催告后仍不执行的,应当依法强制执行或者申请人民法院强制执行。

第二十二条 社会保险行政部门及其执法办案人员应当严格执行罚款决定和收缴分离制度,除依法可以当场收缴的罚款外,不得自行收缴罚款。

第二十三条 对于符合案件办结情形的社会保险欺诈案件,社会保险行政部门应当及时结案。

符合下列情形的,可以认定为案件办结:

(一)作出行政处理处罚决定并执行完毕的;

(二)作出不予行政处理、处罚决定的;

(三)涉嫌构成犯罪,依法移送司法机关并被立案的;

(四)法律法规规定的其他案件办结情形。

第二十四条 社会保险行政部门跨区域调查案件的,相关地区社会保险行政部门应当积极配合、协助调查。

第二十五条 社会保险行政部门应当健全部门行政执法协作机制,加强与审计、财政、价格、卫生计生、工商、税务、药品监管和金融监管等行政部门的协调配合,形成监督合力。

第四章 案件移送管理

第二十六条 社会保险行政部门应当健全社会保险欺诈案件移送制度,按照规定及时向公安机关移送涉嫌社会保险欺诈犯罪案件,不得以行政处罚代替案件移送。

社会保险行政部门在查处社会保险欺诈案件过程中,发现国家工作人员涉嫌违纪、犯罪线索的,应当根据案件的性质,向纪检监察机关或者人民检察院移送。

第二十七条 社会保险行政部门移送涉嫌社会保险欺诈犯罪案件,应当组成专案组,核实案情提出移送书面报告,报本部门负责人审批,作出批准或者不批准移送的决定。

作出批准移送决定的,应当制作涉嫌犯罪案件移送书,并附涉嫌社会保险欺诈犯罪案件调查报告、涉案的有关书证、物证及其他有关涉嫌犯罪的材料,在规定时间内向公安机关移送,并抄送同级人民检察院。在移送案件时已经作出行政处罚决定的,应当将行政处罚决定书一并抄送。

作出不批准移送决定的,应当将不批准的理由记录在案。

第二十八条　社会保险行政部门对于案情重大、复杂疑难,性质难以确定的案件,可以就刑事案件立案追诉标准、证据固定和保全等问题,咨询公安机关、人民检察院。

第二十九条　对于公安机关决定立案的社会保险欺诈案件,社会保险行政部门应当在接到立案通知书后及时将涉案物品以及与案件有关的其他材料移交公安机关,并办理交接手续。

第三十条　对于已移送公安机关的社会保险欺诈案件,社会保险行政部门应当定期向公安机关查询案件办理进展情况。

第三十一条　公安机关在查处社会保险欺诈案件过程中,需要社会保险行政部门协助查证、提供有关社会保险信息数据和证据材料或者就政策性、专业性问题进行咨询的,社会保险行政部门应当予以协助配合。

第三十二条　对于公安机关决定不予立案或者立案后撤销的案件,社会保险行政部门应当按照规定接收公安机关退回或者移送的案卷材料,并依法作出处理。

社会保险行政部门对于公安机关作出的不予立案决定有异议的,可以向作出决定的公安机关申请复议,也可以建议人民检察院进行立案监督。

第三十三条　社会保险行政部门应当与公安机关建立联席会议、案情通报、案件会商等工作机制,确保基金监督行政执法与刑事司法工作衔接顺畅,坚决克服有案不移、有案难移、以罚代刑现象。

第三十四条　社会保险行政部门应当与公安机关定期或者不定期召开联席会议,互通社会保险欺诈案件查处以及行政执法与刑事司法衔接工作情况,分析社会保险欺诈形势和任务,协调解决工作中存在的问题,研究提出加强预防和查处的措施。

第三十五条　社会保险行政部门应当按照规定与公安、检察机关实现基金监督行政执法与刑事司法信息的共享,实现社会保险欺诈案件移送等执法、司法信息互联互通。

第五章　重大案件督办

第三十六条　社会保险行政部门应当建立重大社会保险欺诈案件督办制度,加强辖区内重大社会保险欺诈案件查处工作的协调、指导和监督。

重大案件督办是指上级社会保险行政部门对下级社会保险行政部门查办重大案件的调查、违法行为的认定、法律法规的适用、办案程序、处罚及移送等环节实施协调、指导和监督。

第三十七条　上级社会保险行政部门可以根据案件性质、涉案金额、复杂程度、查处难度以及社会影响等情况,对辖区内发生的重大社会保险欺诈案件进行督办。

对跨越多个地区,案情特别复杂,本级社会保险行政部门查处确有困难的,可以报请上级社会保险行政部门进行督办。

第三十八条　案件涉及其他行政部门的,社会保险行政部门可以协调相关行政部门实施联合督办。

第三十九条　社会保险行政部门(以下简称督办单位)确定需要督办的案件后,应当向承办案件的下级社会保险行政部门(以下简称承办单位)发出重大案件督办函,同时抄报上级社会保险行政部门。

第四十条　承办单位收到督办单位重大案件督办函后,应当及时立案查处,并在立案后10个工作日内将立案情况报告督办单位。

第四十一条　承办单位应当每30个工作日向督办单位报告一次案件查处进展情况;重大案件督办函有确定报告时限的,按照确定报告时限报告。案件查处有重大进展的,应当及时报告。

第四十二条　督办单位应当对承办单位督办案件查处工作进行指导、协调和督促。

对于承办单位未按要求立案查处督办案件和报告案件查处进展情况的,督办单位应当及时询问情况,进行催办。

第四十三条　督办单位催办可以采取电话催办、发函催办、约谈催办的方式,必要时也可以采取现场督导催办方式。

第四十四条　对因督办案件情况发生变化,不需要继续督办的,督办单位可以撤销督办,并向承办单位发出重大案件撤销督办函。

第四十五条　承办单位应当在督办案件办结后,及时向督办单位报告结果。

办结报告内容应当包括案件名称、编号、来源、涉案对象和险种等基本信息情况、主要违法事实情况、案件调查或检查情况、行政处理处罚决定和执行情况以及案件移送情况等。

第六章　案件立卷归档

第四十六条　社会保险行政部门应当健全社会保险欺诈案件立卷归档管理制度,规范案卷管理行为。

第四十七条　社会保险欺诈案件办结后，社会保险行政部门应当及时收集、整理案件相关材料，进行立卷归档。

第四十八条　社会保险欺诈案件应当分别立卷，统一编号，一案一卷，做到目录清晰、资料齐全、分类规范、装订整齐、归档及时。

案卷可以立为正卷和副卷。正卷主要列入各类证据材料、法律文书等可以对外公开的材料；副卷主要列入案件讨论记录、法定秘密材料等不宜对外公开的材料。

第四十九条　装订成册的案卷应当由案卷封面、卷内文件材料目录、卷内文件材料、卷内文件材料备考表和封底组成。

第五十条　卷内文件材料应当按照以下规则组合排列：

（一）行政决定文书及其送达回证排列在最前面，其他文书材料按照工作流程顺序排列；

（二）证据材料按照所反映的问题特征分类，每类证据主证材料排列在前，旁证材料排列在后；

（三）其他文件材料按照取得或者形成的时间顺序，并结合重要程度进行排列。

第五十一条　社会保险行政部门应当按照国家规定确定案卷保管期限和保管案卷。

第五十二条　社会保险行政部门建立案件电子档案的，电子档案应当与纸质档案内容一致。

第七章　案件质量评查

第五十三条　社会保险行政部门应当健全社会保险欺诈案件质量评查制度，组织、实施、指导和监督本区域内社会保险欺诈案件质量评查工作，加强案件质量管理。

第五十四条　案件质量评查应当从证据采信、事实认定、法律适用、程序规范、文书使用和制作等方面进行，通过审阅案卷、实地调研等方式，对执法办案形成的案卷进行检查、评议，发现、解决案件质量问题，提高执法办案质量。

评查内容主要包括：

（一）执法办案主体是否合法，执法办案人员是否具有资格；

（二）当事人认定是否准确；

（三）认定事实是否清楚，证据是否充分、确凿；

（四）适用法律、法规和规章是否准确、适当；

（五）程序是否合法、规范；

（六）文书使用是否符合法定要求，记录内容是否清楚，格式是否规范；

（七）文书送达是否符合法定形式与要求；

（八）行政处理、处罚决定和执行是否符合法定形式与要求；

（九）文书和材料的立卷归档是否规范。

第五十五条　社会保险行政部门应当定期或者不定期开展案件质量评查。

案件质量评查可以采取集中评查、交叉评查、网上评查方式，采用重点抽查或者随机抽查方法。

第五十六条　社会保险行政部门应当合理确定案件质量评查标准，划分评查档次。

第五十七条　社会保险行政部门开展案件质量评查，应当成立评查小组。

评查小组开展评查工作，应当实行一案一查一评，根据评查标准进行检查评议，形成评查结果。

第五十八条　评查工作结束后，社会保险行政部门应当将评查结果通报下级社会保险行政部门。

第八章　案件分析和报告

第五十九条　社会保险行政部门应当建立社会保险欺诈案件分析制度，定期对案件总体情况进行分析，对典型案例进行剖析，开展业务交流研讨，提高执法办案质量和能力。

第六十条　社会保险行政部门应当建立社会保险欺诈案件专项报告制度，定期对案件查处和移送情况进行汇总，报送上一级社会保险行政部门。

省级社会保险行政部门应当于半年和年度结束后20日内上报社会保险欺诈案件查处和移送情况报告，并附社会保险欺诈案件查处和移送情况表（见附表），与社会保险基金要情统计表同时报送（一式三份）。

专项报告内容主要包括：社会保险欺诈案件查处和移送情况及分析、重大案件和上级督办案件查处情况、案件查处和移送制度机制建设和执行情况以及案件管理工作情况。

第六十一条　社会保险行政部门应当建立社会保险欺诈案件情况通报制度，定期或者不定期通报本辖区内社会保险欺诈案件发生和查处情况。

通报社会保险欺诈案件情况，可以在本系统通报，也可以根据工作需要向社会公开通报。

对于重大社会保险欺诈案件可以进行专题通报。

第六十二条　社会保险行政部门应当健全社会保险欺诈案例指导制度，定期或者不定期收集、整理、印发社会保险欺诈典型案例，指导辖区内案件查处工作。

第六十三条　社会保险行政部门应当健全社会保险欺诈案件信息公开制度，依法公开已办结案件相关信息，接受社会监督。

第六十四条　社会保险行政部门查处社会保险欺诈案件，作出行政处罚决定的，应当在作出决定后7个工作日内，在社会保险行政部门门户网站进行公示。

第六十五条　社会保险行政部门应当完善单位和个人社会保险欺诈违法信息记录和使用机制,将欺诈违法信息纳入单位和个人诚信记录,加强失信惩戒,促进社会保险诚信建设。

第九章　监督检查

第六十六条　上级社会保险行政部门应当定期或者不定期对下级社会保险行政部门社会保险欺诈案件查处和移送情况以及案件管理情况进行监督检查,加强行政层级执法监督。

第六十七条　社会保险行政部门应当健全执法办案责任制,明确执法办案职责,加强对执法办案活动的监督和问责。

第十章　附　　则

第六十八条　本办法自发布之日起施行。

第六十九条　本办法由人力资源社会保障部负责解释。

附表:________年(上半年)社会保险欺诈案件查处和移送情况表(略)

财政部、国家税务总局关于基本养老保险费、基本医疗保险费、失业保险费、住房公积金有关个人所得税政策的通知

1. 2006年6月27日

2. 财税〔2006〕10号

各省、自治区、直辖市、计划单列市财政厅(局)、国家税务局、地方税务局,财政部驻各省、自治区、直辖市、计划单列市财政监察专员办事处,新疆生产建设兵团财务局:

根据国务院2005年12月公布的《中华人民共和国个人所得税法实施条例》有关规定,现对基本养老保险费、基本医疗保险费、失业保险费、住房公积金有关个人所得税政策问题通知如下:

一、企事业单位按照国家或省(自治区、直辖市)人民政府规定的缴费比例或办法实际缴付的基本养老保险费、基本医疗保险费和失业保险费,免征个人所得税;个人按照国家或省(自治区、直辖市)人民政府规定的缴费比例或办法实际缴付的基本养老保险费、基本医疗保险费和失业保险费,允许在个人应纳税所得额中扣除。

企事业单位和个人超过规定的比例和标准缴付的基本养老保险费、基本医疗保险费和失业保险费,应将超过部分并入个人当期的工资、薪金收入,计征个人所得税。

二、根据《住房公积金管理条例》、《建设部 财政部 中国人民银行关于住房公积金管理若干具体问题的指导意见》(建金管〔2005〕5号)等规定精神,单位和个人分别在不超过职工本人上一年度月平均工资12%的幅度内,其实际缴存的住房公积金,允许在个人应纳税所得额中扣除。单位和职工个人缴存住房公积金的月平均工资不得超过职工工作地所在设区城市上一年度职工月平均工资的3倍,具体标准按照各地有关规定执行。

单位和个人超过上述规定比例和标准缴付的住房公积金,应将超过部分并入个人当期的工资、薪金收入,计征个人所得税。

三、个人实际领(支)取原提存的基本养老保险金、基本医疗保险金、失业保险金和住房公积金时,免征个人所得税。

四、上述职工工资口径按照国家统计局规定列入工资总额统计的项目计算。

五、各级财政、税务机关要按照依法治税的要求,严格执行本通知的各项规定。对于各地擅自提高上述保险费和住房公积金税前扣除标准的,财政、税务机关应予坚决纠正。

六、本通知发布后,《财政部 国家税务总局关于住房公积金 医疗保险金 养老保险金征收个人所得税问题的通知》(财税字〔1997〕144号)第一条、第二条和《国家税务总局关于失业保险费(金)征免个人所得税问题的通知》(国税发〔2000〕83号)同时废止。

2. 缴费和监管

社会保险费征缴暂行条例

1. 1999年1月22日国务院令第259号发布
2. 根据2019年3月24日国务院令第710号《关于修改部分行政法规的决定》修订

第一章　总　　则

第一条　为了加强和规范社会保险费征缴工作，保障社会保险金的发放，制定本条例。

第二条　基本养老保险费、基本医疗保险费、失业保险费（以下统称社会保险费）的征收、缴纳，适用本条例。

本条例所称缴费单位、缴费个人，是指依照有关法律、行政法规和国务院的规定，应当缴纳社会保险费的单位和个人。

第三条　基本养老保险费的征缴范围：国有企业、城镇集体企业、外商投资企业、城镇私营企业和其他城镇企业及其职工，实行企业化管理的事业单位及其职工。

基本医疗保险费的征缴范围：国有企业、城镇集体企业、外商投资企业、城镇私营企业和其他城镇企业及其职工，国家机关及其工作人员，事业单位及其职工，民办非企业单位及其职工，社会团体及其专职人员。

失业保险费的征缴范围：国有企业、城镇集体企业、外商投资企业、城镇私营企业和其他城镇企业及其职工，事业单位及其职工。

省、自治区、直辖市人民政府根据当地实际情况，可以规定将城镇个体工商户纳入基本养老保险、基本医疗保险的范围，并可以规定将社会团体及其专职人员、民办非企业单位及其职工以及有雇工的城镇个体工商户及其雇工纳入失业保险的范围。

社会保险费的费基、费率依照有关法律、行政法规和国务院的规定执行。

第四条　缴费单位、缴费个人应当按时足额缴纳社会保险费。

征缴的社会保险费纳入社会保险基金，专款专用，任何单位和个人不得挪用。

第五条　国务院劳动保障行政部门负责全国的社会保险费征缴管理和监督检查工作。县级以上地方各级人民政府劳动保障行政部门负责本行政区域内的社会保险费征缴管理和监督检查工作。

第六条　社会保险费实行三项社会保险费集中、统一征收。社会保险费的征收机构由省、自治区、直辖市人民政府规定，可以由税务机关征收，也可以由劳动保障行政部门按照国务院规定设立的社会保险经办机构（以下简称社会保险经办机构）征收。

第二章　征 缴 管 理

第七条　缴费单位必须向当地社会保险经办机构办理社会保险登记，参加社会保险。

登记事项包括：单位名称、住所、经营地点、单位类型、法定代表人或者负责人、开户银行账号以及国务院劳动保障行政部门规定的其他事项。

第八条　企业在办理登记注册时，同步办理社会保险登记。

前款规定以外的缴费单位应当自成立之日起30日内，向当地社会保险经办机构申请办理社会保险登记。

第九条　缴费单位的社会保险登记事项发生变更或者缴费单位依法终止的，应当自变更或者终止之日起30日内，到社会保险经办机构办理变更或者注销社会保险登记手续。

第十条　缴费单位必须按月向社会保险经办机构申报应缴纳的社会保险费数额，经社会保险经办机构核定后，在规定的期限内缴纳社会保险费。

缴费单位不按规定申报应缴纳的社会保险费数额的，由社会保险经办机构暂按该单位上月缴费数额的110%确定应缴数额；没有上月缴费数额的，由社会保险经办机构暂按该单位的经营状况、职工人数等有关情况确定应缴数额。缴费单位补办申报手续并按核定数额缴纳社会保险费后，由社会保险经办机构按照规定结算。

第十一条　省、自治区、直辖市人民政府规定由税务机关征收社会保险费的，社会保险经办机构应当及时向税务机关提供缴费单位社会保险登记、变更登记、注销登记以及缴费申报的情况。

第十二条　缴费单位和缴费个人应当以货币形式全额缴纳社会保险费。

缴费个人应当缴纳的社会保险费，由所在单位从其本人工资中代扣代缴。

社会保险费不得减免。

第十三条　缴费单位未按规定缴纳和代扣代缴社会保险费的，由劳动保障行政部门或者税务机关责令限期缴纳；逾期仍不缴纳的，除补缴欠缴数额外，从欠缴之日起，按日加收2‰的滞纳金。滞纳金并入社会保险基金。

第十四条 征收的社会保险费存入财政部门在国有商业银行开设的社会保障基金财政专户。

社会保险基金按照不同险种的统筹范围,分别建立基本养老保险基金、基本医疗保险基金、失业保险基金。各项社会保险基金分别单独核算。

社会保险基金不计征税、费。

第十五条 省、自治区、直辖市人民政府规定由税务机关征收社会保险费的,税务机关应当及时向社会保险经办机构提供缴费单位和缴费个人的缴费情况;社会保险经办机构应当将有关情况汇总,报劳动保障行政部门。

第十六条 社会保险经办机构应当建立缴费记录,其中基本养老保险、基本医疗保险并应当按照规定记录个人账户。社会保险经办机构负责保存缴费记录,并保证其完整、安全。社会保险经办机构应当至少每年向缴费个人发送一次基本养老保险、基本医疗保险个人账户通知单。

缴费单位、缴费个人有权按照规定查询缴费记录。

第三章 监督检查

第十七条 缴费单位应当每年向本单位职工公布本单位全年社会保险费缴纳情况,接受职工监督。

社会保险经办机构应当定期向社会公告社会保险费征收情况,接受社会监督。

第十八条 按照省、自治区、直辖市人民政府关于社会保险费征缴机构的规定,劳动保障行政部门或者税务机关依法对单位缴费情况进行检查时,被检查的单位应当提供与缴纳社会保险费有关的用人情况、工资表、财务报表等资料,如实反映情况,不得拒绝检查,不得谎报、瞒报。劳动保障行政部门或者税务机关可以记录、录音、录像、照相和复制有关资料;但是,应当为缴费单位保密。

劳动保障行政部门、税务机关的工作人员在行使前款所列职权时,应当出示执行公务证件。

第十九条 劳动保障行政部门或者税务机关调查社会保险费征缴违法案件时,有关部门、单位应当给予支持、协助。

第二十条 社会保险经办机构受劳动保障行政部门的委托,可以进行与社会保险费征缴有关的检查、调查工作。

第二十一条 任何组织和个人对有关社会保险费征缴的违法行为,有权举报。劳动保障行政部门或者税务机关对举报应当及时调查,按照规定处理,并为举报人保密。

第二十二条 社会保险基金实行收支两条线管理,由财政部门依法进行监督。

审计部门依法对社会保险基金的收支情况进行监督。

第四章 罚 则

第二十三条 缴费单位未按照规定办理社会保险登记、变更登记或者注销登记,或者未按照规定申报应缴纳的社会保险费数额的,由劳动保障行政部门责令限期改正;情节严重的,对直接负责的主管人员和其他直接责任人员可以处1000元以上5000元以下的罚款;情节特别严重的,对直接负责的主管人员和其他直接责任人员可以处5000元以上10000元以下的罚款。

第二十四条 缴费单位违反有关财务、会计、统计的法律、行政法规和国家有关规定,伪造、变造、故意毁灭有关账册、材料,或者不设账册,致使社会保险费缴费基数无法确定的,除依照有关法律、行政法规的规定给予行政处罚、纪律处分、刑事处罚外,依照本条例第十条的规定征缴;迟延缴纳的,由劳动保障行政部门或者税务机关依照本条例第十三条的规定决定加收滞纳金,并对直接负责的主管人员和其他直接责任人员处5000元以上20000元以下的罚款。

第二十五条 缴费单位和缴费个人对劳动保障行政部门或者税务机关的处罚决定不服的,可以依法申请复议;对复议决定不服的,可以依法提起诉讼。

第二十六条 缴费单位逾期拒不缴纳社会保险费、滞纳金的,由劳动保障行政部门或者税务机关申请人民法院依法强制征缴。

第二十七条 劳动保障行政部门、社会保险经办机构或者税务机关的工作人员滥用职权、徇私舞弊、玩忽职守,致使社会保险费流失的,由劳动保障行政部门或者税务机关追回流失的社会保险费;构成犯罪的,依法追究刑事责任;尚不构成犯罪的,依法给予行政处分。

第二十八条 任何单位、个人挪用社会保险基金的,追回被挪用的社会保险基金;有违法所得的,没收违法所得,并入社会保险基金;构成犯罪的,依法追究刑事责任;尚不构成犯罪的,对直接负责的主管人员和其他直接责任人员依法给予行政处分。

第五章 附 则

第二十九条 省、自治区、直辖市人民政府根据本地实际情况,可以决定本条例适用于本行政区域内工伤保险费和生育保险费的征收、缴纳。

第三十条 税务机关、社会保险经办机构征收社会保险费，不得从社会保险基金中提取任何费用，所需经费列入预算，由财政拨付。

第三十一条　本条例自发布之日起施行。

社会保险审计暂行规定

1. 1995年8月24日劳动部、审计署发布
2. 劳部发〔1995〕329号
3. 自1995年10月1日起施行

第一条　为加强社会保险基金管理，严肃财经法纪，促进社会保险事业的健康发展，根据《中华人民共和国审计法》、《中华人民共和国劳动法》的有关规定，制定本规定。

第二条　各级国家审计机关应当加强对劳动行政部门及社会保险基金经办机构和劳动就业服务机构管理的社会保险基金、资金的财务收支的审计，对其内部审计工作进行指导和监督。

第三条　各级劳动行政部门负责对本级社会保险基金经办机构和劳动就业服务机构的审计监督。

上级社会保险基金经办机构负责对下级社会保险基金经办机构的审计监督；上级劳动就业服务机构负责对下级劳动就业服务机构的审计监督。

地方各级社会保险基金经办机构、劳动就业服务机构和系统统筹部门的社会保险基金经办机构，负责本地区、本部门管理范围内用人单位的社会保险审计事项。

第四条　社会保险的内部审计监督，在本单位主要负责人的直接领导下实施。

第五条　劳动行政部门及社会保险基金经办机构、劳动就业服务机构依法进行审计监督。其依法作出的审计决定，有关部门和单位必须执行。

第六条　社会保险审计人员应当具备与所从事的审计工作相适应的专业知识和业务能力。

第七条　社会保险审计人员办理审计事项，应依法实行回避制度。

第八条　社会保险审计人员办理审计事项，应实事求是、客观公正、廉洁奉公、保守秘密。

第九条　社会保险审计人员依法行使职权受法律保护。

第十条　本规定第三条第一、二款规定的审计监督包括下列事项：

（一）社会保险基金和管理服务费预算的执行情况和决算；

（二）各项社会保险基金的核定、收缴、支付、上解、下拨、储存、调剂及管理服务费和其他专项经费的提取、使用、上解、下拨；

（三）社会保险基金运营的经济效益；

（四）购置固定资产的资金来源、使用、保管及工程预决算的情况；

（五）国家财经法纪的执行情况和其他有关经济活动及会计行为的合法性；

（六）上级社会保险基金经办机构和劳动就业服务机构交办的以及国家审计机关委托的审计事项。

第十一条　社会保险基金经办机构和劳动就业服务机构对用人单位的下列事项进行审计监督：

（一）在职职工和社会保险待遇享受人员的人数及花名册；

（二）工资总额填报的真实性和合法性；

（三）上缴各项社会保险基金的情况；

（四）支付社会保险金和享受社会保险待遇人员的落实情况。

第十二条　上级社会保险基金经办机构和劳动就业服务机构可以将其审计范围内的审计事项授权下级社会保险基金经办机构和劳动就业服务机构进行审计，也可对下级社会保险基金经办机构和劳动就业服务机构审计范围内的重大审计事项直接审计。

第十三条　劳动行政部门及社会保险基金经办机构和劳动就业服务机构具有以下审计权限：

（一）要求被审计单位报送有关的预算、决算、报告、报表和财务会计等资料；

（二）检查被审计单位有关的会计凭证、帐簿、报表、资料和资产，参加被审计单位的有关会议；

（三）向有关部门、单位和个人进行调查；

（四）对被审计单位违反法律、法规的行为，有权制止，并由社会保险基金经办机构和劳动就业服务机构建议劳动行政部门给予行政处罚；构成犯罪的，提请司法机关依法追究刑事责任。

第十四条　社会保险审计应按以下程序进行：

（一）向被审计单位发出《审计通知书》；

（二）依据本规定第十三条规定的权限进行调查取证，调查时应当出示审计证件和审计通知书副本；

（三）提出审计报告，并征求被审计单位的意见。被审计单位应当在接到审计报告十日内提出书面意见。未提出书面意见的，视同没有异议；

（四）出具审计意见书和作出审计决定；

（五）审计意见书和审计决定经批准后发送被审

计单位;

(六)被审计单位对审计决定如有异议,可以申请审计复议。用人单位对审计复议决定不服的,可以向人民法院提起诉讼。

复议期间,不影响审计决定的执行。

第十五条　社会保险基金经办机构和劳动就业服务机构进行的工作调查,不适用第十四条规定的审计程序。

第十六条　社会保险审计可以采取就地审计、报送审计或与国家审计机关联合审计等方式进行。

第十七条　需要委托审计师事务所或会计师事务所审计时,应当在事前就委托审计事项签订委托业务协议书,并就委托审计事项通知被审计单位。审计终结,由受委托方向委托方提交审计报告,委托方视情况出具审计意见书或作出审计决定,并发送被审计单位。

第十八条　社会保险审计的情况应当向同级国家审计机关、劳动行政部门及上级社会保险基金经办机构和劳动就业服务机构报告。

各级国家审计机关对社会保险基金和管理服务费的审计情况应当向同级劳动行政部门及上级社会保险基金经办机构和劳动就业服务机构通报。

第十九条　已经国家审计机关审计的,在半年内劳动行政部门或社会保险基金经办机构、劳动就业服务机构不得重复审计;已经劳动行政部门或社会保险基金经办机构、劳动就业服务机构审计的,除国家审计机关外,在半年内其他部门不得重复审计。

第二十条　劳动行政部门及社会保险基金经办机构和劳动就业服务机构应按照有关规定建立审计档案。

第二十一条　拒绝、阻挠社会保险审计人员依法执行公务或打击报复社会保险审计人员的,由劳动行政部门或者有关部门给予行政处分;构成犯罪的,依法追究刑事责任。

第二十二条　社会保险审计人员滥用职权、玩忽职守、徇私舞弊,构成犯罪的,依法追究刑事责任;不构成犯罪的,给予行政处分。

第二十三条　省、自治区、直辖市劳动行政部门可以根据本规定,结合本地区的实际情况制定实施办法,并报劳动部和国家审计署备案。

第二十四条　本规定由劳动部、国家审计署负责解释。

第二十五条　本规定自1995年10月1日起施行。

社会保险基金监督举报工作管理办法

1. 2023年1月17日人力资源社会保障部令第49号公布
2. 自2023年5月1日起施行

第一章　总　　则

第一条　为了规范社会保险基金监督举报管理工作,切实保障社会保险基金安全,根据《中华人民共和国社会保险法》和有关法律、行政法规,制定本办法。

第二条　人力资源社会保障行政部门开展社会保险基金监督举报的受理、办理等管理工作,适用本办法。

本办法所称社会保险基金是指基本养老保险基金、工伤保险基金、失业保险基金等人力资源社会保障部门管理的社会保险基金。

第三条　人力资源社会保障部主管全国社会保险基金监督举报管理工作。县级以上地方人力资源社会保障行政部门负责本行政区域内的社会保险基金监督举报管理工作。

人力资源社会保障行政部门负责社会保险基金监督的机构具体承担社会保险基金监督举报综合管理工作。人力资源社会保障部门负责社会保险政策、经办、信息化综合管理等的机构,依据职责协同做好社会保险基金监督举报管理工作。

第四条　人力资源社会保障行政部门要加强与公安、民政、司法行政、财政、卫生健康、人民银行、审计、税务等部门和人民法院、纪检监察等机关的协同配合,做好社会保险基金监督举报管理工作,共同保障社会保险基金安全。

第五条　社会保险基金监督举报管理工作应当坚持依法、公正、高效、便民的原则。

第二章　举报范围

第六条　本办法所称社会保险基金监督举报(以下简称举报),是指任何组织或者个人向人力资源社会保障行政部门反映机构、单位、个人涉嫌欺诈骗取、套取或者挪用贪占社会保险基金情形的行为。

依照本办法,举报涉嫌欺诈骗取、套取或者挪用贪占社会保险基金情形的任何组织或者个人是举报人;被举报的机构、单位、个人是被举报人。

第七条　参保单位、个人、中介机构涉嫌有下列情形之一的,任何组织或者个人可以依照本办法举报:

(一)以提供虚假证明材料等手段虚构社会保险

参保条件、违规补缴的；

（二）伪造、变造有关证件、档案、材料，骗取社会保险基金的；

（三）组织或者协助他人以伪造、变造档案、材料等手段骗取参保补缴、提前退休资格或者违规申领社会保险待遇的；

（四）个人丧失社会保险待遇享受资格后，本人或者相关受益人不按规定履行告知义务、隐瞒事实违规享受社会保险待遇的；

（五）其他欺诈骗取、套取或者挪用贪占社会保险基金的情形。

第八条 社会保险服务机构及其工作人员涉嫌有下列情形之一的，任何组织或者个人可以依照本办法举报：

（一）工伤保险协议医疗机构、工伤康复协议机构、工伤保险辅助器具配置协议机构、工伤预防项目实施单位、职业伤害保障委托承办机构及其工作人员以伪造、变造或者提供虚假证明材料及相关报销票据、冒名顶替等手段骗取或者协助、配合他人骗取社会保险基金的；

（二）享受失业保险培训补贴的培训机构及其工作人员以伪造、变造、提供虚假培训记录等手段骗取或者协助、配合他人骗取社会保险基金的；

（三）其他欺诈骗取、套取或者挪用贪占社会保险基金的情形。

第九条 社会保险经办机构及其工作人员涉嫌有下列情形之一的，任何组织或者个人可以依照本办法举报：

（一）隐匿、转移、侵占、挪用、截留社会保险基金的；

（二）违规审核、审批社会保险申报材料，违规办理参保、补缴、关系转移、待遇核定、待遇资格认证等，违规发放社会保险待遇的；

（三）伪造或者篡改缴费记录、享受社会保险待遇记录等社会保险数据、个人权益记录的；

（四）其他欺诈骗取、套取或者挪用贪占社会保险基金的情形。

第十条 与社会保险基金收支、管理直接相关单位及其工作人员涉嫌有下列情形之一的，任何组织或者个人可以依照本办法举报：

（一）人力资源社会保障行政部门及其工作人员违规出具行政执法文书、违规进行工伤认定、违规办理提前退休，侵害社会保险基金的；

（二）劳动能力鉴定委员会及其工作人员违规进行劳动能力鉴定，侵害社会保险基金的；

（三）劳动人事争议仲裁机构及其工作人员违规出具仲裁文书，侵害社会保险基金的；

（四）信息化综合管理机构及其工作人员伪造或者篡改缴费记录、享受社会保险待遇记录等社会保险数据、个人权益记录的；

（五）其他欺诈骗取、套取或者挪用贪占社会保险基金的情形。

第十一条 依法应当通过劳动人事争议处理、劳动保障监察投诉、行政争议处理、劳动能力再次鉴定、信访等途径解决或者以举报形式进行咨询、政府信息公开申请等活动的，不适用本办法。人力资源社会保障行政部门应当告知举报人依法依规通过相关途径解决。

人力资源社会保障行政部门收到属于财政部门、社会保险费征收机构等部门、机构职责的举报事项，应当依法书面通知并移交有权处理的部门、机构处理。

第三章 接收和受理

第十二条 人力资源社会保障行政部门通过12333或者其他服务电话、传真、信函、网络、现场等渠道接收举报事项。

人力资源社会保障行政部门应当向社会公布接收举报事项的电话号码、传真号码、通信地址、邮政编码、网络举报途径、接待场所和时间等渠道信息，并在其举报接待场所或者网站公布与举报有关的法律、法规、规章，举报范围和受理、办理程序等有关事项。

第十三条 举报人举报应当提供被举报人的名称（姓名）和涉嫌欺诈骗取、套取或者挪用贪占社会保险基金的有效线索；尽可能提供被举报人地址（住所）、统一社会信用代码（公民身份号码）、法定代表人信息和其他相关佐证材料。

提倡举报人提供书面举报材料。

第十四条 举报人进行举报，应当遵守法律、法规、规章等规定，不得捏造、歪曲事实，不得诬告陷害他人。

第十五条 举报人可以实名举报或者匿名举报。提倡实名举报。

现场实名举报的，举报人应当提供居民身份证或者营业执照等有效证件的原件和真实有效的联系方式。

以电话、传真、来信、网络等形式实名举报的，举报人应当提供居民身份证或者营业执照等有效证件的复印件和真实有效的联系方式。

举报人未采取本条第二款、第三款的形式举报的，视为匿名举报。

第十六条 现场举报应当到人力资源社会保障行政部门设立的接待场所；多人现场提出相同举报事项的，应当推选代表，代表人数不超过5人。

第十七条　接收现场口头举报,应当准确记录举报事项,交举报人确认。经征得举报人同意后可以录音、录像。实名举报的,由举报人签名或者盖章;匿名举报的,应当记录在案。

接收电话举报,应当细心接听、询问清楚、准确记录,经告知举报人后可以录音。

接收传真、来信、网络等形式举报,应当保持举报材料的完整。

对内容不详的实名举报,应当及时联系举报人补充相关材料。

第十八条　人力资源社会保障行政部门应当加强举报事项接收转交管理工作。

第十九条　举报涉及重大问题或者紧急事项的,具体承担社会保险基金监督举报综合管理工作的机构应当立即向本部门负责人报告,并依法采取必要措施。

第二十条　举报按照"属地管理、分级负责,谁主管、谁负责"的原则确定管辖。

必要时,上级人力资源社会保障行政部门可以受理下级人力资源社会保障行政部门管辖的举报事项,也可以向下级人力资源社会保障行政部门交办、督办举报事项。

两个及两个以上同级人力资源社会保障行政部门都有管辖权限的,由最先受理的人力资源社会保障行政部门管辖。对管辖发生争议的,应当自发生争议之日起5个工作日内协商解决;协商不成的,报请共同的上一级人力资源社会保障行政部门,共同的上一级人力资源社会保障行政部门应当自收到之日起5个工作日内指定管辖。

第二十一条　人力资源社会保障行政部门接收到举报事项后,应当在5个工作日内进行审查,有下列情形之一的,不予受理:

(一)不符合本办法第七条、第八条、第九条或者第十条规定的;

(二)无法确定被举报人,或者不能提供欺诈骗取、套取或者挪用贪占社会保险基金行为有效线索的;

(三)对已经办结的同一举报事项再次举报,没有提供新的有效线索的。

对符合本办法第七条、第八条、第九条或者第十条的规定但本部门不具备管辖权限的举报事项,应当移送到有管辖权限的人力资源社会保障行政部门,并告知实名举报人移送去向。

除前两款规定外,举报事项自人力资源社会保障行政部门接收之日起即为受理。

第二十二条　人力资源社会保障行政部门应当自接收举报事项之日起10个工作日内,将受理(不予受理)决定通过纸质通知或者电子邮件、短信等形式告知有告知要求的实名举报人。

第四章　办　　理

第二十三条　受理举报事项后,人力资源社会保障行政部门办理举报事项以及作出行政处理、行政处罚决定的,应当按照《社会保险基金行政监督办法》等有关规定和本章的规定执行。

已经受理尚未办结的举报事项,再次举报的,可以合并办理;再次举报并提供新的有效线索的,办理期限自确定合并办理之日起重新计算。

第二十四条　人力资源社会保障行政部门在办理举报事项中涉及异地调查的,可以向当地人力资源社会保障行政部门提出协助请求。协助事项属于被请求部门职责范围内的,应当依法予以协助。

第二十五条　办理举报事项涉及其他部门职责的,人力资源社会保障行政部门可以会同相关部门共同办理。

第二十六条　下级人力资源社会保障行政部门对上级人力资源社会保障行政部门交办、移送的举报事项,应当按照规定时限或者上级人力资源社会保障行政部门督办要求办理,并书面报告调查处理意见、办理结果。

第二十七条　符合下列情形之一的,经人力资源社会保障行政部门批准,举报事项予以办结:

(一)经办理发现问题,依法作出行政处理、行政处罚决定的;依法应当由其他部门、机构处理,向有关部门、机构提出处理建议,或者移交有关部门、机构处理的;

(二)经办理未发现欺诈骗取、套取或者挪用贪占社会保险基金情形的;

(三)其他依法应当予以办结的情形。

人力资源社会保障行政部门应当自受理举报事项之日起60个工作日内办结举报事项;情况复杂的,经人力资源社会保障行政部门负责人批准,可以适当延长,但延长期限不得超过30个工作日。

第二十八条　符合下列情形之一的,经人力资源社会保障行政部门批准,可以中止对举报事项的办理:

(一)举报涉及法律、法规、规章或者政策适用问题,需要有权机关作出解释或者确认的;

(二)因被举报人或者有关人员下落不明等,无法继续办理的;

(三)因被举报的机构、单位终止,尚未确定权利义务承受人,无法继续办理的;

(四)因自然灾害等不可抗力原因,无法继续办理的;

（五）因案情重大、疑难复杂或者危害后果特别严重，确需提请上级主管部门研究决定的；

（六）其他依法应当中止办理的情形。

中止情形消除后，应当恢复对举报事项的办理。办理期限自中止情形消除之日起继续计算。

第二十九条　上级人力资源社会保障行政部门发现下级人力资源社会保障行政部门对举报事项的办理确有错误的，应当责成下级人力资源社会保障行政部门重新办理，必要时可以直接办理。

第三十条　实名举报人可以要求答复举报事项的办理结果，人力资源社会保障行政部门可以视具体情况采取口头或者书面形式答复实名举报人，答复不得泄露国家秘密、商业秘密和个人隐私。口头答复应当做好书面记录。

第五章　归档和报告

第三十一条　人力资源社会保障行政部门应当严格管理举报材料，逐件登记接收举报事项的举报人、被举报人、主要内容、受理和办理等基本情况。

第三十二条　举报材料的保管和整理，应当按照档案管理的有关规定执行。

省级人力资源社会保障行政部门应当完善举报信息系统，实行信息化管理。

第三十三条　县级以上地方人力资源社会保障行政部门应当建立社会保险基金监督举报管理年度报告制度。

省级人力资源社会保障行政部门应当于每年1月31日前，向人力资源社会保障部报告上一年度社会保险基金监督举报管理情况。

第六章　保障措施

第三十四条　举报人的合法权益依法受到保护。任何单位和个人不得以任何借口阻拦、压制或者打击报复举报人。

第三十五条　人力资源社会保障行政部门工作人员与举报事项、举报人、被举报人有直接利害关系或者其他关系，可能影响公正办理的，应当回避。

举报人有正当理由并且有证据证明人力资源社会保障行政部门工作人员应当回避的，可以提出回避申请，由人力资源社会保障行政部门决定。申请人力资源社会保障行政部门负责人回避的，由上级人力资源社会保障行政部门决定。

第三十六条　人力资源社会保障行政部门应当建立健全工作责任制，严格遵守以下保密规定：

（一）举报事项的接收、受理、登记及办理，应当依照国家有关法律、行政法规等规定严格保密，不得私自摘抄、复制、扣压、销毁举报材料；

（二）严禁泄露举报人的姓名、身份、单位、地址、联系方式等信息，严禁将举报情况透漏给被举报人或者与举报工作无关的人员；

（三）办理举报时不得出示举报信原件或者复印件，不得暴露举报人的有关信息，对匿名的举报书信及材料，除特殊情况外，不得鉴定笔迹；

（四）开展宣传报道，未经举报人书面同意，不得公开举报人的姓名、身份、单位、地址、联系方式等信息。

第三十七条　举报事项经查证属实，为社会保险基金挽回或者减少重大损失的，应当按照规定对实名举报人予以奖励。

第三十八条　人力资源社会保障行政部门应当配备专门人员，提供必要的办公条件等，保障举报管理工作顺利进行。

第七章　法律责任

第三十九条　受理、办理举报事项的工作人员及其负责人有下列情形之一的，由人力资源社会保障行政部门责令改正；造成严重后果的，依法依规予以处理：

（一）对于应当受理、办理的举报事项未及时受理、办理或者未在规定期限内办结举报事项的；

（二）将举报人的举报材料或者有关情况透漏给被举报人或者与举报工作无关的人员的；

（三）对涉及重大问题或者紧急事项的举报隐瞒、谎报、缓报，或者未依法及时采取必要措施的；

（四）未妥善保管举报材料，造成举报材料损毁或者丢失的；

（五）其他违法违规的情形。

第四十条　举报人捏造、歪曲事实，诬告陷害他人的，依法承担法律责任。

第八章　附　　则

第四十一条　本办法自2023年5月1日起施行。原劳动和社会保障部《社会保险基金监督举报工作管理办法》（劳动和社会保障部令第11号）同时废止。

社会保险基金行政监督办法

1. 2022年2月9日人力资源和社会保障部令第48号公布

2. 自2022年3月18日起施行

第一章　总　　则

第一条　为了保障社会保险基金安全，规范和加强社会保险基金行政监督,根据《中华人民共和国社会保险法》和有关法律法规,制定本办法。

第二条　本办法所称社会保险基金行政监督,是指人力资源社会保障行政部门对基本养老保险基金、工伤保险基金、失业保险基金等人力资源社会保障部门管理的社会保险基金收支、管理情况进行的监督。

第三条　社会保险基金行政监督应当遵循合法、客观、公正、效率的原则。

第四条　人力资源社会保障部主管全国社会保险基金行政监督工作。县级以上地方各级人力资源社会保障行政部门负责本行政区域内的社会保险基金行政监督工作。

人力资源社会保障行政部门对下级人力资源社会保障行政部门管辖范围内的重大监督事项,可以直接进行监督。

第五条　人力资源社会保障行政部门应当加强社会保险基金行政监督队伍建设,保证工作所需经费,保障监督工作独立性。

第六条　社会保险基金行政监督工作人员应当忠于职守、清正廉洁、秉公执法、保守秘密。

社会保险基金行政监督工作人员依法履行监督职责受法律保护,失职追责、尽职免责。

社会保险基金行政监督工作人员应当具备与履行职责相适应的专业能力,依规取得行政执法证件,并定期参加培训。

第七条　人力资源社会保障行政部门负责社会保险基金监督的机构具体实施社会保险基金行政监督工作。人力资源社会保障部门负责社会保险政策、经办、信息化综合管理等机构,依据职责协同做好社会保险基金行政监督工作。

第八条　人力资源社会保障行政部门应当加强与公安、民政、司法行政、财政、卫生健康、人民银行、审计、税务、医疗保障等部门的协同配合,加强信息共享、分析,加大协同查处力度,共同维护社会保险基金安全。

第九条　人力资源社会保障行政部门应当畅通社会监督渠道,鼓励和支持社会各方参与社会保险基金监督。

任何组织或者个人有权对涉及社会保险基金的违法违规行为进行举报。

第二章　监督职责

第十条　人力资源社会保障行政部门依法履行下列社会保险基金行政监督职责:

(一)检查社会保险基金收支、管理情况;

(二)受理有关社会保险基金违法违规行为的举报;

(三)依法查处社会保险基金违法违规问题;

(四)宣传社会保险基金监督法律、法规、规章和政策;

(五)法律、法规规定的其他事项。

第十一条　人力资源社会保障行政部门对社会保险经办机构的下列事项实施监督:

(一)执行社会保险基金收支、管理的有关法律、法规、规章和政策的情况;

(二)社会保险基金预算执行及决算情况;

(三)社会保险基金收入户、支出户等银行账户开立、使用和管理情况;

(四)社会保险待遇审核和基金支付情况;

(五)社会保险服务协议订立、变更、履行、解除或者终止情况;

(六)社会保险基金收支、管理内部控制情况;

(七)法律、法规规定的其他事项。

第十二条　人力资源社会保障行政部门对社会保险服务机构的下列事项实施监督:

(一)遵守社会保险相关法律、法规、规章和政策的情况;

(二)社会保险基金管理使用情况;

(三)社会保险基金管理使用内部控制情况;

(四)社会保险服务协议履行情况;

(五)法律、法规规定的其他事项。

第十三条　人力资源社会保障行政部门对与社会保险基金收支、管理直接相关单位的下列事项实施监督:

(一)提前退休审批情况;

(二)工伤认定(职业伤害确认)情况;

(三)劳动能力鉴定情况;

(四)法律、法规规定的其他事项。

第三章　监督权限

第十四条　人力资源社会保障行政部门有权要求被监督单位提供与监督事项有关的资料,包括但不限于与社会保险基金收支、管理相关的文件、财务资料、业务资料、审计报告、会议纪要等。

被监督单位应当全面、完整提供实施监督所需资料,说明情况,并对所提供资料真实性、完整性作出书面承诺。

第十五条　人力资源社会保障行政部门有权查阅、记录、复制被监督单位与社会保险基金有关的会计凭证、会计账簿、财务会计报告、业务档案,以及其他与社会保险基金收支、管理有关的数据、资料,有权查询被监督单位社会保险信息系统的用户管理、权限控制、数据管理等情况。

第十六条 人力资源社会保障行政部门有权询问与监督事项有关的单位和个人,要求其对与监督事项有关的问题作出说明、提供有关佐证。

第十七条 人力资源社会保障行政部门应当充分利用信息化技术手段查找问题,加强社会保险基金监管信息系统应用。

第十八条 信息化综合管理机构应当根据监督工作需要,向社会保险基金行政监督工作人员开放社会保险经办系统等信息系统的查询权限,提供有关信息数据。

第十九条 人力资源社会保障行政部门有权对隐匿、伪造、变造或者故意销毁会计凭证、会计账簿、财务会计报告以及其他与社会保险基金收支、管理有关资料的行为予以制止并责令改正;有权对可能被转移、隐匿或者灭失的资料予以封存。

第二十条 人力资源社会保障行政部门有权对隐匿、转移、侵占、挪用社会保险基金的行为予以制止并责令改正。

第四章 监督实施

第二十一条 社会保险基金行政监督的检查方式包括现场检查和非现场检查。人力资源社会保障行政部门应当制定年度检查计划,明确检查范围和重点。

被监督单位应当配合人力资源社会保障行政部门的工作,并提供必要的工作条件。

第二十二条 人力资源社会保障行政部门实施现场检查,依照下列程序进行:

(一)根据年度检查计划和工作需要确定检查项目及检查内容,制定检查方案,并在实施检查3个工作日前通知被监督单位;提前通知可能影响检查结果的,可以现场下达检查通知;

(二)检查被监督单位社会保险基金相关凭证账簿,查阅与监督事项有关的文件、资料、档案、数据,向被监督单位和有关个人调查取证,听取被监督单位有关社会保险基金收支、管理使用情况的汇报;

(三)根据检查结果,形成检查报告,并送被监督单位征求意见。被监督单位如有异议,应当在接到检查报告10个工作日内提出书面意见。逾期未提出书面意见的,视同无异议。

第二十三条 人力资源社会保障行政部门实施非现场检查,依照下列程序进行:

(一)根据检查计划及工作需要,确定非现场检查目的及检查内容,通知被监督单位按照规定的范围、格式及时限报送数据、资料;或者从信息系统提取社会保险基金管理使用相关数据;

(二)审核被监督单位报送和提取的数据、资料,数据、资料不符合要求的,被监督单位应当补报或者重新报送;

(三)比对分析数据、资料,对发现的疑点问题要求被监督单位核查说明;对存在的重大问题,实施现场核实;评估社会保险基金收支、管理状况及存在的问题,形成检查报告。

对报送和提取的数据、资料,人力资源社会保障行政部门应当做好存储和使用管理,保证数据安全。

第二十四条 人力资源社会保障行政部门对监督发现的问题,采取以下处理措施:

(一)对社会保险基金收支、管理存在问题的,依法提出整改意见,采取约谈、函询、通报等手段督促整改;

(二)对依法应当由有关主管机关处理的,向有关主管机关提出处理建议。

人力资源社会保障行政部门有权对被监督单位的整改情况进行检查。

第二十五条 人力资源社会保障行政部门对通过社会保险基金行政监督检查发现、上级部门交办、举报、媒体曝光、社会保险经办机构移送等渠道获取的违法违规线索,应当查处,进行调查并依法作出行政处理、处罚决定。

人力资源社会保障行政部门作出行政处理、处罚决定前,应当听取当事人陈述、申辩;作出行政处理、处罚决定,应当告知当事人依法享有申请行政复议或者提起行政诉讼的权利。

第二十六条 社会保险基金行政监督的检查和查处应当由两名及以上工作人员共同进行,出示行政执法证件。

社会保险基金行政监督工作人员不得利用职务便利牟取不正当利益,不得从事影响客观履行基金监督职责的工作。

社会保险基金行政监督工作人员与被监督单位、个人或者事项存在利害关系的,应当回避。

第二十七条 人力资源社会保障行政部门可以聘请会计师事务所等第三方机构对社会保险基金的收支、管理情况进行审计,聘请专业人员协助开展检查。

被聘请机构和人员不得复制涉及参保个人的明细数据,不得未经授权复制统计数据和财务数据,不得将工作中获取、知悉的被监督单位资料或者相关信息用于社会保险基金监督管理以外的其他用途,不得泄露相关个人信息和商业秘密。

第二十八条 人力资源社会保障行政部门应当建立社会保险基金要情报告制度。

地方人力资源社会保障行政部门应当依规、按时、完整、准确向上级人力资源社会保障行政部门报告社会保险基金要情。

社会保险经办机构应当及时向本级人力资源社会保障行政部门报告社会保险基金要情。

本办法所称社会保险基金要情是指贪污挪用、欺诈骗取等侵害社会保险基金的情况。

第五章　法律责任

第二十九条　社会保险经办机构及其工作人员有下列行为之一的,由人力资源社会保障行政部门责令改正;对直接负责的主管人员和其他直接责任人员依法给予处分;法律法规另有规定的,从其规定:

(一)未履行社会保险法定职责的;

(二)未将社会保险基金存入财政专户的;

(三)克扣或者拒不按时支付社会保险待遇的;

(四)丢失或者篡改缴费记录、享受社会保险待遇记录等社会保险数据、个人权益记录的;

(五)违反社会保险经办内部控制制度的;

(六)其他违反社会保险法律、法规的行为。

第三十条　社会保险经办机构及其工作人员隐匿、转移、侵占、挪用社会保险基金的,按照《中华人民共和国社会保险法》第九十一条的规定处理。

第三十一条　社会保险服务机构有下列行为之一,以欺诈、伪造证明材料或者其他手段骗取社会保险基金支出的,按照《中华人民共和国社会保险法》第八十七条的规定处理:

(一)工伤保险协议医疗机构、工伤康复协议机构、工伤保险辅助器具配置协议机构、工伤预防项目实施单位等通过提供虚假证明材料及相关报销票据等手段,骗取工伤保险基金支出的;

(二)培训机构通过提供虚假培训材料等手段,骗取失业保险培训补贴的;

(三)其他以欺诈、伪造证明材料等手段骗取社会保险基金支出的行为。

第三十二条　用人单位、个人有下列行为之一,以欺诈、伪造证明材料或者其他手段骗取社会保险待遇的,按照《中华人民共和国社会保险法》第八十八条的规定处理:

(一)通过虚构个人信息、劳动关系,使用伪造、变造或者盗用他人可用于证明身份的证件,提供虚假证明材料等手段虚构社会保险参保条件、违规补缴,骗取社会保险待遇的;

(二)通过虚假待遇资格认证等方式,骗取社会保险待遇的;

(三)通过伪造或者变造个人档案、劳动能力鉴定结论等手段违规办理退休,违规增加视同缴费年限,骗取基本养老保险待遇的;

(四)通过谎报工伤事故、伪造或者变造证明材料等进行工伤认定或者劳动能力鉴定,或者提供虚假工伤认定结论、劳动能力鉴定结论,骗取工伤保险待遇的;

(五)通过伪造或者变造就医资料、票据等,或者冒用工伤人员身份就医、配置辅助器具,骗取工伤保险待遇的;

(六)其他以欺诈、伪造证明材料等手段骗取社会保险待遇的。

第三十三条　人力资源社会保障行政部门工作人员弄虚作假将不符合条件的人员认定为工伤职工或者批准提前退休,给社会保险基金造成损失的,依法给予处分。

从事劳动能力鉴定的组织或者个人提供虚假鉴定意见、诊断证明,给社会保险基金造成损失的,按照《工伤保险条例》第六十一条的规定处理。

第三十四条　被监督单位有下列行为之一的,由人力资源社会保障行政部门责令改正;拒不改正的,可以通报批评,给予警告;依法对直接负责的主管人员和其他责任人员给予处分:

(一)拒绝、阻挠社会保险基金行政监督工作人员进行监督的;

(二)拒绝、拖延提供与监督事项有关资料的;

(三)隐匿、伪造、变造或者故意销毁会计凭证、会计账簿、财务会计报告以及其他与社会保险基金收支、管理有关资料的。

第三十五条　报复陷害社会保险基金行政监督工作人员的,依法给予处分。

第三十六条　人力资源社会保障行政部门、社会保险经办机构违反本办法第二十八条的规定,对发现的社会保险基金要情隐瞒不报、谎报或者拖延不报的,按照有关规定追究相关人员责任。

第三十七条　人力资源社会保障行政部门负责人、社会保险基金行政监督工作人员违反本办法规定或者有其他滥用职权、徇私舞弊、玩忽职守行为的,依法给予处分。

第三十八条　人力资源社会保障行政部门、社会保险经办机构、会计师事务所等被聘请的第三方机构及其工作人员泄露、篡改、毁损、非法向他人提供个人信息、商业秘密的,对直接负责的主管人员和其他直接责任人员依法给予处分;违反其他法律、行政法规的,由有关主管部门依法处理。

第三十九条　违反本办法规定,构成违反治安管理行为的,依法给予治安管理处罚;构成犯罪的,依法追究刑事责任。

第六章 附 则

第四十条 本办法所称的社会保险服务机构,包括工伤保险协议医疗机构、工伤康复协议机构、工伤保险辅助器具配置协议机构、工伤预防项目实施单位、享受失业保险培训补贴的培训机构、承办社会保险经办业务的商业保险机构等。

对乡镇(街道)事务所(中心、站)等承担社会保险经办服务工作的机构的监督,参照对社会保险经办机构监督相关规定执行。

第四十一条 基本养老保险基金委托投资运营监管另行规定。

第四十二条 本办法自2022年3月18日起施行。原劳动和社会保障部《社会保险基金行政监督办法》(劳动和社会保障部令第12号)同时废止。

社会保险稽核办法

1. 2003年2月27日劳动和社会保障部令第16号公布
2. 自2003年4月1日起施行

第一条 为了规范社会保险稽核工作,确保社会保险费应收尽收,维护参保人员的合法权益,根据《社会保险费征缴暂行条例》和国家有关规定,制定本办法。

第二条 本办法所称稽核是指社会保险经办机构依法对社会保险费缴纳情况和社会保险待遇领取情况进行的核查。

第三条 县级以上社会保险经办机构负责社会保险稽核工作。

县级以上社会保险经办机构的稽核部门具体承办社会保险稽核工作。

第四条 社会保险稽核人员应当具备以下条件:

(一)坚持原则,作风正派,公正廉洁;

(二)具备中专以上学历和财会、审计专业知识;

(三)熟悉社会保险业务及相关法律、法规,具备开展稽核工作的相应资格。

第五条 社会保险经办机构及社会保险稽核人员开展稽核工作,行使下列职权:

(一)要求被稽核单位提供用人情况、工资收入情况、财务报表、统计报表、缴费数据和相关帐册、会计凭证等与缴纳社会保险费有关的情况和资料;

(二)可以记录、录音、录像、照相和复制与缴纳社会保险费有关的资料,对被稽核对象的参保情况和缴纳社会保险费等方面的情况进行调查、询问;

(三)要求被稽核对象提供与稽核事项有关的资料。

第六条 社会保险稽核人员承担下列义务:

(一)办理稽核事务应当实事求是,客观公正,不得利用工作之便谋取私利;

(二)保守被稽核单位的商业秘密以及个人隐私;

(三)为举报人保密。

第七条 社会保险稽核人员有下列情形之一的,应当自行回避:

(一)与被稽核单位负责人或者被稽核个人之间有亲属关系的;

(二)与被稽核单位或者稽核事项有经济利益关系的;

(三)与被稽核单位或者稽核事项有其他利害关系,可能影响稽核公正实施的。

被稽核对象有权以口头形式或者书面形式申请有前款规定情形之一的人员回避。

稽核人员的回避,由其所在的社会保险经办机构的负责人决定。对稽核人员的回避做出决定前,稽核人员不得停止实施稽核。

第八条 社会保险稽核采取日常稽核、重点稽核和举报稽核等方式进行。

社会保险经办机构应当制定日常稽核工作计划,根据工作计划定期实施日常稽核。

社会保险经办机构对特定的对象和内容应当进行重点稽核。

对于不按规定缴纳社会保险费的行为,任何单位和个人有权举报,社会保险经办机构应当及时受理举报并进行稽核。

第九条 社会保险缴费情况稽核内容包括:

(一)缴费单位和缴费个人申报的社会保险缴费人数、缴费基数是否符合国家规定;

(二)缴费单位和缴费个人是否按时足额缴纳社会保险费;

(三)欠缴社会保险费的单位和个人的补缴情况;

(四)国家规定的或者劳动保障行政部门交办的其他稽核事项。

第十条 社会保险经办机构对社会保险费缴纳情况按照下列程序实施稽核:

(一)提前3日将进行稽核的有关内容、要求、方法和需要准备的资料等事项通知被稽核对象,特殊情况下的稽核也可以不事先通知;

(二)应有两名以上稽核人员共同进行,出示执行

公务的证件,并向被稽核对象说明身份;

(三)对稽核情况应做笔录,笔录应当由稽核人员和被稽核单位法定代表人(或法定代表人委托的代理人)签名或盖章,被稽核单位法定代表人拒不签名或盖章的,应注明拒签原因;

(四)对于经稽核未发现违反法规行为的被稽核对象,社会保险经办机构应当在稽核结束后5个工作日内书面告知其稽核结果;

(五)发现被稽核对象在缴纳社会保险费或按规定参加社会保险等方面,存在违反法规行为,要据实写出稽核意见书,并在稽核结束后10个工作日内送达被稽核对象。被稽核对象应在限定时间内予以改正。

第十一条　被稽核对象少报、瞒报缴费基数和缴费人数,社会保险经办机构应当责令其改正;拒不改正的,社会保险经办机构应当报请劳动保障行政部门依法处罚。

被稽核对象拒绝稽核或伪造、变造、故意毁灭有关帐册、材料迟延缴纳社会保险费的,社会保险经办机构应当报请劳动保障行政部门依法处罚。

社会保险经办机构应定期向劳动保障行政部门报告社会保险稽核工作情况。劳动保障行政部门应将社会保险经办机构提请处理事项的结果及时通报社会保险经办机构。

第十二条　社会保险经办机构应当对参保个人领取社会保险待遇情况进行核查,发现社会保险待遇领取人丧失待遇领取资格后本人或他人继续领取待遇或以其他形式骗取社会保险待遇的,社会保险经办机构应当立即停止待遇的支付并责令退还;拒不退还的,由劳动保障行政部门依法处理,并可对其处以500元以上1000元以下罚款;构成犯罪的,由司法机关依法追究刑事责任。

第十三条　社会保险经办机构工作人员在稽核工作中滥用职权、徇私舞弊、玩忽职守的,依法给予行政处分;构成犯罪的,依法追究刑事责任。

第十四条　本办法自2003年4月1日起施行。

劳动和社会保障部办公厅关于对破产企业生产自救期间应否缴纳社会保险费问题的复函

1．2001年12月30日

2．劳动厅函〔2001〕286号

广西壮族自治区劳动和社会保障厅:

你厅报来的《关于破产企业生产自救期间应否缴纳社会保险费问题的请示》(桂劳社报字〔2001〕25号)收悉。经研究,现函复如下:

根据最高人民法院《关于实行社会保险的企业破产后各种社会统筹费用应缴纳至何时的批复》(法复〔1996〕17号)中关于“参加社会保险的企业破产的,欠缴社会统筹费用应当缴纳至人民法院裁定宣告破产之日”的规定,我们认为,被申请破产的企业在整顿或重整期间,应当为职工缴纳社会保险费;已被人民法院裁定宣告破产的企业,从人民法院裁定宣告破产之日起,不再缴纳社会保险费。

企业被人民法院裁定宣告破产之后,在破产清算期间,是否可以受清算组委托或同意进行生产自救等方面的经营活动,目前法律没有规定。我们认为,在破产企业清算期间,受清算组委托或同意,进行生产、经营自救活动,并仍在给职工发放工资,可以按规定缴纳社会保险费,请你们根据实际情况处理。

劳动和社会保障部办公厅关于如何执行和解释社会保险费征缴有关规定的复函

1．2002年7月31日

2．劳社厅函〔2002〕239号

河北省劳动和社会保障厅:

你厅报送的《关于如何执行和解释〈条例〉第十条和〈暂行办法〉第八条规定的紧急请示》收悉。经研究,现答复如下:

《社会保险费征缴暂行条例》第十条规定:“缴费单位不按规定申报应缴纳的社会保险费数额的,由社会保险经办机构暂按该单位上月缴费数额的110%确定应缴数额;没有上月缴费数额的,由社会保险经办机构暂按该单位的经营状况、职工人数等有关情况确定应缴数额。缴费单位补办申报手续并按核定数额缴纳社会保险费后,由社会保险经办机构按照规定结算”。在执行本条规定时,对不按规定申报应缴纳社会保险费数额的缴费单位,社会保险经办机构先暂按该单位上月缴费数额的110%确定应缴数额,由社会保险费征收机构暂按社会保险经办机构确定的应缴数额及时征收,在缴费单位补办申报手续并按核定数额缴纳社会保险费后,由社会保险经办机构按照规定结算。

最高人民法院关于在审理和执行民事、经济纠纷案件时不得查封、冻结和扣划社会保险基金的通知

1．2000年2月18日
2．法〔2000〕19号

各省、自治区、直辖市高级人民法院，新疆维吾尔自治区高级人民法院生产建设兵团分院：

近一个时期，少数法院在审理和执行社会保险机构原下属企业（现已全部脱钩）与其他企业、单位的经济纠纷案件时，查封社会保险机构开设的社会保险基金账户，影响了社会保险基金的正常发放，不利于社会的稳定。为杜绝此类情况发生，特通知如下：

社会保险基金是由社会保险机构代参保人员管理，并最终由参保人员享用的公共基金，不属于社会保险机构所有。社会保险机构对该项基金设立专户管理，专款专用，专项用于保障企业退休职工、失业人员的基本生活需要，属专项资金，不得挪作他用。因此，各地人民法院在审理和执行民事、经济纠纷案件时，不得查封、冻结或扣划社会保险基金；不得用社会保险基金偿还社会保险机构及其原下属企业的债务。

各地人民法院如发现有违反上述规定的，应当及时依法予以纠正。

最高人民法院研究室关于王某与某公司劳动争议纠纷申请再审一案适用法律问题的答复

1．2011年3月9日
2．法研〔2011〕31号

甘肃省高级人民法院：

你院（2010）甘民申字第416号《关于王某与某公司劳动争议纠纷申请再审一案适用法律问题的请示》收悉。经研究，答复如下：

原则同意你院审委会的第一种意见，即根据《中华人民共和国劳动法》、《社会保险费征缴暂行条例》的有关规定，征缴社会保险费属于社会保险费征缴部门的法定职责，不属于人民法院受理民事案件的范围。另，建议你院可结合本案向有关社会保险费征缴部门发出司法建议，建议其针对当前用人单位与劳动者之间因社会保险引发争议所涉及的保险费征缴问题，加强调查研究，妥善处理类似问题，依法保护有关当事人的合法权益。

此复。

3.特定人群参保

中国人民解放军军人配偶随军未就业期间社会保险暂行办法

1. 2003年12月25日国务院办公厅、中央军委办公厅发布
2. 国办发〔2003〕102号
3. 自2004年1月1日起施行

一、为了解决军人配偶随军未就业期间的基本生活保障和社会保险补贴待遇及关系衔接问题,解除军人后顾之忧,激励军人安心服役,根据有关政策规定,结合军队实际,制定本办法。

二、国家建立军人配偶随军未就业期间基本生活补贴制度和养老、医疗保险个人账户,并给予个人账户补贴。

三、随军配偶符合下列条件之一的(以下称未就业随军配偶),依照本办法规定享受基本生活补贴和养老、医疗保险个人账户补贴待遇:

(一)随军前未就业、经批准随军随队后未就业且无收入的;

(二)随军前已就业但未参加基本养老保险、经批准随军随队后未就业且无收入的;

(三)经批准随军随队后未就业且无收入,已参加基本养老保险,并将基本养老保险关系和个人账户资金转入军队的。

四、军队政治机关和后勤机关按照职责分工负责军人配偶随军未就业期间基本生活补贴的审批与支付、建立养老和医疗保险个人账户的资格认定,以及基本生活补贴资金和个人账户资金的管理,并会同地方人民政府劳动保障部门及其社会保险经办机构,办理未就业随军配偶社会保险关系和个人账户资金的转移、接续工作。

五、军人配偶随军未就业期间基本生活补贴按照下列标准,由军人所在单位后勤机关按月发放:

(一)驻国家确定的一、二类艰苦边远地区和军队确定的三类岛屿,以及一般地区部队的军人,其配偶随军未就业期间基本生活补贴标准,为每人每月320元。

(二)驻国家确定的三、四类艰苦边远地区和军队确定的特、一、二类岛屿部队的军人,其配偶随军未就业期间基本生活补贴标准,为每人每月410元。

国家确定的艰苦边远地区具体范围和类别按《国务院办公厅转发人事部、财政部关于调整机关事业单位工作人员工资和增加离退休人员离退休费四个实施方案的通知》(国办发〔2001〕14号)执行。军队确定的岛屿类别按《总后勤部关于印发〈军队地区津贴规定〉的通知》(〔1998〕后财字第331号)执行。

六、驻国家确定的一、二类艰苦边远地区和军队确定的三类岛屿部队的军人,其配偶随军未就业期间领取基本生活补贴标准全额的期限最长为60个月;驻一般地区部队的军人,其配偶随军未就业期间领取基本生活补贴标准全额的期限最长为36个月。未就业随军配偶领取基本生活补贴标准全额期满后,按本人基本生活补贴标准8%的比例逐年递减。递减后的基本生活补贴最低标准,由总后勤部参照省会城市失业保险金标准确定。

驻国家确定的三、四类艰苦边远地区和军队确定的特、一、二类岛屿部队的军人,其配偶随军未就业期间基本生活补贴标准不实行递减。

七、军人配偶随军未就业期间基本生活补贴标准的调整,由总政治部、总后勤部商国务院有关部门确定。

八、军人所在单位后勤机关按照缴费基数11%的规模,为未就业随军配偶建立养老保险个人账户,所需资金由个人和国家共同负担,其中,个人按6%的比例缴费,国家按5%的比例给予个人账户补贴。缴费基数参照上年度全国城镇职工月平均工资60%的比例确定。

个人缴费和国家给予个人账户补贴的比例,根据企业职工个人缴费比例的变动情况,由总后勤部商国务院有关部门适时调整。

九、本办法实施以前随军随队的未就业随军配偶,1998年1月1日至本办法实施前未参加养老保险的随军随队年限,可根据自愿原则,在本办法实施当年,个人按缴费基数11%的比例一次性补缴养老保险费,并全部记入本人的养老保险个人账户。其补缴年限与本办法实施后的缴费年限合并计算。

十、未就业随军配偶随军随队前已经参加地方养老保险的,养老保险关系和个人账户资金转入手续,按以下规定办理:

(一)未就业随军配偶随军随队前,已经参加地方企业职工基本养老保险或机关事业单位养老保险并建立个人账户的,按照国家关于职工跨统筹地区调动的有关规定,由地方社会保险经办机构,将其基本养老保险关系和个人账户资金转入军人所在单位后勤机关。

(二)未就业随军配偶随军随队前,已经参加地方机关事业单位养老保险但未建立个人账户的，以及在未实行养老保险的机关事业单位工作的，按本办法建立养老保险个人账户。其中，已参加养老保险的，由地方社会保险经办机构将其养老保险关系转入军人所在单位后勤机关。

（三）军人所在单位后勤机关应当及时为未就业随军配偶接续基本养老保险关系，并建立养老保险个人账户。

十一、未就业随军配偶实现就业并参加养老保险的，养老保险关系和个人账户资金转出手续，按以下规定办理：

（一）未就业随军配偶就业后，参加基本养老保险的，按照国家关于职工跨统筹地区调动的有关规定，由军人所在单位后勤机关办理养老保险关系和个人账户资金转出手续；

（二）未就业随军配偶在机关事业单位就业，执行机关事业单位的退休养老制度；

（三）未就业随军配偶在军队期间建立养老保险个人账户后的缴费年限，与到地方后参加养老保险的缴费年限合并计算；

（四）地方劳动保障部门及其社会保险经办机构，应当及时按规定办理未就业随军配偶养老保险关系和个人账户接续工作。

十二、军人所在单位后勤机关为未就业随军配偶建立医疗保险个人账户，医疗保险个人账户资金由个人和国家共同负担。未就业随军配偶按照本人基本生活补贴标准全额1%的比例缴费，国家按照其缴纳的同等数额给予个人账户补贴。

十三、未就业随军配偶在就业或者军人退出现役随迁后，按照规定应当参加接收地基本医疗保险的，由军人所在单位后勤机关将其医疗保险个人账户资金转入接收地社会保险经办机构，再由接收地社会保险经办机构并入本人基本医疗保险个人账户。按照规定不参加接收地基本医疗保险的，其医疗保险个人账户资金，由军人所在单位后勤机关一次性发给本人。

十四、未就业随军配偶享受本办法规定的基本生活补贴和养老、医疗保险个人账户补贴待遇，应当向军人所在单位政治机关提出书面申请。由军人所在单位政治机关会同后勤机关在10个工作日内完成初审。对符合条件的，经军人所在单位军政主官审查同意后，按隶属关系逐级上报正师级（含）以上单位政治机关。

十五、正师级以上单位政治机关应当会同后勤机关在10个工作日内完成审核；对符合条件的，办理批准手续，并逐级报军区级单位政治机关和后勤机关备案。

十六、军人所在单位政治机关应当将经批准享受军人配偶随军未就业期间基本生活补贴和养老、医疗保险个人账户补贴待遇的人员名单，采取适当形式，每年公布一次，接受群众监督。对群众反映不符合条件的，经核实后要予以纠正。

十七、有下列情形之一的，停止享受军人配偶随军未就业期间基本生活补贴和养老、医疗保险个人账户补贴待遇：

（一）未就业随军配偶已就业且有收入的；

（二）未就业随军配偶无正当理由，拒不接受当地人民政府有关部门或者机构安排工作的；

（三）未就业随军配偶出国定居或者移居港、澳、台地区的；

（四）未就业随军配偶与军人解除婚姻关系的；

（五）未就业随军配偶被判刑收监执行或者被劳动教养的；

（六）军人被取消军籍的；

（七）军人退出现役的；

（八）军人死亡的。

十八、中央财政安排的资金，由总后勤部列入年度军费预算，中央财政每年予以拨付。养老、医疗保险个人账户资金中个人缴费部分，由军人所在单位后勤机关在发放基本生活补贴时代扣代缴。

十九、军人配偶随军未就业期间养老、医疗保险个人账户资金必须存入国有商业银行，专户存储，所得利息直接记入个人账户。

二十、军队政治机关和后勤机关按照规定的职责，对军人配偶随军未就业期间的待遇审批，以及基本生活补贴资金和个人账户资金收支、管理情况，进行监督和检查。

二十一、随军前或随军期间有工作且参加失业保险的未就业随军配偶，在军人退出现役随迁后没有就业的，可按规定享受失业保险待遇。享受期限按其本人实际缴费年限和国家规定计算的工龄累计确定。

二十二、军人所在单位政治机关应当将未就业随军配偶人员名单及时送部队驻地劳动保障部门，办理失业登记。地方各级人民政府参照《中共中央、国务院关于进一步做好下岗失业人员再就业工作的通知》（中发〔2002〕12号）的有关规定，对未就业随军配偶再就业给予扶持。

二十三、本办法同时适用于中国人民武装警察部队。

二十四、本办法自2004年1月1日起施行。无工作随军配偶享受生活困难补助的原有规定即行废止。

在中国境内就业的外国人参加社会保险暂行办法

1．2011年9月6日人力资源和社会保障部令第16号公布
2．自2011年10月15日起施行

第一条　为了维护在中国境内就业的外国人依法参加社会保险和享受社会保险待遇的合法权益，加强社会保险管理，根据《中华人民共和国社会保险法》（以下简称社会保险法），制定本办法。

第二条　在中国境内就业的外国人，是指依法获得《外国人就业证》、《外国专家证》、《外国常驻记者证》等就业证件和外国人居留证件，以及持有《外国人永久居留证》，在中国境内合法就业的非中国国籍的人员。

第三条　在中国境内依法注册或者登记的企业、事业单位、社会团体、民办非企业单位、基金会、律师事务所、会计师事务所等组织（以下称用人单位）依法招用的外国人，应当依法参加职工基本养老保险、职工基本医疗保险、工伤保险、失业保险和生育保险，由用人单位和本人按照规定缴纳社会保险费。

与境外雇主订立雇用合同后，被派遣到在中国境内注册或者登记的分支机构、代表机构（以下称境内工作单位）工作的外国人，应当依法参加职工基本养老保险、职工基本医疗保险、工伤保险、失业保险和生育保险，由境内工作单位和本人按照规定缴纳社会保险费。

第四条　用人单位招用外国人的，应当自办理就业证件之日起30日内为其办理社会保险登记。

受境外雇主派遣到境内工作单位工作的外国人，应当由境内工作单位按照前款规定为其办理社会保险登记。

依法办理外国人就业证件的机构，应当及时将外国人来华就业的相关信息通报当地社会保险经办机构。社会保险经办机构应当定期向相关机构查询外国人办理就业证件的情况。

第五条　参加社会保险的外国人，符合条件的，依法享受社会保险待遇。

在达到规定的领取养老金年龄前离境的，其社会保险个人账户予以保留，再次来中国就业的，缴费年限累计计算；经本人书面申请终止社会保险关系的，也可以将其社会保险个人账户储存额一次性支付给本人。

第六条　外国人死亡的，其社会保险个人账户余额可以依法继承。

第七条　在中国境外享受按月领取社会保险待遇的外国人，应当至少每年向负责支付其待遇的社会保险经办机构提供一次由中国驻外使、领馆出具的生存证明，或者由居住国有关机构公证、认证并经中国驻外使、领馆认证的生存证明。

外国人合法入境的，可以到社会保险经办机构自行证明其生存状况，不再提供前款规定的生存证明。

第八条　依法参加社会保险的外国人与用人单位或者境内工作单位因社会保险发生争议的，可以依法申请调解、仲裁、提起诉讼。用人单位或者境内工作单位侵害其社会保险权益的，外国人也可以要求社会保险行政部门或者社会保险费征收机构依法处理。

第九条　具有与中国签订社会保险双边或者多边协议国家国籍的人员在中国境内就业的，其参加社会保险的办法按照协议规定办理。

第十条　社会保险经办机构应当根据《外国人社会保障号码编制规则》，为外国人建立社会保障号码，并发放中华人民共和国社会保障卡。

第十一条　社会保险行政部门应当按照社会保险法的规定，对外国人参加社会保险的情况进行监督检查。用人单位或者境内工作单位未依法为招用的外国人办理社会保险登记或者未依法为其缴纳社会保险费的，按照社会保险法、《劳动保障监察条例》等法律、行政法规和有关规章的规定处理。

用人单位招用未依法办理就业证件或者持有《外国人永久居留证》的外国人的，按照《外国人在中国就业管理规定》处理。

第十二条　本办法自2011年10月15日起施行。

附件：

外国人社会保障号码编制规则

外国人参加中国社会保险，其社会保障号码由外国人所在国家或地区代码、有效证件号码组成。外国人有效证件为护照或《外国人永久居留证》。所在国家或地区代码和有效证件号码之间预留一位。其表现形式为：

×××	×	×××××××××××××××
（国家或地区代码）	（预留位）	（有效证件号码）

1．外国人所在国家或地区代码按“ISO 3166－1－2006”国家及其地区的名称代码的第一部分国家代码规定的3位英文字母表示，如德国为DEU，丹麦DNK。遇国际标准升级时，人力资源和社会保障部统一确定代码升级时间。

取得在中国永久居留资格的外国人所在国家或地区

代码与其所持《外国人永久居留证》号码中第1－3位的国家或地区代码一致（也为三位）。

2. 预留位1位，默认情况为0，在特殊情况时，可填写数字为1至9。

3. 编制使用外国人有效护照号码，应包含全部英文字母和阿拉伯数字，不包括其中的“.”、“－”等特殊字符。编制使用《外国人永久居留证》号码，为该证件号码中第4－15位号码。

（1）以在我国某用人单位工作的持护照号G01234－56的德籍人员为例，其社会保障号码为：DEU0G0123456

国家或地区代码	预留位	有效护照号码
DEU	0	G0123456

（2）以在我国某用人单位工作的持《外国人永久居留证》号DNK324578912056的丹麦籍人员为例，其社会保障号码为：DNK0324578912056

国家或地区代码	预留位	《外国人永久居留证》号码
DNK	0	324578912056

4. 数据库对外国人社会保障号码预留18位长度（其中有效护照号码最多为14位）。编制号码不足18位的，不需要补足位数。

5. 外国人社会保障号码在中国唯一且终身不变。其证件号码发生改变时，以初次参保登记时的社会保障号码作为唯一标识，社会保险经办机构应对参保人员的证件类型、证件号码变更情况进行相应的记录。

劳动和社会保障部办公厅关于单位外派职工在境外工作期间取得当地居民身份证后社会保险关系处理问题的复函

1. 2001年4月24日

2. 劳社厅函〔2001〕115号

广东省劳动和社会保障厅：

你厅《关于外派职工取得境外居民身份证后是否继续参保并享受社会保险待遇问题的请示》（粤劳社〔2001〕67号）收悉。经研究，现答复如下：

职工在被本单位派到境外工作期间，合法取得当地永久性居民身份证后，职工所在单位应停止为其缴纳社会保险费，及时为其办理终止社会保险关系的手续。社会保险经办机构应当终止其社会保险关系，并根据职工的申请，对参加基本养老保险，且不符合领取基本养老金条件的，将其基本养老保险个人账户储存额中的个人缴费部分一次性退给本人；参加基本医疗保险的，将其个人账户结余部分一次性退给本人；参加失业保险的，单位和个人此前缴纳的失业保险费不予退还。

职工在被派到香港、澳门和台湾地区工作期间合法取得当地永久性居民身份证的，其社会保险关系参照上述办法处理。

劳动和社会保障部办公厅关于取得国外永久性居民身份证回国工作人员在国内工作期间有关社会保险问题的复函

1. 2001年9月10日

2. 劳社厅函〔2001〕198号

北京市劳动和社会保障局：

你局《关于回国高级科技人才中持国外绿卡在国内工作人员有关社会保险问题的函》（京劳社养函〔2001〕59号）收悉。经研究，现答复如下：

对于取得国外永久性居民身份证的人员回国工作，凡同国内企业建立劳动关系的，应按规定参加企业所在地的社会保险，缴纳社会保险费，并享受相应待遇。这些人员同国内企业解除劳动关系并离境时，社会保险经办机构应当终止其社会保险关系，并根据职工申请，对参加基本养老保险，且不符合领取基本养老金条件的，将其基本养老保险个人帐户的储存额一次性支付给本人；参加基本医疗保险的，将其个人帐户结余部分一次性退给本人；参加失业保险的，单位和个人此前缴纳的失业保险费不予退还。

劳动和社会保障部等关于职工在机关事业单位与企业之间流动时社会保险关系处理意见的通知

1. 2001年9月20日劳动和社会保障部、财政部、人事部、中央机构编制委员会办公室发布

2. 劳社部发〔2001〕13号

各省、自治区、直辖市人民政府，国务院各部委、各直属机构：

为促进职工在机关事业单位与企业之间合理流动，推进市、县、乡机构改革，根据《国务院关于印发完善城镇社会保障体系试点方案的通知》（国发〔2000〕42号）和《中共中央办公厅、国务院办公厅关于市县乡人员编制精简的意见》(中办发〔2000〕30号)的规定,职工在机关事业单位和企业单位之间流动,要相应转移各项社会保险关系,并执行调入单位的社会保险制度。经国务院同意,现就职工流动时社会保险关系的处理意见通知如下:

一、养老保险关系处理

职工由机关事业单位进入企业工作之月起,参加企业职工的基本养老保险,单位和个人按规定缴纳基本养老保险费,建立基本养老保险个人账户,原有的工作年限视同缴费年限,退休时按企业的办法计发基本养老金。其中,公务员及参照和依照公务员制度管理的单位工作人员,在进入企业并按规定参加企业职工基本养老保险后,根据本人在机关(或单位)工作的年限给予一次性补贴,由其原所在单位通过当地社会保险经办机构转入本人的基本养老保险个人账户,所需资金由同级财政安排。补贴的标准为:本人离开机关上年度月平均基本工资×在机关工作年限×0.3%×120个月。

职工由企业进入机关事业单位工作之月起,执行机关事业单位的退休养老制度,其原有的连续工龄与进入机关事业单位后的工作年限合并计算,退休时按机关事业单位的办法计发养老金。已建立的个人账户继续由社会保险经办机构管理,退休时,其个人账户储存额每月按1/120计发,并相应抵减按机关事业单位办法计发的养老金。

公务员进入企业工作后再次转入机关事业单位工作的,原给予的一次性补贴的本金和利息要上缴同级财政。其个人账户管理、退休后养老金计发等,比照由企业进入机关事业单位工作职工的相关政策办理。

二、失业保险关系处理

职工由机关进入企业、事业单位工作之月起,按规定参加失业保险,其原有的工作年限视同缴费年限。职工由企业、事业单位进入机关工作,原单位及个人缴纳的失业保险费不转移,其失业保障按《人事部关于印发〈国家公务员被辞退后有关问题的暂行办法〉的通知》(人发〔1996〕64号)规定执行。

三、医疗保险关系处理

职工在机关事业单位和企业之间流动,在同一统筹地区内的基本医疗保险关系不转移,跨统筹地区的基本医疗保险关系及个人账户随同转移。职工流动后,除基本医疗保险之外,其他医疗保障待遇按当地有关政策进行调整。

本通知从下发之日起执行。各地区、各部门要切实加强组织领导,有关部门要密切配合,抓紧制定具体办法,认真组织实施。

人力资源和社会保障部办公厅关于进一步做好在国内就业的华侨参加社会保险有关工作的通知

1. 2009年9月25日

2. 人社厅发〔2009〕118号

各省、自治区、直辖市人力资源社会保障(劳动保障)厅(局),新疆生产建设兵团人力资源社会保障局:

随着我国改革开放和社会经济发展,越来越多的华侨回国内就业和发展。按照《社会保险费征缴暂行条例》(国务院令第259号)和《劳动和社会保障部办公厅关于取得国外永久性居民身份证的人员在国内就业期间有关社会保险问题的复函》(劳社厅函〔2001〕198号)有关规定,各地逐步将在国内就业的华侨纳入社会保险覆盖范围。但在实际操作中,部分华侨和地方社会保险经办部门反映,由于华侨没有居民身份证,无法办理参保登记手续,影响了华侨的参保。为进一步做好在国内就业的华侨参加社会保险有关工作,维护他们的社会保险权益,现就有关问题通知如下:

一、聘雇华侨人员的用人单位,可持华侨本人的有效护照等证明材料及时到当地社会保险经办机构为其办理参保登记手续,建立社会保险关系。在国内灵活就业的华侨人员,可持本人有效护照等,按照个体身份人员参保办法到所在地社会保险经办机构办理参保缴费手续。华侨参加社会保险的各项业务办理程序与国内其他参保人员一致。

二、首次参保或已办理终止国内的社会保险关系手续后再次回国就业并参保的华侨人员,社会保险经办机构根据《参保华侨社会保障号码编制规则》(见附件)为其建立社会保障号码,并在信息系统中做专门的参保标识。

三、按规定符合享受社会保险待遇申领条件的华侨参保人员,可持本人有效护照等办理领取社会保险待遇手续。在境外居住的,经向社会保险经办机构申请,其社会保险待遇可委托亲属或他人代领;或应本人要求,由社会保险经办机构将应领取的人民币兑换成本人选择的国内可兑换的外汇币种,汇至华侨实际居住国,相关费用由个人负担。境外居住的华侨应每年向负责支付其养老保险待遇的社会保险经办机构提供一次由我驻外使领馆或居住国主管部门、公证机关出具的健在证明的公证、认证等证明。

四、各级人力资源和社会保障部门要认真落实华侨参保的有关政策,按照规定将符合条件的华侨纳入社会保险覆盖范围,切实维护他们的合法权益。要针对华侨参保的实际,改进管理服务方式,调整和优化经办规程,及时提供业务查询服务,方便华侨办理参保等手续。工作中发现的问题,请及时向我部报告。

附:

参保华侨社会保障号码编制规则

(2009年9月8日)

华侨在国内参保社会保障号码由中国国家代码(CHN)、有效护照号码组成。中国国家代码和护照号码之间预留一位,其表现形式为:

一、中国国家代码按"ISO 3166-1-2006"国家及其地区的名称代码的第一部分国家代码规定的3位英文字母表示,即"CHN"。遇国际标准升级时,人力资源社会保障部统一确定代码升级时间。

二、社会保障号码预留位1位,默认情况为0,在特殊情况时,可填写数字为1至9。

三、有效护照号码,应包含护照号码中全部英文字母和阿拉伯数字。不包括其中的"."、"-"等特殊字符。例如(在我国工作持有效护照,护照号码为G01234567的华侨,其社会保障号码为:CHN0G01234567。)

四、数据库对华侨社会保障号码预留18位长度。

五、华侨在国内连续参保期间,其社会保障号码不变。期间护照号码发生改变时,社会保险经办机构以华侨初次参保登记时的社会保障号码作为标识,对参保人员的护照号码变更情况进行相应的记录。

参保华侨本人办理终止在国内的社会保险关系手续后,再次回国内就业并参保,社会保险经办机构应为其重新建立社会保险关系并编制社会保障号码。

关于做好在我国境内就业的外国人参加社会保险工作有关问题的通知

1. 2011年12月2日人力资源和社会保障部发布
2. 人社厅发〔2011〕113号

各省、自治区、直辖市人力资源和社会保障厅(局),新疆生产建设兵团劳动保障局:

根据《中华人民共和国社会保险法》和《在中国境内就业的外国人参加社会保险暂行办法》(人社部令第16号,以下简称《暂行办法》)规定,现就做好在中国境内就业的外国人参加社会保险工作有关事宜通知如下:

一、依法将符合规定的外国人纳入参保范围

各地要严格执行社会保险法和《暂行办法》,于2011年12月31日前将符合条件的外国人纳入社会保险覆盖范围,督促用人单位和外国人按照现行法律法规参保并按时足额缴纳社会保险费。2011年10月15日之前已经在中国境内就业,且符合参保条件的外国人,统一从2011年10月15日起参保缴费。2011年10月15日至12月31日办理参保缴费手续的,免收其滞纳金。2012年1月1日之后办理参保缴费手续的,从2011年10月15日起收取滞纳金。2011年10月15日以后在中国境内就业的,从在中国境内就业开始之月起参保缴费。用人单位申报外国人的缴费基数,统一按人民币形式申报。各地要按照有关政策规定,做好社会保险费收缴以及个人权益记录等工作。

二、完善外国人社会保险登记办理程序

各地要完善社会保险登记办理程序,方便用人单位为聘雇的外国人办理参保登记手续。驻华代表机构、外国常驻新闻机构、外国企业常驻代表机构等单位办理社会保险登记手续时,应要求其提供由中国主管部门颁发的批准设立文件及由中国质量技术监督部门颁发的组织机构代码证书等证明文件。

对于首次参保的外国人,应要求用人单位提供其本人有效护照、《外国人就业证》或《外国专家证》、《外国常驻记者证》等就业证件(取得在中国永久居留资格的人员,应提供本人《外国人永久居留证》),以及劳动合同或派遣合同等证明材料,到用人单位参保所在地社保机构办理社会保险登记手续。经审核通过的,社保机构根据《外国人社会保障号码编制规则》,为其建立社会保障号码,发放社会保障卡。

具有与我国签订社会保险缴费双边或多边协议(或协定,以下简称协议)国家国籍的就业人员,在其依法获得在我国境内就业证件3个月内提供协议国出具参保证明的,应按协议规定免除其规定险种在规定期限内的缴费义务。对于依法获得在我国境内就业证件3个月后不能提供协议国出具的参保证明的,应按规定征收社会保险费并收取相应的滞纳金。对于协议之外的险种以及协议规定险种超过规定期限的,应要求其按规定缴纳社会保险费。

三、明确外国人参保的相关政策

在我国就业的外国人领取养老保险待遇的年龄,原则上按照现行退休年龄政策的相关规定执行。

外国人在我国境内发生的生育保险费用,由生育保险基金支付,具体办法由各省、自治区、直辖市确定。

四、优化和改进管理服务工作

各地要针对外国人参保的特点和具体情况,调整和优化业务经办规程和管理办法,改进管理服务方式。外国人就业较多的地区可印制外文版本的政策规定、办事指南等材料,方便用人单位和外国人办理参保和待遇核定等手续,并提供有中英文对照的社会保险权益记录;有条件的地区,可为外国人参保提供外语咨询服务。要统一调整相关用表(相关表格调整指标见附件),及时完善社会保险数据库,尽快在社会保险业务管理系统中实现外国人参保的业务办理。加强基础信息数据的采集与维护,保障参保人员信息的准确和安全。加快社会保障卡发放进度,方便外国人参保缴费和信息查询。建立外国人参保数据定期上报机制,支持查询和分析服务。

社保机构要加强与当地就业部门的业务联系,建立就业与社保信息交换共享机制,通过信息网络第一时间获取外国人就业信息,为督促聘雇外国人的用人单位和外国人办理参保手续提供基础信息。同时,要建立与外国专家局以及公安、文化、民政等部门的协作机制,实现部门间信息共享机制,及时掌握外国人入境、离境和在国内就业等情况。

建立部级外国人参保信息查询系统,各地社保机构可通过人力资源社会保障业务专网查询外国人办理《外国人就业证》、《外国专家证》和其他国家提供的为该国在中国就业人员出具的参保证明以及外国人在中国参保及社会保障号码等信息。

外国人参保数据上报、信息查询的具体内容和系统方案另行制定。

五、加强工作调度和监督检查

各地要建立外国人参保工作的调度制度,按照规定的时间统一上报外国人参保工作进展情况,我部将定期进行通报。要加大对聘雇外国人的用人单位参保缴费情况的监督检查力度,建立经常性检查工作机制,对外国人就业相对集中的企业要进行重点检查,对拒不参保的,依法处理,确保社会保险法的真正落实。

做好在我国境内就业的外国人参加社会保险工作,事关我国法律实施的权威性和严肃性。各级人力资源社会保障部门要从政治和全局的角度予以高度重视,认真组织贯彻落实。要及时收集并重视网络和媒体舆情,坚持正确的舆论导向,通过电视、网络等媒体,运用多种形式,加强对外国人参保政策要点的宣传,公开参保缴费、待遇核定等经办程序,有条件的地区要到外国人就业相对较多的企业进行政策讲解,送政策上门,使参保单位和外国人能够及时准确了解相关政策内容,依法履行参保缴费义务。已经开展外国人参保的地区,要按照社会保险法和《暂行办法》的规定,调整相关政策,做好政策和经办管理的衔接工作。对工作中发现的问题要及时向人力资源社会保障部报告。

附件:

在中国境内就业的外国人参保涉及社会保险相关用表及调整指标

一、社会保险登记表

"单位类型"增加基金会、律师事务所、会计师事务所、驻华代表机构、外国常驻新闻机构、外国企业常驻代表机构。

二、参保人员基本情况表

(一)"姓名":对于外国人,填写与有效护照一致的英文名字。

(二)"国籍"调整为"国籍/地区":填写外国人所在国家或地区名称。

(三)填加"证件类型":外国人填写"护照"或"外国人永久居留证"。

(四)填加"证件号码":外国人填写居留证号码或护照号码。

(五)"公民身份号码"调整为"社会保障号码":外国人为按照统一编码规则编制的社会保障号码。

(六)填加"就业证件类型":外国人填写《外国人就业证》、《外国专家证》、《外国常驻记者证》等有效就业证件。取得永久居留全的外国人,本项为空。

(七)填加"就业证件登记时间":填写上述证件中签署的登记时间。

参保人员基本情况表中的民族、个人身份、用工形式、参加工作日期、视同缴费年限、实际缴费年限、从事特殊工种等项目,外国人不填。

三、基本养老保险参保缴费凭证

"户籍地"填写外国人所在国家或地区名称。

四、基本养老保险关系转移接续信息表

"户籍地地址"填写外国人所在国家或地区名称。

五、参保人员终止社会保险关系申请表

主要内容:

(一)参保人员基本情况:个人编号、姓名、性别、社会保障号码、国籍或地区、单位编号、单位名称、终止关系年月。

（二）申请人须知：主要告知政策依据、个人相关权益。

（三）个人申请：主要内容有自愿申领养老保险个人账户储存额、清算医疗保险个人账户、终止社保关系等。

（四）社保机构审核意见：明确是否符合办理条件（加盖公章）。

（五）说明：办理时需提供的材料、个人账户清单打印等情况。

香港澳门台湾居民在内地（大陆）参加社会保险暂行办法

1. *2019 年 11 月 29 日人力资源社会保障部、国家医疗保障局令第 41 号公布*
2. *自 2020 年 1 月 1 日起施行*

第一条　为了维护在内地（大陆）就业、居住和就读的香港特别行政区、澳门特别行政区居民中的中国公民和台湾地区居民（以下简称港澳台居民）依法参加社会保险和享受社会保险待遇的合法权益，加强社会保险管理，根据《中华人民共和国社会保险法》（以下简称社会保险法）等规定，制定本办法。

第二条　在内地（大陆）依法注册或者登记的企业、事业单位、社会组织、有雇工的个体经济组织等用人单位（以下统称用人单位）依法聘用、招用的港澳台居民，应当依法参加职工基本养老保险、职工基本医疗保险、工伤保险、失业保险和生育保险，由用人单位和本人按照规定缴纳社会保险费。

在内地（大陆）依法从事个体工商经营的港澳台居民，可以按照注册地有关规定参加职工基本养老保险和职工基本医疗保险；在内地（大陆）灵活就业且办理港澳台居民居住证的港澳台居民，可以按照居住地有关规定参加职工基本养老保险和职工基本医疗保险。

在内地（大陆）居住且办理港澳台居民居住证的未就业港澳台居民，可以在居住地按照规定参加城乡居民基本养老保险和城乡居民基本医疗保险。

在内地（大陆）就读的港澳台大学生，与内地（大陆）大学生执行同等医疗保障政策，按规定参加高等教育机构所在地城乡居民基本医疗保险。

第三条　用人单位依法聘用、招用港澳台居民的，应当持港澳台居民有效证件，以及劳动合同、聘用合同等证明材料，为其办理社会保险登记。在内地（大陆）依法从事个体工商经营和灵活就业的港澳台居民，按照注册地（居住地）有关规定办理社会保险登记。

已经办理港澳台居民居住证且符合在内地（大陆）参加城乡居民基本养老保险和城乡居民基本医疗保险条件的港澳台居民，持港澳台居民居住证在居住地办理社会保险登记。

第四条　港澳台居民办理社会保险的各项业务流程与内地（大陆）居民一致。社会保险经办机构或者社会保障卡管理机构应当为港澳台居民建立社会保障号码，并发放社会保障卡。

港澳台居民在办理居住证时取得的公民身份号码作为其社会保障号码；没有公民身份号码的港澳居民的社会保障号码，由社会保险经办机构或者社会保障卡管理机构按照国家统一规定编制。

第五条　参加社会保险的港澳台居民，依法享受社会保险待遇。

第六条　参加职工基本养老保险的港澳台居民达到法定退休年龄时，累计缴费不足 15 年的，可以延长缴费至满 15 年。社会保险法实施前参保、延长缴费 5 年后仍不足 15 年的，可以一次性缴费至满 15 年。

参加城乡居民基本养老保险的港澳台居民，符合领取待遇条件的，在居住地按照有关规定领取城乡居民基本养老保险待遇。达到待遇领取年龄时，累计缴费不足 15 年的，可以按照有关规定延长缴费或者补缴。

参加职工基本医疗保险的港澳台居民，达到法定退休年龄时累计缴费达到国家规定年限的，退休后不再缴纳基本医疗保险费，按照国家规定享受基本医疗保险待遇；未达到国家规定年限的，可以缴费至国家规定年限。退休人员享受基本医疗保险待遇的缴费年限按照各地规定执行。

参加城乡居民基本医疗保险的港澳台居民按照与所在统筹地区城乡居民同等标准缴费，并享受同等的基本医疗保险待遇。

参加基本医疗保险的港澳台居民，在境外就医所发生的医疗费用不纳入基本医疗保险基金支付范围。

第七条　港澳台居民在达到规定的领取养老金条件前离开内地（大陆）的，其社会保险个人账户予以保留，再次来内地（大陆）就业、居住并继续缴费的，缴费年限累计计算；经本人书面申请终止社会保险关系的，可以将其社会保险个人账户储存额一次性支付给本人。

已获得香港、澳门、台湾居民身份的原内地（大陆)居民,离开内地(大陆)时选择保留社会保险关系的,返回内地(大陆)就业、居住并继续参保时,原缴费年限合并计算;离开内地(大陆)时已经选择终止社会保险关系的,原缴费年限不再合并计算,可以将其社会保险个人账户储存额一次性支付给本人。

第八条　参加社会保险的港澳台居民在内地(大陆)跨统筹地区流动办理社会保险关系转移时,按照国家有关规定执行。港澳台居民参加企业职工基本养老保险的,不适用建立临时基本养老保险缴费账户的相关规定。已经领取养老保险待遇的,不再办理基本养老保险关系转移接续手续。已经享受退休人员医疗保险待遇的,不再办理基本医疗保险关系转移接续手续。

参加职工基本养老保险的港澳台居民跨省流动就业的,应当转移基本养老保险关系。达到待遇领取条件时,在其基本养老保险关系所在地累计缴费年限满10年的,在该地办理待遇领取手续;在其基本养老保险关系所在地累计缴费年限不满10年的,将其基本养老保险关系转回上一个缴费年限满10年的参保地办理待遇领取手续;在各参保地累计缴费年限均不满10年的,由其缴费年限最长的参保地负责归集基本养老保险关系及相应资金,办理待遇领取手续,并支付基本养老保险待遇;如有多个缴费年限相同的最长参保地,则由其最后一个缴费年限最长的参保地负责归集基本养老保险关系及相应资金,办理待遇领取手续,并支付基本养老保险待遇。

参加职工基本养老保险的港澳台居民跨省流动就业,达到法定退休年龄时累计缴费不足15年的,按照本条第二款有关待遇领取地的规定确定继续缴费地后,按照本办法第六条第一款办理。

第九条　按月领取基本养老保险、工伤保险待遇的港澳台居民,应当按照社会保险经办机构的规定,办理领取待遇资格认证。

按月领取基本养老保险、工伤保险、失业保险待遇的港澳台居民丧失领取资格条件后,本人或者其亲属应当于1个月内向社会保险经办机构如实报告情况。因未主动报告而多领取的待遇应当及时退还社会保险经办机构。

第十条　各级财政对在内地(大陆)参加城乡居民基本养老保险和城乡居民基本医疗保险(港澳台大学生除外)的港澳台居民,按照与所在统筹地区城乡居民相同的标准给予补助。

各级财政对港澳台大学生参加城乡居民基本医疗保险补助政策按照有关规定执行。

第十一条　已在香港、澳门、台湾参加当地社会保险,并继续保留社会保险关系的港澳台居民,可以持相关授权机构出具的证明,不在内地(大陆)参加基本养老保险和失业保险。

第十二条　内地(大陆)与香港、澳门、台湾有关机构就社会保险事宜作出具体安排的,按照相关规定办理。

第十三条　社会保险行政部门或者社会保险费征收机构应当按照社会保险法的规定,对港澳台居民参加社会保险的情况进行监督检查。用人单位未依法为聘用、招用的港澳台居民办理社会保险登记或者未依法为其缴纳社会保险费的,按照社会保险法等法律、行政法规和有关规章的规定处理。

第十四条　办法所称“港澳台居民有效证件”,指港澳居民来往内地通行证、港澳台居民居住证。

第十五条　本办法自2020年1月1日起施行。

二、养老保险

资料补充栏

1. 职工基本养老保险

(1)综合

国务院关于工人退休、退职的暂行办法

1. 1978年5月24日第五届全国人民代表大会常务委员会第二次会议原则批准
2. 1978年6月2日发布
3. 国发〔1978〕104号

老年工人和因工、因病丧失劳动能力的工人,对社会主义革命和建设做出了应有的贡献。妥善安置他们的生活,使他们愉快地度过晚年,这是社会主义制度优越性的具体体现,同时也有利于工人队伍的精干,对实现我国的四个现代化,必将起促进作用。为了做好这项工作,特制定本办法。

第一条 **【退休条件】**全民所有制企业、事业单位和党政机关、群众团体的工人,符合下列条件之一的,应该退休:

(一)男年满六十周岁,女年满五十周岁,连续工龄满十年的。

(二)从事井下、高空、高温、特别繁重体力劳动或者其他有害身体健康的工作,男年满五十五周岁、女年满四十五周岁,连续工龄满十年的。

本项规定也适用于工作条件与工人相同的基层干部。

(三)男年满五十周岁,女年满四十五周岁,连续工龄满十年,由医院证明,并经劳动鉴定委员会确认,完全丧失劳动能力的。

(四)因工致残,由医院证明,并经劳动鉴定委员会确认,完全丧失劳动能力的。

第二条 **【退休费】**工人退休以后,每月按下列标准发给退休费,直至去世为止。

(一)符合第一条第(一)、(二)、(三)项条件,抗日战争时期参加革命工作的,按本人标准工资的百分之九十发给。解放战争时期参加革命工作的,按本人标准工资的百分之八十发给。中华人民共和国成立后参加革命工作,连续工龄满二十年的,按本人标准工资的百分之七十五发给;连续工龄满十五年不满二十年的,按本人标准工资的百分之七十发给;连续工龄满十年不满十五年的,按本人标准工资的百分之六十发给。退休费低于二十五元的,按二十五元发给。

(二)符合第一条第(四)项条件,饮食起居需要人扶助的,按本人标准工资的百分之九十发给,还可以根据实际情况发给一定数额的护理费,护理费标准,一般不得超过一个普通工人的工资;饮食起居不需要人扶助的,按本人标准工资的百分之八十发给。同时具备两项以上的退休条件,应当按最高的标准发给。退休费低于三十五元的,按三十五元发给。

第三条 **【矽肺病患者的退休】**患二、三期矽肺病离职休养的工人,如果本人自愿,也可以退休。退休费按本人标准工资的百分之九十发给,并享受原单位矽肺病人在离职休养期间的待遇。

患二、三期矽肺病离职休养的干部,也可以按照本条的办法执行。

第四条 **【退休费可高于标准】**获得全国劳动英雄、劳动模范称号,在退休时仍然保持其荣誉的工人;省、市、自治区革命委员会认为在革命和建设中有特殊贡献的工人;部队军以上单位授予战斗英雄称号的转业、复员军人,在退休时仍保持其荣誉的,其退休费可以酌情高于本办法所定标准的百分之五至百分之十五,但提高标准后的退休费,不得超过本人原标准工资。

第五条 **【退职】**不具备退休条件,由医院证明,并经劳动鉴定委员会确认,完全丧失劳动能力的工人,应该退职。退职后,按月发给相当于本人标准工资百分之四十的生活费,低于二十元的,按二十元发给。

第六条 **【安家补助费】**退休工人易地安家的,一般由原工作单位一次发给一百五十元的安家补助费,从大中城市到农村安家的,发给三百元。

退职工人易地安家的,可以发给相当于本人两个月标准工资的安家补助费。

第七条 **【车船费等费用的支付】**工人退休、退职的时候,本人及其供养的直系亲属前往居住地点途中所需的车船费、旅馆费、行李搬运费和伙食补助费,都按照现行的规定办理。

第八条 **【公费医疗】**退休、退职工人本人,可以继续享受公费医疗待遇。

第九条 **【退休费、退职费支付】**工人的退休费、退职生活费,企业单位,由企业行政支付;党政机关、群众团体和事业单位,由退休、退职工人居住地方的县级民政部门另列预算支付。

第十条 **【退休、退职工人子女安排】**工人退休、退职后,家庭生活确实困难的,或多子女上山下乡、子女就业少的,原则上可以招收其一名符合招工条件的子女参加工作。招收的子女,可以是按政策规定留城的知识青年，可以是上山下乡知识青年，也可以是城镇应届中学毕业生。

我国农业生产水平还比较低，粮食还没有过关，对增加城镇和其他吃商品粮的人口，必须严加控制。因此，家居农村的退休、退职工人，应尽量回到农村安置，本人户口迁回农村的，也可以招收他们在农村的一名符合招工条件的子女参加工作；退休、退职工人回农村后，其口粮由所在生产队供应。

招收退休、退职工人的子女，应当由当地劳动部门统一安排。招收子女的具体办法，由省、市、自治区根据上述原则结合本地区的实际情况自行规定。

第十一条　【退休、退职后，由街道、社队管理】工人退休、退职后，不要继续留在全民所有制单位。他们到城镇街道、农村社队后，街道组织和社队要加强对他们的管理教育，关心他们的生活，注意发挥他们的积极作用。街道、社队集体所有制单位如果需要退休、退职工人从事力所能及的工作，可以付给一定的报酬，但连同本人退休费或退职生活费在内，不能超过本人在职时的标准工资。

对于单身在外地工作的工人，退休、退职后要求迁到家属所在地居住的，迁入地区应当准予落户。

第十二条　【加强领导】各地区、各部门、各单位要切实加强对工人退休、退职工作的领导。对应该退休、退职的工人，要做好深入细致的思想政治工作，动员他们退休、退职。退休、退职工作要分期分批进行。要严格掌握退休、退职条件和招工条件，防止因招收退休、退职工人子女而任意扩大退休、退职范围和降低招工质量。

第十三条　【参照办理】集体所有制企业、事业单位工人的退休、退职，由省、市、自治区革命委员会参照本办法，结合本地区集体所有制单位的实际情况，自行制定具体办法，其各项待遇，不得高于本办法所定的标准。

第十四条　【新老办法衔接】过去有关工人退休、退职的规定与本办法不一致的，按本办法执行。已按有关规定办理了退休的工人，其退休费标准低于本办法所定标准的，自本办法下达之月起，改按本办法规定的标准发给，但解放战争时期参加革命工作，连续工龄不满二十年的，只按本人标准工资的百分之七十五发给。改变退休费标准后的差额部分一律不予补发。已按有关规定办理了退职的工人，其待遇一律不再变动。

国务院关于建立统一的企业职工基本养老保险制度的决定

1. 1997年7月16日
2. 国发〔1997〕26号

各省、自治区、直辖市人民政府，国务院各部委、各直属机构：

近年来，各地区和有关部门按照《国务院关于深化企业职工养老保险制度改革的通知》（国发〔1995〕6号）要求，制定了社会统筹与个人账户相结合的养老保险制度改革方案，建立了职工基本养老保险个人账户，促进了养老保险新机制的形成，保障了离退休人员的基本生活，企业职工养老保险制度改革取得了新的进展。但是，由于这项改革仍处在试点阶段，目前还存在基本养老保险制度不统一、企业负担重、统筹层次低、管理制度不健全等问题，必须按照党中央、国务院确定的目标和原则，进一步加快改革步伐，建立统一的企业职工基本养老保险制度，促进经济与社会健康发展。为此，国务院在总结近几年改革试点经验的基础上作出如下决定：

一、到本世纪末，要基本建立起适应社会主义市场经济体制要求，适用城镇各类企业职工和个体劳动者，资金来源多渠道、保障方式多层次、社会统筹与个人账户相结合、权利与义务相对应、管理服务社会化的养老保险体系。企业职工养老保险要贯彻社会互济与自我保障相结合、公平与效率相结合、行政管理与基金管理分开等原则，保障水平要与我国社会生产力发展水平及各方面的承受能力相适应。

二、各级人民政府要把社会保险事业纳入本地区国民经济与社会发展计划，贯彻基本养老保险只能保障退休人员基本生活的原则，把改革企业职工养老保险制度与建立多层次的社会保障体系紧密结合起来，确保离退休人员基本养老金和失业人员失业救济金的发放，积极推行城市居民最低生活保障制度。为使离退休人员的生活随着经济与社会发展不断得到改善，体现按劳分配原则和地区发展水平及企业经济效益的差异，各地区和有关部门要在国家政策指导下大力发展企业补充养老保险，同时发挥商业保险的补充作用。

三、企业缴纳基本养老保险费（以下简称企业缴费）的比例，一般不得超过企业工资总额的20%（包括划入个人账户的部分），具体比例由省、自治区、直辖市人民政府确定。少数省、自治区、直辖市因离退休人数较多、养老保险负担过重，确需超过企业工资总额 20% 的，应报劳动部、财政部审批。个人缴纳基本养老保险费（以下简称个人缴费）的比例，1997 年不得低于本人缴费工资的 4%，1998 年起每两年提高 1 个百分点，最终达到本人缴费工资的 8%。有条件的地区和工资增长较快的年份，个人缴费比例提高的速度应适当加快。

四、按本人缴费工资 11% 的数额为职工建立基本养老保险个人账户，个人缴费全部记入个人账户，其余部分从企业缴费中划入。随着个人缴费比例的提高，企业划入的部分要逐步降至 3%。个人账户储存额，每年参考银行同期存款利率计算利息。个人账户储存额只用于职工养老，不得提前支取。职工调动时，个人账户全部随同转移。职工或退休人员死亡，个人账户中的个人缴费部分可以继承。

五、本决定实施后参加工作的职工，个人缴费年限累计满 15 年的，退休后按月发给基本养老金。基本养老金由基础养老金和个人账户养老金组成。退休时的基础养老金月标准为省、自治区、直辖市或地（市）上年度职工月平均工资的 20%，个人账户养老金月标准为本人账户储存额除以 120。个人缴费年限累计不满 15 年的，退休后不享受基础养老金待遇，其个人账户储存额一次支付给本人。

本决定实施前已经离退休的人员，仍按国家原来的规定发给养老金，同时执行养老金调整办法。各地区和有关部门要按照国家规定进一步完善基本养老金正常调整机制，认真抓好落实。

本决定实施前参加工作、实施后退休且个人缴费和视同缴费年限累计满 15 年的人员，按照新老办法平稳衔接、待遇水平基本平衡等原则，在发给基础养老金和个人账户养老金的基础上再确定过渡性养老金，过渡性养老金从养老保险基金中解决。具体办法，由劳动部会同有关部门制订并指导实施。

六、进一步扩大养老保险的覆盖范围，基本养老保险制度要逐步扩大到城镇所有企业及其职工。城镇个体劳动者也要逐步实行基本养老保险制度，其缴费比例和待遇水平由省、自治区、直辖市人民政府参照本决定精神确定。

七、抓紧制定企业职工养老保险基金管理条例，加强对养老保险基金的管理。基本养老保险基金实行收支两条线管理，要保证专款专用，全部用于职工养老保险，严禁挤占挪用和挥霍浪费。基金结余额，除预留相当于 2 个月的支付费用外，应全部购买国家债券和存入专户，严格禁止投入其他金融和经营性事业。要建立健全社会保险基金监督机构，财政、审计部门要依法加强监督，确保基金的安全。

八、为有利于提高基本养老保险基金的统筹层次和加强宏观调控，要逐步由县级统筹向省或省授权的地区统筹过渡。待全国基本实现省级统筹后，原经国务院批准由有关部门和单位组织统筹的企业，参加所在地区的社会统筹。

九、提高社会保险管理服务的社会化水平，尽快将目前由企业发放养老金改为社会化发放，积极创造条件将离退休人员的管理服务工作逐步由企业转向社会，减轻企业的社会事务负担。各级社会保险机构要进一步加强基础建设，改进和完善服务与管理工作，不断提高工作效率和服务质量，促进养老保险制度的改革。

十、实行企业化管理的事业单位，原则上按照企业养老保险制度执行。

建立统一的企业职工基本养老保险制度是深化社会保险制度改革的重要步骤，关系改革、发展和稳定的全局。各地区和有关部门要予以高度重视，切实加强领导，精心组织实施。劳动部要会同国家体改委等有关部门加强工作指导和监督检查，及时研究解决工作中遇到的问题，确保本决定的贯彻实施。

国务院关于完善企业职工基本养老保险制度的决定

1. 2005 年 12 月 3 日
2. 国发〔2005〕38 号

各省、自治区、直辖市人民政府，国务院各部委、各直属机构：

近年来，各地区和有关部门按照党中央、国务院关于完善企业职工基本养老保险制度的部署和要求，以确保企业离退休人员基本养老金按时足额发放为中心，努力扩大基本养老保险覆盖范围，切实加强基本养老保险基金征缴，积极推进企业退休人员社会化管理服务，各项工作取得明显成效，为促进改革、发展和维护社会稳定发挥了重要作用。但是，随着人口老龄化、就业方式多样化和城市化的发展，现行企业职工基本养老保险制度还存在个人账户没有做实、计发办法不尽合理、覆盖范围不够广泛等不适应的问题，需要加以改革和完善。为此，在充分调查研究和总结东北三省完善城镇社会保障体系试点经验的基础上，国务院对完善企业职工基本养老保险制度作出如下决定：

一、完善企业职工基本养老保险制度的指导思想和主要任务。以邓小平理论和“三个代表”重要思想为指导，认真贯彻党的十六大和十六届三中、四中、五中全会精神,按照落实科学发展观和构建社会主义和谐社会的要求,统筹考虑当前和长远的关系,坚持覆盖广泛、水平适当、结构合理、基金平衡的原则,完善政策,健全机制,加强管理,建立起适合我国国情,实现可持续发展的基本养老保险制度。主要任务是:确保基本养老金按时足额发放,保障离退休人员基本生活;逐步做实个人账户,完善社会统筹与个人账户相结合的基本制度;统一城镇个体工商户和灵活就业人员参保缴费政策,扩大覆盖范围;改革基本养老金计发办法,建立参保缴费的激励约束机制;根据经济发展水平和各方面承受能力,合理确定基本养老金水平;建立多层次养老保险体系,划清中央与地方、政府与企业及个人的责任;加强基本养老保险基金征缴和监管,完善多渠道筹资机制;进一步做好退休人员社会化管理工作,提高服务水平。

二、确保基本养老金按时足额发放。要继续把确保企业离退休人员基本养老金按时足额发放作为首要任务,进一步完善各项政策和工作机制,确保离退休人员基本养老金按时足额发放,不得发生新的基本养老金拖欠,切实保障离退休人员的合法权益。对过去拖欠的基本养老金,各地要根据《中共中央办公厅 国务院办公厅关于进一步做好补发拖欠基本养老金和企业调整工资工作的通知》要求,认真加以解决。

三、扩大基本养老保险覆盖范围。城镇各类企业职工、个体工商户和灵活就业人员都要参加企业职工基本养老保险。当前及今后一个时期,要以非公有制企业、城镇个体工商户和灵活就业人员参保工作为重点,扩大基本养老保险覆盖范围。要进一步落实国家有关社会保险补贴政策,帮助就业困难人员参保缴费。城镇个体工商户和灵活就业人员参加基本养老保险的缴费基数为当地上年度在岗职工平均工资,缴费比例为20%,其中8%记入个人账户,退休后按企业职工基本养老金计发办法计发基本养老金。

四、逐步做实个人账户。做实个人账户,积累基本养老保险基金,是应对人口老龄化的重要举措,也是实现企业职工基本养老保险制度可持续发展的重要保证。要继续抓好东北三省做实个人账户试点工作,抓紧研究制订其他地区扩大做实个人账户试点的具体方案,报国务院批准后实施。国家制订个人账户基金管理和投资运营办法,实现保值增值。

五、加强基本养老保险基金征缴与监管。要全面落实《社会保险费征缴暂行条例》的各项规定,严格执行社会保险登记和缴费申报制度,强化社会保险稽核和劳动保障监察执法工作,努力提高征缴率。凡是参加企业职工基本养老保险的单位和个人,都必须按时足额缴纳基本养老保险费;对拒缴、瞒报少缴基本养老保险费的,要依法处理;对欠缴基本养老保险费的,要采取各种措施,加大追缴力度,确保基本养老保险基金应收尽收。各地要按照建立公共财政的要求,积极调整财政支出结构,加大对社会保障的资金投入。

基本养老保险基金要纳入财政专户,实行收支两条线管理,严禁挤占挪用。要制定和完善社会保险基金监督管理的法律法规,实现依法监督。各省、自治区、直辖市人民政府要完善工作机制,保证基金监管制度的顺利实施。要继续发挥审计监督、社会监督和舆论监督的作用,共同维护基金安全。

六、改革基本养老金计发办法。为与做实个人账户相衔接,从2006年1月1日起,个人账户的规模统一由本人缴费工资的11%调整为8%,全部由个人缴费形成,单位缴费不再划入个人账户。同时,进一步完善鼓励职工参保缴费的激励约束机制,相应调整基本养老金计发办法。

《国务院关于建立统一的企业职工基本养老保险制度的决定》(国发〔1997〕26号)实施后参加工作、缴费年限(含视同缴费年限,下同)累计满15年的人员,退休后按月发给基本养老金。基本养老金由基础养老金和个人账户养老金组成。退休时的基础养老金月标准以当地上年度在岗职工月平均工资和本人指数化月平均缴费工资的平均值为基数,缴费每满1年发给1%。个人账户养老金月标准为个人账户储存额除以计发月数,计发月数根据职工退休时城镇人口平均预期寿命、本人退休年龄、利息等因素确定。

国发〔1997〕26号文件实施前参加工作,本决定实施后退休且缴费年限累计满15年的人员,在发给基础养老金和个人账户养老金的基础上,再发给过渡性养老金。各省、自治区、直辖市人民政府要按照待遇水平合理衔接、新老政策平稳过渡的原则,在认真测算的基础上,制订具体的过渡办法,并报劳动保障部、财政部备案。

本决定实施后到达退休年龄但缴费年限累计不满15年的人员,不发给基础养老金;个人账户储存额一次性支付给本人,终止基本养老保险关系。

本决定实施前已经离退休的人员,仍按国家原来的规定发给基本养老金,同时执行基本养老金调整办法。

七、建立基本养老金正常调整机制。根据职工工资和物价变动等情况,国务院适时调整企业退休人员基本养老金水平,调整幅度为省、自治区、直辖市当地企业在岗职工平均工资年增长率的一定比例。各地根据本地实际情况提出具体调整方案，报劳动保障部、财政部审批后实施。

八、加快提高统筹层次。进一步加强省级基金预算管理，明确省、市、县各级人民政府的责任，建立健全省级基金调剂制度，加大基金调剂力度。在完善市级统筹的基础上，尽快提高统筹层次，实现省级统筹，为构建全国统一的劳动力市场和促进人员合理流动创造条件。

九、发展企业年金。为建立多层次的养老保险体系，增强企业的人才竞争能力，更好地保障企业职工退休后的生活，具备条件的企业可为职工建立企业年金。企业年金基金实行完全积累，采取市场化的方式进行管理和运营。要切实做好企业年金基金监管工作，实现规范运作，切实维护企业和职工的利益。

十、做好退休人员社会化管理服务工作。要按照建立独立于企业事业单位之外社会保障体系的要求，继续做好企业退休人员社会化管理工作。要加强街道、社区劳动保障工作平台建设，加快公共老年服务设施和服务网络建设，条件具备的地方，可开展老年护理服务，兴建退休人员公寓，为退休人员提供更多更好的服务，不断提高退休人员的生活质量。

十一、不断提高社会保险管理服务水平。要高度重视社会保险经办能力建设，加快社会保障信息服务网络建设步伐，建立高效运转的经办管理服务体系，把社会保险的政策落到实处。各级社会保险经办机构要完善管理制度，制定技术标准，规范业务流程，实现规范化、信息化和专业化管理。同时，要加强人员培训，提高政治和业务素质，不断提高工作效率和服务质量。

完善企业职工基本养老保险制度是构建社会主义和谐社会的重要内容，事关改革发展稳定的大局。各地区和有关部门要高度重视，加强领导，精心组织实施，研究制订具体的实施意见和办法，并报劳动保障部备案。劳动保障部要会同有关部门加强指导和监督检查，及时研究解决工作中遇到的问题，确保本决定的贯彻实施。

本决定自发布之日起实施，已有规定与本决定不一致的，按本决定执行。

劳动和社会保障部关于完善城镇职工基本养老保险政策有关问题的通知

1. 2001年12月22日

2. 劳社部发〔2001〕20号

《国务院关于建立统一的企业职工基本养老保险制度的决定》（国发〔1997〕26号）实施以来，全国城镇企业职工基本养老保险（以下简称养老保险）制度已实现了基本统一，养老保险覆盖范围进一步扩大，企业离退休人员基本养老金社会化发放率逐步提高。近年来，随着我国经济结构调整和国有企业改革深化，养老保险工作出现了一些新情况、新问题，需要尽快明确相关政策。根据完善城镇职工社会保障体系建设的要求，现就有关问题通知如下：

一、参加城镇企业职工养老保险的人员，不论因何种原因变动工作单位，包括通过公司制改造、股份制改造、出售、拍卖、租赁等方式转制以后的企业和职工，以及跨统筹地区流动的人员，都应按规定继续参加养老保险并按时足额缴费。社会保险经办机构应为其妥善管理、接续养老保险关系，做好各项服务工作。

二、职工与企业解除或终止劳动关系后，职工养老保险关系应按规定保留，由社会保险经办机构负责管理。国有企业下岗职工协议期满出中心时，实行劳动合同制以前参加工作、年龄偏大且接近企业内部退养条件、再就业确有困难的，经与企业协商一致，可由企业和职工双方协议缴纳养老保险费，缴费方式、缴费期限、资金来源、担保条件及具体人员范围等按当地政府规定执行。失业人员实现再就业，新的用人单位必须与其签订劳动合同，并按规定参加养老保险。自谋职业者及采取灵活方式再就业人员应继续参加养老保险，有关办法执行省级政府的规定。

三、城镇个体工商户等自谋职业者以及采取各种灵活方式就业的人员，在其参加养老保险后，按照省级政府规定的缴费基数和比例，一般应按月缴纳养老保险费，也可按季、半年、年度合并缴纳养老保险费；缴费时间可累计折算。上述人员在男年满60周岁、女年满55周岁时，累计缴费年限满15年的，可按规定领取基本养老金。累计缴费年限不满15年的，其个人账户储存额一次性支付给本人，同时终止养老保险关系，不得以事后追补缴费的方式增加缴费年限。

四、参加养老保险的农民合同制职工，在与企业终止或解除劳动关系后，由社会保险经办机构保留其养老保险关系，保管其个人账户并计息，凡重新就业的，应接续或转移养老保险关系；也可按照省级政府的规定，根据农民合同制职工本人申请，将其个人账户个人缴费部分一次性支付给本人，同时终止养老保险关系，凡重新就业的，应重新参加养老保险。农民合同制职工在男年满60周岁、女年满55周岁时，累计缴费年限满15年以上的，可按规定领取基本养老金；累计缴费年限不满15年的，其个人账户全部储存额一次性支付给本人。

五、破产企业欠缴的养老保险费，按有关规定在资产变现收入中予以清偿；清偿欠费确有困难的企业，其欠缴的养老保险费包括长期挂账的欠费，除企业缴费中应划入职工个人账户部分外，经社会保险经办机构同意，劳动保障部门审核，财政部门复核，报省级人民政府批准后可以核销。职工按规定的个人缴费比例补足个人账户资金后，社会保险经办机构要按规定及时记录，职工的缴费年限予以承认。

六、对于因病、非因工致残，经当地劳动能力鉴定机构认定完全丧失劳动能力，并与用人单位终止劳动关系的职工，由本人申请，社会保险经办机构审核，经地级劳动保障部门批准，可以办理退职领取退职生活费。退职生活费标准根据职工缴费年限和缴费工资水平确定，具体办法和标准按省级政府规定执行。

七、城镇企业成建制跨省搬迁，应按规定办理企业和职工养老保险关系转移手续，在职职工个人账户记账额度全部转移，资金只转移个人缴费部分，转入地社保机构应按个人账户记账额度全额记账。企业转出地和转入地社会保险机构，要认真做好搬迁企业养老保险关系及个人账户的转移、接续工作，按时足额发放离退休人员基本养老金。如搬迁企业在转出地欠缴养老保险费，应在养老保险关系转出之前还清全部欠费。

八、加强对特殊工种提前退休审批工作的管理。设有特殊工种的企业，要将特殊工种岗位、人员及其变动情况，定期向地市级劳动保障部门报告登记，并建立特殊工种提前退休公示制度，实行群众监督。地市以上劳动保障行政部门，要规范特殊工种提前退休审批程序，健全审批制度。社会保险经办机构要建立特殊工种人员档案和数据库，防止发生弄虚作假骗取特殊工种身份和冒领基本养老金问题，一经发现，要立即纠正并收回冒领的养老金。

九、做好机关事业单位养老保险试点工作。已经进行机关事业单位养老保险改革试点的地区，要进一步巩固改革试点成果，不能退保，要完善费用征缴机制，探索个人缴费与待遇计发适当挂钩的办法，积极创造条件实行养老金社会化发放，加强基金管理，确保基金安全。按照劳动保障部、财政部、人事部、中编办《关于职工在机关事业单位与企业之间流动时社会保险关系处理意见的通知》（劳社部发〔2001〕13号）规定，认真研究做好职工在机关事业单位与企业之间流动时养老保险关系转移衔接工作。

劳动和社会保障部、财政部关于调整原行业统筹企业基本养老保险缴费比例的通知

1. 2003年3月20日

2. 劳社部发〔2003〕7号

自1999年以来，各省、自治区、直辖市按照劳动保障部和财政部的统一要求，每年报批原行业统筹企业基本养老保险缴费比例，并严格按两部批复的缴费比例执行，保证了原行业统筹企业缴费比例的平稳过渡。

按照《国务院关于实行企业职工基本养老保险省级统筹和行业统筹移交地方管理有关问题的通知》（国发〔1998〕28号）和《国务院关于建立统一的企业职工基本养老保险制度的决定》（国发〔1997〕26号）的规定，自2003年1月1日起，各地原行业统筹企业缴纳基本养老保险费的比例，统一调整为按附表所列缴费比例执行。

附件：

原行业统筹企业基本养老保险缴费比例表

单位：%

地区	缴费比例	地区	缴费比例
北京	20	湖北	20
天津	20	湖南	20
河北	20	广东	18
山西	20	广西	20
内蒙古	20	海南	20
辽宁	20	重庆	20
吉林	20	四川	20
黑龙江	20	贵州	20
上海	22.5	云南	20
江苏	20	西藏	20
浙江	20	陕西	20
安徽	20	甘肃	20
福建	20	青海	20
江西	20	宁夏	20
山东	20	新疆	20
河南	20		

劳动和社会保障部办公厅关于给企业造成经济损失的职工办理退休手续问题的复函

1. 1999年11月8日
2. 劳社厅函〔1999〕137号

陕西省劳动厅：

你厅《关于给企业造成经济损失被企业延缓办理退休手续的职工如何处理问题的请示》(陕劳办函字〔1999〕180号)收悉。经研究，答复如下：

企业职工到达国家规定的退休年龄，即男年满60周岁，女工人年满50周岁，女干部年满55周岁，应按照国家规定办理退休手续。其中参加基本养老保险统筹的，由社会保险经办机构支付养老金。关于职工到达法定退休年龄前给企业造成的经济损失，在退休后如何赔偿问题，应通过有关法律程序解决。

1997年3月3日原劳动部办公厅《关于对超过退休年龄的职工能否开除的复函》(劳办发〔1997〕24号)中的有关内容，与本文不符的，以本文为准。

劳动和社会保障部办公厅关于执行劳社部发〔2000〕13号文件有关规定的复函

1. 2002年5月27日
2. 劳社厅函〔2002〕186号

重庆市劳动和社会保障局：

你局《关于贯彻劳社部发〔2000〕13号文件有关问题的紧急请示》(渝劳社文〔2002〕54号)收悉。经研究，答复如下：

根据《社会保险费征缴暂行条例》规定，实行企业化管理的事业单位及其职工应当参加城镇企业职工基本养老保险社会统筹。《国务院关于切实做好企业离退休人员基本养老金按时足额发放和国有企业下岗职工基本生活保障工作的通知》(国发〔2000〕8号)规定："今年内，各地要积极扩大社会保险覆盖面，将外商投资企业、港澳台商投资企业、集体企业、城镇私营企业及事业单位，按规定全部纳入覆盖范围"。劳动和社会保障部、民政部、财政部联合发布的《关于贯彻国务院8号文件有关问题的通知》(劳社部发〔2000〕13号)规定："要采取有效措施，按照《社会保险费征缴暂行条例》规定，努力扩大社会保险覆盖范围，强化社会保险费征缴。要以外商投资企业、私营企业和事业单位为重点，扩大社会保险覆盖范围，年底前要基本实现养老、失业保险全覆盖。"

我们认为，国发〔2000〕8号和劳社部发〔2000〕13号这两个文件，与《社会保险费征缴暂行条例》的规定并不矛盾，两个文件都强调"按规定"，是指在《社会保险费征缴暂行条例》规定的范围内扩大社会保险覆盖范围。将事业单位纳入社会保险覆盖范围的表述有两层含义：一是全部事业单位要纳入基本医疗保险和失业保险；二是企业化管理的事业单位要纳入基本养老保险。因此，无论是国发〔2000〕8号文件，还是劳社部发〔2000〕13号文件，都没有扩大《社会保险费征缴暂行条例》所确定的基本养老保险的征缴范围。

国务院办公厅关于推动个人养老金发展的意见

1. 2022年4月8日
2. 国办发〔2022〕7号

各省、自治区、直辖市人民政府，国务院各部委、各直属机构：

为推进多层次、多支柱养老保险体系建设，促进养老保险制度可持续发展，满足人民群众日益增长的多样化养老保险需要，根据《中华人民共和国社会保险法》、《中华人民共和国银行业监督管理法》、《中华人民共和国保险法》、《中华人民共和国证券投资基金法》等法律法规，经党中央、国务院同意，现就推动个人养老金发展提出以下意见：

一、总体要求

以习近平新时代中国特色社会主义思想为指导，全面贯彻党的十九大和十九届历次全会精神，认真落实党中央、国务院决策部署，坚持以人民为中心的发展思想，完整、准确、全面贯彻新发展理念，加快构建新发展格局，推动发展适合中国国情、政府政策支持、个人自愿参加、市场化运营的个人养老金，与基本养老保险、企业(职业)年金相衔接，实现养老保险补充功能，协调发展其他个人商业养老金融业务，健全多层次、多支柱养老保险体系。

推动个人养老金发展坚持政府引导、市场运作、有序发展的原则。注重发挥政府引导作用，在多层次、多支柱养老保险体系中统筹布局个人养老金；充分发挥市场作用，营造公开公平公正的竞争环境，调动各方面积极性；严格监督管理，切实防范风险，促进个人养老金健康有序发展。

二、参加范围

在中国境内参加城镇职工基本养老保险或者城乡居民基本养老保险的劳动者，可以参加个人养老金制度。

三、制度模式

个人养老金实行个人账户制度，缴费完全由参加人个人承担，实行完全积累。参加人通过个人养老金信息管理服务平台（以下简称信息平台），建立个人养老金账户。个人养老金账户是参加个人养老金制度、享受税收优惠政策的基础。

参加人可以用缴纳的个人养老金在符合规定的金融机构或者其依法合规委托的销售渠道（以下统称金融产品销售机构）购买金融产品，并承担相应的风险。参加人应当指定或者开立一个本人唯一的个人养老金资金账户，用于个人养老金缴费、归集收益、支付和缴纳个人所得税。个人养老金资金账户可以由参加人在符合规定的商业银行指定或者开立，也可以通过其他符合规定的金融产品销售机构指定。个人养老金资金账户实行封闭运行，其权益归参加人所有，除另有规定外不得提前支取。

参加人变更个人养老金资金账户开户银行时，应当经信息平台核验后，将原个人养老金资金账户内的资金转移至新的个人养老金资金账户并注销原资金账户。

四、缴费水平

参加人每年缴纳个人养老金的上限为12000元。人力资源社会保障部、财政部根据经济社会发展水平和多层次、多支柱养老保险体系发展情况等因素适时调整缴费上限。

五、税收政策

国家制定税收优惠政策，鼓励符合条件的人员参加个人养老金制度并依规领取个人养老金。

六、个人养老金投资

个人养老金资金账户资金用于购买符合规定的银行理财、储蓄存款、商业养老保险、公募基金等运作安全、成熟稳定、标的规范、侧重长期保值的满足不同投资者偏好的金融产品，参加人可自主选择。参与个人养老金运行的金融机构和金融产品由相关金融监管部门确定，并通过信息平台和金融行业平台向社会发布。

七、个人养老金领取

参加人达到领取基本养老金年龄、完全丧失劳动能力、出国（境）定居，或者具有其他符合国家规定的情形，经信息平台核验领取条件后，可以按月、分次或者一次性领取个人养老金，领取方式一经确定不得更改。领取时，应将个人养老金由个人养老金资金账户转入本人社会保障卡银行账户。

参加人死亡后，其个人养老金资金账户中的资产可以继承。

八、信息平台

信息平台由人力资源社会保障部组织建设，与符合规定的商业银行以及相关金融行业平台对接，归集相关信息，与财政、税务等部门共享相关信息，为参加人提供个人养老金账户管理、缴费管理、信息查询等服务，支持参加人享受税收优惠政策，为个人养老金运行提供信息核验和综合监管支撑，为相关金融监管部门、参与个人养老金运行的金融机构提供相关信息服务。不断提升信息平台的规范化、信息化、专业化管理水平，运用“互联网＋”创新服务方式，为参加人提供方便快捷的服务。

九、运营和监管

人力资源社会保障部、财政部对个人养老金发展进行宏观指导，根据职责对个人养老金的账户设置、缴费上限、待遇领取、税收优惠等制定具体政策并进行运行监管，定期向社会披露相关信息。税务部门依法对个人养老金实施税收征管。相关金融监管部门根据各自职责，依法依规对参与个人养老金运行金融机构的经营活动进行监管，督促相关金融机构优化产品和服务，做好产品风险提示，对产品的风险性进行监管，加强对投资者的教育。

各参与部门要建立和完善投诉机制，积极发挥社会监督作用，及时发现解决个人养老金运行中出现的问题。

十、组织领导

推动个人养老金发展是健全多层次、多支柱养老保险体系，增强人民群众获得感、幸福感、安全感的重要举措，直接关系广大参加人的切身利益。各地区要加强领导、周密部署、广泛宣传，稳妥有序推动有关工作落地实施。各相关部门要按照职责分工制定落实本意见的具体政策措施，同向发力、密切协同，指导地方和有关金融机构切实做好相关工作。人力资源社会保障部、财政部要加强指导和协调，结合实际分步实施，选择部分城市先试行1年，再逐步推开，及时研究解决工作中遇到的问题，确保本意见顺利实施。

个人养老金实施办法

1. 2022年10月26日人力资源社会保障部、财政部、国家税务总局、银保监会、证监会发布
2. 人社部发〔2022〕70号

第一章　总　　则

第一条　为贯彻落实《国务院办公厅关于推动个人养老金发展的意见》(国办发〔2022〕7号),加强个人养老金业务管理,规范个人养老金运作流程,制定本实施办法。

第二条　个人养老金是指政府政策支持、个人自愿参加、市场化运营、实现养老保险补充功能的制度。个人养老金实行个人账户制,缴费完全由参加人个人承担,自主选择购买符合规定的储蓄存款、理财产品、商业养老保险、公募基金等金融产品(以下统称个人养老金产品),实行完全积累,按照国家有关规定享受税收优惠政策。

第三条　本实施办法适用于个人养老金的参加人、人力资源社会保障部组织建设的个人养老金信息管理服务平台(以下简称信息平台)、金融行业平台、参与金融机构和相关政府部门等。

个人养老金的参加人应当是在中国境内参加城镇职工基本养老保险或者城乡居民基本养老保险的劳动者。金融行业平台为金融监管部门组织建设的业务信息平台。参与金融机构包括经中国银行保险监督管理委员会确定开办个人养老金资金账户业务的商业银行(以下简称商业银行),以及经金融监管部门确定的个人养老金产品发行机构和销售机构。

第四条　信息平台对接商业银行和金融行业平台,以及相关政府部门,为个人养老金实施、参与部门职责内监管和政府宏观指导提供支持。

信息平台通过国家社会保险公共服务平台、全国人力资源和社会保障政务服务平台、电子社保卡、掌上12333APP等全国统一线上服务入口或者商业银行等渠道,为参加人提供个人养老金服务,支持参加人开立个人养老金账户,查询个人养老金资金账户缴费额度、个人资产信息和个人养老金产品等信息,根据参加人需要提供涉税凭证。

第五条　各参与部门根据职责,对个人养老金的实施情况、参与金融机构和个人养老金产品等进行监管。各地区要加强领导、周密部署、广泛宣传,稳妥有序推动个人养老金发展。

第二章　参加流程

第六条　参加人参加个人养老金,应当通过全国统一线上服务入口或者商业银行渠道,在信息平台开立个人养老金账户;其他个人养老金产品销售机构可以通过商业银行渠道,协助参加人在信息平台在线开立个人养老金账户。

个人养老金账户用于登记和管理个人身份信息,并与基本养老保险关系关联,记录个人养老金缴费、投资、领取、抵扣和缴纳个人所得税等信息,是参加人参加个人养老金、享受税收优惠政策的基础。

第七条　参加人可以选择一家商业银行开立或者指定本人唯一的个人养老金资金账户,也可以通过其他符合规定的个人养老金产品销售机构指定。

个人养老金资金账户作为特殊专用资金账户,参照个人人民币银行结算账户项下Ⅱ类户进行管理。个人养老金资金账户与个人养老金账户绑定,为参加人提供资金缴存、缴费额度登记、个人养老金产品投资、个人养老金支付、个人所得税税款支付、资金与相关权益信息查询等服务。

第八条　参加人每年缴纳个人养老金额度上限为12000元,参加人每年缴费不得超过该缴费额度上限。人力资源社会保障部、财政部根据经济社会发展水平、多层次养老保险体系发展情况等因素适时调整缴费额度上限。

第九条　参加人可以按月、分次或者按年度缴费,缴费额度按自然年度累计,次年重新计算。

第十条　参加人自主决定个人养老金资金账户的投资计划,包括个人养老金产品的投资品种、投资金额等。

第十一条　参加人可以在不同商业银行之间变更其个人养老金资金账户。参加人办理个人养老金资金账户变更时,应向原商业银行提出,经信息平台确认后,在新商业银行开立新的个人养老金资金账户。

参加人在个人养老金资金账户变更后,信息平台向原商业银行提供新的个人养老金资金账户及开户行信息,向新商业银行提供参加人当年剩余缴费额度信息。参与金融机构按照参加人的要求和相关业务规则,为参加人办理原账户内资金划转及所持有个人养老金产品转移等手续。

第十二条　个人养老金资金账户封闭运行,参加人达到以下任一条件的,可以按月、分次或者一次性领取个人养老金。

(一)达到领取基本养老金年龄;

(二)完全丧失劳动能力;

(三)出国(境)定居;

（四）国家规定的其他情形。

第十三条 参加人已领取基本养老金的，可以向商业银行提出领取个人养老金。商业银行受理后，应通过信息平台核验参加人的领取资格，获取参加人本人社会保障卡银行账户，按照参加人选定的领取方式，完成个人所得税代扣后，将资金划转至参加人本人社会保障卡银行账户。

参加人符合完全丧失劳动能力、出国（境）定居或者国家规定的其他情形等领取个人养老金条件的，可以凭劳动能力鉴定结论书、出国（境）定居证明等向商业银行提出。商业银行审核并报送信息平台核验备案后，为参加人办理领取手续。

第十四条 鼓励参加人长期领取个人养老金。

参加人按月领取时，可以按照基本养老保险确定的计发月数逐月领取，也可以按照自己选定的领取月数逐月领取，领完为止，或者按照自己确定的固定额度逐月领取，领完为止。

参加人选取分次领取的，应选定领取期限，明确领取次数或方式，领完为止。

第十五条 参加人身故的，其个人养老金资金账户内的资产可以继承。

参加人出国（境）定居、身故等原因社会保障卡被注销的，商业银行将参加人个人养老金资金账户内的资金转至其本人或者继承人指定的资金账户。

第十六条 参加人完成个人养老金资金账户内资金（资产）转移，或者账户内的资金（资产）领取完毕的，商业银行注销该资金账户。

第三章 信息报送和管理

第十七条 信息平台对个人养老金账户及业务数据实施统一集中管理，与基本养老保险信息、社会保障卡信息关联，支持制度实施监控、决策支持等。

第十八条 商业银行应及时将个人养老金资金账户相关信息报送至信息平台。具体包括：

（一）个人基本信息。包括个人身份信息、个人养老金资金账户信息等；

（二）相关产品投资信息。包括产品交易信息、资产信息；

（三）资金信息。包括缴费信息、资金划转信息、相关资产转移信息、领取信息、缴纳个人所得税信息、资金余额信息等。

第十九条 商业银行根据业务流程和信息的时效性需要，按照实时核验、定时批量两类时效与信息平台进行交互，其中：

（一）商业银行在办理个人养老金资金账户开立、变更、注销和资金领取等业务时，实时核验参加人基本养老保险参保状态、个人养老金账户和资金账户唯一性，并报送有关信息；

（二）商业银行在办理完个人养老金资金账户开立、缴费、资金领取，以及提供与个人养老金产品交易相关的资金划转等服务后，定时批量报送相关信息。

第二十条 金融行业平台应及时将以下数据报送至信息平台。

（一）个人养老金产品发行机构、销售机构的基本信息；

（二）个人养老金产品的基本信息；

（三）参加人投资相关个人养老金产品的交易信息、资产信息数据等。

第二十一条 信息平台应当及时向商业银行和金融行业平台提供技术规范，确保对接顺畅。

推进信息平台与相关部门共享信息，为规范制度实施、实施业务监管、优化服务体验提供支持。

第四章 个人养老金资金账户管理

第二十二条 商业银行应完成与信息平台、金融行业平台的系统对接，经验收合格后办理个人养老金业务。

第二十三条 商业银行可以通过本机构柜面或者电子渠道，为参加人开立个人养老金资金账户。

商业银行为参加人开立个人养老金资金账户，应当通过信息平台完成个人养老金账户核验。

商业银行也可以核对参加人提供的由社会保险经办机构出具的基本养老保险参保证明或者个人权益记录单等相关材料，报经信息平台开立个人养老金账户后，为参加人开立个人养老金资金账户，并与个人养老金账户绑定。

第二十四条 参加人开立个人养老金资金账户时，应当按照金融监管部门要求向商业银行提供有效身份证件等材料。

商业银行为参加人开立个人养老金资金账户，应当严格遵守相关规定。

第二十五条 个人养老金资金账户应支持参加人通过商业银行结算账户、非银行支付机构、现金等途径缴费。商业银行应为参加人、个人养老金产品销售机构等提供与个人养老金产品交易相关的资金划转服务。

第二十六条 商业银行应实时登记个人养老金资金账户的缴费额度，对于超出当年缴费额度上限的，应予以提示，并不予受理。

第二十七条 商业银行应根据相关个人养老金产品交易结果，记录参加人交易产品信息。

第二十八条 商业银行应为参加人个人养老金资金账户

提供变更服务,并协助做好新旧账户衔接和旧账户注销。原商业银行、新商业银行应通过信息平台完成账户核验、账户变更、资产转移、信息报送等工作。

第二十九条 商业银行应当区别处理转移资金,转移资金中的本年度缴费额度累计计算。

第三十条 个人养老金资金账户当日发生缴存业务的,商业银行不应为其办理账户变更手续。办理资金账户变更业务期间,原个人养老金资金账户不允许办理缴存、投资以及支取等业务。

第三十一条 商业银行开展个人养老金资金账户业务,应当公平对待符合规定的个人养老金产品发行机构和销售机构。

第三十二条 商业银行应保存个人养老金资金账户全部信息自账户注销日起至少十五年。

第五章 个人养老金机构与产品管理

第三十三条 个人养老金产品及其发行、销售机构由相关金融监管部门确定。个人养老金产品及其发行机构信息应当在信息平台和金融行业平台同日发布。

第三十四条 个人养老金产品应当具备运作安全、成熟稳定、标的规范、侧重长期保值等基本特征。

第三十五条 商业银行、个人养老金产品发行机构和销售机构应根据有关规定,建立健全业务管理制度,包括但不限于个人养老金资金账户服务、产品管理、销售管理、合作机构管理、信息披露等。商业银行发现个人养老金实施中存在违规行为、相关风险或者其他问题的,应及时向监管部门报告并依规采取措施。

第三十六条 个人养老金产品交易所涉及的资金往来,除另有规定外必须从个人养老金资金账户发起,并返回个人养老金资金账户。

第三十七条 个人养老金产品发行、销售机构应为参加人提供便利的购买、赎回等服务,在符合监管规则及产品合同的前提下,支持参加人进行产品转换。

第三十八条 个人养老金资金账户内未进行投资的资金按照商业银行与个人约定的存款利率及计息方式计算利息。

第三十九条 个人养老金产品销售机构要以"销售适当性"为原则,依法了解参加人的风险偏好、风险认知能力和风险承受能力,做好风险提示,不得主动向参加人推介超出其风险承受能力的个人养老金产品。

第六章 信息披露

第四十条 人力资源社会保障部、财政部汇总并披露个人养老金实施情况,包括但不限于参加人数、资金积累和领取、个人养老金产品的投资运作数据等情况。

第四十一条 信息披露应当以保护参加人利益为根本出发点,保证所披露信息的真实性、准确性、完整性,不得有虚假记载、误导性陈述和重大遗漏。

第七章 监督管理

第四十二条 人力资源社会保障部、财政部根据职责对个人养老金的账户设置、缴费额度、领取条件、税收优惠等制定具体政策并进行运行监管。税务部门依法对个人养老金实施税收征管。

第四十三条 人力资源社会保障部对信息平台的日常运行履行监管职责,规范信息平台与商业银行、金融行业平台、有关政府部门之间的信息交互流程。

第四十四条 人力资源社会保障部、财政部、税务部门在履行日常监管职责时,可依法采取以下措施:

(一)查询、记录、复制与被调查事项有关的个人养老金业务的各类合同等业务资料;

(二)询问与调查事项有关的机构和个人,要求其对有关问题做出说明、提供有关证明材料;

(三)其他法律法规和国家规定的措施。

第四十五条 中国银行保险监督管理委员会、中国证券监督管理委员会根据职责,分别制定配套政策,明确参与金融机构的名单、业务流程、个人养老金产品条件、监管信息报送等要求,规范银行保险机构个人养老金业务和个人养老金投资公募基金业务,对参与金融机构发行、销售个人养老金产品等经营活动依法履行监管职责,督促参与金融机构优化产品和服务,做好产品风险提示,加强投资者教育。

参与金融机构违反本实施办法的,中国银行保险监督管理委员会、中国证券监督管理委员会依法依规采取措施。

第四十六条 中国银行保险监督管理委员会、中国证券监督管理委员会对金融行业平台有关个人养老金业务的日常运营履行监管职责。

第四十七条 各参与部门要加强沟通,通过线上线下等多种途径,及时了解社会各方面对个人养老金的意见建议,处理个人养老金实施过程中的咨询投诉。

第四十八条 各参与机构应当积极配合检查,如实提供有关资料,不得拒绝、阻挠或者逃避检查,不得谎报、隐匿或者销毁相关证据材料。

第四十九条 参与机构违反本实施办法规定或者相关法律法规的,人力资源社会保障部、财政部、税务部门按照职责依法依规采取措施。

第八章 附 则

第五十条 中国银行保险监督管理委员会、人力资源社会保障部会同相关部门做好个人税收递延型商业养老保险试点与个人养老金的衔接。

第五十一条　本实施办法自印发之日起施行。

第五十二条　人力资源社会保障部、财政部、国家税务总局、中国银行保险监督管理委员会、中国证券监督管理委员会根据职责负责本实施办法的解释。

(2)特定人群参保

劳动和社会保障部等关于农垦企业参加企业职工基本养老保险有关问题的通知

1. 2003年6月5日劳动和社会保障部、财政部、农业部、国务院侨务办公室发布

2. 劳社部发〔2003〕15号

根据国家关于完善城镇社会保障体系的要求和企业职工基本养老保险制度的有关政策，为了进一步做好农垦企业养老保险工作，切实保障退休人员的基本生活，经请示国务院同意，现就农垦企业参加企业职工基本养老保险有关问题通知如下：

一、从2003年7月1日起，各地要按规定将农垦企业及其职工纳入当地基本养老保险范围。从事非农业生产的企业和职工，执行当地统一的企业职工基本养老保险政策；从事农业生产的企业和职工，实行符合农业生产特点的参保办法。

二、农垦企业参加基本养老保险原则上实行属地管理。对于规模较大、跨行政区域分布的企业，可作为一个单位参加地市级或省本级的基本养老保险。实行省内垂直管理的农垦企业，也可以作为一个单位参加基本养老保险，并由省级管理。

三、农垦企业参加基本养老保险，执行当地统一的基本养老保险缴费比例。

从事非农业生产职工的个人缴费，原则上以本人上年度月平均工资为基数；从事农业生产的职工，缴费基数可按本省农垦企业平均工资核定，缴费方式可以采取按月申报，按月或按季、收获季节缴纳。

农垦企业单位缴费根据企业具体情况核定。从事非农业生产的，原则上以单位工资总额作为缴费基数；从事农业生产的，可采取与土地耕作面积挂钩等办法合理核定，以保证基金收入的稳定增长。

四、本通知下发前已经参加基本养老保险的农垦企业退休人员，各地应进一步规范有关待遇政策，清理统筹项目，核定基本养老金标准。本通知下发后参加基本养老保险的农垦企业原已退休人员，劳动保障部门要按照国家有关规定对其退休条件进行审核认定，并结合当地实际情况核定基本养老金水平，核定后的基本养老金水平不低于当地城市居民最低生活保障标准。

符合国家规定条件退休的农业职工，基础养老金可以本省农垦企业职工平均缴费工资为基数计发。为保持本通知下发前后退休人员基本养老金水平的平稳衔接，要根据基金承受能力对新退休人员基本养老金的增长幅度适当控制。

五、农垦企业及其职工参加基本养老保险后，是否补缴参保之前的基本养老保险费并同时补发基本养老金，由省级人民政府决定。

六、各地要采取有效措施，对农垦企业实行基本养老保险费全额征缴，并加大征缴力度，做到应收尽收。要按照国家有关规定，切实加强基本养老保险基金管理，实行专款专用，严禁挤占挪用。要建立健全规章制度，加强各项基础管理，特别是个人账户的建账、记账和对账等工作。

七、各地要加大基本养老保险基金调剂力度，对农垦企业离退休人员基本养老金实行社会化发放。对农垦企业的基金收支缺口，各级政府要采取措施，调整财政支出结构，认真加以解决。中央财政对困难地区农垦企业参保后增加的基金缺口，通过专项转移支付方式给予适当补助。

八、已经实行撤场建区、乡、镇的农垦企业，改制后属于机关事业单位的在职职工和离退休人员，执行机关事业单位的退休制度，所需经费由同级财政按规定负担；实行独立核算的工商企业及其职工、改制前参加工作的农业职工，以及原农垦企业的离退休人员纳入企业基本养老保险统筹范围。

九、华侨农(林)场参加基本养老保险依照本通知精神执行。

做好农垦企业基本养老保险工作，确保离退休人员基本养老金的按时足额发放，关系农垦企业的改革和发展，对于保持社会稳定，完善社会保障体系具有重要意义。各地要高度重视，加强领导，结合当地实际情况，制定具体实施办法，确保本通知的贯彻落实。各地的实施办法于6月底前报劳动保障部、财政部、农业部和国务院侨务办公室备案。

劳动和社会保障部等关于监狱企业工人参加企业职工基本养老保险有关问题的通知

1. 2005年11月1日劳动和社会保障部、财政部、司法部发布
2. 劳社部发〔2005〕25号

为适应监狱系统改革和发展的需要，切实解决监狱企业工人的养老保障问题，经请示国务院同意，现就监狱企业工人参加企业职工基本养老保险有关问题通知如下：

一、从2006年1月1日起，监狱企业及其工人参加当地企业职工基本养老保险，执行当地统一的企业职工基本养老保险政策。本通知下发前已将监狱企业及其工人纳入当地企业职工基本养老保险范围的，要进一步规范和完善政策。

二、监狱系统所属企业原则上可作为一个单位参加当地企业职工基本养老保险，并实行省级管理。监狱企业已参加所在市、县企业职工基本养老保险的，原则上可不再改变。具体由各省（自治区、直辖市）研究确定。

三、监狱企业工人参加当地企业职工基本养老保险后，1998年1月1日以前的连续工龄视同缴费年限；是否从1998年1月1日起补建个人账户并补缴基本养老保险费，由各省（自治区、直辖市）决定。已经实行监狱系统养老保险内部统筹并实行个人缴费的地区，原则上不再补缴基本养老保险费；未实行个人缴费的，由各省（自治区、直辖市）决定是否补缴个人缴费部分。同时，各地要组织对监狱系统内部统筹期间的基金财务等情况进行清理。

四、已参加机关事业单位养老保险制度改革试点的监狱企业及其工人（不含纳入行政事业序列并由财政全额保障经费的工勤人员），要逐步纳入当地企业职工基本养老保险。各地要参照劳动和社会保障部、国家经济贸易委员会、科学技术部、财政部《关于国家经贸委管理的10个国家局所属科研机构转制后有关养老保险问题的通知》（劳社部发〔2000〕2号）关于待遇过渡和衔接的精神，结合本地实际制定具体过渡办法。

五、监狱企业及其工人执行当地统一的企业职工基本养老保险缴费比例。单位缴费基数原则上为本单位工资总额，如单位工资总额低于全部参保职工个人缴费工资之和的，以全部参保职工个人缴费工资之和作为缴费基数。各地要采取有效措施，确保监狱企业基本养老保险费应收尽收，以及退休人员基本养老金的按时足额发放。

六、监狱刑满留厂（场）就业老残人员继续按财政部、司法部《关于印发〈监狱基本支出经费标准〉的通知》（财行〔2003〕11号）的有关规定执行，不纳入当地企业职工基本养老保险范围。

七、对参保前已退休人员的基本养老金，由劳动保障部门按照企业基本养老金计发办法的有关规定和统筹项目核定，核定后的基本养老金水平低于原待遇的差额部分由原所在监狱企业负担。参保后退休的人员，执行当地统一的企业退休人员基本养老金计发办法。今后，监狱企业退休人员的基本养老金按国家规定的企业退休人员基本养老金调整办法进行调整。

八、对监狱企业参加当地企业职工基本养老保险后出现的基金收支缺口，由地方各级政府通过加大基金调剂力度、调整财政支出结构等措施加以解决。中央财政在安排对地方养老保险专项转移支付资金时统筹予以考虑。

九、各地要认真按照司法部、财政部、人事部《关于监狱单位工人岗位分类设置和管理的通知》（司发通〔2004〕29号）和司法部《关于监狱单位工人分类管理的实施意见》（司发通〔2004〕40号）的有关规定，进一步规范监狱单位工人分类管理工作，实行并加强劳动合同管理，以适应监狱企业工人参加企业职工基本养老保险的要求。

十、司法部劳教系统所属企业及其工人参加企业职工基本养老保险，由各省（自治区、直辖市）参照本通知组织实施。

十一、监狱企业工人参加企业职工基本养老保险工作政策性强，事关监狱系统的改革、发展和稳定。各省（自治区、直辖市）劳动保障、财政、司法厅（局），要在当地人民政府的领导下，认真贯彻落实国家有关政策规定，密切配合，结合当地实际制定具体实施办法，并于2005年底前报劳动保障部、财政部、司法部备案。在执行中遇有重大问题，要及时报告。

劳动和社会保障部、民政部关于社会组织专职工作人员参加养老保险有关问题的通知

1. 2008年3月18日
2. 劳社部发〔2008〕11号

各省、自治区、直辖市劳动和社会保障厅（局）、民政

厅，新疆生产建设兵团劳动和社会保障局、民政局：

为进一步完善社会保障体系，扩大养老保险覆盖范围，促进社会组织健康发展，维护劳动者的合法权益，根据国家有关政策规定，现就社会组织专职工作人员参加养老保险有关问题通知如下：

一、凡依法在各级民政部门登记的社会团体（包括社会团体分支机构和代表机构）、基金会（包括基金会分支机构和代表机构）、民办非企业单位、境外非政府组织驻华代表机构及其签订聘用合同或劳动合同的专职工作人员（不包括兼职人员、劳务派遣人员、返聘的离退休人员和纳入行政事业编制的人员），按属地管理原则，参加当地企业职工基本养老保险。

二、尚未参加企业职工基本养老保险的社会组织，应在当地规定的时间内，持民政部门颁发的登记证书（如《社会团体法人登记证书》、《社会团体分支机构、代表机构登记证书》、《基金会法人登记证书》、《基金会分支机构、代表机构登记证书》、《境外基金会代表机构登记证书》或《民办非企业单位登记证书》）及参保所需的文件材料，到住所所在地社会保险经办机构办理社会保险登记手续，参加企业职工基本养老保险。本通知下发之后成立的社会组织，应当自登记注册之日起30日内办理社会保险登记手续，参加企业职工基本养老保险。

三、社会组织及其专职工作人员应按规定缴纳基本养老保险费，其中社会组织的缴费基数为全部参保专职工作人员个人缴费工资之和。

四、社会组织及其专职工作人员在本通知下发前签订聘用合同或劳动合同的，可按当地有关规定补缴基本养老保险费。

五、社会组织专职工作人员曾在机关事业单位工作的，其符合国家规定的工作年限视同为基本养老保险缴费年限；曾在企业或以个人身份参保的，要按有关规定做好养老保险关系的接续工作。

六、鼓励有条件的社会组织按照有关规定为专职工作人员建立年金制度，以提高工作人员退休后的保障水平。

切实做好社会组织专职工作人员参加养老保险工作，对保障他们的合法权益、构建和谐社会具有重要意义。各级劳动和社会保障、民政部门要密切配合，认真贯彻落实国家有关政策规定，做好组织实施工作。

人力资源和社会保障部等关于供销合作社企业职工参加企业职工基本养老保险有关问题的通知

1. 2009年1月14日人力资源和社会保障部、财政部、中华全国供销合作总社发布

2. 人社部发〔2009〕12号

各省、自治区、直辖市人民政府：

长期以来，供销合作社在为农服务、促进城乡物资交流、保障市场供给等方面作出了重要贡献。但在体制转轨过程中，政策性亏损等历史包袱沉重，致使部分企业职工尚未参加当地基本养老保险，成为体制转轨中的遗留问题。为适应供销合作社企业改革和发展的需要，切实解决供销合作社企业职工养老保障问题，经国务院同意，现就供销合作社企业职工参加企业职工基本养老保险有关问题通知如下：

一、从2009年1月1日起，尚未参保的供销合作社企业及其在册正式职工和退休人员（以下简称供销合作社企业及其职工）应当参加当地企业职工基本养老保险，执行当地统一的企业职工基本养老保险政策。企业及其职工按照当地的规定参保缴费，原则上参保人员在1998年1月1日之前符合国家规定的连续工龄应作为视同缴费年限，具体执行中可与当地企业职工养老保险视同缴费年限时点相一致，达到法定退休年龄时按规定享受养老保险待遇。参保前已退休人员在纳入基本养老保险后，由各省、自治区、直辖市结合本地实际及相关规定核定待遇。

供销合作社企业及其职工已按当地规定参加基本养老保险或通过其他方式已解决养老保障问题的，可继续按当地政策执行，具体由各省、自治区、直辖市人民政府决定。

二、供销合作社企业及其职工参加基本养老保险后，参保之前的基本养老保险费补缴问题，由各省、自治区、直辖市人民政府决定。

三、已参保的供销合作社企业因生产经营困难等原因欠缴的基本养老保险费，经与当地社会保险经办机构协商，可制定补缴计划。供销合作社企业要及时完成补缴计划，保证退休人员能够按规定享受养老保险待遇。

四、供销合作社企业依法出售自有产权公房、建筑物收入和处置企业使用的划拨土地的收入，优先留给企业用于缴纳社会保险费和安置职工。破产、关闭、注销企业确实无法通过资产变现等途径补缴的，对企业缴费部分的处理问题，由各省、自治区、直辖市人民政府决定。

五、各地区要加大养老保险基金调剂力度，确保供销合作社企业职工参保并享受相应待遇。对供销合作社企业及其职工参保后所增加的基金收支缺口，地方各级政府要采取措施，调整财政支出结构，认真加以解决。中央财政在安排对地方养老保险补助资金时统筹予以考虑。

六、供销合作社企业要深化改革，加快发展，积极参与社会主义新农村建设，努力提高经营管理水平和经济效益，依法参保缴费，维护职工的养老保险权益。

做好供销合作社企业职工基本养老保险工作，关系到供销合作社企业职工的切身利益，关系到社会稳定和社会保障体系建设。各省、自治区、直辖市人民政府要高度重视，加强领导，各级人力资源社会保障部门、财政厅（局）和供销合作社要在当地人民政府的领导下，认真贯彻落实国家有关政策规定，密切配合，结合实际制定具体实施办法，确保政策措施的贯彻落实。在执行中遇到重大问题，要及时报告。

劳动和社会保障部办公厅关于对破产企业离退休人员养老保险有关问题的复函

1. 1999年2月24日
2. 劳社厅函〔1999〕12号

吉林省劳动厅：

你厅《关于破产企业离退休职工养老保险有关问题的请示》（吉劳险字〔1999〕1号）收悉。经研究，现答复如下：

一、《国务院关于在若干城市试行国有企业破产有关问题的通知》（国发〔1994〕59号）和《国务院关于在若干城市试行国有企业兼并破产和职工再就业有关问题的补充通知》（国发〔1997〕10号）的有关规定，仅限于在国务院确定的111个企业优化资本结构改革试点城市执行。

二、已经参加养老保险社会统筹的企业，破产时，需补交欠缴的养老保险费（含差额缴拨时企业欠发离退休人员的养老金）及其利息，社会保险经办机构负责支付离退休人员的基本养老金。考虑到近年企业改革及企业破产力度较大，地方在确定企业养老保险缴费比例时没有这方面的支出因素，且破产企业职工分流需要一个吸收安置过程，对于养老保险基金确实不足，支付困难的地区，为弥补资金不足，可以从破产企业资产中划拨一定费用给社会保险经办机构，以保证离退休人员基本养老金的发放。具体办法由你省根据实际情况确定。

三、未参加养老保险社会统筹的企业，破产时，应按照支付离退休人员养老金的实际需要，一次性向社会保险经办机构划拨养老费用，社会保险经办机构负责支付该破产企业离退休人员的基本养老金。具体办法请你省研究确定。

劳动和社会保障部办公厅关于转制科研单位劳动合同制工人参加养老保险有关问题的函

1. 2001年4月30日
2. 劳社厅函〔2001〕122号

湖北省劳动和社会保障厅：

你厅《关于转制科研单位劳动合同制工人参加养老保险有关问题的请示》（鄂劳社〔2001〕101号）收悉。经研究，答复如下：

关于转制科研单位劳动合同制工人视同缴费年限的认定问题，原则同意你厅的意见，即：转制前已经按照当地政府规定参加机关事业单位劳动合同制工人养老保险社会统筹的，参保前的连续工龄视同缴费年限。转制前当地已实施机关事业单位劳动合同制工人养老保险社会统筹而尚未参保，在当地实施机关事业单位劳动合同制工人养老保险社会统筹前参加工作的，自当地实施机关事业单位劳动合同制工人养老保险社会统筹之日起补缴养老保险费，当地实施机关事业单位劳动合同制工人养老保险社会统筹之前的连续工龄视同缴费年限；在当地实施机关事业单位劳动合同制工人养老保险社会统筹后参加工作的，自本人参加工作之日起补缴养老保险费。

劳动和社会保障部办公厅关于对社会力量所办学校等民办非企业单位参加城镇企业职工养老保险的复函

1. 2003年7月8日
2. 劳社厅函〔2003〕317号

黑龙江省劳动和社会保障厅：

你厅《关于社会力量办学单位如何参加养老保险的

请示》(黑劳社呈〔2003〕16号)收悉。经研究,现答复如下:

各地在扩大基本养老保险覆盖面工作中,可结合本地区的实际情况,将社会力量所办学校等民办非企业单位纳入当地企业职工基本养老保险,执行企业职工基本养老保险制度。

(3)个人账户与转移接续

职工基本养老保险个人账户管理暂行办法

1. 1997年12月22日劳动部发布
2. 劳部发〔1997〕116号
3. 自1998年1月1日起施行

为了规范职工基本养老保险个人账户(以下简称个人账户)的建立和使用,保障广大劳动者的合法权益,根据基本养老保险实行社会统筹与个人账户相结合的原则和《国务院关于建立统一的企业职工基本养老保险制度的决定》(国发〔1997〕26号)的有关规定,制定本办法。

一、个人账户的建立

1. 个人账户用于记录参加基本养老保险社会统筹的职工缴纳的基本养老保险费和从企业缴费中划转记入的基本养老保险费,以及上述两部分的利息金额。个人账户是职工在符合国家规定的退休条件并办理了退休手续后,领取基本养老金的主要依据。

2. 个人账户的建立由职工劳动关系所在单位到当地社会保险经办机构办理,由工资发放单位向该社会保险经办机构提供个人的工资收入等基础数据。

3. 各社会保险经办机构按照国家技术监督局发布的社会保障号码(国家标准GB 11643－89),为已参加基本养老保险的职工每人建立一个终身不变的个人账户。目前国家技术监督局尚未公布社会保障号码校验码,在公布之前可暂用职工身份证号码。职工身份证号码因故更改时,个人账户号码不作变动。

4. 个人账户建立时间从各地按社会统筹与个人账户相结合的原则,建立个人账户时开始;之后新参加工作的人员,从参加工作当月起建立个人账户。

5. 1998年1月1日后才建立个人账户的单位,个人账户储存额除从1998年1月1日起开始按个人缴费工资的11%记账外,对1996年前参加工作的职工还应至少包括1996、1997两年个人缴费部分累计本息;对1996、1997年参加工作的职工,个人账户储存额应包括自参加工作之月到1997年底的个人缴费部分累计本息。

6. 个人账户主要内容包括:姓名、性别、社会保障号码、参加工作时间、视同缴费年限、个人首次缴费时间、当地上年职工平均工资、个人当年缴费工资基数、当年缴费月数、当年记账利息及个人账户储存额情况等(表式见《职工基本养老保险个人账户》)。

7. 职工本人一般以上一年度本人月平均工资为个人缴费工资基数(有条件的地区也可以本人上月工资收入为个人缴费工资基数,下同)。月平均工资按国家统计局规定列入工资总额统计的项目计算,包括工资、奖金、津贴、补贴等收入。本人月平均工资低于当地职工平均工资60%的,按当地职工月平均工资的60%缴费;超过当地职工平均工资300%的,按当地职工月平均工资的300%缴费,超过部分不记入缴费工资基数,也不记入计发养老金的基数。

8. 新招职工(包括研究生、大学生、大中专毕业生等)以起薪当月工资收入作为缴费工资基数;从第二年起,按上一年实发工资的月平均工资作为缴费工资基数。

单位派出的长期脱产学习人员、经批准请长假的职工,保留工资关系的,以脱产或请假的上年月平均工资作为缴费工资基数。

单位派到境外、国外工作的职工,按本人出境(国)上年在本单位领取的月平均工资作为缴费工资基数;次年的缴费工资基数按上年本单位平均工资增长率进行调整。

失业后再就业的职工,以再就业起薪当月的工资收入作为缴费工资基数;从第二年起,按上一年实发工资的月平均工资作为缴费工资基数。

以上人员的月平均缴费工资的上限和下限按照第7条规定执行。

9. 个人账户记入比例为按第7条确定的个人缴费工资基数的11%,其中包括个人缴费的全部和社会保险经办机构从企业缴费中划转记入两部分。个人缴费比例1997年不得低于本人缴费工资的4%,企业划转部分相应补齐到个人缴费工资基数的11%;从1998年起至少每两年个人缴费提高1%,企业划转部分相应减少1%,最终达到个人缴费为本人缴费工资基数的8%,企业划转部分相应减少到个人缴费工资基数的3%。有条件的地区和工资增长较快的年份,个人缴费提高的速度可以适当加快。

目前各地个人账户记账比例低于或高于个人缴费

工资基数11%的，要按国家有关规定做好向统一制度的并轨工作。

10. 个人账户的储存额按“养老保险基金记账利率”（以下简称“记账利率”）计算利息。记账利息暂由各省、自治区、直辖市人民政府参考银行同期存款利率等因素确定并每年公布一次。

二、个人账户的管理

11. 参加基本养老保险的单位按照各级社会保险经办机构的要求建立、健全职工基础资料，到当地社会保险经办机构办理基本养老保险参保手续，并按要求填报《参加基本养老保险单位登记表》《参加基本养老保险人员缴费情况表》和《参加基本养老保险人员变化情况表》。

12. 社会保险经办机构根据单位申报情况将数据输入微机管理，同时相应建立参保单位缴费台账、职工基本养老保险个人账户，并根据《参加基本养老保险人员变化情况表》，相应核定调整单位和职工个人缴费工资基数。

13. 对于因某种原因单位或个人不按时足额缴纳基本养老保险费的，视为欠缴。欠缴月份无论全额欠缴还是部分欠缴均暂不记入个人账户，待单位或个人按规定补齐欠缴金额后方可补记入个人账户。

职工所在企业欠缴养老保险费用期间，职工个人可以继续缴纳养老保险费用，所足额缴纳的费用记入个人账户，并计算为职工实际缴费年限。

出现欠缴情况后，以后缴费采用滚动分配法记账：即缴费先补缴以前欠缴费用及利息后，剩余部分作为当月缴费。

14. 社会保险经办机构在缴费年度结束后，应对职工个人账户进行结算，包括当年缴费额、实际缴费月数、当年利息额、历年缴费累计结转本息储存额等。利息按每年公布的记账利率计算。

15. 至本年底止个人账户累计储存额有两种计算方法。

方法一：年度计算法。即至本年底止个人账户累计储存额在每个缴费年度结束以后按年度计算（以上年月平均工资为缴费工资基数记账时适用此方法）。

计算公式：

至本年底止个人账户累计储存额 = 上年底止个人账户累计储存额 ×（1 + 本年记账利率）+ 个人账户本年记账金额 ×（1 + 本年记账利率 × 1.083 × 1/2）

方法二：月积数法。至本年底止个人账户累计储存额在一个缴费年度内按月计算（以上月职工工资收入为缴费工资基数记账时适用此方法）。

计算公式：

至本年底止个人账户累计储存额 = 上年底止个人账户累计储存额 ×（1 + 本年记账利率）+ 本年记账额本金 + 本年记账额利息

其中：

本年记账额利息 = 本年记账月积数 × 本年记账利率 × 1/12

本年记账月积数 = ∑〔n 月份记账额 ×（12 − n + 1）〕

（n 为本年各记账月份，且 $1 \leqslant n \leqslant 12$）

补缴欠缴的利息或本息和的计算办法见附件3。

16. 社会保险经办机构在缴费年度结束后，应根据《职工基本养老保险个人账户》的记录，为每个参保职工打印《职工基本养老保险个人账户对账单》，发给职工本人，由职工审核签字后，依年粘贴在《职工养老保险手册》中妥善保存。

17. 统一制度之前各地已为职工建立的个人账户储存额，与统一制度后职工个人账户储存额合并计算。

18. 职工由于各种原因而中断工作的，不缴纳基本养老保险费用，也不计算缴费年限，其个人账户由原经办机构予以保留，个人账户继续计息。职工调动或中断工作前后个人账户的储存额累计计算，不间断计息。

19. 个人账户储存额不能挪作他用，也不得提前支取（另有规定者除外）。

三、个人账户的转移

20. 职工在同一统筹范围内流动时，只转移基本养老保险关系和个人账户档案，不转移基金。

21. 职工跨统筹范围流动时，转移办法按如下规定：

（1）转移基本养老保险关系和个人账户档案。

（2）对职工转移时已建立个人账户的地区，转移基金额为个人账户中1998年1月1日之前的个人缴费部分累计本息加上从1998年1月1日起记入的个人账户全部储存额。

（3）对职工转移时仍未建立个人账户的地区，1998年1月1日之前转移的，1996年之前参加工作的职工，转移基金额为1996年1月1日起至调转月止的职工个人缴费部分累计本息；1996、1997年参加工作的职工，基金转移额为参加工作之月起至1997年底的个人缴费部分累计本息。1998年1月1日之后转移的，转移基金额为1998年之前按前述规定计算的职工个人缴费部分累计本息，加上从1998年1月1日起按职工个人缴费工资基数11%计算的缴费额累计本息。

未建个人账户期间，计算个人缴费部分的利息按中国人民银行一定期定期城乡居民储蓄存款利率计算。

(4)对年中调转职工调转当年的记账额，调出地区只转本金不转当年应记利息；职工调转后，由调入地区对职工调转当年记账额一并计息。计算方法按第15条规定执行。

(5)基金转移时，不得从转移额中扣除管理费。

(6)职工转出时，调出地社会保险经办机构应填写《参加基本养老保险人员转移情况表》(转移单)。

(7)职工转入时，调入地社会保险经办机构应依据转出地区提供的《参加基本养老保险人员转移情况表》和《职工基本养老保险个人账户》等资料，并结合本地基本养老保险办法，为职工续建个人账户，做好个人账户关系的前后衔接工作。

四、个人账户的支付

22. 当单位离退休人员发生变动时，单位应填写《离退休人员增减变化情况表》，报社会保险经办机构审核，社会保险经办机构对待遇给付情况应及时进行相应调整。

23. 按统一的基本养老保险办法办理退休的职工，其基本养老金中的基础养老金、过渡性养老金等由社会统筹基金支付；个人账户养老金由个人账户中支付。

24. 职工退休以后年度调整增加的养老金，按职工退休时个人账户养老金和基础养老金各占基本养老金的比例，分别从个人账户储存余额和社会统筹基金中列支。

25. 职工退休后，其个人账户缴费情况停止记录，个人账户在按月支付离退休金(含以后年度调整增加的部分)后的余额部分继续计息。利息计算有两种方法：

方法一：年度计算法。即离退休人员个人账户余额生成的利息在每个支付年度结束后按年度计算(支付年度内各月支付的养老金数额相同时适用此方法)。年利息计算公式如下：

年利息＝(个人账户年初余额－当年支付养老金总额)×本年记账利率＋当年支付养老金总额×本年记账利率×1.083×1/2

个人账户年终余额＝个人账户年初余额－当年支付养老金总额＋年利息

方法二：月积数法。即离退休人员个人账户余额生成的利息在每个支付年度内按月计算(支付年度内各月支付的养老金数额不同时适用此方法)。年利息计算公式如下：

年利息＝个人账户年初余额×本年记账利率－本年度支付月积数×本年记账利率×1/12

本年度支付月积数＝∑〔n月份支付额×(12－n＋1)〕

(n为本年度各支付月份，且1≤n≤12)

26. 当职工个人缴费年限(含视同缴费年限)不满15年而达到法定退休年龄时，退休后不享受基础养老金待遇，其个人账户全部储存额一次性支付给本人，同时终止养老保险关系。出现上述情况时，职工所在单位应及时向社会保险经办机构填报《个人账户一次性支付审批表》。社会保险经办机构核定后封存其个人账户档案。

五、个人账户的继承

27. 职工在职期间死亡时，其继承额为其死亡时个人账户全部储存额中的个人缴费部分本息。

28. 离退休人员死亡时，继承额按如下公式计算：

继承额＝离退休人员死亡时个人账户余额×离退休时个人账户中个人缴费本息占个人账户全部储存额的比例

29. 继承额一次性支付给死亡者生前指定的受益人或法定继承人。个人账户的其余部分，并入社会统筹基金。个人账户处理完后，应停止缴费或支付记录，予以封存。

六、其他

30. 新安置的军队复员、退伍军人，转业干部及从国家机关、事业单位调入企业人员，其个人账户的建立，待国家明确规定后，再按国家规定执行。

31. 本办法自1998年1月1日起实行。

附件1：职工基本养老保险个人账户表式(略)

附件2

职工基本养老保险
个人账户表式指标解释

职工基本养老保险个人账户表式共分八表，供各地社会保险经办机构在本地进行职工基本养老保险个人账户管理时使用，各地社会保险经办机构可结合本地实际情况在本表式的基础上增加栏目或其他所需表式。本表式中的主要指标解释如下：

1. 单位名称，指参加基本养老保险单位在工商行政管理部门注册时使用的名称。

2. 单位编码，指社会保险经办机构为参保单位设置的数字代码。

3. 单位地址，指参加基本养老保险单位在工商行政管理部门注册时填写的地址。

4. 主管部门，指本单位上一级行政主管单位。

5. 单位负责人，指本单位主管基本养老保险工作的负责人。

6. 业务经办人，指本单位具体经办基本养老保险业务的业务人员。

7. 实行基本养老保险（社会统筹）日期，指本单位经社会保险经办机构批准正式参加基本养老保险（社会统筹）的日期。

8. 上年末职工人数，指截至上年 12 月 31 日在本单位工作的各类职工人数之和。

9. 上年职工工资总额，指截至上年 12 月 31 日在本单位工作的各类职工工资收入总额。

10. 上年末离退休（职）人数，指截至上年 12 月 31 日从本单位离退休（职）的各类职工人数之和（不含已死亡的离退休（职）人员）。

11. 上年离退休（职）费用总额，指截至上年 12 月 31 日从本单位离退休（职）的各类职工在实际统筹项目范围内领取的离退休（职）费之和（不含已死亡的离退休（职）人员的离退休（职）费）。

12. 单位缴费比例，指参加统筹单位按当地政府规定缴纳的基本养老保险费的比例。

13. 当月养老金支付基数，指实行差额收缴、拨付养老金的地区单位本月应从社会保险经办机构领取的基本养老金金额；实行全额收缴、拨付的地区指在实行统筹项目范围内本月应支付本单位离退休（职）费之和（不含已死亡的离退休（职）人员的离退休（职）费）。

14. 姓名，应与本人身份证姓名相同。

15. 社会保障号码，共 16 位数，为身份证号码后加一位校验码。目前国家技术监督局尚未确定校验码，可暂填身份证号码。

16. 参加工作时间，指参保职工首次参加工作的时间。

17. 视同缴费年限，指参保职工实际缴费年限之前的按国家有关规定计算的连续工作年限。

18. 实际缴费年限，指职工参加基本养老保险后，按规定足额缴纳基本养老保险费的年限。

19. 首次参保年月，指参保职工第一次参加养老保险（社会统筹）的时间。

20. 月缴费工资，指参保职工按国家规定统计口径作为缴纳基本养老保险费的月缴费工资基数。

21. 变化时间，指参保人员在发生增减变化时到本单位或当地社会保险经办机构办理手续的时间。

22. 调出单位，应填写参保职工调出前所在工作单位在工商行政管理部门注册时使用的单位名称。

23. 调入单位，应填写参保职工调入新的工作单位在工商行政管理部门注册时的单位名称。

24. 截止缴费时间，指参保职工调出原单位时最后一次缴纳基本养老保险费的时间。

25. 缴费（支付）截止时间，指参保职工最后一次缴费或最后一次领取基本养老金的时间。

26. 基本养老金个人账户累计储存额或余额（含利息），指参保职工最后一次缴费或最后一次领取基本养老金后其个人账户中剩余金额本息和。

27. 个人缴费本息，指参保职工最后一次缴费或最后一次领取基本养老金后其个人账户中个人缴费部分剩余金额本息和。

28. 领取人姓名，指符合一次性支付条件的职工本人或其合法代领人的姓名，领取人所填姓名须与其身份证上姓名相同。

29. 有关证件号，指领取人领取养老金时须同时出示的本人身份证或工作证的号码（若为代领时还须同时出示被代领人的身份证）。

30. 签字，指领取人的亲笔签名。

31. 离退休时间，指参保职工经劳动行政部门批准开始离退休的时间。

32. 个人缴费首次记入时间，指参保职工在本地区实行个人缴费后，所足额缴费首次记入个人账户的时间。

33. 上年职工平均工资，指按规定记入的全省或参保职工所在地市上一年职工平均工资。

34. 当年缴费工资，指参保职工按国家规定统计口径计算应作为缴纳基本养老保险费的当年缴费工资基数。

35. 当年缴费月数，指参保职工按规定当年向社会保险经办机构足额缴纳基本养老保险费月数和。

36. 当年记账利率，指每年公布的当年个人账户的记账利率。

37. 累计缴费月数，指参保职工从当地开始建立职工基本养老保险个人账户时时起，至目前按规定累计向社会保险经办机构缴纳基本养老保险费月数总和。

38. 个人缴费工资基数，指职工本人缴纳基本养老保险费的上一年度月平均工资（或上月工资收入），月平均工资超过当地职工月平均工资 300% 以上的部分，不计入个人缴费工资基数；低于当地职工月平均工资 60% 的，按 60% 计入。

39. 企业缴费中划转部分（%），指社会保险经办机构从企业缴纳的养老保险费中按个人缴费工资基数的一定比例划转记入个人账户的金额。“(%)”中,“%”前填写由当地政府确定的划转比例。

40. 个人缴费部分(%),指职工个人按规定的缴费比例缴纳基本养老保险费的金额。“(%)”中,“%”前填写由当地政府确定的职工个人缴费比例。

附件3

至本年底止个人账户累计储存额计算办法(月积数法)

至本年底止个人账户储存额分为四部分计算:

第一部分:上年底个人账户累计储存额至当年底的本息和(设为A);

第二部分:本年按时足额缴费记账额的本息和(设为B);

第三部分:补记入个人账户部分补缴利息(设为C);

第四部分:补记入个人账户部分本年本息和(设为D)。

1. 上年底个人账户累计储存额至本年底的本息和计算公式:

A = 上年底止累计储存额 × (1 + 本年记账利率)

2. 本年按时足额缴费记账额本息和计算公式:

B = 本年记账额本金 + 本年记账额利息

本年记账额利息 = 本年记账月积数 × 本年记账月利率

本年记账月积数 = ∑〔n月份记账额 × (12 − n + 1)〕

本年记账月利率 = 本年记账利率 × 1/12

即:

B = 本年记账额本金 + ∑〔n月份记账额 × (12 − n + 1)〕× 本年记账利率 × 1/12

(n为本年各记账月,且1≤n≤12)

3. 补记入个人账户部分补缴利息分两部分:

第一部分:跨年度补缴利息(设为C_1);

第二部分:非跨年度补缴利息(设为C_2)。即:

$$C = C_1 + C_2$$

(1)跨年度补缴利息计算分为三部分:

第一部分:补缴欠缴年度当年欠缴利息(设为C_{11});

第二部分:补缴欠缴年度后第二年起至补缴年度前一年止的欠缴利息(设为C_{12});

第三部分:补缴年度当年欠缴利息(设为C_{13})。

其计算公式为:

$$C_1 = C_{11} + C_{12} + C_{13}$$

其中:

C_{11} = 欠缴年度当年欠缴额月积数 × 欠缴年度当年记账月利率

欠缴年度当年欠缴额月积数 = ∑(n月份欠缴额 × 欠缴年度当年欠缴月数)

欠缴年度当年欠缴月数 = 12 − n + 1

欠缴年度当年记账月利率 = 欠缴年度当年记账利率 × 1/12

即:

C_{11} = ∑〔n月份欠缴额 × (12 − n + 1)〕× 欠缴年度当年记账利率 × 1/12

(n为欠缴年度欠缴时月份,且1≤n≤12)

C_{12} = 欠缴年度后第二年应补缴利息 + 欠缴年度后第三年应补缴利息 + … + 补缴年度前一年应补缴利息

欠缴年度后第二年应补缴利息 = (欠缴额本金 + C_{11}) × 欠缴年度后第二年记账利率

欠缴年度后第三年应补缴利息 = (欠缴额本金 + C_{11} + 欠缴年度后第二年应补缴利息) × 欠缴年度后第三年记账利率

……

补缴年度前一年应补缴利息 = (欠缴额本金 + C_{11} + 欠缴年度后第二年应补缴利息 + … + 补缴年度前两年应补缴利息) × 补缴年度前 − 年记账利率

C_{13} = (欠缴额本金和 + C_{11} + C_{12}) × (补缴时月份 − 1) × 补缴年度前 − 年记账利率 × 1/12

(2)非跨年度补缴利息计算公式:

C_2 = ∑(n月份欠缴额 × 欠缴月数) × 欠缴年度上一年记账利率 × 1/12

(欠缴月数 = m − n)

即:

C_2 = ∑〔n月份欠缴额 × (m − n)〕× 欠缴年度上一年记账利率 × 1/12

(n为本年欠缴时月份,m为本年补缴时月份)

4. 补记入个人账户部分本年本息和计算分为两部分:

第一部分:欠缴年度已缴部分(未足额)本息和(设为D_1);

第二部分:补缴部分本金到本年底本息和(设为D_2)。

其计算公式为:

$D = D_1 + D_2$

D_1 计算方法参考本办法1、2。

D_2 = 本年补缴额本金月积数 × 本年记账利率 × 1/12

本年补缴额本金月积数计算方法参考办法2。

劳动和社会保障部办公厅关于规范企业职工基本养老保险个人账户管理有关问题的通知

1. 2001年10月18日
2. 劳社厅发〔2001〕5号

《国务院关于建立统一的企业职工基本养老保险制度的决定》(国发〔1997〕26号)下发以来,各地对企业职工基本养老保险个人账户的建立和管理工作进行了规范,取得了一定的成效,但部分地区还存在建账率低、记录不规范、变更不及时、对账制度不落实等问题。为进一步规范个人账户管理,保证养老保险制度的健康运行,维护职工合法权益,现就有关问题通知如下:

一、及时建立和补建个人账户

(一)社会保险经办机构要以公民身份证号码为标识,为所有参加社会保险的职工建立或补建个人账户。个人账户数据库的项目应参照《社会保险管理信息系统指标体系——业务部分(LB 101—2000)》(劳社信息函〔2000〕19号)和《养老保险个人账户指标》(附后)进行规范。

(二)各级社会保险经办机构要对本地区的个人账户建立情况进行全面清理和检查,与企业、个人核对,抓紧建立和补建工作,在2001年底以前实现本地区个人账户建账率95%以上的目标。

(三)社会保险经办机构对个人账户实行统一管理。个人账户仍在企业或行业管理的,最迟要在2002年6月底前移交社会保险经办机构管理。

二、严格执行个人账户记录和对账制度

(一)企业和职工按规定缴费后,社会保险经办机构要及时记录个人账户。职工工资或劳动关系发生变化,要及时变更。不得采取"先记账、后缴费"的做法,企业或参保人员欠缴养老保险费期间,欠缴月份不记录个人账户。参保人员本人按时足额缴纳养老保险费的,应按《劳动部办公厅关于印发〈职工基本养老保险个人账户管理暂行办法〉的通知》(劳办发〔1997〕116号)规定记入个人账户。

(二)实行税务征缴的地区,社会保险经办机构要主动做好与税务部门的衔接,制定严格的业务规范程序,明确各自职责。收到养老保险费征缴总额与明细票据后,要认真核对,及时记账,发现问题要及时沟通和更正。

(三)个人账户要按月记账。计息使用"年度计算法"的地区应逐步统一使用"月积数计算法"计息。对账时间为每年的4至6月。

(四)社会保险经办机构要妥善保存养老保险缴费和个人账户记录,每年至少公示、打印一次个人账户对账单,并采取多种形式,建立个人账户查询制度,记录个人查询和对账情况,方便参保人员了解企业缴费和个人账户结存情况。

(五)用人单位和个人对社会保险经办机构公布的个人账户对账单有异议时,可到社会保险经办机构查询,提出更正的要求。对用人单位和职工的异议,社保机构要及时核实和更正。

三、做好个人账户的接续和清理工作

(一)企业因改制、关闭破产等原因与职工解除劳动关系,以及下岗职工出中心时,社会保险经办机构要及时与企业或职工本人核对个人账户记录。确认无误的,由社会保险经办机构、企业和本人三方签字(盖章)。同时,社会保险经办机构要填制《基本养老保险关系接续卡》,并发放到每位职工手中,为他们重新就业后接续养老保险关系服务。

(二)对因自动离职、失业、参军、调入机关事业单位,以及被判刑、劳教等中断缴费人员的个人账户进行全面清理,做出分类,建立专门的中断缴费数据库,封存个人账户。

(三)对参保人员死亡、跨统筹地区调出、出国定居、缴费不满15年一次性领取个人账户储存额等情况,账户处理完毕后予以封存,与参保职工个人账户分开管理。

四、做好个人账户的转移工作

(一)参保人员跨统筹范围工作调动,社会保险经办机构要严格按照劳动保障部办公厅《关于严格执行基本养老保险个人账户转移政策的通知》(劳社厅发〔1999〕22号)的规定,办理基本养老保险关系、个人账户和基金的转移手续。转移前后的个人账户储存额合并计算。

(二)已参加基本养老保险的企业职工,在调入已开展基本养老保险制度改革的机关事业单位时,要转移养老保险关系。个人账户储存额是否转移,由各省区市根据实际情况确定。调入未开展基本养老保险制度改革的机关事业单位,暂不转移个人账户,继续由调出地社会保险经办机构管理。机关事业单位职工调入企业时,从调入之日起建立个人账户,在调入企业前已经建立个人账户的,其个人账户随同转移,储存额合并计算。

各省、自治区、直辖市劳动保障部门及社会保险经办机构要严格按照个人账户管理的有关规定，加强对地市和区县工作的指导，妥善解决工作中出现的问题，加快工作进度，并对工作进展情况进行检查评估。对工作相对落后的地区，要加强督查，查找薄弱环节，切实改进工作。为推动这项工作，我部社会保险事业管理中心对建账率95%以下的省区市补建账户工作进度实行月调度，各地区要按照要求及时报送情况。2001年10月中下旬起，我部将对部分省区市个人账户情况进行检查评估。

附件：（略）

统一和规范职工养老保险个人账户记账利率办法

1. 2017年4月13日人力资源和社会保障部、财政部发布
2. 人社部发〔2017〕31号

按照党中央、国务院关于完善个人账户制度的部署，为进一步促进养老保险制度的公平统一，增强参保缴费的激励约束作用，特制定统一和规范职工养老保险个人账户记账利率办法。

一、统一和规范记账利率的基本原则。一是坚持制度公平性，统一确定机关事业单位和企业职工基本养老保险个人账户记账利率。二是增强制度激励作用，引导参保人员积极参保和足额缴费。三是保证合理待遇水平，保证职工基本养老保险个人账户养老金和职业年金合理的替代率水平，保障参保人员退休后的基本生活。四是坚持制度可持续发展，体现精算平衡，科学确定职工基本养老保险和职业年金个人账户记账利率的规则和水平。

二、统一职工基本养老保险个人账户记账利率。统一机关事业单位和企业职工基本养老保险个人账户记账利率，每年由国家统一公布。记账利率应主要考虑职工工资增长和基金平衡状况等因素研究确定，并通过合理的系数进行调整。记账利率不得低于银行定期存款利率。

三、确定职业年金个人账户记账利率办法。职业年金个人账户记账利率根据实账积累部分的投资收益率确定，建立一个或多个职业年金计划的省（区、市），职业年金的月记账利率为实际投资收益率或根据多个职业年金计划实际投资收益率经加权平均后的收益率。

四、规范职工个人账户记账利率公布时间。职工基本养老保险个人账户记账利率每年6月份由人力资源社会保障部和财政部公布。职业年金个人账户记账利率由人力资源社会保障部和财政部根据各省（区、市）职业年金实账积累部分投资收益情况，每年公布一次。

国务院办公厅关于转发人力资源社会保障部、财政部城镇企业职工基本养老保险关系转移接续暂行办法的通知

1. 2009年12月28日
2. 国办发〔2009〕66号

各省、自治区、直辖市人民政府，国务院各部委、各直属机构：

人力资源社会保障部、财政部《城镇企业职工基本养老保险关系转移接续暂行办法》已经国务院同意，现转发给你们，请结合实际，认真贯彻执行。

城镇企业职工基本养老保险关系转移接续暂行办法

（人力资源社会保障部　财政部）

第一条　为切实保障参加城镇企业职工基本养老保险人员（以下简称参保人员）的合法权益，促进人力资源合理配置和有序流动，保证参保人员跨省、自治区、直辖市（以下简称跨省）流动并在城镇就业时基本养老保险关系的顺畅转移接续，制定本办法。

第二条　本办法适用于参加城镇企业职工基本养老保险的所有人员，包括农民工。已经按国家规定领取基本养老保险待遇的人员，不再转移基本养老保险关系。

第三条　参保人员跨省流动就业的，由原参保所在地社会保险经办机构（以下简称社保经办机构）开具参保缴费凭证，其基本养老保险关系应随同转移到新参保地。参保人员达到基本养老保险待遇领取条件的，其在各地的参保缴费年限合并计算，个人账户储存额（含本息，下同）累计计算；未达到待遇领取年龄前，不得终止基本养老保险关系并办理退保手续；其中出国定居和到香港、澳门、台湾地区定居的，按国家有关规定执行。

第四条　参保人员跨省流动就业转移基本养老保险关系时，按下列方法计算转移资金：

（一）个人账户储存额：1998年1月1日之前按个人缴费累计本息计算转移，1998年1月1日后按计入个人账户的全部储存额计算转移。

（二）统筹基金（单位缴费）：以本人1998年1月1

日后各年度实际缴费工资为基数，按 12% 的总和转移，参保缴费不足 1 年的，按实际缴费月数计算转移。

第五条　参保人员跨省流动就业，其基本养老保险关系转移接续按下列规定办理：

（一）参保人员返回户籍所在地（指省、自治区、直辖市，下同）就业参保的，户籍所在地的相关社保经办机构应为其及时办理转移接续手续。

（二）参保人员未返回户籍所在地就业参保的，由新参保地的社保经办机构为其及时办理转移接续手续。但对男性年满 50 周岁和女性年满 40 周岁的，应在原参保地继续保留基本养老保险关系，同时在新参保地建立临时基本养老保险缴费账户，记录单位和个人全部缴费。参保人员再次跨省流动就业或在新参保地达到待遇领取条件时，将临时基本养老保险缴费账户中的全部缴费本息，转移归集到原参保地或待遇领取地。

（三）参保人员经县级以上党委组织部门、人力资源社会保障行政部门批准调动，且与调入单位建立劳动关系并缴纳基本养老保险费的，不受以上年龄规定限制，应在调入地及时办理基本养老保险关系转移接续手续。

第六条　跨省流动就业的参保人员达到待遇领取条件时，按下列规定确定其待遇领取地：

（一）基本养老保险关系在户籍所在地的，由户籍所在地负责办理待遇领取手续，享受基本养老保险待遇。

（二）基本养老保险关系不在户籍所在地，而在其基本养老保险关系所在地累计缴费年限满 10 年的，在该地办理待遇领取手续，享受当地基本养老保险待遇。

（三）基本养老保险关系不在户籍所在地，且在其基本养老保险关系所在地累计缴费年限不满 10 年的，将其基本养老保险关系转回上一个缴费年限满 10 年的原参保地办理待遇领取手续，享受基本养老保险待遇。

（四）基本养老保险关系不在户籍所在地，且在每个参保地的累计缴费年限均不满 10 年的，将其基本养老保险关系及相应资金归集到户籍所在地，由户籍所在地按规定办理待遇领取手续，享受基本养老保险待遇。

第七条　参保人员转移接续基本养老保险关系后，符合待遇领取条件的，按照《国务院关于完善企业职工基本养老保险制度的决定》（国发〔2005〕38 号）的规定，以本人各年度缴费工资、缴费年限和待遇领取地对应的各年度在岗职工平均工资计算其基本养老金。

第八条　参保人员跨省流动就业的，按下列程序办理基本养老保险关系转移接续手续：

（一）参保人员在新就业地按规定建立基本养老保险关系和缴费后，由用人单位或参保人员向新参保地社保经办机构提出基本养老保险关系转移接续的书面申请。

（二）新参保地社保经办机构在 15 个工作日内，审核转移接续申请，对符合本办法规定条件的，向参保人员原基本养老保险关系所在地的社保经办机构发出同意接收函，并提供相关信息；对不符合转移接续条件的，向申请单位或参保人员作出书面说明。

（三）原基本养老保险关系所在地社保经办机构在接到同意接收函的 15 个工作日内，办理好转移接续的各项手续。

（四）新参保地社保经办机构在收到参保人员原基本养老保险关系所在地社保经办机构转移的基本养老保险关系和资金后，应在 15 个工作日内办结有关手续，并将确认情况及时通知用人单位或参保人员。

第九条　农民工中断就业或返乡没有继续缴费的，由原参保地社保经办机构保留其基本养老保险关系，保存其全部参保缴费记录及个人账户，个人账户储存额继续按规定计息。农民工返回城镇就业并继续参保缴费的，无论其回到原参保地就业还是到其他城镇就业，均按前述规定累计计算其缴费年限，合并计算其个人账户储存额，符合待遇领取条件的，与城镇职工同样享受基本养老保险待遇；农民工不再返回城镇就业的，其在城镇参保缴费记录及个人账户全部有效，并根据农民工的实际情况，或在其达到规定领取条件时享受城镇职工基本养老保险待遇，或转入新型农村社会养老保险。

农民工在城镇参加企业职工基本养老保险与在农村参加新型农村社会养老保险的衔接政策，另行研究制定。

第十条　建立全国县级以上社保经办机构联系方式信息库，并向社会公布，方便参保人员查询参保缴费情况，办理基本养老保险关系转移接续手续。加快建立全国统一的基本养老保险参保缴费信息查询服务系统，发行全国通用的社会保障卡，为参保人员查询参保缴费信息提供便捷有效的技术服务。

第十一条　各地已制定的跨省基本养老保险关系转移接续相关政策与本办法规定不符的，以本办法规定为准。在省、自治区、直辖市内的基本养老保险关系转移接续办法，由各省级人民政府参照本办法制定，并报人力资源社会保障部备案。

第十二条　本办法所称缴费年限，除另有特殊规定外，均包括视同缴费年限。

第十三条　本办法从2010年1月1日起施行。

人力资源和社会保障部关于城镇企业职工基本养老保险关系转移接续若干具体问题的意见

1. 2010年9月26日

2. 人社部发〔2010〕70号

一、关于统筹基金（单位缴费）

参保人员跨省流动就业转移统筹基金时，属于临时基本养老保险缴费账户的，单位缴费比例超过12%的，按实际缴费比例计算转移金额；低于12%的，按12%计算转移金额。

以个人身份参加城镇企业职工基本养老保险的参保人员，在跨省流动就业转移统筹基金时，除记入个人账户的部分外，缴费比例高于或低于12%的，均按12%的标准计算转移金额。转移时为临时基本养老保险缴费账户的，缴费比例高于12%的，按实际缴费比例计算转移金额；低于12%的，按12%计算转移金额。

参保人员跨省流动就业转移的统筹基金不计利息。

二、关于个人账户记账利息

参保人员跨省流动就业转移个人账户储存额时，当地1998年1月1日之前已建立个人账户的，从本人建账之日起计算个人账户利息；之后建立个人账户的，统一从1998年1月1日计算个人账户利息（含放大或调整到规定账户规模调整额的利息）。转出地计算利息的截止时间为办理关系转移手续的上年末（指自然年度，下同），当年的缴费（含当年补缴历史欠费）和上年末累计个人账户储存额应在当年产生的利息，由转入地一并计算。

转移个人账户储存额时，转出地上年记账利率未公布的，按再上一年记账利率计算利息。

三、关于个人账户记账额

参保人员跨省流动就业转移个人账户储存额时，个人账户记账额与按规定计算的资金转移额不一致的，1998年1月1日之前已建立个人账户的，转出地和转入地均保留原个人账户记录；1998年1月1日至2005年12月31日期间，个人账户记账比例高于11%的部分不计算为转移资金，个人账户记录不予调整，低于11%的，转出地按11%计算转移资金，并相应调整个人账户记录；2006年1月1日之后个人账户记账比例高于8%的部分不转移，个人账户记录不予调整，低于8%的，转出地按8%计算转移资金，并相应调整个人账户记录。个人账户记录按规定调整后，参保人员又发生跨省流动的，不再作调整。

四、关于临时基本养老保险缴费账户

参保人员在2010年1月1日之前在非户籍所在地（以省为单位，下同）就业参保、2010年1月1日之后男性年满50周岁和女性年满40周岁的，参保人员在中断缴费期间男性年满50周岁和女性年满40周岁的，参保地不得将其基本养老保险关系调整为临时基本养老保险缴费账户。

男性年满50周岁和女性年满40周岁的人员，首次参保地为非户籍所在地的，参保地应为其建立临时基本养老保险缴费账户。

参保人员在建立临时基本养老保险缴费账户期间达到待遇领取条件时，原保留基本养老保险关系所在地负责将其临时基本养老保险缴费账户进行归集归并。其中，只有临时基本养老保险缴费账户的。由户籍所在地负责归集归并，并在办理转入手续的同时进行参保信息登记。

五、关于户籍所在地

参保人员在建立临时基本养老保险缴费账户期间迁入户籍的，从迁入的次月起将其1%的基本养老保险缴费账户调整为基本养老保险关系。

参保人员达到待遇领取条件、尚未办理待遇领取手续期间，户籍发生变动的，在确定户籍所在地时，以其达到待遇领取条件的年龄时间为准。

六、关于参保缴费年限

在确定参保人员待遇领取地时，一地（省、自治区、直辖市为单位，下同）的累计缴费年限应包括在本地的实际缴费年限和计算在本地的视同缴费年限。其中，曾经在机关事业单位和企业工作的视同缴费年限，计算在首次建立基本养老保险关系所在地，只有临时基本养老保险缴费账户的，计算在户籍所在地；曾经在部队服役的军龄，按国家规定安置就业的，计算为本人退出现役后首次就业参保所在地的视同缴费年限，接国家规定不安置就业的（不包括自主择业的军队干部），计算为本人达到待遇领取条件时户籍所在地的视同缴费年限。

参保人员曾发生多次符合《暂行办法》第五条第（三）款规定的组织人事调动，在确定待遇领取地时，应将其累计缴费年限（含视同缴费年限）计算在最后调入地的参保缴费年限中。

七、关于待遇领取地

参保人员在《暂行办法》实施前已办理过基本养老保险关系转移的,实施后没有再跨省流动就业转移基本养老保险关系,在达到待遇领取条件时,其当前基本养老保险关系所在地为待遇领取地;实施后又再次跨省流动就业转移基本养老保险关系,在达到待遇领取条件时,按《暂行办法》规定确定待遇领取地。

八、关于缴费工资指数

参保人员跨省流动就业转移基本养老保险关系时,转入地对转出地记录的缴费基数不进行"封顶保底"计算和调整。参保人员达到待遇领取条件时,待遇领取地在计算该参保人员在其他地区参保缴费时段的缴费工资指数时上不封顶,下不保底。

九、关于欠费补缴

参保人员(含建立临时基本养老保险缴费账户的人员)跨省流动就业申请开具参保缴费凭证时,转出地社会保险经办机构对有欠费记录的应履行告知义务,在参保人员补缴欠费或明确放弃补缴欠费后,再开具参保凭证。参保人员本人明确放弃补缴个人欠费的,需本人书面签字确认,单位欠费仍由转出地社会保险费征缴机构负责清理。

十、关于多重养老保险关系

参保人员在两地以上同时存续基本养老保险关系或重复缴纳基本养老保险费的,应按照"先转后清"的原则,由转入地社会保险经办机构负责按规定清理。

十一、关于预缴养老保险费

参保人员在跨省流动就业转移基本养老保险关系时,曾办理一次性预缴养老保险费的,先按规定比例计算转移金额;余额部分由转出地暂时保留封存。待本人达到待遇领取条件时再按有关规定处理。

十二、关于遗留问题

参保人员在《暂行办法》实施前跨省流动就业未按国家规定办理基本养老保险关系转移接续手续,已达到待遇领取条件且没有领取基本养老保险待遇的,应比照《暂行办法》的规定确定待遇领取地,并补办基本养老保险关系转续手续。待遇领取地应按规定将本地和异地的缴费年限(含视同缴费年限)合并计算,并核发基本养老保险待遇。

参保人员在《暂行办法》实施前已办理了基本养老保险关系转移接续手续,且已达到待遇领取条件,由当前基本养老保险关系所在地负责按规定将本地和异地缴费年限(含视同缴费年限)合并计算,并办理基本养老保险待遇核发手续。

人力资源社会保障部关于城镇企业职工基本养老保险关系转移接续若干问题的通知

1. 2016年11月28日

2. 人社部规〔2016〕5号

各省、自治区、直辖市及新疆生产建设兵团人力资源社会保障厅(局):

国务院办公厅转发的人力资源社会保障部、财政部《城镇企业职工基本养老保险关系转移接续暂行办法》(国办发〔2009〕66号,以下简称《暂行办法》)实施以来,跨省流动就业人员的养老保险关系转移接续工作总体运行平稳,较好地保障了参保人员的养老保险权益。但在实施过程中,也出现了一些新情况和新问题,导致部分参保人员养老保险关系转移接续存在困难。为进一步做好城镇企业职工养老保险关系转移接续工作,现就有关问题通知如下:

一、关于视同缴费年限计算地问题。参保人员待遇领取地按照《暂行办法》第六条和第十二条执行,即,基本养老保险关系在户籍所在地的,由户籍所在地负责办理待遇领取手续;基本养老保险关系不在户籍所在地,而在其基本养老保险关系所在地累计缴费年限满10年的,在该地办理待遇领取手续;基本养老保险关系不在户籍所在地,且在其基本养老保险关系所在地累计缴费年限不满10年的,将其基本养老保险关系转回上一个缴费年限满10年的原参保地办理待遇领取手续;基本养老保险关系不在户籍所在地,且在每个参保地的累计缴费年限均不满10年的,将其基本养老保险关系及相应资金归集到户籍所在地,由户籍所在地按规定办理待遇领取手续。缴费年限,除另有特殊规定外,均包括视同缴费年限。

一地(以省、自治区、直辖市为单位)的累计缴费年限包括在本地的实际缴费年限和计算在本地的视同缴费年限。其中,曾经在机关事业单位和企业工作的视同缴费年限,计算为当时工作地的视同缴费年限;在多地有视同缴费年限的,分别计算为各地的视同缴费年限。

二、关于缴费信息历史遗留问题的处理。由于各地政策或建立个人账户时间不一致等客观原因,参保人员在跨省转移接续养老保险关系时,转出地无法按月提供1998年1月1日之前缴费信息或者提供的1998年1月1日之前缴费信息无法在转入地计发待遇的,转入地应根据转出地提供的缴费时间记录,结合档案记载将相应年度计为视同缴费年限。

三、关于临时基本养老保险缴费账户的管理。参保人员在建立临时基本养老保险缴费账户地按照社会保险法规定，缴纳建立临时基本养老保险缴费账户前应缴未缴的养老保险费的，其临时基本养老保险缴费账户性质不予改变，转移接续养老保险关系时按照临时基本养老保险缴费账户的规定全额转移。

参保人员在建立临时基本养老保险缴费账户期间再次跨省流动就业的，封存原临时基本养老保险缴费账户，待达到待遇领取条件时，由待遇领取地社会保险经办机构统一归集原临时养老保险关系。

四、关于一次性缴纳养老保险费的转移。跨省流动就业人员转移接续养老保险关系时，对于符合国家规定一次性缴纳养老保险费超过3年(含)的，转出地应向转入地提供人民法院、审计部门、实施劳动保障监察的行政部门或劳动争议仲裁委员会出具的具有法律效力证明一次性缴费期间存在劳动关系的相应文书。

五、关于重复领取基本养老金的处理。《暂行办法》实施之后重复领取基本养老金的参保人员，由本人与社会保险经办机构协商确定保留其中一个养老保险关系并继续领取待遇，其他的养老保险关系应予以清理，个人账户剩余部分一次性退还本人。

六、关于退役军人养老保险关系转移接续。军人退役基本养老保险关系转移至安置地后，安置地应为其办理登记手续并接续养老保险关系，退役养老保险补助年限计算为安置地的实际参保缴费年限。

退役军人跨省流动就业的，其在1998年1月1日至2005年12月31日间的退役养老保险补助，转出地应按11%计算转移资金，并相应调整个人账户记录，所需资金从统筹基金中列支。

七、关于城镇企业成建制跨省转移养老保险关系的处理。城镇企业成建制跨省转移，按照《暂行办法》的规定转移接续养老保险关系。在省级政府主导下的规模以上企业成建制转移，可根据两省协商，妥善转移接续养老保险关系。

八、关于户籍所在地社会保险经办机构归集责任。跨省流动就业人员未在户籍地参保，但按国家规定达到待遇领取条件时待遇领取地为户籍地的，户籍地社会保险经办机构应为参保人员办理登记手续并办理养老保险关系转移接续手续，将各地的养老保险关系归集至户籍地，并核发相应的养老保险待遇。

九、本通知从印发之日起执行。人力资源社会保障部《关于贯彻落实国务院办公厅转发城镇企业职工基本养老保险关系转移接续暂行办法的通知》(人社部发〔2009〕187号)、《关于印发城镇企业职工基本养老保险关系转移接续若干具体问题意见的通知》(人社部发〔2010〕70号)、《人力资源社会保障部办公厅关于职工基本养老保险关系转移接续有关问题的函》(人社厅函〔2013〕250号)与本通知不一致的，以本通知为准。参保人员已经按照原有规定办理退休手续的，不再予以调整。

人力资源和社会保障部等关于军人退役基本养老保险关系转移接续有关问题的通知

1. 2015年9月30日人力资源和社会保障部、财政部、总参谋部、总政治部、总后勤部发布

2. 后财〔2015〕1726号

各省、自治区、直辖市人民政府，新疆生产建设兵团，各军区、各军兵种、总装备部、军事科学院、国防大学、国防科学技术大学、武警部队：

为了贯彻实施《中华人民共和国社会保险法》《中华人民共和国军人保险法》和《国务院关于机关事业单位工作人员养老保险制度改革的决定》(国发〔2015〕2号)，维护军人养老保险权益，实现军地政策顺畅衔接，经国务院、中央军委批准，现就军人退役基本养老保险关系转移接续有关问题通知如下：

一、军人退出现役参加基本养老保险的，国家给予军人退役基本养老保险补助。军人服现役期间单位和个人应当缴纳的基本养老保险费由中央财政承担，所需经费由总后勤部列年度军费预算安排。

二、军队各级后勤(联勤、保障)机关财务部门(以下简称财务部门)，负责军人退役基本养老保险关系的建立、转移和军人退役基本养老保险补助的计算、审核、划转工作。

各级人民政府人力资源社会保障部门负责军人退役基本养老保险关系接续和补助资金接收，以及基本养老保险待遇落实等工作。各级人民政府财政部门按职责做好军人退役基本养老保险关系转移接续的相关工作。

三、军人退役基本养老保险补助由军人所在单位财务部门在军人退出现役时一次算清记实。

计划分配到企业工作的军队转业干部和军队复员干部，以及由人民政府安排到企业工作和自主就业的退役士兵，退出现役后参加企业职工或者城乡居民基本养老保险。军人退役基本养老保险补助的计算办法为:军官、文职干部和士官,按本人服现役期间各年度月缴费工资 20% 的总和计算;义务兵和供给制学员,按本人退出现役时当年下士月缴费工资起点标准的 20% 乘以服现役月数计算。其中,12% 作为单位缴费,8% 作为个人缴费。

计划分配到机关事业单位工作的军队转业干部和退役士兵,退出现役后参加机关事业单位基本养老保险。军人退役基本养老保险补助的计算办法为:军官、文职干部和士官,按本通知施行后服现役期间各年度月缴费工资 20% 的总和计算;义务兵和供给制学员,按本人退出现役时当年下士月缴费工资起点标准的 20% 乘以本通知施行后服现役月数计算。其中,12% 作为单位缴费,8% 作为个人缴费。

四、军人退役基本养老保险补助的月缴费工资,本通知施行前,军官、文职干部和士官为本人月工资数额,义务兵和供给制学员为本人退出现役时当年下士月工资起点标准;本通知施行后,军官、文职干部和士官为本人月工资数额乘以养老保险缴费工资调整系数,义务兵和供给制学员为本人退出现役时当年下士月工资起点标准乘以养老保险缴费工资调整系数。养老保险缴费工资调整系数确定为 1.136。

计算军人退役基本养老保险补助的月工资项目,本通知施行前包括:基本工资、军人职业津贴、工作性津贴、生活性补贴和奖励工资;本通知施行后包括:基本工资、军人职业津贴、工作性津贴、生活性补贴、艰苦边远地区津贴、驻西藏部队特殊津贴、高山海岛津贴、地区附加津贴和奖励工资。

五、军人退役基本养老保险个人缴费部分按规定计息,在军人退出现役时一次算清记实。本通知施行前的利率,按照中国人民银行公布的同期存款利率执行;本通知施行后的利率,按照国家规定的利率执行。

六、计划分配到企业工作的军队转业干部和军队复员干部,以及由人民政府安排到企业工作和自主就业的退役士兵,其军人退役基本养老保险关系转移至安置地负责企业职工基本养老保险的县级以上社会保险经办机构。

计划分配到机关事业单位工作的军队转业干部和退役士兵,其军人退役基本养老保险关系转移至安置地负责机关事业单位基本养老保险的县级以上社会保险经办机构。

七、军人退出现役时,由军人所在单位财务部门依据军人退役命令,安置地军队转业干部安置工作部门或者退役士兵安置工作主管部门的报到通知,以及军队团级以上单位司令机关军务部门或者政治机关干部部门的审核认定意见,开具《军人退役基本养老保险参保缴费凭证》《军人退役基本养老保险关系转移接续信息表》(以下简称《缴费凭证》《信息表》,见附件 1、2),将军人退役基本养老保险补助资金通过银行汇至退役军人安置地县级以上社会保险经办机构,《缴费凭证》《信息表》和银行受理回执一并交给本人。军人所在单位财务部门同时向退役军人安置地县级以上社会保险经办机构邮寄《缴费凭证》和《信息表》。

社会保险经办机构收到军队财务部门邮寄的《缴费凭证》和《信息表》,核实到账资金无误后,为退役军人建立基本养老保险个人账户。退役军人应及时到安置地县级以上社会保险经办机构办理养老保险关系接续手续。

八、县级以上社会保险经办机构应将经办企业职工、机关事业单位基本养老保险的社会保险经办机构的通信地址、银行账户信息等,上报人力资源社会保障部社会保险事业管理中心,并及时报告信息变更情况。人力资源社会保障部社会保险事业管理中心与总后勤部军人保险基金管理中心建立社会保险经办机构信息交换机制;总后勤部军人保险基金管理中心负责将相关信息分发军队各级财务部门。

九、军人退出现役后参加城乡居民基本养老保险的,由安置地社会保险经办机构保存其军人退役基本养老保险关系并按规定计息。待达到企业职工基本养老保险法定退休年龄后,按照国家规定办理城乡养老保险制度衔接手续。

十、军人入伍前已经参加基本养老保险的,其基本养老保险关系和相应资金不转移到军队,由原参保地社会保险经办机构开具参保缴费凭证交给本人,并保存其全部参保缴费记录。军人本人应当将原参保地社会保险经办机构开具的参保缴费凭证,交给军人所在单位财务部门存档,在军人退出现役时,随军人退役基本养老保险关系一并交还给本人。军人退出现役后继续参加基本养老保险的,按照国家规定接续基本养老保险关系。

十一、自主择业的军队转业干部退出现役,由安置地人民政府逐月发给退役金,退出现役时不给予军人退役基本养老保险补助。军人所在单位财务部门,按照参加机关事业单位基本养老保险的办法,开具《军队自主择业转业干部缴费工资基数表》(见附件 3)交给本人,由本人随供给关系交给安置地军队转业干部安置工作部门。

自主择业的军队转业干部被党和国家机关、人民团体或者财政拨款的事业单位选用为正式工作人员的,从下月起停发退役金,按照国家规定参加机关事业单位基本养老保险。本通知施行前的个人服现役年限视同缴费年限;本通知施行后在军队服现役期间的基本养老保险补助,由军队转业干部安置工作部门根据《军队自主择业转业干部缴费工资基数表》,以其在军队服现役期间各年度月缴费工资之和为基数,通过退役金拨付渠道申请20%的养老保险补助,拨付至其单位所在地社会保险经办机构,其中8%记入个人账户。所需经费由中央财政解决。

自主择业的军队转业干部按照国家规定依法参加当地企业职工基本养老保险的,其养老保险缴费年限从在当地缴纳养老保险费之日算起。

十二、军人退出现役采取退休方式安置的,实行退休金保障制度,退出现役时不给予军人退役基本养老保险补助。

一至四级残疾军人退出现役采取国家供养方式安置的,其生活保障按照国家规定执行,退出现役时不给予军人退役基本养老保险补助。

军人入伍前已经参加基本养老保险,退出现役采取退休、供养方式安置的,经本人申请,由原参保地社会保险经办机构依据军人所在团级以上单位出具的《军人退休(供养)证明》(见附件4)和参保缴费凭证等,退还原基本养老保险个人账户储存额,终止基本养老保险关系。

十三、军人服现役期间死亡的,由所在单位财务部门按照退出现役后参加企业职工基本养老保险的军人退役基本养老保险补助计算办法,将其服现役期间应当计算的退役养老保险个人缴费及利息一次算清,发给其合法继承人。

十四、军人退出现役后按规定办理基本养老保险关系转移接续手续的,军人退役基本养老保险补助年限与入伍前和退出现役后参加企业职工或者机关事业单位基本养老保险的缴费年限合并计算。

军人退出现役后参加机关事业单位基本养老保险的,本通知施行前的军人服现役年限视同机关事业单位基本养老保险缴费年限。

军人退役基本养老保险补助年限(含视同缴费年限)计算为军人退役时首次安置地企业职工或者机关事业单位基本养老保险参保缴费年限。

十五、军人退出现役后参加基本养老保险,达到法定退休年龄和国家规定的基本养老保险待遇领取条件的,按照待遇领取地有关规定享受相应的基本养老保险待遇。

十六、军人所在单位财务部门在开具转移凭证时,军人服现役期间的行政区划代码统一填写为“910000”,转入地社会保险经办机构据此做好人员身份标识,再次转移养老保险关系时,其服现役期间的行政区划代码不变,并在相应缴费期间的记录中注明“军人退役基本养老保险补助”。各级人民政府人力资源社会保障部门应加强信息系统建设,建立完善军人退役基本养老保险关系转移接续信息交换机制,促进军人退役基本养老保险关系顺畅转移接续。

十七、各级人民政府应加强对军人退役基本养老保险工作的组织领导,各级人力资源社会保障部门要会同财政部门和军队有关部门按照职责分工,加强协调配合,做好本通知的贯彻落实。

十八、中国人民武装警察退役基本养老保险关系转移接续有关问题执行本通知。

十九、本通知自2014年10月1日起施行。人力资源社会保障部、财政部、总参谋部、总政治部、总后勤部《关于军人退役养老保险关系转移接续有关问题的通知》(后财〔2012〕547号),劳动社会保障部、财政部、人事部、总政治部、总后勤部《关于转业到企业工作的军官、文职干部养老保险有关问题处理意见的通知》(〔2002〕后联字第3号)同时废止。

二十、本通知由人力资源社会保障部、总后勤部负责解释。

附件:1. 军人退役基本养老保险参保缴费凭证(略)

2. 军人退役基本养老保险关系转移接续信息表(略)

3. 军队自主择业转业干部缴费工资基数表(略)

4. 军人退休(供养)证明(略)

人力资源社会保障部办公厅关于职工基本养老保险关系转移接续有关问题的补充通知

1. 2019年9月29日

2. 人社厅发〔2019〕94号

各省、自治区、直辖市及新疆生产建设兵团人力资源社会保障厅(局):

为加强人社系统行风建设,提升服务水平,更好保障流动就业人员养老保险权益及基金安全,现就进一步做好职工基本养老保险关系转移接续工作有关问题补充通知如下:

一、参保人员跨省转移接续基本养老保险关系时,对在《人力资源社会保障部关于城镇企业职工基本养老保险关系转移接续若干问题的通知》(人社部规〔2016〕5号,简称部规5号)实施之前发生的超过3年(含3年)的一次性缴纳养老保险费,转出地社会保险经办机构(简称转出地)应当向转入地社会保险经办机构(简称转入地)提供书面承诺书(格式附后)。

二、参保人员跨省转移接续基本养老保险关系时,对在部规5号实施之后发生的超过3年(含3年)的一次性缴纳养老保险费,由转出地按照部规5号有关规定向转入地提供相关法律文书。相关法律文书是由人民法院、审计部门、实施劳动监察的行政部门或劳动人事争议仲裁委员会等部门在履行各自法定职责过程中形成且产生于一次性缴纳养老保险费之前,不得通过事后补办的方式开具。转出地和转入地应当根据各自职责审核相关材料的规范性和完整性,核对参保人员缴费及转移信息。

三、因地方自行出台一次性缴纳养老保险费政策或因无法提供有关材料造成无法转移的缴费年限和资金,转出地应自收到转入地联系函10个工作日内书面告知参保人员,并配合一次性缴纳养老保险费发生地(简称补缴发生地)妥善解决后续问题。对其余符合国家转移接续规定的养老保险缴费年限和资金,应做到应转尽转。

四、参保人员与用人单位劳动关系存续期间,因用人单位经批准暂缓缴纳社会保险费,导致出现一次性缴纳养老保险费的,在参保人员跨省转移接续养老保险关系时,转出地应向转入地提供缓缴协议、补缴欠费凭证等相关材料。转入地核实确认后应予办理。

五、社会保险费征收机构依据社会保险法等有关规定,受理参保人员投诉、举报,依法查处用人单位未按时足额缴纳养老保险费并责令补缴导致一次性缴纳养老保险费超过3年(含3年)的,在参保人员跨省转移接续基本养老保险关系时,由转出地负责提供社会保险费征收机构责令补缴时出具的相关文书,转入地核实确认后应予办理。

六、退役士兵根据《中共中央办公厅国务院办公厅印发〈关于解决部分退役士兵社会保险问题的意见〉的通知》的规定补缴养老保险费的,在跨省转移接续基本养老保险关系时,由转出地负责提供办理补缴养老保险费时退役军人事务部门出具的补缴认定等材料,转入地核实确认后应予办理,同时做好退役士兵人员标识。

七、参保人员重复领取职工基本养老保险待遇(包括企业职工基本养老保险待遇和机关事业单位工作人员基本养老保险待遇,下同)的,由社会保险经办机构与本人协商确定保留其中一个基本养老保险关系并继续领取待遇,其他的养老保险关系应予以清理,个人账户剩余部分一次性退还给本人,重复领取的基本养老保险待遇应予退还。本人不予退还的,从其被清理的养老保险个人账户余额中抵扣。养老保险个人账户余额不足以抵扣重复领取的基本养老保险待遇的,从继续发放的基本养老金中按照一定比例逐月进行抵扣,直至重复领取的基本养老保险待遇全部退还。《国务院办公厅关于转发人力资源社会保障部财政部城镇企业职工基本养老保险关系转移接续暂行办法的通知》(国办发〔2009〕66号)实施之前已经重复领取待遇的,仍按照《人力资源社会保障部关于贯彻落实国务院办公厅转发城镇企业职工基本养老保险关系转移接续暂行办法的通知》(人社部发〔2009〕187号)有关规定执行。

参保人员重复领取职工基本养老保险待遇和城乡居民基本养老保险待遇的,社会保险经办机构应终止并解除其城乡居民基本养老保险关系,除政府补贴外的个人账户余额退还本人。重复领取的城乡居民基本养老保险基础养老金应予退还;本人不予退还的,由社会保险经办机构从其城乡居民基本养老保险个人账户余额或者其继续领取的职工基本养老保险待遇中抵扣。

八、各级社会保险经办机构要统一使用全国社会保险关系转移系统办理养老保险关系转移接续业务、传递相关表单和文书,减少无谓证明材料。要提高线上经办业务能力,充分利用互联网、12333电话、手机APP等为参保人员提供快速便捷服务,努力实现“最多跑一次”。

各级人力资源社会保障部门养老保险跨层级、跨业务涉及的相关数据和材料要努力实现互联互通,对可实现信息共享的,不得要求参保单位或参保人员重复提供。跨省转移接续基本养老保险关系时一次性缴纳养老保险费需向转入地提供的书面承诺书、相关法律文书等,不得要求参保人员个人提供,原则上由转出地负责。其中,转出地与补缴发生地不一致的,由补缴发生地社会保险经办机构经由转出地提供。

九、各级社会保险经办机构要完善经办规定,规范经办流程,严格内部控制,确保依法依规转移接续参保人员养老保险关系。各省级社会保险经办机构应当认真核查转移接续业务中存在的一次性缴纳养老保险费情况,按季度利用大数据进行比对。发现疑似异常数据和业务的,应当进行核实和处理,并形成核实情况报告报部社保中心;未发现异常数据和业务的,作零报告。发现疑似转移接续造假案例的,应当在10个工作日内上报部社保中心进行核实。部社保中心按季度对养老保险关系转移接续业务进行抽查。

十、要加强对跨省转移接续基本养老保险关系业务的监管,严肃查处欺诈骗保、失职渎职等行为,防控基金风险。对地方违规出台一次性缴纳养老保险费政策的,按照国家有关规定严肃处理。对社会保险经办机构工作人员违规操作、提供不实书面承诺书、参与伪造相关法律文书等材料的,由人力资源社会保障行政部门责令改正,对直接负责的主管人员和其他责任人员依法依规给予处分。发现参保单位或参保人员通过伪造相关文书材料等方式办理养老保险参保缴费、转移接续基本养老保险关系的,由人力资源社会保障行政部门责令清退相应时间段养老保险关系,构成骗取养老保险待遇的,按照社会保险法等有关规定处理。

附件:一次性缴纳养老保险费书面承诺书(格式)

附件

一次性缴纳养老保险费书面承诺书(格式)

账户类别:一般账户[ ]　　临时账户

<table>
<tr><td rowspan="2">参保人员基本信息</td><td>姓名</td><td></td><td>性别</td><td></td><td>出生日期</td><td></td></tr>
<tr><td>身份证号码</td><td></td><td>户籍地地址</td><td colspan="3"></td></tr>
<tr><td rowspan="6">养老保险一次性缴费及转移接续情况</td><td>转入地</td><td></td><td>转出地</td><td></td><td>补缴发生地</td><td></td></tr>
<tr><td>缴费经办时参保人员身份</td><td></td><td>缴费申报单位</td><td colspan="3"></td></tr>
<tr><td>一次性缴费时间段</td><td colspan="5"></td></tr>
<tr><td>补缴原因及政策依据</td><td colspan="5"></td></tr>
<tr><td>一次性缴费年限(合计)</td><td colspan="2"></td><td>缴费经办时间</td><td colspan="2"></td></tr>
<tr><td>缴费经办人姓名</td><td colspan="2"></td><td>缴费经办人联系方式</td><td colspan="2"></td></tr>
<tr><td>书面承诺</td><td colspan="6">本经办机构及工作人员承诺,参保人员________的养老保险一次性缴费及转移接续均符合国家政策规定,经办操作合法合规。如有违反国家政策法规违规办理情况,一经查实,严格按照国家有关法律、法规和政策规定承担相应责任。

经办人:　　　　　　　　一次性缴费经办机构法定代表人:
(签名)　　　　　　　　　　(签名)

　　　　　　　　　　　　　(加盖公章)
年　月　日　　　　　　　　年　月　日</td></tr>
<tr><td>备注</td><td colspan="6"></td></tr>
</table>

人力资源社会保障部办公厅
关于职工基本养老保险关系
转移接续有关问题的函

1. 2013年5月31日
2. 人社厅函〔2013〕250号

北京市人力资源和社会保障局：

你局《关于职工基本养老保险关系转移接续有关问题的请示》（京人社养文〔2012〕71号）收悉。经研究，按照现行政策规定，就有关问题函复如下：

一、关于跨省流动就业参保人员延长缴费问题

参保人员达到法定退休年龄时累计缴费不足15年的，基本养老保险关系在户籍地的，继续缴费地为户籍地；基本养老保险关系不在户籍地的，继续缴费地为缴费年限满10年所在地；每个参保地的缴费年限均不满10年的，继续缴费地为户籍地。若在企业继续就业参保的，按照国家规定缴纳基本养老保险费；未在企业继续就业参保的，可以申请在继续缴费地参照当地灵活就业人员缴费标准延长缴费，具体延长缴费办法由各地制定。

二、关于人事档案及视同缴费年限核查认定问题

对于跨地区流动就业人员达到法定退休年龄后人事档案所在地与养老保险待遇领取地不一致的，应按照属地化管理原则，将其人事档案调转至养老保险待遇领取地，由待遇领取地人力资源社会保障部门负责对其人事档案及视同缴费年限进行核查认定。具备条件的地区，还可将退休人员的人事档案调入待遇领取地社会保险经办机构代管。

养老保险待遇领取地不具备人事档案调转条件的，由人事档案所在地县级及县级以上人力资源社会保障行政部门负责对其人事档案及视同缴费年限进行核查认定，由待遇领取地人力资源社会保障部门负责对其养老金进行核定和发放。人事档案及视同缴费年限核查认定工作按以下程序办理：

（一）参保人员符合在当地领取养老保险待遇、且需对人事档案及视同缴费年限核查认定时，由用人单位或者参保人员本人向待遇领取地人力资源社会保障部门提出核查认定的申请，并由参保人员本人填写《参保人员人事档案及视同缴费年限核查认定申请表》（以下简称《申请表》，见附件1）。

（二）养老保险待遇领取地人力资源社会保障部门致函参保人员人事档案所在地人力资源社会保障部门（见附件2），并附《申请表》。

（三）人事档案所在地人力资源社会保障行政部门负责调阅参保人员人事档案，对其人事档案及视同缴费年限进行核查认定，填写认定意见，并于三十日之内将《申请表》及主要认定材料复印件反馈待遇领取地人力资源社会保障部门。

（四）待遇领取地人力资源社会保障部门对参保人员养老金进行核定后，将核定养老金情况反馈人事档案所在地人力资源社会保障部门，并存入参保人员人事档案中。

三、关于核定缴费基数问题

参保人员跨省流动就业，在转移接续基本养老保险关系时，转出地应按年度向转入地提供缴费信息。对于已经转移接续养老保险关系、无法按年度获取缴费基数等信息的，接收地应根据本地实际情况和规定对该期间的缴费做出相应处理和核定待遇。

附件：1. 参保人员人事档案及视同缴费年限核查认定申请表（略）
2. 关于核查认定参保人员人事档案及视同缴费年限的函（略）

人力资源社会保障部办公厅
关于养老保险关系跨省转移视同
缴费年限计算地有关问题的复函

1. 2017年6月26日
2. 人社厅函〔2017〕151号

广东省人力资源和社会保障厅：

你厅《关于养老保险关系跨省转移视同缴费年限计算地有关问题的请示》（粤人社报〔2017〕69号）收悉。经研究，现函复如下：

《人力资源社会保障部关于城镇企业职工基本养老保险关系转移接续若干问题的通知》（人社部规〔2016〕5号，以下简称5号规）明确规定："曾经在机关事业单位和企业工作的视同缴费年限，计算为当时工作地的视同缴费年限；在多地有视同缴费年限的，分别计算为各地的视同缴费年限。"按此规定，参保人员曾经在机关事业单位和企业工作的视同缴费年限，在确定计算地时与当时工作地有关，并不以工作地和参保地或户籍地一致为前提。

关于广远、广海成建制转移的问题，5号规明确规定："城镇企业成建制跨省转移，按照《暂行办法》的规定转移接续养老保险关系。在省级政府主导下的规模以上企业成建制转移，可根据两省协商，妥善转移接续养老保险关系。”对于参保人员离开成建制转移企业的，不应使用成建制转移企业协商的相关规定，而应该执行国家统一规定。

请你们严格按照5号规政策，责成广州市核实朱国森同志视同缴费年限期间工作地，明确视同缴费年限计算为当时工作地的年限，确定养老保险待遇领取地，核发相应的养老保险待遇，切实保障其养老保险权益。

（4）工龄计算与退休年龄

劳动和社会保障部关于制止和纠正违反国家规定办理企业职工提前退休有关问题的通知

1．1999年3月9日
2．劳社部发〔1999〕8号

各省、自治区、直辖市劳动（劳动和社会保障）厅（局），国务院有关部门劳动和社会保障工作机构：

为贯彻《国务院办公厅关于进一步做好国有企业下岗职工基本生活保障和企业离退休人员养老金发放工作有关问题的通知》（国办发〔1999〕10号，以下简称《通知》）精神，坚决制止和纠正违反国家规定办理提前退休的行为，现对有关问题通知如下：

一、要严格执行国家关于退休年龄的规定，坚决制止违反规定提前退休的行为

国家法定的企业职工退休年龄是：男年满60周岁，女工人年满50周岁，女干部年满55周岁。从事井下、高空、高温、特别繁重体力劳动或其他有害身体健康工作（以下称特殊工种）的，退休年龄为男年满55周岁、女年满45周岁；因病或非因工致残，由医院证明并经劳动鉴定委员会确认完全丧失劳动能力的，退休年龄为男年满50周岁、女年满45周岁。

按国家有关规定办理提前退休的范围仅限定为：国务院确定的111个“优化资本结构”试点城市的国有破产工业企业中距法定退休年龄不足5年的职工；三年内有压锭任务的国有纺织企业中，符合规定条件的纺纱、织布工种的挡车工。但此项规定与前款规定不能同时适用于同一名职工。

对国家关于企业职工退休年龄和条件的规定，各地区、各部门和企业及职工必须认真执行，不得随意降低，严禁扩大适用范围。今后，凡是违反国家规定办理提前退休、退职的企业，要追究有关领导和当事人的责任，已办理提前退休、退职的职工要清退回企业。

二、规范退休审批程序，健全审批制度

（一）加强企业职工退休审批工作的管理。各地区要严格按《通知》规定的企业职工退休、退职审批权限，规范企业职工退休审批工作。要建立审批工作制度，规范审批程序，加强对审批工作的监督。

（二）对职工出生时间的认定，实行居民身份证与职工档案相结合的办法。当本人身份证与档案记载的出生时间不一致时，以本人档案最先记载的出生时间为准。要加强对居民身份证和职工档案的管理，严禁随意更改职工出生时间和编造档案。

（三）职工因病或非因工致残完全丧失劳动能力，统一由地市级劳动保障部门指定的县级以上医院负责医疗诊断，并出具证明。非指定医院出具的证明一律无效。

地市级劳动鉴定委员会负责定期审核指定医院开具的诊断证明，作出鉴定结论。职工因病或非因工致残完全丧失劳动能力的鉴定标准，暂按《职工工伤与职业病致残程度鉴定标准（GB/T 16180—1996）（1－4）级》执行，省级劳动保障部门可根据本地区实际情况，做出补充规定。

（四）劳动保障部门要加强对特殊工种的管理和审批工作。设有特殊工种的企业，每年要向地市级劳动保障部门报送特殊工种名录、实际用工人数及在特殊工种岗位工作的人员名册及其从事特殊工种的时间。按特殊工种退休条件办理退休的职工，从事高空和特别繁重体力劳动的必须在该工种岗位上工作累计满10年，从事井下和高温工作的必须在该工种岗位上工作累计满9年，从事其他有害身体健康工作的必须在该工种岗位上工作累计满8年。

原劳动部和有关行业主管部门批准的特殊工种，随着科技进步和劳动条件的改善，需要进行清理和调整。新的特殊工种名录由劳动保障部会同有关部门清理审定后予以公布，公布之前暂按原特殊工种名录执行。

三、按照国家有关规定，严格核定提前退休人员的待遇

对于因病或非因工致残退休和按111个“优化资本结构”试点城市的国有破产工业企业的有关规定提前退休的人员，其养老金按《国务院关于建立统一的企业职工基本养老保险制度的决定》（国发〔1997〕26号）规定的办法计发，按新办法计发的养老金低于老办法的部分不予弥补。对于按纺织企业提前退休规定办理退休的人员，要按照劳动保障部、国家经贸委《关于切实做好纺织行业压锭减员分流安置工作的补充通知》（劳社部发〔1998〕6号）的规定减发养老金。

四、集中力量，按期完成清理提前退休的工作

各省、自治区、直辖市和行业主管部门要按照《通知》要求，按期完成对企业职工提前退休、退职情况的清理工作。企业要开展自查，劳动保障部门负责监督检查，对违反国家规定办理的提前退休要严格按规定进行纠正。对存在问题而不主动进行清理的企业，要对有关领导和责任人进行通报批评。在清理工作中，要做好企业职工和退休、退职人员的思想政治工作，讲清道理，争取他们的理解、支持和配合。对被清理的人员要妥善安置，保证职工队伍的稳定。各地区、各部门要将清理情况和下一步加强管理的措施及处理结果写出书面报告，并填报《清查和纠正1998年违规办理提前退休统计表》(附后)，一并于5月10日前报送劳动保障部，由劳动保障部汇总后上报国务院。

五、加强领导，切实做好企业职工退休审批管理工作

各地区、各部门要充分认识做好企业职工退休、退职审批管理工作的重要性和违反国家规定提前退休、退职的危害性，切实加强领导，将其作为深化企业改革、促进经济发展和维护社会稳定的一项重要工作来抓。劳动保障部门要加强劳动保障监察，定期公布退休、退职审批结果。企业对职工退休、退职的报批要严格把关，切实维护职工参加劳动和享受养老保险的合法权益。

本通知下发后，各地即可恢复职工退休和退职的审批工作。职工从办理退休、退职手续之日起领取养老金。

附件：(略)

劳动和社会保障部等关于转制单位部分人员延缓退休有关问题的通知

1. 2004年4月2日劳动和社会保障部、人事部、财政部、科学技术部发布
2. 劳社部发〔2004〕11号

各省、自治区、直辖市劳动和社会保障、人事、财政厅(局)、科技厅(科委)：

经国务院同意，现就转制单位部分人员延缓退休有关问题通知如下：

转制单位中任届未满的省(自治区、直辖市)人大常委会委员和政协常委以上职务的人员，少数确因工作需要、身体能够坚持正常工作的副教授、副研究员和相当这一职称以上的高级专家，转制时需留任的院所厅(局)级以上党政一把手，按照国家有关政策和干部管理权限，经有关部门批准，可以适当延长退休年龄。其中，转制前到达退休年龄，转制后办理退休的，执行事业单位退休待遇计发办法和调整政策；转制过渡期内到达退休年龄，延缓办理退休的，按企业的办法和到达退休年龄当年的过渡期政策计发基本养老金，并按企业的办法调整基本养老金。

上述规定适用于各类转制单位。已经按国家有关规定办理延缓退休手续的人员，仍按原规定执行；今后办理延缓退休手续，按本通知规定执行。

劳动部办公厅对“关于除名职工重新参加工作后工龄计算有关问题的请示”的复函

1. 1995年4月22日
2. 劳办发〔1995〕104号

广州市劳动局：

你局“《关于除名职工重新参加工作后的工龄计算问题的复函》有关问题的请示”(穗劳函字〔1995〕第023号)收悉。经研究，现就你局所询问题，答复如下：

1. 关于“辞退”职工是否可按《关于除名职工重新参加工作后的工龄计算问题的复函》(劳办发〔1994〕376号)(以下简称《复函》)规定办理的问题。辞退职工工龄计算问题，原劳动人事部在“关于印发《〈国营企业辞退违纪职工暂行规定〉若干问题解答》的通知”(劳人资〔1987〕31号)中明确，即“职工被辞退前的工龄及重新就业后的工龄合并计算”。

2. 关于“自动离职”的职工是否亦可按《复函》意见处理的问题。劳动部办公厅在《关于自动离职与旷工除名如何界定的复函》(劳办发〔1994〕48号)中明确，“因自动离职处理发生的争议应按除名争议处理”，因此，自动离职的职工工龄计算可按《复函》意见处理。

3. 关于除名职工连续工龄计算时效的溯及力问题。我们意见，应从各地实行职工个人缴纳养老保险费的时间，作为除名职工计算连续工龄的起始时间。

劳动和社会保障部办公厅关于兼并破产企业职工提前退休问题的函

1. 2000年5月25日
2. 劳社厅函〔2000〕69号

江苏省劳动厅：

你厅《关于企业兼并破产和职工再就业有关问题的

请示》(苏劳〔2000〕2号)收悉。经研究,现答复如下:

关于执行兼并破产企业职工提前退休政策的范围,原则上应按国务院有关规定严格掌握,不能任意扩大。考虑到目前国家确定的兼并破产项目中,有色、煤炭、核工业资源枯竭矿山和军工企业大多地处偏远,接近法定退休年龄的职工安置难度比较大,根据国务院领导的指示精神,可将破产企业职工提前5年退休政策的适用范围,扩大到经国务院批准的兼并破产项目中非试点城市的有色、煤炭、核工业资源枯竭矿山和地处偏远的军工企业。

劳动和社会保障部办公厅关于职工从事特殊工种的工作年限折算工龄问题的函

1. 2000年11月30日
2. 劳社厅函〔2000〕143号

山西省劳动和社会保障厅:

你厅《关于职工从事特殊工种的工作年限折算工龄问题的请示》(晋劳社险函字〔2000〕06号)收悉。经研究,现函复如下:

在进行社会统筹与个人账户相结合的基本养老保险制度改革、建立个人账户之前,职工从事国家确定的特殊工种的工作年限是否折算工龄和视同缴费年限,可根据本省养老保险制度改革的实际情况自行确定。如果折算工龄,其折算后增加的视同缴费年限,最长不得超过5年。实行基本养老保险制度改革并建立个人账户之后,职工从事特殊工种的工作年限在计发养老保险待遇时不应再折算工龄。

劳动和社会保障部办公厅关于劳动合同制职工工龄计算问题的复函

1. 2002年9月25日
2. 劳社厅函〔2002〕323号

贵州省劳动和社会保障厅:

你厅《关于劳动合同制职工工龄计算问题的请示》(黔劳社呈〔2002〕31号)收悉。经研究,现答复如下:

对按照有关规定招用的临时工,转为企业劳动合同制工人的,其最后一次在本企业从事临时工的工作时间与被招收为劳动合同制工人后的工作时间可合并计算为连续工龄。在当地实行养老保险社会统筹前的临时工期间的连续工龄,可视同缴费年限;在当地实行养老保险社会统筹后的临时工期间的连续工龄,要按规定缴纳养老保险费,计算缴费年限,没有缴纳养老保险费的,不能计算视同缴费年限或缴费年限。

(5)养老待遇

国务院关于切实做好企业离退休人员基本养老金按时足额发放和国有企业下岗职工基本生活保障工作的通知

1. 2000年5月28日
2. 国发〔2000〕8号

各省、自治区、直辖市人民政府,国务院各部委、各直属机构:

今年以来,各地继续把确保企业离退休人员基本养老金按时足额发放和国有企业下岗职工基本生活(以下简称:两个确保)作为一件大事来抓,为维护社会稳定、促进企业改革和经济发展发挥了重要作用。但目前仍有一些地区未能完全做到两个确保,企业离退休人员基本养老金发放出现了新的拖欠,部分国有企业下岗职工未能足额领到基本生活费,个别地方还由此产生了不稳定因素。针对这些问题,为进一步做好两个确保工作,现就有关问题通知如下:

一、切实加强领导,增强做好两个确保工作的政治责任感。各级人民政府要坚决贯彻落实党中央、国务院制定的有关方针、政策,一把手要直接负责,经常了解两个确保工作情况,认真研究解决工作中的困难和问题。各级劳动保障、经贸、财政、民政等有关部门要密切配合,建立工作协商制度,加强工作交流和协调。企业领导班子要关心职工特别是离退休人员和下岗失业人员的生活,认真履行及时足额缴纳社会保险费的义务。要重视做好两个确保的宣传工作,发挥舆论和社会监督作用。对今年新发生拖欠的离退休人员基本养老金和未按规定发放的下岗职工基本生活费以及代缴的社会保险费,各地要尽快予以补发和补缴;对今后因工作不力而再度发生此类问题的地区,要在全国范围内予以通报批评,并追究当地政府领导的责任。

二、积极筹措资金,确保不发生新的拖欠。各地要切实调整财政支出结构,提高财政预算中社会保障性支出的比例;各级财政预算安排的社会保障资金,要及时足额拨付,并比上年有所增加,财政超收的部分除用于法定支出外,应主要用于充实社会保障基金。对今年各项社会保障资金的收缴情况和各级财政预算安排社会保障资金的情况,各地要进行一次全面认真的检查,凡是资金安排不到位的,都应通过调整支出结构加以补充,以确保基本养老金发放和下岗职工基本生活保障资金不留缺口,省级人民政府要切实负起责任。对于财政确有困难的中西部地区和老工业基地的资金缺口,经劳动保障部、财政部核实后,由中央财政给予补助,但补助要与各地两个确保工作实绩挂钩,对未达到工作要求的地区要酌情扣减补助数额。对财政承受能力较强、基金结余较多地区当期发放出现的资金缺口,要采取积极措施,动用社会保险基金历年结余和通过增加财政投入解决,中央财政不予补助。

三、进一步扩大社会保险覆盖范围,加强社会保险费征缴工作。今年内,各地要积极扩大社会保险覆盖面,将外商投资企业、港澳台商投资企业、集体企业、城镇私营企业及事业单位,按规定全部纳入覆盖范围。对于尚未参加社会保险统筹的农垦、森工等企业,有关部门要研究制定相应政策,保障其离退休人员和下岗职工的基本生活。城镇集体企业已参加社会保险的离退休人员和下岗职工,按规定享受社会保险待遇;未参加社会保险而又停产多年的,其退休人员和下岗职工直接纳入城市居民最低生活保障范围,按规定享受最低生活保障待遇。对转制和被兼并企业的职工,社会保险经办机构要及时为其接续社会保险关系。对破产企业和与原单位解除劳动关系的职工,重新就业后由用人单位和个人按规定继续缴纳社会保险费。参加社会保险的单位和职工要按规定及时足额缴纳社会保险费,对拒缴、瞒报、少缴的要依法处理。社会保险经办机构和承担社会保险费征缴工作的税务部门,要加强征缴工作的力度,依法做到应收尽收。对企业欠缴的社会保险费,要加大清理追缴力度,尽快回收。要严格实行社会保险基金收支两条线管理,保证专款专用,严禁发生新的挤占挪用,对已被挤占挪用的基金要尽快收回。审计机关要加强对社会保险基金和重点欠费企业的专项审计,对故意欠缴社会保险费和违规动用社会保险基金的单位和个人要依法追究责任,并向社会曝光。

四、确保企业离退休人员基本养老金按时足额发放,加快实现管理服务的社会化。各地要通过加强基本养老保险费征缴、财政补助等措施,确保基本养老金按时足额发放。目前仍实行基本养老保险费差额缴拨的地区,要在今年9月底前改为全额缴拨。各地不得实行行业间的封闭运行,对尚未完全实行基本养老保险省级统筹的地区,在明确保证发放责任的同时,要加大基金调剂力度,对当期发放确有困难的地区要及时实施基金调剂。对基本养老金计发标准要认真进行清理,凡属国家规定统筹项目内的基本养老金,必须保证足额发放;统筹项目外的,应由企业根据效益情况自行确定。实行基本养老金社会化发放是确保按时足额发放、减轻企业负担的重要手段,也是建立独立于企业之外的社会保障体系的必要条件。各地要制定基本养老金社会化发放的工作方案和实施计划,力争在今年年底前基本实现由社会保险经办机构发放或委托银行、邮局等社会服务机构发放基本养老金的目标。要充分发挥街道办事处、居委会和社区服务组织的作用,为将退休人员纳入社区管理提供服务。

五、确保国有企业下岗职工基本生活,大力促进下岗职工再就业。各地要坚持按照"三三制"的原则筹集资金,凡是有支付能力的企业和社会保险经办机构,必须保证资金到位,对困难企业自筹和社会筹集不足的部分,经劳动保障部门和财政部门审核后,由财政给予保证,以确保国有企业下岗职工基本生活费的发放。对于在企业再就业服务中心协议期满仍未实现再就业的下岗职工,要按规定终止或解除劳动合同,并按规定享受失业保险,失业保险到期仍未实现再就业的,由民政部门按规定提供最低生活保障。要加快建立市场导向的就业机制,实现国有企业下岗职工由再就业服务中心保障基本生活向失业保险和市场就业的转变。要拓展就业门路,大力扶持劳动密集型产业,支持社区服务业和中小企业的发展,组织下岗职工从事植树种草、环境保护和社区服务等工作,努力实现再就业人数大于新增下岗人数。各级财政要积极安排资金,支持劳动力市场建设和再就业培训工作。要加强督促检查,切实落实信贷、税收、经营场地等各项优惠政策,鼓励和支持更多的下岗职工自谋职业和组织起来就业。

六、进一步完善城市居民最低生活保障制度。凡家庭人均收入低于当地最低生活保障标准的城市居民,都要纳入最低生活保障范围,实行最低生活保障。要根据当地居民生活水平和财政承受能力,合理确定最低生活保障标准,既要保障贫困居民的基本生活,又要有利于促进下岗和失业人员再就业。要准确核实保障对象的收入水平,规范申请、评审和资金发放的程序,严格审查,张榜公布,接受监督,做到公开、公平、公正。民政部门要加强工作指导和管理,各级财政要积极支持完善城市居民最低生活保障制度工作,努力增加投入,确保资金到位,对财政确有困难的地区,中央财政酌情给予支持。

七、加强基础管理，转变工作作风。各级劳动保障、民政部门和社会保险经办机构，要进一步加快信息管理系统建设，建立健全离退休人员、下岗职工和享受最低生活保障人员的数据库等社会保障技术支持系统，切实解决社会保障工作中存在的底数不清、数据不实等问题，各级财政要对这项工作提供必要的经费支持。要加强社会保险经办机构、社区服务组织的队伍和基础设施建设，改善工作条件，努力提高服务质量。要切实转变工作作风，坚持深入基层、深入实际，及时了解企业下岗职工、离退休人员和困难群体的意见和要求。对社会保障体系建设中出现的新情况、新问题，要加强调查研究，严格检查有关政策的落实情况，对群众反映的突出困难和问题，要及时解决并向上级有关部门报告。

两个确保和城市居民最低生活保障工作，关系到广大职工特别是离退休人员、下岗职工和城市生活困难人员的切身利益。各地要按照本通知的要求，认真做好组织实施工作，加强督促检查，切实将各项政策措施落实到位，为改革、发展、稳定做出更大贡献。

国务院办公厅关于各地不得自行提高企业基本养老金待遇水平的通知

1. *2001年7月5日*
2. *国办发〔2001〕50号*

根据《国务院关于深化企业职工养老保险制度改革的通知》（国发〔1995〕6号）和《国务院关于建立统一的企业职工基本养老保险制度的决定》（国发〔1997〕26号）的有关规定，各地区调整企业离退休人员基本养老金要在国家政策指导下进行。2000年7月，国务院有关部门又明确要求各地不得自行提高基本养老金待遇，今后有关工作按国务院统一部署进行。但是，仍有部分地区未经国务院同意，自行提高了企业离退休人员基本养老金待遇水平，有的地区甚至在基本养老保险基金入不敷出的情况下，也盲目提高标准。这种做法，不仅损害了国家有关政策的权威性和统一性，而且增加了确保基本养老金按时足额发放的困难，同时引发了地区间的攀比，也不利于社会稳定，必须予以制止。为进一步规范企业离退休人员养老金待遇水平调整工作，现就有关问题通知如下：

一、各地要按照党中央、国务院关于继续做好“两个确保”工作的要求，确保企业离退休人员基本养老金按时足额发放，不能出现新的拖欠。未经批准，各地区不得自行提高企业离退休人员基本养老金待遇水平。目前正在酝酿自行提高企业离退休人员基本养老金待遇水平的地区，要立即停止，严格按照国务院统一部署进行。部分地区自行提高企业离退休人员待遇水平所增加的基本养老保险基金缺口，由当地政府自行解决，中央财政不予补助。

二、今后，企业基本养老金待遇水平的调整，由劳动保障部和财政部根据实际情况，参照城市居民生活费用价格指数和在职职工工资增长情况提出调整总体方案，报国务院批准后统一组织实施；各地区制定的具体实施方案，报劳动保障部、财政部审批后执行。

三、各地区要按照国务院及有关部门的要求，认真清理和规范基本养老保险统筹项目，不得擅自将统筹外项目转为统筹内项目，也不得自行调整企业缴费比例。确需调整统筹项目和企业缴费比例的，要报劳动保障部、财政部批准。

随着企业职工基本养老保险基金收入的增加和财政支持力度的增强，国家将逐步提高企业离退休人员的基本养老金待遇水平。在国家统一政策出台之前，地方各级政府要从大局出发，认真贯彻执行国家的各项政策，妥善处理和化解各种矛盾和问题，维护社会稳定。

劳动和社会保障部办公厅关于机关事业单位劳动合同制工人退休待遇问题的复函

1. *2001年2月2日*
2. *劳社厅函〔2001〕13号*

安徽省劳动和社会保障厅：

你厅《关于机关事业单位劳动合同制工人退休待遇支付办法的请示》（劳社字〔2000〕62号）收悉。经研究，现答复如下：

在国家统一的机关事业单位养老保险制度改革方案出台前，对于已经参加企业基本养老保险社会统筹的机关事业单位劳动合同制工人，退休时原则上按照企业的办法计发基本养老金，所需资金由统筹基金支付。为做好与未参加统筹的机关事业单位工人养老保险制度衔接和待遇水平平衡工作，请你们根据本省的实际情况，研究提出具体办法，待国家统一的机关事业单位养老保险制度改革办法出台后再予以完善和规范。

劳动和社会保障部办公厅关于退休人员被判刑后有关养老保险待遇问题的复函

1. 2001 年 3 月 8 日
2. 劳社厅函〔2001〕44 号

黑龙江省劳动和社会保障厅：

你厅《关于已领取养老金人员涉嫌犯罪被通缉或在押未定罪期间养老金发放问题的请示》（黑劳社呈〔2001〕5 号）收悉。经研究，现答复如下：

退休人员被判处拘役、有期徒刑及以上刑罚或被劳动教养的，服刑或劳动教养期间停发基本养老金，服刑或劳动教养期满后可以按服刑或劳动教养前的标准继续发给基本养老金，并参加以后的基本养老金调整。退休人员在服刑或劳动教养期间死亡的，其个人账户储存额中的个人缴费部分本息可以继承，但遗属不享受相应待遇。退休人员被判处管制、有期徒刑宣告缓刑和监外执行的，可以继续发给基本养老金，但不参与基本养老金调整。退休人员因涉嫌犯罪被通缉或在押未定罪期间，其基本养老金暂停发放。如果法院判其无罪，被通缉或羁押期间的基本养老金予以补发。

财政部等关于对归难侨离退休人员基本养老金实行定额补助有关问题的通知

1. 2001 年 12 月 21 日财政部、劳动和社会保障部、国务院侨务办公室发布
2. 财社〔2001〕133 号

根据劳动保障部、财政部《关于做好华侨农（林）场归（难）侨基本养老保险统筹工作的通知》（劳社部函〔2000〕44 号）精神，为进一步解决归难侨离退休人员基本生活保障问题，经请示国务院同意，决定对归难侨离退休人员基本养老金实行定额补助办法。现就有关问题通知如下：

一、从 2001 年 1 月 1 日起，中央财政根据华侨农（林）场和农垦、林业企业归难侨离退休人员人数和核定的补助标准，对部分地区华侨农（林）场和集中安置在农垦、林业企业的归难侨离退休人员基本养老金实行定额补助。

二、各地应根据当地实际情况和保障基本生活的原则，核定归难侨离退休人员基本养老金发放标准。归难侨离退休人员基本养老金实际开支水平高于补助定额标准的部分，已经参加企业职工基本养老保险统筹的从统筹基金中调剂解决，尚未参加企业职工基本养老保险统筹的，由华侨农（林）场和农垦、林业企业自筹资金解决；基本养老金实际开支水平低于补助定额标准形成的资金结余可结转使用。

三、归难侨离退休人员基本养老金定额补助资金，凡已参加企业职工基本养老保险统筹的，由当地财政部门通过社会保障基金财政专户拨付给社会保险经办机构，实行社会化发放；尚未参加企业职工基本养老保险统筹的，由华侨农（林）场和农垦、林业企业向当地财政部门提供有关人员资料并在企业开户银行建立离退休人员个人账户，财政部门将补助资金拨入企业在银行开设的账户，参照社会化发放的方式发放。

四、中央财政安排的对归难侨离退休人员基本养老金定额补助资金，纳入对地方的基本养老保险专项转移支付，列政府预算收支科目“社会保障补助支出”类中的“财政对社会保险基金的补贴支出”款中的“对养老保险基金的补贴支出”项级科目。

五、中央财政原用于解决部分困难地区华侨农（林）场归难侨基本养老保险基金缺口的补助资金，与此次中央财政对归难侨离退休人员基本养老金实行定额补助的资金合并使用，并统一按新的定额补助办法管理。

六、各地劳动保障、财政部门要会同政府侨务部门认真审核享受补助人员的资格和基本养老金标准，确保专款专用，不得挪作他用。

妥善解决归难侨离退休人员基本生活保障问题，对于贯彻落实党和国家的侨务政策，维护我国的国际形象具有十分重要的意义。各地要提高认识，切实加强领导，管好用好中央财政定额补助资金，并采取切实措施，确保华侨农（林）场和农垦、林业企业归难侨离退休人员基本养老金的按时足额发放。

劳动和社会保障部办公厅关于对扣发离退休人员基本养老金抵偿债务问题的复函

1. 2002 年 2 月 4 日
2. 劳社厅函〔2002〕27 号

重庆市劳动和社会保障局：

你局《关于养老保险经办机构能否协助法院扣发离退休人员养老金抵偿债务的请示》（渝劳社文〔2001〕72

号)收悉。经研究,现答复如下:

基本养老金是保障离退休人员的“养命钱”,离退休人员能否按时足额领取养老金直接关系到离退休人员的合法权益和社会稳定。同时,基本养老金在发放给离退休人员之前,仍属于养老保险基金,任何单位不得查封、冻结和扣划。最高人民法院《关于在审理和执行民事、经济纠纷案件时不得查封、冻结和扣划社会保险基金的通知》(法〔2000〕19号)对此也做出了相应规定。社会保险经办机构作为法定授权的社会保险基金收支、管理和运营机构,承担着将基本养老金按时足额发放给离退休人员的职能,社会保险经办机构不能直接扣发离退休人员基本养老金抵偿法院判决的债务。

劳动和社会保障部等关于转制科研机构和工程勘察设计单位转制前离退休人员待遇调整等问题的通知

1．2002年2月6日劳动和社会保障部、人事部、财政部、科技部、建设部发布

2．劳社部发〔2002〕5号

有关省、自治区、直辖市劳动和社会保障、人事、财政、科技、建设厅(局):

经国务院批准,现就国家经贸委所属的原10个国家局管理的242个科研机构、中央所属的178家工程勘察设计单位以及建设部等11个部门(单位)所属的134个科研机构(以下简称转制单位)转制前离退休人员离退休待遇调整等问题通知如下:

一、有正常事业费的转制单位,转制前离退休人员不再执行企业离退休人员基本养老金调整办法,社会保险经办机构只负责发放接收时按规定标准核定的基本养老金,以后不再增加。从2001年开始,其离退休待遇调整纳入国家统一的事业单位离退休费调整范围,由财政部门按统一的补助标准和现有经费渠道安排所需资金,并由离退休人员原单位负责发放。2001年地方已经按企业办法为转制前离退休人员增加的基本养老金,由社会保险经办机构扣回。

二、没有正常事业费的转制单位,转制前离退休人员按规定标准核定的基本养老金继续由社会保险经办机构发放,基本养老金调整按企业的办法执行,所需费用从基本养老保险统筹基金中支付。国家统一出台事业单位离退休费调整政策时,转制前离退休人员按企业办法增加的基本养老金与按事业单位办法增加的离退休费的差额部分,由原单位视经济情况自筹资金解决,并做好在职职工和离退休人员的稳定工作。

三、中央所属的178家工程勘察设计单位以及建设部等11个部门(单位)所属的134个科研机构在职职工,可参照《国务院办公厅转发人事部、财政部关于调整机关事业单位工作人员工资和增加离退休人员离退休费四个实施方案的通知》(国办发〔2001〕14号)的规定,调整在职职工工资,并纳入社会保险的缴费基数。调整工资所需资金,有正常事业费的转制单位由财政部门按同类事业单位的调资政策和现行资金渠道予以补助,没有正常事业费的转制单位自筹资金解决。此后,这些单位在职职工调整工资按企业工资政策执行。

四、本通知下发后,《国务院办公厅转发建设部等部门关于中央所属工程勘察设计单位体制改革实施方案的通知》(国办发〔2000〕71号)、《关于国家经贸委管理的10个国家局所属科研机构转制后有关养老保险问题的通知》(劳社部发〔2000〕2号)、《关于印发建设部等11个部门(单位)所属134个科研机构转制方案的通知》(国科发政字〔2000〕300号)中的有关规定与本通知不一致的,按本通知规定调整,其他政策规定继续执行。

劳动和社会保障部办公厅关于机关事业单位劳动合同制工人退休后基本养老金调整有关问题的复函

1．2002年5月15日

2．劳社厅函〔2002〕174号

西藏自治区劳动和社会保障厅:

你厅《关于机关、事业单位中的劳动合同制工人退休后基本养老金调整有关问题的请示》(藏劳社办〔2002〕32号)收悉。经研究,现答复如下:

2001年2月,我部办公厅下发了《关于机关事业单位劳动合同制工人退休待遇问题的复函》(劳社厅函〔2001〕13号),文中明确规定:在国家统一的机关事业单位养老保险制度改革方案出台前,对于已经参加企业基本养老保险社会统筹的机关事业单位劳动合同制工人,退休时原则上按照企业的办法计发基本养老金,所属资金由统筹基金支付。同时还明确,为做好与未参加统筹的机关事业单位工人养老保险制度衔接和待遇水平平衡工作,由各省区市研究提出具体办法,待国家统一的机关事业单位养老保险制度改革办法出台后再予以完善和规范。

请你们按上述文件精神，根据本区的实际情况，研究提出具体办法。

人事部、劳动和社会保障部关于实行企业化管理的事业单位参加企业基本养老保险统筹后职工退休待遇问题的复函

1．2002年6月10日
2．人函〔2002〕67号

四川省人事厅、劳动和社会保障厅：

你们报来的《关于转报攀枝花市人事局、劳动和社会保障局〈关于对国务院办公厅国办发〔2001〕14号文中几个具体问题的请示〉的请示》（川人〔2002〕21号）收悉。经研究，现函复如下：

根据1997年国务院《关于建立统一的企业职工基本养老保险制度的决定》（国发〔1997〕26号）和1999年国务院颁布的《社会保险费征缴暂行条例》（国务院第259号令）的有关规定，实行企业化管理的事业单位，原则上按照企业的养老保险制度执行。已参加企业职工基本养老保险统筹的企业化管理的事业单位，其退休人员应按照企业职工基本养老保险办法计发基本养老金，并执行企业退休人员基本养老金调整政策，不再执行事业单位退休人员退休费调整政策。

这一政策规定涉及到部分退休人员的切身利益，希望你们做好思想政治工作和政策解释工作，以有利于维护改革、发展和稳定的大局。

人力资源和社会保障部关于因失踪被人民法院宣告死亡的离退休人员养老待遇问题的函

1．2010年4月12日
2．人社厅函〔2010〕159号

安徽省人力资源社会保障厅：

你厅《关于因失踪被人民法院宣告死亡的退休人员养老保险待遇的请示》（皖人社〔2010〕16号）收悉。经研究，函复如下：

基本养老金是离退休人员基本生活的保障。离退休人员因失踪等原因被暂停发放基本养老金的，之后被人民法院宣告死亡，期间被暂停发放的基本养老金不再予以补发；离退休人员被人民法院宣告死亡后，其家属应按规定领取丧葬补助费和一次性抚恤金。当离退休人员再次出现或家属能够提供其仍具有领取养老金资格证明的，经社会保险经办机构核准后，应补发其被暂停发放的基本养老金，在被暂停发放基本养老金期间国家统一部署调整基本养老金的，也应予以补调。

人力资源和社会保障部、财政部关于解决未参保集体企业退休人员基本养老保障等遗留问题的意见

1．2010年12月23日
2．人社部发〔2010〕107号

各省、自治区、直辖市人民政府，新疆生产建设兵团：

根据国务院关于加快解决未参保集体企业退休人员基本养老保障等遗留问题的精神和要求，为切实保障这部分人员的基本生活，经国务院同意，现就有关问题提出以下意见。

一、充分认识解决未参保集体企业退休人员基本养老保障等遗留问题的必要性，增强工作的责任感和紧迫感

加快建立覆盖城乡居民的社会保障体系，实现全体人民老有所养，是全面建设小康社会的重要内容，也是构建社会主义和谐社会的必然要求。近年来，随着企业职工基本养老保险（以下简称基本养老保险）制度的不断完善，基本养老金做到按时足额发放，参保范围不断扩大，待遇水平逐步提高，较好地保障了退休人员的基本生活。但由于种种原因，部分困难集体企业已退休人员等群体没有及时参保或接续养老保险关系，缺额基本的生活保障，成为影响社会稳定的突出矛盾之一。各地区要从深入贯彻落实科学发展观、着力保障和改善民生的高度，充分认识解决这一历史遗留问题的必要性和紧迫性，切实摆上重要议事日程，明确目标责任，加大工作力度，集中时间，集中人力，确保2011年底前基本解决未参保集体企业退休人员基本养老保障等遗留问题，进一步完善社会保障体系，促进社会和谐稳定。

二、全面做好调查统计工作，严格界定未参保人员范围

近年来，一些地区因地制宜出台了未参保集体企业退休人员纳入基本养老保险的政策，较好地解决了一些突出问题。由于各地工作的基础不同，解决这一问题进度有快有慢。各地区要从实际出发，坚持以人为本，认真做好调查统计工作，科学界定未参保集体企业退休人员的范围，准确掌握应纳入基本养老保险的人员数量；在政策落实中，要明确具体标准，避免引起

相互攀比；要制定具体的工作安排，明确完成任务的时限，避免解决历史遗留问题久拖不决。

三、坚持社会统筹和个人账户相结合的制度，保持政策的连续性和稳定性

未参保集体企业退休人员参加基本养老保险，应执行现行制度和政策，坚持权利和义务相对应、公平与效率相结合的原则。凡具有城镇户籍，曾经与城镇集体企业建立劳动关系或形成事实劳动关系，2010 年 12 月 31 日前已达到或超过法定退休年龄的人员，因所在集体企业未参加过基本养老保险，且已经没有生产经营能力、无力缴纳社会保险费，个人可一次性补缴 15 年的基本养老保险费，纳入基本养老保险。2010 年 12 月 31 日尚未达到法定退休年龄的人员，要按规定参保缴费，达到法定退休年龄时累计缴费不足 15 年的，可以缴费至满 15 年。

四、坚持参保缴费的制度和机制，合理核定基本养老金水平

一次性补缴所需费用原则上由个人负担。各地要根据未参保人员的负担能力和参保时的年龄情况，合理确定缴费标准。同时，鼓励具备条件的单位对补缴费用给予适当补助。对于纳入基本养老保险且已达到或超过法定退休年龄的人员，要按照《国务院关于完善企业职工基本养老保险制度的决定》（国发〔2005〕38 号）的规定，结合当地实际情况，合理核定基本养老金水平，并从参保缴费的次月起按月发放。各地要按照国家的统一规定，结合当地实际情况，落实好未参保人员参保后的相关养老保险待遇。

五、认真细致地做好经办工作，提供便捷的服务

认真做好未参保集体企业退休人员的身份认定、费用缴纳和待遇核定工作，基本养老金实行社会化发放，退休人员纳入社会化管理服务。要认真审核参保人员的档案资料和有关证明材料，按照统一要求进行公示。要开辟专门窗口为参保人员提供政策咨询，办理参保缴费手续，简化和规范业务流程，提供方便快捷服务。要改进和完善养老保险信息管理，清晰记录参保缴费和待遇领取情况，并为他们使用社会保障卡查询本人参保信息提供便利。

六、加强基金调剂使用，确保基本养老金按时足额发放

对未参保集体企业退休人员参加基本养老保险后出现的基金收支缺口，由地方政府通过加强养老保险费征收工作、加大基本调剂力度、调整财政支出结构等措施加以解决。中央财政在安排对地方养老保险转移支付资金时予以统筹考虑。

解决未参保集体企业退休人员基本养老保障等遗留问题，关系到职工群众的切身利益，涉及面广，情况复杂，政策性强，时间紧迫。各地要抓紧制定或完善实施办法，广泛进行政策宣传，深入做好政策解释，精心组织实施，切实把好事办好、实事办实。在执行中遇到重大问题，要及时报告。

人力资源和社会保障部、财政部关于提高建国前参加工作的老工人生活补贴标准和扩大发放范围的通知

1. 2011 年 5 月 27 日
2. 人社部发〔2011〕60 号

各省、自治区、直辖市人力资源社会保障厅（局）、财政厅（局），福建省公务员局，新疆生产建设兵团人事局、劳动保障局、财务局，国务院各部委、各直属机构人事、财务部门：

经国务院同意，决定提高建国前参加工作的老工人生活补贴标准和扩大发放范围。现将有关事项通知如下：

一、增发生活补贴的建国前参加工作的老工人，限于符合原劳动人事部《关于建国前参加工作的老工人退休待遇的通知》（劳人险〔1983〕3 号）规定条件的老工人。

二、1937 年 7 月 6 日前参加工作的老工人，生活补贴由原每人每年增发两个月的基本退休费（基本养老金），提高到每人每年增发三个月的基本退休费（基本养老金）。

三、1937 年 7 月 7 日至 1942 年 12 月 31 日参加工作的老工人，生活补贴由原每人每年增发一个半月的基本退休费（基本养老金），提高到每人每年增发两个半月的基本退休费（基本养老金）。

四、1943 年 1 月 1 日至 1945 年 9 月 2 日参加工作的老工人，生活补贴由原每人每年增发一个月的基本退休费（基本养老金），提高到每人每年增发两个月的基本退休费（基本养老金）。

五、对 1945 年 9 月 3 日至 1949 年 9 月 30 日参加工作的老工人，每人每年增发一个月的基本退休费（基本养老金），作为生活补贴。

六、所需费用按现行开支渠道解决。

七、本通知自 2011 年起执行。2011 年增发的生活补贴，请于 7 月 1 日前发放到位。

人力资源社会保障部、财政部关于建立城乡居民基本养老保险待遇确定和基础养老金正常调整机制的指导意见

1. 2018年3月26日
2. 人社部发〔2018〕21号

各省、自治区、直辖市及新疆生产建设兵团人力资源社会保障厅（局）、财政厅（局），各计划单列市人力资源社会保障局、财政局：

党中央、国务院高度重视城乡社会保障体系建设，2014年在全国建立了统一的城乡居民基本养老保险制度，在保障城乡老年居民基本生活、调节收入分配、促进社会和谐稳定等方面发挥了积极作用。同时，还存在着保障水平较低、待遇确定和正常调整机制尚未健全、缴费激励约束机制不强等问题。根据中央关于改革和完善基本养老保险制度的要求，为进一步完善城乡居民基本养老保险制度，经党中央、国务院同意，现就建立城乡居民基本养老保险待遇确定和基础养老金正常调整机制提出以下意见。

一、总体要求

全面贯彻党的十九大精神，以习近平新时代中国特色社会主义思想为指导，紧紧围绕统筹推进“五位一体”总体布局和协调推进“四个全面”战略布局，牢固树立和贯彻落实新发展理念，坚持以人民为中心的发展思想，按照兜底线、织密网、建机制的要求，建立激励约束有效、筹资权责清晰、保障水平适度的城乡居民基本养老保险待遇确定和基础养老金正常调整机制，推动城乡居民基本养老保险待遇水平随经济发展而逐步提高，确保参保居民共享经济社会发展成果，促进城乡居民基本养老保险制度健康发展，不断增强参保居民的获得感、幸福感、安全感。

二、主要任务

（一）完善待遇确定机制。城乡居民基本养老保险待遇由基础养老金和个人账户养老金构成。基础养老金由中央和地方确定标准并全额支付给符合领取条件的参保人；个人账户养老金由个人账户全部储存额除以计发系数确定。明确各级人民政府、集体经济组织和参保居民等各方面的责任。中央根据全国城乡居民人均可支配收入和财力状况等因素，合理确定全国基础养老金最低标准。地方应当根据当地实际提高基础养老金标准，对65岁及以上参保城乡老年居民予以适当倾斜；对长期缴费、超过最低缴费年限的，应适当加发年限基础养老金。各地提高基础养老金和加发年限基础养老金标准所需资金由地方负担。引导激励符合条件的城乡居民早参保、多缴费，增加个人账户资金积累，优化养老保险待遇结构，提高待遇水平。

（二）建立基础养老金正常调整机制。人力资源社会保障部会同财政部，统筹考虑城乡居民收入增长、物价变动和职工基本养老保险等其他社会保障标准调整情况，适时提出城乡居民全国基础养老金最低标准调整方案，报请党中央和国务院确定。地方基础养老金的调整，应由当地人力资源社会保障部门会同财政部门提出方案，报请同级党委和政府确定。

（三）建立个人缴费档次标准调整机制。各地要根据城乡居民收入增长情况，合理确定和调整城乡居民基本养老保险缴费档次标准，供城乡居民选择。最高缴费档次标准原则上不超过当地灵活就业人员参加职工基本养老保险的年缴费额。对重度残疾人等缴费困难群体，可保留现行最低缴费档次标准。

（四）建立缴费补贴调整机制。各地要建立城乡居民基本养老保险缴费补贴动态调整机制，根据经济发展、个人缴费标准提高和财力状况，合理调整缴费补贴水平，对选择较高档次缴费的人员可适当增加缴费补贴，引导城乡居民选择高档次标准缴费。鼓励集体经济组织提高缴费补助，鼓励其他社会组织、公益慈善组织、个人为参保人缴费加大资助。

（五）实现个人账户基金保值增值。各地要按照《国务院关于印发基本养老保险基金投资管理办法的通知》（国发〔2015〕48号）要求和规定，开展城乡居民基本养老保险基金委托投资，实现基金保值增值，提高个人账户养老金水平和基金支付能力。

三、工作要求

（一）加强组织领导。建立城乡居民基本养老保险待遇确定和基础养老金正常调整机制是党中央、国务院部署的重要任务，是基本养老保险制度改革的重要内容，关系到广大城乡居民的切身利益，各级人力资源社会保障部门、财政部门要高度重视，加强组织领导，明确部门责任，切实把政策落实到位。

（二）完善机制建设。各地要根据本指导意见的精神，逐项落实各项政策，尽力而为，量力而行，建立和完善适合本地区情况的城乡居民基本养老保险待遇确定和基础养老金调整机制。

（三）强化部门协同。各地人力资源社会保障部门、财政部门要切实履行职责，加强协调配合，精心制

定工作方案，共同做好基础养老金、个人缴费档次标准、政府补贴标准等测算和调整工作，相关标准和政策报上级人力资源社会保障部门和财政部门备案。

（四）做好政策宣传。要采取多种方式全面准确解读政策，正确引导社会舆论，让参保居民形成合理的预期。

2. 企业年金

企业年金办法

1. 2017年12月18日人力资源和社会保障部、财政部令第36号公布
2. 自2018年2月1日起施行

第一章　总　　则

第一条　为建立多层次的养老保险制度，推动企业年金发展，更好地保障职工退休后的生活，根据《中华人民共和国劳动法》、《中华人民共和国劳动合同法》、《中华人民共和国社会保险法》、《中华人民共和国信托法》和国务院有关规定，制定本办法。

第二条　本办法所称企业年金，是指企业及其职工在依法参加基本养老保险的基础上，自主建立的补充养老保险制度。国家鼓励企业建立企业年金。建立企业年金，应当按照本办法执行。

第三条　企业年金所需费用由企业和职工个人共同缴纳。企业年金基金实行完全积累，为每个参加企业年金的职工建立个人账户，按照国家有关规定投资运营。企业年金基金投资运营收益并入企业年金基金。

第四条　企业年金有关税收和财务管理，按照国家有关规定执行。

第五条　企业和职工建立企业年金，应当确定企业年金受托人，由企业代表委托人与受托人签订受托管理合同。受托人可以是符合国家规定的法人受托机构，也可以是企业按照国家有关规定成立的企业年金理事会。

第二章　企业年金方案的订立、变更和终止

第六条　企业和职工建立企业年金，应当依法参加基本养老保险并履行缴费义务，企业具有相应的经济负担能力。

第七条　建立企业年金，企业应当与职工一方通过集体协商确定，并制定企业年金方案。企业年金方案应当提交职工代表大会或者全体职工讨论通过。

第八条　企业年金方案应当包括以下内容：

（一）参加人员；

（二）资金筹集与分配的比例和办法；

（三）账户管理；

（四）权益归属；

（五）基金管理；

（六）待遇计发和支付方式；

（七）方案的变更和终止；

（八）组织管理和监督方式；

（九）双方约定的其他事项。

企业年金方案适用于企业试用期满的职工。

第九条　企业应当将企业年金方案报送所在地县级以上人民政府人力资源社会保障行政部门。

中央所属企业的企业年金方案报送人力资源社会保障部。

跨省企业的企业年金方案报送其总部所在地省级人民政府人力资源社会保障行政部门。

省内跨地区企业的企业年金方案报送其总部所在地设区的市级以上人民政府人力资源社会保障行政部门。

第十条　人力资源社会保障行政部门自收到企业年金方案文本之日起15日内未提出异议的，企业年金方案即行生效。

第十一条　企业与职工一方可以根据本企业情况，按照国家政策规定，经协商一致，变更企业年金方案。变更后的企业年金方案应当经职工代表大会或者全体职工讨论通过，并重新报送人力资源社会保障行政部门。

第十二条　有下列情形之一的，企业年金方案终止：

（一）企业因依法解散、被依法撤销或者被依法宣告破产等原因，致使企业年金方案无法履行的；

（二）因不可抗力等原因致使企业年金方案无法履行的；

（三）企业年金方案约定的其他终止条件出现的。

第十三条　企业应当在企业年金方案变更或者终止后10日内报告人力资源社会保障行政部门，并通知受托人。企业应当在企业年金方案终止后，按国家有关规定对企业年金基金进行清算，并按照本办法第四章相关规定处理。

第三章　企业年金基金筹集

第十四条　企业年金基金由下列各项组成：

（一）企业缴费；

（二）职工个人缴费；

（三）企业年金基金投资运营收益。

第十五条　企业缴费每年不超过本企业职工工资总额的8%。企业和职工个人缴费合计不超过本企业职工工资总额的12%。具体所需费用，由企业和职工一方协商确定。

职工个人缴费由企业从职工个人工资中代扣代缴。

第十六条　实行企业年金后，企业如遇到经营亏损、重组并购等当期不能继续缴费的情况，经与职工一方协商，可以中止缴费。不能继续缴费的情况消失后，企业和职工恢复缴费，并可以根据本企业实际情况，按照中止缴费时的企业年金方案予以补缴。补缴的年限和金额不得超过实际中止缴费的年限和金额。

第四章　账户管理

第十七条　企业缴费应当按照企业年金方案确定的比例和办法计入职工企业年金个人账户，职工个人缴费计入本人企业年金个人账户。

第十八条　企业应当合理确定本单位当期缴费计入职工企业年金个人账户的最高额与平均额的差距。企业当期缴费计入职工企业年金个人账户的最高额与平均额不得超过5倍。

第十九条　职工企业年金个人账户中个人缴费及其投资收益自始归属于职工个人。

职工企业年金个人账户中企业缴费及其投资收益，企业可以与职工一方约定其自始归属于职工个人，也可以约定随着职工在本企业工作年限的增加逐步归属于职工个人，完全归属于职工个人的期限最长不超过8年。

第二十条　有下列情形之一的，职工企业年金个人账户中企业缴费及其投资收益完全归属于职工个人：

（一）职工达到法定退休年龄、完全丧失劳动能力或者死亡的；

（二）有本办法第十二条规定的企业年金方案终止情形之一的；

（三）非因职工过错企业解除劳动合同的，或者因企业违反法律规定职工解除劳动合同的；

（四）劳动合同期满，由于企业原因不再续订劳动合同的；

（五）企业年金方案约定的其他情形。

第二十一条　企业年金暂时未分配至职工企业年金个人账户的企业缴费及其投资收益，以及职工企业年金个人账户中未归属于职工个人的企业缴费及其投资收益，计入企业年金企业账户。

企业年金企业账户中的企业缴费及其投资收益应当按照企业年金方案确定的比例和办法计入职工企业年金个人账户。

第二十二条　职工变动工作单位时，新就业单位已经建立企业年金或者职业年金的，原企业年金个人账户权益应当随同转入新就业单位企业年金或者职业年金。

职工新就业单位没有建立企业年金或者职业年金的，或者职工升学、参军、失业期间，原企业年金个人账户可以暂时由原管理机构继续管理，也可以由法人受托机构发起的集合计划设置的保留账户暂时管理；原受托人是企业年金理事会的，由企业与职工协商选择法人受托机构管理。

第二十三条　企业年金方案终止后，职工原企业年金个人账户由法人受托机构发起的集合计划设置的保留账户暂时管理；原受托人是企业年金理事会的，由企业与职工一方协商选择法人受托机构管理。

第五章　企业年金待遇

第二十四条　符合下列条件之一的，可以领取企业年金：

（一）职工在达到国家规定的退休年龄或者完全丧失劳动能力时，可以从本人企业年金个人账户中按月、分次或者一次性领取企业年金，也可以将本人企业年金个人账户资金全部或者部分购买商业养老保险产品，依据保险合同领取待遇并享受相应的继承权；

（二）出国（境）定居人员的企业年金个人账户资金，可以根据本人要求一次性支付给本人；

（三）职工或者退休人员死亡后，其企业年金个人账户余额可以继承。

第二十五条　未达到上述企业年金领取条件之一的，不得从企业年金个人账户中提前提取资金。

第六章　管理监督

第二十六条　企业成立企业年金理事会作为受托人的，企业年金理事会应当由企业和职工代表组成，也可以聘请企业以外的专业人员参加，其中职工代表应不少于三分之一。

企业年金理事会除管理本企业的企业年金事务之外，不得从事其他任何形式的营业性活动。

第二十七条　受托人应当委托具有企业年金管理资格的账户管理人、投资管理人和托管人，负责企业年金基金的账户管理、投资运营和托管。

第二十八条　企业年金基金应当与委托人、受托人、账户管理人、投资管理人、托管人和其他为企业年金基金管理提供服务的自然人、法人或者其他组织的自有资产或者其他资产分开管理，不得挪作其他用途。

企业年金基金管理应当执行国家有关规定。

第二十九条　县级以上人民政府人力资源社会保障行政部门负责对本办法的执行情况进行监督检查。对违反本办法的，由人力资源社会保障行政部门予以警告，责令改正。

第三十条　因订立或者履行企业年金方案发生争议的，按照国家有关集体合同的规定执行。

因履行企业年金基金管理合同发生争议的，当事人可以依法申请仲裁或者提起诉讼。

第七章 附 则

第三十一条 参加企业职工基本养老保险的其他用人单位及其职工建立补充养老保险的,参照本办法执行。

第三十二条 本办法自 2018 年 2 月 1 日起施行。原劳动和社会保障部 2004 年 1 月 6 日发布的《企业年金试行办法》同时废止。

本办法施行之日已经生效的企业年金方案,与本办法规定不一致的,应当在本办法施行之日起 1 年内变更。

企业年金基金管理运作流程

1. 2004 年 12 月 31 日劳动和社会保障部发布
2. 劳社部发〔2004〕32 号

一、为加强企业年金基金管理,规范企业年金基金运作程序,根据《企业年金试行办法》、《企业年金基金管理试行办法》和有关法律法规,制定本流程。

二、本流程适用于企业年金计划的委托人及从事企业年金基金管理的受托人、账户管理人、托管人和投资管理人。

本流程所称受托管理合同是指委托人与受托人签订的合同,账户管理合同是指受托人与账户管理人签订的合同,托管合同是指受托人与托管人签订的合同,投资管理合同是指受托人与投资管理人签订的合同。

三、委托人应按受托管理合同规定,将企业年金计划信息、企业账户信息和个人账户信息提交受托人,受托人确认后提交账户管理人。

委托人也可按受托管理合同规定,将企业账户信息和个人账户信息提交受托人委托的账户管理人,账户管理人对提交信息的真实性、合法性和完整性进行审核,审核无误后通知受托人。

四、账户管理人应为企业年金基金建立独立的企业账户和个人账户,并及时记录企业年金计划信息、企业账户信息和个人账户信息。

五、企业年金计划信息、企业账户信息或个人账户信息变更时,委托人应按受托管理合同规定,将变更信息提交受托人,受托人确认后提交账户管理人。

企业账户信息或个人账户信息变更时,委托人也可按受托管理合同规定,将变更信息提交受托人委托的账户管理人,账户管理人对变更信息的真实性、合法性和完整性进行审核,审核无误后通知受托人。

账户管理人应按变更信息调整账户记录。

六、账户管理人应按账户管理合同规定,在企业年金计划规定缴费日前,根据企业年金计划及委托人提供的缴费信息,生成缴费账单,提交委托人和受托人确认。

受托人应向托管人发送缴费收账通知。

七、托管人应为托管的每个企业年金计划分别开设受托财产托管账户,用于企业年金基金的归集和支付。

委托人应在计划规定缴费日,将企业缴费和个人缴费划入托管人开设的受托财产托管账户,并通知受托人和账户管理人。

八、托管人应按缴费收账通知核对实收缴费金额。核对一致时,托管人将缴费资金到账情况通知受托人和账户管理人,账户管理人将缴费信息记入企业账户和个人账户。核对不一致,实收缴费金额多于缴费收账通知的应收缴费时,托管人应通知受托人,根据受托人指令进行超额缴费处理,并将处理结果通知受托人和账户管理人;实收缴费金额少于缴费收账通知的应收缴费时,托管人应通知受托人,受托人通知委托人补缴。

九、托管人应为托管的企业年金基金分别开设资金账户和证券账户,并负责所托管企业年金基金的资金清算与交收。

托管人应为所托管企业年金基金的投资管理人分别开设投资管理风险准备金账户,专项用于弥补企业年金基金的投资亏损。

十、受托人、托管人和投资管理人应就指令下达、确认和执行等程序达成一致。受托人和投资管理人应将发送指令的人员和权限通知托管人。

十一、受托人应将企业年金基金的投资分配指令通知托管人和投资管理人。

托管人应对受托人投资分配指令的真实性、合法性和完整性进行审核,及时将受托财产托管账户资金划入相应投资组合的资金账户,并将资金到账情况通知受托人和投资管理人。

十二、受托人调整投资管理人的投资额度时,应提前将调整方案通知托管人和投资管理人。

托管人接到受托人划款指令后,应对指令的真实性、合法性和完整性进行审核,审核无误后及时划拨资金,并将资金划拨情况通知受托人和投资管理人。

十三、托管人和投资管理人应分别及时从证券交易所和中国证券登记结算公司等机构获得企业年金基金证券交易结算数据。托管人和投资管理人核对无误后,托管人及时与中国证券登记结算公司办理企业年金基金的资金清算与交收。

托管人和投资管理人按照全国银行间债券市场有

关规定，办理企业年金基金投资银行间债券市场的债券买卖、回购业务和资金清算等事宜。

十四、托管人和投资管理人应分别为企业年金基金投资组合独立建账、独立核算，并参照《证券投资基金会计核算办法》等规定，分别完成企业年金基金投资组合的会计核算与估值。托管人应复核、审查投资管理人计算的投资组合净值。

托管人负责企业年金基金的会计核算，每个工作日对企业年金基金进行估值，并按托管合同规定，及时将企业年金基金财产净值、净值增长率或份额净值等会计核算结果发送受托人和账户管理人。

十五、托管人和投资管理人应分别及时编制和核对企业年金基金投资组合的资产负债表、损益表、净值变动表及附注等会计报表，并由托管人报送受托人。

托管人应及时编制企业年金基金财产的资产负债表、损益表、净值变动表及附注等会计报表，并报送受托人。

投资管理人应定期出具企业年金基金投资组合的投资业绩和风险评估等投资管理报告，并报送受托人。

十六、托管人应按照《企业年金基金管理试行办法》、托管合同及有关法律法规，对企业年金基金投资范围、投资比例、会计核算与估值、费用计提与支付以及收益分配等事项进行监督。

因证券市场波动、上市公司合并等客观因素造成的投资管理不符合《企业年金基金管理试行办法》规定比例或投资管理合同约定比例的，托管人应及时通知投资管理人并报告受托人，投资管理人应在合理期限内进行调整。

十七、账户管理人应按《企业年金基金管理试行办法》及账户管理合同的规定，分配企业年金基金的投资收益。

采取金额计量方式时，账户管理人应按托管人提供的收益分配日的企业年金基金财产净值和净值增长率及企业账户与个人账户期初余额，计算本期投资收益，并足额记入企业账户和个人账户。

采取份额计量方式时，账户管理人应记录托管人提供的收益分配日的企业年金基金份额净值。

十八、托管人接到受托人下达的费用支付指令、投资管理人下达的交易指令后，应对指令的真实性、合法性和完整性进行审核，审核无误后予以执行。

十九、职工退休、死亡、出境定居需要支付企业年金待遇时，委托人应向受托人提交申请，受托人通知账户管理人。账户管理人计算个人账户权益，生成个人账户权益支付表，发送委托人和受托人确认。

受托人确认后向托管人下达待遇支付指令，并通知账户管理人。托管人按待遇支付指令办理资金划转手续，并将资金划转结果通知受托人和账户管理人。账户管理人应扣减个人账户权益，当个人账户权益余额为零时，办理个人账户销户手续并通知受托人。

受托人将资金划转结果通知委托人。

二十、职工离开本企业转入新的企业年金计划时，委托人根据有关合同规定应向受托人提交个人账户转移申请，受托人确认后通知账户管理人。账户管理人计算个人账户权益，生成个人账户转移报告，发送委托人和受托人确认。

受托人确认后向托管人下达资金转移指令，并通知账户管理人。托管人按资金转移指令办理资金划转手续，并将资金划转结果通知受托人和账户管理人。账户管理人应办理个人账户转移手续，并通知受托人。

受托人将资金划转结果通知委托人。

二十一、职工离开本企业，不能转入新企业年金计划的，账户管理人可将其转入保留账户并进行单独管理。

企业年金基金管理办法

1. 2011年2月12日人力资源和社会保障部、中国银行业监督管理委员会、中国证券监督管理委员会、中国保险监督管理委员会令第11号公布

2. 根据2015年4月30日人力资源和社会保障部令第24号《关于修改部分规章的决定》修订

第一章 总 则

第一条 为维护企业年金各方当事人的合法权益，规范企业年金基金管理，根据劳动法、信托法、合同法、证券投资基金法等法律和国务院有关规定，制定本办法。

第二条 企业年金基金的受托管理、账户管理、托管、投资管理以及监督管理适用本办法。

本办法所称企业年金基金，是指根据依法制定的企业年金计划筹集的资金及其投资运营收益形成的企业补充养老保险基金。

第三条 建立企业年金计划的企业及其职工作为委托人，与企业年金理事会或者法人受托机构（以下简称受托人）签订受托管理合同。

受托人与企业年金基金账户管理机构（以下简称账户管理人）、企业年金基金托管机构（以下简称托管人）和企业年金基金投资管理机构（以下简称投资管理人）分别签订委托管理合同。

第四条 受托人应当将受托管理合同和委托管理合同报人力资源社会保障行政部门备案。

第五条 一个企业年金计划应当仅有一个受托人、一个账户管理人和一个托管人,可以根据资产规模大小选择适量的投资管理人。

第六条 同一企业年金计划中,受托人与托管人、托管人与投资管理人不得为同一人;建立企业年金计划的企业成立企业年金理事会作为受托人的,该企业与托管人不得为同一人;受托人与托管人、托管人与投资管理人、投资管理人与其他投资管理人的总经理和企业年金从业人员,不得相互兼任。

同一企业年金计划中,法人受托机构具备账户管理或者投资管理业务资格的,可以兼任账户管理人或者投资管理人。

第七条 法人受托机构兼任投资管理人时,应当建立风险控制制度,确保各项业务管理之间的独立性;设立独立的受托业务和投资业务部门,办公区域、运营管理流程和业务制度应当严格分离;直接负责的高级管理人员、受托业务和投资业务部门的工作人员不得相互兼任。

同一企业年金计划中,法人受托机构对待各投资管理人应当执行统一的标准和流程,体现公开、公平、公正原则。

第八条 企业年金基金缴费必须归集到受托财产托管账户,并在45日内划入投资资产托管账户。企业年金基金财产独立于委托人、受托人、账户管理人、托管人、投资管理人和其他为企业年金基金管理提供服务的自然人、法人或者其他组织的固有财产及其管理的其他财产。

企业年金基金财产的管理、运用或者其他情形取得的财产和收益,应当归入基金财产。

第九条 委托人、受托人、账户管理人、托管人、投资管理人和其他为企业年金基金管理提供服务的自然人、法人或者其他组织,因依法解散、被依法撤销或者被依法宣告破产等原因进行终止清算的,企业年金基金财产不属于其清算财产。

第十条 企业年金基金财产的债权,不得与委托人、受托人、账户管理人、托管人、投资管理人和其他为企业年金基金管理提供服务的自然人、法人或者其他组织固有财产的债务相互抵销。不同企业年金计划的企业年金基金的债权债务,不得相互抵销。

第十一条 非因企业年金基金财产本身承担的债务,不得对基金财产强制执行。

第十二条 受托人、账户管理人、托管人、投资管理人和其他为企业年金基金管理提供服务的自然人、法人或者其他组织必须恪尽职守,履行诚实、信用、谨慎、勤勉的义务。

第十三条 人力资源社会保障部负责制定企业年金基金管理的有关政策。人力资源社会保障行政部门对企业年金基金管理进行监管。

第二章 受 托 人

第十四条 本办法所称受托人,是指受托管理企业年金基金的符合国家规定的养老金管理公司等法人受托机构(以下简称法人受托机构)或者企业年金理事会。

第十五条 建立企业年金计划的企业,应当通过职工大会或者职工代表大会讨论确定,选择法人受托机构作为受托人,或者成立企业年金理事会作为受托人。

第十六条 企业年金理事会由企业代表和职工代表等人员组成,也可以聘请企业以外的专业人员参加,其中职工代表不少于三分之一。理事会应当配备一定数量的专职工作人员。

第十七条 企业年金理事会中的职工代表和企业以外的专业人员由职工大会、职工代表大会或者其他形式民主选举产生。企业代表由企业方聘任。

理事任期由企业年金理事会章程规定,但每届任期不得超过三年。理事任期届满,连选可以连任。

第十八条 企业年金理事会理事应当具备下列条件:

(一)具有完全民事行为能力;

(二)诚实守信,无犯罪记录;

(三)具有从事法律、金融、会计、社会保障或者其他履行企业年金理事会理事职责所必需的专业知识;

(四)具有决策能力;

(五)无个人所负数额较大的债务到期未清偿情形。

第十九条 企业年金理事会依法独立管理本企业的企业年金基金事务,不受企业方的干预,不得从事任何形式的营业性活动,不得从企业年金基金财产中提取管理费用。

第二十条 企业年金理事会会议,应当由理事本人出席;理事因故不能出席,可以书面委托其他理事代为出席,委托书中应当载明授权范围。

理事会作出决议,应当经全体理事三分之二以上通过。理事会应当对会议所议事项的决定形成会议记录,出席会议的理事应当在会议记录上签名。

第二十一条 理事应当对企业年金理事会的决议承担责任。理事会的决议违反法律、行政法规、本办法规定或者理事会章程,致使企业年金基金财产遭受损失的,理事应当承担赔偿责任。但经证明在表决时曾表明异议并记载于会议记录的,该理事可以免除责任。

企业年金理事会对外签订合同,应当由全体理事签字。

第二十二条　法人受托机构应当具备下列条件：

（一）经国家金融监管部门批准，在中国境内注册的独立法人；

（二）具有完善的法人治理结构；

（三）取得企业年金基金从业资格的专职人员达到规定人数；

（四）具有符合要求的营业场所、安全防范设施和与企业年金基金受托管理业务有关的其他设施；

（五）具有完善的内部稽核监控制度和风险控制制度；

（六）近3年没有重大违法违规行为；

（七）国家规定的其他条件。

第二十三条　受托人应当履行下列职责：

（一）选择、监督、更换账户管理人、托管人、投资管理人；

（二）制定企业年金基金战略资产配置策略；

（三）根据合同对企业年金基金管理进行监督；

（四）根据合同收取企业和职工缴费，向受益人支付企业年金待遇，并在合同中约定具体的履行方式；

（五）接受委托人查询，定期向委托人提交企业年金基金管理和财务会计报告。发生重大事件时，及时向委托人和有关监管部门报告；定期向有关监管部门提交开展企业年金基金受托管理业务情况的报告；

（六）按照国家规定保存与企业年金基金管理有关的记录自合同终止之日起至少15年；

（七）国家规定和合同约定的其他职责。

第二十四条　本办法所称受益人，是指参加企业年金计划并享有受益权的企业职工。

第二十五条　有下列情形之一的，法人受托机构职责终止：

（一）违反与委托人合同约定的；

（二）利用企业年金基金财产为其谋取利益，或者为他人谋取不正当利益的；

（三）依法解散、被依法撤销、被依法宣告破产或者被依法接管的；

（四）被依法取消企业年金基金受托管理业务资格的；

（五）委托人有证据认为更换受托人符合受益人利益的；

（六）有关监管部门有充分理由和依据认为更换受托人符合受益人利益的；

（七）国家规定和合同约定的其他情形。

企业年金理事会有前款第（二）项规定情形的，企业年金理事会职责终止，由委托人选择法人受托机构担任受托人。企业年金理事会有第（一）、（三）至（七）项规定情形之一的，应当按照国家规定重新组成，或者由委托人选择法人受托机构担任受托人。

第二十六条　受托人职责终止的，委托人应当在45日内委任新的受托人。

受托人职责终止的，应当妥善保管企业年金基金受托管理资料，在45日内办理完毕受托管理业务移交手续，新受托人应当接收并行使相应职责。

第三章　账户管理人

第二十七条　本办法所称账户管理人，是指接受受托人委托管理企业年金基金账户的专业机构。

第二十八条　账户管理人应当具备下列条件：

（一）经国家有关部门批准，在中国境内注册的独立法人；

（二）具有完善的法人治理结构；

（三）取得企业年金基金从业资格的专职人员达到规定人数；

（四）具有相应的企业年金基金账户信息管理系统；

（五）具有符合要求的营业场所、安全防范设施和与企业年金基金账户管理业务有关的其他设施；

（六）具有完善的内部稽核监控制度和风险控制制度；

（七）近3年没有重大违法违规行为；

（八）国家规定的其他条件。

第二十九条　账户管理人应当履行下列职责：

（一）建立企业年金基金企业账户和个人账户；

（二）记录企业、职工缴费以及企业年金基金投资收益；

（三）定期与托管人核对缴费数据以及企业年金基金账户财产变化状况，及时将核对结果提交受托人；

（四）计算企业年金待遇；

（五）向企业和受益人提供企业年金基金企业账户和个人账户信息查询服务；向受益人提供年度权益报告；

（六）定期向受托人提交账户管理数据等信息以及企业年金基金账户管理报告；定期向有关监管部门提交开展企业年金基金账户管理业务情况的报告；

（七）按照国家规定保存企业年金基金账户管理档案自合同终止之日起至少15年；

（八）国家规定和合同约定的其他职责。

第三十条　有下列情形之一的，账户管理人职责终止：

（一）违反与受托人合同约定的；

（二）利用企业年金基金财产为其谋取利益，或者为他人谋取不正当利益的；

（三）依法解散、被依法撤销、被依法宣告破产或者被依法接管的；

（四）被依法取消企业年金基金账户管理业务资格的；

（五）受托人有证据认为更换账户管理人符合受益人利益的；

（六）有关监管部门有充分理由和依据认为更换账户管理人符合受益人利益的；

（七）国家规定和合同约定的其他情形。

第三十一条 账户管理人职责终止的，受托人应当在45日内确定新的账户管理人。

账户管理人职责终止的，应当妥善保管企业年金基金账户管理资料，在45日内办理完毕账户管理业务移交手续，新账户管理人应当接收并行使相应职责。

第四章 托 管 人

第三十二条 本办法所称托管人，是指接受受托人委托保管企业年金基金财产的商业银行。

第三十三条 托管人应当具备下列条件：

（一）经国家金融监管部门批准，在中国境内注册的独立法人；

（二）具有完善的法人治理结构；

（三）设有专门的资产托管部门；

（四）取得企业年金基金从业资格的专职人员达到规定人数；

（五）具有保管企业年金基金财产的条件；

（六）具有安全高效的清算、交割系统；

（七）具有符合要求的营业场所、安全防范设施和与企业年金基金托管业务有关的其他设施；

（八）具有完善的内部稽核监控制度和风险控制制度；

（九）近3年没有重大违法违规行为；

（十）国家规定的其他条件。

第三十四条 托管人应当履行下列职责：

（一）安全保管企业年金基金财产；

（二）以企业年金基金名义开设基金财产的资金账户和证券账户等；

（三）对所托管的不同企业年金基金财产分别设置账户，确保基金财产的完整和独立；

（四）根据受托人指令，向投资管理人分配企业年金基金财产；

（五）及时办理清算、交割事宜；

（六）负责企业年金基金会计核算和估值，复核、审查和确认投资管理人计算的基金财产净值；

（七）根据受托人指令，向受益人发放企业年金待遇；

（八）定期与账户管理人、投资管理人核对有关数据；

（九）按照规定监督投资管理人的投资运作，并定期向受托人报告投资监督情况；

（十）定期向受托人提交企业年金基金托管和财务会计报告；定期向有关监管部门提交开展企业年金基金托管业务情况的报告；

（十一）按照国家规定保存企业年金基金托管业务活动记录、账册、报表和其他相关资料自合同终止之日起至少15年；

（十二）国家规定和合同约定的其他职责。

第三十五条 托管人发现投资管理人依据交易程序尚未成立的投资指令违反法律、行政法规、其他有关规定或者合同约定的，应当拒绝执行，立即通知投资管理人，并及时向受托人和有关监管部门报告。

托管人发现投资管理人依据交易程序已经成立的投资指令违反法律、行政法规、其他有关规定或者合同约定的，应当立即通知投资管理人，并及时向受托人和有关监管部门报告。

第三十六条 有下列情形之一的，托管人职责终止：

（一）违反与受托人合同约定的；

（二）利用企业年金基金财产为其谋取利益，或者为他人谋取不正当利益的；

（三）依法解散、被依法撤销、被依法宣告破产或者被依法接管的；

（四）被依法取消企业年金基金托管业务资格的；

（五）受托人有证据认为更换托管人符合受益人利益的；

（六）有关监管部门有充分理由和依据认为更换托管人符合受益人利益的；

（七）国家规定和合同约定的其他情形。

第三十七条 托管人职责终止的，受托人应当在45日内确定新的托管人。

托管人职责终止的，应当妥善保管企业年金基金托管资料，在45日内办理完毕托管业务移交手续，新托管人应当接收并行使相应职责。

第三十八条 禁止托管人有下列行为：

（一）托管的企业年金基金财产与其固有财产混合管理；

（二）托管的企业年金基金财产与托管的其他财产混合管理；

（三）托管的不同企业年金计划、不同企业年金投资组合的企业年金基金财产混合管理；

（四）侵占、挪用托管的企业年金基金财产；

（五）国家规定和合同约定禁止的其他行为。

第五章 投资管理人

第三十九条 本办法所称投资管理人，是指接受受托人委托投资管理企业年金基金财产的专业机构。

第四十条 投资管理人应当具备下列条件：

（一）经国家金融监管部门批准，在中国境内注册，具有受托投资管理、基金管理或者资产管理资格的独立法人；

（二）具有完善的法人治理结构；

（三）取得企业年金基金从业资格的专职人员达到规定人数；

（四）具有符合要求的营业场所、安全防范设施和与企业年金基金投资管理业务有关的其他设施；

（五）具有完善的内部稽核监控制度和风险控制制度；

（六）近3年没有重大违法违规行为；

（七）国家规定的其他条件。

第四十一条 投资管理人应当履行下列职责：

（一）对企业年金基金财产进行投资；

（二）及时与托管人核对企业年金基金会计核算和估值结果；

（三）建立企业年金基金投资管理风险准备金；

（四）定期向受托人提交企业年金基金投资管理报告；定期向有关监管部门提交开展企业年金基金投资管理业务情况的报告；

（五）根据国家规定保存企业年金基金财产会计凭证、会计账簿、年度财务会计报告和投资记录自合同终止之日起至少15年；

（六）国家规定和合同约定的其他职责。

第四十二条 有下列情形之一的，投资管理人应当及时向受托人报告：

（一）企业年金基金单位净值大幅度波动的；

（二）可能使企业年金基金财产受到重大影响的有关事项；

（三）国家规定和合同约定的其他情形。

第四十三条 有下列情形之一的，投资管理人职责终止：

（一）违反与受托人合同约定的；

（二）利用企业年金基金财产为其谋取利益，或者为他人谋取不正当利益的；

（三）依法解散、被依法撤销、被依法宣告破产或者被依法接管的；

（四）被依法取消企业年金基金投资管理业务资格的；

（五）受托人有证据认为更换投资管理人符合受益人利益的；

（六）有关监管部门有充分理由和依据认为更换投资管理人符合受益人利益的；

（七）国家规定和合同约定的其他情形。

第四十四条 投资管理人职责终止的，受托人应当在45日内确定新的投资管理人。

投资管理人职责终止的，应当妥善保管企业年金基金投资管理资料，在45日内办理完毕投资管理业务移交手续，新投资管理人应当接收并行使相应职责。

第四十五条 禁止投资管理人有下列行为：

（一）将其固有财产或者他人财产混同于企业年金基金财产；

（二）不公平对待企业年金基金财产与其管理的其他财产；

（三）不公平对待其管理的不同企业年金基金财产；

（四）侵占、挪用企业年金基金财产；

（五）承诺、变相承诺保本或者保证收益；

（六）利用所管理的其他资产为企业年金计划委托人、受益人或者相关管理人谋取不正当利益；

（七）国家规定和合同约定禁止的其他行为。

第六章 基金投资

第四十六条 企业年金基金投资管理应当遵循谨慎、分散风险的原则，充分考虑企业年金基金财产的安全性、收益性和流动性，实行专业化管理。

第四十七条 企业年金基金财产限于境内投资，投资范围包括银行存款、国债、中央银行票据、债券回购、万能保险产品、投资连结保险产品、证券投资基金、股票，以及信用等级在投资级以上的金融债、企业（公司）债、可转换债（含分离交易可转换债）、短期融资券和中期票据等金融产品。

第四十八条 每个投资组合的企业年金基金财产应当由一个投资管理人管理，企业年金基金财产以投资组合为单位按照公允价值计算应当符合下列规定：

（一）投资银行活期存款、中央银行票据、债券回购等流动性产品以及货币市场基金的比例，不得低于投资组合企业年金基金财产净值的5%；清算备付金、证券清算款以及一级市场证券申购资金视为流动性资产；投资债券正回购的比例不得高于投资组合企业年金基金财产净值的40%。

（二）投资银行定期存款、协议存款、国债、金融债、企业(公司)债、短期融资券、中期票据、万能保险产品等固定收益类产品以及可转换债(含分离交易可转换债)、债券基金、投资连结保险产品(股票投资比例不高于30%)的比例,不得高于投资组合企业年金基金财产净值的95%。

(三)投资股票等权益类产品以及股票基金、混合基金、投资连结保险产品(股票投资比例高于或者等于30%)的比例,不得高于投资组合企业年金基金财产净值的30%。其中,企业年金基金不得直接投资于权证,但因投资股票、分离交易可转换债等投资品种而衍生获得的权证,应当在权证上市交易之日起10个交易日内卖出。

第四十九条 根据金融市场变化和投资运作情况,人力资源社会保障部会同中国银监会、中国证监会和中国保监会,适时对投资范围和比例进行调整。

第五十条 单个投资组合的企业年金基金财产,投资于一家企业所发行的股票,单期发行的同一品种短期融资券、中期票据、金融债、企业(公司)债、可转换债(含分离交易可转换债),单只证券投资基金,单个万能保险产品或者投资连结保险产品,分别不得超过该企业上述证券发行量、该基金份额或者该保险产品资产管理规模的5%;按照公允价值计算,也不得超过该投资组合企业年金基金财产净值的10%。

单个投资组合的企业年金基金财产,投资于经备案的符合第四十八条投资比例规定的单只养老金产品,不得超过该投资组合企业年金基金财产净值的30%,不受上述10%规定的限制。

第五十一条 投资管理人管理的企业年金基金财产投资于自己管理的金融产品须经受托人同意。

第五十二条 因证券市场波动、上市公司合并、基金规模变动等投资管理人之外的因素致使企业年金基金投资不符合本办法第四十八条、第五十条规定的比例或者合同约定的投资比例的,投资管理人应当在可上市交易之日起10个交易日内调整完毕。

第五十三条 企业年金基金证券交易以现货和国务院规定的其他方式进行,不得用于向他人贷款和提供担保。

投资管理人不得从事使企业年金基金财产承担无限责任的投资。

第七章 收益分配及费用

第五十四条 账户管理人应当采用份额计量方式进行账户管理,根据企业年金基金单位净值,按周或者按日足额记入企业年金基金企业账户和个人账户。

第五十五条 受托人年度提取的管理费不高于受托管理企业年金基金财产净值的0.2%。

第五十六条 账户管理人的管理费按照每户每月不超过5元人民币的限额,由建立企业年金计划的企业另行缴纳。

保留账户和退休人员账户的账户管理费可以按照合同约定由受益人自行承担,从受益人个人账户中扣除。

第五十七条 托管人年度提取的管理费不高于托管企业年金基金财产净值的0.2%。

第五十八条 投资管理人年度提取的管理费不高于投资管理企业年金基金财产净值的1.2%。

第五十九条 根据企业年金基金管理情况,人力资源社会保障部会同中国银监会、中国证监会和中国保监会,适时对有关管理费进行调整。

第六十条 投资管理人从当期收取的管理费中,提取20%作为企业年金基金投资管理风险准备金,专项用于弥补合同终止时所管理投资组合的企业年金基金当期委托投资资产的投资亏损。

第六十一条 当合同终止时,如所管理投资组合的企业年金基金财产净值低于当期委托投资资产的,投资管理人应当用风险准备金弥补该时点的当期委托投资资产亏损,直至该投资组合风险准备金弥补完毕;如所管理投资组合的企业年金基金当期委托投资资产没有发生投资亏损或者风险准备金弥补后有剩余的,风险准备金划归投资管理人所有。

第六十二条 企业年金基金投资管理风险准备金应当存放于投资管理人在托管人处开立的专用存款账户,余额达到投资管理人所管理投资组合基金财产净值的10%时可以不再提取。托管人不得对投资管理风险准备金账户收取费用。

第六十三条 风险准备金由投资管理人进行管理,可以投资于银行存款、国债等高流动性、低风险金融产品。风险准备金产生的投资收益,应当纳入风险准备金管理。

第八章 计划管理和信息披露

第六十四条 企业年金单一计划指受托人将单个委托人交付的企业年金基金,单独进行受托管理的企业年金计划。

企业年金集合计划指同一受托人将多个委托人交付的企业年金基金,集中进行受托管理的企业年金计划。

第六十五条 法人受托机构设立集合计划,应当制定集合计划受托管理合同,为每个集合计划确定账户管理人、托管人各一名,投资管理人至少三名;并分别与其签订委托管理合同。

集合计划受托人应当将制定的集合计划受托管理合同、签订的委托管理合同以及该集合计划的投资组合说明书报人力资源社会保障部备案。

第六十六条 一个企业年金方案的委托人只能建立一个企业年金单一计划或者参加一个企业年金集合计划。委托人加入集合计划满3年后，方可根据受托管理合同规定选择退出集合计划。

第六十七条 发生下列情形之一的，企业年金单一计划变更：

（一）企业年金计划受托人、账户管理人、托管人或者投资管理人变更；

（二）企业年金基金管理合同主要内容变更；

（三）企业年金计划名称变更；

（四）国家规定的其他情形。

发生前款规定情形时，受托人应当将相关企业年金基金管理合同重新报人力资源社会保障行政部门备案。

第六十八条 企业年金单一计划终止时，受托人应当组织清算组对企业年金基金财产进行清算。清算费用从企业年金基金财产中扣除。

清算组由企业代表、职工代表、受托人、账户管理人、托管人、投资管理人以及由受托人聘请的会计师事务所、律师事务所等组成。

清算组应当自清算工作完成后3个月内，向人力资源社会保障行政部门和受益人提交经会计师事务所审计以及律师事务所出具法律意见书的清算报告。

人力资源社会保障行政部门应当注销该企业年金计划。

第六十九条 受益人工作单位发生变化，新工作单位已经建立企业年金计划的，其企业年金个人账户权益应当转入新工作单位的企业年金计划管理。新工作单位没有建立企业年金计划的，其企业年金个人账户权益可以在原法人受托机构发起的集合计划设置的保留账户统一管理；原受托人是企业年金理事会的，由企业与职工协商选择法人受托机构管理。

第七十条 企业年金单一计划终止时，受益人企业年金个人账户权益应当转入原法人受托机构发起的集合计划设置的保留账户统一管理；原受托人是企业年金理事会的，由企业与职工协商选择法人受托机构管理。

第七十一条 发生以下情形之一的，受托人应当聘请会计师事务所对企业年金计划进行审计。审计费用从企业年金基金财产中扣除。

（一）企业年金计划连续运作满三个会计年度时；

（二）企业年金计划管理人职责终止时；

（三）国家规定的其他情形。

账户管理人、托管人、投资管理人应当自上述情况发生之日起配合会计师事务所对企业年金计划进行审计。受托人应当自上述情况发生之日起的50日内向委托人以及人力资源社会保障行政部门提交审计报告。

第七十二条 受托人应当在每季度结束后30日内向委托人提交企业年金基金管理季度报告；并应当在年度结束后60日内向委托人提交企业年金基金管理和财务会计年度报告。

第七十三条 账户管理人应当在每季度结束后15日内向受托人提交企业年金基金账户管理季度报告；并应当在年度结束后45日内向受托人提交企业年金基金账户管理年度报告。

第七十四条 托管人应当在每季度结束后15日内向受托人提交企业年金基金托管和财务会计季度报告；并应当在年度结束后45日内向受托人提交企业年金基金托管和财务会计年度报告。

第七十五条 投资管理人应当在每季度结束后15日内向受托人提交经托管人确认财务管理数据的企业年金基金投资组合季度报告；并应当在年度结束后45日内向受托人提交经托管人确认财务管理数据的企业年金基金投资管理年度报告。

第七十六条 法人受托机构、账户管理人、托管人和投资管理人发生下列情形之一的，应当及时向人力资源社会保障部报告；账户管理人、托管人和投资管理人应当同时抄报受托人。

（一）减资、合并、分立、依法解散、被依法撤销、决定申请破产或者被申请破产的；

（二）涉及重大诉讼或者仲裁的；

（三）董事长、总经理、直接负责企业年金业务的高级管理人员发生变动的；

（四）国家规定的其他情形。

第七十七条 受托人、账户管理人、托管人和投资管理人应当按照规定报告企业年金基金管理情况，并对所报告内容的真实性、完整性负责。

第九章 监督检查

第七十八条 法人受托机构、账户管理人、托管人、投资管理人开展企业年金基金管理相关业务，应当向人力资源社会保障部提出申请。法人受托机构、账户管理人、投资管理人向人力资源社会保障部提出申请前应当先经其业务监管部门同意，托管人向人力资源社会保障部提出申请前应当先向其业务监管部门备案。

第七十九条 人力资源社会保障部收到法人受托机构、账户管理人、托管人、投资管理人的申请后，应当组织专家评审委员会，按照规定进行审慎评审。经评审符合条件的，由人力资源社会保障部会同有关部门确认公告；经评审不符合条件的，应当书面通知申请人。

专家评审委员会由有关部门代表和社会专业人士组成。每次参加评审的专家应当从专家评审委员会中随机抽取产生。

第八十条 受托人、账户管理人、托管人、投资管理人开展企业年金基金管理相关业务，应当接受人力资源社会保障行政部门的监管。

法人受托机构、账户管理人、托管人和投资管理人的业务监管部门按照各自职责对其经营活动进行监督。

第八十一条 人力资源社会保障部依法履行监督管理职责，可以采取以下措施：

（一）查询、记录、复制与被调查事项有关的企业年金基金管理合同、财务会计报告等资料；

（二）询问与调查事项有关的单位和个人，要求其对有关问题做出说明、提供有关证明材料；

（三）国家规定的其他措施。

委托人、受托人、账户管理人、托管人、投资管理人和其他为企业年金基金管理提供服务的自然人、法人或者其他组织，应当积极配合检查，如实提供有关资料，不得拒绝、阻挠或者逃避检查，不得谎报、隐匿或者销毁相关证据材料。

第八十二条 人力资源社会保障部依法进行调查或者检查时，应当至少由两人共同进行，并出示证件，承担下列义务：

（一）依法履行职责，秉公执法，不得利用职务之便谋取私利；

（二）保守在调查或者检查时知悉的商业秘密；

（三）为举报人员保密。

第八十三条 法人受托机构、中央企业集团公司成立的企业年金理事会、账户管理人、托管人、投资管理人违反本办法规定或者企业年金基金管理费、信息披露相关规定的，由人力资源社会保障部责令改正。其他企业（包括中央企业子公司）成立的企业年金理事会，违反本办法规定或者企业年金基金管理费、信息披露相关规定的，由管理合同备案所在地的省、自治区、直辖市或者计划单列市人力资源社会保障行政部门责令改正。

第八十四条 受托人、账户管理人、托管人、投资管理人发生违法违规行为可能影响企业年金基金财产安全的，或者经责令改正而不改正的，由人力资源社会保障部暂停其接收新的企业年金基金管理业务。给企业年金基金财产或者受益人利益造成损害的，依法承担赔偿责任；构成犯罪的，依法追究刑事责任。

第八十五条 人力资源社会保障部将法人受托机构、账户管理人、托管人、投资管理人违法行为、处理结果以及改正情况予以记录，同时抄送业务监管部门。在企业年金基金管理资格有效期内，有三次以上违法记录或者一次以上经责令改正而不改正的，在其资格到期之后5年内，不再受理其开展企业年金基金管理业务的申请。

第八十六条 会计师事务所和律师事务所提供企业年金中介服务应当严格遵守相关职业准则和行业规范。

第十章 附 则

第八十七条 企业年金基金管理，国务院另有规定的，从其规定。

第八十八条 本办法自2011年5月1日起施行。劳动和社会保障部、中国银行业监督管理委员会、中国证券监督管理委员会、中国保险监督管理委员会于2004年2月23日发布的《企业年金基金管理试行办法》（劳动保障部令第23号）同时废止。

人力资源和社会保障部、民政部关于鼓励社会团体、基金会和民办非企业单位建立企业年金有关问题的通知

1. 2013年7月15日

2. 人社部发〔2013〕51号

各省、自治区、直辖市及新疆生产建设兵团人力资源社会保障厅（局）、民政厅（局）：

近年来我国社会团体、基金会和民办非企业单位（以下简称社会组织）发展迅速，为提升社会管理和公共服务，促进文化繁荣发展发挥了积极的作用。为进一步推动社会组织健康发展，更好地保障社会组织工作人员退休后的生活，根据《企业年金试行办法》（劳动和社会保障部令第20号）、《企业年金基金管理办法》（人力资源和社会保障部令第11号）、《关于企业年金方案和基金管理合同备案有关问题的通知》（劳社部发〔2005〕35号）、《关于企业年金集合计划试点有关问题的通知》（人社部发〔2011〕58号）有关规定，现

就社会组织建立企业年金有关问题通知如下：

一、已经依法参加企业职工基本养老保险并履行缴费义务的社会组织，可以建立企业年金。其中工作人员较少的社会组织可以参加企业年金集合计划。

二、社会组织建立企业年金，应当由社会组织与本单位工会或职工代表通过集体协商确定，并制定企业年金方案。企业年金方案草案应当提交职工大会或职工代表大会讨论通过，并由集体协商双方首席代表签字后，形成拟报备的企业年金方案。

三、社会组织建立企业年金所需费用由社会组织和工作人员共同缴纳。社会组织缴费每年不超过本单位上年度工作人员工资总额的十二分之一，列支渠道按国家有关规定执行。社会组织缴费和工作人员个人缴费合计一般不超过本单位上年度工作人员工资总额的六分之一，工作人员个人缴费可以由社会组织从工作人员个人工资中代扣。

四、社会组织的企业年金方案应规定社会组织缴费计入工作人员企业年金个人账户的比例，可以综合考虑工作人员个人贡献、年龄等因素确定不同的计入比例，但差距不宜过大。

五、社会组织的企业年金方案应当报送所在地区县级以上地方人力资源社会保障行政部门备案。全国性社会组织的企业年金方案，报送人力资源社会保障部备案。社会组织参加企业年金集合计划可以由集合计划受托人报人力资源社会保障行政部门备案。

六、社会组织的企业年金基金，应当按照《企业年金基金管理办法》的规定，签订受托管理合同和委托管理合同，委托具有企业年金基金管理资格的机构，实行市场化投资运营。受托管理合同和委托管理合同，应当按有关规定报人力资源社会保障行政部门备案。

七、为规范管理，本通知发布前已经建立补充养老保险的社会组织，可按照本通知要求，对原有计划进行调整，逐步将原补充养老保险存量资金纳入企业年金管理。

八、各级人力资源社会保障行政部门要做好社会组织企业年金方案及管理合同备案工作，并负责对社会组织加入企业年金计划后的实施情况进行监督检查。各级民政部门可将企业年金实施情况作为社会组织评估工作的考量指标之一。

境外非政府组织驻华代表机构建立企业年金参照本通知执行。

财政部、税务总局关于个人所得税法修改后有关优惠政策衔接问题的通知

1. 2018年12月27日
2. 财税〔2018〕164号

各省、自治区、直辖市、计划单列市财政厅（局），国家税务总局各省、自治区、直辖市、计划单列市税务局，新疆生产建设兵团财政局：

为贯彻落实修改后的《中华人民共和国个人所得税法》，现将个人所得税优惠政策衔接有关事项通知如下：

一、关于全年一次性奖金、中央企业负责人年度绩效薪金延期兑现收入和任期奖励的政策

（一）居民个人取得全年一次性奖金，符合《国家税务总局关于调整个人取得全年一次性奖金等计算征收个人所得税方法问题的通知》（国税发〔2005〕9号）规定的，在2021年12月31日前，不并入当年综合所得，以全年一次性奖金收入除以12个月得到的数额，按照本通知所附按月换算后的综合所得税率表（以下简称月度税率表），确定适用税率和速算扣除数，单独计算纳税。计算公式为：

应纳税额＝全年一次性奖金收入×适用税率－速算扣除数

居民个人取得全年一次性奖金，也可以选择并入当年综合所得计算纳税。

自2022年1月1日起，居民个人取得全年一次性奖金，应并入当年综合所得计算缴纳个人所得税。

（二）中央企业负责人取得年度绩效薪金延期兑现收入和任期奖励，符合《国家税务总局关于中央企业负责人年度绩效薪金延期兑现收入和任期奖励征收个人所得税问题的通知》（国税发〔2007〕118号）规定的，在2021年12月31日前，参照本通知第一条第（一）项执行；2022年1月1日之后的政策另行明确。

二、关于上市公司股权激励的政策

（一）居民个人取得股票期权、股票增值权、限制性股票、股权奖励等股权激励（以下简称股权激励），符合《财政部　国家税务总局关于个人股票期权所得征收个人所得税问题的通知》（财税〔2005〕35号）、《财政部　国家税务总局关于股票增值权所得和限制性股票所得征收个人所得税有关问题的通知》（财税〔2009〕5号）、《财政部　国家税务总局关于将国家自主创新示范区有关税收试点政策推广到全国范围实施

的通知》（财税〔2015〕116 号）第四条、《财政部　国家税务总局关于完善股权激励和技术入股有关所得税政策的通知》（财税〔2016〕101 号）第四条第（一）项规定的相关条件的，在 2021 年 12 月 31 日前，不并入当年综合所得，全额单独适用综合所得税率表，计算纳税。计算公式为：

应纳税额 = 股权激励收入 × 适用税率 - 速算扣除数

（二）居民个人一个纳税年度内取得两次以上（含两次）股权激励的，应合并按本通知第二条第（一）项规定计算纳税。

（三）2022 年 1 月 1 日之后的股权激励政策另行明确。

三、关于保险营销员、证券经纪人佣金收入的政策

保险营销员、证券经纪人取得的佣金收入，属于劳务报酬所得，以不含增值税的收入减除 20% 的费用后的余额为收入额，收入额减去展业成本以及附加税费后，并入当年综合所得，计算缴纳个人所得税。保险营销员、证券经纪人展业成本按照收入额的 25% 计算。

扣缴义务人向保险营销员、证券经纪人支付佣金收入时，应按照《个人所得税扣缴申报管理办法（试行）》（国家税务总局公告 2018 年第 61 号）规定的累计预扣法计算预扣税款。

四、关于个人领取企业年金、职业年金的政策

个人达到国家规定的退休年龄，领取的企业年金、职业年金，符合《财政部　人力资源社会保障部　国家税务总局关于企业年金　职业年金个人所得税有关问题的通知》（财税〔2013〕103 号）规定的，不并入综合所得，全额单独计算应纳税款。其中按月领取的，适用月度税率表计算纳税；按季领取的，平均分摊计入各月，按每月领取额适用月度税率表计算纳税；按年领取的，适用综合所得税率表计算纳税。

个人因出境定居而一次性领取的年金个人账户资金，或个人死亡后，其指定的受益人或法定继承人一次性领取的年金个人账户余额，适用综合所得税率表计算纳税。对个人除上述特殊原因外一次性领取年金个人账户资金或余额的，适用月度税率表计算纳税。

五、关于解除劳动关系、提前退休、内部退养的一次性补偿收入的政策

（一）个人与用人单位解除劳动关系取得一次性补偿收入（包括用人单位发放的经济补偿金、生活补助费和其他补助费），在当地上年职工平均工资 3 倍数额以内的部分，免征个人所得税；超过 3 倍数额的部分，不并入当年综合所得，单独适用综合所得税率表，计算纳税。

（二）个人办理提前退休手续而取得的一次性补贴收入，应按照办理提前退休手续至法定离退休年龄之间实际年度数平均分摊，确定适用税率和速算扣除数，单独适用综合所得税率表，计算纳税。计算公式：

应纳税额 = ｛〔（一次性补贴收入 ÷ 办理提前退休手续至法定退休年龄的实际年度数）- 费用扣除标准〕× 适用税率 - 速算扣除数｝× 办理提前退休手续至法定退休年龄的实际年度数

（三）个人办理内部退养手续而取得的一次性补贴收入，按照《国家税务总局关于个人所得税有关政策问题的通知》（国税发〔1999〕58 号）规定计算纳税。

六、关于单位低价向职工售房的政策

单位按低于购置或建造成本价格出售住房给职工，职工因此而少支出的差价部分，符合《财政部　国家税务总局关于单位低价向职工售房有关个人所得税问题的通知》（财税〔2007〕13 号）第二条规定的，不并入当年综合所得，以差价收入除以 12 个月得到的数额，按照月度税率表确定适用税率和速算扣除数，单独计算纳税。计算公式为：

应纳税额 = 职工实际支付的购房价款低于该房屋的购置或建造成本价格的差额 × 适用税率 - 速算扣除数

七、关于外籍个人有关津补贴的政策

（一）2019 年 1 月 1 日至 2021 年 12 月 31 日期间，外籍个人符合居民个人条件的，可以选择享受个人所得税专项附加扣除，也可以选择按照《财政部　国家税务总局关于个人所得税若干政策问题的通知》（财税〔1994〕20 号）、《国家税务总局关于外籍个人取得有关补贴征免个人所得税执行问题的通知》（国税发〔1997〕54 号）和《财政部　国家税务总局关于外籍个人取得港澳地区住房等补贴征免个人所得税的通知》（财税〔2004〕29 号）规定，享受住房补贴、语言训练费、子女教育费等津补贴免税优惠政策，但不得同时享受。外籍个人一经选择，在一个纳税年度内不得变更。

（二）自 2022 年 1 月 1 日起，外籍个人不再享受住房补贴、语言训练费、子女教育费津补贴免税优惠政策，应按规定享受专项附加扣除。

八、除上述衔接事项外，其他个人所得税优惠政策继续按照原文件规定执行。

九、本通知自 2019 年 1 月 1 日起执行。下列文件或文件条款同时废止：

（一）《财政部　国家税务总局关于个人与用人单

位解除劳动关系取得的一次性补偿收入征免个人所得税问题的通知》(财税〔2001〕157 号)第一条；

(二)《财政部　国家税务总局关于个人股票期权所得征收个人所得税问题的通知》(财税〔2005〕35 号)第四条第(一)项；

(三)《财政部　国家税务总局关于单位低价向职工售房有关个人所得税问题的通知》(财税〔2007〕13 号)第三条；

(四)《财政部　人力资源社会保障部　国家税务总局关于企业年金职业年金个人所得税有关问题的通知》(财税〔2013〕103 号)第三条第 1 项和第 3 项；

(五)《国家税务总局关于个人认购股票等有价证券而从雇主取得折扣或补贴收入有关征收个人所得税问题的通知》(国税发〔1998〕9 号)；

(六)《国家税务总局关于保险企业营销员(非雇员)取得的收入计征个人所得税问题的通知》(国税发〔1998〕13 号)；

(七)《国家税务总局关于个人因解除劳动合同取得经济补偿金征收个人所得税问题的通知》(国税发〔1999〕178 号)；

(八)《国家税务总局关于国有企业职工因解除劳动合同取得一次性补偿收入征免个人所得税问题的通知》(国税发〔2000〕77 号)；

(九)《国家税务总局关于调整个人取得全年一次性奖金等计算征收个人所得税方法问题的通知》(国税发〔2005〕9 号)第二条；

(十)《国家税务总局关于保险营销员取得佣金收入征免个人所得税问题的通知》(国税函〔2006〕454 号)；

(十一)《国家税务总局关于个人股票期权所得缴纳个人所得税有关问题的补充通知》(国税函〔2006〕902 号)第七条、第八条；

(十二)《国家税务总局关于中央企业负责人年度绩效薪金延期兑现收入和任期奖励征收个人所得税问题的通知》(国税发〔2007〕118 号)第一条；

(十三)《国家税务总局关于个人提前退休取得补贴收入个人所得税问题的公告》(国家税务总局公告 2011 年第 6 号)第二条；

(十四)《国家税务总局关于证券经纪人佣金收入征收个人所得税问题的公告》(国家税务总局公告 2012 年第 45 号)。

附件:按月换算后的综合所得税率表(略)

3. 居民基本养老保险

国务院关于建立统一的城乡居民基本养老保险制度的意见

1. 2014年2月21日
2. 国发〔2014〕8号

各省、自治区、直辖市人民政府，国务院各部委、各直属机构：

按照党的十八大精神和十八届三中全会关于整合城乡居民基本养老保险制度的要求，依据《中华人民共和国社会保险法》有关规定，在总结新型农村社会养老保险（以下简称新农保）和城镇居民社会养老保险（以下简称城居保）试点经验的基础上，国务院决定，将新农保和城居保两项制度合并实施，在全国范围内建立统一的城乡居民基本养老保险（以下简称城乡居民养老保险）制度。现提出以下意见：

一、指导思想

高举中国特色社会主义伟大旗帜，以邓小平理论、“三个代表”重要思想、科学发展观为指导，贯彻落实党中央和国务院的各项决策部署，按照全覆盖、保基本、有弹性、可持续的方针，以增强公平性、适应流动性、保证可持续性为重点，全面推进和不断完善覆盖全体城乡居民的基本养老保险制度，充分发挥社会保险对保障人民基本生活、调节社会收入分配、促进城乡经济社会协调发展的重要作用。

二、任务目标

坚持和完善社会统筹与个人账户相结合的制度模式，巩固和拓宽个人缴费、集体补助、政府补贴相结合的资金筹集渠道，完善基础养老金和个人账户养老金相结合的待遇支付政策，强化长缴多得、多缴多得等制度的激励机制，建立基础养老金正常调整机制，健全服务网络，提高管理水平，为参保居民提供方便快捷的服务。“十二五”末，在全国基本实现新农保和城居保制度合并实施，并与职工基本养老保险制度相衔接。2020年前，全面建成公平、统一、规范的城乡居民养老保险制度，与社会救助、社会福利等其他社会保障政策相配套，充分发挥家庭养老等传统保障方式的积极作用，更好保障参保城乡居民的老年基本生活。

三、参保范围

年满16周岁（不含在校学生），非国家机关和事业单位工作人员及不属于职工基本养老保险制度覆盖范围的城乡居民，可以在户籍地参加城乡居民养老保险。

四、基金筹集

城乡居民养老保险基金由个人缴费、集体补助、政府补贴构成。

（一）个人缴费。

参加城乡居民养老保险的人员应当按规定缴纳养老保险费。缴费标准目前设为每年100元、200元、300元、400元、500元、600元、700元、800元、900元、1000元、1500元、2000元12个档次，省（区、市）人民政府可以根据实际情况增设缴费档次，最高缴费档次标准原则上不超过当地灵活就业人员参加职工基本养老保险的年缴费额，并报人力资源社会保障部备案。人力资源社会保障部会同财政部依据城乡居民收入增长等情况适时调整缴费档次标准。参保人自主选择档次缴费，多缴多得。

（二）集体补助。

有条件的村集体经济组织应当对参保人缴费给予补助，补助标准由村民委员会召开村民会议民主确定，鼓励有条件的社区将集体补助纳入社区公益事业资金筹集范围。鼓励其他社会经济组织、公益慈善组织、个人为参保人缴费提供资助。补助、资助金额不超过当地设定的最高缴费档次标准。

（三）政府补贴。

政府对符合领取城乡居民养老保险待遇条件的参保人全额支付基础养老金，其中，中央财政对中西部地区按中央确定的基础养老金标准给予全额补助，对东部地区给予50%的补助。

地方人民政府应当对参保人缴费给予补贴，对选择最低档次标准缴费的，补贴标准不低于每人每年30元；对选择较高档次标准缴费的，适当增加补贴金额；对选择500元及以上档次标准缴费的，补贴标准不低于每人每年60元，具体标准和办法由省（区、市）人民政府确定。对重度残疾人等缴费困难群体，地方人民政府为其代缴部分或全部最低标准的养老保险费。

五、建立个人账户

国家为每个参保人员建立终身记录的养老保险个人账户，个人缴费、地方人民政府对参保人的缴费补贴、集体补助及其他社会经济组织、公益慈善组织、个人对参保人的缴费资助，全部记入个人账户。个人账户储存额按国家规定计息。

六、养老保险待遇及调整

城乡居民养老保险待遇由基础养老金和个人账户养老金构成，支付终身。

（一）基础养老金。中央确定基础养老金最低标准，建立基础养老金最低标准正常调整机制，根据经济发展和物价变动等情况，适时调整全国基础养老金最低标准。地方人民政府可以根据实际情况适当提高基础养老金标准；对长期缴费的，可适当加发基础养老金，提高和加发部分的资金由地方人民政府支出，具体办法由省（区、市）人民政府规定，并报人力资源社会保障部备案。

（二）个人账户养老金。个人账户养老金的月计发标准，目前为个人账户全部储存额除以139（与现行职工基本养老保险个人账户养老金计发系数相同）。参保人死亡，个人账户资金余额可以依法继承。

七、养老保险待遇领取条件

参加城乡居民养老保险的个人，年满60周岁、累计缴费满15年，且未领取国家规定的基本养老保障待遇的，可以按月领取城乡居民养老保险待遇。

新农保或城居保制度实施时已年满60周岁，在本意见印发之日前未领取国家规定的基本养老保障待遇的，不用缴费，自本意见实施之月起，可以按月领取城乡居民养老保险基础养老金；距规定领取年龄不足15年的，应逐年缴费，也允许补缴，累计缴费不超过15年；距规定领取年龄超过15年的，应按年缴费，累计缴费不少于15年。

城乡居民养老保险待遇领取人员死亡的，从次月起停止支付其养老金。有条件的地方人民政府可以结合本地实际探索建立丧葬补助金制度。社会保险经办机构应每年对城乡居民养老保险待遇领取人员进行核对；村（居）民委员会要协助社会保险经办机构开展工作，在行政村（社区）范围内对参保人待遇领取资格进行公示，并与职工基本养老保险待遇等领取记录进行比对，确保不重、不漏、不错。

八、转移接续与制度衔接

参加城乡居民养老保险的人员，在缴费期间户籍迁移、需要跨地区转移城乡居民养老保险关系的，可在迁入地申请转移养老保险关系，一次性转移个人账户全部储存额，并按迁入地规定继续参保缴费，缴费年限累计计算；已经按规定领取城乡居民养老保险待遇的，无论户籍是否迁移，其养老保险关系不转移。

城乡居民养老保险制度与职工基本养老保险、优抚安置、城乡居民最低生活保障、农村五保供养等社会保障制度以及农村部分计划生育家庭奖励扶助制度的衔接，按有关规定执行。

九、基金管理和运营

将新农保基金和城居保基金合并为城乡居民养老保险基金，完善城乡居民养老保险基金财务会计制度和各项业务管理规章制度。城乡居民养老保险基金纳入社会保障基金财政专户，实行收支两条线管理，单独记账、独立核算，任何地区、部门、单位和个人均不得挤占挪用、虚报冒领。各地要在整合城乡居民养老保险制度的基础上，逐步推进城乡居民养老保险基金省级管理。

城乡居民养老保险基金按照国家统一规定投资运营，实现保值增值。

十、基金监督

各级人力资源社会保障部门要会同有关部门认真履行监管职责，建立健全内控制度和基金稽核监督制度，对基金的筹集、上解、划拨、发放、存储、管理等进行监控和检查，并按规定披露信息，接受社会监督。财政部门、审计部门按各自职责，对基金的收支、管理和投资运营情况实施监督。对虚报冒领、挤占挪用、贪污浪费等违纪违法行为，有关部门按国家有关法律法规严肃处理。要积极探索有村（居）民代表参加的社会监督的有效方式，做到基金公开透明，制度在阳光下运行。

十一、经办管理服务与信息化建设

省（区、市）人民政府要切实加强城乡居民养老保险经办能力建设，结合本地实际，科学整合现有公共服务资源和社会保险经办管理资源，充实加强基层经办力量，做到精确管理、便捷服务。要注重运用现代管理方式和政府购买服务方式，降低行政成本，提高工作效率。要加强城乡居民养老保险工作人员专业培训，不断提高公共服务水平。社会保险经办机构要认真记录参保人缴费和领取待遇情况，建立参保档案，按规定妥善保存。地方人民政府要为经办机构提供必要的工作场地、设施设备、经费保障。城乡居民养老保险工作经费纳入同级财政预算，不得从城乡居民养老保险基金中开支。基层财政确有困难的地区，省市级财政可给予适当补助。

各地要在现有新农保和城居保业务管理系统基础上，整合形成省级集中的城乡居民养老保险信息管理系统，纳入“金保工程”建设，并与其他公民信息管理系统实现信息资源共享；要将信息网络向基层延伸，实现省、市、县、乡镇（街道）、社区实时联网，有条件的地区可延伸到行政村；要大力推行全国统一的社会保障卡，方便参保人持卡缴费、领取待遇和查询本人参保信息。

十二、加强组织领导和政策宣传

地方各级人民政府要充分认识建立城乡居民养老

保险制度的重要性，将其列入当地经济社会发展规划和年度目标管理考核体系，切实加强组织领导；要优化财政支出结构，加大财政投入，为城乡居民养老保险制度建设提供必要的财力保障。各级人力资源社会保障部门要切实履行主管部门职责，会同有关部门做好城乡居民养老保险工作的统筹规划和政策制定、统一管理、综合协调、监督检查等工作。

各地区和有关部门要认真做好城乡居民养老保险政策宣传工作，全面准确地宣传解读政策，正确把握舆论导向，注重运用通俗易懂的语言和群众易于接受的方式，深入基层开展宣传活动，引导城乡居民踊跃参保、持续缴费、增加积累，保障参保人的合法权益。

各省（区、市）人民政府要根据本意见，结合本地区实际情况，制定具体实施办法，并报人力资源社会保障部备案。

本意见自印发之日起实施，已有规定与本意见不一致的，按本意见执行。

城乡养老保险制度衔接暂行办法

1. 2014年2月24日人力资源和社会保障部、财政部发布
2. 人社部发〔2014〕17号
3. 自2014年7月1日起施行

第一条 为了解决城乡养老保险制度衔接问题，维护参保人员的养老保险权益，依据《中华人民共和国社会保险法》和《实施〈中华人民共和国社会保险法〉若干规定》（人力资源和社会保障部令第13号）的规定，制定本办法。

第二条 本办法适用于参加城镇职工基本养老保险（以下简称城镇职工养老保险）、城乡居民基本养老保险（以下简称城乡居民养老保险）两种制度需要办理衔接手续的人员。已经按照国家规定领取养老保险待遇的人员，不再办理城乡养老保险制度衔接手续。

第三条 参加城镇职工养老保险和城乡居民养老保险人员，达到城镇职工养老保险法定退休年龄后，城镇职工养老保险缴费年限满15年（含延长缴费至15年）的，可以申请从城乡居民养老保险转入城镇职工养老保险，按照城镇职工养老保险办法计发相应待遇；城镇职工养老保险缴费年限不足15年的，可以申请从城镇职工养老保险转入城乡居民养老保险，待达到城乡居民养老保险规定的领取条件时，按照城乡居民养老保险办法计发相应待遇。

第四条 参保人员需办理城镇职工养老保险和城乡居民养老保险制度衔接手续的，先按城镇职工养老保险有关规定确定待遇领取地，并将城镇职工养老保险的养老保险关系归集至待遇领取地，再办理制度衔接手续。

参保人员申请办理制度衔接手续时，从城乡居民养老保险转入城镇职工养老保险的，在城镇职工养老保险待遇领取地提出申请办理；从城镇职工养老保险转入城乡居民养老保险的，在转入城乡居民养老保险待遇领取地提出申请办理。

第五条 参保人员从城乡居民养老保险转入城镇职工养老保险的，城乡居民养老保险个人账户全部储存额并入城镇职工养老保险个人账户，城乡居民养老保险缴费年限不合并计算或折算为城镇职工养老保险缴费年限。

第六条 参保人员从城镇职工养老保险转入城乡居民养老保险的，城镇职工养老保险个人账户全部储存额并入城乡居民养老保险个人账户，参加城镇职工养老保险的缴费年限合并计算为城乡居民养老保险的缴费年限。

第七条 参保人员若在同一年度内同时参加城镇职工养老保险和城乡居民养老保险的，其重复缴费时段（按月计算，下同）只计算城镇职工养老保险缴费年限，并将城乡居民养老保险重复缴费时段相应个人缴费和集体补助退还本人。

第八条 参保人员不得同时领取城镇职工养老保险和城乡居民养老保险待遇。对于同时领取城镇职工养老保险和城乡居民养老保险待遇的，终止并解除城乡居民养老保险关系，除政府补贴外的个人账户余额退还本人，已领取的城乡居民养老保险基础养老金应予以退还；本人不予退还的，由社会保险经办机构负责从城乡居民养老保险个人账户余额或者城镇职工养老保险基本养老金中抵扣。

第九条 参保人员办理城乡养老保险制度衔接手续时，按下列程序办理：

（一）由参保人员本人向待遇领取地社会保险经办机构提出养老保险制度衔接的书面申请。

（二）待遇领取地社会保险经办机构受理并审核参保人员书面申请，对符合本办法规定条件的，在15个工作日内，向参保人员原城镇职工养老保险、城乡居民养老保险关系所在地社会保险经办机构发出联系函，并提供相关信息；对不符合本办法规定条件的，向申请人作出说明。

（三）参保人员原城镇职工养老保险、城乡居民养老保险关系所在地社会保险经办机构在接到联系函的15个工作日内，完成制度衔接的参保缴费信息传递和基金划转手续。

（四）待遇领取地社会保险经办机构收到参保人员原城镇职工养老保险、城乡居民养老保险关系所在地社会保险经办机构转移的资金后，应在15个工作日内办结有关手续，并将情况及时通知申请人。

第十条　健全完善全国县级以上社会保险经办机构联系方式信息库，并向社会公布，方便参保人员办理城乡养老保险制度衔接手续。建立全国统一的基本养老保险参保缴费信息查询服务系统，进一步完善全国社会保险关系转移系统，加快普及全国通用的社会保障卡，为参保人员查询参保缴费信息、办理城乡养老保险制度衔接提供便捷有效的技术服务。

第十一条　本办法从2014年7月1日起施行。各地已出台政策与本办法不符的，以本办法规定为准。

城乡养老保险制度衔接经办规程（试行）

1. 2014年2月24日人力资源和社会保障部办公厅发布
2. 人社厅发〔2014〕25号
3. 自2014年7月1日起施行

第一条　为统一和规范城乡养老保险制度衔接业务经办程序，根据《城乡养老保险制度衔接暂行办法》，制定本规程。

第二条　本规程适用于参加城镇职工基本养老保险（以下简称城镇职工养老保险）、城乡居民基本养老保险（以下简称城乡居民养老保险）两种制度的人员办理跨制度衔接养老保险关系。

第三条　县级以上社会保险经办机构（以下简称社保机构）负责城乡养老保险制度衔接业务经办。

第四条　参保人员达到城镇职工养老保险法定退休年龄，如有分别参加城镇职工养老保险、城乡居民养老保险情形，在申请领取养老保险待遇前，向待遇领取地社保机构申请办理城乡养老保险制度衔接手续。

（一）城镇职工养老保险缴费年限满15年（含延长缴费至15年）的，应向城镇职工养老保险待遇领取地社保机构申请办理从城乡居民养老保险转入城镇职工养老保险。

（二）城镇职工养老保险缴费年限不足15年或按规定延长缴费仍不足15年的，应向城乡居民养老保险待遇领取地社保机构申请办理从城镇职工养老保险转入城乡居民养老保险。

第五条　办理参保人员城镇职工养老保险和城乡居民养老保险制度衔接手续的，社保机构应首先按照《国务院办公厅关于转发人力资源社会保障部财政部城镇企业职工基本养老保险关系跨省转移接续暂行办法的通知》（国办发〔2009〕66号）等有关规定，确定城镇职工养老保险待遇领取地，由城镇职工养老保险待遇领取地（即城镇职工养老保险关系归集地）负责归集参保人员城镇职工养老保险关系，告知参保人员办理相关手续，并为其开具包含各参保地缴费年限的《城镇职工基本养老保险参保缴费凭证》（附件1，简称《参保缴费凭证》）。

第六条　参保人员办理城乡居民养老保险转入城镇职工养老保险，按以下程序办理相关手续：

（一）参保人员向城镇职工养老保险待遇领取地社保机构提出转入申请，填写《城乡养老保险制度衔接申请表》（附件2，以下简称《申请表》），出示社会保障卡或居民身份证并提交复印件。

参保人员户籍地与城镇职工养老保险待遇领取地为不同统筹地区的，可就近向户籍地负责城乡居民养老保险的社保机构提出申请，填写《申请表》，出示社会保障卡或居民身份证，并提交复印件。户籍地负责城乡居民养老保险的社保机构应及时将相关材料传送给其城镇职工养老保险待遇领取地社保机构。

（二）城镇职工养老保险待遇领取地社保机构受理并审核《申请表》及相关资料，对符合制度衔接办法规定条件的，应在15个工作日内，向参保人员城乡居民养老保险关系所在地社保机构发出《城乡养老保险制度衔接联系函》（附件3，以下简称《联系函》）。不符合制度衔接办法规定条件的，应向参保人员作出说明。

（三）城乡居民养老保险关系所在地社保机构在收到《联系函》之日起的15个工作日内办结以下手续：

1. 核对参保人员有关信息并生成《城乡居民基本养老保险信息表》（附件4），传送给城镇职工养老保险待遇领取地社保机构；

2. 办理基金划转手续；

3. 终止参保人员在本地的城乡居民养老保险关系。

（四）城镇职工养老保险待遇领取地社保机构在收到《城乡居民基本养老保险信息表》和转移基金后的15个工作日内办结以下手续：

1. 核对《城乡居民基本养老保险信息表》及转移基金额；

2. 录入参保人员城乡居民养老保险相关信息；

3. 确定重复缴费时段及金额，按规定将城乡居民养老保险重复缴费时段相应个人缴费和集体补助（含社会资助，下同）予以清退；

4. 合并记录参保人员个人账户；

5. 将办结情况告知参保人员。

第七条 参保人员办理城镇职工养老保险转入城乡居民养老保险，按以下程序办理相关手续：

（一）参保人员向城乡居民养老保险待遇领取地社保机构提出申请，填写《申请表》，出示社会保障卡或居民身份证并提交复印件，提供城镇职工养老保险关系归集地开具的《参保缴费凭证》。

（二）城乡居民养老保险待遇领取地社保机构受理并审核《申请表》及相关资料，对符合制度衔接办法规定条件的，应在15个工作日内，向城镇职工养老保险关系归集地社保机构发出《联系函》。对不符合制度衔接办法规定条件的，应向参保人员作出说明。

（三）城镇职工养老保险关系归集地社保机构收到《联系函》之日起的15个工作日内，办结以下手续：

1. 生成《城镇职工基本养老保险信息表》（附件5），传送给城乡居民养老保险待遇领取地社保机构；

2. 办理基金划转手续；

3. 终止参保人员在本地的城镇职工养老保险关系。

（四）城乡居民养老保险关系所在地社保机构在收到《城镇职工基本养老保险信息表》和转移基金后的15个工作日内办结以下手续：

1. 核对《城镇职工基本养老保险信息表》及转移基金额；

2. 录入参保人员城镇职工养老保险相关信息；

3. 确定重复缴费时段及金额，按规定予以清退；

4. 合并记录参保人员个人账户；

5. 将办结情况告知参保人员。

第八条 参保人员存在同一年度内同时参加城镇职工养老保险和城乡居民养老保险情况的，由转入地社保机构清退城乡居民养老保险重复缴费时段相应的个人缴费和集体补助，按以下程序办理：

（一）进行信息比对，确定重复缴费时段。重复时段为城乡居民养老保险各年度与城镇职工养老保险重复缴费的月数。

（二）确定重复缴费清退金额，生成并打印《城乡养老保险重复缴费清退表》（附件6）。重复缴费清退金额计算方法：

年度重复缴费清退金额 =（年度个人缴费本金 + 年度集体补助本金）/12 × 重复缴费月数；

清退总额 = 各年度重复缴费清退金额之和。

（三）将重复缴费清退金额退还参保人员，并将有关情况通知本人。

第九条 参保人员同时领取城镇职工养老保险和城乡居民养老保险待遇的，由城乡居民养老保险待遇领取地社保机构负责终止其城乡居民养老保险关系，核定重复领取的城乡居民养老保险基础养老金金额，通知参保人员退还。参保人员退还后，将其城乡居民养老保险个人账户余额（扣除政府补贴，下同）退还本人。

参保人员不退还重复领取的城乡居民养老保险基础养老金的，城乡居民养老保险待遇领取地社保机构从其城乡居民养老保险个人账户余额中抵扣，抵扣后的个人账户余额退还本人。

参保人员个人账户余额不足抵扣的，城乡居民养老保险待遇领取地社保机构向其领取城镇职工养老保险待遇的社保机构发送《重复领取养老保险待遇协助抵扣通知单》（附件7），通知其协助抵扣。

参保人员城镇职工养老保险待遇领取地社保机构完成抵扣后，应将协助抵扣款项全额划转至城乡居民养老保险待遇地社保机构指定银行账户，同时传送《重复领取养老保险待遇协助抵扣回执》（见附件7）。

第十条 负责城镇职工养老保险、城乡居民养老保险的社保机构办理参保人员城乡养老保险制度衔接手续后，应将参保人员有关信息予以保留和备份。

第十一条 人力资源和社会保障部建立健全完善全国县级以上社保机构联系方式信息库，并向社会公布相关信息。同时，进一步完善全国社会保险关系转移信息系统，各地社保机构应积极应用该系统开展城乡养老保险制度衔接业务。建立全国统一的基本养老保险参保缴费查询服务系统，加快普及全国通用的社会保障卡，为参保人员查询参保缴费信息、办理制度衔接提供便捷、高效的服务。

第十二条 本规程从2014年7月1日起施行。

第十三条 本规程由人力资源社会保障部负责解释。

附件：1. 城镇职工基本养老保险参保缴费凭证（略）

2. 城乡养老保险制度衔接申请表（略）

3. 城乡养老保险制度衔接联系函（略）

4. 城乡居民基本养老保险信息表（略）

5. 城镇职工基本养老保险信息表（略）

6. 城乡养老保险重复缴费清退表（略）

7. 重复领取养老保险待遇协助抵扣通知单（略）

城乡居民基本养老保险经办规程

1. 2019年8月13日人力资源社会保障部修订发布
2. 人社部发〔2019〕84号

第一章　总　　则

第一条　按照党中央、国务院深入推进"放管服"改革精神，根据《国务院关于建立统一的城乡居民基本养老保险制度的意见》（国发〔2014〕8号，以下简称《意见》），为确保城乡居民基本养老保险（以下简称城乡居民养老保险）经办管理服务工作顺利实施，实现业务操作规范、方便、快捷，制定本规程。

第二条　城乡居民养老保险经办包括参保登记、保险费收缴衔接、基金申请和划拨、个人账户管理、待遇支付、保险关系注销、保险关系转移接续、基金管理、档案管理、统计管理、待遇领取资格确认、内控稽核、宣传咨询、举报受理等。

社会保险经办机构（以下简称社保机构）、乡镇（街道）事务所（中心、站）（以下简称乡镇（街道）事务所）、行政村（社区）村（居）民委员会协办人员（以下简称村（居）协办员）办理城乡居民养老保险事务适用本规程。

第三条　城乡居民养老保险实行属地化管理，社保机构、乡镇（街道）事务所具体经办，村（居）协办员协助办理。

第四条　省、自治区、直辖市及新疆生产建设兵团（以下简称省）和地市社保机构负责组织指导和监督考核本地区城乡居民养老保险经办管理服务工作，配合财政部门做好财政补助资金的结算和划拨工作；依据本规程制定本地区城乡居民养老保险业务经办管理办法；依据工作需要和制度规定参与制定本地区城乡居民养老保险基金财务管理办法和基金会计核算办法实施细则；制定本地区城乡居民养老保险内部控制和稽核制度，组织开展内部控制和稽核工作；规范、督导城乡居民养老保险待遇发放和社会化管理服务工作；编制、汇总、上报本级城乡居民养老保险基金预算和决算、财务和统计报表；推进建设统一的城乡居民养老保险经办管理信息系统（以下简称信息系统），负责城乡居民养老保险个人权益记录管理和数据应用分析工作；组织开展人员培训；负责个人账户结余基金归集和上解等工作。

县（市、区、旗，以下简称县）社保机构负责城乡居民养老保险的参保登记、保险费收缴衔接、基金申请与划拨、基金管理、个人账户建立与管理、待遇核定与支付、保险关系注销、保险关系转移接续、待遇领取资格确认、内控管理、档案管理、个人权益记录管理、数据应用分析以及咨询、查询和举报受理，编制、上报本级城乡居民养老保险基金预算和决算、财务和统计报表，并对乡镇（街道）事务所的业务经办工作进行指导和监督考核，组织开展人员培训等工作（地市社保机构直接经办城乡居民养老保险业务的参照执行，下同）。

乡镇（街道）事务所负责参保资源的调查和管理，对参保人员的参保资格、基本信息、待遇领取资格及关系转移资格等进行初审，将有关信息录入信息系统，并负责受理咨询、查询和举报、政策宣传、情况公示等工作。

村（居）协办员具体负责城乡居民养老保险参保登记、待遇领取、保险关系注销、保险关系转移接续等业务环节所需材料的收集与上报，负责向参保人员发放有关材料，通知参保人员办理补缴和待遇领取手续，并协助做好政策宣传与解释、待遇领取资格确认、摸底调查、居民基本信息采集和情况公示等工作。

第五条　城乡居民养老保险基金单独记账，独立核算，存入社会保障基金财政专户，专款专用，任何单位和个人不得挤占、挪用基金，基金结余按国家有关规定实现保值增值。

第六条　社保机构、乡镇（街道）事务所与村（居）协办员应提供方便快捷的城乡居民养老保险经办服务，包括互联网网上经办服务、自助服务和人工经办服务。互联网网上服务应进行实名验证。对行动不便的参保人员，社保机构、乡镇（街道）事务所与村（居）协办员应为其提供上门服务。

社保机构应当主动与公安、民政、卫生健康、残联、税务等部门共享数据，定期与以上部门的数据系统以及全民参保库等信息库进行数据比对（以下简称数据比对）。凡是能通过数据比对掌握的信息以及法律法规未规定由城乡居民提供的材料，社保机构不得要求城乡居民提供。

第二章　参保登记

第七条　社保机构、乡镇（街道）事务所与村（居）协办员应提供以下两种方式供城乡居民任意选择其一申请参加城乡居民养老保险：

（一）通过登录网站、自助终端、移动应用等互联网服务渠道（以下简称互联网服务渠道），上传有效身份证件、户口簿首页和本人页，填写《城乡居民基本养老保险参保登记表》（以下简称《登记表》）。

（二）携带有效身份证件和户口簿，通过户籍所在地的村(居)协办员或乡镇(街道)事务所或县社保机构等线下服务渠道(以下简称线下服务渠道)现场办理,乡镇(街道)事务所工作人员或村(居)协办员拍照上传相关信息或按规定时限将相关材料逐级上报。

第八条 县社保机构应通过数据比对等方式,对参保申请进行审核,并自收到参保申请之日起3个工作日内告知申请人审核结果。

审核通过的,县社保机构应同时在信息系统中进行确认,留存《登记表》、有效身份证件、户口簿信息资料。

第九条 参保人员的性别、民族、居住地址、联系电话等参保登记信息发生变更时,县社保机构应允许参保人员本人通过互联网服务渠道或线下服务渠道直接填报最新信息进行变更,无需审核。

参保人员的姓名、出生日期、有效身份证件号码变更时,县社保机构应允许参保人员本人通过互联网服务渠道提出申请,填写新的《登记表》,上传变更后的有效身份证件办理变更或携带变更后的有效身份证件通过线下服务渠道现场办理变更。

第十条 县社保机构应通过数据比对等方式,对变更申请进行审核,并自收到变更申请之日起3个工作日内告知参保人员审核结果。审核通过的,应同时在信息系统中进行确认,留存新的《登记表》、有效身份证件信息资料。

第三章 保险费收缴衔接

第十一条 城乡居民养老保险费按年度缴纳,参保人员可自主选择缴费档次,确定缴费金额。

第十二条 社保机构应依据《国家税务总局办公厅 人力资源社会保障部办公厅关于印发〈社会保险费信息共享平台建设方案〉的通知》(税总办发〔2018〕123号)制定适应满足城乡居民养老保险费征收业务和数据交互需求的数据标准、业务和技术规范,开展人社部门信息共享平台的开发、部署及联调、运维等工作,并对共享平台的城乡居民养老保险数据质量管理、交换过程监控,保障参保登记信息的唯一性和有效性,保障数据交换的及时性、准确性、完整性。

第十三条 社保机构应在规定时限内向税务部门传递城乡居民养老保险参保登记数据、退费核验信息、退费信息、特殊缴费业务核定等信息,实现城乡居民养老保险费征收相关数据的省级集中交互。

第十四条 社保机构应在规定时限内接收税务部门传递的城乡居民养老保险费缴费明细数据、对账数据、特殊缴费业务入库反馈、退费申请等信息。

第十五条 社保机构应在涉及城乡居民养老保险费征收的业务稽核、统计分析、公共服务等方面,开展信息共享和业务协同。

第四章 个人账户管理

第十六条 县社保机构应为每位参保人员建立个人账户。

个人账户用于记录个人缴费、补助、资助、补贴及利息。

第十七条 县社保机构应依据税务部门传递的缴费详细数据,及时将个人缴费额和政府对个人缴费的补贴计入个人账户。

个人缴费、补助、资助按缴入国库时间记账,从次月开始计息。

第十八条 城乡居民养老保险个人账户的结息年度为每年的1月1日至12月31日。社保机构应于一个结息年度结束后对上年度的个人账户储存额进行结息。

第十九条 社保机构应当每年至少一次将参保人员的《城乡居民基本养老保险个人账户对账单》(以下简称《对账单》)通过政府网站或手机短信等多种方式告知本人,同时应提供互联网服务渠道或线下服务渠道供参保人员查询打印《对账单》。

第二十条 参保人员对个人账户记录有异议的,社保机构应允许参保人员通过线下服务渠道提供证据,提出核查申请。接到申请后,县社保机构应立即根据参保人员提供的证据开展核查,并及时告知参保人员处理结果。

第二十一条 个人账户储存额只能用于个人账户养老金支付,除出现本规程第三十七条有关情况外,不得提前支取或挪作他用。

第五章 待遇支付

第二十二条 县社保机构应定期查询即将达到待遇领取年龄的参保人员,通过数据比对生存状态、参保状态和缴费状态,调取权益记录,生成《城乡居民基本养老保险待遇领取告知书》(以下简称《告知书》),通过互联网服务渠道或线下服务渠道通知参保人员。

《告知书》应包括参保人员参保缴费情况、预估权益及待遇申领手续等信息。

第二十三条 县社保机构应允许达到待遇领取年龄的参保人员通过互联网服务渠道上传有效身份证件,提出待遇领取申请,或参保人员本人携带有效身份证件,通过线下服务渠道现场办理。

第二十四条 县社保机构应及时受理参保人员待遇领取申请,通过数据比对等方式,核实其领取城乡居民养老保险待遇资格。

对符合待遇领取条件的，县社保机构应自收到待遇领取申请之日起5个工作日内核定城乡居民养老保险待遇，生成《城乡居民基本养老保险待遇核定表》，供参保人员确认待遇计发标准。对不符合待遇领取条件的，应自收到待遇领取申请之日起5个工作日内告知原因。

第二十五条　参保人员对待遇计发标准有异议的，社保机构应允许参保人员通过线下服务渠道提供证据，提出核查申请。接到申请后，县社保机构应立即根据参保人员提供的证据开展核查。待遇计发标准有误的，县社保机构应及时重新核定待遇计发标准，并将核定结果反馈给参保人员，经参保人员确认后按新待遇标准发放待遇，并补（扣）发相应的历史待遇；待遇计发标准无误的，县社保机构应及时向参保人员说明核查结果。

第二十六条　社保机构应从参保人员符合待遇领取条件的次月开始发放城乡居民养老保险待遇。

第二十七条　县社保机构应根据待遇领取人员的待遇标准核定应发放的城乡居民养老保险待遇，按月通过信息系统生成《城乡居民基本养老保险待遇支付审批表》，送财政部门申请资金。

第二十八条　城乡居民养老保险待遇实行社会化发放。县社保机构应在待遇发放前2个工作日内将发放资金从支出户划拨至城乡居民养老保险待遇社会化发放协议服务金融机构（以下简称金融机构），并将待遇支付明细通过社银联网接口传输给金融机构。金融机构应在规定时间内将支付金额划入待遇领取人员社会保障卡银行账户，并通过社银联网接口实时传输资金支付明细给县社保机构。

第二十九条　县社保机构应对金融机构反馈的资金支付明细和支付回执凭证进行核对，核对无误后，在信息系统中进行支付确认处理，打印《城乡居民基本养老保险基金支付汇总表》（两联），并与金融机构当月出具的所有支付回执凭证进行核对，确保准确无误。对发放不成功的，社保机构应会同金融机构及时解决，并进行再次发放。

第三十条　待遇领取人员在领取待遇期间服刑的，县社保机构应参照《劳动和社会保障部办公厅关于退休人员被判刑后有关养老保险待遇问题的复函》（劳社厅函〔2001〕44号）和《关于对劳社厅函〔2001〕44号补充说明的函》（劳社厅函〔2003〕315号）相关规定进行处理。

第三十一条　社保机构应严格按照《人力资源社会保障部办公厅关于印发〈领取社会保险待遇资格确认经办规程（暂行）〉的通知》（人社厅发〔2018〕107号）的要求，及时开展参保人员领取城乡居民养老保险待遇资格确认工作。

第三十二条　村（居）协办员应于每月初将本村（居）上月死亡人员名单（含姓名、有效身份证件号码、死亡日期等基本信息）上报乡镇（街道）事务所，乡镇（街道）事务所汇总后上报县社保机构。

第三十三条　对通过第三十一条和第三十二条发现的疑似丧失城乡居民养老保险待遇领取资格人员，社保机构应当暂停待遇发放，并调查核实。对调查核实后确定仍然具备待遇领取资格的人员，社保机构应当立即恢复发放，并补发停发期间的城乡居民养老保险待遇。

第三十四条　待遇领取人员出现本规程第三十七条有关情况的，社保机构应从其出现情况的次月起停止发放城乡居民养老保险待遇。

第三十五条　对待遇领取人员死亡后被冒领的城乡居民养老保险待遇，县社保机构应按照规定责令有关人员退还。拒不退还的，县社保机构应将详细信息移交给有关部门依法处理。

第三十六条　对因未及时办理注销登记而多领取的城乡居民养老保险待遇，县社保机构直接从被注销人员的个人账户余额和丧葬补助金中抵扣；不足抵扣的，应责令有关人员予以退还；拒不退还的，县社保机构应将详细信息移交给有关部门依法处理。

第六章　注销登记

第三十七条　出现以下情形之一的应当进行注销登记，终止其城乡居民养老保险关系：参保人员死亡、丧失国籍或已享受其他基本养老保障待遇。

第三十八条　社保机构办理注销登记时，应遵循告知承诺制，不得要求参保人员、指定受益人或法定继承人提供死亡证明或关系证明等材料。

参保人员死亡的，社保机构应允许其指定受益人或法定继承人通过互联网服务渠道，上传指定受益人或法定继承人的有效身份证件，填写《城乡居民基本养老保险注销登记表》（以下简称《注销表》）作出承诺，办理注销登记，或携带其指定受益人或法定继承人本人有效身份证件，通过线下服务渠道，填写《注销表》作出承诺，现场办理。

丧失国籍或已享受其他基本养老保障待遇的，社保机构应允许参保人员通过互联网服务渠道，上传本人的有效身份证件，填写《注销表》作出承诺，办理注销登记，或参保人员携带本人有效身份证件，通过线下服务渠道，填写《注销表》作出承诺，现场办理。

第三十九条　县社保机构应通过数据比对等方式，对注销登记信息进行审核，并自收到注销登记申请的5个工作日内告知审核结果。审核通过的，应同时在信息系统中进行确认，留存《注销表》、有效身份证件信息资料和申请材料，结算被注销人员的个人账户余额和丧葬补助金额。

第七章 关系转续

第四十条 参保人员已经按规定领取城乡居民养老保险待遇的，无论户籍是否迁移，其养老保险关系不转移，继续在原参保地领取待遇，待遇领取资格确认工作按照有关规定执行。

在本县范围内迁移户籍的参保人员，不转移城乡居民养老保险关系，直接办理户籍地址变更登记手续。

第四十一条 在缴费期间，参保人员跨省、市、县转移的，转入地社保机构应允许参保人员通过互联网服务渠道，上传本人居民身份证，填写《城乡居民基本养老保险关系转入申请表》（以下简称《转入申请表》），向转入地提出关系转入申请，或参保人员携带居民身份证和变更后的户口簿通过转入地线下服务渠道，填写《转入申请表》现场办理。

第四十二条 转入地县社保机构受理转入申请后，应通过数据比对核实相关信息，并自收到转入申请的5个工作日内告知审核结果。

第四十三条 转入申请审核通过后，转入地县社保机构应在规定时限内通过社会保险关系转移系统（以下简称转移系统）向转出地县社保机构发出《城乡居民基本养老保险关系转入接收函》（以下简称《接收函》）。

转出地县社保机构通过转移系统下载《接收函》后，应及时对申请转移的参保人员相关信息进行核实，在业务系统为参保人员进行结息处理，生成《城乡居民基本养老保险关系转出审批表》（以下简称《审批表》），通过转移系统传送给转入地县社保机构，并按照第二十七至二十九条有关规定，于次月通过金融机构将参保人员个人账户储存额一次性划拨到转入地县社保机构指定的银行账户，终止申请转移人员的城乡居民养老保险关系，并按照规定保留原有记录备查。

转入地县社保机构通过转移系统下载《审批表》，确认转入的个人账户储存额足额到账后，应及时进行实收处理，通过转移系统做办结反馈处理，将参保、转移信息录入业务系统，为转入人员建立及记录个人账户，并告知转入人员个人账户记录信息。

第四十四条 参保人员对转入的个人账户记录有异议的，社保机构应允许参保人员通过线下服务渠道提供证据材料，提出核查申请。接到申请后，转入地县社保机构应及时联系转出地县社保机构进行处理，并告知参保人员处理结果。

第四十五条 转移过程中，参保人员可通过转入地的互联网服务渠道查询业务办理进度。

第八章 基金管理

第四十六条 社保机构应按照《财政部 人力资源社会保障部 国家卫生计生委关于印发〈社会保险基金财务制度〉的通知》（财社〔2017〕144号）《财政部关于印发〈社会保险基金会计制度〉的通知》（财会〔2017〕28号）和《财政部关于印发〈新旧社会保障基金会计制度有关衔接问题的处理规定〉的通知》（财会〔2017〕29号）的规定，与税务、财政部门共同加强城乡居民养老保险基金管理。

第四十七条 社保机构应内设财务管理部门或相应专业工作岗位，分别配备专职会计和出纳。

第四十八条 城乡居民养老保险基金收入户、支出户、财政专户应在县人力资源社会保障部门、财政部门共同认定的金融机构开设。收入户用于归集城乡居民养老保险基金，暂存该账户的利息收入、转移收入及其他收入，除向财政专户划转基金、向上级经办机构缴拨基金、原渠道退回保险费收入外，不得发生其他支付业务，原则上月末无余额。支出户用于支付和转出城乡居民养老保险基金，除接收财政专户拨入的基金、上级经办机构拨付基金、暂存该账户利息收入、原渠道退回支付资金外，不得发生其他收入业务。支出户应预留1到2个月的周转资金，确保城乡居民养老保险待遇按时足额发放。

第四十九条 年度终了前，统筹地区社保机构应会同税务部门，按照规定表式、时间和编制要求，综合考虑本年预算执行情况、下一年度经济社会发展水平以及社会保险工作计划等因素，编制下一年度城乡居民养老保险基金预算草案，报同级社会保险行政部门审核汇总。

各级社保机构应严格按照批复预算执行，定期向同级财政部门和社会保险行政部门报告预算执行情况，并主动接受监督检查。

第五十条 社保机构应按照《财政部关于印发中央对地方专项转移支付管理办法的通知》（财预〔2015〕230号）的有关规定结算和申请财政补助资金。

第五十一条 年度终了，统筹地区社保机构应按照规定编制年度社会保险基金决算草案，报同级社会保险行政部门审核汇总。

第九章 统计管理

第五十二条 社保机构应设置统计工作岗位，明确工作人员职责，开展常规统计和专项统计调查等工作，按规定上报统计信息，及时准确地提供统计信息服务。

第五十三条 社保机构应按照统计报表制度，完成统计数据的采集和报表的编制、审核、汇总、上报等工作。统计报表应内容完整、数据准确、上报及时。

第五十四条 社保机构应定期整理各类业务数据，建立统计台账，实现数据来源的可追溯查询。

第五十五条 统计工作人员应做好城乡居民养老保险统计数据定期和专项分析工作，用于经办管理服务的评估与决策。

第十章 档案管理

第五十六条 城乡居民养老保险业务档案管理应按照《社会保险业务档案管理规定（试行）》进行收集、整理、归档，确保业务档案有效保管、安全完整。

第五十七条 县社保机构负责保管业务档案，应配备专门的管理人员和必要的设施、场所，确保业务档案的安全，并根据需要配备适应档案现代化管理要求的技术设备。

第五十八条 县社保机构应按《社会保险业务档案管理规定（试行）》，对城乡居民养老保险业务档案进行档案利用、鉴定和销毁，对永久和长期保管的业务档案，应定期向同级档案管理部门移交。

第五十九条 经办过程中产生的电子档案，社保机构应按照《国务院关于在线政务服务的若干规定》进行规范管理，按照档案管理要求及时以电子形式归档。电子档案可不再以纸质形式归档和移交。

第十一章 稽核内控

第六十条 社保机构应按照《社会保险稽核办法》，建立健全城乡居民养老保险稽核制度。稽核部门应对各项业务的办理和基金管理、使用情况进行日常检查，督促各个岗位人员严格履行经办程序，准确、完整记录各类信息，并按照档案管理的要求进行归档。

第六十一条 社保机构应重点稽核城乡居民养老保险的参保资格、待遇领取资格、财政补助资金到位、重复享受待遇等情况，认真核查虚报、冒领养老金情况和欺诈行为。

第六十二条 社保机构应根据《社会保险经办机构内部控制暂行办法》，健全内部控制制度，防范各类经办风险。社保机构应合理设置工作岗位，明确岗位职责，岗位之间、业务环节之间应相互监督、相互制衡，做到业务、财务分离，经办、复核等不相容岗位相互分离。社保机构还应建立责任追究制度。

第六十三条 上级社保机构要对下级社保机构的各项业务经办活动、基金收支行为等内部管理制度的执行情况进行有效监督，并对其执行制度的情况进行考评。

第十二章 宣传、咨询及举报受理

第六十四条 社保机构应通过新闻媒体及印发宣传手册等手段，采取各种通俗易懂、灵活多样的方式，有针对性地向城乡居民宣传城乡居民养老保险政策及业务办理流程。

第六十五条 社保机构和乡镇（街道）事务所应积极开展城乡居民养老保险政策咨询服务活动。实行首问负责制，及时受理咨询。

第六十六条 各级社保机构应公布举报电话和监督电话，及时受理举报，并对举报情况及时进行处理。

社保机构应建立举报奖励制度，所需资金列入同级财政预算。

第十三章 附则

第六十七条 本规程所称有效身份证件，包括居民身份证、社会保障卡、港澳台居民居住证、外国人居留证、外国人护照等有效身份证件。

第六十八条 城乡居民养老保险与其他基本养老保险制度衔接的业务经办工作，参照《城乡养老保险制度衔接经办规程（试行）》（人社厅发〔2014〕25 号）执行。

第六十九条 本规程由人力资源社会保障部负责解释。

第七十条 本规程从印发之日起实施。《人力资源社会保障部关于印发城乡居民基本养老保险经办规程的通知》（人社部发〔2014〕23 号）同时废止。

附件：（略）

劳动和社会保障部、民政部、审计署关于做好农村社会养老保险和被征地农民社会保障工作有关问题的通知

1. *2007 年 8 月 17 日*
2. *劳社部发〔2007〕31 号*

各省、自治区、直辖市劳动保障厅（局）、民政厅（局）：

经请示国务院领导同志同意，今年要对农村社会养老保险（以下简称农保）基金进行全面审计，摸清底数；对农保工作进行清理，理顺管理体制，妥善处理被处置金融机构中的农保基金债权；研究提出推进农保工作的意见。为贯彻落实国务院要求，现就有关事项通知如下：

一、积极配合审计部门做好农保基金全面审计工作

（一）高度重视农保基金审计工作。目前，国家审计署对农保基金的全面审计工作已经开始，将于今年第四季度完成。各级劳动保障和尚未完成职能划转和工作移交的民政部门要充分认识做好农保基金审计工作对确保基金安全、推进农保工作的重要性，积极配合审计部门开展工作，确保审计工作顺利完成。

（二）认真做好自查自纠工作。各级农保主管部门要立即组织农保经办机构对农保基金管理使用情况进行全面自查，认真纠正违规问题。要把自查自纠工作作为配合审计工作的一项重要内容，抓实抓细，做好接受全面审计检查的准备工作。

（三）做好基金审计后的整改工作。各地要认真落实审计部门的审计意见和审计决定，对审计中发现的问题，进行认真梳理，采取经济、行政和法律的手段，按要求坚决回收违规基金。劳动和社会保障部将对重点地区整改工作进行督查。

二、尽快理顺农保管理体制

（一）及时完成职能划转和工作移交。没有完成职能划转和工作移交的地方，要按照《关于省级政府劳动和社会保障以及药品监督管理工作机构有关问题的通知》（中编办发〔1998〕8 号）和《关于构建市县劳动和社会保障机构有关问题的通知》（中编办发〔2000〕18 号）要求，在全面审计、摸清底数的基础上，于 2007 年 12 月底之前完成各级农保职能、机构、人员、档案、基金由民政部门向劳动保障部门的整体移交工作。劳动保障部门、民政部门要加强协调，共同指导、督促各地做好农保移交工作，切实加强农保机构建设，提高经办能力。

（二）妥善解决农保机构设置和乡镇农保的管理问题。在整体移交工作中，要按照统筹城乡社会保险事业发展的要求，妥善解决农保机构、编制和职能设置问题。各级劳动保障部门要商同级财政部门，将农保机构的工作和人员经费纳入同级财政预算，同时取消从收取的农保基金中提取管理费的做法，杜绝挤占挪用基金发工资等现象。

（三）建立健全农保基金管理和监督制度。各地要进一步加强农保基金的财务管理，规范会计核算。各级农保经办机构要按照《社会保险经办机构内部控制暂行办法》（劳社部发〔2007〕2 号）的要求，加强内控制度建设，建立健全内部规章制度和基金内审稽核制度，规范经办行为，控制经办风险，提高管理水平，保证基金安全。各级社会保险基金监督机构要落实《关于进一步防范农村社会养老保险基金风险的紧急通知》（劳社部函〔2004〕240 号）的要求，将农保基金纳入日常监管业务范围，切实履行监督职责，对农保基金的管理使用情况进行定期检查。

三、积极推进新型农保试点工作

（一）试点原则。要按照保基本、广覆盖、能转移、可持续的原则，以多种方式推进新型农保制度建设。要根据党的十六届六中全会关于“建立覆盖城乡居民的社会保障体系”和“加大公共财政对农村社会保障制度建设的投入”的要求，以缴费补贴、老人直补、基金贴息、待遇调整等多种方式，建立农民参保补贴制度，不断扩大覆盖范围，逐步提高待遇水平。

（二）试点办法。要在深入调研、认真总结已有工作经验的基础上，坚持从当地实际出发，研究制定新型农保试点办法。以农村有缴费能力的各类从业人员为主要对象，完善个人缴费、集体（或用人单位）补助、政府补贴的多元化筹资机制，建立以个人账户为主、保障水平适度、缴费方式灵活、账户可随人转移的新型农保制度和参保补贴机制。有条件的地区也可建立个人账户为主、统筹调剂为辅的养老保险制度。要引导部分乡镇、村组已建立的各种养老补助制度逐步向社会养老保险制度过渡，实现可持续发展。

（三）试点选择。要选择城镇化进程较快、地方财政状况较好、政府和集体经济有能力对农民参保给予一定财政支持的地方开展农保试点，为其他具备条件地方建立农保制度积累经验。东部经济较发达的地级市可选择 1－2 个县级单位开展试点工作，中西部各省（自治区、直辖市）可选择 3－5 个县级单位开展试点。各试点县市名单和试点方案报劳动和社会保障部备案。

四、切实做好被征地农民社会保障工作

（一）高度重视被征地农民社会保障工作。各地要根据国务院关于做好被征地农民社会保障工作一系列政策文件要求，在今年内出台被征地农民社会保障实施办法，全面开展被征地农民社会保障工作。要明确工作责任，加强被征地农民社会保障经办工作，建立被征地农民社会保障工作统计报告制度，加强对工作进展的调度和督促检查。要认真研究解决工作中出现的新情况和新问题，及时总结交流经验。今年下半年有关部门将进行专项检查，督促各地做好被征地农民社会保障工作。

（二）明确被征地农民社会保障工作机构和职责。各级劳动保障部门作为被征地农民社会保障工作的主管部门，负责被征地农民社会保障政策的制定和实施。劳动保障行政部门负责拟定被征地农民社会

保障对象、项目、标准以及费用筹集等政策办法，具体经办工作由负责被征地农民社会保障工作的社会保险经办机构办理。要严格按《国务院办公厅转发劳动保障部关于做好被征地农民就业培训和社会保障工作指导意见的通知》（国办发〔2006〕29 号）和《国务院办公厅关于规范国有土地使用权出让收支管理的通知》（国发〔2006〕100 号）关于保障项目、标准和资金安排的要求，搞好被征地农民社会保障测算工作，足额筹集被征地农民社会保障资金，确保被征地农民原有生活水平不降低，长远生计有保障，确保制度的可持续发展。

（三）规范被征地农民社会保障审核工作。需报国务院批准征地的，由省、自治区、直辖市劳动和社会保障厅（局）根据《关于切实做好被征地农民社会保障工作有关问题的通知》（劳社部发〔2007〕14 号）的规定，对被征地农民社会保障项目、标准、资金安排和落实措施提出审核意见；需报省级政府批准征地的，由省辖市（州、盟）劳动和社会保障局提出审核意见。

人力资源和社会保障部办公厅关于出国（境）定居人员参加新型农村和城镇居民社会养老保险有关问题处理意见的函

1．2012 年 5 月 3 日
2．人社厅发〔2012〕44 号

广东省人力资源和社会保障厅：

你厅《关于出国定居人员参加城乡居民社会养老保险有关问题的请示》（粤人社报〔2011〕379 号）收悉。依据《中华人民共和国社会保险法》及《实施〈中华人民共和国社会保险法〉若干规定》等有关法律法规，经研究，现函复如下：

一、出国（境）定居人员，仍然保留中华人民共和国国籍期间，可以依据新型农村和城镇居民社会养老保险（以下简称城乡居民养老保险）政策规定参保，其中，参保缴费人员达到养老金领取条件时，可以按照国家规定办理相关申领手续，享受相应养老保险待遇；符合直接领取基础养老金条件的人员，可以按照国家规定办理相关申领手续，享受相应养老保险待遇；已经按照规定领取城乡居民养老保险待遇人员，可以继续领取养老保险待遇。

二、出国（境）定居人员，丧失中华人民共和国国籍的，不能参加城乡居民养老保险，不能领取相应养老保险待遇；已经按照规定参保或者领取待遇的，应当终止城乡居民养老保险关系，本人可以提出书面申请，一次性领取除政府补贴外的个人账户余额。

三、已经按照规定取得城乡居民养老保险待遇领取资格的出国（境）定居人员，在领取城乡居民养老保险待遇期间，须按照外交部、财政部、原人事部和原劳动保障部四部门在 2007 年联合下发的《关于出境定居离退休、退职人员办理健在证明有关问题的通知》（外领函〔2007〕35 号）要求办理健在证明。

人力资源社会保障部办公厅关于城乡居民养老保险关系转移接续有关问题处理意见的复函

1．2016 年 5 月 30 日
2．人社厅函〔2016〕206 号

广东省人力资源社会保障厅：

你厅《关于户籍转移人员城乡居民养老保险关系转移接续和制度衔接有关问题的请示》（粤人社函〔2016〕1025 号）收悉。经研究，现函复如下：

《国务院关于建立统一的城乡居民基本养老保险制度的意见》（国发〔2014〕8 号）对城乡居民参保、缴费、转移及享受待遇的条件有明确规定，原户籍地新农保或城居保制度实施后才年满 60 周岁的城乡居民，均符合在原户籍地参保缴费的条件。在迁移户籍前已满 60 周岁的城乡居民，应由原户籍地负责其城乡居民养老保险参保缴费和待遇发放。

4. 事业单位基本养老保险

国务院关于机关事业单位工作人员养老保险制度改革的决定

1. 2015年1月3日
2. 国发〔2015〕2号

各省、自治区、直辖市人民政府,国务院各部委、各直属机构:

按照党的十八大和十八届三中、四中全会精神,根据《中华人民共和国社会保险法》等相关规定,为统筹城乡社会保障体系建设,建立更加公平、可持续的养老保险制度,国务院决定改革机关事业单位工作人员养老保险制度。

一、改革的目标和基本原则。以邓小平理论、“三个代表”重要思想、科学发展观为指导,深入贯彻党的十八大、十八届三中、四中全会精神和党中央、国务院决策部署,坚持全覆盖、保基本、多层次、可持续方针,以增强公平性、适应流动性、保证可持续性为重点,改革现行机关事业单位工作人员退休保障制度,逐步建立独立于机关事业单位之外、资金来源多渠道、保障方式多层次、管理服务社会化的养老保险体系。改革应遵循以下基本原则:

(一)公平与效率相结合。既体现国民收入再分配更加注重公平的要求,又体现工作人员之间贡献大小差别,建立待遇与缴费挂钩机制,多缴多得、长缴多得,提高单位和职工参保缴费的积极性。

(二)权利与义务相对应。机关事业单位工作人员要按照国家规定切实履行缴费义务,享受相应的养老保险待遇,形成责任共担、统筹互济的养老保险筹资和分配机制。

(三)保障水平与经济发展水平相适应。立足社会主义初级阶段基本国情,合理确定基本养老保险筹资和待遇水平,切实保障退休人员基本生活,促进基本养老保险制度可持续发展。

(四)改革前与改革后待遇水平相衔接。立足增量改革,实现平稳过渡。对改革前已退休人员,保持现有待遇并参加今后的待遇调整;对改革后参加工作的人员,通过建立新机制,实现待遇的合理衔接;对改革前参加工作、改革后退休的人员,通过实行过渡性措施,保持待遇水平不降低。

(五)解决突出矛盾与保证可持续发展相促进。统筹规划、合理安排、量力而行,准确把握改革的节奏和力度,先行解决目前城镇职工基本养老保险制度不统一的突出矛盾,再结合养老保险顶层设计,坚持精算平衡,逐步完善相关制度和政策。

二、改革的范围。本决定适用于按照公务员法管理的单位、参照公务员法管理的机关(单位)、事业单位及其编制内的工作人员。

三、实行社会统筹与个人账户相结合的基本养老保险制度。基本养老保险费由单位和个人共同负担。单位缴纳基本养老保险费(以下简称单位缴费)的比例为本单位工资总额的20%,个人缴纳基本养老保险费(以下简称个人缴费)的比例为本人缴费工资的8%,由单位代扣。按本人缴费工资8%的数额建立基本养老保险个人账户,全部由个人缴费形成。个人工资超过当地上年度在岗职工平均工资300%以上的部分,不计入个人缴费工资基数;低于当地上年度在岗职工平均工资60%的,按当地在岗职工平均工资的60%计算个人缴费工资基数。

个人账户储存额只用于工作人员养老,不得提前支取,每年按照国家统一公布的记账利率计算利息,免征利息税。参保人员死亡的,个人账户余额可以依法继承。

四、改革基本养老金计发办法。本决定实施后参加工作、个人缴费年限累计满15年的人员,退休后按月发给基本养老金。基本养老金由基础养老金和个人账户养老金组成。退休时的基础养老金月标准以当地上年度在岗职工月平均工资和本人指数化月平均缴费工资的平均值为基数,缴费每满1年发给1%。个人账户养老金月标准为个人账户储存额除以计发月数,计发月数根据本人退休时城镇人口平均预期寿命、本人退休年龄、利息等因素确定(详见附件)。

本决定实施前参加工作、实施后退休且缴费年限(含视同缴费年限,下同)累计满15年的人员,按照合理衔接、平稳过渡的原则,在发给基础养老金和个人账户养老金的基础上,再依据视同缴费年限长短发给过渡性养老金。具体办法由人力资源社会保障部会同有关部门制定并指导实施。

本决定实施后达到退休年龄但个人缴费年限累计不满15年的人员,其基本养老保险关系处理和基本养老金计发比照《实施〈中华人民共和国社会保险法〉若干规定》(人力资源社会保障部令第13号)执行。

本决定实施前已经退休的人员,继续按照国家规定的原待遇标准发放基本养老金,同时执行基本养老金调整办法。

机关事业单位离休人员仍按照国家统一规定发给离休费,并调整相关待遇。

五、建立基本养老金正常调整机制。根据职工工资增长和物价变动等情况,统筹安排机关事业单位和企业退休人员的基本养老金调整,逐步建立兼顾各类人员的养老保险待遇正常调整机制,分享经济社会发展成果,保障退休人员基本生活。

六、加强基金管理和监督。建立健全基本养老保险基金省级统筹;暂不具备条件的,可先实行省级基金调剂制度,明确各级人民政府征收、管理和支付的责任。机关事业单位基本养老保险基金单独建账,与企业职工基本养老保险基金分别管理使用。基金实行严格的预算管理,纳入社会保障基金财政专户,实行收支两条线管理,专款专用。依法加强基金监管,确保基金安全。

七、做好养老保险关系转移接续工作。参保人员在同一统筹范围内的机关事业单位之间流动,只转移养老保险关系,不转移基金。参保人员跨统筹范围流动或在机关事业单位与企业之间流动,在转移养老保险关系的同时,基本养老保险个人账户储存额随同转移,并以本人改革后各年度实际缴费工资为基数,按12%的总和转移基金,参保缴费不足1年的,按实际缴费月数计算转移基金。转移后基本养老保险缴费年限(含视同缴费年限)、个人账户储存额累计计算。

八、建立职业年金制度。机关事业单位在参加基本养老保险的基础上,应当为其工作人员建立职业年金。单位按本单位工资总额的8%缴费,个人按本人缴费工资的4%缴费。工作人员退休后,按月领取职业年金待遇。职业年金的具体办法由人力资源社会保障部、财政部制定。

九、建立健全确保养老金发放的筹资机制。机关事业单位及其工作人员应按规定及时足额缴纳养老保险费。各级社会保险征缴机构应切实加强基金征缴,做到应收尽收。各级政府应积极调整和优化财政支出结构,加大社会保障资金投入,确保基本养老金按时足额发放,同时为建立职业年金制度提供相应的经费保障,确保机关事业单位养老保险制度改革平稳推进。

十、逐步实行社会化管理服务。提高机关事业单位社会保险社会化管理服务水平,普遍发放全国统一的社会保障卡,实行基本养老金社会化发放。加强街道、社区人力资源社会保障工作平台建设,加快老年服务设施和服务网络建设,为退休人员提供方便快捷的服务。

十一、提高社会保险经办管理水平。各地要根据机关事业单位工作人员养老保险制度改革的实际需要,加强社会保险经办机构能力建设,适当充实工作人员,提供必要的经费和服务设施。人力资源社会保障部负责在京中央国家机关及所属事业单位基本养老保险的管理工作,同时集中受托管理其职业年金基金。中央国家机关所属京外单位的基本养老保险实行属地化管理。社会保险经办机构应做好机关事业单位养老保险参保登记、缴费申报、关系转移、待遇核定和支付等工作。要按照国家统一制定的业务经办流程和信息管理系统建设要求,建立健全管理制度,由省级统一集中管理数据资源,实现规范化、信息化和专业化管理,不断提高工作效率和服务质量。

十二、加强组织领导。改革机关事业单位工作人员养老保险制度,直接关系广大机关事业单位工作人员的切身利益,是一项涉及面广、政策性强的工作。各地区、各部门要充分认识改革工作的重大意义,切实加强领导,精心组织实施,向机关事业单位工作人员和社会各界准确解读改革的目标和政策,正确引导舆论,确保此项改革顺利进行。各地区、各部门要按照本决定制定具体的实施意见和办法,报人力资源社会保障部、财政部备案后实施。人力资源社会保障部要会同有关部门制定贯彻本决定的实施意见,加强对改革工作的协调和指导,及时研究解决改革中遇到的问题,确保本决定的贯彻实施。

本决定自2014年10月1日起实施,已有规定与本决定不一致的,按照本决定执行。

附件:个人账户养老金计发月数表

附件

个人账户养老金计发月数表

退休年龄	计发月数	退休年龄	计发月数
40	233	49	199
41	230	50	195
42	226	51	190
43	223	52	185
44	220	53	180
45	216	54	175
46	212	55	170
47	207	56	164
48	204	57	158

续表

退休年龄	计发月数	退休年龄	计发月数
58	152	65	101
59	145	66	93
60	139	67	84
61	132	68	75
62	125	69	65
63	117	70	56
64	109		

机关事业单位工作人员基本养老保险经办规程

1. 2015年3月25日人力资源和社会保障部发布
2. 人社部发〔2015〕32号
3. 自2014年10月1日起施行

第一章 总 则

第一条 为做好机关事业单位基本养老保险经办管理服务工作,根据《国务院关于机关事业单位工作人员养老保险制度改革的决定》(国发〔2015〕2号,以下简称《决定》)和《人力资源社会保障部财政部关于贯彻落实〈国务院关于机关事业单位工作人员养老保险制度改革的决定〉的通知》(人社部发〔2015〕28号,以下简称《通知》),制定本规程。

第二条 本规程适用于经办机关事业单位基本养老保险的各级社会保险经办机构(以下简称社保经办机构)。

第三条 机关事业单位基本养老保险业务实行属地化管理,由县级及以上社保经办机构负责办理。在京中央国家机关事业单位基本养老保险业务由人力资源社会保障部社会保险事业管理中心负责经办,京外的中央国家机关事业单位基本养老保险业务由属地社保经办机构负责经办。

第四条 各省(自治区、直辖市)、新疆生产建设兵团(以下简称省级)社保经办机构应依据本规程制定本地区机关事业单位基本养老保险业务经办管理办法、内控和稽核制度;会同财政部门制定本地区机关事业单位基本养老保险基金财务管理办法和会计核算办法实施细则;负责组织实施机关事业单位基本养老保险省级统筹工作;实行省级基金调剂制度的,编制机关事业单位基本养老保险基金调剂计划;参与机关事业单位基本养老保险信息系统建设和管理。省级和地(市、州,以下简称地级)社保经办机构负责组织指导和监督考核本地区各级社保经办机构开展机关事业单位基本养老保险经办管理服务工作;做好基金管理、财政补助资金的结算和划拨;编制、汇总、上报本地区机关事业单位基本养老保险基金预决算、财务和统计报表;负责机关事业单位基本养老保险个人权益记录管理和数据应用分析;组织开展宣传和人员培训等工作。

县(市、区、旗,以下简称县级)社保经办机构负责机关事业单位基本养老保险参保登记、申报核定、保险费征收、个人账户管理、关系转移、待遇核定与支付、基金管理;编制上报本级基金预、决算,财务和统计报表;数据应用分析;领取待遇资格认证;个人权益记录管理;审计稽核与内控管理;档案管理;咨询、查询和举报受理等工作。(地级及以上社保经办机构直接经办机关事业单位基本养老保险业务的参照执行。下同)

第五条 机关事业单位基本养老保险基金实行省级统筹,暂不具备条件的可先实行省级基金调剂制度。

每年的1月1日至12月31日为一个业务核算年度,按年核定缴费基数,按月缴费。核算以人民币为记账本位币,“元”为金额单位,元以下记至角分。核算期间的起讫日期采用公历日期。

第六条 机关事业单位基本养老保险管理信息系统(以下简称信息系统)纳入金保工程,由人力资源社会保障部组织开发,全国统一使用。数据信息实行省级集中管理。

第七条 机关事业单位基本养老保险关系转移接续经办规程另行制定。

第二章 参保登记

第八条 用人单位应当自成立之日起30日内向社保经办机构申请办理参保登记,填报《社会保险登记表》(附件1),并提供以下证件和资料:

(一)有关职能部门批准单位成立的文件;

(二)《组织机构代码证》(副本);

(三)事业单位还需提供《事业单位法人登记证书》(副本);参照《公务员法》管理的单位还需提供参照《公务员法》管理相关文件;

(四)单位法定代表人(负责人)的任职文件和身份证;

(五)省级社保经办机构规定的其他证件、资料。

社保经办机构审核用人单位报送的参保登记资料,对符合条件的,在15日内为用人单位办理参保登记手续,确定社会保险登记编号,建立社会保险登记档案资料,登记用人单位基本信息,向用人单位核发《社会保险登记证》(具体样式详见《社会保险登记管理暂行办法》原劳动和社会保障部1号令附件3);对资料不全或不符合规定的,应一次性告知用人单位需要补充和更正的资料或不予受理的理由。

第九条　参保单位名称、地址、法定代表人(负责人)、机构类型、组织机构代码、主管部门、隶属关系、开户银行账号、参加险种以及法律法规规定的社会保险其他登记事项发生变更时,应当在登记事项变更之日起30日内,向社保经办机构申请办理变更登记,填报《机关事业单位基本养老保险参保单位信息变更申报表》(附件2),并提供以下证件和资料:

(一)与变更登记事项对应的相关资料;

(二)《社会保险登记证》;

(三)省级社保经办机构规定的其他证件、资料。

社保经办机构审核参保单位报送的变更登记申请资料,对符合条件的,在15日内为参保单位办理变更登记手续。变更内容涉及《社会保险登记证》登记事项的,收回参保单位原《社会保险登记证》,按变更后的内容重新核发《社会保险登记证》;对资料不全或不符合规定的,应一次性告知参保单位需要补充和更正的资料或不予受理的理由。

第十条　参保单位因发生撤销、解散、合并、改制、成建制转出等情形,依法终止社会保险缴费义务的,应自有关部门批准之日起30日内,向社保经办机构申请办理注销社会保险登记,填报《机关事业单位基本养老保险参保单位信息变更申报表》,并提供以下证件和资料:

(一)注销社会保险登记申请;

(二)《社会保险登记证》;

(三)批准撤销、解散、合并、改制的法律文书或文件或有关职能部门批准成建制转出的文件;

(四)省级社保经办机构规定的其他证件、资料。

社保经办机构审核参保单位报送的注销登记申请资料,参保单位有欠缴社会保险费的,社保经办机构应告知参保单位缴清应缴纳的社会保险费、利息、滞纳金等后,对符合条件的,在15日内为参保单位办理注销登记手续,收回《社会保险登记证》;对资料不全或不符合规定的,应一次性告知参保单位需要补充和更正的资料或不予受理的理由。

第十一条　社保经办机构对已核发的《社会保险登记证》实行定期验证和换证制度。参保单位应按年填报《社会保险登记证验证表》(附件3),并提供以下证件和资料:

(一)《社会保险登记证》;

(二)《组织机构代码证》(副本);

(三)事业单位还需提供《事业单位法人登记证书》(副本);

(四)省级社保经办机构规定的其他证件、资料。

社保经办机构审核参保单位报送的验证登记申请资料,核查社会保险登记事项、社会保险费缴纳情况等内容。对符合条件的,及时为参保单位办理验证手续,在《社会保险登记证》和《社会保险登记证验证表》上加盖"社会保险登记证审核专用章";对资料不全的,应一次性告知参保单位需要补充的资料。

《社会保险登记证》有效期4年。有效期满,社保经办机构应为参保单位更换。

第十二条　参保单位遗失《社会保险登记证》的,应及时向社保经办机构申请补办,填报《机关事业单位基本养老保险参保单位信息变更申报表》,并提供以下证件和资料:

(一)《组织机构代码证》(副本);

(二)事业单位还需提供《事业单位法人登记证书》(副本);

(三)省级社保经办机构规定的其他证件、资料。

社保经办机构审核参保单位报送的补证登记申请资料,对符合条件的,应在15日内为参保单位办理补证手续,重新核发《社会保险登记证》;对资料不全或不符合规定的,应一次性告知参保单位需要补充和更正的资料或不予受理的理由。

第十三条　社保经办机构为参保单位核发《社会保险登记证》后,参保单位向社保经办机构申报办理人员参保登记手续,填报《机关事业单位工作人员基本信息表》(附件4),并提供以下证件和资料:

(一)工作人员有效身份证件(复印件);

(二)县级及以上党委组织部门、人力资源和社会保障行政部门正式录用通知书、调令、任职文件或事业单位聘用合同等;

(三)省级社保经办机构规定的其他证件、资料。

社保经办机构审核参保单位报送的人员参保登记资料,对符合条件的,录入人员参保登记信息,建立全国统一的个人社会保障号码(即公民身份号码),进行人员参保登记处理并为其建立个人账户,对资料不全或不符合规定的,应一次性告知参保单位需要补充和更正的资料或不予受理的理由。属于涉及国家安全、保密等特殊人群的,可采用专门方式采集相关信息,并作特殊标记。

第十四条　参保人员登记信息发生变化时,参保单位应当在30日内,向社保经办机构申请办理参保人员信息变更登记业务,填报《机关事业单位基本养老保险参

保人员信息变更表》(附件5),并提供以下证件和资料:

(一)参保人员有效身份证件或社会保障卡;

(二)变更姓名、公民身份号码等关键基础信息的,需提供公安部门证明;变更出生日期、参加工作时间、视同缴费年限等特殊信息的,需提供本人档案及相关部门审批认定手续;

(三)省级社保经办机构规定的其他证件、资料。

社保经办机构审核参保单位报送的参保人员信息变更申请资料,对符合条件的,进行参保人员信息变更;对资料不全或不符合规定的,应一次性告知参保单位需要补充和更正的资料或不予受理的理由。

第十五条 对参保人员死亡、达到法定退休年龄前丧失中华人民共和国国籍等原因终止养老保险关系的,参保单位向社保经办机构申请办理参保人员养老保险关系终止业务,填报《机关事业单位基本养老保险参保人员业务申报表》(附件6),并提供以下证件和资料:

(一)参保人员死亡的,需提供社会保障卡、居民死亡医学证明书或其他死亡证明材料;

(二)丧失中华人民共和国国籍的,需提供定居国护照等相关资料;

(三)省级社保经办机构规定的其他证件、资料。

社保经办机构审核参保单位报送的参保人员终止登记申请资料,对符合条件的,录入参保人员终止登记信息,进行人员参保终止处理。

第三章 申报核定

第十六条 参保单位应每年统计上年度本单位及参保人员的工资总额,向社保经办机构申报《机关事业单位基本养老保险工资总额申报表》(附件7)。新设立的单位及新进工作人员的单位,应在办理社会保险登记或申报人员变更的同时,一并申报工作人员起薪当月的工资。

第十七条 参保单位按规定申报工资总额后,社保经办机构应及时进行审核,对审核合格的,建立参保单位及参保人员缴费申报档案资料及数据信息,生成参保单位及参保人员缴费基数核定数据;对资料不全或不符合规定的,应一次性告知参保单位需要补充和更正的资料或重新申报。

社保经办机构审核时,参保人员月缴费基数按照本人上年度月平均工资核定;新设立单位和参保单位新增的工作人员按照本人起薪当月的月工资核定。本人上年度月平均工资或起薪当月的月工资低于上年度全省在岗职工月平均工资60%的,按60%核定;超过300%的,按300%核定。单位月缴费基数为参保人员月缴费基数之和。

在上年度全省在岗职工月平均工资公布前,参保人员缴费基数暂按上年度月缴费基数执行。待上年度全省在岗职工月平均工资公布后,据实重新核定月缴费基数,并结算差额。

参保单位未按规定申报的,社保经办机构暂按上年度核定缴费基数的110%核定,参保单位补办申报手续后,重新核定并结算差额。在一个缴费年度内,参保单位初次申报后,其余月份应申报人员增减、缴费基数变更等规定事项的变动情况;无变动的,可以不申报。

第十八条 参保单位因新招录、调入、单位合并等原因增加人员或因工作调动、辞职、死亡等原因减少人员,应从起薪或停薪之月办理人员增加或减少。参保单位应及时填报《机关事业单位基本养老保险参保人员业务申报表》,并提供以下证件和资料:

(一)有关部门出具的相关手续;

(二)省级社保机构规定的其他证件、资料。

社保经办机构审核参保单位报送的人员增减资料,对符合条件的,办理人员增减手续,调整缴费基数并记录社会保险档案资料和数据信息;对资料不全或不符合规定的,应一次性告知参保单位需要补充更正的资料或不予受理的理由。

第十九条 因参保单位申报或根据人民法院、人事仲裁、社保稽核等部门的相关文书和意见,需变更缴费基数或缴费月数的,参保单位向社保经办机构申报办理,填报《机关事业单位基本养老保险参保人员业务申报表》,并提供以下资料:

(一)变更人员对应的工资记录;

(二)相关部门出具的文书和意见;

(三)省级社保经办机构规定的其他证件、资料。

社保经办机构审核参保单位报送的申请资料,对符合条件的,为其办理基本养老保险费补收手续,并记录相关信息,打印补缴通知;对资料不全或不符合规定的,应一次告知参保单位需要补充和更正的资料或不予受理的理由。

第二十条 因参保单位多缴、误缴基本养老保险费需退还的,参保单位向社保经办机构申报办理,填报《机关事业单位基本养老保险参保人员业务申报表》,并提供以下证件和资料:

(一)缴费凭证等相关资料;

(二)省级社保机构规定的其他证件、资料。

社保经办机构审核参保单位报送的申请资料,对符合条件的,为其办理基本养老保险费退还手续,并记录相关信息，打印退费凭证；对资料不全或不符合规定的，应一次告知参保单位需要补充和更正的资料或不予受理的理由。

第四章　基金征缴

第二十一条　社保经办机构负责征收基本养老保险费。社保经办机构应与参保单位和银行签订委托扣款协议，采取银行代扣方式进行征收；参保单位也可按照政策规定的其他方式缴纳。

第二十二条　社保经办机构根据参保单位申报的人员增减变化情况，及时办理基本养老保险关系建立、中断、恢复、转移、终止、缴费基数调整等业务，按月生成《机关事业单位基本养老保险费征缴通知单》（附件8），交参保单位；同时生成基本养老保险费征缴明细。实行银行代扣方式征收的，征缴明细按照社保经办机构与银行协商一致的格式传递给银行办理养老保险费征收业务。

第二十三条　参保单位和参保人员应按时足额缴纳基本养老保险费，参保人员个人应缴纳的基本养老保险费，由所在单位代扣代缴。

第二十四条　社保经办机构对银行反馈的基本养老保险费当月到账明细进行核对，无误后进行财务到账处理；及时据实登记应缴、实缴、当期欠费等，生成征收台账。

第二十五条　参保单位因不可抗力无力缴纳养老保险费的，应提出书面申请，经省级社会保险行政部门批准后，可以暂缓缴纳一定期限的养老保险费，期限不超过1年，暂缓缴费期间免收滞纳金。到期后，参保单位必须全额补缴欠缴的养老保险费。

第二十六条　参保单位欠缴养老保险费的，应按照《社会保险法》和《社会保险费申报缴纳管理规定》（人社部第20号令）有关规定缴清欠费。

第五章　个人账户管理

第二十七条　社保经办机构应为参保人员建立个人账户，用于记录个人缴费及利息等社会保险权益。个人账户包括个人基本信息、缴费信息和支付信息、转移接续信息、终止注销信息等内容。

《决定》实施时在机关事业单位工作的人员，个人账户建立时间从《决定》实施之月开始，之后参加工作的人员，从其参加工作之月起建立个人账户。

第二十八条　参保人员存在两个及以上个人账户的，其原个人账户储存额部分，应与现个人账户合并计算。存在重复缴费的，由现参保地社保经办机构与本人协商确定保留其中一个基本养老保险关系和个人账户，同时其他关系予以清理，个人账户储存额退还本人，相应的个人缴费年限不重复计算。

第二十九条　参保单位和参保人员按时足额缴费的，社保经办机构按月记入个人账户。参保单位或参保人员未按时足额缴费，视为欠缴，暂不记入个人账户，待参保单位补齐欠缴本息后，按补缴时段补记入个人账户。

第三十条　对按月领取基本养老金的退休人员，根据本人退休时个人账户养老金，按月冲减个人账户储存额。待遇调整增加的基本养老金，按本人退休时月个人账户养老金占月基本养老金的比例计算个人账户应支付金额，按月冲减个人账户储存额。

第三十一条　每年的1月1日至12月31日为一个结息年度，社保经办机构应于一个结息年度结束后根据上年度个人账户记账额及个人账户储存额，计算个人账户利息，并记入个人账户。记账利率由国家确定并公布。

参保人员办理退休或一次性领取个人账户储存额时，社保经办机构应对其个人账户储存额进行即时计息结转，以后每年按规定对退休人员个人账户支付养老金后的余额部分进行计息结转。办理跨统筹区、跨制度转移手续的参保人员，转出地社保经办机构在关系转出当年不计息结转；转入地社保经办机构从关系转入当年起计息。

当年个人记账利率公布前，发生待遇支付的，个人账户储存额按照公布的上一年度记账利率计算利息，当年个人账户记账利率公布后，不再重新核定。

第三十二条　社保经办机构对中断缴费的个人账户应进行封存，中断缴费期间按规定计息。社保经办机构对恢复缴费的参保人员个人账户记录进行恢复，中断缴费前后个人账户储存额合并计算。

第三十三条　办理参保人员终止登记手续后，参保单位可代参保人员或继承人向社保经办机构申领个人账户储存额（退休人员为个人账户余额）。社保经办机构完成支付手续后，终止参保人员基本养老保险关系。

第三十四条　参保人员养老保险关系发生跨统筹、跨制度范围转移时，转出地社保经办机构在基金转出后，终止参保人员个人账户；转入地社保经办机构在转入基金到账后，为转入人员记录个人账户。

第三十五条　参保人员对个人账户记录的信息有异议时，参保单位可凭相关资料向社保经办机构申请核查。社保经办机构核实后，对确需调整的，按规定程序审批后予以修改，保留调整前的记录，记录调查信息，将调整结果通知参保单位。

第六章　待遇管理

第三十六条　待遇核定主要包括参保人员退休待遇申报

核定、待遇调整核定、遗属待遇支付核定、病残津贴支付核定、个人账户一次性支付核定等内容。

第三十七条　参保人员符合退休条件的，参保单位向社保经办机构申报办理退休人员待遇核定，填报《机关事业单位基本养老保险参保人员养老保险待遇申领表》（附件9），并提供以下证件和资料：

（一）参保人员有效身份证件或社会保障卡；

（二）按现行人事管理权限审批的退休相关材料；

（三）省级社保经办机构规定的其他证件、资料。

社保经办机构应及时对申报资料进行审核，对符合条件的，根据退休审批认定的参保人员出生时间、参加工作时间、视同缴费年限、退休类别以及实际缴费情况等计算退休人员的基本养老金，在过渡期内，应按《通知》的规定进行新老待遇计发办法对比，确定养老保险待遇水平，及时记录退休人员信息，打印《机关事业单位基本养老保险参保人员基本养老金计发表》（附件10），交参保单位。对资料不全或不符合规定的，应一次告性知参保单位需要补充和更正的资料或不予受理的理由。参保单位应当将核定结果告知参保人员。

第三十八条　社保经办机构应依据国家政策规定和统一部署，按照本地区机关事业单位退休人员基本养老金调整的规定，对机关事业单位退休人员养老保险待遇进行调整。具体操作规程由省级社保经办机构制定。

第三十九条　参保单位应在参保人员符合国家政策规定的病残津贴领取条件时向社保经办机构申报办理病残津贴领取手续，填报《机关事业单位基本养老保险参保人员养老保险待遇申领表》，并提供以下证件和资料：

（一）参保人员有效身份证件或社会保障卡；

（二）按现行人事管理权限审批的相关材料；

（三）省级社保经办机构规定的其他证件、资料。

社保经办机构应及时对申报资料进行审核，对符合领取病残津贴条件的，计算申报人员的病残津贴，核定金额，并及时记录数据信息，打印机关事业单位工作人员病残津贴计发表单，交参保单位。对资料不全或不符合规定的，应一次性告知参保单位需要补充和更正的资料或不予受理的理由。参保单位应当将核定结果告知参保人员。

第四十条　参保人员因病或非因工死亡后，参保单位向社保经办机构申请办理领取丧葬补助金、抚恤金手续，填报《机关事业单位基本养老保险参保人员一次性支付申报表》（附件11），并提供以下证件和资料：

（一）参保人员社会保障卡、居民死亡医学证明书或其他死亡证明材料；

（二）指定受益人或法定继承人有效身份证件、与参保人员关系证明；

（三）省级社保经办机构规定的其他证件、资料。

社保经办机构应及时对申报资料进行审核，对符合条件的，计算丧葬补助金、抚恤金，核定金额，打印《机关事业单位基本养老保险参保人员丧抚费核定表》（附件12），交参保单位。对资料不全或不符合规定的，应一次性告知参保单位需要补充和更正的资料或不予受理的理由。

第四十一条　办理参保人员终止登记手续后，参保单位向社保经办机构申请办理个人账户一次性支付手续，填报《机关事业单位基本养老保险参保人员一次性支付申报表》，并提供以下证件和资料：

（一）参保人员死亡的，需提供社会保障卡和居民死亡医学证明书或其他死亡证明材料；指定受益人或法定继承人有效身份证件；与参保人员关系证明；

（二）参保人员丧失中华人民共和国国籍的，需提供定居国护照等相关资料；

（三）省级社保机构规定的其他证件、资料。

社保经办机构应及时对申报资料进行审核。对符合条件的，计算并核定个人账户一次性支付金额，打印《机关事业单位基本养老保险个人账户一次性支付核定表》（附件13），交参保单位，并及时记录支付信息，终止基本养老保险关系。对资料不全或不符合规定的，应一次告知参保单位或参保人员本人（指定受益人或法定继承人）需要补充和更正的资料或不予受理的理由。参保单位应当将核定结果告知领取人。

第四十二条　参保单位或参保人员本人（或指定受益人、法定继承人）对社保经办机构核定的待遇支付标准有异议，可在60个工作日内向社保经办机构提出重新核定申请。社保经办机构应予以受理复核，并在15日内告知其复核结果；对复核后确需调整的，应重新核定并保留复核及修改记录。

第四十三条　社保经办机构每月根据上月待遇支付记录、当月退休人员增减变化及待遇数据维护等信息，进行支付月结算。

第四十四条　基本养老金、病残津贴等按月支付的待遇由社保经办机构委托银行实行社会化发放；个人账户一次性支付和丧葬补助金、抚恤金等一次性支付待遇可委托参保单位发放，或委托银行实行社会化发放。

第四十五条　社保经办机构对银行每月反馈的发放明细核对无误后及时进行账务处理，编制支付台账，进行支付确认处理。对发放不成功的，及时会同银行查找原因，及时解决，并再次发放。

第七章　领取待遇资格认证

第四十六条　社保经办机构每年对退休人员开展基本养老金领取资格认证工作。社保经办机构在核发待遇时，主动告知退休人员应每年参加资格认证。

第四十七条　社保经办机构要与公安、卫计、民政部门及殡葬管理机构、街道（乡镇）、社区（村）、退休人员原工作单位等建立工作联系机制，全面掌握退休人员待遇领取资格的变化情况。

第四十八条　退休人员领取养老金资格认证可通过社保经办机构直接组织，依托街道、社区劳动就业和社会保障平台以及原工作单位协助等方式进行。退休人员因年老体弱或患病，本人不能办理资格认证的，由本人或委托他人提出申请，社保经办机构可派人上门办理。

异地居住的退休人员由参保地社保经办机构委托居住地社保经办机构进行异地协助认证。出境定居的退休人员，通过我国驻该居住国的使领馆申办健在证明或领事认证，居住地尚未与我国建交的，由我国驻该国有关机构或有关代管使领馆办理健在证明或领事认证。

第四十九条　社保经办机构应通过资格认证工作，不断完善退休人员信息管理，对发生变更的及时予以调整并根据资格认证结果进行如下处理：

（一）退休人员在规定期限内通过资格认证且符合养老保险待遇领取资格的，继续发放养老保险待遇。

（二）退休人员在规定期限内未认证的，社保经办机构应暂停发放基本养老金。退休人员重新通过资格认证后，从次月恢复发放并补发暂停发放月份的基本养老金。

（三）退休人员失踪、被判刑、死亡等不符合领取资格的，社保经办机构应暂停或终止发放基本养老金，对多发的养老金应予以追回。

第八章　基金管理

第五十条　机关事业单位基本养老保险基金按照管理层级，单独建账、独立核算，纳入社会保障基金财政专户，实行收支两条线管理，专款专用，任何部门、单位和个人均不得挤占挪用。

第五十一条　机关事业单位基本养老保险基金按照社会保险财务、会计制度相关规定及管理层级设立收入户、支出户、财政专户。

第五十二条　社保经办机构定期将收入户资金缴存财政专户。实行省级基金调剂制度的，上解的省级调剂金由下级社保经办机构支出户上解至省级社保经办机构收入户。

第五十三条　社保经办机构根据批准的基金年度预算及执行进度，按月向财政部门提出用款申请。经核准后，由财政部门及时将资金拨付至支出户。实行省级基金调剂制度的，下拨的调剂金由省级社保经办机构支出户拨付到下级社保经办机构收入户。

第五十四条　社保经办机构应定期与开户银行对账，保证账账、账款、账实相符。暂收、暂付款项应定期清理，及时予以偿付或收回。

第五十五条　机关事业单位基本养老保险基金的会计核算采用收付实现制，会计记账使用借贷记账法。

第五十六条　会计处理方法前后各期一致，会计科目口径一致。确需变更的，应将变更情况、原因和对会计报表的影响在财务情况说明中予以说明。

第五十七条　基金收入包括养老保险费收入、利息收入、财政补贴收入、转移收入、上级补助收入、下级上解收入、其他收入等。

社保经办机构根据银行回单、社会保险基金专用收据、财政专户缴拨凭证等原始凭证，按照《社会保险基金会计制度》的规定，及时填制记账凭证，进行会计核算。

第五十八条　基金支出包括养老保险待遇支出、转移支出、补助下级支出、上解上级支出、其他支出等。

社保经办机构根据银行回单、支出汇总表、财政专户缴拨凭证等原始凭证，按照《社会保险基金会计制度》的规定，及时填制记账凭证，进行会计核算。

第五十九条　社保经办机构根据记账凭证登记银行存款日记账和明细分类账。按照科目汇总记账凭证，编制科目汇总表，登记总分类账。

第六十条　社保经办机构根据总分类账、明细分类账等，编制月、季、年会计报表。

第六十一条　社保经办机构编制下一年度基金预算草案。预算草案经省级人力资源社会保障部门审核汇总，财政部门审核后，列入省级人民政府预算，报省级人民代表大会审议。实行省级调剂金制度的，基金预算编制程序由各省自行制定。

由于客观因素造成执行与预算偏差较大的，社保经办机构要及时编制基金预算调整方案，并按预算编报的程序上报。

第六十二条　省级社保经办机构每年年终进行基金决算。核对各项收支情况，清理往来款项，同开户银行、财政专户对账，并进行年终结账。年度终了后，根据规定的表式、时间和要求，编制年度基金财务报告，包括资产负债表、收支表、有关附表以及财务情况说明。

决算报告经省级人力资源社会保障部门审核汇总，财政部门审核后，列入省级人民政府决算报告，报省级人民代表大会审议。实行省级基金调剂制度的，基金决算报告编制程序由各省自行制定。

社保经办机构进行基金年度报告。年度终了后，根据规定的表式、时间和要求，编制机关事业单位基本养老保险基金年度报告。年度报告包括资产负债表、收支表和暂收、暂付款明细表，以及年度基金运行分析等。

第九章　统 计 分 析

第六十三条　社保经办机构建立统计工作制度，完善统计指标体系，遵照全面、真实、科学、审慎和及时的原则开展统计工作。应用社会保险数据、社会经济数据，利用信息化手段和统计方法进行分析，结合联网数据，按季、年分主题开展精细化分析。根据制度改革和实际工作需要，开展必要的统计调查。

第六十四条　社保经办机构应根据统计指标、统计分组和精算基础数据采集要求，定期整理、加工各类业务数据，并汇总相关信息，建立台账，以此作为编制统计报表和撰写分析报告的主要依据，实现数据来源的可追溯查询。统计指标和精算基础数据采集指标应根据政策变化及时调整完善。

第六十五条　社保经办机构应按照《人力资源社会保障统计报表制度》和上级有关要求，做好定期统计和专项统计工作，认真收集统计数据，编制统计报表，做到内容完整，数据准确；严格审核，按程序汇总，及时上报。

第六十六条　加强数据比对分析，提高统计数据与基金数据、联网数据等同口径、同指标数据的一致性。

第六十七条　社保经办机构应定期或不定期进行统计、精算分析，根据实际工作需要进行专项分析和日常测算分析，形成分析报告，为政策决策、基金预算管理、收支计划管理、基金运行风险监测、政策和管理效率评估提供支持。

第六十八条　省级社保经办机构制定精算分析工作方案，采集并更新精算基础数据库，建立精算模型，确定参数假设，分析精算预测结果，撰写精算报告并及时报送。

第十章　稽核和内控

第六十九条　社保经办机构按照有关规定建立健全机关事业单位基本养老保险稽核制度和内控制度。县级及以上社保经办机构负责稽核、内控工作，依法对参保单位及其工作人员缴纳养老保险费情况、退休人员领取养老保险待遇情况进行核查；对社保经办机构内部职能部门、工作人员从事养老保险经办工作进行规范、监控和评价。

第七十条　社保经办机构应按照社会保险稽核办法及有关规定，开展养老保险费缴纳和待遇享受情况稽核。

第七十一条　社保经办机构核查发现未按时足额缴纳养老保险费或冒领养老保险待遇的，应责令补缴或退还被冒领待遇，不按规定补缴退还的，按照社会保险法等法律法规处理。

第七十二条　社保经办机构建立业务操作监控和内部监督机制。确定扫描时点或周期、监控范围、异常阈值、预警形式，对业务操作的合规性进行实时监控和内部监督。制定业务监控计划，对异常业务进行风险提示。制定内部监督计划，定期抽取或筛选业务复核检查，建立内部监督记录和台账。

第七十三条　社保经办机构应建立异常业务审查和处理机制。对疑似违规办理的业务，发出异常业务预警，进行核查处理。根据内部监督记录和有关证据提出整改意见，按程序报批后送相关环节执行，并跟踪监督。

第七十四条　社保经办机构应建立业务纠错机制。当发生业务经办错误，需要回退纠错时，对出错原因、错误类型、责任人等进行记录。相关经办人员填写回退纠错审批表，经负责人批准后，按照纠错时限要求，进行回退纠错业务处理。

第七十五条　社保经办机构根据业务风险程度实行分级管理，明确各项业务的经办权限和审批层级。

第十一章　档 案 管 理

第七十六条　业务档案是指社保经办机构在办理业务过程中，直接形成的具有保存和利用价值的专业性文字材料、电子文档、图表、声像等不同载体的历史记录。

第七十七条　社保经办机构应按照《社会保险业务档案管理规定（试行）》（人社部令 3 号）的要求，对业务材料做好收集、整理、立卷、归档、保管、统计、利用、鉴定销毁、移交和数字化处理等工作，保证业务档案真实、完整、安全和有效。

第七十八条　业务材料收集遵循“谁经办谁收集”的原则。社保经办机构按照业务档案分类方案结合办结时间，按件收集办结的业务材料。一笔业务形成的业务表单和相关审核凭证为一件，每件业务材料按照“业务表单在前、审核凭证在后，重要凭证在前、次要凭证在后”的原则顺序排列；凭证排列顺序应与业务表单名册中人员顺序保持一致。电子业务材料的收集应与纸质业务材料同步。

第七十九条　社保经办机构应按照业务档案分类方案和

档案整理要求，定期对应归档的业务材料进行收集、整理。整理后的业务材料应与业务经办系统中的经办明细进行核对，并打印业务经办明细目录。

第八十条　社保经办机构应对收集整理后的业务材料及时组卷，并通过信息系统进行编号和编目。组卷时视经办业务量大小可按月、季或年度组卷，但不能跨年组卷。案卷内材料应按照案卷封面、卷内文件目录（业务经办明细目录）、业务材料、卷内备考表的顺序依次排列。

第八十一条　业务档案立卷后应定期归集到档案管理部门集中保管。档案管理部门对归集的业务档案，通过业务经办明细核对归档业务材料数目并进行案卷质量审核。检验合格后，与业务部门办理归档交接手续，做到账物相符。

第八十二条　社保经办机构应按照相关规定对业务档案进行数字化处理。新生成业务材料应遵循“业务经办与档案数字化同步办结、同步收集、同步整理、同步归档”的原则，生成业务档案。

第八十三条　社保经办机构应定期对业务经办中初次采集、其他系统转入、业务系统转换产生的重要电子信息和系统元数据进行归档备份，并按照相关规定管理。

第八十四条　基金会计档案包括会计凭证、会计账簿和会计报表等资料。社保经办机构应按照《会计档案管理办法》的相关规定管理。

第八十五条　社保经办机构应设置专门的档案库房，指定专职档案管理人员进行管理。应按照档案管理“九防”要求，完善防护设备和管理措施，维护档案的完整安全。

第八十六条　档案管理部门应定期统计分析业务档案收集整理、归档移交、保管利用等情况。

第八十七条　社保经办机构应积极主动地依法依规就可开放的业务档案面向参保对象、行政管理等相关部门提供档案信息查询服务，并做好档案信息利用登记。在确保档案和信息安全的前提下，拓展业务档案利用渠道，提升利用效能。

第八十八条　应由相关负责人、档案管理人员和经办人员组成业务档案鉴定小组，负责业务档案鉴定。对达到或超过保管期限的业务档案定期组织销毁鉴定，提出销毁或延长保管期限的意见。对经过鉴定可以销毁的业务档案，应编制销毁清册，按规定销毁。

第十二章　个人权益记录管理

第八十九条　社保经办机构通过业务经办、统计、调查等方式获取参保人员相关社会保险个人权益信息，同时，应当与工商、民政、公安、机构编制等部门通报的情况进行核对。

第九十条　社保经办机构应当配备社会保险个人权益记录保管的场所和设施设备，安排专门工作人员对社会保险个人权益数据进行管理和日常维护，不得委托其他单位或者个人单独负责社会保险个人权益数据维护工作。社会保险个人权益信息的采集、保管和维护等环节涉及的书面材料应当存档备查。

第九十一条　社保经办机构每年应至少一次向参保人员寄送个人权益记录情况。

第九十二条　社保经办机构应向参保单位及参保人员开放社会保险个人权益记录查询程序，界定可供查询的内容，通过社保经办机构大厅、网点、自助终端、电话、网站、移动终端等方式提供公共服务。

第九十三条　参保人员持社会保障卡可以向社保经办机构查询个人权益信息、核对其缴费和享受社会保险待遇记录；领取养老保险待遇等。

第十三章　信　息　管　理

第九十四条　社保经办机构和信息机构应做好数据采集、审核、保管、维护、查询、使用、保密、安全、备份等管理工作。

第九十五条　信息系统采用省级集中部署模式，按照省级集中的要求，由省级人社部门负责建设实施，通过业务专网支持省内各级社保经办机构开展机关事业单位基本养老保险业务。

第九十六条　应做好信息系统分级授权管理，按照“最小授权、权限分离”的原则进行划分，各岗位间的权限保持相互独立、相互制约、相互监督。数据库管理按照数据库安全有关规定执行。

第九十七条　建立健全信息系统安全防护体系和安全管理制度，加强应急预案管理和灾难恢复演练。针对信息系统数据集中、应用分散的特点，采取访问控制、病毒防范、入侵检测等基础安全防护措施。

第九十八条　社保经办机构可向参保单位提供网上申报、缴费、查询、下载等经办服务。网上经办业务包括：单位网上申报、单位网上查询；个人网上查询；网上支付；业务办理预约服务；投诉、建议及解答；个人权益记录打印等。通过互联网经办业务的，应当采取安全措施，确保数据安全。

第十四章　附　　则

第九十九条　本规程由人力资源社会保障部负责解释。

第一百条　本规程从 2014 年 10 月 1 日起实施。

附件：（略）

在京中央国家机关事业单位工作人员养老保险制度改革实施办法

1. 2015年12月21日人力资源社会保障部、财政部发布
2. 人社部发〔2015〕112号
3. 自2014年10月1日起施行

根据《国务院关于机关事业单位工作人员养老保险制度改革的决定》(国发〔2015〕2号)、《国务院办公厅关于印发机关事业单位职业年金办法的通知》(国办发〔2015〕18号)和《人力资源社会保障部、财政部关于贯彻落实〈国务院关于机关事业单位工作人员养老保险制度改革的决定〉的通知》(人社部发〔2015〕28号)等规定,结合在京中央国家机关事业单位实际,制定本办法。

一、改革的目标和基本原则

(一)改革的目标。以邓小平理论、"三个代表"重要思想和科学发展观为指导,坚持全覆盖、保基本、多层次、可持续方针,以增强公平性、适应流动性、保证可持续性为重点,改革在京中央国家机关事业单位现行机关事业单位工作人员退休保障制度,逐步建立独立于机关事业单位之外、资金来源多渠道、保障方式多层次、管理服务社会化的养老保险体系。

(二)基本原则。在京中央国家机关事业单位实施机关事业单位养老保险制度改革应当坚持公平与效率相结合、权利与义务相对应、保障水平与经济发展水平相适应、改革前与改革后待遇水平相衔接、解决突出矛盾与保持可持续发展相促进的原则。

二、改革的范围

本办法适用于按照(参照)公务员法管理的在京中央国家机关(单位)、事业单位及其编制内的工作人员。具体是指法人注册地在北京,且执行在京中央国家机关规范津贴补贴和在京中央事业单位绩效工资政策的中央国家机关和事业单位编制内工作人员。

事业单位是指,根据《中共中央、国务院关于分类推进事业单位改革的指导意见》(中发〔2011〕5号)有关规定进行分类改革后的公益一类、二类事业单位。

对于目前划分为生产经营类,但尚未转企改制到位的事业单位,已参加北京市企业职工基本养老保险的仍继续参加;尚未参加的,暂参加在京中央国家机关事业单位基本养老保险,待其转企改制到位后,按有关规定纳入北京市企业职工基本养老保险范围。

对于目前尚未确定分类类型的事业单位,已参加北京市企业职工基本养老保险的仍继续参加;尚未参加的,暂参加在京中央国家机关事业单位基本养老保险,待其分类类型确定并改革到位后,纳入相应的养老保险制度。

要严格按照机关事业单位编制管理规定确定参保人员范围。编制外人员应依法参加企业职工基本养老保险。对于编制管理不规范的单位,要先按照有关规定进行清理规范,待明确工作人员身份后再纳入相应的养老保险制度。

三、基本养老保险基金筹集

实行社会统筹与个人账户相结合的基本养老保险制度。基本养老保险费由单位和个人共同负担。用人单位应当及时申报、按时足额缴纳养老保险费。单位缴纳基本养老保险费(以下简称单位缴费)的比例为本单位上年度工资总额的20%,计入社会统筹基金。个人缴纳基本养老保险费(以下简称个人缴费)的比例为本人上年度缴费工资的8%,由单位代扣。本单位工资总额为参加机关事业单位养老保险工作人员的个人缴费工资基数之和。

机关单位(含参公管理的单位)工作人员的个人缴费工资基数包括:本人上年度工资收入中的基本工资、国家统一的津贴补贴(警衔津贴、海关津贴等国家统一规定纳入原退休费计发基数的项目)、规范后的津贴补贴(地区附加津贴)、工改保留补贴、在京中央国家机关适当补贴、年终一次性奖金。

事业单位工作人员的个人缴费工资基数包括:本人上年度工资收入中的基本工资、国家统一的津贴补贴(国家统一规定纳入原退休费计发基数的项目)、工改保留补贴、绩效工资(限高线以下部分)。

其余项目暂不纳入个人缴费工资基数。

2014年10月1日至2014年12月31日的个人缴费基数按照2013年度本人工资收入中包含的个人缴费基数项目确定。2015年度及以后年度的个人缴费基数按上年度本人工资收入中包含的个人缴费基数项目确定。个人缴费工资基数超过北京市上年度职工平均工资300%以上的部分以及事业单位绩效工资超过限高线的部分,不计入个人缴费工资基数;低于北京市上年度职工平均工资60%的,按北京市上年度职工平均工资的60%计算个人缴费工资基数。

在京中央国家机关事业单位外派到国(境)外的工作人员,由原单位以其档案工资中包含的个人缴费基数项目并参照本单位同类人员的国内工资标准确定个人缴费基数。

四、基本养老保险个人账户

按本人缴费工资8%的数额建立基本养老保险个人账户，全部由个人缴费形成。个人账户储存额只用于工作人员养老，不得提前支取，每年按照国家统一公布的记账利率计算利息，免征利息税。参保人员死亡的，个人账户余额可以依法继承。

基本养老保险个人账户记账利率按照国家统一规定执行。

五、基本养老金计发办法

（一）本办法实施后参加工作、个人缴费年限累计满15年的人员，退休后按月发给基本养老金。基本养老金由基础养老金和个人账户养老金组成。退休时的基础养老金月标准以北京市上年度在岗职工月平均工资和本人指数化月平均缴费工资的平均值为基数，缴费每满1年发给1%。个人账户养老金月标准为个人账户储存额除以计发月数，计发月数根据本人退休时城镇人口平均预期寿命、本人退休年龄、利息等因素确定（详见附件）。

（二）本办法实施前参加工作、实施后退休且缴费年限（含视同缴费年限，下同）累计满15年的人员（以下简称"中人"），按照合理衔接、平稳过渡的原则，在发给基础养老金和个人账户养老金的基础上，再依据视同缴费年限长短发给过渡性养老金。"中人"具体过渡办法另行制定。

（三）对于改革前曾参加企业职工基本养老保险、改革后参加机关事业单位基本养老保险的工作人员，其参加企业职工基本养老保险的实际缴费年限应予确认，不认定为视同缴费年限，并与参加机关事业单位基本养老保险的实际缴费年限合并计算。其他情形视同缴费年限的认定，按照国家有关规定执行。在本人退休时，根据其实际缴费年限、视同缴费年限及对应的视同缴费指数等因素计发基本养老金。

（四）本办法实施后达到退休年龄但个人缴费年限累计不满15年的人员，其基本养老保险关系处理和基本养老金计发比照《实施〈中华人民共和国社会保险法〉若干规定》（人力资源社会保障部令第13号）执行。

（五）本办法实施前为编制内工作人员且已经退休的，继续按照国家规定的原待遇标准发放基本养老金，其纳入在京中央国家机关事业单位养老保险基金支付的项目为国家规定的基本退休费、退休人员补贴和其他国家统一规定的补贴（在京中央国家机关适当补贴、工改保留补贴以及教龄津贴、护龄津贴、特级教师津贴等按原标准100%发给部分），同时执行基本养老金调整办法；其它项目（政府特殊津贴、提租补贴、取暖费、物业费等）仍从原渠道列支。本办法实施前为编制外工作人员且已经退休的，参加北京市企业职工养老保险并按规定领取养老待遇。

（六）机关事业单位离休人员按照国家统一规定发给离休费，并调整相关待遇。具体办法由人力资源社会保障部会同有关部门制定。

六、基本养老金调整

根据职工工资增长和物价变动等情况，国家统筹安排在京中央国家机关事业单位退休人员的基本养老金调整，逐步建立兼顾各类人员的养老保险待遇正常调整机制，分享经济社会发展成果，保障退休人员基本生活。

七、基金管理和监督

在京中央国家机关事业单位及其工作人员应按规定及时足额缴纳养老保险费。养老保险基金单独统筹，实行收支两条线，纳入社会保障基金财政专户，专款专用。依法加强基金监管，确保基金安全。

在京中央国家机关事业单位执行统一的机关事业单位基本养老保险制度和政策，统一基本养老保险缴费比例和缴费基数项目，统一基本养老金计发办法、统筹项目和标准以及基本养老金调整办法，统一编制和实施基本养老保险基金预算。按照国家统一制定的业务经办流程和信息管理系统建设要求，统一基本养老保险业务经办规程和管理制度，统一建设信息管理系统，实现集中管理数据资源。机关事业单位基本养老保险基金财务管理办法另行制定。

八、养老保险关系转移接续

参保人员在在京中央国家机关事业单位之间流动，只转移养老保险关系，不转移基金。参保人员跨统筹范围流动或在机关事业单位与企业之间流动，在转移养老保险关系的同时，基本养老保险个人账户储存额随同转移，并以本人改革后各年度实际缴费工资为基数，按12%的总和转移统筹基金，参保缴费不足1年的，按实际缴费月数计算转移基金。转移后基本养老保险缴费年限（含视同缴费年限）、个人账户储存额累计计算。

九、职业年金制度

在京中央国家机关事业单位在参加基本养老保险的基础上，应当为其工作人员建立职业年金。单位按本单位工资总额的8%缴费，个人按本人缴费工资基数的4%缴费。工作人员退休后，按月领取职业年金待遇。在京中央国家机关事业单位的职业年金基金由人力资源社会保障部负责集中受托管理；中央国家机关所属京外单位的职业年金实行属地化管理。具体办法按照国办发〔2015〕18号文件执行。

十、其他政策

（一）改革前已经参加北京市企业职工养老保险、事业单位分类后划分为公益一类或二类的在京中央国家机关所属事业单位及其编制内的工作人员，参加在京中央国家机关事业单位养老保险。其中，在职人员可按规定将其养老保险关系转续至机关事业单位养老保险，退休时按照有关规定计发待遇；改革前已经退休的人员，继续按原有待遇标准发放养老金，同时执行基本养老金调整办法。

（二）参加在京中央国家机关事业单位养老保险的单位中的编制内劳动合同制工人，按规定参加在京中央国家机关事业单位养老保险。其中，已参加北京市企业职工养老保险的，在职人员按规定将其养老保险关系转续至机关事业单位养老保险，退休时按照有关规定计发待遇；改革前已经退休的人员，继续按原有待遇标准发放养老金，同时执行机关事业单位基本养老金调整办法。

（三）驻外外交人员随任配偶属在京中央国家机关事业单位编制内人员的，参加在京中央国家机关事业单位养老保险，具体办法按《关于加强驻外外交人员随任配偶保障工作的通知》（外发〔2006〕35号）执行。

（四）改革后获得省部级以上劳模、有重大贡献的高级专家等荣誉称号的在京中央国家机关事业单位工作人员，在职时给予一次性奖励，退休时不再提高基本退休费计发比例，奖励所需资金不得从养老保险基金中列支。对于改革前已获得此类荣誉称号的工作人员，本人退休时给予一次性退休补贴并支付给本人，资金从原渠道列支。一次性退休补贴标准由人力资源社会保障部会同相关部门根据平衡衔接的原则予以确定。符合原有加发退休费情况的其他人员，按照上述办法处理。

（五）曾有企业工作经历的中央国家机关事业单位工作人员，在企业工作期间应缴未缴养老保险费的，应按企业职工养老保险有关规定补缴后将养老保险关系转续至机关事业单位养老保险；未按规定补缴的，应缴未缴的工作年限作为中断缴费年限。

（六）改革后，按照国家有关政策和干部管理权限，经批准可适当延长退休年龄的工作人员，继续参保缴费。其中少数人员年满70岁时仍继续工作的，个人可以选择继续缴费，也可以选择不再继续缴费。待正式办理退休手续时，按规定计发养老待遇。

十一、养老保险经办能力建设

人力资源社会保障部社会保险事业管理中心负责在京中央国家机关事业单位养老保险参保登记、申报核定、保险费征收、养老保险关系转移、待遇核定和支付、稽核与内控等工作。要优化业务经办流程，建立健全管理制度，实现规范化、信息化和专业化管理，逐步提高在京中央国家机关事业单位社会保险社会化管理服务水平，实行基本养老金社会化发放，不断提高工作效率和服务质量。

在京中央国家机关事业单位工作人员养老保险信息系统由人力资源社会保障部统一规划建设、集中部署实施，并与中央编办、财政部等部门和相关商业银行的系统相衔接，实现业务协同和信息共享。由北京市发放全国统一的社会保障卡，支持养老保险业务管理和服务。利用互联网、移动终端、自助一体机等渠道，建设一体化的公共服务系统，为机关事业单位及工作人员提供便捷、高效、安全的服务。

十二、组织实施工作要求

机关事业单位养老保险制度改革，涉及在京中央国家机关事业单位工作人员的切身利益，是一项涉及面广、政策性强的工作。各部门要制定贯彻国发〔2015〕2号文件的工作方案，明确工作任务、分工和要求，并报人力资源社会保障部、财政部备案。要切实加强领导，精心组织实施，采取宣传、培训等方式向机关事业单位工作人员准确解读改革的目标和政策，让他们关心和支持改革工作，保证改革顺利实施。要结合本部门实际，认真排查风险点，制定应对预案，把工作做实做细，保持社会稳定。人力资源社会保障部、财政部负责对本办法的执行情况进行监督检查。

本办法自2014年10月1日起实施，已有规定与本办法不一致的，按本办法执行。

本办法由人力资源社会保障部、财政部负责解释。

附件：个人账户养老金计发月数表（略，见国发〔2015〕2号文件）

机关事业单位基本养老保险关系和职业年金转移接续经办规程（暂行）

1. 2017年1月18日人力资源社会保障部办公厅发布
2. 人社厅发〔2017〕7号

第一章　总　　则

第一条　为统一规范机关事业单位工作人员基本养老保险关系和职业年金转移接续业务经办程序，根据《国务院关于机关事业单位工作人员养老保险制度改革的决定》(国发〔2015〕2号)、《国务院办公厅关于印发机关事业单位职业年金办法的通知》(国办发〔2015〕18号)、《关于机关事业单位基本养老保险关系和职业年金转移接续有关问题的通知》(人社部规〔2017〕1号)和《关于印发职业年金基金管理暂行办法的通知》(人社部发〔2016〕92号),制定本规程。

第二条　本规程适用于参加基本养老保险在职人员(以下简称参保人员)在机关事业单位之间、机关事业单位与企业之间流动就业时,其基本养老保险关系和职业年金、企业年金转移接续的业务经办。

第三条　县级以上社会保险经办机构负责机关事业单位基本养老保险关系和职业年金的转移接续业务经办。

第四条　参保人员符合以下条件的,应办理基本养老保险关系和职业年金的转移接续:

(一)在机关事业单位之间流动的;

(二)在机关事业单位和企业(含个体工商户和灵活就业人员)之间流动的;

(三)因辞职辞退等原因离开机关事业单位的。

第五条　参保人员在同一统筹范围内机关事业单位之间流动的,只转移基本养老保险关系,不转移基本养老保险基金。省(自治区、直辖市)内机关事业单位基本养老保险关系转移接续经办规程由各省(自治区、直辖市)制定。

省内建立一个职业年金计划或建立多个职业年金计划且实行统一收益率的,参保人员在本省(自治区、直辖市)机关事业单位之间流动时,只转移职业年金关系,不转移职业年金基金;需要记实职业年金的,按规定记实后再办理转移接续。省内建立多个职业年金计划且各年金计划分别计算收益率的,参保人员在省内各年金计划之间的转移接续,由各省(自治区、直辖市)自行制定实施细则。

第六条　转出地和转入地社会保险经办机构通过全国基本养老保险关系跨省转移接续系统,进行基本养老保险关系和职业年金转移接续信息交换。

第二章　基本养老保险关系转移接续

第七条　参保人员在机关事业单位之间跨省流动的、从机关事业单位流动到企业的,按以下流程办理:

(一)出具参保缴费凭证。参保人员转移接续前,参保单位或参保人员到基本养老保险关系所在地(以下简称转出地)社会保险经办机构申请开具《养老保险参保缴费凭证》(附件1,以下简称《参保缴费凭证》)。转出地社会保险经办机构核对相关信息后,出具《参保缴费凭证》,并告知转移接续条件。

(二)转移接续申请。参保人员新就业单位或本人向新参保地(以下简称转入地)社会保险经办机构提出转移接续申请并出示《参保缴费凭证》,填写《养老保险关系转移接续申请表》(附件2,以下简称《申请表》)。如参保人员在离开转出地时未开具《参保缴费凭证》,由转入地社会保险经办机构与转出地社会保险经办机构联系补办。

(三)发联系函。转入地社会保险经办机构对符合转移接续条件的,应在受理之日起15个工作日内生成《基本养老保险关系转移接续联系函》(附件3,以下简称《基本养老保险联系函》),并向参保人员转出地社会保险经办机构发出。

(四)转出基本养老保险信息表和基金。转出地社会保险经办机构在收到《基本养老保险联系函》之日起15个工作日内完成以下手续:

1. 核对有关信息并生成《基本养老保险关系转移接续信息表》(附件4,以下简称《基本养老保险信息表》);机关事业单位之间转移接续的,转出地社会保险经办机构应将缴费工资基数、相应年度在岗职工平均工资等记录在《基本养老保险信息表附表》(附件5);

2. 办理基本养老保险基金划转手续。其中:个人缴费部分按记入本人个人账户的全部储存额计算转移。单位缴费部分以本人改革后各年度实际缴费工资为基数,按12%的总和转移;参保缴费不足1年的,按实际缴费月数计算转移。当发生两次及以上转移的,原从企业职工基本养老保险转入的单位缴费部分和个人账户储存额随同转移;

3. 将《基本养老保险信息表》和《基本养老保险信息表附表》传送给转入地社会保险经办机构;

4. 终止参保人员在本地的基本养老保险关系。

(五)基本养老保险关系转入。转入地社会保险经办机构收到《基本养老保险信息表》和转移基金,在信息、资金匹配一致后15个工作日内办结以下接续手续:

1. 核对《基本养老保险信息表》及转移基金额;

2. 将转移基金额按规定分别记入统筹基金和参保人员个人账户;

3. 根据《基本养老保险信息表》及参保单位或参保人员提供的材料,补充完善相关信息;机关事业单位之间转移接续的,根据《基本养老保险信息表附表》按照就高不就低的原则核实参保人员的实际缴费指数;

4. 将办结情况告知新参保单位或参保人员。

第八条　参保人员从企业流动到机关事业单位的,其流程按本规程第七条规定办理。转移基金按以下办法计算：

（一）个人账户储存额：1998 年 1 月 1 日之前个人缴费累计本息和 1998 年 1 月 1 日之后个人账户的全部储存额。个人账户储存额与按规定计算的资金转移额不一致的，1998 年 1 月 1 日之前的，转入地和转出地均保留原个人账户记录；1998 年 1 月 1 日至 2005 年 12 月 31 日期间，个人账户记账比例高于 11% 的部分不计算为转移基金，个人账户记录不予调整，低于 11% 的，转出地按 11% 计算转移资金并相应调整个人账户记录；2006 年 1 月 1 日之后的个人账户记账比例高于 8% 的部分不转移，个人账户不予调整，低于 8% 的，转出地按 8% 计算转移资金，并相应调整个人账户记录。

（二）统筹基金（单位缴费）：以本人 1998 年 1 月 1 日后各年度实际缴费工资为基数，按 12% 的总和转移；参保缴费不足 1 年的，按实际缴费月数计算转移。

第九条 参保人员因辞职、辞退、未按规定程序离职、开除、判刑等原因离开机关事业单位的，应将基本养老保险关系转移至户籍所在地企业职工社会保险经办机构，按以下流程办理转移接续手续：

（一）原参保单位提交《机关事业单位辞职辞退等人员基本养老保险关系转移申请表》（附件 6），并提供相关资料。

（二）转出地社会保险经办机构在收到《机关事业单位辞职辞退等人员基本养老保险关系转移申请表》之日起 15 个工作日内完成以下手续：

1. 核对有关信息并生成《基本养老保险信息表》；

2. 办理基本养老保险基金划转手续，转移基金额按本规程第七条第四款第 2 项规定计算；

3. 将《基本养老保险信息表》传送给转入地社会保险经办机构；

4. 终止参保人员在本地的基本养老保险关系并将办结情况告知原参保单位。

（三）基本养老保险关系转入。转入地社会保险经办机构收到《基本养老保险信息表》和转移基金，在信息、资金匹配一致后 15 个工作日内办结以下接续手续：

1. 核对《基本养老保险信息表》及转移基金额；

2. 将转移基金额按规定分别记入统筹基金和参保人员个人账户；

3. 根据《基本养老保险信息表》及相关资料，补充完善相关信息；

4. 将办结情况告知参保人员或原参保单位。

第三章 职业年金转移接续

第十条 参保人员出现以下情形之一的，参保单位或参保人员在申报基本养老保险关系转移接续时，应当一并申报职业年金（企业年金）转移接续：

（一）从机关事业单位流动到本省（自治区、直辖市）内的机关事业单位。

（二）从机关事业单位流动到本省（自治区、直辖市）外的机关事业单位。

（三）从机关事业单位流动到已建立企业年金的新参保单位。

（四）从已建立企业年金的参保单位流动到机关事业单位。

第十一条 社会保险经办机构在办理职业年金转移接续时，需转移以下基金项目：

（一）缴费形成的职业年金；

（二）参加本地机关事业单位养老保险试点的个人缴费本息划转的资金；

（三）补记的职业年金；

（四）原转入的企业年金。

以上项目应在职业年金个人账户管理中予以区分，分别管理并计算收益。

第十二条 参加机关事业单位养老保险人员在 2014 年 10 月 1 日后办理了正式调动或辞职、辞退手续离开机关事业单位的，应由原参保单位填报《职业年金补记申请表》（附件 7），并提供其改革前本人在机关事业单位工作年限相关证明材料。转出地社会保险经办机构依据单位申请资料，协助计算所需补记的职业年金个人账户金额，生成《职业年金个人账户记实/补记通知》（附件 8，以下简称《记实/补记通知》）；原参保单位根据《记实/补记通知》向原资金保障渠道申请资金，及时划转至社会保险经办机构职业年金归集账户。社会保险经办机构确认账实相符后，记入其职业年金个人账户。

第十三条 参保人员在相应的同级财政全额供款的单位之间流动的，职业年金个人账户中记账金额无需记实，继续由转入单位采取记账方式管理。

除此之外，职业年金个人账户中记账部分需在转移接续前记实。参保人员需要记实本人职业年金记账部分时，转出地社会保险经办机构应根据参保单位申请资料，向其出具《记实/补记通知》，记实资金到账并核对一致后，记入参保人员的职业年金个人账户。

第十四条 参保人员从机关事业单位流动到本省（自治区、直辖市）以外机关事业单位的，按以下流程办理职业年金转移接续：

（一）出具参保缴费凭证，按本规程第七条第一款规定办理。

（二）发年金联系函。新参保单位向转入地社会保险经办机构申请职业年金转入，转入地社会保险经办机构受理并审核相关资料，符合转移接续条件的，在受理之日起15个工作日内向转出地社会保险经办机构发出《职业年金（企业年金）关系转移接续联系函》（附件9，以下简称《年金联系函》）；对不符合转移接续条件的，应一次性告知需补充的相关材料。

（三）转出年金信息表、基金。转出地社会保险经办机构在收到《年金联系函》后，在确认补记年金、记实资金足额到账之日起45个工作日内完成以下手续：

1. 办理职业年金个人账户的记实、补记和个人账户资产的赎回等业务；

2. 核对有关信息并生成《职业年金（企业年金）关系转移接续信息表》（附件10，以下简称《年金信息表》）；

3. 向转入地社会保险经办机构发送《年金信息表》，同时将转移资金划转至转入地社会保险经办机构职业年金归集账户；

4. 终止参保人员在本地的职业年金关系。

（四）职业年金关系转入。转入地社会保险经办机构在收到《年金信息表》和确认转移基金账实相符后，15个工作日内办结以下接续手续：

1. 核对《年金信息表》及转移基金，进行资金到账处理；

2. 将转移金额按项目分别记入参保人员的职业年金个人账户；

3. 根据《年金信息表》及参保单位或参保人员提供的材料，补充完善相关信息；

4. 将办结情况通知新参保单位或参保人员。

第十五条　参保人员从机关事业单位流动到已建立企业年金制度的企业，原参保单位或参保人员申请办理职业年金转移接续。参保人员存在职业年金补记、职业年金个人账户记实等情形的，转出地社会保险经办机构完成上述业务后，45个工作日内办结以下转出手续：

（一）受理并审核企业年金管理机构出具的《年金联系函》；

（二）转出地社会保险经办机构核对相关信息后生成《年金信息表》，将赎回的职业年金个人账户资金划转至新参保单位的企业年金受托财产托管账户；

（三）将《年金信息表》通过新参保单位或参保人员反馈至企业年金管理机构；

（四）终止参保人员的职业年金关系。

第十六条　参保人员从已建立企业年金制度的企业流动到机关事业单位的，转入地社会保险经办机构按以下流程办理转入手续：

（一）受理参保单位或参保人员提出的转移接续申请，15个工作日内向其出具《年金联系函》；

（二）审核企业年金管理机构提供的参保人员参加企业年金的证明材料；

（三）接收转入资金，账实匹配后按规定记入职业年金个人账户。

第十七条　存在下列情形之一的，参保人员的职业年金基金不转移，原参保地社会保险经办机构在业务系统中标识保留账户，继续管理运营其职业年金个人账户：

（一）参保人员升学、参军、失业期间的；

（二）参保人员的新就业单位没有实行职业年金或企业年金制度的。

社会保险经办机构在参保单位办理上述人员相关业务时，应告知参保单位按规定申请资金补记职业年金或记实职业年金记账部分，在记实或补记资金账实相符后，将记实或补记金额记入参保人员的职业年金个人账户。

参保人员退休时，负责管理运营职业年金保留账户的社会保险经办机构依本人申请按照国办发〔2015〕18号文件规定计发职业年金待遇。同时，将原参加本地试点的个人缴费本息划转资金的累计储存额一次性支付给本人。

第十八条　参保人员从企业再次流动到机关事业单位的，转入地社会保险经办机构按以下方式办理：

（一）未参加企业年金制度的企业转出，转入的机关事业单位和原机关事业单位在同一省（自治区、直辖市）内的，转入地机关事业单位社会保险经办机构将参保人员保留账户恢复为正常缴费账户，按规定继续管理运营。

（二）未参加企业年金制度的企业转出，转入的机关事业单位和原机关事业单位不在同一省（自治区、直辖市）内的，参保人员的职业年金保留账户按照制度内跨省转移接续流程（本规程第十四条）办理。

（三）建立企业年金制度的企业转出，按照从企业流动到机关事业单位的企业年金转移接续流程（本规程第十六条）办理。

第十九条　参保人员再次从机关事业单位流动到企业的，不再重复补记职业年金。参保人员再次从企业流动到机关事业单位的，在机关事业单位养老保险制度内退休时，待遇领取地社会保险经办机构将补记职业年金本金及投资收益划转到机关事业单位基本养老保险统筹基金。

第二十条　参保人员达到待遇领取条件时，存在建立多个职业年金关系的，应由待遇领取地社会保险经办机构通知其他建立职业年金关系的社会保险经办机构，按照本规程第十四条规定将职业年金关系归集至待遇领取地社会保险经办机构。

第二十一条　参保人员从企业流动到机关事业单位的，原在企业建立的企业年金按规定转移接续并继续管理运营。参保人员在机关事业单位养老保险制度内退休时，过渡期内，企业年金累计储存额不计入新老办法标准对比范围，企业年金累计储存额除以计发月数，按月领取；过渡期之后，将职业年金、企业年金累计储存额合并计算，按照国办发〔2015〕18号文件计发职业年金待遇。

第二十二条　改革前参加地方原有试点、改革后纳入机关事业单位基本养老保险的人员，改革前的个人缴费本息划入本人职业年金个人账户管理。

第四章　其他情形处理

第二十三条　参保人员转移接续基本养老保险关系前本人欠缴基本养老保险费的，由本人向原基本养老保险关系所在地补缴个人欠费后再办理基本养老保险关系转移接续手续，同时原参保所在地社会保险经办机构负责转出包括参保人员原欠缴年份的单位缴费部分；本人不补缴个人欠费的，社会保险经办机构也应及时办理基本养老保险关系和基金转出的各项手续，其欠缴基本养老保险费的时间不计算缴费年限，个人欠费的时间不转移基金，之后不再办理补缴欠费。

第二十四条　参保人员同时存续基本养老保险关系或重复缴纳基本养老保险费的，转入地社会保险经办机构应按"先转后清"的原则，在参保人员确认保留相应时段缴费并提供退款账号后，办理基本养老保险关系清理和个人账户储存额退还手续。

第二十五条　转入地社会保险经办机构发现《养老保险信息表》转移金额等信息有误的，应通过全国基本养老保险关系转移接续系统或书面材料告知转出地社会保险经办机构。由转出地社会保险经办机构补充完善相关资料后，转入地社会保险经办机构办理相关转移接续手续。

第二十六条　社会保险经办机构在办理养老保险关系转移接续时，对资料不全或不符合规定的，应一次性告知需要补充和更正的资料或不予受理的理由。

第二十七条　转出地社会保险经办机构对参保人员转移接续的有关信息应保留备份。

第五章　附　　则

第二十八条　本规程由人力资源社会保障部负责解释。

附件：（略）

人力资源社会保障部办公厅、总后勤部财务部关于军人退役参加机关事业单位养老保险有关问题的通知

1. 2015年11月3日

2. 人社厅函〔2015〕369号

各省、自治区、直辖市及新疆生产建设兵团人力资源社会保障厅（局），各军区联勤部、各军兵种后勤部财务部，军事科学院院务部财务供应部，国防大学、国防科学技术大学校务部财务部（处），总后所属直供单位，武警部队后勤部财务部：

为贯彻落实人力资源社会保障部、财政部、总参谋部、总政治部、总后勤部《关于军人退役基本养老保险关系转移接续有关问题的通知》（后财〔2015〕1726号）和《关于军人职业年金转移接续有关问题的通知》（后财〔2015〕1727号），做好安置到机关事业单位工作的退役军人基本养老保险和职业年金转移接续工作，现将有关问题通知如下：

一、2014年10月1日以后下达退役命令，2014年10月1日至2015年10月31日期间已经离队的退役军人，由原军队所在单位财务部门填制《军人退役基本养老保险参保缴费凭证》《军人退役基本养老保险关系转移接续信息表》和《军人职业年金缴费凭证》（以下简称"转移凭证"）一式三份，一份存档，两份邮寄给本人，并将按规定标准计算的军人退役基本养老保险补助和军人职业年金补助汇给本人。退役军人收到转移凭证和补助资金后，将其中一份转移凭证交给安置单位，待所在地机关事业单位养老保险经办启动后，由安置单位按规定申请办理军人退役基本养老保险和军人职业年金转移接续手续。

二、2014年10月1日以后下达退役命令，2015年11月1日至2016年12月31日期间离队的退役军人，由军队所在单位财务部门填制军人退役养老保险转移凭证一式三份，一份存档，两份交给本人，并将按规定标准计算的军人退役基本养老保险补助和军人职业年金补助

发给本人。退役军人到安置单位报到后,将其中一份转移凭证交给安置单位,待所在地机关事业单位养老保险经办启动后,由安置单位按规定申请办理军人退役基本养老保险和军人职业年金转移接续手续。

三、2014 年 10 月 1 日以后下达退役命令,2017 年 1 月 1 日以后离队的退役军人,按照后财〔2015〕1726 号和后财〔2015〕1727 号通知要求,办理军人退役基本养老保险和军人职业年金转移接续手续。

5. 职业年金

机关事业单位职业年金办法

1. 2015年3月27日国务院办公厅发布
2. 国办发〔2015〕18号
3. 自2014年10月1日起施行

第一条 为建立多层次养老保险体系,保障机关事业单位工作人员退休后的生活水平,促进人力资源合理流动,根据《国务院关于机关事业单位工作人员养老保险制度改革的决定》(国发〔2015〕2号)等相关规定,制定本办法。

第二条 本办法所称职业年金,是指机关事业单位及其工作人员在参加机关事业单位基本养老保险的基础上,建立的补充养老保险制度。

第三条 本办法适用的单位和工作人员范围与参加机关事业单位基本养老保险的范围一致。

第四条 职业年金所需费用由单位和工作人员个人共同承担。单位缴纳职业年金费用的比例为本单位工资总额的8%,个人缴费比例为本人缴费工资的4%,由单位代扣。单位和个人缴费基数与机关事业单位工作人员基本养老保险缴费基数一致。

根据经济社会发展状况,国家适时调整单位和个人职业年金缴费的比例。

第五条 职业年金基金由下列各项组成:

(一)单位缴费;

(二)个人缴费;

(三)职业年金基金投资运营收益;

(四)国家规定的其他收入。

第六条 职业年金基金采用个人账户方式管理。个人缴费实行实账积累。对财政全额供款的单位,单位缴费根据单位提供的信息采取记账方式,每年按照国家统一公布的记账利率计算利息,工作人员退休前,本人职业年金账户的累计储存额由同级财政拨付资金记实;对非财政全额供款的单位,单位缴费实行实账积累。实账积累形成的职业年金基金,实行市场化投资运营,按实际收益计息。

职业年金基金投资管理应当遵循谨慎、分散风险的原则,保证职业年金基金的安全性、收益性和流动性。职业年金基金的具体投资管理办法由人力资源社会保障部、财政部会同有关部门另行制定。

第七条 单位缴费按照个人缴费基数的8%计入本人职业年金个人账户;个人缴费直接计入本人职业年金个人账户。

职业年金基金投资运营收益,按规定计入职业年金个人账户。

第八条 工作人员变动工作单位时,职业年金个人账户资金可以随同转移。工作人员升学、参军、失业期间或新就业单位没有实行职业年金或企业年金制度的,其职业年金个人账户由原管理机构继续管理运营。新就业单位已建立职业年金或企业年金制度的,原职业年金个人账户资金随同转移。

第九条 符合下列条件之一的可以领取职业年金:

(一)工作人员在达到国家规定的退休条件并依法办理退休手续后,由本人选择按月领取职业年金待遇的方式。可一次性用于购买商业养老保险产品,依据保险契约领取待遇并享受相应的继承权;可选择按照本人退休时对应的计发月数计发职业年金月待遇标准,发完为止,同时职业年金个人账户余额享有继承权。本人选择任一领取方式后不再更改。

(二)出国(境)定居人员的职业年金个人账户资金,可根据本人要求一次性支付给本人。

(三)工作人员在职期间死亡的,其职业年金个人账户余额可以继承。

未达到上述职业年金领取条件之一的,不得从个人账户中提前提取资金。

第十条 职业年金有关税收政策,按照国家有关法律法规和政策的相关规定执行。

第十一条 职业年金的经办管理工作,由各级社会保险经办机构负责。

第十二条 职业年金基金应当委托具有资格的投资运营机构作为投资管理人,负责职业年金基金的投资运营;应当选择具有资格的商业银行作为托管人,负责托管职业年金基金。委托关系确定后,应当签订书面合同。

第十三条 职业年金基金必须与投资管理人和托管人的自有资产或其他资产分开管理,保证职业年金财产独立性,不得挪作其他用途。

第十四条 县级以上各级人民政府人力资源社会保障行政部门、财政部门负责对本办法的执行情况进行监督检查。对违反本办法规定的,由人力资源社会保障行政部门和财政部门予以警告,责令改正。

第十五条 因执行本办法发生争议的,工作人员可按照国家有关法律、法规提请仲裁或者申诉。

第十六条 本办法自2014年10月1日起实施。已有规定与本办法不一致的,按照本办法执行。

第十七条　本办法由人力资源社会保障部、财政部负责解释。

职业年金基金管理暂行办法

1. 2016年9月28日人力资源社会保障部、财政部发布
2. 人社部发〔2016〕92号

第一章　总　　则

第一条　为规范职业年金基金管理，维护各方当事人的合法权益，根据信托法、合同法、证券投资基金法、《国务院关于机关事业单位工作人员养老保险制度改革的决定》（国发〔2015〕2号）、《国务院办公厅关于印发机关事业单位职业年金办法的通知》（国办发〔2015〕18号）等法律及有关规定，制定本办法。

第二条　本办法所称职业年金基金，是指依法建立的职业年金计划筹集的资金及其投资运营收益形成的机关事业单位补充养老保险基金。职业年金基金的委托管理、账户管理、受托管理、托管、投资管理以及监督管理适用本办法。

第三条　本办法所称受益人是指参加职业年金计划的机关事业单位工作人员。委托人是指参加职业年金计划的机关事业单位及其工作人员。代理人是指代理委托人集中行使委托职责并负责职业年金基金账户管理业务的中央国家机关养老保险管理中心及省级社会保险经办机构。受托人是指受托管理职业年金基金财产的法人受托机构，托管人是指接受受托人委托保管职业年金基金财产的商业银行，投资管理人是指接受受托人委托投资管理职业年金基金财产的专业机构。

职业年金基金受托、托管和投资管理机构在具有相应企业年金基金管理资格的机构中选择。

第四条　职业年金基金采取集中委托投资运营的方式管理，其中，中央在京国家机关及所属事业单位职业年金基金由中央国家机关养老保险管理中心集中行使委托职责，各地机关事业单位职业年金基金由省级社会保险经办机构集中行使委托职责。代理人可以建立一个或多个职业年金计划，按计划估值和计算收益率，建立多个职业年金计划的，也可以实行统一收益率。一个职业年金计划应当只有一个受托人、一个托管人，可以根据资产规模大小选择适量的投资管理人。职业年金计划的基金财产，可以由投资管理人设立投资组合或由受托人直接投资养老金产品进行投资管理。

第五条　职业年金计划的代理人代理委托人与受托人签订职业年金计划受托管理合同，受托人与托管人、投资管理人分别签订职业年金计划委托管理合同。职业年金计划受托和委托管理合同由受托人报人力资源社会保障部或者省、自治区、直辖市人力资源社会保障行政部门备案，人力资源社会保障行政部门于收到符合规定的备案材料之日起15个工作日内，出具职业年金计划确认函，给予职业年金计划登记号。职业年金计划名称、登记号及投资组合代码，按规定编制。

第六条　成立中央及省级职业年金基金管理机构评选委员会（以下简称评选委员会），负责通过招标形式选择、更换受托人。评选委员会人数为七人、九人或十一人，由人力资源社会保障部门、财政部门等方面人员组成，基金规模较大的机关事业单位和地区可派代表参加。评选委员会办公室设在中央国家机关养老保险管理中心及省级社会保险经办机构，承担相关事务工作。

评选委员会成员名单报人力资源社会保障部、财政部备案。

第七条　同一职业年金计划中，受托人与托管人、托管人与投资管理人不得为同一机构；受托人与托管人、托管人与投资管理人、投资管理人与其他投资管理人的高级管理人员和职业年金从业人员，不得相互兼任。

受托人兼任投资管理人时，应当建立风险控制制度，确保业务管理之间的独立性；设立独立的受托业务和投资业务部门，办公区域、运营管理流程和业务制度应当严格分离；直接负责的高级管理人员、受托业务和投资业务部门的从业人员不得相互兼任。同一职业年金计划中，受托人对待各投资管理人应当执行统一的标准和流程，体现公开、公平、公正原则。

第八条　职业年金基金财产独立于机关事业单位、各级社会保险经办机构、受托人、托管人、投资管理人和其他为职业年金基金管理提供服务的自然人、法人或者其他组织的固有财产及其管理的其他财产。

职业年金基金财产的管理、运用或者其他情形取得的财产和收益，应当归入基金财产。

第九条　机关事业单位、各级社会保险经办机构、受托人、托管人、投资管理人和其他为职业年金基金管理提供服务的法人或者其他组织，因机构调整、依法解散、被依法撤销或者被依法宣告破产等原因进行终止清算的，职业年金基金财产不属于其清算财产。

第十条　职业年金基金财产的债权，不得与机关事业单位、各级社会保险经办机构、受托人、托管人、投资管理人和其他为职业年金基金管理提供服务的自然人、法人或者其他组织固有财产的债务相互抵销。不同职业年金计划基金财产的债权债务，不得相互抵销。非因职业年金基金财产本身承担的债务，不得对基金财产强制执行。

第十一条 人力资源社会保障行政部门、财政部门对职业年金基金管理情况进行监管。

第二章 管理职责

第十二条 建立职业年金的机关事业单位应当履行下列职责：

（一）向管理其基本养老保险的社会保险经办机构申报职业年金缴费。

（二）机关事业单位职业年金缴费按期划入管理其基本养老保险的社会保险经办机构按有关规定设立的职业年金基金归集账户，省以下社会保险经办机构职业年金基金归集账户资金及时归集至省级社会保险经办机构职业年金基金归集账户，确保资金完整、安全和独立。职业年金基金归集账户设立和管理办法另行制定。

（三）根据有关规定，在本单位工作人员出现退休、出国（境）定居、死亡等情况时，向管理其基本养老保险的社会保险经办机构提出待遇支付申请，并协助发放职业年金待遇；在本单位工作人员变动工作单位时，向管理其基本养老保险的社会保险经办机构提出账户转移申请，并协助办理职业年金账户转移；在本单位工作人员出现上述情况或其他有关情况时，向同级财政提出拨付资金记实申请。

第十三条 代理人应当履行下列职责：

（一）代理委托人与受托人签订职业年金计划受托管理合同。

（二）设立独立的职业年金基金归集账户，归集职业年金缴费，账实匹配一致后按照职业年金计划受托管理合同约定及时将职业年金基金归集账户资金划入职业年金基金受托财产托管账户，确保资金完整、安全和独立。

（三）负责对归集账户进行会计核算。

（四）负责职业年金基金账户管理，记录单位和个人缴费以及基金投资收益等账户财产变化情况。

（五）计算职业年金待遇，办理账户转移等相关事宜。

（六）定期向受托人提供职业年金基金账户管理相关信息，向机关事业单位披露职业年金管理信息，向受益人提供个人账户信息查询服务。

（七）定期向有关监管部门提交职业年金计划管理报告和职业年金基金账户管理报告，发生重大事件时及时向建立职业年金的机关事业单位和有关监管部门报告。

（八）监督职业年金计划管理情况，建立职业年金计划风险控制机制。

（九）按照国家规定保存职业年金基金委托管理、账户管理等业务活动记录、账册、报表和其他相关资料。

（十）国家规定和合同约定的其他职责。

第十四条 代理人不得有下列行为：

（一）将职业年金基金财产混同于其他财产。

（二）侵占、挪用职业年金基金财产。

（三）利用所管理的职业年金基金财产为机关事业单位、受益人、代理人、受托人、托管人、投资管理人，以及归集账户开户银行和其他自然人、法人或者其他组织谋取不正当利益。

（四）国家规定和合同约定禁止的其他行为。

第十五条 受托人应当履行下列职责：

（一）选择、监督、更换职业年金计划托管人和投资管理人。

（二）与托管人和投资管理人签订职业年金计划委托管理合同。

（三）制定职业年金基金战略资产配置策略，提出大类资产投资比例和风险控制要求。

（四）基金财产到达受托财产托管账户 25 个工作日内划入投资资产托管账户。向投资管理人分配职业年金基金财产，也可根据职业年金计划受托管理合同约定将基金财产投资于一个或者多个养老金产品。

（五）及时与托管人核对受托财产托管账户的会计核算信息和职业年金基金资产净值等数据。

（六）根据代理人的通知，向托管人发出职业年金收账指令、待遇支付指令及其他相关信息。

（七）建立职业年金计划投资风险控制及定期考核评估制度，严格控制投资风险。

（八）接受代理人查询，定期向代理人提交基金资产净值等数据信息以及职业年金计划受托管理报告。

（九）定期向有关监管部门提交职业年金基金受托管理报告，发生重大事件时及时向代理人和有关监管部门报告。

（十）根据合同约定监督职业年金基金管理情况。

（十一）按照国家规定保存职业年金基金受托管理业务活动记录、账册、报表和其他相关资料。

（十二）国家规定和合同约定的其他职责。

第十六条 受托人不得有下列行为：

（一）将职业年金基金财产混同于其固有财产或者他人财产。

（二）不公平对待职业年金基金财产与其管理的其他财产。

（三）不公平对待其管理的不同职业年金基金财产。

（四）不公平对待各投资管理人。

（五）侵占、挪用职业年金基金财产。

（六）利用所管理的职业年金基金财产为机关事业单位、受益人、代理人、受托人、托管人、投资管理人，或者其他自然人、法人以及其他组织谋取不正当利益。

（七）国家规定和合同约定禁止的其他行为。

第十七条　托管人应当履行下列职责：

（一）安全保管职业年金基金财产。

（二）以职业年金基金名义开设基金财产的资金账户和证券账户等。

（三）对所托管的不同职业年金基金财产分别设置账户，确保基金财产的完整和独立。

（四）根据受托人指令，向投资管理人划拨职业年金基金财产，或者将职业年金基金财产划拨给一个或者多个养老金产品。

（五）及时办理清算、交割事宜。

（六）负责职业年金计划和各投资组合的基金会计核算和估值，复核、审查和确认基金资产净值，并按期向受托人提交基金资产净值、基金估值等必要的信息。

（七）根据受托人指令，向受益人发放职业年金待遇。

（八）定期与受托人、投资管理人核对有关数据。

（九）按照规定监督投资管理人的投资运作，并定期向受托人报告投资监督情况。

（十）定期向受托人提交职业年金计划托管报告，定期向有关监管部门提交职业年金基金托管报告，发生重大事件时及时向受托人和有关监管部门报告。

（十一）按照国家规定保存职业年金基金托管业务活动记录、账册、报表和其他相关资料。

（十二）国家规定和合同约定的其他职责。

第十八条　托管人发现投资管理人依据交易程序尚未成立的投资指令违反法律、行政法规、其他有关规定或者合同约定的，应当拒绝执行，立即通知投资管理人，并及时向受托人和有关监管部门报告。

托管人发现投资管理人依据交易程序已经成立的投资指令违反法律、行政法规、其他有关规定或者合同约定的，应当立即通知投资管理人，并及时向受托人和有关监管部门报告。

第十九条　托管人不得有下列行为：

（一）将托管的职业年金基金财产与其固有财产混合管理。

（二）将托管的职业年金基金财产与托管的其他财产混合管理。

（三）将托管的不同职业年金计划、不同职业年金投资组合的职业年金基金财产混合管理。

（四）侵占、挪用托管的职业年金基金财产。

（五）利用所管理的职业年金基金财产为机关事业单位、受益人、代理人、受托人、托管人、投资管理人，或者其他自然人、法人以及其他组织谋取不正当利益。

（六）国家规定和合同约定禁止的其他行为。

第二十条　投资管理人应当履行下列职责：

（一）对职业年金基金财产进行投资。

（二）及时与托管人核对投资管理的职业年金基金会计核算和估值数据。

（三）建立职业年金基金投资管理风险准备金。

（四）建立投资组合风险控制及定期评估制度，严格控制组合投资风险。

（五）定期向受托人提交职业年金计划投资组合管理报告，定期向有关监管部门提交职业年金基金投资管理报告，发生重大事件时及时向受托人和有关监管部门报告。

（六）按照国家规定保存职业年金基金投资管理业务活动记录、账册、报表和其他相关资料。

（七）国家规定和合同约定的其他职责。

第二十一条　有下列情形之一的，投资管理人应当及时向受托人报告：

（一）职业年金基金单位净值大幅度波动的。

（二）可能使职业年金基金财产受到重大影响的有关事项。

（三）国家规定和合同约定的其他情形。

第二十二条　投资管理人不得有下列行为：

（一）将职业年金基金财产混同于其固有财产或者他人财产。

（二）不公平对待职业年金基金财产与其管理的其他财产。

（三）不公平对待其管理的不同职业年金基金财产。

（四）侵占、挪用职业年金基金财产。

（五）承诺、变相承诺保本或者保证收益。

（六）利用所管理的职业年金基金财产为机关事业单位、受益人、代理人、受托人、托管人、投资管理人，或者其他自然人、法人以及其他组织谋取不正当利益。

（七）国家规定和合同约定禁止的其他行为。

第二十三条　有下列情形之一的，受托人、托管人或者投资管理人职责终止：

（一）严重违反职业年金计划受托或委托管理合同。

（二）利用职业年金基金财产为其谋取不正当利益，或者为他人谋取不正当利益。

（三）依法解散、被依法撤销、被依法宣告破产或者被依法接管。

（四）被依法取消企业年金基金管理资格。

（五）代理人有证据认为更换受托人符合受益人利益，并经评选委员会批准。

（六）受托人有证据认为更换托管人或者投资管理人符合受益人利益。

（七）有关监管部门有充分理由和依据认为更换受托人、托管人或者投资管理人符合受益人利益。

（八）国家规定和合同约定的其他情形。

受托人职责终止的，评选委员会应当及时选定新的受托人；托管人或者投资管理人职责终止的，受托人应当及时选定新的托管人或者投资管理人。原受托人、托管人、投资管理人应当妥善保管职业年金基金相关资料，并在受托人、托管人或者投资管理人变更生效之日起35个工作日内办理完毕业务移交手续，新受托人、托管人、投资管理人应当及时接收并履行相应职责。

第三章　基金投资①

第二十四条　职业年金基金投资管理应当遵循谨慎、分散风险的原则，充分考虑职业年金基金财产的安全性、收益性和流动性，实行专业化管理。

第二十五条　职业年金基金财产限于境内投资，投资范围包括：银行存款，中央银行票据；国债，债券回购，信用等级在投资级以上的金融债、企业（公司）债、可转换债（含分离交易可转换债）、短期融资券和中期票据；商业银行理财产品，信托产品，基础设施债权投资计划，特定资产管理计划；证券投资基金，股票，股指期货，养老金产品等金融产品。

其中，投资商业银行理财产品、信托产品、基础设施债权投资计划、特定资产管理计划、股指期货及养老金产品，在国家有关部门另行规定之前，按照《关于扩大企业年金基金投资范围的通知》（人社部发〔2013〕23号）、《关于企业年金养老金产品有关问题的通知》（人社部发〔2013〕24号）等有关规定执行。

第二十六条　每个投资组合的职业年金基金财产应当由一个投资管理人管理，职业年金基金财产以投资组合为单位按照公允价值计算应当符合下列规定：

（一）投资银行活期存款、中央银行票据、一年期以内（含一年）的银行定期存款、债券回购、货币市场基金、货币型养老金产品的比例，合计不得低于投资组合委托投资资产净值的5%。清算备付金、证券清算款以及一级市场证券申购资金视为流动性资产。

（二）投资一年期以上的银行定期存款、协议存款、国债、金融债、企业（公司）债、可转换债（含分离交易可转换债）、短期融资券、中期票据、商业银行理财产品、信托产品、基础设施债权投资计划、特定资产管理计划、债券基金、固定收益型养老金产品、混合型养老金产品的比例，合计不得高于投资组合委托投资资产净值的135%。债券正回购的资金余额在每个交易日均不得高于投资组合基金资产净值的40%。

（三）投资股票、股票基金、混合基金、股票型养老金产品的比例，合计不得高于投资组合委托投资资产净值的30%。职业年金基金不得直接投资于权证，但因投资股票、分离交易可转换债等投资品种而衍生获得的权证，应当在权证上市交易之日起10个交易日内卖出。

（四）投资商业银行理财产品、信托产品、基础设施债权投资计划、特定资产管理计划，以及商业银行理财产品型、信托产品型、基础设施债权投资计划型、特定资产管理计划型养老金产品的比例，合计不得高于投资组合委托投资资产净值的30%。其中，投资信托产品以及信托产品型养老金产品的比例，合计不得高于投资组合委托投资资产净值的10%。

投资商业银行理财产品、信托产品、基础设施债权投资计划、特定资产管理计划或商业银行理财产品型、信托产品型、基础设施债权投资计划型、特定资产管理计划型养老金产品的专门投资组合，可以不受此30%和10%规定的限制。专门投资组合应当有80%以上的非现金资产投资于投资方向确定的内容。

第二十七条　单个投资组合的职业年金基金财产，按照公允价值计算应当符合下列规定：

（一）投资一家企业所发行的股票，单期发行的同一品种短期融资券、中期票据、金融债、企业（公司）债、可转换债（含分离交易可转换债），单只证券投资基金，分别不得超过上述证券发行量、该基金份额的5%，其中基金产品份额数以最近一次公告或者发行人正式说明为准，也不得超过该投资组合委托投资资产净值的10%。

（二）投资单期商业银行理财产品、信托产品、基础设施债权投资计划或者特定资产管理计划，分别不得超过该期商业银行理财产品、信托产品、基础设施债权投资计划或者特定资产管理计划资产管理规模的

---

① 本章部分内容已被2016年《人力资源社会保障部关于调整年金基金投资范围的通知》调整，故本章内容与上述规定不一致的，以上述通知中的内容为准。

20%。投资商业银行理财产品、信托产品、基础设施债权投资计划或者特定资产管理计划的专门投资组合，可以不受此规定的限制。

第二十八条 单个计划的职业年金基金财产按照公允价值计算应当符合下列规定：

（一）投资股票型养老金产品的比例，不得高于职业年金基金资产净值的30%。

（二）投资商业银行理财产品、信托产品、基础设施债权投资计划、特定资产管理计划和商业银行理财产品型、信托产品型、基础设施债权投资计划型、特定资产管理计划型养老金产品的专门投资组合，以及商业银行理财产品型、信托产品型、基础设施债权投资计划型、特定资产管理计划型养老金产品的比例，合计不得高于职业年金基金资产净值的30%。其中，投资信托产品、信托产品型养老金产品的专门投资组合，以及信托型养老金产品的比例，合计不得高于职业年金基金资产净值的10%。

第二十九条 投资管理人管理的职业年金基金财产投资于自己管理的金融产品须经受托人同意。

第三十条 因证券市场波动、上市公司合并、基金规模变动等投资管理人之外的因素致使职业年金基金投资不符合本办法第二十六条、第二十七条、第二十八条规定的比例或者合同约定的投资比例的，投资管理人应当在可上市交易之日起10个交易日内调整完毕。

第三十一条 根据金融市场变化和投资运作情况，有关监管部门适时对投资范围和比例进行调整。

第三十二条 除股指期货交易外，职业年金基金证券交易以现货和国家规定的其他方式进行。

职业年金基金不得用于向他人贷款和提供担保。

投资管理人不得从事使职业年金基金财产承担无限责任的投资。

第四章 收益分配及费用

第三十三条 代理人应当采用份额计量方式进行账户管理，根据职业年金基金单位净值，按月足额记入受益人职业年金账户。

第三十四条 受托人年度提取的管理费不高于受托管理职业年金基金资产净值的0.2%；托管人年度提取的管理费不高于托管职业年金基金资产净值的0.2%；投资管理人年度提取的管理费综合考虑投资收益等情况确定，不高于投资管理职业年金基金资产净值的1.2%。

根据职业年金基金管理情况，有关监管部门适时对管理费进行调整。

第三十五条 投资管理人从当期收取的管理费中，提取20%作为职业年金基金投资管理风险准备金，专项用于弥补合同到期时所管理投资组合的职业年金基金当期委托投资资产的投资亏损。余额达到投资管理人所管理投资组合基金资产净值的10%时可以不再提取。

当合同到期时，如所管理投资组合的职业年金基金资产净值低于当期委托投资资产，投资管理人应当用风险准备金弥补该时点的当期委托投资资产亏损，直至该投资组合风险准备金弥补完毕；如所管理投资组合的职业年金基金当期委托投资资产没有发生投资亏损或者风险准备金弥补后有剩余，风险准备金划归投资管理人所有。

职业年金基金投资管理风险准备金应当存放于投资管理人在托管人处开立的专用存款账户。托管人不得对风险准备金账户收取费用。风险准备金由投资管理人进行管理，可以投资于银行存款、国债等高流动性、低风险金融产品。风险准备金产生的投资收益，归入风险准备金。

第五章 计划管理及信息披露

第三十六条 发生下列情形之一的，职业年金计划变更：

（一）职业年金计划受托人、托管人或者投资管理人变更。

（二）职业年金计划受托或委托管理合同主要内容变更。

（三）国家规定的其他情形。

发生前款规定情形时，受托人应当将相关职业年金计划受托或委托管理合同重新报人力资源社会保障行政部门备案。

职业年金计划变更，原计划登记号不变。

第三十七条 职业年金计划终止时，代理人与受托人应当共同组织清算组对职业年金基金财产进行清算。清算费用可从职业年金基金财产中列支。

清算组由代理人、受托人、托管人、投资管理人以及由代理人与受托人共同聘请的会计师事务所、律师事务所等组成。

清算组应当自计划终止后3个月内完成清算工作，并向有关监管部门提交经会计师事务所审计以及律师事务所出具法律意见书的清算报告。

代理人与受托人、托管人、投资管理人应当继续履行管理职责至职业年金计划财产移交完成。

人力资源社会保障行政部门在接到清算报告后，应当注销该职业年金计划。

第三十八条 发生下列情形之一的，代理人与受托人应当共同聘请具有证券期货相关业务资格的会计师事务所对职业年金计划进行审计。审计费用可从职业年金基金财产中列支。

（一）职业年金计划连续运作满三个会计年度。

（二）职业年金计划受托人、托管人或者投资管理人职责终止。

（三）国家规定的其他情形。

代理人、受托人、托管人、投资管理人应当配合会计师事务所对职业年金计划进行审计。受托人应当自上述情况发生之日起的50个工作日内向有关监管部门提交审计报告。

第三十九条 代理人应当在年度结束后45个工作日内，向机关事业单位披露职业年金管理信息，向受益人提供职业年金个人账户权益信息。

代理人应当在季度结束后35个工作日内、年度结束后45个工作日内，向本级监管部门提交职业年金计划管理报告。

代理人应当在季度结束后15个工作日内、年度结束后25个工作日内，向有关监管部门提交职业年金基金账户管理报告。

第四十条 受托人应当在季度结束后25个工作日内、年度结束后35个工作日内，向代理人提交职业年金计划受托管理报告。

受托人应当在季度结束后15个工作日内、年度结束后25个工作日内，向有关监管部门提交职业年金基金受托管理报告。

第四十一条 托管人应当在季度结束后15个工作日内、年度结束后25个工作日内，向受托人提交职业年金计划托管报告。

托管人应当在季度结束后15个工作日内、年度结束后25个工作日内，向有关监管部门提交职业年金基金托管报告。

第四十二条 投资管理人应当在季度结束后15个工作日内、年度结束后25个工作日内，向受托人提交经托管人确认财务管理数据的职业年金计划投资组合管理报告。

投资管理人应当在季度结束后15个工作日内、年度结束后25个工作日内，向有关监管部门提交职业年金基金投资管理报告。

第四十三条 受托人、托管人和投资管理人发生下列情形之一的，应当及时向代理人和有关监管部门报告；托管人和投资管理人应当同时抄报受托人。

（一）减资、合并、分立、依法解散、被依法撤销、决定申请破产或者被申请破产的。

（二）涉及重大诉讼或者仲裁的。

（三）董事长、总经理或直接负责职业年金业务的高级管理人员发生变动的。

（四）国家规定的其他情形。

第四十四条 代理人、受托人、托管人和投资管理人应当按照规定报告职业年金基金管理情况，并对所报告内容的真实性、准确性、完整性负责。

第六章 监督检查

第四十五条 有关监管部门依法履行监督管理职责，可以采取以下措施：

（一）查询、记录、复制与被调查事项有关的职业年金计划受托和委托管理合同、财务会计报告等资料。

（二）询问与被调查事项有关的单位和个人，要求其对有关问题做出说明、提供有关证明材料。

（三）国家规定的其他措施。

机关事业单位、各级社会保险经办机构、受托人、托管人、投资管理人，以及归集账户开户银行和其他为职业年金基金管理提供服务的自然人、法人或者其他组织，应当积极配合检查，如实提供有关资料，不得拒绝、阻挠或者逃避检查，不得谎报、隐匿或者销毁相关材料。

第四十六条 有关监管部门依法进行调查或者检查时，应当至少由两人共同进行，出示证件，并承担下列义务：

（一）依法履行职责，秉公执法，不得利用职务之便谋取私利。

（二）保守在调查或者检查时知悉的商业秘密。

（三）为举报人保密。

第四十七条 各级社会保险经办机构、受托人、托管人、投资管理人以及归集账户开户银行违反本办法规定的，由有关监管部门责令改正。

第四十八条 受托人、托管人、投资管理人发生违法违规行为可能影响职业年金基金财产安全的，或者经责令改正而不改正的，由人力资源社会保障部暂停其接收新的职业年金基金管理业务。各级社会保险经办机构、受托人、托管人、投资管理人以及归集账户开户银行发生违法违规行为给职业年金基金财产或者受益人利益造成损害的，依法承担赔偿责任，其中各级社会保险经办机构的赔偿责任由同级财政承担；构成犯罪的，依法追究刑事责任。

第四十九条 有关监管部门将受托人、托管人、投资管理人以及归集账户开户银行违法违规行为、处理结果以及改正情况予以记录，同时抄送业务主管部门。

第五十条 各省、自治区、直辖市人力资源社会保障行政部门、财政部门对本地区职业年金基金管理情况进行监督，发现违法违规问题报人力资源社会保障部、财政部。

第五十一条　会计师事务所和律师事务所提供职业年金中介服务应当严格遵守法律法规和相关职业准则、行业规范。

第七章　附　　则

第五十二条　本办法由人力资源社会保障部、财政部解释。

第五十三条　本办法自印发之日起施行。

职业年金基金归集账户管理暂行办法

1. 2017年8月22日人力资源和社会保障部办公厅、财政部办公厅发布

2. 人社厅发〔2017〕110号

第一条　为规范职业年金基金归集账户的设立和管理，保障职业年金基金财产安全，根据《国务院办公厅关于印发机关事业单位职业年金办法的通知》(国办发〔2015〕18号)、《人力资源社会保障部　财政部关于印发职业年金基金管理暂行办法的通知》(人社部发〔2016〕92号)等有关规定，制定本办法。

第二条　职业年金基金归集财产托管账户(以下简称归集账户)是指归集账户托管银行(以下简称托管银行)受社会保险经办机构(以下简称社保经办机构)委托，以职业年金基金归集财产名义开立的、专门用于归集和划转职业年金基金财产的专用存款账户。归集账户应单独开设，不得与社会保险基金收入户、支出户、财政专户、税务机关征收社会保险费账户和各级社保经办机构单位账户等其他任何账户共用。

归集账户财产属于职业年金基金财产，独立于机关事业单位、各级社保经办机构和托管银行的固有财产及其管理的其他财产。机关事业单位、各级社保经办机构和托管银行，因机构调整、依法解散、被依法撤销或者被依法宣告破产等原因进行终止清算的，归集账户财产不属于其清算财产。若有关部门对归集账户进行冻结或扣划，托管银行有义务出示证据证明归集账户财产及其账户性质，各级社保经办机构应予以协助，保全归集账户财产安全。

第三条　归集账户的主要用途是：暂存单位和个人缴费收入、转移收入、利息收入以及其他收入，划转归集账户财产。

单位和个人缴费收入是指机关事业单位和个人依据有关规定分别缴纳的职业年金缴费。

转移收入是指参保对象跨统筹地区和跨不同养老保险制度流动而划入的职业年金基金收入。

利息收入是指职业年金基金在归集账户中取得的银行存款利息。

其他收入是指以上收入之外的归集账户收入。

划转归集账户财产是指省级以下归集账户向省级归集账户划转，中央及省级归集账户向职业年金基金受托财产托管账户划转，以及出现短溢缴等情况的资金划转。

除归集账户银行存款外，任何地区、部门、单位和个人不得动用归集账户财产进行任何形式的直接或间接投资。

第四条　各级社保经办机构应按照公开、公平、公正的原则，从具有企业年金基金托管资格或证券投资基金托管资格的银行中选择、更换托管银行。社保经办机构应与托管银行签订《××(地区名)职业年金基金归集账户托管协议》(以下简称《托管协议》，范本附后)。

第五条　各级社保经办机构应当履行下列职责：

(一)根据《托管协议》，委托托管银行开立归集账户。

(二)向托管银行发送参保单位缴费信息。

(三)向托管银行下达资金划款指令。

(四)核对收款信息，并完成账务处理。

(五)及时、准确记录参保单位和个人的缴费信息。

(六)安全保管相关业务活动记录、账册、报表和其他资料。

(七)国家规定和《托管协议》约定的其他职责。

第六条　托管银行应当履行下列职责：

(一)安全保管归集账户财产。

(二)根据《托管协议》，受社保经办机构委托，开立归集账户。

(三)接收职业年金缴费。

(四)执行社保经办机构下达的符合《托管协议》约定的划款指令，对不符合约定的划款指令，托管银行应拒绝执行，并及时向同级人力资源社会保障行政部门报告。

(五)向社保经办机构反馈收款、划款等信息。

(六)定期向社保经办机构提供归集账户余额及明细信息等。

(七)安全保管相关业务活动记录、账册、报表和其他资料。

(八)国家规定和《托管协议》约定的其他职责。

第七条　建立一个职业年金计划或建立多个职业年金计划、实行统一收益率的，各级社保经办机构委托托管银行分别开立一个归集账户，账户名称为“××(托管银行简称）××（地区名）职业年金基金归集财产”。

建立多个职业年金计划并按计划估值、不实行统一收益率的，各级社保经办机构委托托管银行按计划分别开立一个归集账户，账户名称为“××（托管银行简称）××（地区名）××计划职业年金基金归集财产”。

第八条 托管银行开立归集账户，应按照相关要求齐备下列文件：

（一）托管银行营业执照正本。

（二）托管银行基本存款账户开户许可证。

（三）托管银行“企业年金基金管理机构”或“证券投资基金管理机构”资格的证明文件。

（四）社保经办机构与托管银行签订的《托管协议》。

（五）社保经办机构委托托管银行开立职业年金基金归集账户的委托书。

第九条 归集账户名称等发生变化时，托管银行应根据社保经办机构委托，及时办理归集账户的变更和撤销。

第十条 中央国家机关养老保险管理中心选择或更换托管银行时，应将《托管协议》报人力资源社会保障部和财政部备案。

省级及省级以下社保经办机构选择或更换托管银行时，应将《托管协议》报同级人力资源社会保障行政部门和财政部门备案，同时抄报省级人力资源社会保障行政部门和财政部门。

第十一条 代理人每月按照受托管理合同约定，向托管银行下达指令，将账实匹配一致后的职业年金基金财产全额划入职业年金基金受托财产托管账户，匹配不一致的职业年金缴费原路径全额退回至参保单位。

省级以下社保经办机构应按月向托管银行下达指令，将账实匹配一致后的职业年金基金财产全额划入省级归集账户，匹配不一致的职业年金缴费原路径全额退回至参保单位。

各级归集账户不得发生与职业年金基金归集无关的其他支付业务，不得支取现金，不得购买和使用支票、汇票、本票等转账凭证。

第十二条 归集账户利息收入作为职业年金基金财产投资收益，每季度结息后划转。中央及省级归集账户利息，直接划入职业年金基金受托财产托管账户。省级以下归集账户利息，先划入省级归集账户，再划入职业年金基金受托财产托管账户。

第十三条 各级社保经办机构与托管银行应建立核对机制，按照《托管协议》约定，履行各自职责，确保归集账户记录完整、及时、准确。

第十四条 各级社保经办机构与托管银行应加强信息化建设，运用技术手段，提升管理效率。

第十五条 各级社保经办机构与托管银行应严格按照本办法规定管理归集账户，建立健全内部管理制度，接受相关部门的监督检查。未按照本办法开立归集账户的社保经办机构，应在2017年底前按本办法进行规范，并将已归集的职业年金基金财产转入归集账户。

人力资源社会保障行政部门和财政部门负责对归集账户的使用和管理情况进行监督检查，发现问题及时纠正，同时向上级人力资源社会保障行政部门和财政部门报告。

第十六条 本办法自印发之日起执行。

附件：职业年金基金归集账户托管协议（范本）（略）

关于军人职业年金转移接续有关问题的通知

1. *2015年9月30日人力资源和社会保障部、财政部、总参谋部、总政治部、总后勤部发布*
2. *后财〔2015〕1727号*
3. *自2014年10月1日起施行*

各省、自治区、直辖市人民政府，新疆生产建设兵团，各军区、各军兵种、总装备部、军事科学院、国防大学、国防科学技术大学、武警部队：

为了贯彻实施《中华人民共和国军人保险法》《国务院关于机关事业单位工作人员养老保险制度改革的决定》（国发〔2015〕2号）和《国务院办公厅关于印发机关事业单位职业年金办法的通知》（国办发〔2015〕18号），建立多层次养老保险体系，维护军人养老保险权益，经国务院、中央军委批准，现就军人职业年金转移接续有关问题通知如下：

一、军人退出现役参加基本养老保险的，国家给予军人职业年金补助。军人服现役期间单位和个人应当缴纳的职业年金费用由中央财政承担，所需经费由总后勤部列年度军费预算安排。

二、军队各级后勤（联勤、保障）机关财务部门（以下简称财务部门），负责军人职业年金补助的计算、审核、划转工作。

各级人民政府人力资源社会保障部门负责军人职业年金补助的接收工作。各级人民政府财政部门按职责做好军人职业年金转移接续的相关工作。

三、军人职业年金补助由军人所在单位财务部门在军人退出现役时一次算清记实。军人职业年金补助的计算办法为:军官、文职干部和士官,按本通知施行后服现役期间各年度月缴费工资12%的总和计算;义务兵和供给制学员,按本人退出现役时当年下士月缴费工资起点标准的12%乘以本通知施行后服现役月数计算。其中,8%作为单位缴费,4%作为个人缴费。

根据国家相关政策,军队适时调整军人职业年金单位和个人缴费的比例。

四、军人职业年金补助的月缴费工资,军官、文职干部和士官为本人月工资数额乘以养老保险缴费工资调整系数;义务兵和供给制学员为本人退出现役时当年下士月工资起点标准乘以养老保险缴费工资调整系数。养老保险缴费工资调整系数确定为1.136。

计算军人职业年金补助的月工资项目包括:基本工资、军人职业津贴、工作性津贴、生活性补贴、艰苦边远地区津贴、驻西藏部队特殊津贴、高山海岛津贴、地区附加津贴和奖励工资。

五、军人职业年金补助资金按照国家规定的利率计息,在军人退出现役时一次算清记实。

六、计划分配到机关事业单位工作的军队转业干部和退役士兵,由军人所在单位财务部门依据军人退役命令,安置地军队转业干部安置工作部门或者退役士兵安置工作主管部门的报到通知,以及军队团级以上单位司令机关军务部门或者政治机关干部部门的审核认定意见,开具《军人职业年金缴费凭证》(见附件1),将军人职业年金补助资金通过银行汇至退役军人安置地负责机关事业单位养老保险的县级以上社会保险经办机构职业年金银行账户,并将《军人职业年金缴费凭证》和银行受理回执一并交给本人。军人所在单位财务部门同时向退役军人安置地负责机关事业单位养老保险的县级以上社会保险经办机构邮寄《军人职业年金缴费凭证》。军人退出现役到接收安置单位报到后,将《军人职业年金缴费凭证》和银行受理回执交给接收安置单位,由接收安置单位负责办理军人职业年金转移接续手续。

县级以上社会保险经办机构应将经办机关事业单位养老保险的社会保险经办机构的通信地址、职业年金银行账户信息等,上报人力资源社会保障部,并及时报告信息变更情况。人力资源社会保障部社会保险事业管理中心与总后勤部军人保险基金管理中心建立社会保险经办机构信息交换机制;总后勤部军人保险基金管理中心负责将相关信息分发军队各级财务部门。

七、计划分配到企业工作的军队转业干部和军队复员干部,以及由人民政府安排到企业工作和自主就业的退役士兵,由军人所在单位财务部门依据军人退役命令、安置地军队转业干部安置工作部门的报到通知,开具《军人职业年金缴费凭证》,将军人职业年金补助资金交给本人。

军人退出现役后,用人单位建立企业年金的,本人应将《军人职业年金缴费凭证》和军人职业年金补助资金交给用人单位,由用人单位负责办理相关转移接续手续。

八、军人入伍前已经参加机关事业单位职业年金或者企业年金的,其个人账户资金不转移到军队,由原年金管理机构继续管理运营。军人退出现役后参加机关事业单位职业年金或者企业年金的,按照国家规定办理原职业年金或者企业年金个人账户的转移接续手续。

九、军官、文职干部退出现役自主择业,由安置地政府逐月发给退役金,退出现役时不给予军人职业年金补助。

自主择业的军队转业干部被党和国家机关、人民团体或者财政拨款的事业单位选用为正式工作人员的,从下月起停发退役金,按照国家规定参加机关事业单位养老保险。本通知施行后在军队服现役期间的职业年金补助,由军队转业干部安置工作部门根据《军队自主择业转业干部缴费工资基数表》(见后财〔2015〕1726号《关于军人退役基本养老保险关系转移接续有关问题的通知》),以其在军队服现役期间各年度月缴费工资之和为基数,通过退役金拨付渠道申请12%的职业年金补助,拨付至其单位所在地社会保险经办机构。所需经费由中央财政解决。

十、军人退出现役采取退休方式安置的,实行退休金保障制度,退出现役时不给予军人职业年金补助。

一至四级残疾军人退出现役采取国家供养方式安置的,其生活保障按照国家规定执行,退出现役时不给予军人职业年金补助。

军人退出现役采取退休、供养方式安置,入伍前已参加机关事业单位职业年金或者企业年金的,达到法定退休年龄时,经本人申请,由原参保地社会保险经办机构依据军人所在团级以上单位出具的《军人退休(供养)证明》(见附件2),按照有关规定支付年金待遇。

十一、军人服现役期间死亡的,由所在单位财务部门将其本通知施行后服现役期间应当计算的军人职业年金补助及利息一次算清,发给其合法继承人。

十二、军人退出现役后达到国家规定的退休条件并依法办理退休手续后,按照国家规定参加职业年金或者企业年金的可享受相应的待遇。

十三、军人所在单位财务部门在开具转移凭证时,军人服现役期间的行政区划代码统一填写为"910000"，转入地社会保险经办机构据此做好人员身份标识。

十四、中国人民武装警察职业年金转移接续有关问题执行本通知。

十五、本通知自2014年10月1日起施行。

十六、本通知由人力资源社会保障部、总后勤部负责解释。

附件：1. 军人职业年金缴费凭证（略）

2. 军人退休（供养）证明（略）

人力资源社会保障部办公厅关于职业年金计划备案和编码规则等有关问题的通知

1. 2016年10月31日

2. 人社厅发〔2016〕168号

各省、自治区、直辖市及新疆生产建设兵团人力资源社会保障厅（局），各职业年金基金管理机构：

为贯彻落实《国务院关于机关事业单位工作人员养老保险制度改革的决定》（国发〔2015〕2号）、《国务院办公厅关于印发机关事业单位职业年金办法的通知》（国办发〔2015〕18号）、《人力资源社会保障部 财政部关于印发职业年金基金管理暂行办法的通知》（人社部发〔2016〕92号），规范职业年金计划管理，现就职业年金计划备案和编码规则等有关问题通知如下：

一、职业年金计划备案

（一）备案地及备案材料

职业年金计划备案地为人力资源社会保障行政部门，其中，中央国家机关事业单位职业年金计划备案地为人力资源社会保障部社会保险基金监管局，各省、自治区、直辖市职业年金计划备案地为所在省、自治区、直辖市人力资源社会保障行政部门社会保险基金监管机构。

职业年金计划备案材料主要包括：

1. 职业年金计划备案申请函。受托人或代理人根据不同申请类型按要求报送相应备案申请函。

2. 职业年金计划管理合同。包括受托人与代理人签订的受托管理合同、受托人与托管人及投资管理人签订的委托管理合同、根据人力资源社会保障行政部门审核意见签订的补充协议的正本、电子文本（含合同正文word版及合同原件pdf扫描版）等材料。受托人兼任投资管理人的，有关委托管理合同的内容可包括在受托管理合同中。

3. 合同条款差异说明。指不同于《职业年金计划合同指引》条款的内容说明。

4. 相关授权文件。职业年金基金管理机构的省级分行或省级分公司签订职业年金计划管理合同的，要报送该管理机构同意其开展年金业务的授权文件；合同签署人与管理机构法定代表人不一致的，要报送法定代表人签署的有效授权书；其他需要授权情况的授权文件。

5. 其他相关材料。

（二）职业年金计划建立备案

新建职业年金计划并确定计划管理人后，由受托人向相关人力资源社会保障行政部门报送备案申请函（参见附件1）、管理合同等相关材料，履行备案程序。人力资源社会保障行政部门应及时审核，反馈审核意见，并于收到符合规定的备案材料之日起15个工作日内出具计划确认函（参见附件2）。

（三）职业年金计划变更备案

1. 计划管理人变更

职业年金计划受托人变更，或受托人与其他管理人同时变更的，由新任受托人向相关人力资源社会保障行政部门报送备案申请函（参见附件3）、管理合同等相关材料，履行备案程序。人力资源社会保障行政部门应及时审核，反馈审核意见，并于收到符合规定的备案材料之日起15个工作日内出具确认函（参见附件4）。

职业年金计划受托人不变，托管人或投资管理人变更的，由受托人向相关人力资源社会保障行政部门报送备案申请函（参见附件5）、管理合同等相关材料，履行备案程序。人力资源社会保障行政部门应及时审核，反馈审核意见，并于收到符合规定的备案材料之日起15个工作日内出具确认函（参见附件6）。

2. 合同主要内容变更

职业年金计划管理合同主要内容变更是指在合同有效期内，出现证券投资组合增减、管理费率调整、计划名称变更等合同主要条款变更的情况。由受托人向相关人力资源社会保障行政部门报送备案申请函（参见附件7，以新增证券投资组合为例）、管理合同、变更差异说明等相关材料，履行备案程序。人力资源社会保障行政部门应及时审核，反馈审核意见，根据不同情况于收到符合规定的备案材料之日起15个工作日内出具确认函（参见附件8，以新增证券投资组合为例）。

（四）职业年金计划合同到期顺延或续签备案

职业年金计划管理合同到期顺延或续签的，受托人应及时到相关人力资源社会保障行政部门履行备案程序。

原有管理合同到期,管理人及合同条款均无变更的,受托人应将备案申请函(参见附件9)报送相关人力资源社会保障行政部门,人力资源社会保障行政部门于收到符合规定的备案材料之日起15个工作日内出具确认函(参见附件10)。

原有管理合同到期,管理人不变更,但合同条款有变更的,受托人应将备案申请函(参见附件11)、管理合同或有关变更条款的说明等相关材料报送人力资源社会保障行政部门。人力资源社会保障行政部门应及时审核,反馈审核意见,并于收到符合规定的备案材料之日起15个工作日内出具确认函(参见附件12)。

(五)职业年金计划终止备案

职业年金计划终止并完成清算工作后,职业年金计划代理人代表清算组向人力资源社会保障行政部门报送备案申请函(参见附件13)等相关材料,履行备案程序。人力资源社会保障行政部门审核后,出具计划注销确认函(参见附件14)。

二、职业年金编码规则

(一)计划名称

职业年金计划名称由职业年金计划代理人负责编制。

职业年金计划名称编制方法为"XX+序列号+职业年金计划"。其中:XX为"在京中央国家机关及所属事业单位"或"X省(自治区、直辖市)";序列号为大写数字(壹、贰、叁……),根据职业年金计划管理合同报备的顺序确定。

职业年金计划名称不能随意变更,不得重复使用,已终止运作的职业年金计划名称不再使用。

(二)计划登记号

职业年金计划登记号由人力资源社会保障行政部门负责编制。

职业年金计划登记号为12位代码,编制方法为"备案地代码+ZY+4位数年份+2位序列号"。备案地代码参照《职业年金基金数据交换规范》中的备案地代码执行(见附件15)。

职业年金计划登记号不能随意变更,不得重复使用,已注销的职业年金计划登记号不再使用。

(三)投资组合代码

职业年金基金管理机构在取得计划确认函且开始正式投资运作之前,应编制投资组合代码。投资管理人负责编制投资组合代码,受托人负责编制受托直投养老金产品组合代码。

投资组合代码长度为8位,投资管理人投资组合代码编制方法为"3位投资管理人机构代码+Z+4位序列号",受托人直投养老金产品组合代码编制方法为"3位受托人机构代码+Z+4位序列号"。投资管理人、受托人机构代码参照《职业年金基金数据交换规范》中年金基金管理机构代码执行(见附件16)。

投资管理人和受托人应保证其负责编制的投资组合代码的唯一性,已终止运作的投资组合代码不再使用。

(四)统一计划名称及代码

一个地区建立多个职业年金计划且实行统一收益率的,统一计划名称为"在京中央国家机关及所属事业单位职业年金统一计划"或"XX省(自治区、直辖市)职业年金统一计划",统一计划代码长度为8位,由代理人按照"备案地代码+ZY+00"规则记录。

三、有关要求

人力资源社会保障行政部门要认真履行监管职责,切实做好职业年金计划备案审核工作,按规定编制职业年金计划登记号,建立备案审核台账,加强档案管理,监督职业年金计划建立和合同履行情况,指导职业年金计划规范管理。

中央国家机关养老保险管理中心及各省、自治区、直辖市社会保险经办机构要认真履行职业年金计划代理人职责,依规建立职业年金计划,做好职业年金计划名称编制和与职业年金计划备案有关的各项工作,推动职业年金计划备案管理规范化、制度化。

受托人要按规定认真做好职业年金计划备案申请工作,加强对职业年金计划的管理和对其他管理人的监督,做好管理人变更时的衔接和合同到期顺延或续签等工作,按规定编制受托人直投养老金产品组合代码。托管人在职业年金财产移交过程中要严格按照规定和受托人指令要求,做好职业年金基金财产保管和移交工作,切实维护职业年金基金财产安全。投资管理人要按规定编制投资管理人投资组合代码,建立和加强投资风险控制机制,切实防范职业年金基金财产移交风险。

附件:(略)

三、医疗保险

资料补充栏

1. 职工基本医疗保险

国务院关于建立城镇职工基本医疗保险制度的决定

1. *1998年12月14日*
2. *国发〔1998〕44号*

各省、自治区、直辖市人民政府,国务院各部委、各直属机构:

加快医疗保险制度改革,保障职工基本医疗,是建立社会主义市场经济体制的客观要求和重要保障。在认真总结近年来各地医疗保险制度改革试点经验的基础上,国务院决定,在全国范围内进行城镇职工医疗保险制度改革。

一、改革的任务和原则

医疗保险制度改革的主要任务是建立城镇职工基本医疗保险制度,即适应社会主义市场经济体制,根据财政、企业和个人的承受能力,建立保障职工基本医疗需求的社会医疗保险制度。

建立城镇职工基本医疗保险制度的原则是:基本医疗保险的水平要与社会主义初级阶段生产力发展水平相适应;城镇所有用人单位及其职工都要参加基本医疗保险,实行属地管理;基本医疗保险费由用人单位和职工双方共同负担;基本医疗保险基金实行社会统筹和个人帐户相结合。

二、覆盖范围和缴费办法

城镇所有用人单位,包括企业(国有企业、集体企业、外商投资企业、私营企业等)、机关、事业单位、社会团体、民办非企业单位及其职工,都要参加基本医疗保险。乡镇企业及其职工、城镇个体经济组织业主及其从业人员是否参加基本医疗保险,由各省、自治区、直辖市人民政府决定。

基本医疗保险原则上以地级以上行政区(包括地、市、州、盟)为统筹单位,也可以县(市)为统筹单位,北京、天津、上海3个直辖市原则上在全市范围内实行统筹(以下简称统筹地区)。所有用人单位及其职工都要按照属地管理原则参加所在统筹地区的基本医疗保险,执行统一政策,实行基本医疗保险基金的统一筹集、使用和管理。铁路、电力、远洋运输等跨地区、生产流动性较大的企业及其职工,可以相对集中的方式异地参加统筹地区的基本医疗保险。

基本医疗保险费由用人单位和职工共同缴纳。用人单位缴费率应控制在职工工资总额的6%左右,职工缴费率一般为本人工资收入的2%。随着经济发展,用人单位和职工缴费率可作相应调整。

三、建立基本医疗保险统筹基金和个人账户

要建立基本医疗保险统筹基金和个人账户。基本医疗保险基金由统筹基金和个人账户构成。职工个人缴纳的基本医疗保险费,全部计入个人账户。用人单位缴纳的基本医疗保险费分为两部分,一部分用于建立统筹基金,一部分划入个人账户。划入个人账户的比例一般为用人单位缴费的30%左右,具体比例由统筹地区根据个人账户的支付范围和职工年龄等因素确定。

统筹基金和个人账户要划定各自的支付范围,分别核算,不得互相挤占。要确定统筹基金的起付标准和最高支付限额,起付标准原则上控制在当地职工年平均工资的10%左右,最高支付限额原则上控制在当地职工年平均工资的4倍左右。起付标准以下的医疗费用,从个人账户中支付或由个人自付。起付标准以上、最高支付限额以下的医疗费用,主要从统筹基金中支付,个人也要负担一定比例。超过最高支付限额的医疗费用,可以通过商业医疗保险等途径解决。统筹基金的具体起付标准、最高支付限额以及在起付标准以上和最高支付限额以下医疗费用的个人负担比例,由统筹地区根据以收定支、收支平衡的原则确定。

四、健全基本医疗保险基金的管理和监督机制

基本医疗保险基金纳入财政专户管理,专款专用,不得挤占挪用。

社会保险经办机构负责基本医疗保险基金的筹集、管理和支付,并要建立健全预决算制度、财务会计制度和内部审计制度。社会保险经办机构的事业经费不得从基金中提取,由各级财政预算解决。

基本医疗保险基金的银行计息办法:当年筹集的部分,按活期存款利率计息;上年结转的基金本息,按3个月期整存整取银行存款利率计息;存入社会保障财政专户的沉淀资金,比照3年期零存整取储蓄存款利率计息,并不低于该档次利率水平。个人账户的本金和利息归个人所有,可以结转使用和继承。

各级劳动保障和财政部门,要加强对基本医疗保险基金的监督管理。审计部门要定期对社会保险经办机构的基金收支情况和管理情况进行审计。统筹地区应设立由政府有关部门代表、用人单位代表、医疗机构代表、工会代表和有关专家参加的医疗保险基金监督组织,加强对基本医疗保险基金的社会监督。

五、加强医疗服务管理

要确定基本医疗保险的服务范围和标准。劳动保障部会同卫生部、财政部等有关部门制定基本医疗服务的范围、标准和医药费用结算办法，制定国家基本医疗保险药品目录、诊疗项目、医疗服务设施标准及相应的管理办法。各省、自治区、直辖市劳动保障行政管理部门根据国家规定，会同有关部门制定本地区相应的实施标准和办法。

基本医疗保险实行定点医疗机构（包括中医医院）和定点药店管理。劳动保障部会同卫生部、财政部等有关部门制定定点医疗机构和定点药店的资格审定办法。社会保险经办机构要根据中西医并举，基层、专科和综合医疗机构兼顾，方便职工就医的原则，负责确定定点医疗机构和定点药店，并同定点医疗机构和定点药店签订合同，明确各自的责任、权利和义务。在确定定点医疗机构和定点药店时，要引进竞争机制，职工可选择若干定点医疗机构就医、购药，也可持处方在若干定点药店购药。国家药品监督管理局会同有关部门制定定点药店购药药事事故处理办法。

各地要认真贯彻《中共中央、国务院关于卫生改革与发展的决定》（中发〔1997〕3号）精神，积极推进医药卫生体制改革，以较少的经费投入，使人民群众得到良好的医疗服务，促进医药卫生事业的健康发展。要建立医药分开核算、分别管理的制度，形成医疗服务和药品流通的竞争机制，合理控制医药费用水平；要加强医疗机构和药店的内部管理，规范医药服务行为，减员增效，降低医药成本；要理顺医疗服务价格，在实行医药分开核算、分别管理，降低药品收入占医疗总收入比重的基础上，合理提高医疗技术劳务价格；要加强业务技术培训和职业道德教育，提高医药服务人员的素质和服务质量；要合理调整医疗机构布局，优化医疗卫生资源配置，积极发展社区卫生服务，将社区卫生服务中的基本医疗服务项目纳入基本医疗保险范围。卫生部会同有关部门制定医疗机构改革方案和发展社区卫生服务的有关政策。国家经贸委等部门要认真配合做好药品流通体制改革工作。

六、妥善解决有关人员的医疗待遇

离休人员、老红军的医疗待遇不变，医疗费用按原资金渠道解决，支付确有困难的，由同级人民政府帮助解决。离休人员、老红军的医疗管理办法由省、自治区、直辖市人民政府制定。

二等乙级以上革命伤残军人的医疗待遇不变，医疗费用按原资金渠道解决，由社会保险经办机构单独列账管理。医疗费支付不足部分，由当地人民政府帮助解决。

退休人员参加基本医疗保险，个人不缴纳基本医疗保险费。对退休人员个人账户的计入金额和个人负担医疗费的比例给予适当照顾。

国家公务员在参加基本医疗保险的基础上，享受医疗补助政策。具体办法另行制定。

为了不降低一些特定行业职工现有的医疗消费水平，在参加基本医疗保险的基础上，作为过渡措施，允许建立企业补充医疗保险。企业补充医疗保险费在工资总额4%以内的部分，从职工福利费中列支，福利费不足列支的部分，经同级财政部门核准后列入成本。

国有企业下岗职工的基本医疗保险费，包括单位缴费和个人缴费，均由再就业服务中心按照当地上年度职工平均工资的60%为基数缴纳。

七、加强组织领导

医疗保险制度改革政策性强，涉及广大职工的切身利益，关系到国民经济发展和社会稳定。各级人民政府要切实加强领导，统一思想，提高认识，做好宣传工作和政治思想工作，使广大职工和社会各方面都积极支持和参与这项改革。各地要按照建立城镇职工基本医疗保险制度的任务、原则和要求，结合本地实际，精心组织实施，保证新旧制度的平稳过渡。

建立城镇职工基本医疗保险制度工作从1999年初开始启动，1999年底基本完成。各省、自治区、直辖市人民政府要按照本决定的要求，制定医疗保险制度改革的总体规划，报劳动保障部备案。统筹地区要根据规划要求，制定基本医疗保险实施方案，报省、自治区、直辖市人民政府审批后执行。

劳动保障部要加强对建立城镇职工基本医疗保险制度工作的指导和检查，及时研究解决工作中出现的问题。财政、卫生、药品监督管理等有关部门要积极参与，密切配合，共同努力，确保城镇职工基本医疗保险制度改革工作的顺利进行。

城镇职工基本医疗保险业务管理规定

1. 2000年1月5日劳动和社会保障部发布
2. 劳社部函〔2000〕4号

为规范全国基本医疗保险业务管理工作，根据《国务院关于建立城镇职工基本医疗保险制度的决定》（国发〔1998〕44号）和其他有关规定，制定本规定。

一、登记与缴费核定

（一）受理缴费单位（或个人）填报的社会保险登

记表及其所提供的证件和资料，并在自受理之日起的10个工作日内审核完毕。对符合规定者予以登记，并发给社会保险登记证。负责办理社会保险登记的变更、注销事宜。

（二）建立和调整统筹地区内缴费单位和个人参加城镇职工基本医疗保险的基础档案资料（缴费单位与缴费个人的基础档案资料主要项目见附件2与附件3）。

（三）根据上年度基本医疗保险缴费情况，以及统筹基金和个人帐户的支出情况，本着收支平衡的原则，制定本年度的基本医疗保险费征集计划。

（四）对缴费单位送达的申报表、代扣代缴明细表及其他有关资料进行审核，认真核定参保人数和缴费单位与个人的缴费工资基数、缴费金额等项目。向用人单位发放缴费核定通知单。

（五）对于按规定应参加而未参加基本医疗保险的单位（或个人），要及时发放《办理社会保险手续通知单》，督促其尽快补办参保手续。

（六）按规定为在统筹地区内流动的参保人员核转基本医疗保险关系。对跨统筹地区流动的，除按规定核转其基本医疗保险关系外，还应通知费用记录处理和待遇支付环节，对个人帐户进行结算，为其转移个人帐户余额，并出具转移情况表。

（七）定期稽核基本医疗保险缴费单位的职工人数、工资基数和财务状况，以确认其是否依法足额缴纳基本医疗保险费。

（八）由税务机关征收基本医疗保险费的地区，社会保险经办机构要逐月向税务机关提供缴费单位（或个人）的基本医疗保险登记情况及缴费核定情况。

二、费用征集

（一）根据基本医疗保险缴费单位和个人的基础档案资料，确认缴费单位（或个人）的开户银行、户名、帐号、基本医疗保险主管负责人及专管员的姓名、联系电话等情况，并与缴费单位建立固定业务联系。

（二）依据核定的基本医疗保险费数额，开具委托收款及其他结算凭证，通过基本医疗保险基金收入户征集基本医疗保险费，或者由社会保险经办机构直接征集。

（三）以支票或现金形式征集基本医疗保险费时，必须开具“社会保险费收款收据”。

（四）及时整理汇总基本医疗保险费收缴情况，对已办理申报手续但未及时、足额缴纳基本医疗保险费的单位（或个人），经办机构要及时向其发出《社会保险费催缴通知书》；对拒不执行者，将有关情况及时上报劳动保障行政部门，由其下达《劳动保障限期改正指令书》；逾期不缴纳者，除责其补缴欠缴数额外，从欠缴之日起，按日加收2‰的滞纳金。

（五）保费征集情况要及时通知待遇审核和费用记录处理环节。对欠缴基本医疗保险费的单位（或个人），从次月起暂停其享受社会统筹基金支付的待遇；欠缴期内暂停记载个人帐户资金，不计算参保人员缴费年限，待补齐欠费和滞纳金后，方可恢复其待遇享受资格，补记个人帐户。

（六）定期汇总、分析、上报基本医疗保险费征缴情况，提出加强基本医疗保险费征集工作的意见和建议。

三、费用记录处理

（一）根据缴费单位和个人的基础档案资料，及时建立基础档案库及个人帐户。

（二）根据费用征集环节提供的数据，对单位和个人的缴费情况进行记录，及时建立并记录个人帐户（个人帐户主要记录项目见附件4）。个人缴纳的保险费计入个人帐户；单位缴纳的保险费按规定分别计入个人帐户和统筹基金。根据待遇支付环节提供的数据，对个人帐户及统筹基金的支出情况进行记录，以反映个人帐户和统筹基金的动态变更情况。

（三）由税务机关征收基本医疗保险费的地区，社会保险经办机构要根据税务机关提供的缴费单位（或个人）的缴费情况对个人帐户进行记录，同时将有关情况汇总，报劳动保障行政部门。

（四）按有关规定计算并登记缴费个人的个人帐户本息和缴费年限。

（五）负责向缴费单位和个人提供缴费情况及个人帐户记录情况的查询服务。对缴费记录中出现的差错，要及时向相关业务管理环节核实后予以纠正。

（六）根据登记与缴费核定环节提供的缴费单位和个人的变动情况，随时向登记与缴费核定环节及待遇支付环节提供变动单位和个人的基础资料及个人帐户的相关情况。

（七）对缴费单位、定点医疗机构、定点零售药店等报送的基本医疗保险统计报表，定期进行统计汇总与分析。按规定及时向上级社会保险经办机构报送。

（八）缴费年度初应向社会公布上一年度参保单位的缴费情况；每年至少向缴费单位或个人发送一次个人帐户通知单，内容包括个人帐户的划入、支出及结存等情况；每半年应向社会公布一次保险费征收情况和统筹基金支出情况，以接受社会监督。

四、待遇审核

（一）按照有关规定确定定点医疗机构和定点零售药店，并与之签订服务协议，发放定点标牌。

（二）向缴费单位和个人发放定点医疗机构选择登记表，并组织、指导其填报。根据参保人员的选择意向、定点医疗机构的服务能力及区域分布，进行统筹规划，为参保人员确定定点医疗机构。

（三）指导缴费单位的基本医疗保险专管员（或缴费个人）填写基本医疗保险待遇审批表，按规定进行审核，并向参保人员发放基本医疗保险证（卡），同时将相关信息及时提供给定点医疗机构和定点零售药店。

（四）及时掌握参保人员的缴费情况及医疗保险费用支出的相关信息。对欠缴基本医疗保险费的单位（或个人），从次月起暂停由社会统筹基金向参保人员支付待遇。

（五）接受定点医疗机构、定点零售药店的费用申报以及参保人员因急诊、经批准的转诊转院等特殊情况而发生的费用申报，按有关规定进行审核。核准后向待遇支付环节传送核准通知，对未被核准者发送拒付通知。

（六）负责建立参保人员的基本医疗保险档案，主要包括就医记录、个人帐户及统筹基金的使用情况等。

（七）按照有关政策规定，负责定期审核、调整参保人员所应享受的保险待遇。

（八）按照有关法规和协议，对定点医疗机构和定点零售药店进行监督检查，对查出的问题及时处理。

五、待遇支付

（一）确认缴费单位或个人享受基本医疗保险待遇的资料，编制人员名册与台帐或数据库。

（二）根据有关规定，研究确定基本医疗保险待遇的支付方式以及与定点医疗机构、定点零售药店的结算方式和结算时间。

（三）根据待遇审核环节提供的核准通知及申报资料，按协议规定的时间与定点医疗机构和定点零售药店进行结算，及时拨付结算款。

根据有关规定，核退个人垫付的应由基本医疗保险统筹基金支付的款项；为跨统筹地区流动的参保人员转移个人帐户余额；向参保人员继承人支付个人帐户结余款。

（四）对个人帐户和统筹基金的支出情况及时进行登记，并将有关支出数据提供给费用记录处理环节。

（五）与银行、缴费单位、定点医疗机构和定点零售药店等建立经常性的业务联系，以便于相互协调配合。

六、基金会计核算与财务管理

（一）根据国家有关规定，在国有商业银行设立基金收入户和支出户。收入户只能向财政专户划转基金，不得发生其他支付业务；支出户只接受财政专户拨付的基金及该帐户的利息收入，不得发生其他收入业务。

（二）根据审核后的原始凭证及时编制基本医疗保险费收入和支出记帐凭证，同时按规定对基本医疗保险费的实际收支进行审核。

（三）根据原始凭证、汇总凭证或记帐凭证，登记基本医疗保险明细分类帐或现金日记帐、收入户存款日记帐、支出户存款日记帐、财政专户存款日记帐。定期汇总记帐凭证，填制记帐凭证科目汇总表，试算平衡后登记总帐，并将明细帐金额分别与总帐进行核对，无误后进行结帐。

（四）每月与开户银行对帐，确保帐帐、帐款相符；编制银行存款余额调节表，及时调整未达帐项；对因银行退票等原因造成的保险费欠收，要及时通知费用征集环节，查明原因、采取措施，确保保险费收缴到位。按照有关规定，与财政部门（税务部门）定期对帐。

（五）按期计算、提取保险费用，并编制凭证。保险基金当年入不敷出时，按《社会保险基金财务制度》有关条款的规定执行。

（六）根据保险基金的实际结存情况，在满足周转需要的前提下，按照有关规定，及时办理基金存储或购买国债的手续；建立银行定期存款和各种有价证券备查帐，掌握银行存款及有价证券的存储时间与金额，按时办理银行存款及有价证券的转存、兑付及保管工作。

（七）指导和监督费用征集、费用记录处理和待遇支付等工作，建立应缴未缴、应付未付保险基金备查簿，以及各种业务台帐，定期进行核对、清理，加强对各种暂付款、借入款、暂收款等的管理。

（八）按要求定期编报会计报表，正确反映基金的收支结存情况，并提供基金筹集、使用、管理等情况的分析报告。

（九）年度终了前，根据本年度基金预算执行情况和下年度基金收支预测，编制次年的基金预算草案。基金预算草案由劳动保障部门审核后报财政部门审核，经同级人民政府批准后执行。在预算执行中，遇有特殊情况需调整预算时，应编制预算调整方案，并按上述报批程序执行。定期向同级劳动保障行政部门和财政部门报告预算执行情况。

（十）年度终了后，编制年度基金财务报告。年度基金财务报告经劳动保障部门核准后报同级财政部门审核，经同级人民政府批准形成基金决算，并逐级上报。

（十一）制定、完善内部的财务管理制度，充分发挥会计的反映、监督职能。

（十二）建立和完善保险基金预警制度，定期组织有关人员对基金收支情况进行分析、预测。计算机管理系统要具备较为完善的基金监控、分析、评价、预测功能。

附件：1. 城镇职工基本医疗保险业务管理图（略）
2. 缴费单位基础档案资料主要项目
3. 缴费个人基础档案资料主要项目
4. 个人帐户主要记录项目

附件 2

缴费单位基础档案资料主要项目

一、单位名称
二、组织机构统一代码
三、单位注册地址
四、单位现所在地地址
五、单位邮政编码
六、单位类型
七、单位隶属关系
八、单位所有制性质
九、单位主管部门或总机构
十、单位所属行业
十一、单位社会保险登记证编号
十二、单位法人代表
十三、单位基本医疗保险主管负责人的姓名及联系电话
十四、单位基本医疗保险专管员的姓名及联系电话
十五、单位的开户银行、户名及帐号
十六、单位实行医疗保险的基本情况（含投保人数、人员分类、工资及退休金总额等项目）
十七、事业单位、民办非企业单位及社会团体的经费来源
十八、其他情况

附件 3

缴费个人基础档案资料主要项目

一、姓名
二、性别
三、出生年月日
四、社会保障号
五、所在单位的组织机构统一代码
六、参加工作时间
七、劳动用工形式
八、人员分类（在职/退休）
九、通讯地址、邮政编码及联系电话
十、婚姻状况
十一、女职工生育情况
十二、投保日期
十三、个人缴费基数
十四、跨统筹地区流动情况
十五、其他情况

附件 4

个人帐户主要记录项目

一、姓名
二、社会保障号
三、基本医疗保险证（卡）状态（有效/无效）
四、人员分类（在职/退休）
五、上年工资总额
六、个人应缴费金额
七、单位应缴费金额
八、年划拨额度及划拨日期
九、实际划拨额度及托收日期
十、历年结转额
十一、医疗费用支出情况
十二、个人帐户支付额
十三、个人帐户余额

劳动和社会保障部办公厅关于加强城镇职工基本医疗保险个人账户管理的通知

1. 2002年8月12日
2. 劳社厅发〔2002〕6号

《国务院关于建立城镇职工基本医疗保险制度的决定》（国发〔1998〕44号）下发以来，各地劳动保障部门和社会保险经办机构（以下简称经办机构）对城镇

职工基本医疗保险个人账户（以下简称个人账户）的管理取得了一定的成效。但目前仍有相当一部分统筹地区对加强个人账户的管理重视不够，管理不规范，个别地区存在个人账户基金流失现象。为了加强个人账户管理，维护广大参保人员的基本医疗保障权益，保证基本医疗保险制度的稳健运行，现就有关问题通知如下：

一、统一思想，提高对加强个人账户管理重要性的认识

建立统筹基金与个人账户相结合的城镇职工基本医疗保险制度，是党的十四届三中全会确定的一项重要原则。个人账户是城镇职工基本医疗保险制度的重要内容，个人账户资金是基本医疗保险基金的重要组成部分。建立个人账户的核心是解决参保职工的门诊或小额医疗费用，同时为职工年老体弱时积累部分资金。

个人账户管理不到位，不仅会影响参保职工当期的医疗保障，同时也会对职工未来的医疗保障构成威胁。各地劳动保障行政部门和经办机构一定要充分认识加强个人账户管理，对维护参保职工的基本医疗保障权益、确保新制度稳健运行的重要意义，转变观念，坚决克服“个人账户完全归个人所有，可放开不管”等模糊认识，采取有效措施，切实把个人账户纳入各级劳动保障行政部门和经办机构的监督管理范围。

二、统一个人账户的基本内容，规范管理形式

实行统筹基金和个人账户相结合的统筹地区，经办机构都要按规定为参保人员建立个人账户，及时记录参保人员个人账户的收入、医药费用支出和账户结余额等相关信息。各地要努力通过计算机和信息网络对个人账户进行管理，按照《社会保险管理信息系统指标体系——业务部分（LB 101－2000）》（劳社信息函〔2000〕19号）的要求，规范和健全个人账户的指标体系，并做到及时更新和维护。对个人账户实行委托管理的统筹地区，要明确委托方责任和管理权限，同时要积极创造条件，尽快实现个人账户由当地经办机构统一管理。

三、加强个人账户基金管理，严格控制资金支出和使用方向

经办机构要按照《社会保险基金财务制度》（财社字〔1999〕60号）、《社会保险基金会计制度》（财会字〔1999〕20号）规定，严格个人账户基金的管理与核算。个人账户基金必须纳入财政专户管理，按规定编制基金预算和财务决算报告。要加强个人账户基金的支出管理和监督。个人账户基金只能用于支付在定点医疗机构或定点零售药店发生的，符合基本医疗保险药品目录、诊疗项目范围、医疗服务设施标准所规定项目范围内的医药费用。个人账户原则上要实行钱账分管，个人当期的医疗消费支出可采取划账的形式，最后由经办机构定期与定点医疗机构和定点药店统一进行结算。个人账户原则上不得提取现金，禁止用于医疗保障以外的其他消费支出。各地经办机构要加强对个人账户支出情况的审核和监督，对不符合要求的项目，不得纳入个人账户基金的支付范围。

劳动保障部门要加强对医疗保险定点医疗机构和定点零售药店的监督管理，规范定点医疗机构和定点零售药店的服务行为。对违反规定向参保职工提供医疗保障以外产品或服务的定点医疗机构和定点零售药店，要按有关规定和定点协议进行处理，情节严重的要取消其定点资格。

四、加强各项基础管理，方便参保职工就医购药

各地经办机构要切实改进工作作风，强化服务意识，及时与定点医疗机构和定点零售药店进行费用结算。要定期与职工进行个人账户对账工作，完善个人账户的查询服务。要深入开展政策宣传，让广大参保人员充分认识建立个人账户的作用和加强管理的必要性，支持和配合经办机构做好相关工作。要加强个人账户基金的收入、支出、结余和费用支出分布等信息的统计分析，及时准确掌握个人账户各项主要指标的动态变化情况，并按规定向上级机构报送相关信息。

各省、自治区、直辖市劳动保障部门及经办机构要根据本通知要求，尽快对本地区个人账户管理情况进行一次全面的检查，凡不符合规定要求的，要限期进行整改。检查情况请于2002年10月底前报送我部社会保险事业管理中心。我部将适时对各地个人账户管理情况进行抽查。

劳动和社会保障部等关于加强城镇职工基本医疗保险费用结算管理的意见

1．1999年6月29日劳动和社会保障部、财政部、国家经济贸易委员会、卫生部、国家中医药管理局发布

2．劳社部发〔1999〕23号

为加强城镇职工基本医疗保险基金支出管理，规范社会保险经办机构与定点医疗机构和定点零售药店的结算关系，指导各统筹地区制定基本医疗保险费用结算办法，根据《国务院关于建立城镇职工基本医疗保险制度的决定》（国发〔1998〕44号），现提出以下意见：

一、加强城镇职工基本医疗保险费用结算管理，是为了有效地控制医疗费用，保证统筹基金收支平衡，规范医疗服务行为，保障参保人员的基本医疗，提高基本医疗保险的社会化管理服务水平。

二、各统筹地区要根据当地实际和基本医疗保险基金支出管理的需要，制定基本医疗保险费用结算办法。结算办法应包括结算方式和标准、结算范围和程序、审核办法和管理措施等有关内容。

统筹地区社会保险经办机构要按照以收定支、收支平衡的原则，合理确定基本医疗保险基金的支出总量，并根据定点医疗机构的不同级别和类别以及所承担的基本医疗保险服务量，预定各定点医疗机构的定额控制指标。社会保险经办机构在结算时，可根据具体采用的结算方式和实际发生的合理费用等情况对定额控制指标进行相应调整。

三、基本医疗保险费用的具体结算方式，应根据社会保险经办机构的管理能力以及定点医疗机构的不同类别确定，可采取总额预付结算、服务项目结算、服务单元结算等方式，也可以多种方式结合使用。各地要根据不同的结算方式，合理制定基本医疗保险费用的结算标准，并在社会保险经办机构和定点医疗机构签订的协议中明确双方的责任、权利和义务。

采取总额预付结算方式的，要根据基本医疗保险的给付范围和参保人员的年龄结构，合理确定对定点医疗机构的预付总额。同时，要通过加强监督检查，防止为降低医疗成本而减少必需的医疗服务，确保参保人员获得基本医疗保险规定的、诊疗疾病所必需的、合理的医疗服务。

采取服务项目结算方式的，要根据医疗服务的收费标准和基本医疗保险医疗服务管理的有关规定以及服务数量等进行结算。同时，要加强对医疗服务项目的监督和审查工作，防止发生大额处方、重复检查、延长住院、分解诊疗服务收费等过度利用医疗服务的行为。

采取服务单元结算方式的，可以诊断病种、门诊诊疗人次和住院床日等作为结算的服务单元。具体结算标准可按同等级医疗机构的服务单元的平均费用剔除不合理因素后确定，并根据物价指数进行适时调整。同时，要加强基本医疗保险管理和费用审核，防止出现推诿病人、分解服务次数等现象。

四、属于基本医疗保险基金支付的医疗费用，应全部纳入结算范围，一般由社会保险经办机构与定点医疗机构和定点零售药店直接结算。暂不具备条件的，可先由参保人员或用人单位垫付，然后由社会保险经办机构与参保人员或用人单位结算。

社会保险经办机构要规范结算程序，明确结算期限，简化结算手续，逐步提高社会化管理服务水平，减轻定点医疗机构、定点零售药店和用人单位的负担。社会保险经办机构要按与定点医疗机构和定点零售药店签订的协议的有关规定及时结算并拨付基本医疗保险费用。

定点医疗机构和定点零售药店要配备相应的人员，负责核算参保人员的医疗费用，按协议规定提供费用结算所需的有关材料。

五、加强定点医疗机构门诊处方、入出院标准、住院病历和特殊检查治疗等基本医疗保险管理和费用支出审核。社会保险经办机构可按核定的各定点医疗机构定额控制指标暂扣不超过10%的费用，根据结算期末的审核情况，再相应拨付给定点医疗机构。社会保险经办机构对不符合基本医疗保险规定的医疗费用不予支付；对符合规定的费用要按时足额拨付，未按时足额拨付的按协议的有关规定处理。

六、要加强对转诊转院就医的医疗费用结算管理。在同一统筹地区内转诊转院的，发生的医疗费用按当地的统一规定结算。异地转诊转院的，应经定点医疗机构同意，并经当地社会保险经办机构批准。异地转诊转院发生的医疗费用可先由参保人员或用人单位垫付，经社会保险经办机构复核后，按参保人员所在地有关规定结算。

七、各统筹地区的基本医疗保险费用结算办法，由统筹地区劳动保障行政部门会同卫生、财政等有关部门制定。各地要及时总结经验，建立健全监督制约机制，不断完善基本医疗保险费用结算办法，加强基本医疗保险基金支出管理，保证基本医疗保险制度的健康运行。

劳动和社会保障部等关于城镇职工基本医疗保险诊疗项目管理的意见

1. 1999年6月30日劳动和社会保障部、国家发展计划委员会、财政部、卫生部、国家中医药管理局发布
2. 劳社部发〔1999〕22号

为了指导各地确定城镇职工基本医疗保险诊疗项目，加强基本医疗保险基金的支出管理，根据《国务院关于建立城镇职工基本医疗保险制度的决定》（国发〔1998〕44号），现提出以下意见。

一、基本医疗保险诊疗项目是指符合以下条件的各种医疗技术劳务项目和采用医疗仪器、设备与医用材料进行的诊断、治疗项目：

（一）临床诊疗必需、安全有效、费用适宜的诊疗项目；

（二）由物价部门制定了收费标准的诊疗项目；

（三）由定点医疗机构为参保人员提供的定点医疗服务范围内的诊疗项目。

二、基本医疗保险诊疗项目通过制定基本医疗保险诊疗项目范围和目录进行管理。制定基本医疗保险诊疗项目范围和目录既要考虑临床诊断、治疗的基本需要，也要兼顾不同地区经济状况和医疗技术水平的差异，做到科学合理，方便管理。

三、劳动和社会保障部负责组织制定国家基本医疗保险诊疗项目范围（见附件），采用排除法分别规定基本医疗保险不予支付费用的诊疗项目范围和基本医疗保险支付部分费用的诊疗项目范围。基本医疗保险不予支付费用的诊疗项目，主要是一些非临床诊疗必需、效果不确定的诊疗项目以及属于特需医疗服务的诊疗项目。基本医疗保险支付部分费用的诊疗项目，主要是一些临床诊疗必需、效果确定但容易滥用或费用昂贵的诊疗项目。

四、各省（自治区、直辖市，下同）劳动保障行政部门要根据国家基本医疗保险诊疗项目范围的规定，组织制定本省的基本医疗保险诊疗项目目录。可以采用排除法，分别列基本医疗保险不予支付费用的诊疗项目目录和基本医疗保险支付部分费用的诊疗项目目录。也可以采用准入法，分别列基本医疗保险准予支付费用的诊疗项目目录和基本医疗保险支付部分费用的诊疗项目目录。对于国家基本医疗保险诊疗项目范围规定的基本医疗保险不予支付费用的诊疗项目，各省可适当增补，但不得删减。对于国家基本医疗保险诊疗项目范围规定的基本医疗保险支付部分费用的诊疗项目，各省可根据实际适当调整，但必须严格控制调整的范围和幅度。

五、各统筹地区劳动保障部门要严格执行本省的基本医疗保险诊疗项目目录。对于本省基本医疗保险诊疗项目目录中所列的基本医疗保险支付部分费用的诊疗项目，各统筹地区劳动保障行政部门要根据当地实际规定具体的个人自付比例，并可结合区域卫生规划、医院级别与专科特点、临床适应症、医疗技术人员资格等限定使用和制定相应的审批办法。未列入当地区域卫生规划和按国家有关质量管理规定技术检测不合格的大型医疗设备，不得纳入基本医疗保险支付范围。

六、参保人员发生的诊疗项目费用，属于基本医疗保险不予支付费用诊疗项目目录以内的，基本医疗保险基金不予支付。属于基本医疗保险支付部分费用诊疗项目目录以内的，先由参保人员按规定比例自付后，再按基本医疗保险的规定支付。属于按排除法制定的基本医疗保险不予支付费用和支付部分费用诊疗项目目录以外的，或属于按准入法制定的基本医疗保险准予支付费用诊疗项目目录以内的，按基本医疗保险的规定支付。

七、国家基本医疗保险诊疗项目范围要根据基本医疗保险基金的支付能力和医学技术的发展进行适时调整。各省的基本医疗保险诊疗项目目录要在国家基本医疗保险诊疗项目范围调整的基础上作相应调整。

八、社区卫生服务中的基本医疗服务项目纳入基本医疗保险范围。随着社区卫生服务的发展，劳动和社会保障部将另行组织制定有关规定。

九、劳动保障部门在组织制定基本医疗保险诊疗项目范围和目录的工作中，要充分征求财政、卫生、物价、中医药管理部门和有关专家的意见。物价部门在组织制定有关基本医疗保险的医疗服务收费标准时，要充分征求劳动保障、财政、卫生部门的意见。各有关部门要密切配合，通力协作，共同做好城镇职工基本医疗保险诊疗项目的管理工作。

附件：

国家基本医疗保险诊疗项目范围

一、基本医疗保险不予支付费用的诊疗项目范围

（一）服务项目类

1. 挂号费、院外会诊费、病历工本费等。

2. 出诊费、检查治疗加急费、点名手术附加费、优质优价费、自请特别护士等特需医疗服务。

（二）非疾病治疗项目类

1. 各种美容、健美项目以及非功能性整容、矫形手术等。

2. 各种减肥、增胖、增高项目。

3. 各种健康体检。

4. 各种预防、保健性的诊疗项目。

5. 各种医疗咨询、医疗鉴定。

（三）诊疗设备及医用材料类

1. 应用正电子发射断层扫描装置（PET）、电子束CT、眼科准分子激光治疗仪等大型医疗设备进行的检查、治疗项目。

2. 眼镜、义齿、义眼、义肢、助听器等康复性器具。

3. 各种自用的保健、按摩、检查和治疗器械。

4. 各省物价部门规定不可单独收费的一次性医用材料。

（四）治疗项目类

1. 各类器官或组织移植的器官源或组织源。

2. 除肾脏、心脏瓣膜、角膜、皮肤、血管、骨、骨髓移植外的其他器官或组织移植。

3. 近视眼矫形术。

4. 气功疗法、音乐疗法、保健性的营养疗法、磁疗等辅助性治疗项目。

（五）其他

1. 各种不育（孕）症、性功能障碍的诊疗项目。

2. 各种科研性、临床验证性的诊疗项目。

二、基本医疗保险支付部分费用的诊疗项目范围

（一）诊疗设备及医用材料类

1. 应用χ－射线计算机体层摄影装置（CT）、立体定向放射装置（γ－刀、χ－刀）、心脏及血管造影χ线机（含数字减影设备）、核磁共振成像装置（MRI）、单光子发射电子计算机扫描装置（SPECT）、彩色多普勒仪、医疗直线加速器等大型医疗设备进行的检查、治疗项目。

2. 体外震波碎石与高压氧治疗。

3. 心脏起搏器、人工关节、人工晶体、血管支架等体内置换的人工器官、体内置放材料。

4. 各省物价部门规定的可单独收费的一次性医用材料。

（二）治疗项目类

1. 血液透析、腹膜透析。

2. 肾脏、心脏瓣膜、角膜、皮肤、血管、骨、骨髓移植。

3. 心脏激光打孔、抗肿瘤细胞免疫疗法和快中子治疗项目。

（三）各省劳动保障部门规定的价格昂贵的医疗仪器与设备的检查、治疗项目和医用材料。

劳动和社会保障部等关于确定城镇职工基本医疗保险医疗服务设施范围和支付标准的意见

1. 1999年6月30日劳动和社会保障部、国家发展计划委员会、财政部、卫生部、国家中医药管理局发布

2. 劳社部发〔1999〕22号

为了指导各地确定基本医疗保险医疗服务设施范围和支付标准，根据《国务院关于建立城镇职工基本医疗保险制度的决定》（国发〔1998〕44号），现提出以下意见。

一、基本医疗保险医疗服务设施是指由定点医疗机构提供的，参保人员在接受诊断、治疗和护理过程中必需的生活服务设施。

二、基本医疗保险医疗服务设施费用主要包括住院床位费及门（急）诊留观床位费。对已包含在住院床位费或门（急）诊留观床位费中的日常生活用品、院内运输用品和水、电等费用，基本医疗保险基金不另行支付，定点医疗机构也不得再向参保人员单独收费。

三、基本医疗保险基金不予支付的生活服务项目和服务设施费用，主要包括：

（一）就（转）诊交通费、急救车费；

（二）空调费、电视费、电话费、婴儿保温箱费、食品保温箱费、电炉费、电冰箱费及损坏公物赔偿费；

（三）陪护费、护工费、洗理费、门诊煎药费；

（四）膳食费；

（五）文娱活动费以及其他特需生活服务费用。

其他医疗服务设施项目是否纳入基本医疗保险基金支付范围，由各省（自治区、直辖市，下同）劳动保障行政部门规定。

四、基本医疗保险住院床位费支付标准，由各统筹地区劳动保障行政部门按照本省物价部门规定的普通住院病房床位费标准确定。需隔离以及危重病人的住院床位费支付标准，由各统筹地区根据实际情况确定。基本医疗保险门（急）诊留观床位费支付标准按本省物价部门规定的收费标准确定，但不得超过基本医疗保险住院床位费支付标准。

五、定点医疗机构要公开床位收费标准和基本医疗保险床位费支付标准，在安排病房或门（急）诊留观床位时，应将所安排的床位收费标准告知参保人员或家属。参保人员可以根据定点医疗机构的建议，自主选择不同档次的病房或门（急）诊留观床位。由于床位紧张或其他原因，定点医疗机构必须把参保人员安排在超标准病房时，应首先征得参保人员或家属的同意。

六、参保人员的实际床位费低于基本医疗保险住院床位费支付标准的，以实际床位费按基本医疗保险的规定支付；高于基本医疗保险住院床位费支付标准的，在支付标准以内的费用，按基本医疗保险的规定支付，超出部分由参保人员自付。

七、各省劳动保障行政部门要按照本意见的要求，组织制定基本医疗保险医疗服务设施项目范围。各统筹地区劳动保障行政部门要根据本省规定的基本医疗保险医疗服务设施项目，确定基本医疗保险基金的支付标准。

统筹地区社会保险经办机构要加强对医疗服务设施费用的审核工作，严格按照基本医疗保险医疗服务设施项目范围和支付标准支付费用。

八、劳动保障部门在组织制定基本医疗保险医疗服务设施范围和支付标准时，要充分征求财政、卫生、物价、中医药管理部门和有关专家的意见。物价部门在组织制定有关基本医疗保险的医疗服务设施项目收费标准时，要充分征求劳动保障、财政、卫生部门的意见。各有关部门要加强联系，密切协作，共同做好基本医疗保险医疗服务设施项目的管理工作。

2. 居民基本医疗保险

国务院关于整合城乡居民基本医疗保险制度的意见

1. 2016年1月3日
2. 国发〔2016〕3号

各省、自治区、直辖市人民政府，国务院各部委、各直属机构：

整合城镇居民基本医疗保险（以下简称城镇居民医保）和新型农村合作医疗（以下简称新农合）两项制度，建立统一的城乡居民基本医疗保险（以下简称城乡居民医保）制度，是推进医药卫生体制改革、实现城乡居民公平享有基本医疗保险权益、促进社会公平正义、增进人民福祉的重大举措，对促进城乡经济社会协调发展、全面建成小康社会具有重要意义。在总结城镇居民医保和新农合运行情况以及地方探索实践经验的基础上，现就整合建立城乡居民医保制度提出如下意见。

一、总体要求与基本原则

（一）总体要求。

以邓小平理论、"三个代表"重要思想、科学发展观为指导，认真贯彻党的十八大、十八届二中、三中、四中、五中全会和习近平总书记系列重要讲话精神，落实党中央、国务院关于深化医药卫生体制改革的要求，按照全覆盖、保基本、多层次、可持续的方针，加强统筹协调与顶层设计，遵循先易后难、循序渐进的原则，从完善政策入手，推进城镇居民医保和新农合制度整合，逐步在全国范围内建立起统一的城乡居民医保制度，推动保障更加公平、管理服务更加规范、医疗资源利用更加有效，促进全民医保体系持续健康发展。

（二）基本原则。

1. 统筹规划、协调发展。要把城乡居民医保制度整合纳入全民医保体系发展和深化医改全局，统筹安排，合理规划，突出医保、医疗、医药三医联动，加强基本医保、大病保险、医疗救助、疾病应急救助、商业健康保险等衔接，强化制度的系统性、整体性、协同性。

2. 立足基本、保障公平。要准确定位，科学设计，立足经济社会发展水平、城乡居民负担和基金承受能力，充分考虑并逐步缩小城乡差距、地区差异，保障城乡居民公平享有基本医保待遇，实现城乡居民医保制度可持续发展。

3. 因地制宜、有序推进。要结合实际，全面分析研判，周密制订实施方案，加强整合前后的衔接，确保工作顺畅接续、有序过渡，确保群众基本医保待遇不受影响，确保医保基金安全和制度运行平稳。

4. 创新机制、提升效能。要坚持管办分开，落实政府责任，完善管理运行机制，深入推进支付方式改革，提升医保资金使用效率和经办管理服务效能。充分发挥市场机制作用，调动社会力量参与基本医保经办服务。

二、整合基本制度政策

（一）统一覆盖范围。

城乡居民医保制度覆盖范围包括现有城镇居民医保和新农合所有应参保（合）人员，即覆盖除职工基本医疗保险应参保人员以外的其他所有城乡居民。农民工和灵活就业人员依法参加职工基本医疗保险，有困难的可按照当地规定参加城乡居民医保。各地要完善参保方式，促进应保尽保，避免重复参保。

（二）统一筹资政策。

坚持多渠道筹资，继续实行个人缴费与政府补助相结合为主的筹资方式，鼓励集体、单位或其他社会经济组织给予扶持或资助。各地要统筹考虑城乡居民医保与大病保险保障需求，按照基金收支平衡的原则，合理确定城乡统一的筹资标准。现有城镇居民医保和新农合个人缴费标准差距较大的地区，可采取差别缴费的办法，利用2—3年时间逐步过渡。整合后的实际人均筹资和个人缴费不得低于现有水平。

完善筹资动态调整机制。在精算平衡的基础上，逐步建立与经济社会发展水平、各方承受能力相适应的稳定筹资机制。逐步建立个人缴费标准与城乡居民人均可支配收入相衔接的机制。合理划分政府与个人的筹资责任，在提高政府补助标准的同时，适当提高个人缴费比重。

（三）统一保障待遇。

遵循保障适度、收支平衡的原则，均衡城乡保障待遇，逐步统一保障范围和支付标准，为参保人员提供公平的基本医疗保障。妥善处理整合前的特殊保障政策，做好过渡与衔接。

城乡居民医保基金主要用于支付参保人员发生的住院和门诊医药费用。稳定住院保障水平，政策范围内住院费用支付比例保持在75%左右。进一步完善门诊统筹，逐步提高门诊保障水平。逐步缩小政策范围内支付比例与实际支付比例间的差距。

（四）统一医保目录。

统一城乡居民医保药品目录和医疗服务项目目录，明确药品和医疗服务支付范围。各省（区、市）要按照国家基本医保用药管理和基本药物制度有关规定，遵循临床必需、安全有效、价格合理、技术适宜、基金可承受的原则，在现有城镇居民医保和新农合目录的基础上，适当考虑参保人员需求变化进行调整，有增有减、有控有扩，做到种类基本齐全、结构总体合理。完善医保目录管理办法，实行分级管理、动态调整。

（五）统一定点管理。

统一城乡居民医保定点机构管理办法，强化定点服务协议管理，建立健全考核评价机制和动态的准入退出机制。对非公立医疗机构与公立医疗机构实行同等的定点管理政策。原则上由统筹地区管理机构负责定点机构的准入、退出和监管，省级管理机构负责制订定点机构的准入原则和管理办法，并重点加强对统筹区域外的省、市级定点医疗机构的指导与监督。

（六）统一基金管理。

城乡居民医保执行国家统一的基金财务制度、会计制度和基金预决算管理制度。城乡居民医保基金纳入财政专户，实行“收支两条线”管理。基金独立核算、专户管理，任何单位和个人不得挤占挪用。

结合基金预算管理全面推进付费总额控制。基金使用遵循以收定支、收支平衡、略有结余的原则，确保应支付费用及时足额拨付，合理控制基金当年结余率和累计结余率。建立健全基金运行风险预警机制，防范基金风险，提高使用效率。

强化基金内部审计和外部监督，坚持基金收支运行情况信息公开和参保人员就医结算信息公示制度，加强社会监督、民主监督和舆论监督。

三、理顺管理体制

（一）整合经办机构。

鼓励有条件的地区理顺医保管理体制，统一基本医保行政管理职能。充分利用现有城镇居民医保、新农合经办资源，整合城乡居民医保经办机构、人员和信息系统，规范经办流程，提供一体化的经办服务。完善经办机构内外部监督制约机制，加强培训和绩效考核。

（二）创新经办管理。

完善管理运行机制，改进服务手段和管理办法，优化经办流程，提高管理效率和服务水平。鼓励有条件的地区创新经办服务模式，推进管办分开，引入竞争机制，在确保基金安全和有效监管的前提下，以政府购买服务的方式委托具有资质的商业保险机构等社会力量参与基本医保的经办服务，激发经办活力。

四、提升服务效能

（一）提高统筹层次。

城乡居民医保制度原则上实行市（地）级统筹，各地要围绕统一待遇政策、基金管理、信息系统和就医结算等重点，稳步推进市（地）级统筹。做好医保关系转移接续和异地就医结算服务。根据统筹地区内各县（市、区）的经济发展和医疗服务水平，加强基金的分级管理，充分调动县级政府、经办管理机构基金管理的积极性和主动性。鼓励有条件的地区实行省级统筹。

（二）完善信息系统。

整合现有信息系统，支撑城乡居民医保制度运行和功能拓展。推动城乡居民医保信息系统与定点机构信息系统、医疗救助信息系统的业务协同和信息共享，做好城乡居民医保信息系统与参与经办服务的商业保险机构信息系统必要的信息交换和数据共享。强化信息安全和患者信息隐私保护。

（三）完善支付方式。

系统推进按人头付费、按病种付费、按床日付费、总额预付等多种付费方式相结合的复合支付方式改革，建立健全医保经办机构与医疗机构及药品供应商的谈判协商机制和风险分担机制，推动形成合理的医保支付标准，引导定点医疗机构规范服务行为，控制医疗费用不合理增长。

通过支持参保居民与基层医疗机构及全科医师开展签约服务、制定差别化的支付政策等措施，推进分级诊疗制度建设，逐步形成基层首诊、双向转诊、急慢分治、上下联动的就医新秩序。

（四）加强医疗服务监管。

完善城乡居民医保服务监管办法，充分运用协议管理，强化对医疗服务的监控作用。各级医保经办机构要利用信息化手段，推进医保智能审核和实时监控，促进合理诊疗、合理用药。卫生计生行政部门要加强医疗服务监管，规范医疗服务行为。

五、精心组织实施，确保整合工作平稳推进

（一）加强组织领导。

整合城乡居民医保制度是深化医改的一项重点任务，关系城乡居民切身利益，涉及面广、政策性强。各地各有关部门要按照全面深化改革的战略布局要求，充分认识这项工作的重要意义，加强领导，精心组织，确保整合工作平稳有序推进。各省级医改领导小组要加强统筹协调，及时研究解决整合过程中的问题。

（二）明确工作进度和责任分工。

各省（区、市）要于2016年6月底前对整合城乡居民医保工作作出规划和部署，明确时间表、路线图，健

全工作推进和考核评价机制，严格落实责任制，确保各项政策措施落实到位。各统筹地区要于2016年12月底前出台具体实施方案。综合医改试点省要将整合城乡居民医保作为重点改革内容，加强与医改其他工作的统筹协调，加快推进。

各地人力资源社会保障、卫生计生部门要完善相关政策措施，加强城乡居民医保制度整合前后的衔接；财政部门要完善基金财务会计制度，会同相关部门做好基金监管工作；保险监管部门要加强对参与经办服务的商业保险机构的从业资格审查、服务质量和市场行为监管；发展改革部门要将城乡居民医保制度整合纳入国民经济和社会发展规划；编制管理部门要在经办资源和管理体制整合工作中发挥职能作用；医改办要协调相关部门做好跟踪评价、经验总结和推广工作。

（三）做好宣传工作。

要加强正面宣传和舆论引导，及时准确解读政策，宣传各地经验亮点，妥善回应公众关切，合理引导社会预期，努力营造城乡居民医保制度整合的良好氛围。

国务院办公厅转发卫生部等部门关于建立新型农村合作医疗制度意见的通知①

1. 2003年1月16日
2. 国办发〔2003〕3号

各省、自治区、直辖市人民政府，国务院各部委、各直属机构：

卫生部、财政部、农业部《关于建立新型农村合作医疗制度的意见》已经国务院同意，现转发给你们，请认真贯彻执行。

卫生部、财政部、农业部关于建立新型农村合作医疗制度的意见

（2003年1月10日）

建立新型农村合作医疗制度是新时期农村卫生工作的重要内容，是实践“三个代表”重要思想的具体体现，对提高农民健康水平，促进农村经济发展，维护社会稳定具有重大意义。根据《中共中央、国务院关于进一步加强农村卫生工作的决定》（中发〔2002〕13号），提出以下意见。

一、目标和原则

新型农村合作医疗制度是由政府组织、引导、支持，农民自愿参加，个人、集体和政府多方筹资，以大病统筹为主的农民医疗互助共济制度。从2003年起，各省、自治区、直辖市至少要选择2—3个县（市）先行试点，取得经验后逐步推开。到2010年，实现在全国建立基本覆盖农村居民的新型农村合作医疗制度的目标，减轻农民因疾病带来的经济负担，提高农民健康水平。

建立新型农村合作医疗制度要遵循以下原则：

（一）自愿参加，多方筹资。农民以家庭为单位自愿参加新型农村合作医疗，遵守有关规章制度，按时足额缴纳合作医疗经费；乡（镇）、村集体要给予资金扶持；中央和地方各级财政每年要安排一定专项资金予以支持。

（二）以收定支，保障适度。新型农村合作医疗制度要坚持以收定支，收支平衡的原则，既保证这项制度持续有效运行，又使农民能够享有最基本的医疗服务。

（三）先行试点，逐步推广。建立新型农村合作医疗制度必须从实际出发，通过试点总结经验，不断完善，稳步发展。要随着农村社会经济的发展和农民收入的增加，逐步提高新型农村合作医疗制度的社会化程度和抗风险能力。

二、组织管理

（一）新型农村合作医疗制度一般采取以县（市）为单位进行统筹。条件不具备的地方，在起步阶段也可采取以乡（镇）为单位进行统筹，逐步向县（市）统筹过渡。

（二）要按照精简、效能的原则，建立新型农村合作医疗制度管理体制。省、地级人民政府成立由卫生、财政、农业、民政、审计、扶贫等部门组成的农村合作医疗协调小组。各级卫生行政部门内部应设立专门的农村合作医疗管理机构，原则上不增加编制。

县级人民政府成立由有关部门和参加合作医疗的农民代表组成的农村合作医疗管理委员会，负责有关组织、协调、管理和指导工作。委员会下设经办机构，负责具体业务工作，人员由县级人民政府调剂解决。根据需要在乡（镇）可设立派出机构（人员）或委托有关机构管理。经办机构的人员和工作经费列入同级财政预算，不得从农村合作医疗基金中提取。

三、筹资标准

新型农村合作医疗制度实行个人缴费、集体扶持和政府资助相结合的筹资机制。

（一）农民个人每年的缴费标准不应低于10元，经

① 本文件虽已不再适用，但其与城乡居民基本医疗保险具有衔接关系，故本书仍予保留。——编者注

济条件好的地区可相应提高缴费标准。乡镇企业职工(不含以农民家庭为单位参加新型农村合作医疗的人员)是否参加新型农村合作医疗由县级人民政府确定。

(二)有条件的乡村集体经济组织应对本地新型农村合作医疗制度给予适当扶持。扶持新型农村合作医疗的乡村集体经济组织类型、出资标准由县级人民政府确定,但集体出资部分不得向农民摊派。鼓励社会团体和个人资助新型农村合作医疗制度。

(三)地方财政每年对参加新型农村合作医疗农民的资助不低于人均10元,具体补助标准和分级负担比例由省级人民政府确定。经济较发达的东部地区,地方各级财政可适当增加投入。从2003年起,中央财政每年通过专项转移支付对中西部地区除市区以外的参加新型农村合作医疗的农民按人均10元安排补助资金。

四、资金管理

农村合作医疗基金是由农民自愿缴纳、集体扶持、政府资助的民办公助社会性资金,要按照以收定支、收支平衡和公开、公平、公正的原则进行管理,必须专款专用,专户储存,不得挤占挪用。

(一)农村合作医疗基金由农村合作医疗管理委员会及其经办机构进行管理。农村合作医疗经办机构应在管理委员会认定的国有商业银行设立农村合作医疗基金专用账户,确保基金的安全和完整,并建立健全农村合作医疗基金管理的规章制度,按照规定合理筹集、及时审核支付农村合作医疗基金。

(二)农村合作医疗基金中农民个人缴费及乡村集体经济组织的扶持资金,原则上按年由农村合作医疗经办机构在乡(镇)设立的派出机构(人员)或委托有关机构收缴,存入农村合作医疗基金专用账户;地方财政支持资金,由地方各级财政部门根据参加新型农村合作医疗的实际人数,划拨到农村合作医疗基金专用账户;中央财政补助中西部地区新型农村合作医疗的专项资金,由财政部根据各地区参加新型农村合作医疗的实际人数和资金到位等情况核定,向省级财政划拨。中央和地方各级财政要确保补助资金及时、全额拨付到农村合作医疗基金专用账户,并通过新型农村合作医疗试点逐步完善补助资金的划拨办法,尽可能简化程序,易于操作。要结合财政国库管理制度改革和完善情况,逐步实现财政直接支付。关于新型农村合作医疗资金具体补助办法,由财政部商有关部门研究制定。

(三)农村合作医疗基金主要补助参加新型农村合作医疗农民的大额医疗费用或住院医疗费用。有条件的地方,可实行大额医疗费用补助与小额医疗费用补助结合的办法,既提高抗风险能力又兼顾农民受益面。对参加新型农村合作医疗的农民,年内没有动用农村合作医疗基金的,要安排进行一次常规性体检。各省、自治区、直辖市要制订农村合作医疗报销基本药物目录。各县(市)要根据筹资总额,结合当地实际,科学合理地确定农村合作医疗基金的支付范围、支付标准和额度,确定常规性体检的具体检查项目和方式,防止农村合作医疗基金超支或过多结余。

(四)加强对农村合作医疗基金的监管。农村合作医疗经办机构要定期向农村合作医疗管理委员会汇报农村合作医疗基金的收支、使用情况;要采取张榜公布等措施,定期向社会公布农村合作医疗基金的具体收支、使用情况,保证参加合作医疗农民的参与、知情和监督的权利。县级人民政府可根据本地实际,成立由相关政府部门和参加合作医疗的农民代表共同组成的农村合作医疗监督委员会,定期检查、监督农村合作医疗基金使用和管理情况。农村合作医疗管理委员会要定期向监督委员会和同级人民代表大会汇报工作,主动接受监督。审计部门要定期对农村合作医疗基金收支和管理情况进行审计。

五、医疗服务管理

加强农村卫生服务网络建设,强化对农村医疗卫生机构的行业管理,积极推进农村医疗卫生体制改革,不断提高医疗卫生服务能力和水平,使农民得到较好的医疗服务。各地区要根据情况,在农村卫生机构中择优选择农村合作医疗的服务机构,并加强监管力度,实行动态管理。要完善并落实各种诊疗规范和管理制度,保证服务质量,提高服务效率,控制医疗费用。

六、组织实施

(一)省级人民政府要制订新型农村合作医疗制度的管理办法,本着农民参保积极性较高,财政承受能力较强,管理基础较好的原则选择试点县(市),积极、稳妥地开展新型农村合作医疗试点工作。试点工作的重点是探索新型农村合作医疗管理体制、筹资机制和运行机制。县级人民政府要制定具体方案,各级相关部门在同级人民政府统一领导下组织实施。

(二)要切实加强对新型农村合作医疗的宣传教育,采取多种形式向农民宣传新型农村合作医疗的重要意义和当地的具体做法,引导农民不断增强自我保健和互助共济意识,动员广大农民自愿、积极参加新型农村合作医疗。农民参加合作医疗所履行的缴费义务,不能视为增加农民负担。

建立新型农村合作医疗制度是帮助农民抵御重大

疾病风险的有效途径，是推进农村卫生改革与发展的重要举措，政策性强，任务艰巨。各地区、各有关部门要高度重视，加强领导，落实政策措施，抓好试点，总结经验，积极稳妥地做好这项工作。

劳动和社会保障部等关于城镇居民基本医疗保险医疗服务管理的意见

1．2007年10月10日劳动和社会保障部、发展改革委、财政部、卫生部、食品药品监管局、中医药局发布
2．劳社部发〔2007〕40号

各省、自治区、直辖市劳动和社会保障厅（局）、发展改革委、财政厅（局）、卫生厅（局）、食品药品监督管理局、中医药管理局：

根据《国务院关于开展城镇居民基本医疗保险试点的指导意见》（国发〔2007〕20号）精神，为做好城镇居民基本医疗保险试点工作，现就城镇居民基本医疗保险医疗服务管理的有关问题提出如下意见：

一、城镇居民基本医疗保险医疗服务管理的基本要求

（一）建立以大病统筹为主的城镇居民基本医疗保险，是落实以人为本的科学发展观和构建社会主义和谐社会的重要举措。加强和完善医疗服务管理，对保障参保居民合理的医疗权益，规范医疗服务行为，控制医疗费用支出，提高医疗保险基金的使用效率，保证制度的平稳运行，具有重要意义。各级各相关部门要密切配合，在城镇居民基本医疗保险试点工作中，强化城镇居民基本医疗保险医疗服务管理，切实保障广大参保居民的基本医疗需求。

（二）城镇居民基本医疗保险医疗服务管理包括医疗服务的范围管理、医疗服务的定点管理和医药费用的结算管理。城镇居民基本医疗保险坚持从低水平起步。要根据城镇居民基本医疗保险筹资水平和基金保障能力，考虑城镇居民的经济承受能力，按照重点保障住院和门诊大病、有条件的地区兼顾一般门诊医疗费用的原则，合理确定城镇居民基本医疗保险基金支付的医疗服务范围、水平，以及医疗费用的结算办法及标准。

（三）参照城镇职工基本医疗保险医疗服务管理的有关规定，结合城镇居民的特点，完善基本医疗保险医疗服务管理的相关政策。城镇居民基本医疗保险与新型农村合作医疗实行一体化管理的，也可以参照新型农村合作医疗有关医疗服务管理的规定执行。各地应按照国家有关规定和本意见精神，因地制宜，积极探索加强城镇居民基本医疗保险医疗服务管理的具体措施。

二、合理确定医疗服务范围

（四）城镇居民基本医疗保险医疗服务范围包括用药、诊疗项目和医疗服务设施范围。城镇居民基本医疗保险医疗服务范围，由相关部门按照有关程序和权限，在城镇职工基本医疗保险医疗服务范围的基础上进行适当调整。具体范围由劳动保障部门会同有关部门按照相关规定，在认真组织专家评审、充分听取有关方面意见的基础上研究确定。

（五）城镇居民基本医疗保险用药范围在国家和省（区、市）《基本医疗保险和工伤保险药品目录》的基础上，进行适当调整、合理确定。要把国家《基本医疗保险和工伤保险药品目录》甲类目录药品全部纳入城镇居民基本医疗保险基金的支付范围。国家根据儿童用药的特点，按照“临床必需、安全有效、价格合理、使用方便、兼顾中西药”的原则，适当增加儿童用药的品种及剂型。

（六）城镇居民基本医疗保险诊疗项目范围、医疗服务设施范围，原则上执行当地城镇职工基本医疗保险的诊疗项目、医疗服务设施范围。各地也可根据本地实际适当增加孕产妇、婴幼儿必需的诊疗项目和医疗服务设施及中医药诊疗项目和医疗服务设施。新增诊疗项目和医疗服务设施暂由各省（区、市）负责制定。

（七）各地要完善基本医疗保险用药、诊疗项目和医疗服务设施管理，加强对高价药品、新增诊疗项目、大型医用设备检查及高值医用耗材的准入和使用管理，控制医疗费用支出，提高城镇居民基本医疗保险基金的使用效率，减轻城镇居民基本医疗保险基金和参保人员的费用负担。

三、加强定点管理

（八）城镇居民基本医疗保险实行定点医疗机构和定点零售药店管理。具体管理办法按照城镇职工基本医疗保险定点医疗机构和定点零售药店管理的有关规定执行。要根据城镇居民的就医特点和需要，进一步细化和完善定点医疗服务协议管理，充分发挥基本医疗保险对医疗服务的约束作用。要根据各项医疗保障制度协调发展的需要，统筹确定各类医疗保障人群医疗服务定点管理的办法和措施。

（九）合理确定定点医疗机构和零售药店的范围和数量，具体由各地劳动保障部门商卫生、中医药行政部门和食品药品监管部门确定。参保居民在定点医疗机构和零售药店就医购药所发生的费用，由医疗保险基金按规定予以支付。各地要根据参保居民的医疗需求，将符合条件的妇产医院、妇幼保健院、儿童医院和社区卫生服务机构等纳入定点范围。

（十）要探索促进参保居民合理利用医疗服务资源的管理机制，引导参保居民充分利用社区卫生服务机构、基层医疗机构提供的医疗服务及中医药服务，探索建立双向转诊机制。对纳入基金支付的门诊大病和实行医疗费用统筹的普通门诊医疗服务项目，要制定有效利用社区和基层医疗服务的就医管理办法和医疗费用结算办法。对参保居民在定点社区卫生服务机构和基层医疗机构就医的费用，可适当提高基金的支付比例。

四、完善费用结算管理

（十一）要根据医疗服务范围和筹资水平，建立和完善基本医疗保险费用结算方式，合理确定医疗费用结算标准，并纳入协议管理。对符合规定的医疗费用，要按协议及时结算并足额支付，不符合规定的医疗费用不予支付。

（十二）积极探索由医疗保险经办机构与定点医疗机构协商确定医疗服务的付费方式及标准。积极探索按病种付费、按总额预付等结算方式，调动定点医疗机构主动参与管理、降低医疗服务成本的积极性。

各级各相关部门要在当地政府的统一领导下，积极配合，共同做好城镇居民基本医疗保险的医疗服务管理工作。要通过实践探索，不断总结管理经验，遇有重大问题及时上报。

人力资源和社会保障部等关于开展城镇居民基本医疗保险门诊统筹的指导意见

1. 2009年7月24日人力资源和社会保障部、财政部、卫生部发布

2. 人社部发〔2009〕66号

各省、自治区、直辖市人力资源社会保障（劳动保障）厅（局）、财政厅（局）、卫生厅（局），新疆生产建设兵团劳动保障局、财务局、卫生局：

根据《国务院关于印发医药卫生体制改革近期重点实施方案（2009－2011年）的通知》（国发〔2009〕12号）和《国务院关于开展城镇居民基本医疗保险试点的指导意见》（国发〔2007〕20号）的精神，为扩大城镇居民基本医疗保险制度受益面，切实减轻参保居民门诊医疗费用负担，有条件的地区可逐步开展城镇居民基本医疗保险门诊统筹工作，现就有关问题提出如下意见：

一、开展城镇居民基本医疗保险门诊统筹，要在坚持基本医疗保险政策规定的基础上，充分考虑门诊医疗服务特点和城镇居民对门诊医疗基本保障的迫切需要，进一步完善基本医疗保险的保障范围、筹资、支付等政策和就医、费用结算、业务经办等管理措施，通过统筹共济的方式合理分担参保居民门诊医疗费用。

二、开展门诊统筹应坚持以下原则：立足基本保障，从低水平起步，逐步减轻群众门诊医疗费用负担；实行社会共济，通过基金统筹调剂使用，提高基金保障能力；主要依托社区卫生服务中心（站）等基层医疗卫生机构，方便群众就医，降低医疗成本。

三、根据城镇居民基本医疗保险基金支付能力，在重点保障参保居民住院和门诊大病医疗支出的基础上，逐步将门诊小病医疗费用纳入基金支付范围。城镇居民基本医疗保险基金要坚持收支平衡的原则，门诊统筹所需费用在城镇居民基本医疗保险基金中列支，单独列账。

四、建立门诊统筹可以从慢性病发生较多的老年人起步，也可以从群众反映负担较大的多发病、慢性病做起。门诊统筹可以单独设立起付标准、支付比例和最高支付限额，具体可由各统筹地区根据实际合理确定。门诊统筹支付水平要与当地经济发展和医疗消费水平相适应，与当地城镇居民基本医疗保险筹资水平相适应。

五、开展门诊统筹应充分利用社区卫生服务中心（站）等基层医疗卫生机构和中医药服务。将符合条件的基层医疗卫生机构纳入基本医疗保险定点范围。起步阶段，门诊统筹原则上用于在定点基层医疗卫生机构发生的门诊医疗费用，随着分级诊疗和双向转诊制度的建立完善，逐步将支付范围扩大到符合规定的转诊费用。同时，要通过制定优惠的偿付政策，提供方便快捷的服务，鼓励和引导参保居民充分利用基层医疗卫生服务。各级卫生行政部门要合理设置基层医疗卫生机构，促进基层医疗卫生机构与转诊医疗机构的分工合作，探索建立分级诊疗制度及转诊相关管理办法和标准。统筹地区人力资源社会保障部门要会同卫生行政部门共同探索首诊和转诊的参保人员就医管理办法，促进建立双向转诊制度。

六、探索适合门诊统筹费用控制机制和结算管理的方式。根据门诊就医和医疗费用支出特点，积极探索总额预付或按人头付费等费用结算办法。充分发挥医疗保险集团购买的优势，采取定服务机构、定服务项目、定考核指标、定结算标准、定支付办法等方式,探索就医、支付、结算一体化的门诊统筹综合管理办法,有效控制门诊医疗费用。

七、加强组织领导。各地要高度重视,科学决策,精心组织实施。切实加强经办能力建设,完善医疗保险信息系统,探索适应门诊统筹管理需要的经办方式,提高管理服务水平。要加强社区劳动保障平台与社区卫生服务机构的协作,促进参保人员健康管理。要认真研究工作中出现的新情况、新问题,积极探索解决办法,遇有重要情况要及时报告。

人力资源和社会保障部关于普遍开展城镇居民基本医疗保险门诊统筹有关问题的意见

1. 2011年5月24日
2. 人社部发〔2011〕59号

各省、自治区、直辖市人力资源社会保障厅(局),新疆生产建设兵团劳动保障局:

近年来,部分地区积极开展城镇居民基本医疗保险(以下简称居民医保)门诊统筹工作,减轻了居民门诊医疗费用负担,增强了制度保障能力,受到群众广泛欢迎。按照国务院办公厅医药卫生体制五项重点改革2011年主要安排的要求,今年要普遍开展居民医保门诊统筹工作。现就有关问题提出以下意见:

一、充分认识门诊统筹的重要意义

普遍开展居民医保门诊统筹是提高医疗保障水平的重要举措,有利于拓宽保障功能,减轻群众门诊医疗费用负担;是完善医疗保险管理机制的重要内容,有利于整体调控卫生资源,提高保障绩效;是落实"保基本、强基层、建机制"要求的重要抓手,有利于支持基层医疗机构建设,促进基本药物制度实施,推动医药卫生体制各项改革协调发展。

开展门诊统筹要坚持以下原则:坚持基本保障,重点保障群众负担较重的门诊多发病、慢性病,避免变成福利补偿;坚持社会共济,实现基金调剂使用和待遇公平;坚持依托基层医疗卫生资源,严格控制医疗服务成本,提高基金使用效率。

各地要统一思想,落实责任,加强组织实施,确保完成今年普遍开展门诊统筹的工作任务。要按照《关于开展城镇居民基本医疗保险门诊统筹的指导意见》(人社部发〔2009〕66号)的要求,加强管理,创新机制,努力提高门诊统筹保障绩效。要充分发挥医疗保险在医药卫生体制改革中的重要作用,着眼于调结构、建机制,降低医疗服务成本,优化卫生资源配置。

二、合理确定保障范围和支付政策

门诊统筹所需资金由居民医保基金解决。各地要综合考虑居民医疗需求、费用水平、卫生资源分布等情况,认真测算、合理安排门诊和住院资金。2011年新增财政补助资金,在保证提高住院医疗待遇的基础上,重点用于开展门诊统筹。

门诊统筹立足保障参保人员基本医疗需求,主要支付在基层医疗卫生机构发生的符合规定的门诊医疗费用,重点保障群众负担较重的多发病、慢性病。困难地区可以从纳入统筹基金支付范围的门诊大病起步逐步拓展门诊保障范围。

合理确定门诊统筹支付比例、起付标准(额)和最高支付限额。对在基层医疗卫生机构发生的符合规定的医疗费用,支付比例原则上不低于50%;累计门诊医疗费较高的部分,可以适当提高支付比例。对于在非基层医疗机构发生的门诊医疗费用,未经基层医疗机构转诊的原则上不支付。根据门诊诊疗和药品使用特点,探索分别制定诊疗项目和药品的支付办法。针对门诊发生频率较高的特点,可以采取每次就诊定额自付的办法确定门诊统筹起付额。要根据基金承受能力,综合考虑当地次均门诊费用、居民就诊次数、住院率等因素,合理确定门诊统筹最高支付限额,并随着基金承受能力的增强逐步提高。要结合完善就医机制,统筹考虑门诊、住院支付政策,做好相互之间的衔接,提高基金使用效率。

对恶性肿瘤门诊放化疗、尿毒症透析、器官移植术后抗排异治疗、糖尿病患者胰岛素治疗、重性精神病人药物维持治疗等特殊治疗,以及在门诊开展比住院更经济方便的部分手术,要采取措施鼓励患者在门诊就医。各地可以针对这些特殊治疗和手术的特点,单独确定定点医疗机构(不限于基层医疗机构),并参照住院制定相应的管理和支付办法,减轻他们的医疗费用负担。

三、完善医疗服务管理措施

根据门诊保障需要,建立健全适合门诊特点的医疗服务管理和考核体系,加强对门诊就诊率、转诊率、次均费用、费用结构等的考核,规范基层定点医疗机构医疗服务行为。做好与基层医疗服务体系建设、基本药物制度、全科医生制度等其他改革的衔接,做到相互促进。

居民医保门诊统筹执行基本医疗保险药品目录,在定点基层医疗机构保证《国家基本医疗保险药品目录》甲类药品（包括基本药物）的使用。对定点基层医疗机构医保甲类药品的配备和使用要提出明确要求，并纳入定点基层医疗机构考核体系。对部分患者门诊基本医疗必需的乙类药品，有条件的地区可以研究探索制订基层医疗机构医生处方外购药品的支付和管理办法。严格执行政府办基层医疗机构基本药物零差率销售政策，降低药品使用成本。

将一般诊疗费全额纳入医疗保险支付范围，按规定比例予以支付。建立健全门诊统筹诊疗服务规范和监管措施，加强对定点基层医疗机构服务行为监管，合理控制诊疗服务数量和费用，避免分解就诊、重复收费等不规范诊疗行为的发生。

四、创新就医管理和付费机制

创新门诊统筹就医管理和付费机制，管理重点逐步由费用控制向成本控制转变，降低服务成本，提高保障绩效。要充分利用基层医疗机构，引导群众基层就医，促进分级医疗体系形成。发挥医疗保险对卫生资源的调控作用，合理使用门诊和住院资源，降低住院率，从总体上控制医疗费用。

积极探索基层首诊和双向转诊就医管理机制。确定首诊基层医疗机构要综合考虑医疗机构服务能力、参保居民意愿、是否与上级医院建立协作关系等因素，一般一年一定，参保人只能选择一家。积极探索双向转诊，明确首诊、转诊医疗机构责任，逐步建立风险控制和费用分担机制。规范基层医疗机构上转病人，促进医院下转病人，推动形成分工合理的就医格局。

充分发挥医疗保险团购优势，通过谈判，控制医疗服务成本，减轻患者费用负担。各统筹地区要研究制定门诊统筹团购办法，明确规则、内容、流程等，在人头服务、慢病管理、常用药品、常规诊疗项目等方面探索团购工作。在实施总额预算管理的基础上，探索实行按人头付费等付费方式，建立风险共担的机制，促进医疗机构和医生主动控制费用。要根据不同付费方式的特点，明确监管重点，提高医疗质量，保障参保居民基本医疗权益。

五、加强经办管理

加强居民医保基金预算管理，统筹安排门诊和住院资金，提高基金使用效率。在统一进行预算管理的基础上，对门诊和住院医疗费用支出单独列账、分开统计。完善门诊和住院费用支出监测指标体系，建立动态分析制度。

完善门诊统筹协议管理。随着门诊统筹付费机制的完善，充实细化协议内容，将门诊统筹政策要求、管理措施、服务质量、考核办法、奖惩机制等落实到定点协议中，通过协议强化医疗服务监管。定期公布定点医疗机构医疗服务费用、质量、群众满意度等情况，充分发挥社会监督作用。加大考核力度，将考核结果与费用结算、奖励处罚挂钩。

加强信息系统建设。各统筹地区要加快发行社会保障卡，尽快将网络延伸到全部定点基层医疗机构和街道（乡镇）、社区（村）服务网点，利用信息化手段强化运行监控，方便即时结算。提高医疗保险信息系统建设部署层级，数据至少集中到地市一级。对定点医疗机构信息系统与医保信息系统的衔接提出明确要求，定点医疗机构向医保机构传输就诊结算信息，逐步由定时回传提高到实时回传，内容应包括个人就诊基本信息和各项医疗服务的汇总及明细信息（含自费项目）。

六、积极稳妥开展门诊统筹工作

各省（区、市）人力资源社会保障厅（局）要高度重视门诊统筹工作，研究制定具体落实措施和工作方案，加强对各统筹地区的工作指导和政策协调。尚未开展居民医保门诊统筹的地区，要抓紧出台相关政策，尽快启动实施；已开展居民医保门诊统筹的地区，要根据本通知要求进一步完善政策、加强管理。门诊统筹重点联系城市要做好重点专题探索工作，破解重点难点问题，实现体制机制创新。有条件的地区可以调整职工医保个人账户使用办法，探索职工门诊保障统筹共济办法。

门诊统筹工作政策性强、涉及面广，各级人力资源社会保障部门要主动加强与发展改革、财政、卫生、民政等部门的沟通协调，促进医改各项工作协同推进。各省（区、市）要充分发挥重点联系城市的作用，及时推广好的经验做法，形成上下互动的合力。

各地在推进居民医保门诊统筹过程中，遇有新情况、新问题请及时向我部报告。

3. 特定人群参保

劳动和社会保障部、铁道部关于铁路系统职工参加基本医疗保险有关问题的通知

1. 1999年6月21日
2. 劳社部发〔1999〕20号

各省、自治区、直辖市劳动（劳动和社会保障）厅（局），铁道部部属各单位：

为了贯彻落实《国务院关于建立城镇职工基本医疗保险制度的决定》（国发〔1998〕44号），做好铁路系统各用人单位及其职工参加统筹地区基本医疗保险的有关工作，现将有关事项通知如下：

一、铁路系统所有用人单位及其职工都要按照属地管理原则参加统筹地区的基本医疗保险，统一执行所参保统筹地区的基本医疗保险政策。基本医疗保险基金由所参保统筹地区社会保险经办机构统一筹集、使用和管理。

铁路系统各机关、事业单位、工厂、高校及其职工，要直接参加所在统筹地区的基本医疗保险；跨地区、生产流动性较大的运输、施工企业及其职工，可以相对集中的方式异地参加统筹地区的基本医疗保险。

二、各运输企业一般以铁路分局（总公司）、直管站段的铁路局为单位，集中参加分局、路局注册所在统筹地区的基本医疗保险；中国铁路工程总公司与中国铁路建筑总公司下属的跨地区、生产流动性大的施工企业一般以工程处为单位参加工程处机关所在统筹地区的基本医疗保险。

三、各有关统筹地区劳动保障部门要在征求以相对集中方式参保的各单位意见基础上，制定异地参保人员的就医管理办法。要充分发挥铁路系统现有医疗资源的作用，方便参保人员就医与管理。符合条件的铁路系统医疗机构均可向所在地劳动保障部门申请定点资格。对取得定点资格的铁路系统医疗机构，允许所在统筹地区所有参保人员选择。

四、各有关省（自治区、直辖市）劳动保障部门要加强对铁路系统跨地区、生产流动性较大企业及其职工相对集中异地参保工作的指导和监督。各有关统筹地区劳动保障部门要结合铁路系统运输、施工单位及其职工的分布和行业特点，完善基本医疗保险费的征缴、医疗费用支付和结算等办法，认真做好组织实施工作。铁路各有关单位要积极配合当地劳动保障部门共同做好这项工作。在实施过程中发现的重大问题，要及时向当地人民政府和上级主管部门反映，采取切实有效的措施，确保这项工作的顺利实施。

附件：铁路系统运输、施工企业参加基本医疗保险属地划分表（略）

劳动和社会保障部、国务院侨务办公室关于获准出境定居的归侨侨眷职工医疗保险有关政策问题的通知

1. 2001年9月27日
2. 劳社部函〔2001〕165号

各省、自治区、直辖市劳动和社会保障厅（局）、侨务办公室：

为了切实保障归侨侨眷的合法权益，按照党中央、国务院“一视同仁，不得歧视，根据特点，适当照顾”的国内侨务工作原则，现就获准出境定居（包括港澳地区，下同）的归侨侨眷职工医疗保险有关政策问题通知如下：

一、各地在进行医疗保险制度改革时，要将获准出境定居的归侨侨眷职工及退休人员纳入基本医疗保险范围，为他们办理相关手续。

二、已参加了当地基本医疗保险、获准出境定居的归侨侨眷退休人员入境就医，按当地有关医疗保险规定，享受基本医疗保险待遇。

三、已参加了基本医疗保险但尚未达到退休年龄的归侨侨眷职工，在获准出境定居后，其个人账户可一次结清，退还本人，今后不再享受基本医疗保险待遇。

四、获准出境定居的归侨侨眷离休人员回国内就医，按规定享受医疗保险待遇。

劳动和社会保障部等关于中央直属企事业单位按属地管理原则参加统筹地区基本医疗保险有关问题的通知

1. 2001年9月29日劳动和社会保障部、中共中央金融工作委员会、中共中央企业工作委员会发布
2. 劳社部函〔2001〕163号

各省、自治区、直辖市劳动和社会保障厅（局），中央各直属企事业单位：

为贯彻全国城镇职工基本医疗保险制度和医药卫生体制改革工作会议精神，进一步落实《国务院关于建立城镇职工基本医疗保险制度的决定》（国发〔1998〕44号）和《研究中央直属企业参加城镇职工基本医疗保险制度改革有关问题的会议纪要》（国阅

〔2001〕37号）有关要求，做好中央直属企事业单位按属地管理原则参加统筹地区基本医疗保险工作，现将有关问题通知如下：

一、加快推进城镇职工基本医疗保险制度改革，是完善社会保障体系的客观要求，是保障职工基本医疗需求、维护职工合法权益的重要措施，是深化国有企业改革和经济结构调整的必要条件，是贯彻江泽民同志"三个代表"重要思想的具体体现。各级劳动保障部门和中央直属企事业单位要认真学习江泽民同志在庆祝中国共产党成立80周年大会上的讲话，按照中央的统一部署和在医疗保险制度改革中实践江泽民同志"三个代表"重要思想的要求，提高对推进医疗保险制度改革的重要性、紧迫性的认识，积极推进和参加医疗保险制度改革工作。

二、中央直属企事业单位及其职工都要按照属地管理原则统一参加并执行统筹地区的基本医疗保险政策。基本医疗保险基金由所参保统筹地区社会保险经办机构统一筹集、使用和管理。电力、远洋运输等跨地区、生产流动性较大的企业及其职工，可以相对集中的方式异地参加统筹地区的基本医疗保险。中央有关部门和直属企事业单位要按照中央部署，要求并督促下属各单位按属地管理原则参加基本医疗保险。中央各直属企事业单位要加强宣传和思想政治工作，把医疗保险政策讲准，内容讲全，引导职工积极参加基本医疗保险。劳动保障部门和中央直属企事业单位要密切配合，共同做好参加基本医疗保险的有关工作。

三、所在地级以上统筹地区已经启动医疗保险制度改革的中央直属企事业单位，原则上应在2001年底前全部参加当地基本医疗保险；所在地级以上统筹地区尚未启动的，应按当地部署同步参加。中央直属企业单位还要积极探索建立企业补充医疗保险办法，妥善解决职工超出基本医疗保险支付范围之外的医疗费用。

四、各省、自治区、直辖市劳动保障部门要加强与有关部门的协调，帮助解决中央直属企事业单位参加基本医疗保险中存在的问题。统筹地区劳动保障部门要增强服务意识，不断提高医疗保险社会化管理和服务水平。要结合中央直属企事业单位及其职工的分布和行业特点，完善基本医疗保险费的征缴、医疗费用支付和结算等办法，帮助企事业单位克服在参保过程中碰到的困难，认真做好组织实施工作。在实施过程中发现重大问题，要及时向当地人民政府和上级主管部门报告，并采取切实有效的措施予以解决，确保这项工作的顺利实施。

五、各有关统筹地区劳动保障部门要在征求中央各直属企事业单位意见基础上，制定参保人员的就医管理办法，方便参保人员就医与管理。要认真做好定点医疗机构的资格审查工作，加强医疗服务管理，提高医疗保险管理和服务水平。要充分发挥中央直属企事业单位现有医疗资源的作用，符合条件的企事业医疗机构均可向所在地劳动保障部门申请定点资格。对取得定点资格的企事业医疗机构，允许所在统筹地区所有参保人员选择。

劳动和社会保障部、国家电力公司关于国家电力公司所属单位职工参加基本医疗保险有关问题的通知

1. 2001年12月30日
2. 劳社部函〔2001〕208号

为了贯彻落实《国务院关于建立城镇职工基本医疗保险制度的决定》（国发〔1998〕44号）和劳动保障部、中央金融工委、中央企业工委《关于中央直属企事业单位按属地管理原则参加统筹地区基本医疗保险有关问题的通知》（劳社部函〔2001〕163号），做好国家电力公司所属单位及其职工参加统筹地区基本医疗保险的有关工作。现就有关问题通知如下：

一、国家电力公司所有用人单位及其职工和退休人员都要按照属地管理原则参加统筹地区的基本医疗保险，统一执行所参保统筹地区的基本医疗保险政策。

二、国家电力公司所属具有独立法人资格的发电企业、修造企业、科研设计机构、中高等院校及其职工直接参加所在地级以上（含地级）统筹地区的基本医疗保险。

三、具有独立法人资格的水电、火电、送变电施工企业及其职工，原则上以工程局（公司）为单位参加其法人注册地所在统筹地区的基本医疗保险。如其法人注册地和生活基地不在同一统筹地区，各工程局（公司）可本着实事求是和方便职工就医的原则，与有关统筹地区协商确定参保地区。跨地区、生产流动性大的电网企业原则上参加法人注册地所在统筹地区的基本医疗保险，具体参保地区由各省、自治区、直辖市劳动保障部门征求电力企业意见后确定。

四、要充分发挥企业现有医疗资源的作用，符合条件的电力企业医疗机构均可向所在地劳动保障部门申请作为基本医疗保险定点医疗机构，为所在统筹地区所在参保人员提供医疗服务。

五、国家电力公司所属各单位在属地参加基本医疗保险的基础上，可以建立企业补充医疗保险，具体办法由国家电力公司确定。

六、各有关省、自治区、直辖市劳动保障部门要加强对水

电、火电、送变电施工企业和跨地区、生产流动性大的电网企业及其职工相对集中异地参保工作的指导和监督。各有关统筹地区劳动保障部门要结合这些单位及其职工的分布和行业特点，完善基本医疗保险费的征缴、医疗费用支付和结算等办法，认真做好组织实施工作。国家电力公司有关单位要积极配合当地劳动保障部门共同做好这项工作。在实施过程中发现的重大问题，要及时向当地人民政府和上级主管部门反映，采取切实有效的措施，确保这项工作的顺利实施。

劳动和社会保障部关于石油石化集团所属企业有偿解除劳动合同人员属地参加基本医疗保险问题的复函

1. 2002年8月9日

2. 劳社部〔2002〕139号

中国石油天然气集团公司、中国石油化工集团公司：

你们的《关于石油石化集团所属企业解除劳动合同人员参加属地基本医疗保险问题的请示》（中油人劳字〔2002〕234号）收悉。经研究，现对有偿解除劳动合同人员属地参加基本医疗保险的问题提出如下意见：

一、对已在城镇用人单位（包括企业、机关、事业单位、社会团体、民办非企业单位）实现再就业的人员，应按规定在新就业单位属地参加基本医疗保险。

二、对其他有偿解除劳动合同人员属地参加基本医疗保险问题，各地有规定的，按各地现行规定执行；各地暂无规定的，可以采取由个人缴费参加基本医疗保险的办法，解决这部分人员的基本医疗待遇问题。

中石油、中石化集团所属单位有偿解除劳动合同人员属地参加基本医疗保险，要按上述规定，与所在地劳动保障部门协商确定具体操作办法。

人力资源和社会保障部等关于妥善解决关闭破产国有企业退休人员等医疗保障有关问题的通知

1. 2009年5月27日人力资源和社会保障部、财政部、国务院国有资产监督管理委员会、监察部发布

2. 人社部发〔2009〕52号

各省、自治区、直辖市人力资源社会保障（劳动保障）厅（局）、财政厅（局）、国资委、监察厅（局），新疆生产建设兵团劳动保障局、财务局、国资委、监察局，安徽、福建、贵州省经贸委（经委）：

党中央、国务院高度重视关闭破产企业退休人员医疗保障问题，地方各级党委政府积极采取各种措施，做了大量工作，取得了积极的成效。为贯彻《中共中央、国务院关于深化医药卫生体制改革的意见》（中发〔2009〕6号）精神、落实《国务院关于印发医药卫生体制改革近期重点实施方案（2009－2011年）的通知》（国发〔2009〕12号）要求，在妥善解决地方政策性关闭破产国有企业退休人员参保问题的基础上，彻底解决其他关闭破产企业退休人员参保等问题，经国务院同意，现就有关问题通知如下：

一、各地要认真按照中发〔2009〕6号和国发〔2009〕12号文件要求，采取切实有效措施，于2009年年底前将未参保的关闭破产国有企业退休人员纳入当地城镇职工基本医疗保险。同时，统筹解决包括关闭破产集体企业退休人员和困难企业职工等在内的其他各类城镇人员医疗保障问题，切实保障他们的基本医疗需求。

二、各地要通过多渠道筹资的办法，妥善解决关闭破产国有企业退休人员参加城镇职工基本医疗保险所需资金。在企业实施关闭破产时，要按照《企业破产法》相关规定，通过企业破产财产偿付退休人员参保所需费用。企业破产财产不足偿付的，可以通过未列入破产财产的土地出让所得、财政补助、医疗保险基金结余调剂等多渠道筹资解决。省级政府对困难市、县应给予帮助和支持。地方各级政府安排用于帮助解决关闭破产企业退休人员参保的补助资金，可分年到位。对地方依法破产国有企业退休人员参加城镇职工基本医疗保险，中央财政按照“奖补结合”原则给予一次性补助。今后，各地要严格执行《企业破产法》等法律法规，妥善解决关闭破产企业退休人员参保所需资金，中央财政不再给予补助。

三、各地要认真落实《国务院办公厅转发国家经贸委等部门关于解决国有困难企业和关闭破产企业职工基本生活问题若干意见的通知》（国办发〔2003〕2号），将中央和中央下放地方政策性关闭破产国有企业退休人员及其参保所筹集资金纳入属地城镇职工基本医疗保险体系统一管理，不得单独管理、封闭运行。退休人员基本医疗待遇与原所属企业（或企业集团）脱钩，统筹地区应按规定确保退休人员享受当地城镇职工基本医疗保险的相关待遇。中央财政在按国办发〔2003〕2号文件规定安排补助的基础上，对中央和中央下放地方政策性关闭破产国有企业退休人员参加城镇职工基本医疗保险，给予一次性补助。

四、各地要制定具体的实施办法，切实将目前尚未参保的、关闭破产集体企业等其他各类关闭破产企业退休人员和困难企业职工纳入城镇职工基本医疗保险。中央财政对此项工作做得好的地区，通过以奖代补的方式给予一次性补助。对确有困难、难以参加城镇职工基本医疗保险的，经省级人民政府批准纳入城镇居民基本医疗保险，中央财政按照城镇居民基本医疗保险有关规定给予补助。省级人民政府要明确参加城镇居民基本医疗保险企业的具体标准和审批程序，省级人力资源社会保障等部门要认真按照规定严格组织实施，防止有缴费能力的企业逃避参加城镇职工基本医疗保险的缴费责任，损害退休人员和职工权益。到2010年年底前，基本解决所有关闭破产企业退休人员和困难企业职工的参保问题。

五、各地要加快城镇职工基本医疗保险和城镇居民基本医疗保险的扩面进度，确保实现到2011年年底城镇职工基本医疗保险、城镇居民基本医疗保险参保率均达到90%以上的目标。要继续贯彻落实《国务院关于建立城镇职工基本医疗保险制度的决定》（国发〔1998〕44号）及其他相关文件精神，大力推进解决城镇非公有制经济组织从业人员、灵活就业人员、就业困难人员参保问题，将本行政区域内各类机关事业单位和企业单位及其职工全部纳入属地城镇职工基本医疗保险。同时，要按照《人力资源社会保障部、财政部关于全面开展城镇居民基本医疗保险工作的通知》（人社部发〔2009〕35号）要求，全面推开城镇居民基本医疗保险制度，切实将城镇非就业居民纳入城镇居民基本医疗保险。中央财政将根据各地实际参保率，与各类关闭破产企业退休人员和困难企业职工参保情况一并进行考核，通过以奖代补给予补助。

六、各地要认真履行职责，切实抓好贯彻落实。各省、自治区、直辖市人民政府要切实承担责任，进一步明确政策，制定周密详尽、切实可行的工作方案，切实加大对统筹地区的工作指导力度，确保专款专用和工作目标的实现。为强化工作责任，明确工作要求，人力资源社会保障部、财政部、国务院国资委、监察部将与各省、自治区、直辖市人民政府签订工作目标协议书。各统筹地区人民政府要精心组织，制定具体实施计划，确保按期完成工作任务。地方各级政府要积极调整支出结构，努力通过多渠道方式筹措所需资金，确保资金到位。到2011年年底，东、中、西部省份解决关闭破产国有企业退休人员参保问题地方政府所需筹集资金到位率要分别达到50%、40%和30%。地方各级政府在分配上级和本级财政补助资金时，要对关闭破产企业退休人员和困难企业职工参保任务重、财力困难的地区给予倾斜。各省、自治区、直辖市人民政府要发挥监督和协调作用，督促落实各项政策。中央有关部门将对各地落实本通知的情况适时进行督查。

人力资源和社会保障部、财政部关于领取失业保险金人员参加职工基本医疗保险有关问题的通知

1. 2011年7月4日
2. 人社部发〔2011〕77号

各省、自治区、直辖市人力资源社会保障厅（局）、财政厅（局），新疆生产建设兵团劳动保障局、财政局：

为贯彻落实《中华人民共和国社会保险法》，做好领取失业保险金期间的失业人员（以下简称领取失业保险金人员）参加职工基本医疗保险（以下简称职工医保）工作，接续基本医疗保险关系，保障合理的医疗待遇水平，现就有关问题通知如下：

一、领取失业保险金人员应按规定参加其失业前失业保险参保地的职工医保，由参保地失业保险经办机构统一办理职工医保参保缴费手续。

二、领取失业保险金人员参加职工医保应缴纳的基本医疗保险费从失业保险基金中支付，个人不缴费。

三、领取失业保险金人员参加职工医保的缴费率原则上按照统筹地区的缴费率确定。缴费基数可参照统筹地区上年度职工平均工资的一定比例确定，最低比例不低于60%。

失业保险经办机构为领取失业保险金人员缴纳基本医疗保险费的期限与领取失业保险金期限相一致。

四、领取失业保险金人员出现法律规定的情形或领取期满而停止领取失业保险金的，失业保险经办机构为其办理停止缴纳基本医疗保险费的相关手续。

失业保险经办机构应将缴费金额、缴费时间等有关信息及时告知医疗保险经办机构和领取失业保险金人员本人。

停止领取失业保险金人员按规定相应参加职工医保、城镇居民基本医疗保险或新型农村合作医疗。

五、领取失业保险金人员参加职工医保的缴费年限与其失业前参加职工医保的缴费年限累计计算。

六、领取失业保险金人员参加职工医保当月起按规定享受相应的住院和门诊医疗保险待遇，享受待遇期限与领取失业保险金期限相一致，不再享受原由失业保险

基金支付的医疗补助金待遇。

七、领取失业保险金人员失业保险关系跨省、自治区、直辖市转入户籍所在地的，其职工医保关系随同转移，执行转入地职工医保政策。应缴纳的基本医疗保险费按转出地标准一次性划入转入地失业保险基金。转入地失业保险经办机构按照当地有关规定为领取失业保险金人员办理职工医保参保缴费手续。

转出地失业保险基金划转的资金缴纳转入地职工医保费的不足部分，由转入地失业保险基金予以补足，超出部分并入转入地失业保险基金。

八、各地要高度重视领取失业保险金人员参加职工医保工作，切实加强组织领导，统筹规划，认真测算，抓紧研究制定适合本地区的实施办法，自 2011 年 7 月 1 日起开始实施。要通过多种形式加强政策宣传，大力开展业务培训。要进一步规范管理，加强信息系统建设。已经实行失业人员参加职工医保的地区，要按照《中华人民共和国社会保险法》的规定及本通知要求进一步完善政策。

人力资源社会保障部门和财政部门要密切协作，及时沟通，确保领取失业保险金人员参加职工医保工作顺利实施；对工作中出现的新情况和新问题，要认真分析研究，不断完善政策、加强管理、改进服务，并及时向上级部门反映。

劳动和社会保障部办公厅关于城镇灵活就业人员参加基本医疗保险的指导意见

1. 2003 年 5 月 26 日
2. 劳社厅发〔2003〕10 号

随着我国经济体制改革的进一步深化和产业结构的调整，以非全日制、临时性和弹性工作等灵活形式就业的人员（以下简称灵活就业人员）逐步增加，这部分人的医疗保障问题日益突出。为解决灵活就业人员的医疗保障问题，落实《中共中央 国务院关于进一步做好下岗失业人员再就业工作的通知》（中发〔2002〕12 号）关于抓紧制定以灵活形式就业的下岗失业人员社会保障配套办法的要求，现就城镇灵活就业人员参加基本医疗保险的有关问题提出如下指导意见：

一、统一认识，积极将灵活就业人员纳入基本医疗保险制度范围

（一）灵活就业人员参加基本医疗保险是解决他们医疗保障问题的重要措施，也是促进就业和再就业与完善社会保障体系的本质要求。各级劳动保障部门要从全面实践"三个代表"重要思想的高度出发，重视灵活就业人员的医疗保障问题，积极将灵活就业人员纳入基本医疗保险制度范围。

（二）结合经济发展水平和医疗保险管理能力，在区分灵活就业人员的人群类别、充分调查分析其基本医疗需求的基础上，针对不同类别的人群，制定相应政策和管理办法。

（三）灵活就业人员参加基本医疗保险要坚持权利和义务相对应、缴费水平与待遇水平相挂钩的原则。在参保政策和管理办法上既要与城镇职工基本医疗保险制度相衔接，又要适应灵活就业人员的特点。

二、明确政策，规范灵活就业人员参保方式、激励措施和待遇水平

（四）已与用人单位建立明确劳动关系的灵活就业人员，要按照用人单位参加基本医疗保险的方法缴费参保。其他灵活就业人员，要以个人身份缴费参保。

（五）可从建立基本医疗保险统筹基金起步，首先解决灵活就业人员住院和门诊大额医疗费用的保障问题，也可为有条件的部分灵活就业人员同时建立个人账户和实行大额医疗补助。

（六）灵活就业人员参加基本医疗保险的缴费率原则上按照当地的缴费率确定。从统筹基金起步的地区，可参照当地基本医疗保险建立统筹基金的缴费水平确定。缴费基数可参照当地上一年职工年平均工资核定。灵活就业人员缴纳的医疗保险费纳入统筹地区基本医疗保险基金统一管理。

（七）采取措施，促使灵活就业人员连续足额缴费。可根据灵活就业人员的缴费水平和缴费时间，参照当地基本医疗保险的待遇水平，确定相应的医疗保险待遇，并明确医疗保险待遇与缴费年限和连续缴费相挂钩的办法。对首次参加医疗保险的灵活就业人员，可规定其参加基本医疗保险到开始享受相关医疗保险待遇的期限。要考虑灵活就业人员收入不稳定等特点，明确中断缴费的认定和处理办法。

（八）灵活就业人员按照基本医疗保险的规定选择定点医疗机构和定点药店，严格执行基本医疗保险用药、诊疗项目和医疗服务设施标准的有关规定。要指导和协助参保的灵活就业人员选择定点医疗机构和定点药店。

三、加强管理，切实做好灵活就业人员的医疗保险管理服务工作

（九）针对灵活就业人员就业形式多样、工作地点和时间不固定等特点，完善医疗保险的业务管理办法，制定相应的个人申报登记办法、个人缴费办法和资格审核办法。鼓励灵活就业人员通过劳动保障事务代理机构或社区劳动保障服务机构等实现整体参保。

（十）经办机构要开设专门窗口，方便灵活就业人员个人直接缴费参保和医疗费用的结算。要进一步提高社会化管理服务水平，做到社会保险经办机构与定点医疗机构和定点药店的直接结算，减轻参保灵活就业人员的事务性负担。

（十一）做好参保灵活就业人员的医疗保险信息管理工作。进一步完善缴费个人基础档案资料的主要项目，建立完整的个人基础档案资料，做好个人缴费记录。根据灵活就业人员就业形式的变化，及时调整或更改个人信息，做好灵活就业人员的医疗保险关系变更服务。对灵活就业人员的缴费收入、医药费用支出等信息，要单独进行统计分析。

四、精心组织，稳妥推进灵活就业人员参保工作

（十二）各级劳动保障部门要努力争取党委和政府的支持，加大宣传力度，为做好灵活就业人员参加基本医疗保险创造良好的氛围。要主动与工商、税务等相关部门沟通，争取支持。

（十三）各统筹地区劳动保障部门要在认真调查和测算的基础上，制定和完善各类灵活就业人员参加基本医疗保险办法，精心组织实施。要及时分析和研究出现的新问题，不断完善政策和管理措施，确保制度平稳运行。

劳动和社会保障部办公厅关于推进混合所有制企业和非公有制经济组织从业人员参加医疗保险的意见

1．2004年5月28日
2．劳社厅发〔2004〕5号

各省、自治区、直辖市劳动保障厅（局）：

根据《中共中央关于完善社会主义市场经济体制若干问题的决定》关于进一步改革城镇职工基本医疗保险制度的精神，为进一步扩大医疗保险覆盖面，完善医疗保险制度，现就推进混合所有制企业和非公有制经济组织从业人员参加医疗保险工作提出如下意见：

一、统一思想认识，明确工作重点

（一）随着经济体制改革进一步深化，国有企业向混合所有制企业转制的进程加快，个体、私营等非公有制经济组织迅速发展，混合所有制企业和非公有制经济组织成为我国城镇新增劳动力、下岗失业人员和农村进城务工人员就业的主要渠道。推进混合所有制企业和非公有制经济组织从业人员参加医疗保险，是贯彻党的十六届三中全会精神、坚持和落实以人为本的科学发展观的重要任务，是进一步深化国有企业改革、完善社会主义市场经济体制的迫切要求，是改善经济环境、促进就业和再就业的重要措施，是提高医疗保险保障能力、确保医疗保险制度稳健运行和可持续发展的客观需要。当前要采取切实措施，加大推进混合所有制企业和非公有制经济组织从业人员参加医疗保险的工作力度，促进基本医疗保险事业全面协调可持续发展。

（二）推进混合所有制企业和非公有制经济组织从业人员参加医疗保险，要以做好在职职工医疗保险关系接续和解决退休人员医疗保险资金为重点，巩固和扩大国有企业转制为混合所有制企业后的参保面。要以私营、民营等非公有制企业为重点，提高中小企业参保率。要以与城镇用人单位建立了劳动关系的农村进城务工人员为重点，积极探索他们参加医疗保险的有效途径和办法。要以大中城市为重点，加强工作指导，妥善处理各方面关系，梯次推进。

二、坚持基本原则，进一步完善政策

（三）对混合所有制企业和非公有制经济组织从业人员，要坚持权利和义务相对应、缴费水平与待遇水平相挂钩的原则，通过建立统筹基金和参加大额医疗费用补助办法将他们纳入医疗保险范围，重点解决大额医疗费用风险。对门诊等未纳入医疗保险支付范围的医疗费用，用人单位应给予适当补助。

（四）逐步将与用人单位形成劳动关系的农村进城务工人员纳入医疗保险范围。根据农村进城务工人员的特点和医疗需求，合理确定缴费率和保障方式，解决他们在务工期间的大病医疗保障问题，用人单位要按规定为其缴纳医疗保险费。对在城镇从事个体经营等灵活就业的农村进城务工人员，可以按照灵活就业人员参保的有关规定参加医疗保险。

（五）切实保障参保人员的医疗保险权益。统一执行基本医疗保险定点管理、医疗服务项目支付范围和标准等医疗服务管理政策和办法，及时结算医疗费用，保证待遇落实。在坚持医疗保险待遇支付基本政策的同时，可以根据不同的保障方式，采取待遇支付标准与连续缴费年限挂钩、建立最低缴费年限制度等办法，鼓励用人单位和各类从业人员连续参保。

三、强化医疗保险管理，提高经办服务水平

（六）加强参保登记、缴费基数核定和基金征缴。对灵活就业人员、个体经济组织业主及其从业人员、外来务工人员以及规模较小的企业等难以准确核定缴费基数的，可以参照当地上年度职工平均工资确定。

（七）根据混合所有制企业和非公有制经济组织用工制度灵活、人员流动性大的特点，充分发挥街道社区劳动保障工作平台的作用，将医疗保险管理服务延伸到街道社区。充分利用银行、邮局等社会窗口，委托办理缴费手续，为参保人员提供方便快捷的服务。

四、加强统筹协调，精心组织实施

（八）各级劳动保障部门要在当地党委和政府的领导下，加大宣传力度，加强部门协调，积极争取工商、税务等部门的支持配合，为推进混合所有制企业和非公有制经济组织从业人员参加医疗保险工作创造良好条件。

（九）各地要在认真调研的基础上，制定重点突出、措施得力的具体方案。加大督促检查力度，及时了解有关情况，分析和研究工作中出现的新情况、新问题，不断总结经验，完善政策和管理措施，积极稳妥地将混合所有制企业和非公有制经济组织从业人员逐步纳入医疗保险范围。

4. 关系转移接续

流动就业人员基本医疗保障关系转移接续暂行办法

1. *2009年12月31日人力资源和社会保障部、卫生部、财政部发布*
2. *人社部发〔2009〕191号*
3. *自2010年7月1日起施行*

第一条　为保证城镇职工基本医疗保险、城镇居民基本医疗保险和新型农村合作医疗参保（合）人员流动就业时能够连续参保，基本医疗保障关系能够顺畅接续，保障参保（合）人员的合法权益，根据《中共中央　国务院关于深化医药卫生体制改革的意见》（中发〔2009〕6号）的要求，制定本办法。

第二条　城乡各类流动就业人员按照现行规定相应参加城镇职工基本医疗保险、城镇居民基本医疗保险或新型农村合作医疗，不得同时参加和重复享受待遇。各地不得以户籍等原因设置参加障碍。

第三条　农村户籍人员在城镇单位就业并有稳定劳动关系的，由用人单位按照《社会保险登记管理暂行办法》的规定办理登记手续，参加就业地城镇职工基本医疗保险。其他流动就业的，可自愿选择参加户籍所在地新型农村合作医疗或就业地城镇基本医疗保险，并按照有关规定到户籍所在地新型农村合作医疗经办机构或就业地社会（医疗）保险经办机构办理登记手续。

第四条　新型农村合作医疗参合人员参加城镇基本医疗保险后，由就业地社会（医疗）保险经办机构通知户籍所在地新型农村合作医疗经办机构办理转移手续，按当地规定退出新型农村合作医疗，不再享受新型农村合作医疗待遇。

第五条　由于劳动关系终止或其他原因中止城镇基本医疗保险关系的农村户籍人员，可凭就业地社会（医疗）保险经办机构出具的参保凭证，向户籍所在地新型农村合作医疗经办机构申请，按当地规定参加新型农村合作医疗。

第六条　城镇基本医疗保险参保人员跨统筹地区流动就业，新就业地有接收单位的，由单位按照《社会保险登记管理暂行办法》的规定办理登记手续，参加新就业地城镇职工基本医疗保险；无接收单位的，个人应在中止原基本医疗保险关系后的3个月内到新就业地社会（医疗）保险经办机构办理登记手续，按当地规定参加城镇职工基本医疗保险或城镇居民基本医疗保险。

第七条　城镇基本医疗保险参保人员跨统筹地区流动就业并参加新就业地城镇基本医疗保险的，由新就业地社会（医疗）保险经办机构通知原就业地社会（医疗）保险经办机构办理转移手续，不再享受原就业地城镇基本医疗保险待遇。建立个人账户的，个人账户原则上随其医疗保险关系转移划转，个人账户余额（包括个人缴费部分和单位缴费划入部分）通过社会（医疗）保险经办机构转移。

第八条　参保（合）人员跨制度或跨统筹地区转移基本医疗保障关系的，原户籍所在地或原就业地社会（医疗）保险或新型农村合作医疗经办机构应在其办理中止参保（合）手续时为其出具参保（合）凭证（样式见附件），并保留其参保（合）信息，以备核查。新就业地要做好流入人员的参保（合）信息核查以及登记等工作。

第九条　参保（合）凭证由人力资源社会保障部会同卫生部统一设计，由各地社会（医疗）保险及新型农村合作医疗经办机构统一印制。参保（合）凭证信息原则上通过社会（医疗）保险及新型农村合作医疗经办机构之间传递，因特殊原因无法传递的，由参保（合）人员自行办理有关手续。

第十条　社会（医疗）保险和新型农村合作医疗经办机构要指定窗口或专人，办理流动就业人员的基本医疗保障登记和关系接续等业务。要逐步将身份证号码作为各类人员参加城镇职工基本医疗保险、城镇居民基本医疗保险和新型农村合作医疗的唯一识别码，加强信息系统建设，及时记录更新流动人员参保（合）缴费的信息，保证参保（合）记录的完整性和连续性。

第十一条　社会（医疗）保险和新型农村合作医疗经办机构要加强沟通和协作，共同做好基本医疗保障关系转移接续管理服务工作，简化手续，规范流程，共享数据，方便参保（合）人员接续基本医疗保障关系和享受待遇。

第十二条　各省、自治区、直辖市要按照本办法，并结合当地实际制定流动就业人员基本医疗保障登记管理和转移接续的具体实施办法。

第十三条　本办法自2010年7月1日起实施。

关于做好进城落户农民参加基本医疗保险和关系转移接续工作的办法

1. 2015年8月27日人力资源和社会保障部、国家发展和改革委员会、财政部、国家卫生和计划生育委员会发布
2. 人社部发〔2015〕80号
3. 自2016年1月1日起施行

健全进城落户农民参加基本医疗保险和关系转移接续政策，是落实中央全面深化改革任务的重要举措，有利于推动和统筹城乡发展，促进社会正义和谐；有利于全面提升城镇化质量，促进城镇化健康发展；有利于深入健全全民医保，促进基本医疗保障公平可及。为进一步做好进城落户农民参加基本医疗保险和流动就业人员等基本医疗保险关系转移接续工作，切实维护各类参保人员合法权益，依据《中华人民共和国社会保险法》和基本医疗保险制度有关规定，制定本办法。

一、做好进城落户农民参保工作

进城落户农民是指按照户籍管理制度规定，已将户口由农村迁入城镇的农业转移人口。各级人力资源社会保障部门要积极配合和支持相关部门，做好农业转移人口落户工作，把进城落户农民纳入城镇基本医疗保险制度体系，在农村参加的基本医疗保险规范接入城镇基本医疗保险，确保基本医保待遇连续享受。

进城落户农民根据自身实际参加相应的城镇基本医疗保险。在城镇单位就业并有稳定劳动关系的，按规定随所在单位参加职工基本医疗保险（以下简称职工医保）；以非全日制、临时性工作等灵活形式就业的，可以灵活就业人员身份按规定参加就业地职工医保，也可以选择参加户籍所在地城镇（城乡）居民基本医疗保险（以下简称居民医保）。其他进城落户农民可按规定在落户地参加居民医保，执行当地统一政策。对参加居民医保的进城落户农民按规定给予参保补助，个人按规定缴费。

已参加新型农村合作医疗（以下简称新农合）或居民医保的进城落户农民，实现就业并参加职工医保的，不再享受原参保地新农合或居民医保待遇。要进一步完善相关政策衔接措施，引导进城落户农民及时参保，同时避免重复参保。

二、规范医保关系转移接续手续

进城落户农民和流动就业人员等参加转入地基本医疗保险后，转入地社会（医疗）保险经办机构应依据参保人申请，通知转出地经办机构办理医保关系转移手续，确保管理服务顺畅衔接，避免待遇重复享受。

转出地社会（医疗）保险或新农合经办机构应在参保人办理中止参保（合）手续时为其开具参保（合）凭证。参保（合）凭证是参保人员的重要权益记录，由参保人妥善保管，用于转入地受理医保关系转移申请时，核实参保人身份和转出地社会（医疗）保险经办机构记录的相关信息。

三、妥善处理医保关系转移接续中的有关权益

进城落户农民和流动就业人员等办理基本医疗保险关系转移接续前后，基本医疗保险参保缴费中断不超过3个月且补缴中断期间医疗保险费的，不受待遇享受等待期限制，按参保地规定继续参保缴费并享受相应的待遇。

进城落户农民在农村参加新农合等基本医疗保险的参保缴费和权益享受信息等连续记入新参保地业务档案，保证参保记录的完整性和连续性。流动就业人员参加职工医保的缴费年限各地互认，参保人在转出地职工医保记录的缴费年限累计计入转入地职工医保缴费年限记录。

参保人转移基本医疗保险关系时，建立个人账户的，个人账户随本人基本医疗保险关系一同转移。个人账户资金原则上通过经办机构进行划转。

四、做好医保关系转移接续管理服务工作

进一步规范医保关系转移接续业务经办程序。逐步统一各类人员参加基本医疗保险的标识。积极探索推行网上经办、自助服务、手机查询等经办服务模式，引导和帮助用人单位和个人依规主动更新参保信息。加强经办服务管理平台建设，完善和推广社会保险（医疗保险）关系转移接续信息系统，推进标准化建设和数据信息跨地区、跨部门共享，确保跨地区、跨制度参保信息互认和顺畅传递。

社会（医疗）保险经办机构和新农合经办机构要加强沟通协作，进一步做好基本医疗保险关系转移接续管理服务工作。

五、落实组织实施工作

各地人力资源社会保障部门要结合本地区实际，以进城落户农民为重点，做好参保和关系转移接续工作，细化完善政策措施，优化管理服务流程。卫生计生部门要做好进城落户农民医保关系转移接续经办服务工作。财政部门要继续做好居民医保和新农合财政补助工作，确保资金及时足额到位。发展改革部门要积极支持配合相关部门，将进城落户农民在农村参加的社会保险规范接入城镇社保体系，支持社保经办平台建设。各相关部门加强统筹协调，做好政策衔接，确保基本医疗保险参保人跨制度、跨地区流动时能够连续参保。

本办法从2016年1月1日起执行。《流动就业人员基本医疗保障关系转移接续暂行办法》(人社部发〔2009〕191号)与本办法不符的,按本办法执行。

附件:基本医疗保障参保(合)凭证样式(略)

流动就业人员基本医疗保险关系转移接续业务经办规程

1. 2016年6月22日人力资源和社会保障部办公厅发布
2. 人社厅发〔2016〕94号
3. 自2016年9月1日起施行

第一条 为统一规范流动就业人员基本医疗保险关系转移接续业务办理流程,根据《流动就业人员基本医疗保障关系转移接续暂行办法》(人社部发〔2009〕191号)和《关于做好进城落户农民参加基本医疗保险和关系转移接续工作的办法》(人社部发〔2015〕80号),制定本规程。

第二条 本规程适用于职工基本医疗保险和城镇(城乡)居民基本医疗保险参保人员(以下简称参保人员)流动就业时跨制度、跨统筹地区转移接续基本医疗保险关系的业务经办。

第三条 本规程所称经办机构是指社会(医疗)保险经办机构。本规程所称参保(合)凭证是各统筹地区经办机构按照人力资源社会保障部、国家卫生计生委监制要求填写和打印的凭证(附件1)。

第四条 参保人员跨统筹地区流动前,参保人员或其所在用人单位到基本医疗保险关系所在地(以下简称"转出地")经办机构办理中止参保手续,并按规定提供居民身份证等相关证明材料,申请开具参保(合)凭证。

转出地经办机构应核实参保人在本地的缴费年限和缴费情况,核算个人账户资金,生成并出具参保(合)凭证;对有欠费的参保人员,告知欠费情况并提醒其及时补缴。

转出地经办机构应保留其参保信息,以备核查。参保人遗失参保(合)凭证,转出地经办机构应予补办。

第五条 参保人员跨统筹地区流动就业后,按规定参加转入地基本医疗保险。参保人员或其新就业的用人单位向转入地经办机构提出转移申请并提供参保(合)凭证,填写《基本医疗保险关系转移接续申请表》(附件2,以下简称《申请表》),并按规定提供居民身份证等相关证明材料。

转入地经办机构受理申请后,对符合当地转移接续条件的,应在受理之日起15个工作日内与转出地经办机构联系,生成并发出《基本医疗保险关系转移接续联系函》(附件3,以下简称《联系函》)。

第六条 转出地经办机构在收到《联系函》之日起的15个工作日内完成以下转移手续:

1. 终止参保人员在本地的基本医疗保险关系。

2. 按规定处理个人账户,需办理个人账户余额划转手续的,划转时需标明转移人员姓名和社会保障号。

3. 生成并核对《参保人员基本医疗保险类型变更信息表》(附件4,以下简称《信息表》),并提供给转入地经办机构。

4. 转出地经办机构将参保人员有关信息转出后,仍需将该信息保留备份。

《联系函》信息不全或有误的,应及时联系转入地经办机构,转入地经办机构应予以配合更正或说明情况。不符合转移条件的,转出地经办机构应通知转入地经办机构。

第七条 转入地经办机构在收到《信息表》和个人账户余额后的15个工作日内办结以下接续手续:

1. 核对《信息表》列具的信息及转移的个人账户金额。

2. 将转移的个人账户金额计入参保人员的个人账户。

3. 根据《信息表》及用人单位或参保人员提供的材料,补充完善相关信息。

4. 将办结情况通知用人单位或参保人员。

5.《信息表》按照社保档案管理规定存档备案。

参保(合)凭证、《信息表》或个人账户金额有误的,转入地经办机构应及时联系转出地经办机构,转出地经办机构应予以配合更正或说明情况。

第八条 人力资源社会保障部制定《基本医疗保障参保(合)凭证样张、标准格式和填写要求》(附件1),并将凭证样张公布在部网站上,各地经办机构按照标准打印。

第九条 各统筹地区经办人员可以登录人力资源社会保障部网址(http://www.mohrss.gov.cn)查询全国县级以上经办机构的邮寄地址、联系电话和传真号码,下载各地行政区划代码。经办机构联系方式发生变化,要及时通过系统变更或直报人力资源社会保障部社会保险事业管理中心,确保部网站上公布的县级以上经办机构信息的准确性。

第十条 关系转移接续函、表等材料应以纸质方式通过信函邮寄。为便于及时办理手续，经办机构间尚未实现信息系统互联的，可先通过传真方式传送相关材料；已经实现信息系统互联的，可先通过信息系统交换参保人员基本医疗保险关系转移接续的有关信息。

第十一条 进城落户农民和流动就业人员参加新农合或城镇（城乡）居民等基本医疗保险的信息应连续计入新参保地业务档案，保证参保记录的完整性和连续性。

第十二条 本规程从2016年9月1日起实施。原《流动就业人员基本医疗保险关系转移接续业务经办规程（试行）》（人社险中心函〔2010〕58号）同时废止。

附件：1. 基本医疗保障参保（合）凭证样张、标准格式和填写要求（略）

2. 基本医疗保险关系转移接续申请表（略）

3. 基本医疗保险关系转移接续联系函（略）

4. 参保人员基本医疗保险类型变更信息表（略）

5. 异地就医与结算

人力资源和社会保障部、财政部关于做好基本医疗保险跨省异地就医住院医疗费用直接结算工作的通知

1. 2016年12月8日
2. 人社部发〔2016〕120号

各省、自治区、直辖市及新疆生产建设兵团人力资源社会保障厅(局),财政(务)厅(局):

为切实增强公平性、适应流动性、保证可持续性,加快推进基本医疗保险全国联网和异地就医住院医疗费用直接结算工作,更好保障人民群众基本医疗保险权益,按照党中央、国务院要求,根据《关于进一步做好基本医疗保险异地就医医疗费用结算工作的指导意见》(人社部发〔2014〕93号),现将有关事项通知如下:

一、目标任务

2016年底,基本实现全国联网,启动跨省异地安置退休人员住院医疗费用直接结算工作;2017年开始逐步解决跨省异地安置退休人员住院医疗费用直接结算,年底扩大到符合转诊规定人员的异地就医住院医疗费用直接结算。结合本地户籍和居住证制度改革,逐步将异地长期居住人员和常驻异地工作人员纳入异地就医住院医疗费用直接结算覆盖范围。

二、基本原则

(一)规范便捷。坚持为参保人员提供方便快捷的结算服务,参保人员只需支付按规定由个人承担的住院医疗费用,其他费用由就医地经办机构与定点医疗机构按协议约定审核后支付。

(二)循序渐进。坚持先省内后跨省、先住院后门诊、先异地安置后转诊转院、先基本医保后补充保险,结合各地信息系统建设实际情况,优先联通异地就医集中的地区,稳步全面推进直接结算工作。

(三)有序就医。坚持与整合城乡医疗保险制度相结合,与分级诊疗制度的推进相结合,建立合理的转诊就医机制,引导参保人员有序就医。

(四)统一管理。坚持基本医疗保险异地就医政策、流程、结算方式基本稳定,统一将异地就医纳入就医地经办机构与定点医疗机构的谈判协商、总额控制、智能监控、医保医生管理、医疗服务质量监督等各项管理服务范围。

三、规范异地就医流程

(五)规范转出流程。参保人员跨省异地就医前,应到参保地经办机构进行登记。参保地经办机构应根据本地规定为参保人员办理异地就医备案手续,建立异地就医备案人员库并实现动态管理。参保地经办机构将异地就医人员信息上报至人力资源社会保障部社会保险经办机构(以下简称部级经办机构),形成全国异地就医备案人员库,供就医地经办机构和定点医疗机构获取异地就医参保人员信息。

(六)规范结算流程。参保人员异地就医出院结算时,就医地经办机构根据全国统一的大类费用清单,将异地就医人员住院医疗费用等信息经国家异地就医结算系统实时传送至参保地经办机构,参保地经办机构根据大类费用按照当地规定进行计算,区分参保人员个人与各项医保基金应支付的金额,并将计算结果经国家异地就医结算系统回传至就医地定点医疗机构,用于定点医疗机构与参保人员直接结算。

(七)强化跨省综合协调。部级经办机构按照《基本医疗保险跨省异地就医住院医疗费用直接结算经办规程(试行)》(见附件,以下简称经办规程)负责协调和督促各省(区、市)按规定及时拨付资金。对无故拖延拨付资金的省份,部级经办机构可暂停该省份跨省异地就医直接结算服务。各省级经办机构负责协调和督促统筹地区及时上缴跨省异地就医预付及清算资金。

四、加强异地就医管理服务

(八)实行就医地统一管理。就医地经办机构应将异地就医人员纳入本地统一管理,在定点医疗机构确定、医疗信息记录、医疗行为监控、医疗费用审核和稽核等方面提供与本地参保人相同的服务和管理,并在与定点医疗机构协议管理中予以明确。探索实行与就医地付费方式改革相一致的异地就医费用结算办法。

(九)规范待遇政策。跨省异地就医原则上执行就医地支付范围及有关规定(基本医疗保险药品目录、诊疗项目和医疗服务设施标准)。基本医疗保险统筹基金的起付标准、支付比例和最高支付限额原则上执行参保地政策。

(十)明确传输信息内容。参保人员直接结算时,就医地经办机构通过国家异地就医结算系统按照统一格式向参保地经办机构传输大类费用信息,医疗费用明细信息延后传输。

(十一)高起点、全兼容。根据需要为其他部门

管理的新农合参合人员提供服务。新农合由其他部门管理的统筹地区，其参合人员需要到北京、上海、广东等已实现城乡居民基本医疗保险管理体制和制度整合的省份就医，统筹地区应预留社保信息系统接口，确定信息系统对接及相应业务流程，通过参保地系统对接为确有需要的参合人员一视同仁提供跨省异地就医直接结算服务。

五、强化异地就医资金管理

（十二）跨省异地就医费用医保基金支付部分在地区间实行先预付后清算。部级经办机构根据往年跨省异地就医医保基金支付金额核定预付金额度。预付金额度为可支付两个月资金。各省（区、市）可通过预收省内各统筹地区异地就医资金等方式实现资金的预付。预付金原则上来源于各统筹地区医疗保险基金。

跨省异地就医清算按照部级统一清分，省、市两级清算的方式，按月全额清算。跨省异地就医预付及清算资金由参保地省级财政专户与就医地省级财政专户进行划拨。各省级经办机构应将收到的预付及清算单于5个工作日内提交给同级财政部门。参保地省级财政部门在确认跨省异地就医资金全部缴入省级财政专户，对经办机构提交的预付及清算单和用款申请计划审核无误后，在10个工作日内向就医地省级财政部门划拨预付和清算资金。就医地省级财政部门依据预付及清算单收款。各省级财政部门在完成预付和清算资金划拨及收款后，5个工作日内将划拨及收款信息以书面形式反馈省级经办机构，省级经办机构据此进行会计核算，并将划拨及收款信息及时反馈部级经办机构。因费用审核发生的争议及纠纷，按经办规程规定妥善处理。

（十三）划拨跨省异地就医资金过程中发生的银行手续费、银行票据工本费不得在基金中列支。

（十四）预付金在就医地财政专户中产生的利息归就医地所有。

（十五）跨省异地就医医疗费用结算和清算过程中形成的预付款项和暂收款项按相关会计制度规定进行核算。

六、加快国家和省级异地就医结算平台建设

（十六）建设国家平台。部级经办机构承担制定并实施全国异地就医结算业务流程、标准规范，全国异地就医数据管理与应用，跨省异地就医资金预付和结算管理、对账费用清分、智能监控、运行监测，跨省业务协同和争议处理等职能。人力资源社会保障部统一规划，依托金保工程，建设和维护国家异地就医结算系统，推进跨省异地就医结算电子签章应用。

（十七）建设和完善省级异地就医平台。省级经办机构承担全国异地就医结算业务流程、标准规范在本辖区内的组织实施，本省异地就医业务数据管理，辖区内跨省异地就医直接结算、资金预付和清算、智能监控、运行监测、业务协同管理、争议处理等职能。各省（区、市）人力资源社会保障部门按人力资源社会保障部统一建设要求，建设和完善省级异地就医结算系统。

（十八）加快社会保障卡发行。各地要将社会保障卡作为参保人员跨省异地就医身份识别和直接结算的唯一凭证，对有异地就医需求的人员优先发卡，建立跨省用卡服务机制。要按照全国跨省用卡技术方案和统一接口规范，完成用卡环境改造，支持跨省用卡鉴权。

（十九）大力推进《社会保险药品分类与代码》等技术标准的应用，加快社会保险诊疗项目和社会保险医疗服务设施标准建设，首先在国家与省级平台应用，逐步完善统筹地区经办机构与定点医疗机构医疗服务类代码转换和规范，实现全国就医结算代码统一。

七、工作要求

（二十）加强组织领导。各级人力资源社会保障部门要将跨省异地就医直接结算工作作为深化医药卫生体制改革的重要任务，加强领导、统筹谋划、精心组织、协调推进、攻坚克难，纳入目标任务考核管理，确保按时完成任务。财政部门要按规定及时划拨跨省异地就医资金，合理安排经办机构工作经费，加强与经办机构对账管理，确保账账相符、账款相符。

（二十一）加快推进国家与省级系统联网对接。各地要按照年底前完成全国联网的要求，倒排时间，在完成省级异地就医结算系统改造后，主动开展与国家异地就医结算系统联调测试。已经开展省与省点对点直接结算的省份，可继续对接运行，并逐步向国家异地就医结算系统对接过渡。

（二十二）加强队伍建设。要加强国家和省级平台的队伍建设，特别是异地安置退休人员和转诊人员集中的统筹地区，应根据管理服务的需要，积极协调相关部门，加强机构、人员和办公条件保障，合理配置专业工作人员，保证服务质量，提高工作效率。

（二十三）做好宣传引导。各地要充分利用现有12333咨询服务电话和各地人力资源社会保障门户网站，拓展多种信息化服务渠道，引导合理有序就医，提供就医地定点医疗机构分布信息、参保地报销政策信息、跨统筹地区基本医疗保险业务经办指南、查询投诉

等服务。

附件:基本医疗保险跨省异地就医住院医疗费用直接结算经办规程(试行)

附件

基本医疗保险跨省异地就医住院医疗费用直接结算经办规程(试行)

第一章　总　　则

第一条　为推进参保人员异地就医住院医疗费用联网结算,加强异地就医管理,提高服务水平,根据《关于进一步做好基本医疗保险异地就医医疗费用结算工作的指导意见》(人社部发〔2014〕93号)等文件要求,制定本规程。

第二条　本规程所称跨省异地就医是指参保人员在省外定点医疗机构住院发生的诊疗行为。

第三条　本规程适用于基本医疗保险参保人员跨省异地就医直接结算经办管理服务工作。

第四条　跨省异地就医直接结算工作实行统一管理、分级负责。人力资源社会保障部社会保险经办机构(以下简称部级经办机构)负责统一组织、指导协调省际间异地就医管理服务工作,依托国家异地就医结算系统,为跨省异地就医管理服务和费用直接结算提供支撑;省级经办机构负责完善省级异地就医结算管理功能,统一组织协调并实施跨省异地就医管理服务工作;各统筹地区经办机构按国家和省级要求做好跨省异地就医经办工作。

第五条　跨省异地就医费用医保基金支付部分实行先预付后清算。预付金原则上来源于各统筹地区医疗保险基金。

第六条　各地要优化经办流程,实现跨省异地就医参保人员持卡就医结算。具备条件的,可将公务员医疗补助、补充医疗保险、城乡居民大病保险及城乡医疗救助等纳入"一单制"结算。

第二章　范 围 对 象

第七条　参加基本医疗保险的下列人员,可以申请办理跨省异地就医住院医疗费用直接结算。

(一)异地安置退休人员:指退休后在异地定居并且户籍迁入定居地的人员。

(二)异地长期居住人员:指在异地居住生活且符合参保地规定的人员。

(三)常驻异地工作人员:指用人单位派驻异地工作且符合参保地规定的人员。

(四)异地转诊人员:指符合参保地转诊规定的人员。

第三章　登 记 备 案

第八条　参保地经办机构按规定及时为参保人员办理登记备案手续,有条件的地区可以探索网站、手机等多种形式办理。

参保地经办机构收到异地安置退休人员、异地长期居住人员、常驻异地工作人员和异地转诊人员提交的跨省异地就医申请时,经办人员应即时审核确认,填写生成《________省(区、市)跨省异地就医登记备案表》(见附件1),该表一式两联,盖章后一联留存参保地经办机构,一联交予申请人签收。

第九条　跨省异地就医备案人员信息变更。

(一)已完成异地就医备案的人员,若异地居住地、定点医疗机构、联系电话等信息发生变更,或转诊人员在异地医疗期间如需再次转院或入院,直接向参保地经办机构申请变更,并经其审核确认。

(二)异地就医人员的待遇享受状况变更,如暂停、恢复、终止等,参保地经办机构必须及时办理。

第十条　参保地经办机构应将跨省异地就医参保人员备案信息实时上报至部级经办机构。

第四章　就 医 管 理

第十一条　省级经办机构应按照合理分布、分步纳入的原则,在省内异地定点医疗机构范围内,选择确定跨省异地就医定点医疗机构,并报部级经办机构统一备案、统一公布。

跨省异地定点医疗机构发生中止医保服务、取消或新增定点等情形的,省级经办机构应及时上报部级经办机构,由部级经办机构统一公布。

第十二条　异地安置退休人员、异地长期居住人员、常驻异地工作人员,在办理异地就医备案手续时,应当在跨省异地定点医疗机构范围内自行选定就医地定点医疗机构。

第十三条　异地转诊人员办理异地就医备案手续时,应当按参保地规定在跨省异地定点医疗机构范围内确定转诊的定点医疗机构。

第十四条　异地就医人员应持社会保障卡就医,执行就医地医疗机构就医流程和服务规范。

第十五条　就医地经办机构应要求定点医疗机构对异地就医患者进行身份识别,确认相关信息,为异地就医人员提供优良的医疗服务。就医地经办机构负责医疗费用具体审核。

第五章 预付金管理

第十六条 预付金是参保地省级经办机构预付给就医地省级经办机构用于支付参保地异地就医人员医疗费用的资金,原则上按可支付上年两个月异地就医医疗费用的额度核定,按年清算。预付金在就医地财政专户中产生的利息归就医地所有。

第十七条 预付金建立之初由各省级经办机构上报预付金额度,部级经办机构汇总确认,生成《________省(区、市)跨省异地就医预付金付款通知书》(见附件2)、《________省(区、市)跨省异地就医预付金收款通知书》(见附件3),各省级经办机构在国家异地就医结算系统下载后按当地规定通知同级财政部门付款和收款。

第十八条 部级经办机构每年1月底前,根据上一年度各省跨省异地就医直接结算资金支出情况,核定各省级经办机构本年度应付、应收预付金,生成《全国跨省异地就医费用预付金明细表》(见附件4),出具预付金额度调整通知书(见附件4-1、附件4-2),通过国家异地就医结算系统进行发布。

第十九条 省级经办机构通过国家异地就医结算系统下载预付金额度调整通知书,5个工作日内提交同级财政部门。参保地省级财政部门在确认跨省异地就医资金全部缴入省级财政专户,对经办机构提交的预付单和用款申请计划审核无误后10个工作日内进行划款。各省应于每年2月底前完成预付金的收付工作。

第二十条 建立预付金预警和调增机制。预付金使用率为预警指标,是指异地就医月度清算资金占预付金的比例。预付金使用率达到70%,为黄色预警。预付金使用率达到90%及以上时,为红色预警,启动预付金紧急调增流程。

第二十一条 当预付金使用率出现红色预警时,就医地省级经办机构向部级经办机构报送预付金额度调增申请。部级经办机构收到申请后,对就医地提出调增的额度进行审核确认并向参保地省级经办机构下达《________省(区、市)跨省异地就医预付金额度紧急调增通知书》(见附件5)。

第二十二条 参保地省级经办机构接到部级经办机构下达预付金紧急调增通知书,5个工作日内,提交同级财政部门。省级财政部门在确认跨省异地就医资金全部缴入省级财政专户,对经办机构提交的预付单和用款申请计划审核无误后10个工作日内,完成预付金紧急调增资金的拨付。

第二十三条 省级财政部门在完成预付金额度及调增资金的付款和收款后,5个工作日内将拨付汇总表、收款汇总表以书面形式反馈到省级经办机构,省级经办机构同时向部级经办机构反馈到账信息。

第二十四条 就医地省级财政部门在规定期限内未收到参保地拨付的预付金或预付金紧急调增资金、清算资金,省级经办机构可向部级经办机构提出暂停参保地跨省异地就医直接结算的申请。部级经办机构负责协调和督促各省(区、市)按规定及时拨付资金。各省级经办机构负责协调和督促统筹地区及时上缴跨省异地就医预付及清算资金。

第六章 医疗费用结算

第二十五条 医疗费用对账是指就医地经办机构与定点医疗机构就住院医疗费用确认医保基金支付金额的行为。医疗费用结算是指就医地经办机构按协议或有关规定向定点医疗机构支付费用的行为。

第二十六条 异地就医人员直接结算的住院医疗费,原则上执行就医地规定的支付范围及有关规定(基本医疗保险药品目录、医疗服务设施和诊疗项目范围)。医保基金起付标准、支付比例、最高支付限额等执行参保地政策。

第二十七条 参保人员出院结算时,就医地经办机构将其住院费用明细信息转换为全国统一的大类费用信息,经国家、省异地就医结算系统传输至参保地,参保地按照当地政策规定计算参保人员个人以及各项医保基金应支付的金额,并将结果回传至就医地定点医疗机构。

第二十八条 参保人员出院时,按照医疗机构出具的《________省(区、市)跨省异地就医住院结算单》(见附件6)结清应由个人承担的费用;属于医保基金支付的费用,由就医地经办机构与定点医疗机构按协议结算。参保人员因故全额垫付医疗费用的,相关信息由医疗机构上传,医保基金支付的费用回参保地按规定报销。

第二十九条 国家异地就医结算系统每日自动生成日对账信息,实现参保地、就医地省级异地就医结算系统和国家异地就医结算系统的三方对账,做到数据相符。如出现对账信息不符的情况,省级经办机构应及时查明原因,必要时提请部级经办机构协调处理。

第三十条 就医地经办机构在参保人出院结算后5日内将医疗费用明细上传国家异地就医结算系统,参保地经办机构可通过国家异地就医结算系统查询和下载医疗费用及其明细项目。

第三十一条 就医地经办机构应当在次月20日前完成与异地定点医疗机构对账确认工作,并按协议约定,按时将确认的费用拨付给医疗机构。

第三十二条　就医地经办机构负责结算在本辖区发生的异地就医医疗费。其中，同属省本级和省会城市的定点医疗机构，其费用原则上由省本级经办机构负责结算，省本级不具备经办条件的，可由省会城市负责结算；同属地市级和县（市、区）的定点医疗机构，其费用原则上由地市级经办机构负责结算。

第七章　医疗费用清算

第三十三条　异地就医费用清算是指省级经办机构之间、省级经办机构与辖区内经办机构之间确认有关异地就医医疗费用的应收或应付额，据实划拨的过程。

第三十四条　部级经办机构于每月21日前，根据就医地经办机构与医疗机构对账确认后的医疗费用，生成《全国跨省异地就医费用清算表》（见附件7）、《________省（区、市）跨省异地就医应付医疗费用清算表》（见附件7－1）、《________省（区、市）跨省异地就医职工医保基金支付明细表》（见附件7－2）、《________省（区、市）跨省异地就医居民医保基金支付明细表》（见附件7－3）、《________省（区、市）跨省异地就医职工医保基金审核扣款明细表》（见附件7－4）、《________省（区、市）跨省异地就医居民医保基金审核扣款明细表》（见附件7－5）、《________省（区、市）跨省异地就医应收医疗费用清算表》（见附件7－6），各省级经办机构可通过国家异地就医结算系统精确查询本省内各统筹区的上述清算信息，于每月25日前确认上述内容。

第三十五条　部级经办机构于每月底前根据确认后的《全国跨省异地就医费用清算表》，生成《________省（区、市）跨省异地就医费用付款通知书》（见附件8）、《________省（区、市）跨省异地就医费用收款通知书》（见附件9），在国家异地就医结算系统发布。

第三十六条　各省级经办机构通过国家异地就医结算系统下载《________省（区、市）跨省异地就医费用收款通知书》、《________省（区、市）跨省异地就医费用付款通知书》后，于5个工作日内提交同级财政部门，财政部门在确认跨省异地就医资金全部缴入省级财政专户，对经办机构提交的清算单和用款申请计划审核无误后10个工作日内向就医地省级财政部门划拨资金。省级财政部门在完成清算资金拨付、收款后，在5个工作日内将划拨及收款信息以书面形式反馈到省级经办机构，省级经办机构向部级经办机构反馈到账信息。

第三十七条　省级经办机构之间完成清算后的5个工作日内，完成辖区内各统筹地区异地就医资金的上解或下拨。

第八章　稽核监督

第三十八条　异地就医医疗服务实行就医地管理。就医地经办机构要将异地就医工作纳入定点医疗机构协议管理范围，细化和完善协议条款，保障参保人员权益。

第三十九条　就医地经办机构应当建立异地就医人员的投诉渠道，及时受理投诉并将结果告知投诉人。对查实的重大违法违规行为按相关规定执行，并逐级上报部级经办机构。

第四十条　就医地经办机构发现异地就医人员有严重违规行为的，应暂停其直接结算，同时上报部级经办机构协调参保地经办机构，由参保地经办机构根据相关规定进行处理。

第四十一条　就医地经办机构对定点医疗机构违规行为涉及的医疗费用不予支付，已支付的违规费用予以扣除，用于冲减参保地异地就医结算费用。对定点医疗机构违背服务协议规定并处以违约金的，由就医地医疗保险经办机构按规定处理。

第四十二条　部级经办机构适时组织跨省异地就医联审互查，对就医地责任落实情况进行考评，协调处理因费用审核、资金拨付发生的争议及纠纷。

第四十三条　各级经办机构应加强异地就医费用稽核管理，建立异地就医结算运行监控制度，定期编报异地就医结算运行分析报告。

第九章　附　　则

第四十四条　省级经办机构对跨省异地就医医疗费用结算和清算过程中形成的预付款项和暂收款项按相关会计制度规定进行核算。

第四十五条　异地就医业务档案由参保地经办机构和就医地经办机构按其办理的业务分别保管。

第四十六条　各省级医疗保险经办机构可根据本规程，制定本地区异地就医直接结算实施细则。

第四十七条　本规程由人力资源社会保障部负责解释。

第四十八条　本规程自印发之日起实施。

附件：1－9（略）

10. 跨省异地就医备案、预付金、结算、清算流程图

附件 10

跨省异地就医直接结算备案流程

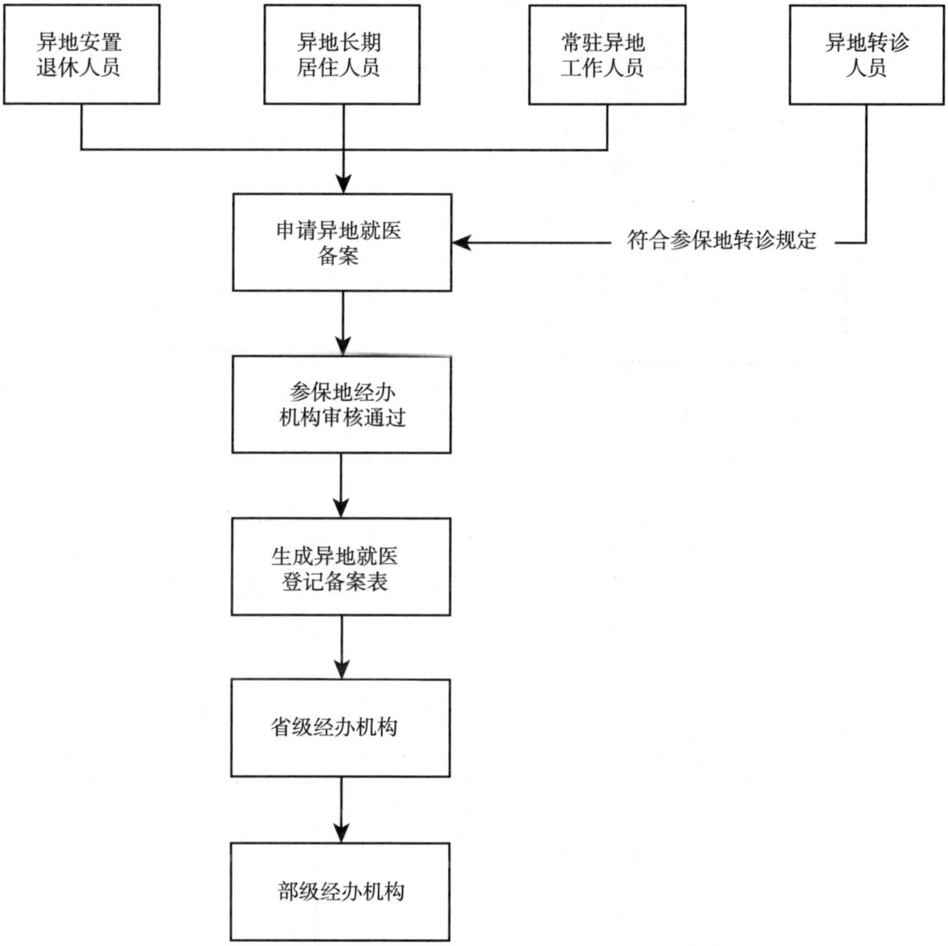

全国跨省异地就医预付金额度调整、预付流程

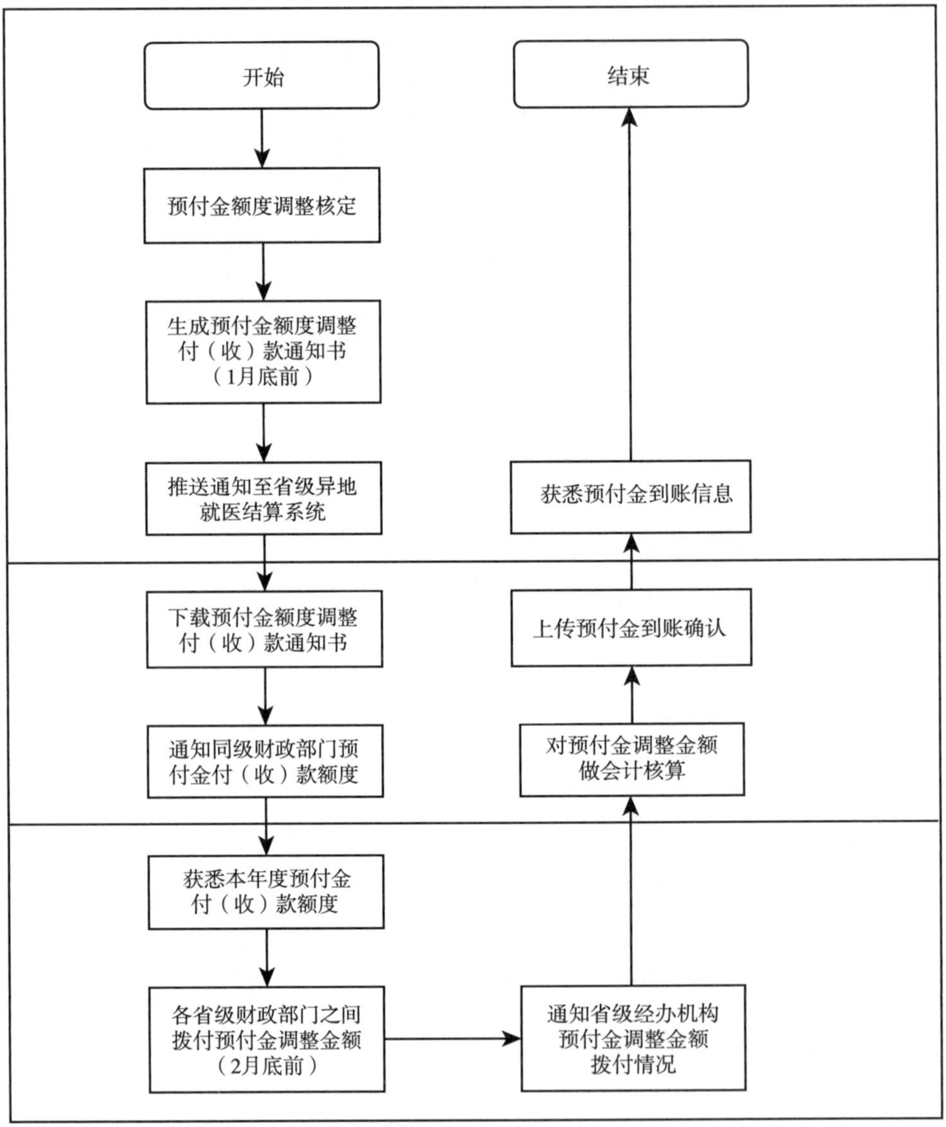

跨省异地就医医疗费用结算流程

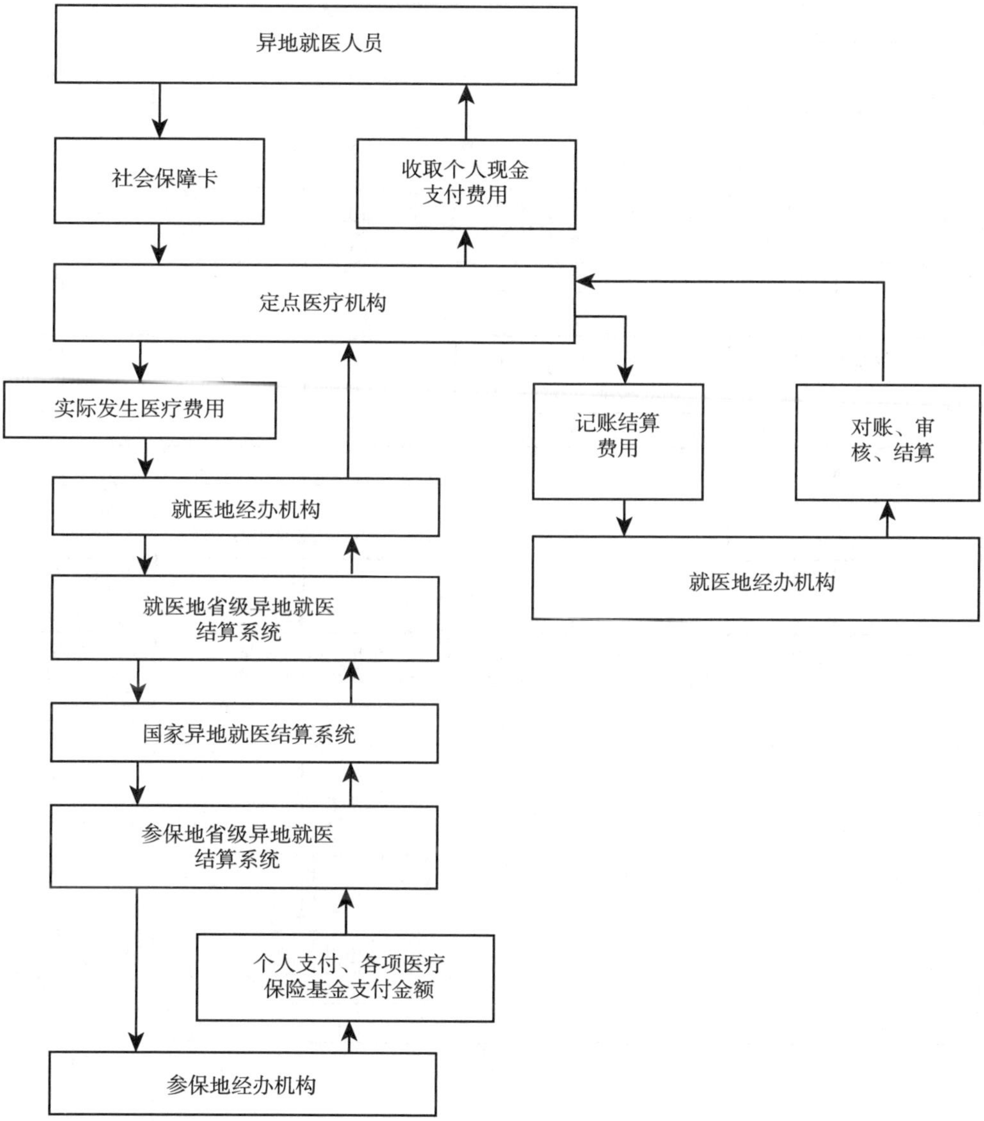

全国跨省异地就医医疗费用清算流程

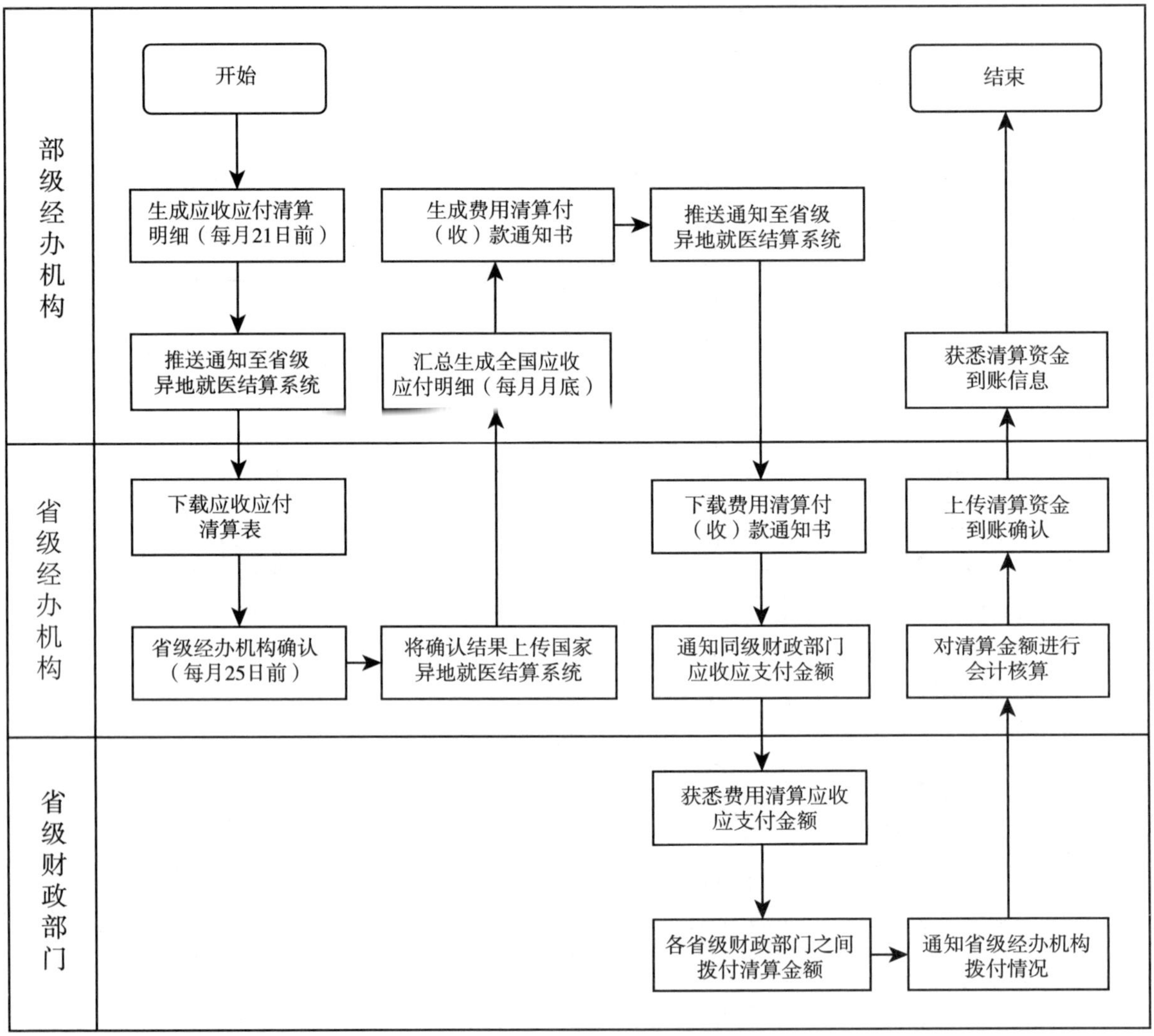

人力资源社会保障部办公厅关于做好基本医疗保险跨省异地安置退休人员备案工作的通知

1. 2016年12月13日
2. 人社厅函〔2016〕478号

各省、自治区、直辖市及新疆生产建设兵团人力资源社会保障厅(局):

为积极推进跨省异地就医联网结算工作,按照人力资源社会保障部和财政部《关于做好基本医疗保险跨省异地就医住院医疗费用直接结算工作的通知》(人社部发〔2016〕120号)要求,决定启动跨省异地安置退休人员备案,建立备案人员信息库,保证全国联网后备案人员能及时享受到方便、快捷的经办服务。现将有关要求通知如下:

一、明确备案人员范围

以跨省异地安置退休人员为重点开展人员备案工作。有条件的地区可以结合本地户籍和居住证制度改革,逐步将其他长期异地居住人员纳入备案管理范围。

二、多种渠道开展备案工作

各统筹地区经办机构要广泛告知符合条件的异地安置退休人员主动参加备案工作,按统一格式要求采集备案信息(附件1)。异地安置人员应按参保地经办机构相关规定自愿提出跨省异地就医费用直接结算备案申请。先期已办理跨省异地就医备案人员,经办机构要通过多种渠道,按附件1要求重新整理登记,必填信息缺失的,要及时告知备案人员进行补充。

同时,地市级、省级经办机构应将备案人员名单提供给同级信息化综合管理机构(社会保障卡服务机构),进一步核实备案人员持卡情况,对尚未办理社会保障卡的要及时办理。要充分利用网络信息技术,利用公共信息服务平台,支持群众自助查询、办理备案、信息变更、打印表单等相关业务。

三、建立部、省两级备案人员信息库

各统筹地区经办机构要在采集异地安置退休人员备案信息的基础上,建立备案人员信息库,并及时报送至省级经办机构(部分信息不全可空项,待全国联网后补登)。

省级经办机构及时接受参保地上传的备案信息,建立省级异地安置退休人员信息库,生成"基本医疗保险跨省异地安置退休人员备案信息汇总表"(附件2)。信息库录入标准依照《人力资源社会保障部办公厅关于印发跨省异地就医结算系统接口规范和地方系统改造要点的通知》(人社厅发〔2016〕161号)中《跨省异地就医结算系统接口规范(住院类)V1.0》中8.6上传业务类〔1602〕备案信息上传中输入参数表单标准执行。

省级经办机构及时上传跨省异地安置退休人员基础信息至部社保中心,建立全国跨省异地就医人员备案信息库。

四、开展预付金测算工作

省级经办机构要根据前三年跨省异地安置人员和转诊转院人员的人数和费用情况,测算2017年跨省异地就医基金支出情况,并填写2017年度跨省异地就医费用支出测算表(附件3)。

五、报送渠道

省级经办机构通过人社系统信息专网(或报盘)报送。省级经办机构要在2016年12月30日前,将附件2和附件3报送人力资源社会保障部社保中心。

六、工作要求

(一)*高度重视*。异地安置退休人员备案工作是基础性、先导性工作。各地人力资源社会保障部门要高度重视,制定具体工作计划和时间表,结合全民参保登记计划工作,把工作做细、做实,把好事办好。

(二)*严格标准*。跨省异地就医直接结算工作点多线长,规范化、标准化要求高,各地要严格按照联网标准采集信息并严格执行,为省、部平台顺利对接打好基础。前期已点对点开展跨省异地就医直接结算的地区,要根据新的要求整理或补充异地安置人员备案信息。备案信息涉及参保人员隐私,各地要做好备案信息保管工作,防止外泄和非授权访问。

(三)*加强宣传*。各地要加强宣传,通过政府和人社系统网站、社区服务中心、12333等媒体和服务平台,制定周密的宣传计划,动员群众积极主动办理备案登记,并为备案人员提供便捷、周到的服务。

附件:1. ________省(区、市)跨省异地就医登记备案表(略)
2. 基本医疗保险跨省异地安置退休等人员备案信息汇总表(略)
3. ________省(区、市)2017年度跨省异地就医费用支出测算表(略)

人力资源社会保障部办公厅关于进一步加强基本医疗保险异地就医监管的通知

1. 2016年12月19日
2. 人社厅函〔2016〕488号

各省、自治区、直辖市及新疆生产建设兵团人力资源社会保障厅（局），福建省医保办：

近年来，全民医保体系不断健全，保障水平稳步提高，对于推进健康中国建设，保障和改善民生，维护社会公平正义，促进社会和谐稳定发挥了重要作用。但是，随着城乡居民基本医疗保险制度整合，人员流动性不断增强，确保基金安全尤为重要。为进一步加强基本医疗保险异地就医监管，更好地维护基金安全和参保人员合法权益，保障制度平稳有序运行，现就有关问题通知如下：

一、完善和落实异地就医管理制度及经办流程

各地要按照基本医疗保险相关法律法规和规章政策，结合医保基金专项审计和专项检查等反映的突出问题以及管理中存在的薄弱环节，不断健全医保异地就医管理制度，完善异地就医结算办法和经办流程。经办机构要完善内控制度，强化内部监督和制约，严格执行费用结算审核制度、流程和标准，以异地就医费用结算为审核重点加大监控力度。参保地经办机构要按照规定做好参保人员异地就医登记备案工作，引导参保人员合理有序就医。就医地经办机构要将异地就医人员纳入本地统一管理，进一步完善医疗保险智能监控系统，将异地就医费用纳入就医地监控范围。对于已实现城乡居民基本医疗保险制度整合地区，要按照城乡一体化的要求，统一和规范经办业务流程，加强基层经办审核能力建设，从源头上防范和控制各类违法违规使用医疗保险基金的行为，切实提高基金的使用效能。

二、大力推进异地就医直接结算

加快推进基本医保全国联网和异地就医结算工作，建立完善国家级异地就医结算系统，与各省异地就医结算系统实现对接，基本实现跨省异地安置退休人员住院费用直接结算。不断扩大纳入国家异地就医直接结算人群范围，逐步减少个人垫资和事后报销方式，从根本上遏制不法分子采用虚假票据骗取医保基金的违规行为。

三、进一步加强医疗机构协议管理

各统筹地区经办机构要将异地就医纳入医疗机构协议管理，纳入对医疗机构的考核指标，细化和完善协议条款，明确在医疗机构确定、医疗信息记录、医疗行为监控、医疗费用审核和稽核等方面提供与本地参保人员相同的服务和管理，保障异地就医人员权益。要指导和督促医疗机构按照协议要求，及时向经办机构传输参保人员就医、结算及其他相关信息，确保信息真实准确，不得篡改作假。

四、加快健全异地协作协查机制

参保地与就医地经办机构要积极建立健全异地就医经办管理协作机制，协同做好参保人员异地就医经办管理服务工作。就医地社会保险行政部门及经办机构要进一步明确和落实协查责任，主动支持配合参保地社会保险行政部门和经办机构开展异地就医核查或者案件调查，并督促相关医疗机构协助配合，共同做好医保违法违规违约行为查处工作。为加强对暂未实现异地就医直接结算人群的医疗服务监管，以异地就医人员持票据报销为核查重点，通过信息化手段，支持就医地和参保地定期交换就医费用信息，对异地就医费用进行核查。

五、加大各方联动打击医保违法违规行为力度

社会保险行政部门和经办机构要采取多种形式加强医保监督，依法依规依约查处发现的违法违规违约行为。对于违反协议规定的医疗机构和医务人员，经办机构要按照协议约定，根据违约情节轻重，采取约谈、拒付费用、暂停结算限期整改和终止协议等措施，并及时向社会保险行政部门报告。对于违法违规行为，社会保险行政部门和经办机构要在查清事实的基础上，依法依规作出行政处理处罚决定。对于涉嫌犯罪的，要依法依规及时移送公安机关，不得以行政处理处罚代替刑事处罚，坚决打击和遏制欺诈骗保等违法犯罪行为。各级社会保险行政部门要加快与公安机关建立联席会议制度，加强案情通报和信息共享，健全基金监督行政执法与刑事司法有效衔接机制，增强震慑力和强制力。要建立健全与审计、财政、卫生计生、药监、价格等部门执法协作机制，协调配合，形成合力。要加强宣传教育，适时公布查处的重大医保违法违规案件，发挥警示教育作用，引导参保人员、医疗机构及医务人员自觉遵守医保法律法规，鼓励支持社会各方面积极参与医保监督，共同维护基金安全。

各地要高度重视加强基本医疗保险异地就医监管工作，社会保险行政部门和信息综合管理机构、经办机构要健全内部协作机制，密切配合，分工协作，确保工作落到实处，取得实效。各地在工作中遇有重要情况要及时报告，并认真研究，妥善解决，保证工作顺利推进。

人力资源和社会保障部等关于进一步做好基本医疗保险异地就医医疗费用结算工作的指导意见

1. 2014年11月18日人力资源和社会保障部、财政部、国家卫生和计划生育委员会发布
2. 人社部发〔2014〕93号

各省、自治区、直辖市及新疆生产建设兵团人力资源社会保障厅(局)、财政(财务)厅(局)、卫生计生委：

2009年《关于基本医疗保险异地就医结算服务工作的意见》(人社部发〔2009〕190号)印发以来，各地积极探索推进异地就医结算工作，为参保群众提供便捷服务。目前，在全国范围内，基本医疗保险市级统筹基本实现，大多数省份建立了省内异地就医结算平台并开展了直接结算，一些地区还进行了“点对点”跨省结算的尝试。但此项工作与群众期盼还存在差距，异地就医结算手续依然比较复杂，异地医疗服务监管尚不到位。根据党的十八届三中全会决定精神，现就进一步做好基本医疗保险异地就医医疗费用结算(以下简称异地就医结算)工作，提升基本医疗保险管理服务水平，提出以下意见：

一、进一步明确推进异地就医结算工作的目标任务

(一)总体思路。完善市(地)级(以下简称市级)统筹，规范省(自治区、直辖市，以下简称省)内异地就医结算，推进跨省异地就医结算，着眼城乡统筹，以异地安置退休人员和异地住院费用为重点，依托社会保险信息系统，分层次推进异地就医结算服务。要根据分级诊疗的要求，做好异地转诊病人的医疗费用结算管理。要不断提高医疗保险管理服务水平，完善医疗服务监控机制，在方便参保人员异地就医结算的同时，严防欺诈骗保行为，维护广大参保人合法权益。

(二)近期目标。2014年，在现有工作基础上，完善基本医疗保险市级统筹，基本实现市级统筹区内就医直接结算，规范和建立省级异地就医结算平台；2015年，基本实现省内异地住院费用直接结算，建立国家级异地就医结算平台；2016年，全面实现跨省异地安置退休人员住院医疗费用直接结算。有条件的地区可以加快工作节奏，积极推进。

二、完善市级统筹，实现市域范围内就医直接结算

以全面实现市域范围内医疗费用直接结算为目标，推进和完善基本医疗保险市级统筹。首先做到基本医疗保险基金预算和筹资待遇政策、就医管理的统一和信息系统的一体化衔接，逐步提升基本医疗保险服务便利性。实现城乡基本医疗保险制度整合的地区，要同步推动城乡居民医保实现市级统筹。

已经实行市级统筹的地区要进一步提高市级统筹质量。采取统收统支模式的，要明确地市和区县级社会保险经办机构(以下简称经办机构)职责，落实分级管理责任；采取调剂金模式的，要规范调剂金的收取和调剂管理办法，以逐步实现制度政策、基金管理、就医结算、经办服务、信息系统方面的统一。有条件的地方要加快推进省级统筹。

三、规范省内异地就医直接结算

各省要按照国家统一规范，建立完善省级异地就医结算平台，支持省内统筹地区之间就医人员信息、医疗服务数据以及费用结算数据等信息的交换，并通过平台开展省内异地就医直接结算工作。

各省人力资源社会保障部门要加强对各统筹地区医疗保险政策的指导，按照国家要求建立统一的药品目录、诊疗项目和医疗服务设施信息标准库，完善与异地就医相关的结算办法和经办流程。要完善定点医疗机构管理，建立并维护支持异地就医直接结算的定点医疗机构数据库。定点医疗机构名单应向社会公布。

异地就医人员的医疗保险待遇执行参保地政策。各统筹地区要建立规范的异地就医报送办法。符合条件的参保人员经同意异地就医后，参保地经办机构应将人员信息通过省级平台传送给就医地经办机构。就医地经办机构负责为异地就医人员提供经办服务，对相关医疗服务行为进行监管，并将相关信息及时如实传送给参保地经办机构。

四、完善跨省异地就医人员政策

加强跨省异地就医的顶层设计，统筹考虑各类跨省异地就医人员需求，逐步推进跨省异地就医直接结算。当前重点解决跨省异地安置退休人员的住院费用，有条件的地方可以在总结经验的基础上，结合本地户籍和居住证制度改革，探索将其他长期跨省异地居住人员纳入住院医疗费用直接结算范围。

跨省异地安置退休人员是指离开参保统筹地区长期跨省异地居住，并根据户籍管理规定已取得居住地户籍的参保退休人员。这部分人员可自愿向参保地经办机构提出异地医疗费用直接结算申请，经审核同意并由居住地经办机构登记备案后，其住院医疗费用可以在居住地实行直接结算。

跨省异地安置退休人员在居住地发生的住院医疗费用，原则上执行居住地规定的支付范围(包括药品目录、诊疗项目和医疗服务设施标准)。医疗保险统

筹基金的起付标准、支付比例和支付限额原则上执行参保地规定的本地就医时的标准，不按照转外就医支付比例执行。经本人申请，可以将个人账户资金划转给个人，供门诊就医、购药时使用。

五、做好异地就医人员管理服务

各统筹地区经办机构应当根据跨省异地安置退休人员、异地转诊人员、异地急诊人员等不同人群的特点，落实管理责任，加强医疗服务监管，做好服务。

对经登记备案的跨省异地安置退休人员，居住地的经办机构应一视同仁地将其纳入管理，在定点医疗机构和零售药店确定、医疗信息记录、医疗行为监控等方面提供与本地参保人相同的服务和管理。跨省异地安置退休人员发生的应由统筹基金支付的住院医疗费用，通过各省级异地就医结算平台实行跨省直接结算。

对于异地转诊的参保人员，经办机构要适应分级诊疗模式和转诊转院制度，建立参保地与就医地之间的协作机制，引导形成合理的就医秩序。就医地经办机构应协助参保地经办机构进行医疗票据核查等工作，保证费用的真实性，防范和打击伪造医疗票据和文书等欺诈行为。

对于异地急诊的参保人员，原则上在参保地按规定进行报销；需要通过医疗机构对费用真实性进行核查的，就医地经办机构应予以协助。

参保人员异地就医费用按规定实行直接结算的，应由医疗保险基金支付的部分，原则上先由就医地医疗保险基金垫付，再由参保地经办机构与就医地经办机构按月结算。

对异地就医造成的就医地经办机构增加的必要工作经费，由就医地经办机构同级财政统筹安排。鼓励各地探索委托商业保险机构经办等购买服务的方式，提高异地就医结算管理和服务水平。

六、大力提升异地就医信息化管理水平

按照国家电子政务建设和信息惠民工程建设的要求，着力推进社会保险业务信息管理系统省级集中，建立完善中央和省级异地就医费用结算平台，统一信息系统接口、操作流程、数据库标准和信息传输规则，推进《社会保险药品分类与代码》等技术标准的应用。通过省级异地就医结算平台或省级集中社会保险业务管理系统，支持省内统筹地区之间的异地就医结算数据传输和问题协调。国家级异地就医结算平台与各省级异地就医平台对接，逐步通过平台实现跨省异地就医数据交换等功能。

七、加强组织落实

各级人力资源社会保障部门负责异地就医结算的统筹协调工作。各省人力资源社会保障部门要按照国家统一要求，协调省内有关部门制定本省份推进异地就医结算的工作计划，要加强与其他省份的沟通，积极推进跨省异地就医结算工作。统筹地区人力资源社会保障部门要树立全局观念，积极为来本地就医的参保人员提供医疗保险管理服务。有条件的省要统筹考虑生育保险、工伤保险等其他涉及医疗服务的社会保险，制定统一的社会保险异地就医管理办法。

财政部门要结合异地就医结算工作的开展，完善有关会计核算办法，会同有关部门完善社会保险基金财务制度。根据经办机构用款计划，及时足额划拨异地就医结算资金。加大资金支持力度，确保异地就医工作经费的落实。

卫生计生部门要会同有关部门，研究制定分级诊疗办法，建立健全转诊转院制度，引导形成合理的就医流向。要加大监管力度，规范医疗行为，促进合理规范诊疗。

医疗保险异地就医费用结算工作是健全全民医保体系的重要任务之一，事关人民群众切身利益。各有关部门要高度重视，加强配合，密切协作，确保工作落到实处，同时注意全面准确地做好宣传工作，合理引导社会预期。各地在工作中遇有重要情况要及时报告，有关部门要加强专项督查，推动工作进展。

本意见适用于人力资源社会保障部门负责的基本医疗保险。

人力资源社会保障部办公厅、财政部办公厅关于规范跨省异地就医住院费用直接结算有关事项的通知

1. 2017年12月29日
2. 人社厅发〔2017〕162号

各省、自治区、直辖市及新疆生产建设兵团人力资源社会保障厅（局），财政（务）厅（局）：

在全国范围内推进基本医保跨省异地就医住院费用直接结算，是2017年《政府工作报告》明确的重点任务和民生承诺。经过各地艰苦努力，目前全国所有省份和统筹地区已全部接入国家异地就医结算系统并联网运行，覆盖全部参加基本医保和新农合的人员；符合规定的省内和跨省异地就医住院费用实现直接结算，这项工作取得了阶段性重大进展。同时，一些新的矛盾和问题也逐步显现，亟需在工作中加以解决。现就规范跨省异地就医住院费用直接结算有关事项通知

如下：

一、加快扩大基层定点医疗机构覆盖范围

在前期承担异地就医任务重的定点医疗机构基本纳入的基础上，加快将更多符合条件的基层医疗机构纳入跨省异地就医定点医疗机构范围。2018 年 2 月底前，确保每个县区至少有 1 家跨省异地就医定点医疗机构。鼓励有条件的省份，采取有效措施，推进异地就医需求人员多的乡镇的医疗机构接入。

二、切实简化备案手续，优化备案流程

（一）各地要做好跨省异地就医直接结算备案管理等有关工作，切实精简备案手续，优化备案流程，扩充备案渠道，积极创造条件，为参保人提供窗口、网站、电话传真、手机 APP 等多种服务渠道，方便群众备案。

（二）修订《关于做好基本医疗保险跨省异地就医住院医疗费用直接结算工作的通知》（人社部发〔2016〕120 号，以下简称 120 号文件）附件 1“省（区、市）跨省异地就医登记备案表”（见附件）。新备案表取消定点医疗机构栏，增加“温馨提示”内容。

（三）规范备案有效期限。备案有效期内办理入院手续的，无论本次出院日期是否超出备案有效期，均属于有效备案。鼓励各地积极探索针对不同人群制定不同的备案有效期。

（四）参保地需在 2018 年 2 月底前落实直接备案到就医地市或省份的要求，可参考《参保人员异地就医备案就医地行政区划代码关联对照表》（从部级协同管理平台下载），做好就医地行政区划代码的关联工作。备案时选择的就医地，其所有辖区均为有效备案地区。原则上，备案到省本级或省会城市的，省本级和省会城市的所有跨省异地就医定点医疗机构都可以支持直接结算。

三、严格跨省异地就医退费管理

（一）参保人在进行跨省异地就医直接结算备案登记时，经办机构应提醒参保人认真阅读并充分理解“温馨提示”内容。在跨省定点医疗机构出院时完成直接结算的，不允许因待遇差等原因给参保人办理退费。

（二）就医地应严格按照 120 号文件要求，在参保人出院结算后 5 日内将医疗费用明细上传国家异地就医结算系统，确保上传明细及时、精确、完整。

四、充分发挥预付金的作用，用好用活预付金

（一）就医地可调剂使用预付金。为及时与定点医疗机构结算跨省异地就医费用，实现跨省异地就医费用与本统筹地区医疗费用同时与定点医疗机构结算，就医地可调剂使用各参保地的预付金，但仍需依据权责发生制原则按参保地进行明细核算。

（二）及时调整预付金额度。参保省份预付金出现红色预警时，就医省可根据 120 号文件规定，及时发起基金紧急调增申请，人力资源社会保障部社会保险事业管理中心（医疗保险异地就医结算管理中心，以下简称人社部中心）确认并通知参保省按时限完成预付金调增。参保省应按时限要求将调增的预付金额度拨付到就医省。参保省可以根据跨省异地就医费用发生情况和本省基金支撑情况，主动联系就医省，要求提高预付金额度。

（三）按时足额拨付资金。各省份预付金和清算资金应从人社部中心签章之日起，按照 120 号文件规定的时限拨付到位。自 2018 年起，人力资源社会保障部、财政部将按季度通报各省份预付金和清算资金按时拨付情况。对长期拖欠预付金和清算资金的参保省，就医省可视情况向人社部中心提出申请终止该参保省的直接结算业务。

五、明确异地就医跨年度费用结算办法

（一）就医地对于参保人住院治疗过程跨自然年度的，应以出院结算日期为结算时点，按一笔费用整体结算，并将医疗费用信息传回参保地。

（二）参保地需尽快明确跨年度费用结算办法。可以按一笔费用整体结算；也可以计算日均费用后，根据跨年度前后的住院天数，将住院医疗费用分割到两个年度，确定基金和个人费用分担额度。

附件：省（区、市）跨省异地就医登记备案表（略）

6. 其　他

人力资源和社会保障部、财政部、卫生部关于开展基本医疗保险付费总额控制的意见

1. 2012年11月14日
2. 人社部发〔2012〕70号

各省、自治区、直辖市及新疆生产建设兵团人力资源社会保障厅(局)、财政厅(局)、卫生厅(局):

当前,我国覆盖城乡居民的基本医疗保障制度初步建立,参保人数不断增加,保障水平逐步提高,按照国务院《"十二五"期间深化医药卫生体制改革规划暨实施方案》(国发〔2012〕11号)关于充分发挥全民基本医保基础性作用、重点由扩大范围转向提升质量的要求,应进一步深化医疗保险付费方式改革,结合基本医疗保险基金预算管理的全面施行,开展基本医疗保险付费总额控制(以下简称"总额控制")。为指导各地做好此项工作,现提出以下意见:

一、任务目标

以党中央、国务院深化医药卫生体制改革文件精神为指导,按照"结合基金收支预算管理加强总额控制,并以此为基础,结合门诊统筹的开展探索按人头付费,结合住院、门诊大病的保障探索按病种付费"的改革方向,用两年左右的时间,在所有统筹地区范围内开展总额控制工作。结合医疗保险基金收支预算管理,合理确定统筹地区总额控制目标,并根据分级医疗服务体系功能划分及基层医疗卫生机构与医院双向转诊要求,将总额控制目标细化分解到各级各类定点医疗机构。逐步建立以保证质量、控制成本、规范诊疗为核心的医疗服务评价与监管体系,控制医疗费用过快增长,提升基本医疗保险保障绩效,更好地保障人民群众基本医疗权益,充分发挥基本医疗保险对公立医院改革等工作的支持和促进作用。

二、基本原则

一是保障基本。坚持以收定支、收支平衡、略有结余,保障参保人员基本医疗需求,促进医疗卫生资源合理利用,控制医疗费用过快增长。

二是科学合理。总额控制目标要以定点医疗机构历史费用数据和医疗保险基金预算为基础,考虑医疗成本上涨以及基金和医疗服务变动等情况,科学测算,合理确定。

三是公开透明。总额控制管理程序要公开透明,总额控制管理情况要定期向社会通报。建立医疗保险经办机构与定点医疗机构的协商机制,发挥医务人员以及行业学(协)会等参与管理的作用。

四是激励约束。建立合理适度的"结余留用、超支分担"的激励约束机制,提高定点医疗机构加强管理、控制成本和提高质量的积极性和主动性。

五是强化管理。加强部门配合,运用综合手段,发挥医疗保险监控作用,确保总额控制实施前后医疗服务水平不降低、质量有保障。

三、主要内容

(一)加强和完善基金预算管理。完善基本医疗保险基金收支预算管理制度,在认真编制基本医疗保险收入预算的基础上进一步强化支出预算,并将基金预算管理和费用结算管理相结合,加强预算的执行力度。各统筹地区要根据近年本地区医疗保险基金实际支付情况,结合参保人数、年龄结构和疾病谱变化以及政策调整和待遇水平等因素,科学编制年度基金支出预算。实现市级统筹的地区还要在建立市级基金预算管理制度基础上,根据市、区(县)两级医疗保险经办机构分级管理权限,对基金预算进行细化和分解。

(二)合理确定统筹地区总额控制目标。统筹地区要按照以收定支、收支平衡、略有结余的原则,以基本医疗保险年度基金预算为基础,在扣除参保单位和个人一次性预缴保费、统筹区域外就医、离休人员就医和定点零售药店支出等费用,并综合考虑各类支出风险的情况下,统筹考虑物价水平、参保人员医疗消费水平等因素,确定医疗保险基金向统筹区域内定点医疗机构支付的年度总额控制目标。在开展总额控制的同时,要保障参保人员基本权益,控制参保人员个人负担。

(三)细化分解总额控制指标。以近三年各定点医疗机构服务提供情况和实际医疗费用发生情况为基础,将统筹地区年度总额控制目标按照定点医疗机构不同级别、类别、定点服务范围、有效服务量以及承担的首诊、转诊任务等因素,并区分门诊、住院等费用进一步细化落实到各定点医疗机构。要按照基本医疗保险对不同类别与级别定点医疗机构的差别支付政策,注重向基层倾斜,使定点基层医疗卫生机构的指标占有合理比重,以适应分级医疗服务体系建设和基层医疗卫生机构与医院双向转诊制度的建立,支持合理有序就医格局的形成。

(四)注重沟通与协商。统筹地区要遵循公开透

明的原则，制定实施总额控制的程序和方法，并向社会公开。要建立医疗保险经办机构和定点医疗机构之间有效协商的机制，在分解地区总额控制目标时，应广泛征求定点医疗机构、相关行业协会和参保人员代表的意见。有条件的地区可按级别、类别将定点医疗机构分为若干组，通过定点医疗机构推举代表或发挥行业学（协）会作用等方式，进行组间和组内协商，确定各定点医疗机构具体总额控制指标，促进定点医疗机构之间公平竞争。

（五）建立激励约束机制。按照“结余留用、超支分担”的原则，合理确定基本医疗保险基金和定点医疗机构对结余资金与超支费用的分担办法，充分调动定点医疗机构控制医疗费用的积极性。在保证医疗数量、质量和安全并加强考核的基础上，逐步形成费用超支由定点医疗机构合理分担，结余资金由定点医疗机构合理留用的机制。超过总额指标的医疗机构，应分析原因，改进管理，有针对性地提出整改意见。医疗保险经办机构可根据基金预算执行情况，对定点医疗机构因参保人员就医数量大幅增加等形成的合理超支给予补偿。医疗保险经办机构应与定点医疗机构协商相关具体情况，并在定点服务协议中明确。

（六）纳入定点服务协议。要将总额控制管理内容纳入定点服务协议，并根据总额控制管理要求调整完善协议内容。要针对总额控制后可能出现的情况，逐步将次均费用、复诊率、住院率、人次人头比、参保人员负担水平、转诊转院率、手术率、择期手术率、重症病人比例等，纳入定点服务协议考核指标体系，并加强管理。

（七）完善费用结算管理。统筹地区医疗保险经办机构要将总额控制指标与具体付费方式和标准相结合，合理预留一定比例的质量保证金和年终清算资金后，将总额控制指标分解到各结算周期（原则上以月为周期），按照定点服务协议的约定按时足额结算，确保定点医疗机构医疗服务正常运行。对于定点医疗机构结算周期内未超过总额控制指标的医疗费用，医疗保险经办机构应根据协议按时足额拨付；超过总额控制指标部分的医疗费用，可暂缓拨付，到年终清算时再予审核。对于医疗保险经办机构未按照协议按时足额结算医疗费用的，统筹地区政府行政部门要加强监督、责令整改，对违法、违纪的要依法处理。

医疗保险经办机构可以按总额控制指标一定比例设立周转金，按协议约定向定点医疗机构拨付，以缓解其资金运行压力。医疗保险经办机构与定点医疗机构之间应建立定期信息沟通机制，并向社会公布医疗费用动态情况。对在改革过程中医疗机构有效工作量或费用构成等发生较大变动的，统筹地区医疗保险经办机构可根据实际，在年度中期对定点医疗机构总额控制指标进行调整。

（八）强化医疗服务监管。统筹地区卫生、人力资源社会保障等部门要针对实行总额控制后可能出现的推诿拒收病人、降低服务标准、虚报服务量等行为，加强对定点医疗机构医疗行为的监管。对于医疗服务数量或质量不符合要求的定点医疗机构，应按照协议约定适当扣减质量保证金。要完善医疗保险信息系统，畅通举报投诉渠道，明确监测指标，加强重点风险防范。要建立部门联动工作机制，加强对违约、违规医疗行为的查处力度。

（九）推进付费方式改革。要在开展总额控制的同时，积极推进按人头、按病种等付费方式改革。要因地制宜选择与当地医疗保险和卫生管理现状相匹配的付费方式，不断提高医疗保险付费方式的科学性，提高基金绩效和管理效率。

四、组织实施

（一）加强组织领导。总额控制是深化医疗保险制度改革的一项重要任务，同时对深入推进公立医院改革有重要促进作用，各地要高度重视，加强组织领导，将此项工作作为医疗保险的一项重点工作抓紧、抓实、抓好。各省（区、市）要加强调研和指导，进行总体部署；统筹地区要研究制定具体工作方案，认真做好组织实施。

（二）做好协调配合。加强部门协调，明确部门职责，形成工作合力。财政部门要会同人力资源社会保障部门做好全面实行基本医疗保险基金预算管理有关工作，共同完善医疗保险基金预算管理的制度和办法，加强对医疗保险经办机构执行预算、费用结算的监督。卫生部门要加强对医疗机构和医务人员行为的监管，以医疗保险付费方式改革为契机，探索公立医院改革的有效途径。要根据区域卫生规划和医疗机构设置规划，严格控制医院数量和规模，严禁公立医院举债建设。要顺应形势加强医疗服务的精细化管理，推进医院全成本核算和规范化诊疗工作。要采取多种措施控制医疗成本，引导医务人员增强成本控制意识，规范诊疗服务行为。各地区要建立由人力资源社会保障、财政和卫生等部门共同参与的协调工作机制，及时研究解决总额控制工作中的有关重大问题。

（三）注重廉政风险防控。各统筹地区医疗保险经办机构在总额控制管理过程中，要坚持“公开、公平、公正”的原则，加强与定点医疗机构的协商，实现程序的公开透明。医疗保险经办机构与定点医疗机构协商原则上不搞“一院一谈”，坚决杜绝暗箱操作，协商确定的总额控制指标要及时向社会公开。总额控制管理全程要主动接受纪检、监察等部门以及社会各方的监督。医疗保险经办机构与定点医疗机构在总额控制管理过程中出现的纠纷，按服务协议及相关法律法规处理。

（四）做好政策宣传。高度重视宣传舆论工作的重要性，切实做好政策宣传和解读，使广大医务人员和参保人员了解总额控制的重要意义，理解配合支持改革。总额控制工作中遇有重大事项或问题，要及时报告，妥善处理。

本意见适用于人力资源社会保障部门负责的基本医疗保险。

人力资源社会保障部关于进一步加强基本医疗保险医疗服务监管的意见

1. *2014年8月18日*
2. *人社部发〔2014〕54号*

各省、自治区、直辖市及新疆生产建设兵团人力资源社会保障厅（局），各副省级市人力资源社会保障局：

基本医疗保险制度建立以来，各地积极探索提高医疗保险基金使用效率的有效方式，医疗服务监管工作逐步加强。随着全民医保的基本实现以及即时结算等项工作的推进，医疗服务监管的形势出现了一些新特点，欺诈骗保等现象有所增多。为进一步加强医疗保险医疗服务监管，更好地保障参保人员权益，维护医疗保险基金安全，推进深化医改，在总结各地实践经验的基础上，根据《中华人民共和国社会保险法》和《国务院关于印发“十二五”期间深化医药卫生体制改革规划暨实施方案的通知》（国发〔2012〕11号）精神，现就有关问题提出如下意见：

一、强化医疗保险医疗服务监管，将监管对象延伸到医务人员

（一）进一步完善定点医疗机构服务协议。基本医疗保险经办机构（以下简称经办机构）要将医疗服务监管的内容纳入定点服务协议，依据协议审核向定点医疗机构支付的医疗费用，通过监管与考核相结合、考核结果与医疗费用结算支付相挂钩等方式，不断完善协议管理。重点监管参保人员就诊人数，医疗总费用和增长率，药品、医用耗材和检查总费用、增长率及占医疗费用比例等指标。在进一步做好住院医疗服务监管工作的同时，加强对门诊医疗服务的监管。

（二）积极探索将监管延伸到医务人员医疗服务行为的有效方式。对定点医疗机构医务人员建立诚信档案。在经办机构与医疗机构定点服务协议中约定医务人员的责任和义务，探索通过医疗机构将协议管理要求细化落实到医务人员的有效途径。采取将医务人员考评结果与定点医疗机构考核及医疗费用支付结算挂钩等方式，鼓励医疗机构强化医务人员管理的激励和约束机制。加强多层次、多形式培训，帮助医务人员及时、全面、准确掌握医疗保险政策，依规提供医疗服务。

（三）强化参保人员持卡就医的责任意识。进一步加大宣传力度，通过各种方式，在告知参保人员持卡就医权利的同时，明确告知其责任和义务，包括不得出借、转让或恶意使用社会保障卡，丢失社会保障卡应及时挂失，骗取或协助他人骗取医疗保险基金要承担法律责任等，规范参保人员的就医行为，逐步建立完善参保人员诚信记录制度。

二、优化信息化监控手段，建立医疗保险费用监控预警和数据分析平台

（四）完善医疗保险信息库，促进医疗服务信息及时准确传递。建立健全医疗保险信息库特别是药品库、门诊大病疾病库、医务人员数据库等，使用符合全国统一标准的信息代码，做好信息标准化工作。加强医疗保险管理信息系统与定点医疗机构的联网，进一步明确和细化接口信息规范，力争使定点医疗机构诊疗和用药原始数据实时上传，消除人为操作因素，保证上传数据的真实性和完整性。

（五）建立医疗保险监控系统，规范医疗服务信息监控标准。在做好社会保障卡发放和基本医疗保险即时结算服务的基础上，进一步完善各统筹地区医疗保险管理信息系统建设，扩展建设医疗保险医疗服务监控子系统，及时向定点医疗机构提供监控提示信息，实现事前提示、事中监控预警和事后责任追溯。经办机构要将定点医疗机构、医务人员的医疗服务信息和参保人员的就医购药信息纳入监控范围，根据协议管理要求和多发案件特点，建立和完善监控规则，设置监控指标，规范监控标准，通过设置不同的警戒线实现分级监控。

（六）加强数据分析研判，强化重点信息监控。经办机构要指定专人负责医疗保险费用数据分析工作，重点加强对异常数据的分析。对医务人员，要重点分析服务人数、人次和增长情况，药品处方情况，以及次均费用和总费用增长情况，对有违规记录，出现次均

费用畸高、某种药品使用数量畸高等异常情况的医务人员进行重点检查。对参保人员，要重点对就医频次、购药数量和金额等信息进行分析，有针对性地进行监控。

三、明确医疗保险基金监管职责，充分发挥各方面的监督作用

（七）进一步加强经办审核稽核工作。经办机构要加强对医疗机构申报医疗费用的审核，逐步将对疑点的筛查从结算之后提前到结算过程之中。加大对医疗机构执行定点协议、医疗保险费用支付等情况的稽核力度。对网上监控发现的疑点和举报投诉的问题等，要及时组织核实情况。对重大案情，要查阅相关资料，询问相关人员，逐步形成程序化、规范化的稽核机制。

（八）严格医疗保险基金行政监督。社会保险行政部门要研究分析医疗保险基金管理和运行情况，逐步完善工作手段。加强对医疗保险基金预算和医疗保险医疗服务协议执行、各项监管制度落实等情况的监督，加大对违规支付和套取、骗取医疗保险基金等问题的查处力度。

（九）探索社会监督的有效途径。拓宽社会监督途径，创新社会监督方式，通过组织专家评议、聘请社会监督员等方式，动员社会各方面力量参与医疗保险监督工作，不断提高监督实效。进一步畅通举报投诉渠道，及时处理各类问题。

（十）促进医疗机构规范提供医疗服务。结合付费方式改革，建立和完善经办机构与医疗机构的风险分担机制，对定点医疗机构形成有效的激励约束。继续推进和完善定点医疗机构分级管理制度，促进医疗机构加强内部管理，提高自我管理的积极性，鼓励医务人员为参保患者提供合理必要的服务，控制医疗费用的不合理增长，减轻参保人员负担。

四、分类处理监管发现的问题，妥善解决争议

（十一）及时纠正不合理行为。对疑似不合理的诊疗、住院、用药、收费等行为，经办机构要查明实际情况，必要时可组织专家进行论证；确实存在问题的，可约谈相关定点医疗机构，提出改进管理的意见。

（十二）依规处置违约问题。对违反协议规定的定点医疗机构，经办机构要按照协议规定，根据违约情节的轻重，相应采取拒付费用、暂停结算限期整改、终止协议等措施。对违反协议规定的医务人员，情节较轻的，经办机构可建议其所属医疗机构进行诫勉谈话；情节较重或多次违约的，经办机构可直接约谈，责令改正；情节严重、主观故意性强且造成医疗保险基金损失的，经办机构可按照协议规定暂停其医疗保险实时结算资格或对其提供的医疗服务拒付费用等。

对暂停结算限期整改的定点医疗机构和暂停实时结算及拒付费用的医务人员，经办机构要督促及时整改，跟进了解整改情况，在确认问题已经解决、漏洞已经弥补、风险已经排除后，可恢复其医疗保险实时结算资格。经办机构在改变与定点医疗机构或医务人员的结算方式和终止协议时，要采取必要措施保护参保人员的合法权益。

（十三）坚决查处违规违法案件。对违反医疗保险法律法规，侵害医疗保险基金的问题，在经办机构追究违约责任的同时，违规行为发生地的社会保险行政部门要按照社会保险基金监管和基本医疗保险的有关规定，作出行政处罚等处理决定；涉及卫生计生、药监、物价等部门职责范围的，应及时书面通知并移交相关部门处置；对涉嫌构成犯罪的，由社会保险行政部门移送公安机关。社会保险行政部门、经办机构及其工作人员发现违法犯罪线索时，均可按规定向公安机关报案。

（十四）规范移交处理办法。社会保险行政部门发现涉嫌违约的问题，要责成经办机构按照协议规定处理。经办机构作出停止医务人员医疗保险实时结算资格、拒付费用，终止医疗机构定点协议等处理时，要及时报告同级社会保险行政部门。

经办机构发现涉嫌违规的问题，要及时向同级社会保险行政部门报告，并将调查资料形成正式材料一并移交。社会保险行政部门认为事实不清的，可组织补充调查或要求经办机构补充材料。

对移交处理的各类问题，社会保险行政部门和经办机构应及时沟通处理结果，并按规定向上级部门报告。

（十五）明确争议处理程序。定点医疗机构或医务人员对经办机构作出的处置有争议的，由同级社会保险行政部门协调处理；对同级社会保险行政部门协调处理结果不服的，由上级社会保险行政部门协调处理。省级社会保险行政部门是争议协调处理的最终单位。

对社会保险行政部门作出的行政处理决定有争议的，可以依法申请行政复议或者提起行政诉讼。行政处理决定生效以后，处理对象应当执行；逾期不执行的，由社会保险行政部门督促执行或依法申请人民法院强制执行。

五、加强配合，协同做好工作

（十六）加强组织领导。基本医疗保险医疗服务

监管工作，是遏制不合理医疗费用增长、提高医疗保险基金使用效率、维护广大参保人员权益的重要措施。各级人力资源社会保障部门要高度重视，统一思想认识，认真落实。省级人力资源社会保障部门要结合实际制定具体办法，加强组织协调，明确相关部门责任，督促、指导省内各统筹地区开展工作，并加强对落实情况的检查评估。各统筹地区要积极创造条件，加大信息系统建设投入，建立并逐步完善医疗保险医疗服务网上监控。

（十七）加强协调配合。各级人力资源社会保障部门要建立健全内部协调机制，明确分工，加强配合，整合信息资源，分享通过群众举报、日常检查、专项检查、网上监控等途径发现的医疗服务异常情况，协同做好查处工作。要加强与公安、卫生计生等部门的外部协作，建立医疗保险联合反欺诈工作机制，积极协调相关部门开展联动联查联处，加大对违法违规行为的打击力度。

（十八）加强宣传教育。各地要及时总结经验，加大宣传力度，做好舆论引导工作，及时向社会传递打击医疗保险欺诈骗保的信息，支持新闻媒体开展舆论监督，加大对犯罪分子的威慑力度，减少医疗保险欺诈骗保行为的发生。要加强教育工作，形成正确的社会导向，提高全社会公民遵纪守法的自觉性，营造全社会诚信自律、合理就医、依规提供服务、维护医疗保险基金安全、自觉抵制违约违规违法行为的社会氛围。

部社会保险基金监督司、医疗保险司、社会保险事业管理中心、信息中心按各自职责，负责相关工作的指导和检查。

人力资源社会保障部办公厅关于全面推进基本医疗保险医疗服务智能监控的通知

1．2015年4月17日
2．人社厅发〔2015〕56号

各省、自治区、直辖市人力资源社会保障厅（局），新疆生产建设兵团人力资源社会保障局：

为贯彻落实《关于进一步加强基本医疗保险医疗服务监管的意见》（人社部发〔2014〕54号）精神，在总结医疗保险医疗服务监控重点联系城市做法经验的基础上，决定全面推进基本医疗保险医疗服务智能监控（以下简称智能监控）工作，更好维护参保人员利益，保障基金安全，实现医疗保险可持续发展。现将有关事项通知如下：

一、目标任务

以业务需求为导向、信息系统建设为基础，用两年左右时间，在全国所有统筹地区普遍开展智能监控工作，逐步实现对门诊、住院、购药等各类医疗服务行为的全面、及时、高效监控。

2015年，全国50%的统筹地区开展智能监控工作，已开展智能监控工作的地区进一步完善监控规则、扩大监控范围、提高监控质量与效率，完善相关知识库建设。未启动该项工作的地区开始进行前期准备。

2016年，全国所有统筹地区开展智能监控工作。同时，完善相关知识库，建成一支专业化的智能监控人员队伍，不断提高监控质量与效率。

二、以业务需求为导向，优化监控体系

（一）全方位监控。执行《关于印发基本医疗保险定点医疗机构医疗服务协议范本（试行）的通知》（人社险中心函〔2014〕112号），将智能监控纳入协议管理。监控对象应包括定点医疗机构、定点零售药店、为参保人员提供医疗服务的医务人员（简称医保医生）和参保人员，并实现对门诊、住院、药店购药等全方位监控，综合运用监控规则，密切跟踪监控指标，发现疑似违规行为，进而查实和处理违规行为。

（二）务实选择监控规则和指标。各地要根据本统筹地区医疗服务特点，结合本地医疗保险制度运行和付费方式的特点，深入研究医疗服务监控需求，对潜在的欺诈违规问题进行分类判断，确定适合本地的监控规则和指标。监控工作初期可以选择单项监控规则和指标开展工作；积累一定经验后，将单项指标组合为复合式监控规则和指标进行监控。

（三）合理确定指标阈值。各地要根据本统筹地区医疗保险管理服务能力，按选定的监控规则和指标，结合智能监控系统建设和医疗机构的级别、专科特色等情况，根据疑似违规行为数量、查实违规数量与监督检查能力相匹配的原则确定指标阈值。针对不同的监控对象，合理确定监控周期、指标和阈值。

（四）优化监控流程。医疗服务监控以事后监控为重点，对有明确特征的违规行为，在费用结算过程中给予事中控制；对医保政策、用药诊疗合理性等提示性信息，通过向定点医疗机构和零售药店前端传递，实现事前违规提醒。医疗服务监控以发现疑似违规信息为起点，对违规信息进行分析，对有重大违规嫌疑的信息，经办机构应向监控对象了解情况或到现场检查核实，检查结果应向对方反馈确认，并接受定点医疗机构对检查结果的申诉，根据反馈确认情况对违规行为依据协议进行处理。

（五）促进医疗机构建立医生工作站。通过协议管理，引导定点医疗机构建立医生工作站，将一些成熟的监控规则和指标嵌入医疗机构信息系统，第一时间发现疑似违规信息，阻止违规行为的发生和蔓延。

（六）发挥医学知识库的作用。起步阶段可重点利用医保监控指标实现监控，逐步扩充监控内容。在此基础上，有条件的统筹地区，可结合本地实际，引入医学知识库（包含诊疗知识和药学知识），帮助发现疑似违规和确定违规诊疗及就医行为。

三、以信息化建设为基础，提高监控效率

（一）做好基础数据管理。各地要按照统一监控基础指标（包括药品、医疗机构、医务人员、疾病、就诊结算等指标及其代码）的规范要求，以社会保险管理信息系统（以下简称业务系统）为源头建设规范标准的监控基础信息库。首先完成业务系统现有数据的指标对照、代码转换、数据采集等工作，支持智能监控系统的起步应用。然后进一步规范就诊结算源头数据，明确细化与定点医疗机构和零售药店的接口信息规范，利用业务系统接口上传原始数据，并提高数据的完整性和规范性，为监控规则的实现及医疗保险精细化管理打下坚实的数据基础。

（二）规范监控系统建设。部里组织制定监控基础指标、监控规则和国家（行业）标准，研发并升级智能监控系统，作为各地开展医疗服务监控工作的基础条件。尚未建设智能监控系统的地区，原则上应在部里组织研发的统一软件基础上开展建设；已基于部智能监控系统或原自行开展建设的地区，应结合部里监控基础指标、监控规则以及部智能监控系统升级版进一步完善。随着智能监控系统建设，同步推进《社会保险药品分类与代码》（LD/T 90—2012）等行业标准的贯彻执行。

（三）全面完成系统部署实施。各地要制定本地智能监控系统的部署实施方案，明确数据交换关系、监控规则要求、监督检查流程、系统集成方案、医学知识库接入方案。完成智能监控系统配置调整、业务系统的功能改造和接口开发、就诊结算数据的衔接导入、监控规则阈值和权值参数设定等工作。遇有重要监控规则所需基础数据缺失时，还需同步调整与定点医疗机构和零售药店的系统接口。

四、组织实施和保障

（一）加强组织领导。各地要按照人社部发〔2014〕54 号文件和本通知要求，将智能监控列为重点工作，制定具体实施方案，明确工作任务、责任、时限和要求。省级人力资源和社会保障部门要指导、督促地方开展工作，并加强对落实情况的监督检查。社会保险经办机构要抓紧制定相关业务规程以及业务标准规范，做好智能监控的业务指导和系统应用推广，确定和维护监控规则和监控指标体系，加强日常监控的调度和数据分析研判，强化重点信息监控，深入现场监督检查；信息化综合管理机构做好系统组织建设及部署实施工作，为经办机构应用数据提供支持和保证，明确社会保障卡规范使用要求，落实与定点医疗机构和零售药店的联网和数据交换。

（二）确保数据安全。各地要切实树立数据安全意识，高度重视数据管理工作。医疗保险数据是经办机构在工作中形成的包含有定点医疗机构和零售药店商业机密、参保人员个人权益的信息，要按规定集中、统一管理，确保数据的安全、完整和一致。各级社保经办机构要严格履行法定职责，规范数据管理和应用，严禁任何组织和个人非法提供、复制、公布、出售或者变相交易社会保险数据。信息化综合管理机构做好数据库的安全规范管理。对引入社会力量参与信息系统建设与运行维护，要开展最严格的安全检查，切断数据泄漏渠道，消除数据安全隐患。

（三）保障人力物力。各地要加强智能监控队伍建设，提高智能监控管理和技术保障水平。积极与财政等部门沟通，落实包括业务系统功能完善、定点医疗机构和零售药店系统接口改造、智能监控系统建设等项目经费，形成维护系统运行的经费保障机制。

人力资源和社会保障部办公厅关于发布医疗保险按病种付费病种推荐目录的通知

1. 2018 年 2 月 7 日

2. 人社厅函〔2018〕40 号

各省、自治区、直辖市及新疆生产建设兵团人力资源社会保障厅（局），福建省医保办：

为贯彻落实《国务院办公厅关于进一步深化基本医疗保险支付方式改革的指导意见》（国办发〔2017〕55 号，以下简称 55 号文）要求，重点推行按病种付费，我部在各地已开展按病种付费工作和医保大数据聚类分析的基础上，经专家论证制定了《医疗保险按病种付费病种推荐目录》（以下简称《医保付费病种目录》），现予以发布并就有关问题通知如下：

一、高度重视推进按病种付费工作

重点推行按病种付费是 55 号文提出的改革任务，

对于健全医保支付机制和利益调控机制、调节医疗服务行为、引导医疗资源合理配置、控制医疗费用不合理增长具有重要意义。各级人力资源社会保障部门要高度重视，在加强医保基金预算管理基础上，全面推行以按病种付费为主的多元复合式医保支付方式，逐步扩大定点医疗机构实施范围，提高按病种付费的覆盖面。

二、因地制宜确定医保付费病种

各地应选择诊疗方案和出入院标准比较明确、诊疗技术比较成熟、临床路径稳定、综合服务成本差异不大的疾病开展按病种付费。根据国际疾病分类（ICD－10）、手术与操作编码系统（ICD－9－CM－3），确定具体病种，以住院手术病种及部分单纯性治疗项目为主，逐步将日间手术及符合条件的中西医病种门诊治疗纳入医保基金病种付费范围。

各地应确定不少于100个病种开展按病种付费。在确定付费病种时，坚持专家论证机制，组织专家对病种名称、主要治疗方式开展论证，确保临床使用规范有效，标准制定科学合理。《医保付费病种目录》为各地开展按病种付费的推荐性目录，主要为各地提供病种选择。各地可在此基础上，根据医保管理水平和医疗技术发展等实际情况合理确定医保付费病种范围。

三、合理制定医保付费病种支付标准

各地确定按病种付费支付标准时，应充分考虑医疗服务成本、既往实际发生费用、医保基金承受能力和参保人员负担水平等因素，结合病种主要操作和治疗方式，通过与医疗机构协商谈判合理确定。要加强按病种付费的医疗费用管理，监测分析参保人个人负担，避免费用转嫁，增加个人负担。

各地要建立医保付费病种支付标准动态调整机制，根据医药价格变化和适宜技术服务应用情况，以及医保基金运行评估结果，适时调整医保支付标准，积极防范基金运行风险。

四、扎实做好费用结算工作

各地应将按病种付费纳入基金总额预算控制范围内，根据绩效考核情况结果按病种支付标准向定点医疗机构结算费用，引导医疗机构主动控制成本，规范医疗行为，控制医疗费用不合理增长。建立按病种付费进入和退出机制，完善参保人员申诉处理办法。

五、精心组织实施

各地要加强领导，积极推进按病种付费工作。根据经济发展、医保基金运行、医疗服务技术应用等因素，进行综合分析和研究，周密制定按病种付费实施方案。加强业务培训，做好政策宣传，主动回应社会关切，营造良好改革氛围。做好信息系统改造工作，适应按病种付费经办管理需求。充分利用信息系统对开展按病种付费的医疗机构、患者人群、病种范围、病种费用等进行监测和分析。将定点医疗机构开展按病种付费情况纳入定点服务协议管理和考核范围，加强对医疗服务行为的监管，保证医疗服务质量，避免出现推诿患者、分解住院或治疗不足等问题。加强与价格、卫生计生等部门沟通协调，做好按病种收费和付费改革的衔接，充分发挥协同作用，控制不合理医疗费用增长，确保群众个人费用负担不增加。

各统筹地区确定的《医保付费病种目录》外付费病种，需由省级医疗保险管理部门汇总后，于每年12月底前报我部备案。《医保付费病种目录》执行过程中如遇重大问题，请及时报告我部。

附件

医疗保险按病种付费病种推荐目录

序号	病种名称	疾病代码	主要操作/治疗方式	手术代码
1	肺结核	A15.0/A15.1/A15.2/A15.3/A16.0/A16.1/A16.2	肺叶切除术	32.39/32.49
2	肺结核	A15.0/A15.1/A15.2/A15.3/A16.0/A16.1/A16.2	初次内科常规治疗	非手术
3	结核性胸膜炎	A15.6/A16.5	内科常规治疗（含胸腔穿刺）	非手术
4	带状疱疹	B02	内科常规治疗	非手术

续表

序号	病种名称	疾病代码	主要操作/治疗方式	手术代码
5	食管恶性肿瘤	C15	食管癌根治术	42.41/42.42/42.5/42.6
6	胃恶性肿瘤	C16	胃癌根治术	43.5/43.6/43.7/43.8/43.9
7	结肠恶性肿瘤	C18	结肠癌根治切除术	45.73/45.74/45.75/45.76/45.79/45.9
8	直肠恶性肿瘤	C20	直肠癌根治术	45.4/45.73/45.74/45.75/45.76/45.79/45.8
9	肝和肝内胆管恶性肿瘤	C22	经导管肝动脉栓塞术	39.7903
			肝癌切除术	50.2/50.3/50.4
10	支气管和肺恶性肿瘤	C34	肺癌根治术	32.28/32.29/32.30/32.39/32.41/32.49/32.50/32.59
11	乳房恶性肿瘤	C50	单侧乳腺改良根治术	85.4301
			双侧乳腺改良根治术	85.4401
12	宫颈恶性肿瘤	C53	根治性全子宫切除+腹膜后淋巴结切除术	68.6/68.7/40.3/40.5
13	子宫内膜恶性肿瘤	C54.1	全子宫切除术+双侧附件切除术	68.4901+65.5100/68.4100+65.5300
14	子宫恶性肿瘤	C55	全子宫切除术+双侧附件切除术	68.4901+65.5100/68.4100+65.5300
15	膀胱恶性肿瘤	C67	根治性膀胱全切术+盆腔淋巴结清扫术	57.7100+40.5910
16	甲状腺恶性肿瘤	C73	甲状腺癌根治术	06.2/06.3/06.4
17	儿童急性淋巴细胞白血病(ALL)	C91.0	诱导缓解化疗(初治患者)	非手术
18	儿童急性淋巴细胞白血病(ALL)	C91.0	强化巩固化疗(诱导治疗后完全缓解的患者)	非手术
19	儿童急性早幼粒细胞白血病(APL)	C92.4	诱导缓解化疗(初治患者)	非手术
20	儿童急性早幼粒细胞白血病(APL)	C92.4	强化巩固化疗(诱导治疗后完全缓解的患者)	非手术
21	纵膈良性肿瘤	D15.2	胸腔镜下纵膈病损切除术	34.3x04
22	血管瘤和淋巴管瘤	D18	皮肤及皮下血管瘤切除术	86.3x15
			血管瘤硬化剂注射	99.2904
23	乳房良性肿瘤	D24	乳腺肿瘤切除术	85.2100
			病变导管切除术	85.2100x021
24	子宫平滑肌瘤	D25	子宫肌瘤切除术	68.2901
25	卵巢良性肿瘤	D27	单侧卵巢切除术	65.3900/65.3100
			单侧卵巢囊肿剥除术	65.2901/65.2501

续表

序号	病种名称	疾病代码	主要操作/治疗方式	手术代码
26	甲状腺良性肿瘤	D34	甲状腺肿瘤切除术	06.2/06.3/06.4
27	结节性甲状腺肿	E04.902	甲状腺部分切除术	06.3900
28	慢性泪囊炎	H04.4	泪囊鼻腔吻合术	09.8100
			泪囊鼻腔造口术	09.8100x004
29	翼状胬肉	H11.0	翼状胬肉切除伴结膜移植术	11.3901
30	白内障	H25/H26	白内障超声乳化抽吸术 + 人工晶体植入术	13.4100 + 13.7000
			白内障超声乳化摘除术 + 人工晶体植入术	13.1900 + 13.7000
31	视网膜脱离	H33	玻璃体切割术 + 视网膜剥离术 + 玻璃体硅油置入术	14.7401 + 14.9x02 + 14.7501
			巩膜环扎术	14.4900
			巩膜外加压术	12.8801
32	青光眼	H40	小梁切开联合小梁切除术	12.6400
			青光眼阀置入术	12.6704
33	玻璃体病变	H43	玻璃体切除术	14.7401
34	慢性化脓性中耳炎	H66.1/H66.2/H66.3	乳突改良根治术	20.4901
			鼓室形成术	19.4
35	风湿性二尖瓣病变	I05	二尖瓣瓣膜置换术	35.2301/35.2401
			二尖瓣瓣膜切开术	35.0200
36	风湿性主动脉瓣病变	I06	主动脉瓣瓣膜置换术	35.2101/35.2201
			主动脉瓣瓣膜切开术	35.0100
37	不稳定型心绞痛	I20.0	经皮冠状动脉内支架植入术	36.06/36.07
38	急性心肌梗死	I21	经皮冠状动脉内支架植入术（冠状动脉内血栓溶解药输注）	36.06/36.07（36.04）
39	急性心肌梗死	I21	内科住院溶栓治疗	非手术
40	冠状动脉粥样硬化性心脏病	I25.1	经皮冠状动脉内支架植入术	36.06/36.07
41	房室传导阻滞	I44.303	单腔永久起搏器置入术	37.8101
			双腔永久起搏器置入术	37.8301
42	室上性心动过速	I47.1	心电生理检查 + 心脏射频消融术	89.5901 + 37.3302
43	肾动脉狭窄	I70.101	肾动脉支架置入术	39.9016
			肾动脉成形术	39.5900x010
44	胸主动脉瘤	I71.2	胸主动脉支架置入术	39.7301
45	腹主动脉瘤	I71.4	腹主动脉支架置入术	39.7101

续表

序号	病种名称	疾病代码	主要操作/治疗方式	手术代码
46	下肢深静脉血栓	I80.207	下腔静脉滤器置入术	38.7x04
47	下肢静脉曲张	I83	大隐静脉高位结扎术和剥脱术	38.5901
48	内痔	I84.0	内痔套扎术	49.4500
49	混合痔	I84.201	肛周痔切除术	49.4600
			肛周痔套扎术	49.4500
50	混合痔	I84.201	混合痔外剥内扎术	中医治疗
51	外痔	I84.3	血栓痔清除术	49.4700
52	未特指的痔伴有其他并发症	I84.8	环状混合痔切除术	中医治疗
53	精索静脉曲张	I86.101	精索静脉高位结扎术	63.1x01
54	社区获得性肺炎	J15.902/J15.903	内科住院常规治疗	非手术
55	支气管肺炎	J18.0	内科住院常规治疗	非手术
56	慢性鼻窦炎	J32	经鼻内镜鼻窦切开术	22.5
57	鼻息肉	J33	鼻镜下鼻息肉切除术	21.3102
58	鼻中隔偏曲	J34.2	鼻中隔矫正术＋下鼻甲切除术	21.5＋21.6902
59	慢性扁桃体炎	J35.0	扁桃体切除术	28.2/28.3
60	扁桃体肥大伴有腺体样肥大	J35.3	扁桃体伴腺体样切除术	28.3x01
61	声带和喉的息肉	J38.1	声带喉肿物切除术	30.0901/30.0902
			喉镜下声带喉肿物切除术	30.0905/30.0911
62	自发性气胸	J93.0/J93.1	胸腔闭式引流术	34.0401
63	纵膈囊肿	J98.505	胸腔镜下纵膈病损切除术	34.3x04
64	胃十二指肠溃疡	K25/K26/K27	远端胃大部切除伴胃十二指肠吻合术	43.6x01/43.6x02
			胃迷走神经干切断术	44.0100/44.0001
65	胃息肉	K31.703	内镜下胃息肉切除术	43.4105
66	急性阑尾炎	K35	阑尾切除术	47.0901
67	慢性阑尾炎	K36.x02	阑尾切除术	47.0901
68	腹股沟疝	K40	腹股沟疝单侧修补术	53.0000
			腹股沟疝双侧修补术	53.1000
			单侧疝囊高位结扎术	53.0202
			双侧疝囊高位结扎术	53.1202
69	肠梗阻	K56.7	行肠粘连松解术、小肠部分切除吻合术、肠短路吻合术、肠外置术、结肠造口术	54.59/45.62/45.91/46.01 /46.10
70	肛裂	K60.2	肛裂切除术＋肛门内括约肌切开术	49.3901＋49.5901

续表

序号	病种名称	疾病代码	主要操作/治疗方式	手术代码
71	肛瘘	K60.3	肛瘘切除术	49.1200
			肛瘘切开挂线术	49.7301
72	肛瘘	K60.3	高位复杂肛瘘挂线治疗	中医治疗
73	肛周脓肿	K61.001	直肠周围脓肿切开引流术	48.8101
74	肛周脓肿	K61.001	肛周脓肿一次性根治术	中医治疗
75	直肠息肉	K62.1	内镜下直肠息肉切除术	48.36
76	直肠脱垂	K62.3	经肛门直肠脱垂手术	48.76
77	结肠息肉	K63.5	内镜下结肠息肉切除术	45.4201
78	肝囊肿	K76.807	经腹腔镜囊肿开窗术	50.0x03
79	胆囊结石	K80.2	胆囊切除术	51.22
80	胆石症	K80	胆囊切除术＋胆总管切开取石术	51.22＋51.41
81	急性胆囊炎	K81.0	胆囊切除术	51.22
82	慢性胆囊炎	K81.1	胆囊切除术	51.22
83	胆囊息肉	K82.802	胆囊切除术	51.22
84	类风湿性关节炎	M06.9	全膝关节置换术	81.54
85	重度膝关节骨关节炎	M17	全膝关节置换术	81.54
86	脊髓型颈椎病	M47.101	颈前路减压植骨固定术	81.02
			颈后路减压植骨固定术	81.03
			颈前后联合入路减压植骨固定术	81.02＋81.03
87	腰椎间盘突出症	M51.202	腰椎髓核摘除术	80.5109
			腰椎间盘切除术	80.5107
88	腱鞘囊肿	M67.4	腱鞘病损切除术	83.3100
			腱鞘囊肿切除术	83.3101
89	腘窝囊肿	M71.2	腘窝囊肿切除术	83.3902
90	股骨头坏死	M87.002/M87.102/M87.203/M87.800x051	全髋关节置换术	81.5100
			人工股骨头置换术	81.5201
91	终末期肾脏病	N18.0	自体动静脉内瘘成形术	39.27
92	终末期肾脏病	N18.0	血液透析	非手术
93	慢性肾衰竭	N18.900	肾移植术	55.6901
94	肾结石	N20.0	肾体外冲击波碎石术	98.5101
			经皮肾镜超声碎石术	55.0403
95	输尿管结石	N20.1	输尿管体外冲击波碎石术	98.5103

续表

序号	病种名称	疾病代码	主要操作/治疗方式	手术代码
96	膀胱结石	N21.0	膀胱体外冲击波碎石术	98.5102
97	肾囊肿	N28.1	肾囊肿去顶术	55.0105/55.0106
98	前列腺增生	N40	经尿道前列腺射频消融术	60.9701
			经尿道前列腺气化电切术	60.2901
99	睾丸鞘膜积液	N43.301	睾丸鞘膜翻转术	61.4904
			睾丸鞘膜切除术	61.2x02
100	急性乳腺炎	N61.x05	乳房浅表脓肿切开引流术	85.0x01
			乳房深部脓肿切开引流术	85.0x02
101	前庭大腺囊肿	N75.0	前庭大腺囊肿切除术	71.2401
102	子宫内膜异位	N80	卵巢肿瘤剥除术	65.2901
103	子宫腺肌病	N80.001	子宫切除术	68.3/68.4/68.5
104	卵巢囊肿	N83.2	卵巢囊肿剥除术	65.2901/65.2501
105	子宫内膜息肉	N84.001	宫腔镜子宫内膜病损切除术	68.2915
106	子宫颈息肉	N84.1	宫腔镜宫颈管息肉切除术	67.3902
107	功能障碍性子宫出血	N93.801	子宫次全切术	68.3901
108	异位妊娠	O00	输卵管外异位妊娠清除术	74.3
			输卵管切开妊娠产物去除术	66.0100x006/66.0103
			输卵管切除伴输卵管妊娠产物去除术	66.6200/66.6201
109	自然分娩	O80	单胎顺产	非手术
110	剖宫产	O82	子宫下段剖宫产术	74.1
111	耳前瘘管	Q18.102	耳前瘘管切除术	18.2101
112	室间隔缺损	Q21.0	心室间隔缺损缝合术	35.53
			心室间隔缺损修补术	35.53/35.62/35.72
113	房间隔缺损	Q21.1	心房间隔缺损缝合术	35.52
			心房间隔缺损修补术	35.51/35.61/35.71
114	动脉导管未闭	Q25.0	经皮动脉导管未闭封堵术	39.7900x008
			动脉导管结扎术	38.8500x001
			动脉导管未闭切断缝合术	38.8500x012
115	锁骨骨折	S42.0	锁骨骨折切开复位内固定术	79.3904
			锁骨骨折切开复位术	79.2901
116	锁骨骨折	S42.0	保守治疗;非手术治疗(含中医)	非手术
117	肱骨干骨折	S42.3	肱骨干骨折切开复位内固定术	79.3101

续表

序号	病种名称	疾病代码	主要操作/治疗方式	手术代码
118	肱骨干骨折	S42.3	骨折手法整复术＋骨折夹板外固定术	中医治疗
119	尺骨干骨折	S52.2	尺骨干骨折切开复位内固定术	79.3202
120	桡骨远端骨折	S52.5	桡骨钢板内固定术	78.5301
121	闭合性桡骨远端骨折	S52.501	骨折手法整复术＋骨折夹板外固定术	中医治疗
122	掌骨骨折(单发)	S62.3	掌骨骨折切开复位内固定术	79.3302
123	股骨颈骨折	S72.0	髋关节置换术	81.5100/81.5200
			人工股骨头置换术	81.5201
			股骨颈骨折切开复位内固定术	79.3501
124	股骨粗隆间骨折	S72.1	股骨粗隆间骨折切开复位内固定术	79.3501
			股骨粗隆间骨折闭合复位内固定术	79.1500
125	股骨干骨折	S72.3	股骨干骨折切开复位内固定术	79.3501
			股骨干骨折闭合性复位术伴内固定	79.1500
126	髌骨骨折	S82.0	髌骨骨折切开复位内固定术	79.3604
127	胫骨骨干骨折	S82.2	胫骨骨折切开复位内固定术	79.3601
			胫骨骨折闭合复位内固定术	79.1601
128	踝关节骨折	S82.5/S82.6	踝关节骨折切开复位内固定术	79.3603
129	踝关节骨折	S82.5/S82.6	保守治疗;非手术治疗(含中医)	非手术
130	跟腱断裂	S86.001	跟腱修补术	83.8800x001

中国人民解放军军人退役医疗保险暂行办法

1. 1999年12月16日国务院办公厅、中央军委办公厅发布
2. 国办发〔1999〕100号
3. 自2000年1月1日起施行

一、为了保障军人退出现役后享有国家规定的医疗保险待遇,维护军人权益,激励军人安心服役,根据《中华人民共和国国防法》的有关规定,结合军队实际,制定本办法。

二、国家实行军人退役医疗保险制度,设立军人退役医疗保险基金,对军人退出现役后的医疗费用给予补助。中国人民解放军根据国家的有关规定,为军人建立退役医疗保险个人帐户。

三、师职以下现役军官、局级和专业技术四级以下文职干部、士官、义务兵和具有军籍的学员依照本办法参加军人退役医疗保险。

四、各级后勤(联勤)机关按照职责分工,负责军人退役医疗保险个人帐户的建立和基金的筹集、管理、支付。

五、城镇职工基本医疗保险统筹地区人民政府劳动和社会保障部门负责军人退役后的医疗保险管理工作。

六、军人退役医疗保险基金由国家财政拨款和军人缴纳的退役医疗保险费组成。

七、师职以下现役军官、局级和专业技术四级以下文职干部和士官,每人每月按照本人工资收入1%的数额缴纳退役医疗保险费。国家按照军人缴纳的退役医疗保险费的同等数额,给予军人退役医疗补助。

八、军人缴纳的退役医疗保险费和国家给予的军人退役医疗补助,由其所在单位后勤(联勤)机关财务部门逐月计入本人的退役医疗保险个人账户。

九、军人退役医疗保险个人账户资金的利息每年计算一次,计入军人退役医疗保险个人账户。

军人退役医疗保险个人账户资金的利率,由中国人民解放军总后勤部根据中国人民银行公布的相应利率确定。

十、军官、文职干部晋升为军职或者享受军职待遇的，不再缴纳退役医疗保险费，个人缴纳的退役医疗保险费连同利息一并退还本人。

缴纳退役医疗保险费后致残的二等乙级以上革命伤残军人，退还个人缴纳的退役医疗保险费及利息。

十一、师职以下现役军官、局级和专业技术四级以下文职干部、士官退出现役时，其退役医疗保险个人账户的资金和利息，由本人所在单位后勤（联勤）机关财务部门结清。

十二、义务兵、供给制学员不缴纳退役医疗保险费，服役期间不建立退役医疗保险个人账户。

义务兵退出现役时，按照上一年度全国城镇职工平均工资收入的1.6%乘以服役年数的计算公式计付军人退役医疗保险金。

十三、军人退出现役后，按照国家规定不参加城镇职工基本医疗保险的，由军人所在单位后勤（联勤）机关财务部门将军人退役医疗保险金发给本人；按照国家规定应当参加城镇职工基本医疗保险的，由军人所在单位后勤（联勤）机关财务部门将军人退役医疗保险金转入军人安置地的社会保险经办机构，具体办法由中国人民解放军总后勤部会同劳动保障部等有关部门制定。

十四、从地方直接招收的军官、文职干部和士官入伍时由地方社会保险经办机构将其基本医疗保险个人账户结余部分转入接收单位后勤（联勤）机关财务部门，计入本人的退役医疗保险个人账户，并逐级上交中国人民解放军总后勤部。

十五、军人牺牲或者病故的，其退役医疗保险个人账户资金可以依法继承。

十六、军人退役医疗保险基金实行集中统管，任何单位或者个人不得挤占挪用。

十七、军人退役医疗保险基金的存储、划拨、运营、预决算管理和会计核算，必须严格执行国家和军队的有关规定。基金利息等收益全部纳入军人退役医疗保险基金。

十八、中国人民解放军各级审计部门按照规定的职责，对军人退役医疗保险基金的收支和管理进行审计监督。

十九、有下列情形之一的，对直接负责的主管人员和其他直接责任人员，依照国家和军队的有关规定给予处分；涉嫌犯罪的，移交司法机关依法处理；对单位给予通报批评，责令限期改正，并依照国家和军队有关规定给予处罚：

（一）出具假证明，伪造公文、证件骗取军人退役医疗保险金的；

（二）不按照规定转移和接收军人退役医疗保险个人账户资金的；

（三）贪污挪用军人退役医疗保险基金的；

（四）虚报冒领、不按照规定计发军人退役医疗保险金的；

（五）其他违反本办法，妨害军人退役医疗保险工作的。

二十、移交政府安置的军队离休人员和退出现役的二等乙级以上革命伤残军人的医疗待遇，按照国务院、中央军委的有关规定执行。

移交政府安置的军队退休干部、士官的医疗待遇政策，由军队有关部门商国务院有关部门另行制定。

二十一、本办法适用于中国人民武装警察部队。

二十二、本办法由劳动保障部和中国人民解放军总后勤部负责解释。

二十三、本办法自2000年1月1日起施行。

国务院办公厅关于全面实施城乡居民大病保险的意见

1. 2015年7月28日
2. 国办发〔2015〕57号

各省、自治区、直辖市人民政府，国务院各部委、各直属机构：

城乡居民大病保险（以下简称大病保险）是基本医疗保障制度的拓展和延伸，是对大病患者发生的高额医疗费用给予进一步保障的一项新的制度性安排。大病保险试点以来，推动了医保、医疗、医药联动改革，促进了政府主导与发挥市场机制作用相结合，提高了基本医疗保障管理水平和运行效率，有力缓解了因病致贫、因病返贫问题。为加快推进大病保险制度建设，筑牢全民基本医疗保障网底，让更多的人民群众受益，经国务院同意，现提出以下意见。

一、基本原则和目标

（一）基本原则。

1. 坚持以人为本、保障大病。建立完善大病保险制度，不断提高大病保障水平和服务可及性，着力维护人民群众健康权益，切实避免人民群众因病致贫、因病返贫。

2. 坚持统筹协调、政策联动。加强基本医保、大病保险、医疗救助、疾病应急救助、商业健康保险和慈善救助等制度的衔接，发挥协同互补作用，输出充沛的保障动能，形成保障合力。

3. 坚持政府主导、专业承办。强化政府在制定政策、组织协调、监督管理等方面职责的同时，采取商业保险机构承办大病保险的方式，发挥市场机制作用和商业保险机构专业优势，提高大病保险运行效率、服务水平和质量。

4. 坚持稳步推进、持续实施。大病保险保障水平要与经济社会发展、医疗消费水平和社会负担能力等相适应。强化社会互助共济，形成政府、个人和保险机构共同分担大病风险的机制。坚持因地制宜、规范运作，实现大病保险稳健运行和可持续发展。

（二）主要目标。

2015 年底前，大病保险覆盖所有城镇居民基本医疗保险、新型农村合作医疗（以下统称城乡居民基本医保）参保人群，大病患者看病就医负担有效减轻。到 2017 年，建立起比较完善的大病保险制度，与医疗救助等制度紧密衔接，共同发挥托底保障功能，有效防止发生家庭灾难性医疗支出，城乡居民医疗保障的公平性得到显著提升。

二、完善大病保险筹资机制

（一）科学测算筹资标准。各地结合当地经济社会发展水平、患大病发生的高额医疗费用情况、基本医保筹资能力和支付水平，以及大病保险保障水平等因素，科学细致做好资金测算，合理确定大病保险的筹资标准。

（二）稳定资金来源。从城乡居民基本医保基金中划出一定比例或额度作为大病保险资金。城乡居民基本医保基金有结余的地区，利用结余筹集大病保险资金；结余不足或没有结余的地区，在年度筹集的基金中予以安排。完善城乡居民基本医保的多渠道筹资机制，保证制度的可持续发展。

（三）提高统筹层次。大病保险原则上实行市（地）级统筹，鼓励省级统筹或全省（区、市）统一政策、统一组织实施，提高抗风险能力。

三、提高大病保险保障水平

（一）全面覆盖城乡居民。大病保险的保障对象为城乡居民基本医保参保人，保障范围与城乡居民基本医保相衔接。参保人患大病发生高额医疗费用，由大病保险对经城乡居民基本医保按规定支付后个人负担的合规医疗费用给予保障。

高额医疗费用，可以个人年度累计负担的合规医疗费用超过当地统计部门公布的上一年度城镇居民、农村居民年人均可支配收入作为主要测算依据。根据城乡居民收入变化情况，建立动态调整机制，研究细化大病的科学界定标准，具体由地方政府根据实际情况确定。合规医疗费用的具体范围由各省（区、市）和新疆生产建设兵团结合实际分别确定。

（二）逐步提高支付比例。2015 年大病保险支付比例应达到 50% 以上，随着大病保险筹资能力、管理水平不断提高，进一步提高支付比例，更有效地减轻个人医疗费用负担。按照医疗费用高低分段制定大病保险支付比例，医疗费用越高支付比例越高。鼓励地方探索向困难群体适当倾斜的具体办法，努力提高大病保险制度托底保障的精准性。

四、加强医疗保障各项制度的衔接

强化基本医保、大病保险、医疗救助、疾病应急救助、商业健康保险及慈善救助等制度间的互补联动，明确分工，细化措施，在政策制定、待遇支付、管理服务等方面做好衔接，努力实现大病患者应保尽保。鼓励有条件的地方探索建立覆盖职工、城镇居民和农村居民的有机衔接、政策统一的大病保险制度。推动实现新型农村合作医疗重大疾病保障向大病保险平稳过渡。

建立大病信息通报制度，支持商业健康保险信息系统与基本医保、医疗机构信息系统进行必要的信息共享。大病保险承办机构要及时掌握大病患者医疗费用和基本医保支付情况，加强与城乡居民基本医保经办服务的衔接，提供"一站式"即时结算服务，确保群众方便、及时享受大病保险待遇。对经大病保险支付后自付费用仍有困难的患者，民政等部门要及时落实相关救助政策。

五、规范大病保险承办服务

（一）支持商业保险机构承办大病保险。地方政府人力资源社会保障、卫生计生、财政、保险监管部门共同制定大病保险的筹资、支付范围、最低支付比例以及就医、结算管理等基本政策，并通过适当方式征求意见。原则上通过政府招标选定商业保险机构承办大病保险业务，在正常招投标不能确定承办机构的情况下，由地方政府明确承办机构的产生办法。对商业保险机构承办大病保险的保费收入，按现行规定免征营业税，免征保险业务监管费；2015 年至 2018 年，试行免征保险保障金。

（二）规范大病保险招标投标与合同管理。坚持公开、公平、公正和诚实信用的原则，建立健全招投标机制，规范招投标程序。招标主要包括具体支付比例、盈亏率、配备的承办和管理力量等内容。符合保险监管部门基本准入条件的商业保险机构自愿参加投标。招标人应当与中标的商业保险机构签署保险合同，明确双方责任、权利和义务，合同期限原则上不低于 3 年。因违反合同约定，或发生其他严重损害参保人权益的情况，可按照约定提前终止或解除合同，并依法追究责任。各地要不断完善合同内容，探索制定全省(区、市)统一的合同范本。

(三)建立大病保险收支结余和政策性亏损的动态调整机制。遵循收支平衡、保本微利的原则，合理控制商业保险机构盈利率。商业保险机构因承办大病保险出现超过合同约定的结余，需向城乡居民基本医保基金返还资金；因城乡居民基本医保政策调整等政策性原因给商业保险机构带来亏损时，由城乡居民基本医保基金和商业保险机构分摊，具体分摊比例应在保险合同中载明。

(四)不断提升大病保险管理服务的能力和水平。规范资金管理，商业保险机构承办大病保险获得的保费实行单独核算，确保资金安全和偿付能力。商业保险机构要建立专业队伍，加强专业能力建设，提高管理服务效率，优化服务流程，为参保人提供更加高效便捷的服务。发挥商业保险机构全国网络优势，简化报销手续，推动异地医保即时结算。鼓励商业保险机构在承办好大病保险业务的基础上，提供多样化的健康保险产品。

六、严格监督管理

(一)加强大病保险运行的监管。相关部门要各负其责，协同配合，强化服务意识，切实保障参保人权益。人力资源社会保障、卫生计生等部门要建立以保障水平和参保人满意度为核心的考核评价指标体系，加强监督检查和考核评估，督促商业保险机构按合同要求提高服务质量和水平。保险监管部门要加强商业保险机构从业资格审查以及偿付能力、服务质量和市场行为监管，依法查处违法违规行为。财政部门要会同相关部门落实利用城乡居民基本医保基金向商业保险机构购买大病保险的财务列支和会计核算办法，强化基金管理。审计部门要按规定进行严格审计。政府相关部门和商业保险机构要切实加强参保人员个人信息安全保障，防止信息外泄和滥用。

(二)规范医疗服务行为。卫生计生部门要加强对医疗机构、医疗服务行为和质量的监管。商业保险机构要与人力资源社会保障、卫生计生部门密切配合，协同推进按病种付费等支付方式改革。抓紧制定相关临床路径，强化诊疗规范，规范医疗行为，控制医疗费用。

(三)主动接受社会监督。商业保险机构要将签订合同情况以及筹资标准、待遇水平、支付流程、结算效率和大病保险年度收支等情况向社会公开。城乡居民基本医保经办机构承办大病保险的，在基金管理、经办服务、信息披露、社会监督等方面执行城乡居民基本医保现行规定。

七、强化组织实施

各省(区、市)人民政府和新疆生产建设兵团、各市(地)人民政府要将全面实施大病保险工作列入重要议事日程，进一步健全政府领导、部门协调、社会参与的工作机制，抓紧制定实施方案，细化工作任务和责任部门，明确时间节点和工作要求，确保2015年底前全面推开。

人力资源社会保障、卫生计生部门要加强对各地实施大病保险的指导，密切跟踪工作进展，及时研究解决新情况新问题，总结推广经验做法，不断完善大病保险制度。加强宣传解读，使群众广泛了解大病保险政策、科学理性对待疾病，增强全社会的保险责任意识，为大病保险实施营造良好社会氛围。

财政部、劳动和社会保障部关于企业补充医疗保险有关问题的通知

1. 2002年5月21日
2. 财社〔2002〕18号

各中央管理企业，各省、自治区、直辖市、计划单列市财政厅(局)、劳动和社会保障厅(局)：

为加快医疗保险制度改革步伐，进一步完善多层次的医疗保障体系，根据《国务院关于建立城镇职工基本医疗保险制度的决定》(国发〔1998〕44号)和有关文件精神，现就企业建立补充医疗保险的有关问题通知如下：

一、按规定参加各项社会保险并按时足额缴纳社会保险费的企业，可自主决定是否建立补充医疗保险。企业可在按规定参加当地基本医疗保险的基础上，建立补充医疗保险，用于对城镇职工基本医疗保险制度支付以外由职工个人负担的医药费用进行的适当补助，减轻参保职工的医药费负担。

二、企业补充医疗保险费在工资总额4%以内的部分，企业可直接从成本中列支，不再经同级财政部门审批。

三、企业补充医疗保险办法应与当地基本医疗保险制度相衔接。企业补充医疗保险资金由企业或行业集中使用和管理，单独建账，单独管理，用于本企业个人负担较重职工和退休人员的医药费补助，不得划入基本医疗保险个人账户，也不得另行建立个人账户或变相用于职工其他方面的开支。

四、财政部门和劳动保障部门要加强对企业补充医疗保险资金管理的监督和财务监管，防止挪用资金等违规行为。

四、生育保险

资料补充栏

企业职工生育保险试行办法

1. 1994年12月14日劳动部发布
2. 劳部发〔1994〕504号
3. 自1995年1月1日起施行

第一条 为了维护企业女职工的合法权益,保障她们在生育期间得到必要的经济补偿和医疗保健,均衡企业间生育保险费用的负担,根据有关法律、法规的规定,制定本办法。

第二条 本办法适用于城镇企业及其职工。

第三条 生育保险按属地原则组织。生育保险费用实行社会统筹。

第四条 生育保险根据"以支定收,收支基本平衡"的原则筹集资金,由企业按照其工资总额的一定比例向社会保险经办机构缴纳生育保险费,建立生育保险基金。生育保险费的提取比例由当地人民政府根据计划内生育人数和生育津贴、生育医疗费等项费用确定,并可根据费用支出情况适时调整,但最高不得超过工资总额的百分之一。企业缴纳的生育保险费作为期间费用处理,列入企业管理费用。

职工个人不缴纳生育保险费。

第五条 女职工生育按照法律、法规的规定享受产假。产假期间的生育津贴按照本企业上年度职工月平均工资计发,由生育保险基金支付。

第六条 女职工生育的检查费、接生费、手术费、住院费和药费由生育保险基金支付。超出规定的医疗服务费和药费(含自费药品和营养药品的药费)由职工个人负担。

女职工生育出院后,因生育引起疾病的医疗费,由生育保险基金支付;其他疾病的医疗费,按照医疗保险待遇的规定办理。女职工产假期满后,因病需要休息治疗的,按照有关病假待遇和医疗保险待遇规定办理。

第七条 女职工生育或流产后,由本人或所在企业持当地计划生育部门签发的计划生育证明,婴儿出生、死亡或流产证明,到当地社会保险经办机构办理手续,领取生育津贴和报销生育医疗费。

第八条 生育保险基金由劳动部门所属的社会保险经办机构负责收缴、支付和管理。

生育保险基金应存入社会保险经办机构在银行开设的生育保险基金专户。银行应按照城乡居民个人储蓄同期存款利率计息,所得利息转入生育保险基金。

第九条 社会保险经办机构可从生育保险基金中提取管理费,用于本机构经办生育保险工作所需的人员经费、办公费及其他业务经费。管理费标准,各地根据社会保险经办机构人员设置情况,由劳动部门提出,经财政部门核定后,报当地人民政府批准。管理费提取比例最高不得超过生育保险基金的百分之二。

生育保险基金及管理费不征税、费。

第十条 生育保险基金的筹集和使用,实行财务预、决算制度,由社会保险经办机构作出年度报告,并接受同级财政、审计监督。

第十一条 市(县)社会保险监督机构定期监督生育保险基金管理工作。

第十二条 企业必须按期缴纳生育保险费。对逾期不缴纳的,按日加收千分之二的滞纳金。滞纳金转入生育保险基金。滞纳金计入营业外支出,纳税时进行调整。

第十三条 企业虚报、冒领生育津贴或生育医疗费的,社会保险经办机构应追回全部虚报、冒领金额,并由劳动行政部门给予处罚。

企业欠付或拒付职工生育津贴、生育医疗费的,由劳动行政部门责令企业限期支付;对职工造成损害的,企业应承担赔偿责任。

第十四条 劳动行政部门或社会保险经办机构的工作人员滥用职权、玩忽职守、徇私舞弊,贪污、挪用生育保险基金,构成犯罪的,依法追究刑事责任;不构成犯罪的,给予行政处分。

第十五条 省、自治区、直辖市人民政府劳动行政部门可以按照本办法的规定,结合本地区实际情况制定实施办法。

第十六条 本办法自1995年1月1日起试行。

生育保险和职工基本医疗保险合并实施试点方案

1. 2017年1月19日国务院办公厅发布
2. 国办发〔2017〕6号

为贯彻落实党的十八届五中全会精神和《中华人民共和国国民经济和社会发展第十三个五年规划纲要》,根据《全国人民代表大会常务委员会关于授权国务院在河北省邯郸市等12个试点城市行政区域暂时调整适用〈中华人民共和国社会保险法〉有关规定的决定》,现就做好生育保险和职工基本医疗保险(以下统称两项保险)合并实施试点工作制定以下方案。

一、总体要求

（一）指导思想。全面贯彻党的十八大和十八届三中、四中、五中、六中全会精神，深入贯彻习近平总书记系列重要讲话精神和治国理政新理念新思想新战略，认真落实党中央、国务院决策部署，统筹推进“五位一体”总体布局和协调推进“四个全面”战略布局，牢固树立和贯彻落实创新、协调、绿色、开放、共享的发展理念，遵循保留险种、保障待遇、统一管理、降低成本的总体思路，推进两项保险合并实施，通过整合两项保险基金及管理资源，强化基金共济能力，提升管理综合效能，降低管理运行成本。

（二）主要目标。2017年6月底前启动试点，试点期限为一年左右。通过先行试点探索适应我国经济发展水平、优化保险管理资源、促进两项保险合并实施的制度体系和运行机制。

二、试点地区

根据实际情况和有关工作基础，在河北省邯郸市、山西省晋中市、辽宁省沈阳市、江苏省泰州市、安徽省合肥市、山东省威海市、河南省郑州市、湖南省岳阳市、广东省珠海市、重庆市、四川省内江市、云南省昆明市开展两项保险合并实施试点。未纳入试点地区不得自行开展试点工作。

三、试点内容

（一）统一参保登记。参加职工基本医疗保险的在职职工同步参加生育保险。实施过程中要完善参保范围，结合全民参保登记计划摸清底数，促进实现应保尽保。

（二）统一基金征缴和管理。生育保险基金并入职工基本医疗保险基金，统一征缴。试点期间，可按照用人单位参加生育保险和职工基本医疗保险的缴费比例之和确定新的用人单位职工基本医疗保险费率，个人不缴纳生育保险费。同时，根据职工基本医疗保险基金支出情况和生育待遇的需求，按照收支平衡的原则，建立职工基本医疗保险费率确定和调整机制。

职工基本医疗保险基金严格执行社会保险基金财务制度，两项保险合并实施的统筹地区，不再单列生育保险基金收入，在职工基本医疗保险统筹基金待遇支出中设置生育待遇支出项目。探索建立健全基金风险预警机制，坚持基金收支运行情况公开，加强内部控制，强化基金行政监督和社会监督，确保基金安全运行。

（三）统一医疗服务管理。两项保险合并实施后实行统一定点医疗服务管理。医疗保险经办机构与定点医疗机构签订相关医疗服务协议时，要将生育医疗服务有关要求和指标增加到协议内容中，并充分利用协议管理，强化对生育医疗服务的监控。执行职工基本医疗保险、工伤保险、生育保险药品目录以及基本医疗保险诊疗项目和医疗服务设施范围。生育医疗费用原则上实行医疗保险经办机构与定点医疗机构直接结算。

（四）统一经办和信息服务。两项保险合并实施后，要统一经办管理，规范经办流程。生育保险经办管理统一由职工基本医疗保险经办机构负责，工作经费列入同级财政预算。充分利用医疗保险信息系统平台，实行信息系统一体化运行。原有生育保险医疗费结算平台可暂时保留，待条件成熟后并入医疗保险结算平台。完善统计信息系统，确保及时准确反映生育待遇享受人员、基金运行、待遇支付等方面情况。

（五）职工生育期间的生育保险待遇不变。生育保险待遇包括《中华人民共和国社会保险法》规定的生育医疗费用和生育津贴，所需资金从职工基本医疗保险基金中支付。生育津贴支付期限按照《女职工劳动保护特别规定》等法律法规规定的产假期限执行。

四、保障措施

（一）加强组织领导。两项保险合并实施是党中央、国务院作出的一项重要部署，也是推动建立更加公平更可持续社会保障制度的重要内容。试点城市所在省份要高度重视，加强领导，密切配合，推动试点工作有序进行。人力资源社会保障部、财政部、国家卫生计生委要会同有关方面加强对试点地区的工作指导，及时研究解决试点中的困难和问题。试点省份和有关部门要加强沟通协调，共同推进相关工作。

（二）精心组织实施。试点城市要高度重视两项保险合并实施工作，按照本试点方案确定的主要目标、试点措施等要求，根据当地生育保险和职工基本医疗保险参保人群差异、基金支付能力、待遇保障水平等因素进行综合分析和研究，周密设计试点实施方案，确保参保人员相关待遇不降低、基金收支平衡，保证平稳过渡。2017年6月底前各试点城市要制定试点实施方案并组织实施。

（三）加强政策宣传。试点城市要坚持正确的舆论导向，准确解读相关政策，大力宣传两项保险合并实施的重要意义，让社会公众充分了解合并实施不会影响参保人员享受相关待遇，且有利于提高基金共济能力、减轻用人单位事务性负担、提高管理效率，为推动两项保险合并实施创造良好的社会氛围。

（四）做好总结评估。各试点城市要及时总结经验，试点过程中发现的重要问题和有效做法请及时报送人力资源社会保障部、财政部、国家卫生计生委,为全面推开两项保险合并实施工作奠定基础。人力资源社会保障部、财政部、国家卫生计生委要对试点期间各项改革措施执行情况、实施效果、群众满意程度等内容进行全面总结评估,并向国务院报告。

劳动和社会保障部等关于妥善解决城镇职工计划生育手术费用问题的通知

1. 1999年9月28日劳动和社会保障部、国家计划生育委员会、财政部、卫生部发布
2. 劳社部发〔1999〕32号

各省、自治区、直辖市劳动(劳动和社会保障)厅(局)、计划生育委员会、财政厅(局)、卫生厅(局):

在推进城镇职工社会保险制度改革工作中,为了进一步贯彻落实计划生育有关政策,现就妥善解决城镇职工计划生育手术费用问题通知如下:

一、职工计划生育手术费用是指职工因实行计划生育需要,实施放置(取出)宫内节育器、流产术、引产术、绝育及复通手术所发生的医疗费用。

二、已经建立地方企业职工生育保险的地区,参保单位职工的计划生育手术费用可列入生育保险基金支付范围。没有建立企业职工生育保险的地区,在建立城镇职工基本医疗保险制度时,可以将符合基本医疗保险有关规定的参保单位职工计划生育手术费用纳入基本医疗保险统筹基金支付范围。没有参加生育保险和基本医疗保险的单位,职工计划生育手术费用仍由原渠道解决。

三、参保职工在基本医疗保险定点医疗机构和经计划生育行政管理部门、劳动保障部门认可的计划生育服务机构实施计划生育手术,其费用可以由相应的社会保险基金支付。

四、经有关部门鉴定,属于职工计划生育手术并发症的治疗费用,由基本医疗保险基金支付,属于按照有关规定开支以外的必需费用,由用人单位解决。因计划生育手术造成的医疗事故,按照有关医疗事故处理的规定执行。

五、各地可根据本通知精神,结合当地实际制定具体办法。妥善解决城镇职工计划生育手术费用问题,涉及广大职工的切身利益,各级劳动保障、计划生育、财政、卫生等部门要密切配合,认真抓好落实。

劳动和社会保障部办公厅关于进一步加强生育保险工作的指导意见

1. 2004年9月8日
2. 劳社厅发〔2004〕14号

各省(自治区、直辖市)劳动和社会保障厅(局):

近十年来,各级劳动保障部门认真贯彻落实《企业职工生育保险试行办法》(劳部发〔1994〕504号),生育保险工作取得了积极进展。为了贯彻落实党的十六届三中全会精神,推进生育保险制度建设,加强生育保险管理,保障生育职工合法权益,现就进一步加强生育保险工作提出如下意见:

一、高度重视生育保险工作

建立生育保险制度,是我国社会主义市场经济发展和全面建设小康社会的必然要求,对促进经济和社会协调发展、保障妇女平等就业、促进企业公平竞争、维护妇女合法权益等方面具有重要作用。各级劳动保障部门要将建立和完善生育保险制度作为完善社会保障体系的一项重要任务,纳入当地劳动保障事业发展规划,逐步建立和完善与本地区经济发展相适应的生育保险制度。没有出台生育保险办法的地区,要积极创造条件,尽快建立生育保险制度。已经出台生育保险办法的地区,要逐步完善政策措施,确保生育保险制度稳健运行和可持续发展。

二、协同推进生育保险与医疗保险工作

各地要充分利用医疗保险的工作基础,以生育津贴社会化发放和生育医疗费用实行社会统筹为目标,加快推进生育保险制度建设。要充分利用医疗保险的医疗服务管理措施和手段,积极探索与医疗保险统一管理的生育保险医疗服务管理模式。各地要按照《中国妇女发展纲要(2001—2010年)》提出的2010年城镇职工生育保险覆盖面达到90%的目标要求,制定发展规划,积极扩大参保范围。

三、切实保障生育职工的医疗需求和基本生活待遇

各地要按照国务院《女职工劳动保护规定》明确的产假期限和当地职工工资水平,合理确定生育津贴标准并及时支付,逐步实现直接向生育职工发放生育津贴,保障女职工生育期间的基本生活。暂不具备条件的地区,可以先实行生育医疗费用社会统筹,生育津贴由用人单位负担的办法,以保障生育职工的合法权益。生育保险筹资水平按照以支定收、收支基本平衡的原则合理确定,并及时调整。

四、加强生育保险的医疗服务管理

生育保险实行医疗机构协议管理，签订协议的医疗机构范围要考虑基本医疗保险定点医疗机构和妇产医院、妇幼保健院等医疗机构。社会保险经办机构在对这些医疗机构的保险管理、服务质量、信息管理等服务能力评价的基础上，选择适合生育保险要求的医疗机构签订生育保险医疗服务协议，明确双方的权利和义务。参保职工在生育保险协议医疗机构因生育所发生符合规定的医疗费用，由生育保险基金支付。生育保险医疗费用支付的范围原则上按照基本医疗保险药品目录、诊疗项目和医疗服务设施标准执行，具体支付办法由各地根据实际情况制定。

要积极探索生育医疗费用的结算办法，逐步实现社会保险经办机构与协议管理医疗机构直接结算。要加强对医疗服务费用的监督检查，控制不合理的支出，探索制定科学规范的生育医疗费用结算办法。在协议中明确监督检查措施和考核办法。要根据协议及时结算医疗费用，对不合理的医疗费用不予支付，对严重违反协议的医疗机构可以终止协议。采取向生育职工定额支付生育保险待遇的地区，应根据本地区职工工资水平、生育医疗费用实际支出等情况，合理确定待遇支付标准，并建立调整机制。

五、提高经办机构管理和服务水平

经办生育保险的社会保险经办机构要理顺管理职能，落实经费和人员，完善管理措施，加强基础建设，提高管理服务能力。要认真做好生育保险参保登记、保险费征缴和基金管理工作，加强医疗服务协议管理和生育保险津贴的社会化管理服务工作，简化经办流程，提高办事效率，为参保职工提供快捷、便利的服务。

人力资源和社会保障部办公厅关于妥善解决城镇居民生育医疗费用的通知

1. 2009年7月31日
2. 人社厅发〔2009〕97号

各省、自治区、直辖市人力资源社会保障厅（局），新疆生产建设兵团人力资源社会保障局：

为提高城镇居民医疗保障水平，保障妇女生育基本医疗需求，现就城镇居民生育医疗费用有关问题通知如下：

一、各地要将城镇居民基本医疗保险参保人员住院分娩发生的符合规定的医疗费用纳入城镇居民基本医疗保险基金支付范围。开展门诊统筹的地区，可将参保居民符合规定的产前检查费用纳入基金支付范围。

二、城镇居民生育医疗服务管理，原则上参照城镇居民基本医疗保险有关规定执行。要综合考虑城镇居民生育的基本医疗需求和基金承受能力，合理确定医疗服务范围和标准。要完善医疗费结算办法，探索适合生育保障特点的结算方式，为参保人员提供方便快捷的服务，控制医疗费用不合理支出。

三、各地要从实际出发，统筹考虑城镇居民基本医疗保险和城镇职工生育保险制度的衔接，积极探索保障城镇居民生育相关费用的具体措施，妥善解决城镇居民生育医疗费用问题。

人力资源和社会保障部、财政部关于适当降低生育保险费率的通知

1. 2015年7月27日
2. 人社部发〔2015〕70号

各省、自治区、直辖市人力资源社会保障厅（局）、财政厅（局），新疆生产建设兵团人力资源社会保障局、财务局：

按照党的十八届三中全会提出的“适时适当降低社会保险费率”的精神，根据生育保险基金实际情况，经国务院同意，自2015年10月1日起，在生育保险基金结余超过合理结存的地区降低生育保险费率。现就有关问题通知如下：

一、统一思想，提高认识，确保政策落到实处

各地生育保险制度建立以来，在促进女性平等就业，均衡用人单位负担，维护女职工权益等方面发挥了重要作用。但也存在着地区间发展不平衡，基金结余偏多，待遇支付不规范等方面的问题。对基金结余多的地区降低生育保险费率，是完善生育保险政策，提高基金使用效率的一个重大举措，也是进一步减轻用人单位负担，促进就业稳定，实施积极财政政策的具体体现。各地要统一思想，充分认识降低生育保险费率的重要意义，确保政策按时落实到位，取得实效。

二、认真测算，降低费率，控制基金结余

生育保险基金合理结存量为相当于6至9个月待遇支付额。各地要根据上一年基金收支和结余情况，以及国家规定的待遇项目和标准进行测算，在确保生育保险待遇落实到位的前提下，通过调整费率，将统筹地区生育保险基金累计结余控制在合理水平。生育保险基金累计结余超过9个月的统筹地区，应将生育保险基金费率调整到用人单位职工工资总额的0.5%以

内，具体费率应按照“以支定收、收支平衡”的原则，根据近年来生育保险基金的收支和结余情况确定。

各地要加强对生育保险基金的监测和管理。降低生育保险费率的统筹地区要按程序调整生育保险基金预算，按月进行基金监测。基金累计结余低于3个月支付额度的，要制定预警方案，并向统筹地区政府和省级人力资源社会保障、财政部门报告。要通过提高统筹层次，加强基金和医疗服务管理，规范生育保险待遇，力求基金平衡。在生育保险基金累计结余不足支付时，统筹地区要采取加强支出管理、临时补贴、调整费率等方式确保基金收支平衡，确保参保职工按规定享受生育保险待遇。

三、加强组织领导，全面推进实施

各省（区、市）人力资源社会保障、财政部门要加强配合，共同研究落实国务院降低生育保险费率措施。实行省级统筹且基金结余超过9个月的省（区、市），应于9月底前提出降低生育保险费率的办法，报省级人民政府批准后实施。未实行省级统筹的省（区、市），应于8月底前制订本省（区、市）降低生育保险费率的办法，指导各统筹地区制订实施方案，符合降费率规定的统筹地区应于9月底以前发布降低费率的实施方案，以确保10月1日前完成降低生育保险费率的工作。各省（区、市）应于9月底将上述情况报告人力资源社会保障部、财政部。

要加强降低生育保险费率的宣传工作，向工作人员、参保单位和广大职工讲清降低生育保险费率的重大意义，在减轻用人单位负担的同时，调动用人单位参保积极性，切实维护女职工合法权益。要加强与有关部门协调配合，做好人口出生形势的分析和预判。各地在政策调整过程中出现的新情况、新问题，要及时与人力资源社会保障部、财政部进行沟通，采取有效措施，确保工作落实到位。

人力资源社会保障部、财政部、国家卫生和计划生育委员会关于做好当前生育保险工作的意见

1. *2018年3月5日*
2. *人社部发〔2018〕15号*

各省、自治区、直辖市及新疆生产建设兵团人力资源社会保障厅（局）、财政厅（局）、卫生计生委，福建省医保办：

生育保险制度自建立以来，总体保持平稳运行，对维护职工生育保障权益、促进妇女公平就业、均衡用人单位负担发挥了重要作用。近年来，为应对经济下行压力，生育保险采取降费率措施，减轻了企业负担；同时，应对人口老龄化，适应国家实施全面两孩政策，采取措施保障生育保险待遇，促进了人口均衡发展。当前，为切实维护全面两孩政策下参保职工合法权益，确保生育保险稳健运行，现对进一步做好生育保险工作提出如下意见：

一、提高认识，确保生育保险待遇落实

实施全面两孩政策是适应人口和经济社会发展新形势的重大战略举措，落实生育保险政策是实施全面两孩政策的重要保障措施。各地要统一思想，提高认识，主动适应计划生育政策调整，坚持科学发展，体现社会公平，切实维护职工合法权益。要确保应保尽保，将符合条件的用人单位及职工纳入参保范围；确保参保职工的生育医疗费用和生育津贴按规定及时足额支付，杜绝拖欠和支付不足现象。要根据全面两孩生育政策对生育保险基金的影响，增强风险防范意识和制度保障能力，确保生育保险基金收支平衡，实现制度可持续发展。

二、加强预警，完善费率调整机制

各地要结合全面两孩政策实施，完善生育保险监测指标。充分利用医疗保险信息网络系统，加强生育保险基金运行分析，参照基本医疗保险基金管理要求，全面建立生育保险基金风险预警机制，将基金累计结存控制在6－9个月支付额度的合理水平。

基金当期入不敷出的统筹地区，首先动用累计结存，同时制定预案，根据《社会保险基金财务制度》提出分类应对措施，经报同级政府同意后及时启动。基金累计结存不足（＜3个月支付额度）的统筹地区，要及时调整费率，具体费率由统筹地区按照“以支定收、收支平衡”的原则，科学测算全面两孩政策下基金支出规模后合理确定。基金累计结存完全消化的统筹地区，按规定向同级财政部门申请补贴，保障基金当期支付，同时采取费率调整措施，弥补基金缺口。

开展生育保险与职工基本医疗保险（以下统称两项保险）合并实施试点的统筹地区，要通过整合两项保险基金和统一征缴，增强基金统筹共济能力。要跟踪分析合并实施后基金运行情况，根据基金支出需求，确定新的费率并建立动态调整机制，防范风险转嫁。

三、引导预期，规范生育津贴支付政策

各地要按照“尽力而为、量力而行”的原则，坚持从实际出发，从保障基本权益做起，合理引导预期。要综合考虑生育保险基金运行和用人单位缴费等情况，

规范生育津贴支付期限和计发标准等政策，确保基金可持续运行和待遇享受相对公平。确保《女职工劳动保护特别规定》法定产假期限内的生育津贴支付，探索多渠道解决生育奖励假待遇问题。

四、加强管理，提高基金使用效率

各地要结合全民参保计划实施，进一步扩大生育保险覆盖面，加大征缴力度，与基本医疗保险同步推进统筹层次提升。加强生育保险定点协议管理，切实保障参保人员生育医疗权益，促进生育医疗服务行为规范。将生育医疗费用纳入医保支付方式改革范围，实行住院分娩医疗费用按病种、产前检查按人头付费，实现经办机构与定点医疗机构费用直接结算。充分利用医保智能监控系统，强化监控和审核，控制生育医疗费用不合理增长。

五、高度重视，切实做好组织实施工作

各地要高度重视生育保险工作，切实加强组织领导，做好统筹协调。加强政策宣传与舆论引导，准确解读相关政策，及时回应群众关切。各级人力资源社会保障、财政、卫生计生部门要明确职责，密切配合，形成工作合力，加强对统筹地区工作指导，及时研究解决有关问题。积极稳妥推进两项保险合并实施试点工作，及时总结试点经验，为全面推开两项保险合并实施工作奠定基础。工作推进中，如遇到重大问题，要及时报告。

国务院办公厅关于全面推进生育保险和职工基本医疗保险合并实施的意见

1. *2019年3月6日*
2. *国办发〔2019〕10号*

各省、自治区、直辖市人民政府，国务院各部委、各直属机构：

全面推进生育保险和职工基本医疗保险（以下统称两项保险）合并实施，是保障职工社会保险待遇、增强基金共济能力、提升经办服务水平的重要举措。根据《中华人民共和国社会保险法》有关规定，经国务院同意，现就两项保险合并实施提出以下意见。

一、指导思想

以习近平新时代中国特色社会主义思想为指导，全面贯彻党的十九大和十九届二中、三中全会精神，认真落实党中央、国务院决策部署，统筹推进“五位一体”总体布局和协调推进“四个全面”战略布局，坚持以人民为中心，牢固树立新发展理念，遵循保留险种、保障待遇、统一管理、降低成本的总体思路，推进两项保险合并实施，实现参保同步登记、基金合并运行、征缴管理一致、监督管理统一、经办服务一体化。通过整合两项保险基金及管理资源，强化基金共济能力，提升管理综合效能，降低管理运行成本，建立适应我国经济发展水平、优化保险管理资源、实现两项保险长期稳定可持续发展的制度体系和运行机制。

二、主要政策

（一）统一参保登记。参加职工基本医疗保险的在职职工同步参加生育保险。实施过程中要完善参保范围，结合全民参保登记计划摸清底数，促进实现应保尽保。

（二）统一基金征缴和管理。生育保险基金并入职工基本医疗保险基金，统一征缴，统筹层次一致。按照用人单位参加生育保险和职工基本医疗保险的缴费比例之和确定新的用人单位职工基本医疗保险费率，个人不缴纳生育保险费。同时，根据职工基本医疗保险基金支出情况和生育待遇的需求，按照收支平衡的原则，建立费率确定和调整机制。

职工基本医疗保险基金严格执行社会保险基金财务制度，不再单列生育保险基金收入，在职工基本医疗保险统筹基金待遇支出中设置生育待遇支出项目。探索建立健全基金风险预警机制，坚持基金运行情况公开，加强内部控制，强化基金行政监督和社会监督，确保基金安全运行。

（三）统一医疗服务管理。两项保险合并实施后实行统一定点医疗服务管理。医疗保险经办机构与定点医疗机构签订相关医疗服务协议时，要将生育医疗服务有关要求和指标增加到协议内容中，并充分利用协议管理，强化对生育医疗服务的监控。执行基本医疗保险、工伤保险、生育保险药品目录以及基本医疗保险诊疗项目和医疗服务设施范围。

促进生育医疗服务行为规范。将生育医疗费用纳入医保支付方式改革范围，推动住院分娩等医疗费用按病种、产前检查按人头等方式付费。生育医疗费用原则上实行医疗保险经办机构与定点医疗机构直接结算。充分利用医保智能监控系统，强化监控和审核，控制生育医疗费用不合理增长。

（四）统一经办和信息服务。两项保险合并实施后，要统一经办管理，规范经办流程。经办管理统一由基本医疗保险经办机构负责，经费列入同级财政预算。充分利用医疗保险信息系统平台，实行信息系统一体化运行。原有生育保险医疗费用结算平台可暂时保留，待条件成熟后并入医疗保险结算平台。完善统计信息系统，确保及时全面准确反映生育保险基金运行、待遇享受人员、待遇支付等方面情况。

（五）确保职工生育期间的生育保险待遇不变。生育保险待遇包括《中华人民共和国社会保险法》规定的生育医疗费用和生育津贴，所需资金从职工基本医疗保险基金中支付。生育津贴支付期限按照《女职工劳动保护特别规定》等法律法规规定的产假期限执行。

（六）确保制度可持续。各地要通过整合两项保险基金增强基金统筹共济能力；研判当前和今后人口形势对生育保险支出的影响，增强风险防范意识和制度保障能力；按照“尽力而为、量力而行”的原则，坚持从实际出发，从保障基本权益做起，合理引导预期；跟踪分析合并实施后基金运行情况和支出结构，完善生育保险监测指标；根据生育保险支出需求，建立费率动态调整机制，防范风险转嫁，实现制度可持续发展。

三、保障措施

（一）加强组织领导。两项保险合并实施是党中央、国务院作出的一项重要部署，也是推动建立更加公平更可持续社会保障制度的重要内容。各省（自治区、直辖市）要高度重视，加强领导，有序推进相关工作。国家医保局、财政部、国家卫生健康委要会同有关方面加强工作指导，及时研究解决工作中遇到的困难和问题，重要情况及时报告国务院。

（二）精心组织实施。各地要高度重视两项保险合并实施工作，按照本意见要求，根据当地生育保险和职工基本医疗保险参保人群差异、基金支付能力、待遇保障水平等因素进行综合分析和研究，周密组织实施，确保参保人员相关待遇不降低、基金收支平衡，保证平稳过渡。各省（自治区、直辖市）要加强工作部署，督促指导各统筹地区加快落实，2019 年底前实现两项保险合并实施。

（三）加强政策宣传。各统筹地区要坚持正确的舆论导向，准确解读相关政策，大力宣传两项保险合并实施的重要意义，让社会公众充分了解合并实施不会影响参保人员享受相关待遇，且有利于提高基金共济能力、减轻用人单位事务性负担、提高管理效率，为推动两项保险合并实施创造良好的社会氛围。

五、工伤保险

资料补充栏

1. 综　合

工伤保险条例

1. 2003年4月27日国务院令第375号公布
2. 根据2010年12月20日国务院令第586号《关于修改〈工伤保险条例〉的决定》修订

第一章　总　　则

第一条　【立法目的】为了保障因工作遭受事故伤害或者患职业病的职工获得医疗救治和经济补偿，促进工伤预防和职业康复，分散用人单位的工伤风险，制定本条例。

第二条　【适用范围】中华人民共和国境内的企业、事业单位、社会团体、民办非企业单位、基金会、律师事务所、会计师事务所等组织和有雇工的个体工商户（以下称用人单位）应当依照本条例规定参加工伤保险，为本单位全部职工或者雇工（以下称职工）缴纳工伤保险费。

中华人民共和国境内的企业、事业单位、社会团体、民办非企业单位、基金会、律师事务所、会计师事务所等组织的职工和个体工商户的雇工，均有依照本条例的规定享受工伤保险待遇的权利。

第三条　【保险费征缴的法律适用】工伤保险费的征缴按照《社会保险费征缴暂行条例》关于基本养老保险费、基本医疗保险费、失业保险费的征缴规定执行。

第四条　【用人单位基本义务】用人单位应当将参加工伤保险的有关情况在本单位内公示。

用人单位和职工应当遵守有关安全生产和职业病防治的法律法规，执行安全卫生规程和标准，预防工伤事故发生，避免和减少职业病危害。

职工发生工伤时，用人单位应当采取措施使工伤职工得到及时救治。

第五条　【工作管理与承办】国务院社会保险行政部门负责全国的工伤保险工作。

县级以上地方各级人民政府社会保险行政部门负责本行政区域内的工伤保险工作。

社会保险行政部门按照国务院有关规定设立的社会保险经办机构（以下称经办机构）具体承办工伤保险事务。

第六条　【意见征求】社会保险行政部门等部门制定工伤保险的政策、标准，应当征求工会组织、用人单位代表的意见。

第二章　工伤保险基金

第七条　【基金构成】工伤保险基金由用人单位缴纳的工伤保险费、工伤保险基金的利息和依法纳入工伤保险基金的其他资金构成。

第八条　【费率的确定】工伤保险费根据以支定收、收支平衡的原则，确定费率。

国家根据不同行业的工伤风险程度确定行业的差别费率，并根据工伤保险费使用、工伤发生率等情况在每个行业内确定若干费率档次。行业差别费率及行业内费率档次由国务院社会保险行政部门制定，报国务院批准后公布施行。

统筹地区经办机构根据用人单位工伤保险费使用、工伤发生率等情况，适用所属行业内相应的费率档次确定单位缴费费率。

第九条　【费率的调整】国务院社会保险行政部门应当定期了解全国各统筹地区工伤保险基金收支情况，及时提出调整行业差别费率及行业内费率档次的方案，报国务院批准后公布施行。

第十条　【保险费的缴纳】用人单位应当按时缴纳工伤保险费。职工个人不缴纳工伤保险费。

用人单位缴纳工伤保险费的数额为本单位职工工资总额乘以单位缴费费率之积。

对难以按照工资总额缴纳工伤保险费的行业，其缴纳工伤保险费的具体方式，由国务院社会保险行政部门规定。

第十一条　【基金的统筹】工伤保险基金逐步实行省级统筹。

跨地区、生产流动性较大的行业，可以采取相对集中的方式异地参加统筹地区的工伤保险。具体办法由国务院社会保险行政部门会同有关行业的主管部门制定。

第十二条　【基金的提取和使用】工伤保险基金存入社会保障基金财政专户，用于本条例规定的工伤保险待遇，劳动能力鉴定，工伤预防的宣传、培训等费用，以及法律、法规规定的用于工伤保险的其他费用的支付。

工伤预防费用的提取比例、使用和管理的具体办法，由国务院社会保险行政部门会同国务院财政、卫生行政、安全生产监督管理等部门规定。

任何单位或者个人不得将工伤保险基金用于投资运营、兴建或者改建办公场所、发放奖金，或者挪作其他用途。

第十三条　【储备金】工伤保险基金应当留有一定比例的储备金，用于统筹地区重大事故的工伤保险待遇支付；储备金不足支付的，由统筹地区的人民政府垫付。储备金占基金总额的具体比例和储备金的使用办法，由省、自治区、直辖市人民政府规定。

第三章　工 伤 认 定

第十四条　【应当认定为工伤的情形】职工有下列情形之一的，应当认定为工伤：

（一）在工作时间和工作场所内，因工作原因受到事故伤害的；

（二）工作时间前后在工作场所内，从事与工作有关的预备性或者收尾性工作受到事故伤害的；

（三）在工作时间和工作场所内，因履行工作职责受到暴力等意外伤害的；

（四）患职业病的；

（五）因工外出期间，由于工作原因受到伤害或者发生事故下落不明的；

（六）在上下班途中，受到非本人主要责任的交通事故或者城市轨道交通、客运轮渡、火车事故伤害的；

（七）法律、行政法规规定应当认定为工伤的其他情形。

第十五条　【视同工伤的情形与待遇】职工有下列情形之一的，视同工伤：

（一）在工作时间和工作岗位，突发疾病死亡或者在48小时之内经抢救无效死亡的；

（二）在抢险救灾等维护国家利益、公共利益活动中受到伤害的；

（三）职工原在军队服役，因战、因公负伤致残，已取得革命伤残军人证，到用人单位后旧伤复发的。

职工有前款第（一）项、第（二）项情形的，按照本条例的有关规定享受工伤保险待遇；职工有前款第（三）项情形的，按照本条例的有关规定享受除一次性伤残补助金以外的工伤保险待遇。

第十六条　【不为工伤的情形】职工符合本条例第十四条、第十五条的规定，但是有下列情形之一的，不得认定为工伤或者视同工伤：

（一）故意犯罪的；

（二）醉酒或者吸毒的；

（三）自残或者自杀的。

第十七条　【工伤认定的申请】职工发生事故伤害或者按照职业病防治法规定被诊断、鉴定为职业病，所在单位应当自事故伤害发生之日或者被诊断、鉴定为职业病之日起30日内，向统筹地区社会保险行政部门提出工伤认定申请。遇有特殊情况，经报社会保险行政部门同意，申请时限可以适当延长。

用人单位未按前款规定提出工伤认定申请的，工伤职工或者其近亲属、工会组织在事故伤害发生之日或者被诊断、鉴定为职业病之日起1年内，可以直接向用人单位所在地统筹地区社会保险行政部门提出工伤认定申请。

按照本条第一款规定应当由省级社会保险行政部门进行工伤认定的事项，根据属地原则由用人单位所在地的设区的市级社会保险行政部门办理。

用人单位未在本条第一款规定的时限内提交工伤认定申请，在此期间发生符合本条例规定的工伤待遇等有关费用由该用人单位负担。

第十八条　【工伤认定申请材料】提出工伤认定申请应当提交下列材料：

（一）工伤认定申请表；

（二）与用人单位存在劳动关系（包括事实劳动关系）的证明材料；

（三）医疗诊断证明或者职业病诊断证明书（或者职业病诊断鉴定书）。

工伤认定申请表应当包括事故发生的时间、地点、原因以及职工伤害程度等基本情况。

工伤认定申请人提供材料不完整的，社会保险行政部门应当一次性书面告知工伤认定申请人需要补正的全部材料。申请人按照书面告知要求补正材料后，社会保险行政部门应当受理。

第十九条　【对工伤事故的调查核实】社会保险行政部门受理工伤认定申请后，根据审核需要可以对事故伤害进行调查核实，用人单位、职工、工会组织、医疗机构以及有关部门应当予以协助。职业病诊断和诊断争议的鉴定，依照职业病防治法的有关规定执行。对依法取得职业病诊断证明书或者职业病诊断鉴定书的，社会保险行政部门不再进行调查核实。

职工或者其近亲属认为是工伤，用人单位不认为是工伤的，由用人单位承担举证责任。

第二十条　【工伤认定决定的作出】社会保险行政部门应当自受理工伤认定申请之日起60日内作出工伤认定的决定，并书面通知申请工伤认定的职工或者其近亲属和该职工所在单位。

社会保险行政部门对受理的事实清楚、权利义务明确的工伤认定申请，应当在15日内作出工伤认定的决定。

作出工伤认定决定需要以司法机关或者有关行政主管部门的结论为依据的，在司法机关或者有关行政主管部门尚未作出结论期间，作出工伤认定决定的时限中止。

社会保险行政部门工作人员与工伤认定申请人有

利害关系的,应当回避。

第四章 劳动能力鉴定

第二十一条 【进行鉴定的条件】职工发生工伤,经治疗伤情相对稳定后存在残疾、影响劳动能力的,应当进行劳动能力鉴定。

第二十二条 【鉴定的等级和标准】劳动能力鉴定是指劳动功能障碍程度和生活自理障碍程度的等级鉴定。

劳动功能障碍分为十个伤残等级,最重的为一级,最轻的为十级。

生活自理障碍分为三个等级:生活完全不能自理、生活大部分不能自理和生活部分不能自理。

劳动能力鉴定标准由国务院社会保险行政部门会同国务院卫生行政部门等部门制定。

第二十三条 【鉴定的申请】劳动能力鉴定由用人单位、工伤职工或者其近亲属向设区的市级劳动能力鉴定委员会提出申请,并提供工伤认定决定和职工工伤医疗的有关资料。

第二十四条 【鉴定委员会的组成】省、自治区、直辖市劳动能力鉴定委员会和设区的市级劳动能力鉴定委员会分别由省、自治区、直辖市和设区的市级社会保险行政部门、卫生行政部门、工会组织、经办机构代表以及用人单位代表组成。

劳动能力鉴定委员会建立医疗卫生专家库。列入专家库的医疗卫生专业技术人员应当具备下列条件:

(一)具有医疗卫生高级专业技术职务任职资格;

(二)掌握劳动能力鉴定的相关知识;

(三)具有良好的职业品德。

第二十五条 【鉴定结论的作出】设区的市级劳动能力鉴定委员会收到劳动能力鉴定申请后,应当从其建立的医疗卫生专家库中随机抽取 3 名或者 5 名相关专家组成专家组,由专家组提出鉴定意见。设区的市级劳动能力鉴定委员会根据专家组的鉴定意见作出工伤职工劳动能力鉴定结论;必要时,可以委托具备资格的医疗机构协助进行有关的诊断。

设区的市级劳动能力鉴定委员会应当自收到劳动能力鉴定申请之日起 60 日内作出劳动能力鉴定结论,必要时,作出劳动能力鉴定结论的期限可以延长 30 日。劳动能力鉴定结论应当及时送达申请鉴定的单位和个人。

第二十六条 【再次鉴定】申请鉴定的单位或者个人对设区的市级劳动能力鉴定委员会作出的鉴定结论不服的,可以在收到该鉴定结论之日起 15 日内向省、自治区、直辖市劳动能力鉴定委员会提出再次鉴定申请。省、自治区、直辖市劳动能力鉴定委员会作出的劳动能力鉴定结论为最终结论。

第二十七条 【鉴定工作原则】劳动能力鉴定工作应当客观、公正。劳动能力鉴定委员会组成人员或者参加鉴定的专家与当事人有利害关系的,应当回避。

第二十八条 【复查鉴定】自劳动能力鉴定结论作出之日起 1 年后,工伤职工或者其近亲属、所在单位或者经办机构认为伤残情况发生变化的,可以申请劳动能力复查鉴定。

第二十九条 【再次鉴定与复查鉴定的期限】劳动能力鉴定委员会依照本条例第二十六条和第二十八条的规定进行再次鉴定和复查鉴定的期限,依照本条例第二十五条第二款的规定执行。

第五章 工伤保险待遇

第三十条 【工伤医疗待遇】职工因工作遭受事故伤害或者患职业病进行治疗,享受工伤医疗待遇。

职工治疗工伤应当在签订服务协议的医疗机构就医,情况紧急时可以先到就近的医疗机构急救。

治疗工伤所需费用符合工伤保险诊疗项目目录、工伤保险药品目录、工伤保险住院服务标准的,从工伤保险基金支付。工伤保险诊疗项目目录、工伤保险药品目录、工伤保险住院服务标准,由国务院社会保险行政部门会同国务院卫生行政部门、食品药品监督管理部门等部门规定。

职工住院治疗工伤的伙食补助费,以及经医疗机构出具证明,报经办机构同意,工伤职工到统筹地区以外就医所需的交通、食宿费用从工伤保险基金支付,基金支付的具体标准由统筹地区人民政府规定。

工伤职工治疗非工伤引发的疾病,不享受工伤医疗待遇,按照基本医疗保险办法处理。

工伤职工到签订服务协议的医疗机构进行工伤康复的费用,符合规定的,从工伤保险基金支付。

第三十一条 【复议与诉讼不停止支付医疗费用】社会保险行政部门作出认定为工伤的决定后发生行政复议、行政诉讼的,行政复议和行政诉讼期间不停止支付工伤职工治疗工伤的医疗费用。

第三十二条 【辅助器具的配置】工伤职工因日常生活或者就业需要,经劳动能力鉴定委员会确认,可以安装假肢、矫形器、假眼、假牙和配置轮椅等辅助器具,所需费用按照国家规定的标准从工伤保险基金支付。

第三十三条 【停工留薪期待遇】职工因工作遭受事故伤害或者患职业病需要暂停工作接受工伤医疗的,在停工留薪期内,原工资福利待遇不变,由所在单位按月支付。

停工留薪期一般不超过 12 个月。伤情严重或者情况特殊，经设区的市级劳动能力鉴定委员会确认，可以适当延长，但延长不得超过12个月。工伤职工评定伤残等级后，停发原待遇，按照本章的有关规定享受伤残待遇。工伤职工在停工留薪期满后仍需治疗的，继续享受工伤医疗待遇。

生活不能自理的工伤职工在停工留薪期需要护理的，由所在单位负责。

第三十四条　【伤残职工的生活护理费】工伤职工已经评定伤残等级并经劳动能力鉴定委员会确认需要生活护理的，从工伤保险基金按月支付生活护理费。

生活护理费按照生活完全不能自理、生活大部分不能自理或者生活部分不能自理3个不同等级支付，其标准分别为统筹地区上年度职工月平均工资的50%、40%或者30%。

第三十五条　【一至四级伤残待遇】职工因工致残被鉴定为一级至四级伤残的，保留劳动关系，退出工作岗位，享受以下待遇：

（一）从工伤保险基金按伤残等级支付一次性伤残补助金，标准为：一级伤残为27个月的本人工资，二级伤残为25个月的本人工资，三级伤残为23个月的本人工资，四级伤残为21个月的本人工资；

（二）从工伤保险基金按月支付伤残津贴，标准为：一级伤残为本人工资的90%，二级伤残为本人工资的85%，三级伤残为本人工资的80%，四级伤残为本人工资的75%。伤残津贴实际金额低于当地最低工资标准的，由工伤保险基金补足差额；

（三）工伤职工达到退休年龄并办理退休手续后，停发伤残津贴，按照国家有关规定享受基本养老保险待遇。基本养老保险待遇低于伤残津贴的，由工伤保险基金补足差额。

职工因工致残被鉴定为一级至四级伤残的，由用人单位和职工个人以伤残津贴为基数，缴纳基本医疗保险费。

第三十六条　【五至六级伤残待遇】职工因工致残被鉴定为五级、六级伤残的，享受以下待遇：

（一）从工伤保险基金按伤残等级支付一次性伤残补助金，标准为：五级伤残为18个月的本人工资，六级伤残为16个月的本人工资；

（二）保留与用人单位的劳动关系，由用人单位安排适当工作。难以安排工作的，由用人单位按月发给伤残津贴，标准为：五级伤残为本人工资的70%，六级伤残为本人工资的60%，并由用人单位按照规定为其缴纳应缴纳的各项社会保险费。伤残津贴实际金额低于当地最低工资标准的，由用人单位补足差额。

经工伤职工本人提出，该职工可以与用人单位解除或者终止劳动关系，由工伤保险基金支付一次性工伤医疗补助金，由用人单位支付一次性伤残就业补助金。一次性工伤医疗补助金和一次性伤残就业补助金的具体标准由省、自治区、直辖市人民政府规定。

第三十七条　【七至十级伤残待遇】职工因工致残被鉴定为七级至十级伤残的，享受以下待遇：

（一）从工伤保险基金按伤残等级支付一次性伤残补助金，标准为：七级伤残为13个月的本人工资，八级伤残为11个月的本人工资，九级伤残为9个月的本人工资，十级伤残为7个月的本人工资；

（二）劳动、聘用合同期满终止，或者职工本人提出解除劳动、聘用合同的，由工伤保险基金支付一次性工伤医疗补助金，由用人单位支付一次性伤残就业补助金。一次性工伤医疗补助金和一次性伤残就业补助金的具体标准由省、自治区、直辖市人民政府规定。

第三十八条　【工伤复发的待遇】工伤职工工伤复发，确认需要治疗的，享受本条例第三十条、第三十二条和第三十三条规定的工伤待遇。

第三十九条　【因工死亡待遇】职工因工死亡，其近亲属按照下列规定从工伤保险基金领取丧葬补助金、供养亲属抚恤金和一次性工亡补助金：

（一）丧葬补助金为6个月的统筹地区上年度职工月平均工资；

（二）供养亲属抚恤金按照职工本人工资的一定比例发给由因工死亡职工生前提供主要生活来源、无劳动能力的亲属。标准为：配偶每月40%，其他亲属每人每月30%，孤寡老人或者孤儿每人每月在上述标准的基础上增加10%。核定的各供养亲属的抚恤金之和不应高于因工死亡职工生前的工资。供养亲属的具体范围由国务院社会保险行政部门规定；

（三）一次性工亡补助金标准为上一年度全国城镇居民人均可支配收入的20倍。

伤残职工在停工留薪期内因工伤导致死亡的，其近亲属享受本条第一款规定的待遇。

一级至四级伤残职工在停工留薪期满后死亡的，其近亲属可以享受本条第一款第（一）项、第（二）项规定的待遇。

第四十条　【待遇的调整】伤残津贴、供养亲属抚恤金、生活护理费由统筹地区社会保险行政部门根据职工平均工资和生活费用变化等情况适时调整。调整办法由省、自治区、直辖市人民政府规定。

第四十一条　【因工下落不明的待遇】职工因工外出期间发生事故或者在抢险救灾中下落不明的，从事故发生当月起3个月内照发工资，从第4个月起停发工资，由工伤保险基金向其供养亲属按月支付供养亲属抚恤金。生活有困难的，可以预支一次性工亡补助金的50%。职工被人民法院宣告死亡的，按照本条例第三十九条职工因工死亡的规定处理。

第四十二条 【停止享受待遇情形】工伤职工有下列情形之一的，停止享受工伤保险待遇：

（一）丧失享受待遇条件的；

（二）拒不接受劳动能力鉴定的；

（三）拒绝治疗的。

第四十三条 【用人单位变故与职工借调的工伤保险责任】用人单位分立、合并、转让的，承继单位应当承担原用人单位的工伤保险责任；原用人单位已经参加工伤保险的，承继单位应当到当地经办机构办理工伤保险变更登记。

用人单位实行承包经营的，工伤保险责任由职工劳动关系所在单位承担。

职工被借调期间受到工伤事故伤害的，由原用人单位承担工伤保险责任，但原用人单位与借调单位可以约定补偿办法。

企业破产的，在破产清算时依法拨付应当由单位支付的工伤保险待遇费用。

第四十四条 【出境工作的工伤保险处理】职工被派遣出境工作，依据前往国家或者地区的法律应当参加当地工伤保险的，参加当地工伤保险，其国内工伤保险关系中止；不能参加当地工伤保险的，其国内工伤保险关系不中止。

第四十五条 【再次工伤的待遇】职工再次发生工伤，根据规定应当享受伤残津贴的，按照新认定的伤残等级享受伤残津贴待遇。

第六章 监督管理

第四十六条 【经办机构的职责】经办机构具体承办工伤保险事务，履行下列职责：

（一）根据省、自治区、直辖市人民政府规定，征收工伤保险费；

（二）核查用人单位的工资总额和职工人数，办理工伤保险登记，并负责保存用人单位缴费和职工享受工伤保险待遇情况的记录；

（三）进行工伤保险的调查、统计；

（四）按照规定管理工伤保险基金的支出；

（五）按照规定核定工伤保险待遇；

（六）为工伤职工或者其近亲属免费提供咨询服务。

第四十七条 【服务协议】经办机构与医疗机构、辅助器具配置机构在平等协商的基础上签订服务协议，并公布签订服务协议的医疗机构、辅助器具配置机构的名单。具体办法由国务院社会保险行政部门分别会同国务院卫生行政部门、民政部门等部门制定。

第四十八条 【费用核查结算】经办机构按照协议和国家有关目录、标准对工伤职工医疗费用、康复费用、辅助器具费用的使用情况进行核查，并按时足额结算费用。

第四十九条 【公示与建议】经办机构应当定期公布工伤保险基金的收支情况，及时向社会保险行政部门提出调整费率的建议。

第五十条 【听取意见】社会保险行政部门、经办机构应当定期听取工伤职工、医疗机构、辅助器具配置机构以及社会各界对改进工伤保险工作的意见。

第五十一条 【行政监督】社会保险行政部门依法对工伤保险费的征缴和工伤保险基金的支付情况进行监督检查。

财政部门和审计机关依法对工伤保险基金的收支、管理情况进行监督。

第五十二条 【群众监督】任何组织和个人对有关工伤保险的违法行为，有权举报。社会保险行政部门对举报应当及时调查，按照规定处理，并为举报人保密。

第五十三条 【工会监督】工会组织依法维护工伤职工的合法权益，对用人单位的工伤保险工作实行监督。

第五十四条 【争议处理】职工与用人单位发生工伤待遇方面的争议，按照处理劳动争议的有关规定处理。

第五十五条 【行政复议与行政诉讼】有下列情形之一的，有关单位或者个人可以依法申请行政复议，也可以依法向人民法院提起行政诉讼：

（一）申请工伤认定的职工或者其近亲属、该职工所在单位对工伤认定申请不予受理的决定不服的；

（二）申请工伤认定的职工或者其近亲属、该职工所在单位对工伤认定结论不服的；

（三）用人单位对经办机构确定的单位缴费费率不服的；

（四）签订服务协议的医疗机构、辅助器具配置机构认为经办机构未履行有关协议或者规定的；

（五）工伤职工或者其近亲属对经办机构核定的工伤保险待遇有异议的。

第七章 法律责任

第五十六条 【挪用工伤保险基金的责任】单位或者个人违反本条例第十二条规定挪用工伤保险基金，构成犯罪的，依法追究刑事责任；尚不构成犯罪的，依法给予处分或者纪律处分。被挪用的基金由社会保险行政部门追回，并入工伤保险基金；没收的违法所得依法上缴国库。

第五十七条　【社会保险行政部门工作人员的责任】社会保险行政部门工作人员有下列情形之一的，依法给予处分；情节严重，构成犯罪的，依法追究刑事责任：

（一）无正当理由不受理工伤认定申请，或者弄虚作假将不符合工伤条件的人员认定为工伤职工的；

（二）未妥善保管申请工伤认定的证据材料，致使有关证据灭失的；

（三）收受当事人财物的。

第五十八条　【经办机构的责任】经办机构有下列行为之一的，由社会保险行政部门责令改正，对直接负责的主管人员和其他责任人员依法给予纪律处分；情节严重，构成犯罪的，依法追究刑事责任；造成当事人经济损失的，由经办机构依法承担赔偿责任：

（一）未按规定保存用人单位缴费和职工享受工伤保险待遇情况记录的；

（二）不按规定核定工伤保险待遇的；

（三）收受当事人财物的。

第五十九条　【不正当履行服务协议的责任】医疗机构、辅助器具配置机构不按服务协议提供服务的，经办机构可以解除服务协议。

经办机构不按时足额结算费用的，由社会保险行政部门责令改正；医疗机构、辅助器具配置机构可以解除服务协议。

第六十条　【骗取工伤保险待遇的责任】用人单位、工伤职工或者其近亲属骗取工伤保险待遇，医疗机构、辅助器具配置机构骗取工伤保险基金支出的，由社会保险行政部门责令退还，处骗取金额2倍以上5倍以下的罚款；情节严重，构成犯罪的，依法追究刑事责任。

第六十一条　【劳动能力鉴定违法的责任】从事劳动能力鉴定的组织或者个人有下列情形之一的，由社会保险行政部门责令改正，处2000元以上1万元以下的罚款；情节严重，构成犯罪的，依法追究刑事责任：

（一）提供虚假鉴定意见的；

（二）提供虚假诊断证明的；

（三）收受当事人财物的。

第六十二条　【用人单位应参加而未参加工伤保险的责任】用人单位依照本条例规定应当参加工伤保险而未参加的，由社会保险行政部门责令限期参加，补缴应当缴纳的工伤保险费，并自欠缴之日起，按日加收万分之五的滞纳金；逾期仍不缴纳的，处欠缴数额1倍以上3倍以下的罚款。

依照本条例规定应当参加工伤保险而未参加工伤保险的用人单位职工发生工伤的，由该用人单位按照本条例规定的工伤保险待遇项目和标准支付费用。

用人单位参加工伤保险并补缴应当缴纳的工伤保险费、滞纳金后，由工伤保险基金和用人单位依照本条例的规定支付新发生的费用。

第六十三条　【用人单位不协助事故调查核实的责任】用人单位违反本条例第十九条的规定，拒不协助社会保险行政部门对事故进行调查核实的，由社会保险行政部门责令改正，处2000元以上2万元以下的罚款。

第八章　附　　则

第六十四条　【术语解释】本条例所称工资总额，是指用人单位直接支付给本单位全部职工的劳动报酬总额。

本条例所称本人工资，是指工伤职工因工作遭受事故伤害或者患职业病前12个月平均月缴费工资。本人工资高于统筹地区职工平均工资300%的，按照统筹地区职工平均工资的300%计算；本人工资低于统筹地区职工平均工资60%的，按照统筹地区职工平均工资的60%计算。

第六十五条　【公务员和参公事业单位、社会团体的工伤保险】公务员和参照公务员法管理的事业单位、社会团体的工作人员因工作遭受事故伤害或者患职业病的，由所在单位支付费用。具体办法由国务院社会保险行政部门会同国务院财政部门规定。

第六十六条　【非法用工单位的一次性赔偿】无营业执照或者未经依法登记、备案的单位以及被依法吊销营业执照或者撤销登记、备案的单位的职工受到事故伤害或者患职业病的，由该单位向伤残职工或者死亡职工的近亲属给予一次性赔偿，赔偿标准不得低于本条例规定的工伤保险待遇；用人单位不得使用童工，用人单位使用童工造成童工伤残、死亡的，由该单位向童工或者童工的近亲属给予一次性赔偿，赔偿标准不得低于本条例规定的工伤保险待遇。具体办法由国务院社会保险行政部门规定。

前款规定的伤残职工或者死亡职工的近亲属就赔偿数额与单位发生争议的，以及前款规定的童工或者童工的近亲属就赔偿数额与单位发生争议的，按照处理劳动争议的有关规定处理。

第六十七条　【施行时间与溯及力】本条例自2004年1月1日起施行。本条例施行前已受到事故伤害或者患职业病的职工尚未完成工伤认定的，按照本条例的规定执行。

劳动和社会保障部关于实施《工伤保险条例》若干问题的意见

1. 2004年11月1日
2. 劳社部函〔2004〕256号

各省、自治区、直辖市劳动和社会保障厅(局):

《工伤保险条例》(以下简称条例)已于2004年1月1日起施行,现就条例实施中的有关问题提出如下意见。

一、职工在两个或两个以上用人单位同时就业的,各用人单位应当分别为职工缴纳工伤保险费。职工发生工伤,由职工受到伤害时其工作的单位依法承担工伤保险责任。

二、条例第十四条规定"上下班途中,受到机动车事故伤害的,应当认定为工伤"。这里"上下班途中"既包括职工正常工作的上下班途中,也包括职工加班加点的上下班途中。"受到机动车事故伤害的"既可以是职工驾驶或乘坐的机动车发生事故造成的,也可以是职工因其他机动车事故造成的。

三、条例第十五条规定"职工在工作时间和工作岗位,突发疾病死亡或者在48小时之内经抢救无效死亡的,视同工伤"。这里"突发疾病"包括各类疾病。"48小时"的起算时间,以医疗机构的初次诊断时间作为突发疾病的起算时间。

四、条例第十七条第二款规定的有权申请工伤认定的"工会组织"包括职工所在用人单位的工会组织以及符合《中华人民共和国工会法》规定的各级工会组织。

五、用人单位未按规定为职工提出工伤认定申请,受到事故伤害或者患职业病的职工或者其直系亲属、工会组织提出工伤认定申请,职工所在单位是否同意(签字、盖章),不是必经程序。

六、条例第十七条第四款规定"用人单位未在本条第一款规定的时限内提交工伤认定申请的,在此期间发生符合本条例规定的工伤待遇等有关费用由该用人单位负担"。这里用人单位承担工伤待遇等有关费用的期间是指从事故伤害发生之日或职业病确诊之日起到劳动保障行政部门受理工伤认定申请之日止。

七、条例第三十六条规定的工伤职工旧伤复发,是否需要治疗应由治疗工伤职工的协议医疗机构提出意见,有争议的由劳动能力鉴定委员会确认。

八、职工因工死亡,其供养亲属享受抚恤金待遇的资格,按职工因工死亡时的条件核定。

人力资源社会保障部关于执行《工伤保险条例》若干问题的意见

1. 2013年4月25日
2. 人社部发〔2013〕34号

各省、自治区、直辖市及新疆生产建设兵团人力资源社会保障厅(局):

《国务院关于修改〈工伤保险条例〉的决定》(国务院令第586号)已经于2011年1月1日实施。为贯彻执行新修订的《工伤保险条例》,妥善解决实际工作中的问题,更好地保障职工和用人单位的合法权益,现提出如下意见。

一、《工伤保险条例》(以下简称《条例》)第十四条第(五)项规定的"因工外出期间"的认定,应当考虑职工外出是否属于用人单位指派的因工作外出,遭受的事故伤害是否因工作原因所致。

二、《条例》第十四条第(六)项规定的"非本人主要责任"的认定,应当以有关机关出具的法律文书或者人民法院的生效裁决为依据。

三、《条例》第十六条第(一)项"故意犯罪"的认定,应当以司法机关的生效法律文书或者结论性意见为依据。

四、《条例》第十六条第(二)项"醉酒或者吸毒"的认定,应当以有关机关出具的法律文书或者人民法院的生效裁决为依据。无法获得上述证据的,可以结合相关证据认定。

五、社会保险行政部门受理工伤认定申请后,发现劳动关系存在争议且无法确认的,应告知当事人可以向劳动人事争议仲裁委员会申请仲裁。在此期间,作出工伤认定决定的时限中止,并书面通知申请工伤认定的当事人。劳动关系依法确认后,当事人应将有关法律文书送交受理工伤认定申请的社会保险行政部门,该部门自收到生效法律文书之日起恢复工伤认定程序。

六、符合《条例》第十五条第(一)项情形的,职工所在用人单位原则上应自职工死亡之日起5个工作日内向用人单位所在统筹地区社会保险行政部门报告。

七、具备用工主体资格的承包单位违反法律、法规规定,将承包业务转包、分包给不具备用工主体资格的组织或者自然人,该组织或者自然人招用的劳动者从事承包业务时因工伤亡的,由该具备用工主体资格的承包单位承担用人单位依法应承担的工伤保险责任。

八、曾经从事接触职业病危害作业、当时没有发现罹患职业病、离开工作岗位后被诊断或鉴定为职业病的符合下列条件的人员，可以自诊断、鉴定为职业病之日起一年内申请工伤认定，社会保险行政部门应当受理：

（一）办理退休手续后，未再从事接触职业病危害作业的退休人员；

（二）劳动或聘用合同期满后或者本人提出而解除劳动或聘用合同后，未再从事接触职业病危害作业的人员。

经工伤认定和劳动能力鉴定，前款第（一）项人员符合领取一次性伤残补助金条件的，按就高原则以本人退休前12个月平均月缴费工资或者确诊职业病前12个月的月平均养老金为基数计发。前款第（二）项人员被鉴定为一级至十级伤残、按《条例》规定应以本人工资作为基数享受相关待遇的，按本人终止或者解除劳动、聘用合同前12个月平均月缴费工资计发。

九、按照本意见第八条规定被认定为工伤的职业病人员，职业病诊断证明书（或职业病诊断鉴定书）中明确的用人单位，在该职工从业期间依法为其缴纳工伤保险费的，按《条例》的规定，分别由工伤保险基金和用人单位支付工伤保险待遇；未依法为该职工缴纳工伤保险费的，由用人单位按照《条例》规定的相关项目和标准支付待遇。

十、职工在同一用人单位连续工作期间多次发生工伤的，符合《条例》第三十六、第三十七条规定领取相关待遇时，按照其在同一用人单位发生工伤的最高伤残级别，计发一次性伤残就业补助金和一次性工伤医疗补助金。

十一、依据《条例》第四十二条的规定停止支付工伤保险待遇的，在停止支付待遇的情形消失后，自下月起恢复工伤保险待遇，停止支付的工伤保险待遇不予补发。

十二、《条例》第六十二条第三款规定的“新发生的费用”，是指用人单位职工参加工伤保险前发生工伤的，在参加工伤保险后新发生的费用。

十三、由工伤保险基金支付的各项待遇应按《条例》相关规定支付，不得采取将长期待遇改为一次性支付的办法。

十四、核定工伤职工工伤保险待遇时，若上一年度相关数据尚未公布，可暂按前一年度的全国城镇居民人均可支配收入、统筹地区职工月平均工资核定和计发，待相关数据公布后再重新核定，社会保险经办机构或者用人单位予以补发差额部分。

本意见自发文之日起执行，此前有关规定与本意见不一致的，按本意见执行。执行中有重大问题，请及时报告我部。

人力资源社会保障部
关于执行《工伤保险条例》
若干问题的意见（二）

1. 2016年3月28日

2. 人社部发〔2016〕29号

各省、自治区、直辖市及新疆生产建设兵团人力资源社会保障厅（局）：

为更好地贯彻执行新修订的《工伤保险条例》，提高依法行政能力和水平，妥善解决实际工作中的问题，保障职工和用人单位合法权益，现提出如下意见：

一、一级至四级工伤职工死亡，其近亲属同时符合领取工伤保险丧葬补助金、供养亲属抚恤金待遇和职工基本养老保险丧葬补助金、抚恤金待遇条件的，由其近亲属选择领取工伤保险或职工基本养老保险其中一种。

二、达到或超过法定退休年龄，但未办理退休手续或者未依法享受城镇职工基本养老保险待遇，继续在原用人单位工作期间受到事故伤害或患职业病的，用人单位依法承担工伤保险责任。

用人单位招用已经达到、超过法定退休年龄或已经领取城镇职工基本养老保险待遇的人员，在用工期间因工作原因受到事故伤害或患职业病的，如招用单位已按项目参保等方式为其缴纳工伤保险费的，应适用《工伤保险条例》。

三、《工伤保险条例》第六十二条规定的“新发生的费用”，是指用人单位参加工伤保险前发生工伤的职工，在参加工伤保险后新发生的费用。其中由工伤保险基金支付的费用，按不同情况予以处理：

（一）因工受伤的，支付参保后新发生的工伤医疗费、工伤康复费、住院伙食补助费、统筹地区以外就医交通食宿费、辅助器具配置费、生活护理费、一级至四级伤残职工伤残津贴，以及参保后解除劳动合同时的一次性工伤医疗补助金；

（二）因工死亡的，支付参保后新发生的符合条件的供养亲属抚恤金。

四、职工在参加用人单位组织或者受用人单位指派参加其他单位组织的活动中受到事故伤害的，应当视为工作原因，但参加与工作无关的活动除外。

五、职工因工作原因驻外，有固定的住所、有明确的作息时间，工伤认定时按照在驻在地当地正常工作的情形处理。

六、职工以上下班为目的、在合理时间内往返于工作单位和居住地之间的合理路线，视为上下班途中。

七、用人单位注册地与生产经营地不在同一统筹地区的，原则上应在注册地为职工参加工伤保险；未在注册地参加工伤保险的职工，可由用人单位在生产经营地为其参加工伤保险。

劳务派遣单位跨地区派遣劳动者，应根据《劳务派遣暂行规定》参加工伤保险。建筑施工企业按项目参保的，应在施工项目所在地参加工伤保险。

职工受到事故伤害或者患职业病后，在参保地进行工伤认定、劳动能力鉴定，并按照参保地的规定依法享受工伤保险待遇；未参加工伤保险的职工，应当在生产经营地进行工伤认定、劳动能力鉴定，并按照生产经营地的规定依法由用人单位支付工伤保险待遇。

八、有下列情形之一的，被延误的时间不计算在工伤认定申请时限内。

（一）受不可抗力影响的；

（二）职工由于被国家机关依法采取强制措施等人身自由受到限制不能申请工伤认定的；

（三）申请人正式提交了工伤认定申请，但因社会保险机构未登记或者材料遗失等原因造成申请超时限的；

（四）当事人就确认劳动关系申请劳动仲裁或提起民事诉讼的；

（五）其他符合法律法规规定的情形。

九、《工伤保险条例》第六十七条规定的“尚未完成工伤认定的”，是指在《工伤保险条例》施行前遭受事故伤害或被诊断鉴定为职业病，且在工伤认定申请法定时限内（从《工伤保险条例》施行之日起算）提出工伤认定申请，尚未做出工伤认定的情形。

十、因工伤认定申请人或者用人单位隐瞒有关情况或者提供虚假材料，导致工伤认定决定错误的，社会保险行政部门发现后，应当及时予以更正。

本意见自发文之日起执行，此前有关规定与本意见不一致的，按本意见执行。执行中有重大问题，请及时报告我部。

人力资源社会保障部等关于进一步做好建筑业工伤保险工作的意见

1. 2014年12月29日人力资源和社会保障部、住房和城乡建设部、国家安全生产监督管理总局、中华全国总工会发布

2. 人社部发〔2014〕103号

各省、自治区、直辖市及新疆生产建设兵团人力资源社会保障厅（局）、住房城乡建设厅（委、局）、安全生产监督管理局、总工会：

改革开放以来，我国建筑业蓬勃发展，建筑业职工队伍不断发展壮大，为经济社会发展和人民安居乐业做出了重大贡献。建筑业属于工伤风险较高行业，又是农民工集中的行业。为维护建筑业职工特别是农民工的工伤保障权益，国家先后出台了一系列法律法规和政策，各地区、各有关部门积极采取措施，加强建筑施工安全生产制度建设和监督检查，大力推进建筑施工企业依法参加工伤保险，使建筑业职工工伤权益保障工作不断得到加强。但目前仍存在部分建筑施工企业安全管理制度不落实、工伤保险参保覆盖率低、一线建筑工人特别是农民工工伤维权能力弱、工伤待遇落实难等问题。

为贯彻落实党中央、国务院关于切实保障和改善民生的要求，依据社会保险法、建筑法、安全生产法、职业病防治法和《工伤保险条例》等法律法规规定，现就进一步做好建筑业工伤保险工作、切实维护建筑业职工工伤保障权益提出以下意见：

一、完善符合建筑业特点的工伤保险参保政策，大力扩展建筑企业工伤保险参保覆盖面。建筑施工企业应依法参加工伤保险。针对建筑行业的特点，建筑施工企业对相对固定的职工，应按用人单位参加工伤保险；对不能按用人单位参保、建筑项目使用的建筑业职工特别是农民工，按项目参加工伤保险。房屋建筑和市政基础设施工程实行以建设项目为单位参加工伤保险的，可在各项社会保险中优先办理参加工伤保险手续。建设单位在办理施工许可手续时，应当提交建设项目工伤保险参保证明，作为保证工程安全施工的具体措施之一；安全施工措施未落实的项目，各地住房城乡建设主管部门不予核发施工许可证。

二、完善工伤保险费计缴方式。按用人单位参保的建筑施工企业应以工资总额为基数依法缴纳工伤保险费。以建设项目为单位参保的，可以按照项目工程总造价的一定比例计算缴纳工伤保险费。

三、科学确定工伤保险费率。各地区人力资源社会保障部门应参照本地区建筑企业行业基准费率，按照以支定收、收支平衡原则，商住房城乡建设主管部门合理确定建设项目工伤保险缴费比例。要充分运用工伤保险浮动费率机制，根据各建筑企业工伤事故发生率、工伤保险基金使用等情况适时适当调整费率，促进企业加强安全生产，预防和减少工伤事故。

四、确保工伤保险费用来源。建设单位要在工程概算中将工伤保险费用单独列支，作为不可竞争费，不参与竞标，并在项目开工前由施工总承包单位一次性代缴本项目工伤保险费,覆盖项目使用的所有职工,包括专业承包单位、劳务分包单位使用的农民工。

五、健全工伤认定所涉及劳动关系确认机制。建筑施工企业应依法与其职工签订劳动合同,加强施工现场劳务用工管理。施工总承包单位应当在工程项目施工期内督促专业承包单位、劳务分包单位建立职工花名册、考勤记录、工资发放表等台账,对项目施工期内全部施工人员实行动态实名制管理。施工人员发生工伤后,以劳动合同为基础确认劳动关系。对未签订劳动合同的,由人力资源社会保障部门参照工资支付凭证或记录、工作证、招工登记表、考勤记录及其他劳动者证言等证据,确认事实劳动关系。相关方面应积极提供有关证据;按规定应由用人单位负举证责任而用人单位不提供的,应当承担不利后果。

六、规范和简化工伤认定和劳动能力鉴定程序。职工发生工伤事故,应当由其所在用人单位在30日内提出工伤认定申请,施工总承包单位应当密切配合并提供参保证明等相关材料。用人单位未在规定时限内提出工伤认定申请的,职工本人或其近亲属、工会组织可以在1年内提出工伤认定申请,经社会保险行政部门调查确认工伤的,在此期间发生的工伤待遇等有关费用由其所在用人单位负担。各地社会保险行政部门和劳动能力鉴定机构要优化流程,简化手续,缩短认定、鉴定时间。对于事实清楚、权利义务关系明确的工伤认定申请,应当自受理工伤认定申请之日起15日内作出工伤认定决定。探索建立工伤认定和劳动能力鉴定相关材料网上申报、审核和送达办法,提高工作效率。

七、完善工伤保险待遇支付政策。对认定为工伤的建筑业职工,各级社会保险经办机构和用人单位应依法按时足额支付各项工伤保险待遇。对在参保项目施工期间发生工伤、项目竣工时尚未完成工伤认定或劳动能力鉴定的建筑业职工,其所在用人单位要继续保证其医疗救治和停工期间的法定待遇,待完成工伤认定及劳动能力鉴定后,依法享受参保职工的各项工伤保险待遇;其中应由用人单位支付的待遇,工伤职工所在用人单位要按时足额支付,也可根据其意愿一次性支付。针对建筑业工资收入分配的特点,对相关工伤保险待遇中难以按本人工资作为计发基数的,可以参照统筹地区上年度职工平均工资作为计发基数。

八、落实工伤保险先行支付政策。未参加工伤保险的建设项目,职工发生工伤事故,依法由职工所在用人单位支付工伤保险待遇,施工总承包单位、建设单位承担连带责任;用人单位和承担连带责任的施工总承包单位、建设单位不支付的,由工伤保险基金先行支付,用人单位和承担连带责任的施工总承包单位、建设单位应当偿还;不偿还的,由社会保险经办机构依法追偿。

九、建立健全工伤赔偿连带责任追究机制。建设单位、施工总承包单位或具有用工主体资格的分包单位将工程(业务)发包给不具备用工主体资格的组织或个人,该组织或个人招用的劳动者发生工伤的,发包单位与不具备用工主体资格的组织或个人承担连带赔偿责任。

十、加强工伤保险政策宣传和培训。施工总承包单位应当按照项目所在地人力资源社会保障部门统一规定的式样,制作项目参加工伤保险情况公示牌,在施工现场显著位置予以公示,并安排有关工伤预防及工伤保险政策讲解的培训课程,保障广大建筑业职工特别是农民工的知情权,增强其依法维权意识。各地人力资源社会保障部门要会同有关部门加大工伤保险政策宣传力度,让广大职工知晓其依法享有的工伤保险权益及相关办事流程。开展工伤预防试点的地区可以从工伤保险基金提取一定比例用于工伤预防,各地人力资源社会保障部门应会同住房城乡建设部门积极开展建筑业工伤预防的宣传和培训工作,并将建筑业职工特别是农民工作为宣传和培训的重点对象。建立健全政府部门、行业协会、建筑施工企业等多层次的培训体系,不断提升建筑业职工的安全生产意识、工伤维权意识和岗位技能水平,从源头上控制和减少安全事故。

十一、严肃查处谎报瞒报事故的行为。发生生产安全事故时,建筑施工企业现场有关人员和企业负责人要严格依照《生产安全事故报告和调查处理条例》等规定,及时、如实向安全监管、住房城乡建设和其他负有监管职责的部门报告,并做好工伤保险相关工作。事故报告后出现新情况的,要及时补报。对谎报、瞒报事故和迟报、漏报的有关单位和人员,要严格依法查处。

十二、积极发挥工会组织在职工工伤维权工作中的作用。各级工会要加强基层组织建设,通过项目工会、托管工会、联合工会等多种形式,努力将建筑施工一线职工纳入工会组织,为其提供维权依托。提升基层工会组织在职工工伤维权方面的业务能力和服务水平。具备条件的企业工会要设立工伤保障专员,学习掌握工伤保险政策,介入工伤事故处理的全过程,了解工伤职工需求,跟踪工伤待遇支付进程,监督工伤职工各项权益落实情况。

十三、齐抓共管合力维护建筑工人工伤权益。人力资源社会保障部门要积极会同相关部门,把大力推进建筑施工企业参加工伤保险作为当前扩大社会保险覆盖面的重要任务和重点工作领域,对各类建筑施工企业和建设项目进行摸底排查,力争尽快实现全面覆盖。各地人力资源社会保障、住房城乡建设、安全监管等部门要认真履行各自职能,对违法施工、非法转包、违法用工、不参加工伤保险等违法行为依法予以查处,进一步规范建筑市场秩序,保障建筑业职工工伤保险权益。人力资源社会保障、住房城乡建设、安全监管等部门和总工会要定期组织开展建筑业职工工伤维权工作情况的联合督查。有关部门和工会组织要建立部门间信息共享机制,及时沟通项目开工、项目用工、参加工伤保险、安全生产监管等信息,实现建筑业职工参保等信息互联互通,为维护建筑业职工工伤权益提供有效保障。

交通运输、铁路、水利等相关行业职工工伤权益保障工作可参照本文件规定执行。

各地人力资源社会保障、住房城乡建设、安全监管等部门和工会组织要依据国家法律法规和本文件精神,结合本地实际制定具体实施方案,定期召开有关部门协调工作会议,共同研究解决有关难点重点问题,合力做好建筑业职工工伤保险权益保障工作。

工伤保险经办规程

1. 2012年2月6日人力资源和社会保障部发布
2. 人社部发〔2012〕11号

第一章 总 则

第一条 为加强工伤保险业务经办管理,规范和统一经办操作程序,依据《中华人民共和国社会保险法》和《工伤保险条例》等有关法律法规,制定本规程。

第二条 全国各统筹地区社会保险经办机构(以下简称"经办机构")经办工伤保险业务适用本规程。

代征工伤保险费的税务机关征收部门(以下简称"税务机关")应参照执行本规程的有关规定。

第三条 工伤保险经办业务划分为社会保险登记,工伤保险费征缴,工伤医疗、康复与辅助器具配置管理,工伤待遇审核,工伤待遇和专项费用支付,财务管理,信息管理,稽核监督,权益记录与服务等内容。

第四条 经办机构内设登记、征缴、业务、财务、信息、稽核、档案等管理部门(以下简称登记部门、征缴部门、业务部门、财务部门等)。

各级经办机构应明确岗位职责,建立管理、服务、监督、考核等工作制度,保证业务经办的规范、便捷、高效、优质。各地区应逐步实行社会保险费统一征缴和支付,已实现的地区可依据本规程简化相关程序。

第二章 社会保险登记

社会保险登记包括参保登记、变更登记、注销登记、社会保险登记证管理等内容。

第一节 参 保 登 记

第五条 登记部门应与工商行政管理、民政和机构编制管理机关等用人单位登记管理部门建立信息沟通机制,及时获取用人单位成立、终止的信息。

获取的信息包括:工商注册号、单位名称、法定代表人、注册类型、成立日期、变更事项、地址、联系电话等内容。

第六条 登记部门应及时接收公安机关通报的参保人员出生、死亡,公民身份号码、姓名变更以及户口登记、迁移、注销等情况,掌握个人信息变动情况。

第七条 用人单位依法参加工伤保险时,登记部门为其办理工伤保险参保登记。用人单位需填报《社会保险登记表》(表2-1)并提供以下证件和资料:

(一)营业执照、事业单位法人证书、社会团体法人登记证书、民办非企业单位登记证书或批准成立证件;

(二)组织机构统一代码证书;

(三)省、自治区、直辖市经办机构规定的其他证件和资料。

对在统筹地区外参加其他社会保险项目而申请在本地区参加工伤保险的,还应提供其社会保险登记证及统筹地区外的参保缴费证明。

跨地区的特殊行业应采取相对集中的方式在统筹层次较高的地区异地参加工伤保险。

第八条 用人单位依法为其职工办理社会保险登记时,需填报《参加社会保险人员登记变动申报名册》(表2-2)并提供以下证件和资料:

(一)居民身份证原件及复印件;

(二)劳动合同等用工手续;

(三)省、自治区、直辖市经办机构规定的其他证件和资料。

第九条 登记部门应自受理用人单位申报之日起15日内审核完毕。审核通过后,根据用人单位营业执照或其他批准成立证件中登记的主要经营范围,对照《国民经济行业分类》(GB/T 4754—2011)和《工伤保险行业风险分类表》(《关于工伤保险费率问题的通知》劳社部发〔2003〕29号),确定其行业风险类别。

经办机构向首次参加社会保险的用人单位核发社会保险登记证,为首次参加社会保险的职工个人建立社会保险关系,核发社会保障卡。

未通过参保审核的，登记部门应书面向用人单位说明原因。

第十条　用人单位要为本月申报缴费期结束后新招录的职工及时申报并补缴工伤保险费，登记部门根据其填报的《参加社会保险人员登记变动申报名册》及相关资料，为其办理职工参保预登记。并在下月申报缴费期办理职工参保登记手续。

第二节　变更登记

第十一条　用人单位在以下事项变更时，填报《社会保险变更登记表》（表2－3），并提供本规程第七条规定的证件和资料，登记部门为其办理工伤保险变更登记手续。

（一）单位名称；

（二）单位地址；

（三）法定代表人或负责人；

（四）单位类型；

（五）组织机构统一代码；

（六）主管部门或隶属关系；

（七）开户银行及账号；

（八）经营范围；

（九）省、自治区、直辖市经办机构规定的其他事项。

第十二条　用人单位用工情况发生变更时，需填报《参加社会保险人员登记变动申报名册》并提供以下证件和资料：

（一）新招录：劳动合同等用工手续；

其中属于招录外单位在册不在岗职工（含企事业单位停薪留职人员、未达到法定退休年龄人员、下岗待岗人员及经营性停产放长假人员）在本单位从事临时劳动，存在多重劳动关系参加工伤保险的，需提供劳动协议或事实劳动关系的证明；

（二）解除或终止劳动关系：劳动合同到期、开除、辞退、辞职、应征入伍等相关资料或证明；

（三）退休：退休审批表；

（四）死亡：居民死亡医学证明书或其他死亡证明材料；

（五）其他情形：省、自治区、直辖市经办机构规定的其他相关资料。

第十三条　登记部门对用人单位社会保险登记事项发生变化的，收回原社会保险登记证，并重新核发。对职工姓名、公民身份号码发生变更的，更新社会保障卡。

未通过变更审核的，登记部门应书面向用人单位说明原因。

第三节　注销登记

第十四条　用人单位发生以下情形时，填报《社会保险注销登记表》（表2－4），登记部门为其办理社会保险注销登记手续：

（一）营业执照被注销或吊销；

（二）被批准解散、撤消、合并、破产、终止；

（三）国家法律、法规规定的其他情形。

根据《社会保险登记管理办法》，用人单位营业执照被注销或吊销且连续两年未办理登记证验证，经办机构可强制进行注销登记。

第十五条　用人单位办理注销登记时，根据注销类型分别提供以下证件和资料：

（一）注销通知或人民法院判决单位破产等法律文书；

（二）用人单位主管部门或有关部门批准解散、撤消、终止或合并的有关文件；

（三）社会保险登记证；

（四）省、自治区、直辖市经办机构规定的其他证件和资料。

第十六条　登记部门审核上述证件和资料，并会同征缴部门确认用人单位结清欠费、滞纳金等，对符合注销条件的，办理注销社会保险登记手续。对已注销社会保险登记的用人单位职工信息另行管理。

第四节　社会保险登记证管理

第十七条　登记部门应定期对用人单位进行社会保险登记证验证，审核其社会保险登记项目变化、规范参保等情况，并要求其在规定的时间内提供以下证件和资料：

（一）社会保险登记证；

（二）营业执照、批准成立证件或其他核准执业证件；

（三）组织机构统一代码证书；

（四）省、自治区、直辖市经办机构规定的其他证件和资料。

第十八条　登记部门审核用人单位提供的证件和资料，核实用人单位为其职工办理应参加保险项目的登记、申报工资和缴费、社会保险变更登记或注销登记，以及经办机构规定的其他情况，生成《社会保险验证审核表》（表2－5），并会同征缴部门和稽核部门确定审核结果。

对确认存在违规情况的，暂不予办理验证签章；对相关证件和资料齐全的，在社会保险登记证验证记录页，签署验证日期，加盖经办机构验证专用章。

第十九条　社会保险登记证有效期满或符合本规程第十

一条规定的用人单位,登记部门受理申请后,重新核发社会保险登记证,记载重新核发登记证原因及日期。

符合本规程第十六条规定的用人单位,经办机构应收回社会保险登记证,加盖作废章。

第二十条 遗失、损毁社会保险登记证的,用人单位需要提供遗失、损毁证明资料,并提出书面申请,登记部门审核用人单位提供的相关证件和资料,补发社会保险登记证。

第二十一条 未按规定办理社会保险年检验证与换证的用人单位,应转交稽核部门督促办理。

第三章 工伤保险费征缴

工伤保险费征缴包括基数核定、费率核定、缴费核定、缴费结算、欠费管理等内容。

第一节 基数核定

第二十二条 征缴部门按统筹地区规定时间受理用人单位填报的《工伤保险缴费基数申报核定表》(表3-1),并要求其提供以下资料:

(一)劳动工资统计月(年)报表;

(二)职工工资发放明细表;

(三)《缴费工资申报名册》(表3-2);

(四)省、自治区、直辖市经办机构规定的其他资料。

第二十三条 征缴部门在规定时间审核用人单位提供的基数核定申报资料,确认职工人数、工资总额后,核定当期缴费基数,生成《缴费基数确认名册》(表3-3),由用人单位确认。

审核用人单位缴费基数确认情况时,根据用人单位填报的《缴费基数确认情况汇总表》(表3-4),审核由职工签字确认的《缴费工资申报名册》、《缴费基数确认名册》或由用人单位签章确认的《缴费基数承诺书》(表3-5)。

第二十四条 核定缴费基数或审核基数确认情况时,若发现用人单位存在少报、漏报、瞒报情况的,征缴部门应要求用人单位限期补足,对拒不提供相关资料或不补足缴费的,转交稽核部门进行核查并责令补足。

第二节 费率核定

第二十五条 登记部门根据用人单位登记时确定的行业风险类别和国务院社会保险行政部门确定的行业差别费率标准(现行标准为《关于工伤保险费率问题的通知》),核定其工伤保险初次缴费的基准费率。

第二十六条 征缴部门根据当地的工伤保险费率浮动办法及《工伤保险费率浮动规程》(《关于印发工伤保险费率浮动规程的通知》人社险中心函〔2011〕101号),在核定基准费率的基础上,根据用人单位一定期限内工伤保险支缴率、工伤发生率、一至四级伤残人数或因工死亡人数等费率浮动考核指标,填写《工伤保险费率浮动明细表》(表3-6)确定用人单位缴费费率,并于5个工作日内填写《工伤保险费率浮动告知书》(表3-7)告知用人单位。用人单位对费率浮动结果有异议的,填写《重新核定工伤保险费率申请表》(表3-8)。

第二十七条 经办机构每年4月30日前填写《工伤保险费率浮动情况汇总表》(表3-9),报上级经办机构。根据工伤保险基金收支情况及基金预算执行情况,建立费率浮动效果跟踪分析制度,及时调整浮动费率。

第三节 缴费核定

第二十八条 征缴部门根据用人单位当期缴费人数、缴费基数、缴费费率核定缴费金额,以及补缴金额、滞纳金,核定当期工伤保险费应缴总额。

用人单位核对无误后,根据《工伤保险缴费申报(核定)表》(表3-10A)或《社会保险费申报(核定)表》(表3-10B),按规定时限办理缴费结算。

第二十九条 用人单位存在少报、漏报、瞒报等情况,征缴(登记)部门审核用人单位申报的《参加工伤保险人员补缴申报名册》(表3-11)及相关资料,根据缴费人数、缴费基数、补缴期限核定应补缴金额。

第三十条 征缴部门核定加收的用人单位滞纳金,根据用人单位应缴起始时间,以及应补缴金额予以核定,将滞纳金金额计入用人单位应缴总额。

用人单位应缴起始时间按照统筹地区相关规定执行。

第三十一条 难以直接按照工资总额计算缴纳工伤保险费的建筑施工企业、小型服务企业、小型矿山等企业的缴费核定,按照参保地所在省(自治区、直辖市)社会保险行政部门制定的建筑施工企业、小型服务企业、小型矿山等企业工伤保险费缴费办法、标准,分别核定应缴金额。

第四节 缴费结算

第三十二条 由经办机构征收的统筹地区,经办机构与国有商业银行签订收款服务协议,由商业银行受理用人单位采用委托扣款、小额借记、电汇、本票、刷卡等方式缴费。财务部门对账无误后,开具专用收款凭证,生成《工伤保险费实缴清单》(表3-12),并通知征缴部门。

由税务机关代征的统筹地区,经办机构按月将《工伤保险缴费核定汇总表》(表3-13)及《工伤保险缴费核定明细表》(表3-14)传送给税务机关,作为征收依据。税务机关收款后,每月在规定时间内向经办机构传送到账信息、《工伤保险费实缴清单》，转交相关收款凭证。

第三十三条　征缴部门根据《工伤保险费实缴清单》，向申报后未及时缴纳工伤保险费的用人单位发出《社会保险费催缴通知书》（表3－15）。用人单位逾期未足额缴纳的，征缴部门建立欠费台账如实登记后转欠费管理。

第五节　欠费管理

第三十四条　征缴部门根据工伤保险欠费台账，生成《社会保险费还欠通知单》（表3－16），通知用人单位偿还欠费。

第三十五条　根据《社会保险费征缴管理办法》，用人单位拒不缴纳欠费的，征缴部门会同稽核部门按照本规程第一三五条的规定处理。

第三十六条　对因筹资困难，无法足额偿还欠费的用人单位，转交稽核部门进行缴费能力稽核。经核查情况属实的，征缴部门与其签订社会保险还欠协议（以下简称“还欠协议”）。如欠费单位发生被兼并、分立、破产等情况时，按下列方法签订还欠协议：

（一）欠费单位被兼并的，与兼并方签订还欠协议；

（二）欠费单位分立的，与各分立方签订还欠协议；

（三）欠费单位进入破产程序的，与清算组签订清偿协议；

（四）单位被拍卖出售或租赁的，与主管部门签订还欠协议。

第三十七条　用人单位根据《工伤保险费还欠通知单》或还欠协议办理还欠的，由财务部门或税务机关按照本规程第三十二条收款。征缴部门根据还欠到账信息记载欠费台账。

破产单位无法完全清偿的欠费，征缴部门受理单位破产清算组提出的申请，转交财务部门按规定提请核销处理。

破产单位清算时应预留由用人单位支付的工伤保险待遇的相关费用。

第四章　工伤医疗、康复与辅助器具配置管理

工伤医疗、康复与辅助器具配置管理包括协议管理、工伤医疗管理、工伤康复管理、辅助器具配置管理等内容。

第一节　协议管理

第三十八条　经办机构与符合条件的医疗（康复）机构与辅助器具配置机构签订服务协议。

在公开、公正、平等协商的基础上，经办机构与获得执业许可证的医疗机构或康复机构签订医疗服务协议或康复服务协议；与符合条件的辅助器具配置机构签订辅助器具安装配置服务协议。

工伤医疗（康复）与辅助器具配置服务协议应包括服务人群、服务范围、服务内容、服务质量、费用结算办法、费用审核与控制、违约责任、监督考核、争议处理、协议有效期限等内容。

工伤医疗（康复）与辅助器具配置服务协议在履行过程中如遇情况变化，需要变更、补充或终止的，双方应及时协商议定。

第三十九条　业务部门应与签订服务协议的医疗（康复）机构和辅助器具配置机构（以下简称“工伤保险协议机构”）建立沟通机制，掌握工伤医疗（康复）及辅助器具配置情况，并进行工伤保险经办政策的宣传、解释与培训。

业务部门应将已签订服务协议的工伤保险协议机构名单及时向社会公布。

第四十条　业务部门按照协议对工伤保险协议机构进行监督监控，定期考核通报，并建立诚信服务评价制度。

如严重违反协议，协议双方均可单方解除协议。提出解除协议的一方应按照协议规定时间通知另一方，并协助做好已收治工伤职工的医疗（康复）服务并按规定结算工伤医疗（康复）费。

第二节　工伤医疗管理

第四十一条　职工发生工伤后，应在工伤保险协议机构进行治疗，情况紧急时可以先到就近的医疗机构急救。

职工在统筹地区以外发生工伤的，应优先选择事故发生地工伤保险协议机构治疗，用人单位要及时向业务部门报告工伤职工的伤情及救治医疗机构情况，并待伤情稳定后转回统筹地区工伤保险协议机构继续治疗。

第四十二条　居住在统筹地区以外的工伤职工，经统筹地区劳动能力鉴定委员会鉴定或者经统筹地区社会保险行政部门委托居住地劳动能力鉴定委员会鉴定需要继续治疗的，工伤职工本人应在居住地选择一所县级以上工伤保险协议机构或同级医疗机构进行治疗，填报《工伤职工异地居住就医申请表》（表4－1），并经过业务部门批准。

第四十三条　工伤职工因工伤进行门（急）诊或住院诊疗时，工伤保险协议机构应严格遵守工伤保险诊疗项目目录、工伤保险药品目录、工伤保险住院服务标准（以下简称“三目录”）。

第四十四条 工伤职工因旧伤复发需要治疗的，填写《工伤职工旧伤复发治疗申请表》（表4－2），由就诊的工伤保险协议机构提出工伤复发的诊断意见，经业务部门核准后到工伤保险协议机构就医。

对旧伤复发有争议的，由劳动能力鉴定委员会确定。

第四十五条 工伤职工因伤情需要到统筹地区以外就医的，由经办机构指定的工伤保险协议机构提出意见，填写《工伤职工转诊转院申请表》（表4－3），报业务部门批准。

第三节 工伤康复管理

第四十六条 工伤职工经治疗病情相对稳定后，因存在肢体、器官功能性障碍或缺陷，可以通过医疗技术、物理治疗、作业治疗、心理治疗、康复护理与职业训练等综合手段，使其达到功能部分恢复或完全恢复并获得就业能力，经办机构应鼓励其进行康复治疗，使其可以尽早重返工作岗位。

第四十七条 工伤职工需要进行身体机能、心理康复或职业训练的，应由工伤保险协议机构提出康复治疗方案，包括康复治疗项目、时间、预期效果和治疗费用等内容，用人单位、工伤职工或近亲属提出申请，填写《工伤职工康复申请表》（表4－4），报业务部门批准。

第四十八条 工伤康复治疗的时间需要延长时，由工伤保险协议机构提出意见，用人单位、工伤职工或近亲属同意，并报业务部门批准。

第四十九条 工伤职工康复治疗结束后，应由工伤保险协议机构作出最终评价，制定社会康复方案，提供残疾适应指导、家庭康复指导等。业务部门应对工伤职工康复治疗情况进行跟踪管理。

业务部门应建立工伤康复评估专家数据库，随机抽取专家对申请工伤康复职工的康复价值、康复时限、康复效果进行评估。

第四节 辅助器具配置管理

第五十条 按照《工伤保险辅助器具配置管理办法》，工伤职工需要配置（更换）辅助器具的，由用人单位、工伤职工或近亲属填写《工伤职工配置（更换）辅助器具申请表》（表4－5），并持劳动能力鉴定委员会出具的配置辅助器具确认书，由业务部门核准后到工伤职工选定的工伤保险协议机构配置。

第五十一条 统筹地区无法提供所需种类的辅助器具的，报业务部门批准，工伤职工可以到其它地区的工伤保险协议机构配置辅助器具，业务部门按照本统筹地区规定的目录及配置标准核定费用。

第五十二条 辅助器具配置协议机构应建立产品质量承诺和跟踪服务制度。业务部门根据协议对辅助器具配置机构进行监督管理，对工伤职工配置辅助器具的情况进行核查，并将核查结果作为评价辅助器具配置机构的依据。

第五章 工伤待遇审核

工伤待遇审核包括工伤登记、医疗（康复）待遇审核、辅助器具配置费用审核、伤残待遇审核、工亡待遇审核、涉及第三人的工伤待遇审核、先行支付审核等内容。

第一节 工伤登记

第五十三条 职工发生事故伤害，用人单位可通过电话、传真、网络等方式及时向业务部门进行工伤事故备案，并根据事故发生经过和医疗救治情况，填写《工伤事故备案表》（表5－1）。

第五十四条 职工发生事故伤害或按照职业病防治法规定被诊断、鉴定为职业病，经社会保险行政部门认定工伤后，用人单位应及时到业务部门办理工伤职工登记，填写《工伤职工登记表》（表5－2），并提供以下证件和资料：

（一）居民身份证原件及复印件；

（二）认定工伤决定书；

（三）工伤职工停工留薪期确认通知；

（四）省、自治区、直辖市经办机构规定的其他证件和资料。

停工留薪期内因工伤导致死亡的，还需提供居民死亡医学证明书或其他死亡证明材料。

第五十五条 工伤职工经劳动能力鉴定委员会鉴定伤残等级或护理等级后，用人单位应办理劳动能力鉴定登记，提供以下证件和资料：

（一）劳动能力鉴定结论书；

（二）省、自治区、直辖市经办机构规定的其他证件和资料。

第五十六条 业务部门核查工伤职工的参保缴费情况，审核用人单位提供的证件与资料，核对工伤认定事实与事故备案是否相符，对符合相关条件的职工确认领取工伤待遇资格，进行工伤登记。

第五十七条 职工被借调期间发生工伤事故的，或职工与用人单位解除或终止劳动关系后被确诊为职业病的，由原用人单位为其办理工伤登记。

第五十八条 业务部门审核用人单位提出工伤认定申请时间，超出规定时限的，不支付此期间发生的工伤待遇等有关费用。

第五十九条　进城务工的农村居民申请一次性领取工伤保险长期待遇的，需本人和用人单位书面申请，业务部门应向其说明丧失按月领取长期待遇资格，并与待遇申请人签订一次性领取长期待遇协议，终止工伤保险关系。

第六十条　工伤职工因转移、解除或终止劳动关系，因工伤保险关系发生变动而变更工伤登记，相关用人单位填写《工伤保险关系变动表》（表5-3）并提供相关证明资料。

第二节　医疗（康复）待遇审核

第六十一条　用人单位申报医疗（康复）费，填写《工伤医疗（康复）待遇申请表》（表5-4）并提供以下资料：

（一）医疗机构出具的伤害部位和程度的诊断证明；

（二）工伤职工的医疗（康复）票据、病历、清单、处方及检查报告；

居住在统筹地区以外的工伤职工在居住地就医的，还需提供《工伤职工异地居住就医申请表》。

工伤职工因旧伤复发就医的，还需提供《工伤职工旧伤复发申请表》。

批准到统筹地区以外就医的工伤职工，还需提供《工伤职工转诊转院申请表》。

（三）省、自治区、直辖市经办机构规定的其他证件和资料。

第六十二条　业务部门审核医疗（康复）费的内容包括：

（一）各项检查治疗是否与工伤部位、职业病病情相符；

（二）是否符合工伤保险“三目录”的规定；

（三）是否符合工伤康复诊疗规范和工伤康复服务项目的规定；

（四）省、自治区、直辖市经办机构规定的其他需要审核的内容。

第六十三条　经办机构应推行与工伤保险协议机构的直接联网结算。

已登记的工伤职工持社会保障卡到工伤保险协议机构就诊，工伤保险协议机构按照服务协议传送就诊医疗（康复）费用明细，业务部门根据规定应对药品明细、治疗（康复）项目、检查项目、病程记录及医疗（康复）票据等进行网上审核。

第六十四条　工伤职工住院治疗的，业务部门根据统筹地区人民政府规定的伙食补助费标准及工伤职工的住院天数，核定住院伙食补助费。

业务部门批准到统筹地区以外就医的，根据统筹地区人民政府规定的交通、食宿费标准，核定交通、食宿费用。

第六十五条　业务部门根据核定的工伤（康复）待遇，汇总生成《工伤医疗（康复）待遇审核表》（表5-5），转经办机构财务部门。

第三节　辅助器具配置费用审核

第六十六条　工伤职工配置（更换）辅助器具，用人单位申报工伤职工的辅助器具配置费用时，提供以下资料：

（一）工伤职工配置（更换）辅助器具申请表；

（二）配置辅助器具确认书；

（三）辅助器具配置票据；

（四）省、自治区、直辖市经办机构规定的其他证件和资料。

第六十七条　业务部门根据辅助器具配置项目、标准，核定工伤职工的辅助器具安装、配置（更换）费用，生成《辅助器具配置费用核定表》（表5-6），转财务部门。

第四节　伤残待遇审核

第六十八条　业务部门根据劳动能力鉴定结论、工伤职工本人工资或统筹地区上年度职工月平均工资，核定一次性伤残补助金、伤残津贴和生活护理费。

工伤职工与用人单位解除或终止劳动关系时，业务部门根据解除或终止劳动关系的时间和伤残等级，按照省、自治区、直辖市人民政府制定的标准核定一次性工伤医疗补助金。

伤残等级为一至四级的工伤职工退休后，基本养老保险待遇低于伤残津贴的，业务部门根据其基本养老待遇核定与伤残津贴的差额。

业务部门根据核定的伤残待遇生成《伤残待遇核定表》（表5-7），转财务部门。

第五节　工亡待遇审核

第六十九条　职工因工死亡或停工留薪期内因工伤导致死亡的，业务部门根据工亡时间上年度全国城镇居民人均可支配收入和统筹地区上年度职工月平均工资，核定一次性工亡补助金和丧葬补助金。

伤残等级为一至四级的工伤职工，停工留薪期满死亡的，业务部门根据统筹地区上年度职工月平均工资，核定丧葬补助金。

业务部门根据核定的工亡待遇生成《一次性工亡、丧葬补助金核定表》（表5-8），转财务部门。

第七十条　申请领取供养亲属抚恤金的，应提供以下资料：

（一）居民身份证原件及复印件；

（二）与工亡职工关系证明；

（三）依靠工亡职工生前提供主要生活来源的证明；

（四）完全丧失劳动能力的提供劳动能力鉴定结论书；

（五）孤儿、孤寡老人提供民政部门相关证明；

（六）在校学生提供学校就读证明；

（七）省、自治区、直辖市经办机构规定的其他证件和资料。

供养亲属范围和条件根据国务院社会保险行政部门有关规定确定。

第七十一条 职工因工外出期间发生事故或在抢险救灾中造成下落不明被认定为工亡的，业务部门应在第4个月审核用人单位的证明和近亲属的申请资料，核定供养亲属抚恤金。

职工被人民法院宣告死亡的，业务部门核定其一次性工亡补助金和丧葬补助金。生活有困难的，经近亲属申请，可按照一次性工亡补助金的50%先进行核定，宣告死亡后核定其剩余的一次性工亡补助金和丧葬补助金。

第七十二条 业务部门审核供养亲属申请资料，根据本人工资，核定每个供养亲属享受的抚恤金金额。

核定的各供养亲属抚恤金之和不应高于因工死亡职工生前的本人工资。

业务部门根据核定的供养亲属抚恤金生成《供养亲属抚恤金核定表》（表5-9），转财务部门。

第六节　涉及第三人的工伤待遇审核

第七十三条 涉及第三人责任的，业务部门审核工伤待遇时，还应审核以下民事伤害赔偿法律文书：

（一）属于交通事故或者城市轨道交通、客运轮渡、火车事故的，需提供相关的事故责任认定书、事故民事赔偿调解书；

（二）属于遭受暴力伤害的，需提供公安机关出具的遭受暴力伤害证明和赔偿证明资料；

（三）经人民法院判决或调解的，需提供民事判决书或民事调解书等证明资料；

（四）省、自治区、直辖市经办机构规定的其他证件和资料。

第七十四条 业务部门根据民事伤害赔偿法律文书确定的医疗费与工伤待遇中的医疗费比较，不足部分予以补足，其工伤医疗待遇不得重复享受。

业务部门根据统筹地区社会保险行政部门制定的相关政策核定其他工伤待遇。

第七节　先行支付审核

第七十五条 按照《社会保险基金先行支付暂行办法》（人社部令15号），未依法缴纳工伤保险费的用人单位申请先行支付，需提供以下资料：

（一）社会保险登记证、工伤保险实缴清单或还欠协议；

（二）认定工伤决定书；

（三）先行支付书面申请资料；

（四）省、自治区、直辖市经办机构规定的其他资料。

用人单位拒不支付工伤待遇，工伤职工或近亲属申请先行支付的，需提供以下资料：

（一）工伤职工与用人单位的劳动关系证明；

（二）社会保险行政部门出具的用人单位拒不支付证明材料；

（三）认定工伤决定书；

（四）工伤职工或近亲属先行支付书面申请资料；

（五）省、自治区、直辖市经办机构规定的其他资料。

第七十六条 按照《社会保险基金先行支付暂行办法》，涉及第三人责任申请先行支付的，第三人不支付工伤医疗费用或者无法确定第三人的，业务部门审核以下资料：

（一）认定工伤决定书；

（二）工伤职工或近亲属先行支付书面申请资料；

（三）人民法院出具的民事判决书等材料；

（四）对肇事逃逸、暴力伤害等无法确定第三人的，需提供公安机关出具的证明材料；

（五）由社会保险行政部门提供的第三人不予支付的证明材料；

（六）由职工基本医疗保险先行支付的情况材料；

（七）省、自治区、直辖市经办机构规定的其他资料。

第七十七条 业务部门核定先行支付的工伤保险待遇，对本规程第七十五条规定的情况先行支付由工伤保险基金支付的各项工伤保险待遇；对本规程第七十六条规定的情况先行支付工伤医疗费。

业务部门应建立先行支付工伤保险待遇台账，通知稽核部门追偿。

第七十八条 职工申请工伤保险先行支付必须经过工伤认定，按照本规程第五十四条由用人单位、工伤职工或近亲属申请进行工伤登记。

第六章　工伤待遇和专项费用支付

工伤待遇和专项费用支付包括工伤待遇支付、专项费用支付、工伤待遇调整等内容。

第一节 工伤待遇支付

第七十九条 业务部门应将工伤待遇核定结果通知申请工伤待遇的用人单位或工伤职工、供养亲属，履行告知义务。

第八十条 业务部门每月根据工伤待遇、待遇调整、待遇重核等相关信息，建立当月工伤职工待遇支付台账，生成《工伤保险基金支出核定汇总表》（表6－1），转财务部门。

伤残津贴、生活护理费从做出劳动能力鉴定的结论次月起计发；供养亲属抚恤金从死亡的次月起计发，下落不明的从事故发生的第4个月起计发。

用人单位或工伤职工垫付的工伤医疗费可通过签订代发协议的商业银行进行支付；在工伤保险协议机构发生的费用可通过与工伤协议机构网上审核后进行直接结算并支付。

第八十一条 工伤职工在享受工伤待遇期间被判刑收监的，其工伤待遇仍按照原渠道支付。

第八十二条 业务部门应建立工伤待遇支付数据库，为工伤保险经办管理的宏观决策提供支持。

有条件的地区，对部分病种的工伤医疗（康复）费可实行按病种付费、治疗周期限额控制等付费方式，对工伤职工在统筹地区外发生的工伤医疗（康复）费用可实行异地结算。

第八十三条 向医疗保险基金拨付应由工伤保险先行支付的费用、向工伤职工先行支付工伤保险待遇、涉及第三人的先行支付的医疗费的可参照以上程序执行。

第二节 劳动能力鉴定费、工伤预防费支付

第八十四条 工伤职工进行劳动能力鉴定后，经办机构与劳动能力鉴定委员会应直接结算劳动能力鉴定费。

用人单位或工伤职工垫付劳动能力鉴定费的，可支付给用人单位或工伤职工。

第八十五条 工伤预防费用于工伤事故和职业病预防的宣传、培训、职业健康体检补助等项目。

业务部门根据社会保险行政部门制定的年度工伤预防工作计划，按照工伤预防费使用范围、项目，在费用指标范围内编制支出预算并根据支出计划按季度（月度）提出工伤预防费支出申请，转财务部门。

经办机构按照当地劳动能力鉴定和工伤预防工作有关管理办法的规定，与政府采购中标的或有资质的受委托社会组织（机构）签订协议，明确双方的权利和义务，确保相关项目实施的效果和质量。

第八十六条 业务部门根据当地人民政府或社会保险行政部门、财政机关批准的工伤预防费项目预算，按季度（月度）核定支出项目金额，生成《工伤预防费支出明细表》（表6－2），转财务部门支付。

第三节 工伤待遇调整

第八十七条 根据工伤待遇调整政策，业务部门对工伤职工或供养亲属的工伤待遇进行统一调整，并建立待遇调整台账。

第八十八条 业务部门可通过民政、卫生、公安等政府部门的证明，对工伤职工或供养亲属享受待遇资格定期验证，确定其继续享受待遇资格。

第八十九条 工伤职工或供养亲属不再具备享受工伤待遇的条件，工伤职工拒不接受劳动能力鉴定或拒绝治疗的，业务部门停止支付工伤待遇。

对待遇享受资格停止后又具备享受资格的，业务部门审核用人单位、工伤职工或供养亲属提供的相关资料，符合条件的恢复支付其工伤待遇。

第九十条 用人单位、工伤职工或近亲属、工伤保险协议机构对工伤待遇核定金额有异议提出复核的，业务部门应进行复核，确需调整的，予以调整。

第七章 财务管理

财务管理包括基金收入管理、支出管理、会计核算、预算、决算等内容。

第一节 收入管理

第九十一条 由经办机构征收的工伤保险费，暂存于工伤保险费收入账户，每月月末全部转入财政专户。

由税务机关代征的工伤保险费直接纳入财政专户。

第九十二条 财务部门应定期与财政、税务机关进行对账。对账有差异的，须逐笔查清原因，调整相符。

第九十三条 财务部门根据省、自治区、直辖市人民政府制定的工伤保险储备金提取比例及管理办法预留工伤保险储备金（以下简称“储备金”），用于经办机构支付统筹地区重大工伤事故的工伤待遇。

第九十四条 财务部门在确保工伤待遇支付及储备金留存的前提下，根据工伤预防费的提取比例及使用和管理办法提取工伤预防费，用于开展工伤预防工作，专款专用。

第二节 支出管理

第九十五条 财务部门于每月月末根据基金支出计划制定下月用款计划，填制《工伤保险基金使用申请表》（表7－1）报同级财政机关审核，并确认资金到账情况。

财务部门对传来的支付凭证复核无误后及时办理

支付。

第九十六条 对补助下级支出、上解上级支出、其他支出等款项，财务部门根据规定或支付凭证从“支出户”划拨或支付。

第九十七条 财务部门根据银行单据，将支出与退票情况及时反馈登记部门，登记部门对因银行开户信息错误造成退票的，重核银行开户信息，财务部门重新办理支付。

第九十八条 发生重大工伤事故，统筹地区工伤保险基金结余不足以支付工伤待遇时，财务部门填制《工伤保险储备金专项用款申请表》（表7－2），报送财政机关审批，并按规定办理支付。

第九十九条 财务部门根据工伤预防费支出申请，填制《工伤预防费专项用款申请表》（表7－3），报送社会保险行政部门、财政机关审批同意后，根据支出户开户行递送的银行单据确认到账。

财务部门根据《工伤预防费支出明细表》，将工伤预防费拨付到签订协议的委托单位。

第一〇〇条 对先行支付款项，按如下程序处理：

（一）用人单位或第三人在规定期限内偿还的，财务部门按相关规定处理；

（二）用人单位或第三人逾期未偿还或未足额偿还的，移交稽核部门进行核查并进行追偿；

（三）经人民法院判决破产或确无偿还能力的，经财政机关同意，财务部门按规定提请核销处理。

追偿办法及核销程序按照国家有关规定执行。

第三节 会计核算

第一〇一条 财务部门根据基金收入情况，做如下处理：

（一）由经办机构征收的，应根据开户行单据、专用收款收据、《工伤保险费实缴清单》，填制记账凭证；

由税务机关代征的，以财政专户开户行或税务机关传来的税收通用缴款书或税收完税凭证作为原始凭证，并根据税务机关传送的《工伤保险费实缴清单》，填制记账凭证；

（二）对“收入户存款”、“支出户存款”生成的利息，以开户行递送的利息单据作为原始凭证，填制记账凭证；

（三）对上级下拨、下级上解收入，以财政专户缴拨凭证作为原始凭证，填制记账凭证；

（四）对滞纳金等其他收入，根据银行回单或财政机关转来的财政专户缴拨凭证等，填制记账凭证。

第一〇二条 财务部门根据基金支出情况，作如下处理：

（一）对工伤待遇支出，根据《工伤保险基金支出核定汇总表》，由开户行递送的单据及《工伤保险基金支出退票明细表》（表7－4），填制记账凭证；

（二）对先行支付的支出，按照《社会保险基金先行支付暂行办法》处理；

（三）对工伤预防费用的支出，按照《工伤保险预防费使用管理暂行办法》处理；

（四）对补助下级、上解上级和其他支出等，以开户行单据作为原始凭证，填制记账凭证。

第一〇三条 财务部门根据收付款凭证，按照业务发生顺序逐笔登记现金日记账、银行存款日记账，再按科目分类汇总记账凭证，制作科目汇总表，登记总分类账。

第一〇四条 每月月末，收到银行账户对账单后，财务部门与银行存款日记账核对，编制银行存款余额调节表，并将现金日记账、银行存款日记账、明细分类账与总分类账核对。

第一〇五条 财务部门根据总分类账、明细分类账等，编制月、季、年度会计报表。

第一〇六条 财务部门应按会计制度要求，不断优化部门内岗位设置及工作流程，在保证不相容岗位分离且无缝衔接的基础上，健全初审复核、轮岗互查、相互制约的风险控制机制。

经办机构可与开户行搭建数据交换专线，利用银行账户监控系统和风险预警系统，确保基金划拨及时、准确，切实保证基金安全。

第四节 预 算

第一〇七条 由经办机构征收的，财务部门负责编制统筹地区工伤保险基金预算草案（以下简称“基金预算草案”），基金预算草案包含收入预算草案与支出预算草案。

由税务机关代征的，收入预算草案由财务部门会同税务机关编制。

第一〇八条 按照“以支定收、收支平衡”的原则，综合考虑统筹地区近年基金预算执行情况，编制下一年度基金预算草案。

收入预算草案要与本地区经济社会发展水平相适应，与社会平均工资增长相协调；支出预算草案应严格按照规定的支出范围、项目和标准进行测算，考虑政策、享受待遇人员等影响支出变动因素。

第一〇九条 统筹地区工伤保险基金预算（以下简称“基金预算”），由本级社会保险行政部门和财政机关汇总、审核后，联合报本级人民政府审批，报上级社会保险行政部门和财政机关。

统筹地区的经办机构将本级人民政府批准后的基金预算草案报上级经办机构。

第一一〇条 财务部门应及时分析基金预算执行情况，

查明收支变化原因。预算年度终了，应对本年度基金预算执行情况进行分析评估，编制基金预算执行情况报告。

第一一一条 基金预算不得随意调整。由于执行中特殊情况需要增加支出或减少收入，与预算偏差较大的，财务部门要及时编制基金预算调整方案，由本级社会保险行政部门和财政机关汇总、审核后，联合报本级人民政府审批。

第五节 决 算

第一一二条 统筹地区财务部门根据决算编制工作要求，于年度终了前核对各项收支，清理往来款项，同开户行、财政专户对账，并进行年终结账。

第一一三条 统筹地区财务部门根据本年度各账户余额，编制年终决算资产负债表和有关明细表，编写报表附注及收支情况说明书，对重要指标进行财务分析，形成年度会计决算报告，由本级社会保险行政部门和财政机关汇总、审核后，联合报本级人民政府审批，报上级社会保险行政部门和财政机关。

统筹地区的经办机构将本级人民政府批准后的基金决算草案报上级经办机构。

第一一四条 经办机构定期向社会公布工伤保险基金的收入、支出、结余和收益情况。

第八章 信息管理

信息管理包括统计、精算和信息系统建设等内容。

第一节 统 计

第一一五条 工伤保险统计包括建立统计台账、编制统计报表、撰写分析报告等内容。

第一一六条 信息部门定期根据统计指标和统计分组，对数据进行整理加工，建立统计台账，依据社会保险统计报表制度要求，编制统计报表。

统计指标应根据政策变化及时调整完善。

第一一七条 经办机构根据统计台账和统计报表，对工伤保险运行情况开展分析，根据分析结果撰写分析报告。

第一一八条 经办机构应定期向社会公布工伤保险参保情况等信息。

第二节 精 算

第一一九条 工伤保险精算包括工伤保险年度精算分析、工伤保险专项精算分析和其他日常测算分析等。

在工伤保险费率和待遇水平等进行调整时，应开展专项精算分析，支持政策决策，评估风险与效率。

第一二〇条 精算部门制定精算工作方案，采集精算数据，建立精算基础数据库和运行数据库，建立相关模型并设定合理的参数假设，开展精算分析工作。

第一二一条 精算分析涉及参数应以统筹地区相关数据为基础进行假设，在统筹地区数据不充分的情况下，可参照全国或情况相近地区的相关参数确定，但要对数据的可参照性及差异性进行对比分析。

每年要根据工伤保险运行状况的变化，对上年度参数假设进行科学评估，对未来的参数假设作出相应调整。

第一二二条 精算部门应对精算预测结果进行分析，以保证预测质量，分析的主要内容包括验证预测成果的可信程度、分析主要预测指标和评估预测的不确定性。

精算部门根据分析结果按相关技术标准撰写精算报告，阐述分析方法、提出专业结论和政策建议。

第三节 信息系统

第一二三条 经办机构应按照国家规划，建立社会保险经办信息系统。

第一二四条 信息部门根据本规程制定的业务流程，编制社会保险经办信息系统中工伤保险部分的业务需求。

第一二五条 经办机构通过信息沟通机制获取的各类信息，可作为社会保险登记、工伤保险费征缴、工伤待遇审核与社会保险稽核的信息比对依据。

第一二六条 信息部门按照《关于开展工伤保险联网指标上报工作的通知》（人社部函〔2008〕176号）数据采集、审核、转换以及数据质量检查，并将交换库数据和数据质量检查表上报上级信息部门。

第一二七条 经办机构应与社会保险行政部门建立资源共享的信息网络，共享工伤职工参保、缴费、工伤认定、劳动能力鉴定、工伤待遇等情况的信息。

第九章 稽核监督

稽核监督包括对外稽核与内部监督，其中对外稽核包含稽核内容、稽核程序与处理。

第一节 稽核内容

第一二八条 参保登记稽核包括：

（一）核查用人单位是否依法办理工伤保险参保登记；

（二）查验用人单位社会保险登记证，审查用人单位工伤保险登记、变更是否符合规定。

第一二九条 缴费稽核内容包括：

（一）对用人单位的缴费检查，核实该单位的营业执照（副本）或登记证、职工工资发放明细表、劳动工资统计台账、财务相关账册（银行存款日记账、银行对

账单、明细分类账)和相应的原始凭证、社会保险缴费申报(核定)表等有关资料;

(二)对建筑施工企业,按照本规程第三十一条确定缴费标准的,还应检查其建筑工程合同,核实其项目工程总造价。

对餐饮业、服务业、娱乐业等小型服务业以及有雇工的个体工商户,按照本规程第三十一条确定缴费标准的,还应核实其营业面积或营业额;

对小型矿山企业,按照本规程第三十一条确定缴费标准的,还应核实总产量、吨矿工资含量。

第一三〇条　对于欠缴工伤保险费的用人单位,在缴费稽核中应进行缴费能力稽核,其内容包括:

(一)查验用人单位的货币资金发生额和余额,重点查阅现金和银行存款情况;

(二)查验用人单位的各类对外投资情况;

(三)查验用人单位的各类债权情况;

(四)查验用人单位的实物资产。

第一三一条　待遇支付稽核的内容包括:

(一)对工伤职工待遇享受资格,核查其居民身份证、户口簿、户籍所在地公安机关或街道、乡镇政府提供的生存证明。

(二)对供养亲属待遇享受资格,按照本规程第七十条规定核查。

(三)对工伤保险协议机构执行协议情况进行核查:

1. 核查工伤职工就医身份的真实性;

2. 核查工伤保险协议机构提供各种资料的真实性,诊疗是否与伤情相符,费用是否符合工伤“三目录”规定;

3. 核查工伤保险协议机构为工伤职工配置辅助器具的情况。

(四)实行联网结算的统筹地区,可对工伤保险协议机构执行协议情况进行实时监控。

第二节　稽核程序与处理

第一三二条　稽核部门按照年度稽核工作计划,采取以下方式确定稽核对象:

(一)从数据库中随机抽取或根据信息异常情况确定;

(二)根据举报、有关部门转办、上级交办和异地协查信函等确定;

(三)根据民政、卫生、公安等部门提供的职工生存状况变动情况确定。

第一三三条　稽核部门对工伤保险登记缴费的稽核处理包括:

(一)对未办理社会保险登记的用人单位,报请社会保险行政部门督促其参保登记;

(二)对欠缴的用人单位,经缴费能力稽核后,初步认定无能力偿还的,按照本规程第一〇〇条第(三)款的规定处理,并通知征缴部门;

(三)对稽核对象少报、漏报、瞒报缴费基数和缴费人数的,应责令其补足,并通知征缴部门;

(四)稽核对象拒绝稽核或伪造、变造、故意毁灭有关账册、材料,拒不缴纳社会保险费的,应报请社会保险行政部门依法处罚。

第一三四条　稽核部门对工伤待遇支付的稽核处理包括:

(一)对工伤职工或供养亲属丧失待遇享受资格后仍继续领取的,应通知财务部门停止支付,并会同财务部门追回冒领的工伤待遇;

(二)对工伤职工或供养亲属骗取工伤待遇的,应通知财务部门停止支付,并会同财务部门追回骗取的工伤待遇,报请社会保险行政部门依法处罚;

(三)对工伤保险协议机构违反服务协议,以欺诈、伪造证明资料、医疗文书或其他手段骗取基金的,应会同财务部门根据情节轻重作如下处理:

1. 暂停直接责任人为参保人员服务的资格;

2. 暂停或解除工伤保险协议机构服务协议;

3. 报请社会保险行政部门处理。

第一三五条　对逾期仍未缴纳或补足工伤保险费的,稽核部门可采用如下程序处理:

(一)向银行和其他金融机构查询其存款账户;

(二)经社会保险行政部门批准,书面通知其开户行或其他金融机构划拨工伤保险费;

(三)用人单位账户余额不足缴纳工伤保险费的,可要求该用人单位提供担保,签订延期缴费协议;

(四)用人单位仍未足额缴纳工伤保险费且未提供担保的,可申请人民法院扣押、查封、拍卖其财产以抵缴工伤保险费;

对先行支付工伤待遇的追偿可参照以上程序处理。

第一三六条　对追偿或退还的工伤待遇,稽核部门填写《追偿(退还)工伤待遇审核表》(表9-1,表9-2),转财务部门处理。

第三节　内部监督

第一三七条　内部监督是指稽核部门对经办操作的合规性、准确性进行检查,防范经办风险。

第一三八条　内部监督的主要内容包括:

(一)参保登记监督包含用人单位类型、风险类别、浮动费率等信息登记的准确性；

（二）缴费监督包含缴费基数调整、还欠经办操作合规性；

（三）工伤待遇支付监督包含工伤登记及变动等资料的真实性和完整性，工伤待遇审核支付管理的合规性；

（四）财务监督包含检查工伤保险基金收入、支出凭证，会计账簿，核对账证是否相符；

（五）省、自治区、直辖市经办机构规定需内部监督的其他内容。

第一三九条　内部监督的主要方法包括检查核对法、抽查法、面询法、网上监督法。

稽核部门对内部监督中发现的问题提出整改意见，并跟踪监督落实情况。

第十章　权益记录与服务

权益记录与服务包括记录与查询、业务档案等内容。

第一节　记录与查询

第一四〇条　根据《社会保险个人权益记录管理办法》，经办机构应建立数据库，按照及时、完整、准确、安全、保密的管理原则，记载用人单位、参保职工登记信息和缴费情况，记载工伤职工和供养亲属享受工伤待遇情况，记载其它反映社会保险个人权益的信息。

第一四一条　经办机构应建立个人权益查询管理信息系统，通过专门窗口、自助终端、电话、网站等方式为工伤保险参保职工提供缴费记录和待遇记录查询服务。

参保职工需要书面查询个人权益记录的，经办机构应按规定提供。

参保职工对社会保险个人权益记录存在异议时，可以向经办机构提出核查申请，经办机构应按规定进行复核。

第一四二条　经办机构应每年至少一次将参保职工的个人权益记录通过邮寄方式寄送本人，也可以通过电子邮件、手机短信等多种方式向参保职工发送个人权益记录。

经办机构对参保职工的个人权益记录承担保密责任，不得违法泄露。

第二节　业务档案

第一四三条　工伤保险业务档案（以下简称"业务档案"），是指经办机构在办理工伤保险业务过程中，直接形成的具有保存和利用价值的专业性文字材料、电子文档、图表、声像等不同载体的历史记录。

第一四四条　经办机构各部门按照《社会保险业务档案管理规定（试行）》（人社部令3号）的规定及时对业务文件材料进行收集、整理、立卷、归档，确保业务档案齐全、完整、有效，并定期移交档案部门。

第一四五条　档案部门应按照业务档案保管、保密、利用、移交、鉴定、销毁等管理要求，保证业务档案妥善保管、有序存放，严防毁损、遗失和泄密。

档案部门对经过鉴定可以销毁的档案，编制销毁清册，按程序报社会保险行政部门备案后销毁。

第一四六条　业务档案的保管期限分为永久和定期两类，各类业务档案的具体保管期限按照《社会保险业务档案管理规定（试行）》规定的《社会保险业务材料归档范围与保管期限》执行。

第一四七条　经办机构应对业务档案进行影像化处理，实行档案数字化管理。

第十一章　附　　则

第一四八条　对用人单位填写的表单，需经经办机构审核人、负责人签字或盖章。

对工伤保险申报缴费和待遇支付的核定结果需经审核人、负责人签字或盖章。

经办机构各部门之间传送的表单，需经办人、审核人、复核人、主管领导签字或盖章。

第一四九条　经办机构应规范票据管理，按照规定进行票据的填写、整理、保管等工作。

第一五〇条　在中国境内合法就业的外籍人员参加工伤保险，参照本规程经办。

第一五一条　各省、自治区、直辖市经办机构可根据本规程制定经办细则。

第一五二条　本规程由人力资源社会保障部负责解释。

第一五三条　本规程自发布之日起施行

附：工伤保险经办业务用表及填表说明（略）

劳动和社会保障部等关于加强工伤保险医疗服务协议管理工作的通知

1. *2007年2月27日劳动和社会保障部、卫生部、国家中医药管理局发布*
2. *劳社部发〔2007〕7号*

各省、自治区、直辖市劳动和社会保障厅（局）、卫生厅（局）、中医药管理局：

职工因工作遭受事故伤害或患职业病时，由工伤保险为其提供医疗服务保障，是工伤保险制度的一项重要内容。做好工伤保险医疗服务协议管理工作，有利于保障工伤职工依法享有医疗服务的权益，有利于加强工伤保险基金管理，有利于规范医疗行为、促进我国卫生事业发展。各地要从以人为本、构建社会主义和谐社会的高度，充分认识加强工伤保险医疗服务协议管理工作的重要意义。根据《工伤保险条例》及国家有关法律法规，现就加强工伤保险医疗服务协议管理工作通知如下：

一、明确工伤保险医疗服务协议管理的方式，严格掌握工伤保险协议医疗机构的条件

工伤保险实行协议医疗服务方式。在公开、公正、平等协商的基础上，社会保险经办机构（简称经办机构）与符合条件的医疗机构签订医疗服务协议。工伤保险协议医疗机构的名单要以适当方式向社会公布。

工伤保险协议医疗机构必须具备以下基本条件：

（一）经卫生及中医药行政部门批准并取得《医疗机构执业许可证》的医疗机构，以及经地方卫生行政部门同意对社会提供服务的军队医疗机构；

（二）具备为工伤职工提供良好医疗服务的条件，在工伤救治、康复和职业病防治方面有专业技术优势；

（三）遵守国家有关医疗服务和职业病防治管理的法规和标准，有健全和完善的医疗服务管理制度；

（四）遵守国家和省、自治区、直辖市物价管理部门规定的医疗服务和药品的价格政策；

（五）遵守工伤保险的法律法规。

二、切实加强工伤职工的就医管理

职工发生工伤后，应当在统筹地区的协议医疗机构进行治疗，病情危急时可送往就近医疗机构进行抢救；在统筹区域以外发生工伤的职工，可在事故发生地优先选择协议医疗机构治疗。

凡未在统筹地协议医疗机构救治的工伤职工，用人单位要及时向经办机构报告工伤职工的伤情及救治医疗机构的情况，并待病情稳定后转回统筹地区的协议医疗机构治疗。

工伤职工因旧伤复发需要治疗的，用人单位凭协议医疗机构的诊断证明，向经办机构申请并经核准后列入工伤保险医疗服务管理范围。

用人单位、工伤职工、经办机构因治疗旧伤复发需要治疗发生争议的，须凭协议医疗机构的诊断证明，经劳动能力鉴定委员会鉴定后确认。

三、明确工伤保险协议医疗服务主体的职责

经办机构要依据协议加强对工伤保险医疗服务费用的管理和监督检查，按工伤保险有关规定和协议约定，及时支付工伤职工发生的医疗费用；建立、健全工伤保险医疗费用管理制度和各类台帐，做好费用的统计分析；定期听取协议医疗机构对改进工作的意见；协调协议医疗机构与用人单位以及工伤职工有关工伤保险医疗服务的事宜。

工伤保险协议医疗机构要明确专门机构并配备专（兼）职人员，建立健全内部管理制度，做好医务人员工伤保险政策法规的宣传和培训；严格执行工伤保险诊疗项目目录、药品目录和住院服务标准，切实做到合理检查、合理治疗、合理用药、合理收费；按照协议约定作好工伤医疗费用管理，并按时提交工伤职工费用结算清单；配合劳动保障行政部门或经办机构，及时调取、据实出具医疗诊断证明书等有关医学材料。

经办机构和协议医疗机构有下列情形之一的，双方可终止协议：

（一）协议期满，其中一方提出终止协议的；

（二）协议执行期间，一方违反协议，经协商双方不能达成一致意见的；

（三）因协议医疗机构合并、解散等原因无法履行协议的。

协议医疗机构认为经办机构未履行有关协议或规定的，可以依法申请行政复议，对行政复议不服的，可以依法提出诉讼。

四、规范工伤保险协议医疗服务费用管理

工伤保险医疗服务水平要与我国现阶段经济和社会发展水平相适应，既要保证工伤职工救治的合理需要，又要保证工伤保险基金的合理使用。

对工伤职工发生的符合工伤保险药品目录、诊疗项目目录和住院服务标准等管理规定的医疗费用和康复费用，包括职工工伤认定前已由医疗保险基金、用人单位或职工个人垫付的工伤医疗费用，由经办机构从工伤保险基金中按规定予以支付。

对于工伤职工治疗非工伤疾病所发生的费用、符合出院条件拒不出院继续发生的费用，未经经办机构批准自行转入其他医疗机构治疗所发生的费用和其他违反工伤保险有关规定的费用，工伤保险基金不予支付。

工伤职工在协议医疗机构就医发生医疗事故的，按照《医疗事故处理条例》处理。

五、加强对工伤医疗服务协议管理工作的领导

各级劳动保障、卫生、中医药行政部门要按照各自的职能，积极发挥组织、协调、监督作用，密切配合，共同做好工伤保险医疗服务协议管理的相关工作。要认真开展工伤保险政策的宣传和培训，充分发挥用人单位在工伤保险医疗服务中的积极性和主动性，动员和引导用人单位协助经办机构和协议医疗机构做好工伤职工的相关管理和服务工作。执行中的重大问题，请及时向劳动保障、卫生、中医药管理部门报告。

最高人民法院行政审判庭关于《工伤保险条例》第六十四条理解和适用问题请示的答复

1. 2009年6月10日
2. 〔2009〕行他字第5号

江西省高级人民法院：

你院《关于国务院〈工伤保险条例〉第六十四条的理解和适用问题的请示》收悉。经研究，答复如下：

原则同意你院第一种意见。即，企业职工因工伤害发生在《企业职工工伤保险试行办法》施行之前，当时有关单位已按照有关政策作出处理的，不属于《工伤保险条例》第六十四条规定的“尚未完成工伤认定的情形”。

此复。

2. 缴费与参保

部分行业企业工伤保险费缴纳办法

1. 2010年12月31日人力资源和社会保障部令第10号公布
2. 自2011年1月1日起施行

第一条 根据《工伤保险条例》第十条第三款的授权，制定本办法。

第二条 本办法所称的部分行业企业是指建筑、服务、矿山等行业中难以直接按照工资总额计算缴纳工伤保险费的建筑施工企业、小型服务企业、小型矿山企业等。

前款所称小型服务企业、小型矿山企业的划分标准可以参照《中小企业标准暂行规定》（国经贸中小企〔2003〕143号）执行。

第三条 建筑施工企业可以实行以建筑施工项目为单位，按照项目工程总造价的一定比例，计算缴纳工伤保险费。

第四条 商贸、餐饮、住宿、美容美发、洗浴以及文体娱乐等小型服务业企业以及有雇工的个体工商户，可以按照营业面积的大小核定应参保人数，按照所在统筹地区上一年度职工月平均工资的一定比例和相应的费率，计算缴纳工伤保险费；也可以按照营业额的一定比例计算缴纳工伤保险费。

第五条 小型矿山企业可以按照总产量、吨矿工资含量和相应的费率计算缴纳工伤保险费。

第六条 本办法中所列部分行业企业工伤保险费缴纳的具体计算办法，由省级社会保险行政部门根据本地区实际情况确定。

第七条 本办法自2011年1月1日起施行。

劳动和社会保障部等关于贯彻《安全生产许可证条例》做好企业参加工伤保险有关工作的通知

1. 2005年4月4日劳动和社会保障部、国家安全生产监督管理总局、国防科学技术工业委员会发布
2. 劳社部发〔2005〕8号

各省、自治区、直辖市劳动和社会保障厅（局）、安全生产监督管理局，民爆器材行政主管部门、各省级煤矿安全监察机构：

为了严格规范企业的安全生产条件，加强安全生产监督管理，防止和减少生产安全事故，切实保障矿山、危险化学品、烟花爆竹、民用爆破器材生产等企业职工的生命安全和健康，国务院颁布了《安全生产许可证条例》。该条例明确规定，企业应当依法参加工伤保险，为从业人员缴纳工伤保险费，并将参加工伤保险作为企业取得安全生产许可证的必备条件之一。为贯彻落实《安全生产许可证条例》规定，做好企业参加工伤保险的有关工作，现通知如下：

一、按照《中华人民共和国安全生产法》、《工伤保险条例》和《安全生产许可证条例》的规定，矿山、危险化学品、烟花爆竹、民用爆破器材生产等企业（以下简称企业）应高度重视安全生产工作，依法参加工伤保险，按时、足额为所有从业人员缴纳工伤保险费。企业应将参保情况及时在本单位内公示。企业和职工应当遵守有关安全生产和职业病防治的法律法规，执行安全卫生规程和标准，预防工伤事故发生，避免和减少职业病危害。

二、劳动保障部门要做好企业参加工伤保险的组织实施工作，加强对企业参保工作的指导。对尚未参加工伤保险的企业要切实采取有效措施，制定有针对性的扩大覆盖面方案，加大工作力度，加强劳动监察，督促企业尽快参加工伤保险。

三、企业参保登记后，社会保险经办机构要及时确定企业缴费费率，核定企业缴费基数、职工人数和应缴工伤保险费数额，如实地为企业出具《工伤保险参保证明》（样式附后）。安全生产许可证颁发管理机关在颁发安全生产许可证或办理许可证延期手续前，应认真审查申请单位提供的《工伤保险参保证明》，对不能提供社会保险经办机构出具的有效《工伤保险参保证明》的企业，不得颁发安全生产许可证。对冒用或者使用伪造的《工伤保险参保证明》的企业，不得颁发安全生产许可证，已经颁发的要予以吊销。

四、劳动保障部门应加强对取得安全生产许可证企业参加工伤保险情况的监督检查。发现企业中断缴费、瞒报工资总额或者职工人数的，责令其限期改正，并按规定进行相应处罚。不能在规定期限内改正的，劳动保障部门应通知安全生产许可证颁发管理机关，由安全生产许可证颁发管理机关暂扣或者吊销安全生产许可证。

五、安全生产许可证颁发管理机关和劳动保障部门要定期互相交流、通报企业取得安全生产许可证和参加工伤保险的情况，针对出现的问题，研究协商解决，促进企业安全生产工作，切实保障企业职工的权益。

六、本通知下发前企业参保证明中尚未解决的相关问题，由各地安全生产许可证颁发管理机关与劳动保障部门按照本通知的精神协商处理。

附件：工伤保险参保证明

附件

工伤保险参保证明

安全生产许可证发放机关名称：

企业名称于　　年　　月　　日为　　人办理工伤保险参保手续并足额缴费，特此证明。

工伤保险经办机构名称（章）

年　月　日

劳动和社会保障部关于农民工参加工伤保险有关问题的通知

1. 2004年6月1日

2. 劳社部发〔2004〕18号

各省、自治区、直辖市劳动和社会保障厅（局）：

为了维护农民工的工伤保险权益，改善农民工的就业环境，根据《工伤保险条例》规定，从农民工的实际情况出发，现就农民工参加工伤保险、依法享受工伤保险待遇有关问题通知如下：

一、各级劳动保障部门要统一思想，提高认识，高度重视农民工工伤保险权益维护工作。要从践行"三个代表"重要思想的高度，坚持以人为本，做好农民工参加工伤保险、依法享受工伤保险待遇的有关工作，把这项工作作为全面贯彻落实《工伤保险条例》，为农民工办实事的重要内容。

二、农民工参加工伤保险、依法享受工伤保险待遇是《工伤保险条例》赋予包括农民工在内的各类用人单位职工的基本权益，各类用人单位招用的农民工均有享受工伤保险待遇的权利。各地要将农民工参加工伤保险，作为今年工伤保险扩面的重要工作，明确任务，抓好落实。凡是与用人单位建立劳动关系的农民工，用人单位必须及时为他们办理参加工伤保险的手续。对用人单位为农民工先行办理工伤保险的，各地经办机构应予办理。今年重点推进建筑、矿山等工伤风险较大、职业危害较重行业的农民工参加工伤保险。

三、用人单位注册地与生产经营地不在同一统筹地区的，原则上在注册地参加工伤保险。未在注册地参加工伤保险的，在生产经营地参加工伤保险。农民工受到事故伤害或患职业病后，在参保地进行工伤认定、劳动能力鉴定，并按参保地的规定依法享受工伤保险待遇。用人单位在注册地和生产经营地均未参加工伤保险的，农民工受到事故伤害或者患职业病后，在生产经营地进行工伤认定、劳动能力鉴定，并按生产经营地的规定依法由用人单位支付工伤保险待遇。

四、对跨省流动的农民工，即户籍不在参加工伤保险统筹地区（生产经营地）所在省（自治区、直辖市）的农民工，1至4级伤残长期待遇的支付，可试行一次性支付和长期支付两种方式，供农民工选择。在农民工选择一次性或长期支付方式时，支付其工伤保险待遇的社会保险经办机构应向其说明情况。一次性享受工伤保险长期待遇的，需由农民工本人提出，与用人单位解除或者终止劳动关系，与统筹地区社会保险经办机构签订协议，终止工伤保险关系。1至4级伤残农民工一次性享受工伤保险长期待遇的具体办法和标准由省（自治区、直辖市）劳动保障行政部门制定，报省（自治区、直辖市）人民政府批准。

五、各级劳动保障部门要加大对农民工参加工伤保险的宣传和督促检查力度，积极为农民工提供咨询服务，促进农民工参加工伤保险。同时要认真做好工伤认定、劳动能力鉴定工作，对侵害农民工工伤保险权益的行为要严肃查处，切实保障农民工的合法权益。

劳动和社会保障部、国务院国有资产监督管理委员会关于进一步做好中央企业工伤保险工作有关问题的通知

1. 2007年9月7日

2. 劳社部发〔2007〕36号

各省、自治区、直辖市劳动和社会保障厅（局）、各中央企业：

为深入贯彻实施《工伤保险条例》，进一步落实《国务院关于解决农民工问题的若干意见》（国发〔2006〕5号）中切实保障农民工工伤保险权益的要求，积极做好国务院国有资产监督管理委员会监管企业（以下简称中央企业）参加工伤保险的有关工作，现就

有关问题通知如下：

一、中央企业要按照属地管理原则参加工伤保险，按照所在地统筹地区人民政府确定的行业工伤保险费率，参加所在统筹地区的工伤保险社会统筹，按时缴纳工伤保险费。跨地区、流动性大的中央企业，可以采取相对集中的方式异地参加统筹地区的工伤保险。

二、中央企业要认真贯彻落实国发〔2006〕5号精神，为包括农民工在内的全部职工办理工伤保险手续。对以劳务派遣等形式使用的农民工，也要采用有效办法保障其参加工伤保险权益。对于建筑施工等农民工集中、流动性较大行业的中央企业，要按照《关于做好建筑施工企业农民工参加工伤保险有关工作的通知》（劳社部发〔2006〕44号）等有关文件要求，制定符合行业特点的农民工参保办法，如以建筑施工项目为单位参保，实现施工项目使用的农民工全员参保，切实保障农民工工伤保险权益。

三、《工伤保险条例》实施前中央企业已确认并享受工伤待遇的伤残职工及工亡人员供养亲属应同步纳入工伤保险管理。具体纳入方式和步骤，由中央企业与所在地省、自治区、直辖市劳动和社会保障部门协商确定。

四、各地劳动保障部门要认真做好中央企业参加工伤保险的组织实施工作，加强对中央企业参保工作的指导和监督，并结合其行业特点，切实做好工伤保险管理服务工作，方便中央企业工伤人员的救治、工伤认定、劳动能力鉴定及待遇支付。

五、各中央企业要积极配合劳动保障部门，共同做好中央企业参加工伤保险工作。在实施过程中发现的重大问题，要及时向所在地人民政府和劳动保障部门反映，确保该项工作顺利实施。

人力资源和社会保障部关于做好老工伤人员纳入工伤保险统筹管理工作的通知

1．2009年4月10日
2．人社部发〔2009〕40号

各省、自治区、直辖市人力资源社会保障（劳动保障）厅（局），新疆生产建设兵团劳动保障局：

为进一步完善工伤保险制度，切实保障用人单位参加工伤保险社会统筹前因工伤事故或患职业病形成的工伤人员和工亡人员供养亲属（以下简称“老工伤”人员）的合法权益，减轻企业负担，维护社会和谐稳定，现就做好将“老工伤”人员纳入工伤保险统筹管理有关工作通知如下：

一、充分认识“老工伤”人员纳入统筹管理的重要意义

“老工伤”人员是我国社会保障制度转轨过程中形成的特殊群体，目前大多数“老工伤”人员集中在原计划经济时期的国有大中型企业，特别是一些高风险行业中。近几年，随着我国社会保障制度的不断完善，“老工伤”人员实行单位自我保障、分散管理所带来的问题日益突出。不同企业和不同时期“老工伤”人员待遇上存在较大差异，特别是存在着一些困难企业无力支付“老工伤”人员的相关待遇等现象，难以保证“老工伤”人员的权益。积极稳妥地将这部分人员纳入工伤保险社会化统筹管理，不仅有利于保护“老工伤”人员的切身利益，也有利于促进社会和谐稳定。而且，对进一步完善工伤保险制度，切实保障工伤职工的权益，减轻用人单位负担，促进工伤保险制度健康持续发展都具有重要的意义。

二、认真做好“老工伤”人员纳入统筹管理的资金筹集工作

资金筹集是妥善做好“老工伤”人员统筹管理工作的重要因素。各地要结合实际，对解决“老工伤”人员纳入统筹管理的资金需求进行认真评估和测算，可以采取工伤保险基金、用人单位和政府“三家抬”的方式，多渠道落实筹措。工伤保险基金累计结余较多的地区，要直接将“老工伤”人员纳入统筹管理。工伤保险基金累计结余较少、资金困难较大的地区，可以在分析测算的基础上，协商用人单位通过一次性缴费或适当提高费率的方法加以解决。对于经营困难无力缴费的国有企业，特别是破产改制企业遗留的“老工伤”人员的费用，各地要加强与政府有关部门的协调，通过政府支持等多渠道筹集资金加以解决。

三、妥善处理“老工伤”人员纳入统筹管理工作中政策衔接问题

“老工伤”问题形成时间跨度大，人员构成复杂，管理分散，切实做好相关政策的衔接和管理模式的转变，是妥善处理“老工伤”问题的关键。特别是对伤残发生时间较长的“老工伤”人员资格的确认、纳入统筹管理前后待遇项目和标准的衔接问题，各地要在尊重历史的前提下，区别不同情况，制定相关措施，妥善加以解决。在工作重点上，要优先解决“老工伤”人员较为集中、问题比较突出的行业和关闭破产等企业的问题。在应纳入统筹的待遇项目上，能够一次全部纳入统筹管理的要一次性纳入；一次性全部纳入有困难的，可采取分项目纳入、分步骤实施的方式。

本通知下发后,各地对新参加工伤保险的单位,在办理参保手续时,应将已有的工伤人员按照通知要求和参保统筹地区有关规定一并纳入统筹管理。

四、加大工作力度,认真组织实施

各地人力资源社会保障部门要加强对“老工伤”人员纳入统筹管理工作的领导,认真贯彻科学发展观和中央保增长、保民生、保稳定的精神,将解决“老工伤”问题作为改善民生,减轻企业负担的大事,积极协调相关部门,认真组织实施。

各地要抓紧部署“老工伤”人员纳入统筹管理工作。凡尚未制定解决“老工伤”人员纳入统筹管理办法的地区,要在2009年6月底前,制定本地区解决“老工伤”人员问题的办法并报部工伤保险司备案。各地要在2009年年底之前,将大部分“老工伤”人员纳入工伤保险统筹管理,在2010年年底前实现将“老工伤”人员统一纳入社会化统筹管理的工作目标。我部将就各地解决“老工伤”人员纳入统筹管理的工作进展情况进行督查。各地在工作中遇到的重大问题,请及时与部工伤保险司联系。

人力资源社会保障部、财政部
关于调整工伤保险费率政策的通知

1. 2015年7月22日
2. 人社部发〔2015〕71号

各省、自治区、直辖市人力资源社会保障厅(局)、财政厅(局),新疆生产建设兵团人力资源社会保障局、财务局:

按照党的十八届三中全会提出的“适时适当降低社会保险费率”的精神,为更好贯彻社会保险法、《工伤保险条例》,使工伤保险费率政策更加科学、合理,适应经济社会发展的需要,经国务院批准,自2015年10月1日起,调整现行工伤保险费率政策。现将有关事项通知如下:

一、关于行业工伤风险类别划分

按照《国民经济行业分类》(GB/T 4754—2011)对行业的划分,根据不同行业的工伤风险程度,由低到高,依次将行业工伤风险类别划分为一类至八类(见附件)。

二、关于行业差别费率及其档次确定

不同工伤风险类别的行业执行不同的工伤保险行业基准费率。各行业工伤风险类别对应的全国工伤保险行业基准费率为,一类至八类分别控制在该行业用人单位职工工资总额的0.2%、0.4%、0.7%、0.9%、1.1%、1.3%、1.6%、1.9%左右。

通过费率浮动的办法确定每个行业内的费率档次。一类行业分为三个档次,即在基准费率的基础上,可向上浮动至120%、150%,二类至八类行业分为五个档次,即在基准费率的基础上,可分别向上浮动至120%、150%或向下浮动至80%、50%。

各统筹地区人力资源社会保障部门要会同财政部门,按照“以支定收、收支平衡”的原则,合理确定本地区工伤保险行业基准费率具体标准,并征求工会组织、用人单位代表的意见,报统筹地区人民政府批准后实施。基准费率的具体标准可根据统筹地区经济产业结构变动、工伤保险费使用等情况适时调整。

三、关于单位费率的确定与浮动

统筹地区社会保险经办机构根据用人单位工伤保险费使用、工伤发生率、职业病危害程度等因素,确定其工伤保险费率,并可依据上述因素变化情况,每一至三年确定其在所属行业不同费率档次间是否浮动。对符合浮动条件的用人单位,每次可上下浮动一档或两档。统筹地区工伤保险最低费率不低于本地区一类风险行业基准费率。费率浮动的具体办法由统筹地区人力资源社会保障部门商财政部门制定,并征求工会组织、用人单位代表的意见。

四、关于费率报备制度

各统筹地区确定的工伤保险行业基准费率具体标准、费率浮动具体办法,应报省级人力资源社会保障部门和财政部门备案并接受指导。省级人力资源社会保障部门、财政部门应每年将各统筹地区工伤保险行业基准费率标准确定和变化以及浮动费率实施情况汇总报人力资源社会保障部、财政部。

附件:工伤保险行业风险分类表

附件:

工伤保险行业风险分类表

行业类别	行业名称
一	软件和信息技术服务业,货币金融服务,资本市场服务,保险业,其他金融业,科技推广和应用服务业,社会工作,广播、电视、电影和影视录音制作业,中国共产党机关,国家机构,人民政协、民主党派,社会保障,群众团体、社会团体和其他成员组织,基层群众自治组织,国际组织

续表

行业类别	行 业 名 称
二	批发业，零售业，仓储业，邮政业，住宿业，餐饮业，电信、广播电视和卫星传输服务，互联网和相关服务，房地产业，租赁业，商务服务业，研究和试验发展，专业技术服务业，居民服务业，其他服务业，教育，卫生，新闻和出版业，文化艺术业
三	农副食品加工业，食品制造业，酒、饮料和精制茶制造业，烟草制品业，纺织业，木材加工和木、竹、藤、棕、草制品业，文教、工美、体育和娱乐用品制造业，计算机、通信和其他电子设备制造业，仪器仪表制造业，其他制造业，水的生产和供应业，机动车、电子产品和日用产品修理业，水利管理业，生态保护和环境治理业，公共设施管理业，娱乐业
四	农业，畜牧业，农、林、牧、渔服务业，纺织服装、服饰业，皮革、毛皮、羽毛及其制品和制鞋业，印刷和记录媒介复制业，医药制造业，化学纤维制造业，橡胶和塑料制品业，金属制品业，通用设备制造业，专用设备制造业，汽车制造业，铁路、船舶、航空航天和其他运输设备制造业，电气机械和器材制造业，废弃资源综合利用业，金属制品、机械和设备修理业，电力、热力生产和供应业，燃气生产和供应业，铁路运输业，航空运输业，管道运输业，体育
五	林业，开采辅助活动，家具制造业，造纸和纸制品业，建筑安装业，建筑装饰和其他建筑业，道路运输业，水上运输业，装卸搬运和运输代理业
六	渔业，化学原料和化学制品制造业，非金属矿物制品业，黑色金属冶炼和压延加工业，有色金属冶炼和压延加工业，房屋建筑业，土木工程建筑业
七	石油和天然气开采业，其他采矿业，石油加工、炼焦和核燃料加工业
八	煤炭开采和洗选业，黑色金属矿采选业，有色金属矿采选业，非金属矿采选业

最高人民法院行政审判庭关于离退休人员与现工作单位之间是否构成劳动关系以及工作时间内受伤是否适用《工伤保险条例》问题的答复

1. 2007年7月5日
2. 〔2007〕行他字第6号

重庆市高级人民法院：

你院〔2006〕渝高法行示字第14号《关于离退休人员与现在工作单位之间是否构成劳动关系以及工作时间内受伤是否适用〈工伤保险条例〉一案的请示》收悉。经研究，原则同意你院第二种意见，即：根据《工伤保险条例》第二条、第六十一条等有关规定，离退休人员受聘于现工作单位，现工作单位已经为其缴纳了工伤保险费，其在受聘期间因工作受到事故伤害的，应当适用《工伤保险条例》的有关规定处理。

最高人民法院行政审判庭关于超过法定退休年龄的进城务工农民因工伤亡的，应否适用《工伤保险条例》请示的答复

1. 2010年3月17日
2. 〔2010〕行他字第10号

山东省高级人民法院：

你院报送的《关于超过法定退休年龄的进城务工农民因工伤亡的，应否适用〈工伤保险条例〉请示》收悉。经研究，原则同意你院的倾向性意见。即：用人单位聘用的超过法定退休年龄的务工农民，在工作时间内、因工作原因伤亡的，应当适用《工伤保险条例》的有关规定进行工伤认定。

此复。

3. 工伤认定

工伤认定办法

1. 2010年12月31日人力资源和社会保障部令第8号公布
2. 自2011年1月1日起施行

第一条　为规范工伤认定程序，依法进行工伤认定，维护当事人的合法权益，根据《工伤保险条例》的有关规定，制定本办法。

第二条　社会保险行政部门进行工伤认定按照本办法执行。

第三条　工伤认定应当客观公正、简捷方便，认定程序应当向社会公开。

第四条　职工发生事故伤害或者按照职业病防治法规定被诊断、鉴定为职业病，所在单位应当自事故伤害发生之日或者被诊断、鉴定为职业病之日起30日内，向统筹地区社会保险行政部门提出工伤认定申请。遇有特殊情况，经报社会保险行政部门同意，申请时限可以适当延长。

按照前款规定应当向省级社会保险行政部门提出工伤认定申请的，根据属地原则应当向用人单位所在地设区的市级社会保险行政部门提出。

第五条　用人单位未在规定的时限内提出工伤认定申请的，受伤害职工或者其近亲属、工会组织在事故伤害发生之日或者被诊断、鉴定为职业病之日起1年内，可以直接按照本办法第四条规定提出工伤认定申请。

第六条　提出工伤认定申请应当填写《工伤认定申请表》，并提交下列材料：

（一）劳动、聘用合同文本复印件或者与用人单位存在劳动关系（包括事实劳动关系）、人事关系的其他证明材料；

（二）医疗机构出具的受伤后诊断证明书或者职业病诊断证明书（或者职业病诊断鉴定书）。

第七条　工伤认定申请人提交的申请材料符合要求，属于社会保险行政部门管辖范围且在受理时限内的，社会保险行政部门应当受理。

第八条　社会保险行政部门收到工伤认定申请后，应当在15日内对申请人提交的材料进行审核，材料完整的，作出受理或者不予受理的决定；材料不完整的，应当以书面形式一次性告知申请人需要补正的全部材料。社会保险行政部门收到申请人提交的全部补正材料后，应当在15日内作出受理或者不予受理的决定。

社会保险行政部门决定受理的，应当出具《工伤认定申请受理决定书》；决定不予受理的，应当出具《工伤认定申请不予受理决定书》。

第九条　社会保险行政部门受理工伤认定申请后，可以根据需要对申请人提供的证据进行调查核实。

第十条　社会保险行政部门进行调查核实，应当由两名以上工作人员共同进行，并出示执行公务的证件。

第十一条　社会保险行政部门工作人员在工伤认定中，可以进行以下调查核实工作：

（一）根据工作需要，进入有关单位和事故现场；

（二）依法查阅与工伤认定有关的资料，询问有关人员并作出调查笔录；

（三）记录、录音、录像和复制与工伤认定有关的资料。调查核实工作的证据收集参照行政诉讼证据收集的有关规定执行。

第十二条　社会保险行政部门工作人员进行调查核实时，有关单位和个人应当予以协助。用人单位、工会组织、医疗机构以及有关部门应当负责安排相关人员配合工作，据实提供情况和证明材料。

第十三条　社会保险行政部门在进行工伤认定时，对申请人提供的符合国家有关规定的职业病诊断证明书或者职业病诊断鉴定书，不再进行调查核实。职业病诊断证明书或者职业病诊断鉴定书不符合国家规定的要求和格式的，社会保险行政部门可以要求出具证据部门重新提供。

第十四条　社会保险行政部门受理工伤认定申请后，可以根据工作需要，委托其他统筹地区的社会保险行政部门或者相关部门进行调查核实。

第十五条　社会保险行政部门工作人员进行调查核实时，应当履行下列义务：

（一）保守有关单位商业秘密以及个人隐私；

（二）为提供情况的有关人员保密。

第十六条　社会保险行政部门工作人员与工伤认定申请人有利害关系的，应当回避。

第十七条　职工或者其近亲属认为是工伤，用人单位不认为是工伤的，由该用人单位承担举证责任。用人单位拒不举证的，社会保险行政部门可以根据受伤害职工提供的证据或者调查取得的证据，依法作出工伤认定决定。

第十八条　社会保险行政部门应当自受理工伤认定申请之日起60日内作出工伤认定决定，出具《认定工伤决定书》或者《不予认定工伤决定书》。

第十九条　《认定工伤决定书》应当载明下列事项：

（一）用人单位全称；

（二）职工的姓名、性别、年龄、职业、身份证号码；

（三）受伤害部位、事故时间和诊断时间或职业病名称、受伤害经过和核实情况、医疗救治的基本情况和诊断结论；

（四）认定工伤或者视同工伤的依据；

（五）不服认定决定申请行政复议或者提起行政诉讼的部门和时限；

（六）作出认定工伤或者视同工伤决定的时间。

《不予认定工伤决定书》应当载明下列事项：

（一）用人单位全称；

（二）职工的姓名、性别、年龄、职业、身份证号码；

（三）不予认定工伤或者不视同工伤的依据；

（四）不服认定决定申请行政复议或者提起行政诉讼的部门和时限；

（五）作出不予认定工伤或者不视同工伤决定的时间。

《认定工伤决定书》和《不予认定工伤决定书》应当加盖社会保险行政部门工伤认定专用印章。

第二十条 社会保险行政部门受理工伤认定申请后，作出工伤认定决定需要以司法机关或者有关行政主管部门的结论为依据的，在司法机关或者有关行政主管部门尚未作出结论期间，作出工伤认定决定的时限中止，并书面通知申请人。

第二十一条 社会保险行政部门对于事实清楚、权利义务明确的工伤认定申请，应当自受理工伤认定申请之日起15日内作出工伤认定决定。

第二十二条 社会保险行政部门应当自工伤认定决定作出之日起20日内，将《认定工伤决定书》或者《不予认定工伤决定书》送达受伤害职工（或者其近亲属）和用人单位，并抄送社会保险经办机构。

《认定工伤决定书》和《不予认定工伤决定书》的送达参照民事法律有关送达的规定执行。

第二十三条 职工或者其近亲属、用人单位对不予受理决定不服或者对工伤认定决定不服的，可以依法申请行政复议或者提起行政诉讼。

第二十四条 工伤认定结束后，社会保险行政部门应当将工伤认定的有关资料保存50年。

第二十五条 用人单位拒不协助社会保险行政部门对事故伤害进行调查核实的，由社会保险行政部门责令改正，处2000元以上2万元以下的罚款。

第二十六条 本办法中的《工伤认定申请表》、《工伤认定申请受理决定书》、《工伤认定申请不予受理决定书》、《认定工伤决定书》、《不予认定工伤决定书》的样式由国务院社会保险行政部门统一制定。

第二十七条 本办法自2011年1月1日起施行。劳动和社会保障部2003年9月23日颁布的《工伤认定办法》同时废止。

附件：（略）

劳动和社会保障部办公厅关于职工在工作中遭受他人蓄意伤害是否认定工伤的复函

1. 2000年1月13日
2. 劳社厅函〔2000〕4号

广东省劳动厅：

你厅《关于职工在工作中遭受他人蓄意伤害是否进行工伤认定的请示》（粤劳安〔1999〕346号）收悉。经研究，现答复如下：

关于职工在工作中遭受他人蓄意伤害是否认定工伤的问题，应该根据具体情况确定。按照《企业职工工伤保险试行办法》（劳部发〔1996〕266号）规定，因履行职责遭致人身伤害的，应当认定工伤。对于暂时缺乏证据，无法判定其受伤害原因是因公还是因私的，可先按照疾病和非因工负伤、死亡待遇处理。待伤害原因确定后，再按有关规定进行工伤认定。其中认定为工伤的，其工伤待遇享受期限从受伤害之日起计算。已享受的疾病和非因工负伤、死亡待遇，应从工伤保险待遇中扣除。

劳动和社会保障部办公厅关于对《工伤保险条例》有关条款释义的函

1. 2006年9月4日
2. 劳社厅函〔2006〕497号

大连市劳动保障局：

你局《关于对〈工伤保险条例〉第十四条第三款释义的请示》（大劳发〔2006〕60号，以下简称请示）收悉。经研究，现回复如下：

请示中"《工伤保险条例》第十四条第三款"应为"《工伤保险条例》第十四条第（三）项"，其中"因履行工作职责受到暴力等意外伤害"中的因履行工作职责受到暴力伤害是指受到的暴力伤害与履行工作职责有因果关系。

劳动和社会保障部办公厅关于对工伤认定法律适用问题的复函

1. *2007年9月5日*
2. *劳社厅函〔2007〕345号*

辽宁省劳动保障厅：

你厅《关于工伤认定法律适用问题的请示》（辽劳社〔2006〕150号）收悉。经研究，我们认为，受伤职工符合《工伤保险条例》第十四条、第十五条规定的情形，且不存在第十六条情形的，应当认定为工伤或视同工伤；受伤职工虽不存在第十六条情形，但也不符合第十四条、第十五条规定情形的，不予认定为工伤或视同工伤；受伤职工虽符合第十四条、第十五条规定的情形，但存在第十六条情形的，不能认定为工伤或视同为工伤。

最高人民法院关于审理工伤保险行政案件若干问题的规定

1. *2014年4月21日最高人民法院审判委员会第1613次会议通过*
2. *2014年6月18日公布*
3. *法释〔2014〕9号*
4. *自2014年9月1日起施行*

为正确审理工伤保险行政案件，根据《中华人民共和国社会保险法》、《中华人民共和国劳动法》、《中华人民共和国行政诉讼法》、《工伤保险条例》及其他有关法律、行政法规规定，结合行政审判实际，制定本规定。

第一条 人民法院审理工伤认定行政案件，在认定是否存在《工伤保险条例》第十四条第（六）项"本人主要责任"、第十六条第（二）项"醉酒或者吸毒"和第十六条第（三）项"自残或者自杀"等情形时，应当以有权机构出具的事故责任认定书、结论性意见和人民法院生效裁判等法律文书为依据，但有相反证据足以推翻事故责任认定书和结论性意见的除外。

前述法律文书不存在或者内容不明确，社会保险行政部门就前款事实作出认定的，人民法院应当结合其提供的相关证据依法进行审查。

《工伤保险条例》第十六条第（一）项"故意犯罪"的认定，应当以刑事侦查机关、检察机关和审判机关的生效法律文书或者结论性意见为依据。

第二条 人民法院受理工伤认定行政案件后，发现原告或者第三人在提起行政诉讼前已经就是否存在劳动关系申请劳动仲裁或者提起民事诉讼的，应当中止行政案件的审理。

第三条 社会保险行政部门认定下列单位为承担工伤保险责任单位的，人民法院应予支持：

（一）职工与两个或两个以上单位建立劳动关系，工伤事故发生时，职工为之工作的单位为承担工伤保险责任的单位；

（二）劳务派遣单位派遣的职工在用工单位工作期间因工伤亡的，派遣单位为承担工伤保险责任的单位；

（三）单位指派到其他单位工作的职工因工伤亡的，指派单位为承担工伤保险责任的单位；

（四）用工单位违反法律、法规规定将承包业务转包给不具备用工主体资格的组织或者自然人，该组织或者自然人聘用的职工从事承包业务时因工伤亡的，用工单位为承担工伤保险责任的单位；

（五）个人挂靠其他单位对外经营，其聘用的人员因工伤亡的，被挂靠单位为承担工伤保险责任的单位。

前款第（四）、（五）项明确的承担工伤保险责任的单位承担赔偿责任或者社会保险经办机构从工伤保险基金支付工伤保险待遇后，有权向相关组织、单位和个人追偿。

第四条 社会保险行政部门认定下列情形为工伤的，人民法院应予支持：

（一）职工在工作时间和工作场所内受到伤害，用人单位或者社会保险行政部门没有证据证明是非工作原因导致的；

（二）职工参加用人单位组织或者受用人单位指派参加其他单位组织的活动受到伤害的；

（三）在工作时间内，职工来往于多个与其工作职责相关的工作场所之间的合理区域因工受到伤害的；

（四）其他与履行工作职责相关，在工作时间及合理区域内受到伤害的。

第五条 社会保险行政部门认定下列情形为"因工外出期间"的，人民法院应予支持：

（一）职工受用人单位指派或者因工作需要在工作场所以外从事与工作职责有关的活动期间；

（二）职工受用人单位指派外出学习或者开会期间；

（三）职工因工作需要的其他外出活动期间。

职工因工外出期间从事与工作或者受用人单位指派外出学习、开会无关的个人活动受到伤害，社会保险行政部门不认定为工伤的，人民法院应予支持。

第六条 对社会保险行政部门认定下列情形为“上下班途中”的，人民法院应予支持：

（一）在合理时间内往返于工作地与住所地、经常居住地、单位宿舍的合理路线的上下班途中；

（二）在合理时间内往返于工作地与配偶、父母、子女居住地的合理路线的上下班途中；

（三）从事属于日常工作生活所需要的活动，且在合理时间和合理路线的上下班途中；

（四）在合理时间内其他合理路线的上下班途中。

第七条 由于不属于职工或者其近亲属自身原因超过工伤认定申请期限的，被耽误的时间不计算在工伤认定申请期限内。

有下列情形之一耽误申请时间的，应当认定为不属于职工或者其近亲属自身原因：

（一）不可抗力；

（二）人身自由受到限制；

（三）属于用人单位原因；

（四）社会保险行政部门登记制度不完善；

（五）当事人对是否存在劳动关系申请仲裁、提起民事诉讼。

第八条 职工因第三人的原因受到伤害，社会保险行政部门以职工或者其近亲属已经对第三人提起民事诉讼或者获得民事赔偿为由，作出不予受理工伤认定申请或者不予认定工伤决定的，人民法院不予支持。

职工因第三人的原因受到伤害，社会保险行政部门已经作出工伤认定，职工或者其近亲属未对第三人提起民事诉讼或者尚未获得民事赔偿，起诉要求社会保险经办机构支付工伤保险待遇的，人民法院应予支持。

职工因第三人的原因导致工伤，社会保险经办机构以职工或者其近亲属已经对第三人提起民事诉讼为由，拒绝支付工伤保险待遇的，人民法院不予支持，但第三人已经支付的医疗费用除外。

第九条 因工伤认定申请人或者用人单位隐瞒有关情况或者提供虚假材料，导致工伤认定错误的，社会保险行政部门可以在诉讼中依法予以更正。

工伤认定依法更正后，原告不申请撤诉，社会保险行政部门在作出原工伤认定时有过错的，人民法院应当判决确认违法；社会保险行政部门无过错的，人民法院可以驳回原告诉讼请求。

第十条 最高人民法院以前颁布的司法解释与本规定不一致的，以本规定为准。

最高人民法院行政审判庭关于职工外出学习休息期间受到他人伤害应否认定为工伤问题的答复

1. 2007年9月7日
2. 〔2007〕行他字第9号

辽宁省高级人民法院：

你院〔2007〕辽行他字第1号《关于职工外出学习休息期间受到他人伤害应否认定为工伤的请示》收悉。经研究，答复如下：

原则同意你院审判委员会倾向性意见，即职工受单位指派外出学习期间，在学习单位安排的休息场所休息时受到他人伤害的，应当认定为工伤。

此复。

最高人民法院关于非固定居所到工作场所之间的路线是否属于“上下班途中”的答复

1. 2008年8月22日
2. 〔2008〕行他字第2号

山东省高级人民法院：

你院《关于翟恒芝邹依兰诉肥城市劳动和社会保障局工伤行政确认一案的请示》收悉。经研究认为：如邹平确系下班直接回其在济南的住所途中受到机动车事故伤害，应当适用《工伤保险条例》第十四条第（六）项的规定。

此复。

最高人民法院行政审判庭关于劳动行政部门在工伤认定程序中是否具有劳动关系确认权请示的答复

1. 2009年7月20日
2. 〔2009〕行他字第12号

湖北省高级人民法院：

你院《关于劳动行政部门在工伤认定程序中是否具有劳动关系确认权的请示》收悉。经研究，答复如下：

根据《劳动法》第九条和《工伤保险条例》第五条、第十八条的规定，劳动行政部门在工伤认定程序中，具有认定受到伤害的职工与企业之间是否存在劳动关系的职权。

此复。

最高人民法院行政审判庭关于职工在上下班途中因无证驾驶机动车导致伤亡的，应否认定为工伤问题的答复

1．2010年12月14日

2．〔2010〕行他字第182号

安徽省高级人民法院：

你院（2010）皖行再他字第0001号《关于陈宝英、高祥诉安徽省桐城市劳动和社会保障局工伤行政确认一案的请示报告》收悉。经研究，答复如下：

原则同意你院第二种意见。即职工在上下班途中因无证驾驶机动车、驾驶无牌机动车或者饮酒后驾驶机动车发生事故导致伤亡的，不应认定为工伤。

此复。

最高人民法院行政审判庭关于职工无照驾驶无证车辆在上班途中受到机动车伤害死亡能否认定工伤请示的答复

1．2011年5月19日

2．行他字〔2011〕第50号

新疆维吾尔自治区高级人民法院生产建设兵团分院：

你院《关于职工无照驾驶无证车辆在上班途中受到机动车伤害死亡能否认定工伤的请示》收悉。经研究，答复如下：

在《工伤保险条例（修订）》施行前（即2011年1月1日前），工伤保险部门对职工无照或者无证驾驶车辆在上班途中受到机动车伤害死亡，不认定为工伤的，不宜认为适用法律、法规错误。

此复。

最高人民法院行政审判庭关于职工因公外出期间死因不明应否认定工伤的答复

1．2011年7月6日

2．〔2010〕行他字第236号

山东省高级人民法院：

你院《关于于保柱诉临清市劳动和社会保障局劳动保障行政确认一案如何适用〈工伤保险条例〉第十四条第（五）项的请示》收悉。经研究，答复如下：

原则同意你院第一种意见，即职工因公外出期间死因不明，用人单位或者社会保障部门提供的证据不能排除非工作原因导致死亡的，应当依据《工伤保险条例》第十四条第（五）项和第十九条第二款的规定，认定为工伤。

此复。

最高人民法院关于超过法定退休年龄的进城务工农民在工作时间内因公伤亡的，能否认定工伤的答复

1．2012年11月25日

2．〔2012〕行他字第13号

江苏省高级人民法院：

你院（2012）苏行他字第0902号《关于杨通诉南京市人力资源和社会保障局终止工伤行政确认一案的请示》收悉。经研究，答复如下：

同意你院倾向性意见。相同问题我庭2010年3月17日在给山东省高级人民法院的《关于超过法定退休年龄的进城务工农民因公伤亡的，应否适用〈工伤保险条例〉请示的答复》（〔2010〕行他字第10号）中已经明确。即，用人单位聘用的超过法定退休年龄的务工农民，在工作时间内、因工作原因伤亡的，应当适用《工伤保险条例》的有关规定进行工伤认定。

此复。

·典型案例·

上海温和足部保健服务部诉上海市普陀区人力资源和社会保障局工伤认定案

【裁判摘要】

职工在工作时间和工作岗位上突发疾病，经抢救后医生虽然明确告知家属无法挽救生命，在救护车运送回家途中职工死亡的，仍应认定其未脱离治疗抢救状态。若职工自发病至死亡期间未超过48小时，应视为“48小时之内经抢救无效死亡”，视同工伤。

【基本案情】

原告：上海温和足部保健服务部，住所地：上海市普陀区宜川路。

投资人：吴建煌，该部负责人。

被告：上海市普陀区人力资源和社会保障局，住所地：上海市普陀区大渡河。

法定代表人：蔡建勇，该局局长。

第三人：吴海波，男，26 岁，汉族，住江苏省射阳县。

第三人：何从美，女，47 岁，汉族，住江苏省射阳县。

原告上海温和足部保健服务部（以下简称温和足保部）因与被告上海市普陀区人力资源和社会保障局（以下简称普陀区人保局）发生工伤认定纠纷，向上海市普陀区人民法院提起诉讼。

原告温和足保部诉称：被告普陀区人保局作出工伤认定未查清死者吴亚海的工作时间、工作岗位及死亡原因，事实认定不清，法律适用错误，请求法院撤销被诉行政行为。

被告普陀区人保局查明，第三人何从美、吴海波于 2014 年 10 月 13 日提出申请，称吴亚海于 2013 年 12 月 23 日在工作中突发疾病，于 2013 年 12 月 24 日因抢救无效死亡，要求认定工伤。普陀区人保局认为，吴亚海于 2013 年 12 月 23 日工作时突发疾病，当日送同济医院救治，次日死亡。吴亚海受到的伤害，符合《工伤保险条例》第十五条第（一）项之规定、《上海市工伤保险实施办法》第十五条第（一）项之规定，属于视同工伤范围，现予以视同为工伤。

被告普陀区人保局辩称：被诉行政行为认定事实清楚、适用法律正确、程序合法，请求驳回原告温和足保部诉请。

两第三人共同述称：不同意原告温和足保部的诉讼请求，被告普陀区社保局所作行政行为符合法律规定。

上海市普陀区人民法院一审查明：

上海市普陀区劳动人事争议仲裁委员会于 2014 年 8 月 19 日作出普劳人仲（2014）办字第 2570 号裁决书，认定吴亚海与原告温和足保部自 2012 年 12 月 20 日至 2013 年 12 月 24 日存在劳动关系。何从美、吴海波系死者吴亚海的妻子和儿子，两人于 2014 年 10 月 13 日向被告普陀区人保局提出申请，要求对吴亚海于 2013 年 12 月 23 日在工作中突发疾病于次日抢救无效死亡进行工伤认定。普陀区人保局于 2014 年 10 月 22 日受理后，进行了工伤认定调查，同年 12 月 19 日作出普陀人社认（2014）字第 1194 号认定工伤决定，认为吴亚海受到的伤害，符合《工伤保险条例》第十五条第（一）项之规定、《上海市工伤保险实施办法》第十五条第（一）项之规定，属于视同工伤范围，现予以视同为工伤。

【一审裁判理由】

上海市普陀区人民法院一审认为：

根据《工伤保险条例》第五条第二款、《上海市工伤保险实施办法》第五条第二款的规定，被告普陀区人保局作为劳动保障行政部门，依法具有作出工伤认定的执法主体资格。本案中，普陀区人保局提供的证据具有真实性、关联性和合法性，可以作为定案证据，上海市普陀区人民法院予以确认。普陀区人保局收到第三人申请后在 10 个工作日内予以受理，并在受理后 60 日内作出了工伤认定，符合法定程序。根据《工伤保险条例》第十五条第（一）项的规定，“职工有下列情形之一的，视同工伤：在工作时间和工作岗位，突发疾病死亡或者在 48 小时之内经抢救无效死亡的”。本案中，依据普劳人仲（2014）办字第 2570 号上海市普陀区劳动人事争议仲裁委员会裁决书、普陀区人保局对原告温和足保部投资人吴建煌等的调查笔录、上海市同济医院门急诊病历、居民死亡医学证明书等，可认定吴亚海系原告单位的职工，其于 2014 年 12 月 23 日在工作时间和工作岗位上突发疾病，并经送医抢救后于次日死亡。根据《工伤保险条例》第十九条第二款的规定，职工或者其直系亲属认为是工伤，用人单位不认为是工伤的，由用人单位承担举证责任。即原告不认为吴亚海是工伤的，应承担相应的举证责任。原告于工伤认定调查程序中未提供相应证据推翻上述结论，并且本案中原告的证据也不足以推翻被告认定的事实。需要指出，普陀区人保局在认定工伤决定书上“吴亚海受到的伤害”的表述虽有瑕疵，但该瑕疵不足以撤销被诉行政行为。综上所述，普陀区人保局作出被诉行政行为，主要事实认定清楚、适用法律正确。原告要求撤销被诉行政行为的诉讼请求，缺乏事实证据和法律依据，依法不能成立，难以支持。

【一审裁判结果】

据此，上海市普陀区人民法院依照《中华人民共和国行政诉讼法》第六十九条之规定，于 2015 年 6 月 24 日作出判决：

驳回原告上海温和足部保健服务部的诉讼请求。

【上诉情况】

一审宣判后，温和足保部不服，向上海市第二中级人民法院提起上诉称：吴亚海发病时非工作时间，死亡地点不明，吴亚海患肝硬化，并非突发疾病，也不是经抢救无效死亡，而是慢性病发作并主动放弃治疗所导致。吴亚海家属租用非正规救护车运送吴亚海回乡，上海化学工业区医疗中心出具的居民死亡医学证明书日期有不当涂改，上述证据真实性存疑。被上诉人普陀区人保局认定事实不清，证据不足，请求二审法院撤销一审判决及普陀区人保局所作工伤认定决定。

被上诉人普陀区人保局辩称：被诉工伤认定决定事

实清楚、证据充分、程序合法、适用法律正确。根据居民死亡医学证明书、吴亚海病史材料等证据可以证明吴亚海是在工作时间、工作岗位上突发疾病送医救治,在48小时之内经抢救无效死亡的。故不同意上诉人温和足保部的上诉请求,一审判决正确,请求二审法院予以维持。

两原审第三人述称:吴亚海系在工作岗位上发病,应属工伤。经抢救,医生明确告知吴亚海没救了,并让家属准备后事,两原审第三人才拨打120电话叫救护车送吴亚海返乡的。一审判决正确,请求二审法院驳回上诉,维持原判。

上海市第二中级人民法院经二审,确认了一审查明的事实。

【二审裁判理由】

上海市第二中级人民法院二审认为:

被上诉人普陀区人保局具有作出被诉工伤认定的法定职权。被上诉人受理两原审第三人的工伤认定申请后,依法进行了调查,于法定期限内作出被诉工伤认定决定并送达双方当事人,行政程序合法。被上诉人依据温和足保部员工的调查笔录及吴亚海的病历材料、居民死亡医学证明书等证据,认定吴亚海于2013年12月23日工作时突发疾病,当日送同济医院救治,次日死亡的事实,证据充分、事实清楚。被上诉人依据《工伤保险条例》第十五条第一款第(一)项、《上海市工伤保险实施办法》第十五条第一款第(一)项之规定,认定吴亚海因病死亡的情形属于视同工伤,适用法律正确。被上诉人所作的工伤认定决定书在使用法律条文时,将上述规定均表述为"第十五条第(一)项",未写明第一款,显然不符合规范,应予纠正。

关于上诉人温和足保部对吴亚海死亡医学证明真实性存疑的意见,上海市第二中级人民法院认为,死亡医学证明系有资质的医疗机构出具,该证明形式完整、要件齐备,虽然在"死亡日期"的月份处有涂改,但该涂改不影响对吴亚海死亡时间的认定,也未与其他证据相矛盾,故该证明的真实性予以认可。

上诉人温和足保部关于运送吴亚海回乡的救护车为非正规救护车的意见,被上诉人普陀区人保局认定吴亚海死亡的依据是死亡医学证明书,该证明书载明吴亚海死亡医院为急诊救护车,即已经对该救护车予以了确认。而且,两原审第三人是通过拨打120电话的正规途径呼叫的救护车,即使该救护车不属于上海市医疗急救中心所有,也不能推断上海化学工业区医疗中心的救护车为非正规救护车。上诉人提供的证据无法证明其该项主张,法院不予支持。

关于上诉人温和足保部认为吴亚海死亡系家属主动放弃治疗运送其回乡而导致,不属于《工伤保险条例》第十五条第一款第(一)项规定的"突发疾病死亡或者在48小时之内经抢救无效死亡"的情形的意见,法院认为,从吴亚海发病后被送至同济医院治疗直至在救护车上死亡,其始终未脱离医疗机构的治疗抢救状态,其家属始终未有拒绝接受救治的意思表示,故上诉人的上述主张不能成立。

【二审裁判结果】

综上,一审法院判决驳回上诉人温和足保部的诉讼请求并无不当。上诉人的上诉请求和理由缺乏事实证据和法律依据,法院不予支持。据此,上海市第二中级人民法院依照《中华人民共和国行政诉讼法》第八十九条第一款第(一)项的规定,于2015年10月26日判决:

驳回上诉,维持原判。

本判决为终审判决。

·指导案例·

最高人民法院指导案例40号
——孙立兴诉天津新技术产业园区劳动人事局工伤认定案

(最高人民法院审判委员会讨论通过
2014年12月25日发布)

【关键词】

行政工伤认定 工作原因 工作场所 工作过失

【裁判要点】

1.《工伤保险条例》第十四条第一项规定的"因工作原因",是指职工受伤与其从事本职工作之间存在关联关系。

2.《工伤保险条例》第十四条第一项规定的"工作场所",是指与职工工作职责相关的场所,有多个工作场所的,还包括工作时间内职工来往于多个工作场所之间的合理区域。

3.职工在从事本职工作中存在过失,不属于《工伤保险条例》第十六条规定的故意犯罪、醉酒或者吸毒、自残或者自杀情形,不影响工伤的认定。

【相关法条】

《工伤保险条例》第十四条第一项、第十六条

【基本案情】

原告孙立兴诉称:其在工作时间、工作地点、因工作原因摔倒致伤,符合《工伤保险条例》规定的情形。天津新技术产业园区劳动人事局(以下简称园区劳动局)不

认定工伤的决定,认定事实错误,适用法律不当。请求撤销园区劳动局所作的《工伤认定决定书》,并判令园区劳动局重新作出工伤认定行为。

被告园区劳动局辩称:天津市中力防雷技术有限公司(以下简称中力公司)业务员孙立兴因公外出期间受伤,但受伤不是由于工作原因,而是由于本人注意力不集中,脚底踩空,才在下台阶时摔伤。其受伤结果与其所接受的工作任务没有明显的因果关系,故孙立兴不符合《工伤保险条例》规定的应当认定为工伤的情形。园区劳动局作出的不认定工伤的决定,事实清楚,证据充分,程序合法,应予维持。

第三人中力公司述称:因本公司实行末位淘汰制,孙立兴事发前已被淘汰。但因其原从事本公司的销售工作,还有收回剩余货款的义务,所以才偶尔回公司打电话。事发时,孙立兴已不属于本公司职工,也不是在本公司工作场所范围内摔伤,不符合认定工伤的条件。

法院经审理查明:孙立兴系中力公司员工,2003 年 6 月 10 日上午受中力公司负责人指派去北京机场接人。其从中力公司所在地天津市南开区华苑产业园区国际商业中心(以下简称商业中心)八楼下楼,欲到商业中心院内停放的红旗轿车处去开车,当行至一楼门口台阶处时,孙立兴脚下一滑,从四层台阶处摔倒在地面上,造成四肢不能活动。经医院诊断为颈髓过伸位损伤合并颈部神经根牵拉伤、上唇挫裂伤、左手臂擦伤、左腿皮擦伤。孙立兴向园区劳动局提出工伤认定申请,园区劳动局于 2004 年 3 月 5 日作出(2004)0001 号《工伤认定决定书》,认为根据受伤职工本人的工伤申请和医疗诊断证明书,结合有关调查材料,依据《工伤保险条例》第十四条第五项的工伤认定标准,没有证据表明孙立兴的摔伤事故系由工作原因造成,决定不认定孙立兴摔伤事故为工伤事故。孙立兴不服园区劳动局《工伤认定决定书》,向天津市第一中级人民法院提起行政诉讼。

【裁判结果】

天津市第一中级人民法院于 2005 年 3 月 23 日作出(2005)一中行初字第 39 号行政判决:一、撤销园区劳动局所作(2004)0001 号《工伤认定决定书》;二、限园区劳动局在判决生效后 60 日内重新作出具体行政行为。园区劳动局提起上诉,天津市高级人民法院于 2005 年 7 月 11 日作出(2005)津高行终字第 0034 号行政判决:驳回上诉,维持原判。

【裁判理由】

法院生效裁判认为:各方当事人对园区劳动局依法具有本案行政执法主体资格和法定职权,其作出被诉工伤认定决定符合法定程序,以及孙立兴是在工作时间内摔伤,均无异议。本案争议焦点包括:一是孙立兴摔伤地点是否属于其"工作场所"?二是孙立兴是否"因工作原因"摔伤?三是孙立兴工作过程中不够谨慎的过失是否影响工伤认定?

一、关于孙立兴摔伤地点是否属于其"工作场所"问题

《工伤保险条例》第十四条第一项规定,职工在工作时间和工作场所内,因工作原因受到事故伤害,应当认定为工伤。该规定中的"工作场所",是指与职工工作职责相关的场所,在有多个工作场所的情形下,还应包括职工来往于多个工作场所之间的合理区域。本案中,位于商业中心八楼的中力公司办公室,是孙立兴的工作场所,而其完成去机场接人的工作任务需驾驶的汽车停车处,是孙立兴的另一处工作场所。汽车停在商业中心一楼的门外,孙立兴要完成开车任务,必须从商业中心八楼下到一楼门外停车处,故从商业中心八楼到停车处是孙立兴来往于两个工作场所之间的合理区域,也应当认定为孙立兴的工作场所。园区劳动局认为孙立兴摔伤地点不属于其工作场所,系将完成工作任务的合理路线排除在工作场所之外,既不符合立法本意,也有悖于生活常识。

二、关于孙立兴是否"因工作原因"摔伤的问题

《工伤保险条例》第十四条第一项规定的"因工作原因",指职工受伤与其从事本职工作之间存在关联关系,即职工受伤与其从事本职工作存在一定关联。孙立兴为完成开车接人的工作任务,必须从商业中心八楼的中力公司办公室下到一楼进入汽车驾驶室,该行为与其工作任务密切相关,是孙立兴为完成工作任务客观上必须进行的行为,不属于超出其工作职责范围的其他不相关的个人行为。因此,孙立兴在一楼门口台阶处摔伤,系为完成工作任务所致。园区劳动局主张孙立兴在下楼过程中摔伤,与其开车任务没有直接的因果关系,不符合"因工作原因"致伤,缺乏事实根据。另外,孙立兴接受本单位领导指派的开车接人任务后,从中力公司所在商业中心八楼下到一楼,在前往院内汽车停放处的途中摔倒,孙立兴当时尚未离开公司所在院内,不属于"因公外出"的情形,而是属于在工作时间和工作场所内。

三、关于孙立兴工作中不够谨慎的过失是否影响工伤认定的问题

《工伤保险条例》第十六条规定了排除工伤认定的三种法定情形,即因故意犯罪、醉酒或者吸毒、自残或者自杀的,不得认定为工伤或者视同工伤。职工从事工作中存在过失,不属于上述排除工伤认定的法定情形,不能阻却职工受伤与其从事本职工作之间的关联关系。工伤事故中,受伤职工有时具有疏忽大意、精力不集中等过失

行为，工伤保险正是分担事故风险、提供劳动保障的重要制度。如果将职工个人主观上的过失作为认定工伤的排除条件，违反工伤保险“无过失补偿”的基本原则，不符合《工伤保险条例》保障劳动者合法权益的立法目的。据此，即使孙立兴工作中在行走时确实有失谨慎，也不影响其摔伤系“因工作原因”的认定结论。园区劳动局以导致孙立兴摔伤的原因不是雨、雪天气使台阶地滑，而是因为孙立兴自己精力不集中导致为由，主张孙立兴不属于“因工作原因”摔伤而不予认定工伤，缺乏法律依据。

综上，园区劳动局作出的不予认定孙立兴为工伤的决定，缺乏事实根据，适用法律错误，依法应予撤销。

最高人民法院指导案例94号
——重庆市涪陵志大物业管理有限公司诉重庆市涪陵区人力资源和社会保障局劳动和社会保障行政确认案

（最高人民法院审判委员会讨论通过
2018年6月20日发布）

【关键词】

行政　行政确认　视同工伤　见义勇为

【裁判要点】

职工见义勇为，为制止违法犯罪行为而受到伤害的，属于《工伤保险条例》第十五条第一款第二项规定的为维护公共利益受到伤害的情形，应当视同工伤。

【相关法条】

《工伤保险条例》第十五条第一款第二项

【基本案情】

罗仁均系重庆市涪陵志大物业管理有限公司（以下简称涪陵志大物业公司）保安。2011年12月24日，罗仁均在涪陵志大物业公司服务的圆梦园小区上班(24小时值班)。8时30分左右，在兴华中路宏富大厦附近有人对一过往行人实施抢劫，罗仁均听到呼喊声后立即拦住抢劫者的去路，要求其交出抢劫的物品，在与抢劫者搏斗的过程中，不慎从22步台阶上摔倒在巷道拐角的平台上受伤。罗仁均于2012年6月12日向被告重庆市涪陵区人力资源和社会保障局（以下简称涪陵区人社局）提出工伤认定申请。涪陵区人社局当日受理后，于2012年6月13日向罗仁均发出《认定工伤中止通知书》，要求罗仁均补充提交见义勇为的认定材料。2012年7月20日，罗仁均补充了见义勇为相关材料。涪陵区人社局核实后，根据《工伤保险条例》第十四条第七项之规定，于2012年8月9日作出涪人社伤险认决字〔2012〕676号《认定工伤决定书》，认定罗仁均所受之伤属于因工受伤。涪陵志大物业公司不服，向法院提起行政诉讼。

在诉讼过程中，涪陵区人社局作出《撤销工伤认定决定书》，并于2013年6月25日根据《工伤保险条例》第十五条第一款第二项之规定，作出涪人社伤险认决字〔2013〕524号《认定工伤决定书》，认定罗仁均受伤属于视同因工受伤。涪陵志大物业公司仍然不服，于2013年7月15日向重庆市人力资源和社会保障局申请行政复议，重庆市人力资源和社会保障局于2013年8月21日作出渝人社复决字〔2013〕129号《行政复议决定书》，予以维持。涪陵志大物业公司认为涪陵区人社局的认定决定适用法律错误，罗仁均所受伤依法不应认定为工伤。遂诉至法院，请求判决撤销《认定工伤决定书》，并责令被告重新作出认定。

另查明，重庆市涪陵区社会管理综合治理委员会对罗仁均的行为进行了表彰，并做出了涪综治委发〔2012〕5号《关于表彰罗仁均同志见义勇为行为的通报》。

【裁判结果】

重庆市涪陵区人民法院于2013年9月23日作出(2013)涪法行初字第00077号行政判决，驳回重庆市涪陵志大物业管理有限公司要求撤销被告作出的涪人社伤险认决字〔2013〕524号《认定工伤决定书》的诉讼请求。一审宣判后，双方当事人均未上诉，裁判现已发生法律效力。

【裁判理由】

法院生效裁判认为：被告涪陵区人社局是县级劳动行政主管部门，根据国务院《工伤保险条例》第五条第二款规定，具有受理本行政区域内的工伤认定申请，并根据事实和法律作出是否工伤认定的行政管理职权。被告根据第三人罗仁均提供的重庆市涪陵区社会管理综合治理委员会《关于表彰罗仁均同志见义勇为行为的通报》，认定罗仁均在见义勇为中受伤，事实清楚，证据充分。罗仁均不顾个人安危与违法犯罪行为作斗争，既保护了他人的个人财产和生命安全，也维护了社会治安秩序，弘扬了社会正气。法律对于见义勇为，应当予以大力提倡和鼓励。

《工伤保险条例》第十五条第一款第二项规定：“职工在抢险救灾等维护国家利益、公共利益活动中受到伤害的，视同工伤。”据此，虽然职工不是在工作地点、因工作原因受到伤害，但其是在维护国家利益、公共利益活动中受到伤害的，也应当按照工伤处理。公民见义勇为，跟违法犯罪行为作斗争，与抢险救灾一样，同样属于维护社会公共利益的行为，应当予以大力提倡和鼓励。因见义勇为、制止违法犯罪行为而受到伤害的，应当适用《工伤保险条例》第十五条第一款第二项的规定，即视同工伤。

另外，《重庆市鼓励公民见义勇为条例》为重庆市地方性法规，其第十九条、第二十一条进一步明确规定，见义勇为受伤视同工伤，享受工伤待遇。该条例上述规定符合《工伤保险条例》的立法精神，有助于最大限度地保障劳动者的合法权益、最大限度地弘扬社会正气，在本案中应当予以适用。

综上，被告涪陵区人社局认定罗仁均受伤视同因工受伤，适用法律正确。

4. 劳动能力鉴定

工伤职工劳动能力鉴定管理办法

1. 2014年2月20日人力资源和社会保障部、国家卫生和计划生育委员会令第21号公布
2. 根据2018年12月14日人力资源和社会保障部令第38号《关于修改部分规章的决定》修订

第一章　总　　则

第一条　为了加强劳动能力鉴定管理，规范劳动能力鉴定程序，根据《中华人民共和国社会保险法》、《中华人民共和国职业病防治法》和《工伤保险条例》，制定本办法。

第二条　劳动能力鉴定委员会依据《劳动能力鉴定 职工工伤与职业病致残等级》国家标准，对工伤职工劳动功能障碍程度和生活自理障碍程度组织进行技术性等级鉴定，适用本办法。

第三条　省、自治区、直辖市劳动能力鉴定委员会和设区的市级（含直辖市的市辖区、县，下同）劳动能力鉴定委员会分别由省、自治区、直辖市和设区的市级人力资源社会保障行政部门、卫生计生行政部门、工会组织、用人单位代表以及社会保险经办机构代表组成。

承担劳动能力鉴定委员会日常工作的机构，其设置方式由各地根据实际情况决定。

第四条　劳动能力鉴定委员会履行下列职责：

（一）选聘医疗卫生专家，组建医疗卫生专家库，对专家进行培训和管理；

（二）组织劳动能力鉴定；

（三）根据专家组的鉴定意见作出劳动能力鉴定结论；

（四）建立完整的鉴定数据库，保管鉴定工作档案50年；

（五）法律、法规、规章规定的其他职责。

第五条　设区的市级劳动能力鉴定委员会负责本辖区内的劳动能力初次鉴定、复查鉴定。

省、自治区、直辖市劳动能力鉴定委员会负责对初次鉴定或者复查鉴定结论不服提出的再次鉴定。

第六条　劳动能力鉴定相关政策、工作制度和业务流程应当向社会公开。

第二章　鉴 定 程 序

第七条　职工发生工伤，经治疗伤情相对稳定后存在残疾、影响劳动能力的，或者停工留薪期满（含劳动能力鉴定委员会确认的延长期限），工伤职工或者其用人单位应当及时向设区的市级劳动能力鉴定委员会提出劳动能力鉴定申请。

第八条　申请劳动能力鉴定应当填写劳动能力鉴定申请表，并提交下列材料：

（一）有效的诊断证明、按照医疗机构病历管理有关规定复印或者复制的检查、检验报告等完整病历材料；

（二）工伤职工的居民身份证或者社会保障卡等其他有效身份证明原件。

第九条　劳动能力鉴定委员会收到劳动能力鉴定申请后，应当及时对申请人提交的材料进行审核；申请人提供材料不完整的，劳动能力鉴定委员会应当自收到劳动能力鉴定申请之日起5个工作日内一次性书面告知申请人需要补正的全部材料。

申请人提供材料完整的，劳动能力鉴定委员会应当及时组织鉴定，并在收到劳动能力鉴定申请之日起60日内作出劳动能力鉴定结论。伤情复杂、涉及医疗卫生专业较多的，作出劳动能力鉴定结论的期限可以延长30日。

第十条　劳动能力鉴定委员会应当视伤情程度等从医疗卫生专家库中随机抽取3名或者5名与工伤职工伤情相关科别的专家组成专家组进行鉴定。

第十一条　劳动能力鉴定委员会应当提前通知工伤职工进行鉴定的时间、地点以及应当携带的材料。工伤职工应当按照通知的时间、地点参加现场鉴定。对行动不便的工伤职工，劳动能力鉴定委员会可以组织专家上门进行劳动能力鉴定。组织劳动能力鉴定的工作人员应当对工伤职工的身份进行核实。

工伤职工因故不能按时参加鉴定的，经劳动能力鉴定委员会同意，可以调整现场鉴定的时间，作出劳动能力鉴定结论的期限相应顺延。

第十二条　因鉴定工作需要，专家组提出应当进行有关检查和诊断的，劳动能力鉴定委员会可以委托具备资格的医疗机构协助进行有关的检查和诊断。

第十三条　专家组根据工伤职工伤情，结合医疗诊断情况，依据《劳动能力鉴定 职工工伤与职业病致残等级》国家标准提出鉴定意见。参加鉴定的专家都应当签署意见并签名。

专家意见不一致时，按照少数服从多数的原则确定专家组的鉴定意见。

第十四条　劳动能力鉴定委员会根据专家组的鉴定意见作出劳动能力鉴定结论。劳动能力鉴定结论书应当载明下列事项：

（一）工伤职工及其用人单位的基本信息；

（二）伤情介绍，包括伤残部位、器官功能障碍程度、诊断情况等；

（三）作出鉴定的依据；

（四）鉴定结论。

第十五条　劳动能力鉴定委员会应当自作出鉴定结论之日起20日内将劳动能力鉴定结论及时送达工伤职工及其用人单位，并抄送社会保险经办机构。

第十六条　工伤职工或者其用人单位对初次鉴定结论不服的，可以在收到该鉴定结论之日起15日内向省、自治区、直辖市劳动能力鉴定委员会申请再次鉴定。

申请再次鉴定，应当提供劳动能力鉴定申请表，以及工伤职工的居民身份证或者社会保障卡等有效身份证明原件。

省、自治区、直辖市劳动能力鉴定委员会作出的劳动能力鉴定结论为最终结论。

第十七条　自劳动能力鉴定结论作出之日起1年后，工伤职工、用人单位或者社会保险经办机构认为伤残情况发生变化的，可以向设区的市级劳动能力鉴定委员会申请劳动能力复查鉴定。

对复查鉴定结论不服的，可以按照本办法第十六条规定申请再次鉴定。

第十八条　工伤职工本人因身体等原因无法提出劳动能力初次鉴定、复查鉴定、再次鉴定申请的，可由其近亲属代为提出。

第十九条　再次鉴定和复查鉴定的程序、期限等按照本办法第九条至第十五条的规定执行。

第三章　监督管理

第二十条　劳动能力鉴定委员会应当每3年对专家库进行一次调整和补充，实行动态管理。确有需要的，可以根据实际情况适时调整。

第二十一条　劳动能力鉴定委员会选聘医疗卫生专家，聘期一般为3年，可以连续聘任。

聘任的专家应当具备下列条件：

（一）具有医疗卫生高级专业技术职务任职资格；

（二）掌握劳动能力鉴定的相关知识；

（三）具有良好的职业品德。

第二十二条　参加劳动能力鉴定的专家应当按照规定的时间、地点进行现场鉴定，严格执行劳动能力鉴定政策和标准，客观、公正地提出鉴定意见。

第二十三条　用人单位、工伤职工或者其近亲属应当如实提供鉴定需要的材料，遵守劳动能力鉴定相关规定，按照要求配合劳动能力鉴定工作。

工伤职工有下列情形之一的，当次鉴定终止：

（一）无正当理由不参加现场鉴定的；

（二）拒不参加劳动能力鉴定委员会安排的检查和诊断的。

第二十四条　医疗机构及其医务人员应当如实出具与劳动能力鉴定有关的各项诊断证明和病历材料。

第二十五条　劳动能力鉴定委员会组成人员、劳动能力鉴定工作人员以及参加鉴定的专家与当事人有利害关系的，应当回避。

第二十六条　任何组织或者个人有权对劳动能力鉴定中的违法行为进行举报、投诉。

第四章　法律责任

第二十七条　劳动能力鉴定委员会和承担劳动能力鉴定委员会日常工作的机构及其工作人员在从事或者组织劳动能力鉴定时，有下列行为之一的，由人力资源社会保障行政部门或者有关部门责令改正，对直接负责的主管人员和其他直接责任人员依法给予相应处分；构成犯罪的，依法追究刑事责任：

（一）未及时审核并书面告知申请人需要补正的全部材料的；

（二）未在规定期限内作出劳动能力鉴定结论的；

（三）未按照规定及时送达劳动能力鉴定结论的；

（四）未按照规定随机抽取相关科别专家进行鉴定的；

（五）擅自篡改劳动能力鉴定委员会作出的鉴定结论的；

（六）利用职务之便非法收受当事人财物的；

（七）有违反法律法规和本办法的其他行为的。

第二十八条　从事劳动能力鉴定的专家有下列行为之一的，劳动能力鉴定委员会应当予以解聘；情节严重的，由卫生计生行政部门依法处理：

（一）提供虚假鉴定意见的；

（二）利用职务之便非法收受当事人财物的；

（三）无正当理由不履行职责的；

（四）有违反法律法规和本办法的其他行为的。

第二十九条　参与工伤救治、检查、诊断等活动的医疗机构及其医务人员有下列情形之一的，由卫生计生行政部门依法处理：

（一）提供与病情不符的虚假诊断证明的；

（二）篡改、伪造、隐匿、销毁病历材料的；

（三）无正当理由不履行职责的。

第三十条　以欺诈、伪造证明材料或者其他手段骗取鉴定结论、领取工伤保险待遇的，按照《中华人民共和国社会保险法》第八十八条的规定，由人力资源社会保障行政部门责令退回骗取的社会保险金，处骗取金额

2倍以上5倍以下的罚款。

第五章　附　　则

第三十一条　未参加工伤保险的公务员和参照公务员法管理的事业单位、社会团体工作人员因工(公)致残的劳动能力鉴定,参照本办法执行。

第三十二条　本办法中的劳动能力鉴定申请表、初次(复查)鉴定结论书、再次鉴定结论书、劳动能力鉴定材料收讫补正告知书等文书基本样式由人力资源社会保障部制定。

第三十三条　本办法自2014年4月1日起施行。

附件:(略)

劳动能力鉴定——职工工伤与职业病致残等级

1. 2014年9月3日国家质量监督检验检疫总局、中国国家标准化管理委员会发布
2. GB/T 16180—2014
3. 自2015年1月1日起实施

前　　言

本标准按照GB/T 1.1—2009给出的规则起草。

本标准代替GB/T 16180—2006《劳动能力鉴定　职工工伤与职业病致残等级》,与GB/T 16180—2006相比,主要技术变化如下:

——将总则中的分级原则写入相应等级标准头条;

——对总则中4.1.4护理依赖的分级进一步予以明确;

——删除总则4.1.5心理障碍的描述;

——将附录中有明确定义的内容直接写进标准条款;

——在具体条款中取消年龄和是否生育的表述;

——附录B中增加手、足功能缺损评估参考图表;

——附录A中增加视力减弱补偿率的使用说明;

——对附录中外伤性椎间盘突出症的诊断要求做了调整;

——完善了对癫痫和智能障碍的综合评判要求;

——归并胸、腹腔脏器损伤部分条款;

——增加系统治疗的界定;

——增加四肢长管状骨的界定;

——增加了脊椎骨折的分型界定;

——增加了关节功能障碍的量化判定基准;

——增加"髌骨、跟骨、距骨、下颌骨或骨盆骨折内固定术后"条款;

——增加"四肢长管状骨骨折内固定术或外固定支架术后"条款;

——增加"四肢大关节肌腱及韧带撕裂伤术后遗留轻度功能障碍"条款;

——完善、调整或删除了部分不规范、不合理甚至矛盾的条款;

——取消了部分条款后缀中易造成歧义的"无功能障碍"表述;

——伤残条目由572条调整为530条。

本标准由中华人民共和国人力资源和社会保障部提出。

本标准由中华人民共和国人力资源和社会保障部归口。

本标准起草单位:上海市劳动能力鉴定中心。

本标准主要起草人:陈道莅、张岩、杨庆铭、廖镇江、曹贵松、眭述平、叶纹、周泽深、陶明毅、王国民、程瑜、周安寿、左峰、林景荣、姚树源、王沛、孔翔飞、徐新荣、杨小锋、姜节凯、方晓松、刘声明、章艾武、李怀侠、姚凰。

本标准所代替标准的历次版本发布情况为:

——GB/T 16180—1996、GB/T 16180—2006。

1　范　　围

本标准规定了职工工伤与职业病致残劳动能力鉴定原则和分级标准。

本标准适用于职工在职业活动中因工负伤和因职业病致残程度的鉴定。

2　规范性引用文件

下列文件对于本文件的应用是必不可少的。凡是注日期的引用文件,仅注日期的版本适用于本文件。凡是不注日期的引用文件,其最新版本(包括所有的修改单)适用于本文件。

GB/T 4854(所有部分)　声学　校准测听设备的基准零级

GB/T 7341(所有部分)　听力计

GB/T 7582—2004　声学　听阈与年龄关系的统计分布

GB/T 7583　声学　纯音气导听阈测定　保护听力用

GB 11533　标准对数视力表

GBZ 4　职业性慢性二硫化碳中毒诊断标准

GBZ 5　职业性氟及无机化合物中毒的诊断

GBZ 7　职业性手臂振动病诊断标准

GBZ 9　职业性急性电光性眼炎(紫外线角膜结膜

炎)诊断标准

GBZ 12　职业性铬鼻病诊断标准
GBZ 24　职业性减压病诊断标准
GBZ 35　职业性白内障诊断标准
GBZ 45　职业性三硝基甲苯白内障诊断标准
GBZ 49　职业性噪声聋诊断标准
GBZ 54　职业性化学性眼灼伤诊断标准
GBZ 57　职业性哮喘诊断标准
GBZ 60　职业性过敏性肺炎诊断标准
GBZ 61　职业性牙酸蚀病诊断标准
GBZ 70　尘肺病诊断标准
GBZ 81　职业性磷中毒诊断标准
GBZ 82　职业性煤矿井下工人滑囊炎诊断标准
GBZ 83　职业性砷中毒的诊断
GBZ 94　职业性肿瘤诊断标准
GBZ 95　放射性白内障诊断标准
GBZ 96　内照射放射病诊断标准
GBZ 97　放射性肿瘤诊断标准
GBZ 101　放射性甲状腺疾病诊断标准
GBZ 104　外照射急性放射病诊断标准
GBZ 105　外照射慢性放射病诊断标准
GBZ 106　放射性皮肤疾病诊断标准
GBZ 107　放射性性腺疾病的诊断
GBZ 109　放射性膀胱疾病诊断标准
GBZ 110　急性放射性肺炎诊断标准
GBZ/T 238　职业性爆震聋的诊断

3　术语和定义

下列术语和定义适用于本文件。

3.1　劳动能力鉴定　identify work ability

法定机构对劳动者在职业活动中因工负伤或患职业病后，根据国家工伤保险法规规定，在评定伤残等级时通过医学检查对劳动功能障碍程度（伤残程度）和生活自理障碍程度做出的技术性鉴定结论。

3.2　医疗依赖　medical dependence

工伤致残于评定伤残等级技术鉴定后仍不能脱离治疗。

3.3　生活自理障碍 ability of living independence

工伤致残者因生活不能自理，需依赖他人护理。

4　总　　则

4.1　判 断 依 据

4.1.1　综合判定

依据工伤致残者于评定伤残等级技术鉴定时的器官损伤、功能障碍及其对医疗与日常生活护理的依赖程度，适当考虑由于伤残引起的社会心理因素影响，对伤残程度进行综合判定分级。

附录A为各门类工伤、职业病致残分级判定基准。

附录B为正确使用本标准的说明。

4.1.2　器官损伤

器官损伤是工伤的直接后果，但职业病不一定有器官缺损。

4.1.3　功能障碍

工伤后功能障碍的程度与器官缺损的部位及严重程度有关，职业病所致的器官功能障碍与疾病的严重程度相关。对功能障碍的判定，应以评定伤残等级技术鉴定时的医疗检查结果为依据，根据评残对象逐个确定。

4.1.4　医疗依赖

医疗依赖判定分级：

a）特殊医疗依赖：工伤致残后必须终身接受特殊药物、特殊医疗设备或装置进行治疗；

b）一般医疗依赖：工伤致残后仍需接受长期或终身药物治疗。

4.1.5　生活自理障碍

生活自理范围主要包括下列五项：

a）进食：完全不能自主进食，需依赖他人帮助；

b）翻身：不能自主翻身；

c）大、小便：不能自主行动，排大、小便需依靠他人帮助；

d）穿衣、洗漱：不能自己穿衣、洗漱，完全依赖他人帮助；

e）自主行动：不能自主走动。

生活自理障碍程度分三级：

a）完全生活自理障碍：生活完全不能自理，上述五项均需护理；

b）大部分生活自理障碍：生活大部分不能自理，上述五项中三项或四项需要护理；

c）部分生活自理障碍：生活部分不能自理，上述五项中一项或两项需要护理。

4.2　晋 级 原 则

对于同一器官或者系统多处损伤，或一个以上器官不同部位同时受到损伤者，应先对单项伤残程度进行鉴定。如果几项伤残等级不同，以重者定级；如果两项及以上等级相同，最多晋升一级。

4.3　对原有伤残及合并症的处理

在劳动能力鉴定过程中，工伤或职业病后出现合并症，其致残等级的评定以鉴定时实际的致残结局为依据。

如受工伤损害的器官原有伤残或疾病史，即：单个或双器官（如双眼、四肢、肾脏）或系统损伤，本次鉴定时应检查本次伤情是否加重原有伤残，若加重原有伤残，鉴定时按实际的致残结局为依据；若本次伤情轻于原有伤残，鉴定时则按本次工伤伤情致残结局为依据。

对原有伤残的处理适用于初次或再次鉴定，复查鉴定不适用本规则。

4.4　门类划分

按照临床医学分科和各学科间相互关联的原则，对残情的判定划分为5个门类：

a）神经内科、神经外科、精神科门。

b）骨科、整形外科、烧伤科门。

c）眼科、耳鼻喉科、口腔科门。

d）普外科、胸外科、泌尿生殖科门。

e）职业病内科门。

4.5　条目划分

按照4.4中的5个门类，以附录C中表C.1～C.5及 至Ⅰ级分级系列，根据伤残的类别和残情的程度划分伤残条目，共列出残情530条。

4.6　等级划分

根据条目划分原则以及工伤致残程度，综合考虑各门类间的平衡，将残情级别分为一至十级。最重为第一级，最轻为第十级。对未列出的个别伤残情况，参照本标准中相应定级原则进行等级评定。

5　职工工伤与职业病致残等级分级

5.1　一　级

5.1.1　定级原则

器官缺失或功能完全丧失，其他器官不能代偿，存在特殊医疗依赖，或完全或大部分或部分生活自理障碍。

5.1.2　一级条款系列

凡符合5.1.1或下列条款之一者均为工伤一级。

1）极重度智能损伤；

2）四肢瘫肌力≤3级或三肢瘫肌力≤2级；

3）重度非肢体瘫运动障碍；

4）面部重度毁容，同时伴有表C.2中二级伤残之一者；

5）全身重度瘢痕形成，占体表面积≥90%，伴有脊柱及四肢大关节活动功能基本丧失；

6）双肘关节以上缺失或功能完全丧失；

7）双下肢膝上缺失及一上肢肘上缺失；

8）双下肢及一上肢瘢痕畸形，功能完全丧失；

9）双眼无光感或仅有光感但光定位不准者；

10）肺功能重度损伤和呼吸困难Ⅳ级，需终生依赖机械通气；

11）双肺或心肺联合移植术；

12）小肠切除≥90%；

13）肝切除后原位肝移植；

14）胆道损伤原位肝移植；

15）全胰切除；

16）双侧肾切除或孤肾切除术后，用透析维持或同种肾移植术后肾功能不全尿毒症期；

17）尘肺叁期伴肺功能重度损伤及（或）重度低氧血症〔PO_2＜5.3kPa（＜40mmHg）〕；

18）其他职业性肺部疾患，伴肺功能重度损伤及（或）重度低氧血症〔PO_2＜5.3kPa（＜40mmHg）〕；

19）放射性肺炎后，两叶以上肺纤维化伴重度低氧血症〔PO_2＜5.3kPa（＜40mmHg）〕；

20）职业性肺癌伴肺功能重度损伤；

21）职业性肝血管肉瘤，重度肝功能损害；

22）肝硬化伴食道静脉破裂出血，肝功能重度损害；

23）肾功能不全尿毒症期，内生肌酐清除率持续＜10mL/min，或血浆肌酐水平持续＞707μmol/L（8mg/dL）。

5.2　二　级

5.2.1　定级原则

器官严重缺损或畸形，有严重功能障碍或并发症，存在特殊医疗依赖，或大部分或部分生活自理障碍。

5.2.2　二级条款系列

凡符合5.2.1或下列条款之一者均为工伤二级。

1）重度智能损伤；

2）三肢瘫肌力3级；

3）偏瘫肌力≤2级；

4）截瘫肌力≤2级；

5）双手全肌瘫肌力≤2级；

6）完全感觉性或混合性失语；

7）全身重度瘢痕形成，占体表面积≥80%，伴有四肢大关节中3个以上活动功能受限；

8）全面部瘢痕或植皮伴有重度毁容；

9）双侧前臂缺失或双手功能完全丧失；

10）双下肢瘢痕畸形，功能完全丧失；

11）双膝以上缺失；

12）双膝、双踝关节功能完全丧失；

13）同侧上、下肢缺失或功能完全丧失；

14）四肢大关节（肩、髋、膝、肘）中4个及以上关节功能完全丧失者；

15）一眼有或无光感，另眼矫正视力≤0.02，或视野≤8%（或半径≤5°）；

16）无吞咽功能，完全依赖胃管进食；

17）双侧上颌骨或双侧下颌骨完全缺损；

18)一侧上颌骨及对侧下颌骨完全缺损,并伴有颜面软组织损伤>$30cm^2$;

19)一侧全肺切除并胸廓成形术,呼吸困难Ⅲ级;

20)心功能不全三级;

21)食管闭锁或损伤后无法行食管重建术,依赖胃造瘘或穿肠造瘘进食;

22)小肠切除3/4,合并短肠综合症;

23)肝切除3/4,合并肝功能重度损害;

24)肝外伤后发生门脉高压三联症或发生Budd-chiari综合征;

25)胆道损伤致肝功能重度损害;

26)胰次全切除,胰腺移植术后;

27)孤肾部分切除后,肾功能不全失代偿期;

28)肺功能重度损伤及(或)重度低氧血症;

29)尘肺叁期伴肺功能中度损伤及(或)中度低氧血症;

30)尘肺贰期伴肺功能重度损伤及(或)重度低氧血症〔PO_2<5.3kPa(40mmHg)〕;

31)尘肺叁期伴活动性肺结核;

32)职业性肺癌或胸膜间皮瘤;

33)职业性急性白血病;

34)急性重型再生障碍性贫血;

35)慢性重度中毒性肝病;

36)肝血管肉瘤;

37)肾功能不全尿毒症期,内生肌酐清除率持续<25mL/min,或血浆肌酐水平持续>450μmol/L(5mg/dL);

38)职业性膀胱癌;

39)放射性肿瘤。

5.3 三 级

5.3.1 定级原则

器官严重缺损或畸形,有严重功能障碍或并发症,存在特殊医疗依赖,或部分生活自理障碍。

5.3.2 三级条款系列

凡符合5.3.1或下列条款之一者均为工伤三级。

1)精神病性症状,经系统治疗1年后仍表现为危险或冲动行为者;

2)精神病性症状,经系统治疗1年后仍缺乏生活自理能力者;

3)偏瘫肌力3级;

4)截瘫肌力3级;

5)双足全肌瘫肌力≤2级;

6)中度非肢体瘫运动障碍;

7)完全性失用、失写、失读、失认等具有两项及两项以上者;

8)全身重度瘢痕形成,占体表面积≥70%,伴有四肢大关节中2个以上活动功能受限;

9)面部瘢痕或植皮≥2/3并有中度毁容;

10)一手缺失,另一手拇指缺失;

11)双手拇、食指缺失或功能完全丧失;

12)一手功能完全丧失,另一手拇指功能完全丧失;

13)双髋、双膝关节中,有一个关节缺失或功能完全丧失及另一关节重度功能障碍;

14)双膝以下缺失或功能完全丧失;

15)一侧髋、膝关节畸形,功能完全丧失;

16)非同侧腕上、踝上缺失;

17)非同侧上、下肢瘢痕畸形,功能完全丧失;

18)一眼有或无光感,另眼矫正视力≤0.05或视野≤16%(半径≤10°);

19)双眼矫正视力<0.05或视野≤16%(半径≤10°);

20)一侧眼球摘除或眼内容物剜出,另眼矫正视力<0.1或视野≤24%(或半径≤15°);

21)呼吸完全依赖气管套管或造口;

22)喉或气管损伤导致静止状态下或仅轻微活动即有呼吸困难;

23)同侧上、下颌骨完全缺损;

24)一侧上颌骨或下颌骨完全缺损,伴颜面部软组织损伤>$30cm^2$;

25)舌缺损>全舌的2/3;

26)一侧全肺切除并胸廓成形术;

27)一侧胸廓成形术,肋骨切除6根以上;

28)一侧全肺切除并隆凸切除成形术;

29)一侧全肺切除并大血管重建术;

30)Ⅲ度房室传导阻滞;

31)肝切除2/3,并肝功能中度损害;

32)胰次全切除,胰岛素依赖;

33)一侧肾切除,对侧肾功能不全失代偿期;

34)双侧输尿管狭窄,肾功能不全失代偿期;

35)永久性输尿管腹壁造瘘;

36)膀胱全切除;

37)尘肺叁期;

38)尘肺贰期伴肺功能中度损伤及(或)中度低氧血症;

39)尘肺贰期合并活动性肺结核;

40)放射性肺炎后两叶肺纤维化,伴肺功能中度损伤及(或)中度低氧血症;

41)粒细胞缺乏症;

42）再生障碍性贫血；

43）职业性慢性白血病；

44）中毒性血液病，骨髓增生异常综合征；

45）中毒性血液病，严重出血或血小板含量≤$2\times10^{10}/L$；

46）砷性皮肤癌；

47）放射性皮肤癌。

5.4　四　　级

5.4.1　定级原则

器官严重缺损或畸形，有严重功能障碍或并发症，存在特殊医疗依赖，或部分生活自理障碍或无生活自理障碍。

5.4.2　四级条款系列

凡符合5.4.1或下列条款之一者均为工伤四级。

1）中度智能损伤；

2）重度癫痫；

3）精神病性症状，经系统治疗1年后仍缺乏社交能力者；

4）单肢瘫肌力≤2级；

5）双手部分肌瘫肌力≤2级；

6）脑脊液漏伴有颅底骨缺损不能修复或反复手术失败；

7）面部中度毁容；

8）全身瘢痕面积≥60%，四肢大关节中1个关节活动功能受限；

9）面部瘢痕或植皮≥1/2并有轻度毁容；

10）双拇指完全缺失或功能完全丧失；

11）一侧手功能完全丧失，另一手部分功能丧失；

12）一侧肘上缺失；

13）一侧膝以下缺失，另一侧前足缺失；

14）一侧膝以上缺失；

15）一侧踝以下缺失，另一足畸形行走困难；

16）一眼有或无光感，另眼矫正视力<0.2或视野≤32%（或半径≤20°）；

17）一眼矫正视力<0.05，另眼矫正视力≤0.1；

18）双眼矫正视力<0.1或视野≤32%（或半径≤20°）；

19）双耳听力损失≥91dB；

20）牙关紧闭或因食管狭窄只能进流食；

21）一侧上颌骨缺损1/2，伴颜面部软组织损伤>$20cm^2$；

22）下颌骨缺损长6cm以上的区段，伴口腔、颜面软组织损伤>$20cm^2$；

23）双侧颞下颌关节骨性强直，完全不能张口；

24）面颊部洞穿性缺损>$20cm^2$；

25）双侧完全性面瘫；

26）一侧全肺切除术；

27）双侧肺叶切除术；

28）肺叶切除后并胸廓成形术后；

29）肺叶切除并隆凸切除成形术后；

30）一侧肺移植术；

31）心瓣膜置换术后；

32）心功能不全二级；

33）食管重建术后吻合口狭窄，仅能进流食者；

34）全胃切除；

35）胰头、十二指肠切除；

36）小肠切除3/4；

37）小肠切除2/3，包括回盲部切除；

38）全结肠、直肠、肛门切除，回肠造瘘；

39）外伤后肛门排便重度障碍或失禁；

40）肝切除2/3；

41）肝切除1/2，肝功能轻度损害；

42）胆道损伤致肝功能中度损害；

43）甲状旁腺功能重度损害；

44）肾修补术后，肾功能不全失代偿期；

45）输尿管修补术后，肾功能不全失代偿期；

46）永久性膀胱造瘘；

47）重度排尿障碍；

48）神经原性膀胱，残余尿≥50mL；

49）双侧肾上腺缺损；

50）尘肺贰期；

51）尘肺壹期伴肺功能中度损伤及（或）中度低氧血症；

52）尘肺壹期伴活动性肺结核；

53）病态窦房结综合征（需安装起搏器者）；

54）放射性损伤致肾上腺皮质功能明显减退；

55）放射性损伤致免疫功能明显减退。

5.5　五　　级

5.5.1　定级原则

器官大部缺损或明显畸形，有较重功能障碍或并发症，存在一般医疗依赖，无生活自理障碍。

5.5.2　五级条款系列

凡符合5.5.1或下列条款之一者均为工伤五级。

1）四肢瘫肌力4级；

2）单肢瘫肌力3级；

3）双手部分肌瘫肌力3级；

4）一手全肌瘫肌力≤2级；

5）双足全肌瘫肌力3级；

6)完全运动性失语;

7)完全性失用、失写、失读、失认等具有一项者;

8)不完全性失用、失写、失读、失认等具有多项者;

9)全身瘢痕占体表面积≥50%,并有关节活动功能受限;

10)面部瘢痕或植皮≥1/3并有毁容标准中的一项;

11)脊柱骨折后遗30°以上侧弯或后凸畸形,伴严重根性神经痛;

12)一侧前臂缺失;

13)一手功能完全丧失;

14)肩、肘关节之一功能完全丧失;

15)一手拇指缺失,另一手除拇指外三指缺失;

16)一手拇指功能完全丧失,另一手除拇指外三指功能完全丧失;

17)双前足缺失或双前足瘢痕畸形,功能完全丧失;

18)双跟骨足底软组织缺损瘢痕形成,反复破溃;

19)一髋(或一膝)功能完全丧失;

20)四肢大关节之一人工关节术后遗留重度功能障碍;

21)一侧膝以下缺失;

22)第Ⅲ对脑神经麻痹;

23)双眼外伤性青光眼术后,需用药物控制眼压者;

24)一眼有或无光感,另眼矫正视力≤0.3或视野≤40%(或半径≤25°);

25)一眼矫正视力<0.05,另眼矫正视力≤0.2;

26)一眼矫正视力<0.1,另眼矫正视力等于0.1;

27)双眼视野≤40%(或半径≤25°);

28)双耳听力损失≥81dB;

29)喉或气管损伤导致一般活动及轻工作时有呼吸困难;

30)吞咽困难,仅能进半流食;

31)双侧喉返神经损伤,喉保护功能丧失致饮食呛咳、误吸;

32)一侧上颌骨缺损>1/4,但<1/2,伴软组织损伤>$10cm^2$,但<$20cm^2$;

33)下颌骨缺损长4cm以上的区段,伴口腔、颜面软组织损伤>$10cm^2$;

34)一侧完全面瘫,另一侧不完全面瘫;

35)双肺叶切除术;

36)肺叶切除术并大血管重建术;

37)隆凸切除成形术;

38)食管重建术后吻合口狭窄,仅能进半流食者;

39)食管气管或支气管瘘;

40)食管胸膜瘘;

41)胃切除3/4;

42)小肠切除2/3,包括回肠大部;

43)肛门、直肠、结肠部分切除,结肠造瘘;

44)肝切除1/2;

45)胰切除2/3;

46)甲状腺功能重度损害;

47)一侧肾切除,对侧肾功能不全代偿期;

48)一侧输尿管狭窄,肾功能不全代偿期;

49)尿道瘘不能修复者;

50)两侧睾丸、附睾缺损;

51)放射性损伤致生殖功能重度损伤;

52)阴茎全缺损;

53)双侧卵巢切除;

54)阴道闭锁;

55)会阴部瘢痕挛缩伴有阴道或尿道或肛门狭窄;

56)肺功能中度损伤或中度低氧血症;

57)莫氏Ⅱ型Ⅱ度房室传导阻滞;

58)病态窦房结综合征(不需安起搏器者);

59)中毒性血液病,血小板减少($\leq 4\times10^{10}/L$)并有出血倾向;

60)中毒性血液病,白细胞含量持续$<3\times10^9/L$($<3\ 000/mm^3$)或粒细胞含量$<1.5\times10^9/L$($1\ 500/mm^3$);

61)慢性中度中毒性肝病;

62)肾功能不全失代偿期,内生肌酐清除率持续<50mL/min,或血浆肌酐水平持续>177μmol/L(2mg/dL);

63)放射性损伤致睾丸萎缩;

64)慢性重度磷中毒;

65)重度手臂振动病。

5.6 六　级

5.6.1 定级原则

器官大部缺损或明显畸形,有中等功能障碍或并发症,存在一般医疗依赖,无生活自理障碍。

5.6.2 六级条款系列

凡符合5.6.1或下列条款之一者均为工伤六级。

1)癫痫中度;

2)轻度智能损伤;

3)精神病性症状,经系统治疗1年后仍影响职业劳动能力者;

4)三肢瘫肌力4级;

5)截瘫双下肢肌力4级伴轻度排尿障碍;

6)双手全肌瘫肌力4级;

7)一手全肌瘫肌力3级;

8）双足部分肌瘫肌力≤2级；

9）单足全肌瘫肌力≤2级；

10）轻度非肢体瘫运动障碍；

11）不完全性感觉性失语；

12）面部重度异物色素沉着或脱失；

13）面部瘢痕或植皮≥1/3；

14）全身瘢痕面积≥40%；

15）撕脱伤后头皮缺失1/5以上；

16）一手一拇指完全缺失，连同另一手非拇指二指缺失；

17）一拇指功能完全丧失，另一手除拇指外有二指功能完全丧失；

18）一手三指（含拇指）缺失；

19）除拇指外其余四指缺失或功能完全丧失；

20）一侧踝以下缺失；或踝关节畸形，功能完全丧失；

21）下肢骨折成角畸形>15°，并有肢体短缩4cm以上；

22）一前足缺失，另一足仅残留拇趾；

23）一前足缺失，另一足除拇趾外，2～5趾畸形，功能完全丧失；

24）一足功能完全丧失，另一足部分功能丧失；

25）一髋或一膝关节功能重度障碍；

26）单侧跟骨足底软组织缺损瘢痕形成，反复破溃；

27）一侧眼球摘除；或一侧眼球明显萎缩，无光感；

28）一眼有或无光感，另一眼矫正视力≥0.4；

29）一眼矫正视力≤0.05，另一眼矫正视力≥0.3；

30）一眼矫正视力≤0.1，另一眼矫正视力≥0.2；

31）双眼矫正视力≤0.2，或视野≤48%（或半径≤30°）；

32）第Ⅳ或第Ⅵ对脑神经麻痹，或眼外肌损伤致复视的；

33）双耳听力损失≥71dB；

34）双侧前庭功能丧失，睁眼行走困难，不能并足站立；

35）单侧或双侧颞下颌关节强直，张口困难Ⅲ度；

36）一侧上颌骨缺损1/4，伴口腔颜面软组织损伤>$10cm^2$；

37）面部软组织缺损>$20cm^2$，伴发涎瘘；

38）舌缺损>舌的1/3，但<舌的2/3；

39）双侧颧骨并颧弓骨折，伴有开口困难Ⅱ度以上及颜面部畸形经手术复位者；

40）双侧下颌骨髁状突颈部骨折，伴有开口困难Ⅱ度以上及咬合关系改变，经手术治疗者；

41）一侧完全性面瘫；

42）肺叶切除并肺段或楔形切除术；

43）肺叶切除并支气管成形术后；

44）支气管（或气管）胸膜瘘；

45）冠状动脉旁路移植术；

46）大血管重建术；

47）胃切除2/3；

48）小肠切除1/2，包括回盲部；

49）肛门外伤后排便轻度障碍或失禁；

50）肝切除1/3；

51）胆道损伤致肝功能轻度损伤；

52）腹壁缺损面积≥腹壁的1/4；

53）胰切除1/2；

54）甲状腺功能中度损害；

55）甲状旁腺功能中度损害；

56）肾损伤性高血压；

57）尿道狭窄经系统治疗1年后仍需定期行扩张术；

58）膀胱部分切除合并轻度排尿障碍；

59）两侧睾丸创伤后萎缩，血睾酮低于正常值；

60）放射性损伤致生殖功能轻度损伤；

61）双侧输精管缺损，不能修复；

62）阴茎部分缺损；

63）女性双侧乳房切除或严重瘢痕畸形；

64）子宫切除；

65）双侧输卵管切除；

66）尘肺壹期伴肺功能轻度损伤及（或）轻度低氧血症；

67）放射性肺炎后肺纤维化（<两叶），伴肺功能轻度损伤及（或）轻度低氧血症；

68）其他职业性肺部疾患，伴肺功能轻度损伤；

69）白血病完全缓解；

70）中毒性肾病，持续性低分子蛋白尿伴白蛋白尿；

71）中毒性肾病，肾小管浓缩功能减退；

72）放射性损伤致肾上腺皮质功能轻度减退；

73）放射性损伤致甲状腺功能低下；

74）减压性骨坏死Ⅲ期；

75）中度手臂振动病；

76）氟及其无机化合物中毒慢性重度中毒。

5.7　七　　级

5.7.1　定级原则

器官大部缺损或畸形，有轻度功能障碍或并发症，存在一般医疗依赖，无生活自理障碍。

5.7.2　七级条款系列

凡符合5.7.1或下列条款之一者均为工伤七级。

1）偏瘫肌力4级；

2）截瘫肌力 4 级；
3）单手部分肌瘫肌力 3 级；
4）双足部分肌瘫肌力 3 级；
5）单足全肌瘫肌力 3 级；
6）中毒性周围神经病致深感觉障碍；
7）人格改变或边缘智能，经系统治疗 1 年后仍存在明显社会功能受损者；
8）不完全性运动性失语；
9）不完全性失用、失写、失读和失认等具有一项者；
10）符合重度毁容标准中的两项者；
11）烧伤后颅骨全层缺损 $\geqslant 30\text{cm}^2$，或在硬脑膜上植皮面积 $\geqslant 10\text{cm}^2$；
12）颈部瘢痕挛缩，影响颈部活动；
13）全身瘢痕面积 ≥30%；
14）面部瘢痕、异物或植皮伴色素改变占面部的 10% 以上；
15）骨盆骨折内固定术后，骨盆环不稳定，骶髂关节分离；
16）一手除拇指外，其他 2～3 指（含食指）近侧指间关节离断；
17）一手除拇指外，其他 2～3 指（含食指）近侧指间关节功能完全丧失；
18）肩、肘关节之一损伤后遗留关节重度功能障碍；
19）一腕关节功能完全丧失；
20）一足 1～5 趾缺失；
21）一前足缺失；
22）四肢大关节之一人工关节术后，基本能生活自理；
23）四肢大关节之一关节内骨折导致创伤性关节炎，遗留中重度功能障碍；
24）下肢伤后短缩 >2cm，但 ≤4cm 者；
25）膝关节韧带损伤术后关节不稳定，伸屈功能正常者；
26）一眼有或无光感，另眼矫正视力 ≥0.8；
27）一眼有或无光感，另一眼各种客观检查正常；
28）一眼矫正视力 ≤0.05，另眼矫正视力 ≥0.6；
29）一眼矫正视力 ≤0.1，另眼矫正视力 ≥0.4；
30）双眼矫正视力 ≤0.3，或视野 ≤64%（或半径 ≤40°）；
31）单眼外伤性青光眼术后，需用药物控制眼压者；
32）双耳听力损失 ≥56dB；
33）咽成形术后，咽下运动不正常；
34）牙槽骨损伤长度 ≥8cm，牙齿脱落 10 个及以上；
35）单侧颧骨并颧弓骨折，伴有开口困难Ⅱ度以上及颜面部畸形经手术复位者；
36）双侧不完全性面瘫；
37）肺叶切除术；
38）限局性脓胸行部分胸廓成形术；
39）气管部分切除术；
40）食管重建术后伴反流性食管炎；
41）食管外伤或成形术后咽下运动不正常；
42）胃切除 1/2；
43）小肠切除 1/2；
44）结肠大部分切除；
45）肝切除 1/4；
46）胆道损伤，胆肠吻合术后；
47）脾切除；
48）胰切除 1/3；
49）女性两侧乳房部分缺损；
50）一侧肾切除；
51）膀胱部分切除；
52）轻度排尿障碍；
53）阴道狭窄；
54）尘肺壹期，肺功能正常；
55）放射性肺炎后肺纤维化（<两叶），肺功能正常；
56）轻度低氧血症；
57）心功能不全一级；
58）再生障碍性贫血完全缓解；
59）白细胞减少症，含量持续 $<4\times10^9/\text{L}$（$4\,000/\text{mm}^3$）；
60）中性粒细胞减少症，含量持续 $<2\times10^9/\text{L}$（$2\,000/\text{mm}^3$）；
61）慢性轻度中毒性肝病；
62）肾功能不全代偿期，内生肌酐清除率 <70mL/min；
63）三度牙酸蚀病。

5.8 八 级

5.8.1 定级原则

器官部分缺损，形态异常，轻度功能障碍，存在一般医疗依赖，无生活自理障碍。

5.8.2 八级条款系列

凡符合 5.8.1 或下列条款之一者均为工伤八级。
1）单肢体瘫肌力 4 级；
2）单手全肌瘫肌力 4 级；
3）双手部分肌瘫肌力 4 级；
4）双足部分肌瘫肌力 4 级；
5）单足部分肌瘫肌力 ≤3 级；
6）脑叶部分切除术后；

7)符合重度毁容标准中的一项者;

8)面部烧伤植皮≥1/5;

9)面部轻度异物沉着或色素脱失;

10)双侧耳廓部分或一侧耳廓大部分缺损;

11)全身瘢痕面积≥20%;

12)一侧或双侧眼睑明显缺损;

13)脊椎压缩性骨折,椎体前缘高度减少1/2以上者或脊椎不稳定性骨折;

14)3个及以上节段脊柱内固定术;

15)一手除拇、食指外,有两指近侧指间关节离断;

16)一手除拇、食指外,有两指近侧指间关节功能完全丧失;

17)一拇指指间关节离断;

18)一拇指指间关节畸形,功能完全丧失;

19)一足拇趾缺失,另一足非拇趾一趾缺失;

20)一足拇趾畸形,功能完全丧失,另一足非拇趾一趾畸形;

21)一足除拇趾外,其他三趾缺失;

22)一足除拇趾外,其他四趾瘢痕畸形,功能完全丧失;

23)因开放骨折感染形成慢性骨髓炎,反复发作者;

24)四肢大关节之一关节内骨折导致创伤性关节炎,遗留轻度功能障碍;

25)急性放射皮肤损伤Ⅳ度及慢性放射性皮肤损伤手术治疗后影响肢体功能;

26)放射性皮肤溃疡经久不愈者;

27)一眼矫正视力≤0.2,另眼矫正视力≥0.5;

28)双眼矫正视力等于0.4;

29)双眼视野≤80%(或半径≤50°);

30)一侧或双侧睑外翻或睑闭合不全者;

31)上睑下垂盖及瞳孔1/3者;

32)睑球粘连影响眼球转动者;

33)外伤性青光眼行抗青光眼手术后眼压控制正常者;

34)双耳听力损失≥41dB或一耳≥91dB;

35)喉或气管损伤导致体力劳动时有呼吸困难;

36)喉源性损伤导致发声及言语困难;

37)牙槽骨损伤长度≥6cm,牙齿脱落8个及以上者;

38)舌缺损<舌的1/3;

39)双侧鼻腔或鼻咽部闭锁;

40)双侧颞下颌关节强直,张口困难Ⅱ度;

41)上、下颌骨骨折,经牵引、固定治疗后有功能障碍者;

42)双侧颧骨并颧弓骨折,无开口困难,颜面部凹陷畸形不明显,不需手术复位;

43)肺段切除术;

44)支气管成形术;

45)双侧≥3根肋骨骨折致胸廓畸形;

46)膈肌破裂修补术后,伴膈神经麻痹;

47)心脏、大血管修补术;

48)心脏异物滞留或异物摘除术;

49)肺功能轻度损伤;

50)食管重建术后,进食正常者;

51)胃部分切除;

52)小肠部分切除;

53)结肠部分切除;

54)肝部分切除;

55)腹壁缺损面积<腹壁的1/4;

56)脾部分切除;

57)胰部分切除;

58)甲状腺功能轻度损害;

59)甲状旁腺功能轻度损害;

60)尿道修补术;

61)一侧睾丸、附睾切除;

62)一侧输精管缺损,不能修复;

63)脊髓神经周围神经损伤,或盆腔、会阴手术后遗留性功能障碍;

64)一侧肾上腺缺损;

65)单侧输卵管切除;

66)单侧卵巢切除;

67)女性单侧乳房切除或严重瘢痕畸形;

68)其他职业性肺疾患,肺功能正常;

69)中毒性肾病,持续低分子蛋白尿;

70)慢性中度磷中毒;

71)氟及其无机化合物中毒慢性中度中毒;

72)减压性骨坏死Ⅱ期;

73)轻度手臂振动病;

74)二度牙酸蚀。

5.9　九　　级

5.9.1　定级原则

器官部分缺损,形态异常,轻度功能障碍,无医疗依赖或者存在一般医疗依赖,无生活自理障碍。

5.9.2　九级条款系列

凡符合5.9.1或下列条款之一者均为工伤九级。

1)癫痫轻度;

2)中毒性周围神经病致浅感觉障碍;

3)脑挫裂伤无功能障碍;

4)开颅手术后无功能障碍；

5)颅内异物无功能障碍；

6)颈部外伤致颈总、颈内动脉狭窄，支架置入或血管搭桥手术后无功能障碍；

7)符合中度毁容标准中的两项或轻度毁容者；

8)发际边缘瘢痕性秃发或其他部位秃发，需戴假发者；

9)全身瘢痕占体表面积≥5%；

10)面部有≥8cm^2 或3处以上≥1cm^2 的瘢痕；

11)两个以上横突骨折；

12)脊椎压缩骨折，椎体前缘高度减少小于1/2者；

13)椎间盘髓核切除术后；

14)1~2节脊柱内固定术；

15)一拇指末节部分1/2缺失；

16)一手食指2~3节缺失；

17)一拇指指间关节僵直于功能位；

18)除拇指外，余3~4指末节缺失；

19)一足拇趾末节缺失；

20)除拇趾外其他二趾缺失或瘢痕畸形，功能不全；

21)跖骨或跗骨骨折影响足弓者；

22)外伤后膝关节半月板切除、髌骨切除、膝关节交叉韧带修补术后；

23)四肢长管状骨骨折内固定或外固定支架术后；

24)髌骨、跟骨、距骨、下颌骨或骨盆骨折内固定术后；

25)第Ⅴ对脑神经眼支麻痹；

26)眶壁骨折致眼球内陷、两眼球突出度相差>2mm或错位变形影响外观者；

27)一眼矫正视力≤0.3，另眼矫正视力>0.6；

28)双眼矫正视力等于0.5；

29)泪器损伤，手术无法改进溢泪者；

30)双耳听力损失≥31dB或一耳损失≥71dB；

31)喉源性损伤导致发声及言语不畅；

32)铬鼻病有医疗依赖；

33)牙槽骨损伤长度>4cm，牙脱落4个及以上；

34)上、下颌骨骨折，经牵引、固定治疗后无功能障碍者；

35)一侧下颌骨髁状突颈部骨折；

36)一侧颧骨并颧弓骨折；

37)肺内异物滞留或异物摘除术；

38)限局性脓胸行胸膜剥脱术；

39)胆囊切除；

40)一侧卵巢部分切除；

41)乳腺成形术；

42)胸、腹腔脏器探查术或修补术后。

5.10　十　级

5.10.1　定级原则

器官部分缺损，形态异常，无功能障碍或轻度功能障碍，无医疗依赖或者存在一般医疗依赖，无生活自理障碍。

5.10.2　十级条款系列

凡符合5.10.1或下列条款之一者均为工伤十级。

1)符合中度毁容标准中的一项者；

2)面部有瘢痕，植皮，异物色素沉着或脱失>2cm^2；

3)全身瘢痕面积<5%，但≥1%；

4)急性外伤导致椎间盘髓核突出，并伴神经刺激征者；

5)一手指除拇指外，任何一指远侧指间关节离断或功能丧失；

6)指端植皮术后(增生性瘢痕1cm^2 以上)；

7)手背植皮面积>50cm^2，并有明显瘢痕；

8)手掌、足掌植皮面积>30%者；

9)除拇趾外，任何一趾末节缺失；

10)足背植皮面积>100cm^2；

11)膝关节半月板损伤、膝关节交叉韧带损伤未做手术者；

12)身体各部位骨折愈合后无功能障碍或轻度功能障碍；

13)四肢大关节肌腱及韧带撕裂伤术后遗留轻度功能障碍；

14)一手或两手慢性放射性皮肤损伤Ⅱ度及Ⅱ度以上者；

15)一眼矫正视力≤0.5，另一眼矫正视力≥0.8；

16)双眼矫正视力≤0.8；

17)一侧或双侧睑外翻或睑闭合不全行成形手术后矫正者；

18)上睑下垂盖及瞳孔1/3行成形手术后矫正者；

19)睑球粘连影响眼球转动行成形手术后矫正者；

20)职业性及外伤性白内障术后人工晶状体眼，矫正视力正常者；

21)职业性及外伤性白内障Ⅰ度~Ⅱ度(或轻度、中度)，矫正视力正常者；

22)晶状体部分脱位；

23)眶内异物未取出者；

24)眼球内异物未取出者；

25)外伤性瞳孔放大；

26)角巩膜穿通伤治愈者；

27)双耳听力损失≥26 dB，或一耳≥56 dB；

28)双侧前庭功能丧失，闭眼不能并足站立；

29)铬鼻病(无症状者);

30)嗅觉丧失;

31)牙齿除智齿以外,切牙脱落1个以上或其他牙脱落2个以上;

32)一侧颞下颌关节强直,张口困难Ⅰ度;

33)鼻窦或面颊部有异物未取出;

34)单侧鼻腔或鼻孔闭锁;

35)鼻中隔穿孔;

36)一侧不完全性面瘫;

37)血、气胸行单纯闭式引流术后,胸膜粘连增厚;

38)腹腔脏器挫裂伤保守治疗后;

39)乳腺修补术后;

40)放射性损伤致免疫功能轻度减退;

41)慢性轻度磷中毒;

42)氟及其无机化合物中毒慢性轻度中毒;

43)井下工人滑囊炎;

44)减压性骨坏死Ⅰ期;

45)一度牙酸蚀病;

46)职业性皮肤病久治不愈。

附录A、B、C(略)

人力资源社会保障部关于实施修订后劳动能力鉴定标准有关问题处理意见的通知

1. 2014年11月21日

2. 人社部发〔2014〕81号

各省、自治区、直辖市及新疆生产建设兵团人力资源社会保障厅(局):

《劳动能力鉴定职工工伤与职业病致残等级》(GB/T 16180—2014)(以下简称"新标准")已由国家质量监督检验检疫总局、国家标准化管理委员会批准发布,将于2015年1月1日实施。新标准是在充分听取各地意见的基础上对《劳动能力鉴定职工工伤与职业病致残等级》(GB/T 16180—2006)(以下简称"原标准")进行的修改和完善。为实现新旧标准平稳过渡,现对有关问题通知如下:

一、新标准实施后,对依照《工伤保险条例》规定提出的初次劳动能力鉴定申请,劳动能力鉴定委员会应当按照新标准进行鉴定。

二、新标准实施前,已依照《工伤保险条例》规定提出初次劳动能力鉴定申请但尚未作出鉴定结论的,劳动能力鉴定委员会应当按照新标准进行鉴定。若因标准发生变化导致鉴定级别低于原标准的,按照就高原则作出鉴定结论。

三、新标准实施前已作出劳动能力鉴定结论,新标准实施后依照《工伤保险条例》规定提出劳动能力复查鉴定或者再次鉴定申请的,劳动能力鉴定委员会应当按照新标准进行鉴定。

四、按本通知第三条规定提出劳动能力复查鉴定及对复查鉴定结论不服提出再次鉴定申请、且鉴定级别发生变化的,工伤职工的伤残津贴和生活护理费自作出鉴定结论的次月起作相应调整,一次性伤残补助金不作调整。一次性伤残就业补助金和一次性工伤医疗补助金的计发标准,按与用人单位解除终止劳动关系前最后一次的鉴定结论确定。

实施修订后劳动能力鉴定标准,涉及面广、敏感性强,请各地结合实际,加强领导,认真做好贯彻新标准的各项工作,妥善处理新标准实施中遇到的具体问题。新标准实施中遇到重大问题请及时报我部工伤保险司。

人力资源社会保障部、国家卫生健康委员会、国家医疗保障局关于进一步规范劳动能力鉴定工作的通知

1. 2020年12月17日

2. 人社部发〔2020〕91号

各省、自治区、直辖市及新疆生产建设兵团人力资源和社会保障厅(局)、卫生健康委员会、医疗保障局:

为深入贯彻社会保险法、《工伤保险条例》和《国务院关于安置老弱病残干部的暂行办法和国务院关于工人退休、退职的暂行办法》(国发〔1978〕104号文),进一步规范劳动能力鉴定行为,加强劳动能力鉴定管理,提升劳动能力鉴定质量和水平,强化劳动能力鉴定风险防控,现就有关事项通知如下:

一、充分认识劳动能力鉴定工作的重要性

劳动能力鉴定是职工享受相关社保待遇的重要依据,是防范基金风险的重要环节。各地人社部门要切实加强对劳动能力鉴定工作的领导,建立健全劳动能力鉴定机构,配齐配强专门工作人员,规范劳动能力鉴定程序,依法依规开展劳动能力鉴定工作。

二、统一因病或非因工致残劳动能力鉴定标准

各地人社部门在办理未达到法定退休年龄因病或非因工致残完全丧失劳动能力退休时,应当以劳动能

力鉴定委员会出具的因病或非因工致残劳动能力鉴定结论为依据。各地人社部门开展因病或非因工致残劳动能力鉴定，原则上应依据《职工非因工伤残或因病丧失劳动能力鉴定标准（试行）》（劳社部发〔2002〕8号）进行。

三、规范劳动能力鉴定程序

各地人社部门要在《工伤保险条例》和《工伤职工劳动能力鉴定管理办法》基础上，进一步细化劳动能力鉴定工作制度。目前还没有制定因病或非因工致残劳动能力鉴定管理办法的，参照《工伤职工劳动能力鉴定管理办法》执行。

四、严格依规做出劳动能力鉴定结论

各地人社部门要从流程设计、风险防范等多方面采取措施，加强劳动能力鉴定现场管理，安全有序地开展现场鉴定。劳动能力鉴定专家应严格按照相关标准的规范要求实施对症检查，准确描述伤病情症状，逐项提出伤病情症状符合或参照劳动能力鉴定标准的具体级别及条款的意见和综合定级意见。劳动能力鉴定委员会应当根据专家组的鉴定意见客观、公正地作出鉴定结论。工伤职工劳动能力鉴定不得超出工伤认定书载明的受伤部位、伤情范围。

五、强化劳动能力鉴定风险防控

各地人社部门要从组织机构控制、业务运行控制、信息系统控制、监督管理控制、费用支出控制等多方面入手，加强劳动能力鉴定内控管理，提高业务核查、抽检频次与质量，对岗位配置、人员管理、权限设置、业务规程、档案管理、系统建设、安全管理等事项明确标准和要求，建立健全内控管理体系。加强对劳动能力鉴定工作的内部监督和外部监督，提升劳动能力鉴定的公信力。

六、加强劳动能力鉴定廉政建设

各地要把纪律挺在前面，切实加强劳动能力鉴定廉政建设，转变工作作风，压实主体责任，加强警示教育，牢固树立廉洁意识、底线意识，坚决杜绝虚假鉴定、人情鉴定。对劳动能力鉴定工作中出现的违规违纪问题要及时进行核查，依法依规严肃处理。要坚持问题导向、目标导向，建立完善相关制度，构建廉政建设长效机制，努力从制度上、程序上防范和杜绝违规违纪问题的发生。

七、加强劳动能力鉴定专家队伍建设

各地劳动能力鉴定委员会要充分发挥卫生健康部门等各成员单位的协同作用，充实劳动能力鉴定专家库，建立专家鉴定考评制度，强化政策、能力培训，加强对劳动能力鉴定专家库的管理和动态调整。对于专家库中医疗卫生专家副主任以上医师人员偏少的地区或科目，可通过卫健部门推荐政治过硬、业务精湛、作风优良、诚实可信的主治医师充实劳动能力鉴定专家队伍。对于一年内多次被再次鉴定改变级别的，应暂停或取消劳动能力鉴定专家资格。对劳动能力鉴定工作中表现突出的鉴定专家，在评定专业技术职称、聘用岗位等同等条件下优先考虑。有条件的地区可通过省级统一随机安排劳动能力鉴定专家跨地市鉴定等方式确保劳动能力鉴定的公平性。

八、加强劳动能力鉴定档案管理

各地要完善劳动能力鉴定档案管理，实现档案和业务一体化，确保全面、准确、规范。要规范纸质档案管理保存，研究制定电子档案标准，建立电子档案系统。有条件的地区劳动能力鉴定委员会可利用现代医疗技术和多媒体影像设备，加强鉴定现场相关影像资料的采集，作为评定职工工伤伤残等级和因病或非因工致残劳动能力鉴定的重要依据存档备查。

九、加强劳动能力鉴定信息化建设

各地人社部门要加快推进工伤保险认定鉴定经办信息一体化建设，实现劳动能力鉴定工作流程电子化闭环；通过互联网渠道，实现劳动能力鉴定线上申请和结论查询；探索通过大数据、人工智能等信息化技术加强劳动能力鉴定结果核查检验，做到全程可留痕、可监督、可追溯。加强与养老保险等人社内部信息共享，实现业务协同办理。加强与卫生健康委、医保部门、医疗机构的信息共享，鼓励通过医院检查结果互认共享，减少重复检查，方便职工办事，压缩劳动能力鉴定时限；通过与医保定点医疗机构就医信息的比对，核验劳动能力鉴定申请材料的真实性。鼓励地方积极协作开展异地劳动能力鉴定工作，支持有条件的地方对特殊群体、在特定时间探索开展“远程鉴定”。

十、加强劳动能力鉴定统计工作

各地人社部门要高度重视劳动能力鉴定统计工作，安排专人负责，并切实保证统计数据质量，《因病或非因工致残劳动能力鉴定情况》（见附件）按年度随《劳动能力鉴定情况》（人社统 W18 表）按时统一报送，对于经核实统计数据发生严重错误的，将进行通报。

附件：因病或因工致残劳动能力鉴定情况（略）

5. 工伤待遇

因工死亡职工供养亲属范围规定

1. 2003年9月23日劳动和社会保障部令第18号公布
2. 自2004年1月1日起施行

第一条 为明确因工死亡职工供养亲属范围,根据《工伤保险条例》第三十七条第一款第二项的授权,制定本规定。

第二条 本规定所称因工死亡职工供养亲属,是指该职工的配偶、子女、父母、祖父母、外祖父母、孙子女、外孙子女、兄弟姐妹。

本规定所称子女,包括婚生子女、非婚生子女、养子女和有抚养关系的继子女,其中,婚生子女、非婚生子女包括遗腹子女;

本规定所称父母,包括生父母、养父母和有抚养关系的继父母;

本规定所称兄弟姐妹,包括同父母的兄弟姐妹、同父异母或者同母异父的兄弟姐妹、养兄弟姐妹、有抚养关系的继兄弟姐妹。

第三条 上条规定的人员,依靠因工死亡职工生前提供主要生活来源,并有下列情形之一的,可按规定申请供养亲属抚恤金:

(一)完全丧失劳动能力的;

(二)工亡职工配偶男年满60周岁、女年满55周岁的;

(三)工亡职工父母男年满60周岁、女年满55周岁的;

(四)工亡职工子女未满18周岁的;

(五)工亡职工父母均已死亡,其祖父、外祖父年满60周岁,祖母、外祖母年满55周岁的;

(六)工亡职工子女已经死亡或完全丧失劳动能力,其孙子女、外孙子女未满18周岁的;

(七)工亡职工父母均已死亡或完全丧失劳动能力,其兄弟姐妹未满18周岁的。

第四条 领取抚恤金人员有下列情形之一的,停止享受抚恤金待遇:

(一)年满18周岁且未完全丧失劳动能力的;

(二)就业或参军的;

(三)工亡职工配偶再婚的;

(四)被他人或组织收养的;

(五)死亡的。

第五条 领取抚恤金的人员,在被判刑收监执行期间,停止享受抚恤金待遇。刑满释放仍符合领取抚恤金资格的,按规定的标准享受抚恤金。

第六条 因工死亡职工供养亲属享受抚恤金待遇的资格,由统筹地区社会保险经办机构核定。

因工死亡职工供养亲属的劳动能力鉴定,由因工死亡职工生前单位所在地设区的市级劳动能力鉴定委员会负责。

第七条 本办法自2004年1月1日起施行。

非法用工单位伤亡人员一次性赔偿办法

1. 2010年12月31日人力资源和社会保障部令第9号公布
2. 自2011年1月1日起施行

第一条 根据《工伤保险条例》第六十六条第一款的授权,制定本办法。

第二条 本办法所称非法用工单位伤亡人员,是指无营业执照或者未经依法登记、备案的单位以及被依法吊销营业执照或者撤销登记、备案的单位受到事故伤害或者患职业病的职工,或者用人单位使用童工造成的伤残、死亡童工。

前款所列单位必须按照本办法的规定向伤残职工或者死亡职工的近亲属、伤残童工或者死亡童工的近亲属给予一次性赔偿。

第三条 一次性赔偿包括受到事故伤害或者患职业病的职工或童工在治疗期间的费用和一次性赔偿金。一次性赔偿金数额应当在受到事故伤害或者患职业病的职工或童工死亡或者经劳动能力鉴定后确定。

劳动能力鉴定按照属地原则由单位所在地设区的市级劳动能力鉴定委员会办理。劳动能力鉴定费用由伤亡职工或童工所在单位支付。

第四条 职工或童工受到事故伤害或者患职业病,在劳动能力鉴定之前进行治疗期间的生活费按照统筹地区上年度职工月平均工资标准确定,医疗费、护理费、住院期间的伙食补助费以及所需的交通费等费用按照《工伤保险条例》规定的标准和范围确定,并全部由伤残职工或童工所在单位支付。

第五条 一次性赔偿金按照以下标准支付:

一级伤残的为赔偿基数的16倍,二级伤残的为赔偿基数的14倍,三级伤残的为赔偿基数的12倍,四级伤残的为赔偿基数的10倍,五级伤残的为赔偿基数的8倍,六级伤残的为赔偿基数的6倍,七级伤残的为赔偿基数的4倍,八级伤残的为赔偿基数的3倍,九级伤残的为赔偿基数的2倍,十级伤残的为赔偿基数的1倍。

前款所称赔偿基数,是指单位所在工伤保险统筹地区上年度职工年平均工资。

第六条 受到事故伤害或者患职业病造成死亡的,按照上一年度全国城镇居民人均可支配收入的20倍支付一次性赔偿金,并按照上一年度全国城镇居民人均可支配收入的10倍一次性支付丧葬补助等其他赔偿金。

第七条 单位拒不支付一次性赔偿的,伤残职工或者死亡职工的近亲属、伤残童工或者死亡童工的近亲属可以向人力资源和社会保障行政部门举报。经查证属实的,人力资源和社会保障行政部门应当责令该单位限期改正。

第八条 伤残职工或者死亡职工的近亲属、伤残童工或者死亡童工的近亲属就赔偿数额与单位发生争议的,按照劳动争议处理的有关规定处理。

第九条 本办法自2011年1月1日起施行。劳动和社会保障部2003年9月23日颁布的《非法用工单位伤亡人员一次性赔偿办法》同时废止。

社会保险基金先行支付暂行办法

1. 2011年6月29日人力资源和社会保障部令第15号公布
2. 根据2018年12月14日人力资源和社会保障部令第38号《关于修改部分规章的决定》修订

第一条 为了维护公民的社会保险合法权益,规范社会保险基金先行支付管理,根据《中华人民共和国社会保险法》(以下简称社会保险法)和《工伤保险条例》,制定本办法。

第二条 参加基本医疗保险的职工或者居民(以下简称个人)由于第三人的侵权行为造成伤病的,其医疗费用应当由第三人按照确定的责任大小依法承担。超过第三人责任部分的医疗费用,由基本医疗保险基金按照国家规定支付。

前款规定中应当由第三人支付的医疗费用,第三人不支付或者无法确定第三人的,在医疗费用结算时,个人可以向参保地社会保险经办机构书面申请基本医疗保险基金先行支付,并告知造成其伤病的原因和第三人不支付医疗费用或者无法确定第三人的情况。

第三条 社会保险经办机构接到个人根据第二条规定提出的申请后,经审核确定其参加基本医疗保险的,应当按照统筹地区基本医疗保险基金支付的规定先行支付相应部分的医疗费用。

第四条 个人由于第三人的侵权行为造成伤病被认定为工伤,第三人不支付工伤医疗费用或者无法确定第三人的,个人或者其近亲属可以向社会保险经办机构书面申请工伤保险基金先行支付,并告知第三人不支付或者无法确定第三人的情况。

第五条 社会保险经办机构接到个人根据第四条规定提出的申请后,应当审查个人获得基本医疗保险基金先行支付和其所在单位缴纳工伤保险费等情况,并按照下列情形分别处理:

(一)对于个人所在用人单位已经依法缴纳工伤保险费,且在认定工伤之前基本医疗保险基金有先行支付的,社会保险经办机构应当按照工伤保险有关规定,用工伤保险基金先行支付超出基本医疗保险基金先行支付部分的医疗费用,并向基本医疗保险基金退还先行支付的费用;

(二)对于个人所在用人单位已经依法缴纳工伤保险费,在认定工伤之前基本医疗保险基金无先行支付的,社会保险经办机构应当用工伤保险基金先行支付工伤医疗费用;

(三)对于个人所在用人单位未依法缴纳工伤保险费,且在认定工伤之前基本医疗保险基金有先行支付的,社会保险经办机构应当在3个工作日内向用人单位发出书面催告通知,要求用人单位在5个工作日内依法支付超出基本医疗保险基金先行支付部分的医疗费用,并向基本医疗保险基金偿还先行支付的医疗费用。用人单位在规定时间内不支付其余部分医疗费用的,社会保险经办机构应当用工伤保险基金先行支付;

(四)对于个人所在用人单位未依法缴纳工伤保险费,在认定工伤之前基本医疗保险基金无先行支付的,社会保险经办机构应当在3个工作日向用人单位发出书面催告通知,要求用人单位在5个工作日内依法支付全部工伤医疗费用;用人单位在规定时间内不支付的,社会保险经办机构应当用工伤保险基金先行支付。

第六条 职工所在用人单位未依法缴纳工伤保险费,发生工伤事故的,用人单位应当采取措施及时救治,并按照规定的工伤保险待遇项目和标准支付费用。

职工被认定为工伤后,有下列情形之一的,职工或者其近亲属可以持工伤认定决定书和有关材料向社会保险经办机构书面申请先行支付工伤保险待遇:

(一)用人单位被依法吊销营业执照或者撤销登记、备案的;

（二）用人单位拒绝支付全部或者部分费用的；

（三）依法经仲裁、诉讼后仍不能获得工伤保险待遇，法院出具中止执行文书的；

（四）职工认为用人单位不支付的其他情形。

第七条 社会保险经办机构收到职工或者其近亲属根据第六条规定提出的申请后，应当在3个工作日内向用人单位发出书面催告通知，要求其在5个工作日内予以核实并依法支付工伤保险待遇，告知其如在规定期限内不按时足额支付的，工伤保险基金在按照规定先行支付后，取得要求其偿还的权利。

第八条 用人单位未按照第七条规定按时足额支付的，社会保险经办机构应当按照社会保险法和《工伤保险条例》的规定，先行支付工伤保险待遇项目中应当由工伤保险基金支付的项目。

第九条 个人或者其近亲属提出先行支付医疗费用、工伤医疗费用或者工伤保险待遇申请，社会保险经办机构经审核不符合先行支付条件的，应当在收到申请后5个工作日内作出不予先行支付的决定，并书面通知申请人。

第十条 个人申请先行支付医疗费用、工伤医疗费用或者工伤保险待遇的，应当提交所有医疗诊断、鉴定等费用的原始票据等证据。社会保险经办机构应当保留所有原始票据等证据，要求申请人在先行支付凭据上签字确认，凭原始票据等证据先行支付医疗费用、工伤医疗费用或者工伤保险待遇。

个人因向第三人或者用人单位请求赔偿需要医疗费用、工伤医疗费用或者工伤保险待遇的原始票据等证据的，可以向社会保险经办机构索取复印件，并将第三人或者用人单位赔偿情况及时告知社会保险经办机构。

第十一条 个人已经从第三人或者用人单位处获得医疗费用、工伤医疗费用或者工伤保险待遇的，应当主动将先行支付金额中应当由第三人承担的部分或者工伤保险基金先行支付的工伤保险待遇退还给基本医疗保险基金或者工伤保险基金，社会保险经办机构不再向第三人或者用人单位追偿。

个人拒不退还的，社会保险经办机构可以从以后支付的相关待遇中扣减其应当退还的数额，或者向人民法院提起诉讼。

第十二条 社会保险经办机构按照本办法第三条规定先行支付医疗费用或者按照第五条第一项、第二项规定先行支付工伤医疗费用后，有关部门确定了第三人责任的，应当要求第三人按照确定的责任大小依法偿还先行支付数额中的相应部分。第三人逾期不偿还的，社会保险经办机构应当依法向人民法院提起诉讼。

第十三条 社会保险经办机构按照本办法第五条第三项、第四项和第六条、第七条、第八条的规定先行支付工伤保险待遇后，应当责令用人单位在10日内偿还。

用人单位逾期不偿还的，社会保险经办机构可以按照社会保险法第六十三条的规定，向银行和其他金融机构查询其存款账户，申请县级以上社会保险行政部门作出划拨应偿还款项的决定，并书面通知用人单位开户银行或者其他金融机构划拨其应当偿还的数额。

用人单位账户余额少于应当偿还数额的，社会保险经办机构可以要求其提供担保，签订延期还款协议。

用人单位未按时足额偿还且未提供担保的，社会保险经办机构可以申请人民法院扣押、查封、拍卖其价值相当于应当偿还数额的财产，以拍卖所得偿还所欠数额。

第十四条 社会保险经办机构向用人单位追偿工伤保险待遇发生的合理费用以及用人单位逾期偿还部分的利息损失等，应当由用人单位承担。

第十五条 用人单位不支付依法应当由其支付的工伤保险待遇项目的，职工可以依法申请仲裁、提起诉讼。

第十六条 个人隐瞒已经从第三人或者用人单位处获得医疗费用、工伤医疗费用或者工伤保险待遇，向社会保险经办机构申请并获得社会保险基金先行支付的，按照社会保险法第八十八条的规定处理。

第十七条 用人单位对社会保险经办机构作出先行支付的追偿决定不服或者对社会保险行政部门作出的划拨决定不服的，可以依法申请行政复议或者提起行政诉讼。

个人或者其近亲属对社会保险经办机构作出不予先行支付的决定不服或者对先行支付的数额不服的，可以依法申请行政复议或者提起行政诉讼。

第十八条 本办法自2011年7月1日起施行。

工伤保险辅助器具配置管理办法

1. 2016年2月16日人力资源社会保障部、民政部、国家卫生和计划生育委员会令第27号公布

2. 根据2018年12月14日人力资源社会保障部令第38号《关于修改部分规章的决定》修订

第一章 总　　则

第一条 为了规范工伤保险辅助器具配置管理，维护工伤职工的合法权益，根据《工伤保险条例》，制定本办法。

第二条　工伤职工因日常生活或者就业需要，经劳动能力鉴定委员会确认，配置假肢、矫形器、假眼、假牙和轮椅等辅助器具的，适用本办法。

第三条　人力资源社会保障行政部门负责工伤保险辅助器具配置的监督管理工作。民政、卫生计生等行政部门在各自职责范围内负责工伤保险辅助器具配置的有关监督管理工作。

社会保险经办机构（以下称经办机构）负责对申请承担工伤保险辅助器具配置服务的辅助器具装配机构和医疗机构（以下称工伤保险辅助器具配置机构）进行协议管理，并按照规定核付配置费用。

第四条　设区的市级（含直辖市的市辖区、县）劳动能力鉴定委员会（以下称劳动能力鉴定委员会）负责工伤保险辅助器具配置的确认工作。

第五条　省、自治区、直辖市人力资源社会保障行政部门负责制定工伤保险辅助器具配置机构评估确定办法。

经办机构按照评估确定办法，与工伤保险辅助器具配置机构签订服务协议，并向社会公布签订服务协议的工伤保险辅助器具配置机构（以下称协议机构）名单。

第六条　人力资源社会保障部根据社会经济发展水平、工伤职工日常生活和就业需要等，组织制定国家工伤保险辅助器具配置目录，确定配置项目、适用范围、最低使用年限等内容，并适时调整。

省、自治区、直辖市人力资源社会保障行政部门可以结合本地区实际，在国家目录确定的配置项目基础上，制定省级工伤保险辅助器具配置目录，适当增加辅助器具配置项目，并确定本地区辅助器具配置最高支付限额等具体标准。

第二章　确认与配置程序

第七条　工伤职工认为需要配置辅助器具的，可以向劳动能力鉴定委员会提出辅助器具配置确认申请，并提交下列材料：

（一）居民身份证或者社会保障卡等有效身份证明原件；

（二）有效的诊断证明、按照医疗机构病历管理有关规定复印或者复制的检查、检验报告等完整病历材料。

工伤职工本人因身体等原因无法提出申请的，可由其近亲属或者用人单位代为申请。

第八条　劳动能力鉴定委员会收到辅助器具配置确认申请后，应当及时审核；材料不完整的，应当自收到申请之日起5个工作日内一次性书面告知申请人需要补正的全部材料；材料完整的，应当在收到申请之日起60日内作出确认结论。伤情复杂、涉及医疗卫生专业较多的，作出确认结论的期限可以延长30日。

第九条　劳动能力鉴定委员会专家库应当配备辅助器具配置专家，从事辅助器具配置确认工作。

劳动能力鉴定委员会应当根据配置确认申请材料，从专家库中随机抽取3名或者5名专家组成专家组，对工伤职工本人进行现场配置确认。专家组中至少包括1名辅助器具配置专家、2名与工伤职工伤情相关的专家。

第十条　专家组根据工伤职工伤情，依据工伤保险辅助器具配置目录有关规定，提出是否予以配置的确认意见。专家意见不一致时，按照少数服从多数的原则确定专家组的意见。

劳动能力鉴定委员会根据专家组确认意见作出配置辅助器具确认结论。其中，确认予以配置的，应当载明确认配置的理由、依据和辅助器具名称等信息；确认不予配置的，应当说明不予配置的理由。

第十一条　劳动能力鉴定委员会应当自作出确认结论之日起20日内将确认结论送达工伤职工及其用人单位，并抄送经办机构。

第十二条　工伤职工收到予以配置的确认结论后，及时向经办机构进行登记，经办机构向工伤职工出具配置费用核付通知单，并告知下列事项：

（一）工伤职工应当到协议机构进行配置；

（二）确认配置的辅助器具最高支付限额和最低使用年限；

（三）工伤职工配置辅助器具超目录或者超出限额部分的费用，工伤保险基金不予支付。

第十三条　工伤职工可以持配置费用核付通知单，选择协议机构配置辅助器具。

协议机构应当根据与经办机构签订的服务协议，为工伤职工提供配置服务，并如实记录工伤职工信息、配置器具产品信息、最高支付限额、最低使用年限以及实际配置费用等配置服务事项。

前款规定的配置服务记录经工伤职工签字后，分别由工伤职工和协议机构留存。

第十四条　协议机构或者工伤职工与经办机构结算配置费用时，应当出具配置服务记录。经办机构核查后，应当按照工伤保险辅助器具配置目录有关规定及时支付费用。

第十五条　工伤职工配置辅助器具的费用包括安装、维修、训练等费用，按照规定由工伤保险基金支付。

经经办机构同意，工伤职工到统筹地区以外的协议机构配置辅助器具发生的交通、食宿费用，可以按照统筹地区人力资源社会保障行政部门的规定，由工伤保险基金支付。

第十六条　辅助器具达到规定的最低使用年限的，工伤职工可以按照统筹地区人力资源社会保障行政部门的规定申请更换。

工伤职工因伤情发生变化，需要更换主要部件或者配置新的辅助器具的，经向劳动能力鉴定委员会重新提出确认申请并经确认后，由工伤保险基金支付配置费用。

第三章　管理与监督

第十七条　辅助器具配置专家应当具备下列条件之一：

（一）具有医疗卫生中高级专业技术职务任职资格；

（二）具有假肢师或者矫形器师职业资格；

（三）从事辅助器具配置专业技术工作5年以上。

辅助器具配置专家应当具有良好的职业品德。

第十八条　工伤保险辅助器具配置机构的具体条件，由省、自治区、直辖市人力资源社会保障行政部门会同民政、卫生计生行政部门规定。

第十九条　经办机构与工伤保险辅助器具配置机构签订的服务协议，应当包括下列内容：

（一）经办机构与协议机构名称、法定代表人或者主要负责人等基本信息；

（二）服务协议期限；

（三）配置服务内容；

（四）配置费用结算；

（五）配置管理要求；

（六）违约责任及争议处理；

（七）法律、法规规定应当纳入服务协议的其他事项。

第二十条　配置的辅助器具应当符合相关国家标准或者行业标准。统一规格的产品或者材料等辅助器具在装配前应当由国家授权的产品质量检测机构出具质量检测报告，标注生产厂家、产品品牌、型号、材料、功能、出品日期、使用期和保修期等事项。

第二十一条　协议机构应当建立工伤职工配置服务档案，并至少保存至服务期限结束之日起两年。经办机构可以对配置服务档案进行抽查，并作为结算配置费用的依据之一。

第二十二条　经办机构应当建立辅助器具配置工作回访制度，对辅助器具装配的质量和服务进行跟踪检查，并将检查结果作为对协议机构的评价依据。

第二十三条　工伤保险辅助器具配置机构违反国家规定的辅助器具配置管理服务标准，侵害工伤职工合法权益的，由民政、卫生计生行政部门在各自监管职责范围内依法处理。

第二十四条　有下列情形之一的，经办机构不予支付配置费用：

（一）未经劳动能力鉴定委员会确认，自行配置辅助器具的；

（二）在非协议机构配置辅助器具的；

（三）配置辅助器具超目录或者超出限额部分的；

（四）违反规定更换辅助器具的。

第二十五条　工伤职工或者其近亲属认为经办机构未依法支付辅助器具配置费用，或者协议机构认为经办机构未履行有关协议的，可以依法申请行政复议或者提起行政诉讼。

第四章　法 律 责 任

第二十六条　经办机构在协议机构管理和核付配置费用过程中收受当事人财物的，由人力资源社会保障行政部门责令改正，对直接负责的主管人员和其他直接责任人员依法给予处分；情节严重，构成犯罪的，依法追究刑事责任。

第二十七条　从事工伤保险辅助器具配置确认工作的组织或者个人有下列情形之一的，由人力资源社会保障行政部门责令改正，处2000元以上1万元以下的罚款；情节严重，构成犯罪的，依法追究刑事责任：

（一）提供虚假确认意见的；

（二）提供虚假诊断证明或者病历的；

（三）收受当事人财物的。

第二十八条　协议机构不按照服务协议提供服务的，经办机构可以解除服务协议，并按照服务协议追究相应责任。

经办机构不按时足额结算配置费用的，由人力资源社会保障行政部门责令改正；协议机构可以解除服务协议。

第二十九条　用人单位、工伤职工或者其近亲属骗取工伤保险待遇，辅助器具装配机构、医疗机构骗取工伤保险基金支出的，按照《工伤保险条例》第六十条的规定，由人力资源社会保障行政部门责令退还，处骗取金额2倍以上5倍以下的罚款；情节严重，构成犯罪的，依法追究刑事责任。

第五章　附　　则

第三十条　用人单位未依法参加工伤保险，工伤职工需要配置辅助器具的，按照本办法的相关规定执行，并由用人单位支付配置费用。

第三十一条　本办法自2016年4月1日起施行。

劳动和社会保障部办公厅关于对一至四级“老工伤”人员在二〇〇四年一月一日后死亡是否享受一次性工亡补助金问题的复函

1. 2005年12月12日
2. 劳社厅函〔2005〕436号

吉林省劳动和社会保障厅：

你厅《关于一至四级“老工伤”人员在二〇〇四年一月一日后死亡是否享受一次性工亡补助金问题的请示》（吉劳社医字〔2004〕261号）收悉。经研究，函复如下：

1996年10月1日前（即《企业职工工伤保险试行办法》施行前）发生工伤没有给付一次性伤残补助金的一至四级伤残人员，在《工伤保险条例》施行后死亡的，是否享受一次性工亡补助金，可由你省根据实际情况，自行确定。

最高人民法院行政庭关于劳动行政部门是否有权作出强制企业支付工伤职工医疗费用的决定的答复

1. 1998年2月15日
2. 〔1997〕法行字第29号

山西省高级人民法院：

你院〔1997〕晋法行字第6号《关于如何理解和执行〈劳动法〉第五十七条的请示》收悉。经研究，原则同意你院的意见，即：根据现行法律规定，劳动行政部门无权作出强制企业支付工伤职工医疗费用的决定。

此复。

最高人民法院关于因第三人造成工伤的职工或其亲属在获得民事赔偿后是否还可以获得工伤保险补偿问题的答复

1. 2006年12月28日
2. 〔2006〕行他字第12号

新疆维吾尔自治区高级人民法院生产建设兵团分院：

你院《关于因第三人造成工伤死亡的亲属在获得高于工伤保险待遇的民事赔偿后是否还可以获得工伤保险补偿问题的请示报告》收悉。经研究，答复如下：

原则同意你院审判委员会的倾向性意见。即根据《中华人民共和国安全生产法》第四十八条以及最高人民法院《关于审理人身损害赔偿案件适用法律若干问题的解释》第十二条的规定，因第三人造成工伤的职工或其近亲属，从第三人处获得民事赔偿后，可以按照《工伤保险条例》第三十七条的规定，向工伤保险机构申请工伤保险待遇补偿。

此复。

·典型案例·

安民重、兰自姣诉深圳市水湾远洋渔业有限公司工伤保险待遇纠纷案

【裁判摘要】

用人单位为职工购买商业性人身意外伤害保险的，不因此免除其为职工购买工伤保险的法定义务。职工获得用人单位为其购买的人身意外伤害保险赔付后，仍然有权向用人单位主张工伤保险待遇。

【基本案情】

原告：安民重，男，汉族，58岁，住河南省栾川县。

原告：兰自姣，女，汉族，53岁，住河南省栾川县。

被告：深圳市水湾远洋渔业有限公司，住所地：广东省深圳市宝安区沙井街道。

原告安民重、兰自姣因与被告深圳市水湾远洋渔业有限公司（以下简称水湾公司）发生工伤保险待遇纠纷，向广州海事法院提起诉讼。

原告安民重和兰自姣诉称：2012年7月，安民重和兰自姣之子安东卫在水湾公司处任职，担任大管轮职务。2013年8月5日，安东卫工作的船舶“中洋26”轮在法属波利尼西亚南方群岛拉帕岛附近海域遇险侧翻，包括安东卫在内的8名船员遇难。2015年3月16日，深圳市人力资源和社会保障局认定安东卫遭受事故伤害情形属于工伤，依法应当享受工伤保险待遇。安民重和兰自姣作为安东卫的法定继承人，请求判令水湾公司支付拖欠安东卫的工资及奖金，以及丧葬补助金、供养亲属抚恤金、一次性工亡补助金等工伤保险待遇。

被告水湾公司辩称：水湾公司没有为安东卫办理工伤保险的责任不在水湾公司，而且安东卫生前与水湾公司约定以商业保险替代工伤保险。原告安民重和兰自姣已经拿到商业保险金60万元，无权再主张工伤保险赔

偿金。

广州海事法院一审查明：

2011年11月，被告水湾公司与浙江鑫隆远洋渔业有限公司（以下简称鑫隆公司）签订委托招聘合同，约定：鑫隆公司为水湾公司名下“中洋16”轮、“中洋18”轮、“中洋26”轮等6艘船舶招聘远洋船员，以鑫隆公司名义与应聘船员签订聘用合同，合同的权利义务由水湾公司享有和承担；鑫隆公司在与应聘船员签订聘用合同时应当口头向其披露委托方，经应聘船员无异议后方可签订聘用合同。

2012年7月8日，安东卫与鑫隆公司签订大管轮聘用合同，合同约定：鑫隆公司招聘安东卫为远洋大管轮职务船员，聘用期限为两年半，自安东卫出境日9月1日起至安东卫所在船只抵境日或合同到期日止；鑫隆公司负责为安东卫投保人身意外险，如在聘用期内发生因工伤亡，按有关意外保险条款执行。

2012年8月22日，被告水湾公司作为投保人，为包括安东卫在内的48名船员向中国人民财产保险股份有限公司深圳市分公司（以下简称人保公司）投保团体意外伤害保险，保障项目为额外身故、残疾、烧伤给付，每人保险金额为60万元，保险期间为2012年8月23日至2013年8月22日。水湾公司于投保当日缴纳了保费。

2012年9月，安东卫等14名船员被派遣至“中洋26”轮上进行远海捕鱼作业。2013年8月5日1730时，“中洋26”轮在法属波利尼西亚南方群岛拉帕岛附近海域遇险侧翻。2014年1月16日，安东卫被河南省栾川县人民法院宣告死亡。人保公司向原告安民重和兰自姣实际支付了安东卫身故赔偿金60万元。

2014年12月10日，浙江省绍兴市越城区人民法院作出(2014)绍越民初字第1799号民事判决，确认鑫隆公司与安东卫签订聘用合同的行为属于隐名代理，鑫隆公司与安东卫签订的聘用合同直接约束水湾公司和安东卫，水湾公司与安东卫存在劳动关系。水湾公司对该判决结论予以认可。2015年3月16日，深圳市人力资源和社会保障局认定安东卫于2013年8月5日因工外出在法属波利尼西亚南方群岛拉帕岛附近海域遇险，经法院判决宣告死亡属于工伤。

另查明：原告安民重是安东卫的父亲，原告兰自姣是安东卫的母亲。兰自姣持有栾川县残疾人联合会填发的残疾人证，记载残疾类别为肢体，残疾等级为3级。

【一审裁判理由】

广州海事法院一审认为：

2012年9月1日至2013年8月5日期间，安东卫受被告水湾公司聘用在“中洋26”轮上进行远海捕鱼作业，安东卫与水湾公司存在劳动合同关系。水湾公司没有为安东卫买工伤保险，根据《广东省工伤保险条例》第四十三条关于“职工所在用人单位未依法缴纳工伤保险费，发生工伤事故的，由用人单位支付工伤保险待遇”和第五十七条第一款关于“用人单位依照本条例规定应当参加工伤保险而未参加或者未按时缴纳工伤保险费，职工发生工伤的，由该用人单位按照本条例规定的工伤保险待遇项目和标准向职工支付费用”的规定，水湾公司应向原告安民重和兰自姣支付安东卫依法应享有的工伤保险待遇。水湾公司虽然为安东卫购买了意外伤害商业保险，并与安东卫在聘用合同中约定在聘用期内如因工伤亡，按有关意外保险条款执行，但依法缴纳工伤保险是用人单位的法定义务，该项义务不能通过当事人协商予以免除。安民重和兰自姣以意外伤害保险单受益人身份取得商业保险赔偿金后，仍有权主张工伤保险赔偿。水湾公司关于安民重和兰自姣已取得60万元商业保险金即无权再主张工伤保险赔偿金的抗辩不能成立。

【一审裁判结果】

综上，广州海事法院根据《中华人民共和国劳动合同法》第三十条和《广东省工伤保险条例》第三十七条、第四十三条、第五十七条第一款的规定，于2015年10月8日作出判决：一、被告水湾公司向原告安民重、兰自姣支付安东卫的工资、奖金共计26 709.2元；二、水湾公司向安民重、兰自姣支付丧葬补助金、一次性工亡补助金共计520 808元；三、驳回安民重、兰自姣的其他诉讼请求。

【上诉情况】

水湾公司不服一审判决，向广东省高级人民法院提起上诉。

上诉人水湾公司上诉称：广州海事法院认为被上诉人安民重和兰自姣获得商业保险赔偿后仍有权向水湾公司主张工伤保险赔付错误。因船员流动性强，用人单位无法也不能为船员购买工伤保险，为保护船员利益，水湾公司和船员安东卫在劳动合同中约定由水湾公司为其购买商业保险，并约定船员获得商业保险赔偿后不得再向水湾公司主张工伤保险赔付。安民重和兰自姣已经获得了60万元的商业保险赔付，一审法院再支持其向水湾公司提出的工伤保险赔付，实质上支持了二者的不诚信行为，违反公平原则，应予改判。

被上诉人安民重、兰自姣在二审中未提交答辩意见。

广东省高级人民法院经二审，确认了一审查明的事实。

【二审争议焦点】

本案二审的争议焦点为：被上诉人安民重和兰自姣获得上诉人水湾公司为其子安东卫购买的商业保险的保险赔付后，能否再向水湾公司主张安东卫的工伤保险待遇。

【二审裁判理由】

广东省高级人民法院二审认为：

《中华人民共和国工伤保险条例》第二条第一款规定："中华人民共和国境内的企业、事业单位、社会团体、民办非企业单位、基金会、律师事务所、会计师事务所等组织和有雇工的个体工商户（以下称用人单位）应当依照本条例规定参加工伤保险，为本单位全部职工或者雇工（以下称职工）缴纳工伤保险费"，根据该规定，为职工缴纳工伤保险费是水湾公司的法定义务，该法定义务不得通过任何形式予以免除或变相免除。《工伤保险条例》第六十二条第二款又进一步规定："依照本条例规定应当参加工伤保险而未参加工伤保险的用人单位职工发生工伤的，由该用人单位按照本条例规定的工伤保险待遇项目和标准支付费用"。在上诉人水湾公司未为安东卫缴纳工伤保险费的情况下，水湾公司应向安东卫的父母被上诉人安民重和兰自姣支付工伤保险待遇。水湾公司为安东卫购买的商业性意外伤害保险，性质上是水湾公司为安东卫提供的一种福利待遇，不能免除水湾公司作为用人单位负有的法定的缴纳工伤保险费的义务或支付工伤保险待遇的义务。

此外，法律及司法解释并不禁止受工伤的职工或其家属获得双重赔偿。最高人民法院《关于审理工伤保险行政案件若干问题的规定》第八条第一款规定："职工因第三人的原因受到伤害，社会保险行政部门以职工或者其近亲属已经对第三人提起民事诉讼或者获得民事赔偿为由，作出不予受理工伤认定申请或者不予认定工伤决定的，人民法院不予支持"，第三款规定："职工因第三人的原因导致工伤，社会保险经办机构以职工或者其近亲属已经对第三人提起民事诉讼为由，拒绝支付工伤保险待遇的，人民法院不予支持，但第三人已经支付的医疗费用除外"，由此可见，上述规定并不禁止受工伤的职工同时获得民事赔偿和工伤保险待遇赔偿。上诉人水湾公司称被上诉人安民重和兰自姣同时获得保险金和工伤保险待遇属一事二赔、违反公平原则，没有法律依据，不予支持。一审法院判决水湾公司向安民重和兰自姣支付工伤保险待遇正确，予以维持。

【二审裁判结果】

综上，一审法院认定事实清楚，适用法律正确，处理结果恰当，应予维持。水湾公司上诉理据不足，予以驳回。依照《中华人民共和国民事诉讼法》第一百七十条第一款第一项的规定，于2016年5月24日作出判决：

驳回上诉，维持原判。

本判决为终审判决。

伏恒生等诉连云港开发区华源市政园林工程公司工伤待遇赔偿纠纷案

【裁判摘要】

未达到法定退休年龄的企业内退人员，在与原用人单位保留劳动关系的前提下，到另一单位从事劳动、接受管理的，劳动者与新用人单位之间的用工关系为劳动关系。劳动者在新用人单位工作期间发生工伤事故的，新用人单位是工伤保险责任的赔偿主体，应由其承担工伤待遇赔偿的各项义务。

【基本案情】

原告：伏恒生（伏运山父亲），男，88岁，住江苏省连云港市连云区。

原告：张正花（伏运山妻子），女，60岁，住江苏省连云港市连云区。

原告：伏彩军（伏运山之子），男，34岁，住江苏省连云港市连云区。

被告：连云港开发区华源市政园林工程有限公司，住所地：江苏省连云港市开发区黄河路。

原告伏恒生、张正花、伏彩军因伏运山与被告连云港开发区华源市政园林工程有限公司（以下简称华源公司）发生工伤待遇赔偿纠纷，向江苏省连云港市连云区人民法院提起诉讼。

原告伏恒生、张正花、伏彩军诉称：三原告亲属伏运山于2006年8月份至被告处从事环卫保洁，2008年12月14日，伏运山在打扫卫生时遭受交通事故受伤。2011年8月30日连云港市人力资源和社会保障局作出了连人社工伤开认字［2011］第98号工伤认定书，认定伏运山受伤部位及伤情为工伤。2012年3月27日，连云港市劳动能力鉴定委员会评定伏运山工伤伤残等级为五级。原告于2013年3月向连云港经济技术开发区劳动争议仲裁委员会提出仲裁申请，仲裁委于2014年9月28日作出第2013－027号终止审理确认书。请求判决被告支付三原告医疗费、住院伙食补助费、护理费等费用及伤残补助金、伤残津贴、工资、一次性医疗补助金、一次性就业补助金合计161 365元，庭审中原告变更要求赔偿项目要求被告赔偿：停工留薪期工资43 700元、一次性伤残补助金24 642元、一次性工伤医疗补助金69 119.4元、一次性伤残就业补助金14 109元，合计151 570.4元。

被告华源公司辩称：伏运山是盐场工人，享有社保，内退期间至被告处工作，被告无法为其交纳社保，原、被告间应属雇佣关系。本起案件已过诉讼时效。

连云港市连云区人民法院一审查明：

2008年12月14日三原告的亲属伏运山在被告华源公司从事工作期间发生交通事故受伤。2009年12月15日，伏运山向连云港经济技术开发区劳动争议仲裁委员会申请劳动仲裁要求确认其与被告间存在劳动关系，该委以2010－023号案件终止审理确认书确认终止该案审理。伏运山不服向法院提起诉讼，连云港市连云区人民法院以（2011）港民初字引104号民事判决书判决伏运山与被告间自2006年8月起至2010年6月止存在劳动关系。且该判决书已经二审维持原判。伏运山于2011年8月30日被连云港市人力资源和社会保障局确认系工伤并经连云港市劳动能力鉴定委员会鉴定为工伤五级。伏运山于2013年3月22日向连云港经济技术开发区劳动争议仲裁委员会申请仲裁要求工伤赔偿，该委于2014年9月28日以第2013－027号案件终止审理确认书终止对该案件审理工作。2013年12月9日伏运山因病死亡。本案在审理过程中，三原告申请变更诉讼主体作为原告参加诉讼。同时查明，伏运山1955年6月23日出生，原告伏恒山系其父亲，原告张正花系其妻子，原告伏彩军系其之子。伏运山因同一起交通事故向侵权人提起民事赔偿，于2009年6月24日评残。连云港市连云区人民法院以（2009）港民一初字第0845号民事判决书确认原告误工期自伤起至评残前一日。

【一审裁判理由】

连云港市连云区人民法院一审认为：

本案伏运山一直在主张权利，故本案并未过诉讼时效。企业未达到法定退休年龄的内退人员与新用人单位之间的关系为劳动关系。即使内退职工的原用人单位为其缴纳了工伤保险费，新用人单位亦应自用工之日起为职工办理工伤保险的转移手续并续缴工伤保险费，从而实现分散企业用工风险和保护工伤职工合法权益的立法宗旨。新用人单位未履行该法律义务，劳动者在该单位工作期间发生工伤事故的，依法应当由实际用人单位承担工伤待遇赔偿的法律义务。伏运山与被告华源公司自2006年8月至2010年6月存在劳动关系已经由（2011）港民初字第01014号生效民事判决予以确认，伏运山于2008年12月14日在被告从事卫生保洁工作时发生交通事故受伤，被告依法应对伏运山因工伤产生的各项待遇损失承担赔偿责任。伏运山受伤后经连云港市劳动能力鉴定委员会认定为工伤同时经鉴定为五级伤残，法院予以确认。对伏运山申请仲裁和各项费用，法院认定如下：一、停工留薪期工资43 700元。伏运山停工留薪期经（2009）港民一初字第0845号民事判决书确认自伤起至评残前一日（伏运山于2009年6月24日评残）。伏运山主张按12个月计算未能举证，不予采信。2008年连云港市社保缴费基数为1369元，伏运山停工留薪期工资应为8670元（6月×1369元/月＋1369元/30天×10天）。二、一次性伤残补助金24 642元。根据伏运山伤残五级，伏运山一次伤残补助金为24 642元。三、一次性工伤医疗补助金69 119.4元。伏运山与被告于2010年解除劳动关系，故应按2009年连云港市当地职工平均工资28 212元/年计算其工伤医疗补助金，根据统计数据当地人口平均寿命为76周岁，伏运山一次性工伤医疗补助金应为69 119.4元（21年×1.4月/年×28 218元/12月）。四、一次性伤残就业补助金14 109元。伏运山于2010年6月与被告解除劳动关系已超过55周岁，应给予六个月当地职工平均工资，应以2009年连云港当地职工平均工资28 212元/年计算，故对三原告主张的一次性伤残就业补助金14 109元（6月×28 212元/12月）予以支持。

【一审裁判结果】

综上，连云港市连云区人民法院依照《工伤保险条例》第三十六条第一款第（一）项，《江苏省实施〈工伤保险条例〉办法》第二十二条、第二十四条，《中华人民共和国民事诉讼法》第六十四条第一款之规定，于2014年12月20日作出判决：

被告华源公司于本判决发生法律效力之日起10日内支付原告伏恒生、张正花、伏彩军工伤赔偿金合计116 084.4元。

【上诉情况】

华源公司不服，向连云港市中级人民法院提起上诉称：1.伏运山属于雇工，其交通事故已获赔偿，上诉人不应承担赔偿责任。2.原审认定赔偿项目和数额错误。请求依法改判上诉人不承担责任或发回重审。在连云港市中级人民法院组织的听证过程中，华源公司补充四点意见：（1）2008年连云港市的社保缴费工资基数是890元，而非1369元，原审停工留薪期的工资计算错误；（2）伏运山月工资为800元左右，原审一次性伤残补助金计算错误；（3）根据最新解释，自2015年6月1日起没有一次性工伤医疗补助金这一项；（4）伏运山已经超过法定退休年龄，故不应给一次性伤残补助金。

被上诉人伏恒生、张正花、伏彩军辩称：1.原审法院认定事实清楚，适用法律正确；2.上诉人华源公司并无证据证明2008年连云港市社保缴费工资基数为890元，原审中上诉人已经提交证据证明是1369元；3.上诉人主张的关于没有一次性医疗补助金的规今年起执行，本案工伤发生在几年前，该规定不适用本案；4.伏运山达到退休年龄不享受就业补助金没有明确的法律规定，不能成立；5.原审认为上诉人提交的关于伏运山工资的证据不具有客观性，故没有认可上诉人的主张。请求维持原判。

连云港市中级人民法院经二审，确认了一审查明的事实。

【二审裁判理由】

连云港市中级人民法院二审认为：

当事人对自己的主张，有责任提供证据。本案中，上诉人华源公司并未提供合法有效的证据证明其主张。《工伤保险条例》第六十四条第二款规定，本条例所称本人工资，是指工伤职工因工作遭受事故伤害或者患职业病前12个月平均月缴费工资。一审法院关于2008年社保缴费工资基数的认定及相应工伤保险待遇的计算数额均无不当。

【二审裁判结果】

综上，一审判决认定事实清楚，适用法律正确。据此，连云港市中级人民法院依照《中华人民共和国民事诉讼法》第一百六十九条、第一百七十条第一款第（一）项之规定，于2015年7月3日作出判决：

驳回上诉，维持原判。

本判决为终审判决。

六、失业保险

资料补充栏

失业保险条例

1999年1月22日国务院令第258号发布施行

第一章 总 则

第一条 为了保障失业人员失业期间的基本生活,促进其再就业,制定本条例。

第二条 城镇企业事业单位、城镇企业事业单位职工依照本条例的规定,缴纳失业保险费。

城镇企业事业单位失业人员依照本条例的规定,享受失业保险待遇。

本条所称城镇企业,是指国有企业、城镇集体企业、外商投资企业、城镇私营企业以及其他城镇企业。

第三条 国务院劳动保障行政部门主管全国的失业保险工作。县级以上地方各级人民政府劳动保障行政部门主管本行政区域内的失业保险工作。劳动保障行政部门按照国务院规定设立的经办失业保险业务的社会保险经办机构依照本条例的规定,具体承办失业保险工作。

第四条 失业保险费按照国家有关规定征缴。

第二章 失业保险基金

第五条 失业保险基金由下列各项构成:

(一)城镇企业事业单位、城镇企业事业单位职工缴纳的失业保险费;

(二)失业保险基金的利息;

(三)财政补贴;

(四)依法纳入失业保险基金的其他资金。

第六条 城镇企业事业单位按照本单位工资总额的百分之二缴纳失业保险费。城镇企业事业单位职工按照本人工资的百分之一缴纳失业保险费。城镇企业事业单位招用的农民合同制工人本人不缴纳失业保险费。

第七条 失业保险基金在直辖市和设区的市实行全市统筹;其他地区的统筹层次由省、自治区人民政府规定。

第八条 省、自治区可以建立失业保险调剂金。

失业保险调剂金以统筹地区依法应当征收的失业保险费为基数,按照省、自治区人民政府规定的比例筹集。

统筹地区的失业保险基金不敷使用时,由失业保险调剂金调剂、地方财政补贴。

失业保险调剂金的筹集、调剂使用以及地方财政补贴的具体办法,由省、自治区人民政府规定。

第九条 省、自治区、直辖市人民政府根据本行政区域失业人员数量和失业保险基金数额,报经国务院批准,可以适当调整本行政区域失业保险费的费率。

第十条 失业保险基金用于下列支出:

(一)失业保险金;

(二)领取失业保险金期间的医疗补助金;

(三)领取失业保险金期间死亡的失业人员的丧葬补助金和其供养的配偶、直系亲属的抚恤金;

(四)领取失业保险金期间接受职业培训、职业介绍的补贴,补贴的办法和标准由省、自治区、直辖市人民政府规定;

(五)国务院规定或者批准的与失业保险有关的其他费用。

第十一条 失业保险基金必须存入财政部门在国有商业银行开设的社会保障基金财政专户,实行收支两条线管理,由财政部门依法进行监督。

存入银行和按照国家规定购买国债的失业保险基金,分别按照城乡居民同期存款利率和国债利息计息。失业保险基金的利息并入失业保险基金。

失业保险基金专款专用,不得挪作他用,不得用于平衡财政收支。

第十二条 失业保险基金收支的预算、决算,由统筹地区社会保险经办机构编制,经同级劳动保障行政部门复核、同级财政部门审核,报同级人民政府审批。

第十三条 失业保险基金的财务制度和会计制度按照国家有关规定执行。

第三章 失业保险待遇

第十四条 具备下列条件的失业人员,可以领取失业保险金:

(一)按照规定参加失业保险,所在单位和本人已按照规定履行缴费义务满1年的;

(二)非因本人意愿中断就业的;

(三)已办理失业登记,并有求职要求的。

失业人员在领取失业保险金期间,按照规定同时享受其他失业保险待遇。

第十五条 失业人员在领取失业保险金期间有下列情形之一的,停止领取失业保险金,并同时停止享受其他失业保险待遇:

(一)重新就业的;

(二)应征服兵役的;

(三)移居境外的;

(四)享受基本养老保险待遇的;

(五)被判刑收监执行或者被劳动教养的;

(六)无正当理由,拒不接受当地人民政府指定的部门或者机构介绍的工作的;

（七）有法律、行政法规规定的其他情形的。

第十六条 城镇企业事业单位应当及时为失业人员出具终止或者解除劳动关系的证明，告知其按照规定享受失业保险待遇的权利，并将失业人员的名单自终止或者解除劳动关系之日起7日内报社会保险经办机构备案。

城镇企业事业单位职工失业后，应当持本单位为其出具的终止或者解除劳动关系的证明，及时到指定的社会保险经办机构办理失业登记。失业保险金自办理失业登记之日起计算。

失业保险金由社会保险经办机构按月发放。社会保险经办机构为失业人员开具领取失业保险金的单证，失业人员凭单证到指定银行领取失业保险金。

第十七条 失业人员失业前所在单位和本人按照规定累计缴费时间满1年不足5年的，领取失业保险金的期限最长为12个月；累计缴费时间满5年不足10年的，领取失业保险金的期限最长为18个月；累计缴费时间10年以上的，领取失业保险金的期限最长为24个月。重新就业后，再次失业的，缴费时间重新计算，领取失业保险金的期限可以与前次失业应领取而尚未领取的失业保险金的期限合并计算，但是最长不得超过24个月。

第十八条 失业保险金的标准，按照低于当地最低工资标准、高于城市居民最低生活保障标准的水平，由省、自治区、直辖市人民政府确定。

第十九条 失业人员在领取失业保险金期间患病就医的，可以按照规定向社会保险经办机构申请领取医疗补助金。医疗补助金的标准由省、自治区、直辖市人民政府规定。

第二十条 失业人员在领取失业保险金期间死亡的，参照当地对在职职工的规定，对其家属一次性发给丧葬补助金和抚恤金。

第二十一条 单位招用的农民合同制工人连续工作满1年，本单位并已缴纳失业保险费，劳动合同期满未续订或者提前解除劳动合同的，由社会保险经办机构根据其工作时间长短，对其支付一次性生活补助。补助的办法和标准由省、自治区、直辖市人民政府规定。

第二十二条 城镇企业事业单位成建制跨统筹地区转移，失业人员跨统筹地区流动的，失业保险关系随之转迁。

第二十三条 失业人员符合城市居民最低生活保障条件的，按照规定享受城市居民最低生活保障待遇。

第四章 管理和监督

第二十四条 劳动保障行政部门管理失业保险工作，履行下列职责：

（一）贯彻实施失业保险法律、法规；

（二）指导社会保险经办机构的工作；

（三）对失业保险费的征收和失业保险待遇的支付进行监督检查。

第二十五条 社会保险经办机构具体承办失业保险工作，履行下列职责：

（一）负责失业人员的登记、调查、统计；

（二）按照规定负责失业保险基金的管理；

（三）按照规定核定失业保险待遇，开具失业人员在指定银行领取失业保险金和其他补助金的单证；

（四）拨付失业人员职业培训、职业介绍补贴费用；

（五）为失业人员提供免费咨询服务；

（六）国家规定由其履行的其他职责。

第二十六条 财政部门和审计部门依法对失业保险基金的收支、管理情况进行监督。

第二十七条 社会保险经办机构所需经费列入预算，由财政拨付。

第五章 罚　则

第二十八条 不符合享受失业保险待遇条件，骗取失业保险金和其他失业保险待遇的，由社会保险经办机构责令退还；情节严重的，由劳动保障行政部门处骗取金额1倍以上3倍以下的罚款。

第二十九条 社会保险经办机构工作人员违反规定向失业人员开具领取失业保险金或者享受其他失业保险待遇单证，致使失业保险基金损失的，由劳动保障行政部门责令追回；情节严重的，依法给予行政处分。

第三十条 劳动保障行政部门和社会保险经办机构的工作人员滥用职权、徇私舞弊、玩忽职守，造成失业保险基金损失的，由劳动保障行政部门追回损失的失业保险基金；构成犯罪的，依法追究刑事责任；尚不构成犯罪的，依法给予行政处分。

第三十一条 任何单位、个人挪用失业保险基金的，追回挪用的失业保险基金；有违法所得的，没收违法所得，并入失业保险基金；构成犯罪的，依法追究刑事责任；尚不构成犯罪的，对直接负责的主管人员和其他直接责任人员依法给予行政处分。

第六章 附　则

第三十二条 省、自治区、直辖市人民政府根据当地实际情况，可以决定本条例适用于本行政区域内的社会团体及其专职人员、民办非企业单位及其职工、有雇工的城镇个体工商户及其雇工。

第三十三条　本条例自发布之日起施行。1993 年 4 月 12 日国务院发布的《国有企业职工待业保险规定》同时废止。

失业保险金申领发放办法

1. 2000 年 10 月 26 日劳动和社会保障部令第 8 号公布
2. 根据 2018 年 12 月 14 日人力资源社会保障部令第 38 号《关于修改部分规章的决定》第一次修订
3. 根据 2019 年 12 月 9 日人力资源社会保障部令第 42 号《关于修改部分规章的决定》第二次修订

第一章　总　　则

第一条　为保证失业人员及时获得失业保险金及其他失业保险待遇，根据《失业保险条例》（以下简称《条例》），制定本办法。

第二条　参加失业保险的城镇企业事业单位职工以及按照省级人民政府规定参加失业保险的其他单位人员失业后（以下统称失业人员），申请领取失业保险金、享受其他失业保险待遇适用本办法；按照规定应参加而尚未参加失业保险的不适用本办法。

第三条　劳动保障行政部门设立的经办失业保险业务的社会保险经办机构（以下简称经办机构）按照本办法规定受理失业人员领取失业保险金的申请，审核确认领取资格，核定领取失业保险金、享受其他失业保险待遇的期限及标准，负责发放失业保险金并提供其他失业保险待遇。

第二章　失业保险金申领

第四条　失业人员符合《条例》第十四条规定条件的，可以申请领取失业保险金，享受其他失业保险待遇。其中，非因本人意愿中断就业的是指下列人员：

（一）终止劳动合同的；

（二）被用人单位解除劳动合同的；

（三）被用人单位开除、除名和辞退的；

（四）根据《中华人民共和国劳动法》第三十二条第二、三项与用人单位解除劳动合同的；

（五）法律、行政法规另有规定的。

第五条　失业人员失业前所在单位，应将失业人员的名单自终止或者解除劳动合同之日起 7 日内报受理其失业保险业务的经办机构备案，并按要求提供终止或解除劳动合同证明等有关材料。

第六条　失业人员应在终止或者解除劳动合同之日起 60 日内到受理其单位失业保险业务的经办机构申领失业保险金。

第七条　失业人员申领失业保险金应填写《失业保险金申领表》，并出示下列证明材料：

（一）本人身份证明；

（二）所在单位出具的终止或者解除劳动合同的证明；

（三）失业登记；

（四）省级劳动保障行政部门规定的其他材料。

第八条　失业人员领取失业保险金，应由本人按月到经办机构领取，同时应向经办机构如实说明求职和接受职业指导、职业培训情况。

第九条　失业人员在领取失业保险金期间患病就医的，可以按照规定向经办机构申请领取医疗补助金。

第十条　失业人员在领取失业保险金期间死亡的，其家属可持失业人员死亡证明、领取人身份证明、与失业人员的关系证明，按规定向经办机构领取一次性丧葬补助金和其供养配偶、直系亲属的抚恤金。失业人员当月尚未领取的失业保险金可由其家属一并领取。

第十一条　失业人员在领取失业保险金期间，应积极求职，接受职业指导和职业培训。失业人员在领取失业保险金期间求职时，可以按规定享受就业服务减免费用等优惠政策。

第十二条　失业人员在领取失业保险金期间或期满后，符合享受当地城市居民最低生活保障条件的，可以按照规定申请享受城市居民最低生活保障待遇。

第十三条　失业人员在领取失业保险金期间，发生《条例》第十五条规定情形之一的，不得继续领取失业保险金和享受其他失业保险待遇。

第三章　失业保险金发放

第十四条　经办机构自受理失业人员领取失业保险金申请之日起 10 日内，对申领者的资格进行审核认定，并将结果及有关事项告知本人。经审核合格者，从其办理失业登记之日起计发失业保险金。

第十五条　经办机构根据失业人员累计缴费时间核定其领取失业保险金的期限。失业人员累计缴费时间按照下列原则确定：

（一）实行个人缴纳失业保险费前，按国家规定计算的工龄视同缴费时间，与《条例》发布后缴纳失业保险费的时间合并计算。

（二）失业人员在领取失业保险金期间重新就业后再次失业的，缴费时间重新计算，其领取失业保险金的期限可以与前次失业应领取而尚未领取的失业保险金的期限合并计算，但是最长不得超过 24 个月。失业人员在领取失业保险金期间重新就业后不满一年再次失业的，可以继续申领其前次失业应领取而尚未领取的失业保险金。

第十六条　失业保险金以及医疗补助金、丧葬补助金、抚恤金、职业培训和职业介绍补贴等失业保险待遇的标准按照各省、自治区、直辖市人民政府的有关规定执行。

第十七条　失业保险金应按月发放，由经办机构开具单证，失业人员凭单证到指定银行领取。

第十八条　对领取失业保险金期限即将届满的失业人员，经办机构应提前一个月告知本人。

失业人员在领取失业保险金期间，发生《条例》第十五条规定情形之一的，经办机构有权即行停止其失业保险金发放，并同时停止其享受其他失业保险待遇。

第十九条　经办机构应当通过准备书面资料、开设服务窗口、设立咨询电话等方式，为失业人员、用人单位和社会公众提供咨询服务。

第二十条　经办机构应按规定负责失业保险金申领、发放的统计工作。

第四章　失业保险关系转迁

第二十一条　对失业人员失业前所在单位与本人户籍不在同一统筹地区的，其失业保险金的发放和其他失业保险待遇的提供由两地劳动保障行政部门进行协商，明确具体办法。协商未能取得一致的，由上一级劳动保障行政部门确定。

第二十二条　失业人员失业保险关系跨省、自治区、直辖市转迁的，失业保险费用应随失业保险关系相应划转。需划转的失业保险费用包括失业保险金、医疗补助金和职业培训、职业介绍补贴。其中，医疗补助金和职业培训、职业介绍补贴按失业人员应享受的失业保险金总额的一半计算。

第二十三条　失业人员失业保险关系在省、自治区范围内跨统筹地区转迁，失业保险费用的处理由省级劳动保障行政部门规定。

第二十四条　失业人员跨统筹地区转移的，凭失业保险关系迁出地经办机构出具的证明材料到迁入地经办机构领取失业保险金。

第五章　附　　则

第二十五条　经办机构发现不符合条件，或以涂改、伪造有关材料等非法手段骗取失业保险金和其他失业保险待遇的，应责令其退还；对情节严重的，经办机构可以提请劳动保障行政部门对其进行处罚。

第二十六条　经办机构工作人员违反本办法规定的，由经办机构或主管该经办机构的劳动保障行政部门责令其改正；情节严重的，依法给予行政处分；给失业人员造成损失的，依法赔偿。

第二十七条　失业人员因享受失业保险待遇与经办机构发生争议的，可以向主管该经办机构的劳动保障行政部门申请行政复议。

第二十八条　符合《条例》规定的劳动合同期满未续订或者提前解除劳动合同的农民合同制工人申领一次性生活补助，按各省、自治区、直辖市办法执行。

第二十九条　《失业保险金申领表》的样式，由劳动和社会保障部统一制定。

第三十条　本办法自二〇〇一年一月一日起施行。

附件1：失业保险金申领登记表（略）

附件2：（略）

优化失业保险经办业务流程指南

1．2006年9月11日劳动和社会保障部办公厅发布

2．劳社厅发〔2006〕24号

第一章　总　　则

一、为加强失业保险业务管理，进一步优化失业保险经办业务流程，根据《失业保险条例》及有关法规规章，制定本指南。

二、劳动保障部门经办失业保险业务的机构（以下简称经办机构）适用本指南。

三、失业保险经办业务分为失业保险登记管理、失业保险费征收、缴费记录、待遇审核与支付、财务管理、稽核监督等。

第二章　失业保险登记管理

失业保险登记管理包括参保登记、变更登记、注销登记和登记证件管理等。

由税务机关征收失业保险费的地区，经办机构应当按月向税务机关提供参保单位失业保险参保登记、变更登记及注销登记情况。

第一节　参 保 登 记

一、经办机构为依法申报参加失业保险的单位办理参加失业保险登记手续，要求其填写《社会保险登记表》（表2－1），并出示以下证件和资料：

（一）营业执照、批准成立证件或其他核准执业证件；

（二）国家质量技术监督部门颁发的组织机构统一代码证书；

（三）经办机构规定的其他有关证件和资料。

已经参加养老、医疗等社会保险的，参保单位只提交社会保险登记证，填写《社会保险登记表》及《参加失业保险人员情况表》（表 2－2）。

二、经办机构对参保单位填报的《社会保险登记表》、《参加失业保险人员情况表》及相关证件和资料即时受理，并在自受理之日起 10 个工作日内审核完毕。

审核通过的，经办机构应为参保单位及其职工个人建立基本信息，并将有关资料归档。已参加养老、医疗等社会保险的，在其社会保险登记证上标注失业保险项目。首次参加社会保险的，发给社会保险登记证。

未通过审核的，经办机构应向申报单位说明原因。

第二节　变 更 登 记

一、参保单位在以下社会保险登记事项之一发生变更时，应依法向原经办机构申请办理变更登记：

（一）单位名称；

（二）住所或地址；

（三）法定代表人或负责人；

（四）单位类型；

（五）组织机构统一代码；

（六）主管部门；

（七）隶属关系；

（八）开户银行账号；

（九）经办机构规定的其他事项。

二、申请变更登记单位应按规定提供以下相关证件和资料：

（一）变更社会保险登记申请书；

（二）工商变更登记表和工商执照或有关机关批准或宣布变更证明；

（三）社会保险登记证；

（四）经办机构规定的其他资料。

三、申请变更登记单位提交资料齐全的，经办机构发给《社会保险变更登记表》（表 2－3），并由申请变更登记单位依法如实填写，经办机构进行审核后，归入参保单位社会保险登记档案。

社会保险变更登记的内容涉及社会保险登记证件的内容需作变更的，经办机构收回原社会保险登记证，并按更改后的内容重新核发社会保险登记证。

第三节　注 销 登 记

一、参保单位发生以下情形之一时，经办机构为其办理注销登记手续：

（一）参保单位发生解散、破产、撤销、合并以及其他情形，依法终止缴费义务；

（二）参保单位营业执照注销或被吊销；

（三）单位因住所变动或生产、经营地址变动而涉及改变登记机构；

（四）国家法律、法规规定的其他情形。

二、参保单位在办理注销社会保险登记前，应当结清应缴纳的失业保险费、滞纳金和罚款，并填写《社会保险注销登记表》（表 2－4），提交相关法律文书或其他有关注销文件。经办机构予以核准，办理社会保险注销登记手续，并缴销社会保险登记证件。

三、经办机构办理注销登记手续后，在信息系统内进行标注，并封存其参保信息及有关档案资料。

第四节　登记证件管理

经办机构对已核发的社会保险登记证件，实行定期验证和换证制度，按规定为参保单位办理验证或换证手续。

一、经办机构定期进行失业保险登记验证，参保单位应在规定时间内填报《社会保险验证登记表》（表 2－5），并提供以下证件和资料：

（一）社会保险登记证；

（二）营业执照、批准成立证件或其他核准执业证件；

（三）组织机构统一代码证书；

（四）经办机构规定的其他证件和资料。

二、经办机构对参保单位提供的证件和资料进行审核，审核的主要内容包括：

（一）办理社会保险登记、变更登记、上年度验证等情况；

（二）参保人数增减变化情况；

（三）申报缴费工资、缴纳失业保险费情况；

（四）经办机构规定的其他内容。

三、审核通过的，经办机构在信息系统内进行标注，并在社会保险登记证上加注核验标记或印章，期满时予以换证。社会保险登记证由参保单位保管。

四、参保单位如果遗失社会保险登记证件，应及时向原办理社会保险登记的经办机构报告，并按规定申请补办。经办机构应及时受理，并按相关规定程序补发社会保险登记证。

第三章　失业保险费征收

失业保险费征收包括缴费申报受理、缴费核定、费用征收与收缴欠费等。

失业保险费由税务机关征收的地区，经办机构应与税务机关建立信息沟通机制，并将税务机关提供的缴费信息及时记录。

第一节　申 报 受 理

一、参保单位按规定定期办理缴费申报，经办机构予以受理。参保单位需填报《社会保险费申报表》(表3－1),并提供失业保险费代扣代缴明细表、劳动工资统计月(年)报表及经办机构规定的其他相关资料。

二、参保单位人员发生变化时,应按规定及时到经办机构进行人员变动缴费申报,填报《参保单位职工人数增减情况申报表》(表3－2),并提供相关证明和资料,办理缴费申报手续,经办机构予以受理。

三、实行社会保险费统一征收的地区,应当建立各项社会保险缴费申报的联动机制。经办机构在受理参保单位申报缴纳基本养老保险费、基本医疗保险费的同时,应当要求其必须申报缴纳失业保险费,并为其办理失业保险费缴费申报手续。

未实行社会保险费统一征收的地区,应积极创造条件,逐步实现统一征收,以提高工作效率,简化缴费申报手续,减少缴费申报环节。

第二节　缴费核定

一、经办机构审核参保单位填报的《社会保险费申报表》(表3－1)及有关资料,确定单位缴费金额和个人缴费金额。在审核缴费基数时,可根据参保单位性质与其申报基本养老保险、基本医疗保险的缴费基数相对照。审核通过后,在《社会保险费申报表》相应栏目内盖章,并由经办机构留存。

二、对未按规定申报的参保单位,经办机构暂按其上年(月)缴费数额的110%确定应缴数额;没有上年(月)缴费数额的,经办机构可暂按该单位的经营状况、职工人数等有关情况确定应缴数额。参保单位补办申报手续并按核定数额缴纳失业保险费后,经办机构再按规定进行结算。

三、办理参保人员增减变动缴费申报的,经办机构根据参保单位申报参保人员变动情况,核定其当期缴费基数和应征数额,同时办理其他相关手续,并为新增参保人员记录相关信息。

四、经办机构根据缴费核定结果,形成《失业保险缴费核定汇总表》(表3－3),并以此作为征收失业保险费的依据。

五、由税务机关征收失业保险费的地区,经办机构应将参保单位申报缴费的审核结果制成《失业保险费核定征收计划表》(表3－4)提供给税务机关。

第三节　费用征收

一、经办机构应以《失业保险缴费核定汇总表》作为征收失业保险费的依据。采取委托收款方式的,开具委托收款书,送"收入户存款"开户银行;采取其他方式征收的,以支票或其他方式实施收款。经办机构依据实际到账情况入账,开具基金专用收款凭证,并及时记录单位和个人缴费情况。

二、对中断或终止缴费的人员,经办机构应记录中断或终止缴费的日期、原因等信息,并办理相关手续。

三、由税务机关征收失业保险费的地区,经办机构要与税务机关建立信息沟通机制。经办机构按月向税务机关提供核定的参保单位和参保个人的应缴费数额及其他相关情况,并根据税务机关提供失业保险费的到账信息,做入账处理。

第四节　收缴欠费

一、参保单位办理申报后未及时缴纳失业保险费的,经办机构应向其发出《失业保险费催缴通知书》(表3－5),通知其在规定时间内补缴欠费。对拒不执行的,提请劳动保障行政部门要求参保单位限期改正;对逾期仍不缴纳的,除要求补缴欠缴数额外,从欠缴之日起,按规定加收滞纳金。收缴的滞纳金并入失业保险基金。

二、对因筹资困难,无法一次足额缴清欠费的企业,经办机构与其签定补缴协议。如欠费企业发生被兼并、分立等情况时,按下列方法签订补缴协议:

(一)欠费企业被兼并的,与兼并方签订补缴协议;

(二)欠费企业分立的,与分立各方分别签订补缴协议;

(三)欠费企业被拍卖、出售或实行租赁的,应在拍卖、出售、租赁协议或合同中明确补缴欠费的办法,并签订补缴协议。

三、破产的企业,其欠费按有关规定,在资产变现收入中予以清偿;无法完全清偿欠费的部分,经经办机构提出,劳动保障部门审核,财政部门复核,报当地人民政府批准后可以核销。

四、失业保险费由税务机关征收的地区,经办机构根据税务机关提供的参保单位失业保险费欠费变动情况,及时调整其欠费数据信息。

五、经办机构根据税务机关提供的补缴欠费到账信息和劳动保障行政部门提供的核销处理信息,编制参保单位缴费台账,调整参保单位或个人欠费信息。

第四章　缴费记录

缴费记录包括建立记录、转出记录、转入记录、停保和续保记录及缴费记录查询等。

第一节　建立记录

一、经办机构负责建立参保单位及其职工个人基本信息及缴费信息。实行社会保险费统一征收的地区,经办机构应对参保单位及其职工个人缴纳的社会保险费根据规定的各险种费率按比例进行分账,并根据失业保险费的缴纳情况进行详细、完整的记录。

二、失业保险费由税务机关征收的地区，经办机构根据税务机关提供的参保单位及其职工个人缴费信息为其建立缴费记录。经办机构应与税务机关建立定期对账制度。

三、缴费记录的主要内容

（一）参保单位记录的主要内容包括：单位编码、单位类型、单位名称、法定代表人或负责人、单位性质、组织机构统一代码、主管部门、所属行业、所属地区、开户银行账号、职工人数、工资总额、参保时间、缴费起始时间、缴费终止时间、单位应缴金额、个人应缴金额、单位实缴金额、个人实缴金额、单位欠费金额、单位欠费时间、个人欠费金额、个人欠费时间等。

（二）个人缴费记录的基本内容包括：单位编码、单位类型、单位名称、姓名、性别、出生年月、社会保障号码（或居民身份证号码）、民族、户口所在地、用工形式、参加失业保险时间、个人缴费起始时间、缴费终止时间、缴费年限（视同缴费年限、累计缴费年限）、个人应缴金额、个人实缴金额、个人欠费金额、个人欠费时间等。

第二节 转出记录

一、参保单位成建制跨统筹地区转移或职工个人在职期间跨统筹地区转换工作单位的，经办机构负责为其办理失业保险关系转迁手续。

二、参保单位成建制跨统筹地区转移的，转出地经办机构向转入地经办机构出具《参保单位失业保险关系转迁证明》（表4－1），并提供转迁参保单位及其职工个人的相关信息资料。

三、参保职工个人在职期间跨统筹地区转换工作单位的，转出地经办机构向转入地经办机构出具《参保人员失业保险关系转迁证明》（表4－2），并提供转迁职工个人相关信息资料。

第三节 转入记录

经办机构应及时为转入的参保单位及其职工个人接续失业保险关系。

一、转入地经办机构根据转入的参保单位的相关信息为该单位及其职工个人建立缴费记录。

二、城镇企业事业单位成建制跨统筹地区转移的，转入地经办机构根据转入单位提供的《参保单位失业保险关系转迁证明》、单位基本信息及缴费信息资料记录转入参保单位及其职工个人的基本信息和缴费情况。

三、参保职工个人在职期间跨统筹地区转换工作单位的，转入地经办机构根据转入职工个人提供的《参保人员失业保险关系转迁证明》、个人基本信息及缴费信息资料，记录转入职工个人的基本信息和缴费情况。

四、职工由机关进入企业或事业单位工作的，从工资发放之月起，所在参保单位应为其申报缴纳失业保险费。经办机构应按规定为职工个人核定视同缴费年限，建立缴费记录。

第四节 停保和续保记录

一、参保人员因出国（境）定居、退休、死亡等原因中断或终止缴费，经办机构根据变动信息，及时确认个人缴费记录，并将个人缴费记录予以注销或封存。

二、参保人员中断缴费后又续缴的，经办机构根据其所在单位提供的参保人员增加信息，并在确认以前其个人缴费记录信息后，继续进行个人缴费记录。

第五节 缴费记录查询

一、经办机构通过设立服务窗口、咨询电话等方式负责向参保单位及其职工个人提供缴费情况的查询服务。参保单位或职工个人对查询结果提出异议的，应根据参保单位和职工个人提供的有关资料予以复核，如需调整的，报经办机构负责人批准后予以修改，并保留调整前的记录。同时，将复核结果通知查询单位或职工个人。

二、经办机构应于缴费年度初向社会公布上一年度参保单位的缴费情况。经办机构应至少每年一次将个人缴费记录信息反馈给职工个人，以接受参保人员监督。

第五章 待遇审核与支付

待遇审核与支付包括失业保险金等待遇审核与支付、职业培训和职业介绍补贴审核与支付、农民合同制工人一次性生活补助审核与支付、失业人员失业保险关系转迁后的待遇审核与支付，以及待遇支付记录等。

第一节 失业保险金等待遇审核与支付

一、失业保险金审核与支付

（一）失业人员失业前所在单位，应将失业人员的名单自终止或解除劳动合同之日起7日内报经办机构备案，并按要求提供有关终止或解除劳动合同、参加失业保险及缴费情况等材料。

（二）失业人员应在终止或解除劳动合同之日起60日内到经办机构按规定办理申领失业保险金手续。失业人员申领失业保险金应填写《失业保险金申领表》（表5－1），并出示以下证明材料：

1. 本人身份证明；
2. 所在单位出具的终止或解除劳动合同的证明；
3. 失业登记及求职证明；
4. 经办机构规定的其他材料。

（三）经办机构自受理失业人员领取失业保险金申请之日起10日内，对申领者的资格进行审核认定。对审核符合领取失业保险金条件的，按规定计算申领者领取失业保险金的数额和期限，在《失业保险金申领表》上填写审核意见和核定金额，并建立失业保险金领取台账，同时将审核结果告知失业人员，发给领取失业保险待遇证件。对审核不符合领取失业保险金条件的，也应告知失业人员，并说明原因。

（四）失业保险金应按月发放，由经办机构开具单证，失业人员凭单证到指定银行领取。

失业人员领取失业保险金，经办机构应要求本人按月办理领取手续，同时向经办机构如实说明求职和接受职业指导和职业培训情况。

对领取失业保险金期限即将届满的失业人员，经办机构应提前一个月告知本人。

失业人员在领取失业保险金期间，发生《失业保险条例》第十五条规定情形之一的，经办机构有权即行停止发放失业保险金、支付其他失业保险待遇。

二、医疗补助金审核与支付

失业人员在领取失业保险金期间，可以按照规定向经办机构申领医疗补助金。

经办机构对失业人员按规定提供的相关资料进行审核，确认享受医疗补助金的资格及医疗补助金数额，并按规定计发。

三、丧葬补助金和抚恤金审核与支付

（一）对失业人员在领取失业保险金期间死亡的，参照当地对在职职工的规定，对其家属发放一次性丧葬补助金和抚恤金。

（二）经办机构对死亡失业人员的家属提出享受丧葬补助金和抚恤金的申请予以办理，并要求其出示下列相关材料：

1. 失业人员死亡证明；
2. 失业人员身份证明；
3. 与失业人员的关系证明；
4. 经办机构规定的其他材料。

（三）经办机构对上述材料审核无误后按规定确定补助标准，并据此开具补助金和抚恤金单证，一次性计发。

第二节　职业培训和职业介绍补贴审核与支付

一、劳动保障部门认定的再就业培训或创业培训定点机构按相关规定对失业人员开展职业培训后，由培训机构提出申请，并提供培训方案、教学计划、失业证件复印件、培训合格失业人员花名册等相关材料。经办机构进行审核后，按规定向培训机构拨付职业培训补贴。

二、劳动保障部门认定的职业介绍机构按相关规定对失业人员开展免费职业介绍后，由职业介绍机构提出申请，并提供失业人员求职登记记录、失业证件复印件、用人单位劳动合同复印件、介绍就业人员花名册等相关材料。经办机构进行审核后，按规定向职业介绍机构拨付职业介绍补贴。

三、失业人员在领取失业保险金期间参加职业培训的，可以按规定申领职业培训补贴。失业人员应提供经经办机构批准的本人参加职业培训的申请报告、培训机构颁发的结（毕）业证明和本人支付培训费用的有效票据。经办机构进行审核后，按规定计算应予报销的数额，予以报销。

第三节　农民合同制工人一次性生活补助审核与支付

一、参保单位招用的农民合同制工人终止或解除劳动关系后申领一次性生活补助时，经办机构应要求其填写一次性生活补助金申领核定表，并提供以下证件和资料：

（一）本人居民身份证件；

（二）与参保单位签定的劳动合同；

（三）参保单位出具的终止或解除劳动合同证明；

（四）经办机构规定的其他证件和资料。

二、经办机构根据提供的资料，以及参保单位缴费情况记录进行审核。经确认后，按规定支付一次性生活补助。

第四节　失业人员失业保险关系转迁后的待遇审核与支付

一、领取失业保险金的失业人员跨统筹地区流动的，转出地经办机构审核通过后，应及时为其办理失业保险关系转迁手续，开具《失业人员失业保险关系转迁证明》（表5－2）及其他相关证明材料交失业人员本人。其中，失业人员跨省、自治区、直辖市流动的，转出地经办机构还应按规定将失业保险金、医疗补助金和职业培训、职业介绍补贴等失业保险费用随失业保险关系相应划转。失业人员失业保险关系在省、自治区范围内跨统筹地区流动的，失业保险费用的处理由省级劳动保障行政部门规定。

二、转入地经办机构对失业人员提供的《失业人员失业保险关系转迁证明》等其他相关证明材料进行审核，并按规定支付失业保险待遇。

第五节　待遇支付记录

经办机构在支付失业保险金、医疗补助金、丧葬补助金和抚恤金、职业培训和职业介绍补贴,以及一次性生活补助后,应将支付的相关信息作相应记录。

第六章 财务管理

失业保险基金实行收支两条线管理,会计核算采用收付实现制。财务管理包括收入、支出、会计核算、预算、决算等。

经办机构应定期与税务机关、财政部门和银行对账。对账有差异的,须逐笔查清原因,予以调节,做到账账、账款、账实相符。

第一节 收 入

一、经办机构对失业保险基金收入、上级补助收入、下级上解收入、转移收入等到账信息予以确认,并按规定进行相应记录。

二、经办机构应按规定将收入户存款于每月月末全部转入财政专户。

三、对参保单位或职工个人在本省(自治区、直辖市)范围内成建制跨统筹地区转移或转换工作单位、按规定需要转移失业保险费的,对失业人员在领取失业保险金期间跨省(自治区、直辖市)流动的,经办机构根据失业保险费(费用)到账情况进行相应记录。

第二节 支 出

一、经办机构根据失业保险基金支出计划,按月填写用款申请书,并注明支出项目,加盖本单位用款专用章,在规定时间内报送同级财政部门审核,并确认财政专户拨入支出户资金的到账情况。

二、经办机构对失业保险待遇支出核定汇总表等资料进行复核,复核无误后,将款项从支出户予以拨付。

三、参保单位或职工个人在本省(自治区、直辖市)范围内成建制跨统筹地区转移或转换工作单位、按规定需要转移失业保险费的,失业人员跨省(自治区、直辖市)流动的,经办机构根据《参保单位失业保险关系转迁证明》、《失业人员失业保险关系转迁证明》及相关材料,与转入地经办机构确认开户行、账号、机构名称后,从支出户支付有关失业保险费(费用)。

四、对转移支出、补助下级支出、上解上级支出等款项,经办机构根据有关规定或计划从支出户拨付。

第三节 会计核算

一、经办机构根据基金收入情况,及时填制收入记账凭证。

(一)经办机构征收的失业保险费收入,根据银行出具的原始凭证、失业保险基金专用收款收据、《失业保险缴费核定汇总表》(表3-6)等,填制记账凭证。

税务机关征收的失业保险费收入,以财政部门出具的财政专户缴拨凭证或税务机关出具的税收通用缴款书或税收完税凭证等作为原始凭证,并根据税务机关提供的失业保险费实缴清单,填制记账凭证。

(二)“收入户存款”、“支出户存款”、“财政专户存款”、“债券投资”形成的利息,根据银行出具的原始凭证和财政部门出具的财政专户缴拨凭证及加盖专用印章的原始凭证复印件,填制记账凭证。

(三)划入财政专户的财政补贴收入,根据财政部门出具的财政专户缴拨凭证及加盖专用印章的原始凭证复印件,填制记账凭证。

(四)划入收入户或财政专户的转移收入,根据银行出具的原始凭证或财政部门出具的财政专户缴拨凭证等,填制记账凭证,同时登记备查。

(五)上级补助收入和下级上解收入,根据银行出具的原始凭证或财政部门出具的财政专户缴拨凭证等,填制记账凭证。

(六)滞纳金等其他收入,根据银行出具的原始凭证或财政部门出具的财政专户缴拨凭证等,填制记账凭证。

二、对发生的每笔基金支出,经办机构应按规定及时填制支出记账凭证。

(一)失业保险金、医疗补助金、丧葬抚恤补助、职业培训和职业介绍补贴、其他费用等项支出,根据转账支票存根和银行出具的原始凭证及相关发放资料等,填制记账凭证。基本生活保障补助支出,以财政部门出具的财政专户缴拨凭证填制记账凭证。

(二)转移支出,根据银行出具的原始凭证和《参保单位失业保险关系转迁证明》、《失业人员失业保险关系转迁证明》等,填制记账凭证。

(三)补助下级支出和上解上级支出,以银行出具的原始凭证或财政部门出具的财政专户缴拨凭证等,填制记账凭证。

(四)经财政部门核准开支的其他非失业保险待遇性质的支出(如临时借款利息等)在“其他支出”科目核算,从支出户或财政专户划转。经办机构以银行出具的原始凭证或财政部门出具的财政专户缴拨凭证等,填制记账凭证。

三、按规定用结余基金购买的国家债券或转存定期存款,经办机构以财政部门出具的财政专户缴拨凭证和加盖专用印章的原始凭证复印件填制记账凭证。

四、经办机构根据收付款凭证登记“现金日记账”、“收入户存款日记账”、“支出户存款日记账”和“财政专户存款日记账”。按科目分类汇总记账凭证,制作科目汇总表,登记总分类账。

五、经办机构应定期将“收入户存款日记账”、“支出户存款日记账”与“银行对账单”核对，将“财政专户存款日记账”与财政部门对账单核对。每月终了，收入户存款账面结余、支出户存款账面结余与银行对账单余额之间如有差额，财政专户失业保险基金存款账面结余与财政部门对账单余额之间如有差额，经办机构应按月编制银行收入户存款、银行支出户存款、财政专户存款余额调节表，调节相符。

六、经办机构根据总分类账、明细分类账等，定期编制会计报表。

第四节　预　　算

一、年度终了前，经办机构根据本年度基金预算执行情况和下年度基金收支预测，编制下年度基金预算草案，按程序报批。

二、经办机构根据批准的预算，填制预算报表，并根据基金收支情况，定期报告预算执行情况。

三、因特殊情况需要调整预算时，经办机构应编制预算调整方案，按程序报批。

第五节　决　　算

一、经办机构根据决算编制工作要求，于年度终了前核对各项收支，清理往来款项，同开户银行、财政专户、国库对账，并进行年终结账。

二、年度终了后，经办机构根据决算编制工作要求，编制资产负债表、基金收支表、有关附表以及财务情况说明书，对重要指标进行财务分析，形成年度基金财务报告，并按程序报批。

第七章　稽核监督

第一节　稽　　核

一、经办机构按照年度工作计划采取以下方式确定被稽核单位：

（一）根据参保单位的参保缴费信息异常情况确定；

（二）根据对参保单位参保缴费情况的举报确定；

（三）从数据库中随机抽取；

（四）根据有关规定确定；

（五）根据其他有关情况确定。

二、经办机构向被稽核单位发出《社会保险稽核通知书》（表7－1），进行实地稽核或书面稽核。稽核内容包括：

（一）核查参保单位申报的缴费人数、缴费基数是否符合国家规定；

（二）核查参保单位及其职工个人是否按时足额缴纳失业保险费；

（三）核查欠缴失业保险费的参保单位及其职工个人是否足额补缴欠费；

（四）国家规定的或者劳动保障行政部门交办的其他稽核事项。

三、经办机构根据稽核情况填写《社会保险稽核工作记录表》（表7－2），全面记录稽核中发现的问题及所涉及的凭证等资料。

四、对于经稽核未发现违反法规行为的被稽核单位，经办机构应当在稽核结束后5个工作日内书面告知其稽核结果。

五、发现被稽核单位在参加失业保险、缴纳失业保险费方面，存在违反法规行为，经办机构要据实填写《社会保险稽核整改意见书》（表7－3），并在稽核结束后10个工作日内送达被稽核单位限期予以改正。

六、对被稽核单位在规定时间内不按照《社会保险稽核整改意见书》予以整改、也未提出复查申请的，经办机构下达《失业保险费催缴通知书》。对拒不执行的，填制《社会保险稽核提请行政处罚建议书》（表7－4），送请劳动保障行政部门予以处罚。

七、经办机构应当对失业人员享受失业保险待遇情况进行核查，发现失业人员丧失享受待遇资格后继续享受待遇或以其他形式骗取待遇的，经办机构应当立即停止待遇的支付并责令退还；拒不退还的，由劳动保障行政部门依法处理。

第二节　内部监督

一、稽核监督单位依据拟订的工作计划、群众举报等确定内审对象，按程序报批。

二、工作计划批准后组织实施。内审内容主要包括：

（一）抽查参保单位申报缴费的有关原始资料，验证对参保单位申报缴费人数、缴费基数的审核是否真实；

（二）抽查参保单位及个人缴费情况，验证是否按核定基数征收、个人缴费记录是否准确；

（三）抽查对失业人员享受失业保险待遇资格审核的有关材料，验证审核是否按规定办理；

（四）抽查失业人员享受失业保险待遇有关材料，验证是否按规定支付待遇；

（五）抽查失业保险基金收入、支出账目凭证，验证基金收入、支出是否符合规定；

（六）依据有关规定，需内部监督的其他内容。

三、经办机构对检查中发现的问题进行整改。

第八章　附　　则

一、参保单位和个人填写的原始表格，需经办机构有关人员签字或签章，并注明经办日期；经办机构内部或相互之间传递信息的表格，在转出、转入时须认真复核，确保无误,有关人员均需签字盖章。

二、经办机构应按有关规定对档案资料进行分类整理,确定密级,妥善保管,并做好电子文档的备份工作。

三、经办机构要加强和规范票据管理,按照规定进行票据的印刷、填写、整理、保管、销毁等工作。

四、各地可参考本指南优化本地区业务流程。

失业保险经办业务用表目录

1. 社会保险登记表(表2-1)
2. 参加失业保险人员情况表(表2-2)
3. 社会保险变更登记表(表2-3)
4. 社会保险注销登记表(表2-4)
5. 社会保险验证登记表(表2-5)
6. 社会保险费申报表(表3-1)
7. 参保单位职工人数增减情况申报表(表3-2)
8. 失业保险缴费核定汇总表(表3-3)
9. 失业保险费核定征收计划表(表3-4)
10. 失业保险费催缴通知书(表3-5)
11. 参保单位失业保险关系转迁证明(表4-1)
12. 参保人员失业保险关系转迁证明(表4-2)
13. 失业保险金申领表(表5-1)
14. 失业人员失业保险关系转迁证明(表5-2)
15. 社会保险稽核通知书(表7-1)
16. 社会保险稽核工作记录表(表7-2)
17. 社会保险稽核整改意见书(表7-3)
18. 社会保险稽核提请行政处罚意见书(表7-4)

(业务用表,略)

劳动和社会保障部等关于做好国有企业下岗职工基本生活保障失业保险和城市居民最低生活保障制度衔接工作的通知

1. 1999年4月29日劳动和社会保障部、民政部、财政部发布

2. 劳社部发〔1999〕13号

各省、自治区、直辖市和计划单列市劳动(劳动和社会保障)厅(局)、民政厅(局)、财政厅(局):

国有企业下岗职工基本生活保障、失业保险、城市居民最低生活保障制度三条保障线,是目前条件下有中国特色社会保障制度的重要组成部分,对保障职工和城市居民基本生活,促进深化改革,保持社会稳定,具有十分重要的作用。为巩固和完善三条保障线,加强三条保障线的衔接,现就有关问题通知如下:

一、进一步巩固和完善三条保障线

各级劳动保障部门和财政部门要协调有关部门,认真落实国有企业下岗职工基本生活保障有关政策,指导国有企业再就业服务中心按照"三三制"原则,足额筹措基本生活保障资金,对进中心并按规定签订协议的下岗职工按时足额发放基本生活费,按规定缴纳养老、医疗、失业等社会保障费。要按照《失业保险条例》规定,将城镇所有企事业单位及其职工纳入失业保险覆盖范围,对符合领取条件的失业人员,按时足额发放失业保险金。

各级民政部门要严格按照国务院《关于在全国建立城市居民最低生活保障制度的通知》(国发〔1997〕29号)要求,尽快建立和完善城市居民最低生活保障制度。未建立城市居民最低生活保障制度的地方,须在1999年10月底之前建立这项制度。要认真核定保障对象,把下岗职工、失业人员、退休人员和在职职工作为工作重点,采取切实措施把符合条件的贫困居民全部纳入最低生活保障范围,使其及时得到救济。中央直属企业困难职工家庭,符合当地城市居民最低生活保障条件的,要按照属地管理的原则纳入保障范围。

各级财政部门要会同劳动保障、民政部门规范三条保障线资金申请和筹集工作的运作程序。对于国有企业下岗职工基本生活保障资金中应由财政承担的部分,要及时安排到位;应由企业和社会承担的部分,要督促其认真落实,确有困难的,由同级财政严格审查后予以保证。地方财政确有困难的,中央财政将通过转移支付的方式给予一定的支持。对国有企业下岗职工基本生活保障资金应由财政承担部分和城市居民最低生活保障所需资金,每年年底前由劳动保障、民政部门分别提出下一年度用款计划,报同级财政部门审核后列入财政预算,按规定程序拨付。

二、切实做好三条保障线的相互衔接

各地劳动保障、民政、财政部门要结合当地实际,按照互相衔接、拉开距离、分清层次、整体配套的原则,科学制定国有企业下岗职工基本生活保障标准、失业保险金标准和城市居民最低生活保障标准。失业保险金标准要低于基本生活保障标准,城市居民最低生活保障标准要低于失业保险金标准。

国有企业下岗职工在再就业服务中心期满未实现再就业的,与企业解除劳动合同。原企业要及时为其出具相关证明，告知按照规定享受失业保持待遇的权利，并将失业人员名单自终止或解除劳动合同之日起7日内报失业保险经办机构。下岗职工应持相关证明，及时到指定的失业保险经办机构办理失业登记。失业保险经办机构对符合条件的失业人员，要按时足额发放失业保险金。

失业人员享受失业保险待遇期满仍未实现再就业，需要申请城市居民最低生活保障金的，由失业保险经办机构提供有关证明，并将享受失业保险待遇期满人员名单提前1个月通报民政部门。民政部门要对此类人员进行专门登记，对符合条件者及时给予救济。

对按省级人民政府规定建立了再就业服务中心的城镇集体企业下岗职工，实施基本生活保障、失业保险和城市居民最低生活保障时，参照上述办法执行。没有建立再就业服务中心的城镇集体企业的下岗职工，需要申请城市居民最低生活保障金的，由企业出具相关证明，向当地民政部门或职工所在街道办事处提出申请。

下岗职工、失业人员、企业离退休人员和在职职工，在领取基本生活费、失业保险金、养老金、职工工资期间，家庭人均收入低于当地最低生活保障标准的，可以申请城市居民最低生活保障金。各地劳动保障部门要定期将本地国有企业下岗职工基本生活费、失业保险金、离退休人员养老金的发放情况通报同级民政部门。民政部门要将本地职工家庭享受城市居民最低生活保障的情况，以及因未按时足额领取工资（最低工资）、基本生活费、失业保险金或养老金而造成家庭人均收入低于当地城市居民最低生活保障标准的情况，及时反馈给劳动保障和财政部门。

三、建立健全财务规章制度，加强资金管理和监督

国有企业下岗职工基本生活保障资金要纳入财政专户，实行专项管理，专款专用，严禁挤占、挪用，严禁用于再就业服务中心管理费开支，保证资金真正用于国有企业下岗职工基本生活保障工作；失业保险基金要纳入单独的社会保障基金财政专户，实行收支两条线管理，保证基金专款专用；城市居民最低生活保障资金要纳入财政社会救济专项资金支出科目，专账管理，专款专用。各级劳动保障、民政和财政部门要认真贯彻执行党中央、国务院及有关部门制定的财政、财务法规，建立健全财务规章制度，切实加强国有企业下岗职工基本生活保障、失业保险和城市居民最低生活保障资金的管理和监督检查工作。发现问题要立即纠正，及时解决，对违规违纪问题要追究有关单位和当事人的责任，情节严重的，要移交司法机关处理。

四、加强领导，精心组织，确保落实

各级劳动保障、民政和财政部门要在当地党委、政府的统一领导下，把做好三条保障线的衔接工作作为今年的工作重点，精心组织，并结合本地实际情况，制定具体实施意见，认真组织落实。要加大对国有企业下岗职工基本生活保障、失业保险和城市居民最低生活保障制度的政策宣传力度，将政策宣传到企业、街道，宣传到下岗职工、离退休人员和失业人员中去。对工作中出现的新情况、新问题，要及时沟通，协商研究解决，共同做好困难职工的生活保障工作，促进社会的稳定。

劳动和社会保障部等关于事业单位参加失业保险有关问题的通知

1. 1999年8月30日劳动和社会保障部、财政部、人事部发布

2. 劳社部发〔1999〕29号

国务院今年1月22日发布的《失业保险条例》和《社会保险费征缴暂行条例》（国务院令第258、259号）规定："城镇企业事业单位、城镇企业事业单位职工按照本条例的规定，缴纳失业保险费。城镇企业事业单位失业人员依照本条例的规定，享受失业保险待遇。"现就事业单位参加失业保险有关问题通知如下：

一、事业单位应当按照两个《条例》和所在地区的有关规定，在单位所在地进行社会保险登记，按时申报并足额缴纳失业保险费。各主管部门应当督促所属事业单位做好相关工作。

二、事业单位缴纳失业保险费所需资金在其支出预算中列支。此项基金收支要在失业保险基金收支中单独反映，并在保证事业单位失业人员失业保险待遇的前提下统筹使用。

三、事业单位职工失业后，应到当地经办失业保险业务的社会保险经办机构办理失业登记，对符合享受失业保险待遇条件的，由经办机构按规定支付失业保险待遇。

四、在国家关于事业单位养老保险制度改革办法出台之前，事业单位职工失业期间的养老关系予以保留（失业期间不计算缴费年限或工作年限），再就业后，按照其新的工作单位的养老办法接续。新的工作单位已经实行养老保险社会统筹的，本人应随之参加，其在原单位的工作年限视同缴费年限；新的工作单位实行其他养老办法的，按该单位办法办理。

五、各级劳动保障、人事行政部门要加强对事业单位参加失业保险工作的指导。尚未将失业保险职能集中起来的地方，要尽快实行统一管理，并统一政策、统一运作。

劳动和社会保障部办公厅关于不得擅自扩大失业保险开支项目的通知

1．2000年1月19日
2．劳社厅发明电〔2000〕1号

各省、自治区、直辖市劳动（劳动和社会保障）厅（局），广东省社保局：

最近，一些地方劳动保障部门询问，可否使用失业保险基金对企业特困职工、退休人员和生活困难的下岗职工给予一次性补助。失业保险基金是专项基金，对这项基金的开支项目，《失业保险条例》已有明确规定。各地区要严格执行《条例》规定，不得擅自扩大失业保险基金开支项目，确保基金的安全与完整。已经超出规定使用失业保险基金的地区，要及时进行纠正。

劳动和社会保障部、财政部关于银行系统单位参加失业保险有关问题的通知

1．2000年11月8日
2．劳社部发〔2000〕22号

各省、自治区、直辖市劳动和社会保障厅（局），财政厅（局）：

为贯彻施行《失业保险条例》和《社会保险费征缴暂行条例》，做好银行系统参加失业保险工作，现就有关问题通知如下：

一、中国人民银行及其分支机构，不纳入失业保险实施范围。中国人民银行所属的各类企业事业单位及其职工，应按规定参加单位所在地的失业保险。

二、各商业银行及其职工，均应参加单位所在地的失业保险。

三、各国家政策性银行及其职工，均应参加单位所在地的失业保险。

四、参加失业保险的银行系统单位及其职工，应当认真履行规定的缴费义务。其职工失业后，按规定享受失业保险待遇。

五、各级劳动保障部门及其经办失业保险业务的社会保险经办机构，应对银行系统的有关单位做好相关法律、法规和政策的宣传工作，加强指导，使银行系统各单位按规定参加失业保险。

劳动和社会保障部办公厅关于单位成建制跨统筹地区转移和职工在职期间跨统筹地区转换工作单位时失业保险关系转迁有关问题的通知

1．2002年3月19日
2．劳社厅函〔2002〕117号

各省、自治区、直辖市劳动和社会保障厅（局）：

现就城镇企业事业单位成建制跨统筹地区转移或职工在职期间跨统筹地区转换工作单位时转迁失业保险关系的有关问题通知如下：

城镇企业事业单位成建制跨统筹地区转移或职工在职期间跨统筹地区转换工作单位的，失业保险关系应随之转迁。其中，跨省、自治区、直辖市的，其在转出前单位和职工个人缴纳的失业保险费不转移；在省、自治区内跨统筹地区的，是否转移失业保险费由省级劳动保障行政部门确定。转出地失业保险经办机构应为转出单位或职工开具失业保险关系转迁证明。转出单位或职工应在开具证明后60日内到转入地经办机构办理失业保险关系接续手续，并自在转出地停止缴纳失业保险费的当月起，按转入地经办机构核定的缴费基数缴纳失业保险费。转出前后的缴费时间合并计算。转入地经办机构应及时办理有关手续，并提供相应服务。

劳动和社会保障部关于建立失业保险个人缴费记录的通知

1．2002年4月12日
2．劳社部函〔2002〕69号

为规范城镇企业事业单位及其职工参加失业保险和履行缴费义务的行为及经办机构的管理服务程序，准确审定失业人员申领失业保险金资格、确定待遇期限，根据《社会保险费征缴暂行条例》（国务院令第259号）及《社会保险费申报缴纳管理暂行办法》（劳动保障部令第2号）的规定，各地应当在认真做好失业保险单

位缴费记录的同时，普遍建立失业保险个人缴费记录（以下简称个人缴费记录）。现就有关问题通知如下：

一、建立个人缴费记录的实施范围及基本原则

个人缴费记录的对象为依法参加失业保险的缴费单位职工。个人缴费记录要简明、准确、安全、完整，便于操作、查询。有条件的地区，可采取适当方式与养老、医疗等社会保险实现信息资源共享。

二、建立个人缴费记录的实施单位及记录依据

个人缴费记录由劳动保障行政部门设立的经办失业保险业务的社会保险经办机构负责建立。失业保险费由税务机关征收的地区，经办机构应积极向税务机关索取缴费凭证等相关资料。

建立个人缴费记录的主要依据是缴费单位提供的经审核的社会保险费申报表、代扣代缴明细表、缴费凭证、单位职工名册及经办机构规定的其他资料。

三、个人缴费记录的基本内容

个人缴费记录的基本内容应包括职工个人基本信息和缴费信息两部分。

职工个人基本信息的内容包括：单位编号、单位名称、单位类型、姓名、性别、出生年月、社会保障号码（或公民身份证号码）、户口所在地、用工形式、参加失业保险时间等。

缴费信息的内容包括：职工个人缴费起始时间、职工个人与单位缴费情况等，是否记载个人缴费金额，各地可根据实际需要和技术条件自行决定。对农民合同制工人，只记录单位缴费情况。缴费情况应每年度汇总一次。

四、个人缴费记录的变更及转移

缴费单位及其职工情况发生变化时，经办机构应根据经审核的社会保险费申报表、代扣代缴明细表和其他资料，对个人缴费记录及时作出调整。

缴费单位成建制跨统筹地区转移、缴费个人跨统筹地区流动时，个人缴费记录随同转移。转出地经办机构应为其办理相应的转迁手续，转入地经办机构应及时为其接续失业保险关系。

五、个人缴费记录的管理

要规范和加强个人缴费记录管理，确保个人缴费记录内容清楚、准确，保存完整、安全。有条件的地区，应尽快建立起计算机管理的个人缴费记录，并按规定将数据备份。暂不具备条件的地区，可从实际出发，先采用手工方式建立个人缴费记录。

经办机构应做好个人缴费记录与申领失业保险金审核发放的衔接工作，以个人缴费记录为重要依据，确定失业人员领取失业保险金资格及待遇期限。缴费单位职工失业后按规定享受失业保险待遇的情况，可在个人缴费记录中予以反映。

缴费单位职工办理退休手续、出国定居或在职期间死亡的，其个人缴费记录保留两年后予以注销。

管理个人缴费记录的经办机构负责查询服务，对缴费单位职工提出查询本人缴费情况的，应及时提供优质服务。

六、组织实施

各地劳动保障部门应根据本地区实际情况，研究制订实施方案，提供必要条件，尽快推开，并切实做好组织实施工作。建立个人缴费记录不得向缴费单位及其职工收取费用，所需经费可报请当地财政部门予以支持。已经建立个人缴费记录的地区，应及时总结经验，进一步加强管理和规范。尚未建立的地区，应抓紧时间积极准备，推动此项工作的开展。

人力资源社会保障部等关于退役军人失业保险有关问题的通知

1. 2013年7月30日人力资源和社会保障部、财政部、总参谋部、总政治部、总后勤部发布

2. 人社部发〔2013〕53号

各省、自治区、直辖市人力资源社会保障、财政厅（局），新疆生产建设兵团人力资源社会保障、财务局，各军区、各军兵种、总装备部、军事科学院、国防大学、国防科学技术大学、武警部队：

为贯彻落实《中华人民共和国社会保险法》和《中华人民共和国军人保险法》，维护退役军人失业保险权益，现就军人退出现役后失业保险有关问题通知如下：

一、计划分配的军队转业干部和复员的军队干部，以及安排工作和自主就业的退役士兵（以下简称退役军人）参加失业保险的，其服现役年限视同失业保险缴费年限。军人服现役年限按实际服役时间计算到月。

二、退役军人离开部队时，由所在团级以上单位后勤（联勤、保障）机关财务部门，根据其实际服役时间开具《军人服现役年限视同失业保险缴费年限证明》（以下简称《缴费年限证明》）并交给本人。

三、退役军人在城镇企业事业等用人单位就业的，由所在单位或者本人持《缴费年限证明》及军官（文职干部）转业（复员）证，或者士官（义务兵）退出现役证，到当地失业保险经办机构办理失业保险参保缴费手续。失业保险经办机构将视同缴费年限记入失业保险个人缴费记录，与入伍前和退出现役后参加失业保险的缴费年限合并计算。

四、军人入伍前已参加失业保险的，其失业保险关系不转移到军队，由原参保地失业保险经办机构保存其全部缴费记录。军人退出现役后继续参加失业保险的，按规定办理失业保险关系转移接续手续。

五、根据《关于自主择业的军队转业干部安置管理若干问题的意见》(〔2001〕国转联8号)，自主择业的军队转业干部在城镇企业事业等用人单位就业后，应当依法参加失业保险并缴纳失业保险费，其服现役年限不再视同失业保险缴费年限，失业保险缴费年限从其在当地实际缴纳失业保险费之日起累计计算。

六、退役军人参保缴费满一年后失业的，按规定享受失业保险待遇。

七、本通知自2013年8月1日起执行。本通知执行前已退出现役的军人，其失业保险按原有规定执行。

八、本通知由人力资源社会保障部、总后勤部负责解释。

附件：军人服现役年限视同失业保险缴费年限证明(略)

人力资源社会保障部办公厅关于台湾香港澳门居民办理失业登记的通知

1. 2013年11月22日
2. 人社厅发〔2013〕117号

各省、自治区、直辖市人力资源社会保障厅(局)：

为完善台湾、香港、澳门居民在内地就业的管理制度，现就台湾、香港、澳门居民办理失业登记有关问题通知如下：

《就业服务与就业管理规定》第六十三条规定“在法定劳动年龄内，有劳动能力，有就业要求，处于无业状态的城镇常住人员，可以到公共就业服务机构进行失业登记。其中，没有就业经历的城镇户籍人员，在户籍所在地登记；农村进城务工人员和其他非本地户籍人员在常住地稳定就业满6个月的，失业后可以在常住地登记”。参照上述规定，台湾、香港、澳门居民在常住地稳定就业满6个月，并依法参加社会保险的，失业后如本人自愿，可到公共就业服务机构办理失业登记。具体程序：

一、办理台港澳人员就业证注销手续

台湾、香港、澳门居民终止就业后，应到台港澳人员就业证发证机关办理证件注销手续，发证机关为其出具失业证明文件。

二、办理失业登记手续

台湾、香港、澳门居民凭失业证明文件及与原单位终止、解除劳动关系或解聘的证明，在常住地公共就业服务机构办理失业登记。台湾、香港、澳门居民凭公共就业服务机构出具的失业登记证明文件，享受就业服务和相应的失业保险待遇。享受就业扶持政策另行规定。

各地应将已办理失业登记的台湾、香港、澳门居民人数统计在城镇登记失业人员情况中(表号：人社统EP2)，列入表下栏“报告期内符合规定农村进城务工人员和其他非本地户籍人员登记失业人数”中并单独注明，作为表后补充数据，不计入表内统计数值。

人力资源社会保障部等关于失业保险支持企业稳定岗位有关问题的通知

1. 2014年11月6日人力资源和社会保障部、财政部、国家发展和改革委员会、工业和信息化部发布
2. 人社部发〔2014〕76号

各省、自治区、直辖市及新疆生产建设兵团人力资源社会保障厅(局)、财政厅(局)、发展改革委、工业和信息化主管部门：

为贯彻落实《国务院关于进一步优化企业兼并重组市场环境的意见》(国发〔2014〕14号)有关要求，在调整优化产业结构中更好地发挥失业保险预防失业、促进就业作用，激励企业承担稳定就业的社会责任，现就失业保险支持企业稳定岗位有关问题通知如下：

一、政策范围

对采取有效措施不裁员、少裁员，稳定就业岗位的企业，由失业保险基金给予稳定岗位补贴(以下简称“稳岗补贴”)。补贴政策主要适用以下企业：

(一)实施兼并重组企业。指在日常经营活动之外发生法律结构或经济结构重大改变的交易，并使企业经营管理控制权发生转移，包括实施兼并、收购、合并、分立、债务重组等经济行为的企业。

(二)化解产能严重过剩企业。指按《国务院关于化解产能严重过剩矛盾的指导意见》(国发〔2013〕41号)等相关规定，对钢铁、水泥、电解铝、平板玻璃、船舶等产能严重过剩行业淘汰过剩产能的企业。

(三)淘汰落后产能企业。指按《国务院关于进一步加强淘汰落后产能工作的通知》(国发〔2010〕7号)等规定，对电力、煤炭、钢铁、水泥、有色金属、焦炭、造纸、制革、印染等行业淘汰落后产能的企业。

（四）经国务院批准的其他行业、企业。

二、基本条件

（一）失业保险统筹地区实施稳岗补贴应同时具备以下条件：上年失业保险基金滚存结余具备一年以上支付能力；失业保险基金使用管理规范。

（二）企业申请稳岗补贴应同时具备以下条件：生产经营活动符合国家及所在区域产业结构调整政策和环保政策；依法参加失业保险并足额缴纳失业保险费；上年度未裁员或裁员率低于统筹地区城镇登记失业率；企业财务制度健全、管理运行规范。

三、资金使用

各地区对符合上述政策范围和基本条件的企业，在兼并重组、化解产能过剩以及淘汰落后产能期间，可按不超过该企业及其职工上年度实际缴纳失业保险费总额的50%给予稳岗补贴，所需资金从失业保险基金中列支。稳岗补贴主要用于职工生活补助、缴纳社会保险费、转岗培训、技能提升培训等相关支出。稳岗补贴的具体比例由省级人力资源社会保障和财政部门确定。稳岗补贴政策执行到2020年底。

四、审核认定

符合条件的企业可向人力资源社会保障部门申请稳岗补贴。人力资源社会保障部门会同行业主管部门对企业类型认定后，对申请稳岗补贴企业的基本条件进行审定，确定补贴企业名单和补贴数额，并公开相关信息，接受社会监督。财政部门根据人力资源社会保障部门审定的企业名单和补贴数额，及时拨付补贴资金。

五、组织实施

（一）加强组织领导。失业保险支持企业稳定岗位是产业结构调整优化过程中一项重要政策。各地区要高度重视，加强组织领导，人力资源社会保障、财政、发展改革、工业和信息化等部门要加强协调配合、各司其职，并督促企业在实施兼并重组、化解产能过剩、淘汰落后产能过程中采取切实有效措施稳定职工队伍，维护社会稳定。

（二）强化基金管理。各地区要充分考虑基金支付能力，按照“突出重点、总量控制、严格把握、动态监管”的原则，将稳岗补贴支出纳入失业保险基金预算管理，合理制定失业保险基金使用计划，加强监管，规范运作，切实保证基金有效使用和支付可持续。

（三）加强跟踪监测。各地区人力资源社会保障部门要将享受稳岗补贴的企业纳入失业动态监测范围，及时跟踪了解企业岗位变化动态，监测企业职工队伍稳定情况，评估稳岗补贴政策效果。财政部门要对辖区内失业动态监测工作给予必要经费支持。人力资源社会保障部、财政部适时组织开展政策绩效评估，根据实际调整完善政策。

各省级人力资源社会保障、财政、发展改革、工业和信息化等部门要尽快制定本地区失业保险稳岗补贴具体实施办法，报人力资源社会保障部、财政部备案。政策执行中遇到的重大问题要及时向人力资源社会保障部、财政部报告。

人力资源社会保障部、财政部关于调整失业保险费率有关问题的通知

1．2015年2月27日
2．人社部发〔2015〕24号

各省、自治区、直辖市及新疆生产建设兵团人力资源社会保障厅（局）、财政厅（局）：

为了完善失业保险制度，建立健全失业保险费率动态调整机制，进一步减轻企业负担，促进就业稳定，经国务院同意，现就适当降低失业保险费率有关问题通知如下：

一、从2015年3月1日起，失业保险费率暂由现行条例规定的3%降至2%，单位和个人缴费的具体比例由各省、自治区、直辖市人民政府确定。在省、自治区、直辖市行政区域内，单位及职工的费率应当统一。

二、各地降低失业保险费率要坚持“以支定收、收支基本平衡”的原则。要充分考虑提高失业保险待遇标准、促进失业人员再就业、落实失业保险稳岗补贴政策等因素对基金支付能力的影响，结合实际，认真测算，研究制定降低失业保险费率的具体方案，经省级人民政府批准后执行，并报人力资源社会保障部和财政部备案。

三、各地要按照本通知的要求，抓紧研究制定本行政区降低失业保险费率的方案，尽早组织实施。执行中遇到的问题，要及时向人力资源社会保障部和财政部报告。

人力资源和社会保障部失业保险司关于进一步做好失业保险支持企业稳定岗位工作有关问题的通知

1．2015年7月3日
2．人社失业司便函〔2015〕10号

各省、自治区、直辖市及新疆生产建设兵团人力资源社

会保障厅(局):

按照《国务院关于进一步做好新形势下就业创业工作的意见》(国发〔2015〕23号)提出的“将失业保险基金支持企业稳岗政策实施范围由兼并重组企业、化解产能过剩企业、淘汰落后产能企业等三类企业扩大到所有符合条件的企业”的要求,现就进一步做好失业保险支持企业稳定岗位工作有关问题通知如下:

一、失业保险统筹地区实施稳岗补贴应同时具备以下条件:上年失业保险基金滚存结余具备一年以上支付能力;失业保险基金使用管理规范。企业申请稳岗补贴应同时具备以下条件:依法参加失业保险并缴纳失业保险费;上年度未裁员或裁员率低于统筹地区城镇登记失业率。

二、稳岗补贴主要支出项目和最高补贴标准按照人社部发〔2014〕76号文件规定执行。各类企业享受稳岗补贴的具体标准由各省(区、市)人力资源社会保障部门和财政部门研究确定,并报省级人民政府批准。

三、符合享受稳岗补贴条件的企业向统筹地区人力资源社会保障部门提出申请,人力资源社会保障部门对其依法参保缴费情况、裁员情况进行审核,确定补贴名单和补贴数额,并公开相关信息,接受社会监督;财政部门根据人力资源社会保障部门审定的名单和补贴数额,及时拨付补贴资金。

四、稳岗补贴资金可统筹使用当期失业保险基金收入和滚存结余基金,并适时调整基金收支、结余预算。

五、各省级人力资源社会保障部门要加强对统筹地区稳岗补贴政策落实情况的监督检查,及时汇总填报《失业保险稳岗补贴发放情况表》,并于每季度第一个月10日前将本地区上季度失业保险稳岗补贴发放情况表报送我司,2015年前三季度情况表请于10月10日前报送。对兼并重组企业、化解产能过剩企业、淘汰落后产能企业稳岗补贴情况需要单独统计,各地在企业稳岗补贴申报表中可设置三类企业选项,由企业自行填写。如一户企业同时涉及一项以上产业结构调整情况,只按照其中一项填写。

稳岗补贴政策关系企业和职工切身利益,关系就业和社会稳定,各级人力资源社会保障部门要进一步加大政策宣传力度,使符合条件的企业都能够知晓并享受政策,鼓励、支持、引导企业稳定就业岗位。扩大失业保险稳岗补贴范围的具体实施办法出台后要及时报送我司。

联系人:(略)

附件:失业保险稳岗补贴发放情况表(略)

失业保险稳岗补贴表填报说明(略)

人力资源社会保障部、财政部关于阶段性降低失业保险费率有关问题的通知

1. 2017年2月16日

2. 人社部发〔2017〕14号

各省、自治区、直辖市及新疆生产建设兵团人力资源社会保障厅(局)、财政(财务)厅(局):

为进一步减轻企业负担,增强企业活力,促进就业稳定,经国务院同意,现就阶段性降低失业保险费率有关问题通知如下:

一、从2017年1月1日起,失业保险总费率为1.5%的省(区、市),可以将总费率降至1%,降低费率的期限执行至2018年4月30日。在省(区、市)行政区域内,单位及个人的费率应当统一,个人费率不得超过单位费率。具体方案由各省(区、市)研究确定。

二、失业保险总费率已降至1%的省份仍按照《人力资源社会保障部　财政部关于阶段性降低社会保险费率的通知》(人社部发〔2016〕36号)执行。

三、各地降低失业保险费率,要充分考虑失业保险待遇按时足额发放、提高待遇标准、促进失业人员再就业、落实失业保险稳岗补贴政策等因素对基金支付能力的影响,结合实际,认真测算,研究制定具体方案,经省级人民政府批准后执行,并报人力资源社会保障部和财政部备案。

阶段性降低失业保险费率政策性强,社会关注度高。各地要把思想和行动统一到党中央、国务院决策部署上来,加强组织领导,精心组织实施。要平衡好降费率与保发放之间的关系,加强基金运行的监测和评估,确保基金平稳运行。各地贯彻落实本通知情况以及执行中遇到的问题,请及时向人力资源社会保障部、财政部报告。

人力资源社会保障部、财政部关于失业保险支持参保职工提升职业技能有关问题的通知

1. 2017年5月15日

2. 人社部发〔2017〕40号

各省、自治区、直辖市及新疆生产建设兵团人力资源社会保障厅(局)、财政(财务)厅(局):

为贯彻落实《国务院关于做好当前和今后一段时期

就业创业工作的意见》(国发〔2017〕28 号)关于"依法参加失业保险 3 年以上、当年取得职业资格证书或职业技能等级证书的企业职工,可申请参保职工技能提升补贴,所需资金按规定从失业保险基金中列支"的要求,提升参加失业保险职工的职业技能,发挥失业保险促进就业作用,现就有关问题通知如下:

一、申领条件

同时符合以下条件的企业职工,可申领技能提升补贴:

(一)依法参加失业保险,累计缴纳失业保险费 36 个月(含 36 个月)以上的。

(二)自 2017 年 1 月 1 日起取得初级(五级)、中级(四级)、高级(三级)职业资格证书或职业技能等级证书的。

二、审核程序

(一)职工应在职业资格证书或职业技能等级证书核发之日起 12 个月内,到本人失业保险参保地失业保险经办机构,申领技能提升补贴。

(二)失业保险经办机构通过职业资格证书或职业技能等级证书联网查询、与失业保险参保信息比对等方式进行审核。

(三)失业保险经办机构按照规定程序对申请审核通过后,应直接将补贴资金发放至申请人本人的个人银行账户或社会保障卡。

技能提升补贴申请、审核的具体程序和操作办法,由各省级人力资源社会保障部门、财政部门根据本地实际,本着方便、快捷、安全、审慎的原则制定,并主动向社会公开。

三、补贴标准

技能提升补贴的标准由省级人力资源社会保障部门、财政部门根据本地失业保险基金运行情况、职业技能培训、鉴定收费标准等因素综合确定,并适时调整。

补贴标准应根据取得职业资格证书或职业技能等级证书有所区别。职工取得初级(五级)职业资格证书或职业技能等级证书的,补贴标准一般不超过 1000 元;职工取得中级(四级)职业资格证书或职业技能等级证书的,补贴标准一般不超过 1500 元;职工取得高级(三级)职业资格证书或职业技能等级证书的,补贴标准一般不超过 2000 元。

各省(自治区、直辖市)可根据本地产业发展方向和人力资源市场需求,研究制定本地区紧缺急需的职业(工种)目录。技能提升补贴标准可向地区紧缺急需职业(工种)予以倾斜。

同一职业(工种)同一等级只能申请并享受一次技能提升补贴。

四、资金使用

在失业保险基金科目中设立技能提升补贴科目,所需资金从失业保险基金技能提升补贴科目中列支。

各省(自治区、直辖市)要将技能提升补贴支出纳入失业保险基金预算管理,规范运作,切实保证基金有效使用和安全运行。要重点关注基金支付能力相对较弱的统筹地区,发挥省级调剂金的作用,确保每个地区符合条件的职工都能享受到政策。

五、工作要求

(一)加强组织领导。失业保险基金用于参保职工技能提升补贴,有利于引导职工提高职业技能水平和职业转换能力,从源头上减少失业、稳定就业;有利于弘扬工匠精神,推动我国由人力资源大国向人力资源强国迈进,为我国产业转型升级提供强有力的人才支撑。各级人力资源社会保障部门、财政部门要高度重视,将其作为失业保险预防失业、稳定就业的重要举措,精心组织、狠抓落实。要尽快制定实施办法,在 6 月 30 日前报人力资源社会保障部、财政部备案。

(二)提高审核效率。以"规范、安全、便捷"为原则,整合利用现有资源,将受理、审核、发放、监督等工作纳入信息化管理,简化申报材料,优化审核流程,强化信息共享,完善服务标准,创新服务模式,提高经办服务质量。有条件的地区,可以运用电子政务手段,探索实行技能提升补贴网络在线申请、审核。

(三)强化监督管理。职业技能鉴定机构要严格鉴定标准,严把证书发放质量。失业保险经办机构要建立与职业技能鉴定机构的信息共享、沟通协调机制,通过信息比对有效甄别证书的真实性,严防冒领、骗取补贴。制订补贴资金的审核、公示、拨付、监督等制度,严格财务管理和资金监管,防范廉洁风险。公示补贴发放情况,畅通投诉举报渠道,发挥社会监督作用。对违法违规行为,按规定追究相关责任。

(四)加大宣传力度。设计编印通俗易懂的宣传材料,深入企业、街道、社区,开展形式多样的政策解读和集中宣传活动;在失业保险经办机构、职业技能鉴定机构、人力资源市场等场所,悬挂、张贴、发放宣传材料;运用广播电视、报纸期刊、微博微信等渠道宣传申领条件、申请办法、受理部门、办理时限。通过广泛宣传,使参保职工了解政策内容,熟悉办理程序,知晓办事场所,更方便更快捷地享受政策。

本《通知》自印发之日起开始施行。各地在政策执行中遇到的重大问题应及时向人力资源社会保障部、财政部报告。人力资源社会保障部、财政部适时组织开展政策绩效评估,根据实际调整完善政策。

劳动和社会保障部办公厅关于对非上海户籍失业人员失业保险关系转移问题的复函

1. 1999年8月11日

2. 劳社厅函〔1999〕87号

上海市劳动和社会保障局:

你局《关于纳入上海社会保险范围的单位中非上海户籍职工失业保险转移问题的请示》(沪劳保就字〔1999〕27号)收悉。经研究,现答复如下:

一、根据《失业保险条例》(国务院令第258号)、《社会保险费征缴暂行条例》(国务院令第259号)和《社会保险登记管理暂行办法》(劳动保障部令第1号)的有关规定,失业保险实行属地管理。在上海市行政区域内的所有城镇企业事业单位及其职工(包括非上海户籍职工)都应参加上海市的失业保险统筹,并按规定缴纳失业保险费。

二、非上海户籍职工失业后,符合享受失业保险待遇条件的,按照上海市的有关规定确定其享受期限和待遇标准。由上海市经办失业保险业务的社会保险经办机构将其失业保险关系转至本人户籍所在地,享受失业保险待遇所需资金随失业保险关系一并划转;同时,应告知失业人员到户籍所在地申领失业保险金。

三、需划转的失业保险待遇包括失业保险金、医疗补助金和职业培训、职业介绍补贴。医疗补助金和职业培训、职业介绍补贴按其应享受失业保险金总额的1/2计算。

四、非上海户籍失业人员的失业保险待遇由其户籍所在地负责发放,并提供相应的再就业服务。

劳动和社会保障部办公厅关于对刑满释放或者解除劳动教养人员能否享受失业保险待遇问题的复函

1. 2000年9月7日

2. 劳社厅函〔2000〕108号

重庆市劳动局:

你局《关于刑满释放后解除劳教人员能否享受失业保险待遇的请示》(渝劳发〔2000〕91号)收悉。经研究,现答复如下:

按照《失业保险条例》的规定,失业人员领取失业保险金应具备的条件是:按照规定参加失业保险,所在单位和本人已按照规定履行缴费义务满1年的;非因本人意愿中断就业的;已办理失业登记,并有求职要求的。失业人员在领取失业保险金期间被判刑收监执行或者被劳动教养的,停止领取失业保险金。

根据上述规定,在职人员因被判刑收监执行或者被劳动教养,而被用人单位解除劳动合同的,可以在其刑满、假释、劳动教养期满或解除劳动教养后,申请领取失业保险金。失业保险金自办理失业登记之日起计算。失业人员在领取失业保险金期间因被判刑收监执行或者被劳动教养而停止领取失业保险金的,可以在其刑满、假释、劳动教养期满或解除劳动教养后恢复领取失业保险金。失业人员在领取失业保险金期间,按照规定同时享受其他失业保险待遇。失业保险金及其他失业保险待遇标准按现行规定执行。

劳动和社会保障部办公厅关于破产企业职工自谋职业领取一次性安置费后能否享受失业保险待遇问题的复函

1. 2001年5月23日

2. 劳社厅函〔2001〕133号

河南省劳动和社会保障厅:

你厅《关于破产企业职工自谋职业领取一次性安置费后能否享受失业保险待遇的请示》(豫劳社函〔2001〕51号)收悉。经研究,答复如下:

一、根据《国务院关于若干城市试行国有企业破产有关问题的通知》(国发〔1994〕59号)和《国务院关于在若干城市试行国有企业兼并破产和职工再就业有关问题的补充通知》(国发〔1997〕10号)精神,优化资本结构试点城市安置国有破产企业职工时,可以根据当地情况,对自谋职业的发放一次性安置费,以鼓励和帮助职工尽快实现重新就业。实行这项政策,应坚持职工自愿原则,规范操作。按照《失业保险条例》的规定,在业人员不享受失业保险待遇。

二、对未提出自谋职业申请或虽提出申请但未实现自谋职业,及实行劳动合同制以后参加工作的职工,企业在与其解除劳动合同时,应按规定支付经济补偿金,符合法定条件的按规定享受失业保险待遇。

劳动和社会保障部办公厅等关于对军队机关事业单位职工参加失业保险有关问题的复函

1. 2002年2月22日劳动和社会保障部办公厅、人事部办公厅、解放军总后勤部司令部发布
2. 劳社厅函〔2002〕52号

山西省劳动和社会保障厅：

你厅《关于军队机关事业单位职工参加失业保险有关问题的请示》（晋劳社失函〔2001〕6号）收悉，现答复如下：

一、人事部、劳动和社会保障部、中国人民解放军总后勤部《关于军队后勤保障社会化改革中人事和劳动保障工作有关问题的通知》（〔2000〕后司字第332号）规定，“军队机关事业单位职工，从2000年7月1日起，按国家规定参加当地失业保险，缴纳失业保险费，享受失业保险待遇”。其中，“军队机关事业单位职工”是指军队机关事业单位中无军籍的所有职工，即：列入军队队列编制员额的职工和不列入军队队列编制员额的职员、工人（含合同制）以及聘用的其他职工（不含离退休人员）。

二、军队机关事业单位参加失业保险，应按照规定如实提供职工人数、缴费工资基数等情况。失业保险经办机构应按照军队机关事业单位提供的参保人员名单和缴费工资等情况，为缴费单位和缴费个人办理参保手续、建立缴费记录。军队机关事业单位中的参保人员失业时，对符合条件的失业人员，要按时足额发放失业保险金，并提供相应的服务。

七、社会救济与社会福利

资料补充栏

1. 最低生活保障

城市居民最低生活保障条例

1. 1999年9月28日国务院令第271号公布
2. 自1999年10月1日起施行

第一条　为了规范城市居民最低生活保障制度，保障城市居民基本生活，制定本条例。

第二条　持有非农业户口的城市居民，凡共同生活的家庭成员人均收入低于当地城市居民最低生活保障标准的，均有从当地人民政府获得基本生活物质帮助的权利。

前款所称收入，是指共同生活的家庭成员的全部货币收入和实物收入，包括法定赡养人、扶养人或者抚养人应当给付的赡养费、扶养费或者抚养费，不包括优抚对象按照国家规定享受的抚恤金、补助金。

第三条　城市居民最低生活保障制度遵循保障城市居民基本生活的原则，坚持国家保障与社会帮扶相结合、鼓励劳动自救的方针。

第四条　城市居民最低生活保障制度实行地方各级人民政府负责制。县级以上地方各级人民政府民政部门具体负责本行政区域内城市居民最低生活保障的管理工作；财政部门按照规定落实城市居民最低生活保障资金；统计、物价、审计、劳动保障和人事等部门分工负责，在各自的职责范围内负责城市居民最低生活保障的有关工作。

县级人民政府民政部门以及街道办事处和镇人民政府（以下统称管理审批机关）负责城市居民最低生活保障的具体管理审批工作。

居民委员会根据管理审批机关的委托，可以承担城市居民最低生活保障的日常管理、服务工作。

国务院民政部门负责全国城市居民最低生活保障的管理工作。

第五条　城市居民最低生活保障所需资金，由地方人民政府列入财政预算，纳入社会救济专项资金支出项目，专项管理，专款专用。

国家鼓励社会组织和个人为城市居民最低生活保障提供捐赠、资助；所提供的捐赠资助，全部纳入当地城市居民最低生活保障资金。

第六条　城市居民最低生活保障标准，按照当地维持城市居民基本生活所必需的衣、食、住费用，并适当考虑水电燃煤（燃气）费用以及未成年人的义务教育费用确定。

直辖市、设区的市的城市居民最低生活保障标准，由市人民政府民政部门会同财政、统计、物价等部门制定，报本级人民政府批准并公布执行；县（县级市）的城市居民最低生活保障标准，由县（县级市）人民政府民政部门会同财政、统计、物价等部门制定，报本级人民政府批准并报上一级人民政府备案后公布执行。

城市居民最低生活保障标准需要提高时，依照前两款的规定重新核定。

第七条　申请享受城市居民最低生活保障待遇，由户主向户籍所在地的街道办事处或者镇人民政府提出书面申请，并出具有关证明材料，填写《城市居民最低生活保障待遇审批表》。城市居民最低生活保障待遇，由其所在地的街道办事处或者镇人民政府初审，并将有关材料和初审意见报送县级人民政府民政部门审批。

管理审批机关为审批城市居民最低生活保障待遇的需要，可以通过入户调查、邻里访问以及信函索证等方式对申请人的家庭经济状况和实际生活水平进行调查核实。申请人及有关单位、组织或者个人应当接受调查，如实提供有关情况。

第八条　县级人民政府民政部门经审查，对符合享受城市居民最低生活保障待遇条件的家庭，应当区分下列不同情况批准其享受城市居民最低生活保障待遇：

（一）对无生活来源、无劳动能力又无法定赡养人、扶养人或者抚养人的城市居民，批准其按照当地城市居民最低生活保障标准全额享受；

（二）对尚有一定收入的城市居民，批准其按照家庭人均收入低于当地城市居民最低生活保障标准的差额享受。

县级人民政府民政部门经审查，对不符合享受城市居民最低生活保障待遇条件的，应当书面通知申请人，并说明理由。

管理审批机关应当自接到申请人提出申请之日起的30日内办结审批手续。

城市居民最低生活保障待遇由管理审批机关以货币形式按月发放；必要时，也可以给付实物。

第九条　对经批准享受城市居民最低生活保障待遇的城市居民，由管理审批机关采取适当形式以户为单位予以公布，接受群众监督。任何人对不符合法定条件而享受城市居民最低生活保障待遇的，都有权向管理审批机关提出意见；管理审批机关经核查，对情况属实的，应当予以纠正。

第十条 享受城市居民最低生活保障待遇的城市居民家庭人均收入情况发生变化的，应当及时通过居民委员会告知管理审批机关，办理停发、减发或者增发城市居民最低生活保障待遇的手续。

管理审批机关应当对享受城市居民最低生活保障待遇的城市居民的家庭收入情况定期进行核查。

在就业年龄内有劳动能力但尚未就业的城市居民，在享受城市居民最低生活保障待遇期间，应当参加其所在的居民委员会组织的公益性社区服务劳动。

第十一条 地方各级人民政府及其有关部门，应当对享受城市居民最低生活保障待遇的城市居民在就业、从事个体经营等方面给予必要的扶持和照顾。

第十二条 财政部门、审计部门依法监督城市居民最低生活保障资金的使用情况。

第十三条 从事城市居民最低生活保障管理审批工作的人员有下列行为之一的，给予批评教育，依法给予行政处分；构成犯罪的，依法追究刑事责任：

（一）对符合享受城市居民最低生活保障待遇条件的家庭拒不签署同意享受城市居民最低生活保障待遇意见的，或者对不符合享受城市居民最低生活保障待遇条件的家庭故意签署同意享受城市居民最低生活保障待遇意见的；

（二）玩忽职守、徇私舞弊，或者贪污、挪用、扣压、拖欠城市居民最低生活保障款物的。

第十四条 享受城市居民最低生活保障待遇的城市居民有下列行为之一的，由县级人民政府民政部门给予批评教育或者警告，追回其冒领的城市居民最低生活保障款物；情节恶劣的，处冒领金额1倍以上3倍以下的罚款：

（一）采取虚报、隐瞒、伪造等手段，骗取享受城市居民最低生活保障待遇的；

（二）在享受城市居民最低生活保障待遇期间家庭收入情况好转，不按规定告知管理审批机关，继续享受城市居民最低生活保障待遇的。

第十五条 城市居民对县级人民政府民政部门作出的不批准享受城市居民最低生活保障待遇或者减发、停发城市居民最低生活保障款物的决定或者给予的行政处罚不服的，可以依法申请行政复议；对复议决定仍不服的，可以依法提起行政诉讼。

第十六条 省、自治区、直辖市人民政府可以根据本条例，结合本行政区域城市居民最低生活保障工作的实际情况，规定实施的办法和步骤。

第十七条 本条例自1999年10月1日起施行。

国务院关于在全国建立农村最低生活保障制度的通知

1. 2007年7月11日
2. 国发〔2007〕19号

为贯彻落实党的十六届六中全会精神，切实解决农村贫困人口的生活困难，国务院决定，2007年在全国建立农村最低生活保障制度。现就有关问题通知如下：

一、充分认识建立农村最低生活保障制度的重要意义

改革开放以来，我国经济持续快速健康发展，党和政府高度重视“三农”工作，不断加大扶贫开发和社会救助工作力度，农村贫困人口数量大幅减少。但是，仍有部分贫困人口尚未解决温饱问题，需要政府给予必要的救助，以保障其基本生活，并帮助其中有劳动能力的人积极劳动脱贫致富。党的十六大以来，部分地区根据中央部署，积极探索建立农村最低生活保障制度，为全面解决农村贫困人口的基本生活问题打下了良好基础。在全国建立农村最低生活保障制度，是践行“三个代表”重要思想、落实科学发展观和构建社会主义和谐社会的必然要求，是解决农村贫困人口温饱问题的重要举措，也是建立覆盖城乡的社会保障体系的重要内容。做好这一工作，对于促进农村经济社会发展，逐步缩小城乡差距，维护社会公平具有重要意义。各地区、各部门要充分认识建立农村最低生活保障制度的重要性，将其作为社会主义新农村建设的一项重要任务，高度重视，扎实推进。

二、明确建立农村最低生活保障制度的目标和总体要求

建立农村最低生活保障制度的目标是：通过在全国范围建立农村最低生活保障制度，将符合条件的农村贫困人口全部纳入保障范围，稳定、持久、有效地解决全国农村贫困人口的温饱问题。

建立农村最低生活保障制度，实行地方人民政府负责制，按属地进行管理。各地要从当地农村经济社会发展水平和财力状况的实际出发，合理确定保障标准和对象范围。同时，要做到制度完善、程序明确、操作规范、方法简便，保证公开、公平、公正。要实行动态管理，做到保障对象有进有出，补助水平有升有降。要与扶贫开发、促进就业以及其他农村社会保障政策、生活性补助措施相衔接，坚持政府救济与家庭赡养扶养、社会互助、个人自立相结合，鼓励和支持有劳动能力的贫困人口生产自救，脱贫致富。

三、合理确定农村最低生活保障标准和对象范围

农村最低生活保障标准由县级以上地方人民政府按照能够维持当地农村居民全年基本生活所必需的吃饭、穿衣、用水、用电等费用确定，并报上一级地方人民政府备案后公布执行。农村最低生活保障标准要随着当地生活必需品价格变化和人民生活水平提高适时进行调整。

农村最低生活保障对象是家庭年人均纯收入低于当地最低生活保障标准的农村居民，主要是因病残、年老体弱、丧失劳动能力以及生存条件恶劣等原因造成生活常年困难的农村居民。

四、规范农村最低生活保障管理

农村最低生活保障的管理既要严格规范，又要从农村实际出发，采取简便易行的方法。

（一）申请、审核和审批。申请农村最低生活保障，一般由户主本人向户籍所在地的乡（镇）人民政府提出申请；村民委员会受乡（镇）人民政府委托，也可受理申请。受乡（镇）人民政府委托，在村党组织的领导下，村民委员会对申请人开展家庭经济状况调查、组织村民会议或村民代表会议民主评议后提出初步意见，报乡（镇）人民政府；乡（镇）人民政府审核后，报县级人民政府民政部门审批。乡（镇）人民政府和县级人民政府民政部门要核查申请人的家庭收入，了解其家庭财产、劳动力状况和实际生活水平，并结合村民民主评议，提出审核、审批意见。在核算申请人家庭收入时，申请人家庭按国家规定所获得的优待抚恤金、计划生育奖励与扶助金以及教育、见义勇为等方面的奖励性补助，一般不计入家庭收入，具体核算办法由地方人民政府确定。

（二）民主公示。村民委员会、乡（镇）人民政府以及县级人民政府民政部门要及时向社会公布有关信息，接受群众监督。公示的内容重点为：最低生活保障对象的申请情况和对最低生活保障对象的民主评议意见，审核、审批意见，实际补助水平等情况。对公示没有异议的，要按程序及时落实申请人的最低生活保障待遇；对公示有异议的，要进行调查核实，认真处理。

（三）资金发放。最低生活保障金原则上按照申请人家庭年人均纯收入与保障标准的差额发放，也可以在核查申请人家庭收入的基础上，按照其家庭的困难程度和类别，分档发放。要加快推行国库集中支付方式，通过代理金融机构直接、及时地将最低生活保障金支付到最低生活保障对象账户。

（四）动态管理。乡（镇）人民政府和县级人民政府民政部门要采取多种形式，定期或不定期调查了解农村困难群众的生活状况，及时将符合条件的困难群众纳入保障范围；并根据其家庭经济状况的变化，及时按程序办理停发、减发或增发最低生活保障金的手续。保障对象和补助水平变动情况都要及时向社会公示。

五、落实农村最低生活保障资金

农村最低生活保障资金的筹集以地方为主，地方各级人民政府要将农村最低生活保障资金列入财政预算，省级人民政府要加大投入。地方各级人民政府民政部门要根据保障对象人数等提出资金需求，经同级财政部门审核后列入预算。中央财政对财政困难地区给予适当补助。

地方各级人民政府及其相关部门要统筹考虑农村各项社会救助制度，合理安排农村最低生活保障资金，提高资金使用效益。同时，鼓励和引导社会力量为农村最低生活保障提供捐赠和资助。农村最低生活保障资金实行专项管理，专账核算，专款专用，严禁挤占挪用。

六、加强领导，确保农村最低生活保障制度的顺利实施

在全国建立农村最低生活保障制度，是一项重大而又复杂的系统性工作。地方各级人民政府要高度重视，将其纳入政府工作的重要议事日程，加强领导，明确责任，统筹协调，抓好落实。

要精心设计制度方案，周密组织实施。各省、自治区、直辖市人民政府制订和修订的方案，要报民政部、财政部备案。已建立农村最低生活保障制度的，要进一步完善制度，规范操作，努力提高管理水平；尚未建立农村最低生活保障制度的，要抓紧建章立制，在今年内把最低生活保障制度建立起来并组织实施。要加大政策宣传力度，利用广播、电视、报刊、互联网等媒体，做好宣传普及工作，使农村最低生活保障政策进村入户、家喻户晓。要加强协调与配合，各级民政部门要发挥职能部门作用，建立健全各项规章制度，推进信息化建设，不断提高规范化、制度化、科学化管理水平；财政部门要落实资金，加强对资金使用和管理的监督；扶贫部门要密切配合、搞好衔接，在最低生活保障制度实施后，仍要坚持开发式扶贫的方针，扶持有劳动能力的贫困人口脱贫致富。要做好新型农村合作医疗和农村医疗救助工作，防止因病致贫或返贫。要加强监督检查，县级以上地方人民政府及其相关部门要定期组织检查或抽查，对违法违纪行为及时纠正处理，对工作成绩突出的予以表彰，并定期向上一级人民政府及其相关部门报告工作进展情况。各省、自治区、直辖市人民政府要于每年年底前，将农村最低生活保障制度实施情况报告国务院。

农村最低生活保障工作涉及面广、政策性强、工作量大，地方各级人民政府在推进农村综合改革，加强农村公共服务能力建设的过程中，要统筹考虑建立农村最低生活保障制度的需要，科学整合县乡管理机构及人力资源，合理安排工作人员和工作经费，切实加强工作力量，提供必要的工作条件，逐步实现低保信息化管理，努力提高管理和服务质量，确保农村最低生活保障制度顺利实施和不断完善。

国务院关于进一步加强和改进最低生活保障工作的意见

1. *2012年9月1日*
2. *国发〔2012〕45号*

各省、自治区、直辖市人民政府，国务院各部委、各直属机构：

最低生活保障事关困难群众衣食冷暖，事关社会和谐稳定和公平正义，是贯彻落实科学发展观的重要举措，是维护困难群众基本生活权益的基础性制度安排。近年来，随着各项相关配套政策的陆续出台，最低生活保障制度在惠民生、解民忧、保稳定、促和谐等方面作出了突出贡献，有效保障了困难群众的基本生活。但一些地区还不同程度存在对最低生活保障工作重视不够、责任不落实、管理不规范、监管不到位、工作保障不力、工作机制不健全等问题。为切实加强和改进最低生活保障工作，现提出如下意见：

一、总体要求和基本原则

（一）总体要求。

最低生活保障工作要以科学发展观为指导，以保障和改善民生为主题，以强化责任为主线，坚持保基本、可持续、重公正、求实效的方针，进一步完善法规政策，健全工作机制，严格规范管理，加强能力建设，努力构建标准科学、对象准确、待遇公正、进出有序的最低生活保障工作格局，不断提高最低生活保障制度的科学性和执行力，切实维护困难群众基本生活权益。

（二）基本原则。

坚持应保尽保。把保障困难群众基本生活放到更加突出的位置，落实政府责任，加大政府投入，加强部门协作，强化监督问责，确保把所有符合条件的困难群众全部纳入最低生活保障范围。

坚持公平公正。健全最低生活保障法规制度，完善程序规定，畅通城乡居民的参与渠道，加大政策信息公开力度，做到审批过程公开透明，审批结果公平公正。

坚持动态管理。采取最低生活保障对象定期报告和管理审批机关分类复核相结合等方法，加强对最低生活保障对象的日常管理和服务，切实做到保障对象有进有出、补助水平有升有降。

坚持统筹兼顾。统筹城乡、区域和经济社会发展，做到最低生活保障标准与经济社会发展水平相适应，最低生活保障制度与其他社会保障制度相衔接，有效保障困难群众基本生活。

二、加强和改进最低生活保障工作的政策措施

（一）完善最低生活保障对象认定条件。

户籍状况、家庭收入和家庭财产是认定最低生活保障对象的三个基本条件。各地要根据当地情况，制定并向社会公布享受最低生活保障待遇的具体条件，形成完善的最低生活保障对象认定标准体系。同时，要明确核算和评估最低生活保障申请人家庭收入和家庭财产的具体办法，并对赡养、抚养、扶养义务人履行相关法定义务提出具体要求。科学制定最低生活保障标准，健全救助标准与物价上涨挂钩的联动机制，综合运用基本生活费用支出法、恩格尔系数法、消费支出比例法等测算方法，动态、适时调整最低生活保障标准，最低生活保障标准应低于最低工资标准；省级人民政府可根据区域经济社会发展情况，研究制定本行政区域内相对统一的区域标准，逐步缩小城乡差距、区域差距。

（二）规范最低生活保障审核审批程序。

规范申请程序。凡认为符合条件的城乡居民都有权直接向其户籍所在地的乡镇人民政府（街道办事处）提出最低生活保障申请；乡镇人民政府（街道办事处）无正当理由，不得拒绝受理。受最低生活保障申请人委托，村（居）民委员会可以代为提交申请。申请最低生活保障要以家庭为单位，按规定提交相关材料，书面声明家庭收入和财产状况，并由申请人签字确认。

规范审核程序。乡镇人民政府（街道办事处）是审核最低生活保障申请的责任主体，在村（居）民委员会协助下，应当对最低生活保障申请家庭逐一入户调查，详细核查申请材料以及各项声明事项的真实性和完整性，并由调查人员和申请人签字确认。

规范民主评议。入户调查结束后，乡镇人民政府（街道办事处）应当组织村（居）民代表或者社区评议小组对申请人声明的家庭收入、财产状况以及入户调查结果的真实性进行评议。各地要健全完善最低生活保障民主评议办法，规范评议程序、评议方式、评议内容和参加人员。

规范审批程序。县级人民政府民政部门是最低生活保障审批的责任主体，在作出审批决定前，应当全面审查乡镇人民政府（街道办事处）上报的调查材料和审核意见（含民主评议结果），并按照不低于30%的比例入户抽查。有条件的地方，县级人民政府民政部门可邀请乡镇人民政府（街道办事处）、村（居）民委员会参与审批，促进审批过程的公开透明。严禁不经调查直接将任何群体或个人纳入最低生活保障范围。

规范公示程序。各地要严格执行最低生活保障审核审批公示制度，规范公示内容、公示形式和公示时限等。社区要设置统一的固定公示栏；乡镇人民政府（街道办事处）要及时公示入户调查、民主评议和审核结果，并确保公示的真实性和准确性；县级人民政府民政部门应当就最低生活保障对象的家庭成员、收入情况、保障金额等在其居住地长期公示，逐步完善面向公众的最低生活保障对象信息查询机制，并完善异议复核制度。公示中要注意保护最低生活保障对象的个人隐私，严禁公开与享受最低生活保障待遇无关的信息。

规范发放程序。各地要全面推行最低生活保障金社会化发放，按照财政国库管理制度将最低生活保障金直接支付到保障家庭账户，确保最低生活保障金足额、及时发放到位。

（三）建立救助申请家庭经济状况核对机制。

在强化入户调查、邻里访问、信函索证等调查手段基础上，加快建立跨部门、多层次、信息共享的救助申请家庭经济状况核对机制，健全完善工作机构和信息核对平台，确保最低生活保障等社会救助对象准确、高效、公正认定。经救助申请人及其家庭成员授权，公安、人力资源社会保障、住房城乡建设、金融、保险、工商、税务、住房公积金等部门和机构应当根据有关规定和最低生活保障等社会救助对象认定工作需要，及时向民政部门提供户籍、机动车、就业、保险、住房、存款、证券、个体工商户、纳税、公积金等方面的信息。民政部要会同有关部门研究制定具体的信息查询办法，并负责跨省（区、市）的信息查询工作。到“十二五”末，全国要基本建立救助申请家庭经济状况核对机制。

（四）加强最低生活保障对象动态管理。

对已经纳入最低生活保障范围的救助对象，要采取多种方式加强管理服务，定期跟踪保障对象家庭变化情况，形成最低生活保障对象有进有出、补助水平有升有降的动态管理机制。各地要建立最低生活保障家庭人口、收入和财产状况定期报告制度，并根据报告情况分类、定期开展核查，将不再符合条件的及时退出保障范围。对于无生活来源、无劳动能力又无法定赡养、抚养、扶养义务人的“三无人员”，可每年核查一次；对于短期内收入变化不大的家庭，可每半年核查一次；对于收入来源不固定、成员有劳动能力和劳动条件的最低生活保障家庭，原则上实行城市按月、农村按季核查。

（五）健全最低生活保障工作监管机制。

地方各级人民政府要将最低生活保障政策落实情况作为督查督办的重点内容，定期组织开展专项检查；民政部、财政部要会同有关部门对全国最低生活保障工作进行重点抽查。财政、审计、监察部门要加强对最低生活保障资金管理使用情况的监督检查，防止挤占、挪用、套取等违纪违法现象发生。建立最低生活保障经办人员和村（居）民委员会干部近亲属享受最低生活保障备案制度，县级人民政府民政部门要对备案的最低生活保障对象严格核查管理。充分发挥舆论监督的重要作用，对于媒体发现揭露的问题，应及时查处并公布处理结果。要通过政府购买服务等方式，鼓励社会组织参与、评估、监督最低生活保障工作，财政部门要通过完善相关政策给予支持。

（六）建立健全投诉举报核查制度。

各地要公开最低生活保障监督咨询电话，畅通投诉举报渠道，健全投诉举报核查制度。有条件的地方要以省为单位设置统一的举报投诉电话。要切实加强最低生活保障来信来访工作，推行专人负责、首问负责等制度。各级人民政府、县级以上人民政府民政部门应当自受理最低生活保障信访事项之日起60日内办结；信访人对信访事项处理意见不服的，可以自收到书面答复之日起30日内请求原办理行政机关的上一级行政机关复查，收到复查请求的行政机关应当自收到复查请求之日起30日内提出复查意见，并予以书面答复；信访人对复查意见不服的，可以自收到书面答复之日起30日内向复查机关的上一级行政机关请求复核，收到复核请求的行政机关应当自收到复核请求之日起30日内提出复核意见；信访人对复核意见不服，仍以同一事实和理由提出信访请求的，不再受理，民政等部门要积极向信访人做好政策解释工作。民政部或者省级人民政府民政部门对最低生活保障重大信访事项或社会影响恶劣的违规违纪事件，可会同信访等相关部门直接督办。

（七）加强最低生活保障与其他社会救助制度的有效衔接。

加快推进低收入家庭认定工作，为医疗救助、教育救助、住房保障等社会救助政策向低收入家庭拓展提供支撑；全面建立临时救助制度，有效解决低收入群众的突发性、临时性基本生活困难；做好最低生活保障与养老、医疗等社会保险制度的衔接工作。对最低生活保障家庭中的老年人、未成年人、重度残疾人、重病患者等重点救助对象，要采取多种措施提高其救助水平。鼓励机关、企事业单位、社会组织和个人积极开展扶贫帮困活动，形成慈善事业与社会救助的有效衔接。

完善城市最低生活保障与就业联动、农村最低生活保障与扶贫开发衔接机制，鼓励积极就业，加大对有劳动能力最低生活保障对象的就业扶持力度。劳动年龄内、有劳动能力、失业的城市困难群众，在申请最低生活保障时，应当先到当地公共就业服务机构办理失业登记；公共就业服务机构应当向登记失业的最低生活保障对象提供及时的就业服务和重点帮助；对实现就业的最低生活保障对象，在核算其家庭收入时，可以扣减必要的就业成本。

三、强化工作保障，确保各项政策措施落到实处

（一）加强能力建设。省级人民政府要切实加强最低生活保障工作能力建设，统筹研究制定按照保障对象数量等因素配备相应工作人员的具体办法和措施。地方各级人民政府要结合本地实际和全面落实最低生活保障制度的要求，科学整合县（市、区）、乡镇人民政府（街道办事处）管理机构及人力资源，充实加强基层最低生活保障工作力量，确保事有人管、责有人负。加强最低生活保障工作人员业务培训，保障工作场所、条件和待遇，不断提高最低生活保障管理服务水平。加快推进信息化建设，全面部署全国最低生活保障信息管理系统。

（二）加强经费保障。省级财政要优化和调整支出结构，切实加大最低生活保障资金投入。中央财政最低生活保障补助资金重点向保障任务重、财政困难地区倾斜，在分配最低生活保障补助资金时，财政部要会同民政部研究“以奖代补”的办法和措施，对工作绩效突出地区给予奖励，引导各地进一步完善制度，加强管理。要切实保障基层工作经费，最低生活保障工作所需经费要纳入地方各级财政预算。基层最低生活保障工作经费不足的地区，省市级财政给予适当补助。

（三）加强政策宣传。以党和政府对最低生活保障工作的有关要求以及认定条件、审核审批、补差发放、动态管理等政策规定为重点，深入开展最低生活保障政策宣传。利用广播、电视、网络等媒体和宣传栏、宣传册、明白纸等群众喜闻乐见的方式，不断提高最低生活保障信息公开的针对性、时效性和完整性。充分发挥新闻媒体的舆论引导作用，大力宣传最低生活保障在保障民生、维护稳定、促进和谐等方面的重要作用，引导公众关注、参与、支持最低生活保障工作，在全社会营造良好的舆论氛围。

四、加强组织领导，进一步落实管理责任

（一）加强组织领导。进一步完善政府领导、民政牵头、部门配合、社会参与的社会救助工作机制。建立由民政部牵头的社会救助部际联席会议制度，统筹做好最低生活保障与医疗、教育、住房等其他社会救助政策以及促进就业政策的协调发展和有效衔接，研究解决救助申请家庭经济状况核对等信息共享问题，督导推进社会救助体系建设。地方各级人民政府要将最低生活保障工作纳入重要议事日程，纳入经济社会发展总体规划，纳入科学发展考评体系，建立健全相应的社会救助协调工作机制，组织相关部门协力做好社会救助制度完善、政策落实和监督管理等各项工作。

（二）落实管理责任。最低生活保障工作实行地方各级人民政府负责制，政府主要负责人对本行政区域最低生活保障工作负总责。县级以上地方各级人民政府要切实担负起最低生活保障政策制定、资金投入、工作保障和监督管理责任，乡镇人民政府（街道办事处）要切实履行最低生活保障申请受理、调查、评议和公示等审核职责，充分发挥包村干部的作用。各地要将最低生活保障政策落实情况纳入地方各级人民政府绩效考核，考核结果作为政府领导班子和相关领导干部综合考核评价的重要内容，作为干部选拔任用、管理监督的重要依据。民政部要会同财政部等部门研究建立最低生活保障工作绩效评价指标体系和评价办法，并组织开展对各省（区、市）最低生活保障工作的年度绩效评价。

（三）强化责任追究。对因工作重视不够、管理不力、发生重大问题、造成严重社会影响的地方政府和部门负责人，以及在最低生活保障审核审批过程中滥用职权、玩忽职守、徇私舞弊、失职渎职的工作人员，要依纪依法追究责任。同时，各地要加大对骗取最低生活保障待遇人员查处力度，除追回骗取的最低生活保障金外，还要依法给予行政处罚；涉嫌犯罪的，移送司法机关处理。对无理取闹、采用威胁手段强行索要最低生活保障待遇的，公安机关要给予批评教育直至相关处罚。对于出具虚假证明材料的单位和个人，各地除按有关法律法规规定处理外，还应将有关信息记入征信系统。

最低生活保障审核确认办法

1. 2021年6月11日民政部发布
2. 民发〔2021〕57号
3. 自2021年7月1日起施行

第一章　总　　则

第一条　为规范最低生活保障审核确认工作,根据《社会救助暂行办法》、《中共中央办公厅　国务院办公厅印发〈关于改革完善社会救助制度的意见〉的通知》及国家相关规定,制定本办法。

第二条　县级人民政府民政部门负责最低生活保障的审核确认工作,乡镇人民政府(街道办事处)负责最低生活保障的受理、初审工作。村(居)民委员会协助做好相关工作。

有条件的地方可按程序将最低生活保障审核确认权限下放至乡镇人民政府(街道办事处),县级民政部门加强监督指导。

第三条　县级以上地方人民政府民政部门应当加强本辖区内最低生活保障审核确认工作的规范管理和相关服务,促进最低生活保障工作公开、公平、公正。

第二章　申请和受理

第四条　申请最低生活保障以家庭为单位,由申请家庭确定一名共同生活的家庭成员作为申请人,向户籍所在地乡镇人民政府(街道办事处)提出书面申请;实施网上申请受理的地方,可以通过互联网提出申请。

第五条　共同生活的家庭成员户籍所在地不在同一省(自治区、直辖市)的,可以由其中一个户籍所在地与经常居住地一致的家庭成员向其户籍所在地提出申请;共同生活的家庭成员户籍所在地与经常居住地均不一致的,可由任一家庭成员向其户籍所在地提出申请。最低生活保障审核确认、资金发放等工作由申请受理地县级人民政府民政部门和乡镇人民政府(街道办事处)负责,其他有关县级人民政府民政部门和乡镇人民政府(街道办事处)应当配合做好相关工作。

共同生活的家庭成员户籍所在地在同一省(自治区、直辖市)但不在同一县(市、区、旗)的,最低生活保障的申请受理、审核确认等工作按照各省(自治区、直辖市)有关规定执行。

有条件的地区可以有序推进持有居住证人员在居住地申办最低生活保障。

第六条　共同生活的家庭成员申请有困难的,可以委托村(居)民委员会或者其他人代为提出申请。委托申请的,应当办理相应委托手续。

乡镇人民政府(街道办事处)、村(居)民委员会在工作中发现困难家庭可能符合条件,但是未申请最低生活保障的,应当主动告知其共同生活的家庭成员相关政策。

第七条　共同生活的家庭成员包括:

(一)配偶;

(二)未成年子女;

(三)已成年但不能独立生活的子女,包括在校接受全日制本科及以下学历教育的子女;

(四)其他具有法定赡养、扶养、抚养义务关系并长期共同居住的人员。

下列人员不计入共同生活的家庭成员:

(一)连续三年以上(含三年)脱离家庭独立生活的宗教教职人员;

(二)在监狱内服刑、在戒毒所强制隔离戒毒或者宣告失踪人员;

(三)省级人民政府民政部门根据本条原则和有关程序认定的其他人员。

第八条　符合下列情形之一的人员,可以单独提出申请:

(一)最低生活保障边缘家庭中持有中华人民共和国残疾人证的一级、二级重度残疾人和三级智力残疾人、三级精神残疾人;

(二)最低生活保障边缘家庭中患有当地有关部门认定的重特大疾病的人员;

(三)脱离家庭、在宗教场所居住三年以上(含三年)的生活困难的宗教教职人员;

(四)县级以上人民政府民政部门规定的其他特殊困难人员。

最低生活保障边缘家庭一般指不符合最低生活保障条件,家庭人均收入低于当地最低生活保障标准1.5倍,且财产状况符合相关规定的家庭。

第九条　申请最低生活保障,共同生活的家庭成员应当履行以下义务:

(一)按规定提交相关申请材料;

(二)承诺所提供的信息真实、完整;

(三)履行授权核对其家庭经济状况的相关手续;

(四)积极配合开展家庭经济状况调查。

第十条　乡镇人民政府(街道办事处)应当对提交的材料进行审查,材料齐备的,予以受理;材料不齐备的,应当一次性告知补齐所有规定材料;可以通过国家或地方政务服务平台查询获取的相关材料,不再要求重复提交。

第十一条　对于已经受理的最低生活保障家庭申请，共同生活家庭成员与最低生活保障经办人员或者村(居)民委员会成员有近亲属关系的，乡镇人民政府(街道办事处)应当单独登记备案。

第三章　家庭经济状况调查

第十二条　家庭经济状况指共同生活家庭成员拥有的全部家庭收入和家庭财产。

第十三条　家庭收入指共同生活的家庭成员在规定期限内获得的全部现金及实物收入。主要包括：

(一)工资性收入。工资性收入指就业人员通过各种途径得到的全部劳动报酬和各种福利并扣除必要的就业成本，包括因任职或者受雇而取得的工资、薪金、奖金、劳动分红、津贴、补贴以及与任职或者受雇有关的其他所得等。

(二)经营净收入。经营净收入指从事生产经营及有偿服务活动所获得全部经营收入扣除经营费用、生产性固定资产折旧和生产税之后得到的收入。包括从事种植、养殖、采集及加工等农林牧渔业的生产收入，从事工业、建筑业、手工业、交通运输业、批发和零售贸易业、餐饮业、文教卫生业和社会服务业等经营及有偿服务活动的收入等。

(三)财产净收入。财产净收入指出让动产和不动产，或将动产和不动产交由其他机构、单位或个人使用并扣除相关费用之后得到的收入，包括储蓄存款利息、有价证券红利、储蓄性保险投资以及其他股息和红利等收入，集体财产收入分红和其他动产收入，以及转租承包土地经营权、出租或者出让房产以及其他不动产收入等。

(四)转移净收入。转移净收入指转移性收入扣减转移性支出之后的收入。其中，转移性收入指国家、机关企事业单位、社会组织对居民的各种经常性转移支付和居民之间的经常性收入转移，包括赡养(抚养、扶养)费、离退休金、失业保险金、遗属补助金、赔偿收入、接受捐赠(赠送)收入等；转移性支出指居民对国家、企事业单位、社会组织、居民的经常性转移支出，包括缴纳的税款、各项社会保障支出、赡养支出以及其他经常性转移支出等。

(五)其他应当计入家庭收入的项目。

下列收入不计入家庭收入：

(一)国家规定的优待抚恤金、计划生育奖励与扶助金、奖学金、见义勇为等奖励性补助；

(二)政府发放的各类社会救助款物；

(三)"十四五"期间，中央确定的城乡居民基本养老保险基础养老金；

(四)设区的市级以上地方人民政府规定的其他收入。

对于共同生活的家庭成员因残疾、患重病等增加的刚性支出、必要的就业成本等，在核算家庭收入时可按规定适当扣减。

第十四条　家庭财产指共同生活的家庭成员拥有的全部动产和不动产。动产主要包括银行存款、证券、基金、商业保险、债权、互联网金融资产以及车辆等。不动产主要包括房屋、林木等定着物。对于维持家庭生产生活的必需财产，可以在认定家庭财产状况时予以豁免。

第十五条　乡镇人民政府(街道办事处)应当自受理最低生活保障申请之日起3个工作日内，启动家庭经济状况调查工作。调查可以通过入户调查、邻里访问、信函索证或者提请县级人民政府民政部门开展家庭经济状况信息核对等方式进行。

共同生活家庭成员经常居住地与户籍所在地不一致的，经常居住地县级人民政府民政部门和乡镇人民政府(街道办事处)应当配合开展家庭经济状况调查、动态管理等相关工作。

第十六条　乡镇人民政府(街道办事处)可以在村(居)民委员会协助下，通过下列方式对申请家庭的经济状况和实际生活情况予以调查核实。每组调查人员不得少于2人。

(一)入户调查。调查人员到申请家庭中了解家庭收入、财产情况和吃、穿、住、用等实际生活情况。入户调查结束后，调查人员应当填写入户调查表，并由调查人员和在场的共同生活家庭成员分别签字。

(二)邻里访问。调查人员到申请家庭所在村(居)民委员会和社区，走访了解其家庭收入、财产和实际生活状况。

(三)信函索证。调查人员以信函等方式向相关单位和部门索取有关佐证材料。

(四)其他调查方式。

发生重大突发事件时，前款规定的入户调查、邻里访问程序可以采取电话、视频等非接触方式进行。

第十七条　县级人民政府民政部门应当在收到乡镇人民政府(街道办事处)对家庭经济状况进行信息核对提请后3个工作日内，启动信息核对程序，根据工作需要，依法依规查询共同生活家庭成员的户籍、纳税记录、社会保险缴纳、不动产登记、市场主体登记、住房公积金缴纳、车船登记，以及银行存款、商业保险、证券、互联网金融资产等信息。

县级人民政府民政部门可以根据当地实际情况，

通过家庭用水、用电、燃气、通讯等日常生活费用支出，以及是否存在高收费学校就读（含入托、出国留学）、出国旅游等情况，对家庭经济状况进行辅助评估。

第十八条 经家庭经济状况信息核对，不符合条件的最低生活保障申请，乡镇人民政府（街道办事处）应当及时告知申请人。

申请人有异议的，应当提供相关佐证材料；乡镇人民政府（街道办事处）应当组织开展复查。

第四章 审核确认

第十九条 乡镇人民政府（街道办事处）应当根据家庭经济状况调查核实情况，提出初审意见，并在申请家庭所在村、社区进行公示。公示期为7天。公示期满无异议的，乡镇人民政府（街道办事处）应当及时将申请材料、家庭经济状况调查核实结果、初审意见等相关材料报送县级人民政府民政部门。

公示有异议的，乡镇人民政府（街道办事处）应当对申请家庭的经济状况重新组织调查或者开展民主评议。调查或者民主评议结束后，乡镇人民政府（街道办事处）应当重新提出初审意见，连同申请材料、家庭经济状况调查核实结果等相关材料报送县级人民政府民政部门。

第二十条 县级人民政府民政部门应当自收到乡镇人民政府（街道办事处）上报的申请材料、家庭经济状况调查核实结果和初审意见等材料后10个工作日内，提出审核确认意见。

对单独登记备案或者在审核确认阶段接到投诉、举报的最低生活保障申请，县级人民政府民政部门应当入户调查。

第二十一条 县级人民政府民政部门经审核，对符合条件的申请予以确认同意，同时确定救助金额，发放最低生活保障证或确认通知书，并从作出确认同意决定之日下月起发放最低生活保障金。对不符合条件的申请不予确认同意，并应当在作出决定3个工作日内，通过乡镇人民政府（街道办事处）书面告知申请人并说明理由。

第二十二条 最低生活保障审核确认工作应当自受理之日起30个工作日之内完成；特殊情况下，可以延长至45个工作日。

第二十三条 最低生活保障金可以按照审核确定的申请家庭人均收入与当地最低生活保障标准的实际差额计算；也可以根据申请家庭困难程度和人员情况，采取分档方式计算。

第二十四条 县级人民政府民政部门应当在最低生活保障家庭所在村、社区公布最低生活保障申请人姓名、家庭成员数量、保障金额等信息。

信息公布应当依法保护个人隐私，不得公开无关信息。

第二十五条 最低生活保障金原则上实行社会化发放，通过银行、信用社等代理金融机构，按月支付到最低生活保障家庭的账户。

第二十六条 乡镇人民政府（街道办事处）或者村（居）民委会相关工作人员代为保管用于领取最低生活保障金的银行存折或银行卡的，应当与最低生活保障家庭成员签订书面协议并报县级人民政府民政部门备案。

第二十七条 对获得最低生活保障后生活仍有困难的老年人、未成年人、重度残疾人和重病患者，县级以上地方人民政府应当采取必要措施给予生活保障。

第二十八条 未经申请受理、家庭经济状况调查、审核确认等程序，不得将任何家庭或者个人直接纳入最低生活保障范围。

第五章 管理和监督

第二十九条 共同生活的家庭成员无正当理由拒不配合最低生活保障审核确认工作的，县级人民政府民政部门和乡镇人民政府（街道办事处）可以终止审核确认程序。

第三十条 最低生活保障家庭的人口状况、收入状况和财产状况发生变化的，应当及时告知乡镇人民政府（街道办事处）。

第三十一条 乡镇人民政府（街道办事处）应当对最低生活保障家庭的经济状况定期核查，并根据核查情况及时报县级人民政府民政部门办理最低生活保障金增发、减发、停发手续。

对短期内经济状况变化不大的最低生活保障家庭，乡镇人民政府（街道办事处）每年核查一次；对收入来源不固定、家庭成员有劳动能力的最低生活保障家庭，每半年核查一次。核查期内最低生活保障家庭的经济状况没有明显变化的，不再调整最低生活保障金额度。

发生重大突发事件时，前款规定的核查期限可以适当延长。

第三十二条 县级人民政府民政部门作出增发、减发、停发最低生活保障金决定，应当符合法定事由和规定程序；决定减发、停发最低生活保障金的，应当告知最低生活保障家庭成员并说明理由。

第三十三条 鼓励具备就业能力的最低生活保障家庭成员积极就业。对就业后家庭人均收入超过当地最低生活保障标准的最低生活保障家庭，县级人民政府民政部门可以给予一定时间的渐退期。

第三十四条 最低生活保障家庭中有就业能力但未就业的成员，应当接受人力资源社会保障等有关部门介绍的工作；无正当理由，连续3次拒绝接受介绍的与其健康状况、劳动能力等相适应的工作的，县级人民政府民政部门应当决定减发或者停发其本人的最低生活保障金。

第三十五条 县级以上人民政府民政部门应当加强对最低生活保障审核确认工作的监督检查，完善相关的监督检查制度。

第三十六条 县级以上地方人民政府民政部门和乡镇人民政府（街道办事处）应当公开社会救助服务热线，受理咨询、举报和投诉，接受社会和群众对最低生活保障审核确认工作的监督。

第三十七条 县级以上地方人民政府民政部门和乡镇人民政府（街道办事处）对接到的实名举报，应当逐一核查，并及时向举报人反馈核查处理结果。

第三十八条 申请或者已经获得最低生活保障的家庭成员对于民政部门作出的具体行政行为不服的，可以依法申请行政复议或者提起行政诉讼。

第三十九条 从事最低生活保障工作的人员存在滥用职权、玩忽职守、徇私舞弊、失职渎职等行为的，应当依法依规追究相关责任。对秉持公心、履职尽责但因客观原因出现失误偏差且能够及时纠正的，依法依规免于问责。

第六章 附 则

第四十条 省（自治区、直辖市）人民政府民政部门可以根据本办法，结合本地实际，制定实施细则，并报民政部备案。

第四十一条 本办法由民政部负责解释。

第四十二条 本办法自2021年7月1日起施行，2012年12月12日民政部印发的《最低生活保障审核审批办法（试行）》（民发〔2012〕220号）同时废止。

2. 农村五保供养

农村五保供养工作条例

1. 2006年1月21日国务院令第456号公布
2. 自2006年3月1日起施行

第一章 总 则

第一条 为了做好农村五保供养工作,保障农村五保供养对象的正常生活,促进农村社会保障制度的发展,制定本条例。

第二条 本条例所称农村五保供养,是指依照本条例规定,在吃、穿、住、医、葬方面给予村民的生活照顾和物质帮助。

第三条 国务院民政部门主管全国的农村五保供养工作;县级以上地方各级人民政府民政部门主管本行政区域内的农村五保供养工作。

乡、民族乡、镇人民政府管理本行政区域内的农村五保供养工作。

村民委员会协助乡、民族乡、镇人民政府开展农村五保供养工作。

第四条 国家鼓励社会组织和个人为农村五保供养对象和农村五保供养工作提供捐助和服务。

第五条 国家对在农村五保供养工作中做出显著成绩的单位和个人,给予表彰和奖励。

第二章 供养对象

第六条 老年、残疾或者未满16周岁的村民,无劳动能力、无生活来源又无法定赡养、抚养、扶养义务人,或者其法定赡养、抚养、扶养义务人无赡养、抚养、扶养能力的,享受农村五保供养待遇。

第七条 享受农村五保供养待遇,应当由村民本人向村民委员会提出申请;因年幼或者智力残疾无法表达意愿的,由村民小组或者其他村民代为提出申请。经村民委员会民主评议,对符合本条例第六条规定条件的,在本村范围内公告;无重大异议的,由村民委员会将评议意见和有关材料报送乡、民族乡、镇人民政府审核。

乡、民族乡、镇人民政府应当自收到评议意见之日起20日内提出审核意见,并将审核意见和有关材料报送县级人民政府民政部门审批。县级人民政府民政部门应当自收到审核意见和有关材料之日起20日内作出审批决定。对批准给予农村五保供养待遇的,发给《农村五保供养证书》;对不符合条件不予批准的,应当书面说明理由。

乡、民族乡、镇人民政府应当对申请人的家庭状况和经济条件进行调查核实;必要时,县级人民政府民政部门可以进行复核。申请人、有关组织或者个人应当配合、接受调查,如实提供有关情况。

第八条 农村五保供养对象不再符合本条例第六条规定条件的,村民委员会或者敬老院等农村五保供养服务机构(以下简称农村五保供养服务机构)应当向乡、民族乡、镇人民政府报告,由乡、民族乡、镇人民政府审核并报县级人民政府民政部门核准后,核销其《农村五保供养证书》。

农村五保供养对象死亡,丧葬事宜办理完毕后,村民委员会或者农村五保供养服务机构应当向乡、民族乡、镇人民政府报告,由乡、民族乡、镇人民政府报县级人民政府民政部门核准后,核销其《农村五保供养证书》。

第三章 供养内容

第九条 农村五保供养包括下列供养内容:

(一)供给粮油、副食品和生活用燃料;

(二)供给服装、被褥等生活用品和零用钱;

(三)提供符合基本居住条件的住房;

(四)提供疾病治疗,对生活不能自理的给予照料;

(五)办理丧葬事宜。

农村五保供养对象未满16周岁或者已满16周岁仍在接受义务教育的,应当保障他们依法接受义务教育所需费用。

农村五保供养对象的疾病治疗,应当与当地农村合作医疗和农村医疗救助制度相衔接。

第十条 农村五保供养标准不得低于当地村民的平均生活水平,并根据当地村民平均生活水平的提高适时调整。

农村五保供养标准,可以由省、自治区、直辖市人民政府制定,在本行政区域内公布执行,也可以由设区的市级或者县级人民政府制定,报所在的省、自治区、直辖市人民政府备案后公布执行。

国务院民政部门、国务院财政部门应当加强对农村五保供养标准制定工作的指导。

第十一条 农村五保供养资金,在地方人民政府财政预算中安排。有农村集体经营等收入的地方,可以从农村集体经营等收入中安排资金,用于补助和改善农村五保供养对象的生活。农村五保供养对象将承包土地交由他人代耕的,其收益归该农村五保供养对象所有。具体办法由省、自治区、直辖市人民政府规定。

中央财政对财政困难地区的农村五保供养，在资金上给予适当补助。

农村五保供养资金，应当专门用于农村五保供养对象的生活，任何组织或者个人不得贪污、挪用、截留或者私分。

第四章　供养形式

第十二条　农村五保供养对象可以在当地的农村五保供养服务机构集中供养，也可以在家分散供养。农村五保供养对象可以自行选择供养形式。

第十三条　集中供养的农村五保供养对象，由农村五保供养服务机构提供供养服务；分散供养的农村五保供养对象，可以由村民委员会提供照料，也可以由农村五保供养服务机构提供有关供养服务。

第十四条　各级人民政府应当把农村五保供养服务机构建设纳入经济社会发展规划。

县级人民政府和乡、民族乡、镇人民政府应当为农村五保供养服务机构提供必要的设备、管理资金，并配备必要的工作人员。

第十五条　农村五保供养服务机构应当建立健全内部民主管理和服务管理制度。

农村五保供养服务机构工作人员应当经过必要的培训。

第十六条　农村五保供养服务机构可以开展以改善农村五保供养对象生活条件为目的的农副业生产。地方各级人民政府及其有关部门应当对农村五保供养服务机构开展农副业生产给予必要的扶持。

第十七条　乡、民族乡、镇人民政府应当与村民委员会或者农村五保供养服务机构签订供养服务协议，保证农村五保供养对象享受符合要求的供养。

村民委员会可以委托村民对分散供养的农村五保供养对象提供照料。

第五章　监督管理

第十八条　县级以上人民政府应当依法加强对农村五保供养工作的监督管理。县级以上地方各级人民政府民政部门和乡、民族乡、镇人民政府应当制定农村五保供养工作的管理制度，并负责督促实施。

第十九条　财政部门应当按时足额拨付农村五保供养资金，确保资金到位，并加强对资金使用情况的监督管理。

审计机关应当依法加强对农村五保供养资金使用情况的审计。

第二十条　农村五保供养待遇的申请条件、程序、民主评议情况以及农村五保供养的标准和资金使用情况等，应当向社会公告，接受社会监督。

第二十一条　农村五保供养服务机构应当遵守治安、消防、卫生、财务会计等方面的法律、法规和国家有关规定，向农村五保供养对象提供符合要求的供养服务，并接受地方人民政府及其有关部门的监督管理。

第六章　法律责任

第二十二条　违反本条例规定，有关行政机关及其工作人员有下列行为之一的，对直接负责的主管人员以及其他直接责任人员依法给予行政处分；构成犯罪的，依法追究刑事责任：

（一）对符合农村五保供养条件的村民不予批准享受农村五保供养待遇的，或者对不符合农村五保供养条件的村民批准其享受农村五保供养待遇的；

（二）贪污、挪用、截留、私分农村五保供养款物的；

（三）有其他滥用职权、玩忽职守、徇私舞弊行为的。

第二十三条　违反本条例规定，村民委员会组成人员贪污、挪用、截留农村五保供养款物的，依法予以罢免；构成犯罪的，依法追究刑事责任。

违反本条例规定，农村五保供养服务机构工作人员私分、挪用、截留农村五保供养款物的，予以辞退；构成犯罪的，依法追究刑事责任。

第二十四条　违反本条例规定，村民委员会或者农村五保供养服务机构对农村五保供养对象提供的供养服务不符合要求的，由乡、民族乡、镇人民政府责令限期改正；逾期不改正的，乡、民族乡、镇人民政府有权终止供养服务协议；造成损失的，依法承担赔偿责任。

第七章　附　　则

第二十五条　《农村五保供养证书》由国务院民政部门规定式样，由省、自治区、直辖市人民政府民政部门监制。

第二十六条　本条例自2006年3月1日起施行。1994年1月23日国务院发布的《农村五保供养工作条例》同时废止。

农村五保供养服务机构管理办法

1. 2010年10月22日民政部令第37号公布

2. 自2011年1月1日起施行

第一章　总　　则

第一条　为了加强农村五保供养服务机构管理，提高供养服务能力和水平，保障农村五保供养对象的正常生活，根据《农村五保供养工作条例》和国家有关规定，制定本办法。

第二条 本办法所称农村五保供养服务机构，是指县级人民政府民政部门或者乡、民族乡、镇人民政府（以下简称主办机关）举办的，为农村五保供养对象提供供养服务的公益性机构。

符合条件的农村五保供养服务机构，应当依法办理事业单位法人登记。

第三条 县级以上人民政府民政部门负责本行政区域内的农村五保供养服务机构管理工作。

乡、民族乡、镇人民政府管理其举办的农村五保供养服务机构，并接受县级人民政府民政部门的业务指导。

第四条 农村五保供养服务机构实行等级评定，具体评定办法另行规定。

第五条 县级以上人民政府民政部门对在农村五保供养服务机构建设、管理和服务工作中作出显著成绩的单位和个人，给予表彰和奖励。

第二章 规划与建设

第六条 县级以上人民政府民政部门应当根据本级人民政府经济社会发展规划，会同有关部门编制农村五保供养服务机构建设专项规划，并组织实施。

第七条 农村人口规模较大、农村五保供养对象较多的乡、民族乡、镇，应当建设能够满足当地农村五保供养对象集中供养需要的农村五保供养服务机构。

县级人民政府民政部门根据实际需要，可以建设能够满足若干乡、民族乡、镇农村五保供养对象集中供养需要的农村五保供养服务机构。

第八条 农村五保供养服务机构建设应当符合国家有关的建筑设计规范和标准，坚持改建、扩建、新建相结合，充分利用闲置的设施。

农村五保供养服务机构的建设规模原则上不少于40张床位。

第九条 农村五保供养服务机构应当为每名农村五保供养对象提供使用面积不少于6平方米的居住用房。

农村五保供养服务机构应当建有厨房、餐厅、活动室、浴室、卫生间、办公室等辅助用房。

第十条 农村五保供养服务机构应当配置基本生活设施，配备必要的膳食制作、医疗保健、文体娱乐、供暖降温、办公管理等设备。

有条件的农村五保供养服务机构应当具备开展农副业生产所必需的场地和设施。

第三章 服务对象

第十一条 对自愿选择集中供养的农村五保供养对象，经县级人民政府民政部门安排，有供养能力的农村五保供养服务机构不得拒绝接收。

农村五保供养服务机构应当优先供养生活不能自理的农村五保供养对象。

第十二条 接收患有精神病、传染病农村五保供养对象的农村五保供养服务机构应当具备相应的治疗护理能力。

第十三条 乡、民族乡、镇人民政府应当与农村五保供养服务机构签订供养服务协议，委托其为农村五保供养对象提供供养服务。协议范本由县级人民政府民政部门制定，并报上一级民政部门备案。

第十四条 农村五保供养服务机构在满足当地农村五保供养对象集中供养需要的基础上，可以开展社会养老服务。

开展社会养老服务的农村五保供养服务机构应当与服务对象或者其赡养人签订协议，约定双方的权利和义务。

农村五保供养服务机构不得因开展社会养老服务降低对农村五保供养对象的集中供养条件和服务水平。

第十五条 农村五保供养对象和社会养老服务对象应当遵守农村五保供养服务机构的规章制度，爱护公共财物，文明礼貌，团结互助。

第四章 供养内容

第十六条 农村五保供养服务机构应当向农村五保供养对象提供下列服务：

（一）提供符合食品卫生要求、适合农村五保供养对象需要的膳食；

（二）提供服装、被褥等生活用品和零用钱；

（三）提供符合居住条件的住房；

（四）提供日常诊疗服务，对生活不能自理的给予护理照料；

（五）妥善办理丧葬事宜。

集中供养的农村五保供养对象未满16周岁或者已满16周岁仍在接受义务教育的，农村五保供养服务机构应当依法保证其接受并完成义务教育，保障所需费用。

有条件的农村五保供养服务机构应当为集中供养的重度残疾五保供养对象适配基本型辅助器具。

第十七条 农村五保供养服务机构的实际供养水平不得低于当地公布的农村五保集中供养标准。

第十八条 农村五保供养服务机构提供的供养服务，应当符合有关法律法规和规章的规定，符合国家的标准规范，尊重少数民族习惯。

第十九条 农村五保供养服务机构应当协同驻地乡镇卫生院或者其他医疗机构为农村五保供养对象提供日常诊疗服务。

经卫生行政部门许可，有条件的农村五保供养服务机构可以设立医务室，为农村五保供养对象提供日常诊疗服务。

农村五保供养服务机构应当协助有关部门保障农村五保供养对象享受农村合作医疗和农村医疗救助待遇。

第二十条 农村五保供养服务机构应当提供亲情化服务，组织文化娱乐、体育健身等活动，丰富农村五保供养对象的精神生活。

第二十一条 农村五保供养服务机构可以向分散供养的农村五保供养对象提供服务，具体服务方式由县级人民政府民政部门规定。

第五章 内部管理

第二十二条 农村五保供养服务机构应当建立健全财务管理、档案管理、环境卫生、安全保卫等规章制度，并向农村五保供养对象公开。

第二十三条 农村五保供养服务机构实行院长负责制，主办机关应当定期对院长履行职责的情况进行考核。

农村五保供养服务机构应当根据实际需要科学设定岗位，明确岗位要求和工作流程，实行岗位责任制。

第二十四条 农村五保供养服务机构应当设立院务管理委员会，实行院务公开。院务管理委员会由主办机关代表、农村五保供养对象代表和工作人员代表组成，其中农村五保供养对象代表应当达到1/2以上。

院务管理委员会由农村五保供养服务机构全体人员民主选举产生，履行以下职责：

（一）监督本机构各项规章制度的执行情况；

（二）监督本机构财务收支和管理情况；

（三）监督院长和工作人员的工作；

（四）调解农村五保供养对象之间的矛盾纠纷；

（五）组织协调农村五保供养对象开展自我服务和自我管理；

（六）其他院务管理职责。

第二十五条 农村五保供养服务机构可以采取多种形式开展农副业生产，其收入应当用于改善农村五保供养对象的生活，任何单位和个人不得侵占、挪用。

农村五保供养服务机构可以鼓励农村五保供养对象参加有益身心健康和力所能及的生产活动，并给予适当报酬。

第二十六条 农村五保供养服务机构管理和使用的资产，任何单位和个人不得侵占，需要办理登记的应当依据有关规定办理登记手续。

第六章 工作人员

第二十七条 农村五保供养服务机构应当根据服务对象的数量和需求，配备工作人员。

有条件的农村五保供养服务机构应当配备专业社会工作者。

第二十八条 农村五保供养服务机构负责人由主办机关聘任，其他工作人员由农村五保供养服务机构聘用。

第二十九条 农村五保供养服务机构或者其主办机关应当与工作人员订立聘用合同或者劳动合同。

农村五保供养服务机构或者其主办机关应当保障工作人员的工资待遇不低于当地最低工资标准，并为其办理相应的养老、医疗、工伤等社会保险。

第三十条 县级人民政府民政部门应当对农村五保供养服务机构工作人员进行业务培训，考核合格的，准予上岗服务。

第七章 经费保障

第三十一条 农村五保供养服务机构的建设资金和管理资金应当按照财政预算管理程序申报，经审核后从财政预算中安排。

管理资金是指维持农村五保供养服务机构正常运转必需支出的各项费用，主要包括工作人员工资、办公经费、设备设施购置维护经费和水电燃料费等。

第三十二条 农村五保供养对象的集中供养资金应当按照当地人民政府公布的集中供养标准，纳入县乡财政专项保障，并按时拨付到农村五保供养服务机构。

农村五保供养服务机构应当将集中供养资金全部用于为农村五保供养对象提供供养服务，不得挪作他用。

第三十三条 县级以上人民政府民政部门应当每年从本级福利彩票公益金中安排一定数量，用于支持农村五保供养服务机构建设和维护。

第三十四条 鼓励机关、企业、事业单位、社会组织、个人向农村五保供养服务机构提供捐赠，帮助改善农村五保供养对象的生活条件。

第八章 法律责任

第三十五条 农村五保供养服务机构有下列行为之一的，由县级人民政府民政部门或者乡、民族乡、镇人民政府责令限期改正；逾期不改正的，县级人民政府民政部门或者乡、民族乡、镇人民政府应当终止供养服务协议；造成损失的，依法承担赔偿责任：

（一）歧视、虐待农村五保供养对象的；

（二）未尽到管理和服务义务致使农村五保供养对象合法权益遭受侵害的；

（三）侵占农村五保供养对象财产的；

（四）其他违反规定的行为。

第三十六条 农村五保供养服务机构工作人员有下列行为之一的，予以批评教育；情节严重的，予以辞退；造成损失的，依法承担赔偿责任；构成犯罪的，依法追究刑事责任：

（一）私分、挪用、截留农村五保供养款物的；

（二）私分、挪用农副业生产经营收入的；

（三）辱骂、殴打、虐待农村五保供养对象的；

（四）盗窃、侵占农村五保供养对象或者农村五保供养服务机构财产的；

（五）其他违反规定的行为。

第三十七条 农村五保供养对象有下列行为之一的，予以批评教育；情节严重的，停止集中供养；构成犯罪的，依法追究刑事责任：

（一）违反农村五保供养服务机构的规定，扰乱正常生活秩序的；

（二）打架、斗殴，造成他人身体伤害的；

（三）损毁、盗窃、侵占农村五保供养服务机构或者其他农村五保供养对象财产的；

（四）其他违反规定的行为。

第九章　附　　则

第三十八条 鼓励其他社会福利机构为农村五保供养对象提供供养服务，相关管理和服务参照本办法执行。

第三十九条 本办法自2011年1月1日起施行。1997年3月18日民政部发布的《农村敬老院管理暂行办法》同时废止。

3. 社会救助

社会救助暂行办法

1. 2014年2月21日国务院令第649号公布
2. 根据2019年3月2日国务院令第709号《关于修改部分行政法规的决定》修订

第一章　总　　则

第一条　为了加强社会救助,保障公民的基本生活,促进社会公平,维护社会和谐稳定,根据宪法,制定本办法。

第二条　社会救助制度坚持托底线、救急难、可持续,与其他社会保障制度相衔接,社会救助水平与经济社会发展水平相适应。

社会救助工作应当遵循公开、公平、公正、及时的原则。

第三条　国务院民政部门统筹全国社会救助体系建设。国务院民政、应急管理、卫生健康、教育、住房城乡建设、人力资源社会保障、医疗保障等部门,按照各自职责负责相应的社会救助管理工作。

县级以上地方人民政府民政、应急管理、卫生健康、教育、住房城乡建设、人力资源社会保障、医疗保障等部门,按照各自职责负责本行政区域内相应的社会救助管理工作。

前两款所列行政部门统称社会救助管理部门。

第四条　乡镇人民政府、街道办事处负责有关社会救助的申请受理、调查审核,具体工作由社会救助经办机构或者经办人员承担。

村民委员会、居民委员会协助做好有关社会救助工作。

第五条　县级以上人民政府应当将社会救助纳入国民经济和社会发展规划,建立健全政府领导、民政部门牵头、有关部门配合、社会力量参与的社会救助工作协调机制,完善社会救助资金、物资保障机制,将政府安排的社会救助资金和社会救助工作经费纳入财政预算。

社会救助资金实行专项管理,分账核算,专款专用,任何单位或者个人不得挤占挪用。社会救助资金的支付,按照财政国库管理的有关规定执行。

第六条　县级以上人民政府应当按照国家统一规划建立社会救助管理信息系统,实现社会救助信息互联互通、资源共享。

第七条　国家鼓励、支持社会力量参与社会救助。

第八条　对在社会救助工作中作出显著成绩的单位、个人,按照国家有关规定给予表彰、奖励。

第二章　最低生活保障

第九条　国家对共同生活的家庭成员人均收入低于当地最低生活保障标准,且符合当地最低生活保障家庭财产状况规定的家庭,给予最低生活保障。

第十条　最低生活保障标准,由省、自治区、直辖市或者设区的市级人民政府按照当地居民生活必需的费用确定、公布,并根据当地经济社会发展水平和物价变动情况适时调整。

最低生活保障家庭收入状况、财产状况的认定办法,由省、自治区、直辖市或者设区的市级人民政府按照国家有关规定制定。

第十一条　申请最低生活保障,按照下列程序办理:

(一)由共同生活的家庭成员向户籍所在地的乡镇人民政府、街道办事处提出书面申请;家庭成员申请有困难的,可以委托村民委员会、居民委员会代为提出申请。

(二)乡镇人民政府、街道办事处应当通过入户调查、邻里访问、信函索证、群众评议、信息核查等方式,对申请人的家庭收入状况、财产状况进行调查核实,提出初审意见,在申请人所在村、社区公示后报县级人民政府民政部门审批。

(三)县级人民政府民政部门经审查,对符合条件的申请予以批准,并在申请人所在村、社区公布;对不符合条件的申请不予批准,并书面向申请人说明理由。

第十二条　对批准获得最低生活保障的家庭,县级人民政府民政部门按照共同生活的家庭成员人均收入低于当地最低生活保障标准的差额,按月发给最低生活保障金。

对获得最低生活保障后生活仍有困难的老年人、未成年人、重度残疾人和重病患者,县级以上地方人民政府应当采取必要措施给予生活保障。

第十三条　最低生活保障家庭的人口状况、收入状况、财产状况发生变化的,应当及时告知乡镇人民政府、街道办事处。

县级人民政府民政部门以及乡镇人民政府、街道办事处应当对获得最低生活保障家庭的人口状况、收入状况、财产状况定期核查。

最低生活保障家庭的人口状况、收入状况、财产状况发生变化的,县级人民政府民政部门应当及时决定增发、减发或者停发最低生活保障金;决定停发最低生活保障金的,应当书面说明理由。

第三章 特困人员供养

第十四条 国家对无劳动能力、无生活来源且无法定赡养、抚养、扶养义务人,或者其法定赡养、抚养、扶养义务人无赡养、抚养、扶养能力的老年人、残疾人以及未满16周岁的未成年人,给予特困人员供养。

第十五条 特困人员供养的内容包括:

(一)提供基本生活条件;

(二)对生活不能自理的给予照料;

(三)提供疾病治疗;

(四)办理丧葬事宜。

特困人员供养标准,由省、自治区、直辖市或者设区的市级人民政府确定、公布。

特困人员供养应当与城乡居民基本养老保险、基本医疗保障、最低生活保障、孤儿基本生活保障等制度相衔接。

第十六条 申请特困人员供养,由本人向户籍所在地的乡镇人民政府、街道办事处提出书面申请;本人申请有困难的,可以委托村民委员会、居民委员会代为提出申请。

特困人员供养的审批程序适用本办法第十一条规定。

第十七条 乡镇人民政府、街道办事处应当及时了解掌握居民的生活情况,发现符合特困供养条件的人员,应当主动为其依法办理供养。

第十八条 特困供养人员不再符合供养条件的,村民委员会、居民委员会或者供养服务机构应当告知乡镇人民政府、街道办事处,由乡镇人民政府、街道办事处审核并报县级人民政府民政部门核准后,终止供养并予以公示。

第十九条 特困供养人员可以在当地的供养服务机构集中供养,也可以在家分散供养。特困供养人员可以自行选择供养形式。

第四章 受灾人员救助

第二十条 国家建立健全自然灾害救助制度,对基本生活受到自然灾害严重影响的人员,提供生活救助。

自然灾害救助实行属地管理,分级负责。

第二十一条 设区的市级以上人民政府和自然灾害多发、易发地区的县级人民政府应当根据自然灾害特点、居民人口数量和分布等情况,设立自然灾害救助物资储备库,保障自然灾害发生后救助物资的紧急供应。

第二十二条 自然灾害发生后,县级以上人民政府或者人民政府的自然灾害救助应急综合协调机构应当根据情况紧急疏散、转移、安置受灾人员,及时为受灾人员提供必要的食品、饮用水、衣被、取暖、临时住所、医疗防疫等应急救助。

第二十三条 灾情稳定后,受灾地区县级以上人民政府应当评估、核定并发布自然灾害损失情况。

第二十四条 受灾地区人民政府应当在确保安全的前提下,对住房损毁严重的受灾人员进行过渡性安置。

第二十五条 自然灾害危险消除后,受灾地区人民政府应急管理等部门应当及时核实本行政区域内居民住房恢复重建补助对象,并给予资金、物资等救助。

第二十六条 自然灾害发生后,受灾地区人民政府应当为因当年冬寒或者次年春荒遇到生活困难的受灾人员提供基本生活救助。

第五章 医疗救助

第二十七条 国家建立健全医疗救助制度,保障医疗救助对象获得基本医疗卫生服务。

第二十八条 下列人员可以申请相关医疗救助:

(一)最低生活保障家庭成员;

(二)特困供养人员;

(三)县级以上人民政府规定的其他特殊困难人员。

第二十九条 医疗救助采取下列方式:

(一)对救助对象参加城镇居民基本医疗保险或者新型农村合作医疗的个人缴费部分,给予补贴;

(二)对救助对象经基本医疗保险、大病保险和其他补充医疗保险支付后,个人及其家庭难以承担的符合规定的基本医疗自负费用,给予补助。

医疗救助标准,由县级以上人民政府按照经济社会发展水平和医疗救助资金情况确定、公布。

第三十条 申请医疗救助的,应当向乡镇人民政府、街道办事处提出,经审核、公示后,由县级人民政府医疗保障部门审批。最低生活保障家庭成员和特困供养人员的医疗救助,由县级人民政府医疗保障部门直接办理。

第三十一条 县级以上人民政府应当建立健全医疗救助与基本医疗保险、大病保险相衔接的医疗费用结算机制,为医疗救助对象提供便捷服务。

第三十二条 国家建立疾病应急救助制度,对需要急救但身份不明或者无力支付急救费用的急重危伤病患者给予救助。符合规定的急救费用由疾病应急救助基金支付。

疾病应急救助制度应当与其他医疗保障制度相衔接。

第六章 教育救助

第三十三条 国家对在义务教育阶段就学的最低生活保

障家庭成员、特困供养人员,给予教育救助。

对在高中教育(含中等职业教育)、普通高等教育阶段就学的最低生活保障家庭成员、特困供养人员,以及不能入学接受义务教育的残疾儿童,根据实际情况给予适当教育救助。

第三十四条 教育救助根据不同教育阶段需求,采取减免相关费用、发放助学金、给予生活补助、安排勤工助学等方式实施,保障教育救助对象基本学习、生活需求。

第三十五条 教育救助标准,由省、自治区、直辖市人民政府根据经济社会发展水平和教育救助对象的基本学习、生活需求确定、公布。

第三十六条 申请教育救助,应当按照国家有关规定向就读学校提出,按规定程序审核、确认后,由学校按照国家有关规定实施。

第七章 住房救助

第三十七条 国家对符合规定标准的住房困难的最低生活保障家庭、分散供养的特困人员,给予住房救助。

第三十八条 住房救助通过配租公共租赁住房、发放住房租赁补贴、农村危房改造等方式实施。

第三十九条 住房困难标准和救助标准,由县级以上地方人民政府根据本行政区域经济社会发展水平、住房价格水平等因素确定、公布。

第四十条 城镇家庭申请住房救助的,应当经由乡镇人民政府、街道办事处或者直接向县级人民政府住房保障部门提出,经县级人民政府民政部门审核家庭收入、财产状况和县级人民政府住房保障部门审核家庭住房状况并公示后,对符合申请条件的申请人,由县级人民政府住房保障部门优先给予保障。

农村家庭申请住房救助的,按照县级以上人民政府有关规定执行。

第四十一条 各级人民政府按照国家规定通过财政投入、用地供应等措施为实施住房救助提供保障。

第八章 就业救助

第四十二条 国家对最低生活保障家庭中有劳动能力并处于失业状态的成员,通过贷款贴息、社会保险补贴、岗位补贴、培训补贴、费用减免、公益性岗位安置等办法,给予就业救助。

第四十三条 最低生活保障家庭有劳动能力的成员均处于失业状态的,县级以上地方人民政府应当采取有针对性的措施,确保该家庭至少有一人就业。

第四十四条 申请就业救助的,应当向住所地街道、社区公共就业服务机构提出,公共就业服务机构核实后予以登记,并免费提供就业岗位信息、职业介绍、职业指导等就业服务。

第四十五条 最低生活保障家庭中有劳动能力但未就业的成员,应当接受人力资源社会保障等有关部门介绍的工作;无正当理由,连续3次拒绝接受介绍的与其健康状况、劳动能力等相适应的工作的,县级人民政府民政部门应当决定减发或者停发其本人的最低生活保障金。

第四十六条 吸纳就业救助对象的用人单位,按照国家有关规定享受社会保险补贴、税收优惠、小额担保贷款等就业扶持政策。

第九章 临时救助

第四十七条 国家对因火灾、交通事故等意外事件,家庭成员突发重大疾病等原因,导致基本生活暂时出现严重困难的家庭,或者因生活必需支出突然增加超出家庭承受能力,导致基本生活暂时出现严重困难的最低生活保障家庭,以及遭遇其他特殊困难的家庭,给予临时救助。

第四十八条 申请临时救助的,应当向乡镇人民政府、街道办事处提出,经审核、公示后,由县级人民政府民政部门审批;救助金额较小的,县级人民政府民政部门可以委托乡镇人民政府、街道办事处审批。情况紧急的,可以按照规定简化审批手续。

第四十九条 临时救助的具体事项、标准,由县级以上地方人民政府确定、公布。

第五十条 国家对生活无着的流浪、乞讨人员提供临时食宿、急病救治、协助返回等救助。

第五十一条 公安机关和其他有关行政机关的工作人员在执行公务时发现流浪、乞讨人员的,应当告知其向救助管理机构求助。对其中的残疾人、未成年人、老年人和行动不便的其他人员,应当引导、护送到救助管理机构;对突发急病人员,应当立即通知急救机构进行救治。

第十章 社会力量参与

第五十二条 国家鼓励单位和个人等社会力量通过捐赠、设立帮扶项目、创办服务机构、提供志愿服务等方式,参与社会救助。

第五十三条 社会力量参与社会救助,按照国家有关规定享受财政补贴、税收优惠、费用减免等政策。

第五十四条 县级以上地方人民政府可以将社会救助中的具体服务事项通过委托、承包、采购等方式,向社会力量购买服务。

第五十五条 县级以上地方人民政府应当发挥社会工作

服务机构和社会工作者作用，为社会救助对象提供社会融入、能力提升、心理疏导等专业服务。

第五十六条 社会救助管理部门及相关机构应当建立社会力量参与社会救助的机制和渠道，提供社会救助项目、需求信息，为社会力量参与社会救助创造条件、提供便利。

第十一章 监督管理

第五十七条 县级以上人民政府及其社会救助管理部门应当加强对社会救助工作的监督检查，完善相关监督管理制度。

第五十八条 申请或者已获得社会救助的家庭，应当按照规定如实申报家庭收入状况、财产状况。

县级以上人民政府民政部门根据申请或者已获得社会救助家庭的请求、委托，可以通过户籍管理、税务、社会保险、不动产登记、工商登记、住房公积金管理、车船管理等单位和银行、保险、证券等金融机构，代为查询、核对其家庭收入状况、财产状况；有关单位和金融机构应当予以配合。

县级以上人民政府民政部门应当建立申请和已获得社会救助家庭经济状况信息核对平台，为审核认定社会救助对象提供依据。

第五十九条 县级以上人民政府社会救助管理部门和乡镇人民政府、街道办事处在履行社会救助职责过程中，可以查阅、记录、复制与社会救助事项有关的资料，询问与社会救助事项有关的单位、个人，要求其对相关情况作出说明，提供相关证明材料。有关单位、个人应当如实提供。

第六十条 申请社会救助，应当按照本办法的规定提出；申请人难以确定社会救助管理部门的，可以先向社会救助经办机构或者县级人民政府民政部门求助。社会救助经办机构或者县级人民政府民政部门接到求助后，应当及时办理或者转交其他社会救助管理部门办理。

乡镇人民政府、街道办事处应当建立统一受理社会救助申请的窗口，及时受理、转办申请事项。

第六十一条 履行社会救助职责的工作人员对在社会救助工作中知悉的公民个人信息，除按照规定应当公示的信息外，应当予以保密。

第六十二条 县级以上人民政府及其社会救助管理部门应当通过报刊、广播、电视、互联网等媒体，宣传社会救助法律、法规和政策。

县级人民政府及其社会救助管理部门应当通过公共查阅室、资料索取点、信息公告栏等便于公众知晓的途径，及时公开社会救助资金、物资的管理和使用等情况，接受社会监督。

第六十三条 履行社会救助职责的工作人员行使职权，应当接受社会监督。

任何单位、个人有权对履行社会救助职责的工作人员在社会救助工作中的违法行为进行举报、投诉。受理举报、投诉的机关应当及时核实、处理。

第六十四条 县级以上人民政府财政部门、审计机关依法对社会救助资金、物资的筹集、分配、管理和使用实施监督。

第六十五条 申请或者已获得社会救助的家庭或者人员，对社会救助管理部门作出的具体行政行为不服的，可以依法申请行政复议或者提起行政诉讼。

第十二章 法律责任

第六十六条 违反本办法规定，有下列情形之一的，由上级行政机关或者监察机关责令改正；对直接负责的主管人员和其他直接责任人员依法给予处分：

（一）对符合申请条件的救助申请不予受理的；

（二）对符合救助条件的救助申请不予批准的；

（三）对不符合救助条件的救助申请予以批准的；

（四）泄露在工作中知悉的公民个人信息，造成后果的；

（五）丢失、篡改接受社会救助款物、服务记录等数据的；

（六）不按照规定发放社会救助资金、物资或者提供相关服务的；

（七）在履行社会救助职责过程中有其他滥用职权、玩忽职守、徇私舞弊行为的。

第六十七条 违反本办法规定，截留、挤占、挪用、私分社会救助资金、物资的，由有关部门责令追回；有违法所得的，没收违法所得；对直接负责的主管人员和其他直接责任人员依法给予处分。

第六十八条 采取虚报、隐瞒、伪造等手段，骗取社会救助资金、物资或者服务的，由有关部门决定停止社会救助，责令退回非法获取的救助资金、物资，可以处非法获取的救助款额或者物资价值1倍以上3倍以下的罚款；构成违反治安管理行为的，依法给予治安管理处罚。

第六十九条 违反本办法规定，构成犯罪的，依法追究刑事责任。

第十三章 附 则

第七十条 本办法自2014年5月1日起施行。

城市生活无着的流浪乞讨人员救助管理办法

1. 2003年6月20日国务院令第381号公布
2. 自2003年8月1日起施行

第一条　为了对在城市生活无着的流浪、乞讨人员（以下简称流浪乞讨人员）实行救助，保障其基本生活权益，完善社会救助制度，制定本办法。

第二条　县级以上城市人民政府应当根据需要设立流浪乞讨人员救助站。救助站对流浪乞讨人员的救助是一项临时性社会救助措施。

第三条　县级以上城市人民政府应当采取积极措施及时救助流浪乞讨人员，并应当将救助工作所需经费列入财政预算，予以保障。

国家鼓励、支持社会组织和个人救助流浪乞讨人员。

第四条　县级以上人民政府民政部门负责流浪乞讨人员的救助工作，并对救助站进行指导、监督。

公安、卫生、交通、铁道、城管等部门应当在各自的职责范围内做好相关工作。

第五条　公安机关和其他有关行政机关的工作人员在执行职务时发现流浪乞讨人员的，应当告知其向救助站求助；对其中的残疾人、未成年人、老年人和行动不便的其他人员，还应当引导、护送到救助站。

第六条　向救助站求助的流浪乞讨人员，应当如实提供本人的姓名等基本情况并将随身携带物品在救助站登记，向救助站提出求助需求。

救助站对属于救助对象的求助人员，应当及时提供救助，不得拒绝；对不属于救助对象的求助人员，应当说明不予救助的理由。

第七条　救助站应当根据受助人员的需要提供下列救助：

（一）提供符合食品卫生要求的食物；
（二）提供符合基本条件的住处；
（三）对在站内突发急病的，及时送医院救治；
（四）帮助与其亲属或者所在单位联系；
（五）对没有交通费返回其住所地或者所在单位的，提供乘车凭证。

第八条　救助站为受助人员提供的住处，应当按性别分室住宿，女性受助人员应当由女性工作人员管理。

第九条　救助站应当保障受助人员在站内的人身安全和随身携带物品的安全，维护站内秩序。

第十条　救助站不得向受助人员、其亲属或者所在单位收取费用，不得以任何借口组织受助人员从事生产劳动。

第十一条　救助站应当劝导受助人员返回其住所地或者所在单位，不得限制受助人员离开救助站。救助站对受助的残疾人、未成年人、老年人应当给予照顾；对查明住址的，及时通知其亲属或者所在单位领回；对无家可归的，由其户籍所在地人民政府妥善安置。

第十二条　受助人员住所地的县级人民政府应当采取措施，帮助受助人员解决生产、生活困难，教育遗弃残疾人、未成年人、老年人的近亲属或者其他监护人履行抚养、赡养义务。

第十三条　救助站应当建立、健全站内管理的各项制度，实行规范化管理。

第十四条　县级以上人民政府民政部门应当加强对救助站工作人员的教育、培训和监督。

救助站工作人员应当自觉遵守国家的法律法规、政策和有关规章制度，不准拘禁或者变相拘禁受助人员；不准打骂、体罚、虐待受助人员或者唆使他人打骂、体罚、虐待受助人员；不准敲诈、勒索、侵吞受助人员的财物；不准克扣受助人员的生活供应品；不准扣压受助人员的证件、申诉控告材料；不准任用受助人员担任管理工作；不准使用受助人员为工作人员干私活；不准调戏妇女。

违反前款规定，构成犯罪的，依法追究刑事责任；尚不构成犯罪的，依法给予纪律处分。

第十五条　救助站不履行救助职责的，求助人员可以向当地民政部门举报；民政部门经查证属实的，应当责令救助站及时提供救助，并对直接责任人员依法给予纪律处分。

第十六条　受助人员应当遵守法律法规。受助人员违反法律法规的，应当依法处理。

受助人员应当遵守救助站的各项规章制度。

第十七条　本办法的实施细则由国务院民政部门制定。

第十八条　本办法自2003年8月1日起施行。1982年5月12日国务院发布的《城市流浪乞讨人员收容遣送办法》同时废止。

城市生活无着的流浪乞讨人员救助管理办法实施细则

1. 2003年7月21日民政部令第24号公布
2. 自2003年8月1日起施行

第一条　根据《城市生活无着的流浪乞讨人员救助管理

办法》(以下简称《救助管理办法》)的规定,制定本实施细则。

第二条 《救助管理办法》规定的"城市生活无着的流浪乞讨人员"是指因自身无力解决食宿,无亲友投靠,又不享受城市最低生活保障或者农村五保供养,正在城市流浪乞讨度日的人员。

虽有流浪乞讨行为,但不具备前款规定情形的,不属于救助对象。

第三条 流浪乞讨人员向救助站求助时,应当如实提供本人的下列情况:

(一)姓名、年龄、性别、居民身份证或者能够证明身份的其他证件、本人户口所在地、住所地;

(二)是否享受城市最低生活保障或者农村五保供养;

(三)流浪乞讨的原因、时间、经过;

(四)近亲属和其他关系密切亲戚的姓名、住址、联系方式;

(五)随身物品的情况。

第四条 救助站应当向求助的流浪乞讨人员告知救助对象的范围和实施救助的内容,询问与求助需求有关的情况,并对其个人情况予以登记。

第五条 救助站对属于救助对象的,应当及时安排救助;不属于救助对象的,不予救助并告知其理由。

对因年老、年幼、残疾等原因无法提供个人情况的,救助站应当先提供救助,再查明情况。

对拒不如实提供个人情况的,不予救助。

第六条 受助人员不得携带危险物品进入救助站,随身携带的物品,除生活必需品外,由救助站保管,待该受助人员离站时归还。

第七条 省、自治区、直辖市人民政府民政部门应当制定救助站受助人员的作息、卫生、学习等制度。受助人员应当遵守救助站的规章制度。

第八条 救助站为受助人员提供的食物和住处,应当能够满足受助人员的基本健康和安全需要。受助人员食宿定额定量的标准,由省级人民政府民政部门商财政部门具体规定。

第九条 受助人员在站内突发急病的,救助站应当及时送医疗机构治疗。救助站发现受助人员在站内患传染病或者为疑似传染病病人的,救助站应当送当地具有传染病收治条件的医疗机构治疗,并向当地疾病预防控制机构报告,采取必要的消毒隔离措施。

第十条 救助站应当根据受助人员提供的有关情况,及时与受助人员的家属以及受助人员常住户口所在地或者住所地的乡(镇)人民政府、城市街道办事处、该地的公安、民政部门取得联系,核实情况。

救助站发现受助人员故意提供虚假个人情况的,应当终止救助。

第十一条 受助人员返回常住户口所在地、住所地或者所在单位时没有交通费的,由救助站发给乘车(船)凭证,铁道、公路、水运等运输单位验证后准予搭乘相应的公共交通工具。救助站应当将有关情况通知受助人员的亲属及前往地的有关组织、所在单位。

第十二条 救助站应当根据受助人员的情况确定救助期限,一般不超过10天;因特殊情况需要延长的,报上级民政主管部门备案。

第十三条 对受助人员中的残疾人、未成年人或者其他行动不便的人,救助站应当通知其亲属或者所在单位接回;亲属或者所在单位拒不接回的,省内的由流入地人民政府民政部门通知流出地人民政府民政部门接回,送其亲属或者所在单位;跨省的由流入地省级人民政府民政部门通知流出地省级人民政府民政部门接回,送其亲属或者所在单位。

第十四条 对无法查明其亲属或者所在单位,但可以查明其户口所在地、住所地的受助残疾人、未成年人及其他行动不便的人,省内的由流入地人民政府民政部门通知流出地人民政府民政部门接回,送户口所在地、住所地安置;跨省的由流入地省级人民政府民政部门通知流出地省级人民政府民政部门接回,送户口所在地、住所地安置。

第十五条 对因年老、年幼或者残疾无法认知自己行为、无表达能力,因而无法查明其亲属或者所在单位,也无法查明其户口所在地或者住所地的,由救助站上级民政主管部门提出安置方案,报同级人民政府给予安置。

第十六条 受助人员自愿放弃救助离开救助站的,应当事先告知,救助站不得限制。未成年人及其他无民事行为能力人和限制民事行为能力人离开救助站,须经救助站同意。

受助人员擅自离开救助站的,视同放弃救助,救助站应当终止救助。

第十七条 救助站已经实施救助或者救助期满,受助人员应当离开救助站。对无正当理由不愿离站的受助人员,救助站应当终止救助。

第十八条 受助人员户口所在地、住所地的乡级、县级人民政府应当帮助返回的受助人员解决生产、生活困难,避免其再次外出流浪乞讨;对遗弃残疾人、未成年人、老年人的近亲属或者其他监护人,责令其履行抚养、赡养义务;对确实无家可归的残疾人、未成年人、老年人应当给予安置。

第十九条　受助人员在救助站期间应当遵纪守法，不得辱骂、殴打救助站工作人员或者其他受助人员，不得破坏救助设施，不得毁坏、盗窃公私财物，不得无理取闹、扰乱救助工作秩序。

对受助人员的违法行为，救助站工作人员应当及时制止；受助人员违规违纪情节严重的，或者发现受助人员有犯罪嫌疑的，应当及时报请公安机关依法处理。

第二十条　救助站应当建立健全岗位责任制、安全责任制、工作人员行为规范等规章制度，实行规范化管理。

救助站应当将受助人员入站、离站、获得救助等情况如实记载，制作档案妥善保管。

第二十一条　救助站及其工作人员应当严格遵守《救助管理办法》第十条、第十四条第二款规定。对违反规定的，由该救助站的上级民政主管部门责令改正；情节较重的，对直接负责的主管人员和其他直接责任人给予纪律处分；构成犯罪的，依法追究刑事责任。

第二十二条　县级以上地方人民政府民政部门应当加强对救助站的领导和监督管理，履行以下职责：

（一）监督救助站落实救助措施和规章制度；

（二）指导检查救助工作情况；

（三）对救助站工作人员进行教育、培训；

（四）调查、处理救助站及其工作人员违法违纪问题；

（五）帮助救助站解决困难，提供工作条件。

第二十三条　救助站的上级民政主管部门不及时受理救助对象举报，不及时责令救助站履行职责，或者对应当安置的受助人员不报请当地人民政府予以安置的，对直接负责的主管人员和其他直接责任人员依法给予行政处分。

第二十四条　本实施细则自2003年8月1日起施行。

4. 社会福利

民政部关于社会福利基金筹集、管理与使用规定

1. 1999年3月16日民政部发布
2. 民福发〔1999〕9号

根据民政部“三定”方案和财政部、民政部发布的《社会福利基金使用管理暂行办法》(以下简称《暂行办法》),本着社会福利基金筹集、管理和使用分开的原则,现就民政部社会福利基金的筹集、管理与使用作如下规定。

一、社会福利基金的筹集和收缴中国福利彩票发行中心负责中国福利彩票的发行和社会福利基金的筹集工作。包括:

(一)定期编制和报送中国福利彩票年度发行计划,并根据国务院批准的年度发行计划组织实施。

(二)根据《暂行办法》规定的中央级社会福利基金留成比例(彩票销售总额的5%),负责同各省、自治区、直辖市彩票发行机构具体办理中央级留成社会福利基金的收缴。收缴社会福利基金时,应向缴款单位出具财政部门统一印制或监制的票据。

(三)向民政部集中上缴所筹集的社会福利基金。根据财政部的有关规定,每季度末20日以前,通过银行直接汇入民政部预算外资金收入过渡账户或将转账支票送缴民政部财务和机关事务司。民政部财务和机关事务司收到汇缴款项后,出具财政部门统一印制或监制的票据。

二、社会福利基金的财政专户缴款和财务管理民政部财务和机关事务司负责中央级社会福利基金的财政专户缴款和财务管理工作。包括:

(一)按照《暂行办法》的有关规定,负责向财政部报送《民政部本级社会福利基金收支计划》。

(二)向财政部预算外资金专户办理民政部本级社会福利基金收入的集中上缴。根据财政部的有关规定,每季度末25日以前,填制银行《进账单》(注明预算外资金收入项目、具体金额等);通过银行转账支票将社会福利基金从民政部过渡账户中一次全额上缴财政部中央预算外资金财政专户。

(三)按照民政部制定的《民政部本级社会福利基金收支计划》和资助项目的进度办理财务拨款手续。

(四)负责社会福利基金的日常财务工作,年终编制社会福利基金收支决算报财政部审批。

三、社会福利基金安排使用

民政部社会福利和社会事务司负责本级福利基金资助项目评审的日常工作。包括:

(一)根据《暂行办法》中社会福利基金使用范围的有关规定,按照中国福利彩票发行额度编制《民政部本级社会福利基金收支计划》。经财务和机关事务司审核,报送部评审委员会。

(二)负责接受和整理民政部本级社会福利基金资助项目的申请报告及有关资料,组织必要的考查评估,并提出评估意见。

(三)按照《暂行办法》中社会福利基金使用的有关规定和年度支出计划,按时编制民政部本级社会福利基金年度资助项目方案。经评审委员会审议后报部长办公会议审定。

(四)定期向社会公布民政部本级社会福利基金的使用情况。

(五)负责保管民政部本级社会福利基金资助项目的档案。

(六)负责筹备民政部评审委员会会议并承办其日常工作。

四、社会福利基金项目的评定审查

民政部社会福利基金项目评审委员会负责民政部本级福利基金资助项目的评定、审查。

民政部社会福利基金项目评审委员会由部领导、各有关司(局)和单位的负责人组成。

五、社会福利基金使用的监督检查审计、纪检和监察部门负责对民政部本级社会福利基金的使用进行监督检查。

养老机构管理办法

1. 2020年9月1日民政部令第66号公布
2. 自2020年11月1日起施行

第一章 总 则

第一条 为了规范对养老机构的管理,促进养老服务健康发展,根据《中华人民共和国老年人权益保障法》和有关法律、行政法规,制定本办法。

第二条 本办法所称养老机构是指依法办理登记,为老年人提供全日集中住宿和照料护理服务,床位数在10张以上的机构。

养老机构包括营利性养老机构和非营利性养老机构。

第三条　县级以上人民政府民政部门负责养老机构的指导、监督和管理。其他有关部门依照职责分工对养老机构实施监督。

第四条　养老机构应当按照建筑、消防、食品安全、医疗卫生、特种设备等法律、法规和强制性标准开展服务活动。

养老机构及其工作人员应当依法保障收住老年人的人身权、财产权等合法权益。

第五条　入住养老机构的老年人及其代理人应当遵守养老机构的规章制度，维护养老机构正常服务秩序。

第六条　政府投资兴办的养老机构在满足特困人员集中供养需求的前提下，优先保障经济困难的孤寡、失能、高龄、计划生育特殊家庭等老年人的服务需求。

政府投资兴办的养老机构，可以采取委托管理、租赁经营等方式，交由社会力量运营管理。

第七条　民政部门应当会同有关部门采取措施，鼓励、支持企业事业单位、社会组织或者个人兴办、运营养老机构。

鼓励自然人、法人或者其他组织依法为养老机构提供捐赠和志愿服务。

第八条　鼓励养老机构加入养老服务行业组织，加强行业自律和诚信建设，促进行业规范有序发展。

第二章　备案办理

第九条　设立营利性养老机构，应当在市场监督管理部门办理登记。设立非营利性养老机构，应当依法办理相应的登记。

养老机构登记后即可开展服务活动。

第十条　营利性养老机构办理备案，应当在收住老年人后10个工作日以内向服务场所所在地的县级人民政府民政部门提出。非营利性养老机构办理备案，应当在收住老年人后10个工作日以内向登记管理机关同级的人民政府民政部门提出。

第十一条　养老机构办理备案，应当向民政部门提交备案申请书、养老机构登记证书、符合本办法第四条要求的承诺书等材料，并对真实性负责。

备案申请书应当包括下列内容：

（一）养老机构基本情况，包括名称、住所、法定代表人或者主要负责人信息等；

（二）服务场所权属；

（三）养老床位数量；

（四）服务设施面积；

（五）联系人和联系方式。

民政部门应当加强信息化建设，逐步实现网上备案。

第十二条　民政部门收到养老机构备案材料后，对材料齐全的，应当出具备案回执；材料不齐全的，应当指导养老机构补正。

第十三条　已经备案的养老机构变更名称、法定代表人或者主要负责人等登记事项，或者变更服务场所权属、养老床位数量、服务设施面积等事项的，应当及时向原备案民政部门办理变更备案。

养老机构在原备案机关辖区内变更服务场所的，应当及时向原备案民政部门办理变更备案。营利性养老机构跨原备案机关辖区变更服务场所的，应当及时向变更后的服务场所所在地县级人民政府民政部门办理备案。

第十四条　民政部门应当通过政府网站、政务新媒体、办事大厅公示栏、服务窗口等途径向社会公开备案事项及流程、材料清单等信息。

民政部门应当依托全国一体化在线政务服务平台，推进登记管理机关、备案机关信息系统互联互通、数据共享。

第三章　服务规范

第十五条　养老机构应当建立入院评估制度，对老年人的身心状况进行评估，并根据评估结果确定照料护理等级。

老年人身心状况发生变化，需要变更照料护理等级的，养老机构应当重新进行评估。

养老机构确定或者变更老年人照料护理等级，应当经老年人或者其代理人同意。

第十六条　养老机构应当与老年人或者其代理人签订服务协议，明确当事人的权利和义务。

服务协议一般包括下列条款：

（一）养老机构的名称、住所、法定代表人或者主要负责人、联系方式；

（二）老年人或者其代理人和紧急联系人的姓名、住址、身份证明、联系方式；

（三）照料护理等级和服务内容、服务方式；

（四）收费标准和费用支付方式；

（五）服务期限和场所；

（六）协议变更、解除与终止的条件；

（七）暂停或者终止服务时老年人安置方式；

（八）违约责任和争议解决方式；

（九）当事人协商一致的其他内容。

第十七条　养老机构按照服务协议为老年人提供生活照料、康复护理、精神慰藉、文化娱乐等服务。

第十八条　养老机构应当为老年人提供饮食、起居、清洁、卫生等生活照料服务。

养老机构应当提供符合老年人住宿条件的居住用

房，并配备适合老年人安全保护要求的设施、设备及用具，定期对老年人的活动场所和物品进行消毒和清洗。

养老机构提供的饮食应当符合食品安全要求、适宜老年人食用、有利于老年人营养平衡、符合民族风俗习惯。

第十九条 养老机构应当为老年人建立健康档案，开展日常保健知识宣传，做好疾病预防工作。养老机构在老年人突发危重疾病时，应当及时转送医疗机构救治并通知其紧急联系人。

养老机构可以通过设立医疗机构或者采取与周边医疗机构合作的方式，为老年人提供医疗服务。养老机构设立医疗机构的，应当按照医疗机构管理相关法律法规进行管理。

第二十条 养老机构发现老年人为传染病病人或者疑似传染病病人的，应当及时向附近的疾病预防控制机构或者医疗机构报告，配合实施卫生处理、隔离等预防控制措施。

养老机构发现老年人为疑似精神障碍患者的，应当依照精神卫生相关法律法规的规定处理。

第二十一条 养老机构应当根据需要为老年人提供情绪疏导、心理咨询、危机干预等精神慰藉服务。

第二十二条 养老机构应当开展适合老年人的文化、教育、体育、娱乐活动，丰富老年人的精神文化生活。

养老机构开展文化、教育、体育、娱乐活动时，应当为老年人提供必要的安全防护措施。

第二十三条 养老机构应当为老年人家庭成员看望或者问候老年人提供便利，为老年人联系家庭成员提供帮助。

第二十四条 鼓励养老机构运营社区养老服务设施，或者上门为居家老年人提供助餐、助浴、助洁等服务。

第四章 运营管理

第二十五条 养老机构应当按照国家有关规定建立健全安全、消防、食品、卫生、财务、档案管理等规章制度，制定服务标准和工作流程，并予以公开。

第二十六条 养老机构应当配备与服务和运营相适应的工作人员，并依法与其签订聘用合同或者劳动合同，定期开展职业道德教育和业务培训。

养老机构中从事医疗、康复、消防等服务的人员，应当具备相应的职业资格。

养老机构应当加强对养老护理人员的职业技能培训，建立健全体现职业技能等级等因素的薪酬制度。

第二十七条 养老机构应当依照其登记类型、经营性质、运营方式、设施设备条件、管理水平、服务质量、照料护理等级等因素合理确定服务项目的收费标准，并遵守国家和地方政府价格管理有关规定。

养老机构应当在醒目位置公示各类服务项目收费标准和收费依据，接受社会监督。

第二十八条 养老机构应当实行24小时值班，做好老年人安全保障工作。

养老机构应当在各出入口、接待大厅、值班室、楼道、食堂等公共场所安装视频监控设施，并妥善保管视频监控记录。

第二十九条 养老机构内设食堂的，应当取得市场监督管理部门颁发的食品经营许可证，严格遵守相关法律、法规和食品安全标准，执行原料控制、餐具饮具清洗消毒、食品留样等制度，并依法开展食堂食品安全自查。

养老机构从供餐单位订餐的，应当从取得食品生产经营许可的供餐单位订购，并按照要求对订购的食品进行查验。

第三十条 养老机构应当依法履行消防安全职责，健全消防安全管理制度，实行消防工作责任制，配置消防设施、器材并定期检测、维修，开展日常防火巡查、检查，定期组织灭火和应急疏散消防安全培训。

养老机构的法定代表人或者主要负责人对本单位消防安全工作全面负责，属于消防安全重点单位的养老机构应当确定消防安全管理人，负责组织实施本单位消防安全管理工作，并报告当地消防救援机构。

第三十一条 养老机构应当依法制定自然灾害、事故灾难、公共卫生事件、社会安全事件等突发事件应急预案，在场所内配备报警装置和必要的应急救援设备、设施，定期开展突发事件应急演练。

突发事件发生后，养老机构应当立即启动应急预案，采取防止危害扩大的必要处置措施，同时根据突发事件应对管理职责分工向有关部门和民政部门报告。

第三十二条 养老机构应当建立老年人信息档案，收集和妥善保管服务协议等相关资料。档案的保管期限不少于服务协议期满后五年。

养老机构及其工作人员应当保护老年人的个人信息和隐私。

第三十三条 养老机构应当按照国家有关规定接受、使用捐赠、资助。

鼓励养老机构为社会工作者、志愿者在机构内开展服务提供便利。

第三十四条 鼓励养老机构投保责任保险，降低机构运营风险。

第三十五条 养老机构因变更或者终止等原因暂停、终止服务的，应当在合理期限内提前书面通知老年人或者其代理人，并书面告知民政部门。

老年人需要安置的，养老机构应当根据服务协议约定与老年人或者其代理人协商确定安置事宜。民政部门应当为养老机构妥善安置老年人提供帮助。

养老机构终止服务后，应当依法清算并办理注销登记。

第五章　监督检查

第三十六条　民政部门应当加强对养老机构服务和运营的监督检查，发现违反本办法规定的，及时依法予以处理并向社会公布。

民政部门在监督检查中发现养老机构存在应当由其他部门查处的违法违规行为的，及时通报有关部门处理。

第三十七条　民政部门依法履行监督检查职责，可以采取以下措施：

（一）向养老机构和个人了解情况；

（二）进入涉嫌违法的养老机构进行现场检查；

（三）查阅或者复制有关合同、票据、账簿及其他有关资料；

（四）发现养老机构存在可能危及人身健康和生命财产安全风险的，责令限期改正，逾期不改正的，责令停业整顿。

民政部门实施监督检查时，监督检查人员不得少于2人，应当出示执法证件。

对民政部门依法进行的监督检查，养老机构应当配合，如实提供相关资料和信息，不得隐瞒、拒绝、阻碍。

第三十八条　对已经备案的养老机构，备案民政部门应当自备案之日起20个工作日以内进行现场检查，并核实备案信息；对未备案的养老机构，服务场所所在地的县级人民政府民政部门应当自发现其收住老年人之日起20个工作日以内进行现场检查，并督促及时备案。

民政部门应当每年对养老机构服务安全和质量进行不少于一次的现场检查。

第三十九条　民政部门应当采取随机抽取检查对象、随机选派检查人员的方式对养老机构实施监督检查。抽查情况及查处结果应当及时向社会公布。

民政部门应当结合养老机构的服务规模、信用记录、风险程度等情况，确定抽查比例和频次。对违法失信、风险高的养老机构，适当提高抽查比例和频次，依法依规实施严管和惩戒。

第四十条　民政部门应当加强对养老机构非法集资的防范、监测和预警工作，发现养老机构涉嫌非法集资的，按照有关规定及时移交相关部门。

第四十一条　民政部门应当充分利用信息技术手段，加强对养老机构的监督检查，提高监管能力和水平。

第四十二条　民政部门应当定期开展养老服务行业统计工作，养老机构应当及时准确报送相关信息。

第四十三条　养老机构应当听取老年人或者其代理人的意见和建议，发挥其对养老机构服务和运营的监督促进作用。

第四十四条　民政部门应当畅通对养老机构的举报投诉渠道，依法及时处理有关举报投诉。

第四十五条　民政部门发现个人或者组织未经登记以养老机构名义开展活动的，应当书面通报相关登记管理机关，并配合做好查处工作。

第六章　法律责任

第四十六条　养老机构有下列行为之一的，由民政部门责令改正，给予警告；情节严重的，处以3万元以下的罚款：

（一）未建立入院评估制度或者未按照规定开展评估活动的；

（二）未与老年人或者其代理人签订服务协议，或者未按照协议约定提供服务的；

（三）未按照有关强制性国家标准提供服务的；

（四）工作人员的资格不符合规定的；

（五）利用养老机构的房屋、场地、设施开展与养老服务宗旨无关的活动的；

（六）未依照本办法规定预防和处置突发事件的；

（七）歧视、侮辱、虐待老年人以及其他侵害老年人人身和财产权益行为的；

（八）向负责监督检查的民政部门隐瞒有关情况、提供虚假材料或者拒绝提供反映其活动情况真实材料的；

（九）法律、法规、规章规定的其他违法行为。

养老机构及其工作人员违反本办法有关规定，构成违反治安管理行为的，依法给予治安管理处罚；构成犯罪的，依法追究刑事责任。

第四十七条　民政部门及其工作人员在监督管理工作中滥用职权、玩忽职守、徇私舞弊的，对直接负责的主管人员和其他责任人员依法依规给予处分；构成犯罪的，依法追究刑事责任。

第七章　附　则

第四十八条　国家对农村五保供养服务机构的管理有特别规定的，依照其规定办理。

第四十九条　本办法自2020年11月1日起施行。2013年6月28日民政部发布的《养老机构管理办法》同时废止。

八、优抚安置

资料补充栏

中华人民共和国
军人地位和权益保障法

1. 2021年6月10日第十三届全国人民代表大会常务委员会第二十九次会议通过
2. 2021年6月10日中华人民共和国主席令第86号公布
3. 自2021年8月1日起施行

目　　录

第一章　总　　则

第一条　【立法目的】为了保障军人地位和合法权益，激励军人履行职责使命，让军人成为全社会尊崇的职业，促进国防和军队现代化建设，根据宪法，制定本法。

第二条　【适用范围】本法所称军人，是指在中国人民解放军服现役的军官、军士、义务兵等人员。

第三条　【军人职责和使命】军人肩负捍卫国家主权、安全、发展利益和保卫人民的和平劳动的神圣职责和崇高使命。

第四条　【军人的尊崇地位和社会对军人的责任】军人是全社会尊崇的职业。国家和社会尊重、优待军人，保障军人享有与其职业特点、担负职责使命和所做贡献相称的地位和权益，经常开展各种形式的拥军优属活动。

一切国家机关和武装力量、各政党和群团组织、企业事业单位、社会组织和其他组织都有依法保障军人地位和权益的责任，全体公民都应当依法维护军人合法权益。

第五条　【保障工作原则】军人地位和权益保障工作，坚持中国共产党的领导，以服务军队战斗力建设为根本目的，遵循权利与义务相统一、物质保障与精神激励相结合、保障水平与国民经济和社会发展相适应的原则。

第六条　【职责与分工】中央军事委员会政治工作部门、国务院退役军人工作主管部门以及中央和国家有关机关、中央军事委员会有关部门按照职责分工做好军人地位和权益保障工作。

县级以上地方各级人民政府负责本行政区域内有关军人地位和权益保障工作。军队团级以上单位政治工作部门负责本单位的军人地位和权益保障工作。

省军区（卫戍区、警备区）、军分区（警备区）和县、自治县、市、市辖区的人民武装部，负责所在行政区域人民政府与军队单位之间军人地位和权益保障方面的联系协调工作，并根据需要建立工作协调机制。

乡镇人民政府、街道办事处、基层群众性自治组织应当按照职责做好军人地位和权益保障工作。

第七条　【经费保障】军人地位和权益保障所需经费，由中央和地方按照事权和支出责任相适应的原则列入预算。

第八条　【考核评价】中央和国家有关机关、县级以上地方人民政府及其有关部门、军队各级机关，应当将军人地位和权益保障工作情况作为拥军优属、拥政爱民等工作评比和有关单位负责人以及工作人员考核评价的重要内容。

第九条　【社会力量支持】国家鼓励和引导群团组织、企业事业单位、社会组织、个人等社会力量依法通过捐赠、志愿服务等方式为军人权益保障提供支持，符合规定条件的，依法享受税收优惠等政策。

第十条　【建军节活动】每年8月1日为中国人民解放军建军节。各级人民政府和军队单位应当在建军节组织开展庆祝、纪念等活动。

第十一条　【表彰和奖励】对在军人地位和权益保障工作中做出突出贡献的单位和个人，按照国家有关规定给予表彰、奖励。

第二章　军 人 地 位

第十二条　【军人忠于国家忠于党的职责】军人是中国共产党领导的国家武装力量基本成员，必须忠于祖国，忠于中国共产党，听党指挥，坚决服从命令，认真履行巩固中国共产党的领导和社会主义制度的重要职责使命。

第十三条　【军人舍己为民的职责】军人是人民子弟兵，应当热爱人民，全心全意为人民服务，保卫人民生命财产安全，当遇到人民群众生命财产受到严重威胁时，挺身而出、积极救助。

第十四条　【军人保家卫国的职责】军人是捍卫国家主权、统一、领土完整的坚强力量，应当具备巩固国防、抵抗侵略、保卫祖国所需的战斗精神和能力素质，按照实战要求始终保持戒备状态，苦练杀敌本领，不怕牺牲，能打胜仗，坚决完成任务。

第十五条　【军人在国家建设中的职责】军人是中国特色社会主义现代化建设的重要力量，应当积极投身全面建设社会主义现代化国家的事业，依法参加突发事件的应急救援和处置工作。

第十六条　【军人的政治权利】军人享有宪法和法律规定的政治权利，依法参加国家权力机关组成人员选举，依法参加管理国家事务、管理经济和文化事业、管理社会事务。

第十七条　【官兵平等和军队民主】军队实行官兵一致，军人之间在政治和人格上一律平等，应当互相尊重、平等对待。

军队建立健全军人代表会议、军人委员会等民主制度，保障军人知情权、参与权、建议权和监督权。

第十八条　【军人守法义务】军人必须模范遵守宪法和法律，认真履行宪法和法律规定的公民义务，严格遵守军事法规、军队纪律，作风优良，带头践行社会主义核心价值观。

第十九条　【军人履职保障】国家为军人履行职责提供保障，军人依法履行职责的行为受法律保护。

军人因执行任务给公民、法人或者其他组织的合法权益造成损害的，按照有关规定由国家予以赔偿或者补偿。

公民、法人和其他组织应当为军人依法履行职责提供必要的支持和协助。

第二十条　【特定权益和义务】军人因履行职责享有的特定权益、承担的特定义务，由本法和有关法律法规规定。

第三章　荣誉维护

第二十一条　【军人荣誉】军人荣誉是国家、社会对军人献身国防和军队建设、社会主义现代化建设的褒扬和激励，是鼓舞军人士气、提升军队战斗力的精神力量。

国家维护军人荣誉，激励军人崇尚和珍惜荣誉。

第二十二条　【军队对军人的荣誉、信念教育】军队加强爱国主义、集体主义、革命英雄主义教育，强化军人的荣誉意识，培育有灵魂、有本事、有血性、有品德的新时代革命军人，锻造具有铁一般信仰、铁一般信念、铁一般纪律、铁一般担当的过硬部队。

第二十三条　【国家对军人的培育和激励】国家采取多种形式的宣传教育、奖励激励和保障措施，培育军人的职业使命感、自豪感和荣誉感，激发军人建功立业、报效国家的积极性、主动性、创造性。

第二十四条　【军史和军人英模事迹学习教育】全社会应当学习中国人民解放军光荣历史，宣传军人功绩和牺牲奉献精神，营造维护军人荣誉的良好氛围。

各级各类学校设置的国防教育课程中，应当包括中国人民解放军光荣历史、军人英雄模范事迹等内容。

第二十五条　【军人荣誉体系建设】国家建立健全军人荣誉体系，通过授予勋章、荣誉称号和记功、嘉奖、表彰、颁发纪念章等方式，对做出突出成绩和贡献的军人给予功勋荣誉表彰，褒扬军人为国家和人民做出的奉献和牺牲。

第二十六条　【军人接受本军队以外的荣誉授予】军人经军队单位批准可以接受地方人民政府、群团组织和社会组织等授予的荣誉，以及国际组织和其他国家、军队等授予的荣誉。

第二十七条　【军人功勋待遇】获得功勋荣誉表彰的军人享受相应礼遇和待遇。军人执行作战任务获得功勋荣誉表彰的，按照高于平时的原则享受礼遇和待遇。

获得功勋荣誉表彰和执行作战任务的军人的姓名和功绩，按照规定载入功勋簿、荣誉册、地方志等史志。

第二十八条　【媒体宣传】中央和国家有关机关、地方和军队各级有关机关，以及广播、电视、报刊、互联网等媒体，应当积极宣传军人的先进典型和英勇事迹。

第二十九条　【国家对牺牲军人的尊崇】国家和社会尊崇、铭记为国家、人民、民族牺牲的军人，尊敬、礼遇其遗属。

国家建立英雄烈士纪念设施供公众瞻仰，悼念缅怀英雄烈士，开展纪念和教育活动。

国家推进军人公墓建设。军人去世后，符合规定条件的可以安葬在军人公墓。

第三十条　【军人礼遇仪式制度】国家建立军人礼遇仪式制度。在公民入伍、军人退出现役等时机，应当举行相应仪式；在烈士和因公牺牲军人安葬等场合，应当举行悼念仪式。

各级人民政府应当在重大节日和纪念日组织开展走访慰问军队单位、军人家庭和烈士、因公牺牲军人、病故军人的遗属等活动，在举行重要庆典、纪念活动时邀请军人、军人家属和烈士、因公牺牲军人、病故军人的遗属代表参加。

第三十一条　【地方政府对军人荣誉的宣传责任】地方人民政府应当为军人和烈士、因公牺牲军人、病故军人的遗属的家庭悬挂光荣牌。军人获得功勋荣誉表彰，由当地人民政府有关部门和军事机关给其家庭送喜报，并组织做好宣传工作。

第三十二条　【军人的荣誉和名誉受法律保护】军人的荣誉和名誉受法律保护。

军人获得的荣誉由其终身享有，非因法定事由、非经法定程序不得撤销。

任何组织和个人不得以任何方式诋毁、贬损军人的荣誉，侮辱、诽谤军人的名誉，不得故意毁损、玷污军人的荣誉标识。

第四章 待 遇 保 障

第三十三条 【军人待遇保障制度】国家建立军人待遇保障制度,保证军人履行职责使命,保障军人及其家庭的生活水平。

对执行作战任务和重大非战争军事行动任务的军人,以及在艰苦边远地区、特殊岗位工作的军人,待遇保障从优。

第三十四条 【工资待遇】国家建立相对独立、特色鲜明、具有比较优势的军人工资待遇制度。军官和军士实行工资制度,义务兵实行供给制生活待遇制度。军人享受个人所得税优惠政策。

国家建立军人工资待遇正常增长机制。

军人工资待遇的结构、标准及其调整办法,由中央军事委员会规定。

第三十五条 【住房待遇】国家采取军队保障、政府保障与市场配置相结合,实物保障与货币补贴相结合的方式,保障军人住房待遇。

军人符合规定条件的,享受军队公寓住房或者安置住房保障。

国家建立健全军人住房公积金制度和住房补贴制度。军人符合规定条件购买住房的,国家给予优惠政策支持。

第三十六条 【医疗待遇】国家保障军人按照规定享受免费医疗和疾病预防、疗养、康复等待遇。

军人在地方医疗机构就医所需费用,符合规定条件的,由军队保障。

第三十七条 【保险制度】国家实行体现军人职业特点、与社会保险制度相衔接的军人保险制度,适时补充军人保险项目,保障军人的保险待遇。

国家鼓励和支持商业保险机构为军人及其家庭成员提供专属保险产品。

第三十八条 【休息休假权利】军人享有年休假、探亲假等休息休假的权利。对确因工作需要未休假或者未休满假的,给予经济补偿。

军人配偶、子女与军人两地分居的,可以前往军人所在部队探亲。军人配偶前往部队探亲的,其所在单位应当按照规定安排假期并保障相应的薪酬待遇,不得因其享受探亲假期而辞退、解聘或者解除劳动关系。符合规定条件的军人配偶、未成年子女和不能独立生活的成年子女的探亲路费,由军人所在部队保障。

第三十九条 【军人教育培训体系】国家建立健全军人教育培训体系,保障军人的受教育权利,组织和支持军人参加专业和文化学习培训,提高军人履行职责的能力和退出现役后的就业创业能力。

第四十条 【女军人的特殊保护】女军人的合法权益受法律保护。军队应当根据女军人的特点,合理安排女军人的工作任务和休息休假,在生育、健康等方面为女军人提供特别保护。

第四十一条 【军婚的特殊保护】国家对军人的婚姻给予特别保护,禁止任何破坏军人婚姻的行为。

第四十二条 【随军落户权和户籍变动权】军官和符合规定条件的军士,其配偶、未成年子女和不能独立生活的成年子女可以办理随军落户;符合规定条件的军人父母可以按照规定办理随子女落户。夫妻双方均为军人的,其子女可以选择父母中的一方随军落户。

军人服现役所在地发生变动的,已随军的家属可以随迁落户,或者选择将户口迁至军人、军人配偶原户籍所在地或者军人父母、军人配偶父母户籍所在地。

地方人民政府有关部门、军队有关单位应当及时高效地为军人家属随军落户办理相关手续。

第四十三条 【国家对军人户籍的保障责任】国家保障军人、军人家属的户籍管理和相关权益。

公民入伍时保留户籍。

符合规定条件的军人,可以享受服现役所在地户籍人口在教育、养老、医疗、住房保障等方面的相关权益。

军人户籍管理和相关权益保障办法,由国务院和中央军事委员会规定。

第四十四条 【国家对退役军人的安置责任】国家对依法退出现役的军人,依照退役军人保障法律法规的有关规定,给予妥善安置和相应优待保障。

第五章 抚 恤 优 待

第四十五条 【国家对军人、军属的抚恤优待保障】国家和社会尊重军人、军人家庭为国防和军队建设做出的奉献和牺牲,优待军人、军人家属,抚恤优待烈士、因公牺牲军人、病故军人的遗属,保障残疾军人的生活。

国家建立抚恤优待保障体系,合理确定抚恤优待标准,逐步提高抚恤优待水平。

第四十六条 【军属的优待保障】军人家属凭有关部门制发的证件享受法律法规规定的优待保障。具体办法由国务院和中央军事委员会有关部门制定。

第四十七条 【抚恤优待对象的双重待遇】各级人民政府应当保障抚恤优待对象享受公民普惠待遇,同时享受相应的抚恤优待待遇。

第四十八条 【军人死亡抚恤制度】国家实行军人死亡抚恤制度。

军人死亡后被评定为烈士的,国家向烈士遗属颁发烈士证书,保障烈士遗属享受规定的烈士褒扬金、抚恤金和其他待遇。

军人因公牺牲、病故的，国家向其遗属颁发证书，保障其遗属享受规定的抚恤金和其他待遇。

第四十九条　【军人残疾抚恤制度】国家实行军人残疾抚恤制度。

军人因战、因公、因病致残的，按照国家有关规定评定残疾等级并颁发证件，享受残疾抚恤金和其他待遇，符合规定条件的以安排工作、供养、退休等方式妥善安置。

第五十条　【军属、军烈属的住房优待】国家对军人家属和烈士、因公牺牲军人、病故军人的遗属予以住房优待。

军人家属和烈士、因公牺牲军人、病故军人的遗属，符合规定条件申请保障性住房的，或者居住农村且住房困难的，由当地人民政府优先解决。

烈士、因公牺牲军人、病故军人的遗属符合前款规定情形的，当地人民政府给予优惠。

第五十一条　【军人、军属和军烈属的医疗优待】公立医疗机构应当为军人就医提供优待服务。军人家属和烈士、因公牺牲军人、病故军人的遗属，在军队医疗机构和公立医疗机构就医享受医疗优待。

国家鼓励民营医疗机构为军人、军人家属和烈士、因公牺牲军人、病故军人的遗属就医提供优待服务。

国家和社会对残疾军人的医疗依法给予特别保障。

第五十二条　【军人配偶的就业安置优待】国家依法保障军人配偶就业安置权益。机关、群团组织、企业事业单位、社会组织和其他组织，应当依法履行接收军人配偶就业安置的义务。

军人配偶随军前在机关或者事业单位工作的，由安置地人民政府按照有关规定安排到相应的工作单位；在其他单位工作或者无工作单位的，由安置地人民政府提供就业指导和就业培训，优先协助就业。烈士、因公牺牲军人的遗属和符合规定条件的军人配偶，当地人民政府应当优先安排就业。

第五十三条　【随军家属的就业优待】国家鼓励有用工需求的用人单位优先安排随军家属就业。国有企业在新招录职工时，应当按照用工需求的适当比例聘用随军家属；有条件的民营企业在新招录职工时，可以按照用工需求的适当比例聘用随军家属。

第五十四条　【军人配偶就业、创业优待】国家鼓励和扶持军人配偶自主就业、自主创业。军人配偶从事个体经营的，按照国家有关优惠政策给予支持。

第五十五条　【军人子女的教育优待】国家对军人子女予以教育优待。地方各级人民政府及其有关部门应当为军人子女提供当地优质教育资源，创造接受良好教育的条件。

军人子女入读公办义务教育阶段学校和普惠性幼儿园，可以在本人、父母、祖父母、外祖父母或者其他法定监护人户籍所在地，或者父母居住地、部队驻地入学，享受当地军人子女教育优待政策。

军人子女报考普通高中、中等职业学校，同等条件下优先录取；烈士、因公牺牲军人的子女和符合规定条件的军人子女，按照当地军人子女教育优待政策享受录取等方面的优待。

因公牺牲军人的子女和符合规定条件的军人子女报考高等学校，按照国家有关规定优先录取；烈士子女享受加分等优待。

烈士子女和符合规定条件的军人子女按照规定享受奖学金、助学金和有关费用免除等学生资助政策。

国家鼓励和扶持具备条件的民办学校，为军人子女和烈士、因公牺牲军人的子女提供教育优待。

第五十六条　【军属和遗属的养老优待】军人家属和烈士、因公牺牲军人、病故军人的遗属，符合规定条件申请在国家兴办的光荣院、优抚医院集中供养、住院治疗、短期疗养的，享受优先、优惠待遇；申请到公办养老机构养老的，同等条件下优先安排。

第五十七条　【军人、军属、遗属的参观游览及交通优待】军人、军人家属和烈士、因公牺牲军人、病故军人的遗属，享受参观游览公园、博物馆、纪念馆、展览馆、名胜古迹以及文化和旅游等方面的优先、优惠服务。

军人免费乘坐市内公共汽车、电车、轮渡和轨道交通工具。军人和烈士、因公牺牲军人、病故军人的遗属，以及与其随同出行的家属，乘坐境内运行的火车、轮船、长途公共汽车以及民航班机享受优先购票、优先乘车（船、机）等服务，残疾军人享受票价优惠。

第五十八条　【对困难军人家庭的救助】地方人民政府和军队单位对因自然灾害、意外事故、重大疾病等原因，基本生活出现严重困难的军人家庭，应当给予救助和慰问。

第五十九条　【对特殊遇困军人家庭的帮扶援助】地方人民政府和军队单位对在未成年子女入学入托、老年人养老等方面遇到困难的军人家庭，应当给予必要的帮扶。

国家鼓励和支持企业事业单位、社会组织和其他组织以及个人为困难军人家庭提供援助服务。

第六十条　【军人、军属、遗属的权利救济】军人、军人家属和烈士、因公牺牲军人、病故军人遗属的合法权益受到侵害的,有权向有关国家机关和军队单位提出申诉、控告。负责受理的国家机关和军队单位,应当依法及时处理,不得推诿、拖延。依法向人民法院提起诉讼的,人民法院应当优先立案、审理和执行,人民检察院可以支持起诉。

第六十一条 【法律援助】军人、军人家属和烈士、因公牺牲军人、病故军人的遗属维护合法权益遇到困难的,法律援助机构应当依法优先提供法律援助,司法机关应当依法优先提供司法救助。

第六十二条 【公益诉讼】侵害军人荣誉、名誉和其他相关合法权益,严重影响军人有效履行职责使命,致使社会公共利益受到损害的,人民检察院可以根据民事诉讼法、行政诉讼法的相关规定提起公益诉讼。

第六章 法律责任

第六十三条 【渎职的法律责任】国家机关及其工作人员、军队单位及其工作人员违反本法规定,在军人地位和权益保障工作中滥用职权、玩忽职守、徇私舞弊的,由其所在单位、主管部门或者上级机关责令改正;对负有责任的领导人员和直接责任人员,依法给予处分。

第六十四条 【不履行优待义务的法律责任】群团组织、企业事业单位、社会组织和其他组织违反本法规定,不履行优待义务的,由有关部门责令改正;对直接负责的主管人员和其他直接责任人员,依法给予处分。

第六十五条 【损害军人荣誉、名誉的法律责任】违反本法规定,通过大众传播媒介或者其他方式,诋毁、贬损军人荣誉,侮辱、诽谤军人名誉,或者故意毁损、玷污军人的荣誉标识的,由公安、文化和旅游、新闻出版、电影、广播电视、网信或者其他有关主管部门依据各自的职权责令改正,并依法予以处理;造成精神损害的,受害人有权请求精神损害赔偿。

第六十六条 【骗取军人名誉、待遇的法律责任】冒领或者以欺诈、伪造证明材料等手段骗取本法规定的相关荣誉、待遇或者抚恤优待的,由有关部门予以取消,依法给予没收违法所得等行政处罚。

第六十七条 【民事、行政和刑事责任】违反本法规定,侵害军人的合法权益,造成财产损失或者其他损害的,依法承担民事责任。

违反本法规定,构成违反治安管理行为的,依法给予治安管理处罚;构成犯罪的,依法追究刑事责任。

第七章 附 则

第六十八条 【军属和遗属】本法所称军人家属,是指军人的配偶、父母(扶养人)、未成年子女、不能独立生活的成年子女。

本法所称烈士、因公牺牲军人、病故军人的遗属,是指烈士、因公牺牲军人、病故军人的配偶、父母(扶养人)、子女,以及由其承担抚养义务的兄弟姐妹。

第六十九条 【法律适用】中国人民武装警察部队服现役的警官、警士和义务兵等人员,适用本法。

第七十条 【立法委任】省、自治区、直辖市可以结合本地实际情况,根据本法制定保障军人地位和权益的具体办法。

第七十一条 【施行日期】本法自 2021 年 8 月 1 日起施行。

中华人民共和国退役军人保障法

1. 2020 年 11 月 11 日第十三届全国人民代表大会常务委员会第二十三次会议通过
2. 2020 年 11 月 11 日中华人民共和国主席令第 63 号公布
3. 自 2021 年 1 月 1 日起施行

目 录

第一章 总 则

第一条 【立法目的和依据】为了加强退役军人保障工作,维护退役军人合法权益,让军人成为全社会尊崇的职业,根据宪法,制定本法。

第二条 【适用对象】本法所称退役军人,是指从中国人民解放军依法退出现役的军官、军士和义务兵等人员。

第三条 【退役军人的权益保障】退役军人为国防和军队建设做出了重要贡献,是社会主义现代化建设的重要力量。

尊重、关爱退役军人是全社会的共同责任。国家关心、优待退役军人,加强退役军人保障体系建设,保障退役军人依法享有相应的权益。

第四条 【方针原则】退役军人保障工作坚持中国共产党的领导,坚持为经济社会发展服务、为国防和军队建设服务的方针，遵循以人为本、分类保障、服务优先、依法管理的原则。

第五条　【退役军人保障安置原则、机制】退役军人保障应当与经济发展相协调，与社会进步相适应。

退役军人安置工作应当公开、公平、公正。

退役军人的政治、生活等待遇与其服现役期间所做贡献挂钩。

国家建立参战退役军人特别优待机制。

第六条　【退役军人的责任】退役军人应当继续发扬人民军队优良传统，模范遵守宪法和法律法规，保守军事秘密，践行社会主义核心价值观，积极参加社会主义现代化建设。

第七条　【主管部门】国务院退役军人工作主管部门负责全国的退役军人保障工作。县级以上地方人民政府退役军人工作主管部门负责本行政区域的退役军人保障工作。

中央和国家有关机关、中央军事委员会有关部门、地方各级有关机关应当在各自职责范围内做好退役军人保障工作。

军队各级负责退役军人有关工作的部门与县级以上人民政府退役军人工作主管部门应当密切配合，做好退役军人保障工作。

第八条　【加强信息化建设】国家加强退役军人保障工作信息化建设，为退役军人建档立卡，实现有关部门之间信息共享，为提高退役军人保障能力提供支持。

国务院退役军人工作主管部门应当与中央和国家有关机关、中央军事委员会有关部门密切配合，统筹做好信息数据系统的建设、维护、应用和信息安全管理等工作。

第九条　【经费】退役军人保障工作所需经费由中央和地方财政共同负担。退役安置、教育培训、抚恤优待资金主要由中央财政负担。

第十条　【支持和帮助】国家鼓励和引导企业、社会组织、个人等社会力量依法通过捐赠、设立基金、志愿服务等方式为退役军人提供支持和帮助。

第十一条　【表彰、奖励】对在退役军人保障工作中做出突出贡献的单位和个人，按照国家有关规定给予表彰、奖励。

第二章　移 交 接 收

第十二条　【制定年度移交接收计划】国务院退役军人工作主管部门、中央军事委员会政治工作部门、中央和国家有关机关应当制定全国退役军人的年度移交接收计划。

第十三条　【退役军人的安置地】退役军人原所在部队应当将退役军人移交安置地人民政府退役军人工作主管部门，安置地人民政府退役军人工作主管部门负责接收退役军人。

退役军人的安置地，按照国家有关规定确定。

第十四条　【持证按时报到】退役军人应当在规定时间内，持军队出具的退役证明到安置地人民政府退役军人工作主管部门报到。

第十五条　【退役军人优待证】安置地人民政府退役军人工作主管部门在接收退役军人时，向退役军人发放退役军人优待证。

退役军人优待证全国统一制发、统一编号，管理使用办法由国务院退役军人工作主管部门会同有关部门制定。

第十六条　【人事档案管理】军人所在部队在军人退役时，应当及时将其人事档案移交安置地人民政府退役军人工作主管部门。

安置地人民政府退役军人工作主管部门应当按照国家人事档案管理有关规定，接收、保管并向有关单位移交退役军人人事档案。

第十七条　【户口登记】安置地人民政府公安机关应当按照国家有关规定，及时为退役军人办理户口登记，同级退役军人工作主管部门应当予以协助。

第十八条　【社会保险】退役军人原所在部队应当按照有关法律法规规定，及时将退役军人及随军未就业配偶的养老、医疗等社会保险关系和相应资金，转入安置地社会保险经办机构。

安置地人民政府退役军人工作主管部门应当与社会保险经办机构、军队有关部门密切配合，依法做好有关社会保险关系和相应资金转移接续工作。

第十九条　【移交接收问题处理】退役军人移交接收过程中，发生与其服现役有关的问题，由原所在部队负责处理；发生与其安置有关的问题，由安置地人民政府负责处理；发生其他移交接收方面问题的，由安置地人民政府负责处理，原所在部队予以配合。

退役军人原所在部队撤销或者转隶、合并的，由原所在部队的上级单位或者转隶、合并后的单位按照前款规定处理。

第三章　退 役 安 置

第二十条　【退役军人安置】地方各级人民政府应当按照移交接收计划，做好退役军人安置工作，完成退役军人安置任务。

机关、群团组织、企业事业单位和社会组织应当依法接收安置退役军人，退役军人应当接受安置。

第二十一条　【军官退役安置方式】对退役的军官，国家采取退休、转业、逐月领取退役金、复员等方式妥善安置。

以退休方式移交人民政府安置的，由安置地人民政府按照国家保障与社会化服务相结合的方式，做好服务管理工作，保障其待遇。

以转业方式安置的，由安置地人民政府根据其德才条件以及服现役期间的职务、等级、所做贡献、专长等和工作需要安排工作岗位，确定相应的职务职级。

服现役满规定年限，以逐月领取退役金方式安置的，按照国家有关规定逐月领取退役金。

以复员方式安置的，按照国家有关规定领取复员费。

第二十二条　【军士退役安置方式】对退役的军士，国家采取逐月领取退役金、自主就业、安排工作、退休、供养等方式妥善安置。

服现役满规定年限，以逐月领取退役金方式安置的，按照国家有关规定逐月领取退役金。

服现役不满规定年限，以自主就业方式安置的，领取一次性退役金。

以安排工作方式安置的，由安置地人民政府根据其服现役期间所做贡献、专长等安排工作岗位。

以退休方式安置的，由安置地人民政府按照国家保障与社会化服务相结合的方式，做好服务管理工作，保障其待遇。

以供养方式安置的，由国家供养终身。

第二十三条　【义务兵退役安置方式】对退役的义务兵，国家采取自主就业、安排工作、供养等方式妥善安置。

以自主就业方式安置的，领取一次性退役金。

以安排工作方式安置的，由安置地人民政府根据其服现役期间所做贡献、专长等安排工作岗位。

以供养方式安置的，由国家供养终身。

第二十四条　【不同安置方式的适用条件】退休、转业、逐月领取退役金、复员、自主就业、安排工作、供养等安置方式的适用条件，按照相关法律法规执行。

第二十五条　【优先安置】转业军官、安排工作的军士和义务兵，由机关、群团组织、事业单位和国有企业接收安置。对下列退役军人，优先安置：

（一）参战退役军人；

（二）担任作战部队师、旅、团、营级单位主官的转业军官；

（三）属于烈士子女、功臣模范的退役军人；

（四）长期在艰苦边远地区或者特殊岗位服现役的退役军人。

第二十六条　【单位、企业接收安置转业军人的要求】机关、群团组织、事业单位接收安置转业军官、安排工作的军士和义务兵的，应当按照国家有关规定给予编制保障。

国有企业接收安置转业军官、安排工作的军士和义务兵的，应当按照国家规定与其签订劳动合同，保障相应待遇。

前两款规定的用人单位依法裁减人员时，应当优先留用接收安置的转业和安排工作的退役军人。

第二十七条　【停发退役金情形】以逐月领取退役金方式安置的退役军官和军士，被录用为公务员或者聘用为事业单位工作人员的，自被录用、聘用下月起停发退役金，其待遇按照公务员、事业单位工作人员管理相关法律法规执行。

第二十八条　【伤病残退役军人移交安置、收治休养制度】国家建立伤病残退役军人指令性移交安置、收治休养制度。军队有关部门应当及时将伤病残退役军人移交安置地人民政府安置。安置地人民政府应当妥善解决伤病残退役军人的住房、医疗、康复、护理和生活困难。

第二十九条　【拥军优属】各级人民政府加强拥军优属工作，为军人和家属排忧解难。

符合条件的军官和军士退出现役时，其配偶和子女可以按照国家有关规定随调随迁。

随调配偶在机关或者事业单位工作，符合有关法律法规规定的，安置地人民政府负责安排到相应的工作单位；随调配偶在其他单位工作或者无工作单位的，安置地人民政府应当提供就业指导，协助实现就业。

随迁子女需要转学、入学的，安置地人民政府教育行政部门应当予以及时办理。对下列退役军人的随迁子女，优先保障：

（一）参战退役军人；

（二）属于烈士子女、功臣模范的退役军人；

（三）长期在艰苦边远地区或者特殊岗位服现役的退役军人；

（四）其他符合条件的退役军人。

第三十条　【具体办法制定】军人退役安置的具体办法由国务院、中央军事委员会制定。

第四章　教育培训

第三十一条　【教育培训导向】退役军人的教育培训应当以提高就业质量为导向，紧密围绕社会需求，为退役军人提供有特色、精细化、针对性强的培训服务。

国家采取措施加强对退役军人的教育培训，帮助退役军人完善知识结构，提高思想政治水平、职业技能水平和综合职业素养，提升就业创业能力。

第三十二条　【学历教育和职业技能培训并行并举】国家建立学历教育和职业技能培训并行并举的退役军人教育培训体系，建立退役军人教育培训协调机制，统筹规划退役军人教育培训工作。

第三十三条　【军人退役前的培训和继续教育】军人退役前，所在部队在保证完成军事任务的前提下，可以根据部队特点和条件提供职业技能储备培训，组织参加高等教育自学考试和各类高等学校举办的高等学历继续教育，以及知识拓展、技能培训等非学历继续教育。

部队所在地县级以上地方人民政府退役军人工作主管部门应当为现役军人所在部队开展教育培训提供支持和协助。

第三十四条　【国家教育资助】退役军人在接受学历教育时，按照国家有关规定享受学费和助学金资助等国家教育资助政策。

高等学校根据国家统筹安排，可以通过单列计划、单独招生等方式招考退役军人。

第三十五条　【复学】现役军人入伍前已被普通高等学校录取或者是正在普通高等学校就学的学生，服现役期间保留入学资格或者学籍，退役后两年内允许入学或者复学，可以按照国家有关规定转入本校其他专业学习。达到报考研究生条件的，按照国家有关规定享受优惠政策。

第三十六条　【职业技能培训补贴等相应扶持政策】国家依托和支持普通高等学校、职业院校（含技工院校）、专业培训机构等教育资源，为退役军人提供职业技能培训。退役军人未达到法定退休年龄需要就业创业的，可以享受职业技能培训补贴等相应扶持政策。

军人退出现役，安置地人民政府应当根据就业需求组织其免费参加职业教育、技能培训，经考试考核合格的，发给相应的学历证书、职业资格证书或者职业技能等级证书并推荐就业。

第三十七条　【对培训质量的检查和考核】省级人民政府退役军人工作主管部门会同有关部门加强动态管理，定期对为退役军人提供职业技能培训的普通高等学校、职业院校（含技工院校）、专业培训机构的培训质量进行检查和考核，提高职业技能培训质量和水平。

第五章　就业创业

第三十八条　【鼓励扶持退役军人就业创业】国家采取政府推动、市场引导、社会支持相结合的方式，鼓励和扶持退役军人就业创业。

第三十九条　【对退役军人就业创业的指导和服务】各级人民政府应当加强对退役军人就业创业的指导和服务。

县级以上地方人民政府退役军人工作主管部门应当加强对退役军人就业创业的宣传、组织、协调等工作，会同有关部门采取退役军人专场招聘会等形式，开展就业推荐、职业指导，帮助退役军人就业。

第四十条　【残疾退役军人就业优惠政策】服现役期间因战、因公、因病致残被评定残疾等级和退役后补评或者重新评定残疾等级的残疾退役军人，有劳动能力和就业意愿的，优先享受国家规定的残疾人就业优惠政策。

第四十一条　【免费或优惠的就业创业服务】公共人力资源服务机构应当免费为退役军人提供职业介绍、创业指导等服务。

国家鼓励经营性人力资源服务机构和社会组织为退役军人就业创业提供免费或者优惠服务。

退役军人未能及时就业的，在人力资源和社会保障部门办理求职登记后，可以按照规定享受失业保险待遇。

第四十二条　【招录、招聘退役军人条件可以适当放宽】机关、群团组织、事业单位和国有企业在招录或者招聘人员时，对退役军人的年龄和学历条件可以适当放宽，同等条件下优先招录、招聘退役军人。退役的军士和义务兵服现役经历视为基层工作经历。

【复职复工】退役的军士和义务兵入伍前是机关、群团组织、事业单位或者国有企业人员的，退役后可以选择复职复工。

第四十三条　【面向退役军人招考的各种岗位】各地应当设置一定数量的基层公务员职位，面向服现役满五年的高校毕业生退役军人招考。

服现役满五年的高校毕业生退役军人可以报考面向服务基层项目人员定向考录的职位，同服务基层项目人员共享公务员定向考录计划。

各地应当注重从优秀退役军人中选聘党的基层组织、社区和村专职工作人员。

军队文职人员岗位、国防教育机构岗位等，应当优先选用符合条件的退役军人。

国家鼓励退役军人参加稳边固边等边疆建设工作。

第四十四条　【服役年限计算为工龄】退役军人服现役年限计算为工龄，退役后与所在单位工作年限累计计算。

第四十五条　【创业孵化基地和创业园区对退役军人创业的优惠服务】县级以上地方人民政府投资建设或者与社会共建的创业孵化基地和创业园区，应当优先为退役军人创业提供服务。有条件的地区可以建立退役军人创业孵化基地和创业园区，为退役军人提供经营场地、投资融资等方面的优惠服务。

第四十六条 【退役军人创业优待】退役军人创办小微企业,可以按照国家有关规定申请创业担保贷款,并享受贷款贴息等融资优惠政策。

退役军人从事个体经营,依法享受税收优惠政策。

第四十七条 【招用退役军人享受优惠政策】用人单位招用退役军人符合国家规定的,依法享受税收优惠等政策。

第六章 抚恤优待

第四十八条 【普惠与优待叠加原则】各级人民政府应当坚持普惠与优待叠加的原则,在保障退役军人享受普惠性政策和公共服务基础上,结合服现役期间所做贡献和各地实际情况给予优待。

对参战退役军人,应当提高优待标准。

第四十九条 【建立统筹平衡的抚恤优待量化标准体系】国家逐步消除退役军人抚恤优待制度城乡差异、缩小地区差异,建立统筹平衡的抚恤优待量化标准体系。

第五十条 【社会保险待遇】退役军人依法参加养老、医疗、工伤、失业、生育等社会保险,并享受相应待遇。

退役军人服现役年限与入伍前、退役后参加职工基本养老保险、职工基本医疗保险、失业保险的缴费年限依法合并计算。

第五十一条 【安置住房优待条件】退役军人符合安置住房优待条件的,实行市场购买与军地集中统建相结合,由安置地人民政府统筹规划、科学实施。

第五十二条 【就医优待】军队医疗机构、公立医疗机构应当为退役军人就医提供优待服务,并对参战退役军人、残疾退役军人给予优惠。

第五十三条 【公共交通、文化和旅游优待】退役军人凭退役军人优待证等有效证件享受公共交通、文化和旅游等优待,具体办法由省级人民政府制定。

第五十四条 【集中供养孤老、生活不能自理的退役军人】县级以上人民政府加强优抚医院、光荣院建设,充分利用现有医疗和养老服务资源,收治或者集中供养孤老、生活不能自理的退役军人。

各类社会福利机构应当优先接收老年退役军人和残疾退役军人。

第五十五条 【对生活困难的退役军人给予帮扶援助】国家建立退役军人帮扶援助机制,在养老、医疗、住房等方面,对生活困难的退役军人按照国家有关规定给予帮扶援助。

第五十六条 【抚恤】残疾退役军人依法享受抚恤。

残疾退役军人按照残疾等级享受残疾抚恤金,标准由国务院退役军人工作主管部门会同国务院财政部门综合考虑国家经济社会发展水平、消费物价水平、全国城镇单位就业人员工资水平、国家财力情况等因素确定。残疾抚恤金由县级人民政府退役军人工作主管部门发放。

第七章 褒扬激励

第五十七条 【荣誉激励机制】国家建立退役军人荣誉激励机制,对在社会主义现代化建设中做出突出贡献的退役军人予以表彰、奖励。退役军人服现役期间获得表彰、奖励的,退役后按照国家有关规定享受相应待遇。

第五十八条 【迎接仪式】退役军人安置地人民政府在接收退役军人时,应当举行迎接仪式。迎接仪式由安置地人民政府退役军人工作主管部门负责实施。

第五十九条 【光荣牌】地方人民政府应当为退役军人家庭悬挂光荣牌,定期开展走访慰问活动。

第六十条 【参加重大庆典活动】国家、地方和军队举行重大庆典活动时,应当邀请退役军人代表参加。

被邀请的退役军人参加重大庆典活动时,可以穿着退役时的制式服装,佩戴服现役期间和退役后荣获的勋章、奖章、纪念章等徽章。

第六十一条 【退役军人参与爱国主义教育和国防教育】国家注重发挥退役军人在爱国主义教育和国防教育活动中的积极作用。机关、群团组织、企业事业单位和社会组织可以邀请退役军人协助开展爱国主义教育和国防教育。县级以上人民政府教育行政部门可以邀请退役军人参加学校国防教育培训,学校可以聘请退役军人参与学生军事训练。

第六十二条 【退役军人先进事迹的宣传】县级以上人民政府退役军人工作主管部门应当加强对退役军人先进事迹的宣传,通过制作公益广告、创作主题文艺作品等方式,弘扬爱国主义精神、革命英雄主义精神和退役军人敬业奉献精神。

第六十三条 【录入地方志的退役军人的名录和事迹】县级以上地方人民政府负责地方志工作的机构应当将本行政区域内下列退役军人的名录和事迹,编辑录入地方志:

(一)参战退役军人;

(二)荣获二等功以上奖励的退役军人;

(三)获得省部级或者战区级以上表彰的退役军人;

(四)其他符合条件的退役军人。

第六十四条 【烈士纪念设施】国家统筹规划烈士纪念设施建设,通过组织开展英雄烈士祭扫纪念活动等多种形式，弘扬英雄烈士精神。退役军人工作主管部门负责烈士纪念设施的修缮、保护和管理。

国家推进军人公墓建设。符合条件的退役军人去世后，可以安葬在军人公墓。

第八章 服务管理

第六十五条 【建立健全退役军人服务体系】国家加强退役军人服务机构建设，建立健全退役军人服务体系。县级以上人民政府设立退役军人服务中心，乡镇、街道、农村和城市社区设立退役军人服务站点，提升退役军人服务保障能力。

第六十六条 【服务保障工作】退役军人服务中心、服务站点等退役军人服务机构应当加强与退役军人联系沟通，做好退役军人就业创业扶持、优抚帮扶、走访慰问、权益维护等服务保障工作。

第六十七条 【思想政治工作】县级以上人民政府退役军人工作主管部门应当加强退役军人思想政治教育工作，及时掌握退役军人的思想情况和工作生活状况，指导接收安置单位和其他组织做好退役军人的思想政治工作和有关保障工作。

接收安置单位和其他组织应当结合退役军人工作和生活状况，做好退役军人思想政治工作和有关保障工作。

第六十八条 【保密教育和管理】县级以上人民政府退役军人工作主管部门、接收安置单位和其他组织应当加强对退役军人的保密教育和管理。

第六十九条 【宣传与退役军人相关的法律法规和政策制度】县级以上人民政府退役军人工作主管部门应当通过广播、电视、报刊、网络等多种渠道宣传与退役军人相关的法律法规和政策制度。

第七十条 【建立健全退役军人权益保障机制】县级以上人民政府退役军人工作主管部门应当建立健全退役军人权益保障机制，畅通诉求表达渠道，为退役军人维护其合法权益提供支持和帮助。退役军人的合法权益受到侵害，应当依法解决。公共法律服务有关机构应当依法为退役军人提供法律援助等必要的帮助。

第七十一条 【指导、督促退役军人保障工作】县级以上人民政府退役军人工作主管部门应当依法指导、督促有关部门和单位做好退役安置、教育培训、就业创业、抚恤优待、褒扬激励、拥军优属等工作，监督检查退役军人保障相关法律法规和政策措施落实情况，推进解决退役军人保障工作中存在的问题。

第七十二条 【退役军人保障工作责任制和考核评价制度】国家实行退役军人保障工作责任制和考核评价制度。县级以上人民政府应当将退役军人保障工作完成情况，纳入对本级人民政府负责退役军人有关工作的部门及其负责人、下级人民政府及其负责人的考核评价内容。

对退役军人保障政策落实不到位、工作推进不力的地区和单位，由省级以上人民政府退役军人工作主管部门会同有关部门约谈该地区人民政府主要负责人或者该单位主要负责人。

第七十三条 【接受社会监督】退役军人工作主管部门及其工作人员履行职责，应当自觉接受社会监督。

第七十四条 【检举、控告】对退役军人保障工作中违反本法行为的检举、控告，有关机关和部门应当依法及时处理，并将处理结果告知检举人、控告人。

第九章 法律责任

第七十五条 【对退役军人工作主管部门及其工作人员依法给予处分的情形】退役军人工作主管部门及其工作人员有下列行为之一的，由其上级主管部门责令改正，对直接负责的主管人员和其他直接责任人员依法给予处分：

（一）未按照规定确定退役军人安置待遇的；

（二）在退役军人安置工作中出具虚假文件的；

（三）为不符合条件的人员发放退役军人优待证的；

（四）挪用、截留、私分退役军人保障工作经费的；

（五）违反规定确定抚恤优待对象、标准、数额或者给予退役军人相关待遇的；

（六）在退役军人保障工作中利用职务之便为自己或者他人谋取私利的；

（七）在退役军人保障工作中失职渎职的；

（八）有其他违反法律法规行为的。

第七十六条 【其他负责退役军人有关工作的部门及其工作人员违法责任】其他负责退役军人有关工作的部门及其工作人员违反本法有关规定的，由其上级主管部门责令改正，对直接负责的主管人员和其他直接责任人员依法给予处分。

第七十七条 【拒绝或者无故拖延执行退役军人安置任务的法律责任】违反本法规定，拒绝或者无故拖延执行退役军人安置任务的，由安置地人民政府退役军人工作主管部门责令限期改正；逾期不改正的，予以通报批评。对该单位主要负责人和直接责任人员，由有关部门依法给予处分。

第七十八条 【退役军人弄虚作假骗取退役相关待遇的法律责任】退役军人弄虚作假骗取退役相关待遇的，由县级以上地方人民政府退役军人工作主管部门取消相关待遇，追缴非法所得，并由其所在单位或者有关部门依法给予处分。

第七十九条 【退役军人违法犯罪的法律责任】退役军人违法犯罪的，由省级人民政府退役军人工作主管部门按照国家有关规定中止、降低或者取消其退役相关待遇，报国务院退役军人工作主管部门备案。

退役军人对省级人民政府退役军人工作主管部门作出的中止、降低或者取消其退役相关待遇的决定不服的，可以依法申请行政复议或者提起行政诉讼。

第八十条 【治安管理处罚与刑事责任】违反本法规定，构成违反治安管理行为的，依法给予治安管理处罚；构成犯罪的，依法追究刑事责任。

第十章 附 则

第八十一条 【武警部队人员的法律适用】中国人民武装警察部队依法退出现役的警官、警士和义务兵等人员，适用本法。

第八十二条 【文职干部与军队院校学员的法律适用】本法有关军官的规定适用于文职干部。

军队院校学员依法退出现役的，参照本法有关规定执行。

第八十三条 【参战退役军人、参试退役军人相关规定】参试退役军人参照本法有关参战退役军人的规定执行。

参战退役军人、参试退役军人的范围和认定标准、认定程序，由中央军事委员会有关部门会同国务院退役军人工作主管部门等部门规定。

第八十四条 【其他安置管理】军官离职休养和军级以上职务军官退休后，按照国务院和中央军事委员会的有关规定安置管理。

本法施行前已经按照自主择业方式安置的退役军人的待遇保障，按照国务院和中央军事委员会的有关规定执行。

第八十五条 【施行日期】本法自2021年1月1日起施行。

中华人民共和国军人保险法

1. 2012年4月27日第十一届全国人民代表大会常务委员会第二十六次会议通过

2. 2012年4月27日中华人民共和国主席令第56号公布

3. 自2012年7月1日起施行

目 录

第一章 总 则

第一条 【立法目的】为了规范军人保险关系，维护军人合法权益，促进国防和军队建设，制定本法。

第二条 【法律适用】国家建立军人保险制度。

军人伤亡保险、退役养老保险、退役医疗保险和随军未就业的军人配偶保险的建立、缴费和转移接续等适用本法。

第三条 【军人保险制度与社会保险制度相衔接】军人保险制度应当体现军人职业特点，与社会保险制度相衔接，与经济社会发展水平相适应。

国家根据社会保险制度的发展，适时补充完善军人保险制度。

第四条 【财政拨款和政策支持】国家促进军人保险事业的发展，为军人保险提供财政拨款和政策支持。

第五条 【主管部门】中国人民解放军军人保险主管部门负责全军的军人保险工作。国务院社会保险行政部门、财政部门和军队其他有关部门在各自职责范围内负责有关的军人保险工作。

军队后勤（联勤）机关财务部门负责承办军人保险登记、个人权益记录、军人保险待遇支付等工作。

军队后勤（联勤）机关财务部门和地方社会保险经办机构，按照各自职责办理军人保险与社会保险关系转移接续手续。

第六条 【军人参保待遇】军人依法参加军人保险并享受相应的保险待遇。

军人有权查询、核对个人缴费记录和个人权益记录，要求军队后勤（联勤）机关财务部门和地方社会保险经办机构依法办理养老、医疗等保险关系转移接续手续，提供军人保险和社会保险咨询等相关服务。

第二章 军人伤亡保险

第七条 【死亡保险金】军人因战、因公死亡的，按照认定的死亡性质和相应的保险金标准，给付军人死亡保险金。

第八条 【残疾保险金】军人因战、因公、因病致残的，按照评定的残疾等级和相应的保险金标准，给付军人残疾保险金。

第九条 【认定标准】军人死亡和残疾的性质认定、残疾等级评定和相应的保险金标准，按照国家和军队有关规定执行。

第十条 【不享受军人伤亡保险待遇的情况】军人因下列情形之一死亡或者致残的，不享受军人伤亡保险待遇：

(一)故意犯罪的；

(二)醉酒或者吸毒的；

(三)自残或者自杀的；

(四)法律、行政法规和军事法规规定的其他情形。

第十一条 【退役后旧伤复发军人的待遇】已经评定残疾等级的因战、因公致残的军人退出现役参加工作后旧伤复发的，依法享受相应的工伤待遇。

第十二条 【个人不缴保费】军人伤亡保险所需资金由国家承担，个人不缴纳保险费。

第三章 退役养老保险

第十三条 【退役养老保险补助】军人退出现役参加基本养老保险的，国家给予退役养老保险补助。

第十四条 【补助标准】军人退役养老保险补助标准，由中国人民解放军总后勤部会同国务院有关部门，按照国家规定的基本养老保险缴费标准、军人工资水平等因素拟订，报国务院、中央军事委员会批准。

第十五条 【基本养老保险关系转移接续】军人入伍前已经参加基本养老保险的，由地方社会保险经办机构和军队后勤(联勤)机关财务部门办理基本养老保险关系转移接续手续。

第十六条 【缴费年限合并】军人退出现役后参加职工基本养老保险的，由军队后勤(联勤)机关财务部门将军人退役养老保险关系和相应资金转入地方社会保险经办机构，地方社会保险经办机构办理相应的转移接续手续。

军人服现役年限与入伍前和退出现役后参加职工基本养老保险的缴费年限合并计算。

第十七条 【退役后参加社保的转移接续手续】军人退出现役后参加新型农村社会养老保险或者城镇居民社会养老保险的，按照国家有关规定办理转移接续手续。

第十八条 【退役后转公务员岗位的养老保险办法】军人退出现役到公务员岗位或者参照公务员法管理的工作人员岗位的，以及现役军官、文职干部退出现役自主择业的，其养老保险办法按照国家有关规定执行。

第十九条 【按退休方式安置的退役军人的养老保险办法】军人退出现役采取退休方式安置的，其养老办法按照国务院和中央军事委员会的有关规定执行。

第四章 退役医疗保险

第二十条 【退役医疗保险补助】参加军人退役医疗保险的军官、文职干部和士官应当缴纳军人退役医疗保险费，国家按照个人缴纳的军人退役医疗保险费的同等数额给予补助。

义务兵和供给制学员不缴纳军人退役医疗保险费，国家按照规定的标准给予军人退役医疗保险补助。

第二十一条 【退役医保缴费标准和补助标准】军人退役医疗保险个人缴费标准和国家补助标准，由中国人民解放军总后勤部会同国务院有关部门，按照国家规定的缴费比例、军人工资水平等因素确定。

第二十二条 【基本医保关系转移接续】军人入伍前已经参加基本医疗保险的，由地方社会保险经办机构和军队后勤(联勤)机关财务部门办理基本医疗保险关系转移接续手续。

第二十三条 【退役后参加医保的转移接续手续】军人退出现役后参加职工基本医疗保险的，由军队后勤(联勤)机关财务部门将军人退役医疗保险关系和相应资金转入地方社会保险经办机构，地方社会保险经办机构办理相应的转移接续手续。

军人服现役年限视同职工基本医疗保险缴费年限，与入伍前和退出现役后参加职工基本医疗保险的缴费年限合并计算。

第二十四条 【退役后参加医保的手续】军人退出现役后参加新型农村合作医疗或者城镇居民基本医疗保险的，按照国家有关规定办理。

第五章 随军未就业的军人配偶保险

第二十五条 【随军未就业的军人配偶保险缴费和补助】国家为随军未就业的军人配偶建立养老保险、医疗保险等。随军未就业的军人配偶参加保险，应当缴纳养老保险费和医疗保险费，国家给予相应的补助。

随军未就业的军人配偶保险个人缴费标准和国家补助标准，按照国家有关规定执行。

第二十六条 【随军前参加社保的转移接续手续】随军未就业的军人配偶随军前已经参加社会保险的，由地方社会保险经办机构和军队后勤(联勤)机关财务部门办理保险关系转移接续手续。

第二十七条 【配偶实现就业或军人退役时社保关系的转移】随军未就业的军人配偶实现就业或者军人退出现役时，由军队后勤(联勤)机关财务部门将其养老保险、医疗保险关系和相应资金转入地方社会保险经办机构，地方社会保险经办机构办理相应的转移接续手续。

军人配偶在随军未就业期间的养老保险、医疗保险缴费年限与其在地方参加职工基本养老保险、职工基本医疗保险的缴费年限合并计算。

第二十八条　【配偶达到退休年龄时社保关系的转移】随军未就业的军人配偶达到国家规定的退休年龄时，按照国家有关规定确定退休地，由军队后勤（联勤）机关财务部门将其养老保险关系和相应资金转入退休地社会保险经办机构，享受相应的基本养老保险待遇。

第二十九条　【地方政府与随军配偶就业、培训方面的相互协作】地方人民政府和有关部门应当为随军未就业的军人配偶提供就业指导、培训等方面的服务。

随军未就业的军人配偶无正当理由拒不接受当地人民政府就业安置，或者无正当理由拒不接受当地人民政府指定部门、机构介绍的适当工作、提供的就业培训的，停止给予保险缴费补助。

第六章　军人保险基金

第三十条　【军人保险基金的内容】军人保险基金包括军人伤亡保险基金、军人退役养老保险基金、军人退役医疗保险基金和随军未就业的军人配偶保险基金。各项军人保险基金按照军人保险险种分别建账，分账核算，执行军队的会计制度。

第三十一条　【军人保险基金的资金构成】军人保险基金由个人缴费、中央财政负担的军人保险资金以及利息收入等资金构成。

第三十二条　【保险费的缴纳】军人应当缴纳的保险费，由其所在单位代扣代缴。

随军未就业的军人配偶应当缴纳的保险费，由军人所在单位代扣代缴。

第三十三条　【纳入年度国防费预算】中央财政负担的军人保险资金，由国务院财政部门纳入年度国防费预算。

第三十四条　【预算、决算管理】军人保险基金按照国家和军队的预算管理制度，实行预算、决算管理。

第三十五条　【专户存储】军人保险基金实行专户存储，具体管理办法按照国家和军队有关规定执行。

第三十六条　【军人保险基金的管理机构】军人保险基金由中国人民解放军总后勤部军人保险基金管理机构集中管理。

军人保险基金管理机构应当严格管理军人保险基金，保证基金安全。

第三十七条　【专款专用】军人保险基金应当专款专用，按照规定的项目、范围和标准支出，任何单位和个人不得贪污、侵占、挪用，不得变更支出项目、扩大支出范围或者改变支出标准。

第七章　保险经办与监督

第三十八条　【军人保险经办管理制度】军队后勤（联勤）机关财务部门和地方社会保险经办机构应当建立健全军人保险经办管理制度。

军队后勤（联勤）机关财务部门应当按时足额支付军人保险金。

军队后勤（联勤）机关财务部门和地方社会保险经办机构应当及时办理军人保险和社会保险关系转移接续手续。

第三十九条　【建立保险档案及提供社保咨询服务】军队后勤（联勤）机关财务部门应当为军人及随军未就业的军人配偶建立保险档案，及时、完整、准确地记录其个人缴费和国家补助，以及享受军人保险待遇等个人权益记录，并定期将个人权益记录单送达本人。

军队后勤（联勤）机关财务部门和地方社会保险经办机构应当为军人及随军未就业的军人配偶提供军人保险和社会保险咨询等相关服务。

第四十条　【军人保险信息系统建设】军人保险信息系统由中国人民解放军总后勤部负责统一建设。

第四十一条　【对保险基金收支和管理情况的监督】中国人民解放军总后勤部财务部门和中国人民解放军审计机关按照各自职责，对军人保险基金的收支和管理情况实施监督。

第四十二条　【对单位和个人守法情况的监督】军队后勤（联勤）机关、地方社会保险行政部门，应当对单位和个人遵守本法的情况进行监督检查。

军队后勤（联勤）机关、地方社会保险行政部门实施监督检查时，被检查单位和个人应当如实提供与军人保险有关的资料，不得拒绝检查或者谎报、瞒报。

第四十三条　【信息保密】军队后勤（联勤）机关财务部门和地方社会保险经办机构及其工作人员，应当依法为军队单位和军人的信息保密，不得以任何形式泄露。

第四十四条　【举报、投诉】任何单位或者个人有权对违反本法规定的行为进行举报、投诉。

军队和地方有关部门、机构对属于职责范围内的举报、投诉，应当依法处理；对不属于本部门、本机构职责范围的，应当书面通知并移交有权处理的部门、机构处理。有权处理的部门、机构应当及时处理，不得推诿。

第八章　法律责任

第四十五条　【军队后勤（联勤）机关财务部门、社保经办机构违法行为的处罚】军队后勤（联勤）机关财务部门、社会保险经办机构，有下列情形之一的，由军队后勤（联勤）机关或者社会保险行政部门责令改正；对直接负责的主管人员和其他直接责任人员依法给予处分；造成损失的，依法承担赔偿责任：

（一）不按照规定建立、转移接续军人保险关系的；

（二）不按照规定收缴、上缴个人缴纳的保险费的；

（三）不按照规定给付军人保险金的；

（四）篡改或者丢失个人缴费记录等军人保险档案资料的；

（五）泄露军队单位和军人的信息的；

（六）违反规定划拨、存储军人保险基金的；

（七）有违反法律、法规损害军人保险权益的其他行为的。

第四十六条　**【贪污、侵占、挪用军人保险基金的处罚】**贪污、侵占、挪用军人保险基金的，由军队后勤（联勤）机关责令限期退回，对直接负责的主管人员和其他直接责任人员依法给予处分。

第四十七条　**【以欺诈等手段骗取军人保险待遇的处罚】**以欺诈、伪造证明材料等手段骗取军人保险待遇的，由军队后勤（联勤）机关和社会保险行政部门责令限期退回，并依法给予处分。

第四十八条　**【刑事责任】**违反本法规定，构成犯罪的，依法追究刑事责任。

第九章　附　　则

第四十九条　**【失业保险缴费年限】**军人退出现役后参加失业保险的，其服现役年限视同失业保险缴费年限，与入伍前和退出现役后参加失业保险的缴费年限合并计算。

第五十条　**【相关规定的法律适用】**本法关于军人保险权益和义务的规定，适用于人民武装警察；中国人民武装警察部队保险基金管理，按照中国人民武装警察部队资金管理体制执行。

第五十一条　**【施行日期】**本法自2012年7月1日起施行。

军人抚恤优待条例

1. *2004年8月1日国务院、中央军事委员会令第413号公布*
2. *根据2011年7月29日国务院、中央军事委员会令第602号《关于修改〈军人抚恤优待条例〉的决定》第一次修订*
3. *根据2019年3月2日国务院令第709号《关于修改部分行政法规的决定》第二次修订*

第一章　总　　则

第一条　为了保障国家对军人的抚恤优待，激励军人保卫祖国、建设祖国的献身精神，加强国防和军队建设，根据《中华人民共和国国防法》、《中华人民共和国兵役法》等有关法律，制定本条例。

第二条　中国人民解放军现役军人（以下简称现役军人）、服现役或者退出现役的残疾军人以及复员军人、退伍军人、烈士遗属、因公牺牲军人遗属、病故军人遗属、现役军人家属，是本条例规定的抚恤优待对象，依照本条例的规定享受抚恤优待。

第三条　军人的抚恤优待，实行国家和社会相结合的方针，保障军人的抚恤优待与国民经济和社会发展相适应，保障抚恤优待对象的生活不低于当地的平均生活水平。

全社会应当关怀、尊重抚恤优待对象，开展各种形式的拥军优属活动。

国家鼓励社会组织和个人对军人抚恤优待事业提供捐助。

第四条　国家和社会应当重视和加强军人抚恤优待工作。

军人抚恤优待所需经费由国务院和地方各级人民政府分级负担。中央和地方财政安排的军人抚恤优待经费，专款专用，并接受财政、审计部门的监督。

第五条　国务院退役军人事务部门主管全国的军人抚恤优待工作；县级以上地方人民政府退役军人事务部门主管本行政区域内的军人抚恤优待工作。

国家机关、社会团体、企业事业单位应当依法履行各自的军人抚恤优待责任和义务。

第六条　各级人民政府对在军人抚恤优待工作中作出显著成绩的单位和个人，给予表彰和奖励。

第二章　死亡抚恤

第七条　现役军人死亡被批准为烈士、被确认为因公牺牲或者病故的，其遗属依照本条例的规定享受抚恤。

第八条　现役军人死亡，符合下列情形之一的，批准为烈士：

（一）对敌作战死亡，或者对敌作战负伤在医疗终结前因伤死亡的；

（二）因执行任务遭敌人或者犯罪分子杀害，或者被俘、被捕后不屈遭敌人杀害或者被折磨致死的；

（三）为抢救和保护国家财产、人民生命财产或者执行反恐怖任务和处置突发事件死亡的；

（四）因执行军事演习、战备航行飞行、空降和导弹发射训练、试航试飞任务以及参加武器装备科研试验死亡的；

（五）在执行外交任务或者国家派遣的对外援助、维持国际和平任务中牺牲的；

（六）其他死难情节特别突出，堪为楷模的。

现役军人在执行对敌作战、边海防执勤或者抢险救灾任务中失踪，经法定程序宣告死亡的，按照烈士对待。

批准烈士，属于因战死亡的，由军队团级以上单位政治机关批准；属于非因战死亡的，由军队军级以上单位政治机关批准；属于本条第一款第六项规定情形的，由中国人民解放军总政治部批准。

第九条 现役军人死亡，符合下列情形之一的，确认为因公牺牲：

（一）在执行任务中或者在上下班途中，由于意外事件死亡的；

（二）被认定为因战、因公致残后因旧伤复发死亡的；

（三）因患职业病死亡的；

（四）在执行任务中或者在工作岗位上因病猝然死亡，或者因医疗事故死亡的；

（五）其他因公死亡的。

现役军人在执行对敌作战、边海防执勤或者抢险救灾以外的其他任务中失踪，经法定程序宣告死亡的，按照因公牺牲对待。

现役军人因公牺牲，由军队团级以上单位政治机关确认；属于本条第一款第五项规定情形的，由军队军级以上单位政治机关确认。

第十条 现役军人除第九条第一款第三项、第四项规定情形以外，因其他疾病死亡的，确认为病故。

现役军人非执行任务死亡或者失踪，经法定程序宣告死亡的，按照病故对待。

现役军人病故，由军队团级以上单位政治机关确认。

第十一条 对烈士遗属、因公牺牲军人遗属、病故军人遗属，由县级人民政府退役军人事务部门分别发给《中华人民共和国烈士证明书》、《中华人民共和国军人因公牺牲证明书》、《中华人民共和国军人病故证明书》。

第十二条 现役军人死亡被批准为烈士的，依照《烈士褒扬条例》的规定发给烈士遗属烈士褒扬金。

第十三条 现役军人死亡，根据其死亡性质和死亡时的月工资标准，由县级人民政府退役军人事务部门发给其遗属一次性抚恤金，标准是：烈士和因公牺牲的，为上一年度全国城镇居民人均可支配收入的20倍加本人40个月的工资；病故的，为上一年度全国城镇居民人均可支配收入的2倍加本人40个月的工资。月工资或者津贴低于排职少尉军官工资标准的，按照排职少尉军官工资标准计算。

获得荣誉称号或者立功的烈士、因公牺牲军人、病故军人，其遗属在应当享受的一次性抚恤金的基础上，由县级人民政府退役军人事务部门按照下列比例增发一次性抚恤金：

（一）获得中央军事委员会授予荣誉称号的，增发35%；

（二）获得军队军区级单位授予荣誉称号的，增发30%；

（三）立一等功的，增发25%；

（四）立二等功的，增发15%；

（五）立三等功的，增发5%。

多次获得荣誉称号或者立功的烈士、因公牺牲军人、病故军人，其遗属由县级人民政府退役军人事务部门按照其中最高等级奖励的增发比例，增发一次性抚恤金。

第十四条 对生前作出特殊贡献的烈士、因公牺牲军人、病故军人，除按照本条例规定发给其遗属一次性抚恤金外，军队可以按照有关规定发给其遗属一次性特别抚恤金。

第十五条 一次性抚恤金发给烈士、因公牺牲军人、病故军人的父母（抚养人）、配偶、子女；没有父母（抚养人）、配偶、子女的，发给未满18周岁的兄弟姐妹和已满18周岁但无生活费来源且由该军人生前供养的兄弟姐妹。

第十六条 对符合下列条件之一的烈士遗属、因公牺牲军人遗属、病故军人遗属，发给定期抚恤金：

（一）父母（抚养人）、配偶无劳动能力、无生活费来源，或者收入水平低于当地居民平均生活水平的；

（二）子女未满18周岁或者已满18周岁但因上学或者残疾无生活费来源的；

（三）兄弟姐妹未满18周岁或者已满18周岁但因上学无生活费来源且由该军人生前供养的。

对符合享受定期抚恤金条件的遗属，由县级人民政府退役军人事务部门发给《定期抚恤金领取证》。

第十七条 定期抚恤金标准应当参照全国城乡居民家庭人均收入水平确定。定期抚恤金的标准及其调整办法，由国务院退役军人事务部门会同国务院财政部门规定。

第十八条 县级以上地方人民政府对依靠定期抚恤金生活仍有困难的烈士遗属、因公牺牲军人遗属、病故军人遗属，可以增发抚恤金或者采取其他方式予以补助，保障其生活不低于当地的平均生活水平。

第十九条 享受定期抚恤金的烈士遗属、因公牺牲军人遗属、病故军人遗属死亡的，增发6个月其原享受的定期抚恤金，作为丧葬补助费，同时注销其领取定期抚恤金的证件。

第二十条　现役军人失踪，经法定程序宣告死亡的，在其被批准为烈士、确认为因公牺牲或者病故后，又经法定程序撤销对其死亡宣告的，由原批准或者确认机关取消其烈士、因公牺牲军人或者病故军人资格，并由发证机关收回有关证件，终止其家属原享受的抚恤待遇。

第三章　残疾抚恤

第二十一条　现役军人残疾被认定为因战致残、因公致残或者因病致残的，依照本条例的规定享受抚恤。

因第八条第一款规定的情形之一导致残疾的，认定为因战致残；因第九条第一款规定的情形之一导致残疾的，认定为因公致残；义务兵和初级士官因第九条第一款第三项、第四项规定情形以外的疾病导致残疾的，认定为因病致残。

第二十二条　残疾的等级，根据劳动功能障碍程度和生活自理障碍程度确定，由重到轻分为一级至十级。

残疾等级的具体评定标准由国务院退役军人事务部门、人力资源社会保障部门、卫生部门会同军队有关部门规定。

第二十三条　现役军人因战、因公致残，医疗终结后符合评定残疾等级条件的，应当评定残疾等级。义务兵和初级士官因病致残符合评定残疾等级条件，本人（精神病患者由其利害关系人）提出申请的，也应当评定残疾等级。

因战、因公致残，残疾等级被评定为一级至十级的，享受抚恤；因病致残，残疾等级被评定为一级至六级的，享受抚恤。

第二十四条　因战、因公、因病致残性质的认定和残疾等级的评定权限是：

（一）义务兵和初级士官的残疾，由军队军级以上单位卫生部门认定和评定；

（二）现役军官、文职干部和中级以上士官的残疾，由军队军区级以上单位卫生部门认定和评定；

（三）退出现役的军人和移交政府安置的军队离休、退休干部需要认定残疾性质和评定残疾等级的，由省级人民政府退役军人事务部门认定和评定。

评定残疾等级，应当依据医疗卫生专家小组出具的残疾等级医学鉴定意见。

残疾军人由认定残疾性质和评定残疾等级的机关发给《中华人民共和国残疾军人证》。

第二十五条　现役军人因战、因公致残，未及时评定残疾等级，退出现役后或者医疗终结满3年后，本人（精神病患者由其利害关系人）申请补办评定残疾等级，有档案记载或者有原始医疗证明的，可以评定残疾等级。

现役军人被评定残疾等级后，在服现役期间或者退出现役后残疾情况发生严重恶化，原定残疾等级与残疾情况明显不符，本人（精神病患者由其利害关系人）申请调整残疾等级的，可以重新评定残疾等级。

第二十六条　退出现役的残疾军人，按照残疾等级享受残疾抚恤金。残疾抚恤金由县级人民政府退役军人事务部门发给。

因工作需要继续服现役的残疾军人，经军队军级以上单位批准，由所在部队按照规定发给残疾抚恤金。

第二十七条　残疾军人的抚恤金标准应当参照全国职工平均工资水平确定。残疾抚恤金的标准以及一级至十级残疾军人享受残疾抚恤金的具体办法，由国务院退役军人事务部门会同国务院财政部门规定。

县级以上地方人民政府对依靠残疾抚恤金生活仍有困难的残疾军人，可以增发残疾抚恤金或者采取其他方式予以补助，保障其生活不低于当地的平均生活水平。

第二十八条　退出现役的因战、因公致残的残疾军人因旧伤复发死亡的，由县级人民政府退役军人事务部门按照因公牺牲军人的抚恤金标准发给其遗属一次性抚恤金，其遗属享受因公牺牲军人遗属抚恤待遇。

退出现役的因战、因公、因病致残的残疾军人因病死亡的，对其遗属增发12个月的残疾抚恤金，作为丧葬补助费；其中，因战、因公致残的一级至四级残疾军人因病死亡的，其遗属享受病故军人遗属抚恤待遇。

第二十九条　退出现役的一级至四级残疾军人，由国家供养终身；其中，对需要长年医疗或者独身一人不便分散安置的，经省级人民政府退役军人事务部门批准，可以集中供养。

第三十条　对分散安置的一级至四级残疾军人发给护理费，护理费的标准为：

（一）因战、因公一级和二级残疾的，为当地职工月平均工资的50%；

（二）因战、因公三级和四级残疾的，为当地职工月平均工资的40%；

（三）因病一级至四级残疾的，为当地职工月平均工资的30%。

退出现役的残疾军人的护理费，由县级以上地方人民政府退役军人事务部门发给；未退出现役的残疾军人的护理费，经军队军级以上单位批准，由所在部队发给。

第三十一条　残疾军人需要配制假肢、代步三轮车等辅助器械，正在服现役的，由军队军级以上单位负责解决;退出现役的,由省级人民政府退役军人事务部门负责解决。

第四章 优 待

第三十二条 烈士遗属依照《烈士褒扬条例》的规定享受优待。

第三十三条 义务兵服现役期间,其家庭由当地人民政府发给优待金或者给予其他优待,优待标准不低于当地平均生活水平。

义务兵和初级士官入伍前是国家机关、社会团体、企业事业单位职工(含合同制人员)的,退出现役后,允许复工复职,并享受不低于本单位同岗位(工种)、同工龄职工的各项待遇;服现役期间,其家属继续享受该单位职工家属的有关福利待遇。

义务兵和初级士官入伍前的承包地(山、林)等,应当保留;服现役期间,除依照国家有关规定和承包合同的约定缴纳有关税费外,免除其他负担。

义务兵从部队发出的平信,免费邮递。

第三十四条 国家对一级至六级残疾军人的医疗费用按照规定予以保障,由所在医疗保险统筹地区社会保险经办机构单独列账管理。具体办法由国务院退役军人事务部门会同国务院人力资源社会保障部门、财政部门规定。

七级至十级残疾军人旧伤复发的医疗费用,已经参加工伤保险的,由工伤保险基金支付,未参加工伤保险,有工作的由工作单位解决,没有工作的由当地县级以上地方人民政府负责解决;七级至十级残疾军人旧伤复发以外的医疗费用,未参加医疗保险且本人支付有困难的,由当地县级以上地方人民政府酌情给予补助。

残疾军人、复员军人、带病回乡退伍军人以及因公牺牲军人遗属、病故军人遗属享受医疗优惠待遇。具体办法由省、自治区、直辖市人民政府规定。

中央财政对抚恤优待对象人数较多的困难地区给予适当补助,用于帮助解决抚恤优待对象的医疗费用困难问题。

第三十五条 在国家机关、社会团体、企业事业单位工作的残疾军人,享受与所在单位工伤人员同等的生活福利和医疗待遇。所在单位不得因其残疾将其辞退、解聘或者解除劳动关系。

第三十六条 现役军人凭有效证件、残疾军人凭《中华人民共和国残疾军人证》优先购票乘坐境内运行的火车、轮船、长途公共汽车以及民航班机;残疾军人享受减收正常票价50%的优待。

现役军人凭有效证件乘坐市内公共汽车、电车和轨道交通工具享受优待,具体办法由有关城市人民政府规定。残疾军人凭《中华人民共和国残疾军人证》免费乘坐市内公共汽车、电车和轨道交通工具。

第三十七条 现役军人、残疾军人凭有效证件参观游览公园、博物馆、名胜古迹享受优待,具体办法由公园、博物馆、名胜古迹管理单位所在地的县级以上地方人民政府规定。

第三十八条 因公牺牲军人、病故军人的子女、兄弟姐妹,本人自愿应征并且符合征兵条件的,优先批准服现役。

第三十九条 义务兵和初级士官退出现役后,报考国家公务员、高等学校和中等职业学校,在与其他考生同等条件下优先录取。

残疾军人、因公牺牲军人子女、一级至四级残疾军人的子女,驻边疆国境的县(市)、沙漠区、国家确定的边远地区中的三类地区和军队确定的特、一、二类岛屿部队现役军人的子女报考普通高中、中等职业学校、高等学校,在录取时按照国家有关规定给予优待;接受学历教育的,在同等条件下优先享受国家规定的各项助学政策。现役军人子女的入学、入托,在同等条件下优先接收。具体办法由国务院退役军人事务部门会同国务院教育部门规定。

第四十条 残疾军人、复员军人、带病回乡退伍军人、因公牺牲军人遗属、病故军人遗属承租、购买住房依照有关规定享受优先、优惠待遇。居住农村的抚恤优待对象住房有困难的,由地方人民政府帮助解决。具体办法由省、自治区、直辖市人民政府规定。

第四十一条 经军队师(旅)级以上单位政治机关批准随军的现役军官家属、文职干部家属、士官家属,由驻军所在地的公安机关办理落户手续。随军前是国家机关、社会团体、企业事业单位职工的,驻军所在地人民政府人力资源社会保障部门应当接收和妥善安置;随军前没有工作单位的,驻军所在地人民政府应当根据本人的实际情况作出相应安置;对自谋职业的,按照国家有关规定减免有关费用。

第四十二条 驻边疆国境的县(市)、沙漠区、国家确定的边远地区中的三类地区和军队确定的特、一、二类岛屿部队的现役军官、文职干部、士官,其符合随军条件无法随军的家属,所在地人民政府应当妥善安置,保障其生活不低于当地的平均生活水平。

第四十三条 随军的烈士遗属、因公牺牲军人遗属和病故军人遗属移交地方人民政府安置的,享受本条例和当地人民政府规定的抚恤优待。

第四十四条 复员军人生活困难的,按照规定的条件,由当地人民政府退役军人事务部门给予定期定量补助,逐步改善其生活条件。

第四十五条 国家兴办优抚医院、光荣院，治疗或者集中供养孤老和生活不能自理的抚恤优待对象。

各类社会福利机构应当优先接收抚恤优待对象。

第五章 法律责任

第四十六条 军人抚恤优待管理单位及其工作人员挪用、截留、私分军人抚恤优待经费，构成犯罪的，依法追究相关责任人员的刑事责任；尚不构成犯罪的，对相关责任人员依法给予行政处分或者纪律处分。被挪用、截留、私分的军人抚恤优待经费，由上一级人民政府退役军人事务部门、军队有关部门责令追回。

第四十七条 军人抚恤优待管理单位及其工作人员、参与军人抚恤优待工作的单位及工作人员有下列行为之一的，由其上级主管部门责令改正；情节严重，构成犯罪的，依法追究相关责任人员的刑事责任；尚不构成犯罪的，对相关责任人员依法给予行政处分或者纪律处分：

（一）违反规定审批军人抚恤待遇的；

（二）在审批军人抚恤待遇工作中出具虚假诊断、鉴定、证明的；

（三）不按规定的标准、数额、对象审批或者发放抚恤金、补助金、优待金的；

（四）在军人抚恤优待工作中利用职权谋取私利的。

第四十八条 负有军人优待义务的单位不履行优待义务的，由县级人民政府退役军人事务部门责令限期履行义务；逾期仍未履行的，处以2000元以上1万元以下罚款。对直接负责的主管人员和其他直接责任人员依法给予行政处分、纪律处分。因不履行优待义务使抚恤优待对象受到损失的，应当依法承担赔偿责任。

第四十九条 抚恤优待对象有下列行为之一的，由县级人民政府退役军人事务部门给予警告，限期退回非法所得；情节严重的，停止其享受的抚恤、优待；构成犯罪的，依法追究刑事责任：

（一）冒领抚恤金、优待金、补助金的；

（二）虚报病情骗取医药费的；

（三）出具假证明，伪造证件、印章骗取抚恤金、优待金、补助金的。

第五十条 抚恤优待对象被判处有期徒刑、剥夺政治权利或者被通缉期间，中止其抚恤优待；被判处死刑、无期徒刑的，取消其抚恤优待资格。

第六章 附 则

第五十一条 本条例适用于中国人民武装警察部队。

第五十二条 军队离休、退休干部和退休士官的抚恤优待，依照本条例有关现役军人抚恤优待的规定执行。

因参战伤亡的民兵、民工的抚恤，因参加军事演习、军事训练和执行军事勤务伤亡的预备役人员、民兵、民工以及其他人员的抚恤，参照本条例的有关规定办理。

第五十三条 本条例所称的复员军人，是指在1954年10月31日之前入伍、后经批准从部队复员的人员；带病回乡退伍军人，是指在服现役期间患病，尚未达到评定残疾等级条件并有军队医院证明，从部队退伍的人员。

第五十四条 本条例自2004年10月1日起施行。1988年7月18日国务院发布的《军人抚恤优待条例》同时废止。

伤残抚恤管理办法

1. 2007年7月31日民政部令第34号公布
2. 根据2013年7月5日民政部令第50号《关于修改〈伤残抚恤管理办法〉的决定》第一次修订
3. 2019年12月16日退役军人事务部令第1号第二次修订

第一章 总 则

第一条 为了规范和加强退役军人事务部门管理的伤残抚恤工作，根据《军人抚恤优待条例》等法规，制定本办法。

第二条 本办法适用于符合下列情况的中国公民：

（一）在服役期间因战因公致残退出现役的军人，在服役期间因病评定了残疾等级退出现役的残疾军人；

（二）因战因公负伤时为行政编制的人民警察；

（三）因参战、参加军事演习、军事训练和执行军事勤务致残的预备役人员、民兵、民工以及其他人员；

（四）为维护社会治安同违法犯罪分子进行斗争致残的人员；

（五）为抢救和保护国家财产、人民生命财产致残的人员；

（六）法律、行政法规规定应当由退役军人事务部门负责伤残抚恤的其他人员。

前款所列第（三）、第（四）、第（五）项人员根据《工伤保险条例》应当认定视同工伤的，不再办理因战、因公伤残抚恤。

第三条 本办法第二条所列人员符合《军人抚恤优待条例》及有关政策中因战因公致残规定的，可以认定因战因公致残;个人对导致伤残的事件和行为负有过错责任的,以及其他不符合因战因公致残情形的,不得认定为因战因公致残。

第四条 伤残抚恤工作应当遵循公开、公平、公正的原则。县级人民政府退役军人事务部门应当公布有关评残程序和抚恤金标准。

第二章 残疾等级评定

第五条 评定残疾等级包括新办评定残疾等级、补办评定残疾等级、调整残疾等级。

新办评定残疾等级是指对本办法第二条第一款第(一)项以外的人员认定因战因公残疾性质,评定残疾等级。补办评定残疾等级是指对现役军人因战因公致残未能及时评定残疾等级,在退出现役后依据《军人抚恤优待条例》的规定,认定因战因公残疾性质、评定残疾等级。调整残疾等级是指对已经评定残疾等级,因原致残部位残疾情况变化与原评定的残疾等级明显不符的人员调整残疾等级级别,对达不到最低评残标准的可以取消其残疾等级。

属于新办评定残疾等级的,申请人应当在因战因公负伤或者被诊断、鉴定为职业病 3 年内提出申请;属于调整残疾等级的,应当在上一次评定残疾等级 1 年后提出申请。

第六条 申请人(精神病患者由其利害关系人帮助申请,下同)申请评定残疾等级,应当向所在单位提出书面申请。申请人所在单位应及时审查评定残疾等级申请,出具书面意见并加盖单位公章,连同相关材料一并报送户籍地县级人民政府退役军人事务部门审查。

没有工作单位的或者以原致残部位申请评定残疾等级的,可以直接向户籍地县级人民政府退役军人事务部门提出申请。

第七条 申请人申请评定残疾等级,应当提供以下真实确切材料:书面申请,身份证或者居民户口簿复印件,退役军人证(退役军人登记表)、人民警察证等证件复印件,本人近期二寸免冠彩色照片。

申请新办评定残疾等级,应当提交致残经过证明和医疗诊断证明。致残经过证明应包括相关职能部门提供的执行公务证明,交通事故责任认定书、调解协议书、民事判决书、医疗事故鉴定书等证明材料;抢救和保护国家财产、人民生命财产致残或者为维护社会治安同犯罪分子斗争致残证明;统一组织参战、参加军事演习、军事训练和执行军事勤务的证明材料。医疗诊断证明应包括加盖出具单位相关印章的门诊病历原件、住院病历复印件及相关检查报告。

申请补办评定残疾等级,应当提交因战因公致残档案记载或者原始医疗证明。档案记载是指本人档案中所在部队作出的涉及本人负伤原始情况、治疗情况及善后处理情况等确切书面记载。职业病致残需提供有直接从事该职业病相关工作经历的记载。医疗事故致残需提供军队后勤卫生机关出具的医疗事故鉴定结论。原始医疗证明是指原所在部队体系医院出具的能说明致残原因、残疾情况的病情诊断书、出院小结或者门诊病历原件、加盖出具单位相关印章的住院病历复印件。

申请调整残疾等级,应当提交近 6 个月内在二级甲等以上医院的就诊病历及医院检查报告、诊断结论等。

第八条 县级人民政府退役军人事务部门对报送的有关材料进行核对,对材料不全或者材料不符合法定形式的应当告知申请人补充材料。

县级人民政府退役军人事务部门经审查认为申请人符合因战因公负伤条件的,在报经设区的市级人民政府以上退役军人事务部门审核同意后,应当填写《残疾等级评定审批表》,并在受理之日起 20 个工作日内,签发《受理通知书》,通知本人到设区的市级人民政府以上退役军人事务部门指定的医疗卫生机构,对属于因战因公导致的残疾情况进行鉴定,由医疗卫生专家小组根据《军人残疾等级评定标准》,出具残疾等级医学鉴定意见。职业病的残疾情况鉴定由省级人民政府退役军人事务部门指定的承担职业病诊断的医疗卫生机构作出;精神病的残疾情况鉴定由省级人民政府退役军人事务部门指定的二级以上精神病专科医院作出。

县级人民政府退役军人事务部门依据医疗卫生专家小组出具的残疾等级医学鉴定意见对申请人拟定残疾等级,在《残疾等级评定审批表》上签署意见,加盖印章,连同其他申请材料,于收到医疗卫生专家小组签署意见之日起 20 个工作日内,一并报送设区的市级人民政府退役军人事务部门。

县级人民政府退役军人事务部门对本办法第二条第一款第(一)项人员,经审查认为不符合因战因公负伤条件的,或者经医疗卫生专家小组鉴定达不到补评或者调整残疾等级标准的,应当根据《军人抚恤优待条例》相关规定逐级上报省级人民政府退役军人事务部门。对本办法第二条第一款第(一)项以外的人员,经审查认为不符合因战因公负伤条件的,或者经医疗卫生专家小组鉴定达不到新评或者调整残疾等级标准的,应当填写《残疾等级评定结果告知书》,连同申请人提供的材料,退还申请人或者所在单位。

第九条　设区的市级人民政府退役军人事务部门对报送的材料审查后，在《残疾等级评定审批表》上签署意见，并加盖印章。

对符合条件的，于收到材料之日起 20 个工作日内，将上述材料报送省级人民政府退役军人事务部门。对不符合条件的，属于本办法第二条第一款第（一）项人员，根据《军人抚恤优待条例》相关规定上报省级人民政府退役军人事务部门；属于本办法第二条第一款第（一）项以外的人员，填写《残疾等级评定结果告知书》，连同申请人提供的材料，逐级退还申请人或者其所在单位。

第十条　省级人民政府退役军人事务部门对报送的材料初审后，认为符合条件的，逐级通知县级人民政府退役军人事务部门对申请人的评残情况进行公示。公示内容应当包括致残的时间、地点、原因、残疾情况（涉及隐私或者不宜公开的不公示）、拟定的残疾等级以及县级退役军人事务部门联系方式。公示应当在申请人工作单位所在地或者居住地进行，时间不少于 7 个工作日。县级人民政府退役军人事务部门应当对公示中反馈的意见进行核实并签署意见，逐级上报省级人民政府退役军人事务部门，对调整等级的应当将本人持有的伤残人员证一并上报。

省级人民政府退役军人事务部门应当对公示的意见进行审核，在《残疾等级评定审批表》上签署审批意见，加盖印章。对符合条件的，办理伤残人员证（调整等级的，在证件变更栏处填写新等级），于公示结束之日起 60 个工作日内逐级发给申请人或者其所在单位。对不符合条件的，填写《残疾等级评定结果告知书》，连同申请人提供的材料，于收到材料之日或者公示结束之日起 60 个工作日内逐级退还申请人或者其所在单位。

第十一条　申请人或者退役军人事务部门对医疗卫生专家小组作出的残疾等级医学鉴定意见有异议的，可以到省级人民政府退役军人事务部门指定的医疗卫生机构重新进行鉴定。

省级人民政府退役军人事务部门可以成立医疗卫生专家小组，对残疾情况与应当评定的残疾等级提出评定意见。

第十二条　伤残人员以军人、人民警察或者其他人员不同身份多次致残的，退役军人事务部门按上述顺序只发给一种证件，并在伤残证件变更栏上注明再次致残的时间和性质，以及合并评残后的等级和性质。

致残部位不能合并评残的，可以先对各部位分别评残。等级不同的，以重者定级；两项（含）以上等级相同的，只能晋升一级。

多次致残的伤残性质不同的，以等级重者定性。等级相同的，按因战、因公、因病的顺序定性。

第三章　伤残证件和档案管理

第十三条　伤残证件的发放种类：

（一）退役军人在服役期间因战因公因病致残的，发给《中华人民共和国残疾军人证》；

（二）人民警察因战因公致残的，发给《中华人民共和国伤残人民警察证》；

（三）退出国家综合性消防救援队伍的人员在职期间因战因公因病致残的，发给《中华人民共和国残疾消防救援人员证》；

（四）因参战、参加军事演习、军事训练和执行军事勤务致残的预备役人员、民兵、民工以及其他人员，发给《中华人民共和国伤残预备役人员、伤残民兵民工证》；

（五）其他人员因公致残的，发给《中华人民共和国因公伤残人员证》。

第十四条　伤残证件由国务院退役军人事务部门统一制作。证件的有效期：15 周岁以下为 5 年，16 - 25 周岁为 10 年，26 - 45 周岁为 20 年，46 周岁以上为长期。

第十五条　伤残证件有效期满或者损毁、遗失的，证件持有人应当到县级人民政府退役军人事务部门申请换发证件或者补发证件。伤残证件遗失的须本人登报声明作废。

县级人民政府退役军人事务部门经审查认为符合条件的，填写《伤残人员换证补证审批表》，连同照片逐级上报省级人民政府退役军人事务部门。省级人民政府退役军人事务部门将新办理的伤残证件逐级通过县级人民政府退役军人事务部门发给申请人。各级退役军人事务部门应当在 20 个工作日内完成本级需要办理的事项。

第十六条　伤残人员前往我国香港特别行政区、澳门特别行政区、台湾地区定居或者其他国家和地区定居前，应当向户籍地（或者原户籍地）县级人民政府退役军人事务部门提出申请，由户籍地（或者原户籍地）县级人民政府退役军人事务部门在变更栏内注明变更内容。对需要换发新证的，“身份证号”处填写定居地的居住证件号码。“户籍地”为国内抚恤关系所在地。

第十七条　伤残人员死亡的，其家属或者利害关系人应及时告知伤残人员户籍地县级人民政府退役军人事务部门，县级人民政府退役军人事务部门应当注销其伤残证件，并逐级上报省级人民政府退役军人事务部门备案。

第十八条 退役军人事务部门对申报和审批的各种材料、伤残证件应当有登记手续。送达的材料或者证件,均须挂号邮寄或者由申请人签收。

第十九条 县级人民政府退役军人事务部门应当建立伤残人员资料档案,一人一档,长期保存。

第四章 伤残抚恤关系转移

第二十条 残疾军人退役或者向政府移交,必须自军队办理了退役手续或者移交手续后60日内,向户籍迁入地的县级人民政府退役军人事务部门申请转入抚恤关系。退役军人事务部门必须进行审查、登记、备案。审查的材料有:《户口登记簿》、《残疾军人证》、军队相关部门监制的《军人残疾等级评定表》、《换领〈中华人民共和国残疾军人证〉申报审批表》、退役证件或者移交政府安置的相关证明。

县级人民政府退役军人事务部门应当对残疾军人残疾情况及有关材料进行审查,必要时可以复查鉴定残疾情况。认为符合条件的,将《残疾军人证》及有关材料逐级报送省级人民政府退役军人事务部门。省级人民政府退役军人事务部门审查无误的,在《残疾军人证》变更栏内填写新的户籍地、重新编号,并加盖印章,将《残疾军人证》逐级通过县级人民政府退役军人事务部门发还申请人。各级退役军人事务部门应当在20个工作日内完成本级需要办理的事项。如复查、鉴定残疾情况的可以适当延长工作日。

《军人残疾等级评定表》或者《换领〈中华人民共和国残疾军人证〉申报审批表》记载的残疾情况与残疾等级明显不符的,县级退役军人事务部门应当暂缓登记,逐级上报省级人民政府退役军人事务部门通知原审批机关更正,或者按复查鉴定的残疾情况重新评定残疾等级。伪造、变造《残疾军人证》和评残材料的,县级人民政府退役军人事务部门收回《残疾军人证》不予登记,并移交当地公安机关处理。

第二十一条 伤残人员跨省迁移户籍时,应同步转移伤残抚恤关系,迁出地的县级人民政府退役军人事务部门根据伤残人员申请及其伤残证件和迁入地户口簿,将伤残档案、迁入地户口簿复印件以及《伤残人员关系转移证明》,发送迁入地县级人民政府退役军人事务部门,并同时将此信息逐级上报本省级人民政府退役军人事务部门。

迁入地县级人民政府退役军人事务部门在收到上述材料和申请人提供的伤残证件后,逐级上报省级人民政府退役军人事务部门。省级人民政府退役军人事务部门在向迁出地省级人民政府退役军人事务部门核实无误后,在伤残证件变更栏内填写新的户籍地、重新编号,并加盖印章,逐级通过县级人民政府退役军人事务部门发还申请人。各级退役军人事务部门应当在20个工作日内完成本级需要办理的事项。

迁出地退役军人事务部门邮寄伤残档案时,应当将伤残证件及其军队或者地方相关的评残审批表或者换证表复印备查。

第二十二条 伤残人员本省、自治区、直辖市范围内迁移的有关手续,由省、自治区、直辖市人民政府退役军人事务部门规定。

第五章 抚恤金发放

第二十三条 伤残人员从被批准残疾等级评定后的下一个月起,由户籍地县级人民政府退役军人事务部门按照规定予以抚恤。伤残人员抚恤关系转移的,其当年的抚恤金由部队或者迁出地的退役军人事务部门负责发给,从下一年起由迁入地退役军人事务部门按当地标准发给。由于申请人原因造成抚恤金断发的,不再补发。

第二十四条 在境内异地(指非户籍地)居住的伤残人员或者前往我国香港特别行政区、澳门特别行政区、台湾地区定居或者其他国家和地区定居的伤残人员,经向其户籍地(或者原户籍地)县级人民政府退役军人事务部门申请并办理相关手续后,其伤残抚恤金可以委托他人代领,也可以委托其户籍地(或者原户籍地)县级人民政府退役军人事务部门存入其指定的金融机构账户,所需费用由本人负担。

第二十五条 伤残人员本人(或者其家属)每年应当与其户籍地(或者原户籍地)的县级人民政府退役军人事务部门联系一次,通过见面、人脸识别等方式确认伤残人员领取待遇资格。当年未联系和确认的,县级人民政府退役军人事务部门应当经过公告或者通知本人或者其家属及时联系、确认;经过公告或者通知本人或者其家属后60日内仍未联系、确认的,从下一个月起停发伤残抚恤金和相关待遇。

伤残人员(或者其家属)与其户籍地(或者原户籍地)退役军人事务部门重新确认伤残人员领取待遇资格后,从下一个月起恢复发放伤残抚恤金和享受相关待遇,停发的抚恤金不予补发。

第二十六条 伤残人员变更国籍、被取消残疾等级或者死亡的,从变更国籍、被取消残疾等级或者死亡后的下一个月起停发伤残抚恤金和相关待遇,其伤残人员证件自然失效。

第二十七条 有下列行为之一的,由县级人民政府退役军人事务部门给予警告,停止其享受的抚恤、优待,追回非法所得;构成犯罪的,依法追究刑事责任:

(一)伪造残情的;

(二)冒领抚恤金的;

(三)骗取医药费等费用的;

(四)出具假证明,伪造证件、印章骗取抚恤金和相关待遇的。

第二十八条　县级人民政府退役军人事务部门依据人民法院生效的法律文书、公安机关发布的通缉令或者国家有关规定,对具有中止抚恤、优待情形的伤残人员,决定中止抚恤、优待,并通知本人或者其家属、利害关系人。

第二十九条　中止抚恤的伤残人员在刑满释放并恢复政治权利、取消通缉或者符合国家有关规定后,经本人(精神病患者由其利害关系人)申请,并经县级退役军人事务部门审查符合条件的,从审核确认的下一个月起恢复抚恤和相关待遇,原停发的抚恤金不予补发。办理恢复抚恤手续应当提供下列材料:本人申请、户口登记簿、司法机关的相关证明。需要重新办证的,按照证件丢失规定办理。

第六章　附　　则

第三十条　本办法适用于中国人民武装警察部队。

第三十一条　因战因公致残的深化国防和军队改革期间部队现役干部转改的文职人员,因参加军事训练、非战争军事行动和作战支援保障任务致残的其他文职人员,因战因公致残消防救援人员、因病致残评定了残疾等级的消防救援人员,退出军队或国家综合性消防救援队伍后的伤残抚恤管理参照退出现役的残疾军人有关规定执行。

第三十二条　未列入行政编制的人民警察,参照本办法评定伤残等级,其伤残抚恤金由所在单位按规定发放。

第三十三条　省级人民政府退役军人事务部门可以根据本地实际情况,制定具体工作细则。

第三十四条　本办法自2007年8月1日起施行。

附件:(略)

军队转业干部安置暂行办法

1. 2001年1月19日中共中央、国务院、中央军委发布
2. 中发〔2001〕3号

第一章　总　　则

第一条　为了做好军队转业干部安置工作,加强国防和军队建设,促进经济和社会发展,保持社会稳定,根据《中华人民共和国国防法》、《中华人民共和国兵役法》和其他有关法律法规的规定,制定本办法。

第二条　本办法所称军队转业干部,是指退出现役作转业安置的军官和文职干部。

第三条　军队转业干部是党和国家干部队伍的组成部分,是重要的人才资源,是社会主义现代化建设的重要力量。

军队转业干部为国防事业、军队建设作出了牺牲和贡献,应当受到国家和社会的尊重、优待。

第四条　军队干部转业到地方工作,是国家和军队的一项重要制度。国家对军队转业干部实行计划分配和自主择业相结合的方式安置。

计划分配的军队转业干部由党委、政府负责安排工作和职务;自主择业的军队转业干部由政府协助就业、发给退役金。

第五条　军队转业干部安置工作,坚持为经济社会发展和军队建设服务的方针,贯彻妥善安置、合理使用、人尽其才、各得其所的原则。

第六条　国家设立军队转业干部安置工作机构,在中共中央、国务院、中央军事委员会领导下,负责全国军队转业干部安置工作。

省(自治区、直辖市)设立相应的军队转业干部安置工作机构,负责本行政区域的军队转业干部安置工作。市(地)可以根据实际情况设立军队转业干部安置工作机构。

第七条　解放军总政治部统一管理全军干部转业工作。

军队团级以上单位党委和政治机关负责本单位干部转业工作。

省军区(卫戍区、警备区)负责全军转业到所在省、自治区、直辖市干部的移交,并配合当地党委、政府做好军队转业干部安置工作。

第八条　接收、安置军队转业干部是一项重要的政治任务,是全社会的共同责任。党和国家机关、团体、企业事业单位,应当按照国家有关规定,按时完成军队转业干部安置任务。

第九条　军队转业干部应当保持和发扬人民军队的优良传统,适应国家经济和社会发展的需要,服从组织安排,努力学习,积极进取,为社会主义现代化建设贡献力量。

第十条　对在社会主义现代化建设中贡献突出的军队转业干部和在军队转业干部安置工作中做出显著成绩的单位、个人,国家和军队给予表彰奖励。

第二章　转业安置计划

第十一条　全国的军队转业干部安置计划,由国家军队转业干部安置工作主管部门会同解放军总政治部编制下达。

省（自治区、直辖市）的军队转业干部安置计划，由省（自治区、直辖市）军队转业干部安置工作主管部门编制下达。

中央和国家机关及其管理的在京企业事业单位军队转业干部安置计划，由国家军队转业干部安置工作主管部门编制下达。

中央和国家机关京外直属机构、企业事业单位的军队转业干部安置计划，由所在省（自治区、直辖市）军队转业干部安置工作主管部门编制下达。

第十二条 担任团级以下职务（含处级以下文职干部和享受相当待遇的专业技术干部，下同）的军队干部，有下列情形之一的，列入军队干部转业安置计划：

（一）达到平时服现役最高年龄的；

（二）受军队编制员额限制不能调整使用的；

（三）因身体状况不能坚持军队正常工作但能够适应地方工作的；

（四）其他原因需要退出现役作转业安置的。

第十三条 担任团级以下职务的军队干部，有下列情形之一的，不列入军队干部转业安置计划：

（一）年龄超过 50 周岁的；

（二）二等甲级以上伤残的；

（三）患有严重疾病，经驻军医院以上医院诊断确认，不能坚持正常工作的；

（四）受审查尚未作出结论或者留党察看期未满的；

（五）故意犯罪受刑事处罚的；

（六）被开除党籍或者受劳动教养丧失干部资格的；

（七）其他原因不宜作转业安置的。

第十四条 担任师级职务（含局级文职干部，下同）或高级专业技术职务的军队干部，年龄 50 周岁以下的，本人申请，经批准可以安排转业，列入军队干部转业安置计划。

担任师级职务或高级专业技术职务的军队干部，年龄超过 50 周岁、地方工作需要的，可以批准转业，另行办理。

第十五条 因军队体制、编制调整或者国家经济社会发展需要，成建制成批军队干部的转业安置，由解放军总政治部与国家军队转业干部安置工作主管部门协商办理。

中央和国家机关及其管理的在京企业事业单位计划外选调军队干部，经大军区级单位政治机关审核并报解放军总政治部批准转业后，由国家军队转业干部安置工作主管部门办理审批。

第三章 安 置 地 点

第十六条 军队转业干部一般由其原籍或者入伍时所在省（自治区、直辖市）安置，也可以到配偶随军前或者结婚时常住户口所在地安置。

第十七条 配偶已随军的军队转业干部，具备下列条件之一的，可以到配偶常住户口所在地安置：

（一）配偶取得北京市常住户口满 4 年的；

（二）配偶取得上海市常住户口满 3 年的；

（三）配偶取得天津市、重庆市和省会（自治区首府）城市、副省级城市常住户口满 2 年的；

（四）配偶取得其他城市常住户口的。

第十八条 父母身边无子女或者配偶为独生子女的军队转业干部，可以到其父母或者配偶父母常住户口所在地安置。未婚的军队转业干部可以到其父母常住户口所在地安置。

父母双方或者一方为军人且长期在边远艰苦地区工作的军队转业干部，可以到父母原籍、入伍地或者父母离退休安置地安置。

第十九条 军队转业干部具备下列条件之一的，可以到配偶常住户口所在地安置，也可以到其父母或者配偶父母、本人子女常住户口所在地安置：

（一）自主择业的；

（二）在边远艰苦地区或者从事飞行、舰艇工作满 10 年的；

（三）战时获三等功、平时获二等功以上奖励的；

（四）因战因公致残的。

第二十条 夫妇同为军队干部且同时转业的，可以到任何一方的原籍或者入伍地安置，也可以到符合配偶随军条件的一方所在地安置；一方转业，留队一方符合配偶随军条件的，转业一方可以到留队一方所在地安置。

第二十一条 因国家重点工程、重点建设项目、新建扩建单位以及其他工作需要的军队转业干部，经接收单位所在省（自治区、直辖市）军队转业干部安置工作主管部门批准，可以跨省（自治区、直辖市）安置。

符合安置地吸引人才特殊政策规定条件的军队转业干部，可以到该地区安置。

第四章 工作分配与就业

第二十二条 担任师级职务的军队转业干部或者担任营级以下职务（含科级以下文职干部和享受相当待遇的专业技术干部，下同）且军龄不满 20 年的军队转业干部，由党委、政府采取计划分配的方式安置。

担任团级职务的军队转业干部或者担任营级职务

且军龄满20年的军队转业干部，可以选择计划分配或者自主择业的方式安置。

第二十三条　计划分配的军队转业干部，党委、政府应当根据其德才条件和在军队的职务等级、贡献、专长安排工作和职务。

担任师级领导职务或者担任团级领导职务且任职满最低年限的军队转业干部，一般安排相应的领导职务。接收师、团级职务军队转业干部人数较多、安排领导职务确有困难的地区，可以安排相应的非领导职务。

其他担任师、团级职务或者担任营级领导职务且任职满最低年限的军队转业干部，参照上述规定，合理安排。

第二十四条　各省、自治区、直辖市应当制定优惠的政策措施，鼓励军队转业干部到艰苦地区和基层单位工作。

对自愿到边远艰苦地区工作的军队转业干部，应当安排相应的领导职务，德才优秀的可以提职安排。

在西藏或者其他海拔3500米以上地区连续工作满5年的军队转业干部，应当安排相应的领导职务或者非领导职务，对正职领导干部安排正职确有困难的，可以安排同级副职。

第二十五条　各地区、各部门、各单位应当采取使用空出的领导职位、按规定增加非领导职数或者先进后出、带编分配等办法，安排好师、团级职务军队转业干部的工作和职务。

党和国家机关按照军队转业干部安置计划数的15%增加行政编制，所增加的编制主要用于安排师、团级职务军队转业干部。

各地区、各部门、各单位应当把师、团级职务军队转业干部的安排与领导班子建设通盘考虑，有计划地选调师、团级职务军队转业干部，安排到市（地）、县（市）级领导班子或者事业单位、国有大中型企业领导班子任职。

第二十六条　担任专业技术职务的军队转业干部，一般应当按照其在军队担任的专业技术职务或者国家承认的专业技术资格，聘任相应的专业技术职务；工作需要的可以安排行政职务。

担任行政职务并兼任专业技术职务的军队转业干部，根据地方工作需要和本人志愿，可以安排相应的行政职务或者聘任相应的专业技术职务。

第二十七条　国家下达的机关、团体、事业单位的年度增人计划，应当首先用于安置军队转业干部。编制满员的事业单位接收安置军队转业干部，按照实际接收人数相应增加编制，并据此增加人员工资总额计划。

第二十八条　党和国家机关接收计划分配的军队转业干部，按照干部管理权限，在主管部门的组织、指导下，对担任师、团级职务的，采取考核选调等办法安置；对担任营级以下职务的，采取考试考核和双向选择等办法安置。对有的岗位，也可以在军队转业干部中采取竞争上岗的办法安置。

第二十九条　对计划分配到事业单位的军队转业干部，参照其军队职务等级安排相应的管理或者专业技术工作岗位，并给予3年适应期。

企业接收军队转业干部，由军队转业干部安置工作主管部门编制计划，根据军队转业干部本人志愿进行分配，企业安排管理或者专业技术工作岗位，并给予2年适应期。

军队转业干部可以按照有关规定与用人单位签订无固定期限或者有固定期限劳动、聘用合同，用人单位不得违约解聘、辞退或者解除劳动、聘用合同。

第三十条　中央和国家机关京外直属机构、企业事业单位，应当按时完成所在地党委、政府下达的军队转业干部安置任务。需要增加编制、职数和工资总额的，其上级主管部门应当予以支持。

第三十一条　对自主择业的军队转业干部，安置地政府应当采取提供政策咨询、组织就业培训、拓宽就业渠道、向用人单位推荐、纳入人才市场等措施，为其就业创造条件。

第三十二条　党和国家机关、团体、企业事业单位在社会上招聘录用人员时，对适合军队转业干部工作的岗位，应当优先录用、聘用自主择业的军队转业干部。

第三十三条　对从事个体经营或者创办经济实体的自主择业的军队转业干部，安置地政府应当在政策上给予扶持，金融、工商、税务等部门，应当视情提供低息贷款，及时核发营业执照，按照社会再就业人员的有关规定减免营业税、所得税等税费。

第五章　待　　遇

第三十四条　计划分配到党和国家机关、团体、事业单位的军队转业干部，其工资待遇按照不低于接收安置单位与其军队职务等级相应或者同等条件人员的标准确定，津贴、补贴、奖金以及其他生活福利待遇，按照国家有关规定执行。

第三十五条　计划分配到党和国家机关、团体、事业单位的军队转业干部，退休时的职务等级低于转业时军队职务等级的，享受所在单位与其转业时军队职务等级相应或者同等条件人员的退休待遇。

本条规定不适用于到地方后受降级以上处分的军队转业干部。

第三十六条　计划分配到企业的军队转业干部，其工资和津贴、补贴、奖金以及其他生活福利待遇，按照国家和所在企业的有关规定执行。

第三十七条　军队转业干部的军龄，计算为接收安置单位的连续工龄（工作年限），享受相应的待遇。在军队从事护理、教学工作，转业后仍从事该职业的，其在军队的护龄、教龄应当连续计算，享受接收安置单位同类人员的待遇。

第三十八条　自主择业的军队转业干部，由安置地政府逐月发给退役金。团级职务和军龄满20年的营级职务军队转业干部的月退役金，按照本人转业时安置地同职务等级军队干部月职务、军衔（级别）工资和军队统一规定的津贴补贴为计发基数80%的数额与基础、军龄工资的全额之和计发。军龄满20年以上的，从第21年起，军龄每增加一年，增发月退役金计发基数的1%。

第三十九条　自主择业的军队转业干部，按照下列条件和标准增发退役金：

（一）荣立三等功、二等功、一等功或者被大军区级以上单位授予荣誉称号的，分别增发月退役金计发基数的5%、10%、15%。符合其中两项以上的，按照最高的一项标准增发。

（二）在边远艰苦地区或者从事飞行、舰艇工作满10年、15年、20年以上的，分别增发月退役金计发基数的5%、10%、15%。符合其中两项以上的，按照最高的一项标准增发。

本办法第三十八条和本条各项规定的标准合并计算后，月退役金数额不得超过本人转业时安置地同职务等级军队干部月职务、军衔、基础、军龄工资和军队统一规定的津贴补贴之和。

第四十条　自主择业的军队转业干部的退役金，根据移交地方安置的军队退休干部退休生活费调整的情况相应调整增加。

经济比较发达的地区，自主择业军队转业干部的月退役金低于安置地当年党和国家机关相应职务等级退休干部月退休生活费数额的，安置地政府可以发给差额补贴。

自主择业的军队转业干部的退役金，免征个人所得税。

自主择业的军队转业干部，被党和国家机关选用为正式工作人员的，停发退役金。其工资等各项待遇按照本办法第三十四条规定执行。

第四十一条　自主择业的军队转业干部去世后，从去世的下月起停发退役金。区别不同情况，一次发给本人生前10个月至40个月的退役金作为抚恤金和一定数额的退役金作为丧葬补助费。具体办法由有关部门另行制定。

自主择业的军队转业干部的遗属生活确有困难的，由安置地政府按照国家和当地的有关规定发给生活困难补助金。

第四十二条　计划分配的军队转业干部，享受所在单位与其军队职务等级相应或者同等条件人员的政治待遇；自主择业的军队转业干部，享受安置地相应职务等级退休干部的有关政治待遇。

第四十三条　军队转业干部在服现役期间被中央军事委员会授予荣誉称号的，比照全国劳动模范（先进工作者）享受相应待遇；被大军区级单位授予荣誉称号或者荣立一等功，以及被评为全国模范军队转业干部的，比照省部级劳动模范（先进工作者）享受相应待遇。

第六章　培　　训

第四十四条　军队转业干部的培训工作，是军队转业干部安置工作的重要组成部分，各级党委、政府和有关部门应当在政策和经费等方面提供必要保障。

第四十五条　对计划分配的军队转业干部应当进行适应性培训和专业培训，有条件的地区也可以在安置前组织适应性培训。培训工作贯彻“学用结合、按需施教、注重实效”和“培训、考核、使用相结合”的原则，增强针对性和实用性，提高培训质量。

军队转业干部培训的规划、组织协调和督促检查工作，由军队转业干部安置工作主管部门负责。

第四十六条　计划分配的军队转业干部的专业培训，由省（自治区、直辖市）按部门或者专业编班集中组织实施，培训时间不少于3个月。

军队转业干部参加培训期间享受接收安置单位在职人员的各项待遇。

第四十七条　自主择业的军队转业干部的就业培训，主要依托军队转业干部培训中心具体实施，也可以委托地方院校、职业培训机构承担具体工作。负责培训的部门应当根据社会人才需求合理设置专业课程，加强定向职业技能培训，以提高自主择业的军队转业干部就业竞争能力。

第四十八条　军队转业干部培训中心，主要承担计划分配的军队转业干部的适应性培训和部分专业培训，以及自主择业的军队转业干部的就业培训。

军队转业干部安置工作主管部门应当加强对军队转业干部培训中心的管理。军队转业干部培训中心从事社会服务的收益，主要用于补助培训经费的不足。

第四十九条　各级教育行政管理部门应当在师资、教学设施等方面，支持军队转业干部培训工作。对报考各类院校的军队转业干部，应适当放宽年龄条件，在与其他考生同等条件下，优先录取；对获二等功以上奖励的，应适当降低录取分数线投档。

第七章 社会保障

第五十条 军队转业干部的住房，由安置地政府按照统筹规划、优先安排、重点保障、合理负担的原则给予保障，主要采取购买经济适用住房、现有住房或者租住周转住房，以及修建自有住房等方式解决。

计划分配的军队转业干部，到地方单位工作后的住房补贴，由安置地政府或者接收安置单位按照有关规定解决。自主择业的军队转业干部，到地方后未被党和国家机关、团体、企业事业单位录用聘用期间的住房补贴，按照安置地党和国家机关与其军队职务等级相应或者同等条件人员的住房补贴的规定执行。

军队转业干部因配偶无住房补贴，购买经济适用住房超过家庭合理负担的部分，个人支付确有困难的，安置地政府应当视情给予购房补助或者优先提供住房公积金贷款。

军队转业干部住房保障具体办法，按照国家有关规定执行。

第五十一条 军队转业干部的军龄视同社会保险缴费年限。其服现役期间的医疗等社会保险费，转入安置地社会保险经办机构。

第五十二条 计划分配到党和国家机关、团体、事业单位的军队转业干部，享受接收安置单位与其军队职务等级相应或者同等条件人员的医疗、养老、失业、工伤、生育等社会保险待遇；计划分配到企业的军队转业干部，按照国家有关规定参加社会保险，缴纳社会保险费，享受社会保险待遇。

第五十三条 自主择业的军队转业干部，到地方后未被党和国家机关、团体、企业事业单位录用聘用期间的医疗保障，按照安置地党和国家机关与其军队职务等级相应或者同等条件人员的有关规定执行。

第八章 家属安置

第五十四条 军队转业干部随调配偶的工作，安置地党委、政府应当参照本人职务等级和从事的职业合理安排，与军队转业干部同时接收安置，发出报到通知。调入调出单位相应增减工资总额。

对安排到实行合同制、聘任制企业事业单位的军队转业干部随调配偶，应当给予 2 年适应期。适应期内，非本人原因不得擅自违约解聘、辞退或者解除劳动、聘用合同。

第五十五条 军队转业干部随迁配偶、子女符合就业条件的，安置地政府应当提供就业指导和服务，帮助其实现就业；对从事个体经营或者创办经济实体的，应当在政策上给予扶持，并按照国家和安置地促进就业的有关规定减免税费。

第五十六条 军队转业干部配偶和未参加工作的子女可以随调随迁，各地公安部门凭军队转业干部安置工作主管部门的通知及时办理迁移、落户手续。随迁子女需要转学、入学的，由安置地教育行政管理部门负责安排；报考各类院校时，在与其他考生同等条件下优先录取。

军队转业干部身边无子女的，可以随调一名已经工作的子女及其配偶。

各地在办理军队转业干部及其随调随迁配偶、子女的工作安排、落户和转学、入学事宜时，不得收取国家政策规定以外的费用。

第五十七条 军队转业干部随调随迁配偶、子女，已经参加医疗、养老、失业、工伤、生育等社会保险的，其社会保险关系和社会保险基金，由社会保险经办机构按照国家有关规定一并转移或者继续支付。未参加社会保险的，按照国家和安置地有关规定，参加医疗、养老、失业、工伤、生育等社会保险。

第九章 安置经费

第五十八条 军队转业干部安置经费，分别列入中央财政、地方财政和军费预算，并根据经济社会发展，逐步加大投入。

军队转业干部安置工作涉及的行政事业费、培训费、转业生活补助费、安家补助费和服现役期间的住房补贴，按照现行的经费供应渠道予以保障。

军队转业干部培训经费的不足部分由地方财政补贴。安置业务经费由本级财政部门解决。

第五十九条 自主择业的军队转业干部的退役金，由中央财政专项安排；到地方后未被党和国家机关、团体、企业事业单位录用聘用期间的住房补贴和医疗保障所需经费，由安置地政府解决。

第六十条 军队转业干部安置经费应当专款专用，不得挪用、截留、克扣、侵占，有关职能部门对安置经费的使用情况应当进行监督检查。

第十章 管理与监督

第六十一条 各级党委、政府应当把军队转业干部安置工作纳入目标管理，建立健全领导责任制，作为考核领导班子、领导干部政绩的重要内容和评选双拥模范城（县）的重要条件。

第六十二条 军队转业干部安置工作主管部门主要负责军队转业干部的计划安置、就业指导、就业培训、经费管理和协调军队转业干部的社会保障等工作。

自主择业的军队转业干部，由军队转业干部安置工作主管部门管理，主要负责自主择业的军队转业干部的政策指导、就业培训、协助就业、退役金发放、档案接转与存放，并协调解决有关问题；其他日常管理服务工作，由户口所在街道、乡镇负责。

第六十三条 各级党委、政府应当加强对军队转业干部安置工作的监督检查，坚决制止和纠正违反法律、法规和政策的行为；对拒绝接收军队转业干部或者未完成安置任务的部门和单位，组织、人事、编制等部门可以视情暂缓办理其人员调动、录用和编制等审批事项。

第六十四条 军队转业干部到地方报到前发生的问题，由其原部队负责处理；到地方报到后发生的问题，由安置地政府负责处理，涉及原部队的，由原部队协助安置地政府处理。

对无正当理由经教育仍不到地方报到的军队转业干部，由原部队根据有关规定给予党纪、军纪处分或者其他处罚。

第六十五条 退出现役被确定转服军官预备役的军队转业干部，到地方接收安置单位报到时，应当到当地人民武装部进行预备役军官登记，履行其预备役军官的职责和义务。

第六十六条 凡违反本办法规定，对军队转业干部安置工作造成严重影响的单位和个人，视情节轻重给予批评教育或者处分、处罚；构成犯罪的，依法追究刑事责任。

第十一章 附 则

第六十七条 中国人民武装警察部队转业干部的安置工作，按照本办法执行。

第六十八条 各省、自治区、直辖市依据本办法制定实施细则。

第六十九条 本办法自发布之日起施行，适用于此后批准转业的军队干部。以往有关军队转业干部安置工作的规定，凡与本办法不一致的，以本办法为准。

第七十条 本办法由国家军队转业干部安置工作主管部门会同有关部门负责解释。

退役士兵安置条例

1. 2011年10月29日国务院、中央军事委员会令第608号公布

2. 自2011年11月1日起施行

第一章 总 则

第一条 为了规范退役士兵安置工作，保障退役士兵的合法权益，根据《中华人民共和国兵役法》，制定本条例。

第二条 本条例所称退役士兵，是指依照《中国人民解放军现役士兵服役条例》的规定退出现役的义务兵和士官。

第三条 国家建立以扶持就业为主，自主就业、安排工作、退休、供养等多种方式相结合的退役士兵安置制度，妥善安置退役士兵。

退役士兵安置所需经费，由中央和地方各级人民政府共同负担。

第四条 全社会应当尊重、优待退役士兵，支持退役士兵安置工作。

国家机关、社会团体、企业事业单位，都有接收安置退役士兵的义务，在招收录用工作人员或者聘用职工时，同等条件下应当优先招收录用退役士兵。退役士兵报考公务员、应聘事业单位职位的，在军队服现役经历视为基层工作经历。接收安置退役士兵的单位，按照国家规定享受优惠政策。

第五条 国务院退役士兵安置工作主管部门负责全国的退役士兵安置工作。

县级以上地方人民政府退役士兵安置工作主管部门负责本行政区域的退役士兵安置工作。

人民政府有关部门和军队有关部门应当在各自职责范围内做好退役士兵安置工作。

第六条 退役士兵应当遵守有关退役士兵安置的法律法规，服从人民政府的安置。

第七条 对在退役士兵安置工作中作出突出贡献的单位和个人，按照国家有关规定给予表彰、奖励。

第二章 移交和接收

第八条 国务院退役士兵安置工作主管部门和中国人民解放军总参谋部应当制定全国退役士兵的年度移交、接收计划。

第九条 退役士兵所在部队应当依照本条例的规定，将退役士兵移交安置地县级以上人民政府退役士兵安置工作主管部门。安置地县级以上人民政府退役士兵安置工作主管部门负责接收退役士兵。

第十条 退役士兵安置地为退役士兵入伍时的户口所在地。但是，入伍时是普通高等学校在校学生的退役士兵，退出现役后不复学的，其安置地为入学前的户口所在地。

第十一条 退役士兵有下列情形之一的，可以易地安置：

（一）服现役期间父母户口所在地变更的，可以在父母现户口所在地安置；

（二）符合军队有关现役士兵结婚规定且结婚满2

年的，可以在配偶或者配偶父母户口所在地安置；

（三）因其他特殊情况，由部队师（旅）级单位出具证明，经省级以上人民政府退役士兵安置工作主管部门批准易地安置的。

易地安置的退役士兵享受与安置地退役士兵同等安置待遇。

第十二条　退役士兵有下列情形之一的，根据本人申请，可以由省级以上人民政府退役士兵安置工作主管部门按照有利于退役士兵生活的原则确定其安置地：

（一）因战致残的；

（二）服现役期间平时荣获二等功以上奖励或者战时荣获三等功以上奖励的；

（三）是烈士子女的；

（四）父母双亡的。

第十三条　自主就业的退役士兵应当自被批准退出现役之日起30日内，持退出现役证件、介绍信到安置地县级人民政府退役士兵安置工作主管部门报到。

安排工作的退役士兵应当在规定的时间内，持接收安置通知书、退出现役证件和介绍信到规定的安置地人民政府退役士兵安置工作主管部门报到。

退休、供养的退役士兵应当到规定的安置地人民政府退役士兵安置工作主管部门报到。

第十四条　退役士兵所在部队应当按照国家档案管理的有关规定，在士兵退役时将其档案及时移交安置地县级以上人民政府退役士兵安置工作主管部门。

退役士兵安置工作主管部门应当于退役士兵报到时为其开具落户介绍信。公安机关凭退役士兵安置工作主管部门开具的落户介绍信，为退役士兵办理户口登记。

第十五条　自主就业和安排工作的退役士兵的档案，由安置地退役士兵安置工作主管部门按照国家档案管理有关规定办理。

退休、供养的退役士兵的档案，由安置地退役士兵安置工作主管部门移交服务管理单位。

第十六条　退役士兵发生与服役有关的问题，由其原部队负责处理；发生与安置有关的问题，由安置地人民政府负责处理。

第十七条　退役士兵无正当理由不按照规定时间报到超过30天的，视为放弃安置待遇。

第三章　安　　置

第一节　自 主 就 业

第十八条　义务兵和服现役不满12年的士官退出现役的，由人民政府扶持自主就业。

第十九条　对自主就业的退役士兵，由部队发给一次性退役金，一次性退役金由中央财政专项安排；地方人民政府可以根据当地实际情况给予经济补助，经济补助标准及发放办法由省、自治区、直辖市人民政府规定。

一次性退役金和一次性经济补助按照国家规定免征个人所得税。

各级人民政府应当加强对退役士兵自主就业的指导和服务。县级以上地方人民政府应当采取组织职业介绍、就业推荐、专场招聘会等方式，扶持退役士兵自主就业。

第二十条　国家根据国民经济发展水平、全国职工年平均工资收入和军人职业特殊性等因素确定退役金标准，并适时调整。国务院退役士兵安置工作主管部门、军队有关部门会同国务院财政部门负责确定和调整退役金标准的具体工作。

自主就业的退役士兵根据服现役年限领取一次性退役金。服现役年限不满6个月的按照6个月计算，超过6个月不满1年的按照1年计算。

获得荣誉称号或者立功的退役士兵，由部队按照下列比例增发一次性退役金：

（一）获得中央军事委员会、军队军区级单位授予荣誉称号，或者荣获一等功的，增发15%；

（二）荣获二等功的，增发10%；

（三）荣获三等功的，增发5%。

多次获得荣誉称号或者立功的退役士兵，由部队按照其中最高等级奖励的增发比例，增发一次性退役金。

第二十一条　县级以上地方人民政府退役士兵安置工作主管部门应当组织自主就业的退役士兵参加职业教育和技能培训，经考试考核合格的，发给相应的学历证书、职业资格证书并推荐就业。退役士兵退役1年内参加职业教育和技能培训的，费用由县级以上人民政府承担；退役士兵退役1年以上参加职业教育和技能培训的，按照国家相关政策执行。

自主就业退役士兵的职业教育和技能培训经费列入县级以上人民政府财政预算。

第二十二条　各级人民政府举办的公共就业人才服务机构，应当免费为退役士兵提供档案管理、职业介绍和职业指导服务。

国家鼓励其他人力资源服务机构为自主就业的退役士兵提供免费服务。

第二十三条　对从事个体经营的退役士兵，按照国家规定给予税收优惠，给予小额担保贷款扶持，从事微利项目的给予财政贴息。除国家限制行业外，自其在工商行政管理部门首次注册登记之日起 3 年内,免收管理类、登记类和证照类的行政事业性收费。

第二十四条 国家鼓励用人单位招收录用或者聘用自主就业的退役士兵,用人单位招收录用或者聘用自主就业退役士兵符合规定条件的,依法享受税收等优惠。

第二十五条 自主就业的退役士兵入伍前是国家机关、社会团体、企业事业单位工作人员或者职工的,退出现役后可以选择复职复工,其工资、福利和其他待遇不得低于本单位同等条件人员的平均水平。

第二十六条 自主就业的退役士兵入伍前通过家庭承包方式承包的农村土地,承包期内不得违法收回或者强制流转;通过招标、拍卖、公开协商等非家庭承包方式承包的农村土地,承包期内其家庭成员可以继续承包;承包的农村土地被依法征收、征用或者占用的,与其他农村集体经济组织成员享有同等权利。

自主就业的退役士兵回入伍时户口所在地落户,属于农村集体经济组织成员但没有承包农村土地的,可以申请承包农村土地,村民委员会或者村民小组应当优先解决。

第二十七条 有劳动能力的残疾退役士兵,优先享受国家规定的残疾人就业优惠政策。

第二十八条 自主就业的退役士兵进入中等职业学校学习、报考成人高等学校或者普通高等学校的,按照国家有关规定享受优待。

入伍前已被普通高等学校录取并保留入学资格或者正在普通高等学校就学的退役士兵,退出现役后 2 年内允许入学或者复学,并按照国家有关规定享受奖学金、助学金和减免学费等优待,家庭经济困难的,按照国家有关规定给予资助;入学后或者复学期间可以免修公共体育、军事技能和军事理论等课程,直接获得学分;入学或者复学后参加国防生选拔、参加国家组织的农村基层服务项目人选选拔,以及毕业后参加军官人选选拔的,优先录取。

第二节 安排工作

第二十九条 退役士兵符合下列条件之一的,由人民政府安排工作:

(一)士官服现役满 12 年的;

(二)服现役期间平时荣获二等功以上奖励或者战时荣获三等功以上奖励的;

(三)因战致残被评定为 5 级至 8 级残疾等级的;

(四)是烈士子女的。

符合前款规定条件的退役士兵在艰苦地区和特殊岗位服现役的,优先安排工作;因精神障碍基本丧失工作能力的,予以妥善安置。

符合安排工作条件的退役士兵,退役时自愿选择自主就业的,依照本条例第三章第一节的规定办理。

第三十条 国务院退役士兵安置工作主管部门和中国人民解放军总参谋部应当制定下达全国需由人民政府安排工作退役士兵的年度安置计划。

第三十一条 中央国家机关及其管理的在京企业事业单位接收安排退役士兵工作任务,由国务院退役士兵安置工作主管部门下达。中央国家机关京外直属机构、中央国家机关管理的京外企业事业单位接收安排退役士兵工作任务,由所在地县级以上地方人民政府按照属地管理的原则下达。

第三十二条 县级以上地方人民政府,应当根据符合安排工作条件的退役士兵人数和用人单位的实际情况,下达安排退役士兵工作的任务,并依法向社会公开。

对安排退役士兵工作任务较重的县(市),可以由上一级人民政府在本行政区域内统筹安排。

第三十三条 安置地县级以上地方人民政府应当按照属地管理的原则,对符合安排工作条件的退役士兵进行安置,保障其第一次就业。

第三十四条 国家机关、事业单位、国有以及国有控股和国有资本占主导地位的企业招收录用或者聘用人员的,应当在同等条件下优先招收录用或者聘用退役士兵。

第三十五条 安置地人民政府应当在接收退役士兵的 6 个月内,完成本年度安排退役士兵工作的任务。

退役士兵待安排工作期间,安置地人民政府应当按照不低于当地最低生活水平的标准,按月发给生活补助费。

第三十六条 承担安排退役士兵工作任务的单位应当按时完成所在地人民政府下达的安排退役士兵工作任务,在退役士兵安置工作主管部门开出介绍信 1 个月内安排退役士兵上岗,并与退役士兵依法签订期限不少于 3 年的劳动合同或者聘用合同。

合同存续期内单位依法关闭、破产、改制的,退役士兵与所在单位其他人员一同执行国家的有关规定。

接收退役士兵的单位裁减人员的,应当优先留用退役士兵。

第三十七条 由人民政府安排工作的退役士兵,服现役年限和符合本条例规定的待安排工作时间计算为工龄,享受所在单位同等条件人员的工资、福利待遇。

第三十八条 非因退役士兵本人原因,接收单位未按照规定安排退役士兵上岗的,应当从所在地人民政府退役士兵安置工作主管部门开出介绍信的当月起,按照不低于本单位同等条件人员平均工资 80% 的标准逐月发给退役士兵生活费至其上岗为止。

第三十九条　对安排工作的残疾退役士兵，所在单位不得因其残疾与其解除劳动关系或者人事关系。

安排工作的因战、因公致残退役士兵，享受与所在单位工伤人员同等的生活福利和医疗待遇。

第四十条　符合安排工作条件的退役士兵无正当理由拒不服从安置地人民政府安排工作的，视为放弃安排工作待遇；在待安排工作期间被依法追究刑事责任的，取消其安排工作待遇。

第三节　退休与供养

第四十一条　中级以上士官符合下列条件之一的，作退休安置：

（一）年满55周岁的；

（二）服现役满30年的；

（三）因战、因公致残被评定为1级至6级残疾等级的；

（四）经军队医院证明和军级以上单位卫生部门审核确认因病基本丧失工作能力的。

退休的退役士官，其生活、住房、医疗等保障，按照国家有关规定执行。

中级以上士官因战致残被评定为5级至6级残疾等级，本人自愿放弃退休安置选择由人民政府安排工作的，可以依照本条例第三章第二节的规定办理。

第四十二条　被评定为1级至4级残疾等级的义务兵和初级士官退出现役的，由国家供养终身。

国家供养的残疾退役士兵，其生活、住房、医疗等保障，按照国家有关规定执行。

国家供养分为集中供养和分散供养。

分散供养的残疾退役士兵购（建）房所需经费的标准，按照安置地县（市）经济适用住房平均价格和60平方米的建筑面积确定；没有经济适用住房的地区按照普通商品住房价格确定。购（建）房所需经费由中央财政专项安排，不足部分由地方财政解决。购（建）房屋产权归分散供养的残疾退役士兵所有。分散供养的残疾退役士兵自行解决住房的，按照上述标准将购（建）房费用发给本人。

第四十三条　因战、因公致残被评定为1级至4级残疾等级的中级以上士官，本人自愿放弃退休安置的，可以选择由国家供养。

第四章　保险关系的接续

第四十四条　退役士兵服现役年限计算为工龄，与所在单位工作年限累计计算，享受国家和所在单位规定的与工龄有关的相应待遇。

第四十五条　军队的军人保险管理部门与地方的社会保险经办机构，应当按照国家有关规定为退役士兵办理保险关系转移接续手续。

对自主就业的退役士兵，凭退役士兵安置工作主管部门出具的介绍信，由社会保险经办机构按照国家有关规定办理保险关系接续手续。对安排工作的退役士兵，由接收单位按照国家有关规定办理保险关系接续手续。

第四十六条　退役士兵到城镇企业就业或者在城镇从事个体经营、以灵活方式就业的，按照国家有关规定参加职工基本养老保险，服现役年限视同职工基本养老保险缴费年限，并与实际缴费年限合并计算。退役士兵回农村的，按照国家有关规定参加新型农村社会养老保险。

退役士兵在服现役期间建立的军人退役养老保险与其退役后参加基本养老保险的关系接续，由军队的军人保险管理部门和安置地社会保险经办机构按照国家有关规定办理。

退役士兵服现役年限视同职工基本养老保险缴费年限的养老保险待遇计发办法，按照国家有关规定执行。

第四十七条　退役士兵到各类用人单位工作的，应当随所在单位参加职工基本医疗保险；以灵活方式就业或者暂未实现就业的，可以参加职工基本医疗保险、城镇居民基本医疗保险或者新型农村合作医疗。退役士兵参加基本医疗保险的，其军人退役医疗保险金，按照国家有关规定转入退役士兵安置地的社会保险经办机构。实行工龄视同参加基本医疗保险缴费年限规定的地区，退役士兵的服现役年限视同参保缴费年限。

第四十八条　退役士兵就业应当随所在单位参加失业保险，其服现役年限视同失业保险缴费年限，并与实际缴费年限合并计算。参加失业保险的退役士兵失业，并符合《失业保险条例》规定条件的，按照规定享受失业保险待遇和相应的促进再就业服务。

第五章　法律责任

第四十九条　退役士兵安置工作主管部门及其工作人员、参与退役士兵安置工作的单位及其工作人员有下列行为之一的，由其上级主管部门责令改正，对相关责任人员依法给予处分；相关责任人员构成犯罪的，依法追究刑事责任：

（一）违反规定审批退役士兵安置待遇的；

（二）在审批退役士兵安置工作中出具虚假鉴定、证明的；

（三）在退役士兵安置工作中利用职权谋取私

利的。

第五十条　接收安置退役士兵的单位违反本条例的规定，有下列情形之一的，由当地人民政府退役士兵安置工作主管部门责令限期改正；逾期不改的，对国家机关、社会团体、事业单位主要负责人和直接责任人员依法给予处分，对企业按照涉及退役士兵人数乘以当地上年度城镇职工平均工资10倍的金额处以罚款，并对接收单位及其主要负责人予以通报批评：

（一）拒绝或者无故拖延执行人民政府下达的安排退役士兵工作任务的；

（二）未依法与退役士兵签订劳动合同、聘用合同的；

（三）与残疾退役士兵解除劳动关系或者人事关系的。

第五十一条　退役士兵弄虚作假骗取安置待遇的，由安置地人民政府退役士兵安置工作主管部门取消相关安置待遇。

第六章　附　　则

第五十二条　本条例适用于中国人民武装警察部队。

第五十三条　本条例自2011年11月1日起施行。

1987年12月12日国务院发布的《退伍义务兵安置条例》，1999年12月13日国务院、中央军委下发的《中国人民解放军士官退出现役安置暂行办法》同时废止。

本条例施行以前入伍、施行以后退出现役的士兵，执行本条例，本人自愿的，也可以按照入伍时国家有关退役士兵安置的规定执行。

财政部、退役军人部、人力资源社会保障部医保局、民政部、税务总局关于解决部分退役士兵社会保险问题中央财政补助资金有关事项的通知

1. 2019年7月5日
2. 财社〔2019〕81号

各省、自治区、直辖市财政厅（局）、退役军人事务厅（局）、人力资源社会保障厅（局）、医疗保障局、民政厅（局），税务总局各省、自治区、直辖市和计划单列市税务局，新疆生产建设兵团财政局、退役军人事务局、人力资源社会保障局、医疗保障局、民政局：

为贯彻落实《中共中央办公厅　国务院办公厅印发〈关于解决部分退役士兵社会保险问题的意见〉的通知》（以下称《通知》），妥善解决部分退役士兵基本养老保险和基本医疗保险未参保和中断缴费问题，规范中央财政补助资金使用管理，现将有关事项通知如下：

一、政府补助范围

以政府安排工作方式退出现役的退役士兵，在《通知》实施前，未参加基本养老保险和基本医疗保险或参保后缴费中断的，可以按不超过本人军龄的年限补缴。

退役士兵参加基本养老保险和基本医疗保险所需缴费，原则上单位缴费部分由所在单位负担，个人缴费部分由个人负担。原单位已不存在或缴纳确有困难的，由原单位上级主管部门负责补缴；上级主管部门不存在或无力缴纳的，由安置地退役军人事务主管部门申请财政资金解决。

二、中央财政补助范围及标准

退役士兵补缴基本养老保险单位缴费部分所需政府补助资金，中央财政对中西部兵员大省、中西部非兵员大省、东部兵员大省、东部非兵员大省分别按照50%、40%、30%、20%的比例给予补助。1978年以来，累计接收符合政府安排工作条件的退役士兵达40万人以上的，认定为兵员大省。

退役士兵补缴基本医疗保险单位缴费部分所需政府补助资金，由地方财政承担。退役士兵个人属于最低生活保障对象、特困人员的，地方政府对其补缴基本养老保险和基本医疗保险个人缴费予以适当补助，所需资金由地方财政承担。

三、中央财政补助资金预拨和结算

中央财政补助资金实行先预拨后结算的补助方式。2019年起，中央财政根据各地工作进展情况预拨补助资金，2022年结算剩余补助资金。鼓励各地加快工作进度，对提前完成工作任务的，中央财政将及时结算补助资金。

部分退役士兵基本养老保险补缴工作完成后，地方各级退役军人事务部门应会同人力资源社会保障、财政部门按要求逐级汇总上报《部分退役士兵补缴基本养老保险中央财政补助资金结算申请表》（附件1）和《部分退役士兵补缴基本养老保险情况统计表》（附件2）。2022年4月1日前，各省（区、市）退役军人事务部门应会同人力资源社会保障、财政部门向退役军人事务部上报中央财政补助资金结算申请报告及附件1。结算申请报告应包括：本地基本养老保险补缴工作开展情况；基本养老保险补缴人数、补缴年限、补缴金额；地方财政补助资金安排及中央财政补助资金分配使用情况；申请结算的补助资金；工作中存在的问题及建议

等。退役军人部对各省(区、市)的结算申请报告及其附件进行审核后向财政部提出结算建议,财政部根据退役军人部审核情况结算中央财政补助资金。

四、补助资金使用管理

各省(区、市)财政部门在收到中央财政预拨资金预算后,应及时将资金预算分解下达到市(区)、县(市)财政部门或安排用于省级退役军人事务部门办理的退役士兵基本养老保险补缴工作。地方各级财政部门应统筹使用中央和地方安排的财政补助资金,做好退役士兵基本养老保险补缴工作,对补缴所需资金不得挂账处理,切实保障退役士兵养老保险权益。

对《通知》出台前,已经开展部分退役士兵基本养老保险补缴工作的地区,中央财政按照本通知规定安排和结算补助资金。退役士兵基本养老保险补缴工作完成后,各地可根据本地实际将中央财政补助资金统筹用于其他支出。

五、监督检查

退役军人部、人力资源社会保障部、财政部将对各省(区、市)中央财政补助资金安排使用情况进行专项检查。各级财政、退役军人事务、人力资源社会保障等部门及其工作人员在退役士兵补缴基本养老保险中央财政补助资金使用管理工作中,存在虚报退役士兵补缴人数和补助金额、挤占挪用补助资金、贪污浪费以及其他滥用职权、玩忽职守、徇私舞弊等违法违纪行为的,按照《中华人民共和国预算法》《中华人民共和国公务员法》《中华人民共和国监察法》《财政违纪行为处分条例》等有关规定追究相关部门和个人责任;涉嫌犯罪的,移送司法机关处理。

六、有关工作要求

各地各有关部门要各司其职、密切配合,最迟于2021年底前完成部分退役士兵基本养老保险补缴工作。退役军人事务部门要做好人员摸排、身份审核确认、补助资金审核申请等工作,并切实承担起统筹协调责任。人力资源社会保障、医保、税务部门要根据部门职责,做好历史参保记录核查、费用补缴和征收、参保权益确认等工作。民政部门要积极协助做好最低生活保障对象、特困人员等身份确认工作。财政部门要及时安排拨付基本养老保险和基本医疗保险补缴所需补助资金,切实做好资金保障,会同相关部门加强资金管理,确保资金使用安全、规范、高效。

附件:1. 部分退役士兵补缴基本养老保险中央财政补助资金结算申请表

2. 部分退役士兵补缴基本养老保险情况统计表

附件1:

部分退役士兵补缴基本养老保险中央财政补助资金结算申请表

退役军人事务部门(公章)　　人力资源社会保障部门(公章)　　财政部门(公章)

省(自治区、直辖市)	补缴人数	各级政府实际已拨付的补助资金(万元)	中央财政补助比例	中央财政已预拨补助资金(万元)	申请结算中央财政补助资金(万元)	备注
1	2	3	4	5	6 =3 * 4 -5	7

退役军人事务部门填报人(签字):　　审核人(签字):　　负责人(签字):

人力资源社会保障部门填报人(签字):　　审核人(签字):　　负责人(签字):

财政部门填报人(签字):　　审核人(签字):　　负责人(签字):

附件2：

部分退役士兵补缴基本养老保险情况统计表

退役军人事务部门（公章）　　人力资源社会保障部门（公章）　　财政部门（公章）

补缴地区：　　单位：年、元

序号	退役士兵姓名	身份证件号	原单位名称	原单位上级主管部门	服役年限（月）	首次参保时间（月）	已缴费年限（月）	实际断缴年限（月）	政府帮助补缴年限（月）	安置地上年度职工平均工资的60%	各级政府应负担补助资金（万元）	备注
	1	2	3	4	5	6	7	8	9	10	11	12
1												
2												
3												
4												
5												
6												
…												
合计		—	—	—	—	—	—	—	—	—		

退役军人事务部门填报人（签字）：　　审核人（签字）：　　负责人（签字）：

人力资源社会保障部门填报人（签字）：　　审核人（签字）：　　负责人（签字）：

财政部门填报人（签字）：　　审核人（签字）：　　负责人（签字）：

财政部、税务总局、退役军人部关于进一步扶持自主就业退役士兵创业就业有关税收政策的通知

1. 2019年2月2日

2. 财税〔2019〕21号

各省、自治区、直辖市、计划单列市财政厅（局）、退役军人事务厅（局），国家税务总局各省、自治区、直辖市、计划单列市税务局，新疆生产建设兵团财政局：

为进一步扶持自主就业退役士兵创业就业，现将有关税收政策通知如下：

一、自主就业退役士兵从事个体经营的，自办理个体工商户登记当月起，在3年（36个月，下同）内按每户每年12000元为限额依次扣减其当年实际应缴纳的增值税、城市维护建设税、教育费附加、地方教育附加和个人所得税。限额标准最高可上浮20%，各省、自治区、直辖市人民政府可根据本地区实际情况在此幅度内确定具体限额标准。

纳税人年度应缴纳税款小于上述扣减限额的，减免税额以其实际缴纳的税款为限；大于上述扣减限额的，以上述扣减限额为限。纳税人的实际经营期不足1年的，应当按月换算其减免税限额。换算公式为：减免税限额＝年度减免税限额÷12×实际经营月数。城市维护建设税、教育费附加、地方教育附加的计税依据是享受本项税收优惠政策前的增值税应纳税额。

二、企业招用自主就业退役士兵，与其签订1年以上期限劳动合同并依法缴纳社会保险费的，自签订劳动合同并缴纳社会保险当月起，在3年内按实际招用人数予以定额依次扣减增值税、城市维护建设税、教育费附加、地方教育附加和企业所得税优惠。定额标准为每人每年6000元，最高可上浮50%，各省、自治区、直辖市人民政府可根据本地区实际情况在此幅度内确定具体定额标准。

企业按招用人数和签订的劳动合同时间核算企业减免税总额，在核算减免税总额内每月依次扣减增值税、城市维护建设税、教育费附加和地方教育附加。企业实际应缴纳的增值税、城市维护建设税、教育费附加和地方教育附加小于核算减免税总额的，以实际应缴纳的增值税、城市维护建设税、教育费附加和地方教育

附加为限；实际应缴纳的增值税、城市维护建设税、教育费附加和地方教育附加大于核算减免税总额的，以核算减免税总额为限。

纳税年度终了，如果企业实际减免的增值税、城市维护建设税、教育费附加和地方教育附加小于核算减免税总额，企业在企业所得税汇算清缴时以差额部分扣减企业所得税。当年扣减不完的，不再结转以后年度扣减。

自主就业退役士兵在企业工作不满1年的，应当按月换算减免税限额。计算公式为：企业核算减免税总额 $=\Sigma$ 每名自主就业退役士兵本年度在本单位工作月份 $\div 12\times$ 具体定额标准。

城市维护建设税、教育费附加、地方教育附加的计税依据是享受本项税收优惠政策前的增值税应纳税额。

三、本通知所称自主就业退役士兵是指依照《退役士兵安置条例》（国务院 中央军委令第608号）的规定退出现役并按自主就业方式安置的退役士兵。

本通知所称企业是指属于增值税纳税人或企业所得税纳税人的企业等单位。

四、自主就业退役士兵从事个体经营的，在享受税收优惠政策进行纳税申报时，注明其退役军人身份，并将《中国人民解放军义务兵退出现役证》《中国人民解放军士官退出现役证》或《中国人民武装警察部队义务兵退出现役证》《中国人民武装警察部队士官退出现役证》留存备查。

企业招用自主就业退役士兵享受税收优惠政策的，将以下资料留存备查：1. 招用自主就业退役士兵的《中国人民解放军义务兵退出现役证》《中国人民解放军士官退出现役证》或《中国人民武装警察部队义务兵退出现役证》《中国人民武装警察部队士官退出现役证》；2. 企业与招用自主就业退役士兵签订的劳动合同（副本），为职工缴纳的社会保险费记录；3. 自主就业退役士兵本年度在企业工作时间表（见附件）。

五、企业招用自主就业退役士兵既可以适用本通知规定的税收优惠政策，又可以适用其他扶持就业专项税收优惠政策的，企业可以选择适用最优惠的政策，但不得重复享受。

六、本通知规定的税收政策执行期限为2019年1月1日至2021年12月31日。纳税人在2021年12月31日享受本通知规定税收优惠政策未满3年的，可继续享受至3年期满为止。《财政部 税务总局 民政部关于继续实施扶持自主就业退役士兵创业就业有关税收政策的通知》（财税〔2017〕46号）自2019年1月1日起停止执行。

退役士兵以前年度已享受退役士兵创业就业税收优惠政策满3年的，不得再享受本通知规定的税收优惠政策；以前年度享受退役士兵创业就业税收优惠政策未满3年且符合本通知规定条件的，可按本通知规定享受优惠至3年期满。

各地财政、税务、退役军人事务部门要加强领导、周密部署，把扶持自主就业退役士兵创业就业工作作为一项重要任务，主动做好政策宣传和解释工作，加强部门间的协调配合，确保政策落实到位。同时，要密切关注税收政策的执行情况，对发现的问题及时逐级向财政部、税务总局、退役军人部反映。

附件：自主就业退役士兵本年度在企业工作时间表（样表）

附件

自主就业退役士兵本年度在企业工作时间表（样表）

企业名称（盖章）： 年度：

序号	自主就业退役士兵姓名	身份证号码	证件编号	在本企业工作时间（单位：月）	备注

附 录

资料补充栏

人力资源和社会保障规章全目录及与本书相关现行有效规章位置①

① 本目录由编者根据 2016 年 4 月 22 日人力资源和社会保障部公告〔2016〕1 号《关于公布现行有效规章目录的公告》结合最新立法情况整理。

② “·”后所列数字,为该规章在本书中所在位置页码。

③ 对于以部令形式颁布的规章,本目录均予以列明;但对于其中与本书内容无关的规章,正文不作收录,本目录中用灰度予以区分。

1999～2007 年(劳动和社会保障部令)

1996 ~ 1998 年(劳动部令)

劳动部令第 8 号:锅炉压力容器压力管道设备事故处理规定(1997.7.18)(已被国家质量监督检验检疫总局令第 2 号废止)
劳动部令第 9 号:技工学校教育督导评估暂行规定(1997.8.8)
劳动部令第 10 号:建设项目(工程)劳动安全卫生预评价管理办法(1998.2.5)(已被国家安全生产监督管理总局令第 32 号废止)
劳动部令第 11 号:建设项目(工程)劳动安全卫生预评价单位资格认可与管理规则(1998.2.5)(已被国家安全生产监督管理总局令第 32 号废止)

1986 ~ 1997 年(劳动部其他文号现行有效规章)

劳人培〔1986〕22 号:技工学校工作规定(1986.11.11 劳动人事部、国家教委)(已被人力资源和社会保障部令第 7 号修正)
劳薪字〔1991〕46 号:城镇集体所有制企业工资同经济效益挂钩办法(1991.10.5 劳动部、国家税务局)·188
劳部发〔1993〕134 号:职业技能鉴定规定(1993.7.9 劳动部)·89
劳部发〔1993〕161 号:国有企业工资总额同经济效益挂钩规定(1993.7.9 劳动部、财政部、国家计委、国家体改委、国家经贸委)·190
劳部发〔1994〕98 号:职业资格证书规定(1994.2.22 劳动部、人事部)·90
劳部发〔1994〕447 号:企业经济性裁减人员规定(1994.11.14 劳动部)·156
劳部发〔1994〕448 号:劳动监察员管理办法(1994.11.14 劳动部)(已被人力资源和社会保障部令第 7 号修正)·319
劳部发〔1994〕479 号:企业职工患病或非因工负伤医疗期规定(1994.12.1 劳动部)·237
劳部发〔1994〕481 号:违反和解除劳动合同的经济补偿办法(1994.12.3 劳动部)(已被人社部发〔2017〕87 号废止)
劳部发〔1994〕489 号:工资支付暂行规定(1994.12.6 劳动部)·183
劳部发〔1994〕498 号:未成年工特殊保护规定(1994.12.9 劳动部)·305
劳部发〔1994〕503 号:关于企业实行不定时工作制和综合计算工时工作制的审批办法(1994.12.14 劳动部)·224
劳部发〔1994〕504 号:企业职工生育保险试行办法(1994.12.14 劳动部)·643
劳部发〔1995〕218 号:国有企业工资内外收入监督检查实施办法(1995.4.21 劳动部、财政部、审计署)
劳部发〔1995〕223 号:违反《劳动法》有关劳动合同规定的赔偿办法(1995.5.10 劳动部)·164
劳部发〔1995〕329 号:社会保险审计暂行规定(1995.8.24 劳动部、审计署)·458
劳部发〔1996〕29 号:外国人在中国就业管理规定(1996.1.22 劳动部、公安部、外交部、对外贸易经济合作部)(已被人力资源和社会保障部令第 7 号修正)·71
劳部发〔1997〕181 号:劳动就业服务企业产权界定规定(1997.5.29 劳动部、国有资产管理局、国家税务总局)